대혜 종고
正法眼藏 하

석 영곡 옮김

비움과소통

『정법안장』에 씀

　석가세존께서 영산에서 설법하시는데 하늘에서 네 가지 꽃비가 내렸다.
　세존께서 그 꽃을 들어 대중에게 보이셨다.
　가섭존자가 빙그레 웃으셨다.
　세존께서 말씀하셨다.
"나에게 정법안장(正法眼藏)이 있는데 마하가섭에게 부촉(付囑)한다."

　어떤 스님이 대혜스님께 여쭈었다.
"어떤 것이 정법안장(正法眼藏)입니까?"
　스님이 말씀하셨다.
"눈 속의 못을 뽑아라."

　백운수단(白雲守端)스님이 말씀하셨다.
"여러분의 분상(分上)에 각각 스스로 정법안장(正法眼藏)이 있어 매일 일어나서는 옳다 하고 그르다 하며 남과 북을 나누고 있다.
　갖가지 행위들이 모두 다 정법안장의 빛이다.
　이 눈이 열릴 때 건곤대지와 일월성신과 삼라만상이 바로 눈앞에 있다.
　털끝만치라도 상(相)을 보지 않으면 이 눈이 열리기 전에라도 모두가 여러분의 눈 속에 있다."

　여기 번역한 『정법안장(正法眼藏)』은 달 가리키는 손가락을 꼬챙이로 바꾼 것에 비유할 수 있으며 잠을 깨우는 방법일 뿐이다. 손가락과 꼬챙이는 가리키는 역할만 하는 것이지 그 자체의 개념을 찾아본다는 것은 그저 헛수고만 하는 것일 뿐이다.

　그리고 잠을 깨우면 그만이지 잠을 깨우는 방법에 대해서 분석할 필요는 전혀 없는 것이다. 이 『정법안장』도 중국 고대의 한문으로 쓰인 선어구(禪語句)라는 그림을 현대의 한글이라는 그림으로 바꾼 것일 뿐이다. 곧 시그니피앙signifiant의 그래픽만 바꾸었을 뿐이지 시그니피에signifie를 옮긴 것은 아닌 것이다. 그러므로 이 책을 읽는 이들은 661화(話) 모두에서 어떠한 의미나 개념도 찾지 말고 그저 달만 보고 잠을 깨기를 바란다.

≪정법안장 선사 법맥도≫

釋迦牟尼佛 — 摩訶迦葉 —阿難尊者—商那和修—優婆掬多—提多迦—彌遮迦—婆須蜜 — 佛陀難提 — 伏馱蜜多 —
脇尊者— 富那夜奢— 馬鳴—迦毘摩羅—龍樹—迦那提婆—羅睺羅多—僧伽難提—伽邪舍多— 鳩摩羅多 — 闍夜多 —
婆修盤頭—摩拏羅—鶴勒那— 師子— 婆舍斯多— 不如蜜多— 般若多羅— 菩提達磨 ┬ 神光慧可—鑑智僧璨—破頭道信—
                                                                                      └ 波羅提

黃梅弘忍—大鑑慧能—南嶽懷讓—馬祖道一—百丈懷海—黃檗希運┬臨濟義玄Ⅱ
                                                              ├烏石靈觀
                                                              └睦州道明
                                          潙山靈祐┬仰山慧寂┬南塔光涌—芭蕉慧淸
                                                  │   └西塔光穆—資福如寶
                                                  ├霍山和尙
                                                  ├徑山洪諲
                                                  ├香嚴智閑—大安淸幹
                                                  ├靈雲志勤
                                                  ├京兆米胡
                                                  └王敬初
                                          石霜性空
                                          長慶大安┬大隨法眞
                                                  ├靈樹如敏
                                                  ├泉州慧日
                                                  └文殊圓明
                                          古靈神贊
                               泐潭常興
                               盤山寶積—鎭州普化
                               麻谷寶徹—壽州良遂
                               東寺如會
                               西堂智藏—虔州處微
                               永泰靈湍—秘魔巖

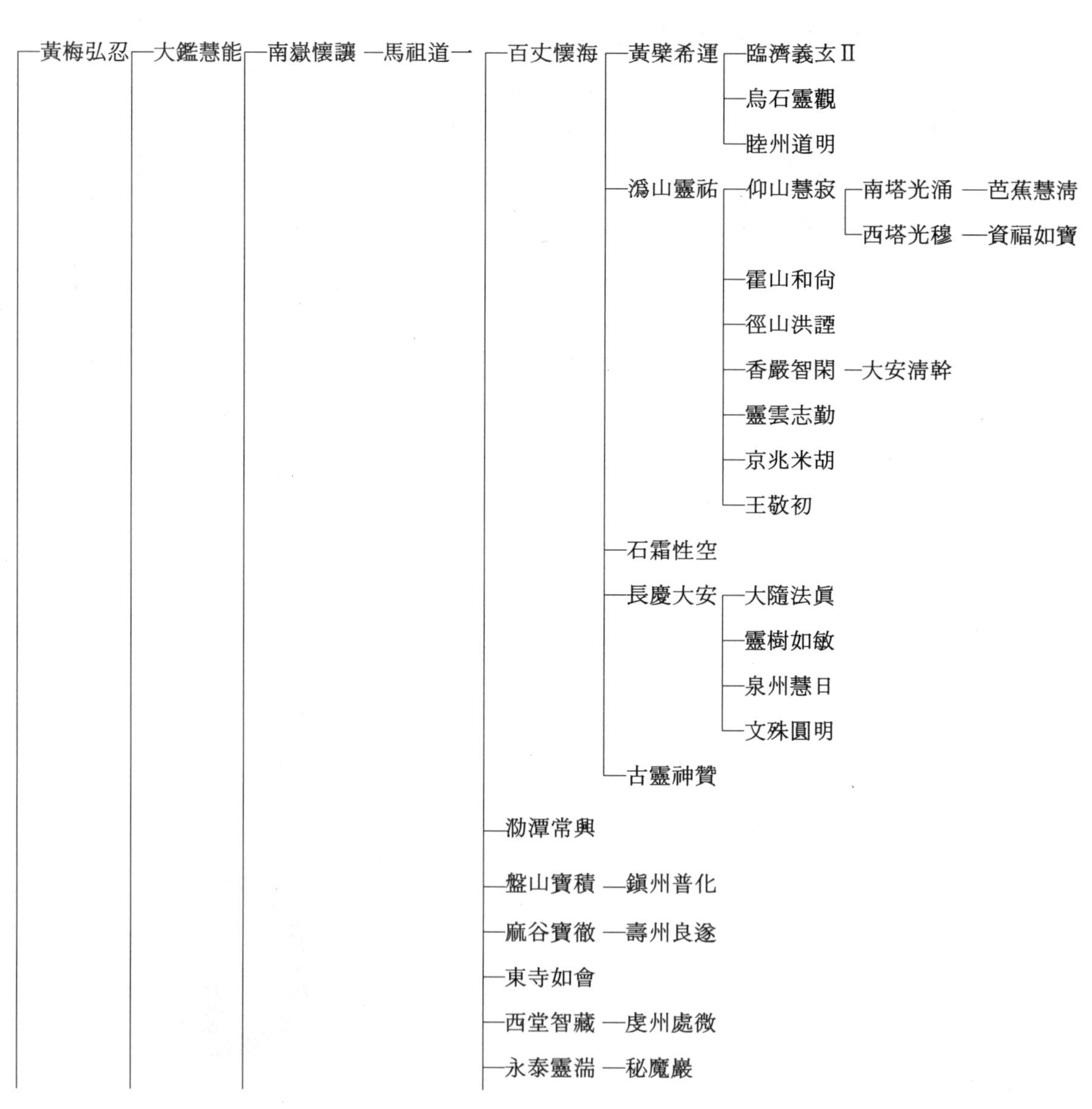

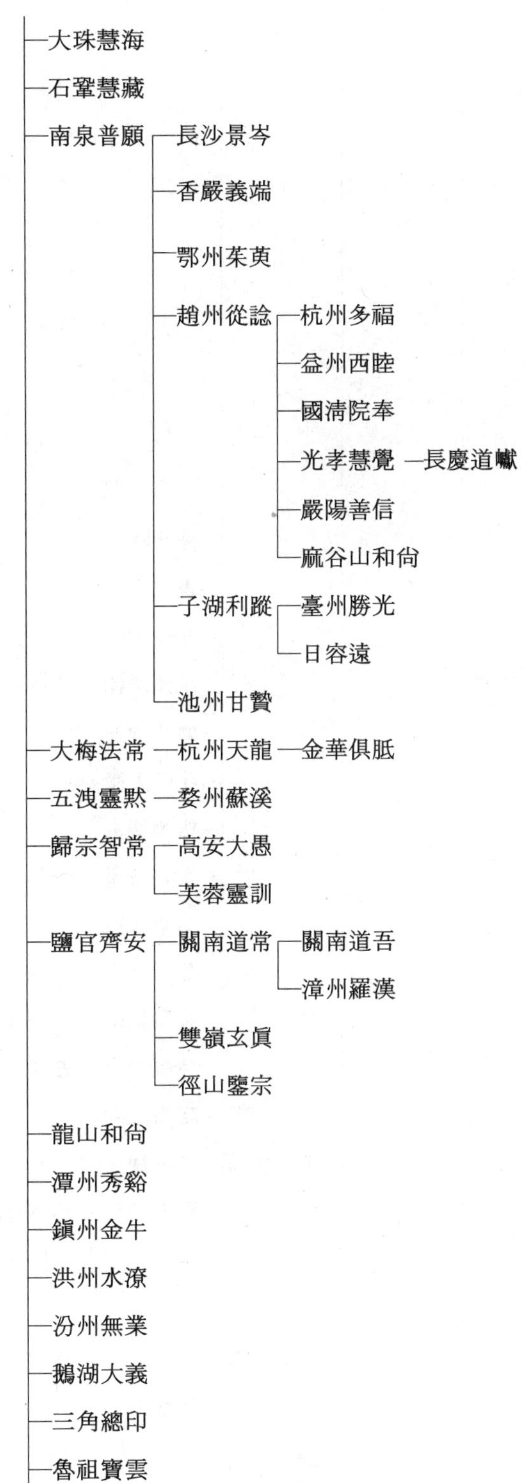

—紫玉道通
— 鄧隱峰
—居士龐蘊
—陽岐甄叔
—杉山智堅
—忻州打地
—西山亮
—烏臼和尙
—柏巖明徹

—靑原行思 Ⅰ
—韶州法海
—吉州志誠
—河北智隍
—洪州法達
—壽州智通
—江西志徹
—信州智常
—永嘉玄覺
—司空本淨
—婺州玄策
—南陽慧忠 —耽源眞應
—荷澤神會 —五臺無名 —華嚴澄觀
—廣州印宗

—玉泉神秀 —降魔藏
　　　　　 —嵩山普寂 —益州無相 —保唐無住
　　　　　　　　　　　 —南嶽明瓚
　　　　　　　　　　　 —終南惟政

—崇嶽慧安 —破竈墮 —嵩山峻極
　　　　　 —陳楚璋

—蒙山道明

```
└牛頭法融―圓陽智巖―潤州慧方 ―金陵法持 ―天保智威┬安國玄挺
                                          ├鶴林玄素 ―徑山道欽 ―鳥窠道林 ―招賢會通
                                          └天柱崇慧
```

Ⅰ.《청원계》

```
靑原行思 ―石頭希遷┬天皇道悟―龍潭崇信 ―德山宣鑑┬嚴頭全豁┬瑞巖師彦
                │                          │       ├玄泉山彦 ―黃龍誨機―嘉州黑水
                │                          │       └羅山道閑┬明招德謙 ―報恩契從
                │                          │               └大寧隱微
                │                          ├高亭簡
                │                          ├感潭資國 ―白兆志圓┬大龍智洪
                │                          │               └白馬行靄
                │                          └雪峰義存┬鏡淸道怤
                │                                  ├翠巖令參
                │                                  ├龍華靈照
                │                                  ├鼓山神安
                │                                  ├保福從展
                │                                  ├睡龍道溥 ―保福淸豁
                │                                  ├長慶慧稜┬開先紹宗
                │                                  │       ├廣嚴咸澤
                │                                  │       ├鵞嶺明遠
                │                                  │       └招慶道匡
                │                                  ├普通普明
                │                                  ├太原孚
                │                                  ├越山師鼐
                │                                  ├長生皎然
                │                                  ├鵞湖智孚
                │                                  └玄沙師備┬羅漢桂琛 ―法眼文益Ⅴ
                │
```

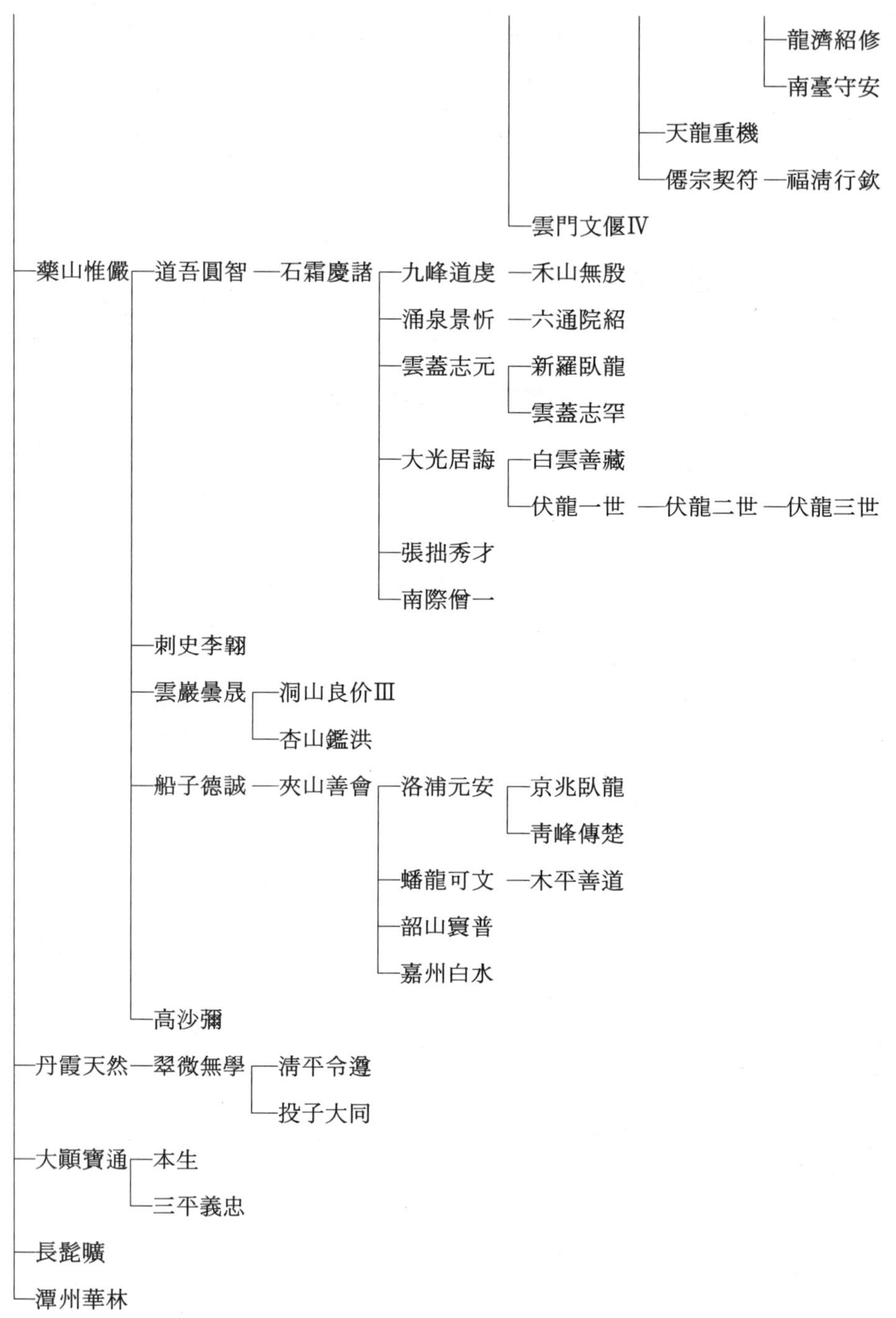

II. 《임제종》

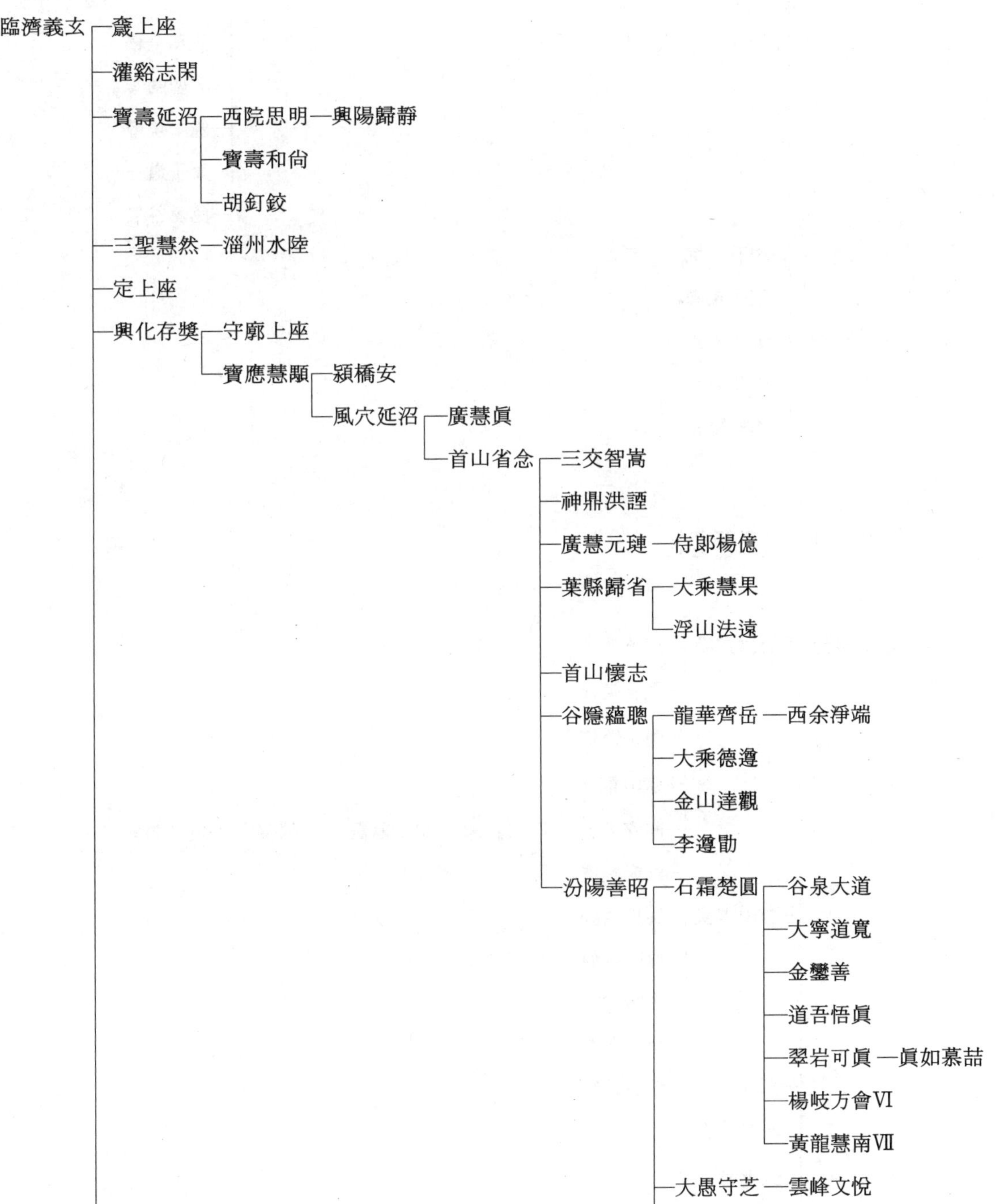

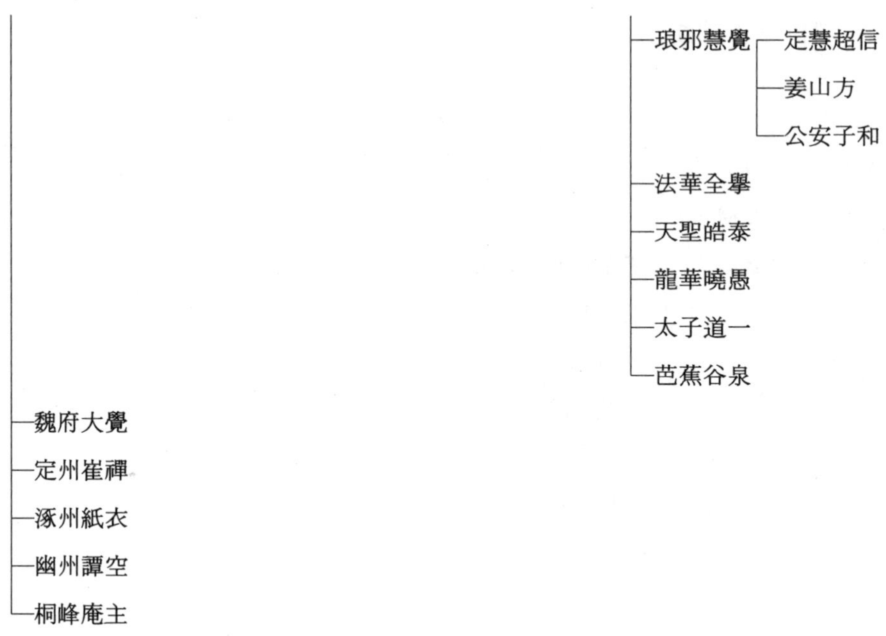

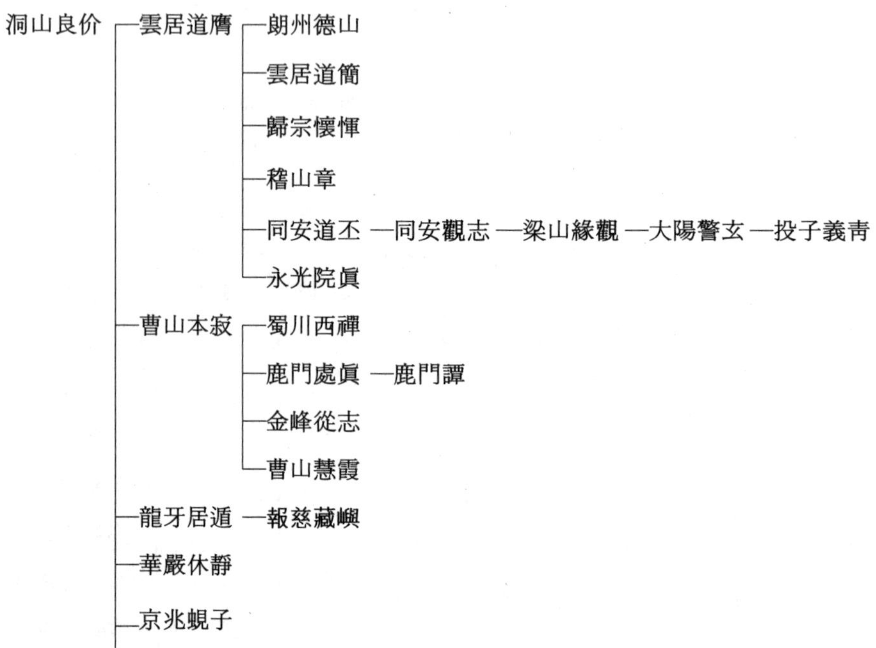

Ⅲ. 《조동종》

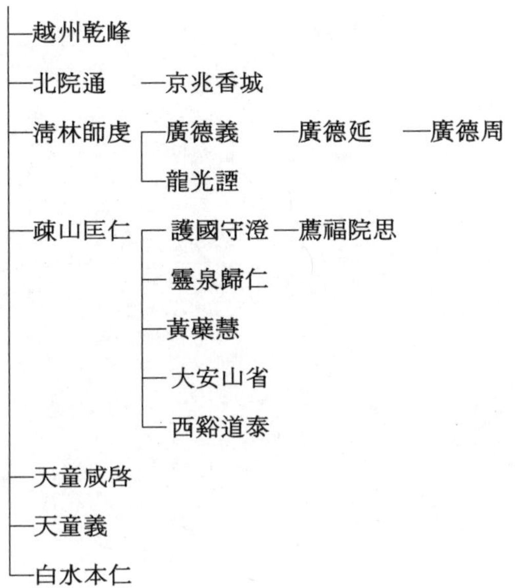

—越州乾峰

—北院通　　—京兆香城

—清林師虔　　廣德義　—廣德延　—廣德周

　　　　　　　龍光諲

—疎山匡仁　　護國守澄—薦福院思

　　　　　　　靈泉歸仁

　　　　　　　黃藥慧

　　　　　　　大安山省

　　　　　　　西谿道泰

—天童咸啓

—天童義

—白水本仁

Ⅳ. 《운문종》

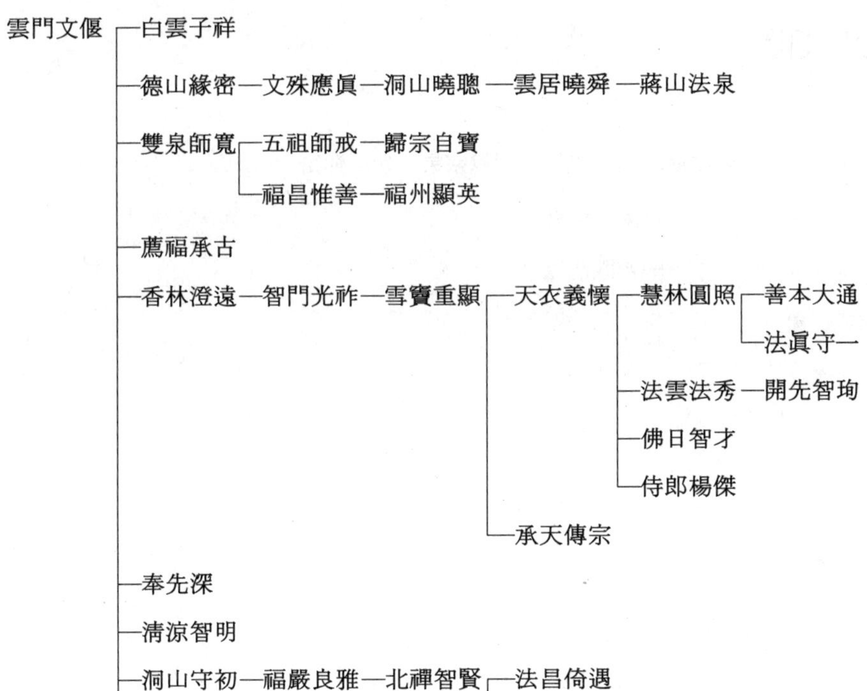

雲門文偃　—白雲子祥

　　　　　—德山緣密—文殊應眞　—洞山曉聰　—雲居曉舜　—蔣山法泉

　　　　　—雙泉師寬　　五祖師戒—歸宗自寶

　　　　　　　　　　　　福昌惟善—福州顯英

　　　　　—薦福承古

　　　　　—香林澄遠—智門光祚—雪竇重顯　—天衣義懷　—慧林圓照　—善本大通

　　　　　　　　　　　　　　　　　　　　　　　　　　　　　法眞守一

　　　　　　　　　　　　　　　　　　　　　　　—法雲法秀　—開先智珣

　　　　　　　　　　　　　　　　　　　　　　　—佛日智才

　　　　　　　　　　　　　　　　　　　　　　　—侍郞楊傑

　　　　　　　　　　　　　　　　　　　—承天傳宗

　　　　　—奉先深

　　　　　—淸凉智明

　　　　　—洞山守初—福嚴良雅—北禪智賢　—法昌倚遇

├─興化紹銑
└巴陵顥鑒

V. 《법안종》

法眼文益 ─ 清凉泰欽 ─ 雲居道齋
        ─ 天台德韶 ┬ 永明延壽
                 └ 雁蕩願齋
        ─ 百丈道恒
        ─ 報恩慧明
        ─ 報慈行言
        └ 報恩玄則

VI. 《양기파》

楊岐方會 ┬ 白雲守端 ─ 五祖法演 ┬ 圓悟克勤 ─ 大慧宗杲 ─ 伊山沖密
        │   ├ 太平慧懃
        │   └ 佛眼淸遠
        └ 保寧仁勇

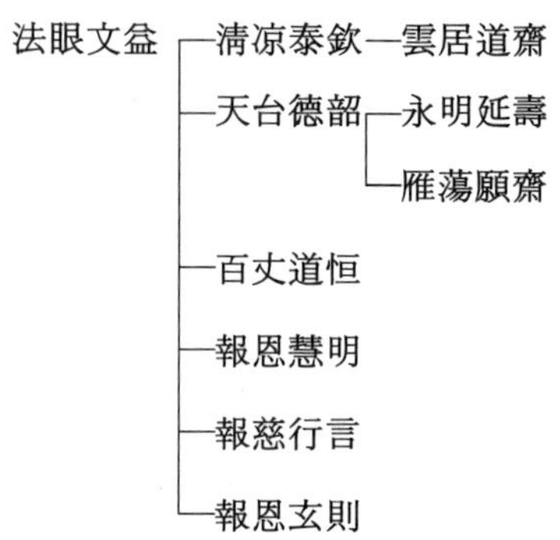

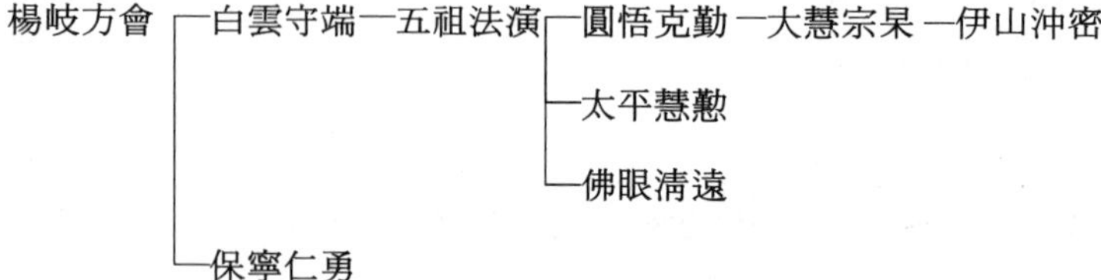

Ⅶ. 《황룡파》

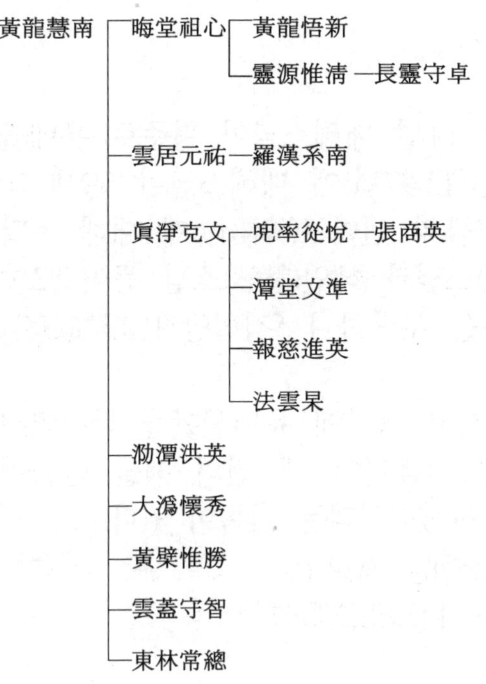

Ⅷ. 선사법맥에 들어가진 않으나 정법안장에 나오는 인물들

1, 姜山愛 2, 臥輪 3, 迦葉摩騰 4, 慧遠 5, 僧伽大師(泗州大聖) 6, 障蔽魔王 7, 金剛齊菩薩 8, 長爪梵志(俱絺羅) 9, 義豊禪師 10, 李通玄 11, 天台智顗 12, 逭布衲 13, 誌公禪師 14, 傅大士 15, 竺道生法師 16, 殃崛摩羅 17, 公安遠 18, 司馬頭陁 19, 三峯平和尚 20, 虎頭上座 21, 矩長老

들어가는 말

이 『정법안장』은 송나라 소흥(紹興) 11년 대혜스님이 형주로 유배를 가신 이래로 소흥(紹興) 17년 정묘년(1147년)에 대혜스님이 59세 되던 해 형주에서 납자들과 더불어 고금의 선어구(禪語句)에 대해 문답을 나누셨던 것을 시자인 충밀(沖密)스님과 혜연(慧然)스님 등이 모아서 책을 만들어 대혜스님께 그 제목을 부탁하니 『정법안장(正法眼藏)』이라고 지어 주신 것이다.

『오등회원』에 "의발과 계첩을 잃으시고 형양에 유배생활을 하시면서 선덕들의 기어를 모으고 사이사이에 덧붙이어 세 권의 책을 만들어 그 제목을 정법안장(正法眼藏)이라고 하셨다" 라는 기록이 있다.

(X80n1565_p0403b22~23, 『五燈會元』 卷第十九. "毀衣牒, 屏居衡陽, 乃裒先德機語, 間與拈提, 離為三帙, 目曰正法眼藏.")

이 『정법안장』은 『오등회원』 제19권에 올려져 있다가 《만속장경》 118권에 수록된 것이라고 한다. 구판속장경(舊版續藏經)〔《卍大日本續藏經》, 京都, 藏經書院板 第2編 第23套 第1冊 pp.1a~78b.〕과 신판속장경(新版續藏經)〔《卍續藏經》, 新豐影印本, 台北, 新文豐板 第118卷 pp.1~155.〕, 만신찬속장경(卍新纂續藏經)〔《卍新纂大日本續藏經》, 東京, 國書刊行會板 第67冊 諸宗著述部十四 1309.〕에 수록되어 있다.

대혜스님께서는 이 책의 제1화인 낭야혜각(琅琊慧覺)스님과 법화전거(法華全擧)스님의 문답에 착어를 하시면서 이 『정법안장』을 만들게 된 인연을 마무리 부분에서 말씀해 놓으셨다.

"내가 죄를 인하여 형양에 있을 때, 문을 닫아 놓고 살핌에만 힘쓰는 것 외에 따로 마음을 쓰질 않았는데, 간간이 납자들이 와서 가르침을 청하니 부득이하게 응수하였다.

참선납자 충밀(沖密)과 혜연(慧然)이 손이 가는대로 소용되는 것만을

뽑아서 기록하기를 세월이 오래도록 하여 하나의 큰 두루마리를 만들
었다. 그리고는 나에게 가지고 와서 부처님과 조사님들의 정법안장이
없어지지 않도록 뒷사람들에게 명시하고자 한다면서 그 제목을 지어주
기를 청하는 것이었다.
 내가 그러한 조건을 맞추어서 『정법안장』이라고 지어주었다. 그리고
즉시에 낭야선사를 책의 제일 앞에 배치하였다.
 여기엔 짐짓 존숙의 앞뒤 순서와 종파의 서로 다른 차이를 나누질
않았으니, 다만 향상(向上)의 자기 자신을 철저히 증득하기만 한다면
사람들의 달라붙고 매인 것을 풀어헤쳐버리고 바른 눈을 갖추게 할
만하다고 할 것이다.”

 그리고 장자소(張子韶)에게 쓴 편지에서 말씀하셨다.
“『정법안장』을 편집한 까닭은 문파의 종류를 나눈 것이 아니며, 운문
·임제·조동·위앙·법안종을 묻지 않고, 다만 바른 앎과 바른 봄을
가지고 있으면서 사람들을 깨달아 들어가게 했던 이들을 다 수록하기
위한 것이었습니다.”

 이처럼 이『정법안장』은 대혜스님께서 미리 기획하여 완성한 책이 아
니고 제자인 이산충밀(伊山冲密)과 설봉혜연(雪峰慧然) 두 스님이 쓴
것이다. 대혜스님이 형양에 유배 되신 기간에 납자들이 청익한 것에
대해 답하신 것을 초록을 정리하여 마지막에 대혜스님 스스로 심사하
여 결정하신 것이며 총 661화(話) 가운데 136화(話)에 평점착어(評點
著語)를 하셨다. 이『정법안장』은 책 전체가 석가세존과 그 제자들 몇
몇 그리고 대승보살 등을 포함하여 덕이 높은 선사 321명을 661화
(話)에다 수록한 것이다. 그리고 선종(禪宗)의 각 파류(派流)를 가리지
않고 고르게 실었으며 시간 순서에 따르지 않고 임의대로 하면서 각
선화(禪話)마다 표제도 전혀 달아두지 않았다. 그리고 약 100여명의
선사(禪師)들은 2회 이상 실려 있는데 한꺼번에 모아서 싣지 않고
661화(話) 전반에 걸쳐 임의대로 실었다. 특히 진정극문(眞淨克文)선사
나 조주종심(趙州從諗)선사 등은 각기 18회씩 실려 있어 가장 많은 횟
수를 나타내고 있다. 또한 비교적 분량이 많은 임제의현(臨濟義玄)선사

의 시중법문을 8회나 싣고 있다든지 덕산선감(德山宣鑑)선사의 시중법문이 2,749자나 되는 장문(長文)임에도 불구하고 실어 둔 것은 그 중요성을 강조한 것이라 볼 수 있겠다. 조금 특이한 것은 오조법연(五祖法演)선사의 제자 가운데 삼불(三佛)로 알려진 불감혜근(佛鑑慧懃)선사나 불안청원(佛眼淸遠)선사의 선화(禪話)는 싣고 있으면서도 대혜스님의 스승인 원오극근(圓悟克勤)선사의 것은 아예 싣지 않은 것이다.

이 『정법안장』은 명나라 만력 병진년(1616년)에 현경사에 주석하시던 원증스님의 「중각정법안장서(重刻正法眼藏序)」와 같은 해 죽뢰거사 이일화의 「제각대혜선사정법안장(題刻大慧禪師正法眼藏)」, 대혜스님의 편지인 「답장자소시랑서(答張子韶侍郞書)」등을 머리에 실었다.

그런데 특이하게도 3권으로 구성하면서도 각 권을 상하(上下)로 나누어 편집하였다. 그리고 후대 명나라 때에 3명이 각권을 따로 교열(校閱)하고 교각(校刻)하였다.

제1권 상·하는 거사 서홍택(徐弘澤)이 교열(校閱)하였고, 제2권 상·하는 황엽암(黃葉庵)의 지현(智舷)스님이 교열(校閱)하였으며, 3권 상·하는 보선암(普善庵)의 혜열(慧悅)스님이 교각(校刻)한 것으로 나온다.

제1권 상(上)에는 낭야혜각(琅邪慧覺)스님 등 122화(話)를, 제1권 하(下)에는 회당조심(晦堂祖心)스님 등 103화(話), 제2권 상(上)에는 달마대사(達磨大師) 등 90화(話)를, 제2권 하(下)에는 영천귀인(靈泉歸仁)스님 등 121화(話)를, 제3권 상(上)에는 육조혜능(六祖慧能)스님 등 138화(話)를, 제3권 하(下)에는 풍혈연소(風穴延沼)스님 등 87화(話)를 수록하여 총 661화(話)로 구성되어 있다.

『정법안장』에 수록된 각 단락들은 대부분이 모두 선화(禪話)로 이루어져 있다. 여기에는 선사들의 상당시중(上堂示衆) 법문이 305화(話), 선사(禪師)들간의 감변(勘辨)이 124화(話), 스승과 제자들 사이의 접인대담(接引對談)이 123화(話), 선사(禪師)들의 오도인연(悟道因緣)이 69화(話), 게송(偈頌)이 16화(話), 그리고 선사들의 일화와 인가 내용 등 24화(話)가 실려 있다.

『정법안장』에서는 각 화(話)의 출처를 명시하고 있지는 않으나 다만 서

술한 각 화(話)들은 기본적으로 대부분이 앞에 지어졌던 『조당집』(952)
·『경덕전등록』(1004)·『천성광등록』(1036)·
『사가어록』(1066)·『건중정국속등록』(1101)·『고존숙어요』(1138~1144)
등과 뒤에 지어진 『연등회요』(1183)·『가태보등록』(1204)·『선문염송
집』(1226)·『오등회원』(1252)·『고존숙어록』(1267)·『속전등록』(1401)
·『지월록』(1602)·『오가어록』(1651) 등에 실려 있음이 보이므로 각 화
(話)의 내용을 비교하여 판별해 낼 수 있다. 그러므로 이 번역서에서는
각 화(話)의 어록 출처를 각주에 대부분 실어두었다.
  그리고 이 『정법안장』의 661화(話)는 『전등록』의 232개 화(話), 『선문
염송집』의 282개 고칙(古則), 『연등회요』의 371개 화(話), 그리고 『오등
회원』의 352개 화(話)가 같은 내용으로 실려 있다.
  하지만 다른 어록에는 전해지지 않고 이 『정법안장』에만 실려 있는
선화(禪話)들도 몇몇 보인다. (제42화 낭야혜각, 제79화 동산수초, 제
336화 대우수지, 제346화 가나제바, 제374화 늑담문준, 제400화 운
봉문열, 제461화 명초덕겸, 제488화 양기방회, 제527화 황룡오신편
등 참조.)

『정법안장』의 3권 하(下)의 마지막 화(話)인 제661화(話)에서는 대혜
스님 자신의 시중법어를 실으셨는데 전문이 5,520자(字)로 이루어져
이 『정법안장』에 수록된 선화(禪話) 가운데서 가장 길다. 이 법어는 대
혜스님의 다른 어록에서는 전혀 찾아 볼 수 없는 귀중한 자료라고 하
겠다.

정법안장 하 차례

정법안장 제3권 上

일러두기

1, 이 책 원문의 저본(底本)은 《卍續藏經》(台灣新豐影印本)이다.

2, 각 선화(禪話)에 대한 대혜스님의 염(拈)이나 염송(拈頌), 법문 등이 다른 어록에 있으면 찾아서 번역해 주(注)를 달았다.

3, 등장하는 인물들 가운데 선사법맥이 알려진 이들은 위로 3대까지 기록하여 전법계통(傳法繼統)을 이해하기 쉽도록 하였다.

4, 어구(語句)의 출처가 인터넷에 실려 있으면 찾아보기 편리하도록 대부분 그대로 실었으며, 인터넷의 중화전자불전협회(中華電子佛典協會)[http://www.cbeta.org/copyright.htm]의 《CBETACBETA 電子佛典漢文大藏經》이나 인터넷 천불동 (http://bbuddhasite.net)을 주로 이용하였다. K는 《고려대장경》을, T는 《대정신수대장경》을, X는 《신찬속장경》을 나타내는 것이다.

5, 선사들의 법문 속에서 일자어(一字語) 가운데 번역하면 도리어 이해가 어려울 듯한 것은 한문 그대로 싣고 괄호 안에다 중국어 발음으로 표기하였다. 《보기》 : 제112화(話) 운거도응(雲居道膺) 편에 나오는 '時' 는 잠시 쉬면서 숨을 내쉬는 소리이므로 '時(Shí)'라고 하였다.

6, 원문의 출처는 편의상 경명(經名)과 책의 제목 등을 먼저 쓰고 뒤에 구체적 페이지를 표시하였다. 《보기》 :『景德傳燈錄』卷第二十, T51n2076_p0368a25~28. 원문 외에는 찾아보기 쉽도록 구체적 페이지를 먼저 쓰고 뒤에 책의 제목을 표기하였다. 《보기》 : T47n1993_p0638a01,『黃龍慧南禪師語錄續補』.

7, 산스크리트어의 표기는 ⑤로, 팔리어는 ⑫로 표시하고 기록하였다. 《보기》 : 바일제[波逸提 ⑤ Pāyattika. ⑫Pācittiya.]

正法眼藏 卷第三之 上
정법안장 제3권의 상

徑山大慧禪師 宗杲 集并著語
경산대혜선사 종고 모으고 아울러 착어하심

後學 普善庵 沙門 慧悅 校刻
후학 보선암 사문 혜열 교각함

438. 육조혜능六祖慧能

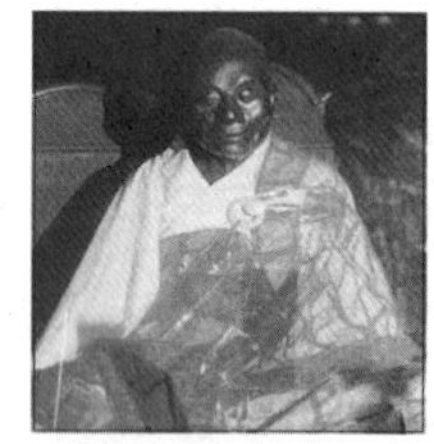

六祖, 謂衆, 曰: "諸善知識! 汝等各各淨心, 聽吾說法. 汝等諸人自心是佛, 更莫狐疑. 外無一物而能建立, 皆是本心生萬種法. 故『經』云 : '心生種種法生, 心滅種種法滅.' 若欲成就種智, 須達一相三昧, 一行三昧. 若於一切處而不住相, 彼相中不生憎愛亦無取捨, 不念利益成壞等事, 安閑恬靜虛融澹泊, 此名一相三昧. 若於一切處行住坐臥, 純一直心, 不動道場, 真成淨土, 名一行三昧. 若人具二三昧, 如地有種, 能含藏長養成就其實, 一相一行亦復如是. 我今說法, 猶如時雨, 溥潤大地. 汝等佛性, 譬諸種子, 遇茲霑洽, 悉得發生. 承吾旨者, 決獲菩提, 依吾行者, 定證妙果."[1]

---

1) 『祖堂集』 卷第二, K45-0248~0249. 『景德傳燈錄』 卷第五, T51n2076_p0236a27~b11. 『天聖廣燈錄』 卷第七, X78n1553_p0446b17~c03. 『聯燈會要』 卷第二, X79n1557_p0024c11~21. 『五燈會元』 卷第一, X80n1565_p0047a09~20. 참조.

육조 혜능스님2)이 대중에게 말씀하셨다.

"선지식 여러분!

여러분은 각각 마음을 깨끗하게 하여 나의 설법을 잘 들으십시오. 여러분 모든 이들의 자기 마음이 부처님이니 다시는 의심을 품지 마십시오. 바깥으로 하나의 물건도 능히 세울 수가 없으니, 모두가 본래의 마음이 온갖 종류의 법을 내는 것입니다.

그러므로 『경』에서 말씀하시길, '마음이 생기면 온갖 종류의 법이 생기고, 마음이 멸하면 온갖 종류의 법이 멸한다.'3)라고 하셨습니다.

만일 일체종지(一切種智)4)를 성취하고자 한다면 반드시 일상삼매(一相三昧)5)와 일행삼매(一行三昧)6)에 통달하여야 합니다.

만약 일체처(一切處)에서 상(相)에 머무르지 않으면, 그 상(相)에다 미워함과 사랑함을 내지 않으며, 또한 취하거나 버리지도 않고, 이익과 실패7) 등의 일을 생각하지 않아, 편안하고8) 담담하고9) 온화하고10)

---

2) 六祖慧能(육조혜능) : 감지승찬(鑑智僧璨)–쌍봉도신(雙峰道信)–황매홍인(黃梅弘忍)–조계혜능(曹溪慧能). 638~713. 중국 선종 제6조이다. 남해(南海) 신흥(新興)[광동성(廣東省) 신흥현(新興縣)] 출신. 속성은 노씨(盧氏). 오조 홍인스님의 법을 잇고 남방으로 내려가 15년을 은거하다가 조계산(曹溪山) 보림사(寶林寺)에서 선법을 크게 떨쳤다. 헌종(憲宗)이 대감선사(大鑒禪師)의 시호를 하사했다. 선천(先天) 2년(713) 세수 76세로 입적하였다. 『육조대사법보단경(六祖大師法寶壇經)』이 있다.

3) 『대승기신론』 1권에 나오는 말씀이다. (T32n1666_p0577b21~23, 『大乘起信論』 一卷. "是故一切法, 如鏡中像無體可得, 唯心虛妄. 以心生則種種法生, 心滅則種種法滅故.")

4) 種智(종지) : 일체종지(一切種智)의 줄임말이다. 삼지(三智)의 하나로서 현상계의 모든 존재에 대해 평등의 자리에서 다시 차별의 상(相)을 아는 부처님 지혜이다. 이에 반해 일체지(一切智)는 모든 존재에 대하여 해괄적(該括的)으로 아는 지혜로서 살바야(薩婆若)[Ⓢsarvajñātā]라고 하며 성문과 연각의 지혜이다. 또 보살이 중생을 교화하기 위해서 도(道)의 각 종류를 다 아는 지혜인 도종지(道種智)는 보살의 지혜이다.

5) 一相三昧(일상삼매) : '무상삼매(無相三昧)'라고도 한다. 『마하반야경』 3권 「권학품」에서 아누다라삼먁삼보리를 신속히 이루는 삼매 가운데 하나로 소개하고 있다. (T08n0223_p0237c17~p0238a16, 鳩摩羅什譯, 『摩訶般若波羅蜜經』 卷第三, 「勸學品」 第八. "菩薩摩訶薩, 行是三昧, 疾得阿耨多羅三藐三菩提 …… 一相三昧")

6) 一行三昧(일행삼매) : 『문수설반야경』 하권 등에서 나오는 삼매이다. "문수사리보살님이 말씀하셨다. '세존이시여. 어떤 것을 일행삼매라고 하는 것입니까?' 부처님께서 말씀하셨다. '법계는 일상(一相)이니, 법계에 계연(繫緣)하면 이것을 일행삼매라고 한다.'" (T08n0232_p0731a25~27, 『文殊師利所說摩訶般若波羅蜜經』 卷下. "文殊師利言: '世尊. 云何名一行三昧?' 佛言: '法界一相, 繫緣法界, 是名一行三昧.") 이 법문은 『능가사자기』 1권에서 사조도신(四祖道信)대사의 「입도안심요방편법문(入道安心要方便法門)」을 소개하면서 싣고 있어 도신스님이 일행삼매(一行三昧)의 의미를 『문수설반야경』에서 가져와 설명하였음을 알 수 있다. (T85n2837_p1286c19~P1287a06, 『楞伽師資記』 一卷. 참조.)

담박하게 될 것이니 이것을 일상삼매(一相三昧)라고 말로써 형용합니다.

만약 다니고 머물고 앉고 눕는 모든 곳에서 직심(直心)[11]을 순일하게 하고 도량을 흔들지 않고 정토를 참으로 이루면, 이것을 일행삼매(一行三昧)라고 말로써 형용합니다.[12]

만약 누가 이 두 삼매를 갖추게 되면 마치 땅에 있는 씨앗이 자라서 열매를 맺을 수 있음을 머금고 있는 것과 같으니, 일상삼매와 일행삼매에서도 역시 이와 같습니다.

내가 지금 설법하는 것은 때맞추어 내리는 비가 대지를 두루 적셔주는 것과 같고, 여러분들의 불성은 씨앗에 비유되니, 이 빗물이 흠뻑 적셔줌을 만나 모두 다 싹틀 것입니다.

나의 뜻을 잇는 이는 결단코 보리를 얻을 것이고, 나의 도리에 의지

---

7) 成壞(성괴) : =성패(成敗). ①실패. 성공과 실패. ②Ⓟanicca. 거듭거듭 한없이 반복하는 세계의 생성과 소멸.

8) 安閑(안한) : 몸과 마음이 편안하고 한가함.

9) 恬靜(염정) : 마음이 담담하고 안정됨.

10) 虛融(허융) : 욕심 없고 온화하다. 아득하고 환하다.

11) 直心(직심) : '즉심(卽心)' '진심(眞心)'과 같다. 바로 이 마음. 바로 지금 마음.

12) 돈황본 『단경』에서는 일상삼매(一相三昧)에 대한 해설은 없고 일행삼매(一行三昧)에 관해서만 나온다. "일행삼매란 '늘 행주좌와에 항상 바로 지금의 마음을 행(行)하는 것'입니다. 『정명경』에서는 바로 이 마음이 도량이고 바로 이 마음이 정토라고 하였습니다. 마음에 비굴하게 남에게 영합하면서 입으로만 법의 바름을 말하지 마십시오. 입으로는 일행삼매를 말하면서 바로 지금의 마음을 행(行)하지 않으면 부처님 제자가 아닙니다. 오로지 바로 지금의 마음으로 행하여 일체법에 집착함이 없음을 일행삼매라고 말로써 형용합니다. 하지만 미(迷)한 사람은 법상(法相)에 눌러 붙어 일행삼매를 집착하여 바로 지금의 마음이 자리에서 꿈적도 않으며 망(妄)을 없애고 마음이 일어나지 않으면 바로 일행삼매라고 합니다. 만일 이렇다면 이 법이 무정(無情)과 매한가지이므로 도를 가로막는 인연이 됩니다." (『南宗頓敎最上大乘摩訶般若波羅蜜經六祖惠能大師於韶州大梵寺施法壇經』 一卷. "一行三昧者, 於一切時中, 行住座(坐)臥, 常行眞眞心是. 『淨名經』云, 眞(直)心是道場, 眞(直)心是淨土. 莫心行諂典(曲), 口說法直. 口說一行三昧, 不行眞心, 非佛弟子. 但行眞心, 於一切法无(上), 上(无)有執着, 名一行三昧. 迷人着法相, 執一行三昧, 眞心座不動, 除妄不起心, 卽是一行三昧. 若如是此法同無淸(情), 卻是障道因緣." 퇴옹성철, 『돈황본 육조단경』, P87, 도서출판 장경각, 2015. 참조.)

하는 이는 반드시 묘과(妙果)13)를 증득할 것입니다."14)

439. 청원행사靑原行思

　　清原和尙, 問石頭: "汝從甚麽處來?" 曰: "曹溪." 原乃拈
拂子, 曰: "曹溪還有遮箇麽?" 曰: "非但曹溪, 西天亦無."
曰: "子莫曾到西天否?" 曰: "若到即有也." 曰: "未在更
道." 曰: "和尙也須道取一半, 莫全靠某甲." 曰: "不辭向汝
道, 恐已後無人承當."15)

청원 행사스님16)이 석두 희천스님17)에게 물으셨다.
"자네가 어디서 왔다고 했더라?"18)

---

13) 妙果(묘과) : 묘행(妙行)으로 얻게 되는 증과(證果). 곧 불과(佛果)이다.

14) 이 법문은 혜능스님이 신주(新州)의 국은사(國恩寺)에서 행한 대중법문이다. 돈황본 『단
경』에서는 보이지 않는다.

15) 『祖堂集』 卷第四, K45-0257. 『景德傳燈錄』 卷第五, T51n2076_p0240b13~18. 『聯燈會
要』 卷第十九, X79n1557_p0162a22~b02. 『禪門拈頌集』 卷第五, K46-008, 174則. 『五
燈會元』 卷第五, X80n1565_p0108a22~b02. 참조.

16) 靑原行思(청원행사) : 쌍봉도신(雙峰道信)-황매홍인(黃梅弘忍)-조계혜능(曹溪慧能)-청원행사
(靑原行思). 671~740. 속성은 유씨(劉氏). 길주(吉州) 여릉(廬陵)[강서성(江西省) 길안(吉安)]
출신. 어려서 출가하여 육조 혜능스님의 법을 잇고 남악 회양스님과 함께 선종의 양대 맥을
이어가게 한 대제자(大弟子)이다. 길안(吉安) 청원산(靑原山)의 정거사(淨居寺)에 머물렀다.
개원(開元) 28년 입적했다. 희종(僖宗)이 홍제선사(弘濟禪師)라고 시호를 내렸다. 탑명은 귀진
(歸眞)이다. '청원미가(靑原米價)' '청원여릉(靑原廬陵)' '청원소식(靑原消息)' '청원진신(靑原振
身)' '청원돌부(靑原鈯斧)' 등의 공안이 있다.

17) 石頭希遷(석두희천) : 황매홍인(黃梅弘忍)-조계혜능(曹溪慧能)-청원행사(靑原行思)-석두희천
(石頭希遷). 700-790. 단주(端州)[광동성] 고요(高要) 출신. 속성은 진씨(陳氏). 혜능스님에게
득도하고 혜능스님이 입적하자 청원행사(靑原行思)스님에게 참학하여 법을 이음. 천보(天
寶)[742~755년] 초년에 형산(衡山) 남사(南寺)에 주석할 때, 절의 동쪽에 높은 바위가 있었는
데 그 위에다 암자를 짓고 살면서부터 석두화상(石頭和尙)이라 불리기 시작했다. 강서는 마조
대사, 호남은 석두대사를 위주로 하여 사방에서 이 두 분 대사의 문하로 구름같이 모여 들었
다. 정원(貞元) 6년 91세로 입적하였다. 시호는 무제대사(無際大師)이며 『참동계(參同契)』1권,
『초암가(草庵歌)』1권이 있다. '석두록전(石頭碌塼)' '석두몰교섭(石頭沒交涉)' '석두문취노주(石
頭問取露柱)' '석두부득부지(石頭不得不知)' '석두조계(石頭曹溪)' '석두조계래(石頭曹溪來)' 등
의 화두가 있다. 약산유엄(藥山惟儼), 담주화림(潭州華林), 대전보통(大顚寶通), 단하천연(丹霞
天然), 천황도오(天皇道悟), 장자광(長髭曠) 등 21명의 부법제자가 있다.

18) 이 대화가 있기 전에 이미 "자네가 어디서 왔느냐?" "조계에서 왔습니다."라는 문답이
이미 있었다. (T51n2076_p0240b05~06. "師問曰: '子何方而來?' 遷曰: '曹谿.'")

말씀드렸다.

"조계에서 왔습니다."

그러자 청원스님이 곧 불자를 잡고 말씀하셨다.

"조계에도 이것이 있느냐?"

말씀드렸다.

"조계뿐만이 아니라 서천에도 역시 없습니다."

말씀하셨다.

"자네는 일찍이 서천에 가본 적이 없지 않느냐?"

말씀드렸다.

"만약 갔었다면 곧 '있음'입니다."

말씀하셨다.

"아직 맞지 않다. 다시 말해 보아라."

말씀드렸다.

"스님께서도 역시 반쯤은 말씀해 보셔야 하실 것이지19) 전적으로 저만 믿지 마십시오."

말씀하셨다.

"자네에게 말하는 것은 대충해 보겠지만,20) 이후에 아는 이가 없게 될까 걱정이네."

440. 목평선도木平善道

木平和尚, 初參洛浦遂問: "如何是一漚未發已前事?" 浦云: "移舟諳水脉, 擧棹別波瀾." 平不契, 次參盤龍, 亦如前問, 龍云: "移舟不別水, 擧棹即迷源." 平因此悟入.

雲峯悅云: "木平若於洛浦言下會去, 猶較些子, 可惜許向盤龍死水裏淹殺. 後有問: '如何是木平?' 對云: '不勞斤斧, 果然只在遮裏.' 諸禪德. 大凡發足超方, 也須甄別邪正, 識辨真偽, 帶些眼筋

---

19) 也須道取一半(야수도취일반) : 마땅히 절반 정도만 말해야 한다. '취(取)'는 어조사로 '득(得)'과 같다.

20) 不辭(불사) : '불사(不詞)'와 같다. 말이 자연스럽지 못하다. 말이 순하지 않다.

始得. 然雖如是, 賊過後張弓.”
　妙喜曰: “雲峯此語, 亦能瞎人眼, 亦能開人眼.”21)

　목평 선도스님22)이 처음에 낙포 원안스님23)을 참례하시고서 여쭈었다.
“어떤 것이 한 물거품도 생기기 이전의 일입니까?”
낙포스님이 말씀하셨다.
“배를 띄워야만 물살을 알게 되고, 노를 저어야 파도를 변별할 수 있다.”
목평스님이 계합하지 못하셨다.
그 다음에 반룡 가문스님24)을 참례하고 또한 앞과 같이 여쭈었다.
반룡스님이 말씀하셨다.
“배를 띄워봤자 물살을 변별할 수 없고, 노를 저으면 곧 근원을 미혹한다.”
목평스님이 이 말씀에 깨달으셨다.

---

21) 『景德傳燈錄』 卷第二十, T51n2076_p0369c23~27. 『禪門拈頌集』 卷第二十六, K46-04
　　37, 1203則. 참조.
22) 木平善道(목평선도) : 약산유엄(藥山惟儼)-선자덕성(船子德誠)-협산선회(夾山善會)-반룡가문
　　(盤龍可文)-목평선도(木平善道). 오대(五代) 때의 스님이다. 출가하여 처음에는 율종을 공부하
　　였고 다음에는 유식학 경전을 두루 공부하였으나 마음속에　안심입명처를 얻지 못하다가 낙포
　　원안스님을 찾아 법을 물었으나 계합하지 못하고, 반룡 가문스님을 참례하여 비로소 그의 법을
　　잇고 원주(袁州)[강서성 의춘(宜春)] 목평산에 주석하였다. ‘목평일구(木平一漚)’ 공안이 있다.
　　시호는 진적선사(眞寂禪師)이다.
23) 洛浦元安(낙포원안) : 약산유엄(藥山惟儼)-선자덕성(船子德誠)-협산선회(夾山善會)-낙포원안
　　(洛浦元安). 834~898. 악보원안(樂普元安)이라고도 한다. 섬서성(陝西省) 봉상현(鳳翔縣) 인유
　　(麟遊) 출신. 속성은 담씨(淡氏). 20세에 기양(岐陽) 회은사(懷恩寺)에서 머리를 깎고 우율사
　　(祐律師)에게 구족계를 받았다. 경과 논을 공부하다가 이후 취미(翠微)선사와 임제(臨濟)선사
　　에게서 참구(叅扣)하고 협산선회(夾山善會)선사 문하에서 심요(心要)를 개오(開悟)하였다. 예주
　　(澧州) 낙포(洛浦)[호남성]에 주석하다가 다시 소계(蘇谿)[호남성] 악보산(樂普山)에서 학인들을
　　접화(接化)하니 사방에서 납자들이 구름같이 모여들었다. 광화(光化) 원년에 세수 65세로 입적
　　하였다. ‘낙포반백(洛浦飯百)’ ‘낙포손빈(洛浦孫賓)’ ‘낙포임종(洛浦臨終)’ ‘낙포조의(洛浦祖意)’
　　‘낙포환향(洛浦還鄉)’ 등의 공안이 있다. 경조와룡(京兆臥龍), 청봉전초(靑峰傳楚) 등 10명의
　　수법제자가 있다.
24) 盤龍可文(반룡가문) : 약산유엄(藥山惟儼)-선자덕성(船子德誠)-협산선회(夾山善會)-반룡가문
　　(盤龍可文). 당대(唐代)의 스님으로 협산 선회스님의 법을 잇고 원주(袁州) 반룡산(盤龍山)에
　　주석하였다. 『경덕전등록(景德傳燈錄)』 16권 · 『종감법림(宗鑑法林)』 65권 · 『연등회요(聯燈會
　　要)』 23권 · 『오등회원(五燈會元)』 6권 · 『오등전서(五燈全書)』 11권 등에 문답화가 보인다.

운봉 문열스님25)이 말씀하셨다.

"목평스님이 만약 낙포스님 말이 끝나자마자 알았다면 그나마 괜찮았을 텐데,26) 반룡스님의 고여 썩은 물속에 잠겨 죽어버린 것이 애석하구나!

뒷날에 누가 묻기를, '어떤 것이 목평입니까?'라고 하자, 대답하기를, '도끼에도 끄덕하지 않으면27) 참으로28) 바로 여기에 있을 것이다.'29)라고 하였습니다.

그렇기에 선덕여러분.

대체로 길을 떠나 경계를 뛰어넘고자 한다면 마땅히 삿됨과 바름을 살펴 구분하고 진실과 거짓을 잘 식별하여, 이렇게 명백히 가려 낼 수 있는 눈의 근육30)이 있어야 할 것입니다.

그러나 비록 이와 같더라도 도적이 지나간 후에 활을 당기는 것입니다."

묘희스님이 말씀하셨다.

---

25) 雲峰文悅(운봉문열) : 수산성념(首山省念)-분양선소(汾陽善昭)-대우수지(大愚守芝)-운봉문열(雲峰文悅). 998~1062. 남창(南昌)[지금의 강서성] 출생. 속성은 서씨(徐氏). 7살에 용흥사(龍興寺)로 출가. 균주(筠州)의 대우 수지스님 회상에 찾아가서 좌선하다가 선반의 받침대가 끊어져 선반 위에 놓여 있었던 통과 그릇 등이 떨어지자 즉시 활연대오하고 대우스님의 법을 이었다. 대우스님이 입적한 후 동안원의 황룡스님회하에서 수좌로 머물렀다. 취암사(翠巖寺)에서 납자들을 제접하다가 남악(南嶽) 운봉사(雲峰寺)에 머물렀다. '문열부종(文悅不從)' '문열성색(文悅聲色)' '문열장로(文悅長老)' '문열호손(文悅猢猻)' 등의 공안이 있다. 가우(嘉祐) 7년 세수 66세 법랍 59세로 입적. 『운봉문열선사어록(雲峰文悅禪師語錄)』 2권이 남아 있다. 제자로 수녕재효(壽寧齋曉)가 있다.
26) 猶較些子(유교사자) : 우선은 그런대로 되었지만, 그나마 괜찮긴 하지만, 우선은 되었지만 아직 좀 부족한 듯하다.
27) 不勞(불로) : 근심하지 않다. 힘들지 않다.
28) 果然(과연) : 참으로.
29) 금릉(金陵) 이씨(李氏)가 목평스님을 흠모하여 스승으로 모시면서 물은 것이다. "스님의 육계에 비단 무늬가 있었다. 금릉의 이씨가 스님의 도행(道行)을 존경하여 공양을 올리고 스승의 예로써 대우하였다. 그가 일찍이 여쭈었다. '어떤 것이 목평입니까?' 스님이 말씀하셨다. '도끼에 꼼작도 않는다.' 말씀드렸다. '어떤 것이 도끼에 꼼작도 않는 것입니까?' 스님이 말씀하셨다. '목평이다.'"(T51n2076_p0370a06~08, 『景德傳燈錄』卷第二十. "師肉髻羅紋. 金陵李氏, 嚮其道譽, 迎請供養, 待以師禮. 嘗問: '如何是木平?' 師曰: '不動斤斧.' 曰: '如何不動斤斧?' 師曰: '木平.'")
30) 眼筋(안근) : 눈빛이 민첩하고 예리함. 시비와 득실을 분명히 잘 가려내는 것을 말한다.

"운봉스님의 이 말씀은 또한 사람의 눈을 멀게 할 수도 있으며 또한 사람의 눈을 뜨게 할 수도 있다."

441. 본생本生

本生和尙, 拈拄杖, 示衆, 云: "我若拈起, 汝便向未拈起時作道理, 若不拈起, 汝便向拈起時作主宰. 且道. 老僧爲人在甚處?"
時有僧出云: "不敢妄生節目." 曰: "也知闍梨不分外." 僧云: "低低處平之有餘, 高高處觀之不足." 曰: "節目上更生節目." 僧無語, 生曰: "掩鼻偸香, 空遭罪犯."31)

본생스님32)이 주장자를 잡고 대중에게 열어 보이셨다.
"내가 만약 주장자를 들어 올리면 여러분은 곧 주장자를 들어올리기 전의 도리를 짓고, 만약 들어 올리지 않으면 여러분은 곧 주장자를 들어 올린 때의 주재(主宰)33)를 짓습니다.
바로 여기, 말해보시오. 이 노승이 사람들을 위함이 어디에 있습니까?"

당시에 어떤 스님이 나와서 말씀드렸다.
"감히 망령되이 절목(節目)34)을 내진 않겠습니다."
말씀하셨다.
"역시 사리(闍梨)가 본분의 바깥이 아닌 줄은 알고 있었다."
그 스님이 말하였다.

---

31) 『禪門拈頌集』 卷第十四, K46-0225, 545則. 『聯燈會要』 卷第二十, X79n1557_p0171a21~b02. 『五燈會元』 卷第五, X80n1565_p0117c19~24. 참조.
32) 本生(본생) : 청원행사(靑原行思)-석두희천(石頭希遷)-대전보통(大顚寶通)-본생(本生). 유명한 '본생주장화(本生拄杖話)'의 법문이 있다. 『열조제강록(列祖提綱錄)』 7권·『종문염고휘집(宗門拈古彙集)』 19권·『종감법림(宗鑑法林)』 58권·『불과격절록(佛果擊節錄)』 35칙·『어선역대선사어록(御選歷代禪師語錄)』 후집상(後集上)·『연등회요(聯燈會要)』 20권·『오등회원(五燈會元)』 5권·『오등전서(五燈全書)』 10권·『지월록(指月錄)』 9권 등에 법문이 전해지고 있다.
33) 主宰(주재) : 지배적인 위치에서 사람들을 통솔하는 사람. 통치자.=주관(主管), 지배(支配).
34) 節目(절목) : 지엽적인 일, 자질구레한 일. 조목, 항목. 관건. 순서, 절차. 옹이, 마디.

"낮고 낮은 곳은 평평하게 하여도 남음이 있고, 높고 높은 곳은 보아
도 한이 없습니다."
말씀하셨다.
"절목(節目) 위에다 다시 절목(節目)을 만드는 구나!"
그 스님이 대답을 하지 못하자, 본생 스님이 말씀하셨다.
"코를 막고 향기를 훔치니 공연히 죄를 범하게 되었구나."

442. 앙산혜적仰山慧寂

仰山和尚, 到東寺. 寺問: "汝是甚麼處人?" 曰: "廣南
人." 寺曰: "我聞廣南有鎭海明珠是否?" 曰: "是." 寺曰:
"此珠如何?" 曰: "黑月卽隱, 白月卽現." 寺曰: "還將得
來也無?" 曰: "將得來." 寺曰: "何不呈似老僧看?" 山叉
手近前, 曰: "昨到潙山, 亦被索此珠. 直得無言可對, 無
理可伸." 寺曰: "汝真潙山之子, 善能哮吼. 譬如蟭螟蟲於蚊子眼睫上作窠,
向十字街頭叫 '土曠人稀, 相逢者少.'"35)

앙산 혜적스님36)이 동사 여회스님37)께 가셨다.

---

35) 『禪門拈頌集』卷第十四, K46-0238, 576則. 『五燈會元』卷第三, X80n1565_p0078
   a06~12. 참조.

36) 仰山慧寂(앙산혜적) : 마조도일(馬祖道一)-백장회해(百丈懷海)-위산영우(潙山靈祐)-앙산혜적
   (仰山慧寂). 807~883. 위산 영우스님과 함께 위앙종(潙仰宗)의 개종조(開宗祖)이다. 소주(韶
   州)[광동성(廣東省)] 회화현(懷化縣) 출신. 속성은 섭씨(葉氏)이다. 17세에 손가락을 두 개 잘
   라버리고 광주(廣州) 남화사의 통선사(通禪師)에게서 머리를 깎았다. 제방을 행각하면서 암두
   전활스님과 석실스님, 탐원 진응스님 등에게서 참학하다가 위산 영우스님을 15년 동안 모시
   면서 확철대오하고 법을 이었다. 강서성의 앙산(仰山)에 주석하면서 선풍을 크게 떨쳤다. 중화
   (中和) 3년 77세로 입적. 시호는 지통대사(智通大師)이다. '혜적혜연(慧寂慧然)' '앙산문일답십
   (仰山問一答十)' '앙산삽초(仰山插鍬)' '앙산신위(仰山信位)' '앙산앙복(仰山仰覆)' '앙산설법(仰
   山說法)' 등의 많은 공안을 남겼다. 『앙산혜적선사어록(仰山慧寂禪師語錄)』 1권이 있다. 서탑
   광목(西塔光穆), 남탑광용(南塔光涌) 등 10명의 법사(法嗣)가 있다.

37) 東寺如會(동사여회) : 조계혜능(曹溪慧能)-남악회양(南嶽懷讓)-마조도일(馬祖道一)-동사여회
   (東寺如會). 744~823. 소주(韶州)[광동성] 시흥(始興) 곡강(曲江) 출신이다. 일찍이 어려서 출
   가하여 대력(大曆) 8년(773)에 경산도흠(徑山道欽)스님을 참례하여 공부하였다가 뒤에 마조 도
   일스님을 참방하고 그 법을 이었다. 이후 스님을 찾는 학인들이 줄을 잇자 큰방의 선상(禪床)
   이 부러졌다.[선상이 부러졌다는 것은 법회에 참여한 스님들이 매우 많음을 형용한다.] 그래서

동사스님이 말씀하셨다.

"자네는 어디 사람이냐?"

말씀드렸다. "광남(廣南) 사람입니다."

동사스님이 말씀하셨다.

"내가 들어보니 광남에는 진해명주(鎭海明珠)가 있다고 하던데 맞나?"

말씀드렸다. "그렇습니다."

동사스님이 말씀하셨다. "이 구슬은 어떠하냐?"

말씀드렸다. "하현달에는 숨고, 상현달에는 드러납니다."38)

동사스님이 말씀하셨다. "가져올 수 있나?"

말씀드렸다. "가져 왔습니다."

동사스님이 말씀하셨다. "어째서 이 노승한테 보여주지 않느냐?"

앙산이 차수(叉手)하고 가까이 나아가 말씀드렸다.

"어제 위산스님39)께 갔더니 마찬가지로 이 구슬을 찾으셨습니다. 하지만 곧바로 대답할 말도 없고 드러낼 도리도 없었습니다."

동사스님이 말씀하셨다.

"너는 참으로 위산의 아들이라 잘도 포효하는 구나. 마치 초명벌레40)

절상회(折床會)라고 불렸다. 장사스님의 사숙이지만 남전스님의 도움을 받아서 계오(契悟)하였다. 그래서 장사스님이 위의 질문을 한 것이다. 그 이후 장사(長沙) 동사(東寺)의 주지로 들어갔다. 이때부터 동사선굴(東寺禪窟)이라 불렸다. 목종(穆宗) 장경(長慶) 3년에 세수 80세로 입적하였다. 시호는 전명대사(傳明大師)이다.

38) 黑月(흑월), 白月(백월) : 흑월(黑月)은 흑분(黑分)이라고도 한다. 하현달이다. 고대 인도의 역법에서 음력 15일에서 그믐까지를 말한다. 백월(白月)은 백분(白分)이라고도 하는데 고대 인도의 역법에서 음력 초하루에서 보름까지를 말한다.

39) 潙山靈祐(위산영우) : 남악회양(南嶽懷讓)-마조도일(馬祖道一)-백장회해(百丈懷海)-위산영우(潙山靈祐). 771~853. 복주(福州) 장계(長溪) 출신. 속성은 조씨(趙氏). 15세에 출가하여 건선사(建善寺) 대매법상(大梅法常)스님에게서 삭발하였다. 항주(杭州) 용흥사(龍興寺)에서 대소승의 경과 계율을 익힌 후, 홍주(洪州) 백장 회해스님의 회상에 가서 참례하니 곧바로 입실을 허락 받았다. 어느 날 백장스님을 시봉하고 서 있을 때, 스님이 물었다. "누구냐?" "영우(靈祐)인데요." "화로 속에 불이 있는지 뒤져 보아라." 스님은 이리저리 헤쳐보고는 말하였다. "불이 없는데요." 백장스님은 곧장 일어나 화로를 깊이 뒤져서 조그마한 불씨를 찾아서 보여주며 말했다. "이건 뭐냐?" 이 말에 곧장 대오하였다. 이후 담주(潭州)의 대위산(大潙山)에 주석하면서 종풍을 크게 드날리며 위앙종의 종조가 되었다. 대중(大中) 7년에 83세로 입적하였다. 시호는 대원선사(大圓禪師)이다. '위산정병(潙山淨瓶)' '위산성색(潙山聲色)' '위산무심(潙山無心)' '위산적다(潙山摘茶)' '위산수고우(潙山水牯牛)' '위산대체(潙山大體)' 등의 공안이 있다. 『위산경책(潙山警策)』 1권과 『담주위산영우선사어록(潭州潙山靈祐禪師語錄)』 1권이 있다. 앙산혜적(仰山慧寂), 향엄지한(香嚴智閑), 경산홍인(徑山洪諲), 영운지근(靈雲志勤), 경조미호(京兆米胡), 왕경초상시(王敬初常侍) 등 43명의 기라성 같은 부법(付法) 제자들이 있다.

40) 蟭螟(초명) : 지극히 작은 전설상의 벌레. 『포박자(抱朴子)』와 『열자(列子)』에 나오는 벌

가 모기 눈썹 속에 집을 짓고 십자거리를 향하여 '땅은 넓고 사람은
적어 만나는 이가 드물구나'라고 외치는 것과 같다."

443. 백장회해百丈懷海

百丈再參馬祖, 侍立次, 祖以目視禪牀角拂子. 丈曰: "即
此用, 離此用?" 祖曰: "你向後開兩片皮, 將何為人?" 丈
取拂子豎起, 祖曰: "即此用, 離此用?" 丈挂拂子舊處, 祖
振威一喝, 百丈直得三日耳聾.

汾州云: "悟去便休, 更說甚麼三日耳聾?" 石門云: "若不
三日耳聾, 何得悟去?" 汾州云: "我與麼道, 較伱石門半月程."

東林總云: "當言不避截舌, 當鑪不避火迸. 佛法豈可曲順人情? 東林今日向
驪龍窟內爭珠去也.　百丈大智不無伱三日耳聾,　汾州石門爭免箇二俱瞎漢?
只遮三老還曾悟去也無?" 良久. 云: "祖禰不了, 殃及兒孫."

又汾陽頌云: "每因無事侍師前, 師指繩牀角上懸. 舉放却歸本位立, 分明一
喝至今傳."

真淨頌云: "客情步步隨人轉, 有大威光不能現. 突然一喝雙耳聾, 那吒眼開
黃檗面."41)

백장 회해스님42)이 다시 마조 도일스님43)을 참례하면서 모시고 서

레 이름이다. "초명은 모기 눈썹에 살면서 하늘을 뒤덮는 대붕을 비웃는다."(晋, 葛洪,
『抱朴子』「刺驕」. "蟭螟屯蚊眉之中, 而笑彌天之大鵬.") "강의 포구 사이에 마충이 있는
데 그 이름이 초명이다. 무리지어 모기의 속눈썹으로 날아들어 서로가 부딪치지도 않고
살면서 오가는데, 모기는 알지 못한다."(『列子』,「湯問」第五. "江浦之閒生麼蟲, 其名曰
焦螟, 羣飛而集於蚊睫, 弗相觸也. 棲宿去來, 蚊弗覺也.")

41) 『禪門拈頌集』卷第六, K46-0084, 181則. 『聯燈會要』卷第四, X79n1557_p0040c24~0
041a17. 참조.

42) 百丈懷海(백장회해) : 조계혜능(曹溪慧能)-남악회양(南嶽懷讓)-마조도일(馬祖道一)-백장회해
(百丈懷海). 749~814. 복주(福州) 장락(長樂)사람. 속성은 왕씨(王氏)이며 20살에 서산혜조(西
山慧照)스님에게 출가하고, 남악법조(南嶽法朝)율사에게서 구족계를 수지하였다. 마조도일(馬
祖道一)스님의 법을 이어받고 백장산(百丈山)의 대지수성선사(大智壽聖禪寺)에 주석하면서 선
풍을 크게 떨쳤다. 서문만 전해지고 있는 『백장청규(百丈淸規)』는 선림청규(禪林淸規)의 기본
교과서가 되었다. 당(唐) 원화(元和) 9년에 세수 66세로 입적하였다. 시호는 대지선사(大智禪
師), 각조선사(覺照禪師), 홍종묘행선사(弘宗妙行禪師) 등이다. '백장거좌인연(百丈據座因緣)'

계실 때 마침 마조스님이 선상의 모서리에 걸려 있는 불자를 눈짓으로 가리키셨다.

백장 스님이 말씀드렸다.

"이 작용에 즉(卽)하십니까, 이 작용에 이(離)하십니까?"

마조스님이 말씀하셨다.

"자네는 뒤에 두 개의 입술44)을 열어 무엇을 가지고 사람들을 위하겠느냐?"

백장스님이 불자를 잡아 세워 올리셨다.

마조스님이 말씀하셨다.

"이 작용에 즉(卽)하느냐, 이 작용에 이(離)하느냐?"

백장 스님이 불자를 원래 위치에 갖다 걸어 놓으셨다.

마조 스님이 한 번 "억!"하고 할(喝)을 크게 떨치시니, 백장스님이 곧바로 삼일 동안 귀가 먹었다.45)

'백장곡소(百丈哭笑)' '백장권석(百丈捲席)' '백장봉착(百丈逢著)' '백장야호(百丈野狐)' '백장협화(百丈夾火)' 등의 공안이 있다. 위산영우(潙山靈祐), 황벽희운(黃檗希運), 복주대안(福州大安), 고령신찬(古靈神贊), 장경대안(長慶大安), 석상성공(石霜性空) 등 걸출한 제자 30여명을 배출하였다.

43) 馬祖道一(마조도일) : 황매홍인(黃梅弘忍)-조계혜능(曹溪慧能)-남악회양(南嶽懷讓)-마조도일(馬祖道一). 709~788. 한주(漢州)[사천성] 성도부 십방(什方) 출신. 속성은 마씨(馬氏). 12세에 자주(資州)의 당료화상(當了和尙)에게 출가하였고 투주(渝州)의 원율사(圓律師)에게서 구족계를 받았다. 이후 남악 회양스님을 만나 서래밀지(西來密旨)를 오도(悟道)하고 임천(臨川) 서리산(西里山)에 선원을 건립하여 종풍을 크게 선양하였다. 후에 대중을 이끌고 복건성 건양(建陽)의 불적령(佛迹嶺)에서 개법(開法)하고 건주(虔州)의 남당(南唐) 공공산(龔公山)에서 주석하다가 강서로 이동하여 홍주(洪州) 남창부(南昌府) 개원사(開元寺)에서 선법을 널리 펴니 법을 이은 제자만 해도 139명이나 되어 호남의 석두 희천스님과 더불어 선계(禪係)의 쌍벽으로 불렸다. 정원(貞元) 4년 건창의 석문산(石門山) 보봉사(寶峰寺)에서 결가부좌하고 세수 80세로 입적하였다. 자는 강서(江西), 시호는 대적선사(大寂禪師)이다. 『마조록(馬祖錄)』이 남아 있다. '마조야압(馬祖野鴨)' '대적양미순목(大寂揚眉瞬目)' '마조염장(馬祖鹽醬)' '마조완월(馬祖翫月)' '마조원상(馬祖圓相)' '마조일면불(馬祖日面佛)' 등의 유명한 공안을 남겼다. 『정법안장』에는 백장회해(百丈懷海), 분주무업(汾州無業), 남전보원(南泉普願), 오구화상(烏臼和尙), 흔주타지(忻州打地), 담주수계(潭州秀谿), 양기견숙(陽岐甄叔), 거사방온(居士龐蘊), 늑담상흥(泐潭常興), 반산보적(盤山寶積), 마곡보철(麻谷寶徹), 동사여회(東寺如會), 서당지장(西堂智藏), 영태영단(永泰靈湍), 대주혜해(大珠慧海), 삼산지견(杉山智堅), 석공혜장(石鞏慧藏), 대매법상(大梅法常), 오설영묵(五洩靈黙), 귀종지상(歸宗智常), 염관제안(鹽官齊安), 오대은봉(五臺隱峰), 자옥도통(紫玉道通), 노조보운(魯祖寶雲), 삼각총인(三角總印), 아호대의(鵝湖大義), 용산화상(龍山和尙), 진주금우(鎭州金牛), 홍주수료(洪州水潦), 서산량(西山亮) 등 30명의 제자들이 실려 있다.

44) 兩片皮(양편피) : 두 입술. 풍문.

45) 『선문염송』 제181칙에서는 약간 구조가 다르게 실려 있다. "백장스님이 두 번째로 마조스님을 참례하니 마조스님이 불자를 세우셨다. 이에 스님이 여쭈었다. '이 용(用)에 즉

분주 선소스님46)이 말씀하셨다.
"깨달으면 곧 그만일 텐데 다시 삼일 동안 귀먹었다는 말은 왜 했을
까?"
석문 온총스님47)이 말씀드렸다.

(即)하십니까, 이 용(用)에 이(離)하십니까?' 마조스님이 불자를 원래 자리에 걸어 두시자, 스님이 한참을 묵묵히 계셨다. 마조스님이 물으셨다. '자네는 훗날 두 입술을 열 때에 무엇으로써 사람들을 위하겠느냐?' 스님이 불자를 가져다가 세우셨다. 마조스님이 말씀하셨다. '이 용(用)에 즉(即)하느냐, 이 용(用)에 이(離)하느냐?' 스님도 역시 불자를 원래 있던 자리에 걸어 두셨다. 마조스님이 '억!' 할을 하시니, 스님이 곧바로 3일 동안 귀가 먹었다."(『禪門拈頌集』卷第六, 46-0084. "百丈再叄馬祖, 祖竪起拂子. 師云: '卽此用, 離此用?' 祖掛拂子於舊處, 師良久. 祖云: '你巳後開兩片皮將何爲人?' 師逐取拂子竪起, 祖云: '卽此用, 離此用?' 師亦掛拂子於舊處, 祖便喝, 師直得三日耳聾.")

46) 汾州善昭(분주선소) : 보응혜옹(寶應慧顒)-풍혈연소(風穴延沼)-수산성념(首山省念)-분주선소(汾州善昭). 분양선소(汾陽善昭)라고도 한다. 947~1024. 태원(太原) 출신. 속성은 유씨(兪氏). 14세에 부모가 돌아가시자 출가하여 구족계를 받았다. 그 후 제방을 다니면서 71명의 선지식들을 참방하였다. 그러다가 수산 성념스님을 만나 대오하고 법을 이었다. 성념스님이 입적하자 서하(西河)의 도속(道俗)들의 청으로 분주(汾州) 태자원(太子院)에 주석하면서 삼구(三句), 사구(四句), 삼결(三訣), 십팔창(十八唱) 등의 기용으로 학인들을 접화하면서 크게 명성을 떨쳤다. 분주에서 30년을 머무르다 인종(仁宗) 천성(天聖) 2년에 세수 78세로 입적하였다. '분양사구(汾陽四句)' '분양삼결(汾陽三訣)' '분양삼구(汾陽三句)' '분양삼종사자(汾陽三種師子)' '분양십지동진(汾陽十智同眞)' '분양십팔문(汾陽十八問)' '분양오문구(汾陽五門句)' 등의 기예방편이 있고, '분양서하사자(汾陽西河師子)' '분양용수(汾陽龍袖)' '분양주장(汾陽拄杖)' '분양청견(汾陽靑絹)' '분양급절(汾陽急切)' '분양초기(汾陽初機)' '분양만리(汾陽萬里)' 등의 공안이 있다. 시호는 무덕선사(無德禪師)이다. 『분양무덕선사어록(汾陽無德禪師語錄)』 3권,(T47) 『분양소선사어록(汾陽善昭禪師語錄)』 [『古尊宿語錄』 卷第十], 『분양소선사어(汾陽昭禪師語)』 [『續刊古尊宿語要』 天集]가 남아있다. 석상초원(石霜楚圓), 파초곡천(芭蕉谷泉), 대우수지(大愚守芝), 천성호태(天聖皓泰), 낭야혜각(瑯琊慧覺), 태자도일(太子道一), 법화전거(法華全擧), 용화효우(龍華曉愚) 등의 13인의 걸출한 부법제자(付法弟子)가 있다.

47) 石門蘊聰(석문온총) : 보응혜옹(寶應慧顒)-풍혈연소(風穴延沼)-수산성념(首山省念)-곡은온총(谷隱蘊聰). 965~1032. 남해(南海)[광동성] 출신. 속성은 장씨(張氏). 출가한 후 백장 도항스님을 찾아 참학하다가 후에 수산 성념스님을 찾아가서 법을 이었다. 처음에 백장 도항선사를 참례하였는데, 하안거 결제일이라 백장스님이 상당하여 『중관론』을 인용하여 말했다. '정각(正覺)의 이름 없는 모양은 조건에 따라 도량에 즉(即)한다.' 스님이 곧장 질문을 던졌다. '어떤 것이 정각(正覺)의 이름 없는 모양입니까?' 백장스님이 말했다. '스님은 기둥을 드러내는가?' 스님이 말했다. '어떤 것이 조건에 따라 도량에 즉(即)하는 것입니까?' 백장스님이 말했다. '오늘이 하안거 결젯날이다.' 후에 수산 성념선사를 참례하고 여쭈었다. '학인이 직접 보배산에 이르렀다가 빈 손으로 돌아올 땐 어떻습니까?' 수산스님이 말했다. '집집마다 문 앞에 횃불이 있지.' 스님이 말끝에 대오하였다. 후에 동산수초(洞山守初)스님, 지문사계(智門師戒)스님 등을 역참하고 경덕(景德) 3년(1006)에 양주(襄州) 곡은산(谷隱山) 석문사(石門寺)에 주석하였다. 다시 천희(天喜) 4년(1020)에 태평(太平) 흥국선사(興國禪寺)로 옮기니 따르는 대중이 1000여 명에 달하였다. 천성(天聖) 10년에 68세로 입적하였다. 시호는 자조선사(慈照禪師)이다. '석문가풍(石門家風)' '석문구추(石門鉤錐)' '석문답착(石門踏着)' '석문십오일(石門十五日)' '석문연궁(石門年窮)' 등의 공안이 있다. 이준욱(李遵勗)이 지은 비문이 있고 『석문산자조선사봉암집

"만약 삼일 동안 귀머거리가 되지 않았다면 어찌 깨달을 수 있었겠습
니까?"
분주스님이 말씀하셨다.
"내가 이렇게 말했지만 저 석문에 비하면 반달 정도 쯤 남았구나."

동림 상총스님48)이 말씀하셨다.
"말을 해야 할 때는 혀가 잘리는 것을 피하지 말고, 화로의 불을 쪼
일 때는 불똥이 튀어 나오는 것을 피하지 말아야 하는 것이다. 불법이
어찌 인정에 세세히 따를 수 있겠느냐?
이 동림은 지금 여룡(驪龍)49)의 소굴로 들어가 여의주를 다툴 것이
다.
백장대지(百丈大智)스님도 삼일동안 귀머거리가 되게 함이 없지 않았
으나, 분주와 석문스님은 둘 다 함께 눈이 먼 자를 어떻게 면할 것이
냐? 이 세 분의 어르신들이 일찍이 깨닫기는 하였을까?"

한참 묵묵히 계셨다.

말씀하셨다. "조상이 깨닫지 못하면 재앙이 후손에 미친다."

또 분양 선소스님이 노래하셨다.

(石門山慈照禪師鳳巖集)』 1권이 있다. 제자로 대승덕준(大乘德遵), 용화제악(龍華齊岳), 석문
료동(石門了同), 금산담영(金山曇穎), 이준욱거사(李遵勗居士) 등 24명이 있다.
48) 東林常總(동림상총) : 분양선소(汾陽善昭)-석상초원(石霜楚圓)-황룡혜남(黃龍慧南)-동림상총
(東林常總). 1025~1091. 황룡파스님이다. 검주(劍州) 우계(尤谿)[사천성 검각(劍閣)] 출신이다.
속성은 시씨(施氏)다. 자는 조각(照覺), 또는 상총(常聰)이다. 11세에 보운사(寶雲寺)의 문조(文
兆)스님에게 출가하였다. 계사(契思)를 따라 구족계를 받은 후 황룡 혜남스님을 따르며 20년
을 참구하다가 그 법을 이었다. 황룡 혜남스님이 입적한 후 늑담(泐潭) 보봉사(寶峰寺)에 주석
하다가 뒤에 강주(江州)[강서성 구강(九江)] 동림사(東林寺)로 옮겼다. 원풍(元豊) 3년(1080)에
칙령으로 여산의 동림사를 율사(律寺)에서 선림(禪林)으로 바꾸니 스님이 여기서 주석하며 설
법하였다. 신종(神宗)에게서 자의(紫衣)와 광혜선사(廣惠禪師)라는 호를 받았다. 원우(元祐) 3
년(1088)에 또 조각선사(照覺禪師)라는 호를 받고 원우(元祐) 6년에 세수 67세로 입적하였다.
늑담응건(泐潭應乾) 등 30인의 법사(法嗣)를 두었다.
49) 驪龍(여룡) :『장자』「열어구」에 나오는 용(龍)의 이름이다. "대저 천금(千金)의 여의주
는 반드시 아홉 층의 연못에 있는데 여룡의 턱 아래에 있다."(『莊子』雜篇,「列禦寇」.
"夫千金之珠, 必在九重之淵, 而驪龍頷下.")

"매양 일없이 스승을 모시었는데
스승이 승상 모서리에 걸려 있는 걸 가리키네.
들었다가 던져버리고 본래 자리 놓으니
분명한 할(喝) 하나가 지금껏 전하여오네."

진정 극문스님50)이 노래하셨다.

"나그네 마음이 걸음걸음 사람 따라 옮기니
대위광(大威光)이 있어도 못 드러내네.
내지른 할(喝)에 두 귀가 먹었으니
나타(那吒)51) 눈이 황벽스님 낯을 열었네."52)

---

50) 眞淨克文(진정극문) : 분양선소(汾陽善昭)-석상초원(石霜楚圓)-황룡혜남(黃龍慧南)-진정극문
(眞淨克文). 1025-1102. 보봉극문(寶峰克文). 운암극문(雲庵克文). 늑담극문(泐潭克文)이라고
도 한다. 섬부(陝府)[하남성] 문향(閺鄕)출생. 속성은 정씨(鄭氏). 호는 운암(雲庵)・진정(眞淨)
・늑담(泐潭)・보봉(寶峰) 등이 있다. 어려서부터 계모슬하에 지내다가 아버지가 유학(遊學)하
라고 하자 복주(復州)[호북성(湖北省)]의 북탑(北塔)에 있던 광공(廣公)의 설법을 듣고 스승으
로 모시면서 극문(克文)이란 법명을 받게 되었다. 25세에 구족계를 받았고, 처음에 경론(經論)
을 공부하다가 치평(治平) 2년(1065) 대산(大山)에서 안거하던 중 어떤 스님이 운문문언(雲門
文偃)스님의 법문(法門) 말씀을 외우는 것을 듣고 크게 깨달아 황룡혜남(黃龍慧南)스님을 찾아
뵙고 인가를 받았다. 희녕(熙寧) 7년(1074) 금릉(金陵)[남경(南京)]에 이르러 서왕(舒王)의 귀의
를 받고 보령사(報寧寺)에서 개산(開山)하였다. 뒤에 장상영(張商英)의 청을 받고 늑담(泐潭)
[강서성(江西省) 고안(高安)]에 머물다가 운암(雲庵)에 물러나 한거(閑居)하던 중 숭녕(崇寧) 원
년 10월에 세수 78세로 입적하였다. 회당조심(晦堂祖心)스님, 동림상총(東林常總)스님과 함께
황룡파의 발전에 크게 기여하였다. 제자로 도솔종열(兜率從悅), 수녕선자(壽寧善資), 동산지건
(洞山至乾), 담당문준(潭堂文準), 각범혜홍(覺範慧洪) 등이 있다. 『운암진정선사어록(雲庵眞淨
禪師語錄)』 6권이 있고, 각범혜홍(覺範慧洪)이 찬술한 『운암진정화상행장(雲庵眞淨和尙行狀)』
이 있다. 이 『정법안장』에서는 18화(話)나 실려 있어 조주스님과 함께 가장 많다.
51) 那吒(나타) : ⑤Naṭa. 사천왕 가운데 북방의 비사문천왕(毘沙門天王)의 태자이다. 머리
가 셋이고 팔은 여덟 개를 가졌다. 엄청난 힘을 가지고서 불법(佛法)을 호지(護持)하며
수행자들을 옹호하는 선신(善神)이다. 손에는 항상 금강장(金剛杖)을 들고서 악인의 무리
를 찾아다닌다.
52) 『대혜어록』 10권에 염송이 있다. "망아지의 할(喝) 아래 가풍이 사라지니/ 온천하가 여
기서 소식이 통해버렸네./ 타오르는 불길 속에서 달을 건져서/ 대웅봉 꼭대기에 당당히
앉아 있구나." (T47n1998Ap0851a05~06, 『大慧普覺禪師語錄』 卷第十. "馬駒喝下喪家
風, 四海從茲信息通. 烈火焰中撈得月, 巍巍獨坐大雄峰.")

444. 목주도명睦州道明

僧問睦州: "一氣還轉得一大藏也無?" 州云: "有甚䉤䉤飷子? 快下將來."
妙喜曰: "五更侵早起, 更有夜行人."53)

어떤 스님이 목주 도명스님54)께 여쭈었다.
"단숨에 부처님의 모든 가르침을 읽어 버릴 수 있습니까?"
목주스님이 말씀하셨다.
"웬 떡55)이냐? 빨리 가져와봐!"

묘희스님이 말씀하셨다.
"오경(五更)56)이 되어서 일찍 일어났는데도 어찌57) 도적이 있는가?"58)

---

53) 『聯燈會要』 卷第八, X79n1557_p0080a18~19. 『禪門拈頌集』 卷第十六, K46-0271, 657則. 『五燈會元』 卷第四, X80n1565_p0102a21~23. 참조.

54) 睦州道明(목주도명) : 마조도일(馬祖道一)-백장회해(百丈懷海)-황벽희운(黃檗希運)-목주도명(睦州道明). 780~877. 목주도종(睦州道蹤)이라고도 함. 속성은 진씨(陳氏). 강남(江南) 출생. 목주(절강성) 용흥사(龍興寺)에 주석할 때 대중 일천 명이 운집하여 종풍을 떨쳐 진존숙(陳尊宿)이라 불리었고, 짚신을 팔아 그 어머니를 잘 모셨다고 하여 진포혜(陳蒲鞋)라고 불렸다. 법을 이은 이가 목주자사(睦州刺史) 진조(陳操)와 엄릉균대화상(嚴陵鈞臺和尙)의 2명이 있다. 세수 98세, 법랍 76세로 입적. 자사진조(刺史陳操), 엄릉조대(嚴陵鈞臺) 등의 제자가 있다.

55) 䉤䉤飷子(필라퇴자) : 필라(䉤䉤)는 원래 고기를 섞은 밥이었으나 나중에 떡을 말하는 것으로 바뀌었다. 퇴자(飷子)는 납작한 떡을 말한다.

56) 五更(오경) : 하룻밤을 다섯으로 나누었을 때의 다섯째 부분(部分). 일경(一更)은 약 2시간이다. 새벽 네 시 전후(前後)임.

57) 更有(갱유) : 어찌 ~이 있는가?

58) 『대혜어록』 10권에 염송이 있다. "단숨에 대장경을 읽어버리니/ 돈·점·편·원·권·실교로구나./ 한량없이 미묘한 뜻 환히 드러나는데/ 원래부터 한 글자도 알지 못했네." (T47n1998Ap0853a07~09, 『大慧普覺禪師語錄』 卷第十. "一氣轉一大藏敎, 頓漸偏圓權與實. 無邊妙義炳然彰, 元來一字也不識.")

445. 늑담홍영洳潭洪英

洳潭英和尙, 示眾, 擧: "〈南泉, 歸宗, 麻谷, 三人同去禮拜忠國師. 到中路南泉於地上畫一圓相, 云: '道得卽去, 道不得卽不去.' 歸宗便於圓相中坐, 麻谷作女人拜. 南泉云: '恁麼則不去也.' 歸宗云: '是甚麼心行?'〉學般若菩薩, 須到遮箇田地始得. 如金盤裏盛珠, 不撥而自轉. 然雖如是, 只如南泉道, '與麼則不去也', 利害在甚麼處? 還有人道得麼? 試出來道看. 如無, 山僧與你下箇注脚." 良久. 云: "不入洪波裏, 爭顯弄潮人?"[59]

늑담 홍영스님[60]이 대중에게 열어 보이셨다.
"남전 보원스님[61]과 귀종 지상스님[62]과 마곡 보철스님[63] 세 분이

---

59) 『禪門拈頌集』 卷第七, K46-0103~04, 208則. 참조.
60) 洳潭洪英(늑담홍영) : 분양선소(汾陽善昭)-석상초원(石霜楚圓)-황룡혜남(黃龍慧南)-늑담홍영(洳潭洪英). 1009~1068. 보봉홍영(寶峰洪英)이라고도 함. 소무(邵武)[복건성] 출신. 속성은 진씨(陳氏). 어렸을 적 부모가 글공부를 해서 선비가 되기를 원하였으나 스님은 출가를 간절히 서원하였다. 출가하여 황룡 혜남스님을 만나서 밤이 다하고 아침이 되도록 말씀드렸으나 입실을 허락받지 못하였다. 어느 날 경함(經函)을 실수로 떨어뜨렸는데 그 소리에 활연히 대오하였다. 그 길로 방장실로 달려가 혜남스님에게 말씀드리니, "그대가 우리 가문의 바른 눈을 갖춘 영웅이 되었구나. 잘 보호하여 지녀라."하고 인가를 하였다. 여산 원통사에서 세수 59세로 입적하였다.
61) 南泉普願(남전보원) : 조계혜능(曹溪慧能)-남악회양(南嶽懷讓)-마조도일(馬祖道一)-남전보원(南泉普願). 748-834. 정주(鄭州)[하남성 개봉(開封)] 신정현(新鄭縣) 출신. 성은 왕씨(王氏). 지덕(至德) 2년(757) 밀현 대괴산(大槐山) 대혜(大慧)스님에게 출가하고, 30세 되던 해 대력(大曆) 12년(777) 숭악(嵩岳) 회선사(會善寺)로 가서 고율사(暠律師)에게서 구족계를 받았다. 처음에 법성종, 법상종, 삼론종 등 계통의 불학을 공부하다가 어느 날 문득 현묘한 기틀은 경론(經論)의 밖에 있다고 생각하고, 마조스님의 회상에 참예하여 법을 이었다. 정원(貞元) 11년(795)에 지양(池陽)[안휘성]의 남전산(南泉山)에 선원을 짓고 스스로 '왕노사(王老師)'라 칭하며 30년간 산을 내려가지 않고 논밭을 일구면서 농사를 짓고 머무르니 학인들이 항상 구름같이 모여 성황을 이루었다. 태화 8년 입적하였다. '남전견호(南泉見虎)' '남전이노백고(南泉狸奴白牯)' '불시심불시불불시물(不是心不是佛不是物)' '남전수고우(南泉水牯牛)' '남전완월(南泉翫月)' '남전우두미견(南泉牛頭未見)' '남전참묘(南泉斬猫)' 등의 공안이 있다. 『마조도일선사광록(馬祖道一禪師廣錄)』 1권이 있다. 수법제자로 장사경잠(長沙景岑), 조주종심(趙州從諗), 악주수유산화상(鄂州茱萸山和尙), 자호이종(子湖利蹤), 지주행자감지(池州行者甘贄), 향엄의단(香嚴義端) 등의 기라성 같은 제자들이 17명이 있다.
62) 歸宗智常(귀종지상) : 조계혜능(曹溪慧能)-남악회양(南嶽懷讓)-마조도일(馬祖道一)-귀주지상(歸州智常). 식안귀종(拭眼歸宗), 지진지상(至眞智常)선사라고도 한다. 강릉(江陵)[호북성] 출신. 속성은 진씨(陳氏). 출가 후 마조 도일선사를 모시고 있다가 크게 깨달았다. 눈동자가 두 개여서 약으로 늘 씻었으므로 식안(拭眼)[눈을 씻음]귀종선사라고도 불렸다. 부용영훈(芙蓉靈訓), 고안대우(高安大愚) 등 5명의 제자를 두었다.

함께 남양 혜충국사[64)께 예배하러 나섰다.

　길 가던 도중에 남전스님이 땅 위에다 둥근 동그라미를 그려놓고 말씀하셨다.

　'말하면 즉시 갈 것이고 말하지 못하면 즉시 가지 않겠소.'

　귀종스님이 곧장 동그라미 안에 앉으시니, 마곡스님이 여인처럼 절을 하셨다.

　남전스님이 말씀하셨다.

　'이렇다면 가지 않겠소.'

　귀종스님이 말씀하셨다.

　'이 무슨 마음의 작용입니까?'[65)

　반야를 배우는 보살은 반드시 이러한 경지라야만 합니다. 마치 금쟁반 속에 구슬을 담으면 굴리지 않아도 저절로 구르는 것과 같습니다. 비록 이러하나 남전이 '이렇다면 가지 않겠다'고 말한 것은 이해(利害)가 어디에 있습니까?

---

63) 麻谷寶徹(마곡보철) : 조계혜능(曹溪慧能)-남악회양(南嶽懷讓)-마조도일(馬祖道一)-마곡보철(麻谷寶徹). 생몰연대는 알려져 있지 않다. 마조스님의 법을 잇고 포주(蒲州)[산서성] 마곡산(麻谷山)에 주석하였던 스님이다. '마곡풍성상주(麻谷風性常住)' '마곡청천(麻谷靑天)' '마곡양처진석(麻谷兩處振錫)' '마곡어어(麻谷魚魚)' '마곡수건(麻谷手巾)' '마곡서두서초(麻谷鋤頭鋤草)' '마곡삼승(麻谷三乘)' 등의 여러 공안을 남겼다.

64) 南陽慧忠(남양혜충) : 쌍봉도신(雙峰道信)-황매홍인(黃梅弘忍)-조계혜능(曹溪慧能)-남양혜충(南陽慧忠). ?~775. 절강성(浙江省) 소흥부(紹興府) 제기현(諸曁縣) 출생. 속성은 염씨(冉氏). 어려서부터 육조 혜능스님을 따라다니며 배우다가 그의 법을 이었다. 육조스님 입적 후 여러 곳을 다니다가 남양(南陽) 백애산(白崖山) 당자곡(黨子谷)으로 들어가서 40여년을 아예 산문 출입을 하지 않았다고 한다. 상원(上元) 2년(761)에 숙종이 그의 명성을 듣고 조칙을 내려 스승으로 모셨다. 현종(玄宗)과 숙종(肅宗) 그리고 대종(代宗)에 걸쳐 두루 존경을 받았다. 균주(均州) 무당산(武當山)에 태일연창사(太一延昌寺)를 창건하였고, 당자곡(黨子谷)에 향엄장수사(香嚴長壽寺)를 창건하였다. 혜충스님은 청원 행사, 남악 회양, 하택 신회, 영가 현각스님 등과 함께 혜능스님의 5대제자로서 하택 신회스님과 함께 북방의 선풍을 이끌며 마조(馬祖)스님의 남방선풍과 대립하였다. 그의 선풍은 신심일여(身心一如), 즉심즉불(卽心卽佛)을 선지(禪旨)로 하여 제자들을 제접하였으며 또 무정설법(無情說法)을 처음으로 주창(主唱)하기도 하였다. 또한 삼장(三藏)을 연구하고 교학(敎學)을 중시하면서 혜능스님의 설법에 의거하여 늘 법문하였다. 대력(大曆)10년에 입적하였다. '충국무봉(忠國無縫)' '혜충삼환(慧忠三喚)' '혜충남방(慧忠南方)' '혜충고불(慧忠古佛)' '혜충무정(慧忠無情)' '혜충대의(慧忠大意)' 등의 공안이 있다. 시호는 대증국사(大證國師)이다. 법을 이은 제자로는 당숙종황제(唐肅宗皇帝)와 당대종황제(唐代宗皇帝) 등 2황제와 탐원진응(耽源眞應), 개봉손지고(開封孫知古), 등주향엄유계(鄧州香嚴惟戒)가 있다.

65) 『전등록』 8권 '남전보원선사南泉普願禪師' 편에 나온다. (T51n2076_p0258a21~25, 『景德傳燈錄』 卷第八. 참조.)

누가 말해 볼 이는 없습니까?
나와서 한 번 말해 보시오.
만일 없다면 이 산승이 여러분에게 주(注)를 붙일까 합니다."

한참 묵묵히 계셨다.

말씀하셨다.
"큰 파도 속으로 들어가지 않는다면 어찌 농조인(弄潮人)66)인 줄 드
러내랴?"

446. 법창의우法昌倚遇

法昌遇和尚, 因與南和尚, 舉程大卿看生緣話. 昌曰: "何不直下與伊勠絶
却?" 南云: "也曾為蛇畫足, 是伊自不瞥地." 昌曰: "和尚如何為佗?" 南云:
"咬盡生薑呷盡醋." 昌曰: "流俗阿師又恁麼去." 南云: "和尚意作麼生?" 昌
拈起拂子, 便打. 南云: "遮老漢也是無人情." 昌又舉在湖南時曾問興化: "
〈'知有底人向甚麼處去?" 化云: "善財拄杖子." 昌曰: "我不問善財拄杖子.
且道. 知有底人, 向甚麼處去?" 云: "或則登山, 或則渡水." 昌曰: "和尚只
解步步登高, 不解從空放下." 化云: "老僧雖則年邁, 要且不負來機."〉南云:
"和尚當時作麼生?" 昌曰: "我錯恠興化." 南云: "而今知也. 且道. 從甚麼
處去?" 昌曰: "你問阿誰?" 南云: "佯聾詐啞作甚麼?" 昌曰: "雖然如是, 要
且不負來機."67)

법창 의우스님68)이 황룡 혜남스님69)과 함께 정대경(程大卿)70)이 태

---

66) 弄潮人(농조인) : 농조(弄潮)는 파도 속에서 수영하면서 하는 놀이다. 농조인(弄潮人)은
   파도타기를 하는 사람으로 파도를 타다가 목숨을 쉽게 잃는 사람들이다. 곧 겁 없이 선
   사(禪師)에게 대드는 납자들을 말한다.
67) 『聯燈會要』 卷第二十八, X79n1557_p0245c09~21. 「洪州分寧法昌禪院遇禪師語錄,
   X73n1448_p0065a06~18.『續傳燈錄』 卷第五, T51n2077_p0497b27~c03.『指月錄』 卷
   之二十四, X83n1578_p0671b04~15. 참조.
68) 法昌倚遇(법창의우) : 동산수초(洞山守初)-복엄양아(福嚴良雅)-북선지현(北禪智賢)-법창의우
   (法昌倚遇) 1005~1081. 호남성 장주 출생. 속성은 임씨(任氏). 출가 후 부산법원(浮山法遠)스

어난 인연71)을 살펴 본 이야기를 가지고 담화를 나누셨다.

법창스님이 말씀하셨다.

"어찌하여 곧장 그를 죽여 버리지72) 않았소?"

혜남스님이 말씀하셨다.

"벌써73) 뱀에다 발을 그려 넣어 버린 것이라, 그는 스스로 경계를 보지를 못하였습니다."

법창스님이 말씀하셨다.

"화상께서는 어떻게 그를 위하실 겁니까?"

혜남스님이 말씀하셨다.

"생강을 다 씹어버리고 식초를 다 마셔 버렸습니다."74)

법창스님이 말씀하셨다.

"범속한 우리 스님이 또 이렇게 가시는구나."

혜남스님이 말씀하셨다.

"스님의 뜻은 어떠합니까?"

법창스님이 불자를 들어서 곧장 때리셨다.

님과 파초곡천(芭蕉谷泉)스님에게 지도를 받고 북선지현(北禪智賢)스님의 법을 이었다. 세수 77살에 입적. 『법창의우선사어록(法昌倚遇禪師語錄)』이 있다. 법을 이은 제자가 없다.

69) 黃龍慧南(황룡혜남) : 수산성념(首山省念)-분양선소(汾陽善昭)-석상초원(石霜楚圓)-황룡혜남(黃龍慧南). 1002~1069. 임제종 황룡파의 개조(開祖)이다. 적취노남(積翠老南)이라고도 한다. 강서성 옥산현 출생. 속성은 장씨(章氏). 11세에 정수원 지란(智鑾)스님에게 출가하였다. 19세에 구족계를 받고 나서 여러 곳을 행각하다가 운문종의 늑담 회징스님에게서 운문선을 참구하고 설법하면서 명성이 제방에 자자하였다. 그러다가 운봉 문열스님이 대사를 해결하려면 석상 초원스님을 찾아야 한다고 충고함을 듣고 석상 초원스님 회상으로 갔다. 거기서 '대산파자화(臺山婆子話)'에서 조주스님이 감파한 것이 무엇인가하는 질문을 받고 대오한 후, 여러 곳을 행각하다가 동안원에서 개당하였다. 귀종사에 돌아와서 절에 불이 나는 바람에 감옥에 갇혔다가 황벽으로 은거하였다. 그 이후 융흥부 황룡산의 숭은원(崇恩院)에 머물면서 종풍을 크게 드날렸다. 이로부터 공안이 활발하게 사용되었으며 그의 종풍이 호남·호북·강서를 중심으로 널리 퍼졌다고 한다. 희녕 2년 세수68세로 입적하였다. 시호는 보각선사(普覺禪師)이다. '황룡삼관(黃龍三關)' '황룡불이(黃龍不易)' '황룡종루(黃龍鐘樓)' '황룡무위(黃龍無爲)' '황룡율극(黃龍栗棘)' 등의 공안을 남겼다. 『황룡혜남선사어록(黃龍慧南禪師語錄)』 1권이 있다. 늑담 홍영(泐潭洪英), 운암극문(雲庵克文), 운개수지(雲蓋守智), 회당조심(晦堂祖心), 동림상총(東林常總), 황벽유승(黃檗惟勝), 대위회수(大潙懷秀), 운거원우(雲居元祐) 등 56인의 부법제자(付法弟子)가 있다.

70) 大卿(대경) : 벼슬이름이다. 주대(周代)이후 육관(六官)의 장(長)이었다.

71) 生緣(생연) : 가향(家鄕), 고향(故鄕). 태어난 인연. 태어난 곳.

72) 勦絶(초절) : =멸절(滅絶). 끊어 없애버리다. 베어서 죽여 없애다. 멸망시키다.

73) 也曾(야증) : 벌써, 이미, 일찍이, 이전에.

74) 咬盡生薑呷盡醋(교진생강합진초) : 생강을 다 씹고 식초를 몽땅 마시다. 곧 극도로 가난해지다는 뜻.

혜남스님이 말씀하셨다.
"이 노인네가 인정이 없구나."

법창스님이 또 호남에 계실 때, 일찍이 흥화 소선스님75)께 물으셨던
것을 말씀하셨다.
"〈'지유(知有)76)의 사람은 어디를 향하는 것입니까?'
흥화스님이 말씀하셨다.
'선재(善財)77)의 주장자요.'
법창스님이 말씀하셨다.
'나는 선재의 주장자를 물은 것이 아닙니다. 바로 지금, 말해보십시
오. 지유(知有)의 사람은 어디를 향하는 겁니까?'
말씀하셨다.
'어떤 이는 산에 오르고 어떤 이는 물을 건너지요.'
법창스님이 말씀하셨다.
'스님께서는 그저 걸음걸음 높이 오를 줄만 알지, 허공에서 내려오는
것은 알지 못하시는군요.'
흥화스님이 말씀하셨다.
'이 노승이 비록 늙었으나 도리어 내기(來機)78)를 저버리진 않소.'〉

---

75) 興化紹銑(흥화소선) : 동산수초(洞山守初)-복엄양아(福嚴良雅)-북선지현(北禪智賢)-흥화소선
   (興化紹銑). 1009~1080. 운문종스님이다. 호는 숭변(崇辨)이고 천주(泉州)[복건성] 출신이다.
   북선 지현스님의 법을 잇고 담주(潭州)의 흥화사(興化寺)에 주석하였다. 승상(丞相) 장돈(章惇)
   이 매산(梅山)으로 부임해 갈 때 흥화스님도 함께 가서 교화하니 상남(湘南) 8주(州)의 선림
   (禪林)에서 스님을 법주(法主)로 모셨다.
76) 知有(지유) : 궁극적으로 깨닫다. 향상일로(向上一路)를 말한다.
77) 善財(선재) : ⑤Sudhana. 선재동자(善財童子)를 말한다. 『대방광불화엄경』의 「입법계
   품」에 나오는 구도자의 이름이다. 복성장자의 아들로 태어났다. 이 동자는 처음에 태에
   들어갔을 때 그 집안에 칠보누각이 저절로 솟아나고 그 누각아래 일곱 개의 묻힌 창고가
   있었는데 이 창고 위로 땅이 저절로 열려 칠보의 싹이 났다. 선재동자가 태에 든 지 열
   달 만에 태어나니 몸과 팔다리가 매우 아름다웠다고 한다. 그리고 가로와 세로와 높이가
   각각 7자씩 되는 일곱 개의 큰 창고가 땅에서 솟아오르니 광명이 찬란하였으며, 또 집안
   에서 저절로 오백 개의 보배 그릇이 나와 온갖 물건이 가득하였다. 또 온갖 보배와 수많
   은 재물들이 창고에 가득하였다. 이렇기에 부모와 친속들과 관상보는 이들이 함께 이 아
   이의 이름을 선재라고 지었다고 한다. (『大方廣佛華嚴經』 卷第六十二, 「入法界品」 第三
   十九之三. T10n0279_p0332b12~28.) 선재동자는 뒤에 크게 발심하여 53선지식을 만나
   면서 법계에 들어간다.
78) 來機(내기) : 선사(禪師)에게 질문하러 오는 학인. 학인이 질문을 하면 기봉(機鋒)을 보
   여 제접한다.

혜남스님이 말씀하셨다.

"스님께서는 당시에 어떠하셨습니까?"

법창스님이 말씀하셨다.

"내가 흥화스님을 잘못 오해하였습니다."

혜남스님이 말씀하셨다.

"지금 아시는군요. 바로 말해보시오. 어디로 간 겁니까?"

법창스님이 말씀하셨다.

"스님은 누구에게 묻는 거요?"

혜남스님이 말씀하셨다.

"귀머거리인 체하고 벙어리인 체해서 무엇 하시려고요?"

법창스님이 말씀하셨다.

"비록 이러시지만 오히려 내기(來機)를 저버리진 못할 것입니다."

447. 반산보적盤山寶積

盤山和尚, 云: "心月孤圓, 光吞萬象. 光非照境, 境亦非存. 光境俱亡, 復
是何物?"
　妙喜曰: "千年常住一朝僧."79)

반산 보적스님80)이 말씀하셨다.

---

79)『祖堂集』卷第十五, K45-0326.『聯燈會要』卷第四, X79n1557_p0045a16~17.『禪門拈
　　頌集』卷第七, K46-0116, 250則.『五燈會元』卷第三, X80n1565_p0077b11~12. 참조.
80) 盤山寶積(반산보적) : 　조계혜능(曹溪慧能)-남악회양(南嶽懷讓)-마조도일(馬祖道一)-반산보
　　적(盤山寶積). 당나라 때 스님이다. 스님의 생몰연대와 출신지역은 알려진 것이 없다. 다만 반
　　산보적선사(盤山寶積禪師)로 불렸고 시호(諡號)가 응적대사(凝寂大師)라는 것만 알려져 있다.
　　스님은 마조도일선사(馬祖道一禪師) 문하에서 개오(開悟)한 이후에 하북(河北) 유주(幽州)의
　　반산(盤山)으로 가서 선법(禪法)을 선양하였다. 《깨달음의 인연》"어느 날, 반산스님이 재래시
　　장을 지나가는데, 어떤 사람이 돼지고기를 사려고 정육점 상인에게 소리쳤다. '노인장. 나에게
　　상등품 고기로 한 근 가져 오슈!' 상인이 듣고 나서 칼로 점판을 탁 치더니 팔짱을 끼고는 땅
　　이 울리듯 큰 소리로 외쳤다. '당신이 말해보쇼! 어떤 고기가 상등품인지?' 반산스님이 곁에서
　　이 말을 듣고 그 자리서 홀연히 각성되는 바가 있었다. 그 후 어떤 날에 절의 일주문 밖을 나
　　서자마자 한 무리의 사람들이 관을 메고 가는 장례행렬을 만나게 되었다. 맨 앞에서 상엿소리
　　하는 사람이 요령을 흔들며 구성진 가락을 길게 뽑아냈다. '붉은 해 서쪽으로 가라앉았는데,

"마음 달이 홀로 완벽하니, 빛이 만상을 삼켜 넣습니다. 빛은 경계를 비추는 것이 아니며, 경계 역시 존재함이 아닙니다. 빛과 경계를 함께 없애면 다시 무슨 물건이겠습니까?"

묘희스님이 말씀하셨다.
"천년 묵은 고찰81)에 하루아침의 중이로구나.82)"83)

448. 고안본인高安本仁

高安本仁和尚, 示衆, 云: "尋常不欲向聲前句後鼓弄人家男女. 何故? 且聲不是聲, 色不是色."
時有僧問: "如何是聲不是聲?" 曰: "喚作色得麼?" 云: "如何是色不是色?" 曰: "喚作聲得麼?" 僧作禮, 仁曰: "且道. 為汝說, 答汝話. 若人辨得, 有箇入處."84)

고안 본인스님85)이 대중에게 열어 보이셨다.
"평소에 소리 앞과 구(句) 뒤로써 마을의 남녀들을 미혹시키고 우롱

영혼은 어디로 갔을까나?' 그러자 관의 뒤를 따르던 망자의 아들이 비통하게 통곡을 했다. '아이고~! 아이고~!' 반산스님이 듣고서 곧바로 활연대오(豁然大悟)하셨다." '반산구심(盤山求心)' '반산고원(盤山孤圓)' '반산오진(盤山吾眞)' '반산향상(盤山向上)' '반산정저육(盤山精底肉)' '반산경산(盤山擎山)' '반산척검(盤山擲劍)' '반산효자곡(盤山孝子哭)' 등의 공안을 남겼다. 법을 이은 제자로 진주보화(鎭州普化)·진주상방(鎭州上方) 등이 있다.

81) 常住(상주) : 보통 상주물(常住物)의 줄임말이나 여기서는 사원, 즉 절을 말한다.

82) 월운스님은 "천년 묵은 상주(常住) 물건을 하루아침의 중이 쓰는구나." 라고 번역하였고, (김월운, 『선문염송·염송설화』3, p145, 동국역경원, 2005.) 대원 문재현 선사는 "천년 동안이나 상주함이여! 하루아침의 중일세."하고 번역하였다. (대원 문재현 선사, 『바로보인 선문염송』7, p368, 도서출판 바로보인, 2005.)

83) 『대혜어록』1권에 염송이 있다. "하이얀 백로가 밭에 내리니 천 송이 눈꽃이요,/ 노오란 꾀꼬리가 나무에 앉으니 한 가지 황금 꽃이로구나." (T47n1998Ap0813c16~17, 『大慧普覺禪師住徑山能仁禪院語錄』卷第一. "白鷺下田千點雪, 黃鸎上樹一枝金.")

84) 『聯燈會要』卷第二十二, X79n1557_p0196a23~b03.『五燈會元』卷第十三, X80n1565_p0270a07~12. 참조.

85) 高安本仁(고안본인) : 약산유엄(藥山惟儼)-운암담성(雲巖曇晟)-동산양개(洞山良价)-고안본인(高安本仁). 백수본인(白水本仁)이라고도 한다. '본인성전(本仁聲前)' '본인착사(本仁着沙)' 등의 공안이 있다.

하려고 하지 않습니다.
　무슨 까닭이겠습니까?
　소리는 소리가 아니요, 색은 색이 아니기 때문입니다."

　그때 한 스님이 여쭈었다.
　"어떤 것이 소리는 소리가 아닌 것입니까?"
　말씀하셨다. "색이라고 부르랴?"
　말씀드렸다. "어떤 것이 색은 색이 아닌 것입니까?"
　말씀하셨다. "소리라고 부르랴?"
　그 스님이 절을 하였다.
　본인스님이 말씀하셨다.
　"바로 지금, 말해봐라.
　너를 위해 말하고 너의 말에 답하겠다. 만일 누가 가려낸다면 깨달은
자리에 있을 것이다."

449. 조주종심趙州從諗

趙州和尙, 到一菴主處, 問: "有麽? 有麽?" 主豎起拳頭.
州曰: "水淺不是泊船處." 便行. 又到一菴主處, 曰: "有麽?
有麽?" 主亦豎起拳頭. 州曰: "能縱能奪, 能殺能活." 便禮
拜.
　姜山愛云: "趙州只見錐頭利."
雲居舜云: "趙州當時甚生意氣. 雖然如是, 要且鼻孔在二菴主手裏."[86]

조주 종심스님[87]이 한 암주의 처소에 가셔서 물으셨다.

---

86) 『聯燈會要』 卷第六, X79n1557_p0057b16~21. 『禪門拈頌集』 卷第十二, K46-0195,
　　436則. 『五燈會元』 卷第四, X80n1565_p0094a07~10. 『古尊宿語錄』 卷第十四, 「趙州眞
　　際禪師語錄之餘」, X68n1315_p0089c01~05. 『宗門拈古彙集』 卷第十六, X66n1296_p00
　　96a08~13. 『禪林類聚』 卷第十一, X67n1299_p0066b10~15. 참조.
87) 趙州從諗(조주종심) : 남악회양(南嶽懷讓)-마조도일(馬祖道一)-남전보원(南泉普願)-조주종심
　　(趙州從諗). 778~897. 산동성(山東省) 조주(曹州) 학향(郝鄕) 출신. 속성은 학씨(郝氏). 호통원
　　扈通院)[또는 용흥사(龍興寺)]에서 머리를 깎았다. 대중의 청으로 조주 관음원에 40여년을 주

"있냐? 있냐?"
암주가 주먹을 세워보였다.
조주스님이 말씀하셨다.
"물이 얕으니 배를 댈 곳이 아니로구나."
곧 떠나셨다.
또 한 암주의 처소에 가셔서 말씀하셨다.
"있냐? 있냐?"
암주 역시 주먹을 세웠다.
조주스님이 말씀하셨다.
"놓기도 하고 빼앗기도 하며, 죽이기도 하고 살리기도 하는 구나."
바로 절을 하셨다.

강산 애스님88)이 말씀하셨다.
"조주스님은 그저 송곳이 예리함만 보았다."

운거 효순스님89)이 말씀하셨다.
"조주스님은 당시에 엄청 의기를 부렸다.
비록 이렇지만 도리어 콧구멍이 두 암주의 손아귀에 있었다."

석하면서 선풍을 크게 드날렸다. 건녕 4년(897년)에 세수 120세로 입적하였다. 시호는 진제대사(眞諦大師)이고 『조주록(趙州錄)』3권이 남아 있다. '조주지도(趙州至道)' '조주평상심(趙州平常心)' '조주만법귀일(趙州萬法歸一)' '진주나복(鎭州蘿蔔)' '조주끽다거(趙州喫茶去)' '조주감파자(趙州勘婆子)' '조주불성(趙州佛性)' '정전백수자(庭前栢樹子)' '조주호리(趙州毫釐)' '조주끽죽(趙州喫粥)' '조주대왕(趙州大王)' '조주유유(趙州油油)' '조주호병(趙州餬餠)' '조주예불(趙州禮佛)' '판치생모(版齒生毛)' 등 수많은 공안이 있다. 항주다복(杭州多福), 익주서목(益州西睦), 마곡산화상(麻谷山和尙), 엄양선신(嚴陽善信), 광효혜각(光孝慧覺), 국청원봉(國淸院奉) 등 13인의 제자가 있다.

88) 姜山愛(강산애) : 그의 전기는 잘 알려져 있지 않다. 다만 『선종송고련주통집(禪宗頌古聯珠通集)』31권과 『선림유취(禪林類聚)』17권 등에서 그의 염화(拈話)만 단편적으로 보일 뿐이다.

89) 雲居曉舜(운거효순) : 운문문언(雲門文偃)-덕산연밀(德山緣密)-문수응진(文殊應眞)-동산효총(洞山曉聰)-운거효순(雲居曉舜). 운문종스님이다. 자(字)는 광부(光夫)이고 서주(瑞州)[강서성 고안(高安)] 출신이다. 속성은 호씨(胡氏). 동산 효총스님의 법을 잇고 뒤에 여산(廬山) 서현사(棲賢寺)에 주석하였다. 그 뒤 경도(京都)의 정인사(淨因寺)에 머물렀다. 말년에는 남강(南康)의 운거산(雲居山)에 머물렀다.

450. 마곡산화상麻谷山和尙

麻谷, 問臨濟: "大悲千手眼, 那箇是正眼?" 濟曰: "大悲千手眼, 作麼生是正眼? 速道! 速道!" 谷拽濟下禪牀却坐. 濟遂近前, 云: "不審?" 谷擬議, 濟便喝, 拽下禪牀却坐. 谷便出去. 達觀云: "諸禪德. 此二尊宿如此, 且道. 怎生? 今時人總道照用, 照甚麼盌? 一切人只解自騎馬去捉賊, 自持刀去殺賊, 此二人便能奪賊馬捉賊, 奪賊刀殺賊. 雖然如是, 臨濟雖是得便宜, 却是落便宜."90)

마곡산스님91)이 임제 의현스님92)께 물으셨다.
"대비관음의 천 개 손과 눈 가운데 어떤 것이 바른 눈이요?"
임제스님이 말씀하셨다.
"대비관음의 천 개 손과 눈 가운데 어떤 것이 바른 눈이요? 빨리 말해요! 빨리 말해요!"
마곡산스님이 임제스님을 선상 아래로 끌어내리고 앉으셨다.
임제스님이 이에 가까이 가서 말씀하셨다.
"안녕하세요?"
마곡산스님이 머뭇거리자, 임제스님이 곧장 "억!"하고 할을 하시고는

---

90) 『聯燈會要』 卷第四, X79n1557_p0045b18~c04. 『聯燈會要』 卷第九, X79n1557_p0089b07~10. 『禪門拈頌集』 卷第十六, K46-0259, 622則. 『五燈會元』 卷第十一, X80n1565_p0222c15~18. 참조.

91) 麻谷山和尙(마곡산화상) : 마조도일(馬祖道一)-남전보원(南泉普願)-조주종심(趙州從諗)-마곡산화상(麻谷山和)尙. 조주 종심스님의 법을 이은 담주(潭州)의 마곡산화상(麻谷山和尙)이다. 마조 도일스님의 법을 이은 포주(蒲州)의 마곡산(麻谷山) 보철선사(寶徹禪師)와 구별된다.

92) 臨濟義玄(임제의현) : 마조도일(馬祖道一)-백장회해(百丈懷海)-황벽희운(黃檗希運)-임제의현(臨濟義玄). ?~867. 조주(曹州)[하남성] 남화(南華) 출신. 속성은 형씨(邢氏). 임제종의 개조이다. 황벽 희운스님에게서 법을 이어받고 진주(鎭州)[하북성] 근처에 머물다가 태위(太尉) 묵군화(黙君和)가 자신의 집을 내주어 임제원(臨濟院)이라 이름 짓고 모시었다. 그 후 하남부(河南府)로 옮겼다가 대명부(大名府)[하북성]의 흥화사(興化寺)에 머물렀다. 함통(咸通) 8년 입적하였다. 시호는 혜조선사(慧照禪師)이며 탑호는 징령(澄靈)이다. '임제불법(臨濟佛法)'·'임제곽두(臨濟钁頭)'·'임제빈주(臨濟賓主)'·'임제무위(臨濟無位)'·'임제삼현(臨濟三玄)'·'임제삼십방(臨濟三十棒)'·'임제호병(臨濟餬餠)' 등의 공안을 남겼다. 제자 삼성 혜연스님이 편찬한 『진주임제혜조선사어록(鎭州臨濟慧照禪師語錄)』 1권이 있다. 관계지한(灌谿志閑), 유주담공(幽州譚空), 보수연소(寶壽延沼), 삼성혜연(三聖慧然), 위부대각(魏府大覺), 흥화존장(興化存獎), 정주선최(定州善崔), 동봉암주(桐峰菴主), 탁주지의(涿州紙衣), 정상좌(定上座), 활상좌(豁上座) 등 22인의 제자가 법을 이었다.

상 아래로 끌어내리고 도로 앉으셨다.

 마곡산스님이 곧 나가버리셨다.93)

 금산 달관스님94)이 말씀하셨다.

 "선덕 여러분. 이 두 존숙께서 이와 같은데, 바로 여기, 말해보시오. 어떻소? 요즈음 사람들은 모두 조용(照用)95)을 말하는데 무슨 주발을 비추는 겁니까?

 모든 사람들이 그저 스스로 말을 타고 도적을 잡고 스스로 칼을 가지고 도적을 죽일 줄만 알지만, 이 두 사람은 곧장 도적의 말을 빼앗아 타고서 도적을 잡고, 도적의 칼을 빼앗아서 도적을 죽입니다.

 그러나 임제스님이 비록 수지가 맞은96) 듯하지만 도리어 손해 본 것입니다."

---

93) 『경덕전등록』 12권과 『선종송고련주통집』 21권에서는 마곡스님이 (제2세)라고 명기하여 조주스님의 법사(法嗣)임을 분명히 밝히고 있다. "마곡스님(제2세)이 찾아뵈러 오셔서 좌구를 펴고 물으셨다. '십이면관음보살은 어떤 얼굴이 바른 얼굴입니까?' 임제스님이 승상에서 내려오시어 한 손으로는 방석을 개고, 한 손으로는 마곡스님을 붙들고 말씀하셨다. '십이면관음보살은 어느 곳으로 갔소?' 마곡스님이 몸을 돌려 승상에 앉으려 하시니, 스님이 주장자를 잡고 때리셨다. 마곡스님이 주장자를 잡고서는 서로 맞잡고 방장으로 들어가셨다." (T51n2076_p0291a01~05, 『景德傳燈錄』 卷第十二. "麻谷(第二世)到叅敷坐具, 問:'十二面觀音阿那面正?' 師下繩床, 一手收坐具, 一手搊麻谷云:'十二面觀音向什麼處去也?' 麻谷轉身擬坐繩床, 師拈拄杖打, 麻谷接卻相捉入方丈.") 그런데 『연등회요』 4권, 『선림유취(禪林類聚)』 10권에서는 마조스님의 법사인 마곡 보철스님으로 나온다. (X79n1557_p0045b18~c04. X67n1299_p0061b19~22.) 그 외 대부분 어록에서는 마곡보철스님과 마곡산화상을 동일인인 것처럼 소개하고 있다. 하지만 여기 임제스님과 마곡스님의 감변화(勘辨話)에서는 조주스님의 법사(法嗣)인 마곡산화상으로 보아야한다.

94) 金山達觀(금산달관) : 풍혈연소(風穴延沼)-수산성념(首山省念)-곡은온총(谷隱蘊聰)-금산담영달관(金山曇穎達觀). 989~1060. 송대(宋代) 임제종스님이다. 항주(杭州)[절강성] 전당(錢塘)사람이다. 속성은 구씨(丘氏). 호는 달관(達觀). 13세에 용흥사(龍興寺)로 출가하였다. 처음에 태양경현(大陽警玄)스님을 참알하였다가 뒤에 곡은 온총스님을 참례하고 그 법을 이었다. 그 뒤 윤주(潤州)[강소성] 금산(金山) 용유사(龍游寺)에 주석하였다. 가우(嘉祐) 5년에 72세로 입적하였다.

95) 照用(조용) : 수행자를 간파(看破)하여 보는 지혜의 작용이다. 임제스님이 학인들을 제접할 때 사용하던 수단이다. 조(照)는 상대가 어떤 자세로 나올지 살피는 것이고 용용은 상대방의 행위에 대응하는 것이다. 여기에 네 가지[사조용(四照用)]가 있다.

96) 便宜(편의) : 수지맞다. 잘 해주어 이익이 되게 하다. 편리하고 유익하다.

451. 백운수단白雲守端

　　白雲端和尙, 示衆, 云: "明明知道, 只是遮箇. 爲甚麽透不過? 只爲見人開口時, 便喚作言句, 見人閉口時, 便喚作良久默然. 又道動轉施爲, 開言吐氣, 盡十方世界內無不是自己. 所以道墮在途中, 隱隱猶懷舊日嫌. 豈不見. 雲門大師道: '聞聲悟道, 見色明心.' 遂擧起手, 云: '觀音菩薩, 將錢來買餬餅.' 放下手, 云: '元來却是饅頭.' 又不見. 山僧在法華時, 嘗有示衆, 云: '無業禪師道:「一毫頭聖凡情念未盡, 未免入驢胎馬腹裏去.」' 大衆. 直饒一毫頭聖凡情念頓盡, 亦未免入驢胎馬腹裏去. 瞎漢但恁麽看取. 參."97)

　백운 수단스님98)이 대중에게 열어 보이셨다.

"명명백백하게 도를 알면 오로지 '이것'입니다.

무엇 때문에 투과하지 못하는 것입니까?

　다만 사람이 입을 열었을 때는 언구(言句)라고 부르고 사람이 입을 닫았을 때는 곧 양구묵연(良久默然)이라고 부릅니다.

　또 도(道)가 활동하여 펼쳐지면 말을 하고 생기를 드러내어 시방세계를 다하도록 안으로 자기 아님이 없습니다.

　그러므로 도중에 떨어지면 은은함이 마치 지난날의 의심을 품은 것과 같다고 말하는 까닭입니다.

---

97) 『白雲端和尙語錄』卷二, X69n1352_p0315c18~0316a03. 참조.

98) 白雲守端(백운수단) : 임제의현(臨濟義玄)-흥화존장(興化存獎)-보응혜옹(寶應慧顒)-풍혈연소(風穴延沼)-수산성념(首山省念)-분양선소(汾陽善昭)-석상초원(石霜楚圓)-양기방회(楊岐方會)-백운수단(白雲守端). 1025~1072. 호남(湖南) 형양(衡陽)사람이다. 속성은 주씨(周氏)[혹은 갈씨(葛氏)라고도 함]. 20세에 다릉인욱(茶陵仁郁)스님에게 출가하고 제방을 참학하다가 양기방회(楊岐方會)스님에게 입문하여 법을 이었다. 강서성의 승천선원(承天禪院), 원통숭승선원(圓通崇勝禪院), 안휘성의 법화산증도선원(法華山證道禪院), 용문산건명선원(龍門山乾明禪院), 흥화선원(興化禪院), 백운산해회선원(白雲山海會禪院) 등에서 개당하여 불법을 크게 드날렸다. 송(宋) 신종(神宗) 희녕(熙寧) 5년에 세수 48세로 천화(遷化)하였다. '백운끽반(白雲喫飯)' '백운만인애두(白雲萬仞崖頭)' '백운미모(白雲眉毛)' '백운철벽(白雲鐵壁)' '백운타인(白雲他人)' 등의 화두가 있다. 오조법연(五祖法演)스님이 『백운수단선사어록(白雲守端禪師語錄)』 『백운단화상광록(白雲端和尙廣錄)』을 편찬하였고 『백운단화상어요(白雲端和尙語要)』가 남아 있다. 보복수(保福殊), 향산혜상(香山慧常), 숭승서공(崇勝瑞珙), 천주처응(天柱處凝), 낭야영기(瑯邪永起), 운개지본(雲蓋智本), 곽상정거사(郭祥正居士) 등의 법을 이은 제자들이 있다.

이미 알고 있을 것입니다.
운문대사가 말씀하셨습니다.
〈'소리를 듣고서 도를 깨닫고 모양을 보고서 마음을 밝힌다.'
손을 들어 올렸습니다.
말씀하셨습니다. '관음보살님이 돈을 가져와서 호병(餬餅)을 산다.'
손을 내렸습니다.
말씀하셨습니다. '원래 만두였구나.'〉99)
또 들어 보았을 것입니다.

이 산승이 법화산100)에 있을 때 일찍이 대중에게 열어 보였습니다.
'무업선사101)께서 말씀하셨습니다.
「한 털끝만치라도 성스러움과 범속함이라는 정량(情量)과 사념(思念)을 다하지 못한다면, 나귀의 태와 말의 뱃속에 들어감을 면치 못할 것이다.」102)

---

99) 『운문광록』 중(中)에 나오는 법문이다. (『雲門匡眞禪師廣錄』 卷中, T47n1988_p0554a1 3~15. 참조.)

100) 法華(법화) : 법화산(法華山)의 증도선원(證道禪院)이다.

101) 汾陽無業(분양무업) : 조계혜능(曹溪慧能)-남악회양(南嶽懷讓)-마조도일(馬祖道一)-분양무업(汾陽無業). 분주무업(汾州無業)이라고도 한다. 762~823. 상주(商州)[지금의 섬서성(陝西省) 상락(商洛) 일대] 상락(上洛) 출신. 속성은 두씨(杜氏). 그 어머니 이씨가 회임하기 전에 꿈을 꾸었는데, 공중에서 음성이 들려와서 그녀에게 물었다. "얹혀살아도 되겠습니까?" 그녀가 "예."하고 대답하고 잠을 깨고 나서 얼마 후에 임신하였다. 무업선사가 태어나는 날 저녁에 신령한 빛이 방안에 가득하여 모든 사람들이 놀라서 이 아이는 보통아이가 아닐 것이라고 말하였다. 무업선사가 어릴 때는 보통 아이들과는 많이 달랐다고 한다. 걸어 다닐 때는 앞만 똑바로 주시하면서 다녔고, 앉을 때면 늘 결가부좌를 틀고 앉았다고 한다. 9살 되던 해에 개원사(開元寺)로 가서 지본선사(志本禪師)에게서 『금강경』『법화경』『유마경』『사익경』『화엄경』 등의 대승경전을 학습하였다. 12살에 삭발하고 20살에 양주(襄州) 유율사(幽律師)에게서 구족계를 받았다. 『대반열반경』을 대중들에게 널리 강의하다가 후일에 마조 도일선사 문하에 들어가서 참례하고 마조스님의 지도로 대오하였다. 이후 청량(淸凉)의 금각사(金閣寺)로 가서 대장경을 열람한 뒤 분주(汾州)[산서성 분양]로 내려가서 개원사(開元寺)에서 20여년을 주석하였다. 당 헌종(憲宗)이 누차 불렀으나 병을 핑계로 모두 거절하였다. 장경(長慶) 3년 12월에 세수 62세로 입적하였다. '무업망상(無業妄想)' '분주일호(汾州一毫)' 등의 공안이 있다. 법을 이은 제자로 진주상정(鎭州常貞)과 봉선의(奉先義) 선사(禪師)가 있다. 시호는 대달국사(大達國師)이다.

102) 분주 무업스님의 이 법문은 『경덕전등록』 28권에 실려 있다. "임종할 때에 털끝만치라도 범속하거나 성스럽다는 정량(情量)이 다하지 않고 실오라기만치라도 사념을 없애버리지 않는다면 그 정념을 따라 생을 받게 된다. 오음(五陰)의 무겁고 가벼움에 따라 나귀의 태와 말의 뱃속에 들어가 의탁하게 될 것이다." (T51n2076_p0444c24~26, 『景德傳燈錄』 卷第二十八. "臨終之時, 一豪凡聖情量不盡, 纖塵思念未忘, 隨念受生. 輕重五陰, 向

대중 여러분.

설사 털끝만큼의 성스러움과 범속함의 정념(情念)마저 몰록 다해버렸다 하여도 역시 나귀의 태속과 말의 뱃속에 들어감을 면치 못할 것입니다.

눈 먼 이가 그저 이렇게 살펴보았습니다. 參(Cān)."

452. 감지행자甘贄行者

甘贄行者, 入南泉設粥. 仍請念誦, 泉乃白椎, 云: "為狸奴白牯, 念摩訶般若波羅蜜." 甘贄拂袖便出. 泉粥後問典座: "行者在甚處?" 座云: "當時便去也." 泉打破鍋子.

妙喜曰: "心不負人, 面無慙色."103)

지주 감지행자104)가 남전 보원스님105) 처소로 들어가 죽을 끓이셨다. 그리고는 염송을 청하니 남전스님이 백추(白椎)106)하시고 말씀하셨다.

"고양이와 흰 물소를 위하여 마하반야바라밀을 염송하여라."

감지행자가 소매를 떨치고 곧장 나가셨다.

남전스님이 죽을 드신 후 전좌에게 물으셨다.

"행자(行者)가 어디로 갔나?"

전좌가 말씀드렸다. "아까 곧장 가버렸습니다."

남전스님이 냄비를 두드려 깨버리셨다.

驢胎馬腹裏託質.")

103) 『聯燈會要』 卷第六, X79n1557_p0063c06~09. 『禪門拈頌集』 卷第十三, K46-0213, 505則. 『五燈會元』 卷第四, X80n1565_p0097c16~22. 참조.

104) 甘贄行者(감지행자) : 남악회양(南嶽懷讓)-마조도일(馬祖道一)-남전보원(南泉普願)-지주감지(池州甘贄). 당나라 때의 거사. 지주(池州)[안휘성(安徽省) 귀지(貴池)] 출신. 남전 보원스님의 법을 이었다. 행자(行者)는 재가에서 불도를 수행하는 사람을 말한다.

105) 南泉普願(남전보원) : 조계혜능(曹溪慧能)-남악회양(南嶽懷讓)-마조도일(馬祖道一)-남전보원(南泉普願). 748-834. 주61) 참조.

106) 白椎(백추) : 재식(齋食) 할 때나 설법 할 때에 대중에게 고하는 말.

묘희스님이 말씀하셨다.

"마음이 남에게 부끄럽지 않으면, 얼굴에 참회하는 기색이 없지."107)

453. 황룡오신黃龍悟新

黃龍新和尚, 示衆, 云: "心外無法而法可明, 法外無心而心可通. 可通可明
心法全宗. 全其宗則法法皆宗. 全其心則心心無心. 心既無心直造其源. 得其
源則現大身而滿虛空中. 現小身而纖塵不立. 作麼生是纖塵不立?" 良久. 云:
"一點水墨, 兩處成龍."108)

황룡 오신스님109)이 대중에게 열어 보이셨다.

"마음 밖에 법이 없어야만 법을 밝힐 수 있습니다. 법 밖에 마음이
없어야 마음을 통하게 할 수 있는 것입니다.

마음과 법을 통할 수 있고 밝힐 수 있다면 전체적으로 핵심(宗)이 됩
니다. 그 핵심(宗)을 전체로 하면 법마다 모두가 다 핵심(宗)입니다.

그 마음을 전체로 하면 마음마다 마음이 없게 됩니다.

마음이 이미 마음이 없으면 곧바로 그 핵심 근원에 이르게 됩니다.
그 핵심 근원에 도달하면 큰 몸110)을 나투어서 허공에 가득하게 되는

---

107) 『대혜어록』 10권에 이 「남전타파죽과화(南泉打破粥鍋話)」에 대한 염송(拈頌)이 있다.
"남전이 보잘 것 없는 가구를 깨버렸는데/ 널리 널리 제방에선 화젯거리로구나./ 지금
그대 위해 거듭 들먹이나니/ 밝디 밝고 역력하여 속이지 않누나."(T47n1998Ap0852b2
0~21, 『大慧普覺禪師語錄』 卷第十. "南泉打破閑家具, 浩浩諸方作話看. 今日爲君重擧過,
明明歷歷不顢頇.)
108) 『聯燈會要』 卷第十五, X79n1557_p0132a22~b02. 참조.
109) 黃龍悟新(황룡오신) : 석상초원(石霜楚圓)-황룡혜남(黃龍慧南)-회당조심(晦堂祖心)-황룡사
심오신(黃龍死心悟新). 1044~1115. 소주(韶州) 곡강(曲江) 출신. 속성은 황씨(黃氏). 불타원(佛
陀院) 덕수(德修)스님에게 출가. 회당 조심스님에게 참문하고 법을 이음. 원우(元祐) 7년 운암
(雲岩)에 머물다가 소성(紹聖) 4년에 취암(翠岩)으로 옮기고 다시 정화(政和) 초에 황룡(黃龍)
에 주석하였다. 정화(政和) 5년 12월 15일 세수 72세로 입적하였다. 스스로를 '사심수(死心
叟)'라고 칭하고 자신의 거처를 '사심실(死心室)'이라 붙였다. 『사심오신선사어록(死心悟新禪師
語錄)』 1권이 있다. 양주제밀(楊州齊謐) 등 8명의 전법제자가 있다.
110) 大身(대신) : 경계로서의 결업생신(結業生身)에 대하여 허공에 두루 꽉 찬 법신(法身)과
보신(報身)을 말한다. 허공에 꽉 찬 신(身)은 전체가 신(身)이기에 신(身)이 없게 된다. 여
기서는 심(心)과 법(法)의 전체성을 표현한다. 심(心)이 전체적으로 되면 무심(無心)이며
법(法)이 전체적이면 한 법(法)도 볼 수 없다.

것입니다.111)

작은 몸을 나타내면 실오라기 같은 티끌도 세울 수가 없습니다. 이 실오라기 같은 티끌을 세울 수 없음이 무엇입니까?”

한참 묵묵히 계셨다.

말씀하셨다.
“먹물 한 방울이 두 곳에서 용(龍)이 되는구나.”112)

454. 광혜원련廣慧元璉

廣慧璉和尙, 示衆, 擧: “昔日臨濟會裏, 兩堂首座相見顧視. 各下一喝, 便休去. 諸人. 且道. 還有賓主也無? 若道有賓主, 只是箇瞎漢. 若道無賓主, 亦是箇瞎漢. 不有不無, 萬里崖州. 若向遮裏道得, 也好與三十棒. 若道不得, 亦與三十棒. 衲僧家到遮裏, 作麼生出得山僧圈繢去?” 良久. 云: “苦哉! 蝦蟆蚯蚓, 踍跳上三十三天, 撞著須彌山百雜碎.” 遂拈拄杖. 云: “一隊無孔鐵鎚. 速退! 速退!”
問: “如何是祖師西來意?” 曰: “竹竿頭上耀紅旗.”113)

광혜 원련스님114)이 대중에게 열어 보이셨다.

---

111) 『금강경』의 다음 법문과 같은 맥락이다. “‘마땅히 (법에) 머무름 없이 그 마음을 내게 된다. 수보리. 비유하면 마치 누군가가 몸이 수미산왕과 같다고 한다면 그대의 뜻에는 어떠냐, 이 몸이 큼이냐?’ 수보리가 말씀드렸다. ‘매우 큽니다, 세존. 왜냐하면 부처님께서는 〈몸아님〉이 〈큰몸〉이라고 말로써 형용하셨기 때문입니다.’”(T08n0235_p0749c22~25, 鳩摩羅什譯, 『金剛般若波羅蜜經』. “‘應無所住而生其心. 須菩提. 譬如有人身如須彌山王, 於意云何, 是身爲大不?’ 須菩提言: ‘甚大, 世尊. 何以故? 佛說非身, 是名大身.’”)

112) 一點水墨 兩處成龍(일점수묵 양처성룡) : 경청도부(鏡淸道怤)스님의 법문에 나온다. (T51n2076_p0349a16, 『景德傳燈錄』 卷第十八. “一點水墨, 兩處成龍.”)

113) 『禪門拈頌集』 卷第十六, K46-0257, 616則. 『聯燈會要』 卷第十二, X79n1557_p0106c07. 『五燈會元』 卷第十一, X80n1565_p0237b01~07. 참조.

114) 廣慧元璉(광혜원련) : 보응혜옹(寶應慧顒)-풍혈연소(風穴延沼)-수산성념(首山省念)-광혜원련(廣慧元璉). 951~1036. 천주(泉州)[복건성] 출신. 속성은 진씨(陳氏). 수산 성념스님의 법을 잇고 여주 광혜원에 주석하였다. 경우(景祐) 병자년에 86세로 입적하였다. ‘광혜죽간(廣慧竹竿)’ ‘광혜보산(廣慧寶山)’ 등의 공안이 있다. 제자로 화엄도융(華嚴道隆)이 있

"옛날 임제스님 회상의 양당 수좌115)가 서로 만나보게 되었습니다. 각기 "억!"하고 할(喝)을 하고는 곧 그만두었습니다.

여러분. 바로 지금 말해 보십시오.
손님과 주인이 있습니까?
만일 손님과 주인이 있다고 말한다면 그야말로 눈 먼 놈입니다.
만일 손님과 주인이 없다고 말한다면 역시 눈 먼 놈입니다.
있지도 않고 없지도 않다고 하면 만 리의 애주(崖州)116)입니다.

만일 여기서 말한다면 역시 멋지게 삼십 방을 때려주겠습니다.
만일 말하지 못한다면 역시 삼십 방을 때려주겠습니다.

납승들은 여기에 이르러 이 산승의 틀을 어떻게 벗어나겠습니까?"

한참 묵묵히 계셨다.

말씀하셨다.
"거참! 두꺼비와 지렁이가 삼십삼천으로 뛰어 올라 수미산에 부딪쳐서 산산조각이 났구나."

그리고는 주장자를 잡으셨다.
말씀하셨다.
"우글대는 무공철추(無孔鐵鎚)117)들이구나. 빨리들 꺼지시오! 빨리들 꺼지시오!"

다.
115) 兩堂首座(양당수좌) : 대중이 많은 큰 선원에서 선당(禪堂)을 전당(前堂)과 후당(後堂)으로 둘로 나누어 설치하여 각각 대중을 통솔하는 수좌(首座)를 한 명씩 둔 것이다.
116) 崖州(애주) : 주(州)의 이름이다. 남조(南朝) 양(梁) 때 광동성(廣東省) 경산현(瓊山縣)의 남동쪽에 두었던 주(州)의 이름이다.
117) 無孔鐵鎚(무공철추) : 구멍 없는 무쇠 망치. 구멍이 없는 망치는 자루를 박을 수 없어서 전혀 어떻게 손을 쓸 수가 없는 것처럼 선림에서 학인을 제접할 때에 인도할 방법이 없을 때 쓰는 말이다. 또는 언어에 빠져서 깨달을 기연(機緣)을 잃어버렸을 때도 쓰인다.

누군가 여쭈었다.
"어떤 것이 조사께서 서쪽에서 오신 뜻입니까?"
말씀하셨다.
"대나무 장대 끝에 발간 깃발이 빛나는구나."

455. 일용원日容遠

日容遠和尚, 因齩上座來參. 遠拊掌三下, 云: "猛虎當軒, 誰是敵者?" 齩曰: "俊鶻冲天, 阿誰捉得?" 遠云: "彼此難當." 齩曰:"且休. 未斷遮公案." 遠將拄杖, 舞歸方丈. 齩無語, 遠云: "死却遮漢."118)

일용원스님119)께 활상좌120)가 와서 참례하셨다. 원스님이 세 번 손뼉을 치시고 말씀하셨다.
"맹호가 창문으로 들이닥치면121) 누가 대적할까?"
활상좌가 말씀드렸다.
"뛰어난 새매가 하늘 높이 떴는데 누가 잡을까요?"
원스님이 말씀하셨다.
"피차에 감당하기 어렵군."
활상좌가 말씀드렸다.
"그만 두시지요. 이 공안을 판단치 못했습니다."
원스님이 주장자를 들고 춤추면서 방장실로 돌아가셨다.
활상좌가 말씀이 없었다.
원스님이 말씀하셨다.

---

118)『景德傳燈錄』卷第十一, T51n2076_p0288a11~15.『聯燈會要』卷第七, X79n1557_p0
072c15~18.『五燈會元』卷第四, X80n1565_p0106c01~04. 참조.
119) 日容遠(일용원) : 마조도일(馬祖道一)-남전보원(南泉普願)-자호이종(子湖利蹤)-일용원(日容遠).『경덕전등록』11권·『종문염고휘집』22권·『종감법림』24권·『어선역대선사어록』전집상(前集上)·『대광명장』중권(中卷)·『연등회요』7권·『오등회원』4권·『오등전서』8권·『지월록』13권 등에 활상좌(齩上座)와의 대화가 나온다.
120) 齩上座(활상좌) : 백장회해(百丈懷海)-황벽희운(黃檗希運)-임제의현(臨濟義玄)-활상좌(齩上座).
121) 當軒(당헌) : =당문(當門). 문을 가로막다. 누각에 걸려있다. 문을 마주 대하다. 처마 끝.

"이놈은 죽었나 봐."

456. 천의의회天衣義懷

天衣懷和尚, 示衆, 擧: "古人云: '五蘊山頭一段空, 同門出入不相逢. 無量劫來賃屋住, 到頭不識主人公.' 有老宿拈, 云: '旣不識佗, 當初問甚麽人賃?' 恁麽拈也大遠在. 何故? 須知死人路上有活人出身處, 活人路上死人無數. 那箇是活人路上死人無數, 那箇是死人路上活人出身處? 若點檢得分明, 拈却臙脂帽子, 脫却鶻臭布衫." 122)
妙喜曰: "天衣古佛, 美則美矣, 善則未善. 具眼衲僧, 試甄別看."

천의 의회스님123)이 대중에게 열어 보이셨다.
"옛사람이 말씀하셨습니다.

'오온산(五蘊山) 한 무더기가 공하여서
같은 문으로 출입하면서도 서로 만나질 못하네.
무량겁에 집을 빌려 살면서도
결국은 주인공을 모르는구나.'124)

한 노숙께서 염(拈)을 하셨습니다.

---

122) 『聯燈會要』 卷第二十八, X79n1557_p0248a18~23. 참조.
123) 天衣義懷(천의의회) : 운문문언(雲門文偃)-향림징원(香林澄遠)-지문광조(智門光祚)-설두중현(雪竇重顯)-천의의회(天衣義懷). 운문종스님이다. 993~1064. 진종선사(振宗禪師), 진종의회(振宗義懷), 진종대사(振宗大師)라고도 한다. 속성은 진씨(陳氏). 온주(溫州) 영가(永嘉) 악청(樂淸) 출신. 그의 집안은 대대로 고기잡이를 해왔기 때문에 어려서부터 부친을 따라 다니면서 낚시를 하였지만 잡은 물고기를 모두 놓아 주었다고 함. 출가하여 법화지언(法華志言)스님의 회상에서 배우다가 금란선(金鑾善)스님과 섭현귀성(葉縣歸省)스님 문하에서 배웠다. 뒤에 설두중현(雪竇重顯)스님 문하에 들어가서 그 법을 이었다. 후에 진종대사(振宗大師)라는 시호를 받았다. '천의구경(天衣究竟)' '천의차산(天衣此山)' '천의정문(天衣頂門)' '천의장공(天衣長空)' 등의 공안이 있다. 혜림종본(慧林宗本), 불일지재(佛日智才), 법운법수(法雲法秀), 시랑양걸(侍郎楊傑) 등 54여 명의 제자들이 있다.
124) 누구의 게송인지 알려져 있지 않다.

'이미 그를 모르면서 처음부터 누구에게 빌려 준 것인가?'

이렇게 염(拈)한 것도 역시 크게 멀어진 것입니다.

왜일까요?

반드시 죽은 사람이 가는 길에 살아 있는 사람의 출신처(出身處)[125] 가 있고, 살아 있는 사람이 가는 길에 죽은 사람이 헤아릴 수가 없습 니다.

어떤 것이 살아 있는 사람이 가는 길에 죽은 사람이 헤아릴 수 없는 것이며, 어떤 것이 죽은 사람이 가는 길에 살아 있는 사람의 출신처 (出身處)일까요?

만일 점검하여 본다면 분명한 줄 알게 될 것입니다.

기름 때 절은 모자도 버리고, 액취 나는 무명적삼도 벗어버리시오."

묘희스님이 말씀하셨다.

"천의(天衣) 고불(古佛)께서 아름답기는 아름다우나 아직도 잘하지는 못했다. 눈을 갖춘 납승은 어디 한 번 잘 가려보라."

457. 황벽희운黃檗希運

黃檗和尚, 入厨見飯頭, 乃問: "作甚麼?" 云: "揀眾僧米." 曰: "一日喫多少?" 云: "二石五." 曰: "莫太多麼?" 云: "猶恐少在." 檗便打. 飯頭舉似臨濟, 濟云: "我與汝勘過遮老漢." 纔去侍次, 檗便舉前話, 濟云: "飯頭不會. 請和尚代一轉語." 便問: "莫太多麼?" 檗曰: "何不道來日更喫一頓?" 濟云: "說甚來日? 即今便喫." 道了便掌, 檗曰: "遮風顛漢又來遮裏捋虎鬚." 濟便喝一喝出去.

潙山云: "養子方知父慈."

仰山云: "大似勾賊破家."[126]

---

125) 出身處(출신처) : 깨달음의 자리. 생사의 몸을 벗어나 깨닫는 것. 미(迷)와 오(悟)의 이변(二邊)에 막히지 아니하고 무장무애(無障無礙)의 작용을 요달(了達)함.

126)『禪門拈頌集』卷第十, K46-0167, 398則.『聯燈會要』卷第九, X79n1557_p0081c06~14.『五燈會元』卷第十一, X80n1565_p0221b07~15. 참조.

황벽 희운스님127)이 부엌에 들어가서 반두(飯頭)128)를 보시고는 곧 물으셨다.

"뭐하냐?"

말씀드렸다. "대중의 밥을 지을 쌀을 고릅니다."

말씀하셨다. "하루에 얼마나 먹느냐?"

말씀드렸다. "두 섬 닷 되입니다."

말씀하셨다. "너무 많지 않으냐?"

말씀드렸다. "외려 모자랄까 걱정입니다."

황벽스님이 곧장 때리셨다.

반두가 임제스님129)께 말씀드리니, 임제스님이 말씀하셨다.

"내가 너를 위하여 이 노인네를 감파해 보아야겠다."

곧 가서 모실 때에 황벽스님이 문득 앞의 일을 말씀하시니, 임제스님이 말씀드렸다.

"반두가 알지 못하였군요. 스님께서 대신 일전어(一轉語)130)를 해보시지요."

곧장 물으셨다. "너무 많지 않습니까?"

---

127) 黃檗希運(황벽희운) : 남악회양(南嶽懷讓)-마조도일(馬祖道一)-백장회해(百丈懷海)-황벽희운(黃檗希運). ?~856. 민현(閩縣) 출신. 스님의 용모가 보통사람과 달리 특이하였는데 특히 이마 한 가운데가 구슬형상으로 튀어 나와 있었으며, 키가 커서 7척 정도나 되었고 깔끔한 성격이었다고 한다. 일찍이 불교뿐만 아니라 외전에도 정통하였다. 어려서 홍주(洪州) 황벽산(黃檗山)으로 출가하여 강서성 백장산의 회해스님에게서 확연대오(廓然大悟)하고 법을 이었다. 배휴상국(797~870)이 선사의 덕을 흠모하여 안휘(安徽)의 완릉(宛陵)에서 선원을 건립하고 스님을 주지로 모시고 이름을 개원사(開元寺)라고 하였다. 그 뒤 출가할 때의 황벽산을 그리며 황벽산(黃檗山) 광당사(廣唐寺)를 개창하였다. 그 후 66세에 용흥사(龍興寺)로 갔다가 72세에 다시 개원사로 가서 주석하였다. 당(唐) 선종(宣宗)이 〈추행선사(麤行禪師)〉라고 호를 내렸는데 후에 배휴가 주청하여 〈단제선사(斷際禪師)〉로 바꾸게 했다. 대중 10년에 입적함. '황벽주조한(黃檗酒糟漢)' '황벽신재(黃檗身材)' '황벽존상(黃檗尊像)' '황벽제방(黃檗諸方)' '황벽개전(黃檗開田)' '황벽영양(黃檗羚羊)' 등의 공안이 있다. 『전심법요』 1권, 『완릉록』 1권 등이 있다. 임제의현(臨濟義玄), 목주진존숙(睦州陳尊宿), 오석영관(烏石靈觀), 상국배휴(相國裴休) 등 12명의 수법제자를 두었다.

128) 飯頭(반두) : 선원에서 밥이나 죽, 국수 등 주식을 만드는 소임자를 말한다. 우리나라에서는 공양주(供養主)라고 함.

129) 臨濟義玄(임제의현) : 마조도일(馬祖道一)-백장회해(百丈懷海)-황벽희운(黃檗希運)-임제의현(臨濟義玄). ?~867. 주92) 참조.

130) 一轉語(일전어) : 상황에 따라 단박에 바꾸어서 깨닫게 하는 말.

황벽스님이 말씀하셨다.
"내일 다시 한 번(一頓)131) 더 먹으면 된다고 어찌 말하지 않았을까?"
임제스님이 말씀드렸다.
"무슨 내일을 말씀하십니까? 바로 지금 먹어버리죠."
말을 마치고 곧장 뺨을 갈기셨다.
황벽스님이 말씀하셨다.
"이 미친 녀석이 또 여기 와서 호랑이 수염을 뽑는구나."
임제스님이 얼른 "억!"하고 할(喝)을 한 번 날리고 나가버리셨다.

위산 영우스님이 말씀하셨다.
"자식을 길러보아야만 아비의 사랑을 비로소 알게 되지."

앙산 혜적스님이 말씀하셨다.
"마치 도둑 때문에 집안을 망치는 것 같군."

458. 투자대동投子大同

投子和尙, 僧問: "一切聲是佛聲是否?" 曰: "是." 云: "和尙莫屎沸盌鳴聲?" 投子便打. 又問: "麁言及細語皆歸第一義是否?" 曰: "是." 云: "喚和尙作頭驢得麼?" 投子便打.132)
妙喜曰: "賊賊敗也." 復云: "且道. 那箇是草賊? 那箇是正賊?"

투자 대동스님133)께 어떤 스님이 여쭈었다.

---

131) 一頓(일돈) : 돈(頓)은 밥 먹는 횟수. 또는 때리는 횟수. 또는 죄인을 형틀에 매어놓고 몽둥이로 20번 때리는 것을 일돈(一頓)이라고 한다.
132) 『聯燈會要』 卷第二十一, X79n1557_p0181b17~19. 『五燈會元』 卷第五, X80n1565_p0122b19~22. 참조.
133) 投子大同(투자대동) : 석두희천(石頭希遷)-단하천연(丹霞天然)-취미무학(翠微無學)-투자대동(投子大同). 819~914. 서주(舒州) 회령(懷寧) 출신. 속성은 유씨(劉氏). 어렸을 적 낙양의 보당만(保唐滿)선사를 찾아가 머리를 깎았다. 처음엔 수식관(數息觀)을 익히고 『화엄경』을 수학하다가 조금 얻은 바가 있었으나 취미 무학스님을 참방(參訪)하고 활연대오하였다. 이후 서주

"모든 소리가 부처님소리입니까?"
말씀하셨다. "그렇지."
말씀드렸다.
"스님의 엉덩이134)에서 펄펄 끓는 주발 우는 소리135)가 납니다."136)
투자스님이 곧장 때리셨다.
또 여쭈었다.
"거친 말과 자질구레한 말은 모두가 제일의(第一義)로 돌아갑니까?"
말씀하셨다. "그렇지."
말씀드렸다. "스님을 나귀대가리137)라고 불러도 될까요?"
투자스님이 곧 때리셨다.

묘희스님이 말씀하셨다. "도적이 도적을 쫓아냈구나."
다시 말씀하셨다.
"바로 여기, 말해보라. 누가 보조 도적이며, 누가 주된 도적이냐?"

의 투자산에 30여년을 주석하였다. 건화(乾化) 4년에 세수 96세로 입적하였다. 시호는 자제대
사(慈濟大師)이다. '투자제일의(投子第一義)' '투자역겁(投子歷劫)' '투자아각(投子丫角)' '투자
겁화(投子劫火)' '투자금계(投子金鷄)' '투자제일월(投子第一月)' 등의 공안이 있다.

134) 豚(돈) : 돈(豚)과 같이 쓰인다. 돼지. 안절부절하다. 이 글자는 尿[독-엉덩이, 볼기]의
  오기(誤記)인 듯하다.

135) 沸盌鳴聲(비완명성) : 펄펄 끓는 주발에서 나는 소리. 여기서는 방귀소리. 곧 아무런
  의미도 곡조도 없는 소리를 말한다. 독비완명성(尿沸盌鳴聲)→ 방귀소리.

136) 莫(막) : 퍼져 나오다. 펴다.

137) 頭驢(두려) : 여두(驢頭)와 같은 말. 아주 비하하는 욕이다.

459. 오조법연五祖法演

五祖演和尚, 示眾, 擧: "陸亘大夫問南泉: '弟子家中有一片石, 也曾坐也曾臥. 擬鑱作佛得麼?' 云: '得.' 陸曰: '莫不得麼?' 云: '不得.' 大眾. 夫為善知識, 須明決擇. 為甚麼佗人道得也道得, 佗人道不得也道不得? 還知南泉落處麼? 白雲不惜眉毛與汝注破. 得又是誰道來, 不得又是誰道來? 汝若更不會, 老僧今夜為汝作箇樣子." 乃擧手. 云: "將三界二十八天作箇佛頭, 金輪水際作箇佛脚, 四大洲作箇佛身. 雖然作此佛兒子了, 汝諸人又却在那裏安身立命? 大眾. 還會也未? 老僧作第二箇樣子去也. 將東弗于逮作一箇佛, 南贍部洲作一箇佛, 西瞿耶尼作一箇佛, 北鬱單越作一箇佛, 草木叢林是佛, 蠢動含靈是佛. 既恁麼, 又喚甚麼作眾生? 還會也未? 不如東弗于逮還佗東弗于逮, 南贍部洲還佗南贍部洲, 西瞿耶尼還佗西瞿耶尼, 北鬱單越還佗北鬱單越, 草木叢林還佗草木叢林, 蠢動含靈還佗蠢動含靈. 所以道. '是法住法位, 世間相常住.' 既恁麼, 汝又喚甚麼作佛? 還會麼? 忽有箇漢出來道. 白雲休寱語. 大眾, 記取遮一轉."138)

오조 법연스님139)이 대중에게 열어 보이셨다.

---

138) 『聯燈會要』 卷第十六, X79n1557_p0137a01~18. 『禪門拈頌集』 卷第七, K46-0106, 212則. 『五燈會元』 卷第十九, X80n1565_p0393b19~c12. 『古尊宿語錄』 卷第二十一, X68n1315_p0142b21~c14. 『法演禪師語錄』 卷中, T47n1995_p0661b21~c13. 참조.

139) 五祖法演(오조법연) : 자명초원(慈明楚圓)-양기방회(楊岐方會)-백운수단(白雲守端)-오조법연(五祖法演). ?~1104. 면주(綿州) 파서(巴西)[사천성 면양(綿陽)] 출신. 속성은 등씨(鄧氏). 35세에 출가하고 구족계를 받은 후, 성도(成都)에 가서 유식학(唯識學)을 배웠다. 그러다가 남방으로 다니면서 원조 종본스님, 부산 법원스님 등을 참알하고 지도를 받다가 백운 수단스님의 회하로 갔다. 거기서 마두(磨頭) 소임을 맡고 있었는데 하루는 백운스님이 와서 말했다. "마두. 너는 한 건의 일(一件事)을 아나?" 스님이 말씀드렸다. "모릅니다." 백운스님이 말했다. "근래에 몇몇 선객들이 여산에서 왔었는데 물어보았더니 모두 깨달음의 자리에 있었다. 그들에게 설명해 보도록 하자 까닭을 잘 말했고, 인연을 인용하자 그 뜻을 분명히 알고 있었으며, 말해보도록 하자 역시 잘했다." 백운스님이 한참 묵묵히 있었다. 말했다. "마두. 그저 아직 충분치 않다는 것일 뿐이다. 너는 어떻게 말할래?" 법연스님은 이 말을 듣고 마음이 매우 불안하여 7일 동안 밤낮으로 뱃속이 정리되지 않았는데, 바로 마음을 바로 잡고 스스로 사유하였다. '이미 깨달았다 했고, 설명도 잘했고, 뜻도 분명히 알았다고 했는데, 어째서 아직 충분치 않다고 했지?' 그러던 중 한밤에 별안간 활연히 깨달아 이전에 보배처럼 아끼던 것들을 한꺼번에 던져 버렸다. 그리고는 백운스님에게 말씀드리자, 백운스님이 손을 흔들고 발길을 이리저리 옮기며 춤을 추었다. 이후 안휘성 사면산(四面山) 쌍천선원(雙泉禪院)에 주석하다가 다시 백운산(白雲山)으로 옮기고 이어서 태평(太平)에 주석하였다. 그 후 해회(海會)에 머물다가 다

"육긍대부140)가 남전스님께 여쭈었습니다.
'이 제자의 집에 한 조각의 돌이 있는데, 벌써부터 앉기도 하고 눕기
도 합니다. 새겨서141) 부처님을 만들까 하는데 될까요?'
말씀하셨습니다. '되지.'
육긍이 말했습니다. '되지 않는 것이 아닙니까?'
말씀하셨습니다. '안되지.'142)

대중 여러분.
선지식이 되려면 반드시 명백히 결택(決擇)143)하여야만 합니다. 그런
데 무엇 때문에 저 사람이 '됨'을 말하면 '됨'을 말하고, 저 사람이
'되지 않음'을 말하면 '되지 않음'을 말한 것일까요?

남전스님의 낙처(落處)를 알겠습니까?

이 백운(白雲)이 눈썹을 아끼지 않고 여러분을 위하여 주석을 해 보
겠습니다.
'됨'은 또 누가 말한 것이며 '되지 않음'은 또 누가 말한 것일까요?
여러분이 그래도 알지 못한다면 이 노승이 오늘 밤 여러분을 위하여

시 기주(蘄州) 오조산(五祖山) 동선사(東禪寺)로 옮겨 크게 선풍을 드날렸다. 조주무자(趙州無
字) 화두를 주로 제시하면서 간화선풍의 기초를 확립하였다는 평가를 받는다. 휘종(徽宗) 숭녕
(崇寧) 3년 6월 25일에 80여세로 입적하였다. '법연곡곡고(法演谷谷孤)' '법연구자승묘(法演狗
子勝猫)' '법연오역(法演五逆)' '법연전지(法演田地)' '법연파포(法演破布)' '법연화문(法演禍
門)' 등의 공안이 있다. 불감 혜근스님에게 가르쳐 준 '법연사계(法演四戒)'가 전해지고 있으
며, 『오조법연선사어록(五祖法演禪師語錄)』 4권이 있다. 제자로는 삼불(三佛)로 불리는 불안청
원(佛眼淸遠), 태평혜근(太平慧懃), 원오극근(圜悟克勤) 등 19여 명의 제자가 있다.
140) 陸亘大夫(육긍대부) : 남악회양(南嶽懷讓)-마조도일(馬祖道一)-남전보원(南泉普願)-육긍
대부(陸亘大夫). 764~834. 당나라 때의 거사. 남전 보원스님의 법을 이은 속가제자이
다. 자(字)는 경산(景山)이고 소주(蘇州)[강소성] 오군(吳郡) 사람이다. 관직이 선섭관찰사
(宣歙觀察使)에까지 올랐다. 어사대부(御史大夫)로 있으면서 선가(禪家)의 종취를 이뤘다.
태화(太和) 연간(827~835)에 81세를 일기로 남전스님보다 먼저 사망하였다. 대부(大夫)는
관료(官僚)를 말한다.
141) 鐫(휴) : 솥. 『전등록』 8권에서는 '전(鐫)[새기다. 쪼다, 조각하다.]'으로 나온다.
142) 『전등록』 '남전보원선사(南泉普願禪師)'편에 나온다. (T51n2076_p0258b21~23, 『景德
傳燈錄』 卷第八. 참조.)
143) 決擇(결택) : 결단하다. 간택(簡擇)하다. 결판을 내다. 지혜로써 모든 의심을 완벽하게
해결하여 불도(佛道)를 이루게 함.

본보기를 지어보겠습니다.”

 그리고는 손을 들어 올리셨다.

 말씀하셨다.
“삼계 28천(天)144)을 가지고 부처님 머리를 만들고 금륜수제(金輪水際)145)로 부처님 다리를 만들고 사대주(四大洲)로 부처님 몸을 만들겠습니다.
 비록 이렇게 갓 부처님을 만들어 내었으나 여러분들은 또 도리어 어디에서 안신입명(安身立命)146) 하겠습니까?

 대중여러분.
 아직도 모르겠습니까?
 이 노승이 두 번째로 본보기를 지어 보겠습니다.
 동불우제(東弗于逮)147)로 한 부처님을 만들고, 남섬부주(南贍部洲)148)로 한 부처님을 만들고, 서구야니(西瞿耶尼)149)로 한 부처님을 만들고,

---

144) 三界二十八天(삼계이십팔천) : 욕계의 6천, 색계의 18천, 무색계의 4천을 모두 합하여 28개의 천(天)이다.
145) 金輪水際(금륜수제) : 고대 인도의 우주론에서 세계의 맨 밑바닥에는 허공이 있고 허공 위에 풍륜(風輪)이 있으며 풍륜 위에는 수륜(水輪)이 있고 수륜 위에 금륜(金輪)이 있다고 한다. 산과 바다 등은 모두 이 금륜에 있다고 함. 금륜수제(金輪水際)는 이 금륜이 물에 닿는 맨 밑바닥을 말한다.
146) 安身立命(안신입명) : 안심입명(安心立命)과 같은 말. 마음의 동요 없이 천명(天命)을 온전히 함을 말한다.
147) 弗于逮(불우제) : 불바제(弗婆提), 승신주(勝身洲)라고도 한다. ⓢPūrvavideha. 弗于毘婆提訶(불우비바제하). 승신주(勝身洲)는 뜻으로 번역한 것이다. 수미산 동쪽으로 칠금산(七金山)과 철위산(鐵圍山) 사이의 짠물 바다 가운데 위치해 있다. 동쪽이 좁고 서쪽이 넓어서 세로와 넓이가 9천 유순이다. 모양은 반달 같고, 이 곳 사람들은 몸이 매우 잘 생겼으므로 승신(勝身)이라하고 그들의 수명은 250세이다.
148) 南贍部洲(남섬부주) : 수미산 남쪽에 있는 섬. ⓢJambudvipa. 남염부제(南閻浮提)라고도 함. 여기는 16개의 대국(大國)과 500개의 중국(中國)과 10만 개의 소국(小國)이 있으며 이곳의 사람들이 누리는 기쁨은 동쪽과 북쪽보다는 못하지만 부처님들이 출현하는 곳은 바로 이 남섬부주뿐이라고 한다. 여기는 섬부수(贍部樹)라는 나무가 있는데 그 아래에 훌륭한 금(金)이 나서 그 이름을 섬부단금(贍部檀金)이라고 한다. 이 금(金)의 이름을 따서 남섬부주(南贍部洲)라고 이름 지었다고 함. 이곳은 원래 인도를 가리키는 말로 쓰이다가 후에 인간세계를 나타내게 되었다.
149) 西瞿耶尼(서구야니) : 서구타니(西瞿陀尼), 서우화주(西牛貨洲)라고도 함. ⓢAparagodānīya. 아파라고다냐. 이곳은 소가 많아서 시장에서 금전으로 쓰인다고 한

북울단월(北鬱單越)150)로 한 부처님을 만드니, 초목의 빽빽한 숲이 부처님이요 준동함령(蠢動含靈)151)이 부처님입니다.
 이미 이런데 또 뭇삶이라 할 것이 있겠습니까?

 아직도 모르겠습니까?

 동불우제는 저 동불우제로 돌아가고, 남섬부주는 저 남섬부주로 돌아가고, 서구야니는 저 서구야니로 돌아가고, 북울단월은 저 북울단월로 돌아가고, 초목의 빽빽한 숲은 저 초목의 빽빽한 숲으로 돌아가고, 준동함령은 저 준동함령으로 돌아감보다 더 좋은 것은 없습니다.
 그러므로 말씀드렸습니다.
 '이 법은 법의 위치에 머물기에 세간의 모습이 항상 유지되고 있는 것입니다.'
 이미 이러한데 여러분은 또 무엇으로 부처님을 만들어 부르겠습니까?
 알겠습니까?

 문득 누가 나와서
'백운(白雲)스님은 잠꼬대를 그만 두시오'라고 한다면, 대중 여러분은 이 일전어(一轉語)를 기억해 두십시오."

 다.
150) 北鬱單越(북울단월) : 북구로주(北俱盧洲)라고도 함. ⑤Uttarakuru. 鬱多羅究留(울다라구류). 승생(勝生), 승처(勝處), 최승(最勝), 최상(最上) 등으로 번역되었다. 수미산 북쪽에 위치해 있는 대륙이다.
151) 蠢動含靈(준동함령) : 꿈틀거리는 모든 생명체들.

460. 운문문언雲門文偃

雲門曰: "眼睫橫亘十方，眉毛上透乾坤下透黃泉，須彌塞却汝咽喉. 還有人會得麼? 若有人會得，拽取占波共新羅鬪額."

妙喜曰: "是大神呪，是大明呪，是無上呪，是無等等呪，能除一切苦，真實不虛. 諸人要識雲門麼? 不見道. 三臺須是大家催."152)

운문 문언스님153)이 말씀하셨다.

"속눈썹이 시방을 가로로 길게 뻗고 눈썹이 위로는 건곤(乾坤)을 투과하고 아래로는 황천(黃泉)을 투과하며, 수미산이 여러분의 목구멍을 막아버렸습니다.

아는 사람이 있습니까?

만일 누가 안다면 점파국154) 사람을 끌어다 신라국 사람과 박치기를 시킬 것입니다."

---

152) 『雲門匡真禪師廣錄』卷上, T47n1988_p0552b10. 『續刊古尊宿語要』第二集, 「雲門匡真禪師語」, X68n1318_p0371a09~12. 『禪門拈頌集』卷第二十五, K46-0409, 1082則. 『古尊宿語錄』卷第十五, 「雲門匡真禪師廣錄」上, X68n1315_p0098c08~10. 참조.

153) 雲門文偃(운문문언) : 용담숭신(龍潭崇信)-덕산선감(德山宣鑑)-설봉의존(雪峰義存)-운문문언(雲門文偃). 864~949. 운문종의 개조(開祖). 속가의 성은 장씨(張氏). 절강성(浙江省) 가흥(嘉興) 출생. 어려서 공왕사(空王寺) 지징(志澄)스님 밑에 있다가 17살에 머리를 깎고 20세에 비구계를 받았다. 목주도종(睦州道蹤)스님에게서 지도를 받다가 설봉의존(雪峰義存)스님에게서 크게 개오(開悟)하였다. 동광(同光) 원년(923년)에 운문산에 선찰을 세웠는데 대중이 천여 명이 모여들었다. 건화(乾化) 7년에 입적. '운문간시궐(雲門乾屎橛)' '운문일곡(雲門一曲)' '운문호병(雲門餬餅)' '운문호일(雲門好日)' '운문금모(雲門金毛)' '주고삼문(廚庫三門)' '체로금풍(體露金風)' '북두리장신(北斗裏藏身)' '운문수미산(雲門須彌山)' '운문삼일(雲門三日)' '운문호병(雲門餬餅)' '운문백잡쇄(雲門百雜碎)' '동산수상행(東山水上行)' '운문불고(雲門不顧)' '운문초적(雲門草賊)' 등 수많은 공안을 남겼다. 수견(守堅)이 엮은 『운문광진선사광록(雲門匡眞禪師廣錄)』 3권이 있다. 덕산연밀(德山緣密), 파릉호감(巴陵顥鑒), 쌍천사관(雙泉師寬), 향림징원(香林澄遠), 봉선심(奉先深), 쌍천인욱(雙泉仁郁), 천복승고(薦福承古), 동산수초(洞山守初), 청량지명(清涼智明), 백운자상(白雲子祥) 등 89명의 수법제자들이 있다.

154) 占波(점파) : ⓢCampa. 첨파국(瞻婆國) 또는 참파국(叅波國)이라고도 한다. 원래 임읍국(林邑國)으로 불렸다. 강소성 회수와 안휘성 절강성 일대에 있었으나 다시 광서성·광동성·광서장족자치구 일대로 밀려났다가 운남성으로 밀려나고 또다시 베트남 남단으로 밀려났다. 크메르의 선조인 이 점성인(占城人)[참파인이라고도 한다.]들이 캄보디아 앙코르와트 주변으로 가서 크메르왕국을 세운다. 나중에 베트남인과 캄보디아 인과 라오스인으로 나누어진다.

묘희스님이 말씀하셨다.

"'지극히 신비한 주(呪)며 지극히 밝은 주(呪)며 위없는 주(呪)며 무등등주(無等等呪)이니, 일체의 괴로움을 없애버려, 진실하여 헛되지 않다.'

여러분은 운문스님을 알고 싶으냐?

들어보았을 것이다.

'삼대(三臺)155) 곡(曲)은 반드시 여러 사람들이 춤추어야 한다'156)는 것을."

461. 명초덕겸明招德謙

明招和尚, 二偈. 擘開金鎖眼如鈴, 剔起眉毛頂上生. 方稱法王親的子, 自然天下任橫行. 師子敎兒迷子訣, 擬前跳躑早翻身. 羅紋結角交鋒處, 鷂眼臨時失却蹤.157)

명초 덕겸스님158)의 《게(偈)》 2수.

금쇄(金鎖)159) 갈라 눈을 방울 같이 하고서

---

155) 三臺(삼대) : 육조(六朝)[오(吳)·동진(東晉)·송(宋)·제(齊)·양(梁)·진(陳)]에서 사용하던 곡조(曲調)의 이름이다. 또 당나라 천보(天寶)[741~755] 때에 쓰던 우조곡(羽調曲)에 삼대(三臺)가 있었다고 함.

156) 원오 극근스님의 법문이다. "묘한 춤은 반드시 많은 박수로 자랑을 삼고, 삼대(三臺) 곡(曲)은 반드시 여럿이 춤추어야 되는 것이다."(T47n1997_p0721b03~04, 『圓悟佛果禪師語錄』卷第二. "妙舞應須誇遍拍, 三臺須是大家催.")

157) 뒷 게송만 『지월록』 21권에 나오고 여타 어록에는 이 게송이 보이질 않는다. 『指月錄』卷之二十一, X83n1578_p0629c22~24. 참조.

158) 明招德謙(명초덕겸) : 덕산선감(德山宣鑑)-암두전활(巖頭全豁)-나산도한(羅山道閑)-명초덕겸(明招德謙). ?~947. 나산도한(羅山道閑)스님의 인가를 받고 명초산(明招山)에 40여 년간 머물면서 현지(玄旨)를 격양(擊揚)하였다. 왼쪽 눈을 실명하여 '독안룡(獨眼龍)'이라 불렸다. '명초풍두(明招風頭)' '명초호미(明招虎尾)' '명초수족(明招垂足)' 등의 공안이 있다.

159) 金鎖(금쇄) : 금쇄현관(金鎖玄關)의 줄임말. 또는 금쇄난(金鎖難)이라고도 한다. 단단한 무쇠로 봉쇄해버린 관문. 또는 황금사슬. 『대지도론』 22권에서는 계(戒)에 집착하는 것을 감옥에서 벗어났으나 채워진 차꼬에서는 벗어나지 못한 것으로 비유하였다. (T25n1509_p0226a09~15, 『大智度論』卷第二十二. 참조.)

눈썹 치켜160) 정수리로 나오게 되면
법왕의 친아들로 여길 것이니
자연히 맘껏 천하 누비게 되리.

사자가 새끼 키움에 미련한 놈 떼어 버리듯
앞을 가리키면 펄쩍 뛰어 벌써 몸을 훌쩍 솟구쳐야 하네.
사방 구석구석 어디나161) 맞붙어 싸우는162) 데선
골안(鶻眼)163)이라도 한때 종적을 잃어버린다네.

462. 경조현자京兆蜆子

蜆子和尚, 居無定所, 自印心於洞山, 混俗閩川. 常日沿江岸採掇鰕蜆以充
腹, 暮即臥東山白馬廟紙錢中. 居民目爲蜆子和尚. 華嚴靜和尚, 聞之欲決
真僞, 先潛入紙錢中. 深夜蜆子歸, 靜扭住, 問曰: "如何是祖師西來意?"
遽答曰: "神前酒臺盤."164)

경조 현자스님165)이 일정한 처소 없이 머무시다가 동산 양개스님에게
서 마음을 인가받고 나서는 민천(閩川)166)으로 가서 세속에 섞여 사셨
다.
평소에 매일 강변에서 새우와 가무락조개를 채취하여 배를 채우시다가
저물면 동산(東山)의 백마묘(白馬廟)로 가서 지전(紙錢) 속에 몸을 누이

---

160) 剔起眉毛(척기미모) : 눈썹을 치켜세우다. 눈을 크게 뜨다.
161) 羅紋結角(나문결각) : 사방 구석구석에 가득히 퍼지는 것. 삼라만상 어디에나. 곳곳마
　　다. 일마다.
162) 交鋒(교봉) : 서로 논쟁하는 것. 쌍방이 맞붙어 싸움. 칼날을 서로 맞부딪침.
163) 鶻眼(골안) : 눈빛이 밝은 새의 눈. 밝고 민첩한 눈. 영리한 눈.
164) 『景德傳燈錄』 卷第十七, T51n2076_p0338a27~b04. 『聯燈會要』 卷第二十三, X79n15
　　57_p0198a04~07. 『五燈會元』 卷第十三, X80n1565_p0272b06~12. 참조.
165) 京兆蜆子(경조현자) : 약산유엄(藥山惟儼)-운암담성(雲巖曇晟)-동산양개(洞山良价)-경조현
　　자(京兆蜆子). 조동종 스님이다. 경조(京兆)[섬서성 서안(西安)] 출신. '경조신전(京兆神前)'화
　　(話)가 있다. 『경덕전등록』 17권·『오등회원』 13권·『선종송고련주통집』 30권·『종감법림』
　　64권·『오등전서』 27권·『지월록』 18권 등에 그의 법문이 보인다.
166) 閩川(민천) : 지금의 복건성 일대인 민(閩)지방의 하천. 민(閩)지방의 전역을 말한다.

셨다.

 현지 주민들이 보고서는 현자화상(蜆子和尙)이라 하였다.

 화엄 휴정스님167)이 소문을 듣고서 진위를 결단해보려고 먼저 지전 속으로 숨어 들어가 계셨다.

 밤이 깊어 현자스님이 돌아오시자, 휴정스님이 꽉 붙들고 물으셨다.

 "어떤 것이 조사께서 서쪽에서 오신 뜻입니까?"

 지체 없이 답하셨다.

 "신상(神像) 앞 술상입니다."

463. 경청도부鏡淸道怤

 鏡淸, 問雪峯: "只如古德豈不是以心傳心?" 峯曰: "兼不立文字語句." 淸曰: "只如不立文字語句, 如何傳授?" 峯良久. 淸禮謝. 峯曰: "更問我一轉豈不好?" 曰: "就和尙請一轉問頭." 峯曰: "只恁麼爲別有商量?" 曰: "和尙恁麼卽得." 峯曰: "於汝作麼生?" 曰: "辜負殺人."168)

 경청 도부스님169)이 설봉 의존스님170)께 여쭈셨다.

---

167) 華嚴休靜(화엄휴정) : 약산유엄(藥山惟儼)-운암담성(雲巖曇晟)-동산양개(洞山良价)-화엄휴
   정(華嚴休靜). 조동종 스님이다. 경조(京兆) 화엄사(華嚴寺)에 주석하였다. 스님의 휘는 휴정
   (休靜)이다. 동산 양개스님을 참알하고 활연대오하였다. 일찍이 낙포 원안스님의 회상에서 유
   나 소임을 맡았을 때에 울력 종을 치면서 말했다. "상판스님들은 땔나무를 하고 하판스님들은
   밭을 매라." 그러자 제1좌 스님이 물었다. "성승(聖僧)[문수보살상]은 무얼하죠?" 스님이 말했
   다. "큰방에서도 바로 앉지 못하니 양쪽으로 나아가지 못한다." 만년에 스님은 하삭(河朔) 지
   방을 다니다가 평양(平陽)에서 입적하였다. 다비를 한 후 진주(晉州), 방주(房州), 종남산(終南
   山) 소요원(逍遙園), 종남산(終南山) 화엄사(華嚴寺) 등 네 곳에다 부도를 세웠다. 시호는 보지
   대사(寶智大師)이며 탑호(塔號)는 무위(無爲)다. 제자로 자릉광일(紫陵匡一)이 있다.

168) 『景德傳燈錄』 卷第十八, T51n2076_p0348c09~14. 『聯燈會要』 卷第二十四, X79n155
   7_p0212a17~22. 참조.

169) 鏡淸道怤(경청도부) : 용담숭신(龍潭崇信)-덕산선감(德山宣鑑)-설봉의존(雪峰義存)-경청도
   부(鏡淸道怤). 868~937. 오대(五代) 오월(吳越)의 스님으로 온주(溫州)[절강성] 영가(永嘉) 출
   신이다. 속성은 진씨(陳氏). 어렸을 때부터 누린내 나는 것을 아예 먹질 않았다. 집안의 어른
   들이 억지로 말린 고기를 먹였더니, 즉시에 구역질을 하고 마침내 출가하여 개원사(開元寺)에
   서 구족계를 받았다. 이후 행각을 떠나 민천(閩川)으로 가서 설봉 의존스님에게 참학하고 그
   법을 이었다. 월주에 살면서 승상인 피광업(皮光業)과 문답하면서 경청사(鏡淸寺)에 머물렀다.
   천룡사(天龍寺)에 머무를 때 오월의 왕 전류(錢鏐)가 순덕대사(順德大師)로 위임하였다. 왕이
   항주(杭州)에다 용책사(龍冊寺)를 지어 스님을 모시니 이로부터 오월의 선학(禪學)이 크게 발

"그런데 고덕(古德)들께서는 어찌하여 마음으로 마음을 전하지 않으셨습니까?"
설봉스님이 말씀하셨다.
"아울러 문자어구(文字語句)를 세우지도 않았지."
경청스님이 말씀하셨다.
"그런데 문자어구를 세우지 않으면 어떻게 전수하십니까?"

설봉스님이 한참 묵묵히 계셨다.

경청스님이 절을 하며 감사를 드렸다.
설봉스님이 말씀하셨다.
"다시 나에게 일전어(一轉語)를 물어보는 것이 어떠냐?"
말씀드렸다. "스님께 일전어(一轉語)를 여쭙겠습니다."
설봉스님이 말씀하셨다.
"그저 '이것'이다. 별도로 상량할 것이 있느냐?"
말씀드렸다. "스님께서 '이것'이면 되었습니다."

흥하였다. '경청줄탁(鏡淸啐啄)' '경청불미(鏡淸不迷)' 등의 공안이 있다. 후진(後晋) 천복(天福) 2년에 70세로 시적(示寂)하였다. 자복지원(資福智遠) 등 6명의 수법제자가 있다.

170) 雪峰義存(설봉의존) : 천황도오(天皇道悟)-용담숭신(龍潭崇信)-덕산선감(德山宣鑑)-설봉의존(雪峰義存). 822~908. 천주(泉州)[복건성] 남안현(南安縣)출생. 속성은 증씨(曾氏). 12세에 아버지를 따라 포전(蒲田) 옥윤사(玉潤寺)에 가서 경현(慶玄)스님에게서 머리를 깎고, 17세에 구족계를 받음. 깨달음의 인연은 이렇다. "설봉스님이 '이 일'을 간절히 찾아 투자스님을 세 번 뵙고, 동산스님을 아홉 번 찾아뵈었으나 서로 계합하는 인연을 만나지 못하였다. 뒤에 덕산스님이 왕의 덕화로 선원을 지었다는 얘기를 듣고 찾아가서 여쭈었다. '위로부터 내려온 선종의 가풍을 스님께서는 어떻게 사람들에게 보이십니까?' 덕산스님이 말했다. '나의 종문에는 말이 없다. 또한 사람에게 하나의 법도 줄 것이 없다.' 뒤에 또 여쭈었다. '위로부터 내려오는 종승(宗乘)의 일을 저에게 나누어 주실 수 있겠습니까?' 그러자 덕산스님이 주장자로 때리면서 말했다. '뭘 말하는 거냐?' 설봉스님이 두들겨 맞고 나자 막혔던 것이 풀려버렸다." 함통(咸通) 11년 행실(行實)의 청(請)에 의해 복부(福府) 서쪽 상골산(象骨山)에 암자를 짓고 오래 머물렀다. 이곳의 산을 설봉산(雪峰山)이라 하였으므로 스님의 호도 설봉(雪峰)이라 한 것이다. 87세로 입적. 시호는 진각대사(眞覺大師)이다. '설봉간사(雪峰看蛇)' '설봉과령(雪峰過嶺)' '설봉곤구(雪峯輥毬)' '설봉망주오석(雪峰望州烏石)' '설봉봉미후(雪峰逢獼猴)' '설봉조무봉탑(雪峰造無縫塔)' 등의 수많은 공안이 있다. 『설봉진각대사어록(雪峰眞覺大師語錄)』 2권이 있으며, 법을 이은 56명의 기라성 같은 제자들을 배출하였다. 『정법안장』에는 운문문언(雲門文偃), 현사사비(玄沙師備), 고산신안(鼓山神晏), 장경혜릉(長慶慧稜), 보통보명(普通普明), 취암령참(翠巖令叅), 아호지부(鵝湖智孚), 경청도부(鏡淸道怤), 태원부(太原孚), 보복종전(保福從展), 용화영조(龍華靈照), 수룡도부(睡龍道溥), 월산사내(越山師鼐), 낙경남원(洛京南院), 장생교연(長生皎然) 등 15명의 제자가 실려 있다.

설봉스님이 말씀하셨다. "너에겐 어떠냐?"
말씀드렸다. "사람을 엄청171) 저버리시는군요."

464. 신라와룡新羅臥龍

新羅臥龍和尚, 僧問: "如何是大人相?" 曰: "紫羅帳裏不垂手." 云: "為甚麼不垂手?" 曰: "不尊貴." 問: "十二時中如何用心?" 曰: "獼猴喫毛蟲."172)

신라 와룡스님173)께 한 스님이 여쭈었다.
"어떤 것이 대인(大人)의 모습입니까?"
말씀하셨다. "보랏빛 비단 휘장 속에서 손을 뻗치지 않지."
말씀드렸다. "무엇 때문에 손을 뻗치지 않는 것입니까?"
말씀하셨다. "존귀하지 않기 때문이지."

여쭈었다. "하루 종일 어떻게 마음을 씁니까?"
말씀하셨다. "원숭이가 애벌레를 잡아먹는구나."

465. 백운선장白雲善藏

白雲藏和尚, 僧問: "如何是深深處?"
曰: "矮子渡深溪."
問: "赤脚時如何?"
曰: "何不脫却?"174)

---

171) 殺(쇄) : 엄청. 매우. 몹시. 술어의 앞이나 뒤에 쓰이어서 정도가 매우 심함을 나타낸다.
172) 『景德傳燈錄』卷第十七, T51n2076_p0343b11~13. 『聯燈會要』卷第二十五, X79n1557_p0217b05~07. 『五燈會元』卷第六, X80n1565_p0134a15~17. 참조.
173) 新羅臥龍(신라와룡) : 도오원지(道吾圓智)-석상경저(石霜慶諸)-운개지원(雲蓋志元)-신라와룡(新羅臥龍).
174) 『景德傳燈錄』卷第十七, T51n2076_p0342a11~13. 『五燈會元』卷第六, X80n1565_p0

백운 선장스님175)께 한 스님이 여쭈었다.
"어떤 것이 깊고 깊은 곳입니까?"
말씀하셨다. "난쟁이가 깊은 계곡을 건넌다."

여쭈었다. "맨발일 때는 어떻습니까?"
말씀하셨다. "어찌 벗어버리질 않느냐?"

466. 장졸수재張拙秀才

張拙秀才, 參石霜. 霜問: "先輩何姓?" 曰: "拙姓張." 霜曰: "覓巧了不可
得, 拙自何來?" 張於言下有省. 乃述頌曰: "光明寂照徧河沙, 凡聖含靈共我
家. 一念不生全體現, 六根纔動被雲遮. 斷除煩惱重增病, 趣向眞如總是邪.
隨順衆緣無罣礙, 涅槃生死是空花."
　雲門, 問僧: "光明寂照徧河沙, 豈不是張拙秀才語?" 僧云: "是." 門曰:
"話墮也."
　妙喜曰: "驢揀濕處尿."176)

장졸 수재거사177)가 석상 경저스님178)을 찾아뵈었다.

132a05~06. 참조.

175) 白雲善藏(백운선장) : 청원행사(青原行思)-석두희천(石頭希遷)-약산유엄(藥山惟儼)-도오원
　　지(道吾圓智)-석상경저(石霜慶諸)-대광거회(大光居誨)-백운선장(白雲善藏). 경조(京兆) 백운선
　　장선사(白雲善藏禪師)다. 오대(五代) 후당(後唐)스님으로 대광 거회스님의 법을 잇고서 낙양
　　(洛陽) 백운사(白雲寺)에 주석하였다. 『허당집(虛堂集)』66칙 '백운심처(白雲深處)' 화(話)로 유
　　명하다. 『경덕전등록』17권·『선종송고련주통집』34권·『종감법림』67권·『선림유취』7권·
　　『어선역대선사어록』전집하(前集下)·『오등회원』6권·『오등전서』12권 등에 나온다.
176) 『聯燈會要』卷第二十二, X79n1557_p0190b10~19. 同卷第二十四, X79n1557_p0209a
　　15~17. 『五燈會元』卷第六, X80n1565_p0127c10~14. 同卷第十五, X80n1565_p0307a1
　　6~17. 참조.
177) 張拙秀才(장졸수재) : 약산유엄(藥山惟儼)-도오원지(道吾圓智)-석상경저(石霜慶諸)-장졸수
　　재(張拙秀才). 청나라 팽제청이 저술한 『거사전』18권에 나온다. (X88n1646_p0215c19~p021
　　6a02. 淸 彭際淸述, 『居士傳』十八. 참조.)
178) 石霜慶諸(석상경저) : 석두희천(石頭希遷)-약산유엄(藥山惟儼)-도오원지(道吾圓智)-석상경
　　저(石霜慶諸). 807~888. 여릉(廬陵) 신감(新淦)[강서성] 출생. 속성은 진씨(陳氏). 13살에 홍정
　　(洪井)의 서산(西山) 소란(紹鑾)선사에게서 머리를 깎았다. 23살에 숭악(崇嶽)에서 구족계를 받

석상스님이 물으셨다. "선배께서는 성이 무엇이오?"
말씀드렸다. "졸(拙)의 성은 장(張)입니다."
석상스님이 말씀하셨다.
"교묘한 솜씨로도 찾아봤자 결국 안 되는데 졸렬함으로 뭣 하러 왔소?"
장졸거사가 말 떨어지자 깨달으셨다. 그리고 곧 노래를 하셨다.

"광명이 항하사에 두루 고요히 비추니
범부와 성인과 생명들이 모두 나의 가족이라네.
한 생각을 내지 않으면 전체가 드러나고
육근이 갓 움직이자 구름이 가려버리네.

번뇌를 끊어버리자 더욱 병이 늘어나고
진여를 향해 나아가면 모두가 삿되다네.
여러 인연을 따르지만 걸릴 것이 없으면
열반과 생사는 허공의 꽃이라네."

운문 문언스님이 한 스님에게 물으셨다.
"광명이 항하사에 두루 고요히 비춘다는 것은 장졸 수재의 말씀이지?"
그 스님이 말씀드렸다. "그렇습니다."
운문스님이 말씀하셨다. "말이 바닥이 났군."179)

앉으며, 낙하(落下)에 가서 율장을 배웠다. 후에 위산 영우스님의 회상에서 미두(米頭) 소임을 맡고 지내다가 도오 원지스님의 회상에서 깨달음을 얻었다. 유양(瀏陽)의 석상산(石霜山)에서 20여년을 주석하니 대중이 500여 명이 모였다고 한다. 희종(僖宗)이 자색가사를 하사하였으나 사양하고 받지 않았다. 광계(光啓) 4년에 병으로 입멸하였다. 수명은 82세, 법랍은 59세였다. 시호는 보회대사(普會大師)이고, 탑호는 견상(見相)이다. 스님이 제시한 7가지의 수행요목인 '석상칠거(石霜七去)' 공안이 유명하다. '석상간두(石霜竿頭)' '석상교치(石霜齩齒)' '석상나변저변(石霜那邊這邊)' '석상남산(石霜南山)' '석상촉목(石霜觸目)' 등의 화두가 있다. 용천경흔(湧泉景欣), 대광거회(大光居誨), 남제승일(南際僧一), 운개지원(雲蓋志元), 구봉도건(九峰道虔), 담주운개(潭州雲蓋) 등 41명의 법사(法嗣)가 있다.
179) 話墮(화타) : 말이 바닥이 나다, 말이 막히다. 말이 틀리다, 말의 앞뒤가 맞지 않다, 말이 성립되질 않는다. 말의 일차적 개념에 휘말리다. 말에 떨어지다.

묘희스님이 말씀하셨다.
"나귀는 습한 곳을 찾아 오줌을 누지."

467. 백운수단白雲守端

白雲端和尚, 示衆, 云:"昔靈山會上, 世尊拈花, 迦葉微
笑. 世尊道:'吾有正法眼藏, 分付摩訶大迦葉. 次第流傳,
母令斷絶.' 至于今日. 大衆. 若是正法眼藏, 釋迦老子自無
分, 將箇甚麼分付, 將箇甚麼流傳? 何謂如此? 況諸人分上
各各自有正法眼藏, 每日起來是是非非分南分北. 種種施爲
盡是正法眼藏之光影. 此眼開時, 乾坤大地, 日月星辰, 森羅萬象, 只在面前.
不見有毫釐之相, 此眼未開時, 盡在諸人眼睛裏. 今日已開者, 不在此限. 有
未開者, 山僧不惜手爲諸人開此正法眼藏看." 乃擧手豎兩指. 云:"看. 看.
若見得去, 事同一家. 若也未然, 山僧不免重說偈言, 諸人法眼藏, 千聖莫能
當. 爲君通一線, 光輝滿大唐. 須彌走入海, 六月降嚴霜. 法華雖恁道, 無句
得商量. 大衆. 既滿口道了, 爲甚麼却無句得商量?" 乃喝. 云:"分身兩處
看."180)

백운 수단스님181)이 대중에게 열어 보이셨다.
"옛적 영산회상에서 세존께서 꽃을 드시니 가섭스님이 웃으셨습니다.
세존께서 말씀하셨습니다.
'나에게 정법안장이 있으니 마하대가섭에게 건네주겠다. 차례로 전하
여 끊어짐이 없게 하라.'
이리하여 오늘에까지 이르게 되었습니다.

---

180) 『續刊古尊宿語要』 第三集, X68n1318_p0401c23~0402a12. 『聯燈會要』 卷第十五,
   X79n1557_p0129b04~16. 『嘉泰普燈錄』 卷第四, X79n1559_p0315c14~0316a03. 『五燈
   會元』 卷第十九, X80n1565_p0389c05~18. 참조.
181) 白雲守端(백운수단) : 임제의현(臨濟義玄)-흥화존장(興化存奬)-보응혜옹(寶應慧顒)-풍혈
   연소(風穴延沼)-수산성념(首山省念)-분양선소(汾陽善昭)-석상초원(石霜楚圓)-양기방회(楊
   岐方會)-백운수단(白雲守端). 1025~1072. 주98) 참조.

대중여러분.
만일 정법안장을 석가노인네가 스스로는 건네받은 것이 없다면 무엇을 가지고 건네줄 것이며 무엇을 가지고 전해 내려가게 하겠습니까?

어째서 이렇게 말하겠습니까?
더군다나 여러분의 분상(分上)182)에 각각 스스로 정법안장이 있어 매일 일어나서는 옳다하고 그르다하며 남과 북을 나누고 있습니다. 갖가지 행위들이 모두 다 정법안장의 빛입니다.

이 눈이 열릴 때 건곤대지와 일월성신과 삼라만상이 바로 면전에 있습니다. 털끝만치라도 상(相)을 보지 않으면 이 눈이 열리기 전에라도 모두가 여러분의 눈 속에 있습니다.

오늘 이미 열린 이에게는 이러한 한계가 없습니다.
아직 열리지 않은 이에게는 이 산승이 수단을 아끼지 않고 여러분을 위하여 이 정법안장을 열어 보여주겠습니다.”

그리고는 손을 들어 두 손가락을 세우셨다.

말씀하셨다.
“주의 깊게 살피시오. 주의 깊게 살피시오.
만일 알아내었으면 일마다 한집안과 같을 것입니다.
만일 그렇지 못하다면 이 산승이 말의 반복을 무릅쓰고서 게(偈)를 읊어보겠습니다.

모든 이들 갖춰진 정법안장은
천성(千聖)들도 당해낼 수가 없다네.
그대 위해 한줄기의 길을 뚫으니
광휘가 대당국(大唐國)에 가득하구나.

---

182) 分上(분상) : 자신이 본래 가지고 있는 분수, 형편, 성질, 자격, 경지.

수미산이 바다로 내달려 들고
유월에는 차디찬 서리 내리네.
이 법화(法華)가 이렇게 말하였으나
상량(商量)하여 따져볼 구(句)가 없다네.

대중 여러분.
이미 한입 가득 말해놓고 무엇을 위해 상량할 구(句)가 없다 하겠습
니까?"

바로 "억!"하고 할을 하셨다.
말씀하셨다. "분신(分身)183)이 두 곳이니 살펴보시오."

468. 천의의회天衣義懷

天衣懷和尙, 示衆, 云: "善能分別諸法相, 於第一義而不
動. 作麼生說箇分別底道理? 老僧試爲分別看. 四面是山,
中間是僧堂, 佛殿, 厨庫, 三門. 遮裏是法堂, 上是天, 下是
地, 僧是僧, 俗是俗. 作麼生說箇第一義? 若向遮裏明得去,
穿取維摩老子鼻孔. 若也不會, 且待阿逸多出世."184)

천의 의회스님185)이 대중에게 열어 보이셨다.
"모든 법의 상(相)을 잘 분별한다면 제일의(第一義)에서 꿈적하지 않
게 될 것입니다.
그러면 어떤 것이 분별하는 도리를 말하는 것이겠습니까?

---

183) 分身(분신) : 부처님이나 보살이 여러 가지의 형태로 나투는 몸. "시방세계에 계시며
    설법하는 나의 분신인 모든 부처님들을 지금 마땅히 모이게 하겠다." (T09n0264_p0167
    b08~09, 『妙法蓮華經』「見寶塔品」 第十一. "我分身諸佛, 在於十方世界說法者, 今應當
    集.") 이 시중(示衆) 법문은 백운스님이 안휘성의 법화산(法華山) 증도선원(證道禪院)에서
    의 개당법문(開堂法門)으로 『법화경』「견보탑품」의 내용을 은근히 인용하고 있다.
184) 『聯燈會要』 卷第二十八, X79n1557_p0248b08~12. 참조.
185) 天衣義懷(천의의회) : 향림징원(香林澄遠)-지문광조(智門光祚)-설두중현(雪竇重顯)-천의
    의회(天衣義懷). 993~1064. 주123) 참조.

이 노승이 시험 삼아 분별해 보겠습니다.

 사방은 산이요, 중간은 승당(僧堂)과 불전(佛殿)과 주고(厨庫)186)와 삼문(三門)187)이 있습니다. 이 안은 법당이고 위로는 하늘이고 아래는 땅이며 스님은 스님이고 속인은 속인입니다.

 어떤 것이 제일의(第一義)를 말하는 것이겠습니까?

 만일 이 속에서 분명하게 된다면 유마 노인네의 콧구멍을 뚫어버렸다고 하겠습니다.
 만일 알지 못했다면 장차 아일다보살(阿逸多菩薩)188)이 세상에 나올 때를 기다려야 합니다.”

469. 숭산준극嵩山峻極

 峻極和尚, 僧問: “如何是大修行底人?” 曰: “擔枷帶鎖.” 云: “如何是大作業底人?” 曰: “修禪入定.” 僧無語, 極乃云: “你問我善, 善不從惡, 你問我惡, 惡不從善. 所以道, 善惡如浮雲, 起滅俱無處.” 僧於言下契悟.
 後破竈墮聞, 云: “我子會盡諸法無生.”
 妙喜曰: “爭奈在髑髏前作妄想何?”189)

 숭산 준극스님190)께 어떤 스님이 여쭈었다.

---

186) 厨庫(주고) : 사원에서 음식을 짓는 곳. 후원채. 공양간. 주방.
187) 三門(삼문) : 사원의 산문(山門). 삼해탈문(三解脫門)이라고도 한다.
188) 阿逸多(아일다) : ⓢAjita. ①미륵보살의 자(字)이다. 석가모니부처님으로부터 미래에 성불(成佛)일 것이라는 수기를 받고 먼저 입적하여 도솔천 내원궁으로 올라가서 천인들을 교화하다가 석가모니 입멸 후 56억 7천만년 정도를 지나면 다시 사바세계로 출현한다고 한다. ②석가모니부처님의 제자다. 무능승(無能勝), 무승(無勝), 무삼독(無三毒)으로 번역한다. 인도의 바라나에서 태어나 석가모니부처님에게서 교화를 받았다.
189)『景德傳燈錄』卷第四, T51n2076_p0233a15~21.『聯燈會要』卷第三, X79n1557_p00
    28a23.『禪門拈頌集』卷第五, K46-0072, 155則.『五燈會元』卷第二, X80n1565_p0054
    c06~11. 참조.
190) 嵩山峻極(숭산준극) : 황매홍인(黃梅弘忍)-숭산혜안(嵩山慧安)-파조타(破竈墮)-숭산준극

"어떤 것이 크게 수행하는 사람입니까?"

말씀하셨다. "칼을 쓰고 쇠고랑을 차고 있지."

말씀드렸다. "어떤 것이 크게 업을 짓는 사람입니까?"

말씀하셨다. "선(禪)을 닦고 정(定)에 들어가지."

그 스님이 말이 없었다.

준극스님이 이에 말씀하셨다.

"네가 나에게 선을 물었으나 선은 악을 따르지 않는다. 네가 나에게 악을 물었으나 악은 선을 따르지 않는다. 그러므로 선악은 뜬 구름과 같은 것이라 함께 일어나거나 사라지는 자리가 없다고 말한 것이다."

그 스님이 말 떨어지자마자 깨달았다.191)

뒤에 파조타스님192)이 들으시고 말씀하셨다.

(嵩山峻極).

191) 『전등록』 4권과 『연등회요』 3권에서는 파조타스님의 얘기로 나온다. "또 어떤 스님이 여쭈었다. '어떤 것이 선행을 닦는 사람입니까?' 스님이 말씀하셨다. '창을 들고 갑옷을 입은 사람이지.' 말씀드렸다. '어떤 것이 악행을 하는 사람입니까?' 스님이 말씀하셨다. '선을 닦고 정에 들어가는 사람이지.' 그 스님이 말했다. '제가 근기가 얕아서 그러니 스님께서 곧장 가르쳐 주십시오.' 스님이 말씀하셨다. '네가 나에게 악을 물었으나 악은 선을 따르지 않고 네가 나에게 선을 물었으나 선은 악을 따르지 않지.' 한참을 묵묵히 계셨다. 또 말씀하셨다. '알겠냐?' 그 스님이 말했다. '모르겠습니다.' 스님이 말씀하셨다. '악한 사람은 선한 마음이 없고 선한 사람은 악한 마음이 없는 것이다. 그러므로 선악은 떠다니는 구름과 같아서 함께 일어나거나 사라지는 곳이 없다고 말한 거야.' 그 스님이 말 떨어지자마자 크게 깨달았다. (T51n2076_p0233a15~21. X79n1557_p0028a23~b03. "又 僧問: '如何是修善行人?' 師曰: '捻槍帶甲.' 云: '如何是作惡行人?' 師曰: '修禪入定.' 僧 云: '某甲淺機請師直指.' 師曰: '汝問我惡惡不從善, 汝問我善善不從惡.' 良久. 又曰: '會 麼?' 僧云: '不會.' 師曰: '惡人無善念, 善人無惡心. 所以道, 善惡如浮雲, 俱無起滅處.' 其僧從言下大悟.")

192) 破竈墮(파조타) : 파두도신(破頭道信)-황매홍인(黃梅弘忍)-숭악혜안(崇嶽慧安)-파조타 (破竈墮). 당나라 숭악(嵩嶽)의 파조타스님. 북종에 속하는 스님이다. 말과 행동이 불가사의하였다고 한다. 숭악의 혜안(慧安)스님을 모셨다. 숭악에 사당이 하나 있었는데 그 안에 부뚜막 하나가 있었다. 그런데 이 부뚜막이 매우 영험하여 이 부뚜막에 걸린 솥에다 사람들이 여러 생명들을 제물로 마구 삶았다고 한다. 어느 날은 스님이 대중을 이끌고 사당에 들어가서 지팡이로 부뚜막을 세 번 두드리며 말했다. "쯧! 이 부뚜막은 진흙과 기왓장으로 쌓았는데 신성함은 어디서 왔으며 영험은 어디서 생기기에 저렇게 생명을 삶아 버린단 말인가?" 그러고 나서 다시 세 번을 두드리면서 말했다. "부서져라! 무너져라!" 그랬더니 부뚜막이 그만 무너져 버렸다. 그때 문득 푸른 옷에 높은 관을 쓴 사람이 나타나서는 스님에게 절을 하였다. 스님이 물었다. "누구신지?" "저는 본래 이 사당의 부뚜막신(竈神)으로서 오랫동안 업보를 받아오다가 오늘에야 스님의 무생법문(無生法門)을 듣고, 비로소 이곳에서 벗어나 해탈케 되었기에 감사를 드립니다." 스님이 말했다. "이것은 그대가 본래 가지고 있는 성품으로, 내가 역설한 것이 아니다." 그러자 부뚜막신이 두 번

"나의 아들이 모든 법의 남이 없음을 다 알아버렸구나."193)

묘희스님이 말씀하셨다. "어찌하여 해골 앞에서 망상을 떨까?"

470. 운거원우雲居元祐

雲居祐和尚, 示眾, 舉: "〈僧問趙州: '如何是祖師西來意?' 州云: '庭前栢樹子.' 僧云: '和尚莫將境示人.' 州云: '我不將境示人.' 僧云: '如何是祖師西來意?' 州云: '庭前栢樹子.'〉 奇哉! 古聖垂一言半句, 可謂截斷聖凡門戶, 直示彌勒眼睛. 今昔無墜, 眾中異解多途, 商量非一, 埋沒宗旨, 錯判名言. 或謂青青翠竹, 盡是真如, 鬱鬱黃花, 無非般若. 或謂山河草木物物皆是真心顯現, 何獨庭前栢樹子乎? 塵毛瓦礫, 都是一法界中, 重重無盡, 理事圓融. 或謂庭前栢樹子縋舉, 便直下薦取敵體全真, 擬議之間, 早落塵境. 須是當人作用, 臨機相見, 或棒或喝, 或擎起拳頭, 衣袖一拂. 遮箇眼目, 如石火電光相似. 或謂庭前栢樹子, 更有甚麼事? 趙州直下為人實頭說話, 饑來喫飯, 困即打眠, 動轉施為, 盡是自家受用. 如斯見解, 似粟如麻, 皆是天魔種族外道邪宗. 但取識情分別, 用心取捨, 強作知見, 口耳相傳, 誑惑於人. 貴圖名利, 是何業種? 玷瀆祖風. 何不遊方徧歷, 求善知識, 決擇身心? 略似箇衲僧, 古來自有宗門師範. 我佛心宗, 釋梵諸天拱手敬信, 三賢十聖罔測其由." 乃舉拂子. 云: "若向遮裏悟去, 山河大地與汝同參." 復顧左右. 云: "道林爭敢壓良為賤?"194)

절을 하고 사라져버렸다. 이에 따라왔던 대중이 여쭈었다. "저희들이 오랫동안 곁에서 모셔왔는데도 아직 깨우쳐주시는 은혜를 입질 못하였는데 이 부뚜막신은 어떤 법문을 들었기에 곧장 해탈하게 된 것입니까?" 스님이 말했다. "나에게 다른 도리는 없다. 다만 그에게, '진흙과 벽돌이 합해져서 만들어진 것일진대, 신성함은 어디서 왔으며 영험함은 또 어디서 일어나는가?'라고 하였을 뿐이다. 그런데 너희들은 어찌하여 절을 하지 않느냐?" 대중이 곧장 절을 하자, 스님이 말했다. "부서져라! 부서져라! 무너져라! 무너져라!" 이에 대중이 일시에 크게 깨달았다. 이 스님은 처음부터 이름을 말하지 않았으므로 후세에 이 설화를 바탕으로 파조타라 불렀다고 한다.

193)『선문염송』 155칙에서는 숭산혜안(嵩山惠安) 스님의 말로 나온다. (K46-0072, 『禪門拈頌集』卷第五. "後有僧舉似安國師, 國師云: '此子會盡諸法無生.'")
194)『聯燈會要』卷第十四, X79n1557_p0127a24~b19. 참조.

운거 원우스님195)이 대중에게 열어 보이셨다.
"〈한 스님이 조주스님께 여쭈었습니다.
'어떤 것이 조사께서 서쪽에서 오신 뜻입니까?'
조주스님이 말씀하셨습니다. '뜰 앞의 측백나무지.'
그 스님이 말했습니다.
'스님께서는 경계를 가지고 사람을 가르치려 하지 마십시오.'
조주스님이 말씀하셨습니다.
'나는 경계를 가지고 사람을 가르치질 않는다.'
그 스님이 말했습니다.
'어떤 것이 조사께서 서쪽에서 오신 뜻입니까?'
조주스님이 말씀하셨습니다. '뜰 앞의 측백나무지.'〉

대단하구나!
옛 성인이 일언반구(一言半句)196)를 드리우시니 성인과 범부의 문을 끊어버리고 곧장 미륵의 눈을 보였다고 이를 만합니다.
예나 지금이나 쇠락함이 없는데도 대중 가운데는 다른 이해와 여러 갈래로 상량(商量)하는 것이 하나가 아니니, 종지(宗旨)가 묻혀 버리고 명언(名言)으로 그릇 판단하고 있습니다.

혹은 '푸르디 푸른 대나무는 모두가 진여이고 몽실몽실 노란 국화는 반야 아님이 없다'197)고 말합니다.
혹은 '산하의 초목과 갖가지 사물이 모두 참마음의 현현(顯現)이니 어찌 유독 뜰 앞의 측백나무일 뿐이겠으며, 티끌·털 오라기·기와·자갈돌 등이 모두 한 법계(法界) 안에 중중무진(重重無盡)198)하여 이사원

---

195) 雲居元祐(운거원우) : 분양선소(汾陽善昭)-석상초원(石霜楚圓)-황룡혜남(黃龍慧南)-운거원우(雲居元祐). 1030~1095. 송대의 임제종 황룡파의 스님이다. 신주(信州) 상요(上饒) 출신으로 속성은 왕씨(王氏)다. 24세에 출가하여 구족계를 받았다. 황룡 혜남스님의 문하로 들어가 10여년을 모시면서 그 법을 이었다. 그 후 옥간사(玉澗寺)에 주석하였다. 이 시기에 서왕(徐王)이 자색방포(紫色方袍)를 하사하였으나 받지 않았다. 이를 '원우회첩(元祐廻牒)'이라한다. 만년에는 운거사(雲居寺)에 머물렀다. 소성(紹聖) 2년 7월 7일 세수 66세로 입적하였다. (『佛祖歷代通載』卷第十九, T49n2036_p0676b17~c14. 참조.)
196) 一言半句(일언반구) : 일언반사(一言半辭), 일언반어(一言半語)와 같은 말. 한마디의 말과 한 구의 반. 곧, 매우 짧은 말을 뜻한다.
197) 원래 마명조사(馬鳴祖師)가 한 말이다.

융(理事圓融)199)이라'고 말합니다.

혹은 '뜰 앞의 측백나무를 막 말하자마자 곧바로 전진(全眞)과 대등한 몸200)인 줄 알아차릴 것이니 헤아리는 사이에 벌써 대상경계에 떨어져 버린다'고 하고, '반드시 본인이 작용해서 서로 만나 대처할 때에는 혹은 몽둥이로 때리거나 혹은 할(喝)을 하고 혹은 주먹을 들어 올리고 옷소매를 한 번 떨치거나 해야 하는데, 이러한 안목은 부싯돌 불빛이나 번갯불과 같이 해야 한다'고 말합니다.

혹은 '뜰 앞의 측백나무가 다시 무슨 일이라도 있는가' 하면서 '조주 스님이 곧장 사람을 위해 확실히 말씀하신 것이니, 배고프면 밥을 먹고 졸리면 잠을 자고 활동하고 행위하는 것이 모두 다 주인공의 수용(受用)이라'고 말합니다.

이와 같은 견해들은 좁쌀이나 삼대 같이 많지만 모두가 천마(天魔)의 종족이요 외도의 삿된 종파입니다. 그저 식정(識情)으로 분별한 것이며 마음을 써서 취하고 버리며 억지로 지견(知見)을 지어서 입과 귀로 서로 전하여 사람을 속이고 미혹하는 것입니다. 명리(名利)를 도모하려하니201) 이 얼마나 나쁜 놈들입니까?202) 조사의 가풍을 더럽히는 것입니다.

어찌하여 제방을 두루 다니면서 선지식을 구하여 몸과 마음을 결택203)하지 않는 것입니까?

대체로 납승들은 거의가 예부터 스스로 종문(宗門)의 스승이 되어 왔

---

198) 重重無盡(중중무진) : 화엄종의 용어이다. '중중무진무진(重重無盡無盡)'의 줄임말이다. 우주만유는 거듭거듭 다함없이 겹겹으로 겹쳐져서 서로서로 관계되어 있다고 함.

199) 理事圓融(이사원융) : 화엄종의 용어이다. '이사원융무애(理事圓融無碍)'의 줄임말이다. 사법계(四法界)의 하나로서 현상계인 사(事)와 본체계인 이(理)가 서로 장애가 되지 않고 서로 완벽하게 융회(融會)하여 일체의 관계를 이루는 것이다.

200) 敵體全眞(적체전진) : 적체(敵體)는 대등한 몸, 곧 신분이나 지위 등이 서로 대등함을 말한다. 전진(全眞)은 도교에서 출가한 도사(道士)를 말하는데 여기서는 깨달은 이를 말한다.

201) 貴圖(귀도) : 귀(貴)는 '~하고자 하다'는 뜻. 도모하고자 하다. ~하려고 희망하다.

202) 業種(업종) : 천벌을 받을 놈. 아주 나쁜 놈.

203) 決擇(결택) : 결단하다. 간택(簡擇)하다. 결판을 내다. 지혜로써 모든 의심을 완벽하게 해결하여 불도(佛道)를 이루게 함.

습니다.
우리 부처님의 심종(心宗)은 석범(釋梵)204)과 모든 하늘들이 손을 모아 공경하고 신뢰하는 것이며 삼현십성(三賢十聖)205)도 그 근원을 헤아리지 못하는 것입니다."

그리고는 불자를 드셨다.

말씀하셨다.
"만일 여기를 향하여 깨달으면 산하대지와 여러분이 함께 참여하는 것입니다."

다시 좌우를 돌아보셨다.

말씀하셨다.
"이 도림(道林)이 어찌 감히 어짊을 눌러 천하게 하랴?"

471. 운봉문열雲峰文悅

僧問雲峯: "巔山巖崖還有佛法也無?" 峯云: "有." 僧云: "如何是巔山巖崖佛法?" 曰: "獮猻倒上樹."206)
妙喜曰: "若人信受奉行, 一生參學事畢."

어떤 스님이 운봉 문열스님207)께 여쭈었다.

---

204) 釋梵(석범) : 제석천(帝釋天)과 범천(梵天)을 말한다.
205) 三賢十聖(삼현십성) : 대승에서 세운 수행인의 계위(階位)이다. 견도(見道) 이상에 도달한 사람을 성(聖)이라하고 아직 견도(見道)에 도달하지 않았으나 악(惡)을 여읜 사람을 현(賢)이라고 한다. 삼현(三賢)은 십주(十住) · 십행(十行) · 십회향(十廻向)의 셋이고 십성(十聖)은 초지(初地)에서 십지(十地)까지의 보살을 말한다.
206) 『聯燈會要』卷第十四, X79n1557_p0122b16~17. 참조.
207) 雲峰文悅(운봉문열) : 수산성념(首山省念)-분양선소(汾陽善昭)-대우수지(大愚守芝)-운봉문열(雲峰文悅). 998~1062. 주25) 참조.

"산꼭대기와 낭떠러지에도 불법이 있습니까?"
운봉스님이 말씀하셨다. "있지."
그 스님이 말씀드렸다.
"어떤 것이 산꼭대기와 낭떠러지의 불법입니까?"
말씀하셨다. "원숭이가 나무에 거꾸로 매달려 있구나."

묘희스님이 말씀하셨다.
"만일 누가 신수봉행(信受奉行)208)한다면 일생에 참학할 일을 마친 것이다."

472. 낭야혜각琅邪慧覺

琅邪覺和尙, 示眾, 云:"山僧因看「華嚴金師子章」, 第九'由心回轉善成門'. 又釋曰:'如一尺之鏡, 納重重之影象.' 若然者, 道有也得, 道無也得, 道非亦得, 道是亦得. 雖然如是, 更須知有拄杖頭上一竅. 若也不會, 拄杖子穿燈籠入佛殿, 撞著釋迦, 磕倒彌勒. 露柱拊掌, 呵呵大笑. 你且道. 笑簡甚麼?" 以拄杖卓一下.209)

낭야 혜각스님210)이 대중에게 열어 보이셨다.
"이 산승이 「화엄금사자장(華嚴金師子章)」211)의 9번째 '유심회전선성

---

208) 信受奉行(신수봉행) : 부처님의 말씀을 믿고 받아들여 받들어 실천하는 것. 모든 불경 (佛經)의 말미에 거의 이 말이 있다.

209) 『聯燈會要』 卷第十二, X79n1557_p0111c13~18. 『五燈會元』 卷第十二, X80n1565_p 0241b15~21. 『古尊宿語錄』 卷之四十六, 「滁州瑯琊山覺和尙語錄」, X68n1315_p0313a 04~09. 참조.

210) 琅邪慧覺(낭야혜각) : 풍혈연소(風穴延沼)-수산성념(首山省念)-분양선소(汾陽善昭)-낭야혜 각(琅邪慧覺). 자(字)는 광조(廣照)이다. 서낙(西洛)[산서성(山西省) 수양서(壽陽西)] 출신. 부친 상을 치르고 예양(澧陽)의 약산(藥山)에 있는 옛 절을 지나다가 예전부터 살았던 것 같은 친 근감을 느꼈는데 이로 인해 출가하였다. 분양 선소스님의 법을 잇고 저주(滁州) 낭야산(琅琊 山)에 주석하였다. 설두 중현스님과 함께 도를 널리 펴 2대 감로문(二甘露門)이라 불렸다. '낭 야절중(琅邪浙中)' '낭야청정(琅邪淸淨)' '낭야성중(琅邪城中)' '낭야진전(琅邪進前)' '낭야일전 (琅邪一轉)' 등의 공안을 남겼다. 공안자화(公安子和), 강산방(姜山方), 정혜초신(定慧超信) 등 18인의 수법제자가 있다.

211) 華嚴金師子章(화엄금사자장) : 원제(原題)는 「대방광불화엄경금사자장(大方廣佛華嚴經

문(由心回轉善成門)'212)을 보게 되었습니다.

또 해석하기를, '마치 한 자 크기의 거울에 거듭거듭 영상(影象)을 받아들인다.' 라고 하였습니다.

만일 그렇다면 있다고 말해도 되고 없다고 말해도 되며, 그르다고 말해도 역시 되고 옳다고 말하여도 역시 됩니다.

비록 이러하나 다시 반드시 주장자 끝에 한 구멍이 있음을 알아야만 합니다.

만일 알지 못하였다면 주장자로 등롱(燈籠)을 뚫어 불전(佛殿)에 들어가서 석가와 맞붙고 미륵을 확 거꾸러뜨려야 합니다.

노주(露柱)가 손뼉을 치며 "하하하!" 하고 크게 웃습니다.
여러분이 바로 지금 말해 보십시오.
무엇 때문에 웃습니까?"

주장자로 한 번 내리치셨다.

金師子章)」이다. 당(唐) 숭복사(崇福寺) 현수법장(賢首法藏)스님이 측천무후(則天武后)에게 뜰 앞에 놓인 금사자(金獅子)를 가지고 비유하여 십문(十門)으로써 화엄의 교관(教觀)을 찬술해 준 것이다. 처음에 법계연기(法界緣起)를 밝혔고 이어서 색공(色空)과 오교(五教)를 논하였으며 열반(涅槃)을 설명하는 것으로 마무리를 하였다.
212) 由心迴轉善成門(유심회전선성문) : 화엄종에서 세운 고십현문(古十玄門) 가운데 제9문(門)이다. 지상사(至相寺)의 지엄(智儼)스님이 짓고 두순(杜順)스님이 이어서 설한 「화엄일승십현문(華嚴一乘十玄門)」에는 유(由)가 유(唯)로 나와 있다. 1) 동시구족상응문(同時具足相應門) 2) 인다라망경계문(因陀羅網境界門) 3) 비밀은현구성문(祕密隱顯俱成門) 4) 미세상용안립문(微細相容安立門) 5) 십세격법이성문(十世隔法異成門) 6) 제장순잡구덕문(諸藏純雜具德門) 7) 일다상용부동문(一多相容不同門) 8) 제법상즉자재문(諸法相卽自在門) 9) 유심회전선성문(唯〈由〉心迴轉善成門) 10) 탁사현법생해문(託事顯法生解門).

473. 천태덕소天台德韶

韶國師, 問龍牙: "雄雄之尊, 爲甚麼近之不得?" 牙曰: "如火與火." 曰: "忽遇水來又作麼生?" 曰: "道者. 汝不會." 次問疎山: "百匝千重是何人境界?" 山曰: "左搓芒繩縛鬼子." 進曰: "不落古今請師說." 曰: "不說." 曰: "爲甚麼不說?" 曰: "箇中不辨有無."213)

천태 덕소국사214)께서 용아 거둔스님215)께 물으셨다.

"웅웅(雄雄)216)하신 지존을 무엇 때문에 가까이 하지 못하는 겁니까?"

용아스님이 말씀하셨다. "불에서 불을 내는 것과 같으니까."

말씀드렸다. "갑자기 물을 만나면 또 어쩌겠습니까?"

말씀하셨다. "도자(道者)야. 너는 알지 못하는구나."

---

213)『景德傳燈錄』卷第二十五, T51n2076_p0407b12~19.『禪林僧寶傳』卷第七, X79n1560_p0505c02~09.『五燈會元』卷第十, X80n1565_p0199a24~b10. 참조.

214) 天台德韶(천태덕소) : 현사사비(玄沙師備)-나한계침(羅漢桂琛)-법안문익(法眼文益)-천태덕소(天台德韶). 891~972. 처주(處州)[절강성 여수] 용천(龍泉) 출신. 속성은 진씨(陳氏). 17세에 용귀사(龍歸寺)로 출가. 18세에 신주(信州) 개원사(開元寺)에서 구족계를 받았다. 스님은 제방을 널리 참학하다가 용아거둔선사(龍牙居遁禪師)에게 참알하고 홀연히 깨달았다. 이후로 스님은 54명의 선지식들을 참배하였으나 법연(法緣)이 맞지를 않아서 철저한 깨달음을 얻지 못하였다. 그러다가 임천에 주석하고 있는 법안 문익선사의 회상에 합류하여 비로소 활연대오하였다. 덕소스님이 철저한 깨달음을 이룬 후 얼마 지나지 않아서 절강으로 돌아가 천태산을 유람하다가 천태 지자대사의 유적을 보게 되었는데 마치 옛적에 살았던 느낌을 받았다. 이로 인하여 지자대사와 '천태'라는 호를 같이 하게 되었는데 사람들이 지자대사(智者大師)의 후신이라고 일컬었다. 송태조(宋太祖) 개보(開寶) 5년 세수 82세로 입적하였다. '덕소천불(德韶天不)' '덕소나타(德韶那吒)' 등의 공안을 남겼다.

215) 龍牙居遁(용아거둔) : 약산유엄(藥山惟儼)-운암담성(雲巖曇晟)-동산양개(洞山良价)-용아거둔증공(龍牙居遁證空). 835~923. 조동종 스님이다. 무주(撫州) 남성(南城) 출신. 속성은 곽씨(郭氏). 14세에 길주(吉州)의 만전사(滿田寺)에 출가하였다. 후에 숭악(崇嶽)으로 가서 계를 받고 주장자를 짚고 제방을 행각하였다. 취미 무학스님과 임제 의현스님, 덕산 선감스님을 참알하였으나 계합하지 못하고 동산스님을 뵙고 불법의 대지를 확철대오하였다. 동산스님을 8년간 시봉하다가 호남(湖南) 마씨(馬氏)의 청을 받아 용아산(龍牙山) 묘제선원(妙濟禪苑)에 주석하니 대중이 5백 명이 모였다. 양(梁)나라 용덕(龍德) 3년(933) 9월에 세수 89세로 입적하였다. 호는 증공대사(證空大師)이다. '용아선판(龍牙禪板)' '용아동수(龍牙洞水)' '용아막야(龍牙鏌鋣)' '용아오귀(龍牙烏龜)' '용아강호(龍牙江湖)' '용아일출(龍牙日出)' 등의 공안을 남겼다.

216) 雄雄(웅웅) : 위세가 당당하고 왕성한 모양. 소리가 우렁찬 모양. 많은 모양.

다음에 소산 광인스님217)께 물으셨다.

"백 번 돌고 천 겹으로 겹친 것은 어떤 사람의 경계입니까?"

소산스님이 말씀하셨다.

"짚을 왼쪽으로 꼬아 만든 새끼줄로 귀신을 묶는 거지."

말씀을 올렸다.

"예와 지금에 떨어지지 마시고 스님께서 말씀해 주십시오."

말씀하셨다. "말 못해."

말씀드렸다. "뭣 때문에 말 못하십니까?"

말씀하셨다. "유무(有無)를 가릴 수가 없어."218)

474. 운문문언雲門文偃

雲門和尚, 示衆, 云: "我事不獲已, 向你諸人道, 直下無事, 早是相埋沒也. 更欲躡步向前, 尋言逐句, 求覓解會, 千差萬別, 廣設問難, 贏得一場口滑, 去道轉遠. 有甚麼歇時? 祇此箇事, 若在言語上, 三乘十二分敎豈是無言語, 因甚麼道敎外別傳? 若從學解機智, 祇如十地聖人說法如雲如雨, 猶被訶責見性如隔羅縠. 以此故知, 一切有心天地懸殊. 雖然如此, 若是得底人, 道火不能燒口, 終日說事, 未嘗挂著唇齒, 未曾道一字, 終日著衣喫飯, 未曾觸著一粒米, 挂一縷絲. 雖然如此, 猶是門庭之說, 須是實得與麼始

---

217) 疏山匡仁(소산광인) : 약산유엄(藥山惟儼)-운암담성(雲巖曇晟)-동산양개(洞山良价)-소산광인(疏山匡仁). 조동종 스님으로 길주(吉州) 신감(新淦)사람이다. 어렸을 적 본주원증선사(本州元證禪師)에게 출가하였다. 경론을 수학하다가 향엄 지한스님 등을 참알하고 후에 동산 양개선사의 회상으로 가서 대오(大悟)하고 법을 잇는다. 무주(撫州)[강서성 임천(臨川)]의 소산(疏山)에서 소산사(疏山寺)를 건립하고 동산스님의 종풍을 크게 떨치니 무주소산광인선사(撫州疏山匡仁禪師)로 불렸다. 광인선사는 생김새는 키가 작고 못생겨서 '왜사숙(矮師叔)' 혹은 '왜사리(矮闍黎)'라고 불렸지만 언변은 탁월하였다고 한다. 학인을 제접할 땐 날카로운 선기(禪機)를 휘둘러 항상 입을 열 기회를 전혀 주지 않았기 때문에 '소산교촉(疏山嚙鏃)'이라 불리었다. '소산법신변사(疏山法身邊事)' '소산수탑(疏山壽塔)' '소산고목(疏山枯木)' '소산죽족(疏山粥足)' '소산목사(疏山木蛇)' 등의 공안이 있다. 황벽혜(黃檗慧), 영천귀인(靈泉歸仁), 대안산성(大安山省), 서계도태(西谿道泰), 호국수징(護國守澄) 등 22여명의 법을 이은 제자가 있다.

218) 『전등록』 25권에는 뒤에 약간 더 나온다. "스님이 말씀드렸다. '스님께서는 지금 잘 말씀하고 계시는군요.' 소산스님이 크게 놀라셨다." (T51n2076_p0407b19~20. "師曰: '師今善說.' 疏山駭之.")

得. 若約衲僧門下, 句裏呈機, 徒勞佇思. 直饒一句下承當得, 猶是瞌睡漢."
　時有僧問: "如是一句?" 曰: "擧."219)
　妙喜曰: "瞌睡漢."

　운문 문언스님220)이 대중에게 열어 보이셨다.
　"내가 일이 부득이하여 여러분에게 '곧장 일 없어라'하고 말했지만 벌써 매몰시켜 버린 것입니다.221)
　다시 앞으로 발걸음을 내디디려고 하여 말을 찾고 구(句)를 좇아 깨달음을 구하며 천차만별로 질문을 떠벌여봤자 한바탕의 말재주만을 얻을 뿐 도(道)와는 더욱 더 멀어지게 될 뿐입니다.
언제 쉴 때가 있겠습니까?

　바로 이 일이 만일 언어에 있다면 삼승십이분교(三乘十二分敎)가 어찌 언어가 없다고 하겠으며 무엇 때문에 교외별전(敎外別傳)을 말하겠습니까?
　만일 배워서 알아내는 기민한 지혜를 따르게 된다면 설법을 구름이 일고 비 내리듯 잘하는 십지보살(十地菩薩) 성인(聖人)이라도 '성품을 드러냄'에 있어서는 얇은 비단에 가려진 것과 같다는 꾸지람을 받겠습니까?

　이러한 까닭에 일체의 '마음있음'으로는 천지차이로 달라짐을 알 수 있을 것입니다.

　비록 이와 같으나 깨달은 사람은 불을 말하여도 입을 태우지 못하듯이 하루 종일 사(事)를 말하여도 일찍이 말을 한 적이222) 없으며 일찍

---

219) 『景德傳燈錄』 卷第十九, 1n2076_p0356c15~29. 『雲門匡眞禪師廣錄』 卷上, T47n1988_p0545c20~0546a05. 『聯燈會要』 卷第二十四, X79n1557_p0206b20~c06. 『五燈會元』 卷第十五, X80n1565_p0303c11~23. 참조.
220) 雲門文偃(운문문언) : 용담숭신(龍潭崇信)-덕산선감(德山宣鑑)-설봉의존(雪峰義存)-운문문언(雲門文偃). 864~949. 주153) 참조.
221) 相(상) : 어조사. 동사 앞에 쓰여서 상대방에게 어떠한 동작을 행한다는 것을 나타내고 있다.
222) 挂著唇齒(괘착순치) : 괘(掛)는 말하다, 입에 올리다는 뜻. 순치(唇齒)는 말 또는 한담을

이 한 글자도 말하지 않았습니다. 하루 종일 옷 입고 밥 먹어도 일찍이 쌀 한 톨도 건들지 않았고 한 오라기 실도 걸치지 않았습니다.
그러나 오히려 이는 문 앞의 말일 뿐 반드시 실제로 이렇게 깨달아야만 됩니다.

만일 납승의 문하라도 구(句) 속에 기봉(機鋒)을 드러내면 깊이 생각하느라고 헛수고만 하고 있으며, 설사 일구(一句) 아래 깨달았다하더라도 오히려 깊이 잠들어 있는 놈입니다.”

그때 한 스님이 여쭈었다.
“어떤 것이 이와 같은 일구(一句)입니까?”223)
말씀하셨다. “擧(Jǔ).”224)

묘희스님이 말씀하셨다. “깊이 잠든 놈이로구나.”

475. 서여정단西余淨端

端師子, 華亭, 陞座, 云: “靈山師子雲間哮吼. 佛法無可商量, 不如打箇筋斗.” 便跳下座.225)

단사자스님226)이 화정(華亭)227)에서 법좌에 올라 말씀하셨다.

나누다는 뜻. 곧, 괘착순치(挂著唇齒)는 ‘입에 올려 말하다’는 뜻이다.

223) 如是一句(여시일구) : 여(如)는 의문사이다. ‘여하시일구(如何是一句)’ ‘여시일구하(如是一句何)’의 줄임말. 『운문광록』 상(上)에서는 ‘하(何)’가 들어가 있다. (T47n1988_p0546 a04~05. “時有僧問: ‘如何是一句?’”)

224) 擧(거) : 들먹여버렸군. 말해 버렸군. 말했잖아. 기억해 보겠다.

225) 『嘉泰普燈錄』 卷第三, X79n1559_p0306a01~02. 참조.

226) 西余淨端(서여정단) : 수산성념(首山省念)-곡은온총(谷隱蘊聰)-용화제악(龍華齊岳)-서여정단(西余淨端). 1030~1103. 송대 임제종스님이다. 자(字)가 표명(表明)이며, 호주(湖州) 귀안(歸安) 출신으로 속성은 구씨(丘氏)다. 겨우 6세에 오산(吳山) 해공원(解空院)의 보섬(寶暹)스님에게 출가하여 26세 되던 해에 구족계를 받았다. 그 후, 얼마 되지 않아 사자춤을 구경하다가 심요(心要)를 몰록 깨달았다. 그리고 인악(仁岳)스님에게 『능엄경』의 요지를 배웠다. 용화제악(龍華齊岳)선사가 항주(抗州) 용화사(龍華寺)에 주석한다는 소식을 듣고는 찾아뵙고 몸을 뒤집어 사자 흉내를 내 보이니 제악스님이 인가하였다. 그 후로 총림에서 ‘단사자(端獅子)’라 불리

"영산(靈山)의 사자(獅子)가 구름 틈에서 포효를 합니다. 불법(佛法)은 상량(商量)할 수 없으니, 재주넘기를 도는228) 것만 못합니다." 얼른 법좌에서 뛰어 내리셨다.

476. 아난존자阿難尊者

阿難, 問迦葉: "世尊傳金襴袈裟外別傳何法?" 迦葉召云: "阿難!" 阿難應喏. 迦葉云: "倒却門前刹竿著." 汾陽云: "不問那知?"
五祖戒云: "露."
翠巖芝云: "千年無影樹, 今時沒底靴."229)

아난존자230)께서 가섭존자231)께 물으셨다.

"세존께서 금란가사를 전해주신 것 말고 따로 무슨 법을 전하셨습니까?"

가섭존자께서 부르셨다. "아난!"

아난존자께서 대답하셨다. "예!"

가섭존자께서 말씀하셨다. "문 앞의 찰간(刹竿)232)을 넘어뜨려라."

었다. 이후 오산(吳山)에서 개법(開法)하고 선풍을 날렸다. 송 휘종(徽宗) 때 숭녕(崇寧) 계미년 12월 5일에 세수 74세로 입적하였다.

227) 華亭(화정) : 중국 강소성(江蘇省) 송강현(松江縣)의 옛 이름.

228) 打(타) : 돌다.

229) 『禪門拈頌集』 卷第三, K46-0038~0039, 81則. 『聯燈會要』 卷第一, X79n1557_p0018b04~07. 참조.

230) 阿難(아난) : ⑤Ānanda(아난다). 석가모니 10대 제자 가운데 다문제일(多聞第一)로 유명한 스님이다. 환희(歡喜) 또는 경희(慶喜)라고 번역한다. 석가모니의 사촌동생이며 제바달다의 친동생이 된다. 석가모니부처님의 전법(傳法) 20년 되던 해에 시자(侍者)로 발탁되어 열반 때까지 모신다. 부처님 열반 후에 대가섭을 중심으로 한 1차 결집사업에 가장 중요한 역할을 하였다.

231) 迦葉(가섭) : ⑤Mahakasyapa(마하카샤파). 마하가섭(摩訶迦葉). 대음광(大飮光)으로 번역한다. 석가모니 10대 제자 가운데 두타제일(頭陀第一)의 스님이다. 왕사성의 바라문이었던 니그루다칼파의 아들로 태어났다. 비야리성의 바라문 딸에게 장가를 갔으나 세속의 무상을 깨닫고 부부가 함께 석가모니의 제자가 되었다. 항상 엄격한 두타행을 실천하였으며 부처님의 상수제자가 되었다. 석가모니의 무상정법(無上正法)을 부촉(付囑)받음으로써 선가(禪家)의 부법장(付法藏) 제1조(祖)가 되었다.

분양 선소스님233)께서 말씀하셨다. "묻지 않고 어찌 알까?"

오조 사계스님234)께서 말씀하셨다. "露(Lù)."
취암 수지스님235)께서 말씀하셨다.
"천 년 묵은 그림자 없는 나무요, 지금은 밑바닥 없는 신발이다."

477. 진정극문眞淨克文

　　真淨和尙, 示衆, 云: "還有問話底麼?" 良久. 云: "三十年弄馬騎, 却被驢撲." 遂撫膝. 云: "直得須彌岌嶪, 海水騰波, 三十三天一時退位, 十八大地獄盡乃停酸. 見麼? 若遮裏見得, 釋迦拱手, 彌勒攢眉. 文殊普賢與伊作侍者. 若也不見, 看我七縱八橫. 且向葛藤裏薦取. 阿呵呵! 諸高德. 且道. 我笑箇甚麼? 噫! 我笑昔日雲門臨濟德山巖頭. 螢火之光, 蚊蚋之解, 一人道, 我呵佛罵祖, 一人道, 我得末後句, 一人道, 黃檗佛法無多子, 一人道大覺世尊初生下時, 一手指天, 一手指地, '天上天下唯我獨尊'. 我當初若見, 一棒打殺與狗子喫. 似遮一隊掠虛漢, 總只一期無佛處稱尊. 若是如今喚來, 一時與伊生按過. 自餘之輩放過卽不可. 豈不聞? 僧問乾峯, 云: '十方薄伽梵, 一路涅槃門. 未審. 路頭在甚麼處?' 乾峯拈拄杖, 畫一畫. 云: '在遮裏.' 只如乾峯恁麼, 曾夢見也未? 若是老僧卽不然. '十方薄伽梵, 一路涅槃

---

232) 刹竿(찰간) : 큰 사찰 입구에 세워서 사찰임을 표시하는 물건을 말한다.
233) 汾陽善昭(분양선소) : 보응혜옹(寶應慧顒)-풍혈연소(風穴延沼)-수산성념(首山省念)-분양선소(汾陽善昭). 947~1024. 주46) 참조.
234) 五祖師戒(오조사계) : 설봉의존(雪峰義存)-운문문언(雲門文偃)-쌍천사관(雙泉師寬)-오조사계(五祖師戒). 송나라 때 운문종스님. 촉(蜀)[사천성] 출신. 쌍천 사관스님의 법을 이어받고 기주(蘄州)[호북성] 오조산(五祖山)에 주석하였다. 말년에는 고안(高安)[강서성] 대우산(大愚山)에 머물다 천화하였다.
235) 翠巖守芝(취암수지) : 풍혈연소(風穴延沼)-수산성념(首山省念)-분양선소(汾陽善昭)-취암수지(翠巖守芝). 취암지(翠巖芝), 대우수지(大愚守芝)라고도 한다. 태원(太原) 출신. 속성은 왕씨(王氏). 어렸을 적에 노주(潞州)[산서성] 승천사(承天寺)로 출가하여 『법화경』시험에 응시하여 합격하였다. 『금강경』을 강의하며 천하에 명성을 떨치다가 분양 선소스님을 만나 활연대오하였다. 가우(嘉祐)[1056~1063] 초에 입적하였다. 『고존숙어록』 25권에 「균주대우지화상어록(筠州大愚芝和尙語錄)」이 있다. 운봉문열(雲峰文悅) 등 8명의 수법제자가 있다.

門, 未審. 路頭在甚麼處?' 劈脊便棒, 却問伊: '路頭在甚麼處?' 待伊擬開
口, 熱喝出去. 更有箇雲門折脚老比丘, 不分緇素, 不辨正邪, 拈扇子, 云:
'蹯跳上三十三天, 築著帝釋鼻孔, 東海鯉魚打一棒, 雨似盆傾.' 似遮般和泥
合水漢, 糞掃堆裏埋却, 十箇五箇, 又有甚過? 阿呵呵! 樂不樂, 足不足. 而
今幸對山靑山綠, 年來是事一時休, 信任身心嬾拘束. 大衆休瞌睡. 好!"236)

진정 극문스님237)이 대중에게 열어 보이셨다.
"물어 볼 말이 있습니까?"

한참 묵묵히 계셨다.

말씀하셨다.
"삼십년을 말을 타고 놀았는데 나귀에게 차였습니다."

그리고는 무릎을 쓰다듬으셨다.

말씀하셨다.
"곧장238) 수미산이 가파르게 치솟고 바닷물이 용솟음치니 삼십삼천
(三十三天)239)이 일시에 물러나 버리고 십팔 대지옥240)의 갖은 고초가

---

236) 『聯燈會要』 卷第十四, X79n1557_p0124b09~c06. 『禪門拈頌集』 卷第二十二,
  K46-0359.『古尊宿語錄』卷之四十二,「寶峰雲庵眞淨禪師住筠州聖壽語錄」一, X68n131
  5_p0282a09~b07. 참조.
237) 眞淨克文(진정극문) : 분양선소(汾陽善昭)-석상초원(石霜楚圓)-황룡혜남(黃龍慧南)-진정
  극문(眞淨克文). 1025-1102. 주50) 참조.
238) 直得(직득) : 곧장 ~에 도달하다. 줄곧 기다리다. 오로지, 반드시.
239) 三十三天(삼십삼천) : 수미산의 꼭대기에 위치한 도리천(忉利天)을 말한다. 욕계(欲界)
  6천(天) 가운데 제2천(天)이다.
240) 十八大地獄(십팔대지옥) : 십팔중지옥(十八重地獄), 또는 십팔층지옥(十八層地獄)이라고도
  한다. 일설은 8가지 화니리(火泥犁)지옥과 10가지 한니리(寒泥犁)지옥을 합한 것이 있다. 곧,
  선취호(先就乎)·거로쉬략(居盧倅略)·상거도(桑居都)·누(樓)·방졸(旁卒)·초오비차(草烏卑次)
  ·도의난차(都意難且)·불로도반호(不盧都般呼) 등 화니리 8지옥과, 오경도(烏竟都)·니로도
  (泥盧都)·오략(烏略)·오만(烏滿)·오자(烏藉)·오호(烏呼)·수건거(須健渠)·말두건직호(末頭
  乾直呼)·구포도(區逋塗)·침막(沈莫) 등 한니리 10지옥이다. (『佛說十八泥犁經』, T17n0731_
  p0528b14~0530a19. 참조) 또는 니리(泥犁)·도산(刀山)·비사(沸沙)·비시(沸屎)·흑신(黑身)
  ·화거(火車)·확탕(鑊湯)·철상(鐵床)·개산(蓋山)·한빙(寒冰)·박피(剝皮)·축생(畜生)·도병
  (刀兵)·철마(鐵磨)·빙(冰)·철책(鐵冊)·저충(蛆蟲)·양동(烊銅) 등 18지옥(地獄)의 설명도 있

다 사라져버렸습니다.

아시겠습니까?
만일 여기서 알게241) 된다면 석가모니부처님이 손을 모아 절을 하고 미륵부처님이 눈살을 찌푸릴 것입니다. 문수보살과 보현보살은 여러분의 시자가 될 것이지만 만일 알지 못했다면 나의 이리 저리 자유 자재함242)을 살펴보십시오.
다만 언어 속에서라도 알아차리게 해야겠습니다.
아하하!

고덕 여러분.
바로 여기, 말해 보십시오.
내가 무엇 때문에 웃었겠습니까?

억(噫)!

내가 옛날의 운문스님·임제스님·덕산스님·암두스님 때문에 웃었습니다.
반딧불의 빛과 모기의 알음으로 한 사람은 '내가 부처님을 꾸짖고 조사를 욕하였다'243)고 말을 하고, 한 사람은 '말후구(末後句)를 알았

다. (『問地獄經』) 또는, 발설(拔舌)·전도(剪刀)·철수(鐵樹)·얼경(孼鏡)·증롱(蒸籠)·동주(銅柱)·도산(刀山)·빙산(冰山)·유과(油鍋)·우갱(牛坑)·석압(石壓)·용구(春臼)·혈지(血池)·왕사(枉死)·책형(磔刑)·화산(火山)·석마(石磨)·도거(刀鋸) 지옥으로 나누기도 한다. (『水陸全圖』) 또 9개의 동지옥(東地獄)과 9개의 서지옥(西地獄)으로 나누기도 한다. 동지옥은 마추(磨推)·알심(挖心)·화락(火烙)·빙산(冰山)·한빙(寒冰)·도산(刀山)·거렬(車裂)·저충(蛆虫)·박피(剝皮) 등 9지옥이다. 서지옥은 확용(碓舂)·거해(鋸解)·유과(油鍋)·열유(熱油)·발설(拔舌)·보경(補經)·전륜(轉輪)·축생(畜生)·확탕(鑊湯) 등 9지옥이다. (『酆都鬼城』) 『관불삼매해경』 5권에는 아비지옥 가운데 여러 가지 18지옥을 설명하고 있다. (『佛說觀佛三昧海經』 卷第五, 「觀佛心品」 第四, T15n0643_p0668b19~26. "阿鼻地獄, 十八小地獄, 十八寒地獄, 十八黑闇地獄, 十八小熱地獄, 十八刀輪地獄, 十八劍輪地獄, 十八火車地獄, 十八沸屎地獄, 十八鑊湯地獄, 十八灰河地獄, …… 十八鐵窟地獄, 十八鐵丸地獄, 十八尖石地獄, 十八飲銅地獄.")
241) 見得(견득) : 앎. 봄. 터득함.
242) 七縱八橫(칠종팔횡) : 따르고 거스름에 종횡으로 자유 자재하여 무애행(無碍行)을 통달한 모양. =칠통팔달(七通八達), 칠전팔도(七顚八倒), 칠요팔철(七凹八凸).
243) 위산 영우스님이 덕산 선감스님을 두고 한 말씀이다. (T51n2076_p0317c02~03,『景德傳燈錄』 卷第十五. "潙曰: '是伊將來有把茅蓋頭, 罵佛罵祖去在.'")

다'244)고 말하고, 한 사람은 '황벽스님의 불법은 별것이 없다'245)고 말하고, 한 사람은 '대각이신 세존께서 처음 강탄하실 때 한 손가락으로는 하늘을 가리키고 한 손가락으로는 땅을 가리키며 〈천상천하유아독존(天上天下唯我獨尊)〉이라 하였으니 내가 당초에 보았더라면 한 방에 쳐 죽여서 개의 먹이로 던져 주었을 것이다'246)고 말합니다.

이러한 한 떼거지의 큰소리치는 놈들247)은 모두가 그저 부처님 없는 곳에서 한때 지존이라 불렸을 뿐입니다.

이렇다면 지금 불러다 여러분과 함께 한꺼번에 시험을 해 봐야겠습니다.248) 그 나머지 무리들은 눈감아줄 수가249) 없습니다.

이미 들어보았을 것입니다.

한 스님이 월주 건봉스님250)께 여쭈었습니다.

'시방의 박가범251)에게 열반문에 이르는 하나의 길이 있다252)고 하

---

244) 암두 전활스님이 덕산 선감스님을 두고 한 말씀이다. (T51n2076_p0326a29~b01, 『景德傳燈錄』卷第十六. "師云: '大小德山, 不會末後句.'")

245) 임제 의현스님의 말씀이다. (T51n2076_p0290b01~02, 『景德傳燈錄』卷第十二. "師於是大悟云: '佛法也, 無多子.'")

246) 운문 문언스님의 말씀이다. (T47n1988_p0560b16~19, 『雲門匡眞禪師廣錄』卷中. "舉世尊初生下, 一手指天一手指地, 周行七步目顧四方云: '天上天下唯我獨尊.' 師云: '我當時若見, 一棒打殺與狗子喫卻, 貴圖天下太平.'")

247) 掠虗漢(약허한) : 허풍쟁이. 큰소리치는 사람.

248) 按過(안과) : 안착(按著)이라고도 함. 참선하는 사람에게 있어 오도(悟道)의 깊고 얕음을 시험함.

249) 放過(방과) : 놓아주다. 여유가 있다. 봐주다. 눈감아주다.

250) 越州乾峰(월주건봉) : 약산유엄(藥山惟儼)-운암담성(雲巖曇晟)-동산양개(洞山良价)-월주건봉(越州乾峰). 생몰연대가 알려져 있지 않음. 오대(五代)의 오월(吳越)의 스님. 월주(越州)[절강성(浙江省) 소흥(紹興)] 출신이다. '건봉일로(乾峰一路)' '건봉일이(乾峰一二)' '건봉삼병(乾峰三病)' '건봉법신(乾峰法身)' 등의 유명한 공안이 선림에 알려져 왔다.

251) 薄伽梵(박가범) : Ⓢbhagavat(브하가왙)의 음역으로 'bhaga(薄伽)'는 덕(德), 분별(分別), 명성(名聲), 파(破)란 뜻이고, 'vat(梵)'은 유(有), 교(巧), 능(能)이란 뜻이다. 번역하면 세존(世尊), 존귀(尊貴) 등의 뜻이다.

252) 十方薄伽梵 一路涅槃門(시방박가범 일로열반문) : 『수릉엄경』 5권에 나오는 법문이다. "스스로의 마음에서 마음을 취하며 환(幻)이 아닌 것이 환의 법을 이루는 것인데 취하지 않으면 환 아님도 없다. 환 아님도 오히려 생겨남이 없는데 환의 법을 어떻게 세우겠는가? 이것을 '미묘한 연꽃'이라하며 '금강왕 보배 깨달음'이라고 하며 '환과 같은 삼마제'라고 한다. 손가락 튕기는 순간에 무학(無學)을 초월하면 이러한 아비달마야말로 시방의 박가범이 거니셨던 한 길 열반문인 것이다." (T19n0945_p0124c24~29, 『大佛頂如來密

였는데, 도대체 길이 어디에 있는 것입니까?'
 건봉스님이 주장자를 잡고서 한 획을 긋고는 말씀하셨습니다.
 '여기 있다.'
 그런데 건봉스님이 이렇게 하였어도 일찍이 꿈에서라도 보았겠습니까?

 만일 이 노승이라면 곧 그렇게 하지 않을 것입니다.
 '시방 박가범에게 한 길의 열반문이 있다고 하였는데 도대체 길이 어디에 있는 것입니까?'라고 물으면, 등짝을 곧장 후려치고는 도리어 그에게 묻겠습니다.
 '길이 어디에 있느냐?'
 그가 입을 열려는 것을 기다려서 즉각 "억!"하고 할(喝)을 하여 내쫓아 버리겠습니다.

 다시 운문이라는 다리가 부러진 늙은 비구가 있었는데 승속을 구분 못하고 바르고 삿됨을 가리지도 못하면서 부채를 들고 말했습니다.
 '삼십삼천으로 뛰어 올라 제석천의 콧구멍을 쥐어박고는 동해의 잉어를 한 방 패버리니 물동이 기울이듯 비가 쏟아진다.'
 이러한 진흙에 섞이고 물에 빠진253) 놈들은 똥무더기 속에다 열 명씩 다섯 명씩 묻어버리더라도 또 무슨 허물이 되겠습니까?
 아하하!

 즐겁지 않음을 즐기고, 족하지 않음에 만족한다네.
 지금 다행히 산이 푸름254)을 대하니,

因修證了義諸菩薩萬行首楞嚴經』卷第五. "自心取自心, 非幻成幻法, 不取無非幻. 非幻尙不生, 幻法云何立? 是名妙蓮華, 金剛王寶覺, 如幻三摩提. 彈指超無學, 此阿毘達磨. 十方薄伽梵, 一路涅槃門")

253) 和泥合水(화니합수) : 화니화수(和泥和水), 타니대수(拕泥帶水), 타니섭수(拕泥涉水), 입니입수(入泥入水) 등과 같은 말이다. 진흙에 섞이고 물에 섞인다. 자비를 실행하여 세속의 중생들과 완전히 화합하는 것으로 제이의문(第二義門)이다. 화부조면(和麩糶麵)과 같은 의미로서 선사들이 학인들에게 접화(接化)의 가르침을 펴면서 제이의문(第二義門)에 의지하여 권교(權巧)의 방편을 사용하는 것을 말함.

254) 山靑山綠(산청산록) : 『연등회요』 14권에서는 '山靑水綠'으로 나오고, 『고존숙어록』 42권에서는 '山靑水淥'으로 나오고, 『선문염송』 918칙에서는 '山靑水緣'으로 나온다. (X79

근년 이래 끌고 오던 이 일을 일시에 쉬어버리고,
몸과 마음에 맡겨 구속을 풀어버리게나.

대중여러분.
졸리면 쉬시오. 好(Hǎo)!255)"

478. 서암사언瑞巖師彦

瑞巖彦和尚, 問巖頭: "如何是本常理?" 巖頭曰: "動也." 曰: "動時如何?"
頭曰: "不是本常理." 彦沈思良久, 頭曰: "肯即未脫根塵, 不肯即永沈生死."
彦遂領悟. 後謁夾山, 山問: "甚麼處來?" 曰: "臥龍來." 山云: "來時龍還起
未?" 彦乃顧視之. 山曰: "灸瘡上更著艾爆." 曰: "和尚又苦如此作甚麼?"
山便休.256)
妙喜曰: "若不藍田射石虎, 幾乎惧殺李將軍."

서암 사언스님257)이 암두 전활스님258)께 여쭈셨다.

---

n1557_p0124c05, 『聯燈會要』卷第十四. "山靑水綠" X68n1315_p0282b06, 『古尊宿語
録』卷之四十二. "山靑水淥" 46-0359, 『禪門拈頌集』卷第二十二. "山靑水綠")

255) 好(호) : 쯧. 아이고.

256) 『景德傳燈錄』卷第十七, T51n2076_p0340c13~21. 『聯燈會要』卷第二十三, X79n15
57_p0202b07~13. 『五燈會元』卷第七, X80n1565_p0147c12~18. 참조.

257) 瑞巖師彦(서암사언) : 용담숭신(龍潭崇信)-덕산선감(德山宣鑑)-암두전활(巖頭全豁)-서암사
언(瑞巖師彦). 복주(福州)[복건성(福建省) 민월(閩越)] 출신. 속성은 허씨(許氏). 암두 전활스님
의 법을 잇고 절강성(浙江省) 태주(台州) 서암원(瑞巖院)에 머물렀다. '서암십마시절(瑞巖什麼
時節)' '서암와룡(瑞巖臥龍)' '서암주인공(瑞巖主人公)' 등의 화두가 있다.

258) 巖頭全豁(암두전활) : 천황도오(天皇道悟)-용담숭신(龍潭崇信)-덕산선감(德山宣鑑)-암두전
활(巖頭全豁). 828~887. 천주(泉州)의 남안(南安)현 출생. 속성은 가씨(柯氏). 영천사(靈泉寺)
의 의공(義公)스님에게 출가하였으며, 장안(長安)의 보수사(寶壽寺)에서 구족계를 받았다. 처음
에 교종에 속해 있었으나 뒤에 설봉 의존스님과 흠산 문수스님등과 교류하였으며, 앙산 혜적
스님에게서 지도를 받고 덕산 선감스님의 법을 이었다. 회창사태 때 서호강변에서 뱃사공 행
세를 하면서 난을 피하였다. 동정호 근처의 와룡산에서 종풍을 드날리다가 광계(光啓) 3년에
도적에게 칼을 맞고 입적함. 세수 60. 시호는 청엄대사(淸儼大師). 학인들을 제접하는 기봉으
로 '암두삼구(巖頭三句)'와 '암두사장봉(巖頭四藏鋒)'이 있으며, '암두말후구(巖頭末後句)' '암
두배할(巖頭拜喝)' '암두과문(巖頭跨門)' '암두전신(巖頭轉身)' '암두허일성(巖頭嘘一聲)' 등의
공안을 남겼다. 암두스님은 법을 이은 후손이 4대까지 내려간다. 제자로 나산도한(羅山道閑),
영암혜종(靈巖慧宗), 향계종범(香谿從範), 성수원엄(聖壽院嚴), 서암사언(瑞巖師彦), 현천산언

“어떤 것이 본래 항상한 이치입니까?”

암두스님이 말씀하셨습니다. “움직이네.”

말씀드렸다. “움직일 땐 어떻습니까?”

암두스님이 말씀하셨다. “본래 항상한 이치가 아니네.”

사언스님이 깊이 생각에 빠져 한참을 계셨다.

암두스님이 말씀하셨다.

“긍정하면 근진(根塵)을 벗어나지 못하고, 긍정치 않으면 영원히 생사에 빠져.”

사언스님이 곧 깨달으셨다.

뒤에 협산 선회스님259)을 찾아뵈었다.

협산스님이 물으셨다. “어디서 오느냐?”

말씀드렸다. “와룡(臥龍)260)에서 왔습니다.”

협산스님이 말씀하셨다. “올 때에 용(龍)이 일어났더냐?”

사언스님이 곧 돌아 보셨다.

협산스님이 말씀하셨다.

“뜸떠서 생긴 부스럼에 다시 쑥불을 놓는구나.”261)

말씀드렸다.

“스님께서는 또 굳이 이렇게 괴롭혀서 무엇 하시려고요?”

협산스님이 곧 그만 두셨다.

(玄泉山彦) 등 여섯 명이 있다.

259) 夾山善會(협산선회) : 석두희천(石頭希遷)-약산유엄(藥山惟儼)-선자덕성(船子德誠)-협산선회(夾山善會). 805~881. 한광(漢廣)[하남성] 현정(峴亭) 출신. 속성은 요씨(廖氏). 일찍이 담주(潭州)[호남성]의 전아산(電牙山)으로 출가하였고, 윤주(潤州)[강소성]의 경구(京口)에 주석하였다. 도오 원지스님의 추천을 받아 선자 덕성스님에게 참학하여 크게 깨달았다. 예주(澧州) 협산(夾山)에 주석하면서 선풍을 크게 드날렸으며 중화(中和) 원년에 세수 77세로 입적하였다. 시호는 전명대사(傳明大師)이다. ‘협산수사(夾山垂絲)’ ‘협산원포(夾山猿抱)’ ‘협산구자(夾山毬子)’ ‘협산월호(夾山越戶)’ ‘협산차위(夾山此位)’ ‘협산불필(夾山不必)’ 등의 공안이 있다. 낙포원안(洛浦元安), 백수사화상(白水寺和尙), 반룡가문(盤龍可文), 소산환보(韶山寰普) 등 22명의 법사(法嗣)가 있다.

260) 臥龍(와룡) : 경조와룡(京兆臥龍)스님이다. 청원행사(靑原行思)-석두희천(石頭希遷)-약산유엄(藥山惟儼)-선자덕성(船子德誠)-협산선회(夾山善會)-낙포원안(洛浦元安)-경조와룡(京兆臥龍).

261) 灸瘡上更著艾燋(구창상갱착애작) : 뜸을 떠서 생긴 부스럼 위에다 다시 쑥뜸을 또 얹는다. 곧 본래 선기(禪機)에 계합하지 못했는데 다시 허망한 언구작략(言句作略)을 하는 것. 잘못된 위에 다시 잘못을 보태다.[착상가착(錯上加錯)]

묘희스님이 말씀하셨다.
"남전산(藍田山)262)에서 돌 호랑이를 쏘지 않았더라면 얼마나 이장군을 쇄263) 의심했을까?"264)

479. 남원혜옹南院慧顒

南院問僧: "汝名甚麼?" 僧云: "普參." 院曰: "忽遇屎橛時如何?" 僧云: "不審." 院便打.265)

남원 혜옹스님266)께서 한 스님에게 물으셨다.
"너의 이름이 뭐냐?"
그 스님이 말씀드렸다. "보참(普參)입니다."
남원스님이 말씀하셨다.
"갑자기 밑닦이로 대우를 받으면 어찌 하겠느냐?"
그 스님이 말씀드렸다. "안녕하세요?"
남원스님이 곧 때리셨다.

---

262) 藍田(남전) : 섬서성(陝西省) 남전현(藍田縣)의 동남쪽에 위치해 있는 산의 이름이다.

263) 殺(쇄) : 정도가 심함을 나타내는 어조사.

264) 『사기史記』 109권 「열전」 49의 '이장군열전(李將軍列傳)'에 나오는 고사다. 전한(前漢)의 장군이던 이광(李廣)은 활의 명수였다. 어느 날 사냥을 나갔는데 숲 속에서 호랑이를 발견하고 활을 쏘아 맞혔다. 그런데 다가가서 보니 호랑이가 아니고 바위였는데 화살이 돌에 박혀 있었다고 한다. 이광이 놀라서 다시 한 번 활을 당겨 쏘아 보았는데 이번에는 튕겨져 나왔다고 한다.

265) 『聯燈會要』卷第十一, X79n1557_p0100b03~04.『五燈會元』卷第十一, X80n1565_p0227c16~17. 참조.

266) 南院慧顒(남원혜옹) : 황벽희운(黃檗希運)-임제의현(臨濟義玄)-흥화존장(興化存奬)-보응혜옹(寶應慧顒). 860~930. 흥화 존장스님의 법제자로 하북(河北) 사람이며, 속명은 보응(寶應)이다. 하남성(河南省) 여주(汝州) 보응원(寶應院)에 머물면서 종풍을 떨쳤다. '남원적육(南院赤肉)'·'남원일월(南院日月)'·'남원필마(南院匹馬)'·'남원줄탁(南院啐啄)'·'남원단소(南院丹霄)'·'남원일획(南院一劃)' 등의 공안이 있으며, 풍혈연소(風穴延沼), 영교안(穎橋安) 등의 걸출한 제자가 있다.

480. 나한계남羅漢系南

羅漢南和尚, 示眾, 云: "諸佛不出世, 達磨不西來. 祖師心印, 狀似鐵牛之機. 所以印空也, 日月沈輝, 乾坤黯黑, 印水也, 蹩浪驚濤, 魚龍喪命, 印泥也, 大地水消, 聖凡路絕. 若是那一印, 誰敢覰著? 爭奈諸方起模畫樣? 若到羅漢手中, 直教粉碎."267)

나한 계남스님268)이 대중에게 열어 보이셨다.

"모든 부처님은 세상에 나오시지 않았고, 달마대사도 서쪽에서 오시질 않으셨습니다. 조사들의 심인(心印)은 무쇠소의 기틀과 유사합니다.269)

그러므로 허공에 인(印)하면 해와 달이 빛을 잃어 건곤이 암흑에 빠져버리며, 물에 인(印)하면 물결이 솟구쳐 거센 파도가 일어나 물속의 생명체들이 목숨을 잃어버리며, 진흙 창에 인(印)하면 대지의 물이 말라버려 성인과 범부의 길이 끊어집니다.

만일 이렇다면 저 하나의 인(印)을 누가 감히 엿볼 수 있겠습니까?

제방에서 어떻게 모양을 잡아 그릴 수 있겠습니까?

만일 이 나한(羅漢)의 손안에 들어온다면 곧바로 부숴버리겠습니다."

---

267) 『聯燈會要』 卷第十六, X79n1557_p0135b13~17. 참조.

268) 羅漢系南(나한계남) : 석상초원(石霜楚圓)-황룡혜남(黃龍慧南)-운거원우(雲居元祐)-나한계남(羅漢系南). 1050~1094. 황룡파 스님이다. 정주(汀州)[복건성 장정(長汀)] 출신. 속성은 장씨(張氏). 어려서 금천사(金泉寺)로 출가하였다. 도업(道業)에 전념하다가 제방을 참학하였다. 후에 상서(湘西) 도림사(道林寺)에 주석하던 운거원우(雲居元祐)스님을 만나 법을 이었다. 뒤에 여산(廬山)의 나한선원(羅漢禪院)에서 선지를 크게 선양하였으니, 황룡혜남(黃龍慧南)스님을 노남(老南)이라하고 계남스님을 소남(小南)이라 존칭하였다. 소성(紹聖) 원년에 45세로 입적하였다.

269) 祖師心印狀似鐵牛之機(조사심인상사철우지기) : 조사의 심인은 무쇠 소의 기틀과 같다. 풍혈 연소스님의 상당 법문에서 나온다. "조사의 심인은 무쇠 소의 기틀과 같아서 떠나면 인(印)이 머무르고 머무르면 인(印)이 부서진다."(X79n1557_p0102b16~17, 『聯燈會要』 卷第十一. "祖師心印, 狀似鐵牛之機, 去即印住, 住即印破.")

481. 초경도광招慶道匡

招慶和尚, 示衆, 云: "招慶今夜與諸人一時道却. 還委落處麼?"
時有僧出, 云: "大衆一時散去, 還稱師意也無?" 曰: "好與拄杖." 僧禮拜.
慶曰: "雖有盲龜之意, 且無曉月之程." 僧云: "如何是曉月之程?" 曰: "此是
盲龜之意." 問: "如何是沙門行?" 曰: "非行不行." 問: "如何是西來意?"
曰: "蚊子上鐵牛."270)

초경 도광스님271)이 대중에게 열어 보이셨다.
"이 초경이 오늘 밤에 여러분에게 한꺼번에 다 말해 주었습니다.
낙처(落處)를 알겠습니까?"

그때 한 스님이 나와서 말씀드렸다.
"대중이 단번에 흩어진다면 스님의 뜻이라고 할 수 있겠습니까?"
말씀하셨다. "주장자로 맞아 볼 테냐?"
그 스님이 절을 드렸다.
초경스님이 말씀하셨다.
"비록 눈 먼 거북이272)의 뜻이 있으나 아직도 효월(曉月)273)만큼의
노정은 없구나."
그 스님이 말씀드렸다.
"어떤 것이 효월(曉月)만큼의 노정입니까?"
말씀하셨다. "이것이 눈 먼 거북이의 뜻이다."

여쭈었다. "어떤 것이 사문의 행입니까?"

---

270) 『景德傳燈錄』卷第二十一, T51n2076_p0374b07~13. 『聯燈會要』卷第二十六, X79n1
　　557_p0229b15~20. 『五燈會元』卷第八, X80n1565_p0169b18~23. 참조.
271) 招慶道匡(초경도광) : 덕산선감(德山宣鑑)-설봉의존(雪峰義存)-장경혜릉(長慶慧稜)-초경도
　　광(招慶道匡). 한주(漢州)의 조주(潮州)[광동성 조양(潮陽)] 출신. 성은 이씨(李氏). 장경혜릉(長
　　慶慧稜)스님이 천주(泉州) 초경원(招慶院)에 머무를 때 입실하여 시봉하다가 법을 이었다. 시
　　호는 법인대사(法因大師)이다. '초경상굴(招慶上窟)' 공안이 있다.
272) 盲龜(맹구) : 맹구파별(盲龜跛鱉)과 같은 뜻이다. 깨달음의 경지, 또는 깨달은 이.
273) 曉月(효월) : 새벽에 잠시 떴다가 금방 지는 희미한 달. 음력 27~8일 경의 달을 말한
　　다. 아주 짧은 것을 나타낸다.

말씀하셨다.
"행(行)이 아님은 행(行)하지 않는 것이지."

여쭈었다. "어떤 것이 서쪽에서 오신 뜻입니까?"
말씀하셨다. "모기가 무쇠 소 위에 올라갔구나."

482. 덕산선감德山宣鑑

德山和尚, 長講金剛經為業. 後聞南方禪宗大興, 罔措其
由. 遂罷講散徒, 攜疏鈔南遊, 先到龍潭. 纔跨門, 便問:
"久嚮龍潭, 及乎到來, 潭又不見, 龍又不現." 潭曰: "子親
到龍潭." 山乃禮拜而退. 至夜入室, 侍立更深, 潭曰: "子何
不下去?" 山遂珍重, 揭簾而出, 見外面黑. 却回云: "外面
黑." 潭乃點紙燭度與, 山方接次, 潭便吹滅. 山於此忽然大悟, 便禮拜. 潭
曰: "子見箇甚麼便禮拜?" 山云: "某甲自今已後更不疑著天下老和尚舌頭."
至來日龍潭上堂, 云: "可中有箇漢, 牙如劍樹, 口似血盆. 一棒打不回頭, 佗
時後日向孤峯頂上立吾道去在." 山遂取疏鈔於法堂前, 將一炬火提起, 云:
"窮諸玄辯, 若一毫置於太虛, 竭世樞機, 似一滴投於巨壑." 將疏鈔便燒, 於
是禮辭.274)

덕산 선감스님275)께서는 오랫동안 금강경 강의를 업(業)으로 삼으셨

---

274) 『景德傳燈錄』卷第十四, T51n2076_p0313c03~05. 同卷第十五, T51n2076_p0317b13
~24. 『聯燈會要』卷第二十, X79n1557_p0171c17~0172a20. 『五燈會元』卷第七, X80n
1565_p0142b07~c04. 참조.
275) 德山宣鑑(덕산선감) : 석두희천(石頭希遷)-천황도오(天皇道悟)-용담숭신(龍潭崇信)-덕산선
감(德山宣鑑). 782~865. 검남(劍南)[사천성] 출신. 속성은 주씨(周氏). 어려서 출가하여 20세에
구족계를 받았다. 경(經)에 해박하였으나 용담 숭신스님을 만나서 개오하였다. 당무종의 폐불
법난(廢佛法難)을 만나 독부산(獨浮山)의 석실로 피난하였다가 후에 무릉태수 설정망(薛廷望)
의 부탁으로 무릉의 덕산(德山)에 머물러 종풍을 크게 떨쳤다. 함통 6년에 86세로 입적하였
다. '덕산입실(德山入室)' '덕산탁발(德山托鉢)' '덕산참사(德山斬蛇)' '덕산편방(德山便棒)' '덕
산사자(德山師子)' '덕산일부(德山一斧)' 등의 공안이 있다. 시호는 현성대사(見性大師)이다.
『전등록』16권에는 암두전활(巖頭全豁), 설봉의존(雪峰義存), 고정간(高亭簡), 감담자국(感潭資
國) 등의 걸출한 제자들 9명이 보인다.

다. 뒤에 남방에 선종이 크게 일어나고 있다는 소문을 들으시고는 그 연유를 찾아도 어찌할 수가 없어 당황하셨다.

그래서 강의를 그만두고 따르는 대중을 흩어버리고 소초(疏鈔)를 가지고서 남방으로 유문(遊問)을 떠나 먼저 용담 숭신스님[276]을 찾아뵈었다. 막 문턱을 넘으면서 곧장 물으셨다.

"소문이 자자하신 용담을 와서 보니 못도 보이질 않고 용도 나타나지 않는군요."

용담스님이 말씀하셨다. "자네가 직접 용담에 왔단 말이지."

덕산스님이 곧 절을 하고 물러 가셨다.

밤이 되자 방장실에 들어가 모시고 섰는데 밤이 더욱 깊어졌다.

용담스님이 말씀하셨다. "자네는 어째서 내려가질 않는 거냐?"

덕산스님이 곧 "안녕히 계세요."하고 발을 걷어 올리고 나가다가 밖을 보니 앞이 어두웠다.

그래서 몸을 돌려 말씀드렸다. "바깥쪽이 어둡습니다."

용담스님이 지촉(紙燭)[277]에 불을 붙여 건네 주셨다. 덕산스님이 받으려는데 용담스님이 얼른 불어서 꺼 버리셨다. 덕산스님이 이에 홀연히 크게 깨달으시고 바로 절을 올리셨다.

---

276) 龍潭崇信(용담숭신) : 청원행사(靑原行思)-석두희천(石頭希遷)-천황도오(天皇道悟)-용담숭신(龍潭崇信). 생몰연대와 출신지가 알려져 있지 않다. 본래는 저궁(渚宮)의 떡 장수 자손으로 어렸을 적부터 매우 총명하였다고 한다. 처음에 천황 도오스님이 영감(靈鑒)의 은밀한 청을 받아 천황사에 주석케 하였지만 아는 이가 없었다고 한다. 이 당시 용담스님의 집이 절 밑에 있었는데 매일 떡을 용담스님의 손에 열 개씩 들려 절에 보내어 공양 올리게 하였다. 도오스님이 매일 떡을 공양하고는 한 개를 늘 남겨서 돌려주었다. 하루는 용담스님이 생각하였다. '내가 떡을 가지고 갈 때마다 왜 한 개씩 돌려주시는 거지?' 그래서 찾아가서 물으니, 도오스님이 답했다. "가져온 것을 돌려주는 것이 뭐가 이상하냐?" 용담스님이 이 말을 듣고 마음이 밝아졌다. 그래서 출가를 부탁하니, 도오스님이 말했다. "네가 옛날 복(福)과 선(善)을 받들고 지금 내말을 믿으므로 숭신(崇信)이라고 이름을 지어 주지." 그리고 열심히 시봉하다가 어느 날 여쭈었다. "제가 여기 온 지가 꽤 되었는데 아직도 마음의 요체를 가르쳐 주시지 않으시네요." "나는 네가 온 뒤로 너에게 마음의 요체를 가르쳐 주지 않은 적이 한 번도 없었는데?" "언제 가르쳐 주셨는데요?" "네가 차를 끓여 오면 나는 너를 위해 마셨고, 네가 밥을 가져다 주면 너를 위해 먹었고, 네가 합장을 하고 절을 하면 나도 절을 했다. 그런데 어디가 마음의 요체를 가르쳐 주지 않은 데가 있단 말이냐?" 용담스님이 고개를 숙이고 묵묵히 앉아 있으려니, 도오스님이 말했다. "알려면 곧장 알아야지 생각으로 헤아리면 곧바로 어긋나버린다." 용담스님이 이 말 끝에 깨달았다. 천황 도오스님의 법을 잇고 뒤에 예주(澧州)[호남성 예현(澧縣)]에 암자를 짓고 용담선원(龍潭禪院)을 개당하여 선풍을 크게 떨쳤다.
277) 紙燭(지촉) : 종이에 기름을 묻혀 새끼처럼 꼬아서 불을 붙이는 것. 또는 향초.

용담스님이 말씀하셨다. "자네가 뭘 알았기에 바로 절을 하는 거냐?"
덕산스님이 말씀드렸다.
"제가 지금 이후로는 다시는 천하 노화상들의 혀를 의심하지 않겠습니다."

다음 날이 되자, 용담스님이 상당하여 말씀하셨다.
"딱 맞는 한 놈이 있는데 어금니가 칼 숲과 같고 입은 맹수의 아가리278)와 같습니다. 한 방 때려봤자 머리조차 돌리질 않습니다. 뒷날에 홀로 우뚝 솟은 봉우리 꼭대기에 나의 도(道)를 세울 것입니다."

덕산스님이 소초(疏鈔)를 가지고 법당 앞으로 가서 횃불 하나를 잡아드시고 말씀하셨다.
"모든 현묘한 말솜씨를 다해도 태허에 비하면 터럭 하나에 불과할 뿐이다. 세상의 언어279)를 다해도 거대한 바다의 한 방울 물과 같을 뿐이다."
그리고 소초(疏鈔)를 곧 불살라버리시고는 절을 하고 떠나셨다.

---

278) 血盆(혈분) : 희생물로 제사를 지낼 때 피를 담는 그릇이다. 맹수의 떡 벌린 입을 묘사한다.
279) 樞機(추기) : 문지도리와 쇠뇌의 발사 장치. 사물의 가장 중요한 부분을 비유하는 말이다. 세상살이의 가장 중요한 부문이나 직위를 말하기도 한다. 여기서는 언어를 말한다.

483. 등은봉鄧隱峰

鄧隱峯, 辭馬祖. 祖曰: "甚處去?" 云: "石頭
去." 祖曰: "石頭路滑." 云: "竿木隨身, 逢場作
戲." 便去, 纔到石頭, 乃遶禪床一匝, 振錫一下,
問: "是何宗旨?" 頭曰: "蒼天! 蒼天!" 峯無語.
却回擧似馬祖, 祖曰: "汝更去, 見佗道:'蒼天!
蒼天!'汝便'噓!'兩聲." 峯又去, 一依前問, 頭乃'噓!'兩聲. 峯又無語. 歸擧
似馬祖, 祖曰: "向汝道石頭路滑."280)

등은봉스님281)이 마조 도일스님에게 하직인사를 하셨다.
마조스님이 말씀하셨다.
"어디로 가느냐?"
말씀드렸다. "석두스님께로 갑니다."
마조스님이 말씀하셨다. "석두의 길은 미끄러운데."
말씀드렸다.
"장대를 가지고 있다가 만나기만 하면 잘 놀고 즐기겠습니다."282)
그리고 곧바로 떠나셨다.

석두스님께 막 도착하자마자 선상(禪床)을 한 바퀴 돌고는 석장(錫杖)
을 한 번 떨치고 여쭈셨다.
"이것은 어떠한 종지(宗旨)입니까?"
석두스님이 말씀하셨다. "창천(蒼天)! 창천(蒼天)!"283)

---

280)『景德傳燈錄』卷第六, T51n2076_p0246b08~15.『五燈會元』卷第三, X80n1565_p00
　　70c08~09.『聯燈會要』卷第四, X79n1557_p0037c03~08. 참조.
281) 鄧隱峰(등은봉) : 조계혜능(曹溪慧能)-남악회양(南嶽懷讓)-마조도일(馬祖道一)-등은봉(鄧隱
　　峰). 오대은봉(五臺隱峰)이라고도 한다. 건주(建州) 소무현(邵武縣)[복건성] 출신이다. 마조 도
　　일스님의 법을 잇고 뒤에 오대산으로 들어가 주석하다가 금강굴(金剛窟)에서 물구나무를 선
　　채 입적하였다. '등은봉진사자(鄧隱峰眞師子)' '등은봉친의(鄧隱峰襯衣)' 등의 공안을 남겼다.
282) 竿木隨身 逢場作戲(간목수신 봉장작희) : 간목(竿木)은 고대에 곡예사들이 올라가 곡예를
　　부릴 때 쓰던 긴 장대를 말함. 봉장(逢場)은 어떤 상황을 만남, 또는 어떤 장소에 이름을 말한
　　다. 봉장작희(逢場作戲)는 봉장유희(逢場遊戲)·봉장작락(逢場作樂)과 같은 뜻으로, 기회가 생
　　기면 사람들과 어울리어 함께 놀고 즐김을 말하는데 등은봉(鄧隱峰)스님이 마조스님을 하직
　　할 때 한 말이다.

등은봉스님이 아무 말씀도 못하다가 되돌아가서 마조스님께 이 일을 말씀드렸다.

마조스님이 말씀하셨다.

"네가 다시 가서 그가 '창천(蒼天)! 창천(蒼天)!'하고 말하거든 너는 바로 '嘘(Xū쉬)~!嘘(Xū쉬)~!'하고[284] 두 번 한 숨 소리를 내어라."

등은봉스님이 또 가서 앞에서와 똑같이 여쭈셨다. 그러자 석두스님이 바로 "嘘(Xū쉬)~!嘘(Xū쉬)~!"하고 두 번 한 숨을 쉬셨다.

등은봉스님이 아무 말씀도 못하고는 다시 돌아가서 마조스님께 말씀 드리니, 마조스님이 말씀하셨다.

"접때 석두의 길이 미끄럽다고 말했잖아."

484. 진각영조眞覺靈照

照布衲, 一夕指半月, 問溥上座: "那一片甚麼處去也?" 溥曰: "莫妄想." 照曰: "失却一片也."[285]

妙喜曰: "自起自倒."

조포납스님[286]이 어느 날 저녁에 반달을 가리키시며 부상좌(溥上

---

283) 蒼天(창천) : 감탄사로서 통곡하는 말로 쓰인다. 선기에 계합하지 못하였을 때 탄식하는 말로 중복해서 쓴다. 또 '봄(春)'이라는 뜻으로도 쓰고 '맑고 푸른 하늘'을 나타낼 때도 쓰인다.

284) 嘘(허) : '휘유~', '쉬이~' 하고 한숨을 쉬며 탄식하는 소리.

285) 『景德傳燈錄』 卷第十八, T51n2076_p0352a25~29. 『聯燈會要』 卷第二十四, X79n1557_p0215a15~17. 『五燈會元』 卷第七, X80n1565_p0156a24~b03. 참조.

286) 龍華靈照(용화영조) : 용담숭신(龍潭崇信)-덕산선감(德山宣鑑)-설봉의존(雪峰義存)-용화영조(龍華靈照). 870~947. 항주(杭州) 용화사(龍華寺) 진각대사영조(眞覺大師靈照)다. 진각영조(眞覺靈照), 또는 제운화상(齊雲和尙)이라고도 한다. 고려출신의 스님이다. 오대(五代)에 민(閩)[복건성]과 월(越)[절강성]지방을 행각하다가 설봉 의존스님의 심인(心印)을 이어 받았다. 평소에 오직 누더기 한 벌로 지내니, 민(閩)지방에서 사람들이 '조포납(照布納)'이라고 불렀다. 무주(婺州) 제운산(齊雲山)에서 주석하다가 후에 다시 월주(越州)의 경청원(鏡淸院)으로 옮겨서 선법(禪法)을 크게 선양하였다. 후에 호주(湖州) 태수 충헌왕(忠獻王) 전공(錢公)이 항주(杭州)의 서쪽 관문에다가 보자원(報慈院)을 지어 스님을 모셔 들여 개당(開堂)하게 되었다. 전공(錢公)이 다시 용화사(龍華寺)를 짓고 스님을 주지로 모시니 여기서 천복(天福) 12년 7월 26일 세수 78세로 입적하였다. 대자산(大慈山)에 탑이 있다. 시호는 진각대사(眞覺大師)이다. 『조당집』 11권에서는 다음과 같이 나온다. "제운화상은 설봉 의존스님의 법을 이으셨다. 스님의 휘

座)287)에게 물으셨다. "저 한 조각은 어디로 가지요?"
부상좌가 말씀하셨다. "망상피우지 마시죠."
영조스님이 말씀하셨다. "한 조각마저 잃어버렸네."

묘희스님이 말씀하셨다. "자기가 일으켜 놓고 자기가 넘어지는구나."

485. 광혜원련廣慧元璉

廣慧璉和尙, 到首山, 山問: "近離甚麼處?" 曰: "漢上." 山豎拳. 云: "漢
上還有遮箇麼?" 曰: "遮箇是甚麼盌鳴聲?" 山云: "瞎." 曰: "恰是." 拍一
拍便出去.288)

광혜 원련스님289)이 수산 성념스님290)께 가셨다.

는 영조다. 동국(고려) 출신이다. 설봉스님의 밀밀한 지취(旨趣)를 전해 받은 이래로 절강에
머무르셨다. 전왕이 스님을 흠모하고 매우 존경하여 자의(紫衣)를 드리고 호를 진각대사(眞覺
大師)라 하였다. 초창기는 제운(齊雲)에서 주석하셨고 뒤에 경청원(鏡淸院)과 보자원(報慈院),
용화사(龍花寺) 등에 주석하셨는데 사방에서 현도(玄徒)들이 모여들어 법석을 크게 열었다."
(『祖堂集』 卷第十一, 九丈 玄布, K45-0305. "齊雲和尙. 嗣靈(雪)峯. 師諱靈照, 東國人也.
自傳靈(雪)峯密旨, 便住浙江. 錢王欽重敬, 賜紫衣, 號眞覺大師.初居齊雲, 後住鏡淸報慈龍花,
四海玄徒長臻法席矣.") 『조당집』 11권에 나오는 영조스님의 법문과 『경덕전등록』 18권에 나
오는 법문은 비교적 많이 실려 있으면서도 서로 많이 다르다. 『조당집』 11권 · 『경덕전등록』
18권 · 『어선역대선사어록』 전집하(前集下) · 『연등회요』 24권 · 『오등회원』 7권 · 『오등전서』
14권 · 『지월록』 19권 · 『교외별전』 7권 · 『선종정맥』 4권 등에 기록이 나온다.
287) 睡龍道溥(수룡도부) : 용담숭신(龍潭崇信)-덕산선감(德山宣鑑)-설봉의존(雪峰義存)-수룡도
부(睡龍道溥). 오대(五代) 민(閩)지방의 스님이다. 복당(福唐)[복건성 복청(福淸)] 출신이다. 속
성은 정씨(鄭氏). 설봉 의존스님의 법을 잇고 이후 오봉산(五峰山)에 주석하다가 다시 천주(泉
州)의 수룡산(睡龍山)으로 옮겨 전법하며 명성을 크게 떨쳤다. 민왕(閩王)이 홍교선사(弘敎禪
師)라는 호를 주었다. 수법제자(受法弟子)로 보복청활(保福淸豁)스님이 있다.
288) 『聯燈會要』 卷第十二, X79n1557_p0106c04~06. 『五燈會元』 卷第十一, X80n1565_p
0237a13~15.
289) 廣慧元璉(광혜원련) : 보응혜옹(寶應慧顒)-풍혈연소(風穴延沼)-수산성념(首山省念)-광혜원
련(廣慧元璉). 951~1036. 천주(泉州)[복건성] 출신. 속성은 진씨(陳氏). 수산 성념스님의 법을
잇고 여주 광혜원에 주석하였다. 경우(景祐) 병자년에 86세로 입적하였다. '광혜죽간(廣慧竹
竿)' '광혜보산(廣慧寶山)' 등의 공안이 있다. 제자로 화엄도융(華嚴道隆)이 있다.
290) 首山省念(수산성념) : 흥화존장(興化存奬)-보응혜옹(寶應慧顒)-풍혈연소(風穴延沼)-수산성
념(首山省念). 926~993. 내주(萊州)[산동(山東)] 출신. 속성(俗姓)은 적씨(狄氏). 어려서 남선사
(南禪寺)로 가서 머리를 깎고 득도하였다. 구족계를 받자마자 곧장 천하의 총림을 유력하면서
참문하였다. 선사는 항상 두타행을 실천하면서 아울러 『법화경』을 늘 외웠으므로 사람들이

수산스님이 물으셨다. "근래에 어디에 있었느냐?"
말씀드렸다. "한상(漢上)에 있었습니다."
수산스님이 주먹을 세우셨다.
말씀하셨다. "한상(漢上)에도 이것이 있나?"
말씀드렸다."이것은 무슨 주발 우는 소립니까?"
수산스님이 말씀하셨다. "눈이 멀었군."
말씀드렸다. "딱 맞습니다."291)
손뼉을 한 번 치고 나가셨다.

486. 장자광長髭曠

長髭和尚, 參石頭. 頭問: "甚麼處來?" 曰: "嶺南來." 頭云: "大庾嶺頭一
鋪功德, 成就也未?" 曰: "成就久矣, 只欠點眼在." 頭云: "莫要點眼麼?"
曰: "便請." 石頭垂下一足, 髭便作禮. 頭云: "你見箇甚麼便禮拜?" 曰: "如
紅鑪上一點雪."292)

장자 광스님293)이 석두 희천스님을 찾아뵈었다.

'염법화(念法華)'라고 불렀다. 뒤에 풍혈연소선사(風穴延沼禪師)를 만나서 그 마음을 전수 받
고 명성을 사방에 떨쳤다. 그 후에 여주(汝州)[하남성(河南省) 임여(臨汝)] 수산(首山)에서 개법
하였다. 또 여주(汝州) 섭현(葉縣) 보안사(寶安山) 광교원(廣敎院)과 보응원(寶應院) 등에서 주
지를 하였는데 대중들이 항상 넘쳐났다고 한다. 순화(淳化) 3년 상당하여 게송을 읊었다. "금
년 67세/ 늙고 병들어 또 하루를 보내는구나./ 올해엔 내년의 일을 기억하고/ 내년엔 오늘
아침의 떠오르는 태양을 기억하리라.(今年六十七, 老病隨緣且遣日. 今年記取來年事, 來年記著
今朝日.)" 다음 해에 법상에 올라 대중에게 이별의 게송을 읊었다. "하이얀 은세계의 금빛 나
는 몸,/ 정과 정아님 모두 한결같은 참./ 밝고 어둠 다할 때 다 못비추고/ 둥근 해 오후에
다 드러내누나. (白銀世界金色身, 情與非情共一眞. 明暗盡時俱不照, 日輪午後見全身.)" 말을
마치고 세수 68세로 앉아서 입적하였다. 학인을 제접할 때 쓴 '수산삼구(首山三句)'가 있으며,
'수산신부(首山新婦)' '수산죽비(首山竹篦)' '수산용심(首山用心)' '수산일호(首山一毫)' '수산졸
랑(首山拙郞)' 등의 화두가 있다. 『여주수산념화상어록(汝州首山念和尙語錄)』 1권이 남겨져
있다. 분양선소(汾陽善昭), 삼교지숭(三交智嵩), 곡은온총(谷隱蘊聰), 신정홍인(神鼎洪諲), 섭현
귀성(葉縣歸省), 광혜원련(廣慧元璉) 등 27명의 기라성 같은 걸출한 제자들이 있다.

291) 恰是(흡시) : 마음에 딱 드는구나. 옳거니. 과연 그렇군요. 마치, 흡사. 마침, 바로, 즉
시.
292) 『景德傳燈錄』 第十四, T51n2076_p0313a25~b02. 『聯燈會要』 卷第十九, X79n1557
_p0165c05~09. 『五燈會元』 卷第五, X80n1565_p0112b07~11. 참조.
293) 長髭曠(장자광) : 조계혜능(曹溪慧能)-청원행사(靑原行思)-석두희천(石頭希遷)-장자광(長髭

석두스님이 물으셨다. "어디서 오느냐?"

말씀드렸다. "영남에서 왔습니다."

석두스님이 말씀하셨다.

"대유령 마루의 존상(尊像)294)이 이루어졌더냐?"

말씀드렸다.

"이루어진 지 오랩니다만 단지 점안을 하지 못하였습니다."

석두스님이 말씀하셨다. "점안 해 주랴?"295)

말씀드렸다. "꼭296) 부탁드립니다."

석두스님이 한 발을 쭈욱 펴시었다.297)

장자스님이 곧 절을 하셨다.

석두스님이 말씀하셨다.

"네가 무얼 알았기에 절을 하는 거냐?"

말씀드렸다. "붉은 화로 위에 한 점의 눈꽃송이와 같습니다."

487. 남탑광용南塔光涌

仰山, 問南塔: "老僧何似一頭驢?"
曰: "佛亦不似."
云: "佛旣不似, 似箇甚麼?"
曰: "若有所似, 何異於驢?"
仰山然之.298)

앙산 혜적스님이 남탑 광용스님299)에게 물으셨다.

曠). 석두 희천스님의 법을 잇고 담주(潭州)[호남성 장사(長沙)] 유현(攸縣) 장자(長髭)에 주석
하였다. 제자로 석실선도(石室善道)스님이 있다.

294) 一鋪功德(일포공덕) : 일포(一鋪)는 벽화나 소상(塑像) 등의 한 점을 말하고 공덕(功德)
은 부처님을 말한다. 『전등록』 14권에서는 '일존공덕(一尊功德)'이라고 나온다.

295) 莫要(막요) : ~할 것이 없다. ~할 필요 없다.

296) 便(변) : 마침. 꼭.

297) 垂下(수하) : 『전등록』 14권에서는 '쳐들다(翹)'라고 나온다.

298) 『五燈會元』 卷第九, X80n1565_p0192c15~22. 『禪林僧寶傳』 卷第八, X79n1560_p05
08b18~c01. 참조.

299) 南塔光涌(남탑광용) : 백장회해(百丈懷海)-위산영우(潙山靈祐)-앙산혜적(仰山慧寂)-남탑광

"이 노승이 어째서 한 마리의 나귀와 같으냐?"
말씀드렸다. "부처님과도 역시 같지 않습니다."
말씀하셨다.
"부처님과도 같지 않다면 무엇과 같으냐?"
말씀드렸다. "만일 같은 것이 있다면 어찌 나귀와 다르겠습니까?"
앙산스님이 그럴듯하게 여기셨다.300)

용(南塔光涌). 850~938. 오대(五代)스님으로 강서(江西) 풍성(豊城)사람이다. 속성은 장씨(章氏). 어릴 적 어머니가 저녁에 젖을 먹이는데 신비한 광명이 뜨락에 비쳐서 이름을 광용(光涌)이라 지었다고 한다. 7세에 이미 시경과 예경을 외우고 대의(大義)를 밝혀내었으며 13세부터는 경론을 능히 강해(講解)하였다. 뒤에 앙산 혜적스님에게 귀의하여 19세에 수산사(壽山寺) 재율사(載律師)로부터 구족계를 받았다. 일찍이 임제스님을 참방하였더니 "너의 스승이 눈 밝은 분이신데 잘 모시지 않고 뭐 하러 멀리 나왔느냐?"하고 앙산스님에게로 다시 돌려보냈다. 앙산스님의 법을 잇고 강서(江西) 의춘현(宜春縣) 앙산(仰山) 남탑(南塔)에 주석하면서 종풍을 발양(發揚)하였다. 승원(昇元) 2년에 세수 89세로 입적하였다. '남탑조계(南塔曹溪)' '남탑백설(南塔百舌)' '남탑일언(南塔一言)' 등의 공안이 있으며, 신라스님인 파초혜청(芭蕉慧淸) 등 5명의 법사(法嗣)가 있다.

300) 『선림승보전』 8권에 앞뒤 얘기가 실려 있다. "석정스님은 와서 참례하는 이가 있으면 반드시 이렇게 물으셨다. '뭐 하러 왔냐?' 말씀드렸다. '스님을 뵈러 왔습니다.' 또 물으셨다. '화상을 보느냐?' 대답했다. '봅니다.' 또 물으셨다. '화상이 어째서 나귀와 같으냐?' 참례하는 이가 대답을 못하였다. 혹시 대답하더라도 역시 계합하질 못하는 것이었다. 그러다가 문득 광용스님에게 물으셨다. 광용스님이 대답하셨다. '광용이 화상을 뵈오니 역시 부처님 같지는 않습니다.' 석정스님이 말씀하셨다. '만일 부처님과 같지 않다면 무엇과 같으냐?' 광용스님이 말씀드렸다. '만일 다시 같은 바가 있다면 나귀와 어찌 구별하겠습니까?' 석정스님이 크게 놀라 말씀하셨다. '범(凡)과 성(聖) 둘 다 잊고, 정(情)이 다하면 본체가 드러나는 것이지. 내가 이 말로써 사람들을 시험해 보기를 20여년이나 하였는데 결택하는 이가 없었다. 아! 자네가 참으로 뛰어난 근기로구나. 마땅히 잘 보림하여라. 내가 다할 수 없다. 자네가 다른 날에 마땅히 알게 될 것이다.' 사람들에게 가리키며 이르셨다. '얘가 살아 있는 부처이니 사람들을 교화할 것이다.' (X79n1560_p0508b18~c01, 『禪林僧寶傳』 卷第八. "石亭見來參者, 必問曰: '來作麼?' 曰: '禮覲和尚.' 又問: '還見和尚麼?' 曰: '見.' 又問: '和尚何似驢?' 參者無能對. 脫對亦不契. 忽問湧, 湧對曰: '光湧見和尚, 亦不似佛.' 石亭曰: '若不似佛, 似箇什麼?' 湧曰: '若更有所似, 與驢何別?' 石亭大驚, 曰: '凡聖兩忘, 情盡體露. 吾以此語驗人, 已二十年, 無決了者. 噫! 子真利根. 當自保任. 吾不能盡. 子異日當自知耳.' 指以謂人曰: '此子肉佛, 可以化人也.'")

488. 양기방회楊岐方會

楊岐和尚, 問僧: "秋色依依朝離何處?" 僧云: "去夏在上藍." 曰: "不涉程途, 一句作麼生道?" 云: "兩重公案." 曰: "謝上座答話." 僧便喝. 岐曰: "那裏學得遮虛頭來?" 云: "明眼尊宿難謾." 曰: "與麼則楊岐隨上座去也." 僧擬議, 岐曰: "念汝鄕人在此. 放汝三十棒."301) 問: "如何是佛?" 曰: "堦前喝棒聲."302)

양기 방회스님303)이 한 스님에게 물으셨다.

"가을빛이 한들거리는304) 날인데 어디를 떠나왔느냐?"

그 스님이 말씀드렸다.

"지난 여름엔 상람(上藍)305)에 있었습니다."

말씀하셨다.

"길을 거치지 않고 일구(一句)를 어떻게 말하겠느냐?"

말씀드렸다. "둘로 겹친 공안이군요."

말씀하셨다. "상좌의 답이 고맙구나."

그 스님이 바로 "억!"하고 할(喝)을 하였다.

양기스님이 말씀하셨다. "이러한 허세를 어디서 배웠느냐?"

말씀드렸다. "눈 밝으신 존숙은 속이기 어렵군요."

---

301) 『聯燈會要』卷第十三, X79n1557_p0119c01~05. 『古尊宿語錄』卷第十九, 「後住潭州雲蓋山海會寺語錄」, X68n1315_p0125c19~23. 참조.

302) 이 문답은 다른 어록에는 보이지 않는다.

303) 楊岐方會(양기방회) : 수산성념(首山省念)-분양선소(汾陽善昭)-석상초원(石霜楚圓)-양기방회(楊岐方會). 996~1049. 북송(北宋) 때 임제종(臨濟宗) 양기파(楊岐派)의 개조(開祖)이다. 원주(袁州)[강서성] 의춘(宜春) 사람. 속성은 냉씨(冷氏). 20세에 균주(筠州) 구봉산(九峰山)으로 가서 머리를 깎았다. 자명 초원스님의 회하로 들어가서 감원(監院)의 소임을 맡아보다 크게 깨달았다. 이후 구봉산으로 돌아가서 개법하니 양기파의 시작을 알리게 되었다. 뒤에 원주(袁州)의 양기산(楊岐山)에서 보통선원(普通禪院)의 주지를 하면서 선풍을 크게 떨쳤다. 인종(仁宗) 6년에 담주(潭州) 운개산(雲蓋山) 해회사(海會寺)에서 세수 54세로 입적하였다. 잘 알려진 '양기삼결(楊岐三訣)'이 있고, '양기삼각(楊岐三脚)' '양기율봉(楊岐栗蓬)' 등의 공안을 남겼다. 『양기방회선사어요(楊岐方會禪師語要)』 1권, 『양기방회화상어록(楊岐方會和尚語錄)』 1권, 『양기방회화상후록(楊岐方會和尚後錄)』 1권이 남아 있다. 백운수단(白雲守端), 보령인용(保寧仁勇) 등 9명의 제자가 있다.

304) 依依(의의) : 풀잎이나 가녀린 나뭇가지가 바람에 한들한들거리는 모양.

305) 上藍(상람) : 강서성(江西省) 옛 균주(筠州)지역에 있는 산의 이름이다.

말씀하셨다. "이러면 이 양기가 상좌를 따라가야겠구나."
그 스님이 머뭇거리자, 양기스님이 말씀하셨다.
"네가 고향사람임을 감안해서 서른 대를 때리겠다."

여쭈었다. "어떤 것이 부처님입니까?"
말씀하셨다. "섬돌 앞의 할(喝)과 방(棒) 소리지."

489. 목주도명睦州道明

睦州和尙, 見僧來, 云: "現成公案, 放汝三十棒. 雲峯悅
云: "作賊人心虛." 妙喜曰: "又添得一箇." 道了問沖密:
"你道我恁麼道還有過也無?" 密云: "作賊人心虛."
妙喜曰: "三箇也有."306)

목주 도명스님307)이 한 스님이 오는 것을 보시고 말씀하셨다.
"공안(公案)을 드러내었어도 너를 서른 대 때려 주겠다."308)

운봉 문열스님309)이 말씀하셨다.

---

306) 『禪門拈頌集』 卷第十六, K46-0266, 640則. 참조.
307) 睦州道明(목주도명) : 마조도일(馬祖道一)-백장회해(百丈懷海)-황벽희운(黃檗希運)-목주도
명(睦州道明). 780~877. 목주도종(睦州道踵)이라고도 함. 속성은 진씨(陳氏). 강남(江南) 출생.
목주(睦州)[절강성] 용흥사(龍興寺)에 주석할 때 대중 일천 명이 운집하여 종풍을 떨쳐 진존숙
(陳尊宿)이라 불리었고, 짚신을 팔아 그 어머니를 잘 모셨다고 하여 진포혜(陳蒲鞋)라고 불렸
다. '목주개당(睦州開堂)' '목주담판(睦州擔板)' '목두당병(睦州糖餠)' '목주략허한(睦州掠虛漢)'
'목주열개(睦州裂開)' '목주타구(睦州打毬)' 등의 여러 공안이 있다. 법을 이은 이가 목주자사
(睦州刺史) 진조(陳操)와 엄릉균대화상(嚴陵鈞臺和尙)의 2명이 있다. 세수 98세, 법랍 76세로
입적. 『고존숙어록』 6권에 「목주도명선사어록(睦州道明禪師語錄)」 1권이 있다.
308) 『전등록』 12권에 나온다. "스님이 한 스님이 오는 것을 보시고 말씀하셨다. '공안을 이
루었다 해도 서른 대다.' 그 스님이 말씀드렸다. '제가 이와 같습니다.' 스님이 말씀하셨
다. '산문의 금강역사가 왜 주먹을 들고 있느냐?' 그 스님이 말씀드렸다. '금강역사도 오
히려 이와 같습니다.'"(『景德傳燈錄』 卷第十二, T51n2076_p0291b17~19. "師見僧來,
云: '見成公案, 放汝三十棒.' 僧云: '某甲如是.' 師云: '三門金剛爲什麼擧拳?' 僧云: '金剛
尙乃如是.'")
309) 雲峰文悅(운봉문열) : 수산성념(首山省念)-분양선소(汾陽善昭)-대우수지(大愚守芝)-운봉
문열(雲峰文悅). 998~1062. 주25) 참조.

“나쁜 짓을 하면 마음이 불안하지.”310)

묘희스님이 말씀하셨다. “또 하나를 보탰군.”
말씀을 마치고 나서 시자인 충밀스님에게 물으셨다.
“이렇게 말한 것에 허물이 있는지 네가 나에게 말해봐라.”
충밀스님이 말했다. “나쁜 짓을 하면 마음이 불안하지요.”
묘희스님이 말씀하셨다. “세 개가 되었군.”

490. 도오오진道吾悟眞

道吾眞和尙, 示眾, 云:“古人道:‘認著依前還不是. 實難會, 土宿頷下髭
鬢多, 波斯眼深鼻孔大.’ 甚奇恠, 欻然透過新羅界.”
　示眾, 云:“古今日月, 依舊山河, 若明得去, 十方薄伽梵, 一路涅槃門, 若
明不得, 謗斯經故, 獲罪如是.311)

도오 오진스님312)이 대중에게 열어 보이셨다.
“옛 사람313)이 말씀하셨습니다.
‘종전처럼 그릇 알면 안 된다. 진실로 알기가 어려우니 토수(土宿)314)
벌의 턱 아래는 수염이 많고, 페르샤 사람315)의 눈은 깊고 콧구멍이
크다.’

---

310) 作賊人心虛(작적인심허) : 작적(作賊)은 도둑질을 하다, 도둑이 되다, 노략질을 하다,
　　반란을 일으키다의 뜻. ‘도둑질을 하고나면 마음이 불안하다’는 뜻.
311) 『聯燈會要』 卷第十四, X79n1557_p0121a08~12.『古尊宿語錄』 卷第十九,「潭州道吾
　　真禪師語要」, X68n1315_p0127c21~24.『五燈會元』 卷第十二, X80n1565_p0248c09~11
　　, 0249a04~06.『續傳燈錄』 卷第七, T51n2077_p0508b22~24, c15~18. 참조.
312) 道吾悟眞(도오오진) : 수산성념(首山省念)-분양선소(汾陽善昭)-석상초원(石霜楚圓)-도오오
　　진(道吾悟眞). 담주(潭州) 도오산(道吾山) 흥화사(興化寺)에 주석하였다.『담주도오진선사어록
　　(潭州道吾眞禪師語錄)』 1권이 있다.
313) 古人(고인) : 누구인지 알 수 없다.
314) 土宿(토수) : 벌의 일종이다.
315) 波斯(파사) : 파사(波嘶), 파자사(波刺私), 파자사(波刺斯), 파라실(波囉悉)이라고도 한
　　다. 고대 페르샤로 지금의 이란이다.

얼마나 놀랍습니까!
순식간에 신라의 경계를 뚫고 지나가야만 합니다.”

또 대중에게 열어 보이셨다.
“예부터 지금까지의 해와 달과 예전과 다름없는 산과 냇물을 만일 분명히 알면 시방(十方)의 박가범(薄伽梵)이 거니셨던 한 길의 열반문일 것이요, 만일 분명히 알지 못한다면 이 경전316)을 비방하는 것이 되어 이와 같이 죄를 얻을 것입니다.”

491. 협산선회夾山善會

夾山和尚, 示衆, 云: “不知天曉, 悟不由師. 龍門躍鱗, 不墮漁人之手. 但意不寄私緣, 舌不親玄旨, 正好知音. 此名俱生話. 若向玄旨疑去, 賺殺闍梨. 困魚止濼, 鈍鳥棲蘆. 雲水非闍梨, 闍梨非雲水. 老僧於雲水而得自在, 闍梨又作麼生?”317)

협산 선회스님318)이 대중에게 열어 보이셨다.
“날이 새는 줄도 모르고 스승을 말미암지 않고 깨달아야 합니다. 용문(龍門)319)에서 자유롭게 헤엄치면320) 어부의 손에 떨어지지 않을 것입니다.

---

316) 『대불정여래밀인수증요의제보살만행수릉엄경(大佛頂如來密因修證了義諸菩薩萬行首楞嚴經)』을 말한다.
317) 『聯燈會要』 卷第二十一. X79n1557_p0179a21~b01. 『五燈會元』 卷第五, X80n1565_p0120c18~22. 참조.
318) 夾山善會(협산선회) : 석두희천(石頭希遷)-약산유엄(藥山惟儼)-선자덕성(船子德誠)-협산선회(夾山善會). 805~881. 주259) 참조.
319) 龍門(용문) : 황하(黃河) 중류에 있는 여울목. 산서성(山西省) 하진현(河津縣) 북서쪽과 섬서성(陝西省) 한성시(韓城市) 북동쪽에 있으며, 양쪽 기슭의 깎아지른 듯한 절벽이 궐문처럼 맞서 있는 데서 붙여진 이름이다. 또는 과거 시험 가운데 회시(會試)를 말한다. 이 회시에 급제한 것을 등용문(登龍門)이라 하였다. 여기서는 오문(悟門) 즉 깨달음의 문.
320) 躍鱗(약린) : 물고기가 자유자재로 다니다. 활발하게 움직이는 물고기. 사람이 자신의 능력을 마음껏 발휘함을 묘사.

다만 뜻을 개인적인 인연에 기대지 않으며 혀는 현지(玄旨)321)에 가까이하지 않으면 바로 지음(知音)에 꼭 알맞을 것입니다. 이것을 '구생화(俱生話)'라고 이름합니다.

만일 현지(玄旨)에 미혹되면322) 사리(闍梨) 여러분은 아주 속고야 말 것이니, 피곤한 물고기는 작은 못에서 쉬고 둔한 새는 갈대에 깃들이는 격이 될 것입니다.

구름과 물은 사리(闍梨) 여러분이 아니요, 사리 여러분은 구름과 물이 아닙니다.

이 노승은 구름과 물에서 자유자재하지만 사리(闍梨) 여러분은 어떻습니까?"

492. 목주도명睦州道明

睦州和尙, 示衆, 云: "裂開也在我, 捏聚也在我."
有僧問: "如何是裂開?" 曰: "三九二十七. 菩提涅槃, 眞如解脫, 即心即佛, 我且與麽道, 汝又作麽生?" 僧云: "某甲不與麽道." 曰: "盞子撲落地, 撲子成七片."
雲峯悅云: "相罵饒汝接嘴, 相唾饒汝潑水."323)

목주 도명스님324)이 대중에게 열어 보이셨다.
"갈라서 흩어버리는 것도 나에게 있고, 잡아 모으는 것도 나에게 있습니다."

한 스님이 여쭈었다. "어떤 것이 갈라서 흩어버리는 것입니까?"
말씀하셨다.

---

321) 玄旨(현지) : 심오한 이치.
322) 疑(의) : =혹(惑). 미혹되다.
323) 『聯燈會要』 卷第八, X79n1557_p0079a05~08. 『禪門拈頌集』 卷第十六, K46-0264, 638則. 『五燈會元』 卷第四, X80n1565_p0101c11~15. 『古尊宿語錄』 卷第六, 「睦州和尙語錄」, X68n1315_p0037b04~08. 참조.
324) 睦州道明(목주도명) : 마조도일(馬祖道一)-백장회해(百丈懷海)-황벽희운(黃檗希運)-목주도명(睦州道明). 780~877. 주54) 참조.

"삼·구는 이십 칠.

보리와 열반과 진여와 해탈과 즉심즉불(即心即佛)을 나는 지금 이렇게 말하지만 너는 어떠냐?"

그 스님이 말씀드렸다. "저는 이렇게 말하지 않습니다."

말씀하셨다.

"잔을 땅에 툭 떨어트리니 대접325)이 일곱 조각이 났군."

운봉 문열스님326)이 말씀하셨다.

"욕을 하려면327) 입이 닿을 때까지 실컷328) 퍼부어 주고, 침을 뱉으려면 물을 쏟아 붓듯 실컷 뱉어라."329)

493. 대우수지大愚守芝

翠巖芝和尚, 示眾, 云: "砂裏無油事可哀, 翠巖嚼飯餧嬰孩. 佗時好惡知端的, 始覺從前滿面灰."330)

취암 수지스님331)이 대중에게 열어 보이셨다.

---

325) 楪子(접자) : 『선문염송』 16권과 『연등회요』 8권에서는 楪(접)으로 나온다. 楪(접)은 위가 넓고 운두가 낮은 모양의 도자그릇인 대접인데, 후에 운두가 아예 없는 접시인 碟(접)으로 많이 쓰였다.

326) 雲峰文悅(운봉문열) : 수산성념(首山省念)-분양선소(汾陽善昭)-대우수지(大愚守芝)-운봉문열(雲峰文悅). 998~1062. 주25) 참조.

327) 相(상) : 동사 앞에 쓰여 상대방에게 어떤 동작을 한다는 것을 나타내는 어조사.

328) 饒(요) : 넉넉히. 실컷. 풍부하게. 후하게.

329) 월운스님은 "욕을 하려면 주둥이가 닿을 때까지 하고, 침을 뱉으려면 물이 뿌려질 때까지 뱉어라."고 번역하였고,(월운스님, 『선문염송·염송설화』3. p129. 동국역경원, 2005.) 김태완은 "서로 욕할 때에는 비록 너라고 하더라도 맞받아 욕할 것이고, 서로 침을 뱉을 때에는 비록 너라고 하더라도 침을 튀길 것이다."라고 번역하고 있다. (김태완, 『대혜보각선사어록』2, p28. 소명출판, 2012.)

330) 『建中靖國續燈錄』卷第四, X78n1556_p0660c22~23. 『聯燈會要』卷第十二, X79n1557_p0111a20~21. 『五燈會元』卷第十二, X80n1565_p0242a09~11. 『古尊宿語錄』卷之二十五, 「筠州大愚芝和尚語錄」, X68n1315_p0165a18~19. 참조.

331) 翠巖守芝(취암수지) : 풍혈연소(風穴延沼)-수산성념(首山省念)-분양선소(汾陽善昭)-대우수지(大愚守芝). 주235) 참조.

"모래 속에 기름이 없다니 가엾게 여겨
취암이 밥을 씹어 갓난애를 먹여 키우네.
훗날 좋고 싫음의 근거를 알면
비로소 이제껏 얼굴에 먼지를 뒤집어쓴 줄 깨달으리라."

494. 앙굴마라殃崛摩羅

殃崛摩羅, 因持鉢至一長者門, 其家婦人, 正値產難,
子母未分.長者曰: "瞿曇弟子. 汝為至聖, 當有何法,
能免產難." 殃崛語長者, 云: "我乍入道, 未知此法.
待我回問世尊, 却來相報." 及返具陳斯事, 佛告殃崛:
"汝速去報言:'我自從賢聖法來, 未曾殺生.'"殃崛依佛
所說, 往告長者, 婦人聞之, 當時分免.332)

　앙굴마라 존자333)께서 발우를 드시고 한 장자의 집 문 앞에 이르렀
다.
　그 집의 부인이 막 산고가 시작되고 있었는데 아이가 뱃속에서 빠져
나오질 못하고 있었다.
　장자가 말하였다.
　"구담의 제자여. 당신은 지극한 성인이실 테니 당연히 이 난산을 해
결할 수 있는 무슨 방법이 있겠지요?"
　앙굴마라 존자께서 장자에게 말씀하셨다.
　"나는 막 입문하여서 이러한 법을 아직 잘 모릅니다. 기다리면 내가

---

332) 『聯燈會要』 卷第一. X79n1557_p0017c06~12. 『禪門拈頌集』 卷第三, K46-0035, 72
　　則. 『五燈會元』 卷第一. X80n1565_p0030c21~0031a03. 참조.
333) 殃崛摩羅(앙굴마라) : ⓢAṅgulimāla(앙굴리마라). '지만(指鬘)' '일체세간현(一切世間
　　現)'으로 번역한다. 12살에 마니발타라 바라문을 스승으로 모시고 있었는데 그 스승이 출
　　타하자 스승의 아내가 유혹을 함에 거절하였다. 스승이 돌아오니 아내가 분함을 못 참고
　　모함을 하니 스승은 앙굴마라에게 여러 곳을 다니면서 천 명의 사람을 죽여서 천 개의
　　손가락으로 목걸이를 만들어 오면 법을 가르쳐 주겠다고 하였다. 이에 앙굴마라는 곳곳
　　을 다니면서 999명을 죽여서 목걸이를 한 다음 마지막으로 자신의 어머니를 죽이려함에
　　석가모니부처님을 만나 바른 법을 듣고 귀의하게 된다. 앙굴리마라는 '손가락목걸이(指
　　鬘)'란 뜻이다.

돌아가 세존께 여쭙고 돌아와서 알려 드리지요.”

곧 돌아가서 이 일을 자세히 말씀드리니, 부처님이 앙굴마라 존자에게 이르셨다.

“너는 빨리 가서 이렇게 알려라. ‘나는 현성(賢聖)의 법을 따른 이래로 일찍이 살생한 적이 없다.’”

앙굴마라 존자가 부처님의 말씀을 잘 받들어 장자에게 가서 알려 주시니, 그 부인이 듣고서 즉시에334) 무사히 분만하게 되었다.335)

---

334) 當時(당시) : 즉각, 즉시, 곧장.

335) 『대혜어록』 10권에 이 화(話)에 대한 대혜스님의 염송이 있고, 15권에 보설(普說)이 있다. “화음산(華陰山) 앞 백 척의 깊은 우물은/ 차운 샘물 뼛속까지 시리웁구나./ 뉘 집 여자 예 와서 얼굴 비추나?/ 다른 건 안비치고 옷깃만 비춰.”(T47n1998Ap0855b19~20, 『大慧普覺禪師語錄』 卷第十. “華陰山前百尺井, 中有寒泉徹骨冷. 誰家女子來照影? 不照其餘照斜領.”) “이 속에서 방(棒)을 하고 할(喝)을 하며, 선상을 뒤 엎고, 경전을 인용하여 이사(理事)를 말하지만 부싯돌불빛과 번갯불빛같이 날쌔게 할지라도 한밤중에 까만 닭을 붙들 수 있겠습니까? 내가 담당 문준스님께 청익(請益)할 때에 이 이야기를 말씀드리자마자 담당스님이 말씀하셨습니다. ‘자네가 나의 가려운 데를 긁어 주는구나. 이 이야기는 금시법(金屎法)이니, 알지 못한다면 황금 같고 알면 똥과 같지.’ 말씀드렸습니다. ‘방편이 없겠습니까?’ 담당스님이 말씀하셨습니다. ‘나에게 방편이 있으나 자네가 여전히 전혀 모를 뿐이지.’ 말씀드렸습니다. ‘스님께서 자비로 가르쳐 주십시오.’ 담당스님이 말씀하셨습니다. ‘앙굴마라가 말하기를, 「나는 막 입문하여서 이러한 법을 잘 모릅니다. 기다리면 내가 돌아가 세존께 여쭙고 돌아와서 알려드리지요.」하였으나, 부처님 계신 데 가기 전에 저 부인이 아기를 낳아버렸더라면 어찌하겠느냐? 「나는 현성(賢聖)의 법을 따른 이래로 살생을 한 적이 없다.」하셨으나, 앙굴마라가 이 말씀을 받들어 가지고 장자의 집에 도착하기도 전에 이미 아기가 나와 버렸더라면 어찌하겠느냐?’ 이 늙은이가 당시엔 알지 못하였다가 뒤에 호구(虎丘)에 살면서 『화엄경』을 보았습니다. 거기에 보살이 제7지에 올라서 무생법인을 증득함에 이르자 말씀하셨습니다. ‘불자야. 보살이 이 인(忍)을 성취하면 즉시에 보살의 제8부동지에 깨달아 들어가서 심행보살(深行菩薩)이 되는데, 차별 없음임을 알기 어렵다. 일체 바깥 상(相)과 일체 내면의 상(想)과 일체 집착을 여의면 한량없고 가없어, 일체의 성문과 벽지불이 미치지 못하며 온갖 시끄러운 다툼을 벗어나 적멸이 앞에 드러난다. 비유하자면 마치 비구가 신통력을 갖추어 마음의 자재를 깨닫고 점차 멸진정에 이르면 일체의 요동치는 마음과 기억과 분별하는 것이 모두 다 그쳐 버리듯이, 이 보살마하살도 역시 이와 같아서 부동지에 머물러 즉각 일체의 공용행(功用行)을 버리게 되고 무공용법(無功用法)의 신구의(身口意) 삼업을 이루어 알아차림에 힘쓰니, 모두 쉬게 되어 보행(報行)에 머물게 되었다. 비유하면 마치 어떤 사람이 꿈속에서 몸이 큰 강물에 떨어지자 건너려고 하여 큰 용맹심을 내고 큰 방편을 썼는데 큰 용맹과 방편 때문에 곧 꿈에서 깨어나고, 깨어나서는 이미 지었던 것들이 다 사라진 것과 같다. 보살도 역시 그러하여 뭇삶의 몸이 사류(四流) 가운데 있으면 구해주려고 하여 큰 용맹을 내고 큰 정진을 일으킨다. 그래서 용맹과 정진 때문에 이 부동지에 이르게 된 것이다. 이미 여기에 이르면 일체의 공용이 모두 쉬어지지 않을 수 없게 되며 이행(二行)과 상행(相行)이 모두 앞에 드러나지 않게 된다. 이 보살마하살에게는 보살의 마음·부처님 마음·보리의 마음·열반의 마음까지도 오히려 일어나지 않는데 어찌 하물며 다시 세간의 마음을 일으키겠느냐?” 스님이 말씀하셨다. “여기에 이르니 포대(布袋)를 잃어버리고 담당스님이 나를 위해 말씀해 주셨던 방편이 순식간에 앞에 드러나니, 참선지식이 나를 속이지 않았음

---

495. 조산본적曹山本寂

曹山和尚, 示衆, 云: "諸方盡把格則. 何不與佗道却, 令佗不疑去?"

雲門在衆出, 問: "密密處為甚麼不知有?" 山曰: "只為密密所以不知有." 門云: "此人如何親近?" 曰: "莫向密密處親近." 云: "不向密密處親近時如何?" 曰 :"始解親近." 門云: "喏! 喏!"

妙喜曰: "濁油更著濕燈心."336)

조산 본적스님337)이 대중에게 열어 보이셨다.

"제방에서 모두가 격칙(格則)338)을 붙잡고 있습니다.

을 비로소 알아버렸습니다. 참으로 금강권(金剛拳)은 반드시 장식(藏識)을 밝혀야만 비로소 투과할 수 있는 것입니다."(T47n1998Ap0875b17~c17, 『大慧普覺禪師普說』 卷第十五. 참조.)

336) 『續刊古尊宿語要』 第二集, X68n1318_p0377a01~05. 『聯燈會要』 卷第二十二, X79n1557_p0190c02~06.『禪門拈頌集』 卷第二十一, K46-0348, 886則.『五燈會元』 卷第十五, X80n1565_p0307b01~05. 『古尊宿語錄』 卷第十八, 「雲門匡真禪師廣錄」 下, X68n1315_p0120b11~15. 참조.

337) 曹山本寂(조산본적) : 약산유엄(藥山惟儼)-운암담성(雲巖曇晟)-동산양개(洞山良价)-조산본적(曹山本寂). 839~901. 복건성 천주(泉州) 포전현(莆田縣) 출신. 속성은 황씨(黃氏). 탐장(眈章)이라고도 함. 일찍부터 유학의 길에 들어섰으나 19세에 복주(福州)의 영석산(靈石山)으로 가서 출가하여 25세에 구족계를 받았다. 그 후 동산 양개스님을 참례하니 동산스님이 물었다. "이름이 무엇이냐?" "본적입니다." "저런. 쯧." "본적이라 할 수 없습니다." 이에 동산스님이 그릇으로 여겼다. 이후 입실하여 여러 해를 시봉한 후 떠나려 하자, 동산스님이 종지를 은밀히 전하고 물었다. "어디로 가려하느냐?" "변함없는 곳입니다." "변함없는 곳에 어찌 감이 있는가?" "간다고 하여도 변함없습니다." 그리고는 길수(吉水)로 가서 개당하였다. 육조 혜능스님을 평소 흠모하여 자신이 사는 산 이름을 조산(曹山)으로 개명하였다[이로 인해 혜능스님에 대한 예우로 동조종(洞曹宗)이라 하질 않고 조동종(曹洞宗)이라 함]. 난을 피해 의황(宜黃)으로 갔는데 거사 왕야일(王若一)이 하왕관(何王觀)을 희사하면서 주지를 청하였다. 스님은 하왕(何王)을 하옥(何玉)으로 고치고 선풍을 크게 진작하니 사방에서 학인들이 구름처럼 모여들었다. 이로부터 조동종의 명성이 크게 떨쳤다. '조산영의(曹山靈衣)' '조산보살(曹山菩薩)' '조산변이(曹山變異)' '조산격칙(曹山格則)' '조산토각(曹山兎角)' '조산사문(曹山沙門)' 등의 공안이 있다. 『무주조산본적선사어록(撫州曹山本寂禪師語錄)』 2권이 있다. 금봉종지(金峰從志), 녹문처진(鹿門處眞), 조산혜하(曹山慧霞), 촉천서선(蜀川西禪) 등 14인의 수법제자가 있다.

338) 格則(격칙) : 틀에 박힌 격식. 『선문염송설화』 제886칙에서는 이렇게 설명하고 있다. "차별된 지위뿐만 아니라 일체의 현묘한 말이라든지 미묘한 구절이 격칙(格則)이다."

그런데 어찌하여 저들에게 말해 주어서 저들로 하여금 의심하지 않게 하질 않습니까?"

운문 문언스님339)이 대중 가운데 계시다가 나와서 물으셨다. "밀밀(密密)340)한 곳이 어째서 지유(知有)341)가 아닙니까?"
조산스님이 말씀하셨다.
"그야말로 밀밀(密密)하기 때문에 지유(知有)가 아니다."
운문스님이 말씀하셨다.
"이 사람을 어떻게 가까이 할 수 있겠습니까?"
말씀하셨다. "밀밀(密密)한 곳을 가까이 하지 마라."
말씀드렸다.
"밀밀(密密)한 곳을 가까이 하지 않을 때는 어떻습니까?"
말씀하셨다. "이제야 가까이 할 줄 알았구나."
운문스님이 말씀하셨다. "네! 네!"

묘희스님이 말씀하셨다.
"탁한 기름에 다시 젖은 불심지를 넣는군."

496. 덕산원명德山圓明

德山圓明和尚, 示衆, 云: "與麽來者, 見成公案, 不與麽來者, 堁生招箭, 總不與麽來, 徐六遇擔板. 迅速鋒芒, 猶是鈍漢. 萬里無雲, 靑天猶在."
僧問: "倜儻無差時如何?" 曰: "繫驢橛." 云: "過在甚麽處?" 曰: "自屎不覺臭." 云: "和尙恁麽道即得?" 曰: "蜣蜋推糞毬." 問: "無跡無蹤, 是甚麽

(《한국불교전서》, 『禪門拈頌說話』 卷二十一, 886則. "格則者, 非但辨別地位, 一切玄言妙句是格則也.")

339) 雲門文偃(운문문언) : 용담숭신(龍潭崇信)-덕산선감(德山宣鑑)-설봉의존(雪峰義存)-운문문언(雲門文偃). 864~949. 주153) 참조.
340) 密密(밀밀) : 철저하게 빈틈이 없음. 아주 세밀함. 아주 꼼꼼함. 아주 친밀함. 비밀. 아득한 모양.
341) 知有(지유) : 지유(知有)는 지도(知道), 지효(知曉)와 같다. 향상일로(向上一路)를 말한다. '부지유(不知有)'는 향하문(向下門)이다.

人行履處?” 曰: “偸牛賊.” 問: “不歷僧祇, 獲法身時如何?” 曰: “也是牌下立.” 問: “羚羊未挂角時如何?” 曰: “獵屎狗.” 云: “挂角後如何?” 曰: “獵屎狗.” 問: “如何是古佛路?” 曰: “道邊神樹子.”342)

덕산 원명스님343)이 대중에게 열어 보이셨다.
“이렇게 오는 이는 공안(公案)을 드러내는 것이요, 이렇게 오지 않는 이는 살받이를 만들어 화살을 불러들이는 것입니다.344)
결국 이렇게 오지 않으면 서륙(徐六)345)에서 판때기를 짊어지고 있는 놈을 만난 것입니다.

칼끝을 신속하게 휘두르더라도
오히려 둔한 놈이라네.
만 리에 구름 없으니
푸른 하늘은 그대로구나.”

한 스님이 여쭈었다. “철저하게 깨달았을346) 때는 어떻습니까?”
말씀하셨다. “나귀 묶는 말뚝이지.”
말씀드렸다. “허물이 어디에 있습니까?”

---

342) 『聯燈會要』 卷第二十六, X79n1557_p0227c05~07, 0228a01~07. 참조.
343) 德山緣密(덕산연밀) : 덕산선감(德山宣鑑)-설봉의존(雪峰義存)-운문문언(雲門文偃)-덕산원명연밀(德山圓明緣密). 원명연밀(圓明緣密)이라고도 한다. 각종 어록에서는 낭주덕산원명밀선사(朗州德山圓明密禪師), 또는 정주덕산연밀원명선사(鼎州德山緣密圓明禪師)로 소개하고 있다. 스님의 법문 가운데 운문스님의 3가지 말을 게송으로 노래한 「운문삼구어(雲門三句語)」가 유명하다. “덕산에게 삼구(三句)의 말이 있습니다. 일구(一句)는 함개건곤(函蓋乾坤)이요, 일구(一句)는 수파축랑(隨波逐浪)이요 일구(一句)는 절단중류(截斷衆流)입니다.”(『景德傳燈錄』 卷第二十二, T51n2076_p0384c24~25. “德山有三句語. 一句函蓋乾坤, 一句隨波逐浪, 一句截斷衆流.”) 그에게서 나온 법사(法嗣)가 문수응진(文殊應眞) 등 6명이 있으며, ‘덕산급진(德山及盡)’ 공안을 남겼다. 『경덕전등록』 22권 · 『선문염송집』 27권 · 『선종송고련주통집』 35권 · 『종감법림』 50권 · 『종문염고휘집』 38권 · 『고존숙어록』 18권 · 『어선역대선사어록』 전집하(前集下) · 『연등회요』 26권 · 『오등회원』 15권 · 『오등전서』 31권 · 『지월록』 21권 · 『선종정맥』 8권 · 『운문광진선사광록』 하권(下卷), ‘송운문삼구어(頌雲門三句語)’ · 『종용암록(從容庵錄)』 3권, ‘덕산학필(德山學畢)’ 46칙 등에 그의 법문이 실려 있다.
344) 垛生招箭(타생초전) : 타(垛)는 살받이, 과녁, 성가퀴 등을 말한다. 화살받이를 세워서 화살을 불러들임.
345) 徐六(서륙) : 서주(徐州)[안휘성] 육안현(六安縣)을 말한다.
346) 倜儻無差(척당무차) : 철저하게 깨달음. 척당(倜儻)은 탁월하다, 명백히 깨닫다는 뜻. 무차(無差)는 조금도 어긋남이 없음.

말씀하셨다. "자기 똥 냄새도 못 맡는구나."
말씀드렸다. "스님께서 이렇게 말씀하셔도 됩니까?"
말씀하셨다. "쇠똥구리가 둥근 똥 덩어리를 미는구나."

여쭈었다. "자취가 없음은 어떤 사람의 삶입니까?"
말씀하셨다. "소를 훔친 도적놈이지."

여쭈었다.
"아승기를 지나지 않고도 법신(法身)을 이뤘을 때는 어떻습니까?"
말씀하셨다. "역시 패(牌)를 아래로 하고 섰구나."

여쭈었다. "영양이 뿔을 걸지 않았을 때는 어떻습니까?"
말씀하셨다. "똥개에게 사냥 당한다."
말씀드렸다. "뿔을 걸었을 때는 어떻습니까?"
말씀하셨다. "똥개에게 사냥 당한다."

여쭈었다. "어떤 것이 옛 부처님의 길입니까?"
말씀하셨다. "도로 가의 신수(神樹)347)다."

497. 법안문익法眼文益

淸涼法眼和尙, 示衆, 云: "出家人但隨時及節便得, 寒即寒, 熱即熱. 欲識佛性義, 當觀時節因緣. 古今方便不少. 不見. 石頭和尙因看肇論云:「會萬物爲己者其惟聖人乎.」伊家便道: '聖人無己, 靡所不己.' 有一片言語, 喚作『參同契』. 末上云:「竺土大僊心.」無過此語也. 中間也只隨時說話. 上座. 今欲會萬物爲己去, 蓋盡大地無一法可見. 伊又囑人, 云: '光陰莫虛度.' 適來向上座道: '但隨時及節便得.' 若也違時失候, 即是虛度光陰, 於非色中作色解. 上座. 於非色中作色解, 即是違時失候. 且道. 色作非色解還

---

347) 神樹(신수) : ①신통한 나무. ②천문동.

當不當? 上座. 若恁麼會, 便是沒交涉. 正是癡狂兩頭走, 有甚麼用處? 上座. 但守分, 隨時過."348)

청량 법안스님349)이 대중에게 열어 보이셨다.
"출가인은 그저 시절을 따르면 되는 것이니, 추우면 춥고 더우면 더운 것입니다.
불성(佛性)의 뜻을 알고 싶으면 마땅히 시절인연을 관(觀)하여야 합니다.

예와 지금의 방편이 적질 않습니다. 들어 보았을 것입니다.
석두 희천스님350)이 『조론』에서 「만물을 융회관통(融會貫通)하여 자기로 삼을 줄 아는 이라야만 오직 성인이다.」351)라는 대목을 보시고 문득 말씀하셨습니다.
'성인은 자기도 없지만 자기 아님도 없다.'
그리고는 한 조각의 말씀을 남기셨는데, 『참동계(參同契)』352)라고 이름

---

348) 『景德傳燈錄』卷第二十四, T51n2076_p0399b03~16. 『聯燈會要』卷第二十六, X79n1
557_p0232a13~22. 『五燈會元』卷第十, X80n1565_p0198a15~b02. 참조.
349) 法眼文益(법안문익) : 설봉의존(雪峰義存)-현사사비(玄沙師備)-나한계침(羅漢桂琛)-법안문익(法眼文益). 885-958. 법안종(法眼宗)의 개조(開祖)이다. 여항(餘杭) 출신. 속성은 노씨(魯氏). 7세에 지통원(智通院) 전위(全偉)스님에게 머리를 깎고 구족계를 받았다. 이후 장경혜릉(長慶慧稜)선사에게 참알하고 다시 지장원(地藏院) 나한계침(羅漢桂琛)선사에게 참학하였다. 지장스님이 '행각하는 일이 어떠냐?'라는 화두를 제시하여 참(叅)이다가 활연히 크게 깨달았다. 그리고는 여러 곳을 행각하다가 처음 임천주(臨川州) 숭수원(崇壽院)에서 개당하였다. 그러던 중 남당주(南唐主) 서경(徐璟)의 청으로 금릉(金陵) 보은선원(報恩禪院)에서 개법하였다. 이후 정혜선사(淨慧禪師)의 호를 받고 후에 청량사(淸涼寺)로 옮겨 선풍을 크게 선양하였다. 후주(後周) 현덕(顯德) 5년(958) 세수 74세로 입적하였다. 시호는 대법안(大法眼)이다. '법안병정동자(法眼丙丁童子)' '법안일적(法眼一滴)' '법안주주(法眼住住)' '법안지렴(法眼指簾)' '법안등자(法眼橙子)' '법안무주(法眼無住)' 등의 공안화두가 있다. 『종문십규론(宗門十規論)』 1권, 『문익선사어록(文益禪師語錄)』 1권이 남아있다. 법을 이은 제자로 청량태흠(淸涼泰欽), 천태덕소(天台德韶), 백장도항(百丈道恆), 보은혜명(報恩慧明), 보자행언(報慈行言), 보은현칙(報恩玄則) 등 61명이 있다.
350) 石頭希遷(석두희천) : 황매홍인(黃梅弘忍)-조계혜능(曹溪慧能)-청원행사(靑原行思)-석두희천(石頭希遷). 700-790. 주17) 참조.
351) 승조(僧肇)의 『조론』 「열반무명론」에 나오는 법문이다. (T45n1858_p0161a08, 『肇論』, 「涅槃無名論」第四, 通古第十七. "會萬物以成已者, 其唯聖人乎.")
352) 叅同契(참동계) : 석두 희천스님이 지은 노래이다. 5언(言) 44구(句) 220자(字)로 된 시(詩)로서, 선가(禪家)의 조동종(曹洞宗) 계통에서 많이 독송하였다고 한다. 『전등록』 30권에 전문(全文)이 실려 있다.

을 지으셨습니다. 거기 처음 부분353)에 말씀하신 「인도 대선(大僊)354)의 마음」도355) 이 말씀을 벗어나는 것이 아닙니다. 중간 부분도 역시 다만 때에 맞춰 말씀하신 것뿐입니다.

상좌 여러분.
지금 만물을 융회관통(融會貫通)하여 자기로 삼고자 하거든 대지를 다하여도 한 법도 볼 수가 없어야 합니다.
그분이 또 사람들에게 부탁하여 말씀하셨습니다.
'광음(光陰)을 헛되이 보내지 마라.'356)
아까도 상좌 여러분에게 그저 시절을 따르면 된다고 하였는데, 만일 때를 거스르고 놓치면 곧 세월을 헛되이 보내는 것이며 색이 아닌 데서 색이라는 알음을 짓는 것입니다.

상좌 여러분.
색(色)이 아닌 데서 색(色)이라는 알음을 지으면 곧 시절을 어기는 것입니다.
바로 지금, 말해보십시오.
색(色)에서 색(色)이 아니라는 알음을 지으면 맞습니까, 맞지 않습니까?

상좌 여러분.
만일 이렇게 알면 곧 교섭(交涉)할 수가 없습니다.
바로 미쳐서 양쪽으로 달리는 것이니 쓸데가 어디 있겠습니까?

상좌 여러분.
단지 분수를 지키면서 때가 흐르는 대로 따르시오."

---

353) 末上(말상) : 처음. 맨 먼저. 나뭇가지의 끄트머리. 나무초리.
354) 大僊(대선) : 석가모니부처님을 말한다.
355) 竺土大仙心(축토대선심) :『전등록』30권에 나온다. (T51n2076_p0459b08,『景德傳燈錄』卷第三十, '南嶽石頭大師',「參同契」. "竺土大仙心")
356) 光陰莫虛度(광음막허도) : 역시 『전등록』30권에 나온다. (T51n2076_p0459b20~21, 上同. "謹白參玄人, 光陰莫虛度.")

498. 광덕주廣德周

襄州廣德周和尚, 僧問: "承教有言, 阿逸多不斷煩惱不修禪定, 佛記此人成佛無疑, 此理如何?" 曰: "鹽又盡, 炭又無." 云: "鹽盡炭無時如何?" 曰: "愁人莫向愁人道, 道向愁人愁殺人."
妙喜曰: "古人恁麼答話, 喚作洗脚上船."357)

양주 광덕주스님358)께 어떤 스님이 여쭈었다.

"가르침을 삼가 받드니 이러한 말씀이 있었습니다. 아일다보살359)은 번뇌를 끊지도 않고 선정을 닦지도 않았지만 부처님께서 '이 사람은 틀림없이 성불일 것이다'라고 하셨는데 이 이치가 무엇입니까?"

말씀하셨다. "소금도 다 떨어졌고 숯도 없지."

말씀드렸다.

"소금도 다 떨어지고, 숯도 없을 때는 어떻습니까?"

말씀하셨다.

"수심에 잠긴 사람은 수심에 잠긴 사람에게 말하지 말아야 해. 수심에 잠긴 사람에게 말해 봤자 사람을 엄청 근심스럽게 하거든."

묘희스님이 말씀하셨다.

"옛 사람의 이러한 이야기를 '발을 씻고 배에 올라간다.'고 하겠다."

---

357) 『景德傳燈錄』 卷第二十四, T51n2076_p0407a01~07. 『禪門拈頌集』 卷第二十八, K46-0460, 1280則.『五燈會元』卷第十四, X80n1565_p0285b10~13. 참조.

358) 廣德周(광덕주) : 동산양개(洞山良价)-청림사건(靑林師虔)-광덕의(廣德義)-광덕연(廣德延)-광덕주(廣德周). 오대(五代)의 스님으로 조동종스님이다. 자세한 행적은 알려져 있지 않다. '광덕파랑(廣德波浪)' '광덕아일다(廣德阿逸多)' 등의 공안을 남겼다. 『경덕전등록』 24권·『오등회원』 14권·『어선역대선사어록』 후집중(後集中)·『선문염송집』 28권·『선종송고련주통집』 35권·『종문염고휘집』 38권·『종감법림』 68권·『선림류취』 15권·『오등전서』 29권·『지월록』 21권 등에 그의 법문이 나온다.

359) 阿逸多(아일다) : ⓢAjita. 미륵보살을 말한다. 무능승(無能勝)이라고 번역하였다.

499. 신광혜가神光慧可

二祖, 問達磨: "諸佛法印可得聞乎?" 曰: "諸佛法印匪從人得." 曰: "我心未寧乞師安心." 曰: "將心來與汝安." 曰: "覓心了不可得." 曰: "與汝安心竟."
芭蕉云: "金剛與泥人揩背."360)

이조이신 혜가스님361)이 달마대사께 여쭈셨다.
"모든 부처님의 법인(法印)을 들을 수 있겠습니까?"
말씀하셨다.
"모든 부처님의 법인(法印)은 사람에게서 알 수 있는 것이 아니다."
말씀드렸다. "저의 마음이 편안치 못하니 스님께서 마음을 안정시켜 주십시오."
말씀하셨다. "마음을 가져오면 너를 편안하게 해 주겠다."
말씀드렸다. "마음을 찾아도 전혀 안 됩니다."
말씀하셨다. "너의 마음을 편안하게 하였다."362)

---

360) 『祖堂集』 卷第二, K45-0245. 『天聖廣燈錄』 卷第六, X78n1553_p0442c12~15. 『建中靖國續燈錄』 卷第一, X78n1556_p0644b23~c03. 『聯燈會要』 卷第二, X79n1557_p0023c13~17. 『禪門拈頌集』 卷第三, K46-0046, 100則. 참조.

361) 神光慧可(신광혜가) : 바사사다(婆舍斯多)-불여밀다(不如蜜多)-반야다라(般若多羅)-보리달마(菩提達磨)-신광혜가(神光慧可). 487~593. 중국 선종의 제2조이다. 낙양(洛陽) 출신으로 속성은 희씨(姬氏)다. 낙양 용문(龍門)의 향산(香山)으로 보정(寶靜)스님에게 출가하여 영목사(永穆寺)에서 구족계를 받았다. 여러 곳을 행각하면서 불교와 유교와 노장사상을 배우다가 32세에 향산으로 돌아와서 8년간 좌선에 매진하다가 40세에 숭산 소림사의 보리 달마스님을 참례하여 눈 속에 앉아 가르침을 구하였지만 허락을 받지 못하자, 마침내 자신의 왼팔을 잘라내어 그 뜻을 보임으로써 결국 허락을 받아내고 대오(大悟)하였다. 하남(河南)의 업도(鄴都)에 34년 동안 주석하다가 이후 관성현(筦城縣) 광구사(匡救寺)에서 무상도(無上道)를 설하니 많은 사람들이 이 법문을 들으려고 운집하였다. 또 스님이 열반경(涅槃經)을 강의하여 대중들이 모여들자 변화(辨和)법사가 분을 이기지 못하고 읍의 관리인 중간(仲侃)에게 참소하여 수(隋) 문제(文帝) 개황(開皇) 13년 3월 16일에 107세로 입적하였다. 당(唐) 태조(太祖)가 정종보각대사(正宗普覺大師)라고 시호하였다.

362) 『대혜어록』 10권에서는 이 화(話)에 대한 염송이 나온다. "마음을 찾아도 어디에도 없는데 다시 어떻게 편안할까?/ 시뻘건 무쇠 한 덩이를 씹어 뜯는구나./ 설사 눈을 열고 의기를 뻗친들/ 어찌 늙은 오랑캐에게 속지 않음만 같으랴?"(T47n1998Ap0850c25~26, 『大慧普覺禪師語錄』 卷第十. "覓心無處更何安, 嚼碎通紅鐵一團. 縱使眼開張意氣, 爭如不受老胡謾?")

파초 혜청스님363)이 말씀하셨다.
"금강역사(金剛力士)가 지옥에 빠진 사람364)의 등을 긁어 주는구나."

500. 향림징원香林澄遠

香林遠和尚, 僧問: "北斗裏藏身, 意旨如何?" 曰: "月似彎弓, 少雨多風." 問: "如何是室內一燈?" 曰: "三人證龜成鼈." 問: "如何是衲衣下事?" 曰: "臘月火燒山." 問: "魚游陸地時如何?" 曰: "發言必有後救." 僧云: "却下碧潭時如何?" 曰: "頭重尾輕."365)

향림 징원스님366)께 한 스님이 여쭈었다.
"'북두(北斗) 속에 몸을 숨김'367)의 뜻이 무엇입니까?"
말씀하셨다. "달이 활을 당김과 같으니, 비가 적고 바람이 많지."

---

363) 芭蕉慧清(파초혜청) : 위산영우(潙山靈祐)-앙산혜적(仰山慧寂)-남탑광용(南塔光涌)-파초혜청(芭蕉慧清). 신라스님으로 위앙종 스님이다. 남탑 광용스님의 법을 잇고 영주(郢州) 파초산(芭蕉山)에 주석하였다. 유명한 '주장자화(拄杖子話)'가 있다. "너에게 주장자가 있다면, 내가 너에게 주장자를 주겠다. 너에게 주장자가 없다면, 내가 너에게서 주장자를 빼앗을 것이다." 이외에 '파초제삼(芭蕉第三)' 공안이 있다.

364) 泥人(이인) : 산 채로 지옥에 빠진 사람.

365)『景德傳燈錄』卷第二十二, T51n2076_p0387a14~b03.『聯燈會要』卷第二十六, X79n1557_p0228b14~16.『五燈會元』卷第十五, X80n1565_p0309a22~b12. 참조.

366) 香林澄遠(향림징원) : 덕산선감(德山宣鑑)-설봉의존(雪峰義存)-운문문언(雲門文偃)-향림징원(香林澄遠). 908~987. 오대(五代) 운문종(雲門宗)스님이다. 사천(四川) 면죽(綿竹) 출신. 속성은 상관(上官)이다. 어려서 성도(成都)의 진상원(眞相院)으로 출가하였다. 16세에 구족계를 받았고 촉(蜀)지방을 떠나 진(秦)으로 들어가서 사방으로 유력하다가 운문 문언스님을 만나 활연히 개오하고 그 법을 이었다. 이어 18년을 옆에서 시봉하였다. 성도(成都)로 돌아온 후 도강현(導江縣)의 영상사(迎祥寺) 천왕원(天王院)에 주석하였다. 그 뒤에 송태조(宋太祖) 건덕(乾德) 2년(964)에 청성산(青城山)의 향림원(香林院)에 머물렀다. 운문종풍을 40여 년간 널리 선양하다가 옹희(雍熙) 4년에 세수 80세로 입적하였다. '향림납의(香林衲衣)' '향림서래(香林西來)' '향림실내(香林室內)' '향림삼년(香林三年)' 등의 공안이 있다. 제자로 지문광조(智門光祚)스님이 있다.

367) 北斗裏藏身(북두리장신) : 도가(道家)에서는 북두칠성 속에다 몸을 숨기는 비결이 있다고 한다. 운문 문언스님이 이 법문을 하였다. "여쭈었다. '어떤 것이 법신을 투과하는 구句입니까?' 스님이 말씀하셨다. '북두에다 몸을 숨긴다.'" (T47n1988_p0546a24,『雲門匡眞禪師廣錄』卷上. "問: '如何是透法身句?'師云: '北斗裏藏身.'")

여쭈었다. "어떤 것이 실내의 한 등불입니까?"
말씀하셨다. "세 사람이 증명하면 거북이가 자라가 된다."

여쭈었다. "어떤 것이 납의(衲衣) 아래의 일입니까?"
말씀하셨다. "섣달에 불이 산을 태운다."

여쭈었다. "물고기가 육지에서 노닐 때는 어떻습니까?"
말씀하셨다. "말을 할 때는 반드시 뒤에서 건져줌이 있다."

한 스님이 여쭈었다.
"오히려 푸른 못으로 내려 갈 땐 어떻습니까?"
말씀하셨다. "머리는 무겁고 꼬리는 가볍지."

501. 소주법해韶州法海

韶州海禪師, 初見六祖問: "即心即佛, 願垂指喩." 祖曰: "前念不生即心, 後念不滅即佛. 成一切相即心, 離一切相即佛. 吾若具說, 窮劫不盡. 聽吾偈曰: 即心名慧, 即佛乃定. 定慧等持, 意中淸淨. 悟此法門, 由汝習性. 用本無生, 雙修是正." 海信受, 以偈贊曰: "即心元是佛, 不悟而自屈. 我知定慧因, 雙修離諸物."368)

소주 법해선사369)가 처음에 육조 혜능스님을 뵙고 여쭈었다.
"즉심즉불(即心即佛)370)을 비유로써 가르침을 내려 주십시오."
육조스님이 말씀하셨다.

---

368) 『景德傳燈錄』 卷第五, T51n2076_p0237a25~b06. 『聯燈會要』 卷第三, X79n1557_p0
   029c14~20. 『六祖大師法寶壇經』, T48n2008_p0355a27~b07. 참조.
369) 韶州法海(소주법해) : 쌍봉도신(雙峰道信)-황매홍인(黃梅弘忍)-조계혜능(曹溪慧能)-소주법
   해(韶州法海). 곡강(曲江)[광동성] 출신이다. 처음에 육조스님을 만나 즉심즉불(即心即佛)의 뜻
   을 묻고는 곧장 돈오(頓悟)하였다. 육조스님이 소주(韶州)의 대범사(大梵寺)에서 설법한 내용
   을 모아 기록하여 『법보단경(法寶壇經)』을 완성하였다.
370) 即心即佛(즉심즉불) : 즉(即)마음이 즉(即)부처님.

"전념(前念)이 나지 않으면 즉심(即心)이고, 후념(後念)이 없어지지 않으면 즉불(即佛)이다.371)
일체상(一切相)을 이루면 즉심(即心)이고, 일체상(一切相)을 여의면 즉불(即佛)이다.
내가 만일 모두 이야기하자면 겁을 다해도 다하지 못할 것이다.
나의 게(偈)를 들어봐라.

즉심(即心)은 혜(慧)라 하고
즉불(即佛)은 정(定)이라 하네.
정(定)과 혜(慧)를 함께 지녀야
의(意) 가운데 청정하리.

이 법문을 깨달음은
네 습성을 말미암고
본래 무생(無生) 씀이라서
쌍수(雙修)함이 옳으리라."

법해스님이 믿어 받들고는 게(偈)로써 찬탄하셨다.

"즉심(即心) 원래 부처님이니
깨닫지 않고 스스로 굽혔다네.
정혜(定慧)를 인(因)하여서
쌍수(雙修)로 모든 사물 여읨을 나는 알았네."

---

371) 이 전념(前念)과 후념(後念)의 법문이 돈황본 『단경』에서는 전념(前念)을 미혹하면 범부며 후념(後念)을 깨달으면 부처님이라고 하고 있다. "선지식들아. 번뇌에 즉(即)함이 보리니, 전념(前念)을 붙잡아 미혹하면 곧 범부요, 후념(後念)에 깨달으면 부처님이다." (T48n 2007_p0340a14~15, 『南宗頓教最上大乘摩訶般若波羅蜜經六祖惠能大師於韶州大梵寺施法壇經』. "善知識. 即煩惱是菩提, 捉前念迷即凡, 後念悟即佛.")

502. 약산유엄藥山惟儼

　　　藥山和尚, 久不陞堂. 一日院主白云: "大衆久思和尚示
誨." 曰: "打鐘著." 時大衆方集定, 便下座歸方丈.
　　妙喜曰: "葛藤不少."
　　院主隨後問云: "和尚許爲大衆說話, 爲甚麼一言不措?"
曰: "經有經師, 論有論師, 爭恠得老僧?"
妙喜曰: "笑殺人."372)

약산 유엄스님373)이 오랫동안 법좌에 오르지 않으셨다.

하루는 원주스님이 말씀드렸다.

"대중이 오랫동안 스님의 가르침을 바라고 있습니다."

말씀하셨다. "종을 울려라."

대중이 모여서 입정(入定)하자마자 얼른 법좌에서 내려오시어 방장실
로 돌아가셨다.

묘희스님이 말씀하셨다. "말 많네!"

원주가 뒤를 따라가서 여쭈었다.

"스님께서는 대중을 위하여 말씀하시기로 해 놓고 무엇 때문에 말 한

---

372) 『景德傳燈錄』第十四, T51n2076_p0311c18~22. 『聯燈會要』卷第十九, X79n1557_p0
　　164a02~05. 『五燈會元』卷第五, X80n1565_p0109c15~18. 참조.

373) 藥山惟儼(약산유엄) : 조계혜능(曹溪慧能)-청원행사(靑原行思)-석두희천(石頭希遷)-약산유
　　엄(藥山惟儼). 751~834. 산서(山西) 강주(絳州) 출신. 속성은 한씨(韓氏). 17세에 광동(廣東)
　　조양(潮陽)의 서산혜조선사(西山慧照禪師)에게 출가(出家)하였다. 대력(大曆) 8년 29세에 형악
　　희조율사(衡嶽希操律師)에게 구족계를 받았다. 뒤에 석두희천(石頭希遷)선사를 참알(叅謁)하여
　　현지(玄旨)를 비밀히 받고 그 법을 이었다. 석두스님을 13년간 시봉하다가 예주(澧州)[호남성
　　(湖南省)] 약산(藥山)의 마조도일(馬祖道一)선사를 참알하고 말끝에 계오(契悟)하여 3년을 시봉
　　하였다가 다시 석두스님을 모셨다. 태화(太和) 8년(834) 세수 70세로 입적하였다. 임종할 때
　　큰소리로 외쳤다. '법당이 뒤집어진다! 법당이 뒤집어진다!' 대중들이 모여서 법당의 기둥을
　　받치니 손을 들어 말했다. '그대들이 나의 뜻을 모르는구나.' 이윽고 원적에 들어갔다. 시호는
　　홍도대사(弘道大師)이다. '약산경국막환(藥山傾國莫換)' '약산승좌(藥山陞座)' '약산사주(藥山射
　　塵)' '약산특우생아(藥山特牛生兒)' '약산담분(藥山擔糞)' '약산상세(藥山上世)' 등의 공안을 남
　　겼다. 도오원지(道吾圓智), 운암담성(雲巖曇晟), 선자덕성(船子德誠), 고사미(高沙彌), 자사이고
　　(刺史李翶) 등 10여 인의 전법제자가 있다.

마디를 아끼십니까?”
 말씀하셨다.
“경에는 경사가 있고 논에는 논사가 있는데, 어째서 이 노승을 책망
하냐?”

 묘희스님이 말씀하셨다. “아주 웃겨!”

503. 익주서목益州西睦

西睦和尙, 上堂. 有一俗士擧手, 云: “和尙便是一頭驢.” 曰: “老僧被汝
騎.” 士無語. 後三日再來, 云: “某甲三日前著賊.” 睦拈拄杖趁出.374)

익주 서목스님375)이 상당법문을 하셨다.
한 속가 거사가 손을 들고는 말했다.
“큰스님께선 바로 한 마리 나귀군요.”
말씀하셨다. “이 노승에게 자네가 올라탔구나.”
거사가 말이 없었다.

3일 후에 다시 와서 말했다. “제가 3일 전 도둑을 맞았습니다.”
서목스님이 주장자를 잡아서 쫓아내셨다.

504. 섭현귀성葉縣歸省

葉縣省和尙, 一日念和尙問, 云: “喚作竹篦則觸, 不喚作竹篦則背. 合喚作
甚麽物卽得?” 省於此大悟. 遂於手中掣得竹篦, 拗折擲于堦下却, 云: “是
甚麽?” 念云: “瞎.” 省便禮拜. 因僧請益趙州栢樹子話, 省曰: “我不辭與汝

---

374) 『景德傳燈錄』 卷第十一, T51n2076_p0287c19~22. 『五燈會元』 卷第四, X80n1565_p0
　　106a09~11. 참조.
375) 益州西睦(익주서목) ： 마조도일(馬祖道一)-남전보원(南泉普願)-조주종심(趙州從諗)-익주서
　　목(益州西睦). 생몰연대와 전기는 알려진 것이 없다. 다만 위의 상당법문이 남아 있을 뿐이다.

說, 還信麽?” 云: “和尚重言爭敢不信?” 曰: “汝還聞簷頭雨滴聲麽?” 其僧
豁然不覺失聲, 云: “喓!” 省云: “汝見箇甚麽道理?” 僧卽以頌對, 云: “簷
頭雨滴, 分明瀝瀝. 打破乾坤, 當下心息.” 省忻然.376)

　섭현 귀성스님377)께 하루는 수산 성념스님378)이 물으셨다.
“죽비라고 부르면 저촉되고 죽비라고 부르지 않으면 위배된다.
무슨 물건이라고 불러야 합당하겠냐?”
　귀성스님이 이에 크게 깨달으셨다. 그리고는 손으로 죽비를 잡고 꺾
어서 섬돌 밑으로 던져버리고는 말씀하셨다.
“뭡니까?”
　성념스님이 말씀하셨다. “눈멀었군.”
　귀성스님이 바로 절을 올리셨다.

　한 스님이 조주스님의 ‘정전백수자’ 화두로 청익하였다.
　귀성스님이 말씀하셨다.
“내가 너에게 말하여 줌을 사양하지 않을 건데 믿겠느냐?”
　말씀드렸다. “스님의 귀중한 말씀을 어찌 감히 믿지 않겠습니까?”
　말씀하셨다. “네가 처마 끝의 빗방울 소리를 듣느냐?”
　그 스님이 활연히 자신도 모르게 소리를 질렀다. “喓(Xié)!”
　귀성스님이 말씀하셨다. “네가 무슨 도리를 알았느냐?”
　그 스님이 곧 노래로써 대답하였다.

“처마 끝의 빗방울소리
　분명하게 뚝뚝 떨어지네.

---

376) 『五燈會元』 卷第十一, X80n1565_p0235a07~09, b23~c03. 『古尊宿語錄』 卷第二十三,
　　「汝州葉縣廣敎省禪師語錄」, X68n1315_p0155b12~16, c05~09. 참조.
377) 葉縣歸省(섭현귀성) : 보응혜옹(寶應慧顒)-풍혈연소(風穴延沼)-수산성념(首山省念)-섭현귀
　　성(葉縣歸省). 기주(冀州)[하북성] 출신. 속성은 가씨(賈氏). 역주(易州)의 보수원(保壽院)으로
　　출가하고 구족계를 받았다. 여주(汝州) 섭현(葉縣) 광교원(廣敎院)에 주석하며 학인들을 교화
　　하였다. ‘섭현불락(葉縣不落)’ ‘섭현일모(葉縣日暮)’ ‘섭현제여(葉縣諸餘)’ ‘섭현거좌(葉縣據座)’
　　등의 공안이 있다. 『섭현광교성어록(葉縣廣敎省語錄)』 1권이 있다. 대승혜과(大乘慧果), 부산
　　법원(浮山法遠) 등 4명의 수법제자가 있다.
378) 首山省念(수산성념) : 흥화존장(興化存奬)-보응혜옹(寶應慧顒)-풍혈연소(風穴延沼)-수산
　　성념(首山省念). 926~993. 주290) 참조.

건곤을 타파하니
그 자리서 마음 없네."

귀성스님이 기뻐하셨다.

505. 법화전거法華全擧

法華擧和尚, 示眾, 云: "語漸也, 返常合道, 論頓也, 不留朕迹. 直饒論其頓返其常, 也是抑而為之."
擧到公安遠和尚處, 遠問: "作麼生是伽藍?" 擧曰: "深山藏獨虎, 淺草露羣蛇." 云: "作麼生是伽藍中人?" 曰: "青松蓋不得, 黃葉豈能遮?" 云: "道甚麼?" 曰: "少年翫盡天邊月, 潦倒浮桑沒日頭." 云: "一句兩句, 雲開月露, 作麼生?" 曰: "照破佛祖."379)

법화 전거스님380)이 대중에게 열어 보이셨다.
"점(漸)으로 말하자면 일상(日常)을 돌이켜 도(道)에 합치함이요,
돈(頓)으로 말하자면 조금도 자취가 없습니다. 설사 그 돈(頓)을 말하여 그 일상(日常)을 돌이킨다 하여도 역시 억지로 그렇다고 여기는 것입니다."

전거스님이 공안 원스님381)의 처소에 이르자, 원스님이 물으셨다.
"어떤 것이 가람이냐?"

---

379) 『聯燈會要』 卷第十三, X79n1557_p0112c15~23. 『五燈會元』 卷第十二, X80n1565_p0242a14~18, c03~05. 『古尊宿語錄』 卷第二十六, 「舒州法華山擧和尚語要」, X68n1315_p0169b11~12, 0171c01~06. 『續傳燈錄』 卷第三, T51n2077_p0485c16~21, 0486b02~04. 참조.
380) 法華全擧(법화전거) : 풍혈연소(風穴延沼)-수산성념(首山省念)-분양선소(汾陽善昭)-법화전거(法華全擧). ?~1056. 공안원(公安遠)스님과 복창유선(福昌惟善)스님, 설두중현(雪竇重顯)스님 등을 참알하였으나 계합하지 못하고 분양 선소스님을 찾아 비로소 확철대오하였다. 처음엔 용서(龍舒)[안휘성] 법화사(法華寺)에 주석하였으나 뒤에 백운(白雲) 해회사(海會寺)로 옮겼다. 기변(機辯)이 신속 민첩하여 제방에서 벌벌 떨었다한다. '법화구괘(法華口掛)' 공안이 있다. 『서주법화산거화상어요(舒州法華山擧和尚語要)』 1권이 있다.
381) 公安遠和尚(공안원화상) : 어떤 스님인지 알 수가 없다.

전거스님이 말씀드렸다.

"깊은 산엔 외로운 호랑이를 숨기고, 얕은 풀밭엔 뱀 떼가 드러납니다."

말씀하셨다. "어떤 것이 가람 속의 사람이냐?"

말씀드렸다.

"푸른 솔이 덮지 못하는데 누렇게 시든 나뭇잎으로 어찌 가리겠습니까?"

말씀하셨다. "무슨 말이냐?"

말씀드렸다.

"어린 아이가 온 하늘가의 달을 가지고 노니, 해돋자리382)가 뒤죽박죽이라383) 해가 숨었습니다."

말씀하셨다.

"한 구(句)나 두 구(句)에 구름이 걷히고 달이 드러나면 어떠냐?"

말씀드렸다. "부처님과 조사를 깨우치게 하였습니다."

506. 오조법연五祖法演

五祖演和尚, 示眾, 云: "將四大海水為一枚硯, 須彌山作一管筆. 有人向虛空裏寫祖師西來意五字, 太平下座, 大展坐具, 禮拜為師. 若寫不得, 佛法無靈驗. 有麼? 有麼?" 便下座. 大眾散, 師高聲云: "侍者!" 侍者應喏, 曰: "收取坐具." 復問侍者, 云: "還收得坐具麼?" 侍者提起坐具, 演曰: "我早知汝恁麼也."

又示眾, 云: "上是天, 下是地. 南北東西依舊位. 釋迦老子弄精魂, 達磨西來多忌諱. 忽有箇漢出來道: '和尚低聲.' 但向伊道: '祇要抛塼引玉.'"384)

오조 법연스님385)이 대중에게 열어 보이셨다.

---

382) 浮桑(부상) : 해가 뜨는 곳.

383) 潦倒(요도) : 뒤죽박죽이다. 정상이 아니다. 깊이 빠지다.

384) 『古尊宿語錄』卷第二十, 「舒州白雲山海會演和尚初住四面山語錄」, X68n1315_p0133a 14~16, 0134a01~06. 참조.

"사대해(四大海)의 물을 가져도 한 개의 벼루와 비슷할 뿐이요, 수미
산도 한 자루의 붓일 뿐입니다.
　어떤 사람이 허공에다 〈조사서래의(祖師西來意)〉 5자를 쓴다면
이 태평(太平)이 법상에서 내려가 좌구를 널찍이 펴고 스승으로 삼고
절을 하겠습니다.
　만일 쓰지 못하면 불법(佛法)이 영험이 없는 것입니다.

　있습니까?
　있습니까?"

　대중이 흩어지자, 스님이 큰소리로 시자를 부르셨다. "시자!"
　시자가 대답했다. "네!"
　말씀하셨다. "좌구를 거두어 둬라."
　다시 시자에게 물으셨다. "좌구를 챙겼느냐?"
　시자가 좌구를 들어 올렸다.
　법연스님이 말씀하셨다. "내가 진작 네가 이럴 줄 알고 있었지."

　또 대중에게 열어 보이셨다.
　"위는 하늘이요, 아래는 땅입니다. 남북동서(南北東西)가 옛 자리 그
대로입니다. 석가노인네가 정혼(精魂)을 가지고 놀고,386) 달마가 서쪽
에서 온 것은 엄청 상서롭지 못한 일입니다.387)
　문득 어떤 놈이 나와서 말하기를, '스님! 소리를 낮추십시오.'라고 한
다면 다만 그를 향해 말할 것입니다.
　'벽돌을 던져 옥을 끌어들이기만 하면 된다.'"388)

---

385) 五祖法演(오조법연) : 자명초원(慈明楚圓)-양기방회(楊岐方會)-백운수단(白雲守端)-오조
　　법연(五祖法演). ?~1104. 주139) 참조.
386) 弄精魂(농정혼) : 정혼을 가지고 놀다. 망상을 떨다. 허망한 짓거리를 하여 쓸데없이
　　마음을 어지럽힘.
387) 른諱(기휘) : 기피함, 꺼림, 금기시함. 풍속이나 관습상으로 상서롭지 못한 일이라고 여
　　겨 금기함.
388) 拋塼引玉(포전인옥) : '벽돌을 던져서 옥을 끌어들인다'는 뜻으로서, 졸렬한 작품이나
　　의견으로 남의 훌륭한 작품과 견해를 끌어낸다는 의미다. 겸양하는 말로 쓰인다. 원래는
　　당나라 상건(常建)이 시를 잘 짓기로 유명한 조하(趙嘏)가 영암사(靈巖寺)에 올 것을 미리
　　알고서 먼저 영암사의 벽에다 두 시구를 적어 놓고 기다렸는데 조하가 와서 그 시구를

507. 운문문언雲門文偃

雲門, 見僧來參, 乃拈起袈裟, 云: "汝若道得, 落我袈裟圈
繢裏, 汝若道不得, 又在鬼窟裏坐. 作麼生?" 自代云: "某
甲無氣力."389)
妙喜曰: "西天斬頭截臂, 遮裏自領出去."

운문 문언스님390)이 한 스님이 와서 참례하는 것을 보시고는 곧 가
사를 들어 올리시고 말씀하셨다.

"네가 만일 말한다면 나의 가사(袈裟) 함정에 떨어지게 될 것이고, 만
일 말하지 않는다면 마찬가지로 귀신 굴속에 앉아 있게 될 것이다.
어쩔래?"

스스로 대신하여 말씀하셨다. "제가 기력이 없습니다."

묘희스님이 말씀하셨다.
"인도에서는 머리를 베고 팔을 잘랐는데,391) 여기선 스스로 목을 내

보고는 나머지 두 시구를 써 넣어 완성시킨 고사에서 유래하였다.

389) 『雲門匡眞禪師廣錄』 卷中, T47n1988_p0564c14~17. 『五燈會元』 卷第十五, X80n156
5_p0304a03~05. 참조.

390) 雲門文偃(운문문언) : 용담숭신(龍潭崇信)-덕산선감(德山宣鑑)-설봉의존(雪峰義存)-운문
문언(雲門文偃). 864~949. 주153) 참조.

391) 斬頭截臂(참두절비) : 계빈국왕(罽賓國王)과 제24조 사자존자(師子尊者)의 일화다. "존
자는 환난을 구차하게 면하려는 것보다는 홀로 계빈국에 머무르기로 하셨다. 당시 그 나
라에는 외도가 두 명 있었는데, 하나는 마목다(摩目多)이고 또 하나는 도락차(都落遮)로
서 온갖 환법(幻法)을 익혀서 혼란을 일으키려고 공모하였다. 그리하여 부처님 제자의 형
상으로 몰래 왕궁으로 잠입하면서 말했다. '성공하지 못하면 부처님 제자에게 죄를 돌려
버리자.' 그들이 요사스런 짓을 지어대니, 재앙이 순식간에 터져 나와 나라일이 엉망진창
이 되었다. 그러자 왕이 결국 화를 내고 말했다. '내가 평소에 마음을 삼보에 귀의하였는
데 어찌하여 이렇게도 엄청나게 해악질을 한단 말이냐?' 그리고는 곧장 명을 내려 가람
을 파괴하고 불자들을 모두 없애라고 하였다. 그리고 본인도 손수 칼을 들고 존자의 처
소로 가서 따져 물었다. '스님은 오온(五蘊)이 공(空)함을 깨달았소?' 존자께서 말씀하셨
다. '이미 오온이 공함을 깨달았소.' 말했다. '생사(生死)를 여의었소?' 존자께서 말씀하셨
다. '이미 생사를 떠났소.' 말했다. '이미 생사를 떠났다면 나에게 머리를 내어 줄 수 있
겠소?' 존자께서 말씀하셨다. '몸도 나의 것이 아닌데, 어찌 머리를 아끼겠소?' 왕이 바
로 칼을 휘둘러 존자의 머리를 끊어버리니, 하얀 젖이 몇 자나 높이 치솟았다. 왕의 오른
팔도 곧바로 땅에 떨어졌다가 7일 만에 죽어버렸다. (T51n2076_p0215a07~17, 『景德傳
燈錄』 卷第二. 참조.)

미는구나.”

508. 현사사비玄沙師備

玄沙和尚, 示眾, 云: “佛道閑曠無有程途, 無門解脫之門, 無意道人之意. 不在三際故不可昇沈. 建立乖真, 非屬造化. 動則起生死之本, 靜則醉昏沈之郷. 動靜雙泯即落空亡. 動靜雙收顢頂佛性. 直須對塵對境如枯木寒灰. 臨時應用不失其宜. 鏡照諸像, 不亂光輝, 鳥飛空中, 不雜空色. 所以十方無影像, 三界絕行蹤, 不墮往來機, 不住中間意. 鐘中無鼓響, 鼓中無鐘聲. 鐘鼓不相交, 句句無前後. 如壯士展臂不借佗力. 師子游行豈求伴侶? 九霄絕翳, 何在穿通?

현사 사비스님392)이 대중에게 열어 보이셨다.

“부처님의 도(道)는 크고 넓어 경로가 없으니 문 없음이 해탈의 문이며 의(意)393) 없음이 도인(道人)의 의(意)입니다.

삼제(三際)394)에 있지 않기에 뜨고 가라앉을 수도 없습니다.

건립하여395) 참에서 어긋나더라도 조화(造化)396)를 따르지도 않습니

---

392) 玄沙師備(현사사비) : 용담숭신(龍潭崇信)-덕산선감(德山宣鑑)-설봉의존(雪峰義存)-현사사비(玄沙師備). 835~908. 복주(福州)[복건성] 민현(閩縣) 출생. 속성은 사씨(謝氏). 어려서 고기 잡이를 즐겼다. 복주 부용산(芙蓉山)의 영훈(靈訓)스님에게 출가하고 개원사(開元寺)의 도현율사(道玄律師)에게 구족계를 받았다. 후에 설봉의존(雪峰義存)스님에게 입문하여 그의 법을 이었다. 이후 매계(梅谿) 보응원(普應院)에 주석하다가 복주의 현사산(玄沙山)으로 옮겨 30년을 지냈다. 양(梁) 개평(開平) 2년 세수 74세로 입적하였다. 후에 명종에게서 종일대사(宗一大師)라는 시호를 받았다. ‘현사불출령(玄沙不出嶺)’ ‘현사견호(玄沙見虎)’ ‘현사삼병(玄沙三病)’ ‘현사원상(玄沙圓相)’ ‘현사언계(玄沙偃溪)’ ‘현사무봉(玄沙無縫)’ 등의 공안이 있다. 『복주현사종일대사광록(福州玄沙宗一大師廣錄)』3권이 전해지고 있고, 나한계침(羅漢桂琛), 천룡중기(天龍重機), 선종계부(僊宗契符) 등 14인의 법사(法嗣)가 있다.

393) 意(의) : 소리와 마음이 합쳐진 회의문자(會意文字)이다. 음(音)은 언어가 되기 이전의 소리란 뜻이 있다. 마음속에 지껄이는 소리는 모두가 다 의(意)다. 반면에 마음속에 그려 내는 형상은 모두가 다 상(想)이다.

394) 三際(삼제) : 삼세(三世)와 같은 말이다. 전제(前際)·중제(中際)·후제(後際)를 합쳐서 이르는 말이다.

395) 建立(건립) : 교법(敎法)을 설립함. 부처님과 조사들이 교화의 방편을 세움. 선가(禪家)에서 인위적 방편건립(方便建立)에 대하여 평상무사(平常無事)를 제창하면서 쓰는 말이

다.

　움직이면 생사(生死)를 일으키는 근본이 되고, 고요하면 혼침에 빠지는 경지397)가 됩니다.
　움직이고 고요함을 둘 다 없애면 텅 비어 아무것도 없음에 떨어집니다.
　움직임과 고요함을 둘 다 받아들이면 불성(佛性)에 우매하게 됩니다.398)
　마땅히 대상 경계를 대하면 마른 나무와 꺼진 재처럼 해야만 합니다. 때가 되어 응현(應現)하여 작용하게 되면 그 적절함을 잃어서는 안 됩니다.

　거울이 모든 형상을 비추나 광휘는 어지럽히지 않고, 새가 허공에 날아가지만 허공의 경관을 뒤섞이게 하진 않습니다.
　그러므로 시방(十方)은 그림자의 형상이 없고 삼계는 다니는 자취가 끊어졌으니, 왔다 갔다 하는 생각에 떨어지지 않고 중간이라는 뜻에도 머무르지 않습니다.

　종에는 북의 울림이 없고 북에는 종소리가 없습니다. 종과 북이 서로 만나지 않고 소리의 구절과 구절마다 앞뒤가 없습니다. 마치 장사가 팔을 펼 때에 다른 이의 힘을 빌리지 않는 것과 같습니다. 사자가 나다님에 어찌 짝을 구하겠습니까?
　높은 하늘399)에는 가리는 것이 없는데 어느 곳에 뚫고 통하고 할 것이 있겠습니까?

　다.
396) 造化(조화) : 만물을 만들어내고 길러내는 대자연의 이치. 또는 우주만물을 창조하고 길러주는 신(神).
397) 鄕(향) : 상태, 상황, 경지.
398) 顢頇(만한) : 사리에 통하지 않은 사람. 구분을 잘 못하는 멍텅구리 또는 바보. 불분명한 모양.
399) 九霄(구소) : 하늘을 아홉 분야로 나눈 것. 신소(神霄)·청소(靑霄)·벽소(碧霄)·단소(丹霄)·경소(景霄)·옥소(玉霄)·낭소(琅霄)·자소(紫霄)·태소(太霄)의 9곳이다.

一段光明, 未曾昏昧. 若到者裏, 體寂寂, 常的的. 日赫焰, 無邊表. 圓覺空中不動搖, 吞爍乾坤迥然照. 夫佛出世者, 元無出入, 名相無體. 道本如如, 法爾天眞, 不同修證. 只要虛閑, 不昧作用, 不涉塵泥, 箇中纖毫道不盡, 卽爲魔王眷屬.

한 가닥 광명은 일찍이 혼매(昏昧)한 적이 없었습니다.

만일 '여기'에 이른다면 체성(體性)이 적적(寂寂)400)하고 바탕401)이 적적(的的)402)합니다.

찬란하게 빛나는 해는 한계가403) 없습니다.

원각의 공(空)에서 동요하지 않으면서 건곤을 집어 삼켜버리고 형연(迥然)404)히 비춥니다.

부처님이 세상에 출현하셨지만 원래 나오고 들어감이 없으며 명호(名號)와 상호(相好)도 실체가 없습니다.

도(道)는 본래 여여하고 있는 그대로405) 천진하여 닦아 증득함과는 서로 맞지 않습니다.

'텅 비어 고요하게 하여 작용에도 어둡지 않고 티끌에도 관계되지 않기만 하면 거기서 털끝만치도 다할 것이 아니라'고 말한다면 곧 마왕 권속이 될 것입니다.

句前句後, 是學人難處. 所以一句當天, 八萬門永絶生死. 直饒得似秋潭月影靜夜鐘聲, 隨扣擊以無虧, 觸波瀾而不散, 猶是生死岸頭事. 道人行履處, 如火消冰, 終不却成冰, 箭旣離絃, 無返回勢. 所以牢籠不肯住, 呼喚不回頭. 古聖不安排, 至今無處所. 若到者裏, 步步登玄, 不屬邪正, 識不能識, 智不能知. 動便失宗, 覺卽迷旨. 二乘膽戰, 十地魂驚, 語路處絶, 心行處滅.

---

400) 寂寂(적적) : 적정(寂靜)한 모양. 고요한 모양.
401) 常(상) : =질(質). 바탕, 본질.
402) 的的(적적) : 분명하고 명백한 모양.
403) 邊表(변표) : =변제(邊際), 변경(邊境). 끝, 궁극, 한계.
404) 迥然(형연) : 홀로 우뚝 뛰어난 모양.
405) 法爾(법이) : 법연(法然), 자연(自然). 제법(諸法)이 천연과 자연 그대로의 상태로 있는
    것. 있는 그대로. 인력(因力)이나 업력(業力)에 끌리지 않고 있는 그대로.

直得釋迦掩室於摩竭, 淨名杜口於毗耶, 須菩提唱無說而顯道, 釋梵絕聽而雨花. 若與麼現前, 更疑何事? 沒棲泊處, 離去來今, 限約不得, 心思路絕. 不因莊嚴, 本來眞淨, 動用語笑, 隨處明了, 更無欠少.

　구(句) 앞과 구(句) 뒤는 학인(學人)에게는 어려운 곳입니다.
　그러므로 일구(一句)가 하늘에 닿으면406) 팔만문(八萬門)407)에서 생사를 영원히 끊어버립니다.
　설사 가을 못의 달그림자 같고 고요한 밤의 종소리와 같아 치는 데 따라 어그러짐이 없고 물결에 부딪쳐도 흩어지지 않는다고 하여도 오히려 나고 죽는 언덕의 일입니다.

　도인(道人)의 삶은 마치 불이 얼음을 녹이는 것과 같아 마침내 다시는 얼음이 되지 않음과 같고, 화살이 이미 시위를 떠나면 되돌아갈 기세가 없는 것과 같습니다.
　그렇기에 뇌롱(牢籠)408)에도 머물지 않고 불러도 머리를 돌리지 않는 것입니다.

　옛 성인은 자리를 마련하지 않았고 지금껏 처소가 없습니다.
　만일 '여기'에 이르게 되면 걸음걸음마다 현묘함에 올라 삿됨과 바름에 속하지 않기에 식(識)으로도 알 수가 없고 지혜로도 알 수가 없습니다.
　움직이자마자 곧 근본을 잃어버리고 알아차리면 곧 지취(旨趣)를 미(迷)해 버립니다.

　이승(二乘)은 간담이 달달 떨리고 십지보살은 혼(魂)이 놀라서 말의 길이 끊어지고 마음이 갈 곳이 없게 됩니다.

---

406) 當天(당천) : 천명(天命)에 순응함. 하늘, 공중.
407) 八萬門(팔만문) : 팔만사천법문(八萬四千法門)의 줄임말. 부처님이 설한 가르침. 그 양이 방대하여 팔만사천(八萬四千)의 법문(法門)이라고 한다. 뭇삶들의 번뇌가 8만 4천 가지이므로 이를 대치(對治)하기 위해 8만 4천 법문을 설했다고 한다.
408) 牢籠(뇌롱) : 짐승의 우리와 새장. 함정, 계략. 포괄하다, 감싸 안다. 뒤덮다. 널리 모으다, 망라하다.

곧장 석가모니부처님이 마갈타에서 방문 잠그신 것을[409] 알아버리고, 정명거사가 비야리성에서 입을 다묾을[410] 알아버리며, 수보리존자가 말없음으로 도(道)를 드러내자 석범이 들으려 하지 않고 꽃비를 내림을[411] 알아버립니다.

만일 이렇게 앞에 드러나면 다시 무슨 일을 의심하겠습니까?

잠시라도 머물 곳이 없고 과거와 미래와 지금을 떠나서 한계를 잡을 수 없어 마음의 길이 끊어졌습니다.

장엄하지 않고도 본래 참되고 깨끗하며, 사용하고 담소함에 있어 어

---

409) 釋迦掩室(석가엄실) : 『조론』에 나오는 구절이다. "석가모니부처님이 마갈타에서 방문을 나서지 않으셨으며, 유마거사가 비야리성에서 입을 닫았던 까닭이며, 수보리존자가 설함 없이 도를 드러내었으며, 석범이 들음 없이 꽃비를 내렸다." (T45n1858_p0157c13~15, 『肇論』「涅槃無名論」第四. "所以釋迦掩室於摩竭, 淨名杜口於毘耶, 須菩提唱無說以顯道, 釋梵約(絶)聽而雨華.") 또 『대지도론』에서 이르기를, "또 석가모니부처님이 성불이시고 나서 57일을 설법하지 않으셨다." (T25n1509_p0311a28~29. 『大智度論』 釋初品中見一切佛世界義第五十一之餘(卷三十四). "又如釋迦文佛, 成佛已五十七日不說法.")고 한 데서 마갈엄실(摩竭掩室)이라는 선어(禪語)가 나왔다.

410) 『유마힐소설경』 9권에 나온다. "'어떤 것이 보살이 불이법문에 들어가는 것입니까?' 유마힐은 묵연히 말씀이 없으셨다. 문수사리보살님이 찬탄하여 말씀하셨다. '기쁩니다. 기쁩니다. 문자와 언어가 없음이 참으로 불이법문에 들어가는 것입니다.'" (T14n0475_p0551c21~24, 『維摩詰所說經』「入不二法門品」第九. "'何等是菩薩入不二法門?' 時維摩詰黙然無言. 文殊師利歎曰: '善哉! 善哉! 乃至無有文字語言, 是眞入不二法門.'")

411) 『마하반야경』에서 수보리존자가 제천(諸天)들에게 설하면서 자신은 설함 없이 설하였고 제천(諸天)들은 들음 없이 들었다는 내용의 설법을 한다. "수보리존자가 여러 천자들에게 말씀하셨다. '그대들은 법에 있어 내가 말한 바가 없음과 내가 한 글자도 말하지 않았고 또한 들은 자도 없음을 모르는구나. 어째서인가? 모든 글들은 반야바라밀이 아니고, 반야바라밀 속에는 듣는 자가 없으며 모든 부처님의 아누다라삼먁삼보리는 글도 없고 말함도 없다.'" "이 가운데는 말하는 이도 없고 듣는 이도 없고 아는 이도 없으니 모든 천자들은 …… 말함도 없고 들음도 없는 까닭이다." (T08n0223_p0275b20~24, 『摩訶般若波羅蜜經』「問住品」第二十七. "須菩提語諸天子: '汝等法應不知我無所論說, 乃至我不說一字亦無聽者. 何以故? 諸字非般若波羅蜜, 般若波羅蜜中無聽者, 諸佛阿耨多羅三藐三菩提無字無說.'" T08n0223_p0276a4~11, 『摩訶般若波羅蜜經』「問住品」第二十七. "是中無說者無聽者無知者, 以是故諸天子 …… 以無說無聽故.") 『조론신소』 권하에 설명이 있다. "'석범등(釋梵等)'은 『대품반야』의 「천주품」에서 수보리존자가 환화의 비유로 반야의 설함도 없고 들음도 없는 이치를 널리 설하였으며 「산화품」에서 '석제환인과 삼천대천세계의 사천왕 등이 변화하여 하늘에서 부처님과 대중에게 꽃을 뿌렸다'함은 그 뜻이 수보리존자는 말함으로써 공을 듣게 하였기에 말하였으나 말함이 없음으로써 실상을 드러내었고, 모든 하늘들은 공을 알았기에 들음 없이 들음으로써 법을 깊이 알아 꽃을 뿌린 것이다." (T45n1860_p0230b17~22, 『肇論新疏』 卷下. "釋梵等者, 大品般若自天主品以來, 須菩提依幻化喻, 廣說甚深般若無說無聽之理. 至散花品釋提桓因及三千大千世界中四天王等, 化作天花散佛及大眾上等. 意云, 須菩提以說聽空, 故說而無說, 以顯實相. 諸天解空聽而無聽, 為供深法故散花也.")

디에서든지 명료하여 다시는 부족함이 없습니다.

　今時人不悟箇中道理, 妄自涉事涉塵, 處處染著, 頭頭繫絆. 縱悟則塵境紛紜, 名相不實. 便擬凝心斂念, 攝事歸空. 閉目藏睛, 纔有念起, 旋旋破除, 細想纔生即便遏捺. 如此見解即是落空亡底外道, 魂不散底死人. 冥冥漠漠, 無覺無知, 塞耳偸鈴, 徒自欺誑.

　지금 사람들은 그 속의 도리를 깨닫지 못하고 망령되이 스스로 사(事)를 처리하고 대상경계를 겪으며 곳곳마다 오염되고 하나하나 얽매입니다.
　설사 깨달았다고 하여도 티끌 경계가 복잡하며 어지럽고 이름과 모양이 실제에 맞지 않습니다.
　문득 생각을 거두어 모으고 사(事)를 거두어 공(空)으로 귀결시키려 합니다. 그리고 눈을 감고 있다가 갓 생각이 일어나면 계속해서 없애버리며, 미세한 생각조차도 갓 일어나자마자 즉시 곧바로 억눌러버립니다.

　이와 같은 견해들은 곧 허망한 공(空)에 떨어진 외도(外道)들이며 혼(魂)이 흩어지지 않은 죽은 사람들입니다. 깜깜하고 아득하여 알아차리지도 못하고 자기 귀를 막고 방울을 훔치듯이412) 하릴없이 자신을 속이는 것일 뿐입니다.

　者裏分別則不然也. 不是隈門傍戶, 句句現前, 不得商量, 不涉文墨. 本絶塵境, 本無位次. 權名箇出家兒, 畢竟無蹤跡. 真如凡聖地獄天堂, 只是燎狂子之方. 虛空尚無改變, 大道豈有昇沈? 悟則縱橫不離本際. 若到者裏, 凡聖也無立處. 若向句中作意則沒溺殺學人. 若向外馳求, 又落魔界. 如如向上沒可安排, 恰似焰鑪不藏蚊蚋. 此理本來平坦, 何用刻除? 動轉揚眉是真解脫道, 不強為意度建立乖真. 若到者裏纖毫不受, 措意則差, 便是千聖出頭來

---

412) 塞耳偸鈴(색이투령) : 색이도종(塞耳盜鐘), 엄이도종(掩耳盜鐘), 엄이투령(掩耳偸鈴)과 같은 뜻이다. 자기 귀를 막고 방울을 훔친다는 뜻으로, 남을 속이지는 못하고 자기 스스로를 속이려는 행위를 비유한다.

也, 安一字不得. 久立. 珍重." 413)

'여기'에서 분별해보면 그렇지 않습니다.
구석진 데나 곁다리가 아니라 구절구절마다 바로 앞에 드러나는 것이니 상량(商量)할 수도 없고 문자와 학문으로 교섭할 수도 없습니다.
근원적으로 티끌경계가 끊어져 있고 근원적으로 지위 점차가 없습니다.
방편으로 출가한 사람이라고 이름하지만 필경에는 종적이 없습니다.

진여·범인·성인·지옥·천당은 오로지 방자하고 무례한 자를 치료하는414) 처방일 뿐입니다.
허공도 오히려 바꾸거나 고칠 수가 없는데 대도(大道)가 어찌 뜨고 가라앉음이 있겠습니까?

깨달으면 종횡으로 자재하면서도 본제(本際)415)를 여의지 않습니다.
만일 '여기'에 이르면 범부와 성인이라도 설자리가 없습니다.

만일 구(句) 속에서 의(意)를 지으면 학인들을 엄청 깊이 미혹시킬416) 것입니다.
만일 바깥으로 치달려 구하면 거듭하여 마(魔)의 경계에 떨어져버릴 것입니다.
여여(如如)한 향상(向上)의 문은 어디에도 배치할 수가 없으니 흡사 불꽃이 활활 이글거리는 화로에 모기를 감추어 둘 수 없는 것과도 같습니다.
이 이치는 본래 공평하여 거침없이 순조로운데 어찌 깎아 없앨 필요가 있겠습니까?

---

413) 『福州玄沙宗一禪師語錄』 卷之上, X73n1446_p0029c02~0030a15. 『禪林僧寶傳』 卷第四, X79n1560_p0499a07~c01. 참조.
414) 燎(료) : 횃불. 『현사어록』 상권에서는 療(료)-치료하다로 나온다.
415) 本際(본제) : 궁극적 근본의 변제(邊際). 만물의 근본. 진리의 근원. =진제(眞際), 실제(實際).
416) 沒溺(몰닉) : 깊이 미혹되다.

활동하며 눈썹을 날리는 것이 참 해탈의 길인데도 억지로 생각으로
헤아리고 건립하여 참과 어긋나서는 안 됩니다.
　만일 '여기'에 이르면 털끝만치도 받아들이지 않으며, 생각을 두었다
하면 곧 어긋나버려서 곧장 천명의 성인이 나온다고 하여도 한 글자
도 놓아두지 못합니다.
　오래 서있었습니다. 안녕."

509. 조주종심趙州從諗

　趙州和尙, 到茱萸. 將拄杖於法堂上從東過西從西過東, 茱
萸問: "作甚麼?" 州云: "探水." 曰: "我遮裏一滴也無, 探
箇甚麼?" 州靠却拄杖, 便出去. 琅邪覺云: "勢去奴欺主,
年衰鬼弄人."
　妙喜曰: "鉤在不疑之地."417)

　조주 종심스님418)이 수유산스님419)을 찾아 가셨다.
　법당(法堂)420)에서 주장자를 들고 동에서 서로 서에서 동으로 왔다
갔다 하시니, 수유산스님이 물으셨다.
　"뭐하시오?"
　조주스님이 말씀하셨다. "물을 찾소."
　말씀하셨다. "여기는 한 방울도 없는데 뭘 찾는다는 거요?"
　조주스님이 주장자를 기대어 세워놓고 얼른 나가셨다.

417) 『聯燈會要』 卷第六, X79n1557_p0057b02~05. 『禪門拈頌集』 卷第十一, K46-0187,
　　424則. 『五燈會元』 卷第四, X80n1565_p0091c05~07. 참조.
418) 趙州從諗(조주종심) : 남악회양(南嶽懷讓)-마조도일(馬祖道一)-남전보원(南泉普願)-조주
　　종심(趙州從諗). 778~897. 주87) 참조.
419) 鄂州茱萸(악주수유) : 남악회양(南嶽懷讓)-마조도일(馬祖道一)-남전보원(南泉普願)-수유산
　　화상(茱萸山和尙). 수주(隨州)의 호국사(護國寺)에 주석하다가 악주(鄂州)의 수유산(茱萸山)으
　　로 옮겼다는 것 외에 알려진 행적이 없다.
420) 法堂(법당) : 조실스님이나 방장스님이 대중설법을 하는 장소를 말한다. 불상을 모셔놓
　　은 우리나라 법당(法堂)은 중국에서는 불전(佛殿)이라고 한다.

낭야 혜각스님421)이 말씀하셨다.
"힘이 없어지면422) 노비가 주인을 속이고, 운이 나쁘면 귀신이 사람을 갖고 논다.423)"

묘희스님이 말씀하셨다.
"열쇠는 의심스럽지 않는 곳에 있군."424)

---

421) 琅邪慧覺(낭야혜각) : 풍혈연소(風穴延沼)-수산성념(首山省念)-분양선소(汾陽善昭)-낭야 혜각(琅邪慧覺). 주210) 참조.

422) 勢去(세거) : 세력이 약해지다. 힘이 빠지다. 힘이 없어지다.『연등회요』6권에서는 '세 란(世亂)'(세상이 어지러우면)으로 나온다.

423) 年衰鬼弄人(연쇠귀롱인) : '시쇠귀롱인(時衰鬼弄人)'과 같은 말이다. 운수가 막히면 귀 신이 사람을 놀린다. 운이 나빠서 화를 당할 때 쓰는 말.

424) 이 화(話)에 대해『대혜어록』10권에 염송이 있다. "깊은지 얕은지 주장자로 더듬어 보 니/ 홀연히 평지에서 물결이 이네./ 호수를 기울이고 산을 넘어뜨려 천지를 놀라게 하니 / 바다에 이르러 철저히 마른 줄 아네."(T47n1998Ap0851b20~21,『大慧普覺禪師語錄』 卷第十. "深淺聊將拄杖探, 忽然平地起波瀾. 傾湫倒嶽驚天地, 到海方知徹底乾.")

510. 앙산혜적仰山慧寂

仰山和尙, 因溈山問: "大地衆生, 業識茫茫, 無本可據, 子作麼生知佗有之與無?" 曰: "某甲有驗處." 時有僧從面前過, 仰山召云: "闍梨!" 其僧回首, 仰曰: "和尙. 遮箇便是業識茫茫無本可據." 溈山云: "此是師子一滴乳, 迸散十斛驢乳."425)

앙산 혜적스님426)에게 위산 영우스님427)이 물으셨다.

"대지의 뭇삶들은 업식이 망망(茫茫)428)하여 근거로 삼을 근본이 없는데, 자네는 그들에게 있는지 없는지 어떻게 아느냐?"

말씀드렸다. "제가 시험해볼 데가 있습니다."

그때 한 스님이 앞을 지나가자, 앙산스님이 부르셨다. "사리!"

그 스님이 고개를 돌리자, 앙산스님이 말씀드렸다.

"스님. 이것이 바로 업식이 망망(茫茫)하여 의거할 근본이 없는 것입니다."

위산스님이 말씀하셨다.

"이거야말로 사자의 한 방울 젖이 열 섬의 나귀 젖에 흩어져 퍼지는 것이로군.429)"

---

425) 『景德傳燈錄』 卷第十一, T51n2076_p0283a19~23. 『禪門拈頌集』 卷第十, K46-0156, 366則. 참조.

426) 仰山慧寂(앙산혜적) : 마조도일(馬祖道一)-백장회해(百丈懷海)-위산영우(溈山靈祐)-앙산혜적(仰山慧寂). 807~883. 주36) 참조.

427) 溈山靈祐(위산영우) : 남악회양(南嶽懷讓)-마조도일(馬祖道一)-백장회해(百丈懷海)-위산영우(溈山靈祐). 771~853. 주39) 참조.

428) 茫茫(망망) : 매우 많다. 아득히 멀다. 무성하다. 분잡하다.

429) 『화엄경』 78권 「입법계품」에 나오는 비유다. "비유하면 마치 어떤 사람이 소나 양 등의 여러 젖으로 설사 큰 바다를 만들었더라도 사자 젖 한 방울을 그 가운데 던져 넣으면 모두 다 변하고 무너져서 걸림 없이 곧장 투과하게 된다. 보살마하살도 역시 이와 같아서 여래인 사자의 보리심 젖을 한량없는 겁에 쌓아 온 업과 번뇌 젖의 큰 바다에 넣어두면 모두 무너지고 사라져서 걸림 없이 곧장 투과하여 끝끝내 이승(二乘)의 해탈에 머물지 않느니라." (T10n0279_p0432c22~27, 『大方廣佛華嚴經』 卷第七十八, 「入法界品」 第三十九之十九. "譬如有人以牛羊等種種諸乳, 假使積集盈於大海, 以師子乳一滴投中, 悉令變壞直過無礙. 菩薩摩訶薩亦復如是, 以如來師子菩提心乳, 着無量劫業煩惱乳大海之中, 悉令壞滅直過無礙, 終不住於二乘解脫.")

511. 동봉암주桐峰庵主

　桐峯庵主, 因僧問: "庵主在遮裏, 忽遇大蟲來, 又作麼生?" 主便作大蟲吼.
僧作怕勢. 主大笑. 僧云: "遮賊!" 主云: "爭奈我何?"
　雪竇云: "是則是, 兩箇惡賊. 只解掩耳偷鈴."430)

　동봉 암주스님431)께 어떤 스님이 여쭈었다.
　"암주께서 '여기'에 계시면서 문득 호랑이가 오는 것을 만난다면 장
차 어쩌시겠습니까?"
　암주스님이 얼른 호랑이의 포효를 하셨다.
　그 스님이 두려워하는 시늉을 하였다.
　암주스님이 크게 웃으셨다.
　그 스님이 말했다. "이 도적아!"
　암주스님이 말씀하셨다. "나더러 어쩌라고?"

　설두 중현스님432)이 말씀하셨다.

---

430) 『景德傳燈錄』 卷第十二, T51n2076_p0295c12~14. 『聯燈會要』 卷第十, X79n1557_p0
　　096c01~04. 『禪門拈頌集』 卷第十九, K46-0312, 774則. 『五燈會元』 卷第十一, X80n15
　　65_p0226c11~13. 참조.

431) 桐峰庵主(동봉암주) ： 백장회해(百丈懷海)-황벽희운(黃檗希運)-임제의현(臨濟義玄)-동봉암
　　주(桐峰庵主). '동봉암주대충(桐峰庵主大蟲)[『벽암록』 85칙]' '동봉암주작불어(桐峰庵主作不語)
　　[『선문염송설화』 775칙]' 등의 공안이 있다. 『경덕전등록』 12권 ·『종문염고휘집』 27권 ·『천
　　성광등록』 13권 ·『연등회요』 10권 ·『오등회원』 11권 ·『오등전서』 21권 ·『지월록』 17권 ·
　　『선각종승(先覺宗乘)』 4권 등에 법문이 나온다.

432) 雪竇重顯(설두중현) ： 운문문언(雲門文偃)-향림징원(香林澄遠)-지문광조(智門光祚)-설두중
　　현(雪竇重顯). 980~1052. 운문종스님. 수주(遂州)[사천성] 출신. 속성은 이씨(李氏)이고, 자(字)
　　는 은지(隱之)이다. 어렸을 적에 보안원(普安院)의 인선(仁銑)스님에게 출가하여 머리를 깎고
　　23세에 구족계를 받았다. 교학을 공부하다가 지문 광조스님을 만나 대각(大覺)을 이루었다.
　　그 후 동정호(洞庭湖) 근처의 취미봉(翠微峰)과 명주(明州)의 설두산(雪竇山) 자성사(資聖寺)에
　　주석하면서 선풍을 크게 진작하였다. 『경덕전등록(景德傳燈錄)』의 고칙(古則) 100여개를 가려
　　내어 송고를 붙였는데 바로 『설두송고(雪竇頌古)』이다. 후일 원오 극근선사가 여기에 평창(評
　　唱)과 착어(着語)를 덧붙여서 유명한 『벽암집(碧巖集)』이 만들어졌다. 황우(皇祐) 4년에 73세
　　로 입적하였다. 시호는 명각대사(明覺大師)이다. '설두천봉(雪竇千峯)' '설두의출(雪竇義出)'
　　'설두사중(雪竇四衆)' '설두제인(雪竇諸人)' '설두위음(雪竇威音)' '설두견일칙(雪竇見一則)' 등
　　의 공안이 있다. 『송고집(頌古集)』 『염고집(拈古集)』 『조영집(祖英集)』 『설두후록(雪竇後錄)』
　　『폭천집(瀑泉集)』 『설두개당(雪竇開堂)』 『동정어록(洞庭語錄)』 등이 있다. 천의의회(天衣義懷),
　　승천전종(承天傳宗) 등 32명의 전법제자가 있다.

"옳기는 옳으나 둘 다 나쁜 도적이다. 그저 자신의 귀를 막고 방울을 훔칠 줄만 안다."

512. 분주무업汾州無業

無業國師, 謂弟子慧愔等曰: "汝等見聞覺知之性, 與太虛同壽, 不生不滅. 一切境界, 本自空寂, 無一法可得, 迷者不了, 即為境惑. 一為境惑, 流轉無窮. 汝等當知. 心性本自有之, 非因造作, 猶如金剛不可破壞. 一切諸法, 如影如響, 無有實者. 故『經』云: '唯此一事實, 餘二即非真.' 若了一切空, 無一物當情, 是諸佛用心處, 汝等勤而行之."433)

분주 무업국사434)께서 제자인 혜음(慧愔) 등에게 말씀하셨다.
"너희들의 보고 듣고 느끼고 아는 성품은 허공과 수명이 같아서 불생불멸(不生不滅)이다.
일체 경계가 본래 스스로 공적(空寂)하여 어떤 한 법도 알 수 없는데 미(迷)한 자는 요달하지 못하고 곧 경계에 혹(惑)한다.
한 번 경계에 혹(惑)하면 한없이 유전(流轉)한다.
너희들은 반드시 알아라.
마음 성품은 본래 스스로 있는 것이라 조작을 따르지 않으니 마치 금강은 파괴할 수가 없는 것과 같다.
일체 모든 법은 마치 그림자 같고 메아리 같아서 실체가 없다.
그러므로 경에서 말씀하셨다.
'오직 이 하나의 사(事)만 실제이고 나머지 둘은 참이 아니다.'435)
만일 일체가 공(空)이라 한 물건도 정(情)436)에 해당하는 것이 없음을 요달하면, 이것이 모든 부처님들의 마음 작용하는 자리다.

---

433) 『景德傳燈錄』 卷第八, T51n2076_p0257b02~09. 『五燈會元』 卷第三, X79n1557_p0047a08~13. 『聯燈會要』 卷第五, X80n1565_p0081c21~0082a03. 참조.

434) 汾州無業(분주무업) : 조계혜능(曹溪慧能)-남악회양(南嶽懷讓)-마조도일(馬祖道一)-분주무업(汾州無業). 762~823. 주101) 참조.

435) 『법화경』 「방편품」에 나오는 법문이다. (T09n0262_p0008a21, 『妙法蓮華經』 「方便品」 第二. "唯此一事實, 餘二則非眞.")

436) 情(정) : 생각, 뜻. =정상(情想), 정사(情思).

너희들은 부지런히 실행해라."

513. 위산영우潙山靈祐

潙山和尚, 示眾, 云: "夫道人之心, 質直無偽. 無背無面, 無詐妄心. 行一切時中, 視聽尋常, 更無委曲, 亦不閉眼塞耳. 但情不附物即得. 從上諸聖只是說濁邊過患. 若無如許多惡覺情見想習之事, 譬如秋水澄渟, 清淨無為, 澹泞無礙. 喚佗作道人, 亦名無事人."

時有僧問: "頓悟之人更有修否?" 曰: "若真悟得本, 佗自知時, 修與不修是兩頭語. 如今初心雖從緣得一切, 頓悟自理, 猶有無始曠劫習氣未能頓淨, 須教渠淨除現業流識, 即是修也, 不道別有法教渠修行趣向. 從聞入理, 聞理深妙, 心自圓明, 不居惑地. 縱有百千妙義抑揚當時, 此乃得坐披衣, 自解作活計. 以要言之, 則實際理地, 不受一塵, 佛事門中, 不捨一法. 若也單刀直入, 則凡聖情盡, 體露真常, 理事不二, 即如如佛."437)

위산 영우스님438)이 대중에게 열어 보이셨다.

"도인(道人)의 마음은 순박하면서 거짓으로 꾸밈이 없습니다.

등지고 배반함도 없으며 속이려는 마음도 없습니다.

언제나 활동하면서 보고 들음이 평범하며 더욱이 남을 따라 알려고439) 하지 않으며 역시 눈을 감아버리거나 귀를 막지 않습니다.

다만 생각을 사물에 의지하여 따르지 않고 곧장 알아버립니다.

예부터 모든 성인은 다만 혼탁한 변견(邊見)의 우환 때문에 말씀을

---

437) 『景德傳燈錄』 卷第九, T51n2076_p0264c17~0265a04. 『聯燈會要』 卷第七, X79n1557_p0064b13~c01. 참조.

438) 潙山靈祐(위산영우) : 남악회양(南嶽懷讓)-마조도일(馬祖道一)-백장회해(百丈懷海)-위산영우(潙山靈祐). 771~853. 주39) 참조.

439) 委曲(위곡) : 여기서는 첨곡(諂曲)과 같은 말이다. 자신을 굽혀 남을 따라 알려고 하다. 상세히 알다, 상술하다, 상세하고 빠짐없다, 두루 세세하다, 정성스럽고 세심하다. 구불구불하다. 소리가 높아졌다가 낮아졌다가 하다. 고저의 진동. 돌보다. 조정하다. 복잡하다. 마음이 바르지 못하다. 편파적이다. 자질구레하다. 일의 전말, 일의 사정. 친필 편지.

하셨을 뿐입니다.

허다하게 좋지 못한 사상440)과 세속적 망견441)과 상상(想像)을 익힌442) 일이 없어, 마치 가을 물처럼 맑고 잔잔할 것이며 청정하여 무위(無爲)이며 물길이 확 트이듯443) 걸림이 없습니다.

그를 도인(道人)이라고 부르며 역시 무사인(無事人)이라고도 부릅니다.”

그때 한 스님이 여쭈었다.

“돈오(頓悟)한 사람도 다시 닦음이 있습니까?”

말씀하셨다.

“만일 참으로 근본을 깨달았다면 닦음과 닦지 않는다는 것은 양극단의 말444)임을 저절로 알게 된다. 지금 처음 발심하여 비록 인연을 따라 일체를 알아내어 스스로 이치를 돈오(頓悟)하였다고 하더라도, 아직은 비롯함이 없는 오랜 겁의 습기(習氣)를 몰록 맑히진 못하였으므로, 반드시 지금 드러나서 흐르고 있는 업식(業識)445)을 깨끗이 없게 하여야만 곧 ‘닦음’이라고 하는 것이지, 수행하여 나아가게 하는 법이 따로 있다고 말하는 것은 아니다.

‘들음’446)을 따르고 이치에 들어가면 ‘들음’과 이치가 깊고 미묘하여져 마음이 저절로 완벽하게 밝아지고 미혹(迷惑)의 자리에 머물지 않게 된다.

설사 백 천의 수많은 묘의(妙義)로 사람들을 마음대로 부리면서447)

---

440) 惡覺(악각) : 좋지 못한 사상(思想).

441) 情見(정견) : 세속적 생각의 망견(妄見).

442) 想習(상습) : 상(想)은 마음으로 그려내는 그림을 말한다. 생각으로 끊임없이 그려내는 기술을 익힘이 바로 상습(想習)이다.

443) 澹泞(담저) : 물길이 확 트여서 시원하게 흐르는 모양. 물이 넘실거리는 모양. 봄날이 화창한 모양. 물이 맑고 깊은 모양.

444) 兩頭語(양두어) : 두 가지 극단적인 말.

445) 現業流識(현업류식) : 목전(目前)의 현업(現業)과 당체(當體)의 흐르는 식(識). 바로 지금 드러나고 있는 업(業)과 바로 여기 흐르고 있는 심의식(心意識)이다.

446) 聞(문) : 가르침을 받아서 앎. 부처님이나 조사의 가르침을 듣고서 깨달음.

447) 抑揚當時(억양당시) : 당시의 사람들을 마음대로 부림. 억양(抑揚)은 ‘억누르고 치켜세

곧 자리에 앉아 옷을 열어젖히더라도448) 스스로 활계(活計)449)를 지을
줄 알아야 한다.

　요점을 말하자면 곧 실제 이(理)의 자리에서는 한 티끌도 받아들이지
않으나 불사문(佛事門)450) 안에서는 한 법도 버리지 않는다.

　만일 단도직입(單刀直入)하여 곧 범부와 성인의 생각이 다 없어지면
참과 항상함이 체성(體性)을 드러내고 이사(理事)가 둘이 아니게 되어
곧 여여(如如)한 부처님이다.”

514. 안국현정安國玄挺

　安國挺禪師. 因長安講華嚴經僧, 來問五祖, 云: “眞性緣起, 其義云何?”
祖默然. 時挺侍立次, 乃謂曰: “大德! 正興一念問時, 是眞性中緣起.” 其僧
言下大悟.
　妙喜曰: “一念未興時, 不可無緣起也. 或曰: ‘一念未興, 喚甚麼作緣起?’,
‘我也只要汝恁麼道’.”451)

　안국 현정선사.452)
　장안에서 『화엄경』을 강의하던 스님이 와서 오조(五祖)스님453)께 여쭈
었다.
　“참 성품이 연(緣)으로 일어난다는 뜻이 무엇입니까?”

　우고 하여 마음대로 부리는 모양’이고 당시(當時)는 ‘그때 그 당시의 사람들’을 말한다.
448) 得坐披衣(득좌피의) : 법좌에 앉아 옷을 열어젖힘. 곧 법문을 하다, 스승이 된다는 뜻.
449) 活計(활계) : 선법(禪法). 또는 가지가지의 기봉(機鋒)을 운용하는 책략을 말함.
450) 佛事門(불사문) : 도(道)를 가르치는 방편문(方便門), 장엄문(莊嚴門).
451) 『景德傳燈錄』 卷第四, T51n2076_p0229b22~26. 『聯燈會要』 卷第二, X79n1557_p00
　　26a17~23. 『禪門拈頌集』 卷第十三, K46-0219, 518則. 『五燈會元』 卷第二, X80n1565_
　　p0050b01~03. 참조.
452) 安國玄挺(안국현정) : 우두법융(牛頭法融)-원양지엄(圓陽智嚴)-윤주혜방(潤州慧方)-금릉
　　법지(金陵法持)-천보지위(天保智威)-안국현정(安國玄挺). 선주(宣州) 안국사(安國寺)의 현
　　정대사(玄挺大師)이다. ‘안국진성(安國眞性)’ 공안이 있다.
453) 五祖(오조) : 우두종(牛頭宗)의 제5조인 천보지위(天保智威)스님을 말한다.

오조스님이 묵묵히 계시었다.

그때 현정스님이 모시고 서 계시다가 곧 말씀하셨다.

"대덕! 바로 한 생각을 일으켜서 물을 때가 참 성품이 연(緣)으로 일어나는 것이오."

그 스님이 말 떨어지자마자 크게 깨달았다.

묘희스님이 말씀하셨다.

"한 생각이 아직 일어나지 않았을 때도 연(緣)으로 일어남이 없다고는 할 수 없다. 혹 누가 말하기를 '한 생각이 아직 일어나지도 않았는데 무엇을 연(緣)으로 일어난다고 하느냐'고 한다면, '나는 오직 네가 이렇게 말하기만을 기다렸다.' 라고 할 것이다."

515. 월산사내越山師鼐

越山和尚, 初參雪峯而染指. 後因閩王請於淸風樓上齋, 坐久, 擧目忽覩日光, 豁然頓曉. 而有偈曰: "淸風樓上赴官齋, 此日平生眼豁開. 方信普通年遠事, 不從蔥嶺付將來." 歸呈雪峯, 峯然之. 僧問: "如何是佛身?" 曰: "汝問那箇佛身?" 云: "釋迦佛身." 曰: "舌覆三千界." 臨終時集眾, 示偈, 云: "眼光隨色盡, 耳識逐聲消. 還源無別旨, 今日與明朝."454)

월산 사내스님455)이 처음에 설봉 의존스님을 참청(參請)하고 맛만 보셨다.456)

---

454) 『景德傳燈錄』卷第十九, T51n2076_p0356a11~21. 『聯燈會要』卷第二十四, X79n155
7_p0214c18~0215a01. 『禪門拈頌集』卷第二十二, K46-0372, 977則. 참조.

455) 越山師鼐(월산사내) : 용담숭신(龍潭崇信)-덕산선감(德山宣鑑)-설봉의존(雪峰義存)-월산사
내(越山師鼐). 오대(五代) 오월(吳越)의 스님으로 호는 감진(鑒眞)이다. 설봉 의존스님의 법을
잇고 월주(越州)[절강성 소흥(紹興)] 제기현(諸暨縣) 월산(越山)에 주석하였다. 깨달음의 인연설
화인 '사내등루(師鼐登樓)' 화(話)로 잘 알려졌다. 처음에 설봉 의존스님을 참청(叅請)하고 맛
만 보았다. 뒤에 민왕(閩王)이 스님을 청하여 청풍루(淸風樓)에서 재를 베푸니 한참을 앉아 있
다가, 눈을 들어 문득 햇빛을 보면서 활연히 몰록 깨달았다.

456) 染指(염지) : 선지(禪旨)를 간략히 맛봄. 약간의 선미(禪味)를 봄. 원래는 국솥에다 손가
락을 찍어서 맛을 보는 것을 말하는데, 춘추시대에 정영공(鄭靈公)이 초나라에서 보낸 자
라를 요리하여 대부들에게 먹이면서 자공(子公)에게는 주지 않자, 자공이 성을 내며 국솥

　뒤에 민왕(閩王)이 스님을 청하여 청풍루(淸風樓)에서 재를 베푸니 한참을 앉아 계시다가, 눈을 들어 문득 햇빛을 보시면서 활연히 몰록 깨달으셨다. 그리고는 게(偈)를 읊으셨다.

　　"청풍루의 관재(官齋)에 참석하고서
　　이 날에 평생의 눈 활짝 열리니
　　비로소 보통(普通)457) 때의 머나먼 일이458)
　　총령(葱嶺)넘어 부촉된 것 아님 알았네."

　돌아가서 설봉 의존스님께 말씀드렸더니 설봉스님이 긍정하셨다.

　한 스님이 여쭈었다. "어떤 것이 부처님의 몸입니까?"
　말씀하셨다. "네가 어떤 부처님의 몸을 묻는 거냐?"
　말씀드렸다. "석가모니부처님의 몸을 여쭙는 것입니다."
　말씀하셨다. "혀가 삼천대천세계를 덮는구나."

　임종하실 때에 대중이 모이자 노래를 불러 가르치셨다.

　　"눈빛은 색을 따라 다해버렸고
　　듣는 식(識)은 소리 따라 스러졌을 뿐.
　　오늘이든 다가올 아침이든지
　　근원으로 돌아감에 별 뜻 없다네."

에 손가락을 넣어 찍어 맛을 보고 갔다는 고사에서 나온 말이다. 이후로 음식을 맛보다는 뜻으로 쓰임. 『선문염송집』 22권에서는 "현묘한 이치에 젖지 못하였다가(未染玄旨)"라고 나온다.
457) 普通(보통) : 양무제(梁武帝) 때 사용한 연호. 520년에서 527년 3월까지 썼다.
458) 普通年遠事(보통년원사) : 달마대사가 인도에서 중국으로 온 일을 말함.

516. 국청원봉國淸院奉

國淸奉和尙, 僧問: "如何是佛法大意?" 曰: "釋迦是牛頭獄卒, 祖師是馬面阿旁." 問: "如何是西來意?" 曰: "東壁打西壁." 問: "如何是撲不破底句?" 曰: "不隔毫氂, 時人遠嚮."459)

국청원 봉스님460)께 어떤 스님이 여쭈었다.
"어떤 것이 불법의 대의입니까?"
말씀하셨다.
"석가모니는 소머리 옥졸이요, 조사는 말머리 옥졸이지."461)

여쭈었다. "어떤 것이 서쪽에서 오신 뜻입니까?"
말씀하셨다. "동쪽 벽에서 서쪽 벽을 치는구나."

여쭈었다. "어떤 것이 두드려도 깨지지 않는 구(句)입니까?"
말씀하셨다.
"털끝만치도 틈이 없는데도 요즈음 사람들이 멀리 향하는구나."

517. 낙포원안洛浦元安

洛浦和尙, 示衆, 云: "末後一句, 始到牢關, 把斷要津, 不通凡聖. 尋常向諸人道. '任從天下樂欣欣.' 我獨不肯. 何故? 如靈龜負圖, 自取喪身之兆, 鳳縈金網, 趣霄漢以何期? 直須旨外明宗, 莫向言中取則. 是以石人機似汝, 也解唱巴歌, 汝若似石人, 雪曲也應和."462)

---

459) 『景德傳燈錄』 卷第十一, T51n2076_p0287b28~c03. 『聯燈會要』 卷第七, X79n1557_
    p0072c01~03. 『五燈會元』 卷第四, X80n1565_p0105c16~19. 참조.
460) 國淸院奉(국청원봉) : 마조도일(馬祖道一)-남전보원(南泉普願)-조주종심(趙州從諗)-국청원
    봉(國淸院奉). 자세한 전기가 없다. 『경덕전등록』 11권·『대광명장』 권중(卷中)·『오등회원』
    4권·『오등전서』 8권 등에 문답화가 보인다.
461) 阿旁(아방) : 지옥에 있다는 귀졸(鬼卒)을 말한다. 떼를 짓지 않는다(不群)는 뜻.
462) 『景德傳燈錄』 卷第十六, T51n2076_p0331b03~05. 『聯燈會要』 卷第二十三, X79n155

낙포 원안스님463)이 대중에게 열어 보이셨다.

"말후일구(末後一句)에 비로소 견고한 관문464)에 이르는 것이니, 요충지를 확실히 장악하면465) 범부와 성인도 통하지 않습니다.

평소에 여러분에게 말하였습니다.
'천하에 맡기고 기쁨을 즐겨라.'
하지만 나는 홀로 즐거워하지 않습니다. 왜냐하면 마치 점을 치는 거북이가 그림을 지고 있으나466) 스스로는 몸을 잃어버리는 징조를 가지고 있는 것과 같고, 봉황은 황금그물에 걸려있으니 은하수로 나아갈 기약이 어찌 있겠습니까?
반드시 뜻을 뛰어넘어 종지를 밝혀야하며, 말 속에서 본보기를 삼지 말아야합니다.

그러므로 돌사람의 뜻467)이 여러분과 같다면 역시 파가(巴歌)468)를 부를 줄 알 것이요, 여러분이 만일 돌사람과 같다면 설곡(雪曲)469)으

7_p0198c09~14. 『五燈會元』 卷第六, X80n1565_p0128b02~07. X68n1319_p0624a12~ 17. 참조.

463) 洛浦元安(낙포원안) : 약산유엄(藥山惟儼)-선자덕성(船子德誠)-협산선회(夾山善會)-낙포원안(洛浦元安). 834~898. 악보원안(樂普元安)이라고도 한다. 섬서성(陝西省) 봉상현(鳳翔縣) 인유(麟遊) 출신. 속성은 담씨(淡氏). 20세에 기양(岐陽) 회은사(懷恩寺)에서 머리를 깎고 우율사(祐律師)에게 구족계를 받았다. 경과 논을 공부하다가 이후 취미(翠微)선사와 임제(臨濟)선사에게서 참구(參扣)하고 협산선회(夾山善會)선사 문하에서 심요(心要)를 개오(開悟)하였다. 예주(澧州) 낙포(洛浦)[호남성]에 주석하다가 다시 소계(蘇谿)[호남성] 악보산(樂普山)에서 학인들을 접화(接化)하니 사방에서 납자들이 구름같이 모여들었다. 광화(光化) 원년에 세수 65세로 입적하였다. '낙포반백(洛浦飯百)' '낙포삼초(洛浦三草)' '낙포일호(洛浦一毫)' '낙포환향(洛浦還鄕)' '낙포계서(洛浦雞棲)' '낙포도난(洛浦逃難)' 등의 공안이 있다. 경조와룡(京兆臥龍), 청봉전초(靑峰傳楚) 등 10명의 수법제자가 있다.

464) 牢關(뇌관) : 견고한 관문. 마지막 관문. 미혹과 깨달음의 마지막 경계.

465) 把斷要津(파단요진) : 요충지를 지킴. 중요한 길목을 장악함.

466) 靈龜負圖(영구부도) : 낙서(洛書)의 고사에서 나온 말이다. 중국의 고대 전설에 우(禹) 임금이 황하의 홍수를 다스릴 때 낙수(洛水)에서 신령한 거북이가 나왔는데 그 등에 45개의 점으로 이루어진 낙서(洛書)를 짊어지고 있었다고 한다. 이후로 천지만물의 생성소멸과 운행의 이치를 점치는데 있어 활용했다고 함.

467) 機(기) : 심정, 생각, 뜻. 천성(天性). 영감(靈感).

468) 巴歌(파가) : 파촉지방의 민가.

469) 雪曲(설곡) : 양춘설곡(陽春雪曲), 또는 양춘백설(陽春白雪)이라고도 한다. 전국시대 초(楚)나라의 가곡이름으로 고상하고 우아한 가곡을 통칭하여 말한다.

로 역시 화답해야 할 것입니다."

518. 협산선회夾山善會

夾山和尚, 因僧問: "撥塵見佛時如何?" 曰: "欲知此事, 直
須揮劒. 若不揮劒, 漁父棲巢." 僧如前問石霜, 霜云: "渠無
國土, 甚處逢渠?" 僧却舉似夾山, 山曰: "門庭施設, 不無夾
山, 入理深談, 猶較石霜百步."[470]

협산 선회스님[471]께 어떤 스님이 여쭈었다.
"객진(客塵)을 끊어버리고[472] 부처님을 드러내었을 땐 어떻습니까?"
말씀하셨다.
"'이 일'을 알려면 반드시 검을 휘둘러야만 한다. 만일 검을 휘두르지
않는다면 어부가 둥지에 깃들게 된다."

그 스님이 석상 경저스님[473]께 앞에서와 같이 여쭈었다.
석상스님이 말씀하셨다.
"그에게는 국토가 없는데 어디서 그를 만날꼬?"

그 스님이 돌아와서 협산스님께 말씀드리니, 협산스님이 말씀하셨다.
"뜨락에 시설함은[474] 이 협산도 없다고 할 수 없지만, 이치에 들어

---

470) 『禪門拈頌集』 卷第十八, K46-0291, 713則. 『五燈會元』 卷第五, X80n1565_p0121a1
1~15. 참조.
471) 夾山善會(협산선회) : 석두희천(石頭希遷)-약산유엄(藥山惟儼)-선자덕성(船子德誠)-협산
선회(夾山善會). 805~881. 주259) 참조.
472) 撥塵(발진) : 객진번뇌(客塵煩惱)를 제거하다.
473) 石霜慶諸(석상경저) : 석두희천(石頭希遷)-약산유엄(藥山惟儼)-도오원지(道吾圓智)-석상
경저(石霜慶諸). 807~888. 주178) 참조.
474) 門庭施設(문정시설) : 문 앞의 시설. 선종(禪宗)의 각 유파(流波)마다 특별히 가지고 있는
선기(禪機)의 작략(作略)과 선법(禪法)을 전승(傳承)하는 방식을 말한다. 예를 들면 임제종은
조용재행(照用齋行)이고, 운문종은 이사구비(理事俱備), 조동종은 편정섭통(偏正葉通), 위앙종
은 암기원합(暗機圓合)이요, 법안종은 하지유심(何止唯心) 등이다. 이는 향하문(向下門)이며
방행(放行), 방편(方便) 등을 쓰는 제이의문(第二義門)이다. 이에 대해 향상문(向上門)으로 쓰
는 제일의문(第一義門)은 입리심담(入理深談)이라고 한다.

가는 깊은 이야기는475) 석상에게 그나마 백 보 정도는 되는구나.476)"

519. 늑담홍영泐潭洪英

泐潭英和尚, 示衆, 擧: "祖師道: '一切衆生性淸淨, 從本無生無可滅. 卽此身心是幻生, 幻化之中無罪福.' 大衆. 先聖恁麼道不妨奇特. 奈緣衲僧門下檢點將來, 也是食飽傷心. 坐久腰痛."

又示衆, 云: "阿呵呵. 是甚麼? 昨夜蟾光獨自坐. 屈指從頭數故人. 翻憶當時破竈墮. 是甚麼? 眨起眉毛早蹉過."

僧問: "逢場作戱時如何?" 曰: "紅鑪抛出鐵烏龜."477)

늑담 홍영스님478)이 대중에게 열어 보이셨다.
"조사께서 말씀하셨습니다.

'일체 뭇삶 성품이 청정하여서
본래부터 남도 없고 멸(滅)도 없다네.
이 신심(身心)은 환(幻)으로 생겨나온 것,
환(幻)의 변화 속에서는 죄와 복 없네.'479)

대중 여러분.
옛 성인은 이렇게 말씀하셔도 기특함을 방해하지 않습니다. 하지만 유감스럽게도480) 이 납승 문하를 점검하여보니, 역시 배는 부르나 마

---

475) 入理深談(입리심담) : 선리(禪理)에 들어가는 깊은 이야기. 향상문(向上門)이며 파주(把住)를 쓴다.
476) 猶較(유교) : 우선 조금 괜찮은 것 같다. 그나마 좀 괜찮은 듯하다. 좀 차이가 난다.
477) 『聯燈會要』 卷第十四, X79n1557_p0126c04~16. 참조.
478) 泐潭洪英(늑담홍영) : 분양선소(汾陽善昭)-석상초원(石霜楚圓)-황룡혜남(黃龍慧南)-늑담홍영(泐潭洪英). 1009~1068. 주60) 참조.
479) 과거 가섭불의 게송이다. (T51n2076_p0205a26~28, 『景德傳燈錄』 卷第一. "迦葉佛(賢劫第三尊)偈曰: 一切衆生性淸淨, 從本無生無可滅. 卽此身心是幻生, 幻化之中無罪福.")
480) 奈緣(내연) : 유감스럽게도. 하지만. 그러나.

음이 아픕니다.
앉은 지 오래라 허리가 아프구나.”

또 대중에게 열어 보이셨다.
“아하하!
뭡니까?
어젯밤에는 달빛481)이 홀로 스스로 지키니, 옛 사람은 손가락을 꼽을 만합니다.
파조타(破竈墮)스님482) 때를 되돌아보십시오.

뭡니까?
눈썹을 치켜 올리면 벌써 빗나갔습니다.”

한 스님이 여쭈었다.
“봉장작희(逢場作戲)483) 할 땐 어떻습니까?”
말씀하셨다.
“이글거리는 용광로에서 무쇠 거북이가 나온다.484)”

---

481) 蟾光(섬광) : 달빛.
482) 破竈墮(파조타) : 파두도신(破頭道信)-황매홍인(黃梅弘忍)-숭악혜안(崇嶽慧安)-파조타(破竈墮). 당나라 숭악(嵩嶽)의 파조타스님. 북종에 속하는 스님이다. 이 『정법안장』 2권 (上, 291화(話) 참조.
483) 逢場作戲(봉장작희) : 사람들과 어울려 한바탕 잘 놂. 봉장(逢場)은 어떤 상황을 만남, 또는 어떤 장소에 이름을 말한다. 봉장작희(逢場作戲)는 봉장유희(逢場遊戲)·봉장작락(逢場作樂)과 같은 뜻으로, 기회가 생기면 사람들과 어울리어 함께 놀고 즐김을 말하는데 등은봉(鄧隱峰)스님이 마조스님을 하직할 때 한 말이다. “등은봉스님이 마조 도일스님을 하직하려 하니 마조스님이 물었다. ‘어디로 가느냐?’ 등은봉스님이 말씀드렸다. ‘석두스님 계신 곳으로 갈까 합니다.’ 마조스님이 말했다. ‘석두의 길은 미끄러운데.’ 등은봉스님이 말씀드렸다. ‘장대를 갖고 있다가 만나기만 하면 잘 놀고 즐기겠습니다.’”
484) 抛出(포출) : 포로(抛露)와 같은 말. 드러나다. 나오다.

520. 천황도오天皇道悟

天皇和尚, 問石頭: "離却定慧, 以何法示人?" 頭云: "我遮裏無奴婢, 離箇甚麼?" 曰: "如何明得?" 頭云: "汝還撮得虛空麼?" 曰: "與麼則不從今日去也." 頭曰: "未審汝早晚從那邊來?" 曰: "某甲不是那邊人." 頭云: "我早知汝來處." 曰: "和尚何得贓誣於人?" 頭云: "汝身見在." 曰: "雖然如是, 畢竟如何示於後人?" 頭云: "汝道阿誰是後人?" 天皇從此有省.

妙喜曰: "且道. 省得箇甚麼?"485)

천황 도오스님486)이 석두 희천스님487)께 물으셨다.

"정혜(定慧)를 떠나 어떤 법으로 사람을 가르칩니까?"

석두스님이 말씀하셨다.

"나의 '여기'는 노비(奴婢)가 없는데 무엇을 떠난단 말이냐?"

말씀드렸다. "어떻게 하면 명백하게 깨달을 수 있습니까?"

석두스님이 말씀하셨다. "네가 허공을 움켜쥘 수 있느냐?"

말씀드렸다. "'이러한 것'은 오늘부터 하는 것이 아닙니다."

석두스님이 말씀하셨다. "도대체 너는 언제 저쪽에서 올 거냐?"

말씀드렸다. "저는 저쪽 사람이 아닙니다."

석두스님이 말씀하셨다. "나는 네가 오는 곳을 벌써 알고 있었지."

말씀드렸다. "스님께서는 어찌 남에게 뒤집어씌우려고488) 하십니까?"

---

485) 『祖堂集』 卷第四, K45-0258. 『聯燈會要』 卷第十九, X79n1557_p0163a13~20. 『禪門拈頌集』 卷第九, K46-0150, 350則. 『五燈會元』 卷第七, X80n1565_p0141b11~17. 참조.

486) 天皇道悟(천황도오) : 조계혜능(曹溪慧能)-청원행사(靑原行思)-석두희천(石頭希遷)-천황도오(天皇道悟). 748~807. 속성은 장씨(張氏). 절강성 무주(婺州) 금화현(金華縣) 출신이다. 14세에 명주(明州)[절강성]의 한 대덕스님에게서 삭발하였다. 25세에 항주(杭州) 죽림사(竹林寺)에서 구족계를 받았다. 경산국일(徑山國一)스님을 참알하여 심법을 전수받고 5년을 모시다가 마조스님을 찾아 앞의 이해를 거듭 인정받았다. 2년 후에는 석두 희천스님을 찾아 확철대오하고 그의 법을 이었다. 그 이후로 형주성(荊州城) 동쪽의 천황사(天皇寺)에 주석하면서 법을 크게 폈다. 헌종 원화 2년 4월에 세수 60세로 입적하였다. '천황이각(天皇離却)' '천황쾌활(天皇快活)' 등의 공안을 남겼다.

487) 石頭希遷(석두희천) : 황매홍인(黃梅弘忍)-조계혜능(曹溪慧能)-청원행사(靑原行思)-석두희천(石頭希遷). 700-790. 주17) 참조.

488) 贓誣(장무) : 허위사실을 지어내어 남에게 죄를 뒤집어씌우는 것.

석두스님이 말씀하셨다. "너의 몸이 드러났구나."
말씀드렸다. "비록 이와 같으나 필경에는 어떻게 뒷사람들을 가르칩니까?"
석두스님이 말씀하셨다. "너는 누구를 뒷사람이라 하는 거냐?"
천황스님이 여기서 깨달으셨다.

묘희스님이 말씀하셨다.
"바로 여기, 말해봐라. 무엇을 깨달았단 것인지."

521. 태원부太原孚

太原孚上座, 在楊州孝先寺講『涅槃經』. 有禪者阻雪在寺, 因往聽講. 至三因佛性, 三德法身, 廣談法身妙理, 禪者失笑, 孚講罷. 請禪者喫茶, 白曰: "某甲素志狹劣, 依文解義, 適蒙見笑, 且望見教." 禪者曰: "實笑座主不識法身." 孚曰: "如此解說, 何處不是?" 曰: "請座主更說一徧." 孚曰: "法身之理猶若太虛, 豎窮三際橫亘十方, 彌綸八極包括二儀, 隨緣赴感靡不周徧." 曰: "不道座主說不是, 只是說得法身量邊事, 實未識法身在." 孚曰: "既然如是, 禪德當為我說." 曰: "座主還信否?" 孚曰: "焉敢不信?" 曰: "若如是, 座主暫輟講旬日, 於室內端然靜慮, 收心攝念, 善惡諸緣一時放却." 孚一依所教, 從初夜至五更, 聞鼓角聲, 忽然契悟. 便去扣門, 禪者曰: "阿誰?" 孚曰: "某甲." 禪者, "咄!", 曰: "教汝傳持大教代佛說法. 夜來為甚麼醉酒臥街?" 孚曰: "禪德. 自來講經, 將生身父母鼻孔扭捏. 從今已去更不敢如是." 禪者曰: "且去. 來日相見." 孚遂罷講, 徧歷諸方, 久在雪峯有大聲譽. 後歸揚州, 被陳尚書留在宅供養. 一日謂尚書曰: "來日講一徧『大涅槃經』, 報答尚書." 書致齋茶畢, 孚遂陞座. 良久. 揮尺一下. 云: "如是我聞." 乃召尚書, 書應諾. 孚云: "一時佛在……." 便乃脫去.[489]

태원부상좌[490]가 양주 효선사(孝先寺)에서 『열반경』을 강의하셨다.

---

489) 『聯燈會要』卷第二十四, X79n1557_p0215a22~b14, 0216a10~13. 참조.
490) 太原孚(태원부) ： 용담숭신(龍潭崇信)-덕산선감(德山宣鑑)-설봉의존(雪峰義存)-태원부(太原

한 선자(禪者)가 눈에 길이 막혀 절에 머물러 있게 되자 강의를 듣게 되셨다. 삼인불성(三因佛性)491)과 삼덕법신(三德法身)492)에 이르러 법신의 묘리를 널리 이야기하자 선자(禪者)가 실소(失笑)를 하시니, 태원부스님이 강의를 그만두셨다.

그리고는 선자(禪者)를 청하여 차를 대접하면서 물으셨다.
"제가 평소에 의지가 좁고 졸렬하여 글에 의지해서 뜻을 알려고 하다가 그만 방금 웃음을 사고 말았는데 가르침을 주시기 바랍니다."
선자(禪者)가 말씀하셨다.
"사실은 좌주가 법신을 모르는 듯싶어 웃었소."
태원부스님이 말씀하셨다.
"이와 같이 풀어 설명함은 어디가 옳지 못한 것입니까?"
말씀하셨다. "좌주가 다시 한 편을 설명해 보시오."
태원부스님이 말씀하셨다.
"법신의 이치는 태허와 같은데 세로로는 과거·현재·미래를 다하고 가로로는 시방에 널리 미칩니다. 팔극493)을 두루 관할494)하고, 음양495)을 포함하여 하나로 묶으며, 인연따라 감(感)에 맞추어 나아감에 두루 다하지 않음이 없습니다."

孚). 처음에 양주(揚州)의 광효사(光孝寺)에서 『열반경』을 강의하는 좌주로 있었는데 어느 날 한 참선납자와 문답을 하다가 깨우침이 있었다. 이로부터 곧바로 강의를 끝내버리고 제방을 행각하다가 설봉스님을 만나 크게 개오하고 법을 이었다. 유양(維揚)에서 입적하였다. '부상좌법신(孚上座法身)' '부상좌고시(孚上座顧視)' '부상좌장세(孚上座掌勢)' '부상좌부모(孚上座父母)' '부상좌성전(孚上座聖箭)' 등의 공안이 있다.

491) 三因佛性(삼인불성) : 천태지자가 『대반열반경』을 근거로 하여 내세운 설. 불성에 세 가지 인(因)이 있다고 하는 것이다. 1) 정인불성(正因佛性)[본연의 진여 이치] 2) 요인불성(了因佛性)[진여의 이치를 비추는 지혜] 3) 연인불성(緣因佛性)[지혜를 도와 정인(正因)을 개발하는 육바라밀의 수행]. 이 삼인불성(三因佛性)은 천태종에서 말하는 것이나 『열반경』 28권에서는 연인(緣因)과 요인(了因)을 묶어 정인(正因)과 연인(緣因)의 이인불성(二因佛性)을 말하고 있다. (『大般涅槃經』 卷第二十八, 「師子吼菩薩品」 第十一之二, T12n0374_p0530b17~0533b06. 참조.)

492) 三德法身(삼덕법신) : 삼덕(三德)은 대열반(大涅槃) 갖추어져 있는 세 가지 덕(德)을 말한다. 곧 법신(法身)·반야(般若)·해탈(解脫)의 세 가지이다.

493) 八極(팔극) : =팔구(八區), 팔락(八落), 팔하(八遐), 팔방(八方). 천하. 아주 먼 곳의 땅.

494) 彌綸(미륜) : 모두 거느려서 관할하다. 총괄하다, 관통하다. 잘 처리하여 다스리다. 두루 휩싸서 하나로 묶다.

495) 二儀(이의) : 양의(兩儀)와 같다. 음양(陰陽). 해와 달.

말씀하셨다.

"좌주의 설명이 옳지 않다고는 말할 수 없소. 다만 설명이 법신을 헤아린 변사(邊事)496)이지 실로 법신의 존재를 알지는 못하였소."

태원부스님이 말씀하셨다.

"이왕 이렇게 되었으니 선덕께서 바로 저에게 말씀해 주십시오."

말씀하셨다. "좌주는 믿을 수 있겠습니까?"

태원부스님이 말씀하셨다. "어찌 감히 믿지 않겠습니까?"

말씀하셨다.

"만일 이와 같다면 좌주는 잠시 강의를 중단하시고 열흘 정도 실내에서 자세를 바로하고 정려(靜慮)하시면서 심념(心念)을 가다듬고 선악의 모든 인연을 일시에 놓아버리십시오."

태원부스님이 가르침을 한결같이 의지하여 초야(初夜)497)에서 오경(五更)498)에 이르도록 정진하다가 북과 호각소리를 듣고서 홀연히 계오(契悟)하셨다.

그리고는 곧장 가서 문을 두드리셨다.

선자(禪者)가 말씀하셨다. "누구냐?"

태원부스님이 말씀하셨다. "접니다."

선자가 "咄(Duō)!"하셨다.

말씀하셨다.

"그대가 큰 가르침을 전하게 하고 부처님을 대신하여 설법하게 하겠다. 밤새 무엇 때문에 술에 취해 거리에 누워 있었느냐?"

태원부스님이 말씀드렸다.

"선덕이시여. 지금껏 경을 강의하면서 부모가 낳아 주신 콧구멍을 만지작거렸지만 이후로 다시는 이와 같지 않을 것입니다."

선자(禪者)가 말씀하셨다. "이제 가거라. 다음에 보자."

---

496) 邊事(변사) : 변경지대의 일, 곧 중요하지 않은 일. 지엽적인 것.

497) 初夜(초야) : 초경(初更) 또는 갑야(甲夜)라고도 한다. 하룻밤을 다섯으로 나누었을 때의 첫 번째 부분. 대체로 밤 8시에서 10시까지의 사이다.

498) 五更(오경) : 하룻밤을 다섯으로 나누었을 때의 다섯째 부분(部分). 일경(一更)은 약 2시간이다. 새벽 네 시 전후(前後)임.

태원부스님이 드디어 강의를 그만두시고 제방을 두루 다니다가 설봉
스님의 문하에 오래 머무시면서 명성을 크게 떨쳤다.
　뒤에 양주(揚州)[499]로 돌아가서 진상서의 집으로 공양청을 받고는 머
물다가 하루는 상서에게 말씀하셨다.
　"내일 『대열반경』 한 편을 강의하여 상서에게 보답하려 합니다."
　상서가 재계하고 차를 올리니 태원부스님이 법좌에 오르셨다.

　한참 묵묵히 계셨다.

　자(尺)를 휘둘러 한 번 치셨다.

　말씀하셨다. "이와 같이 내가 들었다."
　그리고는 "상서!"하고 부르셨다.
　상서가 "예!"하고 대답하니,
　태원부스님이 말씀하셨다.
　"한때 부처님이 계시었다……."
　곧바로 몸을 벗어버리셨다.

522. 암두전활嚴頭全奯

　嚴頭, 示眾, 云: "吾嘗七八年披究『涅槃經』, 其中有三兩
段義, 頗似衲僧說話." 又云: "休. 休."
　時有僧云: "請和尚舉." 頭曰: "吾教意如∴字三點. 第一
向東方下一點, 點開諸菩薩眼. 第二向西方下一點, 點諸菩
薩命根. 第三向上方下一點, 點開諸菩薩頂門. 此是『涅槃
經』中第一段義." 又云: "吾教意如摩醯首羅, 擘開面門, 豎亞一隻眼. 此是
第二段義." 又云: "吾教意如塗毒鼓, 擊一聲遠近聞者皆喪. 此是第三段義."
時有小嚴上座出問: "如何是塗毒鼓?" 頭以兩手按膝亞身, 云: "韓信臨朝底

---

499) 揚州(양주) : 주(州)의 이름으로 옛 9주(州)의 하나이다. 지금의 강소성 · 안휘성 · 강서
　성 · 절강성 · 복건성 등의 여러 성에 걸쳐져 있었던 주(州)다.

."500)

妙喜舉了喝, 云:"縮頭去."

암두 전활스님501)이 대중에게 열어 보이셨다.
"내가 일찍이 7, 8년을 『열반경』을 열어 탐구해 보니, 그 속에 두 세 단락의 뜻이 납승들의 말과 퍽 비슷한 것이 있었습니다."
또 말씀하셨다. "休(Xiū)! 休(Xiū)!"502)

그때 한 스님이 말씀드렸다. "스님께서 설명해 주십시오."
암두스님이 말씀하셨다.
"우리 경전의 뜻은 이자(∴字) 세 점과 같다. 첫 번째는 동쪽으로 한 점을 찍는데 모든 보살들의 눈을 여는 데 점을 찍는 것이다. 두 번째 는 서쪽으로 한 점을 찍는데 모든 보살들의 목숨에 점을 찍는 것이다. 세 번째는 위쪽으로 점을 찍는데 모든 보살들의 정수리를 여는 데 점 을 찍는 것이다. 이것이 『열반경』 가운데 첫 번째 단락의 뜻이다."

또 말씀하셨다.
"우리 경전의 뜻은 마치 마혜수라(摩醯首羅)503)가 면문(面門)504)을 쪼 개 열어 일척안(一隻眼)을 세워 놓는 것과 같다. 이것이 두 번째 단락

---

500) 『景德傳燈錄』卷第十六, T51n2076_p0326b18~28.『聯燈會要』卷第二十一, X79n155
    7_p0183b02~10.『禪門拈頌集』卷第二, K46-0024, 42,43,44則.『五燈會元』卷第七,
    X80n1565_p0144a17~b01. 참조.
501) 巖頭全奯(암두전활) : 천황도오(天皇道悟)-용담숭신(龍潭崇信)-덕산선감(德山宣鑑)-암두
    전활(巖頭全奯). 828~887. 주258) 참조.
502) 休休(휴휴) : 쉬우~ 쉬우~. 죽음에 임박하여 숨을 가쁘게 내쉬는 소리다. 임종할 때 마
    지막으로 내쉬는 숨소리. 월운스님은 "그만두라, 그만두라."라고 번역하고 있다. (월운스
    님, 『전등록』2, p336, 동국역경원, 2008.) 대원 문재현은 "그만둬라, 그만둬."라고 번역
    하였다. (대원 문재현, 『전등록』3, p123, 도서출판 바로보인, 1997.)
503) 摩醯首羅(마혜수라) : ⑤Maheśvara. 대자재천(大自在天), 자재천(自在天), 위령제(威靈
    帝)라고도 한다. 색계의 정상에서 하늘을 다스리는 천왕으로 이마에 이자삼점(伊〈∴〉字三
    點)의 형상으로 된 눈이 세 개 달려 있다고 한다. (T12n0374_p0376c11~13,『大般涅槃
    經』卷第二,「壽命品」第一之二. "猶如伊字三點, 若並則不成伊. 縱亦不成, 如摩醯首羅面
    上三目, 乃得成伊三點.")
504) 面門(면문) : 『화엄경』「탐현기」에는 세 가지 해석이 있다. 하나는 얼굴이요, 하나는
    입이며, 하나는 인중(人中)이다. 얼굴의 문이니 눈이나 콧구멍이나 입이라고 할 수 있으
    나「열반경」에서는 이마의 두 눈썹사이에 있는 제3의 눈을 말한다.

의 뜻이다.”

또 말씀하셨다.
“우리 경전의 뜻은 마치 도독고(塗毒鼓)505)와 같은데 한 번 두드리면
멀든 가깝든 듣는 자는 모두 죽는다. 이것이 세 번째 단락의 뜻이다.”

그때 소엄(小嚴)상좌가 나와서 여쭈었다.
“어떤 것이 도독고(塗毒鼓)입니까?”
암두스님이 두 손으로 무릎을 비비고 몸을 굽히면서 말씀하셨다.
“한신(韓信)이 조정에 임하였구나.506)”

묘희스님이 말씀을 마치고 “억!” 하시고는 말씀하셨다.
“머리를 집어넣어라.”

---

505) 『열반경』「보살품」에 나오는 말씀이다. “다시 또한 훌륭한 여러분. 마치 어떤 사람이
　　여러 가지 독약을 큰 북에 발라서 여러 사람 속에서 두드려서 소리를 내면, 비록 무심하
　　게 들으려 하더라도 듣고 나서는 모두 죽게 되지만”(T12n0375_p0661a20~22,『大般涅
　　槃經』「菩薩品」第十六. “復次善男子.譬如有人以雜毒藥用塗大鼓於衆人中擊令發聲, 雖無
　　心欲聞聞之皆死”)
506) 韓信臨朝(한신임조) : 한신(韓信)은·회양(淮陽) 사람으로 처음에 항우(項羽)를 섬기다가
　　중용되지 못하자 유방(劉邦)의 휘하로 들어가서 승상 소하(蕭何)의 천거로 대장군이 된다.
　　혁혁한 공을 세워 항우를 물리치고 한(漢)의 건국에 크게 기여하여 제왕(齊王)이 되었다
　　가 초왕(楚王)에 봉해졌다. 그러나 왕에 봉해진 후 반역죄로 몰려 여후(呂后)에게 죽임을
　　당한다. 한신이 왕이 되어 조정에 임한 것은 곧 죽음을 불러오게 되었다는 것이다.

523. 수산성념首山省念

　　首山念和尚, 上堂, 汾陽昭和尚出問: "百丈卷席意旨如何?" 曰: "龍袖拂開全體現." 云: "未審師意如何?" 曰: "象王行處絶狐蹤." 昭於言下大悟. 遂提起坐具, 顧視大衆, 云: "萬古碧潭空界月, 再三撈摝始應知." 禮拜歸衆. 時葉縣省和尚, 作首座, 纔退便問: "昭兄. 汝適來見箇甚麼道理, 便與麼道?" 曰: "正是我放身捨命處." 省便休.507)

　　수산 성념스님508)이 상당(上堂)하시니, 분양 선소스님509)이 나와서 물으셨다.

　　"'백장권석(百丈卷席)'510)의 뜻이 어떻습니까?"

　　말씀하셨다. "곤룡포 소매를 펼쳐 여니511) 전체가 드러난다."

　　말씀드렸다. "도대체 스님의 뜻이 뭡니까?"

　　말씀하셨다. "코끼리 왕이 가는 곳엔 여우 자취가 끊어진다."

　　선소스님이 말 떨어지자마자 크게 깨달으셨다.

---

507) 『續刊古尊宿語要』 第一集, X68n1318_p0348a13~16. 『聯燈會要』 卷第十一, X79n1557_p0103c23~0104a05. 『禪門拈頌集』 卷第二十九, K46-0477, 1334則. 『五燈會元』 卷第十一, X80n1565_p0233c15~20. 참조.

508) 首山省念(수산성념) : 흥화존장(興化存獎)-보응혜옹(寶應慧顒)-풍혈연소(風穴延沼)-수산성념(首山省念). 926~993. 주290) 참조.

509) 汾陽善昭(분양선소) : 보응혜옹(寶應慧顒)-풍혈연소(風穴延沼)-수산성념(首山省念)-분양선소(汾陽善昭). 947~1024. 주46) 참조.

510) 百丈卷席(백장권석) : 백장스님이 마조스님이 법상에 오르자마자 자리를 말아버린 화두이다. "다음 날에 마조스님께서 법상에 오르셨다. 대중이 모이자마자 백장스님께서 나오셔서 자리를 말아버리니 마조스님이 곧바로 법상에서 내려오셨다. 스님이 방장실로 따라가시자 마조스님께서 말씀하셨다. '내가 아까 말을 꺼내지도 않았는데 자네는 왜 얼른 자리를 말아버린 거냐?' 스님이 말씀드렸다. '어제 스님께 코를 비틀렸더니 아파서 그랬는데요.' 마조스님이 말씀하셨다. '자네는 어제 어디다 마음을 두었는데?' 스님이 말씀드렸다. '오늘은 코가 아프질 않네요.' 마조스님이 말씀하셨다. '자네는 어제 일을 깊이 밝혔구먼.' 스님께서는 절하고 물러나시었다." (X69n1322_p0005c22~0006a02, 『洪州百丈山大智禪師語錄』. "次日, 馬祖陞堂, 衆纔集. 師出, 卷却席, 祖便下座. 師隨至方丈, 祖曰: '我適來未曾說話, 汝爲甚便卷却席?' 師曰: '昨日被和尚搊得鼻頭痛.' 祖曰: '汝昨日向甚處留心?' 師曰: '鼻頭今日又不痛也.' 祖曰: '汝深明昨日事.' 師作禮而退.")

511) 龍袖拂開(용수불개) : 용수(龍袖)는 '용곤의수(龍袞衣袖)'의 줄임말이다. 황제가 입는 옷인 곤룡포의 소매를 말한다. 넓은 곤룡포의 소매를 활짝 열어젖히는 것을 말한다. 대원 문재현은 "수도(서울)를 여니."라고 번역하였다. (대원 문재현, 『바로보인 선문염송』 29, p73, 도서출판 문젠, 2015.)

그리고 좌구를 들고는 대중을 돌아보며 말씀하셨다.

"만고의 푸른 못에 잠긴 허공의 달을
두 번 세 번 건져 올려 보고서야 비로소 알았다네."

절을 올리고 대중 속으로 돌아가셨다.
그때 섭현 귀성스님512)이 수좌로 있었는데 물러나자마자 곧장 물으셨다.
"선소 사형! 스님이 방금 어떤 도리를 보았기에 이렇게 말씀하시오?"
말씀하셨다. "바로 내가 신명(身命)을 내려놓는 곳이오."
귀성스님이 곧 그만두셨다.

524. 섭현귀성葉縣歸省

葉縣省和尚, 示眾, 云: "諸禪德. 衲僧是通變道人. 若遇鑊湯鑪炭諸般厄難, 又如何免得? 若是免不得, 何名通變道人? 作麼生是透脫諸般厄難底句? 還有透脫得者麼? 試對眾道看. 為汝證據. 若是透脫不得, 即是萬人作一冢, 無人替代渠.513)

섭현 귀성스님514)이 대중에게 열어 보이셨다.
"선덕 여러분.
납승은 통변도인(通變道人)515)입니다.
만일 확탕로탄(鑊湯鑪炭)의 여러 액난을 만난다면 어떻게 벗어나겠습니까? 만일 벗어나지 못한다면 어찌 통변도인(通變道人)이라 하겠습니

---

512) 葉縣歸省(섭현귀성) : 임제의현(臨濟義玄)-흥화존장(興化存獎)-보응혜옹(寶應慧顒)-풍혈연소(風穴延沼)-수산성념(首山省念)-섭현귀성(葉縣歸省). 주377) 참조.
513) 『古尊宿語錄』 卷第二十二, 「汝州葉縣廣教省禪師語錄」, X68n1315_p0155a02~06. 참조.
514) 葉縣歸省(섭현귀성) : 보응혜옹(寶應慧顒)-풍혈연소(風穴延沼)-수산성념(首山省念)-섭현귀성(葉縣歸省). 주377) 참조.
515) 通變道人(통변도인) : 사물의 궁극을 개통(開通)하려고 하여 그 변화의 이치를 통달한 사람. 상규(常規)에 얽매이지 않고 상황에 따라 융통성 있게 잘 대처하는 사람.

까?

어떤 것이 여러 액난을 투탈(透脫)하는 구(句)입니까?

투탈(透脫)한 이가 있습니까?

어디 한 번 대중에게 말해보시오.

여러분을 위해 증명해 보이겠소.

만일 투탈(透脫)하지 못하였다면 곧 만 명의 사람이 무덤 하나를 만든 것이니, 그를 대신할516) 사람이 아무도 없습니다.”

525. 당명숭唐明嵩

唐明嵩和尚, 僧問: “古人東山西嶺青, 意旨如何?” 曰: “波斯鼻孔大.” 云: “與麼則西天迦葉東土我師.” 曰: “金剛手板濶.” 問: “大悲千手眼, 那箇是正眼?” 曰: “開化石佛拍手笑, 晉祠娘子解謳歌.” 問: “臨濟推倒黃蘗, 為甚麼維那喫棒?” 曰: “正狗不偷油, 雞銜燈盞走.”517)

당명숭스님518)께 어떤 스님이 여쭈었다.

“옛사람이 ‘동쪽 산의 서쪽 고갯마루가 푸르다’519)고 하신 뜻이 무엇입니까?”

말씀하셨다. “페르샤 사람은 콧구멍이 크거든.”

---

516) 替代(체대) : 죽은 사람의 혼령이 산 사람의 육신을 빌려 환생하는 일. 대신하다. 교체하다.

517) 『聯燈會要』 卷第十二, X79n1557_p0108c23, 0109a03~04. 『古尊宿語錄』 卷第十, X68n1315_p0061c11~14, 0062a17~18. 참조.

518) 唐明嵩和尚(당명숭화상) : 보응혜옹(寶應慧顒)-풍혈연소(風穴延沼)-수산성념(首山省念)-당명숭화상(唐明嵩和尚). 삼교지숭(三交智嵩), 승천화상(承天和尚)이라고도 한다. 생몰연대와 행적이 알려져 있지 않음. 법명은 지숭(智嵩)이다. 또한 당명숭(唐明嵩)으로 잘 알려져 있으며 철불숭(鉄佛嵩)이라고도 한다. 『병주승천숭선사어록(并州承天嵩禪師語錄)』이 『고존숙어록』 10권에 실려 있다.(『古尊宿語錄』 卷第十, X68n1315_p0061b16~0064b20. 참조.)

519) 東山西嶺青(동산서령청) : 운문 문언스님의 법문이다. “‘말씀을 받들어보니 우두 법융스님이 이리저리 자유자재로 말씀하셨으나 향상의 관려자(關棙子)는 알지 못했다고 하셨는데 어떤 것이 향상의 관려자(關棙子)입니까?’ 스님이 말씀하셨다. ‘동쪽 산의 서쪽 고갯마루가 푸르구나.’” (X68n1315_p0097a11~13, 『古尊宿語錄』 卷第十五, 「雲門匡真禪師廣錄」 上. “問:‘承古有言, 牛頭橫說豎說, 不知有向上關棙子, 如何是向上關棙子?’ 師云:‘東山西嶺青.’”)

말씀드렸다. "이렇다면 서쪽의 가섭존자가 동쪽의 우리 스님이군요."
말씀하셨다. "금강역사의 수판(手板)520)은 넓지."

여쭈었다. "대비천수보살님의 눈 가운데 어떤 것이 바른 눈입니까?"
말씀하셨다.
"개화(開化)521)의 돌부처님이 손뼉 치며 웃으니, 진사(晉祠)522)의 처
녀가 노래 부를 줄 안다."

여쭈었다.
"임제스님이 황벽스님을 밀어 거꾸러뜨렸는데 유나가 무엇 때문에 몽
둥이를 맞았습니까?"523)
말씀하셨다.
"혈통이 순수한 개는 기름을 훔치지 않고, 닭은 등잔을 물고 내달린
다."

---

520) 手板(수판) : 신하가 임금을 조현(朝見)할 때 두 손에 쥐는 패다. 무엇을 가리키거나 사
　　 건을 기록하는데 썼다. 고대에는 홀(笏)이라고 하였지만 진(晉)·송(宋)이후로는 수판(手板)
　　 이라고 하였다.
521) 開化(개화) : 북위(北魏) 때 둔 현(縣)의 이름이다. 호북성(湖北省) 운서현(鄖西縣)에 있
　　 었다.
522) 晉祠(진사) : 주대(周代)의 진국(晉國) 개국군주(開國君主)인 당숙우(唐叔虞)의 사당(祠
　　 堂)이다. 산서성(山西省)의 태원현(太原縣)의 남서쪽 현옹산(懸甕山) 기슭에 위치해 있다.
523) 『전등록』 12권에 자세한 내용이 나온다. "어느 날 황벽스님이 운력으로 차밭을 매러
　　 가시는데, 좀 늦게 도착하셨다. 임제스님이 인사를 올리고 괭이를 짚고 서 계셨다. 황벽
　　 스님이 말씀하셨다. '피곤하지 않나?' '이제 겨우 땅을 파기 시작하였는데 어찌 피곤하다
　　 고 하겠습니까?' 황벽스님이 주장자를 들어서 곧장 때리시니, 스님이 주장자를 붙잡고 황
　　 벽스님을 밀쳐서 쓰러뜨리셨다. 황벽스님이 유나를 부르셨다. '유나야. 나 좀 일으켜다
　　 오.' 유나가 일으키면서 말했다. '큰스님께서 이 미친놈을 어찌 용납하십니까?' 황벽스님
　　 이 곧장 유나를 때리셨다. 임제스님이 손수 땅을 파면서 말씀하셨다. '제방에서는 곧장
　　 화장을 하지만, 나의 여기는 산채로 매장한다.'"(T51n2076_p0290b15~21, 『景德傳燈
　　 錄』 卷第十二. "黃蘗一日普請鋤茶園, 黃蘗後至. 師問訊按钁而立. 黃蘗曰: '莫是困邪?'
　　 曰: '才钁地何言困?' 黃蘗擧拄杖便打, 師接杖推倒和尙. 黃蘗呼維那. '維那. 拽起我來.'
　　 維那拽起, 曰: '和尙爭容得遮風漢?' 黃蘗卻打維那. 師自钁地, 云: '諸方卽火葬, 我遮裏活
　　 埋.'")

526. 설봉의존雪峰義存

雪峯和尚, 見獼猴乃云: "遮箇獼猴, 各背一面古鏡." 三聖曰: "歷劫無名, 何以彰為古鏡?" 峯云: "瑕生也." 聖云: "一千五百人善知識, 話頭也不識?" 峯云: "老僧住持事繁."524)

설봉 의존스님525)이 원숭이들을 보시고는 말씀하셨다.
"이 원숭이들은 제각기 한 면의 옛 거울을 짊어지고 있군."
삼성 혜연스님526)이 말씀하셨다.
"오랜 세월에 이름이 없었는데 어째서 옛 거울이라고 명시하시오?"
설봉스님이 말씀하셨다. "흠이 생겼군요."
삼성스님이 말씀하셨다.
"천오백 명을 거느리신 선지식께서 말도 알아듣지 못하시오?"
설봉스님이 말씀하셨다. "이 노승이 주지(住持) 일이 많아서."

527. 황룡오신黃龍悟新

黃龍新和尚, 示眾, 云: "參玄上士, 須參活句, 莫參死句. 何也? 若向活句下明得, 死却天下衲僧. 若向死句下明得, 活却天下衲僧. 且道. 不落死活, 一句作麼生道? 太湖三萬六千頃, 月在波心說向誰?"
僧問: "如何是四大毒蛇?" 曰: "地水火風." 云: "如何是地水火風?" 曰:

---

524) 『景德傳燈錄』卷第十二, T51n2076_p0295a07~11. 『聯燈會要』卷第十, X79n1557_p0094a09~11. 『五燈會元』卷第七, X80n1565_p0147b06~09. 참조.
525) 雪峰義存(설봉의존) : 천황도오(天皇道悟)-용담숭신(龍潭崇信)-덕산선감(德山宣鑑)-설봉의존(雪峰義存). 822~908. 주170) 참조.
526) 三聖慧然(삼성혜연) : 백장회해(百丈懷海)-황벽희운(黃檗希運)-임제의현(臨濟義玄)-삼성혜연(三聖慧然). 생몰연대 미상. 진주(鎭州)[하북성]의 삼성원(三聖院)에 주석했다. 앙산 혜적스님, 덕산 선감스님, 설봉 의존스님과 교류하였다. 임제 의현스님의 뛰어난 제자였으며, 임제스님의 법어를 모아서 『진주임제혜조선사어록(鎭州臨濟慧照禪師語錄)』을 편찬하였다. '삼성금린(三聖金鱗)' '삼성역겁무명(三聖歷劫無明)' '삼성주주(三聖住住)' '삼성할려(三聖瞎驢)' '삼성봉인(三聖逢人)' 등의 공안이 있다. 치주수륙(淄州水陸), 진주대비(鎭州大悲) 등의 수법제자가 있다.

"四大毒蛇." 僧云: "學人未曉, 乞師方便." 曰: "一大既爾四大同."527)

황룡 오신스님528)이 대중에게 열어 보이셨다.
"현(玄)을 참(參)인 상사(上士)는 반드시 활구(活句)에 참(參)이어야 하지 사구(死句)에 참(參)이지 마십시오. 왜냐하면 만일 활구(活句)에서 명백하게 깨달으면 천하의 납승들을 죽여 버리기 때문입니다. 만일 사구(死句)에서 명백하게 깨달으면 천하의 납승들을 살려내기 때문입니다.

바로 지금, 말해보시오.
사활(死活)의 일구(一句)에 떨어지지 않고 어떻게 말해보겠습니까?

태호(太湖)529)는 삼만 육천 경(頃)530)이요,
달은 물결의 한 복판에 있는데 누구에게 말하랴?"

한 스님이 여쭈었다. "어떤 것이 네 마리의 큰 독사뱀입니까?"
말씀하셨다. "지수화풍(地水火風)이지."
말씀드렸다. "어떤 것이 지수화풍(地水火風)입니까?"
말씀하셨다. "네 마리의 큰 독사뱀이지."
그 스님이 말씀드렸다.
"학인이 알아차리지 못하겠으니 스님께서 방편을 베풀어주십시오."

---

527) 이 화(話)는 여타 어록에는 보이지 않는다.
528) 黃龍悟新(황룡오신) : 석상초원(石霜楚圓)-황룡혜남(黃龍慧南)-회당조심(晦堂祖心)-황룡사심오신(黃龍死心悟新). 1044~1115. 소주(韶州) 곡강(曲江) 출신. 속성은 황씨(黃氏). 불타원(佛陀院) 덕수(德修)스님에게 출가. 회당 조심스님에게 참문하고 법을 이음. 원우(元祐) 7년 운암(雲岩)에 머물다가 소성(紹聖) 4년에 취암(翠岩)으로 옮기고 다시 정화(政和) 초에 황룡(黃龍)에 주석하였다. 정화(政和) 5년 12월 15일 세수 72세로 입적하였다. 스스로를 '사심수(死心叟)'라고 칭하고 자신의 거처를 '사심실(死心室)'이라 붙였다. 『사심오신선사어록(死心悟新禪師語錄)』 1권이 있다. 양주제밀(楊州齊謐) 등 8명의 전법제자가 있다.
529) 太湖(태호) : 오호(五湖)의 다른 이름. 진택(震澤)·구구(具區)·입택(笠澤)이라고도 한다. 강소성과 절강성의 두 성에 걸쳐져 있으며, 대운하(大運河)와 초계(苕溪)의 물이 흘러들며, 황포강(黃浦江)을 거쳐 양자강(揚子江)으로 흘러간다.
530) 頃(경) : 토지의 면적 단위. 100묘(畝)가 일경(一頃)이고, 100보(步)가 일묘(一畝)이다. 일보(一步)는 사방 육척(六尺)이다. 따라서 일경(一頃)은 약 9000㎡이다. 삼만 육천경(頃)은 약 9720만평 정도의 크기이다.

말씀하셨다. "하나의 대(大)가 이미 사대(四大)와 같다."

528. 청림사건靑林師虔

靑林虔和尙, 示衆, 云: "祖師門下, 鳥道玄微功窮皆轉, 不究難明. 汝等諸
人直須離心意識參, 出凡聖路學, 方可保任. 若不如是, 非吾子息."
妙喜曰: "饒你離心意識參得透, 出凡聖路學得成, 也是雪峯道底."531)

청림 사건스님532)이 대중에게 열어 보이셨다.
"조사의 문하에서는 조도(鳥道)와 현미(玄微)로533) 힘을 써서 철저히
탐구하면 모두가 전변(轉變)하지만 궁구하지 않으면 밝히기가 어렵습
니다.
여러분 모두는 반드시 심의식(心意識)을 떠나 참(參)으로 범부와 성인
의 길을 벗어나 깨달아야만534) 비로소 보림(保任)할 수 있습니다.
만일 이렇게 하지 않는다면 나의 자식이 아닙니다."

묘희스님이 말씀하셨다.
"설사 그대가 심의식(心意識)을 떠나 참(參)으로 투탈(透脫)하고,
범부와 성인의 길을 벗어나 깨달음을 이룬다 해도 역시 설봉스님이

---

531) 『聯燈會要』卷第二十二, X79n1557_p0194a05~09. 『禪門拈頌集』卷第二十一, K46-0
354, 910則. 『五燈會元』卷第十三, X80n1565_p0269c17~20. 참조.
532) 靑林師虔(청림사건) : 약산유엄(藥山惟儼)-운암담성(雲巖曇晟)-동산양개(洞山良价)-청림사
건(靑林師虔). 오대후량(五代後梁)스님이다. 동산 양개스님의 법을 이은 후 처음엔 산남부(山
南府) 청좌산(靑鑾山)의 암자에서 10년을 지내다 호북성 수주(隨州)로 가서 대중들의 요청으
로 청림산(靑林山)에 주석하였다. 그 후 동산(洞山)으로 옮겨 동산의 제3대 주인이 되었다.
533) 鳥道玄微(조도현미) : 동산 양개스님이 학인을 접인하기 위해 시설한 세 가지의 수단[동산
삼로(洞山三路) : 조도(鳥道)·현로(玄路)·전수(展手)]가운데 둘이다. 새가 허공을 날아 갈 때
그 자취를 남기지 않듯이 종적(蹤迹)이 없고 소식(消息)이 끊어져 왕래에 공적한 자리를 말한
다. 선(禪)의 길이 지극히 어려워 험난하기가 마치 새의 길과 같다는 것이다. 지극한 도는 텅
비어 마치 허공에 새가 날아간 자취와 같다. 입을 열지 못하는 곳에서라야만 현관(玄關)이 열
리고, 언어를 둘 곳이 전혀 없을 때가 조도(鳥道)의 현묘한 길이다. 현미(玄微)는 현로(玄路)라
고도 하며 현현미묘(玄玄微妙)한 길을 말한다. 언어문자를 떠난 길이다.
534) 學(학) : 깨달음, 자각, 지각. "학(學)은 각(覺)을 말한다. 각(覺)으로써 알지 못한 것을
깨닫는다. 그러므로 학(學)은 성품을 다스리고,"(班固, 『白虎通』「辟雍」. "學之爲言覺也,
以覺悟所不知也. 故學以治性,")

말씀하신535) 것이다.”

529. 시랑양억侍郎楊億

楊侍郎, 問廣慧璉, 云:“承和尚有言, 一切罪業皆因財寶所生, 勸人疎於財寶. 而況南閻浮提眾生以財為命, 邦國以財聚人. 敎中亦有財法二施, 何得勸人疎於財寶?” 璉曰:“旛竿頭上鐵龍頭.” 侍郎曰:“海壇馬子似驢大.” 璉曰:“楚雞不是丹山鳳.” 侍郎曰:“佛滅二千年, 比丘少慙愧.”536)

양시랑537)이 광혜 원련스님538)께 여쭈었다.

“스님의 말씀을 삼가 받들어보았더니 ‘일체 죄업은 모두가 재물에서 나온 것이니 사람들에게 재물을 멀리 하라’고 권하셨습니다.

하지만 남염부제 뭇삶들은 재물로써 생명을 이어가고 나라에서도 재물로서 사람을 모읍니다. 또 경전의 가르침에도 역시 재물과 법의 두 가지 보시를 말씀하셨는데 어찌 사람들에게 재물을 멀리하라고 권하시는 겁니까?”

원련스님이 말씀하셨다. “깃대 꼭대기에 무쇠용머리를 올려놓았구나.”

시랑이 말씀드렸다. “해단(海壇)539)의 말이 나귀만큼 크군요.”

---

535) 雪峯道(설봉도) : 『선문염송설화』 21권에서는 ‘칠통(漆桶)’을 말한다고 나온다. (《한국불교전서》, 『禪門拈頌說話』 卷第二十一. “雲門雪峯道底者漆桶也.”)

536) 『景德傳燈錄』 卷第三十, T51n2076_p0464b22~27. 『聯燈會要』 卷第十三, X79n1557_p0116c17~21. 『五燈會元』 卷第十二, X80n1565_p0247a16~21. 참조.

537) 楊侍郎(양시랑) : 974~1020. 양억(楊億)이다. 풍혈연소(風穴延沼)-수산성념(首山省念)-광혜원련(廣慧元璉)-양억(楊億). 송대(宋代)의 거사로 자(字)는 대년(大年)이다. 포성(浦城)[복건성] 사람이다. 7세에 글을 잘하여 옹희(雍熙) 초에 중동과(中童科)에 응시하였다. 후에 진종(眞宗) 때 진사과에 응시하여 한림학사와 시랑 등을 역임하였다. 광혜원련(廣慧元璉)스님의 법을 이었다. 『발원문(發願文)』을 지었고, 조칙을 받아 『대장목록(大藏目錄)』을 제작하였다. 『전등록(傳燈錄)』을 교열하여 간행하였고 역경원에서 글을 다듬는 일을 하였다. 시호는 문(文)이다.

538) 廣慧元璉(광혜원련) : 보응혜옹(寶應慧顒)-풍혈연소(風穴延沼)-수산성념(首山省念)-광혜원련(廣慧元璉). 951~1036. 주114) 참조.

539) 海壇(해단) : 해단도(海壇島)라고도 함. 바다 가운데 제단(祭壇) 같은 산이 보여서 해단(海壇)이라는 이름을 얻었다. 복건성(福建省) 복주(福州)에 있던 해단현(海壇縣)을 말한다. 지금은 평담현(平潭縣)에 속하며 대만과의 사이에 있는 바다에 위치해 있는 섬이다. 당나라 때에 여기서 말을 많이 사육했으며 후엔 수많은 절이 들어섰다고 한다.

원련스님이 말씀하셨다. "초(楚)540)의 닭은 단산(丹山)541)의 봉황이 아니다."

시랑이 말씀드렸다.

"부처님 열반하신지 이천 년인데 비구가 잘못이 없으시군요."

530. 건주처미虔州處微

虔州微和尙, 因僧問: "三乘十二分敎體理得妙, 與祖意是同是別?" 曰: "須向六句外鑑, 不得隨佗聲色轉." 僧云: "如何是六句?" 曰: "語底·默底·不語底·不默底·總是·總不是. 汝合作麽生?" 僧罔措.542)

건주 처미스님543)께 한 스님이 여쭈었다.

"삼승십이분교의 이치를 체득하여 묘(妙)를 깨닫게 된다면 조사의 뜻과 같습니까, 다릅니까?"

말씀하셨다.

"반드시 육구(六句)의 바깥을 향하여 비추어야만 하지, 소리와 빛을 따라 옮겨 다니면 안 된다."

그 스님이 말씀드렸다. "육구(六句)가 무엇입니까?"

말씀하셨다.

---

540) 楚(초) : 호남성(湖南省)과 호북성(湖北省)을 통칭해서 부르는 이름이다. 특히 호북(湖北) 일대를 말한다. 옛날에는 주대(周代)에 제후국의 하나였다가 진(秦)나라에 망하였고, 진(秦)나라 말에 세워졌다가 한(漢)나라에 망하였고, 오대십국(五代十國)의 하나였다가 남당(南唐)에 멸망하였던 나라들의 이름이기도 하다.

541) 丹山(단산) : 단혈지산(丹穴之山)의 줄임말이다. 단잠(丹岑), 단혈(丹穴)이라고도 함. 중국의 전설에 봉황이 산다고 하는 붉은 구멍이 있는 산이라고 한다. 곽박(郭璞)[276~324]이 『산해경(山海經)』의 주(注)에서 "단산지혈의 위에 금과 옥이 많이 있는데 거기서 붉은 물이 솟아나와 남쪽으로 흘러서 발해로 유입된다. 거기는 새가 있는데 형태는 닭처럼 생겼고 오색무늬가 찬란하게 빛나며 이름을 봉황이라고 한다."라고 하였다.

542) 『景德傳燈錄』 卷第九, T51n2076_p0269a08~12. 『聯燈會要』 卷第七, X79n1557_p0072a02~05. 『五燈會元』 卷第四, X80n1565_p0099b21~24. 참조.

543) 虔州處微(건주처미) : 남악회양(南嶽懷讓)-마조도일(馬祖道一)-서당지장(西堂智藏)-건주처미(虔州處微). 『조당집』 17권·『경덕전등록』 9권·『연등회요』 7권·『오등회원』 4권·『오등엄통』 4권·『어선역대선사어록』 후집상(後集上)·『지월록』 11권·『종감법림』 20권·『오등전서』 8권 등에 문답화(問答話)가 보인다.

"말함 · 침묵함 · 말하지 않음 · 침묵하지 않음 · 모두가 옳음 · 모두가
옳지 않음이다. 너는 응당 어떻게 하겠느냐?"
그 스님이 어찌할 줄을 몰랐다.

531. 위산영우潙山靈祐

　　潙山和尚, 謂仰山曰: "汝須獨自回光返照, 別人不知汝解
處. 汝試將實解獻老僧看." 仰曰: "若教某甲自看, 到遮裏
無圓位. 亦無一物一解得獻和尚." 潙云: "無圓位處, 元是
汝作解處. 未離心境在." 仰曰: "既無圓位, 何處有法, 把何
物作境?" 潙云: "適來是汝作與麼解是否?" 仰曰: "是." 潙
云: "若恁麼, 是具足心境法, 未脫我所心在, 元來有解獻我. 許汝信位顯, 人
位隱在."544)

위산 영우스님545)이 앙산 혜적스님546)에게 말씀하셨다.
"너는 반드시 홀로 스스로 회광반조(回光返照)하여야지 다른 사람들이
너의 앎547) 자리를 알지 못할 것이다. 네가 우선 실제 앎을 이 노승
에게 내놓아 보아라."
앙산스님이 말씀드렸다.
"만일 저로 하여금 스스로 보게 하신다면 '여기'에 이르러 원위(圓
位)548)가 없습니다. 역시 한 물건이나 하나의 앎도 스님께 드릴 것이

---

544) 『聯燈會要』 卷第八, X79n1557_p0073b11~17. 『潭州潙山靈祐禪師語錄』, T47n1989_
　　 p0580a08~16. 참조.
545) 潙山靈祐(위산영우) : 남악회양(南嶽懷讓)-마조도일(馬祖道一)-백장회해(百丈懷海)-위
　　 산영우(潙山靈祐). 771~853. 주39) 참조.
546) 仰山慧寂(앙산혜적) : 마조도일(馬祖道一)-백장회해(百丈懷海)-위산영우(潙山靈祐)-앙
　　 산혜적(仰山慧寂). 807~883. 주36) 참조.
547) 解(해) : 완벽하게 열림. 깨달음. 완전한 앎. 이치를 꿰뚫음.
548) 圓位(원위) : 원상지위(圓相之位)의 줄임말이다. 남양 혜충국사가 탐원 진응스님에게
　　 전한 97가지 원상을 말한다. "탐원스님이 앙산스님에게 말씀하셨다. '국사께서 당시에 6
　　 대조사의 원상을 전하여 주셨는데 모두 97개를 이 노승에게 전하여 주셨다. 그리고 말씀
　　 하시기를, 「내가 죽은 후 30년 후에 남방에 한 사미가 나와서 이 가르침을 크게 일으킬
　　 것이니 차례로 전수하여 끊어짐이 없게 하여라. 내가 지금 너에게 부촉하니 잘 받들어
　　 지니어라.」하셨다.'"(T47n1990_p0582a19~23, 『袁州仰山慧寂禪師語錄』. "耽源謂師, 云:

없습니다.”

위산스님이 말씀하셨다.

“원위(圓位)가 없는 곳이 원래 너의 앎 자리이다. 마음과 경계를 여의지 않은 것이다.”

앙산스님이 말씀드렸다.

“이미 원위(圓位)가 없는데 어느 곳에 법이 있으며 어떤 물건을 잡아서 경계를 짓습니까?”

위산스님이 말씀하셨다. “방금 네가 이러한 앎을 짓지 않았느냐?”

앙산스님이 말씀드렸다. “그렇습니다.”

위산스님이 말씀하셨다.

“만일 이렇다면 마음과 경계의 법을 갖춘 것이니 아소심(我所心)549)을 벗어나지 못한 것이며, 원래 앎이 있어서 나에게 내놓은 것이다.550) 네가 신위(信位)를 드러냈다고 인정하겠지만 인위(人位)는551) 아직 숨어있다.”

'國師當時傳得六代祖師圓相, 共九十七箇, 授與老僧. 乃云:「吾滅後三十年, 南方有一沙彌到來, 大興此教, 次第傳受, 無令斷絕. 我今付汝, 汝當奉持.」’”)

549) 我所心(아소심) : 아소견(我所見)과 같다. 아소(我所)는 ‘아(我)와 떨어져 있지 않은 사물의 뜻’으로 아(我)가 오온(五蘊)을 가진다고 하거나[개체 안의 중심적인 생명이 되는 것을 아(我)로 여김], 아(我) 가운데 오온(五蘊)이 있다고 하거나[우주의 원리를 아(我)라고 함], 오온(五蘊) 속에 아(我)가 있다[존재요소가 각각 자성이 있다고 여김]고 하는 견해다.

550) 『위산어록』에서는 “원래 앎이 있었는데 나에게 내놓을 앎이 없다고 어찌 말할 수 있느냐?”로 나온다. (T47n1989_p0580a15. “元來有解, 爭道無解獻我?”) 『연등회요』 8권에서는 “원래 나에게 내놓을 앎이 있었으면서 어찌 없다고 말하느냐?”로 나온다. (X79n1557_p0073b16~17. “元來有解獻我, 何得言無?”)

551) 信位, 人位(신위, 인위) : 남양 혜충국사로부터 탐원 진응스님을 통해 앙산 혜적스님에게 전해진 96가지 원상(圓相) 가운데 삼위(三位)는 신위(信位)·인위(人位)·무위(無位)의 셋이다. 이 셋 가운데 신위(信位)와 인위(人位)를 말한다. 신위(信位)는 비량(比量)과 같아서 객관은 없어졌으나 주관이 남아 있으며 아직도 8식의 작용이 있다. 인위(人位)는 현량(現量)과 같아 있는 그대로를 양지(量知)하므로 추호도 분별추구(分別推求)하는 마음이 없어 대원경지(大圓鏡智)에 계합하여 들어간 곳이다.

532. 덕산원명德山圓明

德山圓明, 示眾, 云: "俱胝和尚但有問答, 只豎一指頭. 寒則普天普地寒."
雪竇云: "甚麼處見俱胝老?" "熱則普天普地熱." 雪竇云: "莫錯認定盤星."
復云: "森羅萬象, 徹下孤危, 大地山河, 通上險絕, 甚麼處得一指頭禪?"
妙喜曰: "可謂是貴人多忘."552)

덕산 원명스님553)이 대중에게 열어 보이셨다.
"구지화상은 문답이 있을 때면 그저 손가락 하나를 세우셨습니다.
추우면 온 하늘과 땅이 다 춥습니다."

설두 중현스님554)이 말씀하셨다.
"하지만 어느 자리서 구지(俱胝) 노인네를 보겠는가?"

(원명스님) "더우면 온 하늘과 땅이 덥습니다."

설두스님이 말씀하셨다.
"정반성(定盤星)555)으로 잘못 단정하지 마라."
다시 말씀하셨다.
"삼라만상이 아래 끝까지 철저히 고립되고 위급하며,
산하대지가 위로 끝까지 통하도록 몹시 험난한데
어느 자리에서 일지두선(一指頭禪)을 깨달았는가?"

묘희스님이 말씀하셨다.
"귀인(貴人)은 건망증이 많다고 이를만하구나."

---

552) 『禪門拈頌集』 卷第十四, K46-0228, 552則. 『聯燈會要』 卷第二十六, X79n1557_p022
　　7c17~20. 참조.
553) 德山圓明(덕산원명) : 덕산선감(德山宣鑑)-설봉의존(雪峰義存)-운문문언(雲門文偃)-덕산
　　원명연밀(德山圓明緣密). 주343) 참조.
554) 雪竇重顯(설두중현) : 운문문언(雲門文偃)-향림징원(香林澄遠)-지문광조(智門光祚)-설두
　　중현(雪竇重顯). 980~1052. 주432) 참조.
555) 定盤星(정반성) : 저울의 눈금. 언어문자를 말한다.

533. 망명보살網明菩薩

世尊. 昔因文殊至諸佛集處. 値諸佛各還本處, 唯有一女人近彼佛坐, 入於三昧. 文殊乃白佛, 云: "何此女得近佛坐, 而我不得?" 佛告文殊: "汝但覺此女令從三昧起, 汝自問之." 文殊遶女人三匝, 鳴指一下, 乃托至梵天. 盡其神力而不能出. 世尊云: "假使百千文殊亦出此女人定不得. 下方過四十二恒河沙國土有網明菩薩, 能出此女人定." 須臾網明大士從地湧出, 作禮世尊. 世尊勅網明出, 網明却至女人前鳴指一下, 女人於是從定而出.

雲居祐頌, 云: "百千文殊出不得, 網明不費纖毫力. 落霞與孤鶩齊飛, 秋水共長天一色."

天衣懷頌, 云: "文殊托上梵天, 網明輕輕彈指. 女子黃面瞿曇, 看佗一倒一起."[556]

세존.

옛적에 문수보살님이 모든 부처님이 모이신 곳에 이르셨다.

모든 부처님이 각각 본래 자리로 돌아가셨는데 오직 한 여인만이 부처님 가까이에 앉아서 삼매에 들어가 있었다.

문수보살님이 곧 부처님께 말씀드렸다.

"어찌하여 이 여인은 부처님 가까이 앉을 수 있고 저는 그렇질 못합니까?"

부처님이 문수보살님에게 말씀하셨다.

"그대가 바로 이 여인을 깨워서 삼매로부터 일어나게 하여 그대가 직접 물어보아라."

문수보살님이 여인 주위를 세 번 돌고 나서 손가락을 한 번 튕기시니 곧 범천에까지 순식간에 이르렀다. 그러나 그 신력을 다하였어도 나오게 할 수가 없으셨다.

세존께서 말씀하셨다.

"설사 백 천의 문수라도 이 여인의 삼매를 어쩔 수가 없을 것이다.

---

556) 『禪門拈頌集』卷第二, K46-0018~0019, 32則. 참조.

아래쪽으로 42항하사(恒河沙) 국토를 지나가면 망명보살이 있는데 이 여인을 삼매에서 나오게 할 수 있을 것이다.”
　그러자 순식간에 망명보살이 땅으로부터 솟구쳐 나오시고는 세존께 절을 올리셨다.
　세존께서 망명보살님에게 나오게 하라고 말씀하시자, 망명보살님이 곧장 여인에게 다가가서 손가락을 한 번 튕기셨다.
　그러자 여인이 삼매로부터 나왔다.557)

　운거 원우스님이 노래를 하셨다.

　“백 천 문수도 나오게 하지 못하였는데
　망명이 털끝만치도 힘들이지 않았네.
　저녁노을은 외로운 기러기와 더불어 날고,
　가을 물과 긴 하늘은 한 빛이라네.”

　천의 의회스님이 노래를 하셨다.

---

557) 이 ‘여인출정화(女人出定話)’는 『제불요집경』 하편을 근거로 만들어진 것이다. 거기에서는 부처님이 천왕여래이고 여인의 이름은 이의(離意)이며 여인을 삼매에서 일어나게 한 보살은 기제음개(棄諸陰蓋)보살이다. “천왕여래께서 문수사리보살님을 철위산 꼭대기에 옮겨 놓으셨으나 이의(離意)라는 여인은 여래 옆에 편안히 두셨다. 천왕여래께서 말씀하셨다. ‘문수사리, 이제 이 여인이 삼매에서 일어나거든 도(道)의 뜻을 낸 지 얼마나 오래되어 이 세상에 보내어 졌는가를 그대가 물어보라.’ 그때 문수보살께서는 부처님의 분부를 듣고 곧 자리에서 일어나 그 여인에게 다가가서 손가락을 퉁겨 큰 소리를 내어 여인을 일으키려고 하셨으나 그 여인은 삼매에서 일어나지 않았다. 문수보살께서는 곧 여기상정(如其像定)에 들어 한량없는 몸으로 변화해 더욱 크게 손가락을 퉁기셨다. 그 손가락 퉁기는 소리가 시방의 무수한 세계에 들렸으나 여인은 또한 삼매에서 일어나지 않았다. 그때 문수보살께서는 곧 여색상삼매정수(如色像三昧正受)에 들어 큰 신족을 나타내시었다. 그러자 삼천대천세계의 온갖 뭇삶인 세간의 사람들과 여러 하늘에다 풍악을 울려서 수없는 메아리로 널리 퍼져 나아가 시방의 한량없는 세계에 사무쳐 들렸지만 여인을 삼매에서 일으킬 수는 없었다. 문수보살께서 여러 산을 흔들고 무너뜨려도 여인은 삼매에서 일어나지 않았으며 권방편(權方便)으로 끌어당겨도 보았으나 여인은 일어나지 않았으며 여인이 앉아 있는 땅을 잘라내 범천으로 던졌으나 여인은 끝내 삼매에서 일어나지 않았다. 그러자 문수보살께서 부처님께 여쭈었다. ‘누가 이 여인을 감동시켜 삼매에서 일으킬 수 있습니까?’ 부처님께서 문수보살에게 말씀하셨다. ‘오직 여래만이 일으킬 수 있고, 기제음개(棄諸陰蓋)라는 보살이 또한 일어나게 할 수 있다.’”(T17n0810_p0763a02~0770a20, 『諸佛要集經』 卷下. 참조.)

“문수는 범천으로 재빨리 오르고
망명은 아주 사뿐히 손가락을 튕겼네.
여자와 황면 구담이여.
하나는 거꾸러지고 하나는 일어나는 걸 보고 있구나.”558)

534. 남대수안南臺守安

南臺安和尙, 因僧問: “寂寂無依時如何?” 曰: “寂寂底! 聾!” 因有頌曰:
“南臺靜坐一爐香, 終日凝然萬慮忘. 不是息心除妄想, 都緣無事可思量.”559)
妙喜喝一喝.

남대 수안스님560)께 한 스님이 여쭈었다.

---

558) 『선문염송』 2권에 이 ‘여인출정화(女人出定話)’에 대한 대혜스님의 법문이 실려 있다.
　　아울러 이 『정법안장』 마지막 화(話)인 661화(話)의 대혜스님의 시중법문에 실려 있다.
　　“또 한 부류가 있습니다. 옛사람의 공안을 상량하여 말하기를, ‘침선(針線)의 공부’라하고
　　혹은 ‘낭군(郎君)과 자제(子弟)의 선(禪)’이라합니다. 그리고 ‘여자출정화(女人出定話)’를
　　상량하여 말합니다. ‘문수보살은 일곱 부처님의 스승인데 어찌하여 그 여자의 선정을 깨
　　우지 못했느냐?’하면, ‘문수보살은 여자와 인연이 없으니까.’라고 합니다. 또 ‘망명보살은
　　초지(初地)의 보살일 뿐인데 어찌하여 여자의 선정을 깨웠느냐?’하면, ‘여자와 인연이 있
　　으니까.’라고 합니다. 그리고는 덧붙여 말합니다. ‘원수는 그 실마리가 있고 빚은 주인이
　　있다.’ 또 상량하여 말합니다. ‘문수보살은 마음 있음에 부합하지를 못했기 때문에 선정
　　에서 나오게 하질 못했고, 망명보살은 의(意)가 없었기 때문에 나오게 하였다.’ 그리고는
　　덧붙여 말합니다. ‘마음 있음으로 작용하는 자리에서는 도리어 잘못 응하기 때문이요, 의
　　(意) 없음으로 구할 때 곧 완연하다.’ 또 상량하여 말합니다. ‘문수보살은 어찌하여 그 여
　　자가 선정에서 나오게 하질 못했을까? 국자 자루가 여자의 손 안에 있기 때문이다. 망명
　　보살은 어떻게 나오게 하였을까? 마치 벌레가 나뭇잎을 먹는 것 같다.’ 또 누군가가 말합
　　니다. ‘바람을 인해 불을 피우는 것 같다.’ 또 누구는 말합니다. ‘여자에게는 어쩌겠는
　　가?’ 삿된 견해가 심한 이는 선정에 들어가는 폼을 잡았다가 선정에서 나오는 폼도 잡습
　　니다. 또는 한 번 미는 자세도 취하고, 또는 손가락을 한 번 튕기기도 하며, 혹은 ‘아이
　　고, 아이고.’하고 곡을 여러 번 하기도 하고, 혹은 ‘복유상향(伏惟尙饗)’이라 하기도 하며,
　　혹은 소매를 떨치는 짓 등을 해댑니다. 하지만 냉정하게 살펴보면 사람을 매우 부끄럽고
　　황당하게 합니다.”(K46-0020~0021, 『禪門拈頌集』 卷第二, 32則. 참조.)
559) 『景德傳燈錄』 卷第二十四, T51n2076_p0401b15~19. 『聯燈會要』 卷第二十六,
　　X79n1557_p0233b24~c04.『禪門拈頌集』卷第二十八, K46-0471, 1315則. 참조.
560) 南臺守安(남대수안) : 설봉의존(雪峰義存)-현사사비(玄沙師備)-나한계침(羅漢桂琛)-남대수
　　안(南臺守安). 오대후진(五代後晋)스님이다. 나한 계침스님의 법을 잇고 처음에는 강주(江州)의
　　오공원(悟空院)에 머물다가 뒤에 형악(衡嶽) 남대사(南臺寺)로 옮겨 주석하였다. ‘남대적적(南
　　臺寂寂)’ 공안이 있다.

“적적(寂寂)하여 의지함이 없을 땐 어떻습니까?”
말씀하셨다. “적적(寂寂)한 놈아! 釁(Jiàn)!561)”

이를 인하여 노래를 하셨다.

“남대가 향로 옆에 고요히 앉아
하루 종일 응연(凝然)562)히 시름 잊음은
마음 쉬어 망상을 없앰 아니라
도대체가 사량할 일 없기 때문.

묘희스님께서 “억!”하고 할(喝)을 하셨다.

535. 임제의현臨濟義玄

臨濟和尚, 到三峯平和尚, 問: “近離甚麽處?”曰: “金牛昨夜
遭塗炭, 直至如今不見蹤.” 平曰: “秋風吹玉管, 那箇是知音?”
曰: “直透萬重關, 不住青霄外.” 平曰: “遮一問太高生.” 曰:
“龍生金鳳子, 衝破碧琉璃.” 平曰: “且坐喫茶.” 濟便坐. 平又
問: “近離甚麽處?”曰: “龍光.” 平曰: “龍光近日有甚麽言句?”
濟便下參堂.563)

임제 의현스님564)이 삼봉(三峯)으로 가시니, 평화상565)이 물으셨다.
“최근에 어디를 떠나 왔느냐?”

---

561) 釁(적) : 부적. 또는 귀신이 죽어서 또다시 귀신으로 된 것.
562) 凝然(응연) : 단정하고 진중하다. 침착하고 차분하다.
563) 『天聖廣燈錄』卷第十一, X78n1553_p0474b01~07.『鎮州臨濟慧照禪師語錄』, T47n1
    985_p0506a14~20.『聯燈會要』卷第九, X79n1557_p0082a15~19.『五燈會元』卷第十
    一, X80n1565_p0222b23~c05.『古尊宿語錄』卷第五,「臨濟禪師語錄之餘」, X68n1315_
    p0033b21~c03. 참조.
564) 臨濟義玄(임제의현) : 마조도일(馬祖道一)-백장회해(百丈懷海)-황벽희운(黃檗希運)-임제
    의현(臨濟義玄). ?~867. 주92) 참조.
565) 平和尚(평화상) : 누구인지 알려져 있지 않다.

말씀드렸다.

"황금소가 어젯밤에 도탄(塗炭)566)을 만났는데 곧바로 지금껏 자취를 볼 수가 없습니다."567)

평화상이 말씀하셨다.

"가을바람이 옥피리를 부는데568) 누가 지음(知音)이냐?"

말씀하셨다.

"곧장 만 겹의 관문을 뚫지만 푸른 하늘 밖에 머물진 않습니다.569)"

평화상이 말씀하셨다. "이 한 소식이 아주 날카롭군."570)

말씀하셨다.

"용이 황금 봉황을 낳으니 푸른 하늘을 부딪쳐 깨뜨립니다."

평화상이 말씀하셨다.

"여기 앉아서 차 마시게."

임제스님이 곧 앉으셨다.

평화상이 또 물으셨다. "최근에 어디를 떠나왔느냐?"

말씀하셨다. "용광(龍光)571)을 떠나왔습니다."

평화상이 말씀하셨다. "용광스님이 요사이 무슨 말씀을 하시더냐?"

임제스님이 얼른 참당(參堂)하러 내려 가셨다.

---

566) 塗炭(도탄) : 질척거리는 흙 수렁과 이글거리는 숯불.

567) 이 부분이 『임제어록』에서는 이렇게 나온다. "삼봉의 평스님께 가시니, 물으셨다. '어디서 오느냐?' 스님이 말씀하셨다. '황벽에서 옵니다.' 평스님이 말씀하셨다. '황벽스님은 무슨 말씀이 있으셨나?' 말씀드렸다. '황금소가 어젯밤에 도탄을 만났는데 곧바로 지금껏 자취를 볼 수가 없습니다.'" (T47n1985_p0506a14~16. "到三峯平和尚, 問曰: '什麼處來?' 師云: '黃蘗來.' 平云: '黃蘗有何言句?' 師云: '金牛昨夜遭塗炭, 直至如今不見蹤.'")

568) 秋風吹玉管(추풍취옥관) : 『임제어록』과 『천성광등록』 11권에서는 "황금바람이 옥피리를 부니(金風吹玉管)"로 나온다.

569) 不住青霄外(부주청소외) : 『임제어록』과 『천성광등록』 11권에서는 "푸른 하늘 안에 머물지 않습니다. (不住青霄內)"로 나온다.

570) 遮一問太高生(자일문태고생) : '一問(일문)'은 한 소식, 한 번 알림의 뜻. '太(태)'는 매우, 아주의 뜻. '高(고)'는 날카롭다, 뛰어나다, 빼어나다, 우렁차다 등의 뜻. '生(생)'은 어조사. 『임제어록』에서는 "그대의 이 한 소식이 아주 날카롭군. (子這一問太高生.)"으로, 『천성광등록』 11권에서는 "그대의 이 한 소식이 아주 날카롭군. (子者一問太高生.)"으로 나온다.

571) 龍光(용광) : 누구인지 알려져 있지 않다.

536. 늑담문준泐潭文準

泐潭準和尚, 示眾, 云: "同異成壞總別, 三四五六七八. 欲要隨流入流, 無過先解此法." 遂拈拄杖卓一下. 云: "此法非思量分別之所能解. 若也分別, 落在眾生境界. 且道. 不分別不思量是箇甚麼?" 擲下拄杖.
云: "妙湛總持不動尊, 首楞嚴王世希有."
又示眾, 云: "咄! 久雨不晴. 直得五老峯頭黑雲靉靆, 洞庭湖裏白浪滔天, 雲門大師忍俊不禁, 向佛殿裏燒香, 三門頭合掌, 禱祝呪願. '願黃梅石女生兒, 子母團圓.' 少室無角鐵牛常甘水草." 喝一喝. 云: "有甚交涉?"572)

늑담 문준스님573)이 대중에게 열어 보이셨다.

"동(同)·이(異)·성(成)·괴(壞)·총(總)·별(別).574)
삼(三)·사(四)·오(五)·육(六)·칠(七)·팔(八).
흐름을 따르고 흐름에 들어가고자 한다면
이 법을 먼저 이해하는 것보다 나을 것 없다네."

그리고는 주장자를 잡으시고 한 번 내려치셨다.

---

572) 『聯燈會要』 卷第十五, X79n1557_p0134a05~13. 『嘉泰普燈錄』 卷第七, X79n1559_p0331b05~09. 『五燈會元』 卷第十七, X80n1565_p0366b07~11. 참조.

573) 泐潭文準(늑담문준) : 석상초원(石霜楚圓)-황룡혜남(黃龍慧南)-운암극문(雲庵克文)-늑담문준(泐潭文準). 1061~1115. 담당문준(湛堂文準), 보봉문준(寶峯文準)이라고도 한다. 흥원부(興元府)[섬서성(陝西省) 한중(漢中)] 출신으로 속성은 양씨(梁氏)이다. 8살에 출가하였는데 진정극문스님을 찾아뵙고 선관(禪觀)에 전념하던 차에 하루는 어떤 납자가 제갈량의 『출사표(出師表)』를 읽는 것을 듣다가 홀연히 개오하였다. 운암사에서 법을 선양하다가 강서성 늑담의 보봉사로 옮겨 학인들을 제접하였다. 『담당준화상어요(湛堂準和尙語要)』 1권이 있다. 제자로 삼각지요(三角智嶢), 전우전유(典牛典游)[운암천유(雲巖天游)] 등이 있다.

574) 同異成壞總別(동이성괴총별) : 화엄육상(華嚴六相)이다. 화엄학(華嚴學)에서 제법(諸法)의 상(相)을 파악하기 위해 세운 여섯 가지의 상(相). 육상원융(六相圓融)이라고한다. 총상(總相)·별상(別相)·동상(同相)·이상(異相)·성상(成相)·괴상(壞相)의 여섯이다. 이 육상원융(六相圓融) 사상은 십현문설(十玄門說)과 함께 화엄종의 가장 중요한 교의로 알려져 있다. 일체의 모든 법이 모두 이 여섯 상(相)을 갖추어서 서로서로 다른 것을 장애하지 않으면서도 전체와 부분, 부분과 부분이 하나가 되어 완벽하게 융합한다는 사상이다. 당나라 지엄(智儼)스님이 처음으로 육상원융(六相圓融)을 제기하였고 법장(法藏)스님과 청량징관(淸凉澄觀)스님에 의해서 체계화되고 구체화되어 완성되었다.

말씀하셨다.

"이 법은 사량분별(思量分別)로 알 수 있는 것이 아닙니다.
만일 분별한다면 뭇삶의 경계에 떨어집니다.
바로 지금 말해보십시오.
분별도 않고 사량(思量)도 않는 것이 무엇입니까?"

주장자를 던지셨다.

말씀하셨다.

"미묘하게 맑으며 총지(總持)575)이신 부동존이시여.
수릉엄의 왕이시며 세상에 희유하구나."576)

또 대중에게 열어 보이셨다.
"咄(Zhā)!577)
오랜 비에 날이 개이질578) 못합니다. 줄곧 오로봉(五老峯)579) 꼭대기
에 검은 구름이 짙게 끼어 있고,580) 동정호(洞庭湖)581)에는 흰 물결이
하늘까지 차고 넘칩니다.
운문대사가 참지 못하고 법당에서 향을 사르고 산문(山門)에서 합장

---

575) 總持(총지) : ⓢdhāraṇī. 다라니(陀羅尼)로 음역함. 한량없이 깊고 한량없이 많은 이치
    를 모두 거두어 지니고 기억하여 잃지 않는 염혜(念慧)의 힘이다. 온갖 선법(善法)을 능
    히 가지므로 능지(能持)라고도 하며 온갖 악법을 막아주고 물리치므로 능차(能遮)라고도
    한다.
576) 妙湛總持不動尊首楞嚴王世希有(묘담총지부동존수릉엄왕세희유) : 아난존자가 부처님을
    찬탄하는 게송으로 『수릉엄경』 3권에 나온다. "미묘하고 맑으며 총지이신 부동존이시
    여./ 수릉엄의 왕이시며 세상에 희유하구나./ 억겁동안 전도된 저의 망상을 녹여버리시
    니,/ 아승지 겁을 닦지 않아도 법신을 얻었네."(T19n0945_p0119b12~13,『大佛頂萬行
    首楞嚴經』 卷第三. "妙湛總持不動尊. 首楞嚴王世希有. 銷我億劫顚倒想, 不歷僧祇獲法
    身.")
577) 咄(차) : 지겹구나. 지겨워! 오래 머무는구나.
578) 晴(정) :『연등회요』 15권에서는 '晴(청)'으로 나온다. (X79n1557_p0134a10. "咄久雨
    不晴.")
579) 五老峯(오로봉) : 여산(廬山) 동남쪽에 있는 봉우리 이름이다.
580) 靉靆(애체) : 애애(靉靉)라고도 한다. 구름이 아주 짙고 많이 낀 모양이다.
581) 洞庭湖(동정호) : 호남성(湖南省)에 위치하고 있다. 중국에서 두 번째로 큰 호수이다.

하고 축원하며 복을 빕니다.
 '황매(黃梅)의 석녀가 아이 낳아서 모자(母子)가 단란하고 행복하기를 발원.'
 소실(少室)582)의 뿔 없는 무쇠소가 늘 물풀을 맛있게 뜯는구나.

 억!

 무슨 관계가 있습니까?"

537. 운대행흠雲臺行欽

 雲臺欽和尚, 示衆, 云: "還有人鑑得出麼？ 若鑑得出, 是甚麼村裏破草鞋？ 若也鑑不出, 落地作金聲."
 僧問: "如何是談真逆俗?" 曰: "客作漢問甚麼?" 云: "如何是順俗違真?" 曰: "喫茶去."583)

 운대 행흠스님584)이 대중에게 열어 보이셨다.
 "누가 밝게 살펴 낼 수 있겠습니까?
 만일 밝게 살펴 낸다면 이 무슨 촌구석의 다 해진 짚신입니까?
 만일 밝게 살펴 내지 못한다면 땅에 처박혀 종소리585)나 낼 것입니다."

 한 스님이 여쭈었다.
 "어떤 것이 참(眞)을 말하고 속(俗)을 거스르는 것입니까?"
 말씀하셨다. "품팔이꾼이 무엇을 묻는 거냐?"

---

582) 少室(소실) : 달마대사가 9년 면벽한 곳이다. 숭악(嵩岳)의 별봉(別峰)으로 위나라의 효문(孝文)이 불타선사(佛陀禪師)를 위해 세운 소림사(少林寺)이다.
583)『景德傳燈錄』卷第二十四, T51n2076_p0401b22~27. 참조.
584) 雲臺行欽(운대행흠) : 설봉의존(雪峰義存)-현사사비(玄沙師備)-선종계부(僊宗契符)-운대행흠(雲臺行欽). 복청행흠(福清行欽)이라고도 한다. 이름은 광법(廣法)이다. 선종 계부스님의 법을 잇고 처음에 운대원(雲臺院)에 주석하다가 뒤에 천주(泉州) 복청(福清)으로 옮겼다.
585) 金聲(금성) : 종소리. 징소리. 쇳소리.

말씀드렸다. "어떤 것이 속(俗)을 따르고 참(眞)을 거스르는 것입니까?"

말씀하셨다. "차 마셔라."

538. 용담숭신龍潭崇信

龍潭和尚, 問天皇: "某甲自到來, 不蒙和尚指示心要." 皇曰: "自汝到來, 吾未嘗不指示汝心要." 曰: "何處指示?" 曰: "汝擎茶來, 吾為汝接, 汝行食來, 吾為汝受, 汝和南時, 吾便低首. 何處不指示汝心要?" 龍潭佇思間, 皇曰: "見則直下便見, 擬思即差." 龍潭當下開悟. 乃復問: "如何保任?" 皇曰: "任性逍遙, 隨緣放曠. 但盡凡心, 別無聖解."586)

용담 숭신스님587)이 천황 도오스님588)께 물으셨다.

"제가 여기 온 이래로 스님께서 심요(心要)를 가르쳐 주심을 받아보질 못하였는데요."

천황스님이 말씀하셨다.

"네가 온 후로 내가 너에게 심요(心要)를 가르쳐 주지 않은 적이 없었는데?"

말씀드렸다. "어디서 가르쳐 주셨는데요?"

말씀하셨다.

"네가 차를 받쳐 올리면 내가 너를 위해 받았고, 네가 음식을 가져오면 내가 너를 위해 받아먹었고, 네가 인사를 하면 내가 바로 머리를 숙였는데 어디가 너에게 심요(心要)를 가르쳐 주지 않은 곳이냐?"

용담스님이 잠시 생각하는 사이에 천황스님이 말씀하셨다.

---

586) 『祖堂集』卷第四　第二丈, K45-0264. 『景德傳燈錄』第十四, T51n2076_p0313b18~2
　　5. 『聯燈會要』卷第十九, X79n1557_p0167b15~21. 『禪門拈頌集』卷第十四, K46-0227,
　　549則. 『五燈會元』卷第七, X80n1565_p0142a16~22. 참조.

587)　龍潭崇信(용담숭신) : 청원행사(靑原行思)-석두희천(石頭希遷)-천황도오(天皇道悟)-용담
　　숭신(龍潭崇信). 주276) 참조.

588)　天皇道悟(천황도오) : 조계혜능(曹溪慧能)-청원행사(靑原行思)-석두희천(石頭希遷)-천황
　　도오(天皇道悟). 748~807. 주486) 참조.

"알려면 곧장 그 자리서 바로 알아버려야지 생각하면 즉각 어긋나버
린다."
용담스님이 그 자리서 깨달음이 열리셨다.
그리고 다시 물으셨다. "어떻게 보림(保任)합니까?"
천황스님이 말씀하셨다.

"성품에 맡겨 소요(逍遙)하고
인연 따라 구애 없이 활달하여라.
그저 범부의 마음만 다하면
따로 성스러운 이해가 없다."

539. 설봉의존雪峰義存

雪峯和尚, 僧問: "古澗寒泉時如何?" 曰: "瞪目不見底."
云: "飲者如何?" 曰: "不從口入." 趙州聞僧舉, 乃曰: "不
從口入, 從鼻孔入." 僧却問: "古澗寒泉時如何?" 州曰:
"苦." 云: "飲者如何?" 州曰: "死." 峯聞得乃曰: "趙州古
佛." 遂遙望作禮, 曰: "從此不答話."589)

설봉 의존스님590)께 한 스님이 여쭈었다.
"고간한천(古澗寒泉)591)일 땐 어떻습니까?"
말씀하셨다. "눈뜨고도 보지 못하는 놈이로구나."592)

---

589) 『聯燈會要』 卷第二十一, X79n1557_p0187c17~20. 『禪門拈頌集』 卷第十九, K46-031
7, 785則. 『五燈會元』 卷第七, X80n1565_p0147a04~08. 『古尊宿語錄』 卷第十三, 「趙
州眞際禪師語錄并行狀」 卷上, X68n1315_p0076b04~09. 『雪峰眞覺大師語錄』 卷之下,
X69n1333_p0081c07~10. 참조.
590) 雪峰義存(설봉의존) : 천황도오(天皇道悟)-용담숭신(龍潭崇信)-덕산선감(德山宣鑑)-설봉
의존(雪峰義存). 822~908. 주170) 참조.
591) 古澗寒泉(고간한천) : 옛 산골짜기 차가운 샘. 청정본원자성(淸淨本源自性)을 말한다.
592) 瞪目不見底(징목불견저) : 《선림고경총서》『설봉록』에서는, "눈을 부릅뜨고 보아도 바
닥이 보이지 않는다."(백련선서간행회, 『설봉록』 下, p133. 장경각, 1993.)고 번역하였고,
월운스님은, "눈을 부릅떠도 밑이 보이지 않느니라." (김월운, 『선문염송 염송설화』7,
p94. 동국역경원, 2005.)라고 번역하고, 김태완은 『대혜어록』 6권에서, "똑바로 보아도

말씀드렸다. "마시면 어떻습니까?"
말씀하셨다. "입으로 들어가지 못한다."

조주스님이 그 스님으로부터 이 일을 들으시고는 곧 말씀하셨다.
"입으로 들어가지는 못하지만 콧구멍으로는 들어간다."593)
그 스님이 곧장 여쭈었다. "고간한천(古澗寒泉)일 땐 어떻습니까?"
조주스님이 말씀하셨다. "괴롭지."594)
말씀드렸다. "마시면 어떻습니까?"
조주스님이 말씀하셨다. "죽지."

설봉스님이 이를 들으시고는 곧 말씀하셨다.
"조주스님은 고불(古佛)이로구나."
그리고 멀리 바라보며 절을 올리고 말씀하셨다.
"이젠 답하지 않겠습니다."595)

보지 못하는 것이다." (김태완, 『대혜보각선사어록』1, p451. 소명출판, 2012.)라고 번역
하고 있다.

593) 『설봉어록』에서는 "콧구멍으로도 들어가지 않는다.(不可從鼻孔裏入去也.)"라고 나온다.

594) 苦(고) : 괴롭다. 여러 번역서에서는 "쓰다."라고 번역되어 있다. 아마도 샘(泉)이나 입
(口), 마심(飮) 등의 말이 나오므로 이렇게 번역한 듯하다.

595) 이 화(話)에 대해 『대혜어록』 6권에는 대혜스님의 상당법문이 실려 있다. "설봉스님이
답하지 않겠다고 하시어 사람들을 엄청 의심하게 해버렸다. 조주스님이 괴롭다고 말씀하
셨지만 얼굴 붉히는 것이 말 곧은 것만 못하다. 만일 이 묘희라면 그렇게 하지 않겠다.
'고간한천(古澗寒泉)일 때가 어떻습니까?'하면, '강으로 가면 뱃머리의 노를 붙들고, 산에
서 나와서는 백성을 밭에서 구제해준다'라고 하겠다. '마시면 어떻습니까?'하면, '속이 시
원하다'라고 하겠다. 이 말에 두 가지의 부문(負門)이 있으니, 누군가가 판별해 낸다면 참
학(參學)의 안목이 있음을 인정해 주겠다." (T47n1998Ap0834c29~0835a03, 『大慧普覺
禪師再住徑山能仁禪院語錄』卷第六. "師云: '雪峰不答話, 疑殺多少人. 趙州道苦, 面赤不
如語直. 若是妙喜卽不然.「古澗寒泉時如何?」, 到江扶艫棹, 出嶽濟民田.「飮者如何?」, 淸
涼肺腑. 此語有兩負門, 若人辯得, 許爾具參學眼.'")

540. 보은현측報恩玄則

報恩則和尙, 因法眼問: "曾見甚麼人來?" 曰: "見靑峯和尙." 眼云: "有甚麼言句?" 曰: "某甲曾問: '如何是學人自己?' 峯云: '丙丁童子來求火.'" 眼云: "上座作麼生會?" 曰: "丙丁屬火, 將火求火, 如將自己求自己." 眼云: "與麼會又爭得?" 曰: "某甲只與麼, 未審和尙尊意如何?" 眼云: "汝問我, 我與汝道." 則問: "如何是學人自己?" 眼云: "丙丁童子來求火." 則於言下大悟.596)

보은 현측스님597)에게 법안 문익스님598)이 물으셨다.
"일찍이 누구를 뵈었더냐?"
말씀드렸다. "청봉스님599)을 뵈었습니다."
법안스님이 말씀하셨다. "무슨 말씀을 하시더냐?"
말씀드렸다.
"제가 일찍이 '어떤 것이 학인의 자기(自己)600)입니까?'라고 여쭈었더니 청봉스님이 말씀하시기를, '병정동자(丙丁童子)가 불을 구하는구나.' 하셨습니다."
법안스님이 말씀하셨다. "상좌는 어떻게 알았느냐?"
말씀드렸다.
"병정(丙丁)은 불에 속하기 때문에 불을 가지고 불을 구하는 것은 마치 자기를 가지고 자기를 구하는 것과 같습니다."

---

596) 『景德傳燈錄』 卷第二十五, T51n2076_p0413b11~19. 『聯燈會要』 卷第二十七, X79n1557_p0238b14~20. 『禪門拈頌集』 卷第二十八, K46-0467~0468, 1299則. 『五燈會元』 卷第十, X80n1565_p0208a22~b04. 참조.

597) 報恩玄則(보은현측) : 설봉의존(雪峰義存)-현사사비(玄沙師備)-나한계침(羅漢桂琛)-법안문익(法眼文益)-보은현측(報恩玄則). 활주(滑州) 위남(衛南)[하남성 활현(滑縣) 동북] 출신이다. '병정동자래구화(丙丁童子來求火)' 화두로 깨달았다. 법안 문익스님의 법을 잇고 금릉(金陵)[강소성 남경(南京)] 보은원(報恩院)에서 개당설법을 하였다.

598) 法眼文益(법안문익) : 설봉의존(雪峰義存)-현사사비(玄沙師備)-나한계침(羅漢桂琛)-법안문익(法眼文益). 885-958. 주349) 참조.

599) 靑峰傳楚(청봉전초) : 청원행사(靑原行思)-석두희천(石頭希遷)-약산유엄(藥山惟儼)-선자덕성(船子德誠)-협산선회(夾山善會)-낙포원안(洛浦元安)-청봉전초(靑峰傳楚). 경주(涇州)[감숙성 경천(涇川)] 출신. 낙포 원안스님의 법을 잇고 봉상(鳳翔)[섬서성] 청봉원(靑峰院)에 주석하였다.

600) 自己(자기) : 『전등록』 25권에서는 '부처님(佛)'으로 나온다.

법안스님이 말씀하셨다. "이렇게 알아가지고 어떻게 깨닫겠느냐?"
말씀드렸다. "저는 이렇지만 도대체 스님의 뜻은 어떠하십니까?"
법안스님이 말씀하셨다. "나에게 물어 봐라. 대답해 주지."
현측스님이 여쭈었다. "어떤 것이 학인의 자기입니까?"
법안스님이 말씀하셨다. "병정동자가 불을 구하는구나."
현측스님이 말 떨어지자마자 크게 깨달으셨다.

541. 천룡중기天龍重機

玄沙與天龍, 入山見虎. 龍云: "和尙! 虎." 曰: "是汝虎." 歸院, 龍請益:
"和尙. 今日山中見虎, 未審尊意如何?" 曰: "娑婆世界有四種極重事. 若人
透得, 不妨出得陰界."
妙喜代云: "也知和尙為人切."601)
保寧勇和尙頌, 云: 猛虎當途獨振威, 爪牙真箇利如錐. 可憐不覺亡身者,
碎骨拾來良可悲.

현사 사비스님602)과 천룡 중기스님603)이 산에 가셨다가 호랑이를 만
났다.
천룡스님이 말씀드렸다. "스님! 호랑이입니다."
말씀하셨다. "네가 호랑이지."
선원으로 돌아와서 천룡스님이 청익(請益)하셨다.
"스님. 오늘 산에서 호랑이를 만났는데 도대체 스님의 뜻이 무엇입니
까?"
말씀하셨다.

---

601) 『聯燈會要』卷第二十三, X79n1557_p0205a15~18. 『禪門拈頌集』卷第二十三, K46-
0374, 984則. 참조.
602) 玄沙師備(현사사비) : 용담숭신(龍潭崇信)-덕산선감(德山宣鑑)-설봉의존(雪峰義存)-현사
사비(玄沙師備). 835~908. 주392) 참조.
603) 天龍重機(천룡중기) : 덕산선감(德山宣鑑)-설봉의존(雪峰義存)-현사사비(玄沙師備)-천룡중
기(天龍重機). 대주(台州)[절강성 임해(臨海)] 황암(黃巖) 출신이다. 본래 법명은 명진(明眞)이
다. 중기(重機)는 그의 자(字)이다. 현사 사비스님의 법을 잇고 다시 절중(浙中)으로 돌아가서
전무숙왕(錢武肅王)의 청으로 항주(杭州) 천룡사(天龍寺)에 주석하였다.

"사바세계에는 네 가지의 지극히 중대한 일604)이 있다. 만일 누가 투과한다면 오음(五陰)과 십팔계(十八界)를 벗어나는데 방해되지 않을 것이다."

묘희스님이 대신하여 말씀하셨다.
"역시 스님께서 사람을 위함이 간절하신 줄 알고 있었습니다."

보령 인용스님605)이 노래를 하셨다.

"용맹한 범 길을 막고 위세 떨치니
발톱 이빨 송곳처럼 예리하구나.
가련하다. 몰란결에 몸 잃은 자가
부서진 뼈 주워오니 참 안됐구나."

---

604) 四種極重事(사종극중사) : 『선문염송설화』 23권에서는 "첫째, 사랑의 물에 빠지는 것. 둘째, 성냄의 불길에 태워짐. 셋째, 어리석음의 구름에 가려짐. 넷째, 기쁨의 바람에 날림."이라고 하고 있다. (《한국불교전서》,『禪門拈頌說話』卷第二三, 第四張. "四種極重之事者, 佛印元擧此話, 云: '一者被愛水損益, 二者被嗔火所燒, 三者被癡雲所障, 四者被喜風所飄.")

605) 保寧仁勇(보령인용) : 분양선소(汾陽善昭)-석상초원(石霜楚圓)-양기방회(楊岐方會)-보령인용(保寧仁勇). 속성은 축씨(竺氏), 절강성(浙江省) 사명(四明) 출신. 처음에 천태학(天台學)을 배우다가 설두중현(雪竇重顯)스님을 참알(叅謁)하여 선(禪)을 지도 받았다. 양기방회(楊岐方會)스님이 운개산(雲蓋山)에서 법을 널리 편다는 말을 듣고 찾아가서 바로 선지(禪旨)를 밝히고 법을 이었다. 방회(方會)스님이 입적한 후에 백운수단(白雲守端)스님과 함께 사방을 다니다가 금릉(金陵)의 보령사(保寧寺)에 주석하면서 선풍(禪風)을 크게 진작하였다. 『보령선사어록(保寧禪師語錄)』 1권이 남아 있으며, 월장지연(月掌知淵) 등 8명의 제자가 있다.

542. 방온거사龐蘊居士

龐居士, 偈, 曰: "心如境亦如, 無實亦無虛. 有亦不管, 無
亦不拘, 不是聖賢, 了事凡夫. 易復易. 即此五蘊有眞智.
十方世界一乘同, 無相法身豈有二? 若捨煩惱入菩提, 不知
何方有佛地."606)

방거사607)께서 게(偈)를 읊으셨다.
"마음도 여(如)하고 경계도 여(如)하니,
실(實)도 없고 허(虛)도 없구나.
유(有)에도 상관 않고 무(無)에도 매이지 않으니,
성현(聖賢)이 아니라 일을 마친 범부라네.

쉽고도 쉽구나.
오온(五蘊)에 즉(卽)하여 진지(眞智)가 있다네.
시방세계는 동일한 일승(一乘)인데

---

606) 『祖堂集』 卷第十五, K45-0331. 『景德傳燈錄』 卷第八, T51n2076_p0263c04~10. 『聯
燈會要』 卷第六, X79n1557_p0056b11~14. 『五燈會元』 卷第三, X80n1565_p0087 c20~
23. 참조.

607) 龐蘊居士(방온거사) : 조계혜능(曹溪慧能)-남악회양(南嶽懷讓)-마조도일(馬祖道一)-방온거
사(龐蘊居士). ?~808. 자(字)는 도현(道玄). 호남성 형양(衡陽) 출신. 석두 희천스님을 찾아뵙
고 참학하여 깨달음을 이루었다. 이때의 게송이 있다. "일상사가 별다를 것이 없나니,/ 오직
내 스스로 어울릴 뿐./ 그 어떤 것도 취하거나 버릴 것 없고,/ 곳곳마다 어디서건 어긋나지
않는다네./ 시비선악을 어느 누가 외쳐대는가?/ 산구릉에는 티끌마저 끊어졌다네./ 신통력과
묘용이 무엇인가?/ 물 긷고 땔나무하는 이것이라네. (日用事無別, 唯吾自偶諧. 頭頭非取捨,
處處勿張乖. 朱紫誰爲號? 丘山絶點埃. 神通幷妙用. 運水與搬柴.)" 그 뒤에 마조도일 스님의
문하에서 조사선을 크게 깨닫고 게송을 읊었다. "시방에서 함께 모여들어,/ 낱낱이 무위를 배
우네./ 이것이 선불장이라,/ 마음을 비우면 합격하여 돌아간다네. (十方同聚會, 箇箇學無爲.
此是選佛場, 心空及第歸.)" 그가 죽으려 할 때에 딸인 영조(靈照)에게 오시(午時)가 되거든 말
하라고 하자, 영조가 "바로 지금이 오시(午時)인데 마침 일식(日食)을 합니다."하니, 거사가 문
밖에 나가보는 사이에 그 사이에 영조가 평상에 올라앉은 채로 먼저 죽어버렸다. 이를 보고
거사가 웃으며, "내 딸이 솜씨가 빠르구나!"하고 7일 후에 입적하였다. 임종 할 때에 양주목
사인 우적(于迪)이 와서 문안하고 법요(法要)를 물으니, "다만 있음 비우려고 할지언정,/ 없음
을 실체로 삼으려 말라./ 잘들 있어라. 세간에 머묾이/ 그림자와 메아리 같도다. (但願空諸所
有, 切勿實諸所無. 好住世間, 猶如影響.)"라는 말을 마치고 우적의 무릎을 베고 입적하였다.
'노방간석림(老龐看石林)' '노방급제귀(老龐及第歸)' '노방칠자(老龐七字)' '노방호설편편(老龐
好雪片片)' 등의 공안이 있다.

상(相)없는 법신이 어찌 둘이랴?
만일 번뇌를 버리고 보리에 들어가려 하면
어디에 부처님 자리가 있는지 알지 못하리.”

543. 황룡혜남黃龍慧南

黃龍南和尚, 因化主歸, 陞座, 云:“有五種不易, 一施者
不易, 二化者不易, 三變生為熟者不易, 四端坐食者不易.
且道. 第五不易是甚麼人?”良久. 云:“聻!”便下座.
時翌巖真為首座, 藏主問真:“第五不易是誰?” 真云:
“腦後見腮, 莫與往來.”608)

황룡 혜남스님.609)
화주(化主)스님이 돌아오자 법좌에 오르셔서 말씀하셨다.
“다섯 가지의 쉽지 않음이 있습니다. 첫 번째는 시주하는 이가 쉽지
않음이고, 두 번째는 탁발하는 이가 쉽지 않음이고, 세 번째는 날것을
익히는 이가 쉽지 않음이요, 네 번째는 단정히 앉아 먹는 이가 쉽지
않음입니다.
바로 여기 말해 보십시오.
다섯 번째 쉽지 않음은 어떤 사람입니까?”

한참 묵묵히 계셨다.

말씀하셨다. “聻(Jiàn)!”
얼른 법좌에서 내려 오셨다.

그때 취암 가진스님610)이 수좌로 계셨다.

---

608) 『續刊古尊宿語要』第一集, X68n1318_p0358a03~07. 『禪門拈頌集』卷第三十, K46-0
   492, 1399則. 『五燈會元』卷第十七, X80n1565_p0352c08~12. 참조.
609) 黃龍慧南(황룡혜남) : 수산성념(首山省念)-분양선소(汾陽善昭)-석상초원(石霜楚圓)-황룡
   혜남(黃龍慧南). 1002~1069. 주69) 참조.

장주스님이 가진스님께 여쭈었다.
"다섯 번째 쉽지 않음은 누구입니까?"
가진스님이 말씀하셨다.
"뒤통수에서 뺨이 보이는 이[611]와는 거래를 하지 마라."

544. 석공혜장石鞏慧藏

石鞏和尙, 昔爲獵人. 趁鹿從馬祖菴前過, 問祖曰:
"還見鹿過否?" 曰: "汝是何人?" 云: "射獵人." 祖曰:
"汝一箭射幾箇?" 曰: "一箭射一箇." 祖曰: "汝不善
射." 曰: "和尙解射否?" 祖曰: "解射." 曰: "和尙一
箭射幾箇?" 祖曰: "一箭射一羣." 曰: "彼此是生命,
何用射佗一羣?" 祖曰: "汝旣知如此, 何不自射?" 曰: "若教某甲自射, 直是
無下手處." 祖曰: "遮漢曠劫無明煩惱, 今日頓息." 師當時擲下弓箭, 投祖出
家.[612]

석공 혜장스님[613]은 전에는 사냥꾼이었다.

---

610) 翌巖眞(익암진) : 翌(익)은 翠(취)의 오기(誤記)다. 『선문염송』에서는 '취암진(翠巖眞)'으
로 나오고 (K46-0492, 『禪門拈頌集』 卷第三十. "云: '聻!'時翠嵓眞.") 『고존숙어요』 1
집에서는 취암 가진스님의 별명인 '진점흉(眞點胸)'이라고 나온다. (X68n1318_p0358a0
5, 『續刊古尊宿語要』 第一集. "時眞點胸作首座.") 취암 가진스님을 말한다. 수산성념(首
山省念)-분양선소(汾陽善昭)-석상초원(石霜楚圓)-취암가진(翠巖可眞). ?~1064. 복주(福州)
장계(長谿) 출신. '진점흉(眞點胸)'이라고도 한다. 일찍이 강서의 취암산(翠巖山)에 주석하
였고 후에 호남의 도오산(道吾山)에 머무르며 학인을 제접하였는데, 특히 변재(辯才)가
뛰어났다고 한다. 치평(治平) 원년(元年)에 입적. 『취암진선사어요(翠巖眞禪師語要)』 1권
이 있다.
611) 腦後見腮(뇌후견시) : 골상학적으로 등 뒤에서 볼 때 볼의 광대뼈가 돌출되어 보이는
사람은 도적의 마음이 있다고 한다. 선가에서는 빈틈이 없는 비범한 납자를 가리킨다.
612) 『景德傳燈錄』 卷第六, T51n2076_p0248b11~21. 『聯燈會要』 卷第五, X79n1557_p00
48c18~24. 『五燈會元』 卷第三, X80n1565_p0080c16~23. 참조.
613) 石鞏慧藏(석공혜장) : 조계혜능(曹溪慧能)-남악회양(南嶽懷讓)-마조도일(馬祖道一)-석공혜
장(石鞏慧藏). 무주(撫州)[강서성]사람이다. 본래 사냥을 업으로 하다가 마조스님을 만나 심인
(心印)을 깨닫고 법을 이었다. 그 후 석공산(石鞏山)에 띠집을 짓고 살았다. 평소에 찾아오는
학인이 있으면 활과 화살의 비유로 접인하였다고 한다. '석공만궁화(石鞏彎弓話)'와 '석공간전
화(石鞏看箭話)'로 유명하다.

사슴을 쫓아 마조스님이 계시는 암자 앞을 지나가면서 마조스님께
여쭈었다.

"사슴이 지나는 것을 보셨습니까?"

말씀하셨다. "뭐하는 사람이요?"

말씀드렸다. "사냥하는 사람입니다."

마조스님이 말씀하셨다. "화살 하나로 몇 마리를 맞힐 수 있소?"

말씀드렸다. "화살 하나로는 한 마리를 맞히지요."

마조스님이 말씀하셨다. "활을 잘 쏘는 건 아니구먼."

말씀드렸다. "스님께서는 쏠 줄이나 아십니까?"

마조스님이 말씀하셨다. "쏠 줄 알지요."

말씀드렸다. "스님께서는 화살 하나로 몇 마리나 맞힐 수 있는데요?"

마조스님이 말씀하셨다. "화살 하나로 한 무리를 맞힐 수 있소."

말씀드렸다.

"피차가 생명인데 어찌 한 무리를 다 맞힐 필요가 있습니까?"

마조스님이 말씀하셨다.

"진작 이렇게 알고 있으면서 어찌 스스로를 쏘지 않는 거요?"

말씀드렸다.

"만일 저에게 스스로를 쏘게 하신다면 전혀614) 손댈 곳이 없습니다."

마조스님이 말씀하셨다.

"이놈이 오랜 겁의 무명 번뇌를 오늘에야 몰록 내려놓았군."

스님이 그때 활과 화살을 내던져 버리고 마조스님께 출가하였다.

545. 현사사비玄沙師備

　玄沙和尙, 上堂, 衆集, 遂將拄杖一時趁下. 却回向侍者
道: "我今日作得一解, 險入地獄如箭射." 侍者云: "喜得和
尙再復人身."

　翠巖芝云: "大小玄沙, 前不到村, 後不至店. 且作麼生道

---

614) 直是(직시) : 전혀, 그야말로, 실로, 정말이지. 그런데. 단지, 다만, 오로지. 차라리, 아
　　예. 명백히. 설사~하더라도.

得出身之路?"

道吾眞云: "大小芝老, 只是偏枯. 若是道吾卽不然. 玄沙與侍者, 一人具一隻眼."615)

현사 사비스님616)이 법문을 하시려고 상당(上堂)하셨다.

대중이 모이자, 주장자를 들고 일시에 쫓아내셨다.

돌아가시어 시자에게 말씀하셨다.

"내가 오늘 풀어야할 문제를 하나 만들어 놓아버렸으니 거의 쏜살같이 지옥으로 들어갈 것이다."

시자가 말씀드렸다.

"다행히도 스님께서 다시 사람 몸을 받으셨군요."

취암 수지스님617)이 말씀하셨다.

"고작 현사스님이 앞으로는 마을에 이르지 못하고 뒤로도 객점에 이르지도 못하였다. 그런데 어떻게 몸을 벗어날 길을 말하랴?"

도오 오진스님618)이 말씀하셨다.

"고작 수지 노인네가 오로지 한쪽으로 치우쳐 있구나. 만일 이 도오라면 그렇게 하질 않겠다. 현사스님과 시자가 각기 일척안(一隻眼)을 갖추었다고 할 것이다."

615) 『聯燈會要』 卷第二十三, X79n1557_p0204c13~16. 『禪門拈頌集』 卷第二十三, K46-
    0380, 998則. 참조.
616) 玄沙師備(현사사비) : 용담숭신(龍潭崇信)-덕산선감(德山宣鑑)-설봉의존(雪峰義存)-현사
    사비(玄沙師備). 835~908. 주392) 참조.
617) 翠巖守芝(취암수지) : 풍혈연소(風穴延沼)-수산성념(首山省念)-분양선소(汾陽善昭)-대우
    수지(大愚守芝). 주235) 참조.
618) 道吾悟眞(도오오진) : 수산성념(首山省念)-분양선소(汾陽善昭)-석상초원(石霜楚圓)-도오
    오진(道吾悟眞). 주312) 참조.

546. 나산도한羅山道閑

羅山和尚, 曾問石霜: "起滅不停時如何?" 霜云: "直須寒灰枯木去, 一念萬年去, 函盍相應去, 全淸絶點去." 山不契, 却往巖頭處, 如前問, 巖頭喝, 云: "是誰起滅?" 山於此有省.[619]

나산 도한스님[620]이 일찍이 석상 경저스님[621]께 여쭈었다.

"일어나고 멸함이 멈추지 않을 땐 어떻습니까?"

석상스님이 말씀하셨다.

"반드시 식은 재와 마른 나무여야 하고, 한 생각이 만 년이어야 하고,[622] 함(函)이 뚜껑과 서로 맞아야 하고, 완전히 맑아 티가 없어야 하지."

나산스님이 계합하지 못하고 곧 암두 전활스님[623]께 가서 앞에서처럼 여쭈었다.

암두스님이 "억!"하고 할을 하셨다.

---

619) 『禪門拈頌集』 卷第二十六, K46-0436, 1200則. 『聯燈會要』 卷第二十三, X79n1557_p 0200c11~14. 참조.

620) 羅山道閑(나산도한) : 용담숭신(龍潭崇信)-덕산선감(德山宣鑑)-암두전활(巖頭全豁)-나산도한(羅山道閑). 생몰연대미상. 복주(福州)[지금의 복건성]의 장계(長谿) 출신. 속성은 진씨(陳氏). 귀산(龜山)으로 출가한 이후 구족계를 받고서, 두루 행각하다가 석상 경저스님에게서 지도를 받고 암두 전활스님에게서 대오하였다. 이후에 청량산에 머물다가 스님에게 감화 받은 민족(閩族) 왕(王)의 청(請)으로 복주의 나산(羅山)에 머물렀으며 법보선사(法寶禪師)라 불림. '나산기멸(羅山起滅)' '나산단좌(羅山端坐)' '나산석우(羅山石牛)' 등의 공안이 있다.

621) 石霜慶諸(석상경저) : 석두희천(石頭希遷)-약산유엄(藥山惟儼)-도오원지(道吾圓智)-석상경저(石霜慶諸). 807~888. 주178) 참조.

622) 구봉도건(九峰道虔)스님이 시중법문에서 밝힌 '석상칠거(石霜七去)' 가운데 두 가지다. 1) 휴거(休去)[일체 동작행위를 정지함]. 2) 헐거(歇去)[일체 망념을 끊어 없앰]. 3) 냉추추지거(冷湫湫地去)[일체 미혹과 깨달음, 그리고 범부와 성인의 생각 등을 식멸(熄滅)하여 청량한 경지에 도달함]. 4) 일념만년거(一念萬年去)[한 순간을 보호하고 지니어 여여부동함]. 5) 한회고목거(寒灰枯木去)[정식(情識)을 찬 재와 마른 나무처럼 존재하지 않게 함]. 6) 고묘향로거(古廟香爐去)[옛 사당의 향로와 같이 하여, 집착을 제거함]. 7) 일조백련거(一條白練去)[순수하고 깨끗하여 물듦이 없는 하얀 명주처럼 불법을 몰록 깨달아 편정(偏正)과 빈주(賓主)를 대하여 모두 능히 잘 분변(分辨)하여 맑힘]. (『聯燈會要』 卷第二十二, X79n1557_p0188c08~11. "師云: '須會先師意始得.' 座云: '先師有甚麼意?' 師云: '先師道. 休去, 歇去, 一念萬年去, 寒灰枯木去, 古廟香爐去, 冷湫湫地去, 如一條白練去. 作麼生?'")

623) 巖頭全豁(암두전활) : 천황도오(天皇道悟)-용담숭신(龍潭崇信)-덕산선감(德山宣鑑)-암두전활(巖頭全豁). 828~887. 주258) 참조.

말씀하셨다. "누가 일어나고 멸하느냐?"
나산스님이 이에 깨달으셨다.

547. 당명숭唐明嵩

唐明嵩和尚, 問首山: "如何是佛法的的大意?" 山云: "楚王城畔, 汝水東
流." 嵩於此有省, 頓契佛意. 乃作三玄偈, 曰: "得用直須用, 心意莫定動.
三歲師子吼, 十方絕狐種. 我有眞如性, 如同幕裏隱. 打破六門關, 顯出毗盧
印. 眞骨金剛體可誇, 六塵一拂永無遮. 廓落世界空爲體, 體上無爲眞到家."
山聞乃請喫茶, 問: "遮三頌是汝作來邪?" 曰: "是." 山云: "或有人教汝現三
十二相時如何?" 曰: "某甲不是野狐精." 山曰: "惜取眉毛." 曰: "和尚落了
多少." 山以竹篦頭上打, 云: "遮漢向後亂做去在."624)

당명숭스님625)이 수산 성념스님626)께 여쭈었다.
"어떤 것이 부처님 법의 적적(的的)627)한 큰 뜻입니까?"
수산스님이 말씀하셨다.
"초왕성(楚王城)628) 곁으로 여수(汝水)629)가 동쪽으로 흐르는구나."
당명숭스님이 이에 깨달아 부처님의 뜻에 몰록 계합하셨다.
그리고는 《삼현의 노래(三玄偈)》를 지으셨다.

---

624) 『聯燈會要』卷第十二, X79n1557_p0108b13~22. 『禪門拈頌集』卷第二十八, K46-047
    3,1321則. 『五燈會元』卷第十一, X80n1565_p0237b08~17. 『古尊宿語錄』卷第十, 「并
    州承天嵩禪師語錄」, X68n1315_p0064b07~17. 참조.
625) 唐明嵩和尚(당명숭화상)=三交智嵩(삼교지숭) : 보응혜옹(寶應慧顒)-풍혈연소(風穴延沼)-
    수산성념(首山省念)-삼교지숭(三交智嵩). 주518) 참조.
626) 首山省念(수산성념) : 흥화존장(興化存獎)-보응혜옹(寶應慧顒)-풍혈연소(風穴延沼)-수산
    성념(首山省念). 926~993. 주290) 참조.
627) 的的(적적) : 확실한. 명백한, 진실한.
628) 楚王城(초왕성) : 하남성(河南城) 신양(信陽)의 북서쪽에 있던 성(城)이다. 초성(楚城)이
    라고도 한다. 전국시대에 초(楚) 양왕(襄王)이 이곳으로 천도하였으므로 붙여진 이름이라
    고 한다.
629) 汝水(여수) : 하천의 이름으로 하남성(河南省) 노산현(魯山縣) 대우산(大盂山)에서 발원
    하여 보풍(寶豐)·양성(襄城)·언성(郾城)·상채(上蔡)·여남(汝南) 등을 경유하여 회하(淮
    河)로 흘러든다.

"득용(得用)630)하면 마땅히 작용해야 하니,
심(心)과 의(意)를 굴리지631) 말아야 하네.
세 살배기 사자새끼 포효를 하니
시방에 홀로 남은 종자마저 끊어졌네.

나에게는 진여의 성품 있으니
장막 안에 숨어 있는 것과 같다네.
여섯 문의632) 빗장을 부숴버리니
비로자나 인(印)이 환히 드러났다네.

진골(真骨)633)의 금강체(金剛體)634)는 과시할 수 있으나,
육진(六塵)이 한 번 떨치고 일어나면 길이 막을 수 없네.
광활한 세계는 공(空)으로 체(體)를 삼으나
체(體) 이전에 무위(無爲)라야 참으로 집으로 돌아감이네."

수산스님이 들어보시고는 차를 마시라 하고 물으셨다.
"이 세 수의 노래는 네가 지은 것이냐?"
말씀드렸다. "네."
수산스님이 말씀하셨다.
"혹시 누가 너에게 삼십이상(三十二相)을 나투게 한다면 어쩔 것이
냐?"
말씀드렸다. "저는 야호정(野狐精)635)이 아닙니다."
수산스님이 말씀하셨다. "아깝다. 눈썹을 취했구나."
말씀드렸다. "스님도 좀 떨어졌는데요."
수산스님이 죽비로 머리를 때리시고는 말씀하셨다.

---

630) 得用(득용) : 체(體)에서 용(用)을 깨달음.
631) 定動(정동) : 가만히 있다가 움직였다가 함. 안정되지 않은 상태. 좌우로 흔듦. 눈을 깜
　　박거림, 눈동자를 이리저리 굴림, 눈앞이 아찔함.
632) 六門(육문) : 안(眼)·이(耳)·비(鼻)·설(舌)·신(身)·의(意)의 육근(六根).
633) 眞骨(진골) : 범속하지 않은 품격. 깨달음의 상태.
634) 金剛體(금강체) : 금강과 같은 불신(佛身)의 공덕.
635) 野狐精(야호정) : 여우의 정령. 사념 속에 매여서 흉내만 내고 있는 사람.

"이놈이 앞으로 어지럽게 하겠구나."

548. 운문문언雲門文偃

雲門有時, 云: "光不透脫, 有兩般病. 一切處不明, 面前有物, 是一. 又透得一切法空, 隱隱地似有箇物相似, 亦是光不透脫. 又法身亦有兩般病. 得到法身, 為法執不忘, 己見猶存, 坐在法身邊, 是一. 直饒透得法身去, 放過即不可, 子細點檢來, 有甚麼氣息, 亦是病."636)

妙喜曰: "不用作禪會, 不用作道會, 不用作向上商量. 此是雲門老漢據實而論. 我恁麼道, 有沒量罪過, 汝若點檢得出, 許汝具擇法眼. 若點檢不出, 且向雲門葛藤裏參."

운문 문언스님637)이 한때 말씀하셨다.
"빛이 투탈하지 못하는 것은 두 가지 병이 있어서입니다.
온갖 곳이 밝지 않아서 면전에 사물이 있게 되는 경우가 하나입니다.
또 일체법이 공(空)함을 꿰뚫어 알았어도 은은하게 사물 비슷한 것이 있는 듯한 경우도 역시 빛이 투탈하지 못하는 것입니다.

또 법신(法身) 역시 두 가지 병이 있습니다.
법신에 이르렀으나 법집(法執)을 잊지 않고 자기라는 견해가 여전히 존재하여 법신 쪽에 눌러 앉아 있는 것이 하나입니다.
설사 법신을 꿰뚫어 알았더라도 놓아버려서는 안되니, 자세히 점검하여 보아서 무슨 기식(氣息)638)이라도 있다면 역시 병입니다."

636) 『雲門匡眞禪師廣錄』卷中, T47n1988_p0558a20~25. 『聯燈會要』卷第二十四, X79n1
557_p0208a24~b08. 『五燈會元』卷第十五, X80n1565_p0307a11~16. 『古尊宿語錄』卷
第十六, 「雲門匡真禪師廣錄」中, X68n1315_p0104a09~14. 참조.
637) 雲門文偃(운문문언) : 용담숭신(龍潭崇信)-덕산선감(德山宣鑑)-설봉의존(雪峰義存)-운문
문언(雲門文偃). 864~949. 주153) 참조.
638) 氣息(기식) : 습성. 기미. 소식. 냄새. 숨.

묘희스님이 말씀하셨다.

"선회(禪會)639)를 열 필요도 없고, 도회(道會)640)도 열 필요가 없으며, 향상(向上)을 상량(商量)할 필요도 없다.

이것은 운문 노인네가 사실에 의거하여 논한 것이다.

내가 이렇게 말한 것도 한량없는 죄과가 있는데, 여러분이 만일 점검해 낸다면 법을 가릴 줄 아는 눈을 갖추었음을 인정하겠다. 만일 점검해 내지 못한다면 바로 이 운문의 갈등(葛藤)641) 속에서 참(參)이어야 할 것이다."

549. 덕산선감德山宣鑑

德山和尚, 因廓侍者問: "從上諸聖向甚麼處去?" 山云: "作麼? 作麼?" 廓云: "勅點飛龍馬, 跛鼈出頭來." 山便休去. 次日浴出, 廓過茶與山, 山於廓背上拊一下, 云: "昨日公案作麼生?" 廓云: "遮老漢今日方始瞥地." 山又休去.642)

덕산 선감스님643)께 곽시자644)가 여쭈었다.

"종래로 모든 성인들께서는 어디를 가신 겁니까?"

덕산스님이 말씀하셨다. "뭐? 뭐?"

곽시자가 말씀드렸다.

"나는 용마(龍馬)645)를 가리켜달라고 칙령을 내렸더니, 절름발이 자

---

639) 禪會(선회) : 함께 선(禪)인 모임. 함께 참(參)인 모임.
640) 道會(도회) : 함께 도(道)를 닦는 모임.
641) 葛藤(갈등) : 선사(禪師)가 언어문자(言語文字) 등의 방편으로 학인을 지도하는 수단.
642) 『聯燈會要』卷第十一, X79n1557_p0100c08~11. 『五燈會元』卷第十一, X80n1565_p0228a16~19. 『禪門拈頌集』卷第十七, K46-0277, 671則. 참조.
643) 德山宣鑑(덕산선감) : 석두희천(石頭希遷)-천황도오(天皇道悟)-용담숭신(龍潭崇信)-덕산선감(德山宣鑑). 782~865. 주275) 참조.
644) 守廓上座(수곽상좌) : 황벽희운(黃檗希運)-임제의현(臨濟義玄)-흥화존장(興化存奬)-수곽상좌(守廓上座). 수곽행자(守廓行者), 수곽시자(守廓侍者), 곽시자(廓侍者)라고도 한다. 덕산스님과의 감변화(勘辨話)인 '곽시과다화(廓侍過茶話)' 또는 '선감출욕화(宣鑒出浴話)'로 잘 알려져 있다.
645) 龍馬(용마) : 준마를 이르는 말. 용의 머리에 말의 몸을 하고 있다고 하는 전설상의 동물.

라가 기어 나왔구나.”
 덕산스님이 그만두셨다.
 다음날 목욕하고 나오시자, 곽시자가 차를 드리니,646) 덕산스님이 곽시자의 등짝을 한 대 치고는 말씀하셨다.
“어제 공안(公案)이 어떠했더냐?”
 곽시자가 말씀드렸다.
“이 노인네가 오늘에야 비로소 알아 채셨군.”
 덕산스님이 또 그만두셨다.

550. 안탕원제雁蕩願齊

鴈蕩齊和尚, 僧問: “夜月舒光, 爲甚麼碧潭無影?” 曰: “作家弄影漢.” 其僧從東過西立. 齊曰: “不唯弄影, 兼乃怖頭.”647)

 안탕 원제스님648)께 어떤 스님이 여쭈었다.
“한밤의 달빛이 쏟아지는데 무슨 일로 푸른 연못에는 그림자가 없습니까?”
 말씀하셨다. “작가(作家)는 그림자나 가지고 노는 놈이로구나.”
 그 스님이 동쪽에서 서쪽으로 갔다가 섰다.
 원제스님이 말씀하셨다.
“그림자를 가지고 놀 뿐만 아니라 무서워도 하는구나.”

---

646) 過(과) : 건네주다. 내어 주다. 주다. ‘과(過)~여(與)’의 관용으로 쓰인다.
647) 『景德傳燈錄』 卷第二十六, T51n2076_p0424a07~16. 『聯燈會要』 卷第二十八, X79n1
    557_p0244b03~05. 『五燈會元』 卷第十, X80n1565_p0213a08~10. 참조.
648) 雁蕩願齊(안탕원제) : 나한계침(羅漢桂琛)-법안문익(法眼文益)-천태덕소(天台德韶)-안탕원
    제(雁蕩願齊). 전당(錢塘)[강서성 항주(杭州)] 출신이다. 속성은 강씨(江氏)다. 어렸을 적에 수
    심사(水心寺)의 소암선사(紹巖禪師)에게 출가하여 구족계를 받았다. 처음에는 천태지자(天台智
    者)대사의 지관원융행문(止觀圓融行門)을 치열하게 연구하다가 뒤에 천태덕소국사(天台德韶國
    師)에게서 현묘한 이치를 발명(發明)하고 안탕산(雁蕩山)에 주석하였다. 개보(開寶) 5년 오월
    왕(吳越王)의 장자(長子)가 서관(西關)에다가 광경사(光慶寺)를 지어서 주지(住持)로 개법(開法)
    을 청하였다. 태평흥국(太平興國) 연대(976~983)에 입적하였다.

551. 대녕도관大寧道寬

大寧寬和尙, 僧問: "如何是露地白牛?" 寬以火筯橫火爐上, 云: "會麼?" 僧云: "不會." 曰: "頭不欠, 尾不剩." 問: "丹霞燒木佛, 院主爲甚麼眉鬚墮落?" 曰: "賊不打貧兒家." 師在同安, 見僧遷化. 僧便問: "旣是同安, 爲甚病僧化去?" 曰: "布施不如還債." 問: "法無取捨, 爲甚麼遞相傳授?" 曰: "傳授無取捨." 問: "飮光正見, 爲甚麼拈花却笑?" 曰: "忍俊不禁." 問: "天下禪客爲甚麼出遮箇○不得?" 曰: "往往如斯."649)

대녕 도관스님650)께 한 스님이 여쭈었다.
"어떤 것이 노지백우(露地白牛)651)입니까?"
도관스님이 부젓가락652)을 화로 위에다 가로놓으시고는 말씀하셨다.
"알겠나?"
그 스님이 말씀드렸다. "모르겠습니다."
말씀하셨다. "머리는 모자라지 않은데 꼬리는 남는 게 없군."

여쭈었다.
"단하스님653)이 목불을 태우셨는데 원주가 무엇 때문에 눈썹과 수염

---

649) 『聯燈會要』 卷第十四, X79n1557_p0120c22~0121a07. 『五燈會元』 卷第十二, X80n1565_p0248b13~15, 20~23. 참조.

650) 大寧道寬(대녕도관) : 수산성념(首山省念)-분양선소(汾陽善昭)-석상초원(石霜楚圓)-대녕도관(大寧道寬). 송대의 임제종스님이다. 석상 초원스님의 법을 잇고 홍주(洪州) 대녕원(大寧院)에 주석하다가 나중에 동안(同安)으로 옮겼다. 이 『정법안장』에서는 12화(話)가 소개되어 있다.

651) 露地白牛(노지백우) : 완벽히 드러난 흰 소. '노지(露地)'는 삼계의 번뇌와 고통을 완전히 떠나 안온한 곳을 비유한 말이다. 『법화경』 「비유품」에 나온다. "이때 장자가 아들들을 보니 안은하게 벗어나서 네거리 가운데 드러난 곳에 앉아 있어 다시는 장애가 없음을 보고는 그 마음이 크게 환희용약하였다."(T09n0262_p0012c13~15, 『妙法蓮華經』 卷第二, 「譬喩品」 第三. "是時長者, 見諸子等安隱得出, 皆於四衢道中露地而坐, 無復障礙, 其心泰然歡喜踊躍"). '백우(白牛)'는 청정자성심(淸淨自性心)을 비유한 말이다. "크고 하얀 소가 있었는데 살이 찌고 힘도 세며 보배수레 끌고 있네."(T09n0262_p0014c14~15, 『妙法蓮華經』 卷第二, 「譬喩品」 第三. "有大白牛, 肥壯多力, 形體姝好, 以駕寶車.") 따라서 노지백우(露地白牛)는 완전히 해탈한 부처님을 가리킨다.

652) 火筯(화저) : 부젓가락.

653) 丹霞天然(단하천연) : 조계혜능(曹溪慧能)-청원행사(靑原行思)-석두희천(石頭希遷)-단하천연(丹霞天然). 739~824. 등주(鄧州)[하남성] 출신. 석두 희천스님의 문하로 들어가 3년을 시봉하다가 머리를 깎고 수계를 하였다. 마조 도일스님을 찾았다가 천연(天然)이라는 법호를 받았

이 떨어졌습니까?654)"
 말씀하셨다. "도적은 가난한 사람의 집은 털지655) 않는다."

 스님이 동안(同安)656)에 계실 때 어떤 스님이 천화(遷化)하였다.
 한 스님이 곧장 여쭈었다.
 "함께 편안함(同安)인데 무엇 때문에 병든 스님이 죽은 겁니까?"
 말씀하셨다. "보시(布施)는 빚과 같지 않다."

 여쭈었다.
 "법은 취하고 버림이 없는데 어째서 서로서로 전수(傳授)하는 겁니
까?"
 말씀하셨다. "전수(傳授)에는 취하고 버림이 없다."

 여쭈었다.
 "음광(飮光)스님657)은 정견(正見)이신데 어째서 꽃을 드시니 곧바로
웃으셨습니까?"
 말씀하셨다. "아주 웃기는구나."

다. 천태산 화정봉(華頂峰)에서 3년을 지내다가 경산(徑山)으로 가서 국일선사(國一禪師)를 참
 배하고 남양(南陽) 단하산(丹霞山)으로 가서 선풍을 크게 떨쳤다. 장경(長慶) 4년에 세수 86세
 로 입적하였다. 시호는 지통선사(智通禪師)이다. '끽반구안(喫飯具眼)' '단하잔초(丹霞剗草)'
 '단하목불(丹霞木佛)' '단하재즉(丹霞在則)' 등의 공안을 남겼고, 취미무학(翠微無學) 등 7인의
 제자가 있다.
654) 眉鬚墮落(미수타락) : "단하 천연스님이 혜림사에 도착하시니 날씨가 매우 추웠다. 이
 때 법당에 목불이 있는 것을 보시자 가져다가 불을 피우셨다. 원주가 우연히 이를 보고
 꾸짖으며 말하였다. '왜 나의 목불을 태우는 겁니까?' 스님이 주장자로 재를 헤집으면서
 말씀하셨다. '나는 불에 태워서 사리를 얻으려고 하였지.' 원주가 말하였다. '목불에 어찌
 사리가 있을까요?' 스님이 말씀하셨다. '사리가 없다면 다시 양쪽의 협시(脇侍) 부처님들
 도 갖다가 태워야겠다.' 원주는 나중에 눈썹과 수염이 빠졌다."(K46-0139, 『禪門拈頌
 集』卷第九, 321則. "丹霞因過慧林寺, 値凝寒. 遂於殿中見木佛乃取燒火. 院主偶見呵責,
 曰:'何得燒我木佛?'師以杖子撥灰, 云:'吾燒取舍利.'主曰:'木佛有何舍利?'師云:'既
 無舍利, 更請兩尊再取燒之.'主自後眉鬚墮落.")
655) 打(타) : 재물을 훔치다.
656) 同安(동안) : 지금의 안휘성(安徽省) 동성현(桐城縣)이다. 원래는 동안현(同安縣)이었으
 나 난을 일으킨 안록산(安祿山)을 찬동(贊同)한다는 의미로 오해받을 수 있어, 당(唐) 지
 덕(至德) 2년(757년)에 동성현(桐城縣)으로 개칭(改稱)하였다.
657) 飮光(음광) : ⑤Kāśyapa. 가섭존자를 말한다.

여쭈었다.

"천하의 선객들이 무엇 때문에 이 ○에서 나오지 못하는 겁니까?"

말씀하셨다. "자주자주 이렇지."

552. 자복지원資福智遠

資福遠和尚, 問鏡清: "如何是諸佛出身處?" 清云: "大家要知." 遠曰: "斯則眾眼難謾." 清曰: "理能伏豹."658)

자복 지원스님659)이 경청 도부스님660)께 여쭈었다.

"어떤 것이 모든 부처님이 나오시는 곳입니까?"

경청스님이 말씀하셨다.

"모두들661) 다 잘 알고 있지."

지원스님이 말씀하셨다.

"이래도 여러 눈을 속이긴 어렵습니다."

경청스님이 말씀하셨다.

"순응함이 능히 표범을 굴복시키지."662)

---

658) 『五燈會元』 卷第八, X80n1565_p0176b07~09. 참조.

659) 資福智遠(자복지원) : 덕산선감(德山宣鑑)-설봉의존(雪峰義存)-경청도부(鏡淸道怤)-자복지원(資福智遠). 895~977. 송대(宋代)의 스님이다. 복주(福州) 연강(連江)[복건성] 출신. 어렸을 적에 법선(法宣)스님을 따라 출가하였다. 경청 도부스님을 참례하고 그 법을 이었다. 그 후 복주 자복원(資福院)에 주석하면서 20여년을 교화하였다.

660) 鏡淸道怤(경청도부) : 용담숭신(龍潭崇信)-덕산선감(德山宣鑑)-설봉의존(雪峰義存)-경청도부(鏡淸道怤). 868~937. 주169) 참조.

661) 大家(대가) : ① 모든 이들. 모든 사람들. 보통 사람들. 모두들. 모두 함께. 대중. ② 식견이 높고 대도(大道)를 꿰뚫어 아는 사람. ③ 우리, 우리들.

662) 理能伏豹(이능복표) : 부드러운 수단으로써 표범과 같은 강포(强暴)함을 제압하여 굴복시킴.

553. 진주금우鎭州金牛

金牛和尙, 因臨濟來, 乃橫按拄杖, 方丈前坐. 濟遂拊掌三下歸堂去. 金牛却下去. 人事了便問: "賓主相見, 各有軌儀, 上座何得無禮?" 濟云: "道甚麼?" 金牛擬開口, 濟便打一坐具, 金牛作倒勢. 濟又打一坐具, 金牛曰: "今日不著便." 遂歸方丈.
　爲山問仰山: "此二尊宿, 還有勝負否?" 仰云: "勝即總勝, 負即總負."663)

　진주 금우스님664)이 임제 의현스님665)이 오시자 곧 주장자로 가로 막고는 방장실 앞에 앉으셨다.
　임제스님이 이에 손뼉을 세 번 치시고 승당으로 돌아가셨다.
　금우스님이 곧장 내려오셨다.

　인사를 마치고 나자 곧 물으셨다.
　"손님과 주인이 서로 만나면 각기 의례가 있는 것인데 상좌는 어찌하여 무례하냐?"
　임제스님이 말씀하셨다. "뭘 말씀입니까?"
　금우스님이 입을 열려고 하시자마자 임제스님이 좌구로 한 대 때리셨다.
　금우스님이 넘어지는 시늉을 하시자, 임제스님이 또 좌구로 한 대 때리셨다.
　금우스님이 말씀하셨다. "오늘은 운이 안 좋아."666)
　그리고는 방장실로 돌아가셨다.

---

663) 『大光明藏』中卷, X79n1563_p0689a19~23. 『宗門拈古彙集』卷第十二, X66n1296_p0070b06~12. 『宗鑑法林』卷十四, X66n1297_p0372c09~15. 참조.
664) 鎭州金牛(진주금우) : 조계혜능(曹溪慧能)-남악회양(南嶽懷讓)-마조도일(馬祖道一)-진주금우(鎭州金牛). '금우장반(金牛將飯)' '금우생심(金牛生心)' '금우횡안(金牛橫按)' 등의 공안이 있다.
665) 臨濟義玄(임제의현) : 마조도일(馬祖道一)-백장회해(百丈懷海)-황벽희운(黃檗希運)-임제의현(臨濟義玄). ?~867. 주92) 참조.
666) 不著便(불착편) : 착(著)은 만나다는 뜻. 편(便)은 편안함. 운이 안 좋다. 잘못되다. 빗나가다. 이미 늦었다. 어긋났다. 틀렸다.

위산 영우스님이 앙산 혜적스님에게 물으셨다.
"이 두 존숙께서 승부가 있느냐?"
앙산스님이 말씀드렸다.
"이겼다면 모두가 이겼고, 졌다면 모두가 졌습니다."

554. 조주종심趙州從諗

趙州和尙, 因侍者報: "大王來也." 州云: "大王. 萬福."
者云: "未到在." 州云: "又道來也."667)

조주 종심스님668)께 시자가 알렸다.
"대왕께서 오셨습니다."
조주스님이 말씀하셨다.
"대왕이여. 만복하십시오."
시자가 말씀드렸다.669)
"아직 도착하지 않았는데요."
조주스님이 말씀하셨다.
"또 오셨다고 말하는구나."

---

667) 『聯燈會要』 卷第六, X79n1557_p0058b17~18. 『禪門拈頌集』 卷第十二, K46-0199,
    449則. 『五燈會元』 卷第四, X80n1565_p0094a06~07. 『古尊宿語錄』 卷第十四, 「趙州真
    際禪師語錄之餘」, X68n1315_p0089a24~b02. 참조.
668) 趙州從諗(조주종심) : 남악회양(南嶽懷讓)-마조도일(馬祖道一)-남전보원(南泉普願)-조주
    종심(趙州從諗). 778~897. 주87) 참조.
669) 者云(자운) : 『선문염송』 12권에서는 '侍者云(시자운)'으로 나온다.

555. 수주양수壽州良遂

良遂座主, 初參麻谷. 谷見來即荷鋤, 入園鋤草. 遂隨到鉏草處, 谷殊不顧, 便歸方丈閉却門. 遂次日復去, 谷又閉門. 遂乃敲門, 谷問: "阿誰?" 云: "良遂." 纔稱名忽然契悟. 乃云: "和尚莫謾良遂. 良遂若不來禮拜和尚, 洎被經論賺過一生." 及歸講肆, 謂衆, 曰: "諸人知處良遂總知, 良遂知處諸人不知."670)

양수좌주(良遂座主)671)가 처음에 마곡 보철스님672)을 참례하셨다.

마곡스님은 오는 것을 보시고도 곧 호미를 메고 밭으로 가서 풀을 매셨다.

양수스님이 풀을 매는 곳마다 따라 다니셨다.

마곡스님은 여전히 돌아보시지도 않고 곧 방장실로 돌아가서 문을 닫아 걸어버리셨다.

양수스님이 다음 날 다시 찾아 가시니, 마곡스님이 또 문을 걸어버리셨다.

양수스님이 바로 문을 두드리시자, 마곡스님이 물으셨다. "누구야?"

말씀드렸다. "양수입니다."

이름을 불러드리면서 홀연히 계오(契悟)하셨다.

그리고는 말씀드렸다.

"스님은 양수를 속이지 마십시오. 이 양수가 만일 스님께 예배드리질 못했더라면673) 거의 일생을 경론(經論)에 속아 보낼 뻔 했습니다."

곧 강당으로 돌아가서 대중에게 말씀하셨다.

"여러분이 아는 곳을 이 양수가 모두 알고, 이 양수가 아는 곳을 여

---

670) 『聯燈會要』 卷第七, X79n1557_p0071c14~24. 『禪門拈頌集』 卷第十三, K46-0215, 511則. 『五燈會元』 卷第四, X80n1565_p0099b09~14. 참조.

671) 壽州良遂(수주양수) : 남악회양(南嶽懷讓)-마조도일(馬祖道一)-마곡보철(麻谷寶徹)-수주양수(壽州良遂). '양수진지(良遂盡知)' 공안이 있다.

672) 麻谷寶徹(마곡보철) : 조계혜능(曹溪慧能)-남전보원(南嶽懷讓)-마조도일(馬祖道一)-마곡보철(麻谷寶徹). 주63) 참조.

673) 不來(불래) : 안 됨. 불가능하다. 래(來)는 불(不)과 함께 쓰여 불가능을 나타내는 어조사다.

러분은 알지 못합니다."674)

556. 장주나한漳州羅漢

漳州羅漢和尙, 問關南常和尙: "如何是大道之源?" 常與一拳, 遂有省. 乃
爲歌曰: "咸通七載初參道, 到處逢言不識言. 心裏疑團若栲栳, 三春不樂止
林泉. 忽遇法王氈上坐, 便陳疑懇向師前. 師從氈上那伽起, 祖膊當胸打一拳.
駭散癡團獦狙落, 擧頭看見日初圓. 從茲蹬蹬而碨碨, 直至如今常快活. 只
聞肚裏飽膨脝, 更不東西去持鉢.
妙喜曰: "可惜遮一拳, 分付不著人."675)

장주 나한스님676)이 관남 도상스님677)께 여쭈셨다.

---

674) 운문 문언스님이 이 화(話)를 가지고 법문을 하였다. "〈양수스님이 처음 마곡스님을 참
례하였을 때 …… 일생을 속아 지낼 뻔하였습니다〉까지 인용하시고 말씀하셨다. '벌써 물
을 거스르는 파도이더니 지금은 깨달음에 들었구나. 이렇게 물에 수순하는 뜻을 역시 양
쪽을 다 놓아주는 시절이라고 해야 할 것입니다.' 다시 말씀하셨다. '마곡스님이 「누구
야?」하고 물은 것과 양수스님이 「속이지 마십시오.」라고 한 것은 마곡스님과 서로 만난
시절에 실제를 간파한 경계는 아닙니다. 또 「스님께 예배드리질 못했더라면 거의 일생을
경론에 속아 보낼 뻔하였습니다.」라고 한 것도 역시 사람을 속인 자리가 있음을 알아야
합니다. 그로부터 양수스님이 서울로 돌아갔다가 황제와 좌우가(左右街 : 스님의 관직)를
하직하였는데, 대사와 대덕들이 재삼 머물기를 권하여 차를 마시는 자리에서 말하기를,
「여러분이 아는 자리는 이 양수가 모두 알지만, 양수가 아는 자리를 여러분은 모른다」
하였습니다. 어떤 것이 양수가 아는 자리입니까?'"(X68n1315_p0103c02~11, 『古尊宿語
錄』卷第十六, 「雲門匡眞禪師廣錄」中, 室中語要. "擧. 良遂初參麻谷, 谷見來, 便去鋤
草. 良遂到鋤草處, 谷都不顧. 便歸方丈閉却門. 良遂連三日去敲門, 至第三日, 纔敲門, 麻
谷問:'阿誰?'良遂云:'和尙莫瞞良遂. 若不來禮拜和尙, 洎被經論賺過一生.'師云:'便有
逆水之波, 如今得入. 是順水之意. 亦喚作雙放時節.'又云:'麻谷問:「阿誰?」良遂道:「莫
瞞.」良遂不是識破麻谷相見時節.「若不來禮拜和尙, 洎被經論賺過一生」, 亦知有賺人處.
自後良遂歸京, 辭皇帝及左右街, 大師大德再三相留, 茶筵次, 良遂云:「諸人知處, 良遂總
知, 良遂知處, 諸人不知」'師云:'作麼生是良遂知處?'")
675) 『景德傳燈錄』卷第十一, T51n2076_p0288c17~25. 『聯燈會要』卷第十, X79n1557_p0
092a24~b07. 『五燈會元』卷第四, X80n1565_p0106c21~0107a03. 참조.
676) 漳州羅漢(장주나한) : 마조도일(馬祖道一)-염관제안(鹽官齊安)-관남도상(關南道常)-장주나
한(漳州羅漢).
677) 關南道常(관남도상) : 남악회양(南嶽懷讓)-마조도일(馬祖道一)-염관제안(鹽官齊安)-관남도상
(關南道常). 『전등록』10권에 스님의 문답화(問答話)와 약간의 소개가 나온다. "스님은 늘 학인
들이 찾아오면 흔히 주장자로 때리며 쫓아내거나 '일각이 늦었다.'고 하거나, '관남의 북을 울려
라.'라고 하여 제접하였으나 응답하는 이들이 드물었다."(『景德傳燈錄』卷第十, T51n2076_p02
79b26~28. "師每見僧來參禮, 多以拄杖打趁. 或云:'遲一刻.'或云:'打動關南鼓.'而時輩鮮有唱

"어떤 것이 대도(大道)의 근원입니까?"
도상스님이 한 주먹을 내갈기시니 마침내 깨달으셨다.
곧바로 노래를 부르셨다.

"함통 7년에 처음 도를 참구(參扣)할 때는
곳곳에서 이야기를 들었으나 모르는 말뿐이었네.
마음 속 의단(疑團)은 고리버들 고리 같아서
삼춘(三春)에도 즐겁지 않아 숲과 냇물에 멈추었다네.

홀연히 법왕(法王)의 모전(毛氈)678) 위에 앉아서
곧장 의심 펼쳐 스승님 앞에 간절히 다가가니
스님이 모전(毛氈) 위 나가정(那伽定)679)에서 일어나시어
웃통 벗고680) 가슴을 한 주먹 갈기셨네.

의단(疑團)681)이 흩어지니 갈저(猲狚)682)가 떨어져버렸네.
머리 들어 보니 해가 떠오르고 있구나.
이로부터 둥둥 떠올라 우뚝우뚝하니
줄곧 지금껏 늘 즐거웁구나.
그저 실컷 먹어 배부른 줄 아니
다시는 발우 들고 이리저리 다닐 것 없네."

和者.")
678) 氈(전) : 모전(毛氈)을 말한다. 짐승의 털에 열을 가하여 눌러 만든 넓은 천에 여러 가
　　지 색을 맞추어 무늬를 놓아서 두툼하게 짠 부드러운 요. 양탄자, 융단.
679) 那伽(나가) : ⓢnāga. 용(龍)·상(象)·무죄(無罪)·불래(不來)라고 번역한다. 부처님 또
　　는 아라한을 마하나가(摩訶那伽)라고 한다. 여기서는 나가정(那伽定)을 말하는데 자신의
　　몸을 용으로 변하게 하여서 깊은 연못 속에서 정지(定止)하는 것을 말한다. 장수(長壽)를
　　지켜 미륵부처님이 나올 때까지 원력으로 나가정(那伽定)에 든다.
680) 袒膊(조박) : 祖(조)는 袒(단)의 오기(誤記)다. 『전등록』 11권에는 袒(단)으로 나온다.
　　(T51n2076_p0288c22. "袒膊當胸打一拳") '단박(袒膊)'은 웃통을 벗어 어깨를 드러낸다
　　는 의미다.
681) 癡團(치단) : 『연등회요』 10권에서는 疑(의)로 되어 있다. (X79n1557_p0092b04, 『聯
　　燈會要』 卷第十. "駭散疑團猲狚落)
682) 猲狚(갈저) : 전설상의 짐승이름이다. 몸 전체의 생김새는 이리와 같고 머리는 붉으며
　　눈은 쥐의 눈이고 목소리는 돼지와 같다고 한다. 『전등록』 11권에서는 狚(저)가 狚(단)으
　　로 나온다.

묘희스님이 말씀하셨다.

"아깝다. 이 한주먹이여. 만나보지도 못한 사람에게 분부(分付)하였구
나."

557. 곡천대도谷泉大道

慈明和尚, 見泉大道來, 乃曰: "片雲橫谷口, 游人何處來?" 泉顧視左右.
曰: "夜來何處火, 燒出古人墳." 師曰: "未在. 更道." 泉作虎聲. 師打一坐
具. 泉推師就坐. 師却作虎聲. 泉曰: "我見七十餘員知識, 祇有你較些子
."683)

자명 초원스님684)이 곡천 대도스님685)이 오시는 걸 보시자 바로 말

---

683) 『聯燈會要』 卷第十三, X79n1557_p0113b08~13. 『禪林僧寶傳』 卷第十五, X79n1560
  _p0522bb22~c01. 『五燈會元』 卷第十二, X80n1565_p0242c11~16. 참조.
684) 慈明楚圓(자명초원) : 풍혈연소(風穴延沼)-수산성념(首山省念)-분양선소(汾陽善昭)-자명초
  원(慈明楚圓). 987~1040. 석상초원(石霜楚圓)이라고도 함. 석상(石霜)은 산 이름. 자명(慈明)은
  호. 속성은 이씨(李氏). 전주(全州) 청상(淸湘)[광서성(廣西省) 계림(桂林)] 출신. 22세에 상산
  (湘山) 은정사(隱靜寺)에 출가하였다. 동서를 행각하다가 분양 선소스님 회하에 있었는데 늘
  입실을 허락받지 못하다가 하루는 분양스님 앞에 나아가서 따졌다. "제가 큰스님의 법석에 참
  예한지 2년이나 되었어도 아직 한 번도 가르침을 받지 못하였고 게다가 망상만 많아지니 이
  러다가 세월만 보내고 이 일을 밝히지 못한다면 어찌 출가한 보람이 있겠습니까? 큰스님께서
  는 살펴 주십시오." 분양스님이 말했다. "이 나쁜 놈이 나를 비방하다니!" 크게 화를 내고서
  지팡이를 들고 내쫓으려하는데 자명스님이 사죄하려하자 분양스님이 손으로 자명스님의 입을
  꽉 틀어막아 버리는 바람에 크게 깨닫고는, "임제의 도가 별 것이 없네." 하였다. 그리고는
  12년을 시봉하다가 병주(幷州) 당명지숭(唐明智嵩)스님을 참방하고 다시 당대의 명사인 양대
  년(楊大年), 이준욱(李遵勗) 등과 논도(論道)하면서 지내다 고향으로 돌아가 어머니를 보살폈
  다. 균주(筠州)를 찾아가서 동산효총(洞山曉聰)스님을 만나고 3년을 거기서 지냈다. 그리고 의
  춘태수(宜春太守) 황종차(黃宗旦)의 청으로 원주(袁州)[강서성]의 남원(南源) 광리사(廣利寺)에
  3년을 머물렀다. 그후 어머니 보살피는 일을 그만두고 신정홍인(神鼎洪諲)스님을 참알하고 담
  주(潭州)의 도오산(道吾山)과 석상산(石霜山)의 숭승선원(崇勝禪院), 담주(潭州) 흥화선원(興化
  禪院) 등에 주석하면서 선법을 널리 폈다. 인종 때 보원(寶元) 2년에 흥화사(興化寺)에서 세수
  54세로 입적하였다. '자명요중(慈明鬧中)' '자명답착(慈明踏着)' '자명일무(慈明一畝)' '자명고
  원(慈明高原)' '자명유년(慈明有年)' '자명유조(慈明幽鳥)' 등의 공안이 있다. 『자명선사어록(慈
  明禪師語錄)』 1권이 있다. 황룡파의 개조인 황룡혜남(黃龍慧南)과 양기파의 개조인 양기방회
  (楊岐方會), 그리고 취암가진(翠岩可眞), 도오오진(道吾悟眞), 대녕도관(大寧道寬), 곡천대도(谷
  泉大道), 금란선(金鑾善)스님 등 기라성 같은 제자들을 많이 배출하였다.
685) 谷泉大道(곡천대도) : 수산성념(首山省念)-분양선소(汾陽善昭)-석상초원(石霜楚圓)-곡천대

씀하셨다.
"조각구름이 골짜기 입구를 가로막고 있는데 뜨내기는 어디서 오느
냐?"

곡천스님이 좌우를 둘러보셨다.

말씀드렸다.
"밤에 어디선가 불이 나서 옛 사람의 무덤을 태워버렸습니다."
스님이 말씀하셨다.
"아직 멀었다.686) 다시 말해라."

곡천스님이 호랑이 소리를 내셨다.
스님이 좌구로 때리셨다.
곡천스님이 스님을 밀어서 자리에 주저 앉히셨다.
스님이 바로 호랑이 소리를 내셨다.

곡천스님이 말씀하셨다.
"내가 70여 분의 선지식을 만나 뵈었는데, 스님이 그나마 조금 나은
편이군요."

도(谷泉大道). 남악(南嶽) 파초암(芭蕉菴)의 곡천대도(谷泉大道)스님이다. 천주(泉州)[복건성]의
남쪽 출신이다. 어렸을 적부터 총민하고 잘 참는 성품이었으나 큰소리를 잘 치고 오만불손하
였다. 세상 사람들이 그를 미워하니 출가해버렸다. 그러나 계율을 내팽개치고 마음대로 행동
하였으며 납자들을 깔보았다. 총림으로 가서는 제멋대로 하면서 아무것도 개의치 않았다. 분
양(汾陽)으로 가서 선소스님을 알현하였는데 선소스님이 기특하게 여겼다. 그리고는 비밀히
수기를 하였다. 남쪽 호상(湖湘) 일대를 다니다가 자명 초원선사를 만나 법을 이었다. 그 뒤
형악(衡嶽)의 정상 부근에 있는 영봉사(靈峰寺)의 나찬암(懶瓚庵)에 머물다가 파초암(芭蕉庵)
과 보진암(保眞庵)에 주석하였다. 만년에 빈주(彬州)[호남성]로 유배를 갔다가 가우(嘉祐) 연간
(1056~1063)에 세수 92세로 입적하였다. 『육파비가(六巴鼻歌)』가 있다.
686) 未在(미재) : 아직은 멀었다. 아직은 부족하다. 아직은 불충분하다. 틀렸다.

558. 운문문언雲門文偃

雲門云: "有三種人. 一人因說得悟, 一人因喚得悟, 第三人見舉便回去. 你道便回去意作麼生?" 復云: "好與三十棒."[687]

운문 문언스님[688]이 말씀하셨다.

"세 종류의 사람이 있습니다. 한 사람은 설법에 깨달았고, 한 사람은 부르니까 깨달았고, 세 번째 사람은 공안(公案)을 제시하는 것을 듣고는 곧 바로 돌아간 사람입니다.

곧 돌아가는 뜻이 무엇인지 말해보시오."

다시 말씀하셨다. "삼십 방 때리기에 딱 좋군."

559. 강서지철江西志徹

徹禪師, 江西人. 姓張氏, 名行昌. 少任俠. 自南北分化, 二宗主雖亡彼我, 而徒侶競起愛憎. 時北宗門人, 自立秀為第六祖. 而忌能大師傳衣為天下所聞. 祖預知其事, 即置金十兩於方丈. 時行昌受北宗門人所囑, 懷刃入祖室, 將欲加害. 祖伸頸而就, 行昌揮刃者三, 都無所損. 祖曰: "正劍不邪, 邪劍不正. 只負汝金, 不負汝命." 行昌驚仆, 久而方蘇, 求哀悔過, 即願出家. 祖遂與金, 曰: "汝且去. 恐徒眾翻害於汝. 汝可佗日易形而來. 吾當攝受." 行昌稟旨宵遁. 投僧出家, 具戒精進.

강서 지철스님[689]은 강서 사람이다. 속성은 장씨(張氏)요, 이름은 행창(行昌)이다.

젊었을 적에는 의협심이 강하셨다. 남종과 북종으로 분화하게 된 이

---

687) 『雲門匡真禪師廣錄』中, X68n1315_p0103b15~17. 『聯燈會要』卷第二十四, X79n15
57_p0208a06~08. 참조.
688) 雲門文偃(운문문언) : 용담숭신(龍潭崇信)-덕산선감(德山宣鑑)-설봉의존(雪峰義存)-운문
문언(雲門文偃). 864~949. 주153) 참조.
689) 江西志徹(강서지철) : 쌍봉도신(雙峰道信)-황매홍인(黃梅弘忍)-조계혜능(曹溪慧能)-강서
지철(江西志徹).

래로 두 분 종주(宗主)690)께서는 비록 피아(彼我)가 없었으나 따르는 종도들이 서로 다투어 애증을 일으켰다.

그때 북종의 문인들은 스스로 신수스님을 세워서 제6조로 삼았다. 그리고 혜능대사가 의발을 전수받았다는 소식이 천하에 퍼진 것을 시기하였다.

조사께서는 그 일을 미리 아시고 곧 황금 열 냥을 방장실에 놓아 두셨다.

그때 행창(行昌)이 북종 문인의 청탁을 받아서 칼을 품고 조실로 들어가 가해를 하려고 하였다. 조사께서 목을 늘여 받아들이시니, 행창(行昌)이 칼을 세 번이나 휘둘렀으나 도무지 손상시킬 수가 없었다.

조사께서 말씀하셨다.

"바른 검은 삿되지 않고 삿된 검은 바르지 않다. 단지 너에게 금을 빚졌지 너에게 목숨을 빚지진 않았다."

행창(行昌)이 놀라 쓰러졌다가 한참 후에야 비로소 깨어났다. 그리고는 슬피 죄과를 뉘우치며 즉시 출가를 원하였다.

조사께서 바로 황금을 주시면서 말씀하셨다.

"너는 곧 떠나가거라. 대중이 도리어 너를 해칠까 걱정된다. 너는 다른 날에 모습을 바꿔서 오너라. 내가 반드시 받아들여 주겠다."

행창(行昌)이 뜻을 받들어 밤을 이용하여 도망하였다. 그리고서 한 스님에게 출가하여 구족계를 갖추고 정진하였다.

一日憶祖之言, 遠來禮覲. 祖曰: "吾久念於汝, 汝來何晚?" 曰: "昨蒙和尚捨罪, 今雖出家苦行, 終難報於深恩. 其惟傳法度生乎. 弟子嘗覽『涅槃經』, 未曉常無常義. 乞和尚慈悲略為宣說." 祖曰: "無常者即佛性也. 有常者即善惡一切諸法分別心也." 曰: "和尚所說, 大違經旨也." 祖曰: "吾傳佛心印, 安敢違於佛經?" 曰: "經說佛性是常, 和尚却言無常, 善惡諸法乃至菩提心, 皆是無常, 和尚却言是常, 此即相違, 令學人轉加疑惑."

하루는 조사의 말씀을 기억하고는 멀리서 와서 예배하며 뵈었다.

---

690) 二宗主(이종주) : 남종주(南宗主)인 육조 혜능스님과 북종주(北宗主)인 옥천 신수스님의 두 분을 말한다.

조사가 말씀하셨다.

"내가 너를 오래 기억하였는데 너는 어찌 이리도 늦게 왔느냐?"

말씀드렸다.

"예전에 스님께서 죄를 용서하여 주심을 입었는데 이제 비록 출가하여 고행을 하지만 끝끝내 깊은 은혜를 갚아드리기가 어렵습니다. 앞으로 제가 오직 바라는 것은 법을 전수하여 뭇삶을 제도하는 것일 뿐입니다.

제자가 일찍이 『열반경』을 열람하였는데 항상함과 무상(無常)의 뜻을 깨치질 못하였습니다. 스님께서는 자비를 내리시어 간략히 설명해 주십시오."

조사께서 말씀하셨다.

"무상(無常)이라는 것은 곧 불성(佛性)이다. 항상함이라는 것은 곧 일체 선악의 모든 법을 분별하는 마음이다."

말씀드렸다.

"스님께서 말씀하신 것은 『경(經)』의 뜻에 크게 어긋납니다."

조사께서 말씀하셨다.

"나는 부처님의 심인(心印)을 전해 받았는데 어찌 감히 부처님의 경(經)을 어기겠느냐?"

말씀드렸다.

"『경(經)』에서는 말씀하시기를, '불성(佛性)은 항상함이라'691)고 하셨는데 스님께선 도리어 무상(無常)이라고 말씀하시고, '선악의 모든 법과 나아가서 보리심에 이르기까지 모두 다 무상(無常)이라'692)고 하셨

---

691) 『열반경』 26권에 나오는 법문이다. "불성은 항상함이니 선(善)도 아니요 불선(不善)도 아니다." (T12n0374_p0519a27, 『大般涅槃經』 卷第二十六. "佛性是常非善非不善")

692) 이 인용구절은 강서 지철스님이 『열반경』의 어느 구절을 인용한 것인지 찾기가 어려우나 『열반경』 17권에서는 보리(菩提)를 상(常)과 무상(無常)의 중도(中道)로서 설명하고 있다. "가섭보살이 다시 말씀드렸다. '세존이시여. 제일의제를 역시 도(道)라고 이름하며 역시 보리(菩提)라고 이름하며 역시 열반(涅槃)이라고 이름합니다. 만일 어떤 보살이 말하기를 도(道)와 보리(菩提)와 열반(涅槃)을 얻었다고 한다면 바로 이는 무상(無常)일 것입니다. 왜냐하면 법이 만일 항상하다면 얻을 수가 없기 때문입니다." (T12n0374_p0465c02~13, 『大般涅槃經』 卷第十七,「梵行品」第八之三. "迦葉復言: '世尊. 第一義諦, 亦名爲道, 亦名菩提, 亦名涅槃. 若有菩薩, 言有得道菩提涅槃, 即是無常. 何以故? 法若常者, 則不可得.'") "보리(菩提)의 모양에는 역시 두 가지가 있느니라. 하나는 상(常)이요 하나는 무상(無常)이다." (T12n0374 _p0465c12~13. "菩提之相, 亦有二種. 一者常, 二者無常.") 그리고 『열반경』 27권에서는 불성(佛性)이 중도임을 분명히 명시하고 있다. "중도

는데 스님께서는 도리어 항상함이라고 말씀하셨으니, 이것은 곧 서로 어긋나는 것이라 이 학인으로 하여금 더욱 의혹만 가중시키실 뿐입니다.

祖曰: "『涅槃經』吾昔者聽尼無盡藏讀誦一徧, 便爲講說. 無一字一義不合經文. 乃至爲汝終無二說." 曰: "學人識量淺昧, 願和尙委曲開示." 祖曰: "汝知否? 佛性若常, 更說甚麼善惡諸法? 乃至窮劫無有一人發菩提心者. 故吾說無常. 正是佛說真常之道也. 又一切諸法若無常者, 卽物物皆有自性容受生死, 而真常性有不徧之處. 故吾說常者. 正是佛說真無常義也. 佛比爲凡夫外道執於邪常, 諸二乘人於常計無常, 共成八倒, 故於涅槃了義敎中破彼偏見, 而顯說真常真樂真我真淨. 汝今依言背義, 以斷滅無常及確定死常而錯解佛之圓妙最後微言. 縱覽千徧有何所益?" 行昌忽如醉醒. 乃說偈, 曰: "因守無常心, 佛演有常性. 不知方便者, 猶春池拾礫. 我今不施功, 佛性而現前. 非師相授與, 我亦無所得." 祖曰: "汝今徹也. 宜名志徹." 乃禮謝而去.[693]

조사께서 말씀하셨다.

"내가 옛적에 무진장(無盡藏)비구니가 『열반경』 한 편을 독송하는 것을 듣고 곧 강설해 주었었는데, 한 글자 한 뜻도 경문(經文)에 합치하지 않은 것이 없었다. 그리고 너에게 이르기까지 끝내 두 말이 없다."

말씀드렸다.

"이 학인의 식견과 도량이 천박하고 우매하니, 원컨대 스님께서는 자세히 열어 가르쳐 주십시오."

조사께서 말씀하셨다.

"네가 알지 않느냐? 불성(佛性)이 만일 항상함이라면 다시 무슨 선악

라는 것은 불성이다." (T12n0374_p0523b18, 『大般涅槃經』 卷第二十七, 「師子吼菩薩品」 第十一之一. "中道者名爲佛性.") "다시 선남자야. 뭇삶은 두 가지의 견(見)을 일으킨다. 하나는 상견(常見)이요, 두 번째는 단견(斷見)이다. 이와 같은 두 견(見)은 중도(中道)라고 하지 못한다. 상(常)도 없고 단(斷)도 없음을 중도(中道)라고 이름하는 것이다." (T12n0374_p0523c24~26. "復次善男子. 衆生起見凡有二種. 一者常見, 二者斷見. 如是二見不名中道. 無常無斷乃名中道.")

693) 『景德傳燈錄』 卷第五, T51n2076_p0238c16~0239a26. 『聯燈會要』 卷第三, X79n1557_p0032a19~c01. 『五燈會元』 卷第二, X80n1565_p0056c13~0057a20. 『六祖大師法寶壇經』, T48n2008_p0359a02~b11. 참조. 이 화(話)는 돈황본 『단경』에는 나오지 않는다.

의 모든 법을 말할 것이 있겠느냐? 나아가 겁(劫)을 다하도록 한 사람도 보리심을 드러낼 이가 없을 것이다. 그러므로 내가 무상(無常)이라고 말한 것이다. 바로 이것이 부처님이 설하신 진정으로 항상함(眞常)의 도(道)이다.

또 일체 모든 법이 만일 무상(無常)이면 곧 갖가지 사물들이 다 스스로의 성품에 생사(生死)를 받아들일 것이다. 그래서 진정으로 항상한 성품이 두루하지 않은 곳이 있게 되고야 만다. 그러므로 내가 항상함이라고 말한 것은 바로 이 부처님이 말씀하신 진정으로 무상(無常)함의 뜻이다.

부처님께서 본래 범부와 외도가 삿된 항상함에 집착하고, 여러 이승(二乘)의 사람들이 항상함을 무상(無常)으로 헤아림으로써 함께 팔도(八倒)694)를 이루기 때문에, 『열반경』의 요의(了義) 가르침에서 저 편견을 부수어 버리시면서, 진상(眞常)·진락(眞樂)·진아(眞我)·진정(眞淨)을 드러내어 설하신 것이다.

하지만 너는 지금 말에 의지해 뜻을 등져서 단멸(斷滅)의 무상(無常)과 결사적으로 확정지은 항상함으로써, 부처님의 완벽하게 오묘하고 최후의 미묘한 말씀을 잘못 이해하고 있다. 그러니 설사 천 번을 열람한다 하여도 무슨 이익이 있겠느냐?"

행창스님이 홀연히 술에서 깨어나는 것 같았다.
그리고는 게(偈)를 읊었다.

"무상(無常)의 마음을 굳이 지키려 하기에
부처님께서 항상함의 성품을 말씀하셨네.

---

694) 八倒(팔도) : 팔전도(八顚倒)라고도 함. 범부와 이승(二乘) 등이 미혹된 집착으로 인하여 바른 도리를 뒤바뀌게 하는 여덟 가지의 바르지 않은 견해를 말한다. 유위(有爲)이며 생멸하는 여러 법을 상(常)·락(樂)·아(我)·정(淨)이라고 집착하는 범부의 네 가지 전도(顚倒)와, 무위열반(無爲涅槃)의 법을 무상(無常)·무락(無樂)·무아(無我)·무정(無淨)이라고 집착하는 이승(二乘)의 네 가지 전도(顚倒)를 합하여 팔도(八倒)라고 한다.

방편임을 알지 못하는 이는
마치 봄날의 연못에서 자갈만 주은 것과[695] 같다네.

내가 지금 힘쓰지 않고도
불성(佛性)이 현전하였으니
스님이 주신 것도 아니요
나도 역시 깨달은 바 없다네."

조사께서 말씀하셨다.
"네가 지금 철저하구나. 마땅히 지철(志徹)이라고 이름하겠다."
이에 감사의 절을 올리고 떠났다.

---

695) 春池拾礫(춘지습력) :『대반열반경』 2권에 나오는 말이다. 언어문자에 집착하거나 법집(法執)을 비유하는 말씀이다. "너희들이 먼저 익히던 무상하고 괴롭다는 생각은 진실하지 않다. 비유하자면 봄날에 여러 사람들이 큰 연못에서 목욕도하고 배를 타고 놀기도 하다가 실수로 유리보배를 깊은 물속에 떨어뜨렸다. 이때 여러 사람들이 모두 함께 물에 들어가서 이 보배를 찾는데 다투어 잡은 것이 기와 조각이나 돌, 초목이나 자갈 등이었다. 하지만 각각 유리구슬을 잡았다고 여기면서 환희에 차서 밖으로 가지고 나와 보니 유리보배가 아니었다. 유리구슬은 아직도 여전히 물속에 있었는데, 구슬의 힘 때문에 물이 아주 맑아 졌다. 그래서 대중이 보배구슬이 물 밑바닥에 있는 것을 쉽게 볼 수가 있었다. 마치 그것은 허공에 달이 떠있는 것을 보는 것과 같았다. 그때 대중 가운데 한 사람의 지혜로운 이가 있어서 방편의 힘을 써서 서서히 물에 들어가서 곧바로 유리보배를 찾아 나왔다. 너희 비구들도 그렇게 무상하고 괴롭고 나라는 생각이 없고 깨끗지 못하다는 생각을 닦아 익히면서 진실한 뜻이라고 생각하기를 저 여러 사람이 기와조각이나 돌이나 초목이나 자갈 등을 가지고서 진짜 보배라고 생각하듯이 하지 말아야한다. 그리고 너희들은 반드시 방편을 잘 배워서 어디서나 상락아정(常樂我淨)의 생각을 항상 닦아야만 한다. 또 먼저 닦아 익히던 네 가지 법의 모양은 모두 전도(顚倒)되어 버렸음을 반드시 알아야 한다. 진실을 깨달아 모든 생각을 닦으려 한다면 저 지혜로운 사람이 보배를 잘 찾아 나온 것처럼 이른바 상락아정(常樂我淨)의 생각을 닦아야 한다." (T12n0374_p0377c 28~0378a13,『大般涅槃經』卷第二,「壽命品」第一之二. 참조.)

560. 귀종회운歸宗懷惲

歸宗惲和尚, 僧問: "截水停輪時如何?" 曰: "磨不轉."　　妙喜曰: "恩大難酬."696)

귀종 회운스님697)께 한 스님이 여쭈었다.
"물도 막고 수레바퀴도 멈추었을698) 때는 어떻습니까?"
말씀하셨다. "갈아도 구르지 않는다."699)

묘희스님이 말씀하셨다. "은혜가 커서 갚기가 어렵다."

561. 동산양개洞山良价

洞山, 因請泰首座, 喫果子次, 乃問: "'有一物, 上拄天, 下拄地, 黑似漆, 常在動用中, 動用中收不得.' 汝道過在甚麼處?" 泰云: "過在動用中." 山喚侍者, 掇却果子卓.
大潙喆云: "還知洞山落處麼? 若也不知, 往往作是非得失會去. 諸仁者. 遮果子非但泰首座不得喫, 設使盡大地人來亦不得正眼覰著."700)

동산 양개스님701)이 태수좌(泰首座)를 청해서 과자를 드시고 계셨다.

---

696)『景德傳燈錄』卷第二十, T51n2076_p0363a24~25.『聯燈會要』卷第二十五, X79n1557_p0220a03~05.『五燈會元』卷第十三, X80n1565_p0276c15~16. 참조.
697) 歸宗懷惲(귀종회운) : 운암담성(雲巖曇晟)-동산양개(洞山良价)-운거도응(雲居道膺)-귀종회운(歸宗懷惲). 여산(廬山) 귀종사(歸宗寺)의 제3세 주지이다.『경덕전등록』20권 ·『오등회원』12권 ·『오등전서』28권 ·『선종송고련주통집』34권 ·『종감법림』66권 등에 문답화(問答話)가 나와 있다.
698) 截水停輪(절수정륜) : 물을 막고 수레를 멈추다. 선가(禪家)에서 일체의 언어정식(言語情識)을 끊어버리는 기봉(機鋒)을 시설(施設)함을 말한다.
699)『전등록』20권에는 문답이 더 있다. "여쭈었다. '어떤 것이 갈아도 구르지 않는 것입니까?' 스님께서 말씀하셨다. '수레바퀴가 멈추지 않는구나.'"(T51n2076_p0363a25,『景德傳燈錄』卷第二十. "曰: '如何是磨不轉?' 師曰: '不停輪.'")
700)『景德傳燈錄』卷第十五, T51n2076_p0322a29~b03.『聯燈會要』卷第二十, X79n1557_p0177a19~b01.『禪門拈頌集』卷第十七, K46-0286, 695則. 참조.

물으셨다.

"'한 물건이 있는데 위로는 하늘을 지탱하고 아래로는 땅을 지탱한다. 검기는 옻칠 같고, 항상 쓰는 데에702) 있지만 쓰는 데에서는 붙잡기가 어렵다.'703)

너는 허물이 어디 있는지 말해보아라."

태수좌가 말씀드렸다. "허물은 쓰는 데에 있습니다."

동산스님이 시자를 불러서 과자 상을 치우게 하셨다.

대위 모철스님704)이 말씀하셨다.

"동산스님의 낙처(落處)를 알겠습니까?

만일 알지 못하였다면 때때로 시비득실(是非得失)로 알려고 할 것입니다.

---

701) 洞山良价(동산양개) : 석두희천(石頭希遷)-약산유엄(藥山惟儼)-운암담성(雲巖曇晟)-동산양개(洞山良价). 807~869. 절강성 회계(會稽) 사람. 속성은 유씨(兪氏). 조동종의 개조이다. 어렸을 적 스승이 『반야심경』을 외우는 소리를 들을 때 '눈·귀·코·혀·몸·뜻이 없다'는 구절에 이르러 손으로 자신의 얼굴을 만지면서 묻기를 '저에게 눈·귀·코·혀·몸·뜻이 있는데 어째서 경전에서는 없다고 하였습니까?'라고 하였다. 스승이 그의 자질이 훌륭함을 알고 오설산(五泄山)의 영묵(靈黙)선사에게 출가시켰다. 21세에 숭산(嵩山)에서 구족계를 받고서 남전보원스님을 찾아 현묘한 뜻을 참알(參謁)하고 또 위산 영우스님을 참방(參訪)하여 '무정설법' 공안을 참심(參尋)하였으나 계오(契悟)하지를 못하였다. 그래서 위산스님의 지시로 운암 담성스님에게 나아가서 무정설법의 뜻을 물었으나 단지 약간의 깨달음만 있었다. 이에 다시 노조보운(魯祖寶雲)스님과 남원도명(南源道明)스님 등에게 법을 묻다가 시냇가를 거닐다 물에 비친 그림자를 보고 활연히 대오하였다. 이후 신풍산(新豊山)에서 학인들을 제접하였으며 만년에 강서성의 동산(洞山) 보리원(菩提院)에 머물다 함통10년 세수63세로 입적하였다. '동산한서(洞山寒暑)' '동산삼신(洞山三身)' '동산일냥(洞山一兩)' '동산해계(洞山駭雞)' '동산조도(洞山鳥道)' '동산구화(洞山救火)' 등의 공안이 있다. 『현중명(玄中銘)』 『풍중음(豊中吟)』 『보경삼매가(寶鏡三昧歌)』 『동산어록(洞山語錄)』 등이 있다. 운거도응(雲居道膺), 조산본적(曹山本寂), 용아거둔(龍牙居遁), 경조현자(京兆蜆子), 월주건봉(越州乾峰), 천동함계(天童咸啓), 북원통(北院通), 백수본인(白水本仁), 소산광인(疏山光仁), 흠산문수(欽山文邃), 천동산의(天童山義), 화엄휴정(華嚴休靜), 청림사건(靑林師虔) 등 27명의 부법제자(付法弟子)가 있다.

702) 動用(동용) : 사용(使用)과 같은 말이다. 쓰다.

703) 육조 혜능스님의 법문으로 알려져 있으나 확인 불가.

704) 大潙眞如(대위진여) : 분양선소(汾陽善昭)-석상초원(石霜楚圓)-취암가진(翠巖可眞)-대위진여(大潙眞如). ?~1095. 대위모철(大潙慕哲). 위산모철(潙山慕哲), 진여모철(眞如慕哲), 지해진여(智海眞如)로도 불림. 무주(撫州) 임천(臨川) 출신이다. 속성은 문씨(聞氏)이다. 단각율사(丹覺律師)에게 출가하여 구족계를 받고 취암가진(翠巖可眞)스님에게 참학하여 깨달음을 이루고 시봉하였다. 이때 세인들로부터 '철시자(喆侍者)'라는 칭호를 받았다. 담주(潭州)의 악록사(岳麓寺)와 취암산(翠巖山)에서 주석하였다. 철종(哲宗)으로부터 '진여선사(眞如禪師)'라는 칭호를 받고 대상국사(大相國寺) 지해선원(智海禪院)에 머물렀다. 소성(紹聖) 2년(1095) 10월 8일 입적함. 황정견(黃庭堅)이 서(序)를 쓴 『대위산어록(大潙山語錄)』이 있다.

여러분. 이 과자는 비단 태수좌만 먹지 못한 것이 아닙니다. 설사 온 세상의 사람들이 다 온다고 하여도 역시 바른 안목으로 엿보지705) 못할 것입니다."

562. 홍주수료洪州水潦

水潦和尚, 問馬祖: "如何是西來的的意?" 祖乃當胷蹋倒. 師大悟. 起來拊掌呵呵大笑. 云: "也大奇! 也大奇! 百千三昧, 無量妙義. 只向一毛頭上, 一時識得根源去." 乃作禮而退. 師後告衆, 云: "自從一喫馬師蹋, 直至如今笑不休."

蔣山泉和尚云: "忽然瞥地, 更是好笑."706)

홍주 수료스님707)이 마조 도일스님708)께 여쭈었다.
"어떤 것이 서쪽에서 온 적적(的的)한 뜻입니까?"
마조스님이 바로 멱살을 잡고 걷어차서 쓰러뜨리셨다.
스님이 크게 깨달으셨다.
일어나서 손뼉을 치면서 "하하!"하고 크게 웃으면서 말씀하셨다.

"엄청나구나! 엄청나구나!
백 천 삼매와 한량없는 묘의(妙義)여.
그저 한 터럭 끄트머리에서
근원을 단번에 알아내었다."

---

705) 覷著(처착) : 자세히 보다. 엿보다. 살펴보다. 눈치 채다.
706) 『景德傳燈錄』卷第八, T51n2076_p0262c08~12. 『聯燈會要』卷第五, X79n1557_p00
  54c17~21. 『五燈會元』卷第三, X80n1565_p0086c24~0087a04. 참조.
707) 洪州水潦(홍주수료) : 조계혜능(曹溪慧能)-남악회양(南嶽懷讓)-마조도일(馬祖道一)-홍주수
  료(洪州水潦). 수로화상(水老和尙)이라고도 한다. '홍주서래(洪州西來)' '수로원상(水老圓相)'
  등의 공안을 남겼다.
708) 馬祖道一(마조도일) : 황매홍인(黃梅弘忍)-조계혜능(曹溪慧能)-남악회양(南嶽懷讓)-마조
  도일(馬祖道一). 709~788. 주43) 참조.

그리고는 절을 올리고 물러나셨다.

스님이 뒤에 대중에게 말씀하셨다.
"한 번 마조스님의 발길에 걷어차이고 난 이래로 지금껏 웃음을 그쳐
보질 못하였다."

장산 법천스님709)이 말씀하셨다.
"갑자기 깨달았다니 더욱 웃기는구나.710)"

563. 운봉문열雲峰文悅

雲峯悅和尚, 因僧入室, 舉: "僧問趙州: '萬法歸一, 一歸何所…'" 悅便喝.
僧茫然. 悅問: "趙州道甚麼?" 僧擬議, 悅以拂子驀口打.711)

운봉 문열스님712)께 한 스님이 입실해서 인용하여 여쭈었다.
"어떤 스님이 조주스님께 여쭈었습니다.
'만법은 하나로 돌아가는데 하나는 어디로 돌아갑니…'"
문열스님이 얼른 "억!"하셨다.
그 스님이 어리둥절하였다.
문열스님이 물으셨다.

---

709) 蔣山法泉(장산법천) : 운문문언(雲門文偃)-덕산연밀(德山緣密)-문수응진(文殊應眞)-동산효
총(洞山曉聰)-운거효순(雲居曉舜)-장산법천(蔣山法泉). 금릉장산법천불혜선사(金陵蔣山法泉佛
慧禪師)라고도 하며 법천만권(法泉萬卷)이라고도 한다. 수주(隨州) 출신으로 속성은 시씨(時氏)
이다. 건강부(建康府)에 주석하였는데 세상에서는 그를 '천만권자(泉萬卷者)'라고 불렀다고 한
다. (『嘉泰普燈錄』卷第三, X79n1559_p0308c09. "建康府蔣山佛慧法泉禪師〈世號泉萬卷者〉")
『가태보등록』 3권에는 상당법문과 문답화(問答話)가, 26권에 거화법문(擧話法門)이, 27권에는
게송 3수가, 30권에는 「묵암가(默庵歌)」가 실려 있다. 『연등회요』 28권·『종문염고휘집』 42
권·『종감법림』 52권·『오등회원』 16권·『오등전서』 34권·『지월록』 11권 등에 법문이 실려
있다.
710) 好笑(호소) : 아주 웃기다. 가소롭다. 별것도 아니다.
711) 『禪門拈頌集』卷第十, K46-0171, 408則. 『古尊宿語錄』卷之四十一, 「雲峰悅禪師初住
翠巖語錄」, X68n1315_p0269a02~04. 참조.
712) 雲峰文悅(운봉문열) : 수산성념(首山省念)-분양선소(汾陽善昭)-대우수지(大愚守芝)-운봉
문열(雲峰文悅). 998~1062. 주25) 참조.

"조주스님이 뭐라고 하시냐?"
그 스님이 헤아리고 있으려니 문열스님이 불자로 갑자기 입을 때리셨다.

564. 설봉의존雪峰義存

　雪峯和尚, 云: "望州亭與汝相見了也, 烏石嶺與汝相見了也, 僧堂前與汝相見了也." 保福問鵝湖: "僧堂前且置, 望州亭烏石嶺甚麼處相見?"　鵝湖驟步歸方丈.　保福便入僧堂.713)

설봉 의존스님714)이 말씀하셨다.
"망주정715)에서 여러분을 만났고, 오석령716)에서 여러분을 만났으며, 승당(僧堂) 앞에서도 여러분과 만났습니다."717)

---

713) 『景德傳燈錄』 卷第十九, T51n2076_p0354c10~14. 『雪峰眞覺大師語錄』 卷之下, X69n1333_p0083c06~08. 『聯燈會要』 卷第二十一, X79n1557_p0185a15~18. 『禪門拈頌集』 卷第十九, K46-0315, 784則. 『五燈會元』 卷第七, X80n1565_p0154a14~17. 『汾陽無德禪師頌古代別』 卷中, T47n1992_p0613a12~17. 참조.

714) 　雪峰義存(설봉의존) : 천황도오(天皇道悟)-용담숭신(龍潭崇信)-덕산선감(德山宣鑑)-설봉의존(雪峰義存). 822~908. 주170) 참조.

715) 望州亭(망주정) : 설봉산(雪峰山)[복건성(福建省) 민후현(閩侯縣)에서 서북쪽으로 180리 거리에 있는 산]에 있는 정자.

716) 烏石嶺(오석령) : 설봉산(雪峰山)에 있는 고개.

717) 이 화(話)에 대한 대혜스님의 염송과 시중법문(示衆法門)과 보설(普說)이 있다. "망주정과 오석령과 승당 앞은/ 업식이 아득히 많은 이는 당할 수 없네./ 납자의 주장자를 잡아 일으키니/ 오호(五湖)와 사해(四海)가 끓어 넘치네."(T47n1998Ap0853b29~c02, 『慧普覺禪師語錄』 卷第十. "望州烏石與僧堂, 業識茫茫不可當. 提起衲僧拄杖子, 五湖四海沸如湯.")"바늘 끝에서 하늘 관문을 뚫었지만, 마음을 쓰고 생각을 잊는 것 두 가지를 감당키 어렵습니다. 곧바로 벌써 천만 겁을 지나가서, 바로 지금 성불이라도 함께 참여하질 못한 것입니다. 그러므로 설봉스님이 말씀하셨습니다. '망주정에서 여러분을 만났고, 오석령에서도 여러분을 만났으며, 승당 앞에서도 여러분을 만났다.' 만일 영리한 사람이라면 말하는 것을 듣자마자 벌떡 일어나 곧바로 떠날 것이며, 다시는 거듭 머뭇거리진 않을 것입니다. 잘 알겠습니까? 하늘 밖을 나가 보십시오. 나와 같은 사람이 누구입니까?"(T47n1998Ap0842a13~18, 『大慧普覺禪師住福州洋嶼菴語錄』 卷第八. "示衆. '針鋒頭上透天關, 着意忘懷兩不堪. 直下早踰千萬劫, 卽今成佛未同叄. 所以雪峰道: 「望州亭與汝相見了也, 烏石嶺與汝相見了也, 僧堂前與汝相見了也.」 若是靈利漢, 聊聞擧着, 剔起便行, 更不周由者也. 還委悉麼? 出頭天外看. 誰是我般人?'")"지금 제방에서 상량하여 말하기를 '어떤 것이 망주정에서 만나는 때냐?'하면, 곧 '남쪽에서 헐값으로 사서 북쪽에서 비

보복 종전스님718)이 아호 지부스님719)께 물으셨다.
"승당(僧堂) 앞은 그만두고 망주정과 오석령에서는 언제720) 만났다는 것일까요?"
아호스님이 아주 빠른 걸음으로 방장실로 돌아가셨다.
보복스님도 얼른 승당으로 들어가셨다.

雪峯, 問僧: "甚處去?" 僧云: "識得卽知去處." 曰: "汝是了事人, 亂走作

싸게 파는 것이지'하고, '오석령에서 만난 뜻이 뭐냐?'하면, '돌이 큰 것은 크고 작은 것은 작아'하고 '승당 앞에서 만나는 것은 또 어때?'하면 '방에 돌아가서 차 마셔라'하는데, 전혀 관계가 없는 것입니다. 그 외의 삿된 견해는 이루 헤아릴 수 없습니다. 이 산승이 평소에 학자들에게 물었습니다. '망주정에서 여러분을 만났고, 오석령에서 여러분을 만났으며, 승당 앞에서도 여러분을 만났다'하니, 어떻습니까? 이것은 바로 금강권이나 율극봉인데, 여러분은 어떻게 삼킬 것이며 어떻게 투과하려 합니까? 여러분은 이것을 삼키고 투과하는 것을 알고 싶습니까? 들어보았을 것입니다. 보복스님이 아호스님에게 묻기를 '승당 앞의 일은 그만두고, 망주정과 오석령에서는 언제 만났다는 것일까요?'하니, 아호스님이 잰걸음으로 방장실로 돌아가시고 보복스님도 곧 승당으로 들어가셨습니다. 여기에 분양스님이 노래하였습니다. '망주정과 오석령과 승당 앞에서/ 서로 만나 서로 안 사람이 몇 천만이냐?/ 오직 아호와 보복 두 사람만이/ 이때 만나서 서로 미룰 줄을 알았네.' 이 노래야말로 분명히 여러분을 위해 말한 것입니다."(T47n1998Ap0871c04~19, 『大慧普覺禪師普說』卷第十四. "如今諸方商量道: '作麼生是望州亭相見處?' 便道: '南頭買賤北頭賣貴.' '烏石嶺相見意旨如何?' 便道: '石頭大底大小底小.' '僧堂前相見又作麼生?' 便道: '歸堂喫茶去.' 且喜沒交涉. 自餘邪解, 不可勝數. 山僧尋常亦問學者: '望州亭與汝相見了也, 烏石嶺與汝相見了也, 僧堂前與汝相見了也.' 作麼生? 這箇便是金剛圈栗棘蓬, 爾如何吞, 如何透? 爾要識能吞能透者麼? 豈不見? 保福問鵝湖: '僧堂前且置, 望州亭烏石嶺, 甚麼處相見?' 鵝湖驟步, 歸方丈, 保福便入僧堂. 汾陽和尙頌曰: '望州烏石與堂前, 相見相知幾萬千? 唯有鵝湖幷保福, 此時相見解推遷.' 此頌分明爲爾說了也.")

718) 保福從展(보복종전) : 용담숭신(龍潭崇信)-덕산선감(德山宣鑑)-설봉의존(雪峰義存)-보복종전(保福從展). ?~928. 복주 출신. 속성은 진씨(陳氏)다. 15세에 설봉 의존스님 문하로 출가하여 18세에 대주(大州)의 대중사(大中寺)에서 구족계를 받았다. 계를 받은 후 장경 혜릉스님과 아호 지부스님 등에게 참학하다가 돌아와서 설봉 의존스님을 시봉하였다. 어느 날 설봉스님이 보복스님을 불렀다. 그가 오자 설봉스님이 물었다. "알겠는가?"보복스님이 가까이 가려하니, 설봉스님이 주장자로 밀어내버렸다. 보복스님이 그 자리서 깨닫고 절을 하고 물러갔다. '보복묘봉정(保福妙峰頂)' '보복불자(保福拂子)' '보복사만인(保福四謾人)' '보복첨과(保福簽瓜)' '보복추심처(保福麤心處)' '보복광경(保福光境)'등의 공안화두가 있다.

719) 鵝湖智孚(아호지부) : 용담숭신(龍潭崇信)-덕산선감(德山宣鑑)-설봉의존(雪峰義存)-아호지부(鵝湖智孚). 오대(五代)스님이다. 복주(福州)[복건성] 출신. 설봉 의존스님을 수년간 모시다가 법을 이어 받고 신주(信州)[강서성 상요(上饒)] 아호(鵝湖)에 주석하였다. '아호유자(鵝湖油糍)' 공안이 있다.

720) 甚麼處(심마처) : 언제. 처(處)는 때, 시각, 시간을 나타냄. 『선문염송』 784칙에서는 '자마생(作麼生)[어떤 것]'으로 나온다. "승당 앞에서 서로 만난 것은 그만두고 어떤 것이 망주정과 오석령에서 만난 것이오?"(K46-0315, 『禪門拈頌集』卷第十九. "僧堂前相見則且置, 作麼生是望州亭烏石嶺相見?"

麼?” 僧云: “和尚莫塗污人. 好.” 曰: “我即不塗污汝. 古人吹布毛作麼生? 與我說來看.” 僧云: “殘羹餿飯已有人喫了也.” 峯休去.

　雲門, 別前語: “築著便作屎臭氣.” 又代後語: “將謂是鑽天鷂子, 元來只是死水裏蝦蟆.”

　雪竇出雪峯語, 云: “一死更不再活.”721)

설봉스님이 한 스님722)에게 물으셨다. “어디로 가냐?”

그 스님이 말씀드렸다. “알면 곧 갈 곳을 알 것입니다.”

말씀하셨다. “너는 일을 마친 사람인데 어지럽게 다녀서 뭐하려고?”

그 스님이 말씀드렸다. “스님께서는 사람을 모욕하지 마십시오. 나 원 참.723)”

말씀하셨다.

“나는 너를 모욕하지 않았다.724) 옛사람725)이 실오라기를 분 것726)

---

721) 『雪峰眞覺大師語錄』 卷之下, X69n1333_p0083a10~13. 『古尊宿語錄』 卷第十六, 「雲門匡眞禪師廣錄」 中, X68n1315_p0106a21~b03. 참조.

722) 『설봉록』 하(下)에서는 청봉(淸峰)스님으로 나온다. (X69n1333_p0083a10, 『雪峰眞覺大師語錄』 卷之下. “師勘淸峰云”)

723) 好(호) : 불만이 섞여 나무라는 말투. 나 원 참. 참 나 원. 원 참 나. 아이 참. 원 참. 거참.

724) 『설봉록』 하下에서는 “내가 너를 모욕해 버렸구나.”라고 나온다. (X69n1333_p0083a12. “我即塗污儞”)

725) 古人(고인) : 조과도림(鳥窠道林)선사를 말한다. 우두종 스님이다. 우두법융(牛頭法融)-원양지암(圓陽智巖)-윤주혜방(潤州慧方)-금릉법지(金陵法持)-천보지위(天保智威)-학림현소(鶴林玄素)-경산법흠(徑山法欽)-조과도림(鳥窠道林). 본군(本郡)의 부양(富陽)사람. 속성은 반씨(潘氏). 어머니 주(朱)씨가 입으로 태양이 들어오는 꿈을 꾸고는 태기가 있었다. 탄생할 때에는 기이한 향기가 방에 가득하였으므로 향광(香光)이라고 이름지었다. 9살에 출가하여 21살에는 형주(荊州)의 과원사(果願寺)에서 구족계를 받았고, 뒤에 장안(長安) 서명사(西明寺)에 있는 복례법사(復禮法師)에게 가서 『화엄경』과 『기신론』을 배웠다. 복례스님이 「진망송(眞亡頌)」을 보이면서 선나(禪那)를 닦으라고 하자, 스님이 여쭈었다. ‘처음에 어떻게 관찰하며, 어떻게 마음을 써야 합니까?’ 복례스님이 한참을 아무런 말이 없자, 스님은 세 번 절하고 떠났다. 그때 당 대종(大宗)이 경산국일(徑山國一)스님을 대궐로 초청하였다. 이에 스님은 가서 국일스님을 참알하고 법을 이어받았다. 뒤에 진망산(秦望山)에 가서 낙락장송 가지 위에 자리를 잡고 살았다. 그래서 사람들이 그를 일컬어 조과선사(鳥窠禪師)라고 하였다. 또한 곁에 까치가 둥지를 틀고 함께 기거했으므로 학소화상(鵲巢和尙)이라고도 하였다. 거기서 거사 백거이(白居易)를 제접한 일은 아주 유명하다. 장경(長慶) 4년 2월 10일에 세수 84세로 입적하였다. ‘조과포모(鳥窠布毛)’‘조과불법(鳥窠佛法)’공안이 있다. 제자로 초현회통(招賢會通)이 있다.

726) 吹布毛(취포모) : 조과 도림스님이 초현 회통스님을 깨달음으로 이끌 때 사용한 기예(機銳)다. “초현 회통이라는 시자가 있었다. 하루는 문득 스님을 하직하려고 하였다. 조과스님이 물으셨다. ‘네가 지금 가려는 곳이 어디냐?’ 대답하였다. ‘회통이 법을 위해 출가하였는데 스님께서 자상한 가르침을 주시지 않아서 이제 제방으로 가서 불법을 배워야겠

은 어떠냐? 나에게 말해 봐라.”
 그 스님이 말씀드렸다.
“먹다 남은 국 찌꺼기와 쉰밥727)은 이미 어떤 사람이 먹어 버렸는데요.”
 설봉스님이 그만 두셨다.

운문 문언스님728)이 앞의 말과 달리 말씀하셨다.
“쑤셔보니729) 바로 똥냄새가 진동하는구나.”
또 뒷말을 대신해서 말씀을 하셨다.
“하늘을 뚫는 매라고 여겼더니, 원래 그저 고인 물속의 두꺼비였군.”

설두 중현스님730)이 설봉스님의 말씀을 꺼내서 말씀하셨다.
“한 번 죽으면 다시 살아나지 못한다.”

565. 진정극문眞淨克文

真淨和尚, ≪法界三觀≫ 六頌. 色空無礙, 如意自在, 萬象森羅, 影現中外. 出沒去來, 此土佗界, 心印廓然, 融通廣大. 理事無礙, 如意自在, 倒把須彌, 卓向纖芥. 清淨法身, 圓滿土塊, 一點鏡燈, 十方海會. 事事無礙, 如意自在, 不動道場, 十方世

습니다.’ 스님이 말씀하셨다. ‘이런 불법(佛法) 쯤은 나에게도 조금은 있지.’ 말씀드렸다. ‘어떤 것이 스님의 불법(佛法)인데요?’ 스님이 몸에서 실오라기를 뽑아서 훅 부니, 회통 스님이 드디어 현지를 깨달았다.” (T51n2076_p0230b16~21, 『景德傳燈錄』卷第四. “有 侍者會通. 忽一日欲辭去. 師問曰:‘汝今何往?’對曰:‘會通爲法出家, 以和尚不垂慈誨, 今 往諸方學佛法去.’師曰:‘若是佛法, 吾此間亦有少許.’曰:‘如何是和尚佛法?’師於身上拈 起布毛吹之, 會通遂領悟玄旨.”)

727) 殘羹餿飯(잔갱수반) : 먹다 남은 국과 쉬어 빠진 밥. 곧 틀에 박힌 진부한 이야기를 말한다.

728) 雲門文偃(운문문언) : 용담숭신(龍潭崇信)-덕산선감(德山宣鑑)-설봉의존(雪峰義存)-운문문언(雲門文偃). 864~949. 주153) 참조.

729) 築著(축착) : 치다. 차다. 부딪치다. 찌르다. 쑤시다. 때리다. 채우다. 틀어막다. 쥐어박다. 들이 받다. 단단하게 다지다. 부딪치다. 쿵쿵.

730) 雪竇重顯(설두중현) : 운문문언(雲門文偃)-향림징원(香林澄遠)-지문광조(智門光祚)-설두중현(雪竇重顯). 980~1052. 주432) 참조.

界. 東涌西沒, 千差萬怪, 火裏蜘蟟, 吞却螃蟹. 事事無礙, 如意自在, 手把猪頭, 口誦淨戒. 趂出婬坊, 未還酒債, 十字街頭, 解開布袋. 事事無礙, 如意自在, 拈起一毛, 重重法界. 一念徧入, 無邊剎海, 只在目前, 或顯或晦. 事事不知, 空色誰會? 理事既休, 鐵船下海. 石火電光, 咄哉! 不快. 橫按鏌鎁, 魔軍膽碎.731)

진정 극문스님.732)
《법계삼관(法界三觀)》 6송(頌).

색(色)과 공(空)이 막힘없어 마음대로 자재하니
삼라만상 안팎으로 그 모습을 나타내네.
이 세상과 저 세계에 출몰하고 가고 오니
마음 인(印)이 확연하여 광대하게 융통하네.

이(理)와 사(事)가 막힘없어 마음대로 자재하니
수미산을 거꾸로 쥐고 겨자씨에 우뚝 세웠네.
청정 법신 부처님이 흙덩이에도 원만하니
한 점의 밝은 등불에 시방 찰해(刹海) 모여드네.

사(事)와 사(事)가 막힘없어 마음대로 자재하니
도량에서 꿈적 않고 시방(十方)의 세계라네.
동(東)에 솟아 서(西)로 지니 천차만별 벌어지고,
화염 속의 말매미가 바닷게를 삼킨다네.

사(事)와 사(事)가 막힘없어 마음대로 자재하니
손으로는 돼지 잡고 입은 정계(淨戒) 외운다네.
사창가로 달려가나 술값도 못 갚고서는
열십자의 네거리에 포대자루 풀어 놓네.

---

731) 『古尊宿語錄』卷之四十五, 「寶峰雲庵真淨禪師偈頌」下中, X68n1315_p0300a19~b07. 참조.

732) 眞淨克文(진정극문) : 분양선소(汾陽善昭)-석상초원(石霜楚圓)-황룡혜남(黃龍慧南)-진정극문(眞淨克文). 1025-1102. 주50) 참조.

사(事)와 사(事)가 막힘없어 마음대로 자재하니
한 터럭을 뽑아내면 온 법계가 중중(重重)하네.
한 생각이 가이없는 찰해(刹海) 속에 두루 들고,
그저 여기 있으면서 나투었다 숨는다네.

사(事)와 사(事)가 모르는데 공(空)과 색(色)을 누가 알랴.
이(理)와 사(事)가 쉬었으니 무쇠 배가 바다 밑에 가라앉네.
부싯돌 빛 번갯불도, 咄(Duō)! 느리구나.
막야검을733) 비껴드니 마군들이 벌벌 떠네.

566. 동산양개洞山良价

洞山, 因僧問: "三身中那身說法?" 山云: "吾常於此切." 僧後問曹山, 云: "洞山道: '吾常於此切' 意旨如何?" 曹山云: "要頭即斫將去." 僧又問雪峯, 峯以拄杖劈口打, 云: "我也曾到洞山來." 承天宗云: "一轉語海晏河清, 一轉語風高月冷, 一轉語騎賊馬趁賊. 試請辨看. 忽有箇衲僧出來道: '總不與麼' 也許伊具一隻眼."

妙喜曰: "恁麼葛藤, 也未夢見三箇老漢在." 復云: "何不向膏肓穴上, 下一針?"734)

---

733) 鎮鋣(막야) : 명검의 이름. '막야(莫邪)' 또는 '막야(鎮耶)'라고도 쓴다. 춘추시대에 간장(干將)과 막야(鎮鋣)라는 부부가 살고 있었는데 초왕(楚王)을 위하여 칼을 만들었다고 한다. 각고 끝에 3년 만에 칼을 만들어 내었는데 웅검(雄劍)을 간장(干將)이라하고, 자검(雌劍)을 막야(鎮鋣)라고 하였다고 한다. 이후 명검을 부를 때 흔히 사용한 칼의 이름이다. 『장자』의 「대종사」편에도 이 칼의 이름이 나온다. "무쇠가 펄쩍펄쩍 뛰어오르며 말하기를, '나는 앞으로 반드시 막야가 되리라'라고 하면 큰대장장이가 상서롭지 못한 무쇠덩어리로 여기게 될 것이다."(『莊子』內篇「大宗師」. "金踊躍曰: '我且必爲鎮鋣', 大治必以爲不祥之金.")

734) 『景德傳燈錄』卷第十五, T51n2076_p0323a15~17. 『筠州洞山悟本禪師語錄』, T47n1986Ap0510b24~27. 『聯燈會要』卷第二十, X79n1557_p0178a10~16. 『禪門拈頌集』卷第十七, K46-0281, 685則. 『五燈會元』卷第十三, X80n1565_p0262c04~06. 참조.

동산 양개스님735)께 한 스님이 여쭈었다.
"삼신(三身)736) 가운데 어떤 몸이 설법하십니까?737)"
동산스님이 말씀하셨다. "나도 늘 여기 절박하였다."

그 스님이 뒤에 조산 본적스님738)께 여쭈었다.
"동산스님께서 '나도 늘 여기 절박하였다'고 말씀하신 뜻이 무엇입니
까?"
조산스님이 말씀하셨다. "머리를 찾으면 곧장 베어버려야 한다."739)
그 스님이 또 설봉 의존스님740)께 여쭈었다.
설봉스님이 주장자로 입을 때리신 뒤,741) 말씀하셨다.
"나도 역시 일찍이 동산스님한테 갔었지."

승천 전종스님742)이 말씀하셨다.
"일전어(一轉語)743)에 바다는 온화하고 냇물은 맑아진다.
일전어(一轉語)에 바람은 세고 달은 차갑다.

---

735) 洞山良价(동산양개) : 석두희천(石頭希遷)-약산유엄(藥山惟儼)-운암담성(雲巖曇晟)-동산
   양개(洞山良价). 807~869. 주701) 참조.
736) 三身(삼신) : 부처님의 세 가지 몸. 곧, 법신(法身)·보신(報身)·화신(化身)을 말한다.
737) 那身說法(나신설법) : 『선문염송』 17권과 『전등록』 15권에서는 "어느 몸이 여러 숫자
   에 떨어지지 않습니까?"라고 나온다. (K46-0281, 『禪門拈頌集』 卷第十七. "那身不墮諸
   數?". T51n2076_p0323a15~16, 『景德傳燈錄』 卷第十五. "阿那身不墮衆數?")
738) 曹山本寂(조산본적) : 약산유엄(藥山惟儼)-운암담성(雲巖曇晟)-동산양개(洞山良价)-조산
   본적(曹山本寂). 839~901. 주337) 참조.
739) 要頭即斫將去(요두즉작장거) : '요(要)'는 찾다, 구하다는 뜻. '작(斫)'은 찌르다, 베다,
   찍다, 깎다, 자르다, 쪼개다, 치다, 기습하다 등의 뜻이 있다. '장거(將去)'는 지속성이나
   개시(開始)를 나타내는 어조사다. 이 구절에 대한 여러 번역이 있다. "처음부터 없애버려
   야 한다." (백련선서간행회, 『조동록』, p75. 장경각, 1989.) "내 머리가 필요하거든 베어
   가라." (월운스님, 『전등록』2, p307. 동국역경원, 2008.) "머리를 쪼개 달라는 것이니라."
   (김월운, 『선문염송·염송설화』6, p231. 동국역경원, 2005.)
740) 雪峰義存(설봉의존) : 천황도오(天皇道悟)-용담숭신(龍潭崇信)-덕산선감(德山宣鑑)-설봉
   의존(雪峰義存). 822~908. 주170) 참조.
741) 拄杖劈口打(주장벽구타) : 『전등록』 15권에서는 "주장자로 그를 가리키면서 말씀하셨
   다."라고 나온다. (T51n2076_p0323a17. "拄杖擬之云")
742) 承天傳宗(승천전종) : 운문문언(雲門文偃)-향림징원(香林澄遠)-지문광조(智門光祚)-설두중
   현(雪竇重顯)-승천전종(承天傳宗). 운문종스님이다. 천주(泉州) 승천사(承天寺)에 주석하였다.
   『속전등록』 6권·『건중정국속등록』 5권·『연등회요』 28권·『오등회원』 16권·『오등전서』 34
   권·『지월록』 6권 등에 법문이 실려 있다.
743) 一轉語(일전어) : 어떤 무르익은 상황에서 계오(契悟)에 딱 맞는 한마디.

일전어(一轉語)에 도적의 말을 타고 도적을 뒤쫓는다.

한 번 가려내 보아라.

문득 한 납승이 나와서 '모두 이렇진 않습니다'라고 말한다면 일척안(一隻眼)744)을 갖추었다고 인정해주겠다."

묘희스님이 말씀하셨다.
"이렇게 말하였어도745) 역시 세 분 노인네를 꿈에도 보지 못할 것이다."

다시 말씀하셨다.
"어찌 고황혈(膏肓穴)746) 위에다 침을 한 대 놓아주지 않는 거냐?"

567. 운거원우雲居元祐

雲居祐和尚, 示眾, 云: "過去諸如來, 更不再勘. 現在諸菩薩, 放過即不可. 未來修學人, 謾佗一點不得. 所以教中道: '若人欲了知, 三世一切佛, 應觀法界性, 一切唯心造.' 然雖如是, 羅漢門下, 正是金屑落眼."
僧問: "如龜藏六時如何?" 曰: "文彩已彰." 云: "爭奈處處無蹤跡?" 曰: "一任拖泥帶水." 云: "便與麼去時如何?" 曰: "果然."747)

운거 원우스님748)이 대중에게 열어 보이셨다.

---

744) 一隻眼(일척안) : 바른 안목. 정법안장(正法眼藏)과 같은 의미.
745) 승천 전종스님의 염(拈)을 말한다.
746) 膏肓穴(고황혈) : 심장과 횡경막 사이의 혈자리. 고(膏)는 심장의 아래 부분. 황(肓)은 횡경막의 윗부분. 명치끝. 이곳에 병이 들면 약이 잘 듣지 않는다고 한다. 고황(膏肓)은 난치병 또는 불치병을 말한다.
747) 『聯燈會要』 卷第十四, X79n1557_p0127a20~23, b20~22. 『五燈會元』 卷第十七, X80n1565_p0355c03~09. 참조.
748) 雲居元祐(운거원우) : 분양선소(汾陽善昭)-석상초원(石霜楚圓)-황룡혜남(黃龍慧南)-운거원우(雲居元祐). 1030~1095. 주195) 참조.

"과거 모든 여래께서는 다시는 거듭 감변(勘辨)하지 않으셨습니다. 현재의 모든 보살들도 봐주지749) 않습니다. 미래에 수행하는 이들도 조금도 속일 수 없습니다.
그러므로 『경』750)에서 말씀하셨습니다.

'만일 삼세의 모든 부처님을
알고자 한다면
마땅히 법계의 성품이 일체가
오로지 마음으로 지어낸 것임을 관하라.'751)

그러나 이 나한(羅漢)의 문하에서는 바로 금가루가 눈에 들어간 것일 뿐입니다."

어떤 스님이 여쭈었다.
"거북이 여섯 뿔을 숨겼을 땐752) 어떻습니까?"
말씀하셨다. "무늬가 이미 드러났다."

---

749) 放過(방과) : 놓아주다. 여유가 있다. 봐주다. 눈감아주다.
750) 80 『화엄경』을 말한다.
751) 각림보살(覺林菩薩)의 게송이다. (T10n0279_p0102a29~b01, 『大方廣佛華嚴經』「夜摩宮中偈讚品」第二十. "若人欲了知, 三世一切佛, 應觀法界性, 一切唯心造.")
752) 《잡아함경》 43권 『구경(龜經)』에 나오는 비유다. "'과거 세상 한때에 냇물 속에 풀이 우거져 있는 곳에 거북이가 그 속에서 살고 있었다. 그때 굶주린 여우 한마리가 배가 곯아 먹이를 찾고 있었다. 그러다가 멀리 거북이가 보이자 얼른 달려가 붙들었다. 거북이는 여우가 오는 것을 보자 곧바로 여섯 부위를 감추었다. 여우는 지켜보면서 머리나 발이 나오기를 기다렸다가 뜯어먹으려고 하였다. 하지만 오랫동안 지키고 있어도 거북이는 아예 머리도 내놓지 않고 발도 내놓지 않았다. 여우는 배가 너무 고파 화가 나서 가버렸다. 비구 여러분도 지금 역시 이와 같다. 악마 파순은 늘 여러분의 틈을 엿보며, 여러분이 눈으로 빛에 집착하거나 귀로 소리를 듣거나 코로 냄새를 맡거나 혀로 맛보거나 몸으로 감촉을 느끼거나 뜻으로 법을 생각하기를 바라면서, 여섯 가지 경계에 물들어 집착하는 마음을 내게 하려고 한다. 그러므로 비구 여러분은 언제나 눈의 율의를 잡아 지녀 머무르고 안근(眼根)의 율의를 잡아 지녀 머무르면 악마 파순도 여러분이 나오든 반연하든 그 틈을 노릴 수 없을 것이다. 귀와 코와 혀와 몸과 뜻에 있어서도 이와 같다. 그 육근(六根)에서 나오든 반연하든 그 틈을 찾지 못하는 것이 마치 여우가 거북이의 틈을 찾지 못한 것과 같다.' 그때 세존께서 즉시에 노래를 하셨다. '거북이가 여우를 두려워해/ 여섯 부위를 껍질 속으로 감추듯이/ 비구들도 마음을 잘 거두어서/ 모든 감각과 생각을 잘 감추어라./ 의지하지도 두려워하지도 말고/ 마음을 덮어버리고 말하지도 마라." (T02n0099_p0311c10~25, 《雜阿含經》卷第四十三, 1167, 『龜經』. 참조.)

말씀드렸다. "곳곳마다 자취가 없을 땐 어찌합니까?"
말씀하셨다. "타니대수(拖泥帶水)753)에 맡겨라."
말씀드렸다. "곧장 이럴 땐 어떻습니까?"
말씀하셨다. "과연."

568. 백운수단白雲守端

白雲端和尚, 示眾, 云: "若端的得一回汗出來也, 向一莖
草上便現瓊樓玉殿. 若未端的得一回汗出, 縱有玉殿瓊樓却
被一莖草葢却. 且道. 作麼生得汗出去?" 良久. 云: "自有
一雙窮相手, 不曾容易舞三臺."754)

백운 수단스님755)이 대중에게 열어 보이셨다.
"만일 확실히756) 한 번 땀을 흘려버리면 한 줄기 풀에서 곧 경루옥
전(瓊樓玉殿)757)을 드러낼 것입니다.
만일 확실히 한 번 땀을 흘리지 못한다면 설사 옥전경루(玉殿瓊樓)가
있더라도 도리어 한 줄기 풀에 덮이고야 말 것입니다.
바로 여기 말씀해 보십시오. 어떻게 땀을 흘리겠습니까?"

한참 묵묵히 계셨다.

---

753) 拖泥帶水(타니대수) : 진흙을 묻히고 물에 젖음. 선사들이 방편을 사용하여 학인의 근
　　기에 맞추어 가르치는 것을 말함.
754)『續刊古尊宿語要』第三集,「白雲端和尚語」, X68n1318_p0404a11~14.『聯燈會要』卷
　　第十五, X79n1557_p0130a02~05.『禪門拈頌集』卷第三十, K46-0494, 1411則.『五燈
　　會元』卷第十九, X80n1565_p0389c24~0390a03. 참조.
755) 白雲守端(백운수단) : 임제의현(臨濟義玄)-흥화존장(興化存奬)-보응혜옹(寶應慧顒)-풍혈
　　연소(風穴延沼)-수산성념(首山省念)-분양선소(汾陽善昭)-석상초원(石霜楚圓)-양기방회(楊
　　岐方會)-백운수단(白雲守端). 1025~1072. 주98) 참조.
756) 端的(단적) : 확실히, 곧바르고 명백하게. 도대체, 대관절. 근거, 단서. 내막, 처음과 끝.
757) 瓊樓玉殿(경루옥전) : 매우 화려한 건물. 신선이 사는 누대(樓臺). 신화로 내려오는 달
　　나라에 있다는 정대(亭臺)와 누각(樓閣). 경루금궐(瓊樓金闕), 또는 경루옥우(瓊樓玉宇)라
　　고도 함.

말씀하셨다.
"한 쌍이 서로 솜씨를 다한 이후로는 일찍이 삼대(三臺)758) 곡에 맞춰 춤추기가 쉽질 않았다."759)

569. 현사사비玄沙師備

玄沙云: "若論此事, 喻如一片田地, 四至界分, 結契賣與諸人了也. 只有中心樹子, 猶屬老僧在."760)

현사 사비스님761)이 말씀하셨다.
"이 일을 설명하자면 마치 한 조각 땅이 있는데 사방의 경계 안으로는 계약을 해서 여러분에게 다 팔아 버렸다. 다만 한 가운데 나무만은 이 노승의 것이다."762)

---

758) 三臺(삼대) : 육조(六朝)[오(吳)·동진(東晋)·송(宋)·제(齊)·양(梁)·진(陳)]에서 사용하던 곡조(曲調)의 이름이다. 또 당나라 천보(天寶)[741~755] 때에 쓰던 우조곡(羽調曲)에 삼대(三臺)가 있었다고 함.

759) 이 화(話)에 대한 대혜스님의 상당법어가 있다. "스님이 말씀하셨다. '한 줄기의 풀 위에 경루옥전을 드러내는 것은 확실히 믿을 수 있지만, 경루옥전이 한 줄기의 풀에 덮인다니, 저 근거 없는 말에 걸려들지 마라. 경산의 이런 말이 이미 한 번 땀을 흘린 이가 하는 말이냐, 아니면 아직 한 번 땀을 흘리지 못한 이의 말이냐? 부디 의심치 마라.'" (T47n1998Ap0816a03~06, 『大慧普覺禪師住徑山能仁禪院語錄』 卷第二. "師云: '一莖草上, 現瓊樓玉殿, 決定可信, 瓊樓玉殿, 被一莖草蓋卻, 莫被他熱謾. 徑山恁麼道, 爲已得一回汗出者說, 若未得一回汗出者? 切不得疑着.'")

760) 『景德傳燈錄』 卷第十六, T51n2076_p0327c09~17. 『聯燈會要』 卷第十, X79n1557_p0091b18~24. 『禪門拈頌集』 卷第十五, K46-0246, 594則. 『五燈會元』 卷第七, X80n1565_p0146a05~11. 참조.

761) 玄沙師備(현사사비) : 용담숭신(龍潭崇信)-덕산선감(德山宣鑑)-설봉의존(雪峰義存)-현사사비(玄沙師備). 835~908. 주392) 참조.

762) 『전등록』 16권에 현사스님이 이 말씀을 하게 된 이야기가 있다. "한 스님이 설봉스님을 하직하고 영운스님께 가서 여쭈었다. '부처님께서 세상에 나오시기 전에는 어떻습니까?' 영운스님께서 불자를 들어 올리셨다. 또 여쭈었다. '세상에 나오신 뒤에는 어떻습니까?' 영운스님이 또 불자를 들어 올리셨다. 그 스님이 이내 돌아오니, 설봉스님이 물으셨다. '너는 방금 떠난 것 같은데 빨리도 돌아왔구나.' 그 스님이 말씀드렸다. '제가 저기에 가서 불법을 묻다가 맞지 않아서 돌아왔습니다.' '무엇을 물었는데?' 그 스님이 앞의 이야기를 말씀드리자, 설봉스님이 말씀하셨다. '네가 물어봐라. 내가 답해 주겠다.' 그 스님이 곧바로 여쭈었다. '부처님께서 세상에 나오시기 전은 어떻습니까?' 스님이 불자를 들어 올리셨다. '세상에 나오신 뒤에는 어떻습니까?' 스님이 불자를 내려 놓으셨다. 이에 그 스님이 절을 올리니, 스님이 곧장 때리셨다. 〈나중에 그 스님이 현사스님께 말씀드리

570. 동산양개洞山良价

　　洞山价和尙, 問僧: "名甚麼?" 曰: "某甲." 曰: "阿那箇是你主人公?" 曰: "見." 祇對次, 曰: "苦哉! 苦哉! 今時人例皆如此. 祇認得驢前馬後底, 將爲自己. 佛法平沉因斯是也. 客中主尙未明得, 如何辨得主中主?" 僧便問: "如何是主中主?" 曰: "闍梨自道取." 僧曰: "某甲道底是客中主. 如何是主中主?" 曰: "恁麼道卽易, 相續也大難." 遂有頌曰: "嗟! 見今時學道流, 千千萬萬認門頭. 還似入京朝聖主, 祇到潼關便卽休."763)

동산 양개스님764)이 한 스님에게 물으셨다. "이름이 뭐냐?"

말씀드렸다. "아무개입니다."

말씀하셨다. "어떤 것이 너의 주인공이냐?"

그 스님이 "접니다"765)라고 공손히 대답하려는데,766) 말씀하셨다.

"거참! 거참! 요즈음 사람들은 모두가 다 이와 같구나.

다만 남의 밑에서 허드렛일이나 하는767) 놈을 잘못 알고 자기로 삼는구나.

불법(佛法)이 침몰하는 것은 이런 놈들 때문인 것이다.

객 가운데 주인이 오히려 아직도 분명치 않은데, 어찌 주인 가운데의 주인을 가려 낼 것이냐?"

니, 현사스님이 말씀하셨다. '네가 알고 싶으냐? 내가 비유 하나를 말해 주겠다. 마치 어떤 사람이 밭 한 뙈기를 파는데, 동서남북을 모두 계약해서 팔았으나 한 복판에 있는 나무는 여전히 내 것인 것과 같다.'〉" (T51n2076_p0327c09~17, 『景德傳燈錄』 卷第十六. "有僧辭去叅靈雲, 問: '佛未出世時如何?' 靈雲擧拂子. 又問: '出世後如何?' 靈雲亦擧拂子. 其僧却迴, 師問: '闍梨近去返太速生.' 僧曰: '某甲到彼問佛法不相當乃迴.' 師曰: '汝問什麼事?' 僧擧前話, 師曰: '汝問, 我爲汝道.' 僧便問: '佛未出世時如何?' 師擧拂子. 又問: '出世後如何?' 師放下拂子. 僧禮拜, 師便打. 〈後僧擧似玄沙, 玄沙云: '汝欲得會麼? 我與汝說箇喩. 如人賣一片園, 東西南北, 一時結契總了也, 中心有箇樹子, 猶屬我在.'〉")

763) 『景德傳燈錄』 卷第十五, T51n2076_p0323a21~29. 『聯燈會要』 卷第二十, X79n1557_p0177c03~10. 『五燈會元』 卷第十三, X80n1565_p0263b21~c04. 참조.

764) 洞山良价(동산양개) : 석두희천(石頭希遷)-약산유엄(藥山惟儼)-운암담성(雲巖曇晟)-동산양개(洞山良价). 807~869. 주701) 참조.

765) 見(견) : 일인칭 대명사. 나. 저.

766) 祇對(지대) : 공손히 대답하다.

767) 驢前馬後(여전마후) : 나귀 앞과 말 뒤. 남의 밑에서 허드렛일을 함.

한 스님이 문득 여쭈었다. "어떤 것이 주인 가운데의 주인입니까?"
말씀하셨다. "사리(闍梨)가 직접 말해봐라."
그 스님이 말씀드렸다.
"제가 말하게 되면 객 가운데 주인입니다. 어떤 것이 주인 가운데의 주인입니까?"
말씀하셨다.
"이렇게 말하는 것은 쉽지만 상속(相續)768)하는 것은 매우 어렵다."
그리고는 노래를 하셨다.

"嗟(Jiē)!769) 요즈음 도道 배우는 이들을 보니
천천만만(千千萬萬)770) 문을 잘 모르고 있네.
서울 가서 황제를 봬야 하는데
고작 동관(潼關)771) 왔다가 곧 그만 두누나."

---

768) 相續(상속) : 고정되어 있는 실체는 없으나 원인은 결과를 내고, 결과는 또 원인이 되어 또 다른 결과를 내면서 인과가 서로 교차하면서 차례로 연속하여 끊어지지 않아 마치 존재하는 것처럼 보이는 것을 말한다.
769) 嗟(차) : 아! 탄식하는 소리. 감탄하는 소리.
770) 千千萬萬(천천만만) : 수량이 매우 많음을 나타내는 말.
771) 潼關(동관) : 섬서성(陝西省) 동관현(潼關縣) 남동쪽에 둔 관문을 말한다. 옛 이름은 도림새(桃林塞)다. 섬서성(陝西省)과 산서성(山西省), 하남성(河南省) 등 3성(省)의 요충지에 위치해 있는 중요한 관문이다.

571. 경청도부鏡淸道怤

鏡淸和尚, 問曹山: "淸虛之理, 畢竟無身時如何?" 曰: "理即如此, 事作麽生?" 淸曰: "如理如事." 曰: "謾曹山一人即得, 爭奈諸聖眼何?" 淸曰: "若無諸聖眼, 爭鑑得箇不與麽?" 曰: "官不容針, 私通車馬."

大潙哲云: "曹山雖然善能切磋琢磨, 其奈鏡淸玉本無瑕? 要會麽? 不經敏手, 終成廢器."772)

경청 도부스님773)이 조산 본적스님774)께 여쭈었다.

"청허(淸虛)한 이(理)가 필경에 몸이 없을 땐 어떻습니까?"

말씀하셨다. "이(理)가 곧 이와 같지만 사(事)는 어떠냐?"

경청스님이 말씀드렸다. "이(理)도 여(如)이고 사(事)도 여(如)입니다."

말씀하셨다.

"조산(曹山) 한 사람을 속이는 것은 되지만 모든 성인의 눈은 어찌할 셈이냐?"

경청스님이 말씀드렸다.

"만일 모든 성인의 눈이 없다면 어찌 이렇지 않음을 감변(鑑辨)하겠습니까?"

말씀하셨다.

"공적(公的)으로는 바늘도 용납하지 않지만, 사적(私的)으로는 수레와 말에 통하는구나."775)

---

772) 『景德傳燈錄』 卷第十七, T51n2076_p0336b01~05. 『續刊古尊宿語要』 第二集, X68n1318_p0376c15~18. 『聯燈會要』 卷第二十二, X79n1557_p0190c17~22. 『禪門拈頌集』 卷第二十一, K46-0346, 880則. 『五燈會元』 卷第十三, X80n1565_p0265a13~16. 참조.

773) 鏡淸道怤(경청도부) : 용담숭신(龍潭崇信)-덕산선감(德山宣鑑)-설봉의존(雪峰義存)-경청도부(鏡淸道怤). 868~937. 주169) 참조.

774) 曹山本寂(조산본적) : 약산유엄(藥山惟儼)-운암담성(雲巖曇晟)-동산양개(洞山良价)-조산본적(曹山本寂). 839~901. 주337) 참조.

775) 官不容針 私通車馬(관불용침 사통거마) : 임제스님이 법문하면서 위산스님과 앙산스님의 대화를 인용하는 데서 나오는 구절이다. "위산스님께서 앙산스님께 물으셨다. '부싯돌 불빛도 미치질 못하고 번갯불빛이라도 통하지 못한다고 하였는데 옛날부터 내려오는 성인들은 무엇으로써 사람들을 위하였나?' 앙산스님이 말씀드렸다. '스님의 뜻은 어떠하십니까?' 위산스님이 말씀하셨다. '만일 언설이 있다면 도무지 진실한 뜻이 없지.' 앙산스님이 말씀하셨다. '그렇지는 않습니다.' 위산스님이 말씀하셨다. '자네는 어떠한데?' 앙산스님이 말씀하셨다. '공적으로는 바늘만큼도 용납하지 못하나, 사적으로는 말과 수레가 다

대위 모철스님776)이 말씀하셨다.

"조산스님이 비록 잘 절차탁마(切磋琢磨)하였으나 경청스님의 옥이 본래부터 티가 없었는데 어쩌나?

알고 싶어?

민첩한 손을 거치지 않으면 마침내 쓰지 못할 그릇이 된다."

572. 암두전활巖頭全豁

巖頭, 因沙汰後, 隱於鄂州湖邊, 作渡子. 兩岸各挂一版, 有人過渡打版一下, 師云: "阿誰?" 或云: "要過那邊去?" 乃舞棹迎之. 一日有老婆, 抱一孩兒來乃問, 云: "呈橈舞棹即不問, 且道. 婆手中兒甚處得來?" 師便打. 婆云: "婆生七子, 六箇不遇知音, 祇遮一箇也不消得." 便抛向水中.777)

암두 전활스님778)이 회창사태779) 이후에 악주(鄂州)780) 서호변(西湖邊)781)으로 은거하시면서 사공노릇을 하셨다.

님니다.'"(X80n1565_p0222c14~15. 『五燈會元』 卷第十一. "潙山問仰山: '石火莫及, 電光罔通, 從上諸聖, 以何為人?' 仰云: '和尚意作麼生?' 潙云: '但有言說, 都無實義.' 仰云: '不然.' 潙云: '子又作麼生?' 仰云: '官不容針, 私通車馬.'")

776) 大潙慕哲(대위모철) : 분양선소(汾陽善昭)-석상초원(石霜楚圓)-취암가진(翠巖可眞)-대위모철(大潙慕哲). ?~1095. 대위진여(大潙眞如). 위산모철(潙山慕哲), 진여모철(眞如慕哲), 지해진여(智海眞如)로도 불림. 주704) 참조.

777) 『聯燈會要』 卷第二十一, X79n1557_p0183b19~24. 『禪門拈頌集』 卷第二十, K46-0333, 830則. 『五燈會元』 卷第七, X80n1565_p0144a09~14. 참조.

778) 巖頭全豁(암두전활) : 천황도오(天皇道悟)-용담숭신(龍潭崇信)-덕산선감(德山宣鑑)-암두전활(巖頭全豁). 828~887. 주258) 참조.

779) 沙汰(사태) : 당나라 무종(武宗)이 회창(會昌) 3~4년(843~844)에 절을 파괴하고 스님들을 환속시킨 불교 탄압사건이다. 이 사태를 기점으로 불교가 큰 타격을 입었다. 이후로 국가 권력에 의하여 불교가 탄압받는 사건을 법난(法難)이라고 한다.

780) 鄂州(악주) : 악저(鄂渚)라고도 한다. 원래는 호북성(湖北省) 무한시(武漢市) 무창(武昌) 황학산(黃鶴山) 부근의 장강(長江) 유역에 있었다고 하는 모래섬을 말한다. 여기서 이름을 따서 수나라 때 악주(鄂州)를 두었다. 지금은 호북성(湖北省) 악주시(鄂州市)다.

781) 湖邊(호변) : 서호(西湖)는 원래 전당강(錢塘江)과 서로 연결된 하안(河岸)의 포구였지만, 뒤에 진흙과 모래로 막아서 육지의 인공호수로 조성되었다. 지금은 중국의 10대 명승지 중 하나로 손꼽힌다.

양쪽 나루에 각각 나무 판때기 하나씩을 걸어 놓으시고는 누군가가 강을 건너면서 판을 한 번 두드리면, 스님이 말씀하셨다.

"누구?"

혹은 말씀하셨다. "저쪽으로 건너 갈 거요?"

그리고는 삿대를 휘두르면서 맞이하셨다.

하루는 한 할머니가 어린애를 안고 와서 여쭈었다.

"노를 맡고 삿대를 휘두르는 것은 묻지 않겠지만, 바로 여기 말해 보시오. 이 늙은이의 손에 들려 있는 이 아이는 어디서 왔소?"

스님이 얼른 때리셨다.

할머니가 말했다.

"이 늙은이가 아들을 일곱 낳아서 여섯은 지음(知音)을 만나지 못했는데 이 하나마저도 마찬가지로구나.782)"

그리고는 곧바로 물속으로 던져 버렸다.

573. 남악회양南嶽懷讓

讓和尚, 一日云: "道一在江西爲人說法, 總不見寄箇消息來." 遂遣一僧往彼. "候伊上堂, 但出問云: '作麽生?' 待渠有語, 記取來." 其僧依敎往問之, 祖曰: "自從胡亂後, 三十年不少鹽醬."783)

남악 회양스님784)이 하루는 말씀하셨다.

---

782) 不消得(불소득) : 요하지 않다. 필요하지 않다. 쓸모가 없다. 상응하지 못하다. 견디어 내지 못하다.

783) 『景德傳燈錄』卷第五. T51n2076_p0241a19~24. 『聯燈會要』卷第四. X79n1557_p00 36c13~17. 『禪門拈頌集』卷第五. K46-0072, 156則. 『五燈會元』卷第三. X80n1565_p 0070a08~12. 『古尊宿語錄』卷第一. X68n1315_p0003b20~c01. 참조.

784) 南嶽懷讓(남악회양) : 쌍봉도신(雙峰道信)-황매홍인(黃梅弘忍)-조계혜능(曹溪慧能)-남악회양(南嶽懷讓). 677~744. 금주(金州) 안강현(安康縣) 출신. 속성은 두씨(杜氏). 15세에 형주(荊州) 옥천사(玉泉寺)에서 홍경(弘景)율사에게 머리를 깎았다. 이후 스승의 밑에서 8년간 정진하며 율장(律藏)을 익혔다. 그러던 어느 날은 혼잣말로, '출가한 이는 무위(無爲)의 법을 터득해야만 하리라.' 하고 깊이 탄식하였다. 스님이 탄식하는 것을 본 탄연(坦然)이란 스님이 숭산(嵩山)의 혜안(慧安)스님을 추천하였다. 스님은 그 길로 혜안스님에게 갔다. 스님을 본 혜안스님

"도일스님이 강서에서 사람을 위하여 설법을 한다는데 도무지 소식을 들을 수가 없구나."

이윽고 한 스님을 보내면서 말씀하셨다.

"그가 상당법문하기를 기다려서 그저 '어떻습니까?'하고 묻고는 하는 말이 있거든 기억하여 오너라."

그 스님이 가르침대로 가서 물었다.

마조스님이 말씀하셨다. "그럭저럭 살아온785) 이래로 삼십년을 염장(鹽醬)786)이 모자라지 않았지."787)

574. 낭주덕산朗州德山

朗州德山和尙, 僧問: "路逢達道人, 不將語默對, 未審將甚麼對?" 曰: "祇恁麼." 僧良久. 師曰: "汝更問." 僧再問. 師乃喝出.

妙喜曰: "不妨好一喝. 祇是下得大遲."788)

은 그 그릇의 크기를 단번에 알아보고 육조 혜능대사에게 보냈다. 스님이 육조대사를 참례하니, 혜능 대사가 물었다. "어디서 왔느냐?" 회양스님이 대답하였다. "숭산에서 왔습니다." 혜능대사가 다시 물었다. "무슨 물건이 이렇게 왔느냐?" 스님은 여기에서 곧장 말문이 막혀 어떻게 답해야 할 지 몰랐다. 이후 8년 동안 혜능스님의 질문을 가지고 오로지 매달렸다. 그러다가 마침내 8년 만에 확연히 깨닫고는 다시 혜능대사를 찾아 외쳤다. "명백해졌습니다!" 대사가 물었다. "무엇이 명백해졌다는 거냐?" "무슨 말씀을 하셔도 답하지 않겠습니다." "그렇다면 닦아 증득함을 보탤 것이냐?" "닦아서 증득함은 없지 않으나 더러운 데 물드는 일은 없습니다." "더러운 데 물들지 아니함은 모든 부처님이 호념하시는 것이다. 너도 이러하고 나도 또한 이러하다." 이렇게 해서 혜능스님의 법을 이었다. 스님은 이후 20여 년 동안 선풍을 선양하다가 천보(天寶) 3년 원적(圓寂)에 들었다. 시호는 대혜선사(大慧禪師)이다. 『남악대혜선사어록(南嶽大慧禪師語錄)』이 전해지고 있다.

785) 胡亂(호란) : 그럭저럭 살다. 형편대로 살다. 임의대로, 자유롭게, 아무렇게나, 실없이.

786) 鹽醬(염장) : 밀가루 따위로 만든 장(醬).

787) 이 화(話)에 대해 『대혜어록』 10권에는 염송이 있고, 7권에는 시중법문이 나온다. "분명히 드러내고 직접 알 수 있지만/ 들춰 보면 아직도 길 가고 있다./ 설사 털끝 하나 건드리지 않는다 해도/ 역시 떡을 들고 손가락 빠는 사람이라네."(T47n1998Ap0851a01~03, 『大慧普覺禪師語錄』 卷第十. "妙喜頌云: '見得分明識得親, 擧來猶自涉途程. 直饒不犯毫芒者, 也是拈餻舐指人.") "이 운문은 그렇지 않다. '밤 꿈이 상서롭지 않으면 문에다 대길(大吉)이라고 쓴다'고 할 것이다.'"(T47n1998Ap0841a24~25, 『大慧普覺禪師住江西雲門菴語錄』 卷第七. "雲門卽不然. 夜夢不祥, 書門大吉.")

788) 『景德傳燈錄』 卷第二十, T51n2076_p0363b08~10. 『聯燈會要』 卷第二十, X79n1557_p0174c05~07. 『五燈會元』 卷第十三, X80n1565_p0278b04~07. 참조.

낭주 덕산스님789)께 한 스님이 여쭈었다.
"길에서 도(道)를 이룬 사람을 만난다면 말이나 침묵으로 대하지 않고서 도대체 무엇으로 대할 수 있습니까?"
말씀하셨다. "그저 이렇게."
그 스님이 한참을 묵묵히 있었다.
스님이 말씀하셨다. "네가 다시 물어봐라."
그 스님이 재차 여쭈었다.
스님이 바로 "억!" 하셨다.
내쫓으셨다.790)

묘희스님이 말씀하셨다.
"멋진 할(喝)이 괜찮은 편이군.791) 그런데 너무 늦게 내질렀다."

---

789) 朗州德山(낭주덕산) : 운암담성(雲巖曇晟)-동산양개(洞山良价)-운거도응(雲居道膺)-낭주덕산제칠세(朗州德山第七世).
790) 이 화(話)는 『전등록』 20권에서는 조동종계의 운거도응(雲居道膺)스님의 법사인(法嗣) 낭주덕산(朗州德山)제7세 스님의 법문으로, 『오등회원』 13권, 『오등엄통』 13권, 『오등전서』 28권에서도 역시 운거도응(雲居道膺)스님의 법사(法嗣)인 정주덕산(鼎州德山)스님의 법문으로 나온다. 그러나 『연등회요』 20권에서는 청원 하(下) 5세인 낭주덕산선감(朗州德山宣鑒禪師)스님의 법문으로 소개되고 있다.
791) 不妨(불방) : 괜찮다, 무방하다, 상관없다. 대단하게, 비상하게. 뜻밖에, 생각지도 않게.

正法眼藏 卷第三之下
정법안장 제3권의 하

徑山大慧禪師 · 宗杲 · 集幷著語
경산대혜선사 종고 모으고 아울러 착어하심

後學 普善庵 沙門 慧悅 校刻
후학 보선암 사문 혜열 교각함

575. 풍혈연소風穴延沼

風穴和尚, 示眾, 云: "夫參學眼目, 直須大用現前, 勿自拘於小節. 設使言前薦得, 猶是滯殼迷封. 縱然句下精通, 未免觸途狂見. 汝等諸人應是從前學解明昧兩岐, 如今為汝一時掃却, 直須箇箇如師子兒吒䫌地哮吼一聲. 壁立千仞誰敢正眼覰著? 覰著則瞎却渠眼."

僧問: "語默涉離微, 如何通不犯?" 曰: "長憶江南三月裏, 鷓鴣啼處百花香." 問: "如何是佛?" 曰: "杖林山下竹筋鞭."

真淨頌, 云: "杖林山下竹筋鞭, 水在深溪月在天. 良馬不知何處去, 阿難依舊世尊前."792)

---

792)『景德傳燈錄』卷第十三, T51n2076_p0302b16~22, 303c19~22.『禪門拈頌集』卷第二十七, K46-0452, 1248則, K46-0454, 1250則. 참조.

풍혈 연소스님793)이 대중에게 열어 보이셨다.

"참선(參禪)이며794) 도(道)를 배우는 이들의 안목은 반드시 대용(大用)795)을 바로 앞에 드러내야만 하는 것이니, 스스로 사소한 부분에 구애되지 마십시오.

설사 말 앞에서 깨달았다 하더라도 오히려 껍질에 갇히고 단단한 경계에 미혹한 것입니다.796) 설령 구(句)에서 환히 알아버렸다 하더라도 어디서든지 제멋대로의 견해를 면치 못한 것입니다.

여러분들은 마땅히 전부터 정해(情解)로 익힌 밝고 어두운 두 갈래 길을 지금 여러분을 위하여 일시에 쓸어 없애버리고, 반드시 각기 사자가 발톱을 마구 휘두르고 이빨을 크게 드러내며797) 포효를 한바탕 하듯이 해야 합니다.

천길 벼랑에 서 있는데 누가 감히 바른 안목을 엿볼 수 있겠습니까? 엿보면 곧 그의 눈이 멀어지고야 말 것입니다."

---

793) 風穴延沼(풍혈연소) : 임제의현(臨濟義玄)-흥화존장(興化存獎)-보응혜옹(寶應慧顒)-풍혈연소(風穴延沼). 896~973. 절강성 여항(餘杭)[항주(杭州)] 출신. 속성은 유씨(劉氏). 유서(儒書)를 박람(博覽)하다가 개원사(開元寺)의 지공(智恭)율사에게서 삭발하고 구족계를 받았다. 이후 법화현의(法華玄義)를 공부하면서 지관정혜(止觀定慧)를 닦고 익혔다. 25세 되던 때에 월주(越州)[절강성(浙江省)]의 경청도부(鏡清道怤)스님을 참알(參謁)하였으나 계합하지 못하자, 양주(襄州)[호북성(湖北省)]의 화엄휴정(華嚴休靜)스님을 참례하였다가, 여주(汝州)[하남성(河南省) 임여현(臨汝縣)] 남원혜옹(南院慧顒)스님을 찾아갔다. 그 후 남원스님의 회하에서 6년 동안 법을 묻고 참학하여 남원스님의 법을 이었다. 장흥(長興) 2년(931), 여주(汝州)의 풍혈고사(風穴古寺)에서 7년을 머물다가 후진(後晉) 천복(天福) 2년(937), 응주(應州) 목사(牧司) 이사군(李史君)의 청으로 개당설법(開堂說法)하였다. 이후 풍문을 듣고 각지에서 구름같이 모여 들었고, 신도들이 그곳을 중건하여 총림을 세웠다. 이로부터 스님의 법이 크게 떨쳐졌다. 건우(乾祐) 2년(949), 여주(汝州) 태사(太師) 송후(宋侯)가 집을 희사하여 절을 세우고 스님을 청하여 거처하게 하였다. 광순(廣順) 원년(元年)[951], 태조(太祖)가 광혜사(廣慧寺)의 편액을 하사하였다. 여기서 20여 년간 머물다가 세수 78세, 법랍 59세로 입적하였다. '풍혈철우(風穴鐵牛)' '풍혈이미(風穴離微)' '풍혈오봉(風穴五鳳)' '풍혈불설설(風穴不說說)' '풍혈고전(風穴古典)' '풍혈주록(風穴塵鹿)' 등의 공안을 남겼다. 『풍혈중후집(風穴眾吼集)』 1권, 『풍혈선사어록(風穴禪師語錄)』 1권이 전해지고 있다. 수산성념(首山省念), 광혜진(廣慧眞), 봉상장흥(鳳翔長興), 담주영천(潭州靈泉) 등의 수법제자가 있다.
794) 參(참) : 참선(參禪)은 '무엇을 함'이 아니기에 '참선(參禪)하다'는 말은 전혀 맞지 않다. 그저 참(參)이며 그저 선(禪)이다. 참(參)과 선(禪)은 '무엇'도 아니요 '무엇을 함'도 아니다. 무위(無爲)요 무사(無事)의 사태(事態)요 상태(狀態)일 뿐이다.
795) 大用現前(대용현전) : 때와 장소에 따라 맞추어서 선법(禪法)을 실천하고 운용하고 주고받음. 선(禪)을 상황에 맞추어서 표현함. 깨달음이 아주 활발발(活潑潑)하게 전개됨.
796) 滯殼迷封(체각미봉) : 껍질에 갇히고 굳게 봉쇄된 경계에 미혹함. 곧, 어리석고 우둔함. 정식(情識)으로써 지해(知解)를 익혀 얽히어서 깨달음이 어려움.
797) 吒髭地(타사지) : 타사지(吒沙地)로도 쓴다. 의태어로서 타타사사(吒吒沙沙)라고도 함. 맹수가 발톱을 날카롭게 휘둘러대고 흉포하게 이빨을 드러내는 모양.

한 스님이 여쭈었다.

"말과 침묵은 이(離)와 미(微)에798) 관계된 것이니, 어떻게 해야만 함께 범(犯)하지 않을 수가 있겠습니까?"

말씀하셨다.

"강남의 삼월을 늘 그리워하니, 자고새가 우는 곳에 온갖 꽃이 향기롭구나."799)

여쭈었다. "어떤 것이 부처님입니까?"

말씀하셨다. "장림산(杖林山)800)에 있는 대나무 장대지."801)

---

798) 離微(이미) : 이(離)는 모든 사상(事相)을 여읜 법성(法性)의 체(體)가 적연(寂然)한 것. 미(微)는 그 법성(法性)의 용(用)이 미묘(微妙)하고 불가사의한 것. 『전등록』 13권에서도 설명이 있으며, 승조(僧肇)의 『보장론(寶藏論)』「이미체정품(離微體淨品)」에 자세히 나온다. "들어감은 이(離)요 나옴은 미(微)다. 들어감의 이(離)를 알면 바깥으로 경계에 의지할 수 없고, 나옴의 미(微)를 알면 안으로 마음에 할 것이 없다. 안으로 마음에 할 것이 없으면 온갖 소견에 옮겨 다니지 않고, 바깥으로 경계에 의지할 바가 없으면 만유에 얽매이지 않는다. 만유에 얽매이지 않으면 상려(想慮)에 뒤쫓아 따라다니지 않고, 온갖 소견에 옮겨 다니지 않으면 적멸하여 부사의(不思議)하다. 그렇기에 본래 맑은 체(體)는 스스로 이미(離微)하다고 여길 수 있다. 들어감에 의하여 이(離)라 하고, 작용에 의하여 미(微)라 하였으니, 섞이어 하나가 되면 이(離)도 없고 미(微)도 없음이 되어서 본체의 이(離)는 물듦이 없다. 물듦이 없으므로 맑음도 없다. 본체의 미(微)는 있다고 할 수 없다. 있지 않으므로 의지할 것도 없다. 그러므로 작용하나 있음이 아니요, 적멸하나 없음이 아니다. 없음이 아니기에 단멸이 아니요 있음이 아니기에 항상함이 아니다." 더 자세한 것은 『寶藏論』「離微體淨品」第二, T45n1857_p0145c12~0147c28. 참조.

799) 이 문답화(問答話)에 대해 대혜스님이 염송하였다. "문득 문을 나서면 먼저 길이 보이고/ 발을 씻자마자 얼른 배에 오른다네./ 신선의 비결이 얼마나 아까운지/ 가까운 부자간에도 전하지 않네."(T47n1998Ap0853c29~0854a01, 『慧普覺禪師語錄』 卷第十. "忽爾出門先見路, 纔方洗脚便登船. 神仙秘訣眞堪惜, 父子雖親不可傳.")

800) 杖林山(장림산) : 인도에 있는 산의 이름. 마갈타국에 있던 산. 장림(杖林)은 범어 Yaṣṭi, 예슬지림(洩瑟知林)을 번역한 말이다. 『대당서역기(大唐西域記)』 9권에 나온다. "불타벌나산 골짜기에서 동쪽으로 30여리를 가면 예슬지림(洩瑟知林)[당나라 말로는 장림(杖林)]에 이른다. 산 가득히 대나무가 빽빽하게 심어져 있다. 옛날에 한 바라문이 석가모니부처님의 키가 장륙(丈六)[16자=480cm]이라는 말을 들었으나 늘 믿지 못하고 의혹을 품고 있었다. 그래서 6장짜리 대나무로 장대를 만들어서 부처님의 키를 재어보려고 생각하였다. 그런데 키를 재는데 항상 장대 끝에서 또 6장이 남았다. 이렇게 해서 아무리 높이 재어보려고 하여도 실제 키를 재는 것이 불가능하였다. 마침내 장대를 던져버리고는 가버렸다. 그 장대를 심었더니 뿌리가 났다고 한다. (T51n2087_p0920a06~12, 『大唐西域記』 卷第九. "佛陀伐那山空谷中, 東行三十餘里, 至洩(移結反)瑟知林(唐言杖林). 林竹修篠被山滿谷. 其先有婆羅門聞釋迦佛身長丈六, 常懷疑惑未之信也. 乃以丈六竹杖欲量佛身. 恒於杖端出過丈六, 如是增高莫能窮實. 遂投杖而去. 因植根焉.")

801) 竹筋鞭(죽근편) : 땅속으로 길게 뻗은 대나무 뿌리줄기. 손잡이를 가늘게 쪼갠 대나무

진정 극문스님802)이 노래를 하셨다.

"장림산(杖林山) 아래 대나무 장대여,
물은 깊은 계곡에, 달은 하늘에 있네.
훌륭한 말은 어디로 갔는지 알지 못하고
아난은 예전처럼 세존 앞에 있구나."803)

576. 위산영우潙山靈祐

潙山, 問仰山: "寂子! 速道! 莫入陰界." 曰: "某甲信亦
不立." 山云: "汝信了不立, 未信不立?" 曰: "只是某甲,
更信阿誰?" 山云: "若與麼, 即是定性聲聞." 曰: "佛亦不
見."804)

위산 영우스님805)이 앙산 혜적스님806)에게 물으셨다.
"적자(寂子)!807) 얼른 말해라! 음계(陰界)엔 들어가지 마라."
말씀드렸다. "저는 믿음도 세우지 않았습니다."

로 감은 채찍. 옛날에 한 바라문이 부처님의 키를 재려고 하였던 대나무장대를 말한다.
802) 眞淨克文(진정극문) : 분양선소(汾陽善昭)-석상초원(石霜楚圓)-황룡혜남(黃龍慧南)-진정
극문(眞淨克文). 1025-1102. 주50) 참조.
803) 『전등록』 27권에 나오는 화(話)다. "세존께 어떤 외도가 여쭈었다. '말 있음으로도 여
쭙지 않고 말없음으로도 여쭙지 않겠습니다.' 세존께서 한참을 묵묵히 계셨다. 외도가 절
을 하고 말씀드렸다. '훌륭하십니다. 세존이시여. 대자대비로 저의 미혹한 구름을 걷어
주시어 저를 깨닫게 하셨습니다.' 외도가 가고 나서 아난존자가 부처님께 여쭈었다. '외
도가 무엇을 증명하였기에 깨달았다고 한 것입니까?' 부처님께서 말씀하셨다. '세간의 좋
은 말은 채찍의 그림자만 보아도 달린다.'"(T51n2076_p0434c06~10, 『景德傳燈錄』 卷
第二十七. "外道問佛, 云:'不問有言, 不問無言.' 世尊良久. 外道禮拜, 云:'善哉! 世尊.
大慈大悲開我迷雲, 令我得入.' 外道去已, 阿難問佛, 云:'外道以何所證而言得入?' 佛云:
'如世間良馬, 見鞭影而行.'")
804) 『景德傳燈錄』 卷第九, T51n2076_p0265a23~26. 『聯燈會要』 卷第七, X79n1557_p00
65a15~17. 『五燈會元』 卷第九, X80n1565_p0186a09~12. 참조.
805) 潙山靈祐(위산영우) : 남악회양(南嶽懷讓)-마조도일(馬祖道一)-백장회해(百丈懷海)-위산
영우(潙山靈祐). 771~853. 주39) 참조.
806) 仰山慧寂(앙산혜적) : 마조도일(馬祖道一)-백장회해(百丈懷海)-위산영우(潙山靈祐)-앙산
혜적(仰山慧寂). 807~883. 주36) 참조.
807) 寂子(적자) : 위산스님이 앙산스님을 부를 때 쓰는 호칭.

위산스님이 말씀하셨다.

"네가 믿음을 마쳐서 세우지 않았느냐, 아직도 믿지를 않아서 서지 않은 것이냐?"

말씀드렸다. "오로지 저인데, 다시 누구를 믿습니까?"

위산스님이 말씀하셨다.

"만일 이러하다면 곧 정성성문(定性聲聞)808)이로구나."

말씀드렸다. "부처님이라도 보지 아니합니다."

577. 대전보통大顚寶通

大顚和尚, 示衆, 云: "夫學道人, 須識自家本心. 將心相示, 方可見道. 多見時輩只認揚眉瞬目一語一默, 驀頭印可, 以爲心要. 此實未了. 吾今爲汝諸人, 分明說出. 各須聽受. 但除却一切妄運想念, 現量即汝真心. 此心與塵境及守認靜默時全無交涉. 即心是佛, 不待修治. 何以故? 應機隨照泠泠自用, 窮其用處了不可得. 作妙用乃是本心. 大須護持. 不可容易."809)

대전 보통스님810)이 대중에게 열어 보이셨다.

---

808) 定性聲聞(정성성문) : 법상종(法相宗)에서 세운 오성(五性) 교의(敎義) 가운데 하나. 성문(聲聞)의 극과(極果)인 아라한과를 반드시 이룰 수 있는 무루(無漏)의 종자를 갖추고 있는 사람. 법상종에서는 뭇삶들이 선천적으로 갖추고 있는 성질에 5가지가 있는데, 그것은 본래적으로 제8아뢰야식에 가지고 있는 본유종자(本有種子)에 의해서 결정되고, 절대로 변할 수 없는 것이라고 한다. 이 다섯 가지는 정성보살(定性菩薩)·정성연각(定性緣覺)·정성성문(定性聲聞)·부정종성(不定種性)·무종성(無種性) 등이다.

809) 『景德傳燈錄』第十四, T51n2076_p0313a12~20. 『聯燈會要』卷第十九, X79n1557_p0166b15~21. 『五燈會元』卷第五, X80n1565_p0112a08~15. 참조.

810) 大顚寶通(대전보통) : 조계혜능(曹溪慧能)-청원행사(靑原行思)-석두희천(石頭希遷)-대전보통(大顚寶通). 732~824. 청원계의 스님이다. 영천(穎川)사람이며 속성은 진씨(陳氏)[혹은 양씨(楊氏)]이다. 대력연간(766~779)에 약산 유엄스님과 함께 서산혜조(西山惠照)스님에게 선법을 익히고, 다시 남악으로 가서 석두 희천스님을 참례하고 종지를 크게 깨달았다. 조주(潮州)[광동성]의 서유령(西幽嶺) 아래에다 영산선원(靈山禪院)을 창건하여 선법을 크게 떨쳤고 금강경 강의를 천 오백여회나 하였다. 장경(長慶) 4년 세수 93세로 입적하였다. 당말에 도적들이 스님의 탑을 파헤쳐 유골이 모두 없어졌지만 스님의 혀만은 온전하여 다시 봉안하고 이름을 예설총(瘞舌塚)이라고 하였다. 『반야바라밀다심경급금강경석의(般若波羅蜜多心經及金剛經釋義)』가 있다.

"도를 배우는 이는 반드시 자가(自家)811)의 본래 마음을 알아야만 합니다.

마음으로 드러내 보여야만812) 비로소 도(道)를 드러낼 수 있습니다.

요새 어떤 무리들은 단지 눈썹을 치켜세우고 눈을 깜박이며 한 번의 말과 한 번의 침묵을 그저 인정하여 곧장 인가하여 심요(心要)로 삼는 이들이 흔히 보입니다. 하지만 이것은 실제로는 요달하여 마친 것이 아닙니다.

내가 지금 그대 여러분들을 위하여 분명하게 말을 꺼내보겠습니다. 각자 잘 듣고 받아들여보십시오.

다만 일체 망령되이 굴리는 상념(想念)을 없애버리고 있는 그대로 알아버리면813) 곧 여러분의 참마음입니다.

이 마음이 티끌 경계와 함께 하든지, 고요한 침묵을 지킬 줄만 알고 있을 땐 전혀 교섭(交涉)할 수가 없습니다.

즉심(卽心)이 부처님이니,814) 닦을 필요가 없습니다.

무슨 까닭이냐 하면, 그때그때 비춤에 맞추어 차디차게 스스로 작용하지만 그 작용하는 자리를 찾아도 끝내 알 수가 없습니다.

미묘한 작용을 하지만 바로 본래 마음인 것입니다.

아주 잘 보호하여 지니어야만 합니다.

소홀히 하지 마십시오."

---

811) 自家(자가) : 자기, 본인, 주인공.

812) 相(상) : 동작을 나타내는 어조사.

813) 現量(현량) : 삼량(三量)의 하나다. 분별없이 외부의 사상(事象)을 있는 그대로 깨달아 아는 것.

814) 卽心是佛(즉심시불) : 이 구절을 '마음이 곧 부처다'라고 번역하는 경우가 많은데 심(心)과 즉심(卽心)은 구별하여야만 한다. 즉심(卽心)은 현량(現量)의 직심(直心) 또는 진심(眞心)을 말한다. 정식(情識)으로 분석하고 분별하여 헤아리는 마음이 아니다.

578. 낭야혜각琅邪慧覺

琅邪覺和尚, 示衆, 云: "汾陽先師道: '汾陽門下, 有西河師子, 當門踞坐,
但有來者, 即便齩殺, 作何方便, 入得汾陽門, 見得汾陽人?' 琅邪遮裏也有
些子. 琅邪有踞地師子, 若有來者即自喪身失命. 作何方便, 入得琅邪門, 見
得琅邪人? 此兩轉語, 汝等諸人還點檢得出也無? 若點檢得出, 方名擇法眼,
若不如是, 且無安身立命處."815)

낭야 혜각스님816)이 대중에게 열어 보이셨다.
"분양선사817)께서 말씀하셨습니다.

'분양문하에는 서하(西河)818)의 사자가 있는데 문을 막고 웅크려 앉
아 있다. 만일 누가 오기라도 하면 곧장 물어뜯어 죽여 버린다. 어떤
방편을 써서 분양의 문에 들어와서 분양의 사람을 드러내겠느냐?'

이 낭야에게도 여기에 역시 조금은 있습니다.
이 낭야에게도 도사리고 있는 사자가 있긴 한데 만일 누가 오기라도
한다면 즉각 저절로 상신실명(喪身失命) 해버립니다.
어떤 방편을 써서 이 낭야의 문안으로 들어와 낭야의 사람을 드러내
겠습니까?
이 두 전어(轉語)를819) 여러분이 점검해 내겠습니까?
만일 점검해 낸다면 비로소 법을 가리는 눈을 갖추었다고 할 것이고,
만일 이러하지 않다면 역시 안신입명(安身立命)할 곳이 없을 것입니
다."

---

815) 『禪門拈頌集』 卷第二十九, K46-0478, 1338則. 『古尊宿語錄』 卷之四十六, 「滁州瑯琊
　　 山覺和尚語錄」, X68n1315_p0311a13~19. 참조.
816) 琅邪慧覺(낭야혜각) : 풍혈연소(風穴延沼)-수산성념(首山省念)-분양선소(汾陽善昭)-낭야
　　 혜각(琅邪慧覺). 주210) 참조.
817) 汾州善昭(분주선소) : 보응혜옹(寶應慧顒)-풍혈연소(風穴延沼)-수산성념(首山省念)-분양
　　 선소(汾陽善昭). 947~1024. 주46) 참조.
818) 西河(서하) : 현(縣)의 이름으로 당대(唐代)에 산서성(山西省) 분양현(汾陽縣)에 두었다.
　　 분양 선소스님이 계시던 분주(汾州) 태자원(太子院)을 말한다.
819) 轉語(전어) : 깨달음의 계기가 될 수 있는 말씀. 심기(心機)를 뒤집어버릴 수 있는 말
　　 씀. 중요한 말씀. 상황에 잘 맞추어 선요(禪要)를 깨닫게 하는 언어.

579. 현사사비玄沙師備

　　玄沙, 問鏡清: "'不見一法為大過患.' 汝道不見甚麼法?"
清指露柱. 云: "莫是不見遮箇法麼?" 曰: "浙中清水白米
從汝喫, 佛法未會在."
　　大潙喆云: "若不是鏡清, 幾乎忘前失後. 何故? 不逢別者,
終不開拳."820)

　현사 사비스님821)이 경청 도부스님822)에게 물으셨다.
"'한 법도 보지 않으면 큰 과실이 된다'823)고 하였는데, 너는 무슨
법을 보지 않는다고 말하겠느냐?"

　경청스님이 노주(露柱)를 가리키면서 말씀드렸다.
"이 법을 보지 않음이 아니겠습니까?"
말씀하셨다.
"절중(浙中)824)에선 맑은 물과 흰 쌀을 네 맘대로 먹겠지만, 불법은
아직도 알지 못하였다."

　대위 모철스님825)이 말씀하셨다.
"만일 경청스님이 아니었다면 거의 앞을 잊고 뒤를 잃을 뻔했다.

---

820) 『景德傳燈錄』 卷第十八, T51n2076_p0346c11~16. 『禪門拈頌集』 卷第二十三, K46-0
　　374, 982則. 『玄沙語錄』 卷之中, X73n1446_p0037a12~15. 참조.
821) 玄沙師備(현사사비) : 용담숭신(龍潭崇信)-덕산선감(德山宣鑑)-설봉의존(雪峰義存)-현사
　　사비(玄沙師備). 835~908. 주392) 참조.
822) 鏡清道怤(경청도부) : 용담숭신(龍潭崇信)-덕산선감(德山宣鑑)-설봉의존(雪峰義存)-경청
　　도부(鏡清道怤). 868~937. 주169) 참조.
823) 『화엄경』 49권에서 "내가 한 법도 보지 않음이 큰 과실이다." (T10n0279_p0257c15~
　　16, 『大方廣佛華嚴經』 卷第四十九, 「普賢行品」 第三十六. "我不見一法爲大過失")라고
　　한 부분과 『대보적경』 52권에서 "한 법도 보지 않기에 불법이 아니다." (T11n0310_p03
　　09b09, 『大寶積經』 卷第五十二, '菩薩藏會' 第十二之十八, 「般若波羅蜜多品」 第十一之
　　三. "不見一法而非佛法")라는 데서 내용을 가져온 것이다.
824) 浙中(절중) : 절강성(浙江省) 또는 절강(浙江)을 말한다. 또는 귀주성(貴州省) 습수현(習
　　水縣) 일대에 있었던 주(州)의 이름.
825) 大潙慕喆(대위모철) : 분양선소(汾陽善昭)-석상초원(石霜楚圓)-취암가진(翠巖可眞)-지해
　　진여(智海眞如). ?~1095. 대위진여라고도 함. 주704) 참조.

왜냐? 특별한 이를 만나지 않으면 결국은 주먹을 펴지 않기 때문이
지.”

580. 가주흑수嘉州黑水

黑水和尙, 參黃龍璣和尙. 乃問: “雪覆蘆花時如何?” 龍曰: “猛烈.” 曰:
“不猛烈.” 龍又曰: “猛烈.” 師又曰: “不猛烈.” 龍便打. 師因而有省.[826]

가주 흑수스님[827]이 황룡 회기스님[828]을 참례하셨다.
바로 여쭈었다. “눈이 갈대꽃을 뒤덮었을 땐 어떻습니까?”
황룡스님이 말씀하셨다. “맹렬하군.”
말씀드렸다. “맹렬하지 않지요.”
황룡스님이 또 말씀하셨다. “맹렬해.”
스님이 또 말씀드렸다. “맹렬하지 않아요.”
황룡스님이 얼른 때리셨다.
그러자 스님이 깨달으셨다.

---

826) 『景德傳燈錄』 卷第二十四, T51n2076_p0405a05~08. 『聯燈會要』 卷第二十六, X79n1
　　557_p0231c07~09. 『五燈會元』 卷第八, X80n1565_p0179b09~11. 참조.
827) 嘉州黑水(가주흑수) : 암두전활(巖頭全豁)-현천언(玄泉彦)-황룡회기(黃龍誨機)-가주흑수(嘉
　　州黑水). 『정법안장』 3권하(下)·『종감법림』 46권·『어선역대선사어록』 후집중(後集中)·『연
　　등회요』 26권·『오등회원』 8권·『오등전서』 16권·『지월록』 22권·『교외별전』 7권·『금강선
　　등』 3권 등에 깨달음의 인연이 보인다.
828) 黃龍誨機(황룡회기) : 덕산선감(德山宣鑑)-암두전활(巖頭全豁)-현천언(玄泉彦)-황룡회기초
　　혜(黃龍誨機超慧). 청하(淸河) 사람으로 성은 장씨(張氏)이다. 처음에 암두 전활스님을 참례하
　　였으나 계합하지 못하고 뒤에 현천 언스님을 모시다가 법을 이었다. 당나라 천우(天
　　祐)[904~907] 때에 행각을 다니다가 악주(鄂州)[호북성] 황룡산에 이르니, 절수(節帥)가 돈을
　　내놓아 절을 짓고는 위에 아뢰어 자의(紫衣)와 초혜대사(超慧大師)라는 호(號)를 바치면서 법
　　석(法席)이 크게 번창하였다. 가주흑수(嘉州黑水) 등 9인의 수법제자가 있다. 『조당집』 12권에
　　는 스님의 상당법문이 실려 있다. “화상 여러분. 군왕의 검과 열사의 칼이 있습니다. 군왕의
　　검은 만물을 해치지 않지만, 열사의 칼은 못을 자르고 무쇠를 끊어버립니다. 작용이 없지 않
　　으니, 차지 마십시오. 어째서입니까? 충성스러운 말은 혀가 잘림을 피하지 않지만 예리한 칼
　　은 피를 범천에까지 뿌리기 때문입니다. 오래 서 있었습니다. 안녕.”(『祖堂集』 卷第十二,
　　K45-0312. “諸和尙子. 君王之釖, 烈士之刀. 若是君王之釖, 不傷万類, 烈士之刀, 斬釘截鐵.
　　用則不無, 不得佩著. 爲什摩? 故忠言不避截舌, 利刀則血濺梵天. 久立. 珍重.”)

581. 태양경현大陽警玄

大陽明安和尚, 問梁山: "如何是無相道場?" 梁指觀音, 云: "此是吳道子畫?" 安擬進語, 梁急索, 云: "遮箇是有相底, 那箇是無相底?" 安於言下領悟. 禮拜了依位立, 山云: "何不道取一句?" 安曰: "道即不辭, 恐上紙墨." 山呵呵大笑, 云: "此語已後, 上碑石去在."829)

태양 명안스님830)이 양산 연관스님831)께 여쭈었다.

"어떤 것이 무상도량(無相道場)입니까?"

양산스님이 관음보살 탱화를 가리키면서 말씀하셨다.

"이건 오도자(吳道子)832)의 그림이지."

명안스님이 머뭇거리며 말씀드리려고 하자 양산스님이 급히 다그치면서 말씀하셨다.

"이것은 상(相)이 있는 것인데, 어떤 것이 상(相)이 없는 거냐?"

---

829) 『禪門拈頌集』 卷第二十八, K46-0458, 1264則. 『聯燈會要』 卷第二十七, X79n1557_p 0242b02~06. 『五燈會元』 卷第十四, X80n1565_p0288a16~19. 『禪林僧寶傳』 卷第十三, X79n1560_p0518c18~23. 참조.

830) 大陽警玄(태양경현) : 동산양개(洞山良价)-운거도응(雲居道膺)-동안도비(同安道丕)-동안관지(同安觀志)-양산연관(梁山緣觀)-태양경현(大陽警玄). 시호가 명안대사(明安大師)이다. 943~1027. 송나라 때 조동종스님이다. 호북(湖北) 강하(江夏) 출신. 속성은 장씨(張氏). 금릉(金陵) 숭효사(崇孝寺)의 지통(智通)스님에게 출가하였다. 제방을 참력(叅歷)하다가 호남의 양산연관(梁山緣觀)스님에게서 법을 이었다. 대중상부(大中祥符)[1008~1016년]년간에 국휘(國諱)를 피해서 경연(警延)이라고 이름을 고쳤다. 그 이후로 태양산(大陽山)에 주석하다가 천성(天聖) 5년에 세수85세로 입적하였다. '태양차아(大陽嵯峨)' '태양만병(大陽滿甁)' '태양심처(大陽心處)' '태양은조(大陽隱照)' 등의 공안이 있다. 『태양명안선사십팔반묘어(大陽明安大師十八般妙語)』 1권이 전해지고 있다.

831) 梁山緣觀(양산연관) : 동산양개(洞山良价)-운거도응(雲居道膺)-동안도비(同安道丕)-동안관지(同安觀志)-양산연관(梁山緣觀). 조동종계의 스님이다. '양산오처사화(梁山吳處士畫)' '양산조의(梁山祖意)' '양산가적(梁山家賊)' '양산남래(梁山南來)' '양산막란도(梁山莫亂道)' '양산벽옥(梁山碧玉)' 등의 공안이 있다. 『경덕전등록』 24권 · 『선문염송집』 28권 · 『연등회요』 27권 · 『오등회원』 14권 · 『선종송고련주통집』 37권 · 『종문염고휘집』 39권 · 『종감법림』 68권 · 『오등전서』 29권 · 『지월록』 22권 등에 스님의 법문이 실려 있다.

832) 吳道子(오도자) : 680~759. 관세음보살 탱화를 잘 그리던 당대(唐代) 현종(玄宗) 때의 화가로 화성(畫聖)으로 칭송 받았다. 원래 이름은 오도자(吳道子)였으나 현종이 오도현(吳道玄)으로 고쳐 지어주었다고 한다. 지방의 하층 관리로 재직하던 중 현종에게 그 재능을 인정받게 되어 궁정 화가가 되었다. 인물화 · 산수화 · 초목화 · 벽화 등의 여러 분야의 그림에 있어서 묘사법(描寫法)을 일변시키며 동양 회화에 커다란 영향을 끼친 인물이다. 제자들과 함께 사찰에 그린 벽화의 수가 300점이 넘었다고 한다.

명안스님이 말 떨어지자마자 깨달으셨다.

절을 올리고 나서 이전 자리로 돌아가서 서있으려니 양산스님이 말씀하셨다.

"어찌 일구(一句)를 말하지 않느냐?"

명안스님이 말씀드렸다.

"말함을 사양하진 않겠지만 종이와 먹에 올려질까 걱정됩니다."

양산스님이 "하하!" 하고 크게 웃으셨다.

말씀하셨다. "이 말이 이후에 비석에 올려질 것이다."

582. 조주종심趙州從諗

趙州和尚, 行脚時, 到一老宿處. 宿問: "近離甚處?" 曰: "滑州." 宿云: "幾程到遮裏?" 曰: "一蹋蹋到." 宿云: "好箇捷疾鬼." 曰: "萬福.大王." 宿云: "參堂去." 州應: "喏. 喏."

有秀才見州, 乃讚歎, 云: "和尚是古佛." 州云: "秀才是新如來."833)

조주 종심스님834)이 행각하실 때에 한 노숙의 처소에 이르셨다.

노숙이 물으셨다. "근자에 어디를 떠나셨소?"

말씀하셨다. "활주(滑州)835)요."

노숙이 말씀하셨다. "어떻게 여기까지 왔소?"

말씀하셨다. "한바탕 미끄러지고 넘어지면서 왔소."

노숙이 말씀하셨다. "훌륭한 야차(夜叉)836)로군."

---

833) 『聯燈會要』 卷第六, X79n1557_p0057b22~24. 『五燈會元』 卷第四, X80n1565_p0092a24~b02. 참조.

834) 趙州從諗(조주종심) : 남악회양(南嶽懷讓)-마조도일(馬祖道一)-남전보원(南泉普願)-조주종심(趙州從諗). 778~897. 주87) 참조.

835) 滑州(활주) : 수나라 때에 두었던 주(州)의 이름. 하남성(河南省) 활현(滑縣)에 있었다. 명나라 초기에 현(縣)으로 고침.

836) 捷疾鬼(첩질귀) : 야차(夜叉)의 의역(意譯)이다. ⑤yakṣa. 사람의 살과 피를 먹으며 하늘을 날고 땅위로 다니는 것이 아주 빠르다고 해서 '아주 빠른 귀신'이라는 뜻으로 첩질

말씀하셨다. "만복하소서. 대왕이시여."
노숙이 말씀하셨다. "참당(參堂)837)하시오."
조주스님이 응답하셨다. "네. 네."

어떤 수재838)가 있었는데 조주스님을 뵙고 곧 찬탄하여 말씀드렸다.
"스님께서는 '옛부처님(古佛)'이십니다."
조주스님이 말씀하셨다.
"수재(秀才)는 '햇여래(新如來)'로군."

583. 비마암祕魔巖

祕魔巖和尙, 常持一叉. 凡見僧來, 卽提起叉, 云: "甚麼魔魅, 敎汝出家?
甚麼魔魅, 敎汝行脚? 道得也叉下死, 道不得也叉下死. 速道! 速道!"後霍
山聞乃訪之. 纔見未禮拜, 便擒入懷去. 師乃拊山背三下. 山拍手. 云: "師
兄三千里外賺我來! 三千里外賺我來!"839)

비마암스님840)께서는 늘 차(叉)841)를 하나 지니고 계셨다.

귀(捷疾鬼)로 번역했다. 이 첩질귀(捷疾鬼)의 대장은 비사문천왕(毘沙門天王)이다.
837) 叅堂(참당) : 승당(僧堂)으로 들어가서 수좌(首座)를 만나고 대중과 함께 좌선하다. 선
원의 주지스님이 학인의 방부를 허락하는 것.
838) 秀才(수재) : 당대와 송대에는 과거에 응시하는 선비를 말한다. 한대(漢代)에는 과거시
험을 수재라 하였고 명대와 청대에는 부학(府學)이나 주학(州學), 현학(縣學) 등에 입학한
생원(生員)을 수재라고 하였다. 원대와 명대이래로는 서생(書生)이나 독서인(讀書人)을 수
재라 하였다. 선원에서는 참(叅)인 학인을 말한다.
839) 『聯燈會要』 卷第七, X79n1557_p0072a23~b01. 『禪門拈頌集』 卷第十三, K46-0214,
508則. 참조.
840) 秘魔巖(비마암) : 남악회양(南嶽懷讓)-마조도일(馬祖道一)-영태영단(永泰靈湍)-비마암(秘魔
巖). 817~888. 형주(荊州) 오대산(五臺山)에 주석하였다. 속명은 상우(常遇)며 속성은 음씨(陰
氏)이고 범양(范陽)[하북성] 출신이다. 연북(燕北)의 안국사(安國寺)로 출가하였다. 오대산의 문
수보살이 용을 항복받았다는 서대(西臺) 비마암(秘魔岩)에 거주하였으므로 비마암(秘魔巖)이라
불렸다. 유명한 '비마암차각(秘魔岩杈却)' 공안이 있다. 『선문염송집』 13권·『선종송고련주통
집』 21권·『종문염고휘집』 18권·『대광명장』 중권(中卷)·『연등회요』 7권·『오등전서』 8권·
『지월록』 11권 등에도 이 공안(公案)이 실려 있다.
841) 叉(차) : 杈(차)라고도 한다. 끝이 U자 모양으로 양쪽으로 갈라져 가장귀진 꼬챙이나
작살, 무기 따위를 말한다.

스님들이 오는 것을 보면 차(叉)를 꺼내어 말씀하셨다.
“어떤 마귀가 너를 출가케 하였느냐?
어떤 마귀가 너를 행각케 하였느냐?
말하여도 차(叉)에 찔려 죽을 것이고 말하지 않아도 차(叉)에 찔려 죽
는다.
얼른 말해라!   얼른 말해라!”

뒤에 곽산스님842)이 듣고서 곧 방문하셨다.
뵙자마자 절도 하지 않고 곧장 품속으로 뛰어들었다.
스님이 바로 곽산스님의 등을 세 번 쓰다듬으셨다.

곽산스님이 손뼉을 치셨다.

말씀하셨다.
“사형스님이 삼천리 밖에서부터 나를 속이셨구나!
삼천리 밖에서 나를 속이셨구나!”

584. 보은혜명報恩慧明

報恩明和尚, 問二禪客: “上座近離甚處?” 云: “都城.” 曰: “上座離都城到
此山, 則都城少上座, 此山剩上座. 剩則心外有法, 少則心法不周. 說得道理
即住, 不會即去.” 二人無對.
妙喜代曰: “和尚謾某甲不得. 某甲亦謾和尚不得.” 復曰: “即今莫有道得相
謾句者麼? 若也道得, 許汝跳得金剛圈, 吞得栗棘蓬.”843)

보은 혜명스님844)이 두 선객에게 물으셨다.

---

842) 어떤 스님인지 잘 알려져 있지 않다. 위산스님의 법을 이은 곽산화상으로도 보이나 확
    실치 않다. 마조도일(馬祖道一)-백장회해(百丈懷海)-위산영우(潙山靈祐)-곽산화상(霍山和
    尚).
843) 『聯燈會要』 卷第二十七, X79n1557_p0238c08~11. 『禪門拈頌集』 卷第二十九, K46-
    0483, 1364則. 『五燈會元』 卷第十, X80n1565_p0205a03~06. 참조.

"상좌들은 근래에 어디를 나섰느냐?"
말씀드렸다. "도성(都城)을 나왔습니다."
말씀하셨다.
"상좌들이 도성을 떠나 이 산에 왔으니 도성에는 상좌들이 모자랄 것이고 이 산에는 상좌들이 넘치겠구나.
넘치면 마음 밖에 법이 있게 될 것이고 모자라면 마음이 법에 두루하지 못하게 된다.
도리를 말할 수 있다면 머무르고 알지 못하였으면 떠나라."
두 사람이 대답이 없었다.

묘희스님이 대신하여 말씀하셨다.
"스님께서는 저희들을 속이지 마십시오. 저희들도 스님을 속일 수가 없습니다."
다시 말씀하셨다.
"바로 지금 서로 속이는 구(句)를 말해 볼 자가 없느냐?
만일 말한다면 금강권(金剛圈)을 뛰어넘고 율극봉(栗棘蓬)을845) 삼켰다고 인정할 것이다."

---

844) 報恩慧明(보은혜명) : 현사사비(玄沙師備)-나한계침(羅漢桂琛)-법안문익(法眼文益)-보은혜명(報恩慧明). 법안종스님이다. 전당(錢塘)사람으로 속성은 장씨(蔣氏)다. 어렸을 적에 출가하여 초창기에는 삼학(三學)의 경교(經敎)를 익혔으나 점점 선(禪)을 좋아하였다. 그리하여 민월(閩越)지방의 여러 존숙들을 참방하다가 임천(臨川)의 법안문익(法眼文益) 선사(禪師)를 만나 그 법을 이었다. 그 후 은수(鄞水)[절강성] 대매산(大梅山)으로 은거하였다가 천태산(天台山)으로 옮기니 승속의 따르는 이들이 함께하였다. 전당(錢塘)의 충의왕(忠懿王)이 그의 도풍을 흠모하여 내전으로 초청하여 도(道)를 논하다가 현지(玄旨)를 깊이 깨닫게 되었다. 자숭원(資崇院)에 주석하다가 항주(杭州) 보은원(報恩院)에 머물렀다. 주(周)의 세종(世宗) 현덕(顯德) 연간(954~959)에 세수 70여세로 입적하였다. 제자로 보명도성(保明道誠)이 있다.

845) 金剛圈, 栗棘蓬(금강권, 율극봉) : 선사들이 학인들을 제접할 때에 벽관(壁觀)으로 사용하는 방편수단이다. '권(圈)'은 한정된 구역과 범위, 우리, 또는 ○(동그라미)를 말한다. 따라서 '금강권(金剛圈)'은 도저히 부수고 뚫을 수 없는 구역을 말한다. 학인의 인연이 무르익으면 선사들이 이러한 상황으로 몰고 가서 활연히 대오(大悟)하게 한다. '율극봉(栗棘蓬)'은 밤송이를 말하는데 온 천지가 밤 가시가 깔려 있으면 꼼짝달싹 못하는 상황이 되거나 이것을 목구멍에 넣으면 가시가 많아서 삼킬 수도 없고 뱉어낼 수도 없는 상황이 되는 것처럼 학인의 인연이 무르익으면 선사들이 이러한 상황으로 몰고 가서 활연히 대오(大悟)하게 한다.

585. 자명초원慈明楚圓

慈明和尚, 問顯英首座: "近離甚處?" 曰: "金鑾." 曰: "夏在甚處?" 曰: "金鑾." 曰: "去夏在甚處?" 曰: "金鑾." 曰: "前夏在甚處?" 曰: "金鑾." 曰: "先前夏在甚處?" 座曰: "和尚何不領話?" 曰: "我也不能勘得汝. 教庫下供過奴子來勘, 且點一盃茶與汝濕口."846)

자명 초원스님847)이 복주 현영수좌848)에게 물으셨다.
"최근에 어디를 떠났느냐?"
말씀드렸다. "금란(金鑾)입니다."849)
말씀하셨다. "여름엔 어디에 있었나?"
말씀드렸다. "금란(金鑾)입니다."
말씀하셨다. "지난 여름엔 어디에 있었지?"
말씀드렸다. "금란(金鑾)입니다."
말씀하셨다. "재작년 여름엔 어디 있었고?"
수좌가 말씀드렸다. "스님께서는 어찌 말을 못 알아들으십니까?"
말씀하셨다.
"나도 너를 감파할 수가 없구나. 공양간850)의 공과(供過)851) 노비를

---

846) 『聯燈會要』 卷第十二, X79n1557_p0110c08~11. 『古尊宿語錄』 卷第十一, 「慈明禪師語錄」, X68n1315_p0066c02~06. 참조.

847) 慈明楚圓(자명초원) : 풍혈연소(風穴延沼)-수산성념(首山省念)-분양선소(汾陽善昭)-석상초원(石霜楚圓). 987~1040. 주684) 참조.

848) 福州顯英(복주현영) : 운문문언(雲門文偃)-쌍천사관(雙泉師寬)-복창유선(福昌惟善)-복주현영(福州顯英). 운문종스님으로 복주(福州) 영봉(靈峰)에 주석하였다.

849) 金鑾(금란) : 금란선스님을 말한다. 수산성념(首山省念)-분양선소(汾陽善昭)-석상초원(石霜楚圓)-금란선(金鑾善). 『오등회원』 12권에 스님에 관한 얘기가 나온다. 취암 가진스님이 처음에 자명스님을 참례하였을 때 선시자(善侍者)와 함께 여름 안거를 보내게 되었다. 선시자(善侍者)는 자명스님의 뛰어난 제자로 도오 오진스님과 양기 방회스님도 그에게 감복하여 높이 받들었다. 취암스님은 자명스님을 친견하기에 부담이 되어 어찌할 바를 모르고 있었다. 선시자(善侍者)가 말을 붙여보고는 철저하지 못함을 알고 웃었다. 하루는 산행을 갔다가 기봉을 드러냄을 얘기하다가 선시자(善侍者)가 기와조각 하나를 잡고 반석 위에다 올려놓고 말했다. "만일 여기서 일전어(一轉語)를 말한다면 자명스님을 친견케 해주겠다." 취암스님이 이리 저리 돌아보며 답을 찾으려 하자 선시자(善侍者)가 꾸짖으며 말했다. "생각을 그만두고 기교를 멈추어라. 정식(情識)으로는 뚫을 수가 없다. 어찌 꿈에라도 보겠느냐?"(『五燈會元』 卷第十二, X80n1565_p0247b10~15. 참조.)

오라해서 감변하게 하기로 하고, 우선 한 사발의 차에 끓는 물을 부어852) 너와 함께 마셔야겠구나."

586. 복주대안福州大安

懶安和尚, 示眾, 云: "汝等諸人, 總來就安求覓甚麼? 若欲作佛, 汝自是佛. 而却傍家走忽忽, 如渴鹿趂陽燄. 何時得相應去? 阿你欲作佛, 但無如許多顚倒攀緣妄想惡覺垢欲不淨眾生之心. 則汝便是初心正覺佛, 更向何處別討? 所以安在潙山三十來年, 喫潙山飯, 屙潙山屎, 不學潙山禪, 只看一頭水牯牛. 若落路入草便牽出, 若犯人苗稼即鞭撻調伏. 既久可憐生, 受人言語. 如今變作箇露地白牛, 常在面前, 終日露迥迥地, 趂亦不去也.

복주 나안스님853)이 대중에게 열어 보이셨다.
"여러분은 모두 이 나안(懶安)에게 와서 무엇을 구하여 찾습니까?
만일 부처님을 드러내려고854) 한다면 여러분 스스로가 부처님입니다.
그런데 도리어 옆집으로 급히 달려갑니다.
마치 목마른 사슴이 아지랑이를 쫓아다니듯이 합니다.

---

850) 庫下(고하) : 고원(庫院), 후원(後院)이라고도 한다. 절의 공양간, 주방.
851) 供過(공과) : 시중들다.
852) 點(점) : 끓는 물을 붓다.
853) 福州大安(복주대안) : 남악회양(南嶽懷讓)-마조도일(馬祖道一)-백장회해(百丈懷海)-복주대안(福州大安). 793~883. 장경대안(長慶大安)이라고도 한다. 복주(福州)[복건성] 출신이다. 속성은 진씨(陳氏)다. 호는 나안(懶安)이다. 어려서 출가하여 원화(元和) 12년(817) 건주(建州) 포성(浦城)[복건성] 건원사(乾元寺)에서 구족계를 받았다. 황벽산에서 율학을 공부하다가 백장회해스님을 만나게 되었다. 백장스님에게 절을 하고 물었다. "학인이 부처님을 알고자 하는데 어떤 것입니까?" 백장스님이 말했다. "소를 타고 소를 찾는 것과 같군." 스님이 말했다. "알고 나서는 어떻게 합니까?" 백장스님이 말했다. "소를 타고 집으로 돌아가는 것과 같지." 스님이 말했다. "처음과 끝까지 어떻게 보림(保任)해야 하는 것입니까?" 백장스님이 말했다. "마치 소 키우는 사람이 막대기를 들고 지켜보는 것과 같이하여 남의 농작물을 범하지 않게 해야 하지." 스님이 여기서 깨닫고 다시는 치달려 구하지 않았다. 위산 영우스님이 위산문(潙山門)을 개창할 때 동참하였으며 늘 몸소 농사를 지으면서 도(道)를 도왔다. 영우스님이 입적하자 대중들의 요청에 의해 주지가 되었다. 만년에는 민(閩)지방으로 가서 이산원(怡山院)에 머물다 세수 91세로 입적하였다. 시호는 원지대사(圓智大師)이다. 법제자로 대수법진(大隋法眞), 영수여민(靈樹如敏), 문수원명(文殊圓明) 등 다수가 있다.
854) 作(작) : 드러내다, 나타내다. 일어서게 하다.

그러니 어느 때에 상응(相應)하겠습니까?

여러분이855) 부처님을 드러내려면 다만 허다하게 뒤바뀌고, 반연하고, 망상하고, 나쁘게 지각하고, 더럽게 바라는 등의 깨끗하지 못한 뭇삶의 마음이 없어야만 합니다.
그러면 곧 여러분이 바로 초심(初心)의 정각(正覺)856)인 부처님입니다.
다시 어느 곳을 향하여 달리 찾겠습니까?

그러므로 이 나안(懶安)이 위산(潙山)에 30여년을 살면서 위산의 밥을 먹고 위산에다 똥을 누면서도 위산의 선(禪)을 배우지 않고 그저 한 마리의 수고우(水牯牛)857)를 지켜보았을 뿐입니다.
만일 길을 벗어나 풀밭으로 들어가거든 곧장 끌어내었고, 만일 남의 농작물을 침범하면 곧바로 몰아내어 길들였습니다.
이렇게 오래 되니까 사랑스럽게도858) 사람의 말을 잘 들어서 지금은 노지백우(露地白牛)859)로 변하여 항상 눈앞에 있습니다.
하루 종일 완전히 드러나 있어860) 쫓아도 가질 않습니다.

汝等諸人, 各自有無價大寶. 從眼門放光, 照山河大地, 耳門放光, 領采一切善惡音響. 六門晝夜常放光明, 亦名放光三昧. 汝自不識, 取影在四大身中, 內外扶持, 不敎傾側. 如人負重擔從獨木橋上過, 亦不敎失脚. ‘且道. 是甚

---

855) 阿(아) : 접두사.
856) 初心正覺(초심정각) : 60 『화엄경』 8권에서 법혜보살(法慧菩薩)이 정념천자(正念天子)에게 한 말이다. "처음으로 발심하였을 때 곧장 정각을 이루어 일체 법의 진실한 성품을 알게 되며, 통찰의 몸을 갖추어 남을 말미암아 깨닫지 않을 것이다." (T09n0278_p0449c14~15, 『大方廣佛華嚴經』 卷第八, 「梵行品」 第十二. "初發心時便成正覺, 知一切法眞實之性, 具足慧身不由他悟.")
857) 水牯牛(수고우) : 암물소. 거세된 숫물소. 검은 암소. 남전 보원스님이 최초로 썼다. 한가하고 여유로우면서 일없는 사람 또는 그런 마음, 그런 삶을 말한다. 유유자적(悠悠自適)한 대자유인(大自由人), 대무사인(大無事人)을 표현한다. 자신의 마음을 말하기도 한다.
858) 可憐生(가련생) : 사랑스럽다. 안타깝다. 生(생)은 어조사.
859) 露地白牛(노지백우) : 노백지우(露白地牛)라고도 한다. '완전히 드러난 하얀 소'라는 뜻으로 깨달은 마음, 또는 깨달음을 이룬 사람을 말한다.
860) 露迥迥地(노형형지) : 조금도 남김없이 완벽하게 드러남을 형용한 말.

麼物?’ 恁麼扶持, 便得‘如是’. 汝若覓毫髮即不見. 故志公云: ‘內外追尋覓
總無, 境上施為渾大有.’”861)

여러분은 각자 스스로 값을 매길 수 없는 큰 보배를 가지고 있습니
다.

눈의 문으로부터 빛을 놓아서 산하대지를 비추고, 귀의 문에서도 빛
을 놓아 일체 선악의 음향을 분별할 줄 압니다.

여섯 문에서 밤낮으로 항상 광명을 놓으니 역시 이름을 방광삼매(放
光三昧)라 합니다.

그런데 여러분 스스로 알아채지를 못하고서 사대의 몸 안에서 그림
자를 취해 안팎으로 붙들어 지니고 옆으로 기울어지지 않으려 합니다.

이는 마치 사람이 무거운 짐을 지고 외나무다리를 지나면서 역시 발
을 실수하지 않으려는 것과 같습니다.

‘바로 여기 말해봐라. 무슨 물건이냐?’

이렇게 붙들어 지니면 곧장 ‘이와 같음’을 깨달을 것입니다.

하지만 여러분이 만일 털끝만치라도 찾는다면 곧 드러나지 않을 것
입니다. 그러므로 지공스님862)이 말씀하셨습니다.

‘안팎으로 추구하여 찾아보았자 도무지 없으나,

경계 위에서 실행하면 어디에나863) 있다.’”864)

---

861) 『景德傳燈錄』 卷第九, T51n2076_p0267c01~17. 『聯燈會要』 卷第七, X79n1557_p00
69b15~c06. 참조.

862) 誌公(지공) : 보지선사(寶誌禪師), 또는 보지선사(保誌禪師), 지공조사(誌公祖師)라고도 한
다. 속성은 주씨(朱氏). 양무제 시대의 스님이다. 달마대사, 부대사와 더불어 양대삼대사(梁代
三大士)라 불린다. 7세에 종산(鍾山)[자금산(紫金山)]으로 출가하였다. 도림사(道林寺)에 거주
하면서 전심으로 선(禪)을 관(觀)하여 득도(得道)하였다. 불도징(佛圖澄)과 더불어 신이(神異)적
인 자취를 많이 남겼다. 양무제의 스승이 되어 무제의 깊은 존경을 받았다. 양무제가 장승요
(張僧繇)로 하여금 스님의 초상을 그리게 하였는데 지공스님이 십일면관음상(十一面觀音像)의
모습으로 출현하니 이로 인하여 사람들이 관세음보살의 화신으로 알았다고 한다. 지금 유전
(流傳)되고 있는 『양황보참(梁皇寶懺)』과 『자비도량참법(慈悲道場懺法)』은 양무제가 황후 치씨
(郗氏)를 위해 지공스님과 고승 열 명에게 청하여 지은 것이다. 그는 부대사(傅大士)와 더불어
선종(禪宗)의 선구적 인물로 평가되고 있다. 『전등록』 29권에 「대승찬십수(大乘讚十首)」 「십
이시송십이수(十二時頌十二首)」 「십사과송(十四科頌)」 등이 실려 있다.

863) 渾大(혼대) : 매우 넓고 큼. 크기와 넓이가 없음.

587. 조주종심趙州從諗

趙州, 問僧: "曾到此間麼?" 云: "曾到." 曰: "喫茶去."
或云: "不曾到." 亦曰: "喫茶去." 院主云: "和尚為甚曾到
也云喫茶去, 不曾到也云喫茶去?" 州曰: "院主!" 主應喏,
州曰: "喫茶去."　　保福云: "趙州慣得其便."865)

조주 종심스님866)이 한 스님에게 물으셨다.

"일찍이 여기 왔었느냐?"

말씀드렸다. "일찍이 온 적이 있습니다."

말씀하셨다. "차 마셔라."

혹 어떤 이는 "일찍이 온 적이 없습니다"라고 하면, 역시 말씀하셨다.

"차 마셔라."

원주가 말씀드렸다.

"스님께서는 어째서 일찍이 왔다고 하여도 '차 마셔라' 하시고 일찍이 온 적이 없다고 하여도 '차 마셔라'고 하십니까?"

조주스님이 원주를 부르셨다.

"원주!"

원주가 "네!" 하자,

조주스님이 말씀하셨다. "차 마셔라."

---

864) 지공스님의 「십이시송(十二時頌)」 가운데 '축시송(丑時頌)'이다. "닭 우는 축시.// 한 알의 동그란 구슬 밝은 지 이미 오래라/ 안팎으로 찾아보았자 도무지 없으나/ 경계 위에서 실행하면 어디에나 있다네./ 머리를 드러내질 않고 손도 없으니/ 세계가 무너질 때라도 그건 썩지 않는다네./ 깨닫지 못한 사람이 한 마디 들어보았자/ 다만 지금 누가 입을 열기라도 할까?"　(T51n2076_p0450b28~c02, 『景德傳燈錄』 卷第二十九, 「寶誌和尚十二時頌」. "雞鳴丑. 一顆圓珠明已久, 內外接尋覓總無, 境上施爲渾大有. 不見頭又無手, 世界壞時渠不朽. 未了之人聽一言, 只遮如今誰動口?")

865) 『聯燈會要』 卷第六, X79n1557_p0059a20~b03. 『五燈會元』 卷第四, X80n1565_p0093b18~21. 『古尊宿語錄』 卷第十四, 「趙州眞際禪師語錄之餘」, X68n1315_p0088a20~24. 참조.

866) 趙州從諗(조주종심) : 남악회양(南嶽懷讓)-마조도일(馬祖道一)-남전보원(南泉普願)-조주종심(趙州從諗). 778~897. 주87) 참조.

보복 종전스님867)이 말씀하셨다.
"조주스님이 그 틈새를 뚫어버렸군."

588. 서여정단西余淨端

端師子, 因僧問:"羚羊未生角時如何?"曰:"怕."僧云:"旣是善知識, 因何却怕?"曰:"山僧不曾見恁麼差異畜生."
又≪放牛歌≫, 云:"牛. 牛. 牛. 休. 休. 休. 更莫牽犂拽杷. 任經冬夏春秋. 無繩無索, 無準無鉤. 朝來放向荒郊去, 杳杳無蹤休更休.868)

단사자스님869)께 한 스님이 여쭈었다.
"영양이 뿔이 아직 나지 않았을 때는 어떻습니까?"
말씀하셨다. "무섭다."
그 스님이 말씀드렸다.
"이미 선지식이신데 무엇 때문에 두렵습니까?"
말씀하셨다. "이 산승이 이렇게 별난 짐승은 첨 본다."

또 ≪방우가(放牛歌)≫를 지으셨다.

"소. 소. 소.
쉬어라. 쉬어라. 쉬어라.
다시는 쟁기 끌거나 써레질 하지 말게나.
겨울·여름·봄·가을 가는대로 두시게.
고삐도 두지 말고,
코뚜레도 없애야하네.870)

---

867) 保福從展(보복종전) : 용담숭신(龍潭崇信)-덕산선감(德山宣鑑)-설봉의존(雪峰義存)-보복
　　종전(保福從展). ?~928. 주718) 참조.
868) 『嘉泰普燈錄』 卷第三, X79n1559_p0306a03~04, p0482c07~09.『五燈會元』 卷第十
　　二, X80n1565_p0255a22~23. 참조.
869) 端獅子(단사자) : 수산성념(首山省念)-곡은온총(谷隱蘊聰)-용화제악(龍華齊岳)-서여정단
　　(西余淨端). 1030~1103. 주226) 참조.
870) 無準無鉤(무절무구) : 코뚜레도 없음. '절(準)[콧마루 절]'은 인중과 코끝사이 두 콧구멍

아침이면 거친 들판에 놓아두고
저물면 흔적 없이 쉬고 또 쉬게나.

589. 대룡지홍大龍智洪

大龍和尚, 僧問: "如何是佛?" 曰: "卽汝是." 云: "如何領會?" 曰: "更嫌
鉢盂無柄那?"871)

대룡 지홍스님872)께 한 스님이 여쭈었다.
"어떤 것이 부처님입니까?"
말씀하셨다. "바로 너지."
말씀드렸다. "어떻게 하면 알 수 있습니까?"
말씀하셨다. "어찌 발우에 자루가 없음을 싫어하느냐?"873)

입구를 말한다. 비량(鼻梁)이라고도 함. '구(鉤)'는 이 절(準)에다 구멍을 뚫고 꿰는 코뚜
레를 말함.
871) 『景德傳燈錄』 卷第二十三, T51n2076_p0394a13~15. 『聯燈會要』 卷第二十六, X79n1
557_p0231a14~15. 『五燈會元』 卷第八, X80n1565_p0178b19~20. 참조.
872) 大龍智洪(대룡지홍) : 덕산선감(德山宣鑑)-감담자국(感潭資國)-백조지원(白兆志圓)-대룡지
홍(大龍智洪). 송대의 스님이다. 백조 지원스님에게서 법을 이어 받고 낭주(朗州)[호남성(湖南
省) 상덕(常德)]의 대룡산(大龍山)에 주석하였다. 서호(署號)는 홍제대사(弘濟大師)이다. '대룡
법신(大龍法身)' 공안이 있다.
873) 更~那(갱~나) : 어찌~~하느냐?

590. 협산선회夾山善會

夾山, 示衆, 云: "百草頭薦取老僧, 鬧市裏識取自己."
雲門云: "蝦蟆鑽你鼻孔, 毒蛇穿你眼睛, 且向葛藤裏識取."
妙喜曰: "夾山垜生招箭, 雲門認賊爲子. 雖然如是, 知恩者少, 負恩者多."874)

협산 선회스님875)이 대중에게 열어 보이셨다.
"온갖 풀에서 이 노승을 알아버리고 저잣거리에서 자기를 알아야한다."876)

운문 문언스님이 말씀하셨다.
"뚜꺼비가 너의 콧구멍을 뚫고 독사가 너의 눈동자를 꿰뚫었으니, 여기 갈등(葛藤) 속에서 알아버려라."

묘희스님이 말씀하셨다.
"협산스님이 살받이로 화살을 불러내고, 운문스님은 도적을 아들로

---

874) 『聯燈會要』 卷第二十一, X79n1557_p0179c09~14. 『禪門拈頌集』 卷第十八, K46-029
   3, 716則. 『五燈會元』 卷第五, X80n1565_p0121b17~18. 참조.
875) 夾山善會(협산선회) : 석두희천(石頭希遷)-약산유엄(藥山惟儼)-선자덕성(船子德誠)-협산
   선회(夾山善會). 805~881. 주259) 참조.
876) 『연등회요』 21권에서는 협산스님의 시중법문(示衆法門) 전문이 실려 있다. '自己(자기)'
   는 '天子(천자)'로 나온다. "문득 누가 와서 이 노승에게 도(道)를 알려달라고 요청하지만
   온갖 풀에서 평생 일을 마쳐버리고 뿌리와 줄기마저도 남아 있지 않습니다. 이 노승이
   응당 자리를 차지하고 앉아 있지만 앉은 곳에 머물러 갇혀 있진 않습니다. 사리(闍梨) 여
   러분. 대궐에서 천자를 알아보고 집에서 주인공을 알더라도 무슨 작용하는 자리가 있겠
   습니까? 반드시 시끄러운 저잣거리에서 천자를 알아보고 온갖 풀에서 이 노승을 알아야
   만 비로소 약삭빠른 놈이라 할 것입니다. 금까마귀는 바람과 구름의 그림자에 걸리지 않
   는데, 물새가 어찌 구천(九天)을 건너가겠습니까? 밝은 달이 밤에 낚싯바늘을 감추었으니
   누구 손에 떨어질지 모릅니다." (X79n1557_p0179c10~14, 『聯燈會要』 卷第二十一. "忽
   有人問, 老僧報道, 百草頭上, 罷却平生事, 根株亦不留. 老僧當位坐, 坐處不停囚. 闍梨.
   殿上識得天子, 屋裏識得主人公, 有甚用處? 須向鬧市門頭, 識取天子, 百草頭上薦取老僧,
   方是傻儸漢. 金烏不挂風雲影, 水鳥那能度九天? 明月夜藏鉤, 不知落誰手.") 『선문염송』
   716칙에서는 이렇게 실려 있다. "대궐 안에서 천자를 알아보고 선상(禪床)에서 이 노승을
   알더라도 좋은 솜씨는 아니니, 시끄러운 저잣거리에서 천자를 알아보고, 온갖 풀에서 이
   노승을 아는 것만 못합니다." (K46-0293, 『禪門拈頌集』 卷第十八. "殿裏識得天子, 禪床
   上薦取老僧, 未是好手, 不如鬧市裏識取天子, 百草頭上薦取老僧.")

오인하였구나. 하지만 은혜를 아는 이가 드물고 은혜를 저버리는 이가
많구나."

591. 황룡혜남黃龍慧南

　黃龍南和尙, 示衆, 云: "有一人朝看華嚴, 暮看般若, 晝
夜精勤無有暫暇.　有一人不參禪不論義,　把箇破席日裏睡.
於是二人同到黃龍.　一人有爲,　一人無爲.　安下那箇卽是?"
良久. 云: "功德天, 黑暗女, 有智主人, 二俱不受."877)

　황룡 혜남스님878)이 대중에게 열어 보이셨다.
　"어떤 한 사람은 아침에는 『화엄경』을 보고 저녁에는 『반야경』을 보
는데 밤낮으로 열심히 정근(精勤)하느라 잠시도 겨를이 없습니다.
　어떤 한 사람은 참선(參禪)이지도 않고 논의(論義)도 하지 않으면서
다 떨어진 좌복을 붙들고 대낮에도 잠만 잡니다.

　이 두 사람이 함께 이 황룡에게 왔습니다.
　한 사람은 유위(有爲)요, 한 사람은 무위(無爲)입니다.
　누구를 올려놓아야 옳은 것입니까?"

　한참 묵묵히 계셨다.

　말씀하셨다.
　"공덕천(功德天)과 흑암녀(黑暗女)를879) 지혜가 있는 주인이라면 둘

---

877) 『續刊古尊宿語要』 第一集, 「黃龍南禪師語」, X68n1318_p0358a14~17. 『聯燈會要』
　　卷第十三, X79n1557_p0118b13~16. 『五燈會元』 卷第十七, X80n1565_p0352b11~15.
　　『黃龍慧南禪師語錄』, T47n1993_p0634a24~29. 참조.
878) 黃龍慧南(황룡혜남) : 수산성념(首山省念)-분양선소(汾陽善昭)-석상초원(石霜楚圓)-황룡
　　혜남(黃龍慧南). 1002~1069. 주69) 참조.
879) 功德天黑暗女(공덕천흑암녀) : 『대반열반경』 12권 「성행품」에 나오는 비유다. "가섭.
　　세간의 뭇삶들은 전도(顚倒)됨이 마음을 덮어서 태어나는 것은 탐착하고 늙고 죽음은 싫
　　어하고 미워한다. 가섭. 보살은 그렇지 않아서 처음 태어나는 것을 관(觀)하여 이미 좋지

다 받아들이지 않습니다."

못한 결과를 본다. 가섭. 마치 한 여인이 어떤 이의 집에 들어갔다. 그 여인의 얼굴이 단정하고 용모가 아름다웠으며 훌륭한 영락으로 몸을 장엄하고 있었다. 그 집 주인이 보고는 곧바로 물었다. '당신의 이름은 무엇이며 누구 소속이요?' 여인이 대답하였다. '나는 공덕대천(功德大天)이라고 해요.' 주인이 물었다. '당신은 가는 데마다 무엇을 하시오?' 여인이 대답하였다. '나는 가는 데마다 가지가지의 금·은·유리·파리·진주·산호·호박·자거·마노·코끼리·말·수레·노비·종 등을 주지요.' 주인이 듣고 나서 마음이 한량없이 환희용약(歡喜踊躍)하였다. '나에게 지금 복덕이 있기에 당신이 나의 집에 오게 되었구려.' 그리고 향을 사르고 꽃을 뿌려 공양하면서 공경하며 절하였다. 그런데 또 문밖에 다른 한 여인이 나타났다. 그 모습이 누추하고 의상이 다 떨어져 해지고 더러운 때가 많고 피부가 주름지고 갈라졌으며 살빛이 희부옇게 되어있었다. 보고나서 물었다. '당신의 이름은 무엇이며 누구 소속이요?' 여인이 대답하였다. '나의 이름은 흑암(黑闇)이에요.' 다시 물었다. '무슨 까닭으로 흑암(黑闇)이라고 이름하였소?' 여인이 대답하였다. '나는 가는 데마다 그 집에서 소유한 재물을 모두 쇠락하여 곤핍하게 하죠.' 주인이 그 말을 듣고는 얼른 예리한 칼을 잡고는 이렇게 말하였다. '당신이 빨리 떠나지 않으면 당장 목숨을 끊어 버리겠소.' 여인이 대답하였다. '당신은 엄청 어리석고 지혜가 없네요.' 주인이 물었다. '무슨 까닭으로 나를 어리석고 지혜가 없다고 하는 거요?' 여인이 대답하였다. '당신의 집에 들어간 이는 나의 언니인데, 나는 언제나 언니와 행동거지를 함께해요. 그러므로 당신이 나를 쫓아내려면 나의 언니도 쫓아내야 해요.' 주인이 안으로 도로 들어가서 공덕천에게 물었다. '밖에 한 여자가 와서 당신의 여동생이라고 하는데 실제로 맞소?' 공덕천이 말하였다. '실제로 나의 여동생이에요. 나는 이 여동생과 행동거지를 함께 하는데, 한 번도 서로 떨어져 본 적이 없어요. 그리고 가는 데마다 나는 항상 좋은 일을 하고 동생은 항상 나쁜 일을 하며, 나는 늘 이로운 일을 하고 동생은 늘 쇠락하게 하지요. 만일 나를 사랑하려는 이는 역시 그녀도 사랑하여야 하고, 나를 공경하려면 그녀도 공경하여야 해요.' 주인이 곧바로 말하였다. '만일 이와 같이 좋은 일도 나쁜 일도 한다면 나는 함께 쓸 수 없으니, 각기 마음대로 가시오.' 이때 두 여인이 서로 함께 머물던 데로 돌아갔다. 그때에 주인은 그녀들이 돌아가는 것을 보고는, 마음이 한량없이 환희용약(歡喜踊躍)하였다. 이때 두 여인은 다시 함께 가난한 집으로 가게 되었다. 가난한 사람이 보고는 마음이 기뻐서 곧바로 부탁하였다. '지금부터는 두 분께서는 늘 함께 나의 집에 항상 머물러 주십시오.' 공덕천이 말하였다. '우리들은 앞서 어떤 사람에게 쫓겨났는데, 당신은 무슨 조건으로 우리에게 머물 것을 부탁하는 거예요?' 가난한 사람이 대답하였다. '당신이 지금 나를 생각해 주기에 나는 당신을 위하여 마땅히 저 여인을 공경합니다. 이러한 까닭으로 함께 나의 집에 머물러달라고 부탁하는 겁니다.' 가섭. 보살마하살도 역시 이와 같아서 천상에 태어나는 것을 원하지 않는다. 왜냐하면 태어나면 마땅히 늙고 병들고 죽게 되는 까닭에 모두 버리고 일찍이 애착하는 마음을 없애 버린다. 범부나 어리석은 사람은 늙고 병들고 죽음의 재난을 알지 못하므로 나고 죽는 두 가지 법을 받으려고 탐착하는 것이다."(T12n0374_p0435b26~c26, 『大般涅槃經』 卷第十二, 「聖行品」 第七之二. 참조.)

592. 아호지부鵝湖智孚

古有老宿, 不赴堂. 侍者來請赴堂, 宿云: "我今日在莊上喫油糍飽." 者云: "和尚不曾出入." 宿云: "你但去問取莊主." 者纔出門, 忽見莊主歸: "謝和尚到莊喫油糍."880)

옛날에 한 노숙881)이 식당에 나아가지 않으셨다.
시자가 와서 식당에 나아갈 것을 청하니 노숙이 말씀하셨다.
"내가 오늘 농막에서 유과(油菓)882)를 먹어 배가 부르다."
시자가 말씀드렸다.
"스님께서는 일찍이 나가고 들어오신 일이 없는데요."
노숙이 말씀하셨다. "네가 얼른 가서 장주(莊主)883)께 물어보렴."
시자가 막 문을 나서는데, 문득 장주(莊主)가 돌아와서, "스님께서 농막에 오셔서 유과(油菓)를 드셔서 감사합니다."라고 함을 보았다.884)

593. 보당무주保唐無住

保唐和尚, 因杜相公問: "弟子聞金和尚說無憶無念莫妄三句法門是否?" 曰: "然." 公曰: "此三句是一是三?" 曰: "無憶名戒, 無念名定, 莫妄名慧, 一心

---

880) 『聯燈會要』 卷第二十九, X79n1557_p0259b24~c04. 『五燈會元』 卷第七, X80n1565_p0160a03~06. 『禪門拈頌集』 卷第二十六, K46-0424, 1139則. 참조.
881) 鵝湖智孚(아호지부) : 용담숭신(龍潭崇信)-덕산선감(德山宣鑑)-설봉의존(雪峰義存)-아호지부(鵝湖智孚). 주719) 참조. 『선문염송』 26권에서는 아호스님이 정확히 누군지 분명치 않지만 아호 지부스님으로 소개하고 있다. "아호가 둘이 있다. 한 분은 마조스님의 법제자 대의스님이고, 또 한 분은 설봉스님의 법제자 아호 지부스님이다. 이 이야기는 나온 곳이 분명치 않으나 지부인가 하여 여기에 수록한다."(『禪門拈頌』 卷第二十六. 1139則. "鵝湖有二. 一大義嗣馬祖, 二鵝湖智孚嗣雪峯. 此話未所由, 然疑智孚故附之.") 이 『정법안장』에서도 누군지 분명하지 않기에 그냥 '古有老宿(고유노숙)'이라고 소개하고 있다.
882) 油糍(유자) : 찹쌀을 빚어서 발효시켜 기름에 튀긴 과자. 우리나라에서는 유과(油菓)라고 한다.
883) 莊主(장주) : 선원에서 농감(農監)의 소임을 맡은 스님.
884) 대혜스님의 염송이 있다. "화상이 공양간에 가지 않았더니/ 장주가 감사히 여겨 굴욕 주었네./ 한 글자가 공문에 들어오니/ 소 아홉 마리도 끌어내지 못한다네." (T47n1998 Ap0853a27~28, 『慧普覺禪師語錄』 卷第十. "和尚不赴堂, 莊主謝臨屈. 一字入公門, 九牛撤不出.")

不生, 具戒定慧, 非一非三也." 公曰: "後句妄字莫是從心之妄乎?" 曰: "從
女者是也." 公曰: "有據否?" 曰: "『法句經』云: '若起精進心, 是妄非精進.
若能心不妄, 精進無有涯.'" 公聞疑情盪焉.885)

보당 무주스님886)께 두상공887)이 여쭈었다.

"제자가 들으니 요즈음888) 스님께서는 '무억(無憶)·무념(無念)·막망
(莫妄)'의 삼구법문(三句法門)을 설하신다고 하던데 맞습니까?"

말씀하셨다. "그래요."

두상공이 말씀드렸다. "이 삼구(三句)는 하나입니까, 셋입니까?"

말씀하셨다.

"무억(無憶)은 계(戒)라고 하고 무념(無念)은 정(定)이라고 하며
막망(莫妄)을 혜(慧)라고 하지만, 한 마음이 나지 않으면 계정혜(戒定

---

885) 『景德傳燈錄』 卷第四, T51n2076_p0234b22~28. 『聯燈會要』 卷第三, X79n1557_p00
 29b07~13. 『五燈會元』 卷第二, X80n1565_p0054c19~0055a01. 참조.

886) 保唐無住(보당무주) : 황매홍인(黃梅弘忍)-옥천신수(玉泉神秀)-숭산보적(嵩山普寂)-익주무
 상(益州無相)-보당무주(保唐無住). 714~774. 봉상미현(鳳翔郿縣)[섬서성 미현(郿縣)] 출신이다.
 속성은 이씨(李氏). 어릴 때부터 유학을 익히고 무술을 닦았는데 무예솜씨가 뛰어났다고 한다.
 20세가 되어 거사 진초장(陳楚璋)을 만나 심법을 전해 받고 불교에 귀의하였다. 천보(天寶)
 초년(742년경)에 태원(太原)으로 가서 자재선사(自在禪師)를 참례하고 그를 따라 머리를 깎았
 다. 8년 후에 구족계를 받은 후 건원(乾元) 2년(759)에 사천(四川) 성도(成都)의 정중사(淨衆
 寺)로 가서 무상(無相)스님을 참알하여 법을 이었다. 이후 남양(南陽) 백애산(白崖山)에 주석하
 면서 여러 해 동안 편안히 열반을 즐기고 있었다. 이윽고 배우는 자들이 점점 모여들어 간절
 히 청해 마지않았다. 이로부터 가르침을 베풀면서 비록 널리 언교(言敎)를 풀어 가르쳤으나
 오직 무념(無念)으로만 종지(宗旨)를 삼았다. 당나라의 상국(相國) 두홍점(杜鴻漸)이 그 남쪽
 지방의 무민관(撫民官)으로 부임하였다. 그는 스님의 명성을 듣고 한 번 친견하기를 바라고
 있다가, 대력(大歷) 원년 9월에 사자를 산으로 보내어 초청하였다. 이때 절도사 최녕(崔寧)도
 각 절의 스님들에게 멀리 나와서 영접하게 하였다. 그래서 10월 1일에 공혜사(空慧寺)에 도착
 하였다. 그때 두상공과 융수(戎帥) 최녕이 삼학(三學)의 석덕(碩德)들을 모두 그 절에 모셔 놓
 고 예를 올렸다. 그러고 나서 두상공과 보당스님의 문답이 있게 된다. 그 후 보당사(保唐寺)
 에서 개법(開法)하여 크게 교화하니 세상에서 '보당무주(保唐無住)'라고 부르게 된다. 대력 9
 년 6월 3일 세수 61세로 좌탈(坐脫)하였다. 뒤에 그의 법계(法系)를 '보당종(保唐宗)'이라 불
 렀다.

887) 杜相公(두상공) : 두홍점(杜鴻漸)을 말한다. 708-769. 당나라 때 복양(濮陽)[하남성(河南
 省) 복양시(濮陽市)] 출신. 자(字)는 선(選). 금강지삼장(金剛智三藏)이 재가 제자다. 진사(進士)
 에 급제하고 안사(安史)의 난 때 숙종(肅宗)을 도운 공으로 위국공(衛國公)에 봉해졌다. 대종
 (代宗) 때는 관직이 재상(宰相)까지 승진하였다. 대력(大曆) 4년(769) 재상 직을 사임하고 3일
 후에 61세를 일기로 사망했다. 태위(太尉)에 추증되었으며 시호는 문헌(文憲)이다.

888) 金(금) : '今(금)'의 오기(誤記)로 보인다. 『오등회원』 2권에서는 今(금)으로 나온다.
 (X80n1565_p0054c19~20, 『五燈會元』 卷第二. "弟子聞, 今和尙說無憶無憶無念莫妄, 三
 句法門, 是否?")

慧)를 갖추게 되어 하나도 아니고 셋도 아닙니다."

두상공이 말씀드렸다.

"뒷 구절의 '망(妄)'이란 글자는 마음 심(心)이 붙는 '망(忘)'이 아닙니까?"889)

말씀하셨다. "'계집 녀(女)' 자가 붙은 것이 맞소."

두상공이 말씀드렸다. "근거가 있습니까?"

말씀하셨다.

"『법구경』에서 말씀하셨지요.

'만일 정진(精進)한다는 마음을 일으키면

망(妄)이요 정진(精進)이 아니다.

만일 마음이 허망치 않게 한다면

정진(精進)은 끝이 없다.'"890)

두상공이 듣고 나자 의정(疑情)이 사라졌다.

594. 길주지성吉州志誠

誠禪師, 在荊南玉泉, 奉事秀禪師. 後因兩宗盛化, 秀之徒衆, 往往譏南宗, 曰: "能大師不識一字, 有何所長?" 秀曰: "佗得無師之智, 深悟上乘, 吾不如也. 且吾五祖, 親付衣法, 豈徒然哉? 吾所恨不能遠去親近, 虛受國恩. 汝等毋滯於此, 可往曹溪質疑. 佗日歸來, 還爲吾說." 誠便禮辭, 至韶陽隨衆參請, 不言來處. 時六祖告衆, 曰: "今有盜法之人, 潛在此會." 誠出禮拜, 具

---

889) 妄(망) : '忘(망)'이나 '亡(망)'의 오기(誤記)로 보인다. 『전등록』 4권과 『오등회원』 2권
　　에서는 '忘(망)'으로 나온다. 그리고 『연등회요』 3권에서는 '亡(망)'으로 나온다. (T51n20
　　76_p0234b25~26. "後句妄字莫是從心之忘乎?" X80n1565_p0054c22~23. "後妄字莫是
　　從心之忘乎?" X79n1557_p0029b10~11. "後妄字莫是從心之亡乎?")

890) 『불설법구경』에 나오는 법문이다. (T85n2901_p1435a21, 『佛說法句經』, 「普光問如來
　　慈偈答品」 第十一. "若起精進心, 是妄非精進. 若能心不妄, 精進無有虛.") 涯(애)가 여기
　　서는 虛(허)로 되어 있다. 여기 나오는 『법구경』은 『Dhammapada』와 같은 초기(初期)
　　불전(佛典)이 아니라 선종(禪宗)의 분위기가 물씬 풍기는 후대(後代)의 중국 찬술경전이
　　다. 총 14품으로 이루어져 있다. 경의 전문(全文)은 'T85n2901_p1432b01~1435c04'. 참
　　조.

陳其事. 祖曰: "汝師若爲示衆?" 對曰: "常指誨大衆, 令住心觀靜, 長坐不臥." 祖曰: "住心觀靜, 是病非禪. 長坐拘身, 於理何益? 聽吾偈, 曰: 生來坐不臥, 死去臥不坐. 元是臭骨頭, 何爲立功過?" 誠曰: "未審大師以何法誨人?" 祖曰: "吾若言有法與人, 即爲誑汝. 但且隨方解縛, 假名三昧. 聽吾偈, 曰: 一切無心自性戒, 一切無礙自性慧. 不增不退自金剛, 身去身來本三昧." 誠聞偈悔謝, 即擔依歸. 乃作一偈, 曰: "五蘊幻身, 幻何究竟? 回趣眞如, 法還不淨." 祖然之. 尋回玉泉.891)

　길주 지성선사892)는 형남(荊南)893) 옥천사에서 신수스님894)을 시봉하셨다.

　뒤에 양종(兩宗)이 왕성하게 교화하니 신수스님을 따르는 대중이 이따금 남종(南宗)을 비방하였다.

　"혜능대사는 글자 하나도 모르는데 무슨 뛰어난 것이 있겠어?"

　신수스님이 말씀하셨다.

　"그는 '스승 없이 깨닫는 지혜'를 이루어서 최상승(最上乘)을 깊이 깨달았으니 나는 그에 못 미친다. 또 우리 오조(五祖)스님께서 친히 의발(衣鉢)과 법을 부촉하셨으니 어찌 우연일 뿐이겠느냐?895)

---

891) 『景德傳燈錄』卷第五, T51n2076_p0237b07~c01. 『聯燈會要』卷第三, X79n1557_p0032c02~16. 『五燈會元』卷第二, X80n1565_p0055c01~16. 『六祖大師法寶壇經』, T48n2008_p0358b05~0359a01. 참조.

892) 吉州志誠(길주지성) : 쌍봉도신(雙峰道信)-황매홍인(黃梅弘忍)-조계혜능(曹溪慧能)-길주지성(吉州志誠). 태화(太和)[강서성] 출신 스님이다. 처음엔 신수스님의 회하에 있었으나 혜능스님의 법을 이었다. 그 후 길주(吉州)[강서성 길안(吉安)]에서 남종선(南宗禪)을 크게 선양하였다.

893) 荊南(형남) : 형주(荊州)[호북성 강릉현(江陵縣)] 일대를 말한다.

894) 玉泉神秀(옥천신수) : 감지승찬(鑑智僧璨)-쌍봉도신(雙峰道信)-황매홍인(黃梅弘忍)-옥천신수(玉泉神秀). 605~706. 변주(汴州)[하남성 개봉의 남쪽] 위씨현(尉氏縣) 출신으로 속성은 이씨(李氏)이다. 어렸을 적부터 경전과 역사서를 많이 보아 박학다식하였다. 스승을 찾아 도를 묻고자 돌아다니다가 기주(蘄州) 쌍봉(雙峰) 동산사(東山寺)에 주석하던 오조홍인(五祖弘忍)대사를 참례하였다. 675년에 홍인대사가 입적하자 강릉(江陵) 당양산(當陽山) 옥천사(玉泉寺)로 옮겨 전법하였다. 덕풍을 크게 드날리니 측천무후가 공경하며 도문사(度門寺)를 지어드렸다. 측천무후에게 청하여 육조 혜능스님에게 서신을 보냈으나 혜능스님이 자신은 영남에 인연이 있어 대유령을 넘지 않겠다고 고사(固辭)하니 이로부터 선문(禪門)이 남능북수(南能北秀)라고 일컫게 되었다. 신룡(神龍) 2년 낙양 천궁사(天宮寺)에서 세수 102세로 입적하였다. 선문에서 최초로 시호를 대통선사(大通禪師)라 받았다.

895) 徒然(도연) : 우연하다. 헛되다, 쓸데없다, 보람 없다, 예삿일이다. 단지 이와 같을 뿐이다, 단지 그러할 뿐이다.

　다만 너무 멀리 떨어져있어 가까이하지 못하고 쓸데없이 나라의 은혜를 입기만하고 있으니 한스럽구나. 너희들은 여기에 머물지 말고 조계(曹溪)로 가서 의심나는 것을 여쭈어라. 훗날 돌아오게 되면 나에게도 말해다오.”

　지성스님이 곧바로 절을 올리고 하직하고는 소양(韶陽)에 이르러 대중의 참청(參請)896)을 따르면서 온 곳을 말하지 않고 계셨다.
　그때 육조스님이 대중에게 말씀하셨다.
　“지금 법을 훔치는 사람이 이 법회에 숨어 있구나.”
　그러자 지성스님이 나와서 절을 올렸다.
　그리고 앞에서의 일을 모두 말씀드렸다.
　육조스님이 말씀하셨다.
　“너의 스님이 어떻게897) 대중을 가르치시느냐?”
　대답하셨다.
　“‘마음을 머물러 고요함을 관(觀)하고 장좌불와(長坐不臥)하라’는 말씀으로 항상 대중을 지도하고 가르치십니다.”
　육조스님이 말씀하셨다.
　“마음을 머무르고 고요함을 관하는 것은 병(病)이지 선(禪)이 아니다. 오래 앉아 몸을 구속하는 것이 이치에 있어 무슨 이익이 되겠느냐? 나의 게(偈)를 들어봐라.

　살면서는 눕지 않고 앉아있지만
　죽어서는 앉지 않고 누워있구나.
　원래부터 악취 나는 놈이었으니898)
　어찌 공과(功過)를 세울 수가 있으랴?”899)

---

896) 參請(참청) : 동참청익(同參請益)의 줄임말. 학인이 선사를 찾아가서 질문을 하고 그 가르침을 청하는 것을 말한다.
897) 若爲(약위) : 어찌하랴? 어찌 ~할 수 있으랴? 어떻게? 어떠한가? 어떻게 견딜 수 있으랴? 만약 ~한다면.
898) 骨頭(골두) : 욕하는 말로 ‘놈’ ‘새끼’라는 뜻.
899) 功過(공과) : 『법보단경』에서는 功課(공과)로 나온다. (T48n2008_p0358b25. “何爲立功課?”)

지성스님이 말씀드렸다.

"도대체 스님께서는 어떤 법으로 사람을 가르치십니까?"900)

육조스님이 말씀하셨다.

"내가 만일 누구에게 어떤 법을 준다고 말한다면 곧 너를 속이는 것이 될 것이다. 다만 품성901)에 맞춰 속박을 푸는 것을 가명삼매(假名三昧)라 하는 것이다. 나의 게(偈)를 들어봐라.

'일체 마음 없음'이 자성계(自性戒)요,
'일체 걸림 없음'이 자성혜(自性慧)요,
'늘지도 않고 줄지도 않음'은 본래 금강(金剛)이요
'몸이 가고 몸이 옴'이 본래 삼매다."902)

지성스님이 게(偈)를 듣고는 후회하고 감사를 드리면서 곧 귀의를 서원하셨다.903)

---

900) 『법보단경』에서는 다음의 대화가 있고서 위의 질문을 하게 된다. "지성스님이 거듭 절을 올리고 말씀드렸다. '제자가 신수스님 처소에서 9년 동안을 도를 배웠지만 계합하여 깨닫질 못하였습니다. 지금 스님의 한 말씀을 듣고선 바로 본래 마음에 계합하게 되었습니다. 제자에게는 삶과 죽음의 일이 엄청난 것입니다. 스님께서 큰 자비를 베푸시어 저에게 다시 가르침을 주십시오.' 혜능스님이 말씀하셨다. '내가 들으니, 너의 스승이 학인들에게 계정혜를 가르쳐준다던데, 도대체 너의 스승이 말하는 계정혜의 행상이 어떠하냐? 나에게 한 번 말해보아라.' 지성스님이 말씀드렸다. '신수대사께서는 모든 악을 짓지 않는 것을 계라고 말씀하시고, 모든 선을 받들어 행하는 것을 혜라고 말씀하시며, 스스로 마음을 깨끗이 함을 정이라고 말씀하셨습니다. 그분께서는 이렇게 말씀하셨는데, 대사께서는 도대체 어떤 법으로 사람들을 가르치십니까?'" (T48n2008_p0358b26~c03. "志誠再拜曰:'弟子在秀大師處, 學道九年, 不得契悟. 今聞和尙一說, 便契本心. 弟子生死事大. 和尙大慈, 更爲敎示.' 師云:'吾聞汝師敎示學人戒定慧法, 未審汝師說戒定慧, 行相如何? 與吾說看.' 誠曰:'秀大師說:「諸惡莫作, 名爲戒, 諸善奉行, 名爲慧, 自淨其意, 名爲定.」彼說如此, 未審和尙以何法誨人?'")

901) 方(방) : 품성, 품종, 종류, 무리, 분류.

902) 『오등회원』 2권과 〈종보본(宗寶本)〉『법보단경』에서는 이렇게 나온다. "마음자리에 그름이 없음이 자성계(自性戒)요, 마음자리에 어리석음이 없음이 자성혜(自性慧)요, 마음자리에 어지러움이 없음이 자성정(自性定)이다. (X80n1565_p0055c13~14, T48n2008_p0358c12~13. "心地無非自性戒, 心地無癡自性慧, 心地無亂自性定"〈돈황본〉에서는 이렇게 나온다. "마음자리에 의심하고 그릇됨이 없는 것이 자성의 계요, 마음자리에 어지러움이 없는 것이 자성의 정이요, 마음자리에 어리석음이 없는 것이 자성의 혜다." (T48n2007_p0342b25~27, 『南宗頓敎最上大乘摩訶般若波羅蜜經六祖惠能大師於韶州大梵寺施法壇經』. "心地無〈无〉疑非自性〈姓〉戒, 心地無〈无〉亂是自性〈姓〉定, 心地無〈无〉癡自性〈姓〉是惠〈慧〉.")

903) 卽擔依歸(즉담의귀) : 『전등록』 5권과 『오등회원』 2권에서는 擔(담)이 誓(서)로 나온다.

그리고는 게(偈) 한 수를 지어 부르셨다.

　"오온(五蘊)은 환(幻)과 같은 몸인데
　환(幻)이 어찌 궁극이랴?
　진여(眞如)로 마음을 돌이켜 나아가도[904]
　법은 도리어 깨끗지 않네."

육조스님이 그럴듯하게 여기셨다.
이윽고 옥천사로 되돌아 가셨다.

595. 취암가진翠巖可眞

　翠巖真和尚, 示眾, 云:"不見一法, 是大過患. 山河大地, 日月星辰, 色空明暗, 不是一法."拈起拄杖. 云:"凡夫見拄杖, 喚作拄杖, 聲聞人見拄杖, 認得頑空, 撥無拄杖. 菩薩人見拄杖, 幾曾拄著齒牙. 饑來喫飯, 困來打睡, 寒來向火, 熱則取凉. 不見道.'一切智智清淨'. 恁麼說話, 笑破土地鼻孔."
　僧問:"如何是佛?"曰:"同坑無異土."云:"如何是祖師西來意?"曰:"深耕淺種."問:"如何是佛法大意?"曰:"五通賢聖."云:"學人不會."曰:"舌拄梵天."問:"如何是學人轉身處?"曰:"一堵墻, 百堵調."云:"如何是學人著力處?"曰:"千日斫柴, 一日燒."云:"如何是學人親切處?"曰:"渾家送上渡頭船."[905]

취암 가진스님[906]이 대중에게 열어 보이셨다.
　"한 법도 보지 않음이 큰 과실입니다.[907]

(T51n2076_p0237b27. X80n1565_p0055c15. "卽誓依歸.")

904) 回趣(회취) : 회전취향(回轉趣向)의 줄임말. 깨달음으로 향하여 돌림. 마음을 돌려서 불도(佛道)로 나아감.

905)『續刊古尊宿語要』第一集,「翠巖真禪師語」, X68n1318_p0355c08, c19~24.『聯燈會要』卷第十四, X79n1557_p0120a16~21.『嘉泰普燈錄』卷第三, X79n1559_p0304b09~14, c15~18.『五燈會元』卷第十二, X80n1565_p0247b24~c03. 참조.

906) 翠巖可眞(취암가진) : 수산성념(首山省念)-분양선소(汾陽善昭)-석상초원(石霜楚圓)-취암가진(翠巖可眞). ?~1064. 주610) 참조.

산·강·땅·해·달·별과 그리고 색(色)과 공(空), 밝음과 어두움은 한 법이 아닙니다."

주장자를 일으켜 세우셨다.

말씀하셨다.
"범부는 주장자를 보면 주장자라고 부르며 성문(聲聞)의 사람은 주장자를 보고는 완공(頑空)908)으로 잘못 알아 주장자를 부정해버립니다.909)
보살은 주장자를 보고는 언제910) 입에 올린911) 적이라도 있습니까?
배고프면 밥 먹고 졸리면 자고 추우면 불 곁으로 가고 더우면 시원한 곳을 찾습니다.
들어보았을 것입니다.
'일체지지(一切智智)가 청정하다.'912)
이러한 이야기도 토지신의 콧구멍이 터지도록 웃기는 것입니다."

---

907) 不見一法是大過患(불견일법시대과환) :『화엄경』49권에서 "내가 한 법도 보지 않음이 큰 과실이다."(T10n0279_p0257c15~16,『大方廣佛華嚴經』卷第四十九.「普賢行品」第三十六. "我不見一法爲大過失")라고 한 부분과『대보적경』52권에서 "한 법도 보지 않기에 불법이 아니다."(T11n0310_p0309b09,『大寶積經』卷第五十二, '菩薩藏會'第十二之十八,「般若波羅蜜多品」第十一之三. "不見一法而非佛法")라는 데서 내용을 가져온 것이다.
908) 頑空(완공) : 진공(眞空)의 대어(對語)로서 '완연무지지공(頑然無知之空)'의 줄임말. 그저 아무것도 없이 텅 비어 있음. 태허공(太虛空), 허공(虛空), 편공(偏空), 단공(但空), 석공(析空)이라고도 한다. 불교에서의 공(空)이 수냐타(śūnaytā), 곧 꽉 찬 공(空)이라 진공묘유(眞空妙有)인데 대해 이 완공(頑空)은 그냥 텅 비어 있기만 한 허무(虛無) 무지(無知)의 공(空)이며 악취공(惡取空)이다.
909) 撥無(발무) : 부정(否定)하다. 그렇지 아니하다고 단정함. 제거하여 없애버림.
910) 幾曾(기증) : 언제 ~한 적이 있었는가? 언제.
911) 挂著齒牙(괘착치아) : 입에 올려 말하다. '치아(齒牙)'는 말. '괘(挂)'는 입에 올리다, 말하다.
912) 一切智智淸淨(일체지지청정) :『대반야경』584권에 주로 나오는 말이며 80『화엄경』23권에도 나오는 말이다. '청정일체지지(淸淨一切智智)' 또는 '일체지지무상청정심(一切智智無上淸淨心)'이라고도 한다. 일체지지(一切智智)는 등정각(等正覺)으로 구경청정(究竟淸淨)이다. "색이 청정하면 곧 일체지지가 청정하다."(T05n0220_p0989c06~07,『大般若波羅蜜多經』卷第一百八十四,「初分難信解品」第三十四之三. "色淸淨卽一切智智淸淨.") "일체지지는 역시 빛의 청정과 같다."(T10n0279_p0126b28~29,『大方廣佛華嚴經』卷第二十三,「十迴向品」第二十五之一. "一切智智, 亦如光影淸淨.")

한 스님이 여쭈었다. "어떤 것이 부처님입니까?"
말씀하셨다. "같은 구덩이에는 다른 흙이 없지."
말씀드렸다. "어떤 것이 조사께서 서쪽에서 오신 뜻입니까?"
말씀하셨다. "깊게 갈고 얕게 심는다."

여쭈었다. "어떤 것이 불법(佛法)의 대의(大意)입니까?"
말씀하셨다. "오통(五通)913)을 갖춘 성현(聖賢)이로군."
말씀드렸다. "학인은 모르겠습니다."
말씀하셨다. "혀가 범천(梵天)을 받쳐주는구나.914)"

여쭈었다. "어떤 것이 학인의 전신처(轉身處)915)입니까?"
말씀하셨다. "일도(一堵)916)의 울타리와 백도(百堵)의 가락이다."
말씀드렸다.
"어떤 것이 학인이 에너지를 다 쏟아 부을 곳917)입니까?"
말씀하셨다.
"천일(千日)을 장작을 쪼개서 하루 만에 태워버리는 거지."
말씀드렸다.
"어떤 것이 학인의 명백한 자리918)입니까?"
말씀하셨다.
"집안 식구를 몽땅919) 나룻배에 태워 떠나보내라."

---

913) 五通(오통) : 육신통(六神通) 가운데 누진통(漏盡通)을 뺀 나머지 신통력. 천안통(天眼
    通)·천이통(天耳通)·숙명통(宿命通)·타심통(他心通)·신족통(神足通)의 다섯이다.
914) 拄(주) : 『고존숙어요』 1집과 『가태보등록』 3권에서는 至(지)로 나온다. ("舌至梵天")
915) 轉身處(전신처) : 자신을 전환시키는 자리. 자신을 미혹에서 빠져나오게 하는 자리. 선
    사들의 걸림 없이 자유자재로운 솜씨.
916) 堵(도) : 담장의 면적을 재는 단위. 널빤지 다섯 쪽의 길이와 높이.
917) 著力處(착력처) : 혼신의 힘을 다하는 자리. 전력투구하는 자리. 자신이 가진 에너지를
    모두 다 쏟아 붓는 자리.
918) 親切處(친절처) : 확실한 자리. 명백한 자리. 분명한 자리. 뚜렷한 자리.
919) 渾家(혼가) : 온 집안 식구. 온가족. 송대 이후는 '아내'로 많이 쓰였다.

596. 황벽희운黃檗希運

　　黃檗, 在南泉爲首座. 一日捧鉢, 向南泉位上坐. 泉入堂見, 乃問: "長老甚年行道?" 檗曰: "威音王已前." 泉云: "猶是王老師兒孫. 下去." 檗便過第二位坐. 泉休去.

　　潙山云: "欺敵者亡." 仰山云: "不然. 須知黃檗有陷虎之機." 潙山云: "子見處得與麼長."

　雪竇云: "可惜王老師. 只見錐頭利. 我當時若作南泉, 待伊道威音王已前, 卽便於第二位坐, 令黃檗一生起不得. 雖然如此, 也須救取南泉."

　妙喜曰: "何待問佗甚年行道? 纔入堂見佗在主位, 便捧鉢向第二位坐. 直饒黃檗有陷虎之機, 擬向甚處施設?"920)

　황벽 희운스님921)이 남전 보원스님922)의 회상에서 수좌로 계셨다. 하루는 발우를 두 손으로 받쳐 들고 남전스님의 자리에 앉으셨다. 남전스님이 큰방에 들어오시면서 보시고는 곧바로 물으셨다.

"장로는 언제부터 이랬느냐?923)"

황벽스님이 말씀하셨다. "위음왕부처님924) 이전입니다."

남전스님이 말씀하셨다.

"아직도925) 왕노사(王老師)926)의 후손이로구나. 내려가라."

황벽스님이 두 번째 자리로 건너가 앉으셨다.

---

920) 『禪門拈頌集』 卷第十, K46-0165, 391則. 『古尊宿語錄』 卷第三, 「黃檗斷際禪師宛陵錄」, X68n1315_p0019b08~17. 『聯燈會要』 卷第七, X79n1557_p0067b11~15. 참조.

921) 黃檗希運(황벽희운) : 남악회양(南嶽懷讓)-마조도일(馬祖道一)-백장회해(百丈懷海)-황벽희운(黃檗希運). ?~856. 주127) 참조.

922) 南泉普願(남전보원) : 조계혜능(曹溪慧能)-남악회양(南嶽懷讓)-마조도일(馬祖道一)-남전보원(南泉普願). 748-834. 주61) 참조.

923) 行道(행도) : 자기가 터득한 것을 실행함.

924) 威音王(위음왕) : 위음왕불(威音王佛)을 말한다. 과거장엄겁(過去莊嚴劫)의 최초부처님을 위음왕불(威音王佛)이라한다. 『법화경』「상불경보살품」에 나오는 부처님이름이다. "곧 옛날 무량무변 불가사의 아승기겁을 지나서 부처님이 계셨는데 이름이 위음왕 여래·응공·정변지·명행족·선서·세간해·무상사·조어장부·천인사·불세존이라고 하였다."(T09n0262_p0 050b28~c02, 『妙法蓮華經』「常不輕菩薩品」 第二十. "乃往古昔過無量無邊不可思議阿僧祇劫, 有佛名威音王如來應供正遍知明行足善逝世間解無上士調御丈夫天人師佛世尊.")

925) 猶是(유시) : 아직도, 여전히.

926) 王老師(왕노사) : 남전스님은 남전산(南泉山)에 선원을 열고 주석하면서 스스로를 '왕노사(王老師)'라고 불렀다.

남전스님이 그만두셨다.

위산 영우스님927)이 말씀하셨다. "적을 속이는 자는 망한다."
앙산 혜적스님928)이 말씀하셨다.
"그렇지 않습니다. 황벽스님은 호랑이를 사로잡을 기봉(機鋒)이 있음을 알아야 합니다."
위산스님이 말씀하셨다.
"자네의 드러낸 자리가 이리도 벗어났구나.929)"

설두 중현스님930)이 말씀하셨다.
"아깝다. 왕노사는 단지 송곳의 예리함만 보았을 뿐이구나. 내가 당시에 만일 남전스님이었다면 그가 '위음왕부처님 이전입니다'라고 말하는 것을 기다렸다가 곧장 두 번째 자리에 앉아버려 황벽스님이 한평생 일어나지도 못하게 하였을 것이다. 하지만 역시 남전스님도 구해야만 한다."

묘희스님이 말씀하셨다.
"그가 언제부터 이랬느냐 하고 어찌 물을 필요가 있느냐? 큰방에 들어와서 그가 주인의 자리에 앉아 있는 것을 보자마자 곧장 발우를 받쳐 들고 두 번째 자리로 가서 앉았어야만 했다. 그랬으면 설사 황벽스님이 호랑이를 사로잡을 기봉이 있었다고 해도 어디다 펼쳐보려 했을까?"

---

927) 潙山靈祐(위산영우) : 남악회양(南嶽懷讓)-마조도일(馬祖道一)-백장회해(百丈懷海)-위산영우(潙山靈祐). 771~853. 주39) 참조.
928) 仰山慧寂(앙산혜적) : 마조도일(馬祖道一)-백장회해(百丈懷海)-위산영우(潙山靈祐)-앙산혜적(仰山慧寂). 807~883. 주36) 참조.
929) 長(장) : 벗어나다. 멀어지다.
930) 雪竇重顯(설두중현) : 운문문언(雲門文偃)-향림징원(香林澄遠)-지문광조(智門光祚)-설두중현(雪竇重顯). 980~1052. 주432) 참조.

597. 불감혜근佛鑑慧懃

佛鑑和尚, 示眾, 舉: "僧問趙州: '如何是不遷義?' 州以兩手, 作流水勢. 其僧有省. 又僧問法眼: '不取於相, 如如不動. 如何不取於相, 見於不動去?' 法眼云: '日出東方夜落西.' 其僧亦有省. 若也於此見得, 方知道'旋嵐偃嶽, 本來常靜, 江河競注, 元自不流'. 其或未然, 不免更為饒舌. 天左旋, 地右轉, 古往今來經幾徧? 金烏飛, 玉兔走, 纔方出海門, 又落青山後. 江河波渺渺, 淮濟浪悠悠, 直入滄溟晝夜流." 遂高聲云: "諸禪德! 還見如如不動麼?"931)

불감 혜근스님932)이 대중에게 열어 보이셨다.
"어떤 스님이 조주스님께 물었습니다.
'천류(遷流)하지 않음933)의 뜻이 무엇입니까?'
조주스님이 두 손으로 흐르는 물의 자세를 취하셨습니다.
그 스님이 깨달았습니다.

---

931) 『聯燈會要』 卷第十六, X79n1557_p0140c20~0141a03. 『禪門拈頌集』 卷第十二, K46-0202, 462則. 『五燈會元』 卷第十九, X80n1565_p0398b15~23. 참조.

932) 佛鑑慧懃(불감혜근) : 양기방회(楊岐方會)-백운수단(白雲守端)-오조법연(五祖法演)-불감혜근(佛鑑慧懃). 1059~1117. 태평혜근(太平慧懃)이라고도 함. 서주(舒州)[안휘성] 출신. 속성은 강씨(江氏). 승려시험을 통하여 득도하였다. 법화경의 '오직 이 하나의 일(唯此一事實)'이라는 구절을 읽다가 깨우침이 있었다. 그러고 나서 오조 법연스님을 참알하여 수년간을 모셨으나 인가를 해주지 않는데 화가 나서 불과 극근선사를 찾았다가 다시 오조산으로 돌아와 일대사를 마쳤다. 서주태수 손정신(孫鼎臣)의 청으로 태평산 흥국선원(興國禪院)의 주지를 맡으면서 천하에 그 도법을 크게 떨쳤다. 휘종이 정화(政和) 초년에 자색가사를 하사하고 불감선사(佛鑑禪師)라는 호를 주었다. 정화(政和) 7년에 59세로 입적하였다. 불과 극근선사, 불안 청원선사와 함께 오조 법연선사 아래 삼불(三佛)로 일컬어진다. 용아지재(龍牙智才) 등 11인의 부법제자(付法弟子)가 있다.

933) 不遷(불천) : 승조(僧肇)스님은 『물불천론(物不遷論)』에서 모든 법의 실상은 체성(體性)이 적멸하여 필경에 옮겨 흐르면서 움직이는 모습이 없는데 범부의 망심으로 만법을 보면 마치 옮겨 흐르는 듯이 여겨진다고 말한다. "『도행반야경』에서 말씀하셨다. '모든 법은 본래 어디로부터 온 바가 없으며 흘러가도 이를 곳이 없다.' 『중관론』에서 말씀하셨다. '방향을 관찰하면 그가 간다는 것을 알지만, 가는 이는 그 방향에 이르지 못한다.' 이것은 모두가 움직임에 즉卽하여 고요함을 구한 것이다. 따라서 사물은 천류하지 않는다는 것을 명백하게 알 수 있다."(T45n1858_p0151a20~22, 『肇論』, 「物不遷論」 第一. "『道行』, 云: '諸法本無所從來, 去亦無所至.' 『中觀』, 云: '觀方知彼去, 去者不至方.' 斯皆卽動而求靜. 以知物不遷, 明矣.")

또 한 스님이 법안스님께 물었습니다.
'「상(相)을 취하지 않고 여여(如如)하게 움직이지 않는다」934)고 하셨는데 어떻게 상(相)을 취하지 않고서 움직이지 않음을 드러냅니까?'
법안스님이 말씀하셨습니다.
'해가 동쪽에서 솟아서 밤에 서쪽으로 떨어진다.'
그 스님 역시 깨달았습니다.

만일 여기서 알아버리면 '아주 사나운 바람이 산을 쓰러뜨린다 할지라도 본래 늘 고요하며, 강과 냇물이 다투어 흘러가나 원래 스스로 흐르지 않는다'935)고 말씀하신 것을 비로소 알게 될 것입니다.

만일 그렇지 않다면 다시 쓸데없는 말을 안 할 수가 없습니다.

하늘은 왼쪽으로 돌고 땅은 오른 쪽으로 구르니
예가 가고 지금이 옴이 몇 차례나 지났던가?
금까마귀가 날고 옥토끼가 달리니
막 바다에서 솟아나오자마자
또 청산 뒤로 떨어진다네.
강과 냇물의 물결은 끝없이 이어지고,
회수(淮水)936)와 제수(濟水)937)의 파랑은
가없이 이어져 곧장 밤낮으로 흘러 바다로 들어가네."

---

934) 不取於相如如不動(불취어상여여부동) : 『금강경』에 나오는 구절이다. (T08n0235_p075
  2b27, '姚秦天竺三藏鳩摩羅什譯', 『金剛般若波羅蜜經』. "不取於相如如不動.")
935) 旋嵐偃嶽本來常靜 江河競注元自不流(선람언악본래상정 강하경주원자불류) : 『조론』의
  「물불천론」에 나오는 법문이다. (T45n1858_p0151b07~08, 『肇論』, 「物不遷論」 第一.
  "然則旋嵐偃嶽而常靜, 江河競注而不流.")
936) 淮(회) : 회수(淮水) 또는 회하(淮河)라고도 한다. 그 길이는 1078km로서 하남성 동백
  산(桐柏山)에서 발원하여 안휘성과 강소성을 거치고 황하로 흘러들어가는 강이다. 황하의
  물길이 남쪽으로 옮겨지면서 황하와 합쳐졌었지만 황하가 다시 북쪽으로 이동해버려 옛
  물길을 잃어버리고 홍택호(洪澤湖)로 흘러 들어가서 삼하(三河)와 소백호(邵伯湖)를 거쳐
  장강(長江)으로 흘러든다.
937) 濟(제) : 제수(濟水) 또는 제수(泲水)라고도 한다. 장강(長江)·황하(黃河)·회수(淮水)와
  함께 옛 사독(四瀆)의 하나로서 하남성 제원현(濟源縣) 왕옥산(王玉山)에서 발원하여 산동
  성 북동부에 이르러 바다로 흘러드는 강이다.

그러고 나서 큰 소리로 말씀하셨다.
"선덕 여러분!
여여(如如)하게 움직이지 않음을 알겠습니까?"

598. 하북지황河北智隍

隍禪師, 初參五祖, 雖嘗咨決而循乎漸行. 後歸河北,
結菴長坐, 積二十餘年, 不見惰容. 及遇六祖門人策禪師
游方, 屆于河朔, 聞隍曾參黃梅, 菴居歲久, 自謂正受.
策知隍所得未至, 乃往問曰: "汝坐於此作麽?" 曰: "入
定." 曰: "汝言入定, 有心邪, 無心邪? 若有心者, 一切
蠢動之類, 皆應得定. 若無心者, 一切草木之流亦合得定." 曰: "我正入定時
則不見有有無之心." 曰: "既不見有有無之心, 即是常定, 何有出入? 若有出
入, 則非大定." 隍無語良久. 問曰: "師嗣誰?" 曰: "我師曹溪六祖." 曰: "六
祖以何為禪定?" 曰: "我師云: '夫妙湛圓寂, 體用如如. 五陰本空, 六塵非
有, 不出不入, 不定不亂. 禪性無住, 離住禪寂. 禪性無生, 離生禪想. 心如
虛空, 亦無虛空之量.'" 隍聞法要, 遂捨菴往參六祖. 祖愍其遠來, 便垂開抉,
隍於言下豁然契悟. 前二十年所得心, 都無影響. 其夜河北檀越士庶, 忽聞空
中有聲, 曰: "隍禪師今日得道也." 後回河北, 開化四眾.938)

하북 지황스님939)이 처음에 오조스님을 참례하고 가르침을 청하여
막힌 데를 터서 마음을 열긴 하였으나 점수(漸修)를 거듭 따르고 있었
다.
뒤에 하북으로 돌아가서 암자를 짓고 오래 앉아 있었는데 20여년이
지났어도 게으르고 해이한 표정은 찾아 볼 수가 없었다.

---

938) 『景德傳燈錄』 卷第五,　T51n2076_p0243c14~29. T51n2076_p0237c13~20. 『聯燈會
　　要』 卷第三, X79n1557_p0030c11~0031a02. 『五燈會元』 卷第二, X80n1565_p0060a23
　　~b11. '宗寶編', 『六祖大師法寶壇經』, T48n2008_p0357c19~0358a10. 참조.
939) 河北智隍(하북지황) : 쌍봉도신(雙峰道信)-황매홍인(黃梅弘忍)-조계혜능(曹溪慧能)-하북
　　지황(河北智隍).

육조스님의 문하에 있던 무주 현책선사940)가 제방을 유력하시다가 하삭(河朔) 지방941)에 이르자 지황스님이 일찍이 황매스님을 참례하고서 암자에 오래 머물면서 스스로 정수(正受)942)라고 여기고 있다 함을 들으셨다.

현책스님은 지황스님의 앎이 아직 지극하지 못함을 아시고 곧 가서 물으셨다.

"스님은 여기 앉아서 무얼 하는 거요?"

말씀하셨다. "선정(禪定)에 듭니다."

말씀하셨다.

"스님이 선정(禪定)에 든다고 말한 것은 유심(有心)이요, 무심(無心)이요? 만일 유심(有心)이라면 일체의 꿈틀거리는 미물들이 모두 당연히 선정(禪定)을 얻어야 할 것이고, 만일 무심(無心)이라고 한다면 일체 초목들이 역시 당연히 선정(禪定)을 얻어야 할 것이오."

말씀드렸다.

"내가 산란을 여의고 선정(禪定)에 들었을 때는 곧 유무(有無)의 마음이 있음을 보지 못합니다."

말씀하셨다.

"이미 유무(有無)의 마음이 있음을 보지 않는다면 곧 이는 늘 선정(禪定)일텐데 어째서 나오고 들고 하는 거요? 만일 나오고 듦이 있다면 곧 대정(大定)943)이 아니오."

지황스님이 말없이 한참을 묵묵히 계셨다.

물으셨다. "스님께서는 누구의 뒤를 이으셨습니까?"

말씀하셨다. "나의 스승은 조계산의 육조스님이시오."

---

940) 婺州玄策(무주현책) : 쌍봉도신(雙峰道信)-황매홍인(黃梅弘忍)-조계혜능(曹溪慧能)-무주현책(婺州玄策). 동양현책(東陽玄策)이라고도 한다. 금화(金華)[절강성] 출신이다.

941) 河朔(하삭) : 황하(黃河) 이북 지역을 말한다.

942) 正受(정수) : ⓢSamaya. 'sam'은 음(音)은 삼(三)으로 뜻은 정(正)으로 번역하고, 'maya'는 음(音)은 매(昧)로 뜻은 수(受)로 번역하였다. 선정(禪定)을 말한다. 정(正)은 마음에서 산란함을 여의는 것이고, 수(受)는 무념(無念)의 경계에서 법(法)을 받아들여 마음에 두는 것이다. 경계대상을 관(觀)하는 마음과 관(觀)하여지는 대상이 하나가 되어 밝은 거울이 무심하게 삼라만상을 받아들여 그대로 비치는 것과 같이 깨어 있으면서도 고요한 마음의 상태.

943) 大定(대정) : 닦아 익힐 자리가 전혀 없고 기멸(起滅)과 출입(出入)이 전연 없는 삼매. 구경위(究竟位)이다.

물으셨다. "육조스님께서는 무엇으로 선정(禪定)을 삼으십니까?"
말씀하셨다.
"우리 스님이 말씀하셨소.
'미묘하고 맑으며 완벽하고 적멸하여 체(體)와 용(用)이 여여(如如)하다. 오음(五陰)이 본래 공(空)하며 육진(六塵)이 있음이 아니니, 나오지도 않고 들어가지도 않으며 고정됨도 아니고 어지럽지도 않다. 선(禪)의 성품은 머묾 없음이니 머묾을 여의면 선(禪)의 적(寂)이다. 선(禪)의 성품은 생겨남 없음이니 생겨남을 여의면 선(禪)의 상(想)이다. 마음은 허공과 같아 역시 허공처럼 한계가 없다.'"

지황스님이 법요를 듣고서 바로 암자를 버리고 육조스님을 찾아가 뵈었다.
육조스님이 멀리서 옴을 가엾게 여기시어 곧 드러내어 보이셨다.944)
말 떨어지자마자 지황스님이 활연히 깨달음에 계합하시었다.
그리하여 앞에서 20년 동안 얻으려 했던 마음이 모두 그림자조차 없어져버렸다.

그날 밤에 하북의 단월과 일반인들이 문득 허공 속에서 소리를 들었다.
"지황선사가 오늘 도를 깨달았다."

뒤에 하북으로 돌아가서 사부대중을 교화하셨다.

---

944) 祖愍其遠來便垂開抉(조민기원래변수개결) : '종보본'『육조단경』에는 상세한 내용이 실려 있다. "그대는 그저 마음을 허공처럼 하되 공견(空見)에 집착하지 말고 응용(應用)을 걸림 없이 하고 동정(動靜)에 무심히 하여 범성(凡聖)의 정(情)을 잊어버리고 능소(能所)를 함께 없애면 성품의 상(相)이 여여(如如)할것이니 선정에 들지 않은 때가 없을 것이다."(T48n2008_p0358a04~06. "汝但心如虛空, 不着空見, 應用無礙, 動靜無心, 凡聖情忘, 能所俱泯, 性相如如, 無不定時也.")

599. 암두전활嚴頭全豁

嚴頭, 參德山. 纔跨門便問: "是凡, 是聖?" 山便喝. 嚴頭
便禮拜.
　後有僧舉似洞山, 山云: "若不是豁公, 大難承當."
　頭聞乃云: "洞山老漢不識好惡. 錯下名言. 我當時一手擡
一手搦."945)

암두 전활스님946)이 덕산 선감스님947)을 참알하셨다.
문지방을 막 넘으면서 얼른 물으셨다.
"범(凡)입니까, 성(聖)입니까?"
덕산스님이 바로 "억!"하고 할을 하셨다.
암두스님이 얼른 절을 올리셨다.

　뒤에 어떤 스님이 동산 양개스님948)께 이 일화를 전해드리니, 동산
스님이 말씀하셨다.
"만일 활공(豁公)949)이 아니었다면 알아내기가 매우 어려웠을 것이
다."

　암두스님이 듣고서 곧 말씀하셨다.
"동산 늙은이가 좋고 나쁨도 모르는구나. 형언(形言)을 잘못하였다.
내가 그때에 한 손으로는 들었고 한 손으로는 눌렀는데."950)

---

945) 『聯燈會要』 卷第二十一, X79n1557_p0182b10~13. 『禪門拈頌集』 卷第二十, K46-033
　　1, 826則. 『五燈會元』 卷第七, X80n1565_p0143c18~21. 참조.
946) 嚴頭全豁(암두전활) : 천황도오(天皇道悟)-용담숭신(龍潭崇信)-덕산선감(德山宣鑑)-암두
　　전활(嚴頭全豁). 828~887. 주258) 참조.
947) 德山宣鑑(덕산선감) : 석두희천(石頭希遷)-천황도오(天皇道悟)-용담숭신(龍潭崇信)-덕산
　　선감(德山宣鑑). 782~865. 주275) 참조.
948) 洞山良价(동산양개) : 석두희천(石頭希遷)-약산유엄(藥山惟儼)-운암담성(雲巖曇晟)-동산
　　양개(洞山良价). 807~869. 주701) 참조.
949) 豁公(활공) : 암두전활(嚴頭全豁)스님을 말한다. 『오등회원』 7권과 『대혜어록』 9권에서
　　는 豁公(활공)으로 나온다. (X80n1565_p0143c19, T47n1998Ap0846b02. "山曰:'若不
　　是豁公,'")
950) 이 화(話)에 대한 대혜스님의 병불법어(秉拂法語)가 있다. "'맹호가 함정을 모르면 함정
　　에 빠져 죽게 되고, 교룡이 칼을 겁내지 않으면 칼 아래 죽게 되는 것이다. 암두스님이

600. 명초덕겸明招德謙

明招和尙, 示衆, 云: "全鋒敵勝, 罕遇知音. 同死同生, 萬中無一. 尋言逐句, 其數河沙, 擧古擧今, 滅胡種族. 向上一路, 啐啄猶乖, 儒士相逢, 握鞭回首, 沙門所見, 誠實苦哉. 拋却眞金, 隨群撮土. 報諸稚子, 莫謾波波. 解得佗玄, 猶兼瓦礫, 不如一擲, 騰過太虛. 只此靈鋒, 阿誰敢近? 任君來箭, 方稱丈夫. 擬欲呑聲, 不消一鑊."951)

명초 덕겸스님952)이 대중에게 열어 보이셨다.

"온전한 기봉(機鋒)으로 대적하여 이겨도953) 지음(知音)을 만나긴 어렵습니다. 함께 죽고 함께 사는 이는 만에 하나일 뿐입니다.

말을 찾고 구句를 좇는 이들이 항하사 같이 많아서, 예를 들먹이고 지금을 들먹이나 오랑캐의 종족954)을 멸하는 것일 뿐입니다.

향상일로(向上一路)955)와 줄탁동시(啐啄同時)956)도 역시 어그러졌습니

비록 호랑이 잡으려는 함정 에서 벗어날 한 가닥의 길이 있고, 칼날을 비껴 몸을 빼내는 기요(機要)가 있다고 하여도 자세히 점검해보니 여전히 깨달음은 아니다. 지금 암두스님을 위해 주인이 되어 줄 이가 있느냐? 나와서 이 고상좌와 만나보자꾸나.' 한참 묵묵히 계셨다. '억!'하셨다. 손뼉을 한 번 치셨다. 말씀하셨다. '하마터면 갇힌 채로 지혜를 자라게 할 뻔하였네.'"(T47n1998Ap0846b04~09, 『大慧普覺禪師雲居首座寮秉拂語錄』卷第九. "師云: '猛虎不識阱, 阱中身死, 蛟龍不怖劍, 劍下身亡. 巖頭雖於虎阱中有透脫一路, 向劍刃上有出身之機, 若子細檢點將來, 猶欠悟在. 只今還有爲巖頭作主底麼? 出來與杲上座相見.' 良久. 喝一喝. 拍一拍. 云: '洎合停囚長智.'")

951) 『聯燈會要』卷第二十五, X79n1557_p0222a22~b03. 『五燈會元』卷第八, X80n1565_
　　p0164b03~09. 참조.

952) 明招德謙(명초덕겸) : 덕산선감(德山宣鑑)-암두전활(巖頭全豁)-나산도한(羅山道閑)-명초덕겸(明招德謙). ?~947. 주158) 참조.

953) 全鋒敵勝(전봉적승) : 완전한 칼날로 적을 이기다. 칼날을 조금도 손상하지 않고도 겨루어 이기다. 완벽한 책략으로 적을 이기다. 전봉(全鋒)은 기요(機要)를 전체적으로 작용함. 또는 완벽한 책략. 적승(敵勝)은 대적가승(待敵可勝)의 줄임말로 적을 상대하여 이길 수 있음의 뜻.

954) 胡種族(호종족) : 석가모니 부처님이나 달마대사와 같은 진리의 맥을 잇는 이들. 곧 불법(佛法)의 요체를 이어가는 이들을 말한다.

955) 向上一路(향상일로) : 향상사(向上事), 향상일규(向上一窺)라고도 한다. 확연대오(廓然大悟)로 들어가는 한 길.

다.

유학을 닦는 선비들은 서로 만날 때 채찍을 꽉 쥐고 머리를 돌리는데, 사문들의 소견은 참으로957) 한심합니다.
진짜 황금을 내팽개치고 여러 흙덩이나 따라다닙니다.

여러 어린애들처럼958) 부질없이959) 바쁘게 뛰어다니지960) 마십시오.
저 현묘함을 깨우쳐 알았다 하여도 역시 기와조각이나 벽돌조각과 똑같으니, 광활한 허공을 뛰어넘으려 한바탕 겨루어 봄만961) 못합니다.

이 오로지 신령한 기봉(機鋒)을 어느 누가 감히 바싹 다가갈 수 있겠습니까?
맘대로 화살을 불러들인다면 비로소 대장부라고 할 것입니다.
하지만 아무 말도 하지 않으려 한다면962) 괭이 하나도 쓸 수 없을 것입니다."963)

601. 삼각총인三角總印

三角和尚, 僧問: "如何是三寶?" 曰: "禾. 麥. 豆." 云: "學人不會." 曰: "大眾欣然奉持."964)

---

956) 啐啄(줄탁) : 줄탁동시(啐啄同時)를 말한다. 어미닭이 약 20일간 알을 품으면 알 속에서 병아리가 밖으로 나오기 위해 안에서 껍질을 쪼면 밖에서도 어미닭이 동시에 껍질을 쪼아서 병아리가 밖으로 나온다는 것. 곧 기연(機緣)이 딱 맞아 떨어져 스승과 제자가 깨달음에 함께 참여하는 것을 말한다.
957) 誠實(성실) : 참으로. 진실로.
958) 報(보) : 들어맞다, 부합하다. 한데 어우르다, 합치다. 달려가다. 빠르다.
959) 謾(만) : 공연히, 쓸데없이, 부질없이. 아무렇게나, 함부로, 되는대로. ~하지 마라.
960) 波波(파파) : 바쁘게 뛰어다니다.
961) 一擲(일척) : 윷 등을 한 번 던짐. 곧 요행수를 바라고 한바탕 무모한 승부를 겨루다.
962) 呑聲(탄성) : 소리를 내지 않다. 숨을 쉬지 않다. 말을 하지 않다.
963) 不消(불소) : 불수(不須), 불용(不用)과 같은 뜻으로 '쓰지 못하다'라는 의미.
964) 『景德傳燈錄』 卷第七, T51n2076_p0251c15~17. 『五燈會元』 卷第三, X80n1565_p0082c24~0083a01. 참조.

삼각 총인스님965)께 한 스님이 여쭈었다.
"어떤 것이 삼보입니까?"
말씀하셨다. "벼. 보리. 콩."
말씀드렸다. "학인은 모르겠습니다."
말씀하셨다. "대중은 기쁨으로 받들어 지니고 있지."

602. 자호이종子湖利蹤

子湖云: "三十餘年住子湖, 二時粥飯氣力羸. 無事上山行一轉, 借問時人會也無?"
妙喜曰: "不得作佛法商量, 不得作世法解會. 汝諸人還會麼?"966)

자호 이종스님967)이 노래하셨다.

"삼십여 년 자호(子湖)에 머무르면서
두 끼 죽에 기력이 거칠어졌네.
일없이 산에 올라 포행을 돌며

---

965) 三角總印(삼각총인) : 조계혜능(曹溪慧能)-남악회양(南嶽懷讓)-마조도일(馬祖道一)-삼각총
    인(三角總印). 마조스님의 법을 잇고서 담주(潭州)의 삼각산(三角山)에 주석하였던 스님이다.
    '삼각삼보(三角三寶)' '삼각차사(三角此事)' 등의 공안이 있다.
966) 『聯燈會要』 卷第六, X79n1557_p0061b20~21. 『禪門拈頌集』 卷第十三, K46-0212,
    502則. 『五燈會元』 卷第四, X80n1565_p0096c22~24. 『古尊宿語錄』 卷第十二, 「衢州子
    湖山第一代神力禪師語錄」, X68n1315_p0075b22~23. 참조.
967) 子湖利蹤(자호이종) : 남악회양(南嶽懷讓)-마조도일(馬祖道一)-남전보원(南泉普願)-자호이
    종(子湖利蹤). 800~880. 선주(潊州)[하남성(河南省) 청풍현(淸豊縣)] 출신. 속성은 주씨(周氏).
    유주(幽州) 개원사(開元寺)에서 삭발하고, 20세에 구족계를 받음. 남전 보원스님 회하에 있다
    가 구주(衢州)[절강성(浙江省) 구현(衢縣)]의 마제산(馬蹄山)에 가서 띠집을 짓고 살았다. 개성
    (開成) 2년(837년)에 마을 사람인 옹천귀(翁遷貴)가 산 밑의 자호(子湖)를 보시하여서 절을 짓
    게 되니 정업원(定業院)[자호암(子湖巖)]을 개창하게 되었다. 함통(咸通) 2년(861년)에는 안국
    선원(安國禪院)으로 칙명을 받았다. 광명(廣明) 원년에 81세로 입적함. 시호는 신력선사(神力
    禪師)이다. '자호간구(子湖看狗)' '자호유적(子湖有賊)' '자호좌전(子湖左轉)' '자호무사(子湖無
    事)' 등의 공안이 있다. 『고존숙어록』 12권에 『자호산신력선사어록(子湖山神力禪師語錄)』 1권
    이 있다. 부법제자로 대주승광(臺州勝光), 일용원(日容遠), 장주부석(漳州浮石), 자동긍통(紫桐
    恆通) 등이 있다.

물어보면968) 사람들이 알기나 할까?"

묘희스님이 말씀하셨다.
"불법(佛法)을 상량(商量)하지도 못하고 세상 법을 알지도 못한다.
여러분은 알겠느냐?"

603. 남원혜옹南院慧顒

南院, 問僧: "近離甚麽處?" 云: "襄州." 曰: "來作甚麽?"
云: "特來禮拜和尚." 曰: "恰遇寶應不在." 僧便喝. 院曰: "向
汝道不在, 又喝作甚麽?" 僧又喝. 院便打. 僧禮拜. 院曰: "遮
棒本是汝打我, 我且打汝, 要此話行. 瞎漢! 參堂去."969)

남원 혜옹스님970)이 한 스님에게 물으셨다.
"근래에 어디를 떠나 왔느냐?"
말씀드렸다. "양주(襄州)입니다."971)
말씀하셨다. "와서 무엇 하려고?"
말씀드렸다. "스님께 절을 올리려고 일부러 왔습니다."
말씀하셨다. "보응(寶應)이 없을 때를 딱 맞춰 왔구먼."
그 스님이 갑자기 "억!"하고 할을 하였다.
남원스님이 말씀하셨다.
"너를 향해 있지 않다고 말했는데 또 할(喝)은 해서 뭣 하려고?"
그 스님이 또 "억!"하고 할을 하였다.

---

968) 借問(차문) : 시험 삼아 물어보다. 물어보다. 감히 물어보다. 여쭙다. 관심을 가지고 물
  어보다.

969) 『景德傳燈錄』 卷第十二, T51n2076_p0298b28~c04. 『聯燈會要』 卷第十一, X79n1557
  _p0099c24~0100a04. 『五燈會元』 卷第十一, X80n1565_p0227b12~16. 『古尊宿語錄』
  卷第七, 汝州南院禪師語要, X68n1315_p0043b18~21. 참조.

970) 南院慧顒(남원혜옹) : 황벽희운(黃檗希運)-임제의현(臨濟義玄)-흥화존장(興化存獎)-보응
  혜옹(寶應慧顒). 860~930. 주266) 참조.

971) 襄州(양주) : 북위(北魏) 때에 둔 주(州)의 이름. 하남성(河南省) 방성현(方城縣)에 두었
  다.

남원스님이 바로 때리셨다.
그 스님이 절을 올렸다.
남원스님이 말씀하셨다.
"이 몽둥이는 본래 네가 나를 때리면 나도 또 너를 때려서 이 이야기가 행해졌으면 해서였다. 눈 먼 놈아! 참당(參堂)해라."972)

604. 황룡혜남黃龍慧南

黃龍南和尚, 示眾, 舉: "永嘉禪師道: '游江海涉山川, 尋師訪道為參禪, 自從認得曹溪路, 了知生死不相關.' 諸上座. 那箇是游底山川, 那箇是尋底師, 那箇是參底禪, 那箇是訪底道? 向淮南兩浙廬山南嶽, 雲門臨濟而求師訪道, 洞山法眼而參禪, 是向外馳求, 名為外道. 若以毗盧自性為海, 般若寂滅智為禪, 名為內求. 若向外求走殺汝, 若住於五蘊內求則縛殺汝. 是故禪者, 非內非外, 非有非無, 非實非虛. 不見道. '內見外見俱錯, 佛道魔道俱惡.' 瞥然與麼去兮. 月落西山. 更尋聲色兮. 何處名邈?"973)

황룡 혜남스님974)이 대중에게 열어 보이셨다.
"영가 현각선사975)께서 말씀하셨습니다.

---

972) 參堂(참당) : 승당(僧堂)으로 들어가서 수좌(首座)를 만나고 대중과 함께 좌선하다. 선원의 주지스님이 학인의 방부를 허락하는 것.

973) 『聯燈會要』卷第十三, X79n1557_p0118b03~12. 『黃龍慧南禪師語錄』, T47n1993_p0633b25~c07. 참조.

974) 黃龍慧南(황룡혜남) : 수산성념(首山省念)-분양선소(汾陽善昭)-석상초원(石霜楚圓)-황룡혜남(黃龍慧南). 1002~1069. 주69) 참조.

975) 永嘉玄覺(영가현각) : 쌍봉도신(雙峰道信)-황매홍인(黃梅弘忍)-조계혜능(曹溪慧能)-영가현각(永嘉玄覺). 665~713. 온주(溫州) 영가(永嘉)[절강성] 출신이다. 속성은 대씨(戴氏). 자는 명도(明道). 8살에 출가하였다. 삼장(三藏)을 널리 공부하였으며 천태학의 지관(止觀)에 밝았다. 뒤에 온주 용흥사(龍興寺) 근처에다 암자를 지어 놓고 홀로 불학을 연구하였으며 늘 선학을 닦았다. 그러다 우연히 좌계현랑(左溪玄朗)스님의 격려로 자리를 떨치고 일어나 동양현책(東陽玄策)스님과 함께 제방을 다니며 도(道)를 찾았다. 그러다 운양(韻陽)에 이르러 혜능스님을 참알하였는데 서로 문답하다가 곧바로 인가를 받았다. 혜능스님이 하룻밤을 묵고 가라고 하여 다음날 용흥사로 돌아갔다. 이때부터 사람들이 일숙각(一宿覺)이라고 불렀다고 한다. 이후로 학인들이 많이 몰려들었다. 호는 진각대사(眞覺大師)다. 예종(睿宗) 선천(先天) 2년(713) 10월 17일에 세수 49세로 결가부좌 한 채로 입적하였다. 시호는 무상대사(無相大師)이다. '영가진

'강과 바다서 노닐고 산천을 다니면서
스승을 찾아 도를 물으며 참선을 삼아왔지만
조계(曹溪)의 길을 알고 나서는
생사(生死)와는 서로 상관없음을 완전히 알았네.'976)

상좌 여러분.
어떤 것이 돌아다닐 산천이며, 어떤 것이 찾아다닐 스승이며, 어떤 것이 참(參)일 선(禪)이며, 어떤 것이 물을 도(道)입니까?

회남(淮南)977)과 양절(兩浙)978)과 여산(廬山)979)과 남악(南嶽)980)에서 운문(雲門)스님과 임제(臨濟)스님이 스승을 구하고 도(道)를 물은 것과981) 동산스님과 법안스님이 참선(參禪)이었던 것과 같은 것은 '바깥으로 치달려 구하는 것'이며 외도(外道)라고 하는 것입니다.
만일 비로자나불의 자성(自性)으로써 바다를 삼고
반야적멸(般若寂滅)의 지혜로써 선(禪)을 삼으면 '안으로 구하는 것'이라고 합니다.
만일 바깥을 향해 구하여 달리면 여러분을 아주982) 쫓아낼 것이고, 만일 오온(五蘊)에 머물러 안으로 구하면 여러분을 아주 꽁꽁 묶어 놓을 것입니다.

석(永嘉振錫)'·'영가강월(永嘉江月)'·'영가허공(永嘉虛空)'·'영가묵시(永嘉默時)'·'영가심법(永嘉心法)'·'영가시비(永嘉是非)'·'영가요요(永嘉了了)' 등의 공안이 있다. 『선종오수원지(禪宗悟修圓旨)』 10편과 『증도가(證道歌)』 1편이 있고 『영가집(永嘉集)』 10권이 있다.
976) 『전등록』 30권 「증도가」에 나온다. (T51n2076_p0460b14~16, 『景德傳燈錄』 卷第三十, 「永嘉眞覺大師證道歌」. "遊江海涉山川, 尋師訪道爲叅禪, 自從認得曹谿路, 了知生死不相干.")
977) 淮南(회남) : 안휘성(安徽省) 회남시(淮南市).
978) 兩浙(양절) : 절동(浙東)[전당강(錢塘江) 이남]과 절서(浙西)[전당강(錢塘江) 이북]. 지금의 절강성(浙江省)이다.
979) 廬山(여산) : 강서성(江西省) 구강시(九江市)에 있는 산. 이 산은 동산 양개스님과 인연이 있고 나한 계침스님이 주석하던 나한원(羅漢院)이 있어 법안 문익스님과도 인연이 깊은 산이다.
980) 南嶽(남악) : 호남성(湖南省) 형양시(衡陽市)에 있는 형산(衡山)을 말한다.
981) 而(이) : 동사로서 '~같다'(若, 如)의 뜻이다.
982) 殺(쇄) : 매우, 아주, 대단히, 심히.

그러므로 선(禪)이란 안도 아니고 밖도 아니며, 있음도 아니요 없음도 아니며, 실제도 아니요 허망도 아닙니다.

들어보았을 것입니다.
'안의 앎이든 밖의 앎이든983) 모두 틀렸고, 불도(佛道)와 마도(魔道)가 함께 악(惡)이다.'984)

문득 이러함이여.
달은 서쪽으로 지는구나.
거듭 소리와 모습을 찾음이여.
어디다 이름하며 묘사(描寫)하랴?"

---

983) 內見外見(내견외견) : 내견(內見)은 불법(佛法)이고 외견(外見)은 외도(外道)의 법이다. 때로는 주관과 객관을 말하기도 한다.

984) 內見外見俱錯 佛道魔道俱惡(내견외견구착 불도마도구악) : 양나라 때 지공스님의 「대승찬십수」에 나오는 법문이다. 『전등록』 29권에서는 '착(錯)'과 '악(惡)'이 순서가 바뀌어 나온다. (T51n2076_p0449c10, 『景德傳燈錄』卷第二十九, 「誌公和尙大乘讚十首」. "內見外見總惡, 佛道魔道俱錯.")

605. 마조도일馬祖道一

馬祖, 住傳法院, 日常坐禪. 讓和尚知是法器, 往問, 曰: "大德坐禪圖甚麼?" 曰: "圖作佛." 讓乃取一塼於彼菴前石上磨. 祖曰: "作甚麼?" 曰: "磨作鏡." 祖曰: "磨塼豈得成鏡邪?" 曰: "坐禪豈得作佛邪?" 祖曰: "如何卽是?" 曰: "如人駕車, 車若不行, 打車卽是, 打牛卽是?" 祖無對. 讓又曰: "汝學坐禪, 爲學坐佛? 若學坐禪, 禪非坐臥. 若學坐佛, 佛非定相. 於無住法, 不應取捨. 汝若坐佛, 卽是殺佛. 若執坐相, 非達其理." 祖聞示誨, 如飮醍醐, 禮拜, 問, 曰: "如何用心卽合無相三昧?" 讓曰: "汝學心地法門, 如下種子. 我說法要, 譬彼天澤. 汝緣合故, 當見其道." 又問曰: "道非色相, 云何能見?" 曰: "心地法眼, 能見乎道. 無相三昧, 亦復然矣." 曰: "有成壞否?" 曰: "若以成壞聚散而見道者, 非也." 聽吾偈, 曰: "心地含諸種, 遇澤悉皆萌. 三昧花無相, 何壞復何成?" 祖蒙開悟, 心地超然. 侍奉十秋, 日臻玄奧.985)

마조 도일스님986)이 전법원(傳法院)에 머무시면서 매일 늘 좌선을 하셨다. 남악 회양스님987)이 법기(法器)임을 알아보시고는 가서 물으셨다.

"대덕은 좌선으로 무엇을 하려느냐?"

말씀드렸다. "부처님을 드러내려고요."

회양스님이 곧 벽돌 하나를 쥐고 암자 앞에서 돌에다 갈기 시작하셨다.

마조스님이 말씀드렸다. "뭐 하시는데요?"

말씀하셨다. "갈아서 거울을 드러내려고."

---

985)『祖堂集』卷第三 第二十一張, K45-0256.『景德傳燈錄』卷第五, T51n2076_p0240c18
~0241a08.『天聖廣燈錄』 卷第八, X78n1553_p0448a15~b09.『聯燈會要』 卷第四,
X79n1557_p0036b12~c02.『五燈會元』卷第三, X80n1565_p0069c08~24.『古尊宿語
錄』卷第一, X68n1315_p0003b01~16. 참조.
986) 馬祖道一(마조도일) : 황매홍인(黃梅弘忍)-조계혜능(曹溪慧能)-남악회양(南嶽懷讓)-마조
도일(馬祖道一). 709~788. 주43) 참조.
987) 南嶽懷讓(남악회양) : 쌍봉도신(雙峰道信)-황매홍인(黃梅弘忍)-조계혜능(曹溪慧能)-남악
회양(南嶽懷讓). 677~744. 주784) 참조.

마조스님이 말씀드렸다. "벽돌을 갈면 어찌 거울이 될까요?"
말씀하셨다. "좌선을 하면 어찌 부처님을 드러낼까?"
마조스님이 말씀드렸다. "어떻게 해야 옳은가요?"
말씀하셨다.
"마치 사람이 수레를 몰 때에 수레가 가지 않는다면 수레를 치는 게 옳으냐, 소를 치는 게 옳으냐?"
마조스님이 대답이 없으셨다.
회양스님이 또 말씀하셨다.
"네가 좌선(坐禪)을 익히는 것이냐, 좌불(坐佛)을 익히는 것이냐? 만일 좌선(坐禪)을 익힌다면 선(禪)은 앉고 누움에 있지 않다.
만일 좌불(坐佛)을 배운다면 부처님은 일정하게 고정된 상(相)이 아니다. 머묾이 없는 법에서는 마땅히 취사(取捨)할 것이 없기 때문이다.
네가 만일 좌불(坐佛)이라면 곧 부처님을 죽이는 것이다. 만일 앉는다는 상(相)에 집착한다면 그 이치를 꿰뚫은 것이 아니다."

마조스님이 가르침을 듣고는 마치 제호(醍醐)를 마신 듯하여 절을 올리고 여쭈셨다.
"어떻게 마음을 써야 무상삼매(無相三昧)에 계합할 수 있습니까?"
회양스님이 말씀하셨다.
"네가 씨앗을 뿌리듯이 마음자리 법문(法門)을 배워야 한다. 내가 말한 법요(法要)는 비유하면 하늘에서 비 내리는 것과 같다. 네가 인연이 맞아 떨어졌기 때문에 응당 그 도(道)를 볼 수가 있을 것이다."

또 여쭈었다.
"도(道)는 빛과 모양이 아닌데 어떻게 볼 수가 있다고 하십니까?"
말씀하셨다.
"마음자리 법안(法眼)은 도(道)를 볼 수가 있으니, 무상삼매(無相三昧)도 역시 그렇다."
"이루어지고 무너지고 함이 있습니까?"
"만일 이루어지고, 무너지고, 모이고, 흩어지고 함으로써 도(道)를 보는 이는 어긋나버렸다. 나의 게(偈)를 들어봐라."

말씀하셨다.

“마음자리는 모든 씨앗을 함유하고 있으니
젖음을 만나면 모두 다 싹을 틔우네.
삼매의 꽃은 무상(無相)이니
어찌 무너졌다가 다시 어찌 이루어지랴.”

마조스님이 깨달음이 열려 마음자리가 초연(超然)해지셨다.
십년을 시봉하면서 날로 지극히 현묘하고 오묘해지셨다.

606. 장사경잠長沙景岑

長沙和尙, 遣一僧去, 問同參會和尙, 曰: “和尙見南泉後如何?” 會默然.
僧曰: “未見南泉已前作麼生?” 云: “不可更別有也.” 僧回擧似長沙, 沙示一
偈, 云: “百尺竿頭坐底人, 雖然得入未爲眞. 百尺竿頭須進步, 十方世界是
全身.” 僧問: “只如百尺竿頭如何進步?” 曰: “朗州山, 澧州水.” 僧曰: “不
會.” 曰: “四海五湖皇化裏.”
　妙喜曰: “要見長沙? 更進一步. 若有人問: ‘如何進遮一步?’ 我待欬欬地,
與你葛藤.”988)

　장사 경잠스님989)이 한 스님을 동참(同參)990)인 동사 여회스님991)에
게 보내어 여쭙게 하셨다.

---

988) 『聯燈會要』 卷第六, X79n1557_p0061c23~0062a04. 『禪門拈頌集』 卷第十三, K46-02
　　06, 488則. 『五燈會元』 卷第四, X80n1565_p0094c15~20. 참조.
989) 長沙景岑(장사경잠) : 남악회양(南嶽懷讓)-마조도일(馬祖道一)-남전보원(南泉普願)-장사경
　　잠(長沙景岑). ?~868. 어려서부터 출가하였다. 처음에 장사(長沙)[지금의 호남성]의 녹원사(鹿
　　苑寺)에 오랫동안 머물렀다. 전광석화와 같이 재빠른 기봉을 휘둘러 앙산 혜적스님이 그를 잠
　　대충(岑大蟲)이라 불렀다고 한다. 시호는 초현대사(招賢大師)이다. ‘장사백척(長沙百尺)’ ‘장사
　　완월(長沙翫月)’ ‘장사산하(長沙山河)’ ‘장사황학(長沙黃鶴)’ ‘장사애처(長沙碍處)’ ‘장사본명(長
　　沙本命)’ 등의 공안이 있다.
990) 同參(동참) : 한 스승 밑에서 도를 닦음. 또는 그러한 도반.
991) 東寺如會(동사여회) : 조계혜능(曹溪慧能)-남악회양(南嶽懷讓)-마조도일(馬祖道一)-동사
　　여회(東寺如會). 744~823. 주37) 참조.

"스님께서는 남전스님을 뵌 후 어떠하십니까?"
여회스님이 묵묵히 계셨다.
그 스님이 말씀드렸다.
"남전스님을 뵙기 이전은 어떠하셨습니까?"
말씀하셨다. "별다를 것이 없었다."
그 스님이 돌아가서 장사스님께 이를 말씀드리자, 스님이 게(偈) 한
수로 가르쳐 주셨다.

"백척간두 앉아 있는 사람이여,
깨달음에 들었으나 참이라 못해.
백척간두서 반드시 내디뎌야만
시방세계 온전한 내 몸이라네."

그 스님이 여쭈었다. "그런데 백척간두에서 어떻게 내디딥니까?"
말씀하셨다. "낭주(朗州)992)의 산, 예주(澧州)993)의 물."
그 스님이 말씀드렸다. "모르겠습니다."
말씀하셨다.
"사해(四海)와 오호(五湖)가 황제의 덕화 속에 있다."

묘희스님이 말씀하셨다.
"장사스님을 알려느냐? 다시 한 걸음 내디뎌라.
만일 누가 '어떻게 한 걸음을 내디디느냐?'고 묻는다면 내가 가만가
만994) 기다렸다가 그와 더불어 갈등(葛藤)하여 보겠다."

---

992) 朗州(낭주) : 수(隋)에서 북송(北宋) 연간(年間)에 설치한 주(州)다. 지금의 호남성(湖南省)
상덕시(常德市) 지역이다. 수문제(隋文帝) 개황(開皇) 16년(596) 숭주(嵩州)를 낭주(朗州)로 고
쳐서 무릉현(武陵縣)에 두었다. 당(唐)나라 때 이 낭주(朗州)를 무릉군(武陵郡)으로 개편하였
다. 송진종(宋真宗) 대중상부(大中祥符) 5년(1012)에 다시 정주(鼎州)로 고쳤다.
993) 澧州(예주) : 개황(開皇) 9년(589) 송주(松州)를 고쳐 예주(澧州)로 하여 예양현(澧陽縣)[호
남성(湖南省) 예현(澧縣)]에 두었다. 대업(大業) 초년(初年)에 예양군(澧陽郡)으로 고쳤다. 당
(唐) 초년(初年)에 다시 예주(澧州)로 고쳤다가 천보(天寶)와 지덕(至德) 사이에 또 다시 예양
군(澧陽郡)으로 고쳤다.
994) 欵欵地(관관지) : 의태어. 느릿느릿한 모양. 가만히 유유자적한 모양. 화평하고 즐거운
모양. 성실한 모양. 충실한 모양. 정성스러운 모양.

607. 부용영훈芙蓉靈訓

芙蓉訓和尙, 初參歸宗, 問: "如何是佛?" 宗曰: "我向汝道, 汝還信否?"
訓曰: "和尙誠言, 何敢不信." 曰: "卽汝便是." 訓曰: "如何保任?" 宗曰:
"一翳在眼, 空花亂墜." 訓於此有省.
　法眼云: "若無後語, 何處討歸宗."995)

　부용 영훈스님996)이 처음에 귀종 지상스님997)을 참례하시고 여쭈었
다. "어떤 것이 부처님입니까?"
　귀종스님이 말씀하셨다.
　"내가 너에게 말한들 네가 나의 말을 믿겠느냐?"
　영훈스님이 말씀드렸다.
　"스님께서 진실로 말씀해주시는데 어떻게 감히 믿지 않을 수 있겠습
니까?"
　말씀하셨다. "바로 네가 곧 이것이다."
　영훈스님이 말씀드렸다. "어떻게 보림해야 합니까?"
　귀종스님이 말씀하셨다.
　"약간이라도 눈을 가리면998) 허공꽃이 어지러이 떨어진다네."
　영훈스님이 여기에서 깨달으셨다.999)

---

995) 『聯燈會要』 卷第七, X79n1557_p0070b22~c01. 『禪門拈頌集』 卷第八, K46-0120,
　　257則. 『五燈會元』 卷第四, X80n1565_p0098a24~b03. 참조.
996) 芙蓉靈訓(부용영훈) : 남악회양(南嶽懷讓)-마조도일(馬祖道一)-귀주지상(歸州智常)-부용영
　　훈(芙蓉靈訓). 복주(福州)[복건성] 출신이다. 귀종 지상스님의 법을 잇고 후에 부용산(芙蓉山)
　　에 주석하였다. 시호는 홍조대사(弘照大師)이다.
997) 歸宗智常(귀종지상) : 조계혜능(曹溪慧能)-남악회양(南嶽懷讓)-마조도일(馬祖道一)-귀주
　　지상(歸州智常). 식안귀종(拭眼歸宗), 지진지상(至眞智常)선사라고도 한다. 주62) 참조.
998) 一翳(일예) : 약간의 가림. 하나의 장애물.
999) 이 화(話)에 대한 대혜스님의 어록과 법어가 있다. "귀종스님은 아주 위태롭게 놓아주
　　고, 아주 재빨리 거두어 들였다. 그 스님이 그때 한 차례 손뼉을 치고 '하하!' 웃었더라
　　면, 귀종노인네가 면목을 둘 데가 어디였을까? 바로 여러분에게 묻겠다. 지금 어찌하여야
　　딱 좋겠느냐? //한 기운이 말이 없이 형상을 머금으니/ 모든 이들이 어디서든 사사로움
　　이 없어지네." (T47n1998Ap0820a01~10, 『大慧普覺禪師住徑山能仁禪院語錄』 卷第二.
　　"歸宗放去太危, 收來太速. 這僧當時若拍手呵呵大笑一巡, 歸宗老漢, 向甚處着這面目? 敢
　　問諸人, 而今合作麼生? 一氣不言含有象, 萬靈何處謝無私.") "그 스님이 애초에 결정적
　　확신이 없어서 귀종스님이 바로 가리키는 말씀을 듣고도 여전히 의혹을 품었지만 보임을

법안스님이 말씀하셨다.
"만약 뒷말이 없었다면 어디서 귀종(歸宗)을1000) 찾을 수 있을까?"

608. 진정극문眞淨克文

真淨和尚, 開堂示眾, 云: "問話且止, 祇知問佛問法, 殊不知佛法來處? 且道. 從甚麽處來?" 乃垂下一足. 云: "昔日黃龍親行此令, 十方諸佛無敢違者, 諸代祖師一切賢聖無敢越者. 無量法門, 一切妙義, 天下老和尚舌頭始終一印無敢異者. 無異即且止, 印在甚麽處? 還見麽? 若見非僧非俗, 無偏無黨, 一一分付, 若不見, 而我自收." 遂收足. 乃喝. 云: "兵隨印轉, 將逐符行. 佛手驢脚生緣老, 好痛與三十棒, 而今會中莫有不甘者麽? 若有, 不妨奇特, 若無, 新長老謾汝諸人去也. 故我大覺世尊, 昔日於摩竭陀國, 十二月八日, 明星現時, 豁然悟道, 大地有情, 一時成佛. 今有釋子沙門, 克文於東震旦國, 大宋筠陽城中, 六月十三日, 赫日現時又悟箇甚麽?" 以拂子畫一畫. 云: "我不敢輕於汝等, 汝等皆當作佛."1001)

진정 극문스님1002)이 개당(開堂)하면서 대중에게 열어 보이셨다.
"묻는 말은 일단 그만두십시오.1003)

구하려 하면서 비로소 스스로를 알아버렸습니다. 귀종스님이 노파심이 간절하여 그가 어긋나고 집착했던 자리에다 금강왕보검을 써서 맞대고 곧장 휘두르니, 그 스님이 만 길 벼랑 끝에 한 발로 섰다가 귀종스님이 휘두른 한칼에 비로소 기꺼이 신명을 버리게 되었습니다." (T47n1998Ap0904c21~0905a01, 『大慧普覺禪師法語』 卷第二十二. '示妙智居士'. "這僧初無決定信, 聞歸宗直指之言, 猶懷疑惑, 欲求保任, 方能自信. 歸宗老婆心切, 向他所乖執處, 以金剛王寶劍, 用事劈面便揮, 這僧方在萬仞崖頭獨足而立, 被歸宗一揮, 始肯放身捨命.")

1000) 歸宗(귀종) : 종지(宗旨)로 돌아감. 귀종 지상스님의 이름으로 뜻을 밝혔다.
1001) 『聯燈會要』 卷第十四, X79n1557_p0124a17~b05. 『五燈會元』 卷第十七, X80n1565_p0354c03~16. 『古尊宿語錄』 卷之四十二, 「寶峰雲庵眞淨禪師住筠州聖壽語錄」 一, X68n1315_p0273a01~14. 『續傳燈錄』 卷第十五, T51n2077_p0565c12~28. 참조.
1002) 眞淨克文(진정극문) : 분양선소(汾陽善昭)-석상초원(石霜楚圓)-황룡혜남(黃龍慧南)-진정극문(眞淨克文). 1025-1102. 주50) 참조.
1003) 且止(차지) : 우선 내버려두다. 우선 그만두다. 그건 그렇다 치자. 일단 그대로 두자.

 어찌1004) 부처님을 묻고 법을 물을 줄은 알면서, 부처님과 법이 온 곳은 여태껏1005) 알지 못하는 것입니까?
 바로 여기 말해보십시오.
 어디서 왔습니까?"

 곧 한쪽 발을 쭈욱 펴셨다.

 말씀하셨다.
 "예전에 황룡 혜남스님이 몸소 이 정령(正令)1006)을 행하시니 시방제불도 감히 어기는 분이 없으셨고, 여러 조사님들과 일체의 현성(賢聖)들도 감히 넘는 분이 없으셨습니다.
 한량없는 법문과 일체의 미묘한 뜻이 천하의 노화상의 말씀과도 시종일관 하나의 인(印)이어서 감히 다른 말을 하는 이가 없었습니다.
 다름이 없다는 것은 그렇다 치고, 인(印)이 어디에 있습니까?

 보았습니까?

 만약 승가도 아니고 세속도 아니고 두루한 것도 아니고 치우침도 아님을 보았다면 하나하나 낱낱이 부촉할 것이나 만약 보지 못했다면 내가 스스로 거둘 것입니다."

 드디어 발을 거두셨다.
 "억!"하고 할을 하셨다.

 말씀하셨다.
 "병사는 인(印)을 따라 움직이고, 장수는 부절(符節)에 맞춰 실행합니다.

1004) 祇(지) : 어찌, 무엇.
1005) 殊(수) : 아직, 여태, 여전히. 마침내, 끝내. 매우, 아주. 오히려. 뜻밖에.
1006) 令(령) : 정령(正令)과 같은 의미다. 부처님과 역대 조사들의 딱 맞는 법령(法令). 부처님의 법문과 조사들의 교외별전(敎外別傳)의 종지(宗旨). 여기서는 황룡스님이 발을 쭉 편 것을 말한다.

 부처님의 손·나귀의 다리·태어난 인연1007)을 방편으로 쓴 늙은이가 멋들어지게 30방을 때려주려고 하는데 지금 이 회상에서 달가워하지 않을 이는 없습니까?

 만약 있다면 기특할 것이나 만약 없다면 이 풋내기 노장이 여러분을 속인 것입니다.

 그러므로 우리 대각 세존께서 지난 날 마갈타국에서 12월 8일 새벽별이 드러날 때 활연히 도를 깨달으셨으며 대지의 유정(有情)들도 일시에 성불이었습니다.
 지금 세존의 사문인 극문은 동쪽 진단국(震旦國) 대송(大宋) 균양성(筠陽城)1008)에서 6월 13일 밝은 해가 드러났을 때에 또 무엇을 깨달았을까요?"

 불자(拂子)로 한 획을 그으셨다.

 말씀하셨다.
 "나는 감히 여러분을 가벼이 여길 수 없으니, 여러분은 모두 마땅히 부처님을 드러내어야 할 것입니다."

1007) 佛手驢脚生緣(불수려각생연) : 황룡 혜남스님의 삼관(三關)으로 학인들을 제접하고 인도한 방편이다. 『가태보등록』 3권에 그 내용이 실려 있다. "방장실에서 손을 드시고 스님들에게 물으셨다. '내 손이 어찌 부처님 손과 같으냐?' 발을 쭉 펴시고 말씀하셨다. '내 다리가 어찌 나귀의 다리와 같으냐? 사람마다 모두가 태어난 인연이 있는데 상좌의 태어난 인연은 어디에 있느냐?' 학인들이 그 뜻에 계합하는 이들이 없었다. 총림에서는 그것을 '황룡삼관'이라고 이름붙였다." (X79n1559_p0302c23~0303a04, 『嘉泰普燈錄』 卷第三, '隆興府黃龍普覺慧南禪師'. "室中擧手問僧 : '我手何似佛手?' 垂足曰 : '我脚何似驢脚? 人人盡有生緣, 上座生緣在何處?' 學者莫有契其旨. 叢林目之爲黃龍三關.")
1008) 筠陽城(균양성) : =균운성(筠雲城). 진정 극문스님이 주석하던 균주(筠州)[현재 강서성(江西省) 고안시(高安市)]를 말한다.

609. 조주종심趙州從諗

趙州和尚, 問南泉: "知有底人向甚麼處去?" 泉曰: "向山前檀越家作一頭水牯牛去." 州云: "謝師指示." 泉曰: "昨夜三更月到窓."
雲峯悅云: "若不是南泉, 洎被打破蔡州."1009)

조주 종심스님1010)이 남전 보원스님1011)께 여쭈었다.
"지유(知有)1012)인 사람은 어디로 갑니까?"
남전 스님이 말씀하셨다.
"산자락 시주집의 한 마리 수고우(水牯牛)가 되지."
조주스님이 말씀드렸다.
"스님의 가르침 고맙습니다."
남전스님이 말씀하셨다.
"어젯밤 삼경에 달이 창을 환하게 비추더라니."1013)

운봉 문열스님1014)이 말씀하셨다.
"만약 남전스님이 없었다면 채주(蔡州)1015)가 거의 박살 날 뻔하였다."1016)

1009) 『禪門拈頌集』 卷第七, K46-0108~0109, 217則. 『古尊宿語錄』 卷第十三, 「趙州真際禪師語錄」, X68n1315_p0077a20~22. 참조.

1010) 趙州從諗(조주종심) : 남악회양(南嶽懷讓)-마조도일(馬祖道一)-남전보원(南泉普願)-조주종심(趙州從諗). 778~897. 주87) 참조.

1011) 南泉普願(남전보원) : 조계혜능(曹溪慧能)-남악회양(南嶽懷讓)-마조도일(馬祖道一)-남전보원(南泉普願). 748-834. 주61) 참조.

1012) 知有(지유) : 확연히 깨달음.

1013) 여기에 대혜스님의 염송이 있다. "몸을 재어 옷 마르고/ 물 헤아려 삿대 저어/ 털끝만큼 안 어겨도/ 아직 문 밖 살고 있네."(T47n1998Ap0851c07, 『大慧普覺禪師語錄』 卷第十. "度體裁衣, 量水打碓, 毫髮不差, 且居門外.")

1014) 雲峰文悅(운봉문열) : 수산성념(首山省念)-분양선소(汾陽善昭)-대우수지(大愚守芝)-운봉문열(雲峰文悅). 998~1062. 주25) 참조.

1015) 蔡州(채주) : 수나라 때 둔 주(州)의 이름이다. 하남성(河南省) 여남현(汝南縣)에 있었다.

1016) 대혜스님이 상당법문에서 운봉스님의 염(拈)에 대해 한마디 하였다. "운봉노인네가 일척안(一隻眼)을 잃어버렸다. 나중의 말 때문에 그 자리서 채주(蔡州)가 무너진 줄을 여전히 모르는구나."(T47n1998Ap0815b24~25, 『大慧普覺禪師住徑山能仁禪院語錄』 卷第一.

610. 분주무업汾州無業

無業國師, 問馬祖: "如何是祖師西來密傳心印?" 祖曰: "大德正鬧在. 且去, 別時來." 師纔出, 祖召云: "大德!" 師回首. 祖曰: "是甚麼?" 師忽領悟. 便作禮, 祖曰: "遮鈍漢! 禮拜作甚麼?"[1017]

분주 무업국사[1018]가 마조 도일스님께[1019] 여쭈었다.

"어떤 것이 달마대사가 서쪽으로부터 와서 비밀리에 전한 심인(心印)입니까?"

마조 스님이 말씀하셨다.

"대덕은 지금 한창 시끄러운데 있구먼. 지금 떠나서 다른 날에 오거라."

무업국사가 막 나가려고 하시니, 마조 스님이 부르셨다.

"대덕!"

무업국사가 머리를 돌리셨다.

마조스님이 말씀하셨다. "뭐지?"

무업국사가 홀연히 깨닫고 곧 절을 올리셨다.

마조스님이 말씀하셨다. "이 둔한 놈아! 절은 왜 하나?"

"雲峰老人失卻一隻眼. 殊不知只因後語, 當下打破蔡州.")

1017) 『景德傳燈錄』卷第八, T51n2076_p0257a12~15. 『聯燈會要』卷第五, X79n1557_p0046a20~22. 『五燈會元』卷第三, X80n1565_p0081c12~14. 참조.

1018) 汾州無業(분주무업) : 조계혜능(曹溪慧能)-남악회양(南嶽懷讓)-마조도일(馬祖道一)-분양무업(汾陽無業). 762~823. 주101) 참조.

1019) 馬祖道一(마조도일) : 황매홍인(黃梅弘忍)-조계혜능(曹溪慧能)-남악회양(南嶽懷讓)-마조도일(馬祖道一). 709~788. 주43) 참조.

611. 회당조심晦堂祖心

晦堂和尚, 示眾, 云: "若也單明自己, 不悟目前, 此人有眼無足. 若悟目前, 不明自己, 此人有足無眼. 據此二人, 十二時中, 常有一物蘊在胷中, 物既在胷, 不安之相, 常在目前. 既在目前, 觸途成滯, 作麼生得平穩去? 祖不言乎? '執之失度, 必入邪路, 放之自然, 體無去住.'"1020)

회당 조심스님1021)이 대중에게 열어 보이셨다.

"만약 근근이 자신을 밝혔으나 목전(目前)을 깨닫지 못하면 이 사람은 눈은 있으나 발이 없는 것입니다.

만약 목전(目前)을 깨달았으나 자신을 밝히지 못하면 이 사람은 발은 있으나 눈이 없는 것입니다.

이 두 사람에 따르면 24시 내내 항상 한 물건이 가슴 속에 쌓여 있으니, 물건이 이미 가슴 속에 있으면 편안하지 못한 상(相)이 항상 목전(目前)에 있을 것입니다.

이미 목전(目前)에 있으면 가는 길마다 막힐 것이니 어떻게 하면 평온할 수 있겠습니까?

조사께서1022) 말씀하지 않았던가요?

1020) 『聯燈會要』卷第十四. X79n1557_p0123b22~c02. 『五燈會元』卷第十七. X80n1565 _p0353b18~23. 참조.

1021) 晦堂祖心(회당조심) : 분양선소(汾陽善昭)-석상초원(石霜楚圓)-황룡혜남(黃龍慧南)-회당조심(晦堂祖心). 1025~1100. 북송 임제종 황룡파의 스님이다. 광동(廣東) 시흥(始興) 사람으로 속성은 오씨(鄔氏)다. 19세에 용산사(龍山寺) 혜전(惠全)스님에게 출가하였다. 다음 해 수계를 하고 계율 지키기에 힘쓰다가 운봉 문열스님을 만나 3년간을 모셨다. 그러고 나서 황벽산의 혜남선사를 찾아가서 4년을 모셨다. 그러나 깨달음의 기연(機緣)이 돈발(頓發)하지 못하여 드디어 혜남스님을 하직하고 다시 문열선사에게로 갔다. 그러나 이미 문열선사는 입적한 뒤였다. 그러자 석상 초원스님 회상으로 갔다. 거기서 『전등록』다복선사(多福禪師)의 어록을 읽다가 활연대오하였다. 그 후 혜남스님을 따라 황룡산으로 갔다. 혜남스님이 입적한 뒤, 법을 잇고 12년을 주석하였다. 원부(元符) 3년 세수76세로 입적하였다. 시호는 보각선사(寶覺禪師)이다. 제자로 황룡사심오신(黃龍死心悟新) 등 47명이 있다. 『보각조심선사어록(寶覺祖心禪師語錄)』1권, 『명추회요(冥樞會要)』3권이 있다.

1022) 삼조승찬(三祖僧璨)스님을 말한다.

'집착하여 법도를 잃으면
반드시 삿된 길로 들어가게 되나,
스스로 그러함에 맡기면
체(體)는 가거나 머무름이 없다.'1023)"

612. 육조혜능六祖慧能

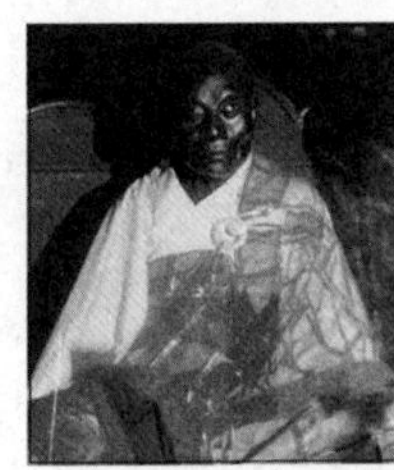

六祖, 因二僧對論風旛. 一云: "風動." 一云: "旛動." 祖
曰: "不是風動, 不是旛動. 仁者心動." 二僧竦然.1024)
雪峯云: "大小祖師, 龍頭蛇尾. 好與二十棒." 孚上座, 侍
次齩齒. 峯云: "我與麼道, 也好與二十棒."
妙喜曰: "要識孚上座麼? 犀因翫月紋生角. 要識雪峯麼?
象被雷驚花入牙."1025)

육조 혜능스님1026)이 두 스님이 바람과 깃발에 대하여 대론(對
論)1027)하는 것을 보셨다.
한 명은 말했다. "바람이 움직이는 것이다."
다른 한 명이 말했다. "깃발이 움직이는 것이다."
육조스님이 말씀하셨다.
"바람이 움직이는 것도 아니요, 깃발이 움직이는 것도 아닙니다.
당신들의 마음이 움직이는 것입니다."
두 스님이 움츠리고 놀라워했다.

1023) 승찬스님의 『신심명(信心銘)』에 나오는 구절이다. (T51n2076_p0457b05, 『景德傳燈
錄』 卷第三十, '三祖僧璨大師'「信心銘」. "執之失度, 必入邪路, 放之自然, 體無去住.")
1024) 『祖堂集』 卷第二, K45-0248. 『景德傳燈錄』 卷第五, T51n2076_p0235c03. 『天聖廣
燈錄』 卷第七, X78n1553_p0446a02~04. 『禪門拈頌集』 卷第四, K46-0052, 110則. 『六
祖大師法寶壇經』, T48n2008_p0349c10~12. 참조.
1025) 『禪門拈頌集』 卷第四, K46-0052, 110則. 참조.
1026) 六祖慧能(육조혜능) : 감지승찬(鑑智僧璨)-쌍봉도신(雙峰道信)-황매홍인(黃梅弘忍)-조
계혜능(曹溪慧能). 638~713. 주2) 참조.
1027) 對論(대론) : 스님들이 서로 마주보고 의론하는 것.

설봉 의존스님1028)이 말씀하셨다.

"별 것도 아닌 조사(祖師)가 용두사미로구나. 20방 때려주기에 딱 알맞다."

부상좌1029)가 모시고 있다가 이를 갈았다.

설봉스님이 말씀하셨다.

"내가 이렇게 말한 것도 역시 20방 얻어맞기에 딱 알맞네."

묘희스님이 말씀하셨다.

"부상좌를 알고자 하느냐?

무소는 달을 즐기다가 뿔에 주름이 생겼다네.

설봉스님을 알고자 하느냐?

코끼리가 우레에 놀라니 상아가 알록달록1030) 해졌다네."1031)

613. 법안문익法眼文益

　　法眼, 問修山主: "'毫氂有差, 天地懸隔', 兄作麼生會?" 修云: "毫氂有差, 天地懸隔." 曰: "與麼會又爭得?" 修云: "某甲只與麼, 和尚又作麼生?" 曰: "毫氂有差, 天地懸隔." 修於此有省.

1028) 雪峰義存(설봉의존) : 천황도오(天皇道悟)-용담숭신(龍潭崇信)-덕산선감(德山宣鑑)-설봉의존(雪峰義存). 822~908. 주170) 참조.

1029) 태원부(太原孚)스님을 말한다. 용담숭신(龍潭崇信)-덕산선감(德山宣鑑)-설봉의존(雪峰義存)-태원부(太原孚). 주490) 참조.

1030) 花(화) : 알록달록하다. 무늬로 장식하다.

1031) 이 화(話)에 대한 대혜스님의 보설(普說)이 있다. "이 산승이 지난 날 어떤 장로(長老)에게 '뜻이 무엇입니까?'하고 청익(請益)하였습니다. 그랬더니 그 장로가 장삼 소맷자락을 흔들어 바람을 일으키는 시늉을 하면서 물었습니다. '뭘까?' 거참. 거참. 사람을 매우 부끄럽게 만들고, 사람을 엄청 가지고 놉니다. 어떤 이는 말합니다. '바람이 움직이는 것도 아니요, 깃발이 움직이는 것도 아니며, 결단코 마음이 움직인다.' 그러나, 이 산승은 평소에 학인들에게 물어봅니다. '바람이 움직이는 것도 아니요, 깃발이 움직이는 것도 아니며, 마음이 움직이는 것도 아니라면, 어찌 하겠느냐?' 여기에 어찌 눈을 깜박일 틈을 봐 줄 수 있겠습니까?"(T47n1998Ap0871b25~c01, 『大慧普覺禪師普說』 卷第十四. "山僧亦曾請益一箇長老, '意旨如何?' 長老將衫袖搖作風動勢云: '是甚麼?' 苦哉. 苦哉. 慚惶殺人, 鈍置殺人. 有者道: '不是風動, 不是旛動, 定是心動.' 山僧尋常問學者: '不是風動, 不是旛動, 不是心動, 作麼生?' 這裏豈容眨眼?")

保寧勇頌云: “石城親切問同參, 不話東西便指南. 明暗兩條來往路, 依稀屈曲在煙嵐.”1032)

법안 문익스님1033)이 수산주스님1034)에게 물으셨다.
“‘털끝만큼이라도 어긋나면 천지차이로 멀리 떨어진다’1035)라는 말씀을 사형께서는 어떻게 아십니까?”
수산주스님이 말씀하셨다.
“털끝만큼이라도 어긋나면 천지차이로 멀리 떨어집니다.”
법안 스님이 말씀하셨다. “이렇게 아시면 어쩝니까?”
수산주스님이 말씀하셨다.
“저야 그저 이렇습니다만 스님은 어떻습니까?”
법안 스님이 말씀하셨다.
“털끝만큼이라도 어긋나면 천지차이로 멀리 떨어집니다.”
수산주스님이 여기에서 깨달으셨다.1036)

1032) 『景德傳燈錄』 卷第二十四, T51n2076_p0399b23~27. 『禪門拈頌集』 卷第二十八, K46
-0465, 1293則. 참조.

1033) 法眼文益(법안문익) : 설봉의존(雪峰義存)-현사사비(玄沙師備)-나한계침(羅漢桂琛)-법
안문익(法眼文益). 885-958. 주349) 참조.

1034) 龍濟紹修(용제소수) : 설봉의존(雪峰義存)-현사사비(玄沙師備)-나한계침(羅漢桂琛)-용제소
수(龍濟紹修). 수산주(修山主)라고도 함. 생몰연대미상. 오대(五代) 후진(後晉)의 스님으로 민
족(閩族) 출신이다. 무주(撫州)[강서성] 용제산(龍濟山)에 주석하였다. 게송 60여 수가 전해지
고 있다. 오도인연은 이렇다. “소수스님이 세 번째로 설령(雪嶺)에 들어가서 지장 계침스님을
참배하고 여쭈었다. ‘제가 스님을 참배하기 위해 정주(汀洲)에서부터 이렇게 왔습니다. 모진
고초를 다 겪고 온갖 산마루를 다 지나왔는데 다시 어느 곳을 향해서 나아가야 하겠습니까?’
계침스님이 대답했다. ‘온갖 산마루를 다 지나왔다니 나쁘지는 않구나.’ 소수스님은 여전히 그
뜻을 깨닫지 못하고 밤이 되도록 계침스님의 침상 앞에서 시봉을 하다가 말씀드렸다. ‘제가
백겁 천생 동안 스님과 어긋났었는데 이제 와서 또 스님을 뵈었으나 편치 않습니다.’ 계침스
님이 일어나 주장자를 들고 얼굴 앞에 곧추 세우고 말했다. ‘이것만은 어긋나지 않는다.’ 그러
자 소수스님이 확연히 깨달았다.” ‘용제입령(龍濟入嶺)’ ‘용제구족(龍濟具足)’ ‘용제이파(龍濟
二破)’ ‘용제만법(龍濟萬法)’ ‘용제해탈(龍濟解脫)’ ‘용제불교(龍濟佛教)’ 등의 공안을 남겼다.

1035) 豪釐有差天地懸隔(호리유차천지현격) : 삼조(三祖) 승찬스님의 『신심명』에 나오는 말
이다. (T51n2076_p0457a19~20, 『景德傳燈錄』 卷第三十, ‘三祖僧璨大師’「信心銘」. “豪
釐有差, 天地懸隔.”)

1036) 이 화(話)를 인용한 대혜스님의 상당법문이 있다. “법안스님과 수산주스님은 섬세하면
서도 정교하게하고 끊어지지 않게 하면서도 부지런하게 지장(地藏)의 문풍을 받쳐 세웠으
니, 눈 가득히 광채가 났다고 할 만합니다. 하지만 만일 덕산스님이나 임제스님의 문하였
다면 다시 짚신을 사 가지고 행각을 나서야 했습니다. 왜 이와 같이 해야 하는가 하면
털끝만큼이라도 어긋남이 있으면 천지보다 더 멀리 떨어지기 때문입니다. 어디서 이 소
식을 얻을까요?”(T47n1998Ap0835a23~26, 『大慧普覺禪師再住徑山能仁禪院語錄』 卷第

보령 인용스님1037)이 노래하셨다.

"석두성(石頭城)1038)에서 친절히 동참(同參)1039)에게 물었더니
동서를 말 않고 바로 남쪽을 가리키누나.
밝고 어두운 두 갈래 오가는 길이
아련하게 이내1040) 속으로 굽이쳤구나."

614. 법운고法雲杲

法雲杲和尚, 僧問: "達磨西來傳箇甚麼?" 曰: "周·秦·漢·魏." 問: "〈僧問雲門: '如何是透法身句?' 門云: '北斗裏藏身.'〉意旨如何?" 曰: "赤心片片." 云: "若是學人即不然." 曰: "汝又作麼生?" 云: "昨夜擡頭看北斗, 依稀却似點糖糕." 曰: "但念水草, 餘無所知."1041)

법운 고스님1042)께 어떤 스님이 여쭈었다.

六(塔銘附). "法眼與修山主, 絲來線去, 綿綿密密, 扶豎地藏門風, 可謂滿目光生. 若是德山臨濟門下, 更買草鞋, 行脚始得. 爲甚如此, 毫釐有差, 天地懸隔. 甚處得這箇消息來?")

1037) 保寧仁勇(보령인용) : 분양선소(汾陽善昭)-석상초원(石霜楚圓)-양기방회(楊岐方會)-보령인용(保寧仁勇). 주605) 참조.

1038) 石城(석성) : 석두성(石頭城)을 말한다. 법안 문익스님이 주석하던 청량사(淸凉寺)가 석두성(石頭城)에 있었다. 이 석두성은 석성(石城) 또는 석두(石頭), 석수성(石首城)이라고도 하는데 강소성(江蘇省) 남경시(南京市)의 청량산(淸凉山)에 있던 성(城)이다. 초(楚)나라의 금릉성(金陵城)을 한(漢)나라 건안(建安) 연간에 손권(孫權)이 중축(重築)하고 고친 이름이라고 한다.

1039) 同叅(동참) : 한 스승 밑에서 도를 닦음. 또는 그러한 도반. 혹은 사형 사제 간을 말한다..

1040) 煙嵐(연람) : 이내를 말한다. 먼 산속에 피어오르는 푸르스름하고 아스라한 안개 같은 기운. 남기(嵐氣)라고도 함.

1041) 『聯燈會要』卷第十五, X79n1557_p0134a23~b02. 『五燈會元』卷第十七, X80n1565_p0365c12~15. 참조.

1042) 法雲杲(법운고) : 석상초원(石霜楚圓)-황룡혜남(黃龍慧南)-운암극문(雲庵克文)-법운고(法雲杲). 1061~1115. 동경법운불조고(東京法雲佛照杲) 선사(禪師)라고도 하며, 그냥 불조고(佛照杲)라고도 한다. 송대(宋代)의 황룡파스님이다. 『가태보등록』 7권에 깨달음의 인연이 실려 있다. "젊은 시절부터 제방을 유력하다가 원통기(圓通璣)선사를 참방하여 입실하니 기(璣)스님이 물었다. '어떤 스님(조주스님)이 투자스님에게 물었다. 「크게 죽은 사람이 도리어 살아날 땐 어떻습니까?」 투자스님이 말했다. 「밤에 다니는 걸 허락하지 않으니 날이 밝으면 반드시

"달마대사께서 서쪽에서 와서 무엇을 전하셨습니까?"
말씀하셨다. "주(周)나라 · 진(秦)나라 · 한(漢)나라 · 위(魏)나라."

여쭈었다.
"〈한 스님이 운문스님께 여쭈었습니다.
'어떤 것이 법신을 꿰뚫는 구절입니까?'
운문스님이 말씀하셨습니다.
'북두칠성 속에 몸을 감춘다.'〉1043)
뜻이 무엇입니까?"
말씀하셨다. "한결같은 마음 조각조각."
말씀드렸다. "이렇다면 이 학인은 그렇지 않습니다."
말씀하셨다. "너는 또 어떤데?"
말씀드렸다.
"어제 저녁에 고개를 들어 북두칠성을 보았는데 희미하고 어렴풋하였
지만 흡사 당고(糖糕)1044)를 붙여 놓은 것과 같았습니다."
말씀하셨다.
"단지 물풀만을 생각할 뿐 나머지는 아는 바가 없구나."

이르게 될 것이다.」고 했는데 뜻이 뭐냐?' 스님이 말씀드렸다. '은혜를 갚기가 매우 어렵습니
다.' 기(璣)스님이 크게 기뻐하였다. 그리고 스님을 수좌로 임명하였다. 저녁이 되자 대중을
위하여 병불(秉拂)하였다. 하지만 기봉(機鋒)을 쓰는 것이 굼뜨고 말이 어눌하니 대중들의 웃
음을 샀다. 스님이 부끄러워 낯이 붉어지고 말았다. 다음날, 승당에서 차를 마실 때도 스님은
부끄러워 죽을 지경이었다. 그러다가 차바가지에 부딪쳤는데 바가지가 바닥에 떨어졌다가 튀
어 오르는 것을 보고 문득 응기삼매(應機三昧)에 들었다. 뒤에 진정 극문스님에게 의탁하고
있다가 하루는 바수밀조사의 게송을 읽게 되었다. '마음은 허공계와 같아서/ 허공과 같은 법
을 보이네./ 허공을 증득할 땐/ 옳고 그른 법이 없다네.' 그리고 활연히 대오하였다. 뒤에 사
람들에게 말하기를, '내가 소성 삼년 11월 21일에 방촌선(方寸禪)을 깨달았지.' 이후 여산 귀
종사에 머물렀다." 『열조제강록』 8권 · 『선종송고련주통집』 39권 · 『종문염고휘집』 43권 · 『종
감법림』 33권 · 『대혜보각선사어록』 권상(卷上) 등에 스님의 법문이 실려 있다.
1043) 『운문광록』 상(上)에 나온다. (X68n1315_p0092b15, 『古尊宿語錄』 卷第十五, 「雲門
匡眞禪師廣錄」 上. "問: '如何是透法身句?' 師云: '北斗裏藏身.'")
1044) 糖糕(당고) : 엿을 넣어 만든 경단 종류. 엿.

615. 무주소계婺州蘇溪

蘇溪和尙, 僧問: "如何是定光佛?" 曰: "鴨呑螺師." 云: "還許學人轉身也無?" 曰: "眼睛凸出."1045)

무주 소계스님1046)께 한 스님이 여쭈었다.
"어떤 것이 정광불(定光佛)1047)입니까?"
말씀하셨다. "오리가 다슬기1048)를 삼키는구나."
말씀드렸다. "학인의 전신(轉身)1049)을 허락하시는 겁니까?"
말씀하셨다. "눈이 볼록 튀어 나왔구나."

616. 향엄의단香嚴義端

香嚴端和尙, 示衆, 云: "語是謗, 默是誑. 語默向上有事在, 老僧口門窄, 不能與汝說得." 便下座.1050)

향엄 의단스님1051)이 대중에게 열어 보이셨다.
"말함은 비방함이요, 침묵함은 속이는 것입니다.

1045) 『五燈會元』 卷第四, X80n1565_p0099a01~02. 참조.
1046) 婺州蘇溪(무주소계) : 남악회양(南嶽懷讓)-마조도일(馬祖道一)-오설영묵(五洩靈黙)-무주소계(婺州蘇溪). 스님의 행적은 알려져 있지 않으나 「목호가(牧護歌)」가 『전등록』 30권에 보인다.
1047) 定光佛(정광불) : 정광불(錠光佛), 연등불(燃燈佛)이라고도 한다. ⓢDīpaṃkara(디팡카라)의 번역. 제화갈라(提和竭羅)로 음역한다. 오랜 겁 전에 출현하여 석가세존에게 성불의 수기를 준 부처님이다.
1048) 螺師(나사) : 師(사)는 螄(사)와 같다. 다슬깃과에 속하는 연체동물을 모두 말한다.
1049) 轉身(전신) : 몸을 뒤치다. 몸을 돌리다. 죽다. 깨닫다. 중생신(衆生身)이 법신(法身)으로 옮겨가다.
1050) 『景德傳燈錄』 卷第十, T51n2076_p0276b29~c02. 『聯燈會要』 卷第六, X79n1557_p0063a09~10. 『五燈會元』 卷第四, X80n1565_p0097b02~03. 참조.
1051) 香嚴義端(향엄의단) : 남악회양(南嶽懷讓)-마조도일(馬祖道一)-남전보원(南泉普願)-향엄의단(香嚴義端). 등주(鄧州) 향엄하당의단(香嚴下堂義端)선사다. 『경덕전등록』 10권 · 『열조제강록』 7권 · 『종문염고휘집』 17권 · 『종감법림』 20권 · 『대광명장』 중권(中卷) · 『연등회요』 6권 · 『오등회원』 4권 · 『오등전서』 7권 · 『속전등록』 12권 · 『지월록』 11권 등에 그의 법문이 남아 있다.

말함과 침묵함에도 향상(向上)의 일이 있으나, 이 노승은 입이 좁아서 여러분에게 말해 줄 수가 없습니다."
곧바로 자리에서 내려오셨다.

617. 천주숭혜天柱崇慧

天柱慧和尚, 因僧問: "達磨未來此土時, 還有佛法也無?" 曰: "未來且置, 即今事作麼生?" 曰: "某甲不會, 乞師指示." 曰: "萬古長空, 一朝風月." 良久. 云: "會麼? 自己分上作麼生? 干佗達磨來與未來作麼? 佗家來, 大似賣卜漢. 見汝不會, 爲汝錐破. 卦文纔生, 吉凶, 盡在汝分上, 一切自看." 僧問: "如何是解卜底人?" 曰: "汝纔出門時, 便不中也."1052)

천주 숭혜스님1053)께 한 스님이 여쭈었다.
"달마대사가 아직 이 땅에 오지 않으셨을 때에도 불법(佛法)이 있었습니까?"
말씀하셨다.
"아직 오지 않으셨을 때는 우선 놓아두고 바로 지금의 일은 어떠냐?"
말씀드렸다. "저는 모르겠으니 스님께서 가르쳐주십시오."
말씀하셨다.
"만고(萬古)의 기나긴 허공에 하루아침의 풍월(風月)1054)이다."

한참 묵묵히 계셨다.

1052) 『景德傳燈錄』卷第四, T51n2076_p0229c12~22. 『聯燈會要』卷第二, X79n1557_p0
    026b01~08. 『禪門拈頌集』 卷第十三, K46-0218, 517則. 『五燈會元』 卷第二,
    X80n1565_p0050b07~14. 참조.
1053) 天柱崇慧(천주숭혜) : 우두법융(牛頭法融)-원양지암(圓陽智巖)-윤주혜방(潤州慧方)-금릉법
    지(金陵法持)-천보지위(天保智威)-천주숭혜(天柱崇慧). ?~779. 팽주(彭州)[사천성] 출신. 속성
    은 진씨(陳氏). 당나라 건원(乾元)[758~759] 초에 서주(舒州) 천주산(天柱山)에서 개당(開堂)하
    니, 황제가 영태(永泰) 원년(765)에 천주사(天柱寺)라고 이름을 지어 주었다. 대력(大歷) 14년
    7월 22일 입적하였다. '천주달마(天柱達摩)'공안이 있다.
1054) 風月(풍월) : 아름다운 풍경. 남녀 간의 애정. 기녀와 놂. 여기서는 달마대사가 중국으
    로 온 일.

말씀하셨다.

"알겠느냐?

자기의 분상(分上)1055)은 어찌하고 달마대사가 오신 것과 오시지 않은 것에 간여해서 무엇 하려느냐?

달마 대사가 오신 것은 마치 점쟁이와 같다.

네가 모르는 것 같으니 너를 위해 까밝혀주겠다.

점괘의 무늬가 나오자마자 길흉이 너의 분상(分上)에 달려있으니, 일체를 스스로 잘 살펴봐라."

그 스님이 여쭈었다.

"누가 점괘를 풀 줄 아는 사람입니까?"

말씀하셨다.

"네가 문밖으로 나가자마자 바로 맞지 않을 것이다."

618. 조과도림鳥窠道林

鳥窠和尙, 因侍者會通, 一日欲辭, 久問: "汝今何往?" 曰: "某甲爲法出家, 和尙不垂慈誨, 今往諸方, 學佛法去." 曰: "若是佛法, 吾此間亦有少許." 云: "如何是和尙此間佛法?" 鳥窠於身上拈起布毛吹之. 侍者因此大悟.

大潙秀云: "可惜! 遮僧認佗口頭聲色, 以當平生, 不知自己光明, 蓋天蓋地."

妙喜曰: "恁麽批判, 也未夢見鳥窠在."1056)

조과 도림스님1057)의 시자인 회통(會通)스님1058)이 하루는 작별을 고

1055) 分上(분상) : 분수, 형편, 자격, 본분, 타고난 성질.

1056) 『聯燈會要』 卷第二, X79n1557_p0027b05~12. 『禪門拈頌集』 卷第十八, K46-0301, 747則. 『五燈會元』 卷第二, X80n1565_p0051c07~10. 참조.

1057) 鳥窠道林(조과도림) : 우두법융(牛頭法融)-원양지암(圓陽智巖)-윤주혜방(潤州慧方)-금릉법지(金陵法持)-천보지위(天保智威)-학림현소(鶴林玄素)-경산법흠(徑山法欽)-조과도림

하니, 한참 계시다가1059) 물으셨다.

"너는 지금 어디로 가려고?"

말씀드렸다.

"제가 법을 위하여 출가하였는데, 스님께서 자비로운 가르침을 내려 주시지 않으니 이제 제방으로 가서 불법(佛法)을 배워볼까 해요."

말씀하셨다. "이런 불법(佛法)이라면 내게도 여기에 조금 있는데."

말씀드렸다. "어떤 것이 스님의 여기 불법(佛法)인데요?"

조과스님이 몸에서 실 보푸라기1060)를 뽑아 훅 부셨다.

시자가 여기서 크게 깨달았다.

대위 회수스님1061)이 말씀하셨다.

(鳥窠道林). 주725) 참조.

1058) 招賢會通(초현회통) : 우두법융(牛頭法融)-원양지암(圓陽智巖)-윤주혜방(潤州慧方)-금릉법지(金陵法持)-천보지위(天保智威)-학림현소(鶴林玄素)-경산법흠(徑山法欽)-조과도림(鳥窠道林)-초현회통(招賢會通). 우두종스님이다. 항주(杭州) 출신이며 속성은 오씨(吳氏)다. 본래 이름은 원경(元卿)이다. 당(唐) 덕종(德宗)황제 때 육궁사(六宮使)가 되었다가 스님이 되기를 소원하니 황제가 집으로 보내주었다. 그 후 얼마 되지 않아 도광법사(韜光法師)의 권면(勸勉)으로 원화(元和) 연간에(806~820) 항주(杭州) 초현사(招賢寺)의 조과 도림선사를 찾아 단월이 되었다. 그리고 암자와 절을 지어 주었는데 낙성식하는 날에 말씀드렸다. "제자가 7살 때부터 채식을 하고 11살에는 오계를 받고 22살인 지금은 스님이 되려고 관직을 때려 치웠습니다. 스님께서 저를 스님으로 만들어 주십시오." 조과스님이 말했다. "요새 사람들이 스님이 되면 정미롭게 고행하는 이가 없어서 하는 행실이 대부분 넘친다." 회통스님이 말씀드렸다. "본래 깨끗한 것은 갈고 닦아서 되는 것이 아니고 근원적으로 밝음은 비추는데 따르지 않습니다." 조과스님이 말했다. "네가 만약 맑은 지혜가 묘원(妙圓)하고 체(體)가 스스로 공적함을 깨달으면 곧 참된 출가인데 어찌하여 밖으로 구하겠느냐? 너는 마땅히 재가보살이 되어서 보시와 지계를 함께 닦아서 사령운(謝靈運)[385~433]. 육조시대의 문인으로 자연시를 즐겨 지었다.)의 무리들처럼 되거라." 회통스님이 말씀드렸다. "하지만 사(事)에서는 무슨 이익이 있겠습니까? 만일 거두어 주신다면 맹세코 스님의 가르침을 따르겠습니다." 이에 조과스님이 머리를 깎아 주고 구족계를 내려 주었다. 스님은 늘 묘재(卯齋)를 지키면서 밤낮으로 정진하였다. 대승경전을 외우고 수식관을 익혔으나 진전이 없자 딴 곳으로 가려하면서 위의 화(話)가 나오게 된 것이다.

1059) 久(구) : 『禪門拈頌集』 18권, 『聯燈會要』 2권, 『五燈會元』 2권 등 여러 어록에서는 久(구)가 師(사)로 나온다.

1060) 布毛(포모) : 배 위의 보푸라기. 깨달음의 전고(典故)로서 불법(佛法)이 어디에나 있음을 비유하는 말이다.

1061) 大潙懷秀(대위회수) : 분양선소(汾陽善昭)-석상초원(石霜楚圓)-황룡혜남(黃龍慧南)-대위회수(大潙懷秀). 황룡파스님이다. 익양(弋陽)[강서성] 출신. 속성은 응씨(應氏). 처음에 법운법수(法雲法秀)스님과 함께 무위회공(無爲懷公)을 참례했을 때 법수스님을 대수(大秀)라고 부르고 스님을 소수(小秀)라고 불렀다. 뒤에 황룡 혜남스님으로부터 법을 이어 받았다. 담주(潭州) 대위산(大潙山)의 밀인선원(密印禪院)에 주석하였다. 『삼관송(三關頌)』이 있다고 함.

"아깝다! 이 스님이 다른 사람의 말투와 얼굴빛을 잘못 알아 평생토록 간직할 줄만 알았지,[1062] 자신의 광명이 하늘과 땅을 덮고 있다는 것은 알지 못했구나!"

묘희스님이 말씀하셨다.
"이렇게 비판했지만 역시 꿈속에서조차 조과스님을 알지 못한 것이다."

619. 늑담문준泐潭文準

泐潭準和尚, 因侍者告辭, 遂掇筆書偈, 云: "鳥窠吹布毛, 老婆爲侍者. 今古道雖同, 寶峯不然也. 二月三月時, 和風滿天下, 在處百花開, 遠近山如畫. 岐路春禽喧, 高巖春水瀉, 頭頭三昧門, 虛明周大野. 好箇眞消息, 書送汝歸舍. 衲僧末後句. 噓! 是何言歟."[1063]

늑담 문준스님[1064]께 시자가 작별인사를 드리자 붓을 집어 들고 게(偈)를 적어 주셨다.

"조과스님 실 보풀을 붊은
시자를 위한 노파심이네.
고금의 도(道)가 같긴 하지만
보봉(寶峯)에게는 그렇질 않네.

이월과 삼월 좋은 시절에
봄바람 온 데 그득해지면

1062) 以當(이당) : ~로 여기다. ~로 간주하다.
1063) 『嘉泰普燈錄』 卷第二十九, X79n1559_p0475a20~24. 『指月錄』 卷之六, X83n1578_p0458b16~21.
1064) 泐潭文準(늑담문준) : 석상초원(石霜楚圓)-황룡혜남(黃龍慧南)-운암극문(雲庵克文)-담당문준(湛堂文準). 1061~1115. 주573) 참조.

어디나 온갖 꽃 만발하여
앞 뒤 산들이 그림 같구나.

기로엔 봄새 재잘거리고
높다란 벼랑 봄물 쏟아져,
어디에나 다 삼매 문이라
밝음 드넓은 벌에 두루 해.

이토록 멋진 참된 소식을
집에 가는 네게 써 보내노라.
납승네들의 말후구(末後句)라니.
噓(Xū)!1065) 무슨 말이냐?"1066)

620. 조주종심趙州從諗

〈趙州和尚, 僧問: "狗子還有佛性也無?" 州曰: "無."〉
五祖演頌, 云: "趙州露刃劍, 寒霜光焰焰! 擬欲問如何, 分身作兩段." 〈僧云: "上至諸佛, 下至螻蟻, 皆有佛性, 狗子爲甚麼却無?" 州曰: "有業識在."〉
真淨頌, 云: "言有業識在, 誰云意不深? 海枯終見底, 人死不知心."1067)

〈조주 종심스님1068)께 어떤 스님이 여쭈었다.

1065) 噓(허) : '쉿!' 조용히 하라는 신호로 제지(制止)할 때 입술에 손가락을 대고 숨을 불어 내는 소리.

1066) 이 노래의 제목은 《운(雲)시자를 보내며》이다. (X79n1559_p0475a20, 『嘉泰普燈錄』 卷第二十九. "送雲侍者") 늑담 문준스님의 이 시는 『가태보등록』 29권에만 보이며, 『지월록』에서도 조과도림(鳥窠道林)스님편에서만 소개하고 있다.

1067) 『聯燈會要』 卷第六, X79n1557_p0059b24~c07. 『禪門拈頌集』 卷第十一, K46-0181~2, 417則. 참조.

1068) 趙州從諗(조주종심) : 남악회양(南嶽懷讓)-마조도일(馬祖道一)-남전보원(南泉普願)-조주종심(趙州從諗). 778~897. 주87) 참조.

"개에게도 불성이 있습니까?"
조주스님이 말씀하셨다.
"없다.">

오조 법연스님1069)이 노래하셨다.

"조주스님이 칼날을 드러내니,
찬 서리 같고 서슬이 시퍼렇구나!
'어째서?'라고 물으려 하면1070)
몸뚱이를 두 동강 내버리겠노라!"

<그 스님이 여쭈었다. "위로 여러 부처님에 이르고 아래로 작은 미물
에 이르기까지 모두 불성이 있는데, 개는 왜 없습니까?"
조주 스님이 말씀하셨다. "업식(業識)이 있으니까.">1071)

진정 극문스님1072)이 노래하셨다.

"'업식(業識)이 있다' 말하였는데
'뜻 깊지 않다' 누가 말하나?
바다가 마르면 끝내 바닥 드러내지만
사람은 죽어도 마음을 알지 못하네!"

1069) 五祖法演(오조법연) : 자명초원(慈明楚圓)-양기방회(楊岐方會)-백운수단(白雲守端)-오
조법연(五祖法演). 주139) 참조.
1070) 擬欲問如何(의욕문여하) : 『선문염송집』 11권과 『연등회요』 6권에서는 '更擬問如何
(갱의문여하)'라고 나온다.
1071) 대혜스님의 염송이 있다. "개의 불성을 여쭈었더니/ 조주스님은 없다 하셨네./ 바로
오랑캐 없애버린들/ 아직 장부라 하질 못하네."(T47n1998Ap0851c27~28, 『慧普覺禪師
語錄』卷第十. "有問狗佛性, 趙州答曰無. 言下滅胡族, 猶爲不丈夫.")
1072) 眞淨克文(진정극문) : 분양선소(汾陽善昭)-석상초원(石霜楚圓)-황룡혜남(黃龍慧南)-진
정극문(眞淨克文). 1025-1102. 주50) 참조.

621. 황룡혜남黃龍慧南

南和尚, 住黃檗時, 示衆, 云: "鐘樓上念讚, 床脚下種菜
時如何?" 衆人下語皆不契. 末後眞覺勝和尚, 云: "猛虎當
路坐." 南首肯.1073)

황룡 혜남스님1074)이 황벽산에 머물러 계실 때에 대
중에게 열어 보이셨다.
"종루(鐘樓) 위에서 염찬(念讚)1075)하고 선상(禪床) 다리 아래에서 채
소를 심을 때에는 어떻습니까?"
대중이 말을 하였으나 모두 계합(契合)하지 못하였다.
마지막에 진각 유승스님1076)이 말씀하셨다.
"사나운 호랑이가 길을 막고 앉아 있습니다."
혜남스님이 수긍하셨다.1077)

1073) 『嘉泰普燈錄』 卷第四, X79n1559_p0312b19~21. 『禪門拈頌集』 卷第三十, K46-0492
, 1400則. 『五燈會元』 卷第十七, X80n1565_p0356a03~06. 참조.
1074) 黃龍慧南(황룡혜남) : 수산성념(首山省念)-분양선소(汾陽善昭)-석상초원(石霜楚圓)-황
룡혜남(黃龍慧南). 1002~1069. 주69) 참조.
1075) 念讚(염찬) : 부처님을 바로 지금 마음에 늘 끊어지지 않게 간직하고 부처님의 공덕을
찬탄하는 것.
1076) 黃檗惟勝(황벽유승) : 수산성념(首山省念)-분양선소(汾陽善昭)-석상초원(石霜楚圓)-황룡혜
남(黃龍慧南)-황벽유승(黃檗惟勝). 동천(潼川)[사천성 삼대현] 출신. 속성은 나씨(羅氏). 하루는
유승스님이 아무 생각 없이 부채로 창문의 창살을 두드리니 탁탁 소리가 났다. 그러자 홀연히
불경의 글귀 가운데 '시방(十方)에서 한꺼번에 북을 치니 십처(十處)[지옥·아귀·축생·천·
인·아수라·성문·연각·보살·부처님]에서 일시에 듣는다'는 구절이 생각나면서 그 자리에
서 활연히 대오하였다. 유승스님이 이에 깨달은 바를 강사스님에게 말씀드리니 강사스님은 제
방의 선지식에게 참문(叅問)하라고 권하였다. 그래서 황룡 혜남스님의 회하로 들어가서 참학
하였다. 혜남스님이 황벽산에서 황룡산으로 옮긴 이후 서주태수가 혜남스님에게 황벽의 주지
를 찾아서 보내달라고 부탁하였다. 하루는 혜남스님이 대중을 모아놓고 말했다. '종루 위에서
노래하고 상다리 아래에다 채소를 심는다. 만일 누가 말을 한다면 주지로 보내리라.' 유승스
님이 듣자마자 곧 대중가운데서 달려 나와 말했다. '용맹한 호랑이가 이 길을 막고 앉아 있습
니다.' 혜남스님이 듣고는 보통이 아님을 알아차리고 황벽산 주인으로 보냈다. 이로부터 제방
의 학인들이 구름같이 모여들었다.
1077) 이 화(話)에 대한 대혜스님의 염송이 있다. "곧장 나오고 곧바로 드니/ 마주하고도 알
지 못하네./ 다시 어째서 하고 묻다니/ 왜 이다지도 급하게 구냐?"(T47n1998Ap0854c
25~26, 『大慧普覺禪師語錄』 卷第十. "直出直入, 當面不識. 更擬如何, 着甚死急.")

622. 석문온총石門蘊聰

石門聰和尙, 示眾, 云: "各各英雄丈夫兒! 堂堂物我更何疑? 見前歷歷明如日, 展縮當人示疾時. 超然不得長空路, 獨脫禪光得自知. 多聞方便談今古, 濟物須彰閃電機." 良久. 云: "去去西天路, 迢迢十萬餘." 僧問: "若'能轉物即同如來', 未審三門佛殿如何轉?" 曰: "我向汝道汝還信麼?" 云: "和尙誠言安敢不信?" 曰: "遮漆桶!"1078)

석문 온총스님1079)이 대중에게 열어 보이셨다.

"제각기 영웅인 대장부들아!
물아(物我)1080)에 당당한데 어찌 의심하랴?
바로 지금 역력히 해처럼 밝은데도,
사람마다 폈다 오므렸다 병들었구나.

헛된 길을 질질 다니지 말고 초연(超然)하며,
우뚝한 선(禪)의 빛으로 스스로 알아야 하네.
다문(多聞) 방편으로 예와 오늘을 말하나
뭇삶 제도엔 번쩍하는 기요(機要)를 드러내야만 하리."

한참 묵묵히 계셨다.

"서천(西天)으로 가고 또 가면, 멀리 멀리 10만 리가 넘는다네."

한 스님이 여쭈었다.
"'전물(轉物)1081)하면 곧바로 여래와 같다'1082) 하셨는데, 도대체 삼

1078)『古尊宿語錄』卷第九,「石門山慈照禪師鳳巖集」, X68n1315_p0054b24~c03. 참조.
1079) 石門蘊聰(석문온총) : 보응혜옹(寶應慧顒)-풍혈연소(風穴延沼)-수산성념(首山省念)-곡은온총(谷隱蘊聰). 965~1032. 주47) 참조.
1080) 物我(물아) : 객관대상경계인 외물(外物)과 주관인 자아(自我).
1081) 轉物(전물) : 물(物)을 돌림. 뭇삶을 뒤치다. 만물을 바꿈. 유정(有情)이 부처님이 됨.
1082) 若轉物即同如來(약전물즉동여래) :『능엄경』2권에 나오는 법문이다. "일체 뭇삶들이 오랜 옛날부터 자기를 미혹하여 물(物)로 삼아서 본심을 잃어버리고 물(物)로 뒤쳐졌다.

문(三門)과 불전(佛殿)은 어떻게 뒤칠 수 있습니까?"

말씀하셨다.

"내가 너에게 말해주면 믿겠느냐?"

말씀드렸다.

"스님께서 진실로 말씀해주시는데 어찌 감히 믿지 않을 수 있겠습니까?"

말씀하셨다. "이 칠통(漆桶)아!"

623. 분양선소汾陽善昭

汾陽和尚, 曰: "夫說法者, 須具十智同真. 若不具十智同真, 邪正不辨, 緇素不分, 不能與人天爲眼目, 決斷是非. 如鳥飛空而折翼, 如箭射的而斷弦. 弦斷故射的不中, 翼折故空不可飛. 弦壯翼牢, 空的俱徹. 作麼生是十智同真? 與諸上座點出. 一同一質, 二同大事, 三總同參, 四同真智, 五同徧普, 六同具足, 七同得失, 八同生殺, 九同音吼, 十同得入." 又云: "與甚麼人同得入, 與誰同音吼, 作麼生是同生殺, 甚麼物同得失, 阿那箇同具足, 是甚麼同徧普, 何人同真智, 孰能總同參, 那箇同大事, 何物同一質, 有點得出底麼? 點得出者, 不吝慈悲, 點不出者, 未有參學眼在. 切須辨取, 要識是非, 面目見在. 不可久立."

妙喜曰: "汾陽老子末後若無箇面目見在, 一場敗闕. 雖然如是, 未免喪我兒孫." 喝一喝.1083)

그러므로 이 가운데서 큼을 보고 작음을 보게 된 것이다. 하지만 만일 물(物)을 뒤치면 곧 여래와 같다. 그리하여 몸과 마음이 완벽하게 밝아져서 도량에서 움직이지 않고도 한 털끝에서 시방의 국토를 널리 다 받아들일 수 있는 것이다."(T19n0945_p0111c25~28, 『大佛頂如來密因修證了義諸菩薩萬行首楞嚴經』 卷第二. "一切衆生, 從無始來, 迷己爲物, 失於本心, 爲物所轉. 故於是中, 觀大觀小. 若能轉物, 則同如來. 身心圓明, 不動道場, 於一毛端, 遍能含受十方國土.")

1083)『聯燈會要』卷第十一, X79n1557_p0104a20~b09.『五燈會元』卷第十一, X80n1565_p0234c13~0235a01.『汾陽無德禪師語錄』卷上, T47n1992_p0596b18~c02.『續傳燈錄』卷第一, T51n2077_p0470a18~b03. 참조.

분양 선소스님1084)이 말씀하셨다.

"설법하는 이는 반드시 십지동진(十智同真)을 갖추어야만 합니다.

만일 십지동진(十智同真)을 갖추지 못했다면 삿됨과 바름을 가리지 못하고 치소(緇素)를 구분 못하며 인천(人天)의 안목(眼目)이 되어 옳고 그름을 결단하여 줄 수가 없습니다.

마치 새가 허공을 날려고 하나 날개가 꺾임과 같고 화살로 과녁을 쏘려 하나 활시위가 끊어짐과 같습니다. 시위가 끊어졌기에 과녁에 적중할 수가 없고 날개가 꺾였기 때문에 공중에 날 수가 없는 것입니다. 시위가 질기고 날개가 튼튼해야만 공중과 과녁을 모두 꿰뚫을 수가 있습니다.

어떤 것이 십지동진(十智同真)일까요? 상좌 여러분들에게 하나하나 가르쳐 주겠습니다.

하나는 한바탕을 함께함이요, 둘은 큰일을 함께함이요, 셋은 참(參)을 모두 함께함이며, 넷은 참지혜를 함께함이며, 다섯은 널리 두루함을 함께함이며, 여섯은 완전한 갖춤을 함께함이며, 일곱은 얻고 잃음을 함께함입니다. 여덟은 나고 죽음을 함께함이며 아홉은 소리를 함께함이며, 열은 깨달음을 함께함입니다."

또 말씀하셨다.

"어떠한 사람과 깨달음을 함께함이며, 누구와 소리를 함께함이며, 어떤 것이 나고 죽음을 함께함이며, 어떤 물건이 얻고 잃음을 함께함이며, 어떤 것이 완전한 갖춤을 함께함이며, 무엇이 널리 두루함이며, 누가 참지혜를 함께함이며, 누가 참(參)을 모두 함께함이며, 어떤 것이 큰일을 함께함이며, 어떤 물건이 한바탕을 함께함이기에 하나하나 가리켜 나오게 한 것일까요?

1084) 汾陽善昭(분양선소) : 보응혜옹(寶應慧顒)-풍혈연소(風穴延沼)-수산성념(首山省念)-분양선소(汾陽善昭). 947~1024. 주46) 참조.

하나하나 가르쳐 주는 이는 자비를 아끼지 않은 것이요, 하나하나 가
르쳐 주지 않는 이는 아직 참학(參學)의 안목을 갖추지 못한 것입니다.
반드시 가려내어서 시비를 알고자 한다면 면목이 드러나야만 합니다.
오래 서 있게 할 수 없네요.”

묘희스님이 말씀하셨다.
“분양노인네가 끝에서 만일 면목을 드러내지 않았더라면 한바탕 손해
를 볼 뻔했다. 비록 그렇긴 하나 후손을 잃어버림을 면하진 못하였다.
억!”

624. 보수화상寶壽和尙

保壽和尙, 開堂, 三聖乃推出一僧, 壽便打. 聖云: “恁麼為人, 瞎却鎮州一
城人眼去在.” 壽便歸方丈.
　雲峯悅云: “臨濟一宗, 掃地而盡. 因甚麼却到遮裏?”
　驀拈拄杖. 云: “甚麼處去也?”
　真淨頌云: “探騎飛來棒下寧, 瞎人翻滿鎮州城. 太平本是將軍致, 不許將軍
見太平.”
　真如頌云: “法眼持來付與誰? 三聖推僧決眾疑. 將軍令舉群夫駭, 直得盲
聲徹四夷.”1085)

보수화상1086)이 개당(開堂)하시자, 삼성 혜연스님1087)이 한 스님을
밀어내시니, 보수스님이 곧장 두들겨 패셨다.

1085) 『禪門拈頌集』卷第二十六, K46-0428, 1164則. 참조.
1086) 寶壽和尙(보수화상) : 황벽희운(黃檗希運)-임제의현(臨濟義玄)-보수연소(寶壽延沼)-보수화
　　상(寶壽和尙). 보수화상(保壽和尙)으로도 쓴다. ‘보수본래면목(寶壽本來面目)’ 공안이 있다.
　　“보수화상이 보수 연소스님의 회하에 있었다. 하루는 연소스님이 물었다. ‘부모에게서 태어나
　　기 전 나의 본래면목을 돌려다오.’ 화상이 멍하니 어찌 할 줄을 몰랐다. 뒤에 시장을 보러 갔
　　다가 두 사람이 싸우는 것을 목격하게 되었다. 한 사람이 꽉 붙들고서 얼굴을 한 대 갈기니,
　　맞은 자가 말했다. ‘네 놈이 내 면목을 없앨 셈이냐?’ 이 말에 화상이 크게 깨달았다.” 그 외
　　에도 ‘보수추출(寶壽推出)’ 공안이 있다.
1087) 三聖慧然(삼성혜연) : 백장회해(百丈懷海)-황벽희운(黃檗希運)-임제의현(臨濟義玄)-삼
　　성혜연(三聖慧然). 생몰연대 미상. 주526) 참조.

삼성스님이 말씀하셨다.
"이렇게 사람을 위함은 진주성(鎭州城)의 모든 사람들의 눈을 멀게
할 것이다."
보수스님이 곧바로 방장실로 들어가셨다.1088)

운봉 문열스님1089)이 말씀하셨다.
"임제의 일종(一宗)이 땅을 쓸듯 다하였다.
어쩌다가 이렇게까지 되었을까?"

별안간 주장자를 잡아드셨다.
말씀하셨다. "어디로 갔지?"

진정 극문스님1090)이 노래하셨다.

"말 타고 내달려서 몽둥이 아래 멈췄으니,
눈 먼 사람들 진주성에 가득 넘쳤네.
태평은 본래 장군이 이뤄내지만,
장군은 태평을 누리질 못하네."1091)

대위 진여스님1092)이 노래하셨다.

1088) 이 화(話)에 대한 대혜스님의 염송이 있다. "수미산을 잡고서 한 망치 때려주니,/ 전
광석화라 하여도 아주아주 늦다네./ 코끼리 다니는 데 여우 자취 끊겼고/ 사자가 포효하
니 모든 짐승 겁먹네." (T47n1998Ap0853a24~25, 『大慧普覺禪師語錄』 卷第十. "提起
須彌第一槌, 電光石火太遲遲. 象王行處狐蹤絶, 師子咆哮百獸危.")

1089) 雲峰文悅(운봉문열) : 수산성념(首山省念)-분양선소(汾陽善昭)-대우수지(大愚守芝)-운
봉문열(雲峰文悅). 998~1062. 주25) 참조.

1090) 眞淨克文(진정극문) : 분양선소(汾陽善昭)-석상초원(石霜楚圓)-황룡혜남(黃龍慧南)-진
정극문(眞淨克文). 1025-1102. 주50) 참조.

1091) 太平本是將軍致 不許將軍見太平(태평본시장군치 불허장군견태평) : '치(致)'는 '정(定)'
으로도 쓴다. 군주가 되면 자질이 출중한 장군들이 천하를 평정해 주기를 바라지만 막상
천하가 평정되어 태평해지면 그 뛰어난 장군들이 도리어 모반을 꾀할까 두려워하게 된다
고 한다. 그래서 천하가 평정되면 곧장 그 장군들을 제거해버리는 것이 권력의 세계이다.
유방을 도와 한나라를 세운 일등공신인 한신대장군이 토사구팽당한 고사를 통해 이 격언
이 만들어진 것으로 보이지만 누가 말한 것인지 알려진 것이 없다.

1092) 大潙眞如(대위진여) : 분양선소(汾陽善昭)-석상초원(石霜楚圓)-취암가진(翠巖可眞)-지
해진여(智海眞如). ?~1095. 대위모철(大潙慕哲). 위산모철(潙山慕哲), 진여모철(眞如慕哲),

"법의 눈을 지니고서 누구에게 부촉했나?
삼성이 스님을 밀어내어 대중 의심 풀었구나.
장군의 명령에 뭇 사내들 허둥대니,
곧바로 눈 먼 소문 사이(四夷)1093)를 꿰뚫었네."

625. 장경도헌長慶道巘

長慶巘和尙, 示衆, 云: "彌勒世尊, 朝入伽藍, 暮成正覺. 乃說偈云: '三界上下法, 我說皆是心. 離於諸心法, 更無有可得.' 看佗恁麼道, 也太殺惺惺. 若比吾徒, 猶是鈍漢. 所以一念見道, 三世情盡, 如印印泥, 更無前後. 諸子. 生死事大快, 須薦取, 莫為等閑. 業識茫茫, 蓋為迷己逐物. 世尊臨入涅槃, 文殊請佛再轉法輪. 世尊咄云: '吾四十九年住世, 不曾有一字與人. 汝請吾再轉法輪, 是謂吾曾轉法輪也.' 然今時衆中建立箇賓主問答, 事不獲已, 蓋為初心爾."1094)

장경 도헌스님1095)이 대중에게 열어 보이셨다.

"미륵세존께서 아침에는 가람으로 들어오시고 저녁에는 정각을 이루셨습니다. 그리고는 게(偈)를 읊으셨습니다.

'삼계의 위와 아래의 법을
나는 모두가 맘이라 하네.
모든 맘법을 여의고서는

지해진여(智海眞如)로도 불림. 주704) 참조.

1093) 四夷(사이) : 중국 사방의 소수 민족에 대한 통칭이다. 동이(東夷)·서융(西戎)·남만(南蠻)·북적(北狄). 여기서는 온 천하를 말한다.

1094) 『景德傳燈錄』卷第十二, T51n2076_p0297a10~28. 『聯燈會要』卷第十, X79n1557_p0092b17~c01. 『五燈會元』卷第四, X80n1565_p0107c04~13. 참조.

1095) 長慶道巘(장경도헌) : 남전보원(南泉普願)-조주종심(趙州從諗)-광효혜각(光孝慧覺)-장경도헌(長慶道巘). ?~999. 여주(廬州)[안휘성 합비(合肥)]사람. 속성은 유씨(劉氏). 광효 혜각스님을 모시고 있다가 깨달음을 얻고는 호남의 대광산(大光山)에서 머리를 깎았다. 덕화가 멀리 퍼지게 되자 청을 받아서 승주(昇州)[강소성 남경(南京)]의 장경선원(長慶禪苑)에 주석하였다. 함평(咸平) 2년에 입적하였다.

다시는 알 것 없는 것이네.'1096)

그분이 이렇게 말씀하신 것을 살펴보니 역시 너무도 성성(惺惺)합니
다.
하지만 만일 우리들과 견주어본다면 아직도 둔한 분입니다.
왜냐하면 한순간에 도(道)를 드러내어 삼세(三世)의 정(情)을 다해버리
니, 마치 도장을 진흙에 찍은 것과 같아서 다시는 앞뒤가 없기 때문입
니다.

여러분.
생사의 일이 너무나 빠르므로 반드시 깨달아야만 할 것이지 결코 등
한히 해서는 안 됩니다.
업식이 아득해짐은 거의가 자기를 미혹하고 물(物)을 쫓기 때문입니
다.

세존께서 열반에 들려 하시니 문수보살님이 부처님께 법륜을 다시
굴려주실 것을 요청하셨습니다.
세존께서 꾸짖으시고 말씀하셨습니다.
'내가 49년을 세간에 머물면서 일찍이 한 마디도 사람들에게 해 준
것이 없다.
네가 나에게 법륜을 다시 굴릴 것을 청하였는데 이야말로 내가 일찍
이 법륜을 굴렸다고 여긴 것이다.'1097)

그러나 지금 대중 가운데서 손님과 주인의 문답을 세운 것은, 일이
부득이하여 초심자들을 위한 것일 뿐입니다.'"

1096) 『입능가경』 7권에 나오는 법문이다. (T16n0671_p0554c03~04, '菩提留支譯', 『入楞
伽經』 卷第七, 「無常品」 第八. "三界上下法, 我說皆是心. 離於諸心法, 更無有可得.")
1097) 이 법문은 《12부경》에서는 원문이나 그 내용을 찾아보기가 어렵고 『선문염송집』 2권
과 『연등회요』 1권 등에서 찾아 볼 수가 있을 뿐이다. (K46-0022, 『禪門拈頌集』 卷第
二, 34則. X79n1557_p0015c23~0016a01, 『聯燈會要』 卷第一. X80n1565_p0031a12~1
4, 『五燈會元』 卷第一. "世尊臨入涅槃, 文殊請佛再轉法輪. 世尊, 咄, 云: '文殊吾四十九
年住世, 未嘗說一字. 汝請吾再轉法輪, 是吾曾轉法輪耶.")

626. 파초혜청芭蕉慧淸

芭蕉淸和尙, 僧問: "如何是提婆宗?" 曰: "赤幡在左." 問: "賊來須打, 客來須看, 忽遇客賊俱來時如何?" 曰: "屋裏有一緉破草鞋." 云: "只如破草鞋, 還堪受用也無?" 曰: "汝若將去, 前凶後不吉." 問: "古佛未出興時如何?" 曰: "千年茄子根." 云: "出興後如何?" 曰: "金剛努出眼."1098)

파초 혜청스님1099)께 한 스님이 여쭈었다.
"어떤 것이 제바종(提婆宗)1100)입니까?"
말씀하셨다.
"붉은 깃발1101)을 왼쪽에 두었지."

여쭈었다.
"도적이 오면 반드시 두들겨 패고 손님이 오면 반드시 환대하여야 하는데 갑자기 손님과 도적이 함께 올 땐 어찌합니까?"
말씀하셨다.
"집안에 다 떨어진 짚신 한 켤레를 놓아둔다."
말씀드렸다.
"그런데 다 떨어진 짚신 같은 것은 쓸 만한 것입니까?"
말씀하셨다.
"네가 만일 가져간다면 앞은 흉하고 뒤는 길하지 않을 것이다."

여쭈었다.

1098) 『景德傳燈錄』卷第十二, T51n2076_p0297c09~19. 『聯燈會要』卷第十一, X79n1557 _p0098b11~15. 『五燈會元』卷第九, X80n1565_p0194c14~0195a01. 참조.
1099) 芭蕉慧淸(파초혜청) : 위산영우(潙山靈祐)-앙산혜적(仰山慧寂)-남탑광용(南塔光涌)-파초혜청(芭蕉慧淸). 주363) 참조.
1100) 提婆宗(제바종) : 삼론종(三論宗), 공종(空宗), 또는 용수종(龍樹宗)이라고도 함. 선종(禪宗) 14조인 용수보살과 그의 제자인 15조 가나제바가 맥을 잇고 있다.
1101) 赤幡(적번) : 용수보살이 남천축국왕을 교화하기 위하여 붉은 깃발을 가지고 가서 제도하였다. 또 그의 제자인 가나제바존자가 파련불성(巴連弗城)의 외도들을 제도하기 위하여 깃발을 들고 가서 토론하고 교화하였다. (T50n2047bp0186a17~18, 『龍樹菩薩傳』. "天竺王甚邪見承事外道毀謗正法, 龍樹菩薩爲化彼故躬持赤幡在王前行." T51n2076_p0211b23~25, 『景德傳燈錄』卷第二. "聞諸外道欲障佛法計之旣久, 尊者乃執長幡入彼衆中.")

"옛 부처님이 출흥(出興)하시지 않았을 땐 어떠했습니까?"
말씀하셨다. "천년 묵은 연밥과 연뿌리였지."
말씀드렸다. "출흥(出興)하신 후는 어떻습니까?"
말씀하셨다. "금강역사의 눈이 튀어 나왔다."

627. 대안청간大安淸幹

大安幹和尚, 僧問: "如何是祖師西來意?" 曰: "羊頭車子推明月."1102)

대안 청간스님1103)께 한 스님이 여쭈었다.
"어떤 것이 조사께서 서쪽에서 오신 뜻입니까?"
말씀하셨다.
"작은 외바퀴수레1104)가 밝은 달을 미는구나."

1102) 『景德傳燈錄』 卷第十二, T51n2076_p0296c07~09. 『禪門拈頌集』 卷第二十二, K46-
0363, 929則. 참조.

1103) 大安淸幹(대안청간) : 백장회해(百丈懷海)-위산영우(潙山靈祐)-향엄지한(香嚴智閑)-대안청
간(大安淸幹). 오대후량(五代後梁)스님이다. 향엄 지한스님의 법을 이어받고 안주(安州) 대안산
(大安山)에 주석하였다. '대안양두(大安羊頭)' 공안이 있다. 『오등회원』 9권·『오등엄통』 9권
·『오등전서』 17권 등에 문답화가 남아 있다.

1104) 羊頭車(양두거) : 추거(推車)와 같다. 바퀴가 하나 뿐인 세모꼴의 작은 수레. 주로 작
은 짐을 나를 때 쓰는 작은 손수레를 말한다. 월운스님은 『선문염송설화』 22권에서 '염
소수레'로 번역하고 『전등록』 12권에서는 '부채'로 번역하였다. (월운스님, 『전등록』 2,
p94. 동국역경원. 2008. 김월운, 『선문염송·염송설화』 8, p57. 동국역경원. 2005.)

628. 암두전활巖頭全豁

巖頭, 共羅山尋塔基次, 到中路, 羅山忽然喚, 云: "和尚!" 頭回首, 云: "作麼生?" 山以手指, 曰: "遮裏好一片地." 頭喝, 云: "瓜洲賣瓜漢." 又行三二里歇次, 羅山禮拜, 問: "和尚豈不是三十年前在洞山來, 又不肯洞山?" 頭云: "是." 山云: "和尚豈不是法嗣德山, 又不肯德山." 頭云: "是." 山云: "不肯德山即不問, 只如洞山, 有甚麼虧缺?" 頭良久. 云: "洞山好佛. 只是無光." 羅山便禮拜.　　　妙喜曰: "巖頭父子雖善暗去明來, 子細點檢將來, 未免髑髏敲磕."1105)

암두 전활스님1106)이 나산 도한스님1107)과 함께 탑 터를 찾아 나섰는데 길 가던 도중에 나산스님이 갑자기 부르셨다.

"스님!"

암두스님이 고개를 돌리고 말씀하셨다.

"왜?"

나산스님이 손으로 가리키며 말씀하셨다.

"여기가 멋들어진 한 뙈기 자리입니다."

암두스님이 "억!" 하셨다.

말씀하셨다. "과주(瓜洲)1108)에서 오이를 파는 놈이로군."

또 2, 3리를 가시다가 쉴 때에 나산스님이 절을 하고 물으셨다.

"스님은 삼십년 전에 동산스님 문하에 계시면서도1109) 동산스님을

1105) 『景德傳燈錄』 卷第十六, T51n2076_p0326c06~13. 『聯燈會要』 卷第二十三, X79n15
57_p0201b15~19. 『禪門拈頌集』 卷第二十, K46-0335, 840則. 『五燈會元』 卷第七,
X80n1565_p0144b09~14. 참조.

1106) 巖頭全豁(암두전활) : 천황도오(天皇道悟)-용담숭신(龍潭崇信)-덕산선감(德山宣鑑)-암
두전활(巖頭全豁). 828~887. 주258) 참조.

1107) 羅山道閑(나산도한) : 용담숭신(龍潭崇信)-덕산선감(德山宣鑑)-암두전활(巖頭全豁)-나
산도한(羅山道閑). 주620) 참조.

1108) 瓜洲(과주) : 강소성(江蘇省) 한강현(邗江縣) 남쪽의 대운하가 장강(長江)으로 들어가
는 곳에 위치하고 있는 진(鎭)을 말한다. 진강시(鎭江市)와 강을 사이에 두고 남북으로
수운교통(水運交通)의 요지였다.

1109) 又(우) : ~도. 부정하거나 반문하는 문장에 쓰여 말투를 강하게 하는 작용을 하는 부
사다.

긍정치 않으셨던 것 아닙니까?"

암두스님이 말씀하셨다. "그렇지."

나산스님이 말씀하셨다. "스님은 덕산스님의 법을 이으셨으면서도 덕산스님을 긍정치 않으셨던 것 아닙니까?"

암두스님이 말씀하셨다. "그렇지."

나산스님이 말씀하셨다.

"덕산스님을 긍정하지 않은 것은 여쭙지 않겠지만 동산스님 경우는 무슨 흠이 지셨던가요?"

암두스님이 한참 묵묵히 계셨다.

말씀하셨다.

"동산스님은 멋진 부처님이야. 하지만 빛이 없어."

나산스님이 곧 절을 올렸다.

묘희스님이 말씀하셨다.

"암두 부자(父子)가 비록 어둠을 보내고 밝음을 가져오는 데엔 익숙했으나, 자세히 점검해보면 해골이 부딪치는 소리를 면치 못하였다."

629. 석상성공石霜性空

石霜性空和尚, 僧問: "如何是祖師西來意?" 曰: "如人在千尺井中, 不假寸繩, 出得此人, 即答汝西來意." 僧曰: "近日湖南暢和尚出世, 亦爲人東語西話." 空喚沙彌. "拽出死屍著." 沙彌即仰山. 山後擧問耽源: "如何出得井中人?" 源: "咄!" 云: "癡漢. 誰在井中?" 山又問潙山: "如何得六根門頭各各頓去?" 潙曰: "若悟了, 根無不頓." 曰: "祇如性空和尚道: '如人在千尺井中, 不假寸繩, 如何出得' 又作麼生?" 潙曰: "我有箇方便出得." 曰: "未審和尚如何出得?" 潙召: "慧寂!" 山應喏. 潙曰: "出了也." 仰山於此有省. 住仰山後謂眾, 曰: "我耽源處得名, 潙山處得地."1110)

1110) 『景德傳燈錄』卷第九, T51n2076_p0267b11~19. 『聯燈會要』卷第七, X79n1557_p0069b02~08. 『五燈會元』卷第四, X80n1565_p0090b08~13. 참조.

석상 성공스님1111)께 어떤 스님이 여쭈었다.
"어떤 것이 조사께서 서쪽에서 오신 뜻입니까?"
말씀하셨다.
"마치 어떤 사람이 천 길의 우물 속에 빠져있는데 한 치의 끈도 쓰지 않고 이 사람을 꺼내 줄 수 있다면, 곧 너에게 서쪽에서 오신 뜻을 답해 주겠다."
그 스님이 말했다.
"최근에 호남에 창화상(暢和尙)이 세상에 나오셨는데, 역시 사람들을 위해 이것저것 이야기한다고 합니다."
성공스님이 사미를 부르셨다.
"죽은 송장을 끌어 내거라."

사미는 곧 앙산스님이시다.
앙산스님이 뒤에 이 이야기를 들어 탐원 진응스님1112)께 물으셨다.
"우물속의 사람을 어떻게 빼내올까요?"
탐원스님이 "咄(Duō)!" 하셨다.
말씀하셨다.
"멍청한 놈아! 누가 우물 속에 있단 말이냐?"

앙산스님이 위산스님께 여쭈었다.
"육근문(六根門)을 어떻게 낱낱이 버리겠습니까?"
위산스님이 말씀하셨다.

1111) 石霜性空(석상성공) : 남악회양(南嶽懷讓)-마조도일(馬祖道一)-백장회해(百丈懷海)-석상성공(石霜性空). 그의 전기에 대해 알려진 것은 없으나 『경덕전등록』 9권 ‧『정법안장』 3권 하(下) ‧『어선역대선사어록』 전집상(前集上) ‧『연등회요』 7권 ‧『대광명장』 상(上)권 ‧『오등회원』 4권 ‧『오등엄통』 4권 ‧『오등전서』 7권 ‧『지월록』 11권 등에 그의 문답화가 실려 있다.

1112) 耽源眞應(탐원진응) : 황매홍인(黃梅弘忍)-조계혜능(曹溪慧能)-남양혜충(南陽慧忠)-탐원진응(耽源眞應). 그의 전기는 잘 알려져 있지 않다. 남양 혜충국사의 법을 이은 길주(吉州) 탐원산(耽源山) 진응선사(眞應禪師)이다. '앙산원상(仰山圓相)' 공안으로 잘 알려져 있다. 남양 혜충국사에게서 전해 받은 6대조사의 97개 원상을 앙산 혜적스님에게 전해 주었다고 한다. (『五燈會元』 卷第九, X80n1565_p0187c01~04. "耽源謂師曰 '國師當時傳得六代祖師圓相, 共九十七箇. 授與老僧. 乃曰：「吾滅後三十年, 南方有一沙彌到來, 大興此教. 次第傳受, 無令斷絕.」我今付汝, 汝當奉持.'") 『경덕전등록』 13권 ‧『선문염송집』 4권 ‧『종감법림』 8권 ‧『어선역대선사어록』 후집상(後集上) ‧『연등회요』 3권 ‧『오등회원』 2권, 9권 ‧『오등전서』 5권 등에 그의 법문이 보인다.

"깨달아 마치기만 한다면 근(根)을 버리지 않을 수 없다."
말씀드렸다.
"그런데 성공스님의 말씀으로는 '마치 어떤 사람이 천 길의 우물 속에 빠져있는데 한 치의 끈도 쓰지 않고 이 사람을 어떻게 꺼내 줄 수 있겠느냐' 하셨는데, 어떻게 하시겠습니까?"
위산스님이 말씀하셨다.
"나에게 나오게 할 수 있는 방편이 있지."
말씀드렸다.
"도대체 스님은 어떻게 꺼내시겠습니까?"
위산스님이 부르셨다.
"혜적!"
앙산스님이 대답하셨다.
"네!"
위산스님이 말씀하셨다.
"나와 버렸군."
앙산스님이 이에 깨달으셨다.

앙산에 머물다가 뒤에 대중에게 말씀하셨다.
"내가 탐원스님의 처소에서 이름을 얻었고, 위산스님의 처소에서 깨달음의 경지를 얻었다.'

630. 운개수지雲蓋守智

雲蓋智和尙, 示衆, 擧: "趙州問僧: '向甚處去?' 云: '摘茶去.' 州曰: '閑.'" 乃頌, 云: "道著不著, 何處摸索? 背後龍鱗, 面前驢脚. 翻身筋斗, 孤雲野鶴. 阿呵呵!"1113)
又示衆, 云: "唯一堅密身, 一切塵中現. 雲蓋今日, 千山鬱茂, 鳥獸嘶鳴, 百花競發, 萬木抽枝, 盡是諸佛, 箇箇眞如. 汝等諸人, 游山翫水, 直須急著眼睛, 莫被伊謾."1114)

1113) 『禪門拈頌集』卷第十二, K46-0202, 464則. 참조.

운개 수지스님1115)이 대중에게 열어 보이셨다.
“조주스님이 한 스님에게 물으셨습니다. ‘어디 가냐?’
말씀드렸습니다. ‘찻이파리 따러 갑니다.’
조주스님이 말씀하셨습니다. ‘閑(Xián).’”

이에 노래를 하셨다.

“말할 수 있는지 없는지 어디에서 모색할꼬?
등 뒤는 용 비늘이요 앞은 나귀 다리다.
몸을 솟구쳐 공중제비를 하니1116)
한가로운 구름과 들판의 고고한 학이로구나.1117)
하하하!”

또 대중에게 열어 보이셨다.
“오직 하나 뿐이신 견밀신(堅密身)1118)이 일체 티끌 속에 나툽니다.
오늘 운개(雲蓋)에는 첩첩이 산마다 빽빽하고, 날짐승 길짐승은 울어
젖히며, 온갖 꽃들은 앞 다퉈 만발하고, 모든 나무엔 가지마다 움이

1114)『嘉泰普燈錄』卷第四, X79n1559_p0313b14~19.『聯燈會要』卷第十四, X79n1557_
  p0126a02~07. 참조.
1115) 雲蓋守智(운개수지) : 분양선소(汾陽善昭)-석상초원(石霜楚圓)-황룡혜남(黃龍慧南)-운개수
  지(雲蓋守智). 1025~1115. 검주(劍州) 용진(龍津)[복건성 남평(南平)] 출신. 속성은 진씨(陳氏).
  어려서 검포(劍浦) 임중원(林重院)으로 출가하여 사미승으로 있다가 23세에 건주(建州) 개원사
  (開元寺)에서 구족계를 받았다. 이후 제방을 유력하다가 예장(豫章)의 대녕 도관스님과 법창
  의우스님을 참례하였으나 계합하지 못하고 다시 취암 가진스님을 알현했지만 역시 깨닫지 못
  하였다. 그러다가 황룡 혜남스님을 참알하고서야 의심이 다해 법을 이었다. 도오(道吾)에서 개
  법(開法)하고 운개(雲蓋)로 옮겨 문을 닫아걸고 30년을 있다가 정화(政和) 4년에 나왔다.『치
  문숭행록』에 “송나라 운개지선사가 원우 6년에 서당으로 들어가 문을 닫아 건 지가 30년이었
  다.”라고 나온다. (『緇門崇行錄』‘遲重之行第八’, X87n1627_p0364b04~05. “歷年閉戶. 宋雲
  蓋智禪師, 元祐六年退居西堂, 閉戶閑居者三十年.”) 정화(政和) 을미(乙未) 3월 7일 세수 91세
  로 입적하였다.『건중정국속등록』12권·『가태보등록』4권·『선림승보전』25권·『연등회요』
  14권·『오등회원』17권·『지월록』15권·『교외별전』9권·『금강선등』4권 등에 실려 있다.
1116) 筋斗(저두) : 筋(저)는『선문염송』12권에서는 筋(근)으로 나온다. 筋斗(근두)는 곤두박
  질하다. 공중제비 돌다. 재주넘기하다. 근두(跟斗)와 같은 말.
1117) 孤雲野鶴(고운야학) : 외롭게 한가로이 떠 있는 구름과 무리를 벗어나 들판에 사는 고
  고한 학. 한가로이 유유자적한 사람을 말함.
1118) 堅密身(견밀신) : 부처님의 법신(法身)을 말한다.

틉니다.

 이 모두가 모든 부처님이요, 저마다 낱낱이 진여(眞如)입니다.

 여러분들은 산에 노닐고 물을 완상(翫賞)하면서 반드시 급히 눈떠 잘 볼 것이지,[1119) 그에게 속지 마십시오."

631. 석가세존釋迦世尊

　世尊, 因有外道問, 曰: "不問有言, 不問無言." 世尊良久. 外道讚歎, 云: "世尊大慈大悲, 開我迷雲令我得入." 外道去後, 阿難問佛, 云: "外道有何所證而言得入?" 佛云: "如世良馬, 見鞭影而行."

　天衣懷頌, 云: "雙鋒覆護兩俱摧, 迷雲從此豁然開. 收得劫初鈴子後, 輕輕一振動雲雷."[1120)

세존께 외도가 여쭈었다.

"말 있음도 묻지 않고 말없음도 묻지 않겠습니다."

세존께서 묵묵히 계셨다.

외도가 찬탄하면서 말씀드렸다.

"세존께서 대자대비로 저의 미혹한 구름을 걷어 내시고 저를 깨닫게 하셨습니다."

외도가 가고 난 후 아난존자가 세존께 물으셨다.

"외도가 증득한 것이 무엇이기에 깨달았다고 말하는 것입니까?"

부처님께서 말씀하셨다.

"세간의 훌륭한 말은 채찍 그림자만 보아도 달린다."[1121)

1119) 著眼睛(착안정) : =착안(着眼). 눈을 크게 뜨고 자세히 바라보다. 눈여겨 자세히 보다.

1120) 『聯燈會要』 卷第一, X79n1557_p0015b13~c01. 『禪門拈頌集』 卷第一, K46-0010~0011, 16則. 『五燈會元』 卷第一, X80n1565_p0030a14~18. 참조.

1121) 이 화(話)에 대혜스님의 염송(拈頌)이 있다. "양쪽의 굳은 빗장 쳐서 열지도 못했는데

천의 의회스님1122)이 노래하셨다.

"두 칼날로 비호하려다 둘 다 부러지니
미혹의 구름 이로부터 활연히 열리었네.
겁초의 방울1123)을 얻은 뒤로는
살그머니 한 번 흔드니 구름과 우레가 흔들린다네."

/ 티끌 하나 움직이지 않았어도 저절로 근본이 무너졌네./ 홀연히 업의 거울 산산이 깨
져버리니/ 황면구담이 발자취를 잃어버렸네."(T47n1998Ap0850c19~20,『大慧普覺禪師
語錄』卷第十. "兩處牢關擊不通, 纖塵不動自乖宗. 忽然業鏡百雜碎, 黃面瞿曇失卻蹤.")

1122) 天衣義懷(천의의회) : 향림징원(香林澄遠)-지문광조(智門光祚)-설두중현(雪竇重顯)-천
의의회(天衣義懷). 993~1064. 주123) 참조.

1123) 劫初鈴(겁초령) : 성겁(成劫) 초(初)에 만들어졌다는 염부금령(閻浮金鈴)으로『대보적
경』95권에는 선순보살(善順菩薩)이 주워서 파사닉왕에게 보시한다고 나온다. "그때 선순
보살님께서는 이른 아침에 사위성으로 들어가서 교화하며 이리 저리 다니시다가 겁초 때
에 염부금으로 만든 방울을 얻으셨다. 그 방울의 가치는 염부제보다 더하였다. 그때 보살
님께서는 이 금방울을 가지고 네거리로 가서 큰 소리로 외치셨다. '사위성에서 누가 가장
가난합니까? 마땅히 이 방울을 그에게 드리겠습니다.' 그때 가장 늙은 한 장자가 이 말을
듣고서는 달려왔다. 그리고는 보살님께 말씀드렸다. '제가 이 성에서 가장 가난합니다.
갖고 계신 이 방울을 저에게 주십시오.' 그때 보살님께서 장자에게 말씀하셨다. '당신은
가난한 이가 아닙니다. 왜냐하면 이 성 안에는 가난한 이 가운데서도 가장 가난한 선남
자가 있으니까요. 이 방울은 그에게 주어야 합니다.' 장자가 여쭈었다. '그런 사람이 누구
입니까?' 보살님께서 대답하셨다. '파사닉왕이야말로 이 성 안에서 가장 가난한 사람입니
다.' 그러자 장자가 보살님께 말씀드렸다. '그런 말씀 마십시오. 왜냐하면 파사닉왕은 부
귀하며 재물이 많아 창고에 차서 넘치고 있기 때문입니다. 그 진기한 재화는 아무리 써
도 다하지 않을 것입니다. 그런데 어떻게 가난한 이 중에서도 가장 가난하다고 말씀하십
니까?' 그때 보살님께서 대중 가운데서 노래로 답하셨다. '설사 천억여 개의 감춰진 창고
가 있다 해도/ 탐애하는 마음으로 만족함이 없으면/ 마치 큰 바다가 여러 강물을 받아들
이는 것 같으니/ 이렇게 어리석은 사람이 가장 가난하다네./ 이렇기에 탐욕은 다시 더욱
자라고/ 더욱더 무성한 덩굴이 상속(相續)하여 생기게 되니/ 현재 세간이나 미래 세간에
서/ 저 지혜 없는 이는 늘 가난하다네."(T11n0310_p0538a14~b02,『大寶積經』卷第九
十五,「善順菩薩會」第二十七. 참조.)

632. 영가현각永嘉玄覺

永嘉大師, 初到曹溪, 乃遶繩床三匝, 振錫而立. 祖曰: “夫沙門者, 具三千威儀, 八萬細行, 大德自何方而來, 生大我慢?” 曰: “生死事大, 無常迅速.” 祖曰: “何不體取無生, 了無速乎?” 曰: “體本無生, 了本無速.” 祖曰: “如是. 如是.” 師方具威儀作禮. 須臾告辭, 祖曰: “返太速乎?” 曰: “本自非動, 豈有速邪?” 祖曰: “誰知非動?” 曰: “仁者自生分別.” 祖曰: “汝甚得無生之意.” 曰: “無生豈有意邪?” 祖曰: “無意誰當分別?” 曰: “分別亦非意.” 祖曰: “善哉! 善哉! 少留一宿.”1124)

영가 현각대사1125)가 처음에 조계 혜능스님을 찾아뵙고는 곧장 승상을 세 바퀴 돌고 석장을 흔들고 서계셨다.

조사께서 말씀하셨다.
“사문(沙門)이라면 삼천 가지의 위의와 팔만가지의 정교한 행(行)을 갖추어야 하는데 대덕은 어디서 왔기에 아만을 엄청 부리느냐?”
말씀드렸다.
“생사의 일이 엄청나고 무상(無常)이 신속합니다.”
조사께서 말씀하셨다.
“어찌 무생(無生)을 체득하여 신속함이 없음을 요달하지 않느냐?”
말씀드렸다.
“체득함은 본래 무생(無生)이며 요달함에는 본래 신속함이 없습니다.”
조사께서 말씀하셨다.
“이렇다. 이렇다.”
스님이 비로소 위의를 갖추어 절을 올리셨다.
바로 작별을 고하니 조사께서 말씀하셨다.

1124) 『祖堂集』 卷第三, K45-0256. 『景德傳燈錄』 卷第五, T51n2076_p0241b01~11. 『聯燈會要』 卷第三, X79n1557_p0030a05~13. 『禪門拈頌集』 卷第四, K46-0059, 122則. 『五燈會元』 卷第二, X80n1565_p0058a02~11. 참조.

1125) 永嘉玄覺(영가현각) : 쌍봉도신(雙峰道信)-황매홍인(黃梅弘忍)-조계혜능(曹溪慧能)-영가현각(永嘉玄覺). 665~713. 주975) 참조.

"너무 빨리 돌아가는 것 아니냐?"

말씀드렸다.

"본래 스스로 움직이지 않았는데 어찌 빠름이 있겠습니까?"

조사께서 말씀하셨다.

"움직이지 않음을 아는 건 누구냐?"

말씀드렸다.

"스님께서 스스로 분별을 내셨습니다."

조사께서 말씀하셨다.

"네가 무생(無生)의 뜻을 깊이 알았구나."

말씀드렸다.

"무생(無生)이 어찌 뜻이 있겠습니까?"

조사께서 말씀하셨다.

"뜻이 없는데 분별하는 건 누구냐?"

말씀드렸다.

"분별도 역시 뜻이 아닙니다."

조사께서 말씀하셨다.

"좋구나! 좋아! 하룻밤 묵었다 가거라."

633. 경산법흠徑山法欽

徑山國一禪師, 唐代宗詔至闕下親加瞻禮. 一日師在內庭見帝起立, 帝曰: "師何以起?" 曰: "檀越何得向四威儀中見貧道?" 妙喜曰: "不向四威儀中, 又如何見國一?"1126)

경산 국일스님1127)을 당나라 대종이 부르기에 궁궐에

1126) 『祖堂集』 卷第三, K45-0250. 『景德傳燈錄』 卷第四, T51n2076_p0230a24~26. 『聯燈會要』 卷第二, X79n1557_p0026b20~23. 『禪門拈頌集』 卷第十六, K46-0272, 663則. 『五燈會元』 卷第二, X80n1565_p0051a11~14. 참조.

1127) 徑山法欽(경산법흠) : 우두법융(牛頭法融)-원양지암(圓陽智巖)-윤주혜방(潤州慧方)-금릉법지(金陵法持)-천보지위(天保智威)-학림현소(鶴林玄素)-경산법흠(徑山法欽). 714 - 792. 경산도흠(徑山道欽), 경산국일(徑山國一)이라고도 한다. 속성은 주씨(朱氏). 오군(吳郡) 곤산(崑山)[강소성(江蘇省) 곤산현(崑山縣)] 사람이다. 우두종(牛頭宗)의 대표적 선사이다. 스님은 어려서부

이르니 황제가 몸소 우러러 예를 올렸다.

 하루는 스님이 뜰 안에 계시다가 황제를 보고 일어서시니 황제가 말했다.

"스님께서 어찌 일어나십니까?"

 말씀하셨다.

"단월께서는 어찌하여 사위의(四威儀) 가운데서 빈도(貧道)를 보십니까?"

 묘희스님이 말씀하셨다.

"사위의(四威儀) 가운데서가 아니면 어떻게 국일스님을 뵙겠느냐?"

634. 덕산선감德山宣鑑

德山和尚, 小參示衆, 云: "今夜不答話. 有問話者三十棒."
時有僧出禮拜, 山便打. 僧云: "某甲話也未問, 為甚打某甲?" 山云: "汝是甚處人?" 云: "新羅人." 山曰: "未跨船舷好與三十棒."
大潙喆頌云: "高提祖印踞寰中, 孰肯當機定吉凶? 不是新羅遮衲子, 爭教千古振清風?"[1128]

덕산 선감스님[1129]이 소참(小參)에서 대중에게 열어 보이셨다.

터 유학(儒學)을 익히다가 28세에 서울로 유학을 가던 중 학림현소(學林玄素)스님을 뵙고는 출가하였다. 현소스님을 3년간 모시다가 밖으로 유력하던 중에 장강(長江)을 따라 내려가다가 천목산(天目山)부근의 경산(徑山)[절강성(浙江省) 여항현(餘杭縣)]에 이르러 움막을 짓고 살면서 경산사(徑山寺)를 건립하였다. 대력(大曆) 3년(768)에 대종(代宗)이 서울로 초청하여 선법(禪法)을 익히고 남양혜충(南陽慧忠)국사에게 법흠스님의 호를 지어달라고 하니 혜충국사가 국일(國一)이라고 지어 올리자, 황제가 하사하였다. 뒤에 궁궐을 떠나 본산으로 돌아갔다가 정원 8년 12월에 법을 설하고 세수 79세로 입적하였다. 덕종(德宗)이 시호를 대각선사(大覺禪師)라고 내렸다. 제자로 조과도림(鳥窠道林)이 있다. '경산원상(徑山圓相)' '경산기립(徑山起立)' 등의 공안이 남아 있다.

1128) 『聯燈會要』 卷第二十, X79n1557_p0172b13~15. 『禪門拈頌集』 卷第十七, K46-0274, 667則. 『古尊宿語錄』 卷之二十五, X68n1315_p0168b01~04. 참조.

1129) 德山宣鑑(덕산선감) : 석두희천(石頭希遷)-천황도오(天皇道悟)-용담숭신(龍潭崇信)-덕산선감(德山宣鑑). 782~865. 주275) 참조.

"오늘 밤에는 물음에 답하지 않겠다. 묻는 사람은 서른 대를 때려 주겠다."

그때 한 스님이 나와서 절을 올렸다.

덕산스님이 얼른 때리셨다.

그 스님이 말했다.

"제가 아직 여쭙지도 않았는데 왜 저를 때리십니까?"

덕산스님이 말씀하셨다. "넌 어디 사람이냐?"

말씀드렸다. "신라 사람입니다."

덕산스님이 말씀하셨다.

"뱃전에 오르기 전에 서른 방 때렸어야 딱 좋았는데."1130)

대위 모철스님1131)이 노래하셨다.

1130) 이 화(話)에 대하여 대혜스님의 보설(普說)이 있다. "대중이 상량(商量)하여 말하기를 '아무개가 질문도 하기 전에 바로 잘 때렸다. 덕산스님께서 때리지 않으시고, 도리어 「넌 어디 사람이냐?」라고 하셨다면, 여기서 이야기가 두 토막이 된 것이며 용의 머리에 뱀 꼬리가 되었다'라고들 하지만 전혀 관계가 없습니다. 또 말을 하기를, '그 스님이 작가(作家)였다면 「넌 어디 사람이냐」 하고 묻는 소리를 듣자마자 선상을 흔들어 엎어버렸으면 딱 좋았을 것을 그는 곧바로 그러지 못했고, 도리어 덕산스님에게 「뱃전에 오르기 전에 서른 방망이를 때렸어야 딱 좋았는데」라고 하는 말을 들어버렸으니, 이것이 곧 꼭 끊어 버려야 할 것을 끊질 않았으나 얽어 어지럽히는 칼은 아니다. 그러므로 설두스님이 「신라의 스님을 알고 싶으냐? 단지 노주(露柱)나 들이 받는 눈먼 놈일 뿐이다」라고 한 것이다.'라고 하는데, 전혀 관계가 없습니다. 선(禪)을 만일 이렇게 알 때에는 깨달을 필요가 없지 않겠습니까? 총명하고 영리한 자들이 일시에 말을 따라 앎을 내어 놓고는 덧붙여 해석하는 것으로 곧바로 끝내버립니다. 내가 지금 여러분들에게 묻고 싶습니다. 이렇게 덧붙여 해석하여 일시에 끝내 버렸다고는 하나 생사가 닥쳐오면 어떻게 맞서겠습니까? 지금 분명히 여러분들에게 말합니다. 이 부질없는 말, 늘어놓는 말들이 곧 생사를 벗어나는 지름길입니다. 여러분들은 지름길에다 가시나무를 심거나 똥구덩이를 파지 마십시오. 만약 한 납승이 나와서 말하기를, '스님께서 지금 여기에 가시나무를 심고 똥구덩이를 파는 것은 옳지 않습니다.'라고 한다면, 어떻게 응대하여야 하겠습니까? 나에게 핑계를 대고 빠져나갈 곳이 하나 있는데, 바로 어떻게 핑계를 대고 빠져나갈까요? 노래를 하나 들어 보십시오. // 여인네들 가운데 대장부 있어/ 몸 드러내 무리들 교화한다네./ 계·정·혜 삼학의 해탈법으로/ 탐·진·치의 삼독을 거둬들이네./ 중도(中道)에서 불사를 지어내지만/ 바람 허공 지나듯 의지함 없네./ 지난 과거 미래와 현재 삼세의/ 티끌 같은 부처님과 보살님들이/ 이구동성 이렇게 말씀하시네./ 멋져! 기특해! 세상서 희유하구나!/ 마음 본래 맑아 걱정 기쁨 없지만/ 기쁨 걱정 없다는 생각 말게나./ 한바탕 놀며 세상 인연 따르나/ 세상 인연에 대한 집착 없다네./ 유월 타는 구름 푸른 하늘 태우면/ 우레 소리 문득 삼천 세계 진동해/ 뜨거운 번뇌 녹여 청량해지니/ 저 대장부 태어나는 시절이라네./ 내가 이 노래 불러 광명 도우니/ 법계 모든 여인에게 두루 베풀길." (T47n1998Ap0872b2 2~c17,『大慧普覺禪師普說』卷第十四. 참조.)

1131) 大潙慕哲(대위모철) : 분양선소(汾陽善昭)-석상초원(石霜楚圓)-취암가진(翠巖可眞)-지

"조사의 인(印) 높이 들고 천하에서 도사리고 있으니
누가 선기(禪機)에 맞춰 길흉을 단정할까?
신라의 이 납자가 아니었다면
천고에 맑은 바람을 어찌 떨쳤을까?"

635. 운거도응雲居道膺

雲居膺和尚, 僧問: "山河大地, 從何而有?" 曰: "從妄想
有." 僧云: "與某甲想出一鋌金得麼?" 膺便休去. 僧不肯.
雲門云: "已是葛藤, 不能折合得. 待伊道想出一鋌金得麼,
拈拄杖便打."1132)

운거 도응스님1133)께 한 스님이 여쭈었다.
"산하대지가 어디서부터 존재하게 된 것입니까?"
말씀하셨다.
"망상으로부터 존재하지."

해진여(智海眞如). ?~1095. 대위진여(大潙眞如)라고도 함. 주704) 참조.

1132) 『聯燈會要』 卷第二十二, X79n1557_p0192c23~0193a02. 『禪門拈頌集』 卷第二十一,
　　　K46-0343, 867則. 『五燈會元』 卷第十三, X80n1565_p0267b07~09. 『古尊宿語錄』 卷第
　　　十六, 「雲門匡眞禪師廣錄」 中, X68n1315_p0106c23~0107a02. 참조.

1133) 雲居道膺(운거도응) : 약산유엄(藥山惟儼)-운암담성(雲巖曇晟)-동산양개(洞山良价)-운거도
　　　응(雲居道膺). 835~902. 유주(幽州)[하북성] 계문(薊門) 옥전(玉田) 출신. 속성은 왕씨(王氏).
　　　어렸을 적에 범양(範陽)[하북성(河北省)]의 연수사(延壽寺)로 출가하였다. 25세에 비로소 구족
　　　계를 받았으나 은사스님이 계율만을 공부하게 하여 마음에 맞질 않았다. 그리하여, "대장부가
　　　어찌 계율에나 빠져있겠는가!"하고는 제방을 참예하였다. 종남산(終南山) 취미무학(翠微無學)
　　　스님 회상에 있다가 후에 균주(筠州)의 동산양개(洞山良价)스님에게 가서 참학하다가 대오하
　　　고 법을 이었다. 후에 강서(江西) 의풍(宜豊)에 있는 삼봉산(三峰山)에 머물다가 다시 강서성
　　　(江西省) 건창(建昌) 서남쪽에 있는 운거산(雲居山)으로 가서 진여사(眞如寺)[비백사(飛白寺),
　　　또는 용창사(龍昌寺)라고도 부름]를 창건하고 30여년을 주지로 있으면서 조동종풍을 크게 떨
　　　쳤다. 천복(天復) 원년(901)에 세수 68세로 입적하였다. 시호는 홍각선사(弘覺禪師)이다. '운거
　　　영양(雲居羚羊)' '운거우종(雲居雨從)' '운거승가(雲居僧家)' '운거일법(雲居一法)' '운거하필(雲
　　　居何必)' '운거지고(雲居持袴)' 등의 공안이 있다. 동안도비(同安道丕), 혜산장(嵇山章), 영광진
　　　(永光眞), 귀종회운(歸宗懷惲), 운거도간(雲居道簡), 고려이엄(高麗利嚴), 낭주덕산(朗州德山),
　　　남악남대(南嶽南臺) 등 28명의 수법제자가 있다.

그 스님이 말씀드렸다.
"저에게 한 덩어리의 금을 얻게끔 생각해내어 주실 수 있겠습니까?"
도응스님이 곧 그만두셨다.
그 스님이 긍정하지 않았다.

운문 문언스님1134)이 말씀하셨다.
"이미 갈등(葛藤)1135)인데 딱 맞춰 절복(折伏)시키질 못했구나.   그가
한 덩어리의 금을 얻게끔 생각해낼 수 있느냐고 말하는 것을 기다렸
다가 주장자로 바로 두들겨 팼어야 했다."

636. 고정간高亭簡

高亭簡和尚, 初參德山, 隔江見德山, 在江岸坐. 乃隔江問訊. 山以手招之.
簡豁然開悟. 便橫趨而過. 更不渡江, 遂返高亭住持.1136)

고정 간스님1137)이 처음에 덕산 선감스님을 참례하였을 때, 덕산스
님이 강 건너 언덕에 앉아 계심을 발견하셨다. 이에 강을 사이에 두고
합장하고 안부를 여쭈었다.
덕산스님이 손짓으로 그를 부르셨다.
간스님이 활연히 깨달으셨다.
이어 곧장 마구 내달려 가버리셨다.1138)

1134) 雲門文偃(운문문언) : 용담숭신(龍潭崇信)-덕산선감(德山宣鑑)-설봉의존(雪峰義存)-운
    문문언(雲門文偃). 864~949. 주153) 참조.
1135) 葛藤(갈등) : 학인을 지도하는 수단으로서의 언어문자를 말한다.
1136) 『景德傳燈錄』卷第十六, T51n2076_p0328b27~29. 『聯燈會要』卷第二十二, X79n1
    557_p0188b24~c02. 『禪門拈頌集』卷第二十, K46-0335, 842則. 『五燈會元』卷第七,
    X80n1565_p0147c08~09. 참조.
1137) 高亭簡(고정간) : 천황도오(天皇道悟)-용담숭신(龍潭崇信)-덕산선감(德山宣鑑)-고정간(高
    亭簡). 알려진 행적이 없다.
1138) 橫趨而過(횡추이과) : 제멋대로 마구 달려 가버리다. 가로질러 건너서 지나가 버리다.
    별안간 내달려가다. 거침없이 마구 달려 내빼다.=횡조이과(橫徂而過). 월운스님은 『전등
    록』16권에서 '옆 걸음〔橫趨〕으로 물러가서'로 번역하고, (월운스님, 『전등록』2, p357.
    동국역경원, 2008.) 『선문염송·염송설화』20권에서는 '피해 달아났는데' '엉금엉금 기어서
    달아난 것'으로 번역하였고(월운스님, 『선문염송·염송설화』7, p261, 263. 동국역경원,

그리고 다시는 강을 건너지 않고 고정산(高亭山)으로1139) 돌아가서
머무르셨다.1140)

637. 진정극문眞淨克文

真淨和尙, 示眾, 舉: "印宗法師, 問盧行者, 云: '仁者在黃
梅, 有何言教旨趣傳授?' 盧曰: '彼指授者, 唯論見性成佛, 不
說禪定解脫無念無為.' 宗云: '何故不說, 禪定解脫, 無念無
為?' 盧曰: '為是二法, 不是佛法不二之法.' 宗云: '如何是不
二之法?' 盧曰: '如仁者講涅槃經, 明見佛性, 是名佛法不二之
法.' 諸禪德. 彼時小巧, 禪道早是中半了也. 如今叢林, 多是唯論禪定解脫無
念無為. 且道. 六祖底是, 如今底是? 分即是, 不分即是? 若分去, 有違有
順, 有是有非, 若不分, 又不辨邪正, 埋沒我宗乘. 譬如世間道路, 有直有迂,
有險有善, 其行路者, 可行即行, 可止即止. 大眾還識泐潭老僧麼?" 良久.
云: "將此深心奉塵剎, 是則名為報佛恩."1141)

진정 극문스님1142)이 대중에게 열어 보이셨다.
"인종법사1143)가 노행자1144)께 여쭈었습니다.

2005.), 김태완은 『대혜어록』 2권에서 '옆으로 성큼성큼 걸어가 버리고'라고 번역하였다.
(김태완, 『대혜보각선사어록』1, p183. 소명출판, 2011.)

1139) 高亭(고정) : 고정산(高亭山)을 말한다. 호북성(湖北省) 영흥현(永興縣) 서쪽으로 30리
에 위치해 있다.

1140) 이 화(話)에 대한 대혜스님의 상당법문이 있다. "고정스님이 마구 내달리어 가 버렸다
니, 그가 영리한 납자라는 것은 승인하겠지만 덕산스님의 법을 이으려면 아직 안 된다.
어째서 아직껏 덕산과 강을 사이에 두고 있을까?"(T47n1998Ap0820a17~19, 『大慧普覺
禪師住徑山能仁禪院語錄』卷第二. "高亭橫趨而去, 許伊是箇靈利衲僧, 若要法嗣德山, 卽
未可. 何故猶與德山隔江在?")

1141) 『嘉泰普燈錄』卷第一, X79n1559_p0290b15~c03. 『古尊宿語錄』卷之四十四, 「寶峰
雲庵眞淨禪師住金陵報寧語錄」三, X68n1315_p0295c05~16. 참조.

1142) 眞淨克文(진정극문) : 분양선소(汾陽善昭)-석상초원(石霜楚圓)-황룡혜남(黃龍慧南)-진
정극문(眞淨克文). 1025-1102. 주50) 참조.

1143) 廣州印宗(광주인종) : 쌍봉도신(雙峰道信)-황매홍인(黃梅弘忍)-조계혜능(曹溪慧能)-광주인
종(廣州印宗). 627~713. 오군(吳郡)[강소성 오현(吳縣)] 출신. 속성은 인씨(印氏). 스승을 따라
출가하여 『열반경』에 정통하였다. 함형(咸亨) 원년(670)에 수도로 갔는데 대경애사(大敬愛寺)
에 주석하라는 조칙을 받았으나 한사코 거절하고, 기춘(蘄春)으로 가서 홍인대사를 참례하였

‘스님께서 황매1145)에 계실 때 어떤 가르침으로 종지(宗旨)를 전수받
으셨습니까?’

노행자께서 말씀하셨습니다.

‘그분이 가르쳐 주신 것은 오직 현성성불(見性成佛)만을 말씀하셨지,
선정(禪定)·해탈(解脫)·무념(無念)·무위(無為)는 말씀하시질 않으셨습
니다.’

인종법사가 말씀드렸습니다.

‘무슨 까닭으로 선정(禪定)·해탈(解脫)·무념(無念)·무위(無為)를 말
씀하시지 않으신 겁니까?’

노행자가 말씀하셨습니다.

‘두 법이기 때문입니다. 불법(佛法)의 불이(不二)의 법은 아닙니다.’

인종법사가 말씀드렸습니다.

‘어떤 것이 불이(不二)의 법입니까?’

노행자가 말씀하셨습니다.

‘마치 당신이 『열반경』을 강의하시면서 불성(佛性)을 분명히 드러내셨
는데,1146) 이것을 불법(佛法)이 둘 아닌 법이라고 하는 것입니다.’1147)

다. 뒤에 광주(廣州) 법성사(法性寺)에서 『열반경』을 강의하던 중 육조 혜능대사를 만나면서
깨달음을 이루고 법을 이었다. 양나라로부터 당나라에 이르기까지의 여러 선지식들의 어록을
모아 『심요집(心要集)』을 펴냈다. 선천(先天) 2년 2월 21일에 회계산(會稽山) 묘희사(妙喜寺)
에서 세수 87세로 입적하였다.

1144) 盧行者(노행자) : 육조 혜능스님을 말한다.

1145) 黃梅(황매) : 오조 홍인대사를 말한다.

1146) 『열반경』 8권과 22권에 그 근거가 보인다. "범부의 사람들은 듣고 나서 명(明)과 무
명(無明) 같은 두 가지 법상(法想)을 분별하여 낸다. 지혜로운 이는 그 성품이 둘이 아님
을 요달한다. 둘이 없는 성품은 곧 실성(實性)이다." (T12n0374_p0410c21~22, 『大般涅
槃經』 卷第八, 「如來性品」 第四之五. "凡夫之人, 聞已分別生二法想, 明與無明. 智者了達
其性無二. 無二之性, 卽是實性.") "선남자. 선근(善根)에는 두 가지가 있다. 하나는 안이
요, 둘째는 밖이다. 불성은 안도 아니요 밖도 아니다. 이러한 뜻이 있기에 불성(佛性)은
단(斷)이 아니다. 다시 두 가지가 있는데 하나는 누(漏)요, 둘째는 무루(無漏)이다. 불성
(佛性)은 누(漏)도 아니요 무루(無漏)도 아니다. 이런 까닭에 단(斷)이 아니다. 다시 두
가지가 있으니 하나는 상(常)이요, 둘째는 무상(無常)이다. 불성(佛性)은 상(常)도 아니요
무상(無常)도 아니다. 이런 까닭으로 단(斷)이 아니다. (T12n0374_p0493c27~0494a02,
『大般涅槃經』 卷第二十二, 「光明遍照高貴德王菩薩品」 第十之二. "善男子. 善根有二種,
一者內, 二者外. 佛性非內非外. 以是義故, 佛性不斷. 復有二種, 一者有漏, 二者無漏. 佛
性非有漏非無漏. 是故不斷. 復有二種, 一者常, 二者無常. 佛性非常非無常. 是故不斷.")

1147) 『법보단경』에서는 『열반경』을 인용한 법문이 실려 있다. "마치 고귀덕왕보살이 부처
님께 말씀드린 것과 같아, '사중금계(四重禁戒)와 오역죄(五逆罪)를 범한 자와 일천제(一
闡提)는 마땅히 그들의 선근과 불성이 끊어진 것입니까?'라고 여쭈니, 부처님께서는 다음

선덕여러분.

그분이 조금 솜씨를 부리셨는데 선도(禪道)를 이미 절반쯤은 아신 것입니다. 지금 총림에서는 흔히 오로지 선정(禪定)·해탈(解脫)·무념(無念)·무위(無為)만을 의론합니다.

바로 여기 말씀해보십시오.

육조스님의 것이 옳습니까, 지금의 것이 옳습니까? 나누는 것이 곧 옳겠습니까, 나누지 않음이 곧 옳겠습니까?

만일 나누면 어김이 있고 따름이 있으며 옳음이 있고 그름이 있게 됩니다.

만일 나누지 않으면 또 삿됨과 바름을 나누지 못하여 우리 종승(宗乘)을 매몰시켜 버릴 것입니다.

비유하자면 마치 세간의 도로가 똑바르기도 하고 구불구불하기도 하며 험하기도 하고 평탄하기도 함과 같습니다.

그 길을 다니는 이들은 가고 싶으면 가고 그만두고 싶으면 그만 둘 수가 있습니다.

대중은 이 늑담 노승을 알겠습니까?"

한참 묵묵히 계셨다.

말씀하셨다.

"이 깊은 마음으로 무수한 세계를 받들면 부처님의 은혜를 갚았다고

과 같이 대답하십니다. '선근에는 두 가지가 있는데, 하나는 상(常)이고, 다른 하나는 무상(無常)이다. 불성은 상(常)도 무상(無常)도 아니다. 그렇기 때문에 단(斷)이 아니다. 이것을 바로 불이(不二)라고 이름한다. 그리고 하나는 선(善)이고 다른 하나는 불선(不善)이다. 불성은 선(善)도 아니고 불선(不善)도 아니다. 그렇기에 역시 불이(不二)라고 이름한다. 오온(五蘊)과 십팔계(十八界)에 대해 범부들은 둘로 알지만 지혜로운 이는 그 성품이 둘이 없음을 요달한다. 둘이 없는 성품은 곧 불성이다.'"(T48n2008_p0349c22~28, 『六祖大師法寶壇經』. "如高貴德王菩薩白佛言:'犯四重禁, 作五逆罪, 及一闡提等, 當斷善根佛性否?'佛言:'善根有二, 一者常, 二者無常. 佛性非常非無常. 是故不斷. 名為不二. 一者善, 二者不善. 佛性非善非不善. 是名不二. 蘊之與界, 凡夫見二, 智者了達其性無二. 無二之性即是佛性.'")

할 만 하리라.1148)"

638. 조산본적曹山本寂

曹山, 問德上座: "菩薩在定, 聞香象渡河, 出甚麼經?" 曰: "出『涅槃經』." 云: "定前聞, 定後聞?" 曰: "和尙流也." 云: "道也太殺道, 始道得一半." 曰: "和尙如何?" 云: "灘下接取."
妙喜曰: "甚麼參處去也?"1149)

조산 본적스님1150)이 강덕상좌1151)에게 물으셨다.
"'보살이 선정에 들었을 때 향상(香象)이 물을 건너는 것을 듣는다'1152)는데 무슨 경에서 나온 것이냐?"

1148) 『수릉엄경』 3권에서 아난존자가 깨닫고서 읊은 게송이다. (T19n0945_p0119b11~20, 『大佛頂萬行首楞嚴經』 卷第三. 참조.)

1149) 『景德傳燈錄』 卷第十七, T51n2076_p0336b25~29. 『續刊古尊宿語要』 第二集, 曹山寂禪師語, X68n1318_p0377b15. 『禪門拈頌集』 卷第二十一, K46-0347, 882則. 『續刊古尊宿語要』 第二集, 曹山寂禪師語, X68n1318_p0377b15. 『撫州曹山元證禪師語錄』, T47n1987Ap0527c11~14. 참조.

1150) 曹山本寂(조산본적) : 약산유엄(藥山惟儼)-운암담성(雲巖曇晟)-동산양개(洞山良价)-조산본적(曹山本寂). 839~901. 주337) 참조.

1151) 德上座(덕상좌) : 『전등록』 17권 '무주조산본적선사(撫州曹山本寂禪師)'편에서는 '강덕상좌(彊德上坐)'라고 나온다. (T51n2076_p0336b26, 『景德傳燈錄』 卷第十七. "師問彊德上坐曰") 그런데 『전등록』 17권 '태주용천경흔선사(台州涌泉景欣禪師)'편을 보면 강(彊)과 덕(德)이라는 두 스님으로 나온다. (T51n2076_p0329c09, 『景德傳燈錄』 卷第十七. "有彊德二禪客到.")

1152) 香象渡河(향상도하) : 대승보살이 불법(佛法)을 수증(修證)하고 확연히 깨달음을 비유하며 교법을 듣고서 증득한 바가 매우 깊음을 비유한다. 향상(香象)은 교미기가 되면 뿔에서 향기 나는 액체를 분비하는데 힘이 매우 세고 성질은 광포해져서 제압하기가 어렵다고 한다. 부처님의 경지에 이른 보살을 비유한다. 『우바새계경(優婆塞戒經)』에 토끼와 말과 향상(香象)의 세 짐승이 물을 건넘을 비유하고 있다. 향상(香象)이 물을 건넘은 철저하게 흐름을 끊은 것을 나타내고 있다. "선남자여. 저 항하의 강물을 토끼와 말과 향상(香象)의 세 짐승이 함께 건너는데, 토끼는 밑에 이르지 않고 물에 떠내려가고, 말은 혹 밑에 닿기도 하거나 닿지 않기도 하며, 코끼리는 밑에 완전히 닿는다. 항하의 강이란 곧 십이인연(十二因緣)의 강을 말한다. 성문이 건널 때는 마치 저 토끼와 같고, 연각이 건널 때는 저 말과 같으며, 여래가 건널 때는 향상(香象)과 같으므로 여래를 부처님이라고 이름한다." (T24n1488_p1038b08~13, 『優婆塞戒經』 「三種菩提品」 第五. "善男子. 如恒河水三獸俱渡, 兎馬香象, 兎不至底浮水而過, 馬或至底或不至底, 象則盡底. 恒河水者

말씀드렸다. "『열반경』에서 나왔습니다."1153)
말씀하셨다. "선정 전에 듣느냐, 선정 뒤에 듣느냐?"
말씀드렸다. "스님께서 떠내려가십니다."
말씀하셨다.
"말을 하기는 엄청 잘1154) 말했다마는 절반 정도 알았다고 말할 수 있겠구나."
말씀드렸다. "스님께서는 어떠십니까?"
말씀하셨다. "여울 속에서 영접하지."1155)

묘희스님이 말씀하셨다.
"어디서 처리하는데?"1156)

即是十二因緣河也. 聲聞渡時猶如彼兎, 緣覺渡時猶如彼馬, 如來渡時猶如香象, 是故如來
得名爲佛.")
1153) 지금 전해지고 있는 『열반경』에서는 이런 문구를 찾기가 어렵다.
1154) 太殺(태쇄) : 태쇄(太煞), 태쇄(太晼), 태쇄(大殺)로도 쓴다. 중국의 방언이다. '엄청'
'과분하게' '매우' 등의 뜻으로 쓰인다.
1155) 接取(접취) : 영접하다, 마중하다, 받아들이다, 수취하다, 접수하다의 뜻. 월운스님은
『선문염송·염송설화』 21권에서 '잡아라.'고 번역하고 주(註)를 달기를, '여기에는 두 가지
뜻이 있으니 하나는 흐름을 따라 미묘함을 잡으라는 의미이고, 다른 하나는 이미 흘러간
물이니 이미 틀렸다는 의미이다.'라고 하고 있다. (김월운, 『선문염송·염송설화』 7, p317.
동국역경원, 2005.) 『경덕전등록』 17권에서는 '건져다오.'라고 번역하였다. (월운스님,
『전등록』 2, p420. 동국역경원, 2008.) 《선림고경총서》 『조산록』에서는 '맞이해 오겠네.'
라고 번역하였다. (백련선서간행회, 『조동록』, p167. 장경각, 1989.)
1156) 叅處(참처) : 영접하여 처리함. 참작하여 처리함. 처분을 내림.

639. 백장회해百丈懷海

百丈和尚, 凡參次, 有一老人, 常隨衆聽法. 衆退老人亦退, 忽一日不退, 丈遂問: "面前立者, 復是何人?" 老人云: "某甲非人也. 於過去迦葉佛時, 曾住此山, 因學人問: '大修行底人, 還落因果也無?' 云: '不落因果.' 後五百生, 墮野狐身. 今請代一轉語." 遂問云: "大修行底人, 還落因果也無?" 云: "不昧因果." 老人於言下大悟. 作禮, 云: "某甲已脫野狐身, 住在山後, 乞依亡僧事例." 丈令維那, 白衆, 云: "食後送亡僧." 食後丈領衆, 至山後巖下, 以杖挑出一死野狐. 乃依法火葬. 丈至晚上堂, 擧前因緣, 黃檗便問: "古人錯對一轉語, 墮五百生野狐身, 轉轉不錯, 合作箇甚麼?" 丈云: "近前來與汝道." 檗遂近前與丈一掌. 丈拍手笑, 云: "將謂胡鬚赤, 更有赤鬚胡."

潙山作典座, 司馬頭陁, 擧前語問潙, 潙乃撼門扇三下. 司馬云: "太麤生." 潙云: "佛法不是遮箇道理." 潙又擧問仰山, 山云: "黃檗常用此機." 潙云: "天生得從人得?" 曰: "亦是稟受師承, 亦是自性宗通." 潙云: "如是! 如是!"

眞淨頌, 云: "不落藏鋒不昧分, 要伊從此脫狐身. 人人盡道休官去, 林下何曾見一人?"

眞如頌, 云: "大冶洪鑪, 烹佛烹祖. 規模鎔盡, 識者罔措."1157)

백장 회해스님1158)이 범참(凡參)1159)하실 때에 한 노인이 늘 대중을 따라 법문을 들었다.

대중이 물러가면 노인도 역시 물러갔다.

그런데 하루는 물러가지 않았다.

백장스님이 곧 물으셨다.

"앞에 서 있는 이는 어떤 사람이요?"

노인이 말했다.

1157) 『聯燈會要』 卷第四, X79n1557_p0041b01~20. 『禪門拈頌集』 卷第六, K46-0088, 184則. 『洪州百丈山大智禪師語錄』, X69n1322_p0006c03~19. 『古尊宿語錄』 卷第一, X68n1315_p0005c06~22. 참조.

1158) 百丈懷海(백장회해) : 조계혜능(曹溪慧能)-남악회양(南嶽懷讓)-마조도일(馬祖道一)-백장회해(百丈懷海). 749~814. 주42) 참조.

1159) 凡參(범참) : 평상시에 하는 대중 상당 법문.

"저는 사람이 아닙니다. 과거 가섭부처님 당시에 일찍이 이 산에 머물렀는데 학인이 묻기를 '위대한 수행인도 인과에 떨어집니까?'라고 하기에 '인과에 떨어지지 않는다.'라고 하였다가 뒤에 오백생을 여우의 몸에 떨어졌습니다. 지금 대신 일전어(一轉語)를 말씀해 주십시오."

그리고는 여쭈었다.

"위대한 수행인도 인과에 떨어집니까?"

말씀하셨다.

"인과에 매(昧)하지 않는다."

노인이 말 떨어지자마자 크게 깨달았다.

절을 올리고 말씀드렸다.

"제가 이미 여우의 몸을 벗어버리고 산 뒤쪽에 있으니 돌아가신 스님의 의례로 처리해 주셨으면 합니다."

백장스님이 유나로 하여금 대중에게 알리게 하셨다.

"공양 후에 스님의 다비식이 있습니다."

공양 후에 백장스님이 대중을 거느리고 산 뒤쪽 바위 아래로 가서 지팡이로 한 마리의 죽은 여우를 들추어 꺼내셨다.

그리고 법식대로 다비식을 치렀다.1160)

1160) 이 화(話)에 대한 대혜스님의 염송이 있다. "안 떨어짐과 매하지 않음이라니,/ 돌덩어리와 흙덩어리로구나./ 별안간 도중에 서로 만나니/ 은산철벽 산산이 가루 되었네./ 손뼉치고 하하하 한바탕 웃음/ 명주의 포대화상이로구나."(T47n1998Ap0852b14~15, 『大慧普覺禪師語錄』 卷第十. "不落不昧, 石頭土塊. 驀路相逢, 銀山粉碎. 拍手呵呵笑一場, 明州有箇憨布袋.")
　또 상당법문이 두 개 있다. "한 스님이 여쭈었다. 「위대한 수행인도 인과에 떨어집니까?」하는 물음에 대해, 앞의 백장스님은 「인과에 떨어지지 않는다.」고 하셨는데, 어째서 여우의 몸에 떨어졌습니까?' 스님이 대답하셨다. '사람을 만나면 그저 〈이렇게〉 말하렴.' 그 스님이 다시 여쭈었다. '그런데 뒤의 백장이 「인과에 어둡지 않다」고 했는데, 어째서 여우의 몸을 벗었습니까?' 스님이 대답하셨다. '사람을 만나면 그저 〈이렇게〉 말하렴.' 그 스님이 다시 물었다. '어떤 사람이 경산에 와서 「위대한 수행인도 인과에 떨어집니까?」하고 여쭈면, 스님께서는 도대체 그에게 어떻게 말씀하시겠습니까?' 스님이 대답하셨다. '사람을 만나면 그저 〈이렇게〉 말하라고 그에게 말해주지.' 그리고는 말씀하셨다. '위대한 수행인이 인과에 떨어지는구나.' 불자로 선상을 한 번 치셨다. 말씀하셨다. '역시 이 소식을 여의지 않았군. 위대한 수행인은 인과에 떨어지지 않았구나.' 다시 선상을 한 번 치셨다. 말씀하셨다. '역시 이 소식을 여의지 않았군. 떨어지건 떨어지지 않건 다 집어치우고, 무엇을 인과라 하느냐?' 선상을 한 번 치셨다. 말씀하셨다. '역시 이 소식을 여의지 않았구나.' 그리고는 불자를 세우셨다. 대중을 부르셨다. 말씀하셨다. '오백 생 전의 소식이니, 생각으로 따로 찾을 필요 없다.'"(T47n1998Ap0822a15~27, 『大慧普覺禪師住徑山能仁禪院語錄』 卷第三. "僧問:「大修行底人, 還落因果也無?」前百丈云:「不落因果.」爲甚麼墮野狐身?' 師云:'逢人但恁麼擧.' 進云:'只如後百丈道:「不昧因果.」 爲甚麼脫野狐

　백장스님이 저녁에 상당(上堂)하시어 앞의 인연을 말씀하시니, 황벽스님이 곧 여쭈셨다.
　"옛 사람이 일전어(一轉語)를 잘못 대답하여 오백생을 여우의 몸에 떨어졌는데 전어(轉語)와 전어(轉語)가 잘못이 아니라면 어떻게 되는 것입니까?"1161)
　백장스님이 말씀하셨다.
　"가까이 와라. 자네에게 말해주겠다."
　황벽스님이 곧 가까이 가서 백장스님을 한 대 갈기셨다.
　백장스님이 손뼉을 치고 하하 웃으시며 말씀하셨다.
　"오랑캐의 수염이 벌그레하다고 말하려고 했더니, 다시 벌그레한 수염 오랑캐가 있었구나."

　위산 영우스님이1162) 전좌(典座)의 소임을 맡고 있었는데 사마두타가1163) 앞의 이야기를 꺼내어 위산스님께 물으셨다.1164)

　身?' 師云: '逢人但恁麼擧.' 進云: '或有人問徑山: 「大修行底人, 還落因果也無?」未審和尙向他道甚麼?' 師云: '向他道, 逢人但恁麼擧.' 乃云: '大修行人落因果.' 以拂子擊禪床一下. 云: '也不離這箇消息. 大修行人不落因果.' 又擊禪床一下. 云: '也不離這箇消息. 落與不落一筆句下, 卻喚甚麼作因果?' 復擊禪床一下. 云: '也不離這箇消息.' 乃擧起拂子. 召大衆, 云: '五百生前消息在, 不須意下別搜求.') "스님이 말씀하셨다. '떨어지지 않음과 매(昧)하지 않음이라. 절반은 밝고 절반은 어둡구나. 매(昧)하지 않고 떨어지지 않음이라. 양쪽이 텅 비어 궁색하구나. 오백·생 전의 한낱 여우가 지금 궁벽한 데서 마구 다그치는구나.' 한 번 '억!' 할을 하셨다. 말씀하셨다. '좌중에 강남의 손님이 있으니, 술통을 앞에 놓고 자고새의 노래는 사양하겠네.'"(T47n1998Ap0845a01~04, 『大慧普覺禪師住福州洋嶼菴語錄』卷第八, 「泉州小谿雲門菴語錄」. "師云: '不落與不昧. 半明兼半晦. 不昧與不落. 兩頭空索索. 五百生前箇野狐, 而今冷地謾追呼.' 喝一喝. 云: '座中既有江南客, 休向尊前唱鷓鴣.'")
1161) 轉轉不錯 合作箇甚麼(전전불착 합작개심마) : '전전(轉轉)'은 보통 '점점' 또는 '차츰차츰'의 뜻이지만 여기서는 앞의 일전어(一轉語)와 뒤의 일전어(一轉語)를 말한다. 《선림고경총서》 『백장록/四家語錄』에서는 '오늘 한 마디 한 마디 어긋나지 않으면 어떻습니까?'로 번역하고 있다. (백련선서간행회, 『마조록·백장록』, p89. 장경각, 1989.) 월운스님은 『선문염송·염송설화』 6권에서 '지금 사람들이 다음다음 잘못하지 않을 때엔 어찌합니까?'라고 번역하고 있다. (김월운, 『선문염송·염송설화』, p348. 동국역경원, 2005.) 이 구절이 『백장어록』에는 "오늘 일전어와 일전어가 잘못이 없을 땐 어떻습니까?"라고 나온다. (69n1322_p0006c12~13, 『洪州百丈山大智禪師語錄』. "今日轉轉不錯是如何?") 『고존숙어록』 1권에서는 "지금 사람의 일전어와 일전어가 잘못이 없는 것은 어떻습니까?"라고 되어 있다. (X68n1315_p0005c15, 『古尊宿語錄』卷第一. "今人轉轉不錯是如何?")
1162) 潙山靈祐(위산영우) : 남악회양(南嶽懷讓)-마조도일(馬祖道一)-백장회해(百丈懷海)-위산영우(潙山靈祐). 771~853. 주39) 참조.
1163) 司馬頭陁(사마두타) : 백장스님의 수법제자로 보이는 그의 전기는 거의 알려진 것이

위산스님이 이에 사립문을 붙들고 세 번 흔드셨다.
사마두타가 말씀하셨다. "너무 거칠군요."
위산스님이 말씀하셨다. "불법은 이러한 도리가 아닙니다."

위산스님이 또 앙산스님에게 물으셨다.
앙산스님이 말씀드렸다.
"황벽스님은 이러한 기봉(機鋒)을 늘 쓰셨습니다."
위산스님이 말씀하셨다.
"저절로 얻은 것이냐, 남에게서 얻은 것이냐?"
말씀드렸다.
"스승에게서 이어 받은 것이기도 하며, 역시 자성(自性)의 종지(宗旨)를 잘 통달한 것이기도 합니다."
위산스님이 말씀하셨다. "그렇지! 그렇지!"

진정 극문스님1165)이 노래하셨다.

"불락(不落)은 칼날을 감춤이요 불매(不昧)는 갈라 버림이니
이로부터 그가 여우 몸을 벗어나고자 함이었네.
사람들마다 모두 벼슬을 그만뒀다 말하지만
숲속에서 어찌 일찍이 한 사람이라도 보았으랴?

대위 진여스님1166)이 노래하셨다.

없으나 『전등록』 9권에서 "사마두타는 참선 외에 인륜의 모범을 쌓고 땅의 이치를 궁구하니, 제방의 선원에서 흔히 그의 말대로 결정을 하였다."라고 나온다. (T51n2076_p0264b28~29, 『景德傳燈錄』 卷第九. "司馬頭陀叅禪外, 蘊人倫之鑒, 兼窮地理, 諸方刱院多取決焉.")

1164) 『백장어록』에는 물음의 내용이 나온다. "전좌는 어떠시오?" (X69n1322_p0006c15. "典座作麼生?")

1165) 眞淨克文(진정극문) : 분양선소(汾陽善昭)-석상초원(石霜楚圓)-황룡혜남(黃龍慧南)-진정극문(眞淨克文). 1025-1102. 주50) 참조.

1166) 大潙眞如(대위진여) : 분양선소(汾陽善昭)-석상초원(石霜楚圓)-취암가진(翠巖可眞)-대위진여(大潙眞如). ?~1095. 대위모철(大潙慕哲). 위산모철(潙山慕哲), 진여모철(眞如慕哲), 지해진여(智海眞如)로도 불림. 주704) 참조.

"솜씨 좋은 대장장인 용광로에다
부처님도 조사도 삶아버린다.
본뜨는 거푸집마저 녹아내리면
아는 자는 손을 쓸 수조차 없다네.

640. 지공화상誌公和尙

寶公云: "如我身空諸法空, 千品萬類悉皆同."
雲門云: "你立不見立, 行不見行. 四大五蘊不可得, 何處
見有山河大地來? 是你每日把鉢盂喫飯, 喚甚麼作飯, 何處
更有一粒米來?"1167)

보공스님1168)이 말씀하셨다.
"마치 나의 몸이 공(空)하듯 제법(諸法)도 공(空)하고 천품만류(千品萬
類)의 모든 만물이 다 같다."

운문 문언스님1169)이 말씀하셨다.
"네가 서 있으나 서 있음을 보지 못하고 다녀도 다님을 보지 못한다.
사대(四大)와 오온(五蘊)도 알 수 없는데 어디서 산하대지를 보겠느
냐?
네가 매일 발우를 들고 밥을 먹는데 무엇을 밥이라고 부르며 어느
곳에 다시 한 톨의 쌀이라도 있느냐?"

1167) 『雲門匡眞禪師廣錄』卷中, T47n1988_p0555b14~17. 『聯燈會要』卷第二十四, X79n
1557_p0207c12~15. 『古尊宿語錄』卷第十六,「雲門匡眞禪師廣錄中」, X68n1315_p0101
c07~10. 참조.
1168) 寶公(보공) : 보지선사(寶誌禪師), 또는 보지선사(保誌禪師), 지공선사(誌公禪師), 지공
화상(誌公和尙)이라고도 한다. 주862) 참조.
1169) 雲門文偃(운문문언) : 용담숭신(龍潭崇信)-덕산선감(德山宣鑑)-설봉의존(雪峰義存)-운
문문언(雲門文偃). 864~949. 주153) 참조.

641. 천성호태天聖皓泰

天聖泰和尚, 到琅邪覺和尚處. 覺問:“理兵掉鬪, 未是作家. 匹馬單槍, 便請相見.” 泰指覺, 云:“將頭不猛, 累及三軍.” 覺打一坐具, 泰亦打一坐具. 覺接住, 云:“適來一坐具, 是山僧令行, 上座一坐具, 落在甚麼處?” 泰云:“伏惟尚饗.” 覺托開, 云:“五更侵早起, 更有夜行人.” 泰云:“賊過後張弓.” 覺云:“且坐喫茶.”1170)

천성 호태스님1171)이 낭야 혜각스님1172)의 처소에 가셨다.

혜각스님이 물으셨다.

“병사를 통솔하여1173) 마구 싸우게 함은 작가가 아닙니다. 필마단창(匹馬單槍)1174)으로 즉시 뵈었으면 합니다.”

호태스님이 혜각스님을 가리키며 말씀하셨다.

“장수가 용맹하지 않으면 군대에 해를 끼치게 되죠.”

혜각스님이 좌구(坐具)로 때리셨다.

호태스님도 역시 좌구로 때리셨다.

혜각스님이 붙들어 쥐고 말씀하셨다.

“방금 좌구 한 방은 산승의 법령을 실행한 것인데, 상좌의 좌구 한 방은 어디에 떨어졌소?”

호태스님이 말씀하셨다.

“복유상향(伏惟尚饗).”

혜각스님이 놓아주면서 말씀하셨다.

“오경(五更)1175)이 되어서 일찍 일어났는데도 어찌1176) 도적이 있

1170) 『聯燈會要』 卷第十三, X79n1557_p0113b02~07. 『五燈會元』 卷第十二, X80n1565_p0243a16~21. 『續傳燈錄』 卷第三, T51n2077_p0486c16~22. 참조.

1171) 天聖皓泰(천성호태) : 풍혈연소(風穴延沼)-수산성념(首山省念)-분양선소(汾陽善昭)-천성호태(天聖皓泰). 임제종 스님으로 하동(河東)사람이다. 안길주(安吉州) 천성(天聖)에 주석하였다.

1172) 琅邪慧覺(낭야혜각) : 풍혈연소(風穴延沼)-수산성념(首山省念)-분양선소(汾陽善昭)-낭야혜각(琅邪慧覺). 주210) 참조.

1173) 理兵(이병) : 병사를 통솔하다. 군대를 다스리다. 『연등회요』 13권에서는 埋兵(매병)으로 나온다. (X79n1557_p0113b02. “埋兵掉鬪.”)

1174) 匹馬單槍(필마단창) : 한 필의 말과 한 자루의 창. 도와주는 사람 없이 오직 홀로 싸움.

1175) 五更(오경) : 하룻밤을 다섯으로 나누었을 때의 다섯째 부분(部分). 일경(一更)은 약 2

소?"

호태스님이 말씀드렸다. "도적이 지나간 뒤에야 활을 당기는군요."
혜각스님이 말씀하셨다. "자. 앉아서 차 드시지요."

642. 장사경잠長沙景岑

長沙和尚, 因竺尚書問: "蚯蚓斬爲兩段, 兩頭俱動, 未審佛性在阿那頭?"
曰: "莫妄想." 書云: "爭奈動何?" 曰: "會卽風火未散." 又謁師, 師喚: "尚
書!" 書應喏. 曰: "不是尚書本命元辰." 書云: "不可離却卽今祇對, 別有第
二箇主人公也." 曰: "喚尚書作至尊得麼?" 書云: "與麼則總不祇對和尚, 莫
是弟子主人公否?" 曰: "非但祇對與不祇對時, 從無始劫來是箇生死根本."
乃示偈曰: "學道之人不識眞, 只爲從來認識神. 無量劫來生死本, 癡人喚作
本來人."
妙喜曰: "卽今祇對者旣不是本來人, 却喚甚麼作本來人?" 良久. 曰: "我恁
麼道, 且作死馬醫."1177)

장사 경잠스님1178)께 축상서가 여쭈었다.
"지렁이를 두 동강 내버리면 양쪽 머리가 함께 움직이는데, 도대체
불성이 어느 쪽 머리에 있습니까?"
말씀하셨다. "망상피우지 마시오."
상서가 말씀드렸다. "어째서 움직이냐고요?"
말씀하셨다. "바람과 불이 흩어지지 않은 줄 아시오."1179)

시간이다. 새벽 네 시 전후(前後)임.
1176) 更有(갱유) : 어찌 ~이 있는가?
1177) 『景德傳燈錄』 卷第十, T51n2076_p0274b11~18. 『聯燈會要』 卷第六, X79n1557_p0
  062c20~0063a05. 『禪門拈頌集』 卷第十三, K46-0210, 495則. 『五燈會元』 卷第四,
  X80n1565_p0094c20~0095a02. 참조.
1178) 長沙景岑(장사경잠) : 남악회양(南嶽懷讓)-마조도일(馬祖道一)-남전보원(南泉普願)-장사경
  잠(長沙景岑). ?~868. 주989)참조.
1179) 『전등록』 10권에서는 이 화(話)가 축상서(竺尚書)의 질문이 아니라 '어떤 스님'의 질
  문으로 나온다. (T51n2076_p0275c06~08. "又有僧問: '蚯蚓斷爲兩段, 兩頭俱動, 未審佛
  性在阿那頭?' 師云: '妄想作麼?' 僧云: '其如動何?' 師云: '汝豈不知火風未散?'")

또 스님을 알현하니, 스님이 부르셨다.
"상서!"
상서가 대답하였다.
"네!"
말씀하셨다.
"상서의 본명원진(本命元辰)1180)이 아닙니다."
상서가 말씀드렸다.
"바로 지금 응답하는 것을 떠나 따로 두 번째 주인공이 있을 수는 없습니다."
말씀하셨다.
"상서를 지존이라 할 수 있겠습니까?"
상서가 말씀드렸다.
"이렇다면 스님께 아예 대답하지 않는 것이 이 제자의 주인공이 아닙니까?"
말씀하셨다.
"다만 응답하고 응답하지 않을 때 뿐만 아니라 시작도 없는 예로부터 생사의 근본입니다."
그리고는 게(偈)로 가르치셨다.

"도 배우는 사람 참을 알지 못함은
본래부터 식신(識神)을 죽 잘못 안 탓.
한량없는 예부터 생사 근본을
멍청한 이는 본래인(本來人)으로 부르네."

묘희스님이 말씀하셨다.
"바로 지금 응답하는 이가 곧 본래인이 아니라면 도리어 어떤 것이 본래인이냐?"

1180) 本命元辰(본명원진) : 본명(本命)은 태어난 해의 간지(干支)를 말한다. 여기서는 근원적 성품이란 뜻. 원진(元辰)은 북극성, 또는 해와 달, 별의 통칭이기도 하며, 새해 첫날, 길일(吉日), 길한 별, 별자리 등을 말한다. 여기서는 모든 별이 북극성을 중심으로 돌듯이 근원적 별 곧, 존재의 핵심을 말함. 따라서 본명원진(本命元辰)은 태어난 해와 간지가 똑같은 별자리를 말하지만 여기 선가(禪家)에서는 본래면목을 말한다.

한참 묵묵히 계셨다.

말씀하셨다.
"내가 이렇게 말한 것도 또 사마의(死馬醫)[1181]가 된 것이다."

643. 백운수단白雲守端

白雲端和尚, 示眾, 云: "如我按指, 海印發光." 拈起拄
杖. 云: "山河大地, 水鳥樹林, 情與無情, 今日盡向法華拄
杖頭上, 作大師子吼, 演說摩訶大般若. 且道. 天台南嶽說
箇甚麽法門? 南嶽說洞上五位修行, 君臣父子各得其宜, 莫
守寒巖異草青, 坐著白雲宗不妙. 天台說臨濟下三玄三要四
料揀, 一喝分賓主, 照用一時行, 要會箇中意, 日午打三更. 廬山出來道: '你
兩箇正在葛藤窠裏. 不見道? 欲得不招無間業, 莫謗如來正法輪.' 大眾. 據
此三箇漢見解, 若上衲僧秤子秤, 一箇重八兩, 一箇重半斤, 一箇不直半分錢.
且道. 那箇不直半分錢?" 良久. 云: "但願春風齊著力, 一時吹入我門來
."[1182]

백운 수단스님[1183]이 대중에게 열어 보이셨다.
"내가 손가락으로 누르면 해인(海印)[1184]이 빛을 냅니다."

1181) 死馬醫(사마의) : 죽은 말을 산 말로 만드는 의사. 되지도 않을 일을 쓸데없이 하는
　　 일. 또는 중하근기(中下根器)의 학인들을 대하여 최대로 방편교법(方便敎法)을 써서 노력
　　 하여 깨달음으로 이끄는 것을 말함.
1182) 『聯燈會要』卷第十五, X79n1557_p0129b17~c02. 『五燈會元』卷第十九, X80n1565
　　 _p0390a10~21. 『白雲端和尚語錄』卷一, 「舒州法華山證道禪院語錄」, X69n1352_p0309
　　 a20~b07. 참조.
1183) 白雲守端(백운수단) : 임제의현(臨濟義玄)-흥화존장(興化存獎)-보응혜옹(寶應慧顒)-풍
　　 혈연소(風穴延沼)-수산성념(首山省念)-분양선소(汾陽善昭)-석상초원(石霜楚圓)-양기방회
　　 (楊岐方會)-백운수단(白雲守端). 1025~1072. 주98) 참조.
1184) 海印(해인) : 해인삼매(海印三昧)를 말한다. ⑨sāgaramudrā-samādhi. 바다에 일체의
　　 사물이 인상(印象)되듯이 맑고 고요한 아누다라삼먁삼보리에 일체의 마음이 인현(印現)하는
　　 것. 청량징관(淸凉澄觀)스님의 설명이 있다. "해인삼매에서 해인은 비유이니, 비유로부터 이름
　　 이 나온 것이다. 「현수품소(賢首品疏)」에서 잘 설명하고 있다. 대략 그 내용을 보여주자면 향

주장자를 잡으셨다.

말씀하셨다.
"산하대지와 물새들과 수풀과 정(情)이 있는 것과 정(情)이 없는 것들이 오늘 모두 다 이 법화(法華)의 주장자 끝에서 엄청난 사자후를 하고 마하대반야를 연설합니다.
바로 여기 말해 보시오.
천태(天台)스님과 남악(南嶽)스님이[1185] 무슨 법문을 하였습니까?

남악스님은 동상오위(洞上五位)[1186]의 수행을 하게 하여 임금과 신하, 아비와 아들이 각기 그 마땅함을 알 수 있도록 하였는데, 찬 바위와 갖가지 풀들이 푸름을 지키지 않고 흰구름에 앉아 버리니 종지(宗旨)가 미묘하지 않게 되어버렸다고 말합니다.

천태스님은   임제하의   삼현(三玄)·삼요(三要)·사료간(四料揀)을[1187]

수해가 맑고 담연하여 움직임이 없는 향수해가 있는데 사천하 속의 모든 물질 몸의 형상들이 모두 다 그 속에서 무늬가 찍히는 것이 마치 도장으로 사물을 찍는 것과 같다. 또한 한없이 맑고 넓은 바다와 같이 구름 없는 맑은 하늘에 수많은 별과 달이 밝게 모두 드러나지만 오고 감이 없고, 있는 것도 아니고 없는 것도 아니며, 하나도 아니요 다른 것도 아님과 같다. 여래의 지혜바다에도 식심(識心)의 파도가 생겨나지 않아, 맑고 맑으며 지극히 밝고 지극히 고요한데 무심에서 몰록 일체중생의 마음과 근(根)의 욕구를 현현(顯現)한다. 마음과 근(根)의 욕구는 아울러 지혜 속에 있음이 마치 바다가 형상을 함용(含容)함과 같다. 그러므로 『화엄경』에서 이르셨다. '마치 바다에 널리 중생 몸이 나타나는 것으로써 큰 바다라고 하듯이 보리에서 모든 마음의 움직임을 인상(印象)한다.' 이러한 까닭으로 정각이 한량없다고 한 것이다. 오직 지혜가 사물과 마음을 나타낼 뿐만 아니라 또한 이 지혜에 의지하여 몰록 삼라만상을 나타내고 모든 무리들에게 응하는 것이다. 「현수품」에서 말씀하셨다. '혹은 어린아이의 형상으로 나타나고 천룡들과 아수라 내지 마후라가 등에도 형상을 나타낸다. 그 좋아하는 모습대로 중생의 형상을 보게 한다. 모두가 각각 행업이 같지 않고 음성도 한량없이 달리 나지만 이러한 모든 일체를 모두 다 능히 나타내는데 해인삼매의 위신력으로 인한 것이다." (『大方廣佛華嚴經隨疏演義鈔』卷第一, T36n1736_p0004b14~29.)
1185) 여기 나오는 천태(天台)와 남악(南嶽)과 여산(廬山)의 세 사람은 누군지 알 수가 없다.
1186) 洞上五位(동상오위) : 동산 양개스님이 세운 정변오위설(正偏五位說)과 공훈오위설(功勳五位說)을 바탕으로 조동종의 대표적 이론인 동상오위설(洞上五位說)이 형성되었다. 정변오위설(正偏五位說)은 정위각편(正位却偏)·편위각정(偏位却正)·정위중래(正位中來)·편위중래(偏位中來)·상겸대래(相兼帶來) 등의 다섯이다. 공훈오위설(功勳五位說)은 향(向)·봉(奉)·공(功)·공공(共功)·공공(功功) 등의 다섯이다.
1187) 三玄·三要·四料揀(삼현·삼요·사료간) : 임제스님이 학인을 접화(接化)하기 위해 세운

일 할(一喝)로 빈주(賓主)1188)로 나누고 조용(照用)1189)을 일시에 실행하여 그 가운데 뜻을 알고자하나 정오에 삼경의 종을 치는 일이라고 말합니다.1190)

여산(廬山)스님이 나와서 말합니다.
'그 두 사람은 바로 갈등(葛藤)1191) 소굴 속에 있다.
들어보았을 것이다.
「무간업을 불러오지 않으려면 여래의 바른 법륜을 비방하지 마라.」1192)'라고.

대중 여러분.
이 세 사람의 견해를 만일 납자의 저울 위에 달아본다면 하나는 무게가 여덟 량이요 하나는 반근이며, 하나는 반 푼어치도 되질 않습니다.
바로 여기 말해보십시오.
누가 반 푼어치도1193) 안 되는 것입니까?"

한참 묵묵히 계셨다.

말씀하셨다.

방편. 삼현(三玄)은 체중현(體中玄)·구중현(句中玄)·현중현(玄中玄)의 셋이다. 삼요(三要)는 제일요(第一要)·제이요(第二要)·제삼요(第三要)의 셋이다. 사료간(四料揀)은 탈인불탈경(脫人不脫境)·탈경불탈인(脫境不脫人)·인경구탈(人境俱脫)·인경구불탈(人境俱不脫)의 넷이다.

1188) 賓主(빈주) : 임제스님이 세운 사빈주(四賓主)를 말한다. 주간객(主看客)·주간주(主看主)·객간주(客看主)·객간객(客看客)의 넷이다.

1189) 照用(조용) : 임제스님이 세운 것으로 네 가지가 있다. 선조후용(先照後用)·선용후조(先用後照)·조용동시(照用同時)·조용부동시(照用不同時)의 넷이다.

1190) 一喝分賓主 照用一時行 要會箇中意 日午打三更(일할분빈주 조용일시행 요회개중의 일오타삼경) : 이 구절은 석문 자조스님과 석상 초원스님의 법문에 나온다. (X68n1315_p0058a18, 『古尊宿語錄』 卷第九, 「石門山慈照禪師鳳巖集」. X69n1338_p0192b08~09, 『石霜楚圓禪師語錄』. "一喝分賓主, 照用一時行. 要會箇中意, 日午打三更.")

1191) 葛藤(갈등) : 언어문자를 말한다.

1192) 영가스님의 『증도가』에 나오는 구절이다. (T51n2076_p0461a04, 『景德傳燈錄』 卷第三十, 「永嘉眞覺大師證道歌」. "欲得不招無間業, 莫謗如來正法輪.")

1193) 直(치) : 값, 대가. 상당하다.

"그저 바라오니 봄바람이 가지런히 힘을 써서 일시에 우리의 종문(宗門)으로 불어오기를."

644. 경조미호京兆米胡

王常侍, 一日治事次, 米胡至. 侍乃擧筆示之. 米曰: "還判得虛空麼?" 侍乃擲下筆. 入宅更不相見. 米胡致疑, 明日憑華嚴和尚, 置茶筵次設問. "昨日米胡有何言句便不相見?" 侍云: "師子皎人, 韓獹逐塊." 米纔聞, 遽出朗笑, 曰: "我會也! 我會也!" 侍云: "會即不無, 你試道看." 米云: "請常侍擧." 侍乃竪起一隻筯. 米云: "遮野狐精." 侍云: "遮漢徹去也."

大溈喆云: "米胡雖然如是, 且只得一橛. 常侍云: '遮漢徹去.' 大似看樓打樓. 大溈即不然. 常侍雖是箇俗漢, 筆下有生殺之權, 米胡是一方善知識, 要且出佗圈繢不得. 當時待佗擲下筆, 但向道: '我從來疑著遮漢.'"[1194]

왕상시[1195]가 하루는 정무를 처리하고 계셨는데 경조 미호스님[1196]이 찾아 오셨다.

1194) 『景德傳燈錄』 卷第十一, T51n2076_p0286a04~10. 『禪門拈頌集』 卷第十五, K46-0251, 603則. 『聯燈會要』 卷第八, X79n1557_p0078b13~21. 참조.

1195) 王敬初(왕경초) : 마조도일(馬祖道一)-백장회해(百丈懷海)-위산영우(溈山靈祐)-왕경초(王敬初). 양주(襄州) 출신이다. 위산 영우스님의 법맥을 이은 재가인으로 경조미호(京兆米胡)스님과의 '상시척필화(常侍擲笔話)'로 잘 알려진 거사다. 『조당집』 19권·『경덕전등록』 11권·『선원몽구요림』 상권(上卷)·『선종송고련주통집』 26권·『종문염고휘집』 22권·『종감법림』 40권·『어선역대선사어록』 후집상(後集上)·『대광명장』 중권(中卷)·『오등회원』 9권·『오등전서』 17권·『지월록』 13권 등에 나온다. 특히 『조당집』 19권에 다음과 같이 실려 있다. "왕경초 상시(常侍)는 위산스님의 법을 이으셨다. 미호스님이 오시는 것을 보고 붓을 들어 세우시니, 미호스님이 말씀하셨다. '허공도 처리할 수 있겠소?' 천관이 붓을 책상위로 던지고는 곧장 집안으로 들어가서 다시는 나타나지 않으셨다. 미호스님이 곧 의심하였다. 공(公)은 양주(襄州) 연경사(延慶寺) 조사당(祖師堂)의 쌍성비문(雙聲碑文)을 지은 분이다. 조사의 가르침을 널리 선양하시고 현묘한 진리를 사무쳐 깨달으셨으니, 이치는 금석(金石)의 소리를 머금고 문장은 풍운(風雲)의 운(韻)을 안아 세상에 널리 행해졌다."(『祖堂集』 卷第十九, K45-0353. 참조.)

1196) 京兆米胡(경조미호) : 마조도일(馬祖道一)-백장회해(百丈懷海)-위산영우(溈山靈祐)-경조미호(京兆米胡). 미칠화상(米七和尚)이라고도 한다. '미호거필(米胡擧筆)' '미호금시(米胡今時)' '미호약산(米胡藥山)' '미호자고(米胡自古)' 등의 공안이 있다. 『경덕전등록』 11권·『선문염송집』 15권·『연등회요』 8권·『오등회원』 9권·『지월록』 13권·『선종송고련주통집)』 26권·『종문염고휘집)』 22권·『종감법림』 41권 등에 그의 법문이 실려 있다.

왕상시가 붓을 들어 보이시니, 미호스님이 말씀하셨다.
"허공도 처리할 수가 있겠소?"
왕상시가 바로 붓을 던지고 집으로 들어가시더니 다시는 나타나질
않으셨다.

미호스님이 의심을 하고 계시다가, 다음날 화엄스님1197)에게 의뢰하
여1198) 차 마시는 자리에서 질문하게 하셨다.
"어제 미호스님이 무슨 말씀을 하셨기에 나타나지 않았소?"
왕상시가 말씀하셨다.
"사자는 사람을 물고 개는 흙덩이를 쫓아가지요."
미호스님이 그 말을 들으시자마자 재빨리 나와서 유쾌하게 웃으면서
말씀하셨다.
"알았다! 알았다!"
왕상시가 말씀하셨다.
"아는 것은 없지 않겠지만 어디 한 번 말씀해 보시오."
미호스님이 말씀하셨다.
"상시께서 말해보시지요."
왕상시가 바로 젓가락 한 짝을 세워 드셨다.
미호스님이 말씀하셨다.
"이 여우 놈아!"
왕상시가 말씀하셨다.
"이놈이 철저하게 알아버렸구나!"

대위 모철스님1199)이 말씀하셨다.
"미호스님이 비록 이와 같지만 일단은 그저 말뚝하나만을 얻었다.
상시가 말하기를 '이놈이 철저하게 알아버렸구나'라고 했으니, 망루 짓
는 것을 보고 망루를 짓는 것과1200) 흡사하구나.

1197) 『전등록』 11권에서는 고산(鼓山)스님으로 나온다.
1198) 憑(빙) : 의뢰하다. 부탁하다.
1199) 大潙慕喆(대위모철) : 분양선소(汾陽善昭)-석상초원(石霜楚圓)-취암가진(翠巖可眞)-대
    위모철(大潙慕喆). ?~1095. 위산모철(潙山慕喆), 진여모철(眞如慕喆), 지해진여(智海眞如),
    대위진여(大潙眞如)로도 불림. 주704) 참조.

이 대위(大潙)는 그러지 않겠다.

상시가 비록 속인이긴 하지만 붓 끝에 살리고 죽이는 권한이 있는데, 미호스님이 한 지역의 선지식이긴 하나 그의 함정을 빠져나가질 못하였다.

그 당시 그가 붓을 던져버릴 때 곧바로 '내가 죽 이놈을 의심해왔다'라고 말했어야 했다."

645. 임제의현臨濟義玄

臨濟和尚, 在黃檗會裏, 因首座勉令問黃檗: "如何是佛法的的大意?" 檗邃與二十棒. 如是三次問, 每蒙賜棒. 乃告辭首座, 曰: "幸蒙慈悲令去問訊和尚. 三度發問, 三度喫棒, 自恨障緣, 不領深旨. 今且辭去." 座曰: "汝若去, 須辭和尚了行." 濟邃禮拜退. 座先到黃檗處, 白曰: "問話底後生, 甚是如法. 已後為一株大樹, 蔭覆天下人去在. 若來辭和尚, 願垂提誨." 濟乃辭黃檗, 檗曰: "汝向高安灘頭大愚處去. 必為汝說." 濟到大愚, 愚問: "甚麼處來?" 云: "黃檗來." 曰: "黃檗有何言句?" 濟邃擧前話, 復問云: "不知過在甚處?" 愚曰: "黃檗與麼老婆心, 為汝得徹困, 更來遮裏問有過無過?" 濟於言下大悟. 云: "元來黃檗佛法無多子!" 大愚扭住, 曰: "遮尿床鬼子! 適來道有過無過, 如今却言黃檗佛法無多子, 汝見箇甚麼道理? 速道! 速道!" 濟於大愚肋下, 築三拳, 愚托開, 曰: "汝師黃檗. 非干我事." 濟回黃檗. 檗見來, 乃曰: "遮漢來來去去. 有甚了期?" 濟云: "只為老婆心切." 邃擧前話. 檗曰: "遮大愚老漢饒舌. 作麼生得佗來?" 云: "要佗來作麼?" 檗曰: "待佗來痛與一頓." 濟云: "說甚麼待佗來? 即今便喫." 隨後便掌. 黃檗曰: "遮風

1200) 看樓打樓(간루타루) : 적이 망루를 지으면 역시 이쪽에서도 망루를 지음. 곧 남이 하는 대로 따라하는 것의 비유. 또는 『선문염송집』 13칙과 16칙에서는 '看耬打耬(간루타루)'라고 나온다. 耬(루)는 씨앗을 뿌리는 농기구다. 『위략(魏略)』에서 나오는 고사로 황보음(皇甫陰)이 격황(燉煌)의 태수로 부임하였는데 백성들이 씨 뿌리는 방법을 잘 모르는 것을 보고 누(耬)를 써서 씨 뿌리는 방법을 가르쳐 주었더니 파종하는데 힘이 반 정도 밖에 안 들었다고 한다. 이때부터 너나 나나 할 것 없이 누(耬)를 써서 씨를 뿌렸는데, '남이 누(耬)를 써서 씨앗을 뿌리는 것을 보고 나도 누(耬)로 씨앗을 뿌린다'는 말이 생겨난 것이다. 곧 상대방의 행위에 맞추어 나의 행위를 결정하는 대기응변(大機應變)을 말한다.

顛漢, 却來遮裏捋虎鬚." 濟便喝. 檗曰: "侍者. 引遮風顛漢參堂去."
　潙山問仰山: "臨濟得大愚力, 得黃檗力?" 仰山曰: "非但騎虎頭, 亦解據虎尾." 1201)

　임제 의현스님1202)이 황벽 희운스님1203)의 회상에 계실 때, 수좌스님1204)이 권하여 황벽스님께 여쭈었다.
"어떤 것이 불법의 적적(的的)한 대의(大意)입니까?"
황벽스님이 바로 스무 방을 때리셨다.
이와 같이 세 번에 걸쳐 묻고 매번 몽둥이를 맞으셨다.

　이윽고 수좌스님에게 작별을 하면서 말씀드렸다.
"다행히도 자비를 입어 스님께 질문을 드릴 수 있었습니다. 세 번을 여쭙고 세 번을 방망이를 맞았으나 한탄스러운 것은 장애가 있어 깊은 지취(旨趣)를 깨닫지 못한 것입니다. 지금 바로 떠날까 합니다."
　수좌가 말씀하셨다.
"자네가 가겠다면 반드시 큰스님께 하직하고 떠나시게."
임제스님이 곧 절을 올리고 물러가셨다.

1201)『景德傳燈錄』卷第十二, T51n2076_p0299b17~c11.『天聖廣燈錄』卷第十, X78n155
　　3_p0464b24~0465a10.『鎮州臨濟慧照禪師語錄』, T47n1985_p0504b28~0505a04. 『聯
　　燈會要』卷第九, X79n1557_p0081a05~b11.『禪門拈頌集』卷第十五, K46-0252, 607
　　則.『五燈會元』卷第十一, X80n1565_p0220c08~0221a11.『古尊宿語錄』卷第五,「臨濟
　　禪師語錄之餘」, X68n1315_p0031c03~0032a08. 참조.
1202) 臨濟義玄(임제의현) : 마조도일(馬祖道一)-백장회해(百丈懷海)-황벽희운(黃檗希運)-임
　　제의현(臨濟義玄). ?~867. 주92) 참조.
1203) 黃檗希運(황벽희운) : 남악회양(南嶽懷讓)-마조도일(馬祖道一)-백장회해(百丈懷海)-황
　　벽희운(黃檗希運). ?~856. 주127) 참조.
1204) 首座(수좌) :『선문염송집』15권에서는 진존숙스님, 곧 목주 도명스님이 수좌로 있었
　　다고 설명을 붙이고 있다. (『禪門拈頌集』卷第十五, K46-0252, 607則. "時陳尊宿爲首
　　座.") 마조도일(馬祖道一)-백장회해(百丈懷海)-황벽희운(黃檗希運)-목주도명(睦州道明). 780~8
　　77. 목주도종(睦州道踪)이라고도 함. 속성은 진씨(陳氏). 강남(江南) 출생. 목주(睦州)[절강성]
　　용흥사(龍興寺)에 주석할 때 대중 일천 명이 운집하여 종풍을 떨쳐 진존숙(陳尊宿)이라 불리
　　었고, 짚신을 팔아 그 어머니를 잘 모셨다고 하여 진포혜(陳蒲鞋)라고 불렸다. '목주개당(睦州
　　開堂)' '목주고읍(睦州高揖)' '목주기도(睦州其道)' 등의 여러 공안이 있다. 법을 이은 이가 목
　　주자사(睦州刺史) 진조(陳操)와 엄릉균대화상(嚴陵鈞臺和尙)의 2명이 있다. 세수 98세, 법랍
　　76세로 입적.『고존숙어록』6권에「목주도명선사어록(睦州道明禪師語錄)」1권이 있다.

수좌스님께서 먼저 황벽스님 처소에 가셔서 말씀드렸다.
"질문을 드렸던 후생(後生)이 아주 여법(如法)합니다. 이후에 한 그루의 큰 나무가 되어 그늘이 천하의 사람들을 덮을 것입니다. 만일 스님께 하직 인사를 오면 잘 가르쳐 주십시오."1205)

임제스님이 곧 황벽스님께 하직하시자,
황벽스님이 말씀하셨다.
"너는 고안(高安)1206)의 탄두(灘頭)1207)에 계시는 대우스님1208) 처소로 가거라. 틀림없이 너를 위한 말씀이 있을 것이다."

임제스님이 대우스님께 가니, 대우스님이 물으셨다.
"어디서 왔느냐?"
말씀드렸다. "황벽에서 왔습니다."
말씀하셨다. "황벽스님이 무슨 말씀이 있으시더냐?"
임제스님이 곧 앞의 이야기를 말씀드렸다.
그리고 다시 여쭈었다. "도대체 허물이 어디에 있습니까?"
대우스님이 말씀하셨다.
"황벽스님이 이렇게도 노파심으로 너를 위해 사무치게 애쓰셨는데1209) 어찌 여기 와서 허물이 있고 없고를 묻는단 말이냐?"
임제스님이 말 떨어지자마자 대오하셨다.

말씀하셨다. "원래 황벽의 불법이 별것도1210) 없네!"

1205) 提誨(제회) : 제이(提耳)와 같은 뜻이다. 정성스러운 가르침을 말한다.
1206) 高安(고안) : 당대(唐代)에 건성현(建城縣)을 고쳐서 둔 현(縣)의 이름. 지금의 강서성(江西省) 고안현(高安縣)에 있었다.
1207) 灘頭(탄두) : ①강·호수·바다 등의 가에 진흙이 쌓여서 이루어진 평지로 모래톱이나 개펄 등을 말한다. ②강서성 만안현(萬安縣)의 북쪽에 있는 진(鎭). 또는 만안현의 경내에 있는 여울인 황공탄(惶恐灘)을 말한다.
1208) 高安大愚(고안대우) : 남악회양(南嶽懷讓)-마조도일(馬祖道一)-귀주지상(歸州智常)-고안대우(高安大愚). 생몰연대가 알려져 있지 않다. 서주(瑞州) 고안(高安)[강서성]의 대우산(大愚山)에 주석했던 스님으로 임제의현스님을 개오(開悟)케 한 선지식으로 잘 알려져 있다. 수법제자로는 말산요연(末山了然)비구니스님이 있다.
1209) 徹困(철곤) : 막힌 것을 시원하게 뚫어주다. 매우 애씀.
1210) 多子(다자) : 잘하다, 좋다, 훌륭하다. 뛰어나다. 중요하게 여기다, 중시하다. 칭찬하다, 찬양하다. 자(子)는 어조사.

대우스님이 꽉 붙들고 말씀하셨다.

"오줌싸개 같은 놈아!

방금 전에는 허물이 있니 없니 해놓고 지금은 도리어 황벽의 불법이 별것도 없다고 말하다니, 네가 무슨 도리를 안 거냐?

얼른 말해라! 얼른 말해!"

임제스님이 대우스님의 옆구리를 세 주먹 내갈기시니, 대우스님이 손을 놓고 말씀하셨다.

"너의 스승은 황벽스님이시다. 내가 간여할 일이 아니다."

임제스님이 황벽스님께로 되돌아가셨다.

황벽스님이 맞이하면서 말씀하셨다.

"이놈아. 왔다 갔다 하면서 언제 마칠래?"

임제스님이 말씀하셨다. "정말이지 노파심이 간절하셨습니다."

그리고는 앞의 일을 말씀드렸다.

황벽스님이 말씀하셨다.

"이 대우 늙은이가 쓸데없이 말이 많구나. 어떻게 그를 오게 할 수 있을까?"

말씀드렸다. "그분이 오시면 어떻게 하시려고요?"

황벽스님이 말씀하셨다.

"그가 오는 것을 기다렸다가 호되게 한 방 먹여주겠다."

임제스님이 말씀하셨다.

"그가 오시는 것을 기다린다고 말씀하실 것 뭐 있습니까? 바로 지금 바로 먹여드리죠."

그리고는 곧장 때렸다.

황벽스님이 말씀하셨다.

"이 미친놈이 도리어 여기서 호랑이 수염을 쓰다듬는구나."

임제스님이 바로 "억!"하셨다.

황벽스님이 말씀하셨다.

"시자야! 이 미친놈을 데리고 가서 참당(參堂)케 해라."1211)

1211) 임제스님의 오도인연(悟道因緣)이 『조당집』에서는 이렇게 나온다. "황벽스님이 대중에게 말씀하셨다. '내가 옛날 대적스님에게서 동참(同參)이던 도반 가운데 대우라는 분이

위산스님이 앙산스님에게 물으셨다.
"임제스님에게 대우스님의 힘이 적중했느냐, 황벽스님의 힘이 적중했
느냐?"
앙산스님이 말씀하셨다.
"호랑이 머리에 올라탔을 뿐만 아니라, 역시 호랑이 꼬리에 걸터앉을
줄도 알았습니다."1212)

있는데 그는 제방에 행각을 하시어 법안이 아주 밝으셨다. 지금 고안현에 주석하지만 여
럿이 함께 사는 것을 좋아하지 않고 토굴에서 혼자 살고 계신다. 나와 헤어질 때에 나에
게 간곡히 부탁하셨다. 「나중에 영리한 이를 만나면 한 사람 보내 주시오.」이때 임제스
님이 대중 속에서 이 말씀을 듣고 곧 찾아뵙기로 하셨다. 바로 처소로 찾아 앞의 일을
자세히 말씀드렸다. 그리고 밤이 되자 대우스님의 앞에서 유가론(瑜伽論)과 유식(唯識)을
말씀드리고 다시 질문을 여러 가지 올렸다. 하지만 대우스님은 밤새도록 초연히 아무런
대꾸도 하지 않다가, 아침이 되자 이렇게 말씀하셨다. '노승이 홀로 토굴에서 살고 있다
가 자네가 먼 길을 온 것을 생각해서 바로 하룻밤 묵어가게 해줬다. 그런데 어젯밤에는
어찌하여 내 앞에서 부끄러움도 없이 똥오줌을 갈겨댔느냐?' 말을 마치고 몇 차례 지팡
이로 때리고는 사립문 밖으로 밀어내고, 문을 닫아 버리셨다. 스님이 황벽스님께 돌아와
서 앞의 일을 다시 말씀드리니, 황벽스님이 듣고 나서 머리를 숙이셨다. 말씀하셨다. '작
자(作者)가 마치 타오르는 불꽃처럼, 너를 만난 것을 기뻐했는데 어찌하여 헛걸음을 한거
냐?' 스님이 다시 가서 대우스님을 뵈니, 대우스님이 말씀하셨다. '접때는 부끄러움도 없
더니, 오늘은 왜 다시 왔냐?' 말을 마치고는 곧장 방망이로 때리고 문 밖으로 밀어내셨
다. 스님이 다시 황벽스님께로 돌아가서 이렇게 말씀드렸다. '이번에는 다시 돌아오면서
헛걸음을 하진 않았습니다.' 황벽이 물으셨다. '어째서 그렇단 말이냐?' 스님이 말씀하셨
다. '한 방에 부처님의 경계에 들었습니다. 설사 백겁 동안 뼈를 갈고 몸이 으스러지도록
수미산을 머리에 이고 끝없이 돈다 하여도 이 깊은 은혜는 보답하기가 어렵습니다.' 황벽
스님께서 듣고 기뻐하면서 평소와는 달리 이렇게 말씀하셨다. '우선 쉬고, 다시 오너라.'
스님이 열흘이 지나서 다시 황벽스님을 하직하고, 대우스님께 가시니 대우스님이 보자마
자 또 때리려고 하셨다. 그러자 스님이 얼른 몽둥이를 빼앗고는 대우스님을 껴안고 엎어
지시니, 대우스님이 스님의 등짝을 몇 주먹 쥐어박으셨다. 그리고는 연이어 고개를 끄덕
이면서 말씀하셨다. '내가 홀로 토굴에 살면서 일생을 하릴없이 보낸다고 여기고 있었는
데, 뜻밖에 오늘 아들을 하나 얻었구나.'"(K45-0353~0354, 『祖堂集』卷第十九. "黃蘗
和尙, 告衆曰: '余昔時同叅大寂, 道友名曰大愚, 此人諸方行脚, 法眼明徹. 今在高安願
(縣), 不好群居, 獨栖山舍. 與余相別時, 叮囑云:「他後或逢靈利者, 指一人來相訪.」于時,
師在衆聞巳, 便往造謁, 旣到其所, 具陳上說, 至夜間於前說瑜伽論譚唯識, 復申問難. 畢夕
峭然不對, 及至旦來, 謂師曰: '老僧獨居山舍, 念子遠來, 且延一宿. 何故夜間, 於吾前無羞
慙, 放不淨?' 言訖杖之數下推, 出關却門. 師迴黃蘗, 復陳上說, 黃蘗聞巳, 稽首, 曰: '作
者如猛火燃喜子遇, 人何乃虛往師?' 又去復見大愚, 大愚曰: '前時無慙愧, 个日何故又來?'
言訖便棒推出門. 師復返黃蘗啓聞: '和尙此迴稱返, 不是空歸.' 黃蘗曰: '何故如此?' 師曰:
'於一棒下入佛境界. 假使百刦粉骨碎身, 頂擎遶須彌山經無量帀, 報此深恩莫可酬行.' 黃蘗
聞巳, 喜之異常, 曰: '子且解歇, 更自出身.' 師過旬日, 又辭黃蘗至大愚所, 大愚纔見便擬
棒師, 師接得捧子則便抱倒大愚, 乃就其背敺之數拳, 大愚遂連點頭, 曰: '吾獨居山舍, 將
謂空過一生, 不期个日却得一子.'")
1212) 非但騎虎頭 亦解據虎尾(비단기호두 역해거호미) :『임제어록』과『연등회요』9권,『오

646. 염관제안鹽官齊安

鹽官和尙, 問座主: "蘊何經論?" 云: "華嚴經." 曰: "華嚴經有幾種法界?"
主云: "略而言之有四, 廣說則重重無盡." 鹽官竪起拂子. 曰: "遮箇是第幾種
法界中收?" 主良久. 官曰: "思而知, 慮而解, 是鬼家活計, 日下孤燈, 果然
失照." 下去.
妙喜曰: "兩段不同, 收歸上科."1213)

염관 제안스님1214)이 좌주에게 물으셨다.
"어떤 경론을 쌓았느냐?"
말씀드렸다. "『화엄경』입니다."1215)
말씀하셨다. "『화엄경』에는 몇 가지의 법계가 있느냐?"
좌주가 말씀드렸다.
"대략 말씀드리자면 넷 정도가 있지만1216) 광범위하게 말씀드리면
중중무진(重重無盡)1217)입니다."

등회원』 11권에서는 "단지 호랑이 머리에 올라탔을 뿐만 아니라 역시 호랑이 꼬리를 잡
을 줄도 알았습니다."로 나온다. ("非但騎虎頭, 亦解把虎尾.")『선문염송집』 607칙과 『천
성광등록』 10권, 그리고 『고존숙어록』 5권에서는 "호랑이 수염을 쓰다듬었을 뿐만 아니
라 호랑이 머리에 앉을 줄도 알았습니다."로 나온다. ("非但捋虎須, 亦解坐虎頭.")

1213) 『景德傳燈錄』 卷第七, T51n2076_p0254a13~19. 『禪門拈頌集』 卷第六, K46-0098,
　　　 201則. 『五燈會元』 卷第三, X80n1565_p0075b14~18. 참조.

1214) 鹽官齊安(염관제안) : 조계혜능(曹溪慧能)-남악회양(南嶽懷讓)-마조도일(馬祖道一)-염관제
　　　 안(鹽官齊安). ?~842. 절강(浙江) 해문군(海門郡) 출신. 속성은 이씨(李氏). 운종선사(雲琮禪師)
　　　 를 따라 삭발하고 구족계를 받았다. 마조 도일스님의 법을 잇고 항주(杭州) 염관(鹽官) 진국
　　　 (鎭國) 해창원(海昌院)에 주석하였으므로 염관(鹽官)이라고 불리게 되었다. 원화(元和) 말년
　　　 (806~820)에 70세가 넘어서 월주(越州) 소산(蕭山)의 법락사(法樂寺)를 중수하였다. 해창(海
　　　 昌)의 법흔(法昕)이 해창원(海昌院)을 창건하고 스님을 모시니 일시에 사방에서 참학자(叄學
　　　 者)들이 몰려들어 마조스님의 선법을 크게 떨쳤다. 시호는 오공선사(悟空禪師)이다. '염관서선
　　　 자(鹽官犀扇子)' '염관허공(鹽官虛空)' '염관법계(鹽官法界)' '염관불성(鹽官佛性)' 등의 공안이
　　　 있다. 관남도상(關南道常), 쌍령현진(雙嶺玄眞), 경산감종(徑山鑒宗) 등 8인의 사법제자(嗣法弟
　　　 子)가 있다.

1215) 『전등록』 7권에서는 '어떤 업을 쌓았느냐'고 묻고 '화엄경을 강의하였다'고 나온다.
　　　 "스님께서 물으셨다. '좌주는 어떤 사업(事業)을 쌓으셨소?' 대답 드렸다. '화엄경을 강의
　　　 하였습니다.'"(T51n2076_p0254a13~14. "師問云: '坐主蘊何事業?' 對云: '講華嚴經.'")

1216) 이 네 가지 법계는 이법계(理法界)·사법계(事法界)·이사무애법계(理事無礙法界)·사
　　　 사무애법계(事事無碍法界)의 넷이다.

1217) 重重無盡(중중무진) : 중중무진무진(重重無盡無盡)의 준말. 사사무애법계(事事無碍法
　　　 界)를 말한다. 화엄교학의 세계관이다.

염관스님이 불자를 세워 일으키셨다.

말씀하셨다.
"이것은 몇 번째의 법계에서 거두어들일 수 있느냐?"
좌주가 한참을 묵묵히 있었다.
염관스님이 말씀하셨다.
"궁리해서 알려하거나 깊이 생각해서 이해하려 하면 귀신 집안의 공부요,1218) 밝은 태양 아래의 외로운 등불이니 참으로 깨달을 수가 없다."
자리를 뜨셨다.

묘희스님이 말씀하셨다.
"두 단락1219)이 같지 않으니 윗 조목1220)으로 거두어들여 한데 모아라."

1218) 活計(활계) : 공부. 종교인이 수행하는 과업. 생계.
1219) 兩段(양단) : 두 단락. 곧 『화엄경』의 사법계(四法界)'와 '염관스님이 불자를 세운 것'을 말한다. 『선문염송·염송설화』 6권에서는 "경전을 해석할 때, 서분·정종분·유통분으로 나누는데, 여기서는 『화엄경』의 법계를 …… 하다'로 끝을 맺으니, 정종분과 유통분은 있는 것이나 격에 맞지 않다. 다시 한층 더 위의 대목, 즉 서분에 입각해서 따지자는 것이다."라고 주(注)를 달았다. (김월운, 『선문염송·염송설화』 2, p440. 동국역경원, 2005.)
1220) 上科(상과) : 양단(兩段)보다 더 앞 단락, 곧 『화엄경』에서 말하는 법계'와 '염관스님이 불자를 세운 것의 이전'.

647. 대매법상大梅法常

大梅和尙, 示衆, 云: "汝等諸人, 各自回心達本, 莫逐其末.
但得其本, 其末自至. 若欲識本, 唯了自心. 此心元是一切世間
出世間法根本. 故心生種種法生, 心滅種種法滅. 心且不附一切
善惡而生, 萬法本自如如."
僧問: "如何是佛法大意?" 曰: "蒲花柳絮, 竹針麻線."[1221]

대매 법상스님[1222]이 대중에게 열어 보이셨다.

"여러분은 각자 마음을 돌려 근본을 통달해야지 그 지말(枝末)을 좇
지 마십시오.

다만 그 근본을 알게 되면 그 지말은 저절로 이루어집니다.

만일 근본을 알려고 한다면 오로지 자기의 마음을 분명히 알아버리
면 됩니다.

이 마음은 원래 일체 세간법과 출세간법의 근본입니다.

그러므로 마음이 나면 가지가지 법이 나고, 마음이 멸하면 가지가지
법이 멸하는 것입니다.[1223]

마음이 만일 일체 선악에 붙지 않고서 나면 만법이 본래 스스로 여
여(如如)하게 됩니다."

한 스님이 여쭈었다.

"어떤 것이 불법의 대의입니까?"

1221) 『聯燈會要』 卷第四, X79n1557_p0043c08~11. 『五燈會元』 卷第三, X80n1565_p007
6b24~c04. 참조.

1222) 大梅法常(대매법상) : 조계혜능(曹溪慧能)-남악회양(南嶽懷讓)-마조도일(馬祖道一)-대매법
상(大梅法常). 752~839. 호북(湖北) 양양(襄陽)사람이다. 속성은 정씨(鄭氏). 어려서 출가하여
옥천사(玉泉寺)에 머무르면서 여러 경서(經書)를 암송하였다. 20세에 용흥사(龍興寺)에서 구족
계를 받았다. 선(禪)에 뜻을 두어 마조스님을 참례하고 여쭈었다. '어떤 것이 부처님입니까?'
마조스님이 답하였다. '즉(卽)마음이 부처님이다.' 이에 바로 크게 깨달았다. 뒤에 절강성(浙江
省) 은현(鄞縣)에 있는 대매산(大梅山)에 주석하였다. 세수 88세로 입적하였다. '대매즉불(大梅
卽佛)' '대매생사(大梅生死)' '대매서래(大梅西來)' '대매구향(大梅久嚮)' '대매오서(大梅鼯鼠)'
등의 공안이 있다.

1223) 『대승기신론』 1권에 나오는 말씀이다. (T32n1666_p0577b21~23, 『大乘起信論』 一
卷. "是故一切法, 如鏡中像無體可得, 唯心虛妄. 以心生則種種法生, 心滅則種種法滅故.")

말씀하셨다. "부들꽃과 버들개지요, 대바늘과 삼실이다."

648. 오조법연五祖法演

五祖演和尚, 示衆, 云: "每日起來, 拄却臨濟棒, 吹雲門曲, 應趙州拍, 擔仰山鍬, 驅溈山牛, 耕白雲田. 七八年來, 漸成家活. 更告諸公. 每人出一隻手, 相共扶助, 唱歸田樂, 麤羹淡飯, 且恁麼過. 何也? 但願今年蠶麥熟, 羅睺羅兒與一文."

僧問: "牛頭未見四祖時如何?" 曰: "頭上戴纍垂." 云: "見後如何?" 曰: "青布遮前." 云: "未見四祖時, 爲甚麼百鳥銜花獻?" 曰: "富與貴是人之所欲." 云: "見後爲甚麼百鳥不銜花獻?" 曰: "貧與賤是人之所惡." 1224)

오조 법연스님1225)이 대중에게 열어 보이셨다.

"매일 일어나서 임제스님의 몽둥이1226)를 붙들고, 운문스님의 곡조1227)를 불며, 조주스님의 박수1228)에 응하며, 앙산스님의 가래1229)

1224) 『續刊古尊宿語要』 第三集, 「東山五祖演禪師語」, X68n1318_p0411c05~07. 『古尊宿語錄』 卷第二十一, 「舒州白雲山海會演和尚語錄」, X68n1315_p0140c17~21. 『續傳燈錄』 卷第二十, T51n2077_p0603c11~16, p0602c13~17. 참조.

1225) 五祖法演(오조법연) : 자명초원(慈明楚圓)-양기방회(楊岐方會)-백운수단(白雲守端)-오조법연(五祖法演). 주139) 참조.

1226) 臨濟棒(임제방) : "임제스님이 상당하시자, 한 스님이 여쭈었다. '어떤 것이 불법의 대의입니까?' 스님이 불자를 세워 드시자, 그 스님이 곧장 '억!'하였다. 스님이 바로 때리셨다. 또 한 스님이 여쭈었다. '어떤 것이 불법의 대의입니까?' 스님이 역시 불자를 세워 드셨다. 그 스님이 바로 '억!'하니, 스님도 역시 '억!'하셨다. 그 스님이 머뭇거리자, 스님이 바로 때리셨다. 그리고는 말씀하셨다. '대중 여러분. 법을 위하는 이는 몸과 목숨을 잃는 것을 회피해서는 안 됩니다. 내가 20년 동안을 황벽스님의 처소에 있으면서 불법의 적적한 대의를 세 번 여쭈었다가 세 번 다 몽둥이를 맞았지만 마치 쑥대로 쓰는 것 같았습니다. 지금 다시 한 방 맞아 보고 싶은데 누가 나를 위해 때려주겠습니까?' 그때 한 스님이 대중 속에서 나와서는 '제가 때려 드리지요.'하였다. 스님이 몽둥이를 그에게 건네 주셨다. 그 스님이 받으려하자 스님이 곧장 때리셨다." (X68n1315_p0023b23~c05, 『古尊宿語錄』 卷第四, 「鎮州臨濟慧照禪師語錄」. "上堂, 僧問: '如何是佛法大意?' 師豎起拂子, 僧便喝. 師便打. 又僧問: '如何是佛法大意?' 師亦豎起拂子. 僧便喝, 師亦喝. 僧擬議, 師便打. 師乃云: '大衆. 夫爲法者, 不避喪身失命. 我二十年在黃檗先師處, 三度問佛法的的大意, 三度蒙佗賜杖, 如蒿枝拂著相似. 如今更思得一頓棒喫, 誰人爲我行得?' 時有僧出衆云: '某甲行得.' 師拈棒與佗, 其僧擬接, 師便打.")

를 메고, 위산스님의 소1230)를 부리며, 백운스님의 밭1231)을 일구어
7~8년 만에 점차 가업을 이루었습니다.

다시 여러분께 말씀드립니다.
 사람마다 한 쪽 손을 내밀어 서로 함께 보살피고 도와주며, 전원으로
돌아가 노래 부르며, 거친 국과 담백한 밥으로 그저 이렇게 보내십시
오.

뭡니까?

 라후라에게 한 푼 쥐어 줄 수 있게 올핸 누에와 보리가 풍년이 들기
를."1232)

1227) 雲門曲(운문곡) : "여쭈었다. '어떤 것이 운문의 한 곡조입니까?' 스님이 말씀하셨다.
 '납월 이십오일이다.' 이어 여쭈었다. '그 곡을 부르는 사람은 어떻습니까?' '우선 천천
 히.'" (X68n1315_p0091c17~18, 『古尊宿語錄』 卷第十五, 「雲門匡眞禪師廣錄」 上. "問:
 '如何是雲門一曲?' 師云: '臘月二十五.' 進云: '唱者如何?' 師云: '且緩緩.'")
1228) 趙州拍(조주박) : "스님께서 대왕이 절에 들어오는 것을 보고도 일어나지 않은 채 손
 으로 무릎을 치면서 말씀하셨다. '아시겠습니까?' 대왕이 말했다. '모르겠습니다.' 스님이
 말씀하셨다. '어려서 출가하여 이제 이렇게 늙고 보니, 사람을 보고도 선상을 내려올 힘
 도 없습니다.' (X68n1315_p0085c14~16, 『古尊宿語錄』 卷第十四, 「趙州眞際禪師語錄之
 餘」. "師見大王入院不起, 以手自拍膝, 云: '會麼?' 大王云: '不會.' 師云: '自小出家今已
 老, 見人無力下禪床.")
1229) 仰山鍬(앙산초) : 위산 영우스님이 앙산 혜적스님에게 물으셨다. "무엇하고 왔느냐?"
 앙산스님이 말씀하셨다. "밭일하고 왔습니다." 위산스님이 말씀하셨다. "밭일하는데 사람
 이 얼마나 있느냐?" 앙산스님이 가래를 꽂고는 차수하고 서 계셨다. 위산스님이 말씀하
 셨다. "오늘 남쪽 산에는 풀 베는 사람이 많군." 앙산스님이 가래를 뽑아서 가버리셨다.
 (T47n1990_p0582c02~05, 『袁州仰山慧寂禪師語錄』. "潙山問: '甚麼處去來?' 師云: '田
 中來.' 潙山云: '田中多少人?' 師插鍬叉手. 潙山云: '今日南山大有人刈茅.' 師拔鍬便行.")
1230) 潙山牛(위산우) : 위산스님이 죽은 뒤에 소가 되겠다고 한 법문. "이 늙은 중이 죽은
 뒤에 산 밑에 가서 한 마리 수고우로 태어나 왼쪽 겨드랑이에 다섯 글자로 '위산 중 누
 구'하고 쓸 텐데, 이때 위산의 중이 수고우가 되었다고 해야겠느냐, 아니면 수고우가 위
 산의 중이 되었다고 해야겠느냐? 도대체 무어라고 불러야 딱 맞겠느냐?"(T47n1989_p0
 581c25~28, 『潭州潙山靈祐禪師語錄』. "老僧百年後, 向山下作一頭水牯牛, 左脇書五字曰:
 '潙山僧某甲', 若喚作潙山僧, 又是水牯牛? 喚作水牯牛, 又是潙山僧? 喚作什麼即得?")
1231) 白雲田(백운전) : 법연스님의 스승인 백운 수단스님의 법문에 나온다. "밭을 잘 가꾸
 어 놓음이여,/ 고불의 가풍이 서렸구나./ 신통 유희여,/ 지금 부처님이 광명을 나투네."
 (X69n1352_p0315b20~21, 『白雲端和尚語錄』 卷二, 「舒州白雲山海會禪院語錄」. "田地穩
 密底, 古佛家風在. 神通遊戲底, 今佛現光明.")
1232) 願我今年蠶麥熟, 羅睺羅兒與一文(원아금년잠맥숙, 라후라아여일문) : 조주스님의 「십
 이시가(十二時歌)」 중 '신시(申時)' 노래다. "신시(申時).// 역시 향 사르고 예배하는 사람

한 스님이 여쭈었다.

"우두스님이 사조(四祖)스님을 뵙기 전엔 어땠습니까?"

말씀하셨다. "머리 위에 헝클어진 새끼줄을 이었지."

말씀드렸다. "뵌 후는 어땠습니까?"

말씀하셨다. "푸른 베가 앞을 가렸지."

말씀드렸다. "사조스님을 뵙기 전에는 어째서 갖가지 새들이 꽃을 물고 와서 바쳤습니까?"1233)

말씀하셨다. "부귀는 사람들이 원하는 거니까."

말씀드렸다. "뵌 후에는 어째서 갖가지 새들이 꽃을 물고 바치질 않았습니까?"

말씀하셨다. "빈천은 사람들이 싫어하는 거니까."

649. 고령신찬古靈神贊

古靈和尚, 行脚遇百丈開悟. 却回福州大中寺. 受業師問, 曰: "汝離吾在外, 得何事業?" 曰: "並無事業." 遂遣執役. 一日因澡浴, 命靈去垢, 靈乃拊背, 曰: "好所佛殿, 而佛不聖." 其師回首視之, 靈曰: "佛雖不聖, 且能放光." 其師又一日在窻下看經, 蜂子投窻紙求出. 靈覩之, 曰: "世界如許廣闊不肯出, 鑽佗故紙驢年去." 其師置經問, 曰: "汝行脚遇何人? 吾前後見汝, 發言異常." 靈曰: "某蒙百丈和尚指箇歇處. 今欲報慈德耳." 其師於是請爲說法. 靈乃舉唱百丈門風, 曰: "靈光獨耀, 逈脫根塵. 體露真常, 不拘文字. 心性無染, 本自圓成. 但離妄緣, 即如如佛." 其師於言下感悟.1234)

있으니/ 혹 세 개씩 달린 다섯 할미들/ 한 쌍은 검고도 쭈글쭈글한 얼굴/ 참깨차라. 참으로 귀한 거로구나./ 금강역사여. 억지로 힘쓰지 말게나./ 라후라에게 한 푼 줄 수 있게/ 내년엔 누에와 보리가 풍작이기를."(X68n1315_p0090c09~11,『古尊宿語錄』卷第十三,「趙州真際禪師語錄之餘」,'十二時歌'."晡時申. 也有燒香禮拜人, 五箇老婆三箇瘦, 一雙面子黑皺皺, 油麻茶, 實是珍. 金剛不用苦張筋. 願我來年蠶麥熟, 羅睺羅兒與一文.")

1233)『전등록』4권에 이 이야기가 나온다. "뒤에 우두산에 있는 유서사의 북쪽 암벽의 석실로 들어 가셨는데 온갖 새들이 꽃을 물어 오는 기이함이 있었다."(T51n2076_p0226c29~0227a01,『景德傳燈錄』卷第四. "後入牛頭山幽棲寺北巖之石室, 有百鳥銜華之異.")

　고령 신찬스님1235)이 행각하시다가 백장 회해스님1236)을 뵙고
깨달음이 열리셨다.
　그리고 복주(福州)의 대중사(大中寺)로 되돌아가셨다.

　은사스님이 물으셨다.
　"너는 나를 떠나 밖으로 가서 어떤 사업(事業)을 이루었느냐?"
말씀하셨다. "전혀 사업(事業)이 없습니다."

　그리고는 잡일을 시키셨다.
　하루는 목욕하실 때 고령스님에게 때를 밀게 하였는데, 고령스님이
등을 문지르며 말씀하셨다.
　"훌륭한 법당이지만 부처님이 성스럽질 못하구나."
　그 은사스님이 고개를 돌려보시자, 고령스님이 말씀하셨다.
　"부처님이 비록 성스럽진 않으나 능히 방광은 하는구나."

　그 은사스님이 또 하루는 창문 아래서 경전을 보고 계셨는데 벌이
창호지에 부딪치면서 나갈 길을 찾았다.
　고령스님이 그것을 보시고 말씀하셨다.
　"세계가 이렇게도 광활한데도 기꺼이 나가려 하지 않고 저 낡은 창호
지를 뚫으려 하니 나귀해라야 되겠다."
　그 스승이 경을 내던지고 물으셨다.

1234) 『景德傳燈錄』 卷第九, T51n2076_p0268a10~27. 『聯燈會要』 卷第七, X79n1557_p0
　　069c24~0070a17. 『禪門拈頌集』 卷第十, K46-0169, 403則. 『五燈會元』 卷第四,
　　X80n1565_p0090b14~c02. 참조.
1235) 古靈神贊(고령신찬) : 남악회양(南嶽懷讓)-마조도일(馬祖道一)-백장회해(百丈懷海)-고령신
　　찬(古靈神贊). 복주(福州)[복건성] 출신. 처음에 대중사에 출가하여 업을 익히다가 뒤에 행각
　　하던 중 백장 회해 스님을 만나 활연개오하였다. 이후 다시 대중사로 돌아와 은사스님을 깨달
　　음으로 이끌었다. 만년에는 고령에 거주하면서 많은 대중을 교화하였다. '고령간경(古靈看經)'
　　'고령무성(古靈無聲)' 등의 공안을 남겼다. 『경덕전등록』 9권 · 『어선역대선사어록』 후집상(後
　　集上) · 『선문염송집』 10권 · 『대광명장』 중권(中卷) · 『연등회요』 7권 · 『오등회원』 4권 · 『지
　　월록』 11권 등에 전기가 나온다.
1236) 百丈懷海(백장회해) : 조계혜능(曹溪慧能)-남악회양(南嶽懷讓)-마조도일(馬祖道一)-백
　　장회해(百丈懷海). 749~814. 주42) 참조.

"네가 행각하면서 어떤 사람을 만났느냐? 내가 쭉 널 살펴보고 있었
는데 말이 예사롭질 않구나."
  고령스님이 말씀하셨다.
  "백장스님이 저에게 쉬는 곳을 가르쳐 주셨습니다. 이제는 스님의 자
비로운 덕을 갚아드리려고요."
  그 스승이 이에 설법을 청하셨다.
  고령스님이 이에 백장문중의 가풍을 노래하셨다.

  "신령스런 광명이 홀로 빛나서
  근진을 멀리멀리 벗어났으니,
  본체(本體)는 진상(眞常)을 드러내어서
  언어문자를 빼앗지 않네.

  마음의 성품은 물듦이 없어
  본래 스스로 완벽히 이뤄져 있으니
  오로지 망연(妄緣)만 여의면
  곧바로 여여한 부처님이라네."1237)

  그 스승이 말 떨어지자 깨달으셨다.

1237) 이 게송은 백장 회해스님의 법문이다. (X69n1322_p0006b02~03, 『洪州百丈山大智禪
    師語錄』. "上堂云: '靈光獨耀, 迥脫根塵. 體露真常, 不拘文字. 心性無染, 本自圓成. 但離
    妄緣, 即如如佛.'")

650. 석가세존釋迦世尊

世尊, 於涅槃會上, 以手摩胷告眾, 曰: "汝等善觀吾紫磨
金色之身, 瞻仰取足, 勿令後悔. 若謂吾滅度, 非吾弟子.
若謂吾不滅度, 亦非吾弟子." 時百萬億眾悉皆悟道.
　雲峯悅云: "然膏肓之門, 不足以發藥. 雲峯今日, 且作死
馬醫, 汝等諸人, 皮下有血麼?"1238)

　세존께서 열반회상에서 손으로 가슴을 문지르면서 대중에게 말씀하셨
다.
　"너희들은 나의 자마금색(紫磨金色)의 몸을 잘 관(觀)하여서 실컷 우
러러 보아 후회 없도록 하여라.
　만일 내가 멸도한다고 여긴다면 나의 제자가 아니다.
　만일 내가 멸도하지 않는다고 여겨도 역시 나의 제자가 아니다."1239)

1238) 『聯燈會要』 卷第一, X79n1557_p0015c17~22. 『禪門拈頌集』 卷第二, K46-0022, 36
　　　則. 『五燈會元』 卷第一, X80n1565_p0031a14~17. 참조.
1239) 석가모니부처님의 이 법문은 《12부경》에서는 찾아보기가 어렵다. 다만 그 내용이 『대
　　　반열반경』에 부분적으로 나온다. 여래가 열반하는 것은 뭇삶들을 위하여 방편으로 보여
　　　주려는 것이지 실제로는 열반하는 것이 아니라고 한다. "여래가 뭇삶과 같음을 가르쳐
　　　주기 위하여 방편으로 열반함을 잘 아는구나."(T12n0374_p0375b04~05, 『大般涅槃經』
　　　卷第二, 「壽命品」 第一之二. "能知如來示同眾生方便涅槃.") "선남자. 여래의 보름달도
　　　역시 이와 같다. 첫째는 무명의 큰 어둠을 깨버리고, 둘째는 정도(正道)와 사도(邪道)를
　　　널리 말하고 셋째는 생사는 아주 험하고 열반은 평정함을 열어 보여 주고, 넷째는 사람
　　　들로 하여금 탐욕과 분노와 어리석음의 뜨거움을 멀리 여의게 하고, 다섯째는 외도의 무
　　　명을 부숴버리고, 여섯째는 번뇌의 도적을 쳐부수고, 일곱째는 5개(蓋)에 대한 두려운 마
　　　음을 없애주고, 여덟째는 뭇삶들에게 선근 심는 마음을 열어 주고, 아홉째는 뭇삶들의 5
　　　욕의 마음을 덮어 가려주고, 열째는 뭇삶들로 하여금 대반열반으로 나아가는 행을 닦게
　　　하려는 마음을 드러내게 하고, 열 첫째는 뭇삶들로 하여금 해탈에서 즐겁게 하려는 것이
　　　다. 이런 뜻이 있기 때문에 15일에 대반열반에 들지만 나는 진실로 열반에 드는 것이 아
　　　니다. 하지만 나의 제자들 가운데 어리석어 잘못된 사람들이 여래가 열반에 든다고 굳이
　　　말하고 있다. 비유하면 마치 자식이 여러 명인 어머니가 아이들을 남겨놓고서 다른 나라
　　　에 가서 돌아오지 않자 마침내 그녀의 자식들이 각기 말하기를 '우리 엄만 벌써 죽었을
　　　거야'라고 하지만 실제로는 그들의 어머니가 죽지 않은 것과 같은 것이다."(T12n0374_
　　　p0545b02~13, 『大般涅槃經』 卷第三十, 「師子吼菩薩品」 第十一之四. "善男子. 如來滿月
　　　亦復如是. 一者破壞無明大闇, 二者演說正道邪道, 三者開示生死邪嶮, 涅槃平正, 四者令人
　　　遠離貪欲瞋恚癡熱, 五者破壞外道無明, 六者破壞煩惱結賊, 七者除滅畏五蓋心, 八者開敷
　　　眾生種善根心, 九者覆蓋眾生五欲之心, 十者發起眾生進修趣向大涅槃行, 十一者令諸眾生
　　　樂修解脫. 以是義故, 於十五日入大涅槃, 而我眞實不入涅槃. 我弟子中愚癡惡人, 定謂如來
　　　入於涅槃. 譬如母人多有諸子, 其母捨行至他國土, 未還之頃諸子各言: '我母已死.', 而是母

그때 백만 억 대중이 모두 다 깨달았다.

운봉 문열스님1240)이 말씀하셨다.
"하지만 고황(膏肓)의 문1241)에는 약을 바를 필요가 없다.
이 운봉이 오늘 여기 사마의(死馬醫)1242)가 될 테니, 여러분의 피부 밑으로 피가 흐르느냐?"

651. 운문문언雲門文偃

雲門, 問臥龍: "明己底人, 還見有己麼?" 龍曰: "不見有己, 始明得己." 又問: "長連床上, 學得底, 是第幾機?" 龍曰: "第二機." 門云: "作麼生是第一機?" 龍曰: "緊峭草鞋."
　妙喜曰: "騎賊馬趕賊隊, 借婆帔子拜婆年."1243)

운문 문언스님1244)이 와룡스님1245)에게 물으셨다.

人實不死也.")『열반경』 23권에서는 '여래가 열반에 든다고 하면 부처님의 제자가 아니다'라는 구절은 명확히 나오나 열반에 들지 않는다고 하면 진정한 제자라고 나온다. "오로지 모든 보살들은 나의 몸을 볼 수 있고 나의 법을 늘 듣고 있다. 그렇기에 내가 열반에 든다고 말하지 않는 것이다. 하지만 성문 제자들이 비록 다시 여래가 열반에 든다고 말하더라도 나는 실제로 열반에 들지 않는다. 선남자. 나의 성문 제자들이 만일 여래가 열반에 든다고 말하는 이가 있다면 이 사람은 나의 제자가 아닐뿐더러 마군의 패거리며, 삿된 소견을 가진 나쁜 사람이며 바른 소견이 아님을 마땅히 알아야 한다. 만일에 여래가 열반에 들지 않는다고 말한다면 이 사람이 참으로 나의 제자이며," (T12n0375_p0758a09~17, 『大般涅槃經』卷第二十三, 「光明遍照高貴德王菩薩品」. "唯諸菩薩能見我身常聞我法. 是故不言我入涅槃. 聲聞弟子雖復發言如來涅槃, 而我實不入於涅槃. 善男子. 若我所有聲聞弟子, 說言如來入涅槃者, 當知是人, 非我弟子, 是魔伴黨, 邪見惡人, 非正見也. 若言如來不入涅槃, 當知是人眞我弟子,")
1240) 雲峰文悅(운봉문열) : 수산성념(首山省念)-분양선소(汾陽善昭)-대우수지(大愚守芝)-운봉문열(雲峰文悅). 998~1062. 주25) 참조.
1241) 膏肓之門(고황지문) : 심장과 횡경막 사이를 말한다. 여기에 병이 들면 고치기가 어렵다고 한다.
1242) 死馬醫(사마의) : 죽은 말을 살아 있는 말로 여기고 치료하는 의사. 되지도 않는 일을 쓸데없이 열심히 하는 것.
1243)『聯燈會要』卷第二十四, X79n1557_p0208b16~19.『古尊宿語錄』卷第十八, 「雲門匡真禪師廣錄」下, X68n1315_p0120a02~05. 참조.

"자기를 밝힌 사람도 자기가 있는 것을 봅니까?"

와룡스님이 말씀하셨다.

"자기가 있음을 보지 않아야 비로소 자기를 밝힌 것입니다."

또 물으셨다.

"긴 선상 위에서 배운 것은 몇 번째 기틀입니까?"

와룡스님이 말씀하셨다. "두 번째입니다."

운문스님이 말씀하셨다. "첫 번째 기틀은 무엇입니까?"

와룡스님이 말씀하셨다. "짚신을 단단히 조여 매십시오."

묘희스님이 말씀하셨다.

"도적의 말을 타고 도적떼를 뒤쫓고, 할미의 치마를 빌려 입고 할미에게 세배를 하는구나."

652. 종남유정終南惟政

終南山政禪師. 因唐文宗, 好嗜蛤蜊, 沿海官吏, 遞進亦勞. 一日御厨中有擘不開者, 帝以爲異. 因焚香禱之乃開, 即見菩薩形, 梵相具足. 帝遂貯以金粟檀香合, 覆以美錦, 賜興善寺, 眾僧瞻禮. 乃問羣臣, 此何祥瑞. 因詔師問. 師云: "臣聞物無虛應. 此乃啟陛下信心耳. 故契經云: '應以此身得度者, 即現此身而爲說法.'" 帝云: "菩薩身已現, 且未聞說法." 師云: "陛下覩此, 爲常耶, 非常耶? 信耶, 非信耶?" 帝云: "希奇之事. 朕深信焉." 師曰: "陛下已聞說法竟." 皇情大悅, 得未曾有. 勅天下寺, 各立觀音像.1246)

종남산 유정선사.1247)

1244) 雲門文偃(운문문언) : 용담숭신(龍潭崇信)-덕산선감(德山宣鑑)-설봉의존(雪峰義存)-운문문언(雲門文偃). 864~949. 주153) 참조.

1245) 新羅臥龍(신라와룡) : 청원행사(青原行思)-석두희천(石頭希遷)-약산유엄(藥山惟儼)-도오원지(道吾圓智)-석상경저(石霜慶諸)-운개지원(雲蓋志元)-신라와룡(新羅臥龍). 주173) 참조.

1246) 『景德傳燈錄』卷第四, T51n2076_p0234a18~b04. 『聯燈會要』卷第三, X79n1557_p0029a18~b04. 『五燈會元』卷第二, X80n1565_p0054b13~c02. 참조.

1247) 終南惟政(종남유정) : 황매홍인(黃梅弘忍)-옥천신수(玉泉神秀)-숭산보적(嵩山普寂)-종남유

당나라 문종(文宗)이 바지락을 좋아했기 때문에 바닷가 연안의 관리들이 번갈아 진상하여 모두를1248) 힘들게 하였다.

하루는 황제의 밥상에 쪼개지지 않은 것이 있어서 황제가 기이하게 여겼다. 그래서 향을 사르고 기도를 했더니 이내 열리면서 곧 범상梵相1249)이 갖추어진 보살의 형상이 나타났다.

황제가 금가루로 상감한 단향합(檀香合)에다 넣고는 아름다운 비단으로 감싸서 흥선사(興善寺)로 보내어 대중이 첨례(瞻禮)하게 하였다.

그리고는 여러 신하들에게 이는 무슨 상서로움인지 물었다.

그래서1250) 스님을 모셔다 물었다.

스님이 말씀하셨다.

"신이 들으니 사물은 헛되게 응함이 없다고 하였습니다. 그러므로 이것은 폐하의 신심을 열어 주려는 것일 것입니다. 따라서 『계경(契經)』에 말씀하시기를, '응당 이러한 몸으로 제도할 이는 곧 이러한 몸을 나투어 설법한다.'1251)고 하였습니다."

황제가 말했다.

"보살의 몸을 이미 나투셨는데 아직껏 설법을 듣지 못하였습니다."

스님이 말씀하셨다.

"폐하께서 보신 이것이 일상적인 것이라고 여기십니까, 일상적인 것이 아니라고 여기십니까? 믿으십니까, 믿지 않으십니까?"

정(終南惟政). 757~843. 신수스님의 북종계통의 스님으로 평원(平原)[산동성] 출신이다. 항정(恒政)이라고도 한다. 속성은 주씨(周氏). 연화사(延和寺)의 전징법사(詮澄法師) 밑으로 출가하였다가 숭산 보적스님의 법을 이었다. 이후 태을산(太乙山)으로 들어가 법을 크게 폈다. 태화(太和) 5년(831)에 문종(文宗)황제가 관음상을 얻고서 유정스님을 불러 문답을 나눈 뒤 뜻을 이해하고서 천하의 모든 절에다 관음상을 세우라는 칙령을 내렸다. 뒤에 성수사(聖壽寺)에 머물다가 무종(武宗)이 즉위하자 종남산(終南山)으로 은거하였다. 87세로 입적하였다.

1248) 亦(역) : 모두, 다.

1249) 梵相(범상) : 불보살과 전륜성왕이 갖추고 있다는 32상(相)과 불보살이 갖추고 있는 80종호(種好)를 말한다.

1250) 因(인) : 그래서, 그리하여. 『전등록』 4권에는 그 내용이 나온다. "그들 가운데 누군가가 말하기를 '태일산에 있는 유정선사가 불법에 매우 밝고 지식이 넓다'고 하였다." (T51n2076_p0234a25~26, 『景德傳燈錄』 卷第四. "或言: '太一山有惟政禪師, 深明佛法博聞彊識.'")

1251) 『묘법법화경』 7권 「묘음보살품」과 「관세음보살보문품」에는 묘음보살의 37응신과 관세음보살의 34응신으로 제도할 이에게는 그 몸을 나투어 설법한다고 나온다. (T09n0262_p0056a14~b09, 『妙法蓮華經』 卷第七, 「妙音菩薩品」第二十四. T09n0262_p0057a22~b19, 「觀世音菩薩普門品」第二十五. 참조.)

황제가 말하였다.
"드물고 기이한 일입니다. 짐은 깊이 믿고 있습니다."
스님이 말씀하셨다.
"폐하께서 이미 설법을 다 들으셨습니다."
황제는 마음이 매우 기뻐 일찍이 없었음을 얻고는 천하의 모든 절에 다 칙령으로 관음상을 건립하게 하였다.

653. 분양선소汾陽善昭

汾陽昭和尙, 示衆, 曰: "凡一句語, 須具三玄門, 每一玄門, 須具三要, 有照有用. 或先照後用, 或先用後照, 或照用同時, 或照用不同時. 或先照後用, 且要共汝商量. 先用後照, 汝也須是箇人始得. 照用同時, 汝作麼生當抵? 照用不同時, 汝又作麼生湊泊?"

僧問: "如何是大道之源?" 曰: "掘地覓天." 云: "何得如此?" 曰: "不識幽玄." 又問: "如何是賓中賓?" 曰: "合掌菴前問世尊." 云: "如何是賓中主?" 曰: "對面無儔侶." 云: "如何是主中賓?" 曰: "陣雲橫海上, 拔劍攪龍門." 云: "如何是主中主?" 曰: "三頭六臂擎天地, 忿怒那吒撲帝鍾."[1252]

분양 선소스님[1253]이 대중에게 열어 보이셨다.
"무릇 일구(一句)의 말은 반드시 삼현문(三玄門)[1254]이 갖추어져 있고 하나의 현문(玄門)마다 반드시 삼요(三要)[1255]가 갖추어져 있어서, 조(照)가 있고 용(用)이 있습니다.[1256]

1252) 『景德傳燈錄』 卷第十三, T51n2076_p0305a16~27. 『聯燈會要』 卷第十一, X79n1557_p0104a06~10, p0105a01~04. 참조.
1253) 汾陽善昭(분양선소) : 보응혜옹(寶應慧顒)-풍혈연소(風穴延沼)-수산성념(首山省念)-분양선소(汾陽善昭). 947~1024. 주46) 참조.
1254) 三玄門(삼현문) : 임제스님이 학인을 접화(接化)하기 위해 세운 방편. 임제스님은 이 삼현(三玄)에 대해 구체적인 설명을 남기지 않았다. 뒤에 누군가 삼현(三玄)을 체중현(體中玄)·구중현(句中玄)·현중현(玄中玄)의 셋으로 분류하였다.
1255) 三要(삼요) : 역시 임제스님이 학인을 제접하면서 세운 방편의 하나. 임제스님은 역시 삼요(三要)의 자세한 내용을 남기지 않았다. 뒤에 제일요(第一要)·제이요(第二要)·제삼요(第三要)의 셋으로 분류하였다.

　어떤 이는 조(照)를 먼저 하고 용(用)을 뒤로하며, 어떤 이는 용(用)을 먼저 하고 조(照)를 뒤로하며, 어떤 이는 조용(照用)을 동시(同時)로 하며, 어떤 이는 조용(照用)을 동시(同時)로 하지 않습니다.

　누가 조(照)가 먼저고 용(用)이 뒤라면 우선 여러분과 함께 상량해보겠습니다.

　용(用)이 먼저고 조(照)가 뒤라면 여러분은 마땅히 이러한 사람이라야 되겠습니다.

　조용(照用)을 동시(同時)에 하면 여러분은 어떻게 막아서 버텨1257) 보겠습니까?

　조용(照用)을 동시(同時)에 하지 않으면 여러분은 또 어떻게 딱 맞춰 보겠습니까?1258)"

　한 스님이 여쭈었다. "어떤 것이 대도(大道)의 근원입니까?"

　말씀하셨다. "땅을 파면서 하늘을 찾는구나."

　말씀드렸다. "어째서 이렇다고 하십니까?"

　말씀하셨다. "유현(幽玄)함을 알지 못하는구나."

　또 여쭈었다. "어떤 것이 빈중빈(賓中賓)1259)입니까?"

　말씀하셨다. "암자 앞에서 합장하고 세존께 여쭙는다."

　말씀드렸다. "어떤 것이 빈중주(賓中主)입니까?"

　말씀하셨다. "만나볼 짝이 없구나."

　말씀드렸다. "어떤 것이 주중빈(主中賓)입니까?"

　말씀하셨다. "짙은 먹장구름이 바다 위를 가로지르니, 검을 빼서 용문(龍門)1260)을 휘젓는구나."

1256) 有照有用(유조유용) : 이하 조(照)와 용(用)의 설명은 임제스님이 세운 사조용(四照用)이다.

1257) 當抵(당저) : 막아서 버티다, 가로막다, 저항하다. =저당(抵當).

1258) 湊泊(주박) : 서로 잘 어울리다, 영합하다, 서로 아주 잘 맞다. 계오(契悟)하다, 딱 맞춰 깨닫다.

1259) 賓中賓(빈중빈) : 임제종에서 세운 사빈주(四賓主)의 하나. 임제스님이 세운 사구(四句)인 객간주(客看主)·주간객(主看客)·주간주(主看主)·객간객(客看客)의 네 가지를 후에 풍혈연소(風穴延沼)스님이 임제스님의 사구를 풀이하여 다시 빈중빈(賓中賓)·빈중주(賓中主)·주중빈(主中賓)·주중주(主中主)로 제시하였다.

1260) 龍門(용문) : 황하(黃河) 중류에 있는 여울목. 산서성(山西省) 하진현(河津縣) 북서쪽과 섬

말씀드렸다. "어떤 것이 주중주(主中主)입니까?"

말씀하셨다. "세 머리 여섯 팔로 천지를 떠받치고 분노한 나타(那
吒)1261)가 제석의 종을 친다."

654. 수주지통壽州智通

通禪師, 看楞伽經, 約千餘徧, 而不會三身四智. 禮祖求解其義. 祖曰: "三
身者, 清淨法身, 汝之性也. 圓滿報身, 汝之智也, 千百億化身, 汝之行也.
若離本性, 別說三身, 即名有身無智. 若悟三身, 無有自性, 即名四智菩提.
聽吾偈曰: 自性具三身, 發明成四智. 不離見聞緣, 超然登佛地. 吾今為汝說,
諦信永無迷. 莫學馳求者, 終日說菩提." 通曰: "四智之義, 可得聞乎?" 祖
曰: "既會三身, 便明四智, 何更問邪? 若離三身, 別談四智, 此名有智無身
也. 即此有智, 還成無智. 復說偈曰: 大圓鏡智性清淨, 平等性智心無病, 妙
觀察智見非功, 成所作智同圓鏡. 五八六七果因轉, 但用名言無實性. 若於轉
處不留情, 繁興永處那伽定." 通禮謝, 以偈贊曰: "三身元我體, 四智本心明.
身智融無礙, 應物任隨形. 起修皆妄動, 守住匪真精. 妙旨因師曉, 終亡污染
名."1262)

수주 지통스님1263)이 『능가경(楞伽經)』을 천여 편을 보셨는데

서성(陝西省) 한성시(韓城市) 북동쪽에 있으며, 양쪽 기슭의 깎아지른 듯한 절벽이 궐문처럼
맞서 있는 데서 붙여진 이름이다. 또는 과거 시험 가운데 회시(會試)를 말한다. 이 회시에 급
제한 것을 등용문(登龍門)이라 하였다. 여기서는 오문(悟門) 즉 깨달음의 문.
1261) 那吒(나타) : ⑤Naṭa. 사천왕 가운데 북방의 비사문천왕(毘沙門天王)의 태자이다. 머
리가 셋이고 팔은 여덟 개를 가졌다. 엄청난 힘을 가지고서 불법(佛法)을 호지(護持)하며
수행자들을 옹호하는 선신(善神)이다. 손에는 항상 금강장(金剛杖)을 들고서 악인의 무리
를 찾아다닌다.
1262) 『景德傳燈錄』卷第五, T51n2076_p0238b21~c15. 『聯燈會要』卷第三, X79n1557_
p0031b11~c01. 『五燈會元』卷第二, X80n1565_p0056b20~c12. '宗寶編', 『六祖大師法
寶壇經』, T48n2008_p0356a26~b23. 참조.
1263) 壽州智通(수주지통) : 쌍봉도신(雙峰道信)-황매홍인(黃梅弘忍)-조계혜능(曹溪慧能)-수주지
통(壽州智通). 안풍(安豐) 출신이다. 처음에 『능가경』을 천여 편을 읽었으나 삼신사지(三身四
智)의 뜻을 알지 못하였다. 그래서 육조 혜능스님을 찾아 그 뜻을 깨달았다. 『경덕전등록』 5
권·『대장일람집』 10권·『연등회요』 3권·『오등회원』 2권·『오등전서』 4권·『교외별전』 4권
·『선종정맥』 1권·『육조대사법보단경』 등에 실려 있다.

삼신(三身)1264)과 사지(四智)1265)를 알지 못하셨다. 그래서 육조스님께 참례하고 그 뜻의 앎을 구하셨다.

육조스님이 말씀하셨다.

"삼신(三身)이란 것은 청정법신(淸淨法身)이 너의 성품이요, 원만보신(圓滿報身)은 너의 지(智)요, 천백억화신(千百億化身)은 너의 행(行)이다.

만일 본성(本性)을 여의고 따로 삼신(三身)을 말한다면 곧 몸은 있지만 지(智)가 없는 것이다.

만일 삼신(三身)에 자성(自性)이 없음을 깨달으면 곧 사지(四智)의 보리(菩提)라고 말로 형용한다.

나의 게(偈)를 들어보아라.

스스로의 성품에 삼신(三身)을 갖춰
밝음을 드러내어 사지(四智) 이루네.
보고 듣는 인연을 여의지 않고
초연히 부처님의 지위 오르네.

내 지금 너를 위해 말하겠으니
잘 믿어서 길이 미(迷)함 없게 하여라.
하루 종일 보리를 설명하면서
치구(馳求)1266)하는 이에겐 배우지 마라."

지통스님이 말씀드렸다.

"사지(四智)의 뜻도 들려주시겠습니까?"

육조스님께서 말씀하셨다.

1264) 三身(삼신) : 부처님 몸을 셋으로 나눈 것. 법신(法身)·보신(報身)·화신(化身)의 셋이다.

1265) 四智(사지) : ⓢcatvāri jñānāni. 법상종(法相宗)에서 세운 부처님의 네 가지 지혜이다. 대원경지(大圓鏡智)·평등성지(平等性智)·묘관찰지(妙觀察智)·성소작지(成所作智)의 넷이다. 대원경지(大圓鏡智)는 제8식을 전식(轉識)하여 얻는 무루(無漏)의 지혜이다. 불과(佛果)에서 처음으로 얻는 지혜이다. 평등성지(平等性智)는 제7식이 전변(轉變)하여 얻는 무루의 지혜이다. 통달위(通達位)에서 그 일부분을 증득한 후 불과(佛果)에 이르러 전체를 증득한다. 묘관찰지(妙觀察智)는 제6식이 전변하여 얻는 지혜이다. 성소작지(成所作智)는 전오식(前五識)과 그 상응심품(相應心品)을 전사(轉捨)하여 얻는 지혜이다.

1266) 馳求(치구) : 밖으로 찾아다니다. 조급하게 찾다. 분주하게 구하다.

“이미 삼신(三身)을 알았으면 곧바로 사지(四智)가 밝혀졌을 텐데 어찌 다시 묻느냐?
  만일 삼신(三身)을 여의고 따로 사지(四智)를 말한다면 이것을 지(智)는 있으나 몸이 없다고 하는 것이다. 곧 이러한 지(智)있음은 도리어 지(智)가 없음으로 되어버린다.”
  다시 게(偈)를 읊으셨다.

  “대원경지(大圓鏡智)는 성품이 청정함이요,
  평등성지(平等性智)는 마음에 병 없음이요,
  묘관찰지(妙觀察智)는 보아도 공(功) 안 들이고
  성소작지(成所作智)는 둥그런 거울과 같네.

  오·팔·육·칠식이 과인(果因)으로 전식(轉識)하지만1267)
  다만 명언(名言)을 쓸 뿐 실성(實性)은 없네.
  만일 전변(轉變)하는 곳에 정(情)을 두지 않으면
  번흥(繁興)하여도 길이길이 나가정(那伽定)1268)이리.”

지통스님이 절을 올리며 감사드리고 게(偈)로써 찬탄하셨다.

  “삼신(三身)이 원래 나의 체성(體性)이었고
  사지(四智)는 본래 마음의 밝음이라네.
  몸과 지(智)가 원융하여 걸림이 없고
  사물에 응하여서 형체 따르네.

1267) 『전등록』 5권에서는 이 부분에 대한 설명을 붙여 놓았다. “식(識)을 뒤쳐서 지혜를 이룬다 함은 가르침에서 말씀하기를, ‘전5식을 뒤쳐 성소작지를 이루고, 제6식을 뒤쳐 묘관찰지를 이루고, 제7식을 뒤쳐서 평등성지를 이루고, 제8식을 뒤쳐서 대원경지를 이룬다’고 하였다. 이와 같이 6식과 7식은 원인 안에서 전변(轉變)하고, 5식과 8식은 결과 위에서 전변(轉變)하지만, 다만 이름만이 전변(轉變)할 뿐이지 그 본체는 전변(轉變)하는 것이 아니다.” (T51n2076_p0238c09~10, 『景德傳燈錄』 卷第五. T48n2008_p0356b15~17, 『六祖大師法寶壇經』. “轉識爲智者, 教中云: ‘轉前五識,爲成所作智, 轉第六識, 爲妙觀察智, 轉第七識, 爲平等性智, 轉第八識, 爲大圓鏡智.’ 雖六七因中轉, 五八果上轉, 但轉其名而不轉其體也.”)
1268) 那伽定(나가정) : 몸을 용으로 변화시켜서 깊은 연못에서 선정에 드는 것. 부처님의 선정이다. 수명을 오래하여 미륵부처님이 하생할 때까지 나가정(那伽定)에 든다고 한다.

일으키고 닦음은 다 함부로 움직임이요,
지키고 머묾도 참된 정(精)이 아니네.
묘지(妙旨)를 스승으로 인하여 밝히었으니
마침내 물든 이름 없어졌다네."

655. 임제의현臨濟義玄

臨濟和尚, 問龍光: "不展機鋒, 如何得勝?" 龍光據坐. 濟
曰: "大善知識, 豈無方便?" 龍光乃瞪目, 曰: "嗄!" 濟以
手指, 曰: "遮老漢今日敗闕也."
妙喜曰: "可惜. 龍光放過遮漢. 雖然如是, 也須救取臨濟
老漢始得."1269)

임제 의현스님1270)이 용광스님1271)에게 물으셨다.
"기봉(機鋒)을 펼치지 않고 어떻게 제압하겠나?"
용광스님이 자리에 기대셨다.
임제스님이 말씀하셨다.
"대선지식이 어찌 방편도 없단 말이냐?"

1269) 『聯燈會要』 卷第九, X79n1557_p0082b24~c02. 『五燈會元』 卷第十一, X80n1565_p
0222b21~23. 『禪門拈頌集』 卷第十五, K46-0254~0255, 612則. 『古尊宿語錄』 卷第五,
「臨濟禪師語錄之餘」, X68n1315_p0033b19~21. 참조.
1270) 臨濟義玄(임제의현) : 마조도일(馬祖道一)-백장회해(百丈懷海)-황벽희운(黃檗希運)-임
제의현(臨濟義玄). ?~867. 주92) 참조.
1271) 龍光(용광) : 용광(龍光)스님은 청림 사건스님의 법사인 용광인(龍光諲)스님과 나산 도한
스님의 법사인 대녕은미(大寧隱微)스님이 있는데 이 『정법안장』 제655화에 나오는 용광스님
은 누군지 확실치 않다. 운암담성(雲巖曇晟)-동산양개(洞山良价)-청림사건(靑林師虔)-용광인
(龍光諲). 덕산선감(德山宣鑑)-암두전활(巖頭全豁)-나산도한(羅山道閑)-대녕은미(大寧隱微).
『조당집』 12권에는 대녕은미(大寧隱微) 용광화상으로 실려 있다. 호는 은미(隱微)이며 길주(吉
州) 신전현(新淦縣) 출신. 속성은 양씨(楊氏). 8세에 석두원(石頭院)으로 도견선사(道堅禪師)에
게 출가하여 16세에 홍주(洪州) 대안사(大安寺)에서 구족계를 받았다. 17세에 민(閩)지방으로
들어가 나산도한(羅山道閑)선사 회하에서 다년간 시봉하다가 대오하고 법을 이었다. 이후 민
(閩)지방을 떠나서 제방을 다니다가 용천사(龍泉寺)에 주석하였다. 신해년(辛亥年)에 조칙을 받
아 서울로 가서 용광사(龍光寺)에 머물렀다. 거기서 각적선사(覺寂禪師)라는 호를 받았다. (『祖堂
集』 卷第十二, K45-0312. 참조.)

용광스님이 이에 눈을 부릅뜨고 말씀하셨다.
"嗄(Xià)!"
임제스님이 손으로 가리키면서 말씀하셨다.
"이 노인네가 오늘 졌다."

묘희스님이 말씀하셨다.
"아깝다. 용광스님이 이놈을 봐주었구나.
비록 그러나 반드시 임제 노인네를 구해야만 되겠다."

656. 보령인용保寧仁勇

保寧勇和尚, 示衆, 云: "'智不到處, 切忌道著. 道著即頭角生.'大衆. 頭角生了也, 是牛是馬?" 又頌雲門須彌山, 云: "萬仞峯頭立大乖, 須臾眨眼落懸崖. 通身不損毫毛者, 天上人間安敢埋?"1272)

보령 인용스님1273)이 대중에게 열어 보이셨다.
"'지(智)가 이르지 않는 곳에선 절대로 말하지 마라. 말을 하면 즉각 머리에 뿔이 돋는다.'1274)
대중 여러분.
머리에 뿔이 났는데, 소입니까, 말입니까?"

또 운문스님의 『수미산(須彌山)』 화(話)에 노래를 하셨다.

1272) 『聯燈會要』 卷第二十四, X79n1557_p0210a05~07.『禪門拈頌集』 卷第二十四, K46-0389, 1018則. 참조.
1273) 保寧仁勇(보령인용) : 분양선소(汾陽善昭)-석상초원(石霜楚圓)-양기방회(楊岐方會)-보령인용(保寧仁勇). 주605) 참조.
1274) 智不到處切忌道著, 道著即頭角生(지부도처절기도착, 도착즉두각생) : 약산유엄(藥山惟儼)스님이 도오원지(道吾圓智)스님에게 한 말이다. "말씀하셨다. '지(智)가 이르지 못한 자리에서는 절대로 말하지 마라. 말하면 즉각 머리에 뿔이 돋는다. 원지(圓智) 두타는 어찌 해보겠느냐?' 스님이 곧장 나가셨다."(T51n2076_p0314a16~17, 『景德傳燈錄』 第十四. "曰:'智不到處切忌道着. 道着即頭角生. 智頭陀怎麽生?'師便出去.")

“만길 봉우리가 순식간에1275) 크게 무너지니
잠시 눈 깜박할 새1276) 절벽에 떨어졌네.
온몸에 털끝만큼도 상한 것이 없는데
천상이나 인간이 어찌 감히 감추랴?”1277)

657. 오조법연五祖法演

　　五祖演和尚, 示衆, 云: “說佛說法, 拈椎豎拂, 白雲萬里.
德山入門便棒, 臨濟入門便喝, 白雲萬里. 然後恁麼也不得,
不恁麼也不得, 恁麼不恁麼總不得, 也則白雲萬里. 忽有箇
出來道: ‘長老你恁麼道.’ 也則白雲萬里. 遮箇說話, 喚作
矮子看戲, 隨人上下, 三十年後一場好笑. 且道. 笑箇甚麼?
笑白雲萬里.”
　僧問: “不昧當機, 請師直道.” 曰: “捏聚放開.”
　又示衆, 云: “本末須歸宗, 尊卑用其語. 利劍擲虛空, 大棒打老鼠.”1278)

오조 법연스님1279)이 대중에게 열어 보이셨다.
“부처님을 말하고 법을 말하고 방망이를 잡고 불자를 세우니
흰 구름 만리로구나.

1275) 立(립) : 즉시, 당장.

1276) 眨眼(잡안) : 눈 깜박할 사이. 눈을 깜박이다. 『연등회요』 24권에도 ‘잡안(眨眼)’으로
　　나오나 『선문염송』 24권에는 ‘폄안(貶眼)’으로 나온다. (X79n1557_p0210a06, 『聯燈會
　　要』卷第二十四. “須臾眨眼落懸崖.” K46-0389, 1018則,『禪門拈頌集』卷第二十四. “須
　　臾貶眼落懸崖.”)

1277) 월운스님은 이렇게 번역했다. “만 길의 봉우리에 우뚝 섰으니/ 잠깐 눈을 감으면 벼
　　랑에 떨어지리./ 온몸에 털끝 하나 걸치지 않은 이를/ 하늘이나 인간이 어찌 그를 묻으
　　랴?” (김월운, 『선문염송·염송설화』 8, p319. 동국역경원, 2005.)

1278)『聯燈會要』卷第十六, X79n1557_p0136c16~21.『五燈會元』卷第十九, X80n1565_
　　p0393a11~17.『古尊宿語錄』卷第二十一, 『舒州白雲山海會演和尚語錄』, X68n1315_p01
　　38c01~06, 0140a18, 0139b22~23.『續傳燈錄』卷第二十, T51n2077_p0603b20~26. 참
　　조.

1279)　五祖法演(오조법연) : 자명초원(慈明楚圓)-양기방회(楊岐方會)-백운수단(白雲守端)-오
　　조법연(五祖法演). 주139) 참조.

덕산스님은 문으로 들어오자마자 곧바로 때리셨고 임제스님은 문으로 들어오자마자 곧바로 할을 하셨으니 흰 구름 만리로구나.

그러한 뒤, 이러해도 안 되고, 이러하지 않아도 안 되고, 이러하고 이러하지 않아도 모두 안 되니 역시 흰 구름 만리로구나.

문득 한 놈이 나와서 말하기를, '장로스님께서 이렇게 말씀하신 거죠.'라고 하여도 역시 흰 구름 만리로구나.

이러한 이야기도 '난쟁이가 연극을 볼 적에[1280] 사람을 따라 오르내린다.'고 함과 같은 것이니, 삼십 년 뒤에는 한바탕 웃음거리가 될 것입니다.
바로 여기 말해보시오.
왜 웃겠습니까?
웃음도 흰 구름 만리로구나."

한 스님이 여쭈었다.
"당기(當機)[1281]를 매(昧)하지 않게 스님께서 곧장 말씀해 주십시오."
말씀하셨다. "임시로 방개(放開)[1282]해 주겠다."

또 대중에게 열어 보이셨다.

"근본과 끝이 반드시 종지(宗旨)로 돌아가야 한다고
높은 이든 낮은 이든 그렇게 말하지.
예리한 칼은 허공에 던져버리고

1280) 矮子看戲(왜자간희) : 난쟁이가 연극을 구경하다. 난쟁이가 구경꾼들 틈에 끼여 연극을 제대로 보지 못하고 다른 사람들의 말만 듣고서 아는 체함. 줏대 없이 남의 의견에 부화뇌동함.
1281) 當機(당기) : 학인의 근기(根機). 선기(禪機)에 계합함. 적당한 시기. 곧바로, 당장, 즉시.
1282) 放開(방개) : 방행(放行)과 같은 말로서 선사(禪師)가 기용(機用)을 씀에 있어 학인 스스로 참구하도록 자유롭게 일체를 허락하는 것을 말한다. 반대되는 용어로 파정(把定)이 있다.

큰 몽둥이로 늙은 쥐를 후려친다네."

658. 운암담성雲巖曇晟

雲巖掃地次, 道吾云: "何得太區區生?" 巖云: "須知有不區區者." 吾云: "恁麼則有第二月也." 巖豎起掃帚. 云: "遮箇是第幾月?" 吾便休.　　玄沙云: "我當時若見, 向伊道: '正是第二月.'"

雲門云: "奴見婢殷勤."

真如云: "將勤補拙. 此三句語, 一句可以定乾坤, 一句可以驗衲僧, 一句可以接初機. 諸人還揀辨得麼? 若揀辨得出, 許汝親見慧光. 若辨不出, 莫道慧光山勢險, 隔江遙望碧雲閑."[1283]

운암 담성스님[1284]이 마당을 쓸고 계실 때, 도오 원지스님[1285]이 말

1283) 『聯燈會要』卷第十九, X79n1557_p0168c12~18. 『禪門拈頌集』卷第十三, K46-0220, 524則. 참조.

1284) 雲巖曇晟(운암담성) : 청원행사(靑原行思)-석두희천(石頭希遷)-약산유엄(藥山惟儼)-운암담성(雲巖曇晟). 782~841. 종릉(鍾陵) 건창(建昌)[강서(江西) 영수(永修)]출신. 속성은 왕씨(王氏). 어렸을 적에 석문(石門)스님에게 출가하였다. 처음에 백장 회해선사 회상에 있었으나 20년이 지나도록 현지(玄旨)를 깨닫지 못하였다. 회해스님이 입적한 후, 예주(澧州)의 약산유엄(藥山惟儼)선사를 참알(叅謁)하고 그 법을 이었다. 뒤에 담주(潭州)[호남(湖南) 장사(長沙)]의 운암산(雲巖山)에서 종풍을 크게 드날렸다. 무종(武宗) 회창원년(會昌元年)에 세수 60세로 입적하였다. 시호(諡號)는 무주대사(無住大師)이다. 《깨달음의 인연》"담성스님이 백장스님을 20년이나 모시고도 계합하지 못하고서 약산선사를 뵙자 약산선사가 말했다. '백장스님이 무슨 법을 말하시더냐?' 담성스님이 말했다. '하루는 법좌에 올라서 대중들이 조용히 서 있는데 주장자로 한꺼번에 쫓아 내 버렸습니다. 다시 대중들을 부르시니, 대중들이 머리를 일제히 돌리자 말씀하셨습니다. 「뭐냐?」' 약산선사가 말했다. '오늘 자네로 인해 회해사형을 만나보게 되었구나.' 담성스님이 이 말 끝에 곧바로 깨닫고 절을 올렸다."'운암일구(雲巖一句)' '운암사자(雲巖師子)' '운암석실(雲巖石室)' '운암심등(雲巖心燈)' '운암구구(雲巖區區)' '대비수안(大悲手眼)' 등의 공안이 있다. 법사(法嗣)로 동산양개(洞山良价), 행산감홍(杏山鑒洪), 신산승밀(神山僧密), 유계화상(幽谿和尙) 등이 있다.

1285) 道吾圓智(도오원지) : 청원행사(靑原行思)-석두희천(石頭希遷)-약산유엄(藥山惟儼)-도오원지(道吾圓智). 769~835. 도오종지(道吾宗智)라고도 한다. 홍주(洪州) 예장(豫章) 해혼(海昏)[강서성(江西省) 영수(永修)] 출신이고, 속성은 장씨(張氏)이다. 어려서 열반화상(涅槃和尙)에게 의탁하여 가르침을 받고 계를 받았다. 이후 약산 유엄스님을 다년간 시봉하다가 심인(心印)을 깨닫고 법을 이어 받았다. 여러 산들을 유력하다가 담주(潭州)[호남성(湖南省) 장사(長沙)] 도오산(道吾山)에서 크게 선풍을 떨쳤다. 당문종(唐文宗) 태화(太和) 9년 세수 67세로 입적하였다. 시호는 수일대사(修一大師)이다. '도오부도(道吾不道)' 공안이 있다. 『낙도가(樂道歌)』가

씀하셨다.
“어찌 너무 바쁘지 않소?”
운암스님이 말씀하셨다.
“바쁘지 않은 것이 있음도 꼭 알아야 합니다.”
도오스님이 말씀하셨다.
“이러하다면 두 번째 달이군요.”
운암스님이 빗자루를 세우셨다.
말씀하셨다. “이것은 몇 번째 달입니까?”
도오스님이 그만두셨다.

현사 사비스님1286)이 말씀하셨다.
“내가 그때 만일 봤다면 ‘바로 이것이 두 번째 달이다’라고 말했을
텐데.”

운문 문언스님1287)이 말씀하셨다.
“사내종이 은근히 계집종을 보는구나.”

대위 진여스님1288)이 말씀하셨다.
“부지런함으로써 우둔함을 보완하였습니다.
이 삼구(三句)의 말에서 일구(一句)는 건곤을 안정시킬 수 있고,
일구(一句)는 납승을 검증해 볼 수 있고, 일구(一句)는 처음 근기를 접
인할 수 있습니다.
여러분은 간변(揀辨)할 수 있습니까?
만일 간변해 낸다면 직접 이 혜광(慧光)을 알았다고 인정해 줄 것입

남아 있다. 법사(法嗣)로 석상경저(石霜慶諸), 점원중흥(漸源仲興), 녹청화상(祿淸和尙) 등이
있다.
1286) 玄沙師備(현사사비) : 용담숭신(龍潭崇信)-덕산선감(德山宣鑑)-설봉의존(雪峰義存)-현
사사비(玄沙師備). 835~908. 주392) 참조.
1287) 雲門文偃(운문문언) : 용담숭신(龍潭崇信)-덕산선감(德山宣鑑)-설봉의존(雪峰義存)-운
문문언(雲門文偃). 864~949. 주153) 참조.
1288) 大潙眞如(대위진여) : 분양선소(汾陽善昭)-석상초원(石霜楚圓)-취암가진(翠巖可眞)-대
위진여(大潙眞如). ?~1095. 대위모철(大潙慕哲). 위산모철(潙山慕哲), 진여모철(眞如慕哲),
지해진여(智海眞如)로도 불림. 주704) 참조.

니다.

만일 간변해 내지 못한다면 혜광산(慧光山)의 산세가 험하다고 말하지 말고, 강을 사이에 두고 한가로운 푸른 구름이나 바라보시오.”

659. 동산수초洞山守初

洞山初和尚, 示眾, 云: “舉唱宗乘, 闡揚大教, 須得法眼精明, 方能鑑辨緇素. 切緣真妄一源, 水乳同器, 到此難分. 洞山尋常, 以心中眼, 觀身外相, 觀之又觀, 乃辨真偽. 若不如是, 何名善知識? 夫善知識者, 驅耕夫之牛, 奪饑人之食, 方名善知識. 即今天下, 那箇是真善知識? 諸禪德. 參得幾箇善知識來也, 不是等閑, 直須參教徹覷教透. 千聖莫能證明, 方顯大丈夫兒. 不見? 釋迦老子, 明星出時, 豁然大悟, 與大地眾生, 同時成佛, 無前後際, 豈不暢哉? 雖然如是, 若遇明眼衲僧, 也好劈脊便棒.”

僧問: “維摩掌擎四世界, 未審維摩身在甚麼處?” 曰: “在闍梨後底.” 云: “為甚在學人後底?” 曰: “還我話頭來.” 問: “絕點無蹤時如何?” 曰: “尖斗量不盡.” 問: “如何是衲僧本分事?” 曰: “駱駝渡漢江.” 問: “如何是親切一句?” 曰: “達磨無當門齒.”1289)

동산 수초스님1290)이 대중에게 열어 보이셨다.

1289) 『聯燈會要』 卷第二十六, X79n1557_p0226b13~21. 『古尊宿語錄』 卷之三十八, 「襄州洞山第二代初禪師語錄」, X68n1315_p0247a23~b08. 참조.

1290) 洞山守初(동산수초) : 덕산선감(德山宣鑑)-설봉의존(雪峰義存)-운문문언(雲門文偃)-동산수초(洞山守初). 910~990. 속성은 부씨(傅氏). 봉상(鳳翔) 양원(良原)[지금의 섬서성 숭신현(崇信縣)]출생. 16살에 출가. 당시는 선종이 크게 부흥하지 않을 때라 율종의 절로 출가하였다. 섬서성의 함양(咸陽)과 장안(長安), 호북성의 양양(襄陽), 호남성의 장사(長沙) 등을 전전하다가 광동성 유원현(乳源縣) 북쪽의 운문산에 이르렀다. 여기서 운문스님의 지도하에 활연대오하였다. 그후 운문산을 떠나 양양의 동산사(洞山寺)로 갔다. 이후로 40여년을 이곳에 주석하였다. 40여년을 한 절에 머물고 있었지만 그 도는 천하에 두루 전해져서 북송 조정에서는 종혜선사(宗慧禪師)라고 시호를 드리고 자색 가사를 드렸다. 순화 1년 결가부좌를 한 채 세수 81세로 입적. 복엄양아(福嚴良雅) 등 8인의 법사(法嗣)가 있다. ‘동산마삼근(洞山麻三斤)’‘동산삼돈(洞山三頓)’‘동산친절(洞山親切)’‘동산지연(洞山紙撚)’‘동산전사(洞山展事)’등의 공안이 있다. 『양주동산제이대초선사어록(襄州洞山第二代初禪師語錄)』 1권이 『고존숙어록』 38권에 실려 있다.

"종승(宗乘)을 말하여 밝히고 대교(大敎)를 밝혀 널리 떨치려면 반드시 법안(法眼)으로 정명(精明)1291)을 알아야만 비로소 능히 치소(緇素)를 감변(鑑辨)해 낼 수 있습니다.

한 근원의 진망(眞妄)과 한 그릇의 물과 우유의 인연을 끊어버리려 하여도 여기선 나누기가 어렵습니다.

이 동산이 평소에 마음속의 눈으로써 몸 밖의 상(相)을 관(觀)하였는데 관(觀)하고 또 관(觀)하니 진위(眞僞)가 가려졌습니다.

만일 이렇지 않았다면 어떻게 선지식이라 불렸겠습니까?

선지식이란 것은 농부가 소를 부리고 굶주린 사람의 밥을 빼앗듯 해야만 비로소 선지식이라 할 수 있습니다.

바로 지금 천하에서 누가 참된 선지식입니까?

선덕여러분.

몇몇 선지식을 참례하는 것을 등한히 하지 말고 반드시 참(參)으로 꿰뚫고 엿보아 투탈(透脫)하십시오.

천명의 성인이라도 증명해 내지 못하여야만 비로소 대장부로서 드러낼 수가 있는 것입니다.

들어보지 못하였습니까?

석가노자께서 밝은 별이 뜰 때 활연히 크게 깨달으시어 대지의 뭇삶들과 동시에 성불(成佛)로 처음과 끝이 없으니 얼마나 창쾌합니까?

하지만 만일 눈 밝은 납승을 만난다면 역시 몽둥이로 등짝을 얻어맞기 딱 좋다고 하겠습니다."

한 스님이 여쭈었다.

"유마거사가 네 세계를 손바닥으로 떠받쳤다는데1292) 도대체 유마의 몸은 어디에 있는 겁니까?"

말씀하셨다. "너의 뒤에 있지."

1291) 精明(정명) : 정묘명백(精妙明白)의 준말. 자성청정심(自性淸淨心)에 본래부터 갖추고 있는 절묘(絶妙)하고 명징(明澄)한 것.

1292) 유마거사가 초인적인 힘을 발휘하여 묘희국을 떼어다 이 땅에다 놓은 것을 가지고 한 말이다. (T14n0475_p0555b29~c01, 『維摩詰所說經』「見阿閦佛品」第十二. "作是念已, 入於三昧現神通力, 以其右手斷取妙喜世界置於此土.")

말씀드렸다. "어째서 저의 뒤에 있다고 하십니까?"
말씀하셨다. "나의 말이지."

여쭈었다. "작은 점마저 끊어지고 자취가 없을 땐 어떻습니까?"
말씀하셨다. "고봉으로 가득 헤아려도1293) 안되겠구나."

여쭈었다. "어떤 것이 납승의 본분사입니까?"
말씀하셨다. "낙타가 한강을 건너는군."

여쭈었다. "어떤 것이 친절한 일구(一句)입니까?"
말씀하셨다. "달마대사는 앞니1294)가 없다."

660. 덕산선감德山宣鑑

德山, 到潙山. 挾複子直上法堂, 從西過東, 從東過西, 顧視. 云: "無! 無!" 便出. 至門首却云: "也不得草草." 便具威儀, 再入相見, 潙山坐次. 德山提起坐具, 云: "和尚!" 潙山擬取拂子, 德山便喝, 拂袖而出. 背却法堂, 著草鞋便行. 潙山至晚, 問首座: "適來新到在甚處?" 首座云: "當時背却法堂, 著草鞋出去."
潙云: "此子已後, 向孤峯頂上, 盤結草菴, 呵佛罵祖去在."
妙喜曰: "二尊宿恁麽相見, 每人失却一隻眼."1295)

덕산 선감스님1296)이 위산 영우스님1297)께 가셨다.

1293) 尖斗量(첨두량) : 고봉 말로 헤아리다. 말(斗)그릇에 수북이 높이 쌓아서 헤아림.
1294) 當門齒(당문치) : 앞이빨. 앞니.
1295) 『景德傳燈錄』 卷第十五, T51n2076_p0317b24~c03. 『聯燈會要』 卷第二十, X79n15
57_p0172a21~b06. 『禪門拈頌集』 卷第十七, K46-0273, 666則. 『五燈會元』 卷第七,
X80n1565_p0142c04~11. 참조.
1296) 德山宣鑑(덕산선감) : 석두희천(石頭希遷)-천황도오(天皇道悟)-용담숭신(龍潭崇信)-덕
산선감(德山宣鑑). 782~865. 주275) 참조.
1297) 潙山靈祐(위산영우) : 남악회양(南嶽懷讓)-마조도일(馬祖道一)-백장회해(百丈懷海)-위
산영우(潙山靈祐). 771~853. 주39) 참조.

누비옷을 옆구리에 끼고 곧바로 법당으로 올라가서 서쪽에서 동쪽으로 갔다가 동쪽에서 서쪽으로 갔다가 하다가, 돌아보셨다.
말씀하셨다.
"無(Wú)! 無(Wú)!"
그리고 곧바로 나가셨다.

문어귀에서 또 말씀하셨다.
"역시 데면데면해선[1298] 안 되겠군."

곧 위의를 갖추어 다시 들어가 위산스님을 뵈니 앉아 계셨다.
덕산스님이 좌구를 치켜들고는 말씀하셨다.
"스님!"
위산스님이 불자를 잡으려고 하시자, 덕산스님이 바로 "억!"할을 하셨다.　그리고는 소매를 떨치고 나가더니 법당을 등지고 짚신을 신고 곧장 떠나셨다.

위산스님이 저녁에 수좌에게 물으셨다.
"아까 새로 온 스님이 어디 있느냐?"
수좌가 말씀드렸다.
"그때 법당을 등지고 짚신을 신고는 나가던데요."
위산스님이 말씀하셨다.
"이 분이 이후에 고봉정상에다 암자를 짓고 부처님을 꾸짖고 조사를 욕할 것이다."

묘희스님이 말씀하셨다.
"두 존숙께서 이렇게 만났지만 한 분마다 각기 일척안(一隻眼)을 잃으셨다."

1298) 草草(초초) : 몹시 급하고 바쁜 모양. 꼼꼼하지 못하고 대충대충하는 모양.

661. 대혜종고大慧宗杲

妙喜, 示眾, 云:"古人道:'大智無分別, 大用無理事. 如月印千江, 似波隨眾水.' 且那箇是無分別底大智, 那箇是無理事底大用? 莫是問一答十, 辯瀉懸河是大智麼? 莫是麤言及細語, 皆歸第一義, 掀倒繩床, 喝散大眾, 攔腮贈掌, 拂袖便行, 擬議思量, 劈口便埞之類, 是大用麼? 若作遮般見解, 莫道我是衲僧. 便做他衲僧門下, 提破草鞋, 挈骨董袋底奴子, 也未得在.

묘희스님이 대중에게 열어 보이셨다.1299)
"옛사람이 말했습니다.

〈'대지(大智)는 분별이 없고
대용(大用)은 이사(理事)가 없어서
마치 달이 천개의 강에 새겨진 것과 같고
모든 물에 물결이 따르는 것과 같다.'〉1300)

자, 어떤 것이 분별없는 대지(大智)며, 어떤 것이 이사(理事) 없는 대용(大用)입니까?
질문은 하나인데 열을 답하여 말을 폭포수처럼 거침없이 쏟아내는 것을 대지(大智)라고 하지는 않습니까?

저속한 말과 속닥이는 말도 모두 다 제일의(第一義)에 돌아간다고 하거나, 승상을 흔들어 넘어뜨리거나, 할(喝)로 대중을 흩어지게 하거나, 손바닥으로 뺨을 갈기거나,1301) 소매를 떨치고 곧장 가버리거나, 머뭇거리며 헤아리거나, 입을 열면 곧장 틀어막는 것들을 대용(大用)이라고는 하지 않습니까?

1299) 대혜스님의 이 시중법문은 『지월록』 32권에도 실려 있다.
1300) 이 게송은 출처를 알 수가 없다.
1301) 攔腮贈掌(난시증장) : 손바닥으로 뺨을 때리다.

만일 이런 견해를 짓는다면 '나는 납승이라'고 말하지 마십시오.
곧 저 납승문하에서 떨어진 짚신을 들고 다 낡은 자루나 메고 다니
는 놈1302)이 되었다고 하더라도 아직은 깨달음을 얻지 못한 것입니다.

善知識, 實悟實證, 而大法不明, 為人時, 未免以自悟自證處指似人, 瞎却
人眼. 況無悟證學語之流, 瞎人眼不在言也. 此事大難, 沒量大人, 到遮裏無
插足處. 你小根無知魔子輩, 如何敢造次開大口? 你試靜處坐地微細揣摩.
你方寸裏還實到不疑之地也末? 若實未到, 我却賞你放得過把得定. 不受人
走作. 遮般底喚作地獄滓. 十方施主一粒米一莖菜, 將來供給你, 只要你道業
成就同趣佛乘, 求異世他生福報. 道業不明, 如何消得?

선지식이라도 실오실증(實悟實證)하여 대법을 밝혀내지 못하고서 사람
들을 위할 때, 자오자증(自悟自證)한 자리를 사람들에게 가리키더라도
사람들의 눈을 멀게 함을 면하지 못할 것입니다.
하물며 오증(悟證)없이 말이나 배우는 무리들이 사람들의 눈을 멀게
함은 말할 것도 없는 것입니다.

이 일은 매우 어려워 몰량대인(沒量大人)1303)이라도 '여기'에 이르러
서는 끼어들 자리가 없습니다.
여러분 가운데 근기가 작고 무지한 마(魔)의 무리들이 어떻게 감히
함부로1304) 큰 입을 열겠습니까?

여러분이 시험 삼아 고요한 곳에 앉아 미세하게 헤아려 찾아보십시
오. 여러분 마음속에 실제로 의심이 없는 자리에 이르렀습니까?
만일 실제로 이르지 않았다면 내가 반드시 방과(放過)와 파정(把定)으
로 보상해주겠습니다.

남들이 유행시키는 것은1305) 받지 마십시오.

1302) 奴子(노자) : 놈, 녀석. 사내 종.
1303) 沒量大人(몰량대인) : 확연대오(廓然大悟)한 사람.
1304) 造次(조차) : 함부로, 제멋대로, 경솔하게. 말을 능숙하게 잘 함. 매우 급하고 바쁜
    때. 잠깐, 잠시.

이러한 것들은 지옥의 찌꺼기나 만들어 낸다고 하겠습니다.

시방의 시주들이 한 톨의 쌀과 한 줄기 채소라도 가져와서 여러분에게 공급하는데, 여러분은 그저 도업(道業)을 이루어 함께 불승(佛乘)에 나아가서 저들이 다른 세상에서 복의 과보를 받기를 빌어 주기만 하면 됩니다.

그런데 도업(道業)을 밝히지 못한다면 어떻게 시주물을 녹일 수가 있겠습니까?

你諸人決欲紹繼此箇門風,　直須心境一如,　方有少分相應.　你莫見我說恁麼事,　便閉目藏睛,　做死模樣,　硬差排心與境一如.　遮箇儘你伎倆,　如何差排? 你要得眞箇心境一如麼?　直須碎地折曝地斷,　拈却髑髏裏作妄想底,　將第八識斷一刀,　自然不著差排.

여러분들이 이 종문의 가풍을 단호히 이어가고자 한다면 반드시 마음과 경계가 일여(一如)가 되어야만 비로소 조금이라도 상응할 수 있을 것입니다.

여러분은 내가 이러한 일을 말하는 것을 듣고서 곧 눈을 감고 눈동자를 감추어 죽은 모양을 짓고는 마음과 경계가 일여(一如)하게 억지로 짜서 맞추려하지1306) 마십시오.

이러한 것은 여러분의 기량에 맡겨두어야지 어찌하여 짜서 맞추려합니까?

여러분은 진정으로 마음과 경계의 일여(一如)를 원합니까?1307)

반드시 확 꺾어버리고 팍 끊어버려서1308) 해골 속에서 망상하는 놈을 잡아채고 제8식까지도 한 칼에 끊어버려야만 자연히 짜맞추려 하지 않을 것입니다.

1305) 走作(주작) : 전파시키는 것. 유행시키는 것. 말썽을 일으킴, 사단을 일으킴. 방일하다, 자리를 옮기다. 원래 궤칙을 벗어남.

1306) 差排(차배) : 짜 맞추다, 배정하다, 배치하다. 지시하다, 시키다, 명령하다. 파견하다, 보내다. ~라고 여기다.

1307) 要得(요득) : 중국의 사투리. 주로 동의를 구하거나 칭송할 때 쓴다. 또는 가정을 나타낸다. 만일 ~하려면. 만약 ~이 필요하다면.

1308) 碎地折曝地斷(쇄지절포지단) : 쇄지(碎地)와 포지(曝地)는 의성어. 순식간에 깨달음을 말한다.

你不見?　巖頭和尙，　有言:‘纔有所重，　便成窠臼.’你諸人一生在叢林，　參
尋此事，　無所得者，　不在言也.　其間多有頭白齒黃，　坐在窠臼裏，　一生出頭不
得，　都不知非.　向古人言句上，　得些滋味者，　以奇言妙句為窠臼.　於經教中，
聲名句義上，　得滋味者，　以經教為窠臼.　於古人公案上，　得滋味者，　以古人問
答代語別語抑揚語褒貶語為窠臼.　於心性上，　得滋味者，　以三界唯心，　萬法唯
識為窠臼.

여러분이 들어 보았을 것입니다.
암두스님이 말씀하셨습니다.
〈‘만일 거듭하게1309) 되면 바로 암톨쩌귀1310)를 이룬다.’〉1311)

여러분들이 한평생을 총림에 있으면서도 이 일을 참심(參尋)하였지만
알아 낸 것이 없는 것은 말에 있는 것이 아니기 때문입니다.
그 사이에 대부분이 머리는 하얘지고 이빨은 누렇게 되도록 암톨쩌
귀 속에 주저앉아 있으면서 한평생을 벗어나지 못하는 것은 도무지
그른 줄을 알지 못하기 때문입니다.

옛사람의 말에서 조금이라도 맛을 보려고 하는 이는 기특하고 미묘
한 말로써 암톨쩌귀를 삼는 것입니다.
경전 가르침 속의 명성이 자자한 문구의 뜻에서 맛을 보려는 이는
경전의 가르침으로써 암톨쩌귀를 삼는 것입니다.
옛사람의 공안(公案)에서 맛을 보려는 이는 옛사람의 문답과 대어(代
語)1312)와 별어(別語)1313)와 억양어(抑揚語)1314)와 포폄어(褒貶語)1315)

1309) 重(중) : 중요하게 여기다. 소중하게 여기다. 존귀하게 여기다. 숭상하다. 거듭하다.
　　　반복하다. 겹치다.
1310) 窠臼(과구) : 암톨쩌귀. 기존의 격식을 말한다. 상투적이고 정형화되어 버린 방식. 고
　　　정화된 형식.
1311) 암두스님이 시중법문에서 한 말이다. “정신이 아뜩아뜩한 곳(著昏昏地)에 사념의 탑을
　　　쌓을 필요가 없습니다. 만일 반복하게 되면 곧 상투적으로 되고 맙니다.”(X79n1557_p0
　　　182c23~24,『聯燈會要』卷第二十一.“不用思搭著昏昏地.　纔有所重，　便成窠臼.”)
1312) 代語(대어) : 착어(著語)의 일종으로 아무도 답하지 않거나, 앞선 선사들이 말하지 않
　　　았던 경우를 대신해 말을 덧붙이는 것을 말한다. 운문 문언스님이 즐겨 사용하였다.
1313) 別語(별어) : 역시 착어(著語)의 일종이다. 앞의 선사들과는 다른 말을 제시하는 것.

로써 암톨쩌귀를 삼는 것입니다.

 마음의 성품에서 맛을 보려는 이는 삼계유심(三界唯心)과 만법유식(萬法唯識)의 구절로써 암톨쩌귀를 삼는 것입니다.

 於寂默無言無說處, 得滋味者, 以閉目藏眼, 威音那畔, 坐在黑山下鬼窟裏不動爲窠臼. 於日用動轉施爲處, 得滋味者, 以揚眉瞬目, 擧覺提撕爲窠臼. 謂法不在言語上, 不在情識上, 不在擧動施爲處, 錯認業識爲佛性, 於此得滋味者, 以擊石火閃電光爲窠臼.

 고요히 묵묵하여 언설이 없는 자리에서 맛을 보려는 이는 눈을 감아버리고 위음왕불 저쪽에서1316) 흑산 아래 귀신 굴속에 앉아 움직이지 않음으로써 암톨쩌귀를 삼는 것입니다.

 평소에 이리저리 다니며 일을 보는1317) 자리에서 맛을 보려는 이는 양미순목(揚眉瞬目)1318)과 거각제시(擧覺提撕)1319)로 암톨쩌귀를 삼는 것입니다.

 법은 언어에 있지 않고 정식(情識)에도 있지 않으며 행동하는 곳에도 있지 않은데도 업식을 잘못 알고서 불성으로 삼아 맛을 보려는 이는 부싯돌불빛과 번갯불빛으로 암톨쩌귀를 삼는 것입니다.

 如上所說, 皆於得滋味處有所重. 若無大丈夫氣槩退步知非, 卽以所重處, 便作奇特想, 玄妙想, 安隱想, 究竟想, 解脫想. 作如是等想者, 佛出世亦不奈何. 教中謂之癡闇惑. 何以故? 爲你癡故, 執邪爲正, 爲你闇故, 墮在所重處, 不能動轉. 若於心無所起, 於法無所著, 則無所重. 無所重則, 自然赤骨力地, 無欲無依, 於法自在. 你即今便要恁麽相應亦不難. 但於心平等無所

1314) 抑揚語(억양어) : 착어의 일종으로 선사들이 앞의 선사들의 화(話)에 종탈(縱奪)의 평
　　 정(評定)을 하는 말.
1315) 褒貶語(포폄어) : 착어(著語)의 일종으로 앞의 선사들의 말을 칭찬하거나 폄하하여 평
　　 정(評定)하는 말.
1316) 威音那畔(위음나반) : 위음왕불 저쪽. 위음왕불이 세상에 나오기 이전. 태초. 본래면
　　 목.
1317) 動轉施爲(동전시위) : 동전(動轉)은 이동전변(移動轉變)의 준말로 이리저리 바뀌어 가
　　 는 것을 말한다. 시위(施爲)는 행동하다, 일을 보다의 뜻.
1318) 揚眉瞬目(양미순목) : 눈을 치켜뜨고 눈을 깜박임.
1319) 擧覺提撕(거각제시) : 말로써 깨우치게 함.

染著. 如何是染著?

위에서 말씀드린 것과 같이 모두가 맛을 보는 곳이 거듭되고 있습니다.

만일 대장부의 기개가 퇴보하여 그름을 알지 못한다면 곧 거듭된 자리에서 바로 기특한 생각과 현묘한 생각과 안은한 생각과 구경이라는 생각과 해탈이라는 생각을 하게 될 것입니다.
이러한 생각을 하게 되는 이들은 부처님이 세상에 나오신다 하여도 어쩔 수가 없으실 것입니다.

부처님의 가르침에서 이것을 치암혹(癡闇惑)이라고 말씀하셨습니다. 왜냐하면 여러분이 어리석기 때문에 삿됨을 집착하여 바름으로 삼고 여러분이 어둡기 때문에 거듭된 곳에 떨어져 이동하여 전변(轉變)할 수가 없기 때문입니다.
만일 마음에 일어남이 없다면 법에 집착함이 없어 곧 거듭됨이 없을 것입니다. 거듭됨이 없으면 자연히 모조리 적나라하게 드러나1320) 욕망도 없고 의지함도 없어 법에 자유자재할 것입니다.

여러분이 바로 지금 이렇게 상응하고자 한다면 역시 어렵지가 않을 것입니다.
다만 마음에 평등하여 물들지만 않으면 되는 것입니다.
어떤 것이 물듦이겠습니까?

作眾生想, 佛想, 世間想, 出世間想, 求出離想, 求佛智想, 皆名染著. 你但向欲起未起時, 猛著精彩, 一躍跳出來, 此心朗然獨脫. 纔覺恁麼, 便轉向上面去, 自然頭頭上明, 物物上顯. 得到恁麼田地, 亦不得采顧著. 若采顧著, 則有所重. 纔有所重, 此心即滲漏矣. 只名滲漏心, 不名平等心. 謂平等者, 善與惡等, 背與向等, 理與事等, 凡與聖等, 量與無量等, 體與用等. 遮箇道理, 唯證者方知. 諸人若未證, 直須證取. 證得了, 方得名為真出家兒. 若心

______
1320) 赤骨力地(적골력지) : 적나라하게 드러내고서.

不證, 向心外取證, 此名出家外道, 不堪_為種草.

　뭇삶이라는 생각과, 부처님이라는 생각과, 세간이라는 생각과, 출세간이라는 생각과, 벗어남을 구해야 한다는 생각과, 부처님의 지혜를 구해야 한다는 생각을 하는 것은 모두가 물듦이라고 합니다.

　여러분이 다만 일어나고자 하여도 일어나지 않을 때를 향하여 돌연히 찬란하게 드러나 한 번 도약하여 뛰쳐나오면 이 마음은 분명히 독탈(獨脫)하게1321) 될 것입니다.
　만일 이렇게 깨달으면 곧 전변하여 상면(上面)1322)으로 향하게 될 것이니, 자연히 낱낱이 지극히 밝을 것이요 무엇에나 다 나툴 것입니다.
　이러한 경지에 이르러서도 역시 변고저(釆顧著)1323)하지 않아야 합니다. 만일 변고저(釆顧著)하게 되면 거듭됨이 있게 됩니다. 만일 거듭됨이 있으면 이 마음은 곧 새어나오게 되고 맙니다.
　이는 삼루심(滲漏心)이라고 하지 평등심(平等心)이라고 하진 못합니다.
　평등이라는 것은 선과 악이 같고, 등지거나 마주봄이 같고, 이(理)와 사(事)가 같고, 범부와 성인이 같고, 한계와 한량없음이 같고, 체(體)와 용(用)이 같은 것 등을 말하는 것입니다.

　이러한 도리는 오직 증득한 이라야만 아는 것입니다.
　여러분이 만일 아직도 증득하지 못하였다면 반드시 증득하여야만 합니다. 증득해 마쳐야만 비로소 참된 출가인이라고 할 수 있습니다.
　만일 마음에 증득하지 못하고서 마음 바깥에서 증득함을 얻으려고 한다면 이는 출가한 외도(外道)라고 하겠으니 우리 가문의 일족(一族)이 될 수가 없는 것입니다.1324)

此心廣大, 無分劑, 無邊表. 塵沙諸佛成等正覺, 山河大地, 萬象森羅, 皆不

1321) 獨脫(독탈) : 오로지 홀로 초월함.
1322) 上面(상면) : 상좌(上座)라고도 한다. 최고의 자리. 부처님의 자리.
1323) 釆顧著(변고저) : 분별하여 밝혀 보고자 함.
1324) 不堪為種草(불감위종초) : 불감(不堪)은 불가(不可)와 같다. 종초(種草)는 가문의 일족(一族), 또는 동족(同族)을 말한다. 선종 가문의 일원이 될 수 없다는 뜻이다.

出此心. 此心能與一切, 安名立字. 一切與伊, 安名立字不得. 故諸佛諸祖,
不得已隨你顚倒, 著箇名字. 喚作眞如·佛性·菩提·涅槃, 强立種種差別異號.
爲你衆生界中, 見解偏枯, 有種種差別故, 立此差別名號. 令汝於差別處, 識
取此無差別底心, 非是此心有差別也. 所以僧問馬祖: '如何是佛?' 祖曰: '卽
心是佛.' 你若實證實悟, 有何差別? 你若不悟, 求奇特解會. 不實證實悟,
不信此心決定是佛. 只此卽心是佛, 便是差別因緣.

이 마음은 광대하여 분제(分劑)1325)가 없고 변표(邊表)1326)가 없습니
다.
티끌과 모래와 같이 수많은 모든 부처님들이 등정각을 이루신 것과
산하대지와 삼라만상이 모두 다 이 마음을 벗어나질 않았습니다.

이 마음은 일체와 이름을 안립(安立)하지만, 일체는 여러분과 이름을
안립(安立)하지 않습니다.
그러므로 모든 부처님과 모든 조사들이 부득이하여 여러분의 전도(顚
倒)됨에 맞추어서 이름을 붙이신 것입니다.
그리하여 진여·불성·보리·열반이라고 지어서 억지로 가지가지로
차별되는 여러 명호(名號)를 세우셨습니다.

이는 여러분들이 뭇삶의 계(界)1327) 속에서 견해가 한 쪽으로 치우쳐
온갖 차별이 있게 되었기 때문에 이렇게 차별되는 명호(名號)를 세우
신 것입니다.

이것은 여러분들로 하여금 차별의 자리에서 차별이 없는 마음을 알
게 하려는 것이지, 이 마음은 차별이 있는 것이 아닙니다.
그러므로 어떤 스님이 마조스님께 여쭙기를, '어떤 것이 부처님입니
까?' 하니, 마조스님이 말씀하시기를, '즉심(卽心)이 부처님이다.'라고

1325) 分劑(분제) : 적당한 한계, 정도. 분수(分數).
1326) 邊表(변표) : 한계, 끝.
1327) 界(계) : ⑤dhātu. ①인간존재의 구성요소. 육근(六根)과 육경(六境)과 육식(六識)의
    셋을 합하여 18계라고 한다. ②영역. 욕계(欲界), 색계(色界), 무색계(無色界)의 삼계(三
    界)를 말한다. ③다른 것과 구별되는 일정한 영역. ④사물 고유의 본성, 본질.

하신 것입니다.

여러분이 만일 실증(實證)하고 실오(實悟)한다면1328) 어찌 차별이 있겠습니까? 여러분이 만일 깨닫지 못하였다면 홀로 우뚝한 앎을 구해야만 합니다. 실증실오(實證實悟)하지 못하면 이 마음이 결정코 부처님이라는 것을 믿지 못할 것입니다.

오직 이 '즉심(卽心)이 부처님'은 곧 차별인연인 것입니다.

佛言:'欲以譬喩而顯示, 終無有喩能喩此.' 說箇廣大, 已是限量他了也. 況以限量心, 欲入此廣大境界, 縱然入得, 如持蠡酌海. 一蠡縱滿能得幾何? 然只遮蠡中之水, 未入蠡時, 卽是無限量底水. 為你境界只如此, 大生滿足想, 故此無限量境界亦隨你器量滿足, 非是大海水只有許多. 故佛有言: '譬如大海, 不讓小流, 乃至蚊虻及阿修羅飲其水者, 皆得充滿.' 此水喩心, 蚊虻阿修羅, 喩大小差別. 此心體上, 本無若干差別. 汝但不起諸見, 識取此心, 種種差別亦自識得矣.

부처님께서 말씀하셨습니다.

〈'비유로써 드러내 보이려하지만 결국은 이것을 비유할 비유는 없는 것이다.'〉1329)

광대한 것을 말하기에는 그것은 이미 한도가 있는 것입니다.

하물며 한정된 한도가 있는 마음으로써 이 광대한 경계에 들어가고자 하지만 설사 들어간다 하더라도 마치 조롱박으로 바닷물을 떠내려는 것과 같아 한 조롱박에 가득 채워본들 얼마나 되겠습니까?

그렇지만 이 조롱박 속으로 물이 들어가기 전에는 한량없는 물입니다. 여러분의 경계도 그야말로 이와 같아서 크게 만족하는 생각을 내었기에 이 한량없는 경계 또한 여러분의 그릇의 크기에 따라 만족하게 된 것이지 큰 바다의 물이 정말로 많이 있어서가 아닙니다.

그러므로 부처님께서 말씀하셨습니다.

1328) 實證實悟(실증실오) : 확실하게 증득하고 확실하게 깨달음.

1329) 『대방광불화엄경』 「현수품」에 나오는 구절이다. (T10n0279_p0078b26, 『大方廣佛華嚴經』卷第十五, 「賢首品」第十二之二. "欲以譬諭而顯示, 終無有諭能諭此.")

〈‘비유하면 큰 바다가 작은 냇물을 거절하지 않는데 모기나 아수라가 그 물을 마시면 모두 충만함을 얻는 것과 같다.’〉1330)

이 물은 마음에 비유한 것이며, 모기나 아수라는 크고 작은 차별을 비유한 것입니다.

이 마음의 체(體)는 본래부터 조금도 차별이 없습니다.

여러분이 다만 여러 가지 견(見)을 일으키지 않고 이 마음을 변별한다면, 온갖 차별 또한 저절로 알게 될 것입니다.

先聖尙不許執此心爲實. 心外更有什麽實底物, 爲你作障難? 我今拖泥帶水, 亦是不得已, 爲提獎嬌兒, 撫憐愛子, 老婆心切故, 牽枝引蔓. 你莫記我說底, 便以爲是. 今日恁麽說, 明日又却不恁麽說. 你纔恁麽, 我却不恁麽, 你不恁麽時, 我却恁麽. 你向那頭尋我住處, 只我亦自不知住處. 佗人又如何尋得? 遮箇是活底門戶, 死却見行, 方可入作. 而今學人, 將少分精進禮佛持誦, 戒身口意, 以爲資糧, 希求證取, 有什麽交涉? 大似癡人, 埋頭向西走, 欲取東邊物, 轉走轉背, 轉急轉遲.

앞의 성인들은 오히려 이 마음을 집착하여 실제로 삼는 것을 허락하지 않으셨습니다.

마음 밖에 어찌 실제의 물건이 있어 여러분을 번뇌하고 곤란하게 하겠습니까?1331)

내가 지금 타니대수(拖泥帶水)1332) 역시 부득이하게 사랑하는 아이들을1333) 붙들어 도와주고1334) 사랑하는 이들을 보살펴 아껴주려는 노파심이 간절하기 때문에 가지와 덩굴을 끌어당겨 인도하려는 것입니

1330) 『원각경』에 나오는 구절이다. (T17n0842_p0921c25~26, 『大方廣圓覺修多羅了義經』. "譬如大海, 不讓小流, 乃至蚊虻及阿修羅飮其水者, 皆得充滿.")
1331) 更有(갱유) : 어찌 ~이 있는가?
1332) 拕泥帶水(타니대수) : 화니화수(和泥和水), 화니합수(和泥合水), 타니섭수(拕泥涉水), 입니입수(入泥入水) 등과 같은 말이다. 진흙에 섞이고 물에 섞인다. 자비를 실행하여 세속의 중생들과 완전히 화합하는 것으로 제이의문(第二義門)이다. 화부조면(和麩糶麵)과 같은 의미로서 선사들이 학인들에게 접화(接化)의 가르침을 펴면서 제이의문(第二義門)에 의지하여 권교(權巧)의 방편을 사용하는 것을 말함.
1333) 嬌兒(교아) : 애들. 사랑하는 자식.
1334) 提獎(제장) : 발탁하여 도와주고 장려함.

다.

여러분은 나의 말을 기억하였다가 곧 옳음으로 삼지는 마십시오.

오늘은 이렇게 말하지만 내일은 또 도리어 이러하지 않게 말할 것입니다.

여러분이 만일 이러하면 나는 오히려 이러하지 않을 것이고, 여러분이 이러하지 않는다면 나는 오히려 이러할 것입니다.

여러분이 저쪽에서 나의 머무는 자리를 찾지만 그야말로 나도 역시 스스로 머무는 자리를 알지 못합니다. 그러니 다른 사람들이야 어떻게 찾아 낼 수가 있겠습니까?

이것이 살아 있는 문이지만 현행(見行)1335)이 죽어버려야만 비로소 입작(入作)1336)할 수가 있습니다.

지금 학인들이 고작 약간의 정진하거나 예불과 지송(持誦)하는 것으로 신구의(身口意)를 잘 방비함으로써 자량(資糧)1337)을 삼아 증득하기를 바라지만 무슨 관계가 있겠습니까?

이는 마치 어리석은 사람이 전력을 다해1338) 서쪽으로 달리면서 동쪽의 물건을 취하려 하는 것과 꼭 같아서, 달리면 달릴수록 더욱 등지게 될 것이며 급하면 급할수록 더욱 늦어질 뿐입니다.

此是無為無漏無功用大法門. 若起纖毫取證心, 則背馳矣. 如何欲憑些小有為功行, 便擬希求? 所以古人見得太近故, 云:'我坐地看你究取.' 又云:'我立地看你究取.' 即不曾教你, 起模畫樣, 積功累德, 希望成道. 縱你希望得成, 纔成即壞, 徒自疲勞. 你莫見恁麼道了, 便撥無因果, 作地獄業. 以平常無事, 喚作無佛法知見, 饑來喫飯, 困來即眠, 以此為無修證, 以此為無功用. 且莫錯會好. 荷擔此事, 也須是箇, 渾剛打就, 生鐵鑄成底漢始得. 豈容

1335) 見行(현행) : 마음이 분별해 내는 작용.
1336) 入作(입작) : 입진작용(入進作用)의 줄임말. 깨달음에서 자유자재로 작용하는 것.
1337) 資糧(자량) : 삼바라(ⓢsambhāra). 깨달음의 밑천이 되는 것.
1338) 埋頭(매두) : 전력을 다하다. 온 정신을 다 기울여 집중하다. 몰두하다. 자신의 신분을 감추다.

你小根小器, 造次承當? 不見? 臨濟三度問黃蘗, 佛法的的大意, 三度被打, 後得大愚點破, 忽然大悟, 不覺失聲, 云: '噁! 元來黃蘗佛法無多子.' 愚云: '你適來覓有過無過, 而今却言黃蘗佛法無多子, 你見箇甚麼, 便恁麼道?' 臨濟於大愚肋下蛭兩蛭, 愚遂托開, 云: '汝師黃蘗, 非干吾事.' 你諸人參禪, 還得恁麼也未?

이것이 무위(無爲)이며 무루(無漏)요, 무공용(無功用)의 위대한 법문입니다.
만일 털끝만치라도 증득하려는 마음을 일으킨다면 곧 길을 등지고 달리는 것이 되어 버립니다. 그렇기에 어찌 조금이라도 유위(有爲)의 공행(功行)을 의지하여 바로 도모하려고 할 수가 있겠습니까?
그러므로 옛사람이 아주 가까이서 보고는 말했습니다.
〈'내가 앉아서 보니 너는 궁구하고 있구나.'〉
또 말했습니다.
〈'내가 서서 보니 너는 궁구하고 있구나.'〉1339)

곧 일찍이 여러분으로 하여금 모양을 짜고 그려서1340) 공덕을 쌓아 도(道)를 이루기를 바란 것은 아니지만, 설사 여러분의 희망이 이루어졌다하더라도 이루자마자 곧바로 무너져버릴 것이니 한낱 스스로를 피로하게 하였을 뿐입니다.

여러분은 이렇게 말하는 것을 듣고서 곧 인과가 없다고 하여 지옥업을 짓지 마십시오.

평범하고 일이 없어 불법은 지견(知見)할 것이 없으니 배고프면 밥 먹고 피곤하면 잠들면 그만이라고 하면서, 이로써 닦아 증득할 것이 없음을 삼고 이로써 공용(功用)이 없음을 삼습니다.
하지만 절대로 잘못 알지 마십시오.

1339) 누구의 말인지 알 수 없다.
1340) 起模畫樣(기모화양) : 모형을 본떠서 무늬를 그대로 그리다. 솔선하여 모양을 지어내어서 학인들로 하여금 그대로 본을 따라 참학(參學)하게 하는 것.

이 일을 짊어지려면 반드시 제련하지 않은 강철1341)로 이루어졌으며 생철로 주조해낸 이라야만 되는 것입니다.
어찌 여러분의 작은 근기로 제멋대로1342) 뒤를 잇는 것을 용납할 수가 있겠습니까?

들어보지 못하였습니까?
〈임제스님이 세 번을 황벽스님을 찾아뵙고 불법의 명백한 뜻을 여쭈었는데 세 번 다 두드려 맞고서 뒤에 대우스님으로부터 감파를 당하여 홀연히 크게 깨닫고는 자신도 모르게 소리를 질렀습니다.
'噁(Wò)! 원래 황벽의 불법이 별 것 없구나.'
대우스님이 말씀하셨습니다.
'네가 조금 전에는 허물이 있는지 없는지 찾다가 지금 도리어 황벽의 불법이 별 것 없다고 하니 네가 무엇을 보았기에 곧 이렇게 말한단 말이냐?'
임제스님이 대우스님의 옆구리를 두 주먹 내지르니, 대우스님이 곧 놓으며 말씀하셨습니다.
'너의 스승은 황벽스님이지 나와는 관계가 없다.'〉

그대 여러분들은 참선으로 이러함을 알지 못하였습니까?

雲菴和尚頌, 云: '資糧更不著些些, 歧路年深恐轉賒. 直下痛施三頓棒, 夜來依舊宿蘆花.' 又頌臨濟悟旨, 云: '便言黃檗無多法, 大丈夫兒豈自乖? 脇下兩拳明有信, 不從黃檗付將來.' 又端和尚頌, 云: '一拳拳倒黃鶴樓, 一踢踢翻鸚鵡洲. 有意氣時添意氣, 不風流處也風流.'

운암 극문스님1343)이 노래하셨습니다.

1341) 渾剛(혼강) : 『지월록』32권에서는 '渾鋼(혼강)'으로 나온다. (X83n1578_p0761b21, 『指月錄』卷之三十二, 「臨安府徑山杲大慧普覺禪師語要下酬答法要之餘」. "渾鋼打就生鐵鑄成底漢")
1342) 造次(조차) : 함부로, 제멋대로, 경솔하게. 말을 능숙하게 잘 함. 매우 급하고 바쁜 때. 잠깐, 잠시.
1343) 眞淨克文(진정극문) : 분양선소(汾陽善昭)-석상초원(石霜楚圓)-황룡혜남(黃龍慧南)-진정극문(眞淨克文). 1025-1102. 주50) 참조.

〈‘자량(資糧)1344)에다 다시는 시시한 것 얹지 말 것이니
갈림길에 세월만 흘러 더욱 더뎌질까 걱정이라네.
곧바로 몽둥이 세 방 통렬히 갈기니
밤이 오면 예전대로 갈대에 깃드네.’〉

또 (극문스님이) 임제스님의 깨달음에 노래하셨습니다.

〈‘황벽스님 법이 별것 아니라 문득 말하니
대장부가 어찌 스스로 그르쳤으랴.
옆구리 두 주먹은 분명 확신 있어서이니
황벽에게 부촉 받음도 아니었으리.’〉1345)

또 백운 수단스님1346)이 노래하셨습니다.

〈‘한 주먹에 황학루 쓰러뜨리고
한 번 밟아 앵무주를 뭉개버렸네.
의기(意氣)를 갖춘 데다 의기 보태니
풍류 아닌 곳이 역시 풍류로구나.’〉1347)

據遮兩箇老漢頌, 便可承嗣臨濟, 作佗兒孫, 眞不忝竊. 古來幸有恁麽體格, 如何略不著些眼腦, 看是箇甚麽道理? 此事如靑天白日, 有甚麽遮障? 諸方有奇特差別, 海蠡兒禪, 曲曲折折此語. 又是討佗那語, 又是識破遮語, 又是不上佗鉤線, 不入佗圈繢, 遮語又是偏正回互, 遮語又是尊堂有諱不敢當頭.

1344) 資糧(자량) : 삼바라(ⓢsambhāra). 깨달음을 향해 나아가는 데 있어 밑천이 되는 것.
1345) X79n1559_p0461a22~b02, 『嘉泰普燈錄』 卷第二十七, ‘泐潭眞淨雲庵文禪師八首’. K46-0252, 607則, 『禪門拈頌集』 卷第十五. X68n1315_p0298c10~15, 『古尊宿語錄』 卷之四十五, 「寶峰雲庵眞淨禪師偈頌」 下中. 참조.
1346) 白雲守端(백운수단) : 임제의현(臨濟義玄)-흥화존장(興化存獎)-보응혜옹(寶應慧顒)-풍혈연소(風穴延沼)-수산성념(首山省念)-분양선소(汾陽善昭)-석상초원(石霜楚圓)-양기방회(楊岐方會)-백운수단(白雲守端). 1025~1072. 주98) 참조.
1347) X68n1318_p0405c01~02, 『續刊古尊宿語要』 第三集, 「白雲端和尚語」. X79n1557_p0081b12~13, 『聯燈會要』 卷第九. X79n1559_p0460a18~19, 『嘉泰普燈錄』 卷第二十七, ‘白雲端禪師十二首’. K46-0252, 607則, 『禪門拈頌集』 卷第十五. 참조.

이 두 노인네의 노래를 들어보니 곧 임제스님을 이어 후손이 될 만하다고 하겠으니, 참으로 첨절(忝竊)1348)한 것이 아닙니다.

예부터 다행히 이러한 체제와 격조가 있었으니 어찌 잠깐이라도 안목1349)을 두어 '무슨 도리일까?'하고 살피지 않을 수 있겠습니까?

이 일은 마치 푸른 하늘에 밝은 태양과 같아 막힐 것이 무엇이 있겠습니까?

하지만 제방에서 기특한 차별을 두어서는 해려아선(海蠡兒禪)1350)으로 이 말을 구불구불하게 이리저리 휘어버립니다.

게다가 그것을 저쪽 말에서 찾거나 도리어 '이 말'에서1351) 알아내어 저 낚싯줄에 걸리지 않으려 하고1352) 저 함정에 빠지지 않으려 합니다.

그리고 이 말을 도리어 편정회호(偏正回互)1353)라 하고, 이 말을 또 도리어 어머니가 돌아가신다 해도 감히 마주할 수 없는 것으로 삼습니다.

又有一種, 以楞嚴宗鏡龍濟, 偈語所說, 眼見耳聞, 無非是心, 更非別法. 引'通玄峯頂, 不是人間. 心外無法, 滿目靑山.' 之類爲證. 謂之根脚下事, 謂之基趾, 謂之綿密地, 你不妨會得好. 若恁麼會, 豈不是認物爲心? 既是你心, 又要認他作麼?

1348) 忝竊(첨절) : 더럽히고 욕되게 하다. 보통은 신하가 임금에게 사용하는 겸사(謙辭)다.

1349) 眼腦(안뇌) : 눈. 안목.

1350) 海蠡兒禪(해려아선) : 조롱박으로 바닷물을 헤아리려는 것과 같이 종지(宗旨)를 온전히 드러내기 어려운 선(禪).

1351) 遮語(차어) : ①이 말(這語). ②격외의 말(遮詮). ③입술을 가리고 하는 말.

1352) 上(상) : 걸리다, 빠지다, 당하다. 꿰매다, 깁다.

1353) 回互(회호) : 석두희천(石頭希遷)스님이 『참동계』에서 한 법문에서 나오는 용어. "신령한 근원은 밝고 깨끗하지만 파생되어 나온 것들이 은근히 흘러나오니 사(事)에 집착하면 원래 미(迷)한 것이고, 이(理)에 계합하여도 역시 깨달음은 아니다. 문(門)과 문(門)이 일체의 경계라 회호(迴互)하면서도 회호(迴互)하지 않으니 돌이켜서 다시 서로 관계하거나 그렇지 않으면 지위에 의지하여 머문다." (T51n2076_p0459b09~11, 『景德傳燈錄』 卷第三十, 「南嶽石頭和尙參同契」. "靈源明皎潔, 枝派暗流注, 執事元是迷, 契理亦非悟. 門門一切境, 迴互不迴互, 迴而更相涉, 不爾依位住.") 이 회호(回互)는 서로 번갈아가며 교체시키는 것을 말하는데, 서로의 처지를 교환하는데 있어 자유롭게 자리를 바꾸는 것이다.

또 한 부류가 있는데, 『능엄경』과 『종경록』과 용제 소수스님[1354]이 말씀하신[1355] 게어(偈語)[1356]에서의 '눈으로 보고 귀로 듣는 것이 이 마음 아닌 것이 없다'[1357]는 것으로써 다시 별다른 법이 아니라고 합니다.

그리고, 〈'통현봉(通玄峯)[1358] 꼭대기는 인간이 아니로다. 마음 밖에 법이 없으니, 눈에 한가득 청산이로구나.'〉[1359] 라고 한 것과 같은 것들을 인용하여 증명을 삼습니다. 이것을 '발밑의 일'이라고 하고, 이것을 '일의 근본'이라고 하며, 이것을 '자세하고 빈틈이 없는 자리'라고 하면서 여러분이 잘 이해하기에 무방할 것이라고 합니다.

1354) 龍濟紹修(용제소수) : 설봉의존(雪峰義存)-현사사비(玄沙師備)-나한계침(羅漢桂琛)-용제소수(龍濟紹修). 주1034) 참조.

1355) 법안종의 용제소수(龍濟紹修)스님의 게송 2수를 말한다. "'해탈의 도를 알려한다면/ 모든 법이 서로 알지 못함이라네./ 눈과 귀는 보고 들음이 끊어졌지만/ 소리와 빛이 시끄럽구나.'// '만법은 마음의 빛이니/ 모든 인연은 오직 성품이 밝아진 것이라네./ 본래 미혹하거나 깨달은 사람이 없지만/ 그저 오늘 알기만 하면 된다네.'"(X79n1557_p0233 b08~11, 『聯燈會要』 卷第二十六. "'欲識解脫道, 諸法不相到. 眼耳絕見聞, 聲色鬧浩浩.' '萬法是心光, 諸緣唯性曉. 本無迷悟人, 只要今日了.'")

1356) 偈語(게어) : 게송(偈頌) 체의 말귀.

1357) 眼見耳聞無非是心(안견이문무비시심) : 『수릉엄경』 3권과 『종경록』 6권에 그 내용이 나온다. "아난. 너의 성품이 침륜(沈淪)하여 너의 보고 듣고 느끼고 아는 것이 본래 여래장임을 깨닫지 못하는구나. 너는 마땅히 보고 듣고 느끼고 아는 것을 보아라. 생기느냐, 없어지느냐? 같으냐, 다르냐? 생기고 없어지는 것도 아니냐, 같고 다른 것도 아니냐? 너는 아직도 여래장 가운데에 성품이 각명(覺明)과 각정(覺精)을 드러내고 있는 줄 알지 못하고 있구나. 청정하고 본래 그러하여 법계에 두루하면서도 중생의 마음을 따라 아는 정도에 맞춰 응하는 것을 분명히 보아라. 마치 한 눈으로 봄이 법계에 두루한 것처럼 들음, 냄새 맡음, 맛 봄, 접촉하여 느낌, 느끼어 앎의 미묘한 덕의 작용이 찬란하게 법계에 두루하여 시방 허공에 완벽하게 꽉 차니 어찌 장소가 따로 있겠느냐?"(T19n0945_p0118c 26~0119a03, 『大佛頂萬行首楞嚴經』 卷第三. "阿難. 汝性沈淪, 不悟汝之見聞覺知, 本如來藏. 汝當觀此見聞覺知. 爲生爲滅? 爲同爲異? 爲非生滅爲非同異? 汝曾不知如來藏中, 性見覺明覺精. 明見淸淨本然周遍法界, 隨衆生心, 應所知量. 如一見根見周法界, 聽嗅嘗觸覺觸覺知, 妙德瑩然遍周法界, 圓滿十虛, 寧有方所?") "지금 자기의 마음을 돈오(頓悟)하고 부처님의 지견을 열고자 한다면 그저 자성이 일체처(一切處)에 두루함을 알 뿐이다. 무릇 보고 듣는 것은 모두가 마음을 좇아 나타난다. 마음 이외에 한 터럭 끝만큼의 법도 체성이 있지 않다. 그렇기에 각각 서로가 알지 못하고 각각 서로가 이르지 않는다."(T48n2016_p0449a28~b02, 『宗鏡錄』 卷第六. "如今若要頓悟自心, 開佛知見, 但了自性遍一切處. 凡有見聞, 皆從心現. 心外無有一毫氂法而有體性. 各各不相知, 各各不相到.")

1358) 通玄峯(통현봉) : 천태산 정상의 이름이다.

1359) 천태덕소(天台德韶)스님의 게송이다. (T51n2076_p0408b08~09, 『景德傳燈錄』 卷第二十五. "通玄峰頂, 不是人間. 心外無法, 滿目靑山.")

만일 이렇게 이해한다면 어찌 사물을 잘못 알고서 마음으로 삼음이
아니겠습니까?
이미 여러분의 마음인데 도리어 다른 것으로 잘못 알게 되는 것이
아니겠습니까?

又有一種, 將臨濟三玄, 雲門三句, 逐句解說. 以傳燈廣燈祖師言句各分門
類. 以一塵纔起大地全收, 一毛頭師子, 百億毛頭師子現, 盡大地是箇解脫門,
盡大地是沙門一隻眼, 若人識得心, 大地無寸土, 山河大地, 明暗色空, 咸是
妙明眞心中物之類, 配爲'體中玄', '函蓋乾坤句'.

또 한 부류가 있는데, 임제스님의 삼현(三玄)과1360) 운문스님의 삼구
(三句)를1361) 가지고서 구(句)를 따라 해설을 합니다.
『전등록』과 『천성광등록』1362)에 나오는 조사들의 말귀로써 문파를
각각 나눕니다.
그리고는, 〈'한 티끌이 막 일어나니 온 대지를 다 거두며, 한 털 끝
에서 사자가 나타나고'〉,1363) 〈'백억 털끝에서도 사자가 나타나니'
〉,1364) 〈'온 대지는 해탈문이요'〉,1365) 〈'온 대지는 사문(沙門)의 일척

1360) 臨濟三玄(임제삼현) : 임제스님이 학인을 제접하는 세 가지 기봉(機鋒). '체중현(體中
玄)' '구중현(句中玄)' '현중현(玄中玄)'의 셋이다.

1361) 雲門三句(운문삼구) : 운문스님이 학인에게 물어 보는 세 가지 질문. '함개건곤(函蓋
乾坤)' '목기수량(目機銖兩)' '불섭세연(不涉世緣)'의 셋이다. 하지만 대혜스님은 여기서
덕산 연밀스님이 제시한 '함개건곤(函蓋乾坤)' '절단중류(截斷衆流)' '수파축랑(隨波逐浪)'
의 삼구를 쓰고 있다.

1362) 廣燈(광등) : 『천성광등록(天聖廣燈錄)』이라고도 하고 『광등록(廣燈錄)』이라고도 한다.
송나라의 거사인 이준욱(李遵勗)이 지은 선사어록이다. 총30권으로 되어 있으며
1023~1031년에 걸쳐 완성되었다. 남악 회양스님 문하 9세까지 그리고 청원 행사스님 문
하 12세까지 법계(法系)를 열거하고 그 어록을 편집하여 실었다. 《卍續藏經》第一百三十
五冊, p298~451(《卍新纂續藏經》第七十八冊, No. 1553)에 실려 있다.

1363) 一塵纔起大地全收 一毛頭師子(일진자기대지전수 일모두사자) : 운문 문언스님이 소개
한 낙보 원안스님의 법문이다. "한 티끌을 막 들면 땅덩이가 온통 거두어지고, 한 터럭
끝에 사자의 전신이 있다."(T51n2076_p0357b19~20, 『景德傳燈錄』卷第十九. "樂普云:
一塵才擧, 大地全收, 一毛師子全身.")

1364) 百億毛頭師子現(백억모두사자현) : 『전등록』 11권에서는 앙산 혜적스님과 제1좌와의
문답에서 나온다. "스님이 위산에서 소를 치고 계실 때 제1좌가 말씀드렸다. '백억 털끝
에 백억 사자가 나타나는구나.' 스님이 대답하시지 않고 돌아가서 위산스님을 모시고 섰
는데, 제1좌가 올라와서 문안을 드렸다. 스님이 앞의 말을 인용하면서 물으셨다. '아까
말씀하시기를 「백억 털끝에 백억 사자가 나타난다」고 하시지 않았소?' 상좌가 말씀드렸

안(一隻眼)이라’〉,1366) 〈‘만일 누가 마음을 알게 되더라도 대지는 조금도 남아 있지를 않아’〉,1367) 〈‘산과 강과 대지의 밝고 어둡고 색(色)과 공(空)함이 모두 묘명(妙明)한 참마음 속의 물(物)이라’〉1368)는 것 등으로써 ‘체중현(體中玄)’과 ‘함개건곤구(函蓋乾坤句)’에 배치합니다.

以三脚驢子弄蹄行, 鋸解秤椎, 火裏蝍蟟吞大虫, 文殊起佛見法見貶向二鐵圍山, 東山水上行, 北斗裏藏身, 凡語言注解不得處, 便道: ‘蚊子上鐵牛, 無你下觜處.’ 如此之類, 謂之‘句中玄’, ‘截斷眾流句’.

다. ‘그렇습니다.’ 스님이 말씀하셨다. ‘그렇다면 나타날 때에는 털 앞에 나타난거요, 아니면 털 뒤에 나타난거요?’ 상좌가 말씀드렸다. ‘나타날 때는 앞뒤를 말하지 않습니다.’ 스님이 바로 밖으로 나가셨다. 위산 영우스님이 말씀하셨다. ‘사자의 허리가 꺾였구나.’” (T51n2076_p0282b29~c05, 『景德傳燈錄』 卷第十一. “師在潙山牧牛時, 第一座曰: ‘百億毛頭, 百億師子現.’ 師不答. 歸侍立, 第一座上問訊, 師擧前語問, 云: ‘適來道: 「百億毛頭百億師子現」, 豈不是?’ 上座曰: ‘是.’ 師曰: ‘正當現時毛前現, 毛後現?’ 上座曰: ‘現時不說前後.’ 師乃出. 祐曰: ‘師子腰折也.’”) 『천성광등록』 18권에서는 자명 초원스님의 법문에서 나온다. “상당하여 말씀하셨다. ‘한 티끌이 막 일어나니 온 대지를 다 거두며, 한 털끝의 사자가 백억 털끝에서도 나타나며 백억 털끝의 사자가 한 털끝에서 나타납니다. 천개 만개라 해도 오직 한 개에서만 알 수 있습니다.’ 그리고는 주장자를 세우셨다. 말씀하셨다. ‘이것이 이 남원의 주장자인데 어떤 것이 한 개냐? 억!’ 주장자로 한 번 탁 치시고 자리에서 내려오셨다.” (X78n1553_p0506a21~24, 『天聖廣燈錄』 卷第十八, ‘袁州南源山楚圓禪師’. “上堂云: ‘一塵纔擧, 大地全收, 一毛頭師子, 百億毛頭現, 百億毛頭師子, 一毛頭現. 千頭萬頭, 但識取一頭.’ 乃竪起拄杖子. 云: ‘者箇是南源拄杖子, 那箇是一頭?’ 喝一喝. 卓拄杖一下. 下座.”)

1365) 盡大地是箇解脫門(진대지시개해탈문) : 설봉 의존스님의 법문이다. “스님이 상당하여 말씀하셨다. ‘온 대지가 다 해탈문입니다. 그러나 손을 잡아끌어도 당최 들어가질 않습니다.’” (X69n1333_p0084a17, 『雪峰眞覺大師語錄』 卷之下. “上堂: ‘盡大地是箇解脫門, 把手拽伊不肯入.’”)

1366) 盡大地是沙門一隻眼(진대지시사문일척안) : 설봉 의존스님의 법문이다. “스님께서 법어를 내리셨다. ‘온 대지가 사문의 일척안(一隻眼)인데, 여러분들은 어디다가 똥을 누겠습니까?’” (X69n1333_p0074c09~10, 『雪峰眞覺禪師語錄』 卷之上. “師垂語, 云: ‘盡大地是沙門一隻眼, 汝等諸人向什麼處屙?’”)

1367) 若人識得心大地無寸土(약인식득심대지무촌토) : 『천성광등록』 18권에서 양억(楊億)은 고덕의 말로써 인용하고 있다. 일각에서는 육조 혜능스님의 게송이라고 하나 찾기가 어렵다. (X78n1553_p0512c10, 『天聖廣燈錄』 卷第十八. “古德亦云: ‘若人識得心, 大地無寸土.’”)

1368) 山河大地明暗色空 咸是妙明眞心中物(산하대지명암색공 함시묘명진심중물) : 『수릉엄경』 2권에 나오는 세존의 법문이다. “몸과 밖에 있는 산과 강과 허공과 대지가 모두 다 미묘하게 밝은 참마음 속의 물건인줄 알지 못하니,” (T19n0945_p0110c27~29, 『大佛頂如來密因修證了義諸菩薩萬行首楞嚴經』 卷第二. “不知色身外泊山河虛空大地, 咸是妙明眞心中物.”)

  그리고 〈'다리 셋인 나귀가 발굽을 놀려 가려함'〉1369)과 〈'톱으로 저울추를 자름'〉1370)과 〈'불 속의 매미가 범을 삼킴'〉1371)과 〈'문수사리보살이 불견(佛見)과 법견(法見)을 일으키므로 두 철위산에 빠뜨리심'〉1372)과 〈'동산이 물 위로 감'〉1373)과 〈'북두 속에 몸을 감춤'〉1374) 등이 모두 말과 주해(注解)로는 알 수 없는 곳이라 하며, 곧 모기가 무쇠소 위로 올라갔으나 주둥이를 꽂을 자리가 없는 것과 같이 해야 한다고1375) 말하면서 이와 같은 것들을 '구중현(句中玄)'과 '절단중류구(截斷衆流句)'1376)라고 합니다.

1369) 三脚驢子弄蹄行(삼각려자롱제행) : 양기 방회스님의 말씀이다. "다리가 셋 달린 당나귀가 발굽을 놀려 걸으려고 한다."(X68n1315_p0123a15, 『古尊宿語錄』 卷第十九, 「袁州楊岐山普通禪院會和尚語錄」. "三脚驢子弄蹄行")

1370) 鋸解秤椎(거해칭추) : 대우 수지스님의 말씀이다. "여쭈었다. '어떤 것이 부처님입니까?' 스님이 말씀하셨다. '톱으로 저울추를 자른다.'"(X68n1315_p0163c17, 『古尊宿語錄』 卷之二十五, 「筠州大愚芝和尚語錄」. "問:'如何是佛?' 師云:'鋸解秤鎚.'")

1371) 火裏蜘蟧吞大虫(화리즉료탄대충) : 운문 문언스님의 말씀이다. "여쭈었다. '우두스님이 사조스님을 뵙지 못하였을 땐 어떻습니까?' 스님이 말씀하셨다. '집집마다 관세음보살이다.' 또 여쭈었다. '뵌 후로는 어떻습니까?' 스님이 말씀하셨다. '불 속의 참매미가 범을 삼킨다.'"(X68n1315_p0095c05~07, 『古尊宿語錄』 卷第十五, 「雲門匡真禪師廣錄」 上. "問:'牛頭未見四祖時如何?' 師云:'家家觀世音.' 進云:'見後如何?' 師云:'火裏蜘蟧吞大蟲.'")

1372) 文殊起佛見法見 貶向二鐵圍山(문수기불견법견 폄향이철위산) : 이는 '여인출정화(女人出定話)'가 나오게 된 경전인 『제불요집경』 하편에 나오는 법문이다. 『선문염송』 60칙에 실려 있다. (K46-0030, 60則, 『禪門拈頌集』 卷第二. "『諸佛要集經』 云:'天王如來, 因文殊師利忽起佛見法見, 貶向二鐵圍山.'" T17n0810_p0763a02~p0770a19, 『諸佛要集經』 卷下. 참조.)

1373) 東山水上行(동산수상행) : 운문 문언스님의 법문이다. "여쭈었다. '어떤 것이 모든 부처님이 몸을 나투시는 자리입니까?' 스님이 말씀하셨다. '동쪽 산이 물위로 간다.'" (X68n1315_p0092a09~10, 『古尊宿語錄』 卷第十五, 「雲門匡真禪師廣錄」 上. "問:'如何是諸佛出身處?' 師云:'東山水上行.'")

1374) 北斗裏藏身(북두리장신) : 운문 문언스님의 법문이다. "여쭈었다. '어떤 것이 법신을 꿰뚫는 구(句)입니까?' 스님이 말씀하셨다. '북두 속에 몸을 숨긴다.'" (X68n1315_p0092b15~16, 『古尊宿語錄』 卷第十五, 「雲門匡真禪師廣錄」 上. "問:'如何是透法身句?' 師云:'北斗裏藏身.'")

1375) 蚊子上鐵牛 無你下觜處(문자상철우 무이하취처) : 위산 영우스님의 법문이다. "운암스님이 도리어 스님께 물으셨다. '백장스님의 대인상(大人相)은 어떻습니까?' 스님이 말씀하셨다. '우뚝하고 당당하며 눈부시게 빛나서 소리 전에 있지만 소리가 아니고, 빛 뒤에 있지만 빛이 아닙니다. 마치 무쇠소 등에 붙은 모기가 입을 꽂을 곳이 없는 것과 같습니다.'" (T47n1989_p0578a01~04, 『潭州潙山靈祐禪師語錄』. "雲巖却問師:'百丈大人相, 如何?' 師云:'巍巍堂堂, 煒煒煌煌, 聲前非聲, 色後非色. 蚊子上鐵牛, 無汝下嘴處.'")

1376) 截斷衆流句(절단중류구) : 운문 문언스님의 삼구三句로 알려진 것은 '함개건곤(函蓋乾坤)'·'목기수량(目機銖兩)'·'불섭춘연(不涉春緣)'의 셋이다. 하지만 운문스님이 직접 삼구(三句)라고 한 것은 아니고 이 세 가지를 제시하여 질문을 하였을 뿐이다. (X68n1315_

如蹋著秤椎硬似鐵,　蹋破草鞋赤脚走,　饑來喫飯困來打眠,　山是山水是水,
行但行坐但坐,　大盡三十日小盡二十九,　將如此之類,　謂之'玄中玄',　'隨波逐
浪句'.

〈'저울추를 밟아서 무쇠처럼 단단하게 하듯이 함'〉1377)과 〈'짚신이
다 해지니 맨다리로 달리듯 함'〉1378)과 〈'굶주리면 밥 먹고 곤하면 잠
을 잠'〉1379)과 〈'산은 산이요 물은 물이라 함'〉1380)과 〈'걸을 땐 그저

---

p0109a01~02,『古尊宿語錄』卷之十七,「雲門匡真禪師廣錄」. T47n1988_p0563a23~24,
『雲門匡眞禪師廣錄』卷中. "示眾云: '大眾. 函蓋乾坤, 目機銖兩, 不涉春緣. 作麼生承
當?' 代云: '一鏃破三關.'")
『오등회원』 15권에서는 不涉春緣(불섭춘연)이 不涉世緣(불섭세연)으로 나오고『인천안목』
에서는 不涉萬緣(불섭만연)이라고 나온다. (X80n1565_p0306a20~22,『五燈會元』卷第十
五. T48n2006_p0312a07~12,『人天眼目』卷之二. 참조.)『운문록』하권에 그의 제자 덕
산 연밀스님이 운문삼구(雲門三句)에 송(頌)을 붙이면서 '함개건곤(函蓋乾坤)' '절단중류
(截斷衆流)' '수파축랑(隨波逐浪)'의 셋을 제시한다. (T47n1988_p0576b19~29,『雲門匡
眞禪師廣錄』卷下. "頌雲門三句語. 門人住德山圓明大師緣密述. 函蓋乾坤. 乾坤幷萬象,
地獄及天堂. 物物皆眞現, 頭頭總不傷. 截斷衆流. 堆山積岳來, 一一盡塵埃. 更擬論玄妙,
冰消瓦解摧. 隨波逐浪. 辯口利舌問, 高低總不虧. 還如應病藥, 診候在臨時.")『오등회원』
15권 '정주덕산연밀원명선사'편에서는 연밀스님의 삼구(三句)로 소개하고 있다. (X80n1
565_p0308a11~13,『五燈會元』卷第十五, '鼎州德山緣密圓明禪師'. "上堂. '我有三句語,
示汝諸人. 一句, 函蓋乾坤, 一句, 截斷眾流, 一句, 隨波逐浪. 作麼生辯? 若辯得出, 有參
學分, 若辯不出, 長安路上輥輥地.") 대혜스님은『정법안장』에서 이 연밀스님의 삼구(三
句)를 운문스님의 삼구(三句)로 쓰고 있다.
1377) 蹋著秤鎚硬似鐵(답착칭추경사철) : 석문 온총스님의 법문이다. 선사(禪師)의 기봉이
너무 강력하여 응대하기 어려움을 비유함. "한 스님이 여쭈었다. '어떤 것이 옛 부처님의
마음입니까?' 말씀하셨다. '저울추를 밟아서 무쇠처럼 단단하게 하는구나.'"(X68n1315_
p0052c15~16,『古尊宿語錄』卷第九,「石門山慈照禪師鳳巖集」. "問: '如何是古佛心?'
師云: '踏著秤槌硬似鐵.'")
1378) 蹋破草鞋赤脚走(답파초혜적각주) : 지문 광조스님의 법문이다. "여쭈었다. '어떤 것이
부처님입니까?' 말씀하셨다. '신발이 다 떨어지니 맨발로 달린다.'"(X78n1553_p0532a1
8,『天聖廣燈錄』卷第二十二. "問: '如何是佛?' 師云: '蹋破草鞋赤脚走.'")
1379) 饑來喫飯困來打眠(기래끽반곤래타면) : 대주혜해(大珠慧海)스님의 법문이다. "원율사
가 와서 여쭈었다. '스님께서도 도를 닦으실 때에 공력을 쓰십니까?' 스님께서 말씀하셨
다. '공력을 쓰지요.' 말씀드렸다. '어떻게 공력을 쓰십니까?' 스님께서 말씀하셨다. '배고
프면 밥을 먹고, 피곤하면 잠을 잡니다.' 말씀드렸다. '모든 사람들도 다 이러한데, 스님
과 똑같이 공력을 쓰는 것 아니겠습니까?' 스님께서 말씀하셨다. '같지 않습니다.' 말씀드
렸다. '어째서 같지 않습니까?' 스님께서 말씀하셨다. '저들은 밥을 먹을 때에 밥을 먹지
않고 백 가지로 찾아 모색하며, 잠을 잘 때엔 잠을 자지 않고 천 가지로 계교합니다. 그
러므로 같지 않은 것입니다.' 율사가 말문이 막히고 말았다."(T51n2076_p0247c01~06,
『景德傳燈錄』卷第六. "有源律師, 來問: '和尚修道, 還用功否?' 師曰: '用功.' 曰: '如何
用功?' 師曰: '饑來喫飯, 困來卽眠.' 曰: '一切人總如是同師用功否?' 師曰: '不同.' 曰:

걷고 앉을 땐 그저 앉는다 함'〉1381)과 〈'큰 달은 삼십일이요, 작은 달은 이십구일이라고 함'〉1382), 이와 같은 것들을 '현중현(玄中玄)'과 '수파축랑구(隨波逐浪句)'라고들 합니다.

豈不見? 汾陽和尙頌, 云: '三玄三要事難分, 得意忘言道易親. 一句明明該萬象, 重陽九日菊花新.' 此老子明明為你指出臨濟骨髓. 却來逐句下解注. 謂'三玄三要事難分', 是總頌, '得意忘言道易親', 是體中玄. '一句明明該萬象', 是句中玄, '重陽九日菊花新', 是玄中玄.

어찌 듣지 못하였겠습니까?

'何故不同?' 師曰: '他喫飯時, 不肯喫飯, 百種須索, 睡時不肯睡, 千般計校, 所以不同也.' 律師杜口.")

1380) 山是山水是水(산시산수시수) : 황벽스님의 법문이다. "말씀드렸다. '지금 바로 깨달을 때 부처님은 어디에 있습니까?' 스님이 말씀하셨다. '질문은 어디서 왔으며 알아차림은 어디서 일어나느냐? 어묵동정과 일체의 소리와 빛이 모두 다 부처님 일인데 어디서 부처님을 찾느냐? 머리 위에다 머리를 얹으려하고 입 위에다 입을 보탤 수는 없는 것이다. 단지 다른 견해를 내지 마라. 산은 산이요 물은 물이며, 승은 승이요 속은 속이다. 산하대지와 일월성신이 모두 너의 마음을 벗어난 것이 아니다. 삼천대천세계가 모두가 너의 자기인데 어디에 여러 가지가 있단 말이냐? 마음 밖에 법이 없으니 눈에 한가득 청산이다. 허공세계가 밝고 밝아 네가 견해를 짓는 것을 허락하지 않는다. 그러므로 일체의 소리와 빛이 부처님의 베풂이다. 법은 홀로 일어나지 않고 경계에 의지해서 나오는 것이다. 물(物)을 위하는 까닭에 많은 지혜가 있게 된 것이다. 하루 종일 말하나 어찌 일찍이 말한 것이 있으며, 하루 종일 들으나 어찌 일찍이 들음이 있겠느냐? 그러므로 석가모니부처님이 49년을 말씀하셨지만 일찍이 한 글자도 말씀한 것이 없다고 하는 것이다.'"
(X68n1315_p0018a05~13, 『古尊宿語錄』 卷第三, 「黃檗斷際禪師宛陵錄」. "云: '今正悟時, 佛在何處?' 師云: '問從何來, 覺從何起? 語默動靜, 一切聲色, 盡是佛事, 何處覓佛? 不可更頭上安頭, 觜上加觜. 但莫生異見, 山是山, 水是水, 僧是僧, 俗是俗. 山河大地, 日月星辰, 總不出汝心. 三千世界, 都來是汝箇自己, 何處有多般? 心外無法, 滿目青山. 虛空世界, 皎皎地, 無絲髮許與汝作見解. 所以一切聲色, 是佛之惠. 法不孤起, 仗境方生. 為物之故, 有其多智. 終日說, 何曾說, 終日聞, 何曾聞? 所以釋迦四十九年說, 未曾說著一字.'")

1381) 行但行坐但坐(행단행좌단좌) : 운문 문언스님의 법문이다. "납승이 주장자를 보거든 그저 주장자로 부를 것이며, 걸을 땐 그저 걷고, 앉을 땐 그저 앉을 것이지 절대로 움직여선 안 된다."(X68n1315_p0101c21~22, 『古尊宿語錄』 卷第十六, 「雲門匡真禪師廣錄」 中. "衲僧見拄杖, 但喚作拄杖, 行但行, 坐但坐, 總不得動著.")

1382) 大盡三十日 小盡二十九(대진삼십일 소진이십구) : 승천숭(承天嵩)스님의 법문이다. "여쭈었다. '어떤 것이 부처님입니까?' 스님이 말씀하셨다. '마음으로 헤아리면 벌어지고 마음을 쓰면 어긋난다.' 말씀드렸다. '필경엔 어떻습니까?' 스님이 말씀하셨다. '큰 달은 삼십일이요, 작은 달은 이십구일이다.'"(X68n1315_p0063a02~04, 『古尊宿語錄』 卷第十, 「并州承天嵩禪師語錄」. "問: '如何是佛?' 師云: '擬心即差, 用心即乖.' 云: '畢竟如何?' 師云: '大盡三十日, 小盡二十九.'")

분양 선소스님1383)이 노래하셨습니다.

〈‘삼현 삼요 분간키 매우 어려워,
뜻 알고 말 잊어야 도(道)와 친하기 쉽네.
일구(一句) 분명 삼라만상 품고 있으니,
중양절1384)이라야만 국화 피리라.’〉1385)

이 노인네는 분명하게 여러분을 위해 임제스님의 골수를 가리켜 내었습니다.
하지만 도리어 구(句)를 따라 풀어내고들 있습니다.
이를테면 〈‘삼현 삼요는 분간키 매우 어려워’〉는 총괄하는 송(頌)이요, 〈‘뜻 알고 말 잊어야 도(道)와 친하기 쉽네’〉는 체중현(體中玄)이라 하고, 〈‘일구(一句) 분명 삼라만상 품고 있으니’〉는 구중현(句中玄)이라 하며, 〈‘중양절이라야만 국화 피리라’〉는 현중현(玄中玄)이라고 합니다.

此是前輩中, 負大名望, 有真實悟處, 而大法不明, 無師承杜撰如此, 瞎眾生眼, 其餘裨販之流, 不在言也. 想汾陽老人, 未肯點頭在. 分明向你道. ‘三玄三要事難分, 得意忘言道易親. 一句明明該萬象, 重陽九日菊花新.’ 恁麼道了, 更將鉢盂安柄, 莫道你負大名, 具大辯才, 有大智慧.

이는 앞의 무리들 가운데 큰 명망을 얻어서 진실로 깨달음의 자리가 있는 듯하지만 큰 법을 밝히지 못하고 스승으로부터 가르침을 이어받음 없이 제멋대로 이와 같이 지껄여서1386) 대중의 눈을 멀게 하고 있으니, 그 나머지 소상인1387) 같은 무리들은 말할 것도 없습니다.

1383) 汾陽善昭(분양선소) : 보응혜옹(寶應慧顒)-풍혈연소(風穴延沼)-수산성념(首山省念)-분양선소(汾陽善昭). 947~1024. 주46) 참조.
1384) 重陽九日(중양9일) : 음력 9월 9일의 명절을 말한다. 9라는 숫자가 극양수(極陽數)인 데서 겹치는 이 날을 길일로 잡았다.
1385) 『인천안목』 1권에 나온다. (T48n2006_p0302b01~02, 『人天眼目』 卷之一. “三玄三要事難分, 得意忘言道易親. 一句明明該萬象, 重陽九日菊花新.”)
1386) 杜撰(두찬) : 근거나 출처가 명확하지 않은 저술. 근거 없이 엮어 지어내는 것. 근거 없이 허구로 제멋대로 지껄임. 이 말의 유래는 네 가지 설이 있다. 한나라 전하(田何)의 고사와 남조 양나라의 도홍경(陶弘景)의 고사, 송나라 두묵(杜黙)의 고사, 역시 송나라의 성도(盛度)의 고사 등의 넷이다.

생각하여보니 분양 노인네가 아직도 고개를 끄덕여 긍정하지 않고 계시면서 분명히 여러분을 향하여 말씀하고 계실 것입니다.

〈'삼현 삼요 분간키 매우 어려워,
뜻 알고 말 잊어야 도(道)와 친하기 쉽네.
일구(一句) 분명 삼라만상 품고 있으니,
중양절이라야만 국화 피리라.'〉

이렇게 말씀하시고 나서 다시 발우에다 자루를 달듯이1388) 여러분에게 큰 명망을 얻고 큰 변재를 갖추고 큰 지혜를 품으라고 말씀하시진 않을 것입니다.

便是達磨大師出來, 作遮般去就, 政好捉來活埋, 免致教壞人家男女, 一盲引眾盲. 問著三要, 却注解不得, 便將同德山托鉢, 巖頭末後句, 南泉斬猫兒, 百丈野狐, 歸宗斬蛇, 大隋燒畬, 趙州勘婆子勘菴主, 睦州擔板, 陳操尚書勘僧, 玄沙敢保老兄未徹在, 洞山道即太煞只道得八成, 達磨隻履西歸, 如此之類, 皆謂之末後句.

바로 달마대사가 나오신다면 이러한 짓을 함을 보시고 곧바로 딱 붙들어 생매장하실 것이며, 잘못된 인가의 남녀들을 가르쳐 한 맹인이 여러 맹인을 이끄는 데 합류하지 못하게 하실 것입니다.

삼요(三要)를 물은 것은 도리어 주해(注解)를 하지 못하게 한 것인데도 곧 '덕산탁발(德山托鉢)'1389)과 '암두말후구(巖頭末後句)'1390)와

1387) 裨販(비판) : ①소상인(小商人). ②판매하다. ③아무런 공도 들이지 않고서 이윤을 덧붙여 팔아먹는 것. ④겉으로는 불교에 귀의하였지만 실상은 불법을 따르지 않고 불법에 의지하여 위세나 이익만을 추구하는 것.
1388) 鉢盂安柄(발우안병) : 발우착병(鉢盂著柄)이라고도 한다. 쓸데없는 짓을 함.
1389) 德山托鉢(덕산탁발) : 덕산 선감스님이 하루는 공양이 늦어지자 발우를 들고 승당에서 내려 가셨다. 설봉스님이 당시에 반두소임을 맡고 있었는데 덕산스님이 오시는 것을 보고 곧장 물으셨다. "이 노인네야! 아직 종도 치지 않았고 북도 울리지 않았는데 어디서 탁발하려 하십니까?" 덕산스님이 곧 방장실로 돌아가셨다. 설봉스님이 암두스님께 이를 말씀드리니 암두스님이 말씀하셨다. "이렇게도 대단하신 덕산스님이 말후구(末後句)도 모르다니!" 덕산스님이 이 말을 전해 듣고 시자로 하여금 암두스님을 모셔 오라해서 물으

‘남전참묘아(南泉斬猫兒)’1391)와
‘백장야호(百丈野狐)’1392)와 ‘귀종참사(歸宗斬蛇)’1393)와 ‘대수소서(大

셨다. “너는 이 늙은이를 긍정하지 않느냐?” 암두스님이 가만히 그 뜻을 말씀드렸다. 덕산스님이 다음 날 법좌에 올라 법문을 하시는데 평소의 말씀과 같지 않으니, 암두스님이 법당 앞에서 손뼉을 치면서 크게 웃으면서 말씀하셨다. “아주 멋지군! 방장 노인네가 말후구(末後句)를 알았으니 이후로는 천하의 사람들이 어쩌지 못할 것이다. 그렇지만 고작 3년뿐이다.” 3년이 지난 뒤 과연 천화하셨다. (T51n2076_p0326a26~b05,『景德傳燈錄』卷第十六. “雪峰在德山作飯頭. 一日飯遲, 德山掌鉢至法堂上. 峰曬飯巾次見德山, 便云: ‘這老漢, 鍾未鳴鼓未響, 托鉢向什麼處去?’德山便歸方丈. 峰擧似師, 師云: ‘大小德山不會末後句!’山聞令侍者喚師至方丈, 問: ‘爾不肯老僧那?’師密啓其意. 德山至來日上堂, 與尋常不同, 師到僧堂前撫掌大笑, 云: ‘且喜! 得老漢會末後句, 他後天下人不奈何. 雖然如此, 也秖得三年.’德山果三年後示滅.”)

1390) 巖頭末後句(암두말후구) : 위의 화(話)에 함께 실려 있다.

1391) 南泉斬猫兒(남전참묘아) : “남전스님 회상의 동당과 서당의 두 수좌가 고양이를 가지고 다투는데, 남전스님께서 승당으로 들어와서 고양이를 치켜들면서 말씀하셨다. ‘말을 하면 베지 않겠지만, 말하지 못하면 베어버린다.’ 대중이 각기 말을 하였지만 누구도 남전스님의 뜻에 계합하지 못하였다. 그러자 즉각 고양이를 베어버리셨다. 조주스님이 늦게야 밖에서 돌아와 인사를 드리러 가셨다. 남전스님이 앞에 있었던 이야기를 해 주고는 물으셨다. ‘너 같으면 고양이를 어떻게 구하겠느냐?’ 스님이 곧바로 신발 한 짝을 머리에 이고 나가버리셨다. 남전스님이 말씀하셨다. ‘만일 자네가 있었더라면 고양이를 살릴 수 있었을 텐데.’” (X68n1315_p0077b03~08,『古尊宿語錄』卷第十三,「趙州眞際禪師語錄幷行狀」卷上. “南泉東西兩堂爭猫兒, 泉來堂內, 提起猫兒, 云: ‘道得即不斬, 道不得即斬却.’大眾下語, 皆不契泉意. 當時即斬却猫兒了. 至晚間, 師從外歸來問訊次, 泉乃擧前話了, 云: ‘你作麼生救得猫兒?’師遂將一隻鞋, 戴在頭上出去. 泉云: ‘子若在, 救得猫兒.’”)

1392) 百丈野狐(백장야호) : “백장 회해스님이 매일 상당법문을 하실 때마다 한 노인이 늘 대중을 따라 법문을 들었다. 대중이 물러가면 노인도 역시 물러갔다. 그런데 하루는 물러가지 않았다. 백장스님이 곧 물으셨다. ‘앞에 서 있는 이는 어떤 사람이요?’ 노인이 말했다. ‘저는 사람이 아닙니다. 과거 가섭부처님 당시에 일찍이 이 산에 머물렀는데 학인이 묻기를「위대한 수행인도 인과에 떨어집니까?」라고 하기에「인과에 떨어지지 않는다.」라고 하였다가 여우의 몸에 떨어졌습니다. 지금 대신 일전어(一轉語)를 말씀해 주십시오.’ 스님이 말씀하셨다. ‘그대가 한 번 물어보시오.’ 노인이 곧 여쭈었다. ‘위대한 수행인도 인과에 떨어집니까?’ 스님이 말씀하셨다. ‘인과에 매(昧)하지 않소.’ 노인이 말 떨어지자마자 크게 깨달았다. 절을 올리고 말씀드렸다. ‘제가 이미 여우의 몸을 벗어버리고 산 뒤쪽에 있으니 돌아가신 스님의 의례로 다비를 해 주셨으면 합니다.’ 백장스님이 유나로 하여금 대중에게 알리게 하셨다. ‘공양 후에 스님의 다비식이 있습니다.’ 대중이 자세히 알 수가 없었는데, 백장스님이 대중을 거느리고 산 뒤쪽 바위 아래로 가서 지팡이로 한 마리의 죽은 여우를 들추어 꺼내셨다. 그리고 법식대로 다비식을 치렀다.” (X69n1322_p0006c03~11,『洪州百丈山大智禪師語錄』. “師每日上堂, 常有一老人聽法. 隨眾散去, 一日不去. 師乃問: ‘立者何人?’老人云: ‘某甲於過去迦葉佛時, 曾住此山, 有學人問:「大修行底人, 還落因果也無?」對云:「不落因果.」墮在野狐身. 今請和尚代一轉語.’師云: ‘汝但問.’老人便問: ‘大修行底人, 還落因果也無?’師云: ‘不昧因果.’老人於言下大悟. 告辭師, 云: ‘某甲已免野狐身, 住在山後, 乞依亡僧燒送.’師令維那白槌告眾: ‘齋後普請送亡僧.’大眾不能詳. 師領眾至山後巖下, 以杖挑出一死狐. 乃依法火葬.”)

1393) 歸宗斬蛇(귀종참사) : “귀종 지상스님이 풀을 깎고 있는데 경전을 강의하는 학승이 와서 참례하였다. 문득 뱀 한 마리가 지나가니 귀종스님이 호미로 끊어버리셨다. 그 스님이 말하였다. ‘오래전부터 뵙고 싶었던 귀종스님께서 원래 이러한 거친 짓을 하는 사문이셨

隋燒畲)'1394)와　'조주감파자감암주(趙州勘婆子勘菴主)'1395)와
'목주담판(睦州擔板)'1396)과　'진조상서감승(陳操尚書勘僧)'1397)과　'현

습니까?' 귀종스님이 말씀하셨다. '좌주는 차실로 돌아가서 차나 마시게.'"(T51n2076_p
0256a24~26,『景德傳燈錄』卷第七. "講僧來叅, 忽有一蛇過, 師以鋤斷之. 僧云:'久響歸
宗, 元來是箇麤行沙門?'師云:'坐主歸茶堂內喫茶去.'")

1394) 大隋燒畲(대수소서) : "대수스님이 밭을 태우실 때에 문득 뱀을 한 마리 보셨다. 스님
은 막대기에 걸어서 불 속에다 던져버리시고는 말씀하셨다. '咄(Duō)! 이 몸뚱이는 스스
로 놓아버리지 못하니, 너는 이 속에서 죽는 것이 마치 어둠 속에서 등불을 얻음과 같
다.'그때 한 스님이 여쭈었다. '바로 이럴 때 죄가 있습니까?'스님이 말씀하셨다. '돌호
랑이가 외칠 때 산골짜기에 메아리가 울리고 나무사람이 호통치는 곳에 무쇠소가 놀란
다.'"(X65n1295_p0612c24~0613a03,『禪宗頌古聯珠通集』卷第二十一. "大隨燒畲次,
忽見一蛇. 師以杖挑向火中, 曰:'咄! 這箇形骸, 猶自不放捨. 你向這裡死, 如暗得燈.'時
有僧問云:'正恁麼時還有罪也無?'師曰:'石虎吼時山谷響. 木人吼處鎔牛驚.'")

1395) 趙州勘婆子勘菴主(조주감파자감암주) : 조주감파자(趙州勘婆子)와 조주감암주(趙州勘
菴主)로 2개의 화(話)다. "조주 종심스님이 계시는 오대산에 스님들이 유람하기 위하여
한 할머니에게 묻는다. '오대산으로 가는 길이 어딥니까?'할머니가 말한다. '곧장 이렇게
가시오.'스님들이 막 열댓 걸음을 옮기면 할머니가 말한다. '또 이렇게 가는구나.'어떤
스님이 조주스님께 말씀드렸더니 조주스님이 말씀하셨다. '내가 가서 이 할머니를 감파해
볼 테니 기다려봐라.'다음날 곧장 가서 물으셨다. '오대산으로 가는 길이 어딥니까?'할
머니가 대답하였다. '곧장 이렇게 가시오.'조주스님이 바로 떠나셨다. 할머니가 말했다.
'또 이렇게 가는구나.'스님께서 선원으로 돌아와 대중에게 말씀하셨다. "내가 여러분을
위해 할머니를 감파해버렸다!"(T51n2076_p0277b04~10,『景德傳燈錄』卷第十. "有僧
遊五臺, 問一婆子, 云:'臺山路向什麼處去?'婆子云:'驀直恁麼去.'僧便去, 婆子云:'又
恁麼去也.'其僧擧似師, 師云:'待我去勘破遮婆子.'師至明日便去, 問:'臺山路向什麼處
去?'婆子云:'驀直恁麼去.'師便去. 婆子云:'又恁麼去也.'師歸院謂僧, 云:'我爲汝勘破
遮婆子了也.'")"조주 종심스님이 한 암주의 처소에 가셔서 물으셨다. "있냐? 있냐?"암
주가 주먹을 세워보였다. 조주스님이 말씀하셨다. "물이 얕으니 배를 댈 곳이 아니로구
나."곧 떠나셨다. 또 한 암주의 처소에 가셔서 말씀하셨다. "있냐? 있냐?"암주 역시 주
먹을 세웠다. 조주스님이 말씀하셨다. "놓기도 하고 빼앗기도 하며, 죽이기도 하고 살리
기도 하는 구나."바로 절을 하셨다. (K46-0195, 436則,『禪門拈頌集』卷第十二. "趙州
訪一庵主, 便云:'有麼? 有麼?'庵主竪起拳頭. 師云:'水淺不是泊船處.'便去. 又訪一庵
主, 亦云:'有麼? 有麼?'庵主亦竪起拳頭. 師云:'能縱能奪, 能殺能活.'禮拜而去.")

1396) 睦州擔板(목주담판) : "목주스님이 한 스님을 부르셨다. '대덕!'그 스님이 고개를 돌
렸다. 스님이 말씀하셨다. '담판한이로구나.'"(K46-0263, 639則,『禪門拈頌集』卷第十
六. "睦州喚僧, 云:'大德!'僧迴首. 師云:'擔板漢.'")

1397) 陳操尚書勘僧(진조상서감승) : 진조(陳操)가 스님들을 감변한 화(話)로 세 개의 공안이
있다. ①"목주 자사 진조가 스님들에게 공양을 올리면서 호병(餬餅) 하나를 잡아들고서 한 스
님에게 물었다. '강서나 호남에도 이것이 있습니까?'그 스님이 대답했다. '상서는 아까 무엇
을 드셨소?'자사가 말했다. '종을 치니 메아리가 답을 하는구나.'《진조호병(陳操餬餅)》　②
어느 날 또 대중들에게 공양을 올리면서 몸소 떡을 나누어 주었다. 어떤 스님이 손을 벌려 받
으려 하자 자사가 얼른 손을 거두었다. 그 스님이 말이 없자, 자사가 말했다. '과연! 과연!'다
른 날에 한 스님에게 물었다. '일이 있는데 상좌스님과 상량(商量) 할 수 있겠습니까?'그 스
님이 말했다. '개 아가리를 닥쳐라.'자사가 스스로를 치면서 말했다. '진조의 허물입니다.'그
스님이 말했다. '허물을 알면 반드시 고쳐야 하지요.'자사가 말했다. '이러하다면 상좌의 입
을 빌어서 밥을 먹어야겠습니다.'《진조일사(陳操一事)》　③또 대중에게 공양을 하여 손수
음식을 나누다가 말했다. '상좌께서 시식을 하시지요.'상좌가 대답했다. '3덕과 6미로군.'자

사감보노형미철재(玄沙敢保老兄未徹在)'1398)와
'동산도즉태쇄지도득팔성(洞山道卽太煞只道得八成)'1399)과

사가 말했다. '錯(Cuò)!' 상좌가 대답이 없었다. 또 관속들과 누각에 올랐는데 몇 명의 스님들이 걸어오고 있었다. 한 관리가 말했다. '오는 이들은 모두 행각하는 스님이지요?' 자사가 말했다. '아니야.' 말했다. '아닌 줄 어떻게 아십니까?' 자사가 말했다. '가까이 올 때까지 기다렸다가 물어보자.' 여러 스님들이 누각 앞을 지나갈 때에 자사가 갑자기 '상좌!'하고 부르니, 스님들이 모두 돌아보았다. 그러자 자사가 관속들에게 말했다. '내 말이 맞지?'" 《진조등루(陳操登樓)》(『景德傳燈錄』 卷第十二, T51n2076_p0296b02~16. "睦州刺史陳操, 與僧齋次, 拈起餬餅, 問僧：'江西湖南還有遮箇麼?' 僧曰：'尙書適來喫什麼?' 陳曰：'敲鍾謝響.' 又一日齋僧次, 躬行餅, 僧展手接, 陳乃縮手. 僧無語. 陳曰：'果然! 果然!' 異日問僧, 曰：'有箇事與上坐商量得麼?' 僧曰：'合取狗口.' 陳自摑曰：'操罪過.' 僧曰：'知過必改.' 陳曰：'恁麼卽乞上坐口喫飯.' 又齋僧自行食次, 曰：'上坐施食.' 上坐曰：'三德六味.' 陳曰：'錯.' 上坐無對. 又與寮屬登樓次, 有數僧行來, 一官人曰：'來者總是行脚僧?' 陳曰：'不是.' 曰：'焉知不是?' 陳曰：'待近與問相次.' 諸僧樓前行過, 陳驀喚：'上坐!' 僧皆迴顧, 陳謂諸官曰：'不信道?'")

1398) 玄沙敢保老兄未徹在(현사감보노형미철재) : "영운 지근스님이 복사꽃을 보고 도를 깨달으시고는 노래를 하셨다. '삼십 년을 검을 찾아다닌 나그네, / 낙엽지고 새싹 돋길 몇 번이던가. / 복사꽃을 한 번 본 이래로부터 / 바로 지금 이르니 의심 없어라.' 위산스님이 게송을 보시고 그 깨달음을 따져보시니 서로 계합하자 말씀하셨다. '인연 따라 깨달아 들어왔으니 다시는 물러남이 없을 것이다. 너는 잘 보호하여 지녀라.' 한 스님이 현사스님께 말씀드리니, 현사스님이 이르셨다. '딱 맞구나. 정말로 딱 맞구나. 노스님이 철저하지 못했음을 내가 장담하리라.' 대중이 이 말씀을 의심하였다. 현사스님이 지장 계침스님에게 물으셨다. '내가 그렇게 말한 것을 너는 어떻게 생각하느냐?' 지장스님이 말씀드렸다. '이 계침이 아니었더라면 천하 사람을 엄청 달리게 할 뻔 하였습니다.'"(T51n2076_p0285a23~29, 『景德傳燈錄』 卷第十一. "初在潙山, 因桃華悟道. 有偈, 曰：'三十來年尋劍客, 幾逢落葉幾抽枝. 自從一見桃華後, 直至如今更不疑.' 祐師覽偈, 詰其所悟, 與之符契. 祐曰：'從緣悟達, 永無退失. 善自護持.' 有僧擧似玄沙, 玄沙云：'諦當! 甚諦當! 敢保老兄猶未徹.' 衆疑此語. 玄沙問地藏：'我恁麼道, 汝作麼生會?' 地藏云：'不是桂琛, 卽走殺天下人.'")

1399) 洞山道卽太煞只道得八成(동산도즉태쇄지도득팔성) : '도즉태쇄지도득팔성(道卽太煞只道得八成)'은 도오 원지스님이 운암 담성스님과의 문답에서 말한 것이다. "운암스님이 물으셨다. '대비관세음보살께선 수많은 손과 눈을 쓰신다던데 왜 그렇습니까?' 스님께서 말씀하셨다. '마치 사람이 뒷짐을 지고 베개를 더듬는 것과 같지.' 운암스님이 말씀하셨다. '알았다! 알았다!' 스님께서 말씀하셨다. '자네가 뭘 알았다는 거냐?' 운암스님이 말씀하셨다. '온몸이 두루 손과 눈입니다.' 스님께서 말씀하셨다. '말은 엄청 많이 하였지만 단지 8부정도만 말했구나.' 운암스님이 말씀하셨다. '사형께서는 또 어떠십니까?' 스님이 말씀하셨다. '온몸이 통째로 손과 눈이다.'"(X79n1557_p0168a11~14, 『聯燈會要』 卷第十九, '潭州道吾宗知禪師'. "雲巖問：'大悲菩薩, 用許多手眼, 作甚麼?' 師云：'如人背手摸枕子.' 巖云：'我會也! 我會也!' 師云：'儞作麼生會?' 巖云：'徧身是手眼.' 師云：'道也太殺道, 只道得八成.' 巖云：'師兄又作麼生?' 師云：'通身手眼.'") 하지만 여기 '동산도즉태쇄지도득팔성(洞山道卽太煞只道得八成)'은 법진수일(法眞守一)스님이 동산양개(洞山良价)스님과 백암명철(柏巖明哲)스님의 문답에 염(拈)하면서 한 말이다. "동산스님이 백암명철(柏巖明哲)스님을 찾아 가셨더니 백암스님이 물으셨다. '어디서 오는 거냐?' 스님이 말씀드렸다. '호남에서 왔습니다.' 백암스님이 말씀하셨다. '관찰사의 성이 뭐냐?' 스님이 말씀드렸다. '성을 알지 못합니다.' 백암스님이 말씀하셨다. '이름은 뭐냐?' 스님이 말씀드렸다. '이름도 알지 못합니다.' 백암스님이 말씀하셨다. '사무를 처리하더냐?' 스님이 말씀드렸다. '당연히 관사가 있습니다.' 백암스님이 말씀하셨다. '들락날락 하더냐?' 스님이

'달마척리서귀(達磨隻履西歸)',1400)   이러한 것들을 가지고서 모두 '말후구(末後句)'라고 합니다.

便引洛浦云. '末後一句, 始到牢關, 把斷要津, 不通凡聖. 任從天下樂欣欣. 我獨不肯.' 謂之我爲法王, 於法自在, 任你學者, 逞盡神通, 呈盡伎倆, 我只一向把住不許你. 謂之牢關. 直待擧立僧住院, 密室口耳傳授. 如斯之類, 自毁正因, 返行魔說.

그리고는 곧 낙포 원안스님1401)의 말씀을 인용합니다.

말씀드렸다. '들락날락하지 않습니다.' 백암스님이 말씀하셨다. '어찌 들락날락하지 않느냐?' 스님이 소매를 떨치고 나가셨다. 이튿날 첫새벽부터 백암스님이 승당에 들어와서 스님을 부르셨다. 스님이 앞으로 다가가시니, 백암스님이 말씀하셨다. '어제 대답한 상좌의 말이 내 뜻에 부합하질 않아서 하룻밤 내내 편하질 못하였다. 지금 상좌는 따로 일전어(一轉語)를 해봐라. 만일 이 노승의 뜻에 맞으면 죽그릇을 열어 하안거를 함께 지내겠다.' 스님이 말씀드렸다. '스님께서 도리어 물으십시오.' 백암스님이 말씀하셨다. '들락날락하지 않는다.' 스님이 말씀하셨다. '엄청 정중하시군요.' 그러자 백암스님이 이에 죽 그릇을 열어 놓고 여름을 함께 지내셨다. 법진 수일스님이 염하셨다. '동산스님이 말씀하기는 엄청 말씀하셨으나 겨우 8부 정도만을 채웠을 뿐이다. 어째서 그럴까? 여전히 정중함이 남아 있어서다.'"(K46-0285, 690則, 『禪門拈頌集』 卷第十七. "洞山到栢巖哲禪師處, 巖問: '甚處來?' 師云: '湖南來.' 巖云: '觀察使姓仲麽?' 師云: '不得姓.' 巖云: '名什麽?' 師云: '不得名.' 巖云: '還理事也無?' 師云: '自有廊幕在.' 巖云: '還出入否?' 師云: '不出入.' 巖云: '豈不出入?' 師拂袖出去. 巖明日侵早入堂, 召師, 師近前, 巖云: '昨日祇對上座話, 不稱老僧意, 一夜不安. 今請上座別一轉語. 若愜老僧意, 便開粥相伴過夏.' 師云: '却請和尙問.' 巖云: '不出入.' 師云: '大尊貴生.' 巖乃開粥同過夏. 法眞一拈: '洞山道則大殺道, 只道得八成. 爲什麽如此? 猶有尊貴在.'")
1400) 達磨隻履西歸(달마척리서귀) : "이에 더 이상 낮게 하려고 하지 않고 단정히 앉아서 입적하셨다. 이때가 후위의 효명제 태화 19년 병진년 10월 5일이었다. 그해 12월 28일 웅이산에 장사지내고 정림사에 탑을 세웠다. 그 뒤 3년 후에 위나라의 송운(宋雲)이 서역에 사신으로 갔다가 돌아오는 길에 총령에서 대사를 만났다. 그런데 손에 신발 한 짝을 들고 훌훌히 홀로 가고 계셨다. 송운이 여쭈었다. '스님께선 어디로 가십니까?' 대사가 대답하셨다. '서역으로 갑니다.' 그리고는 다시 송운에게 말씀하셨다. '그대의 군주가 이미 세상을 뜨셨소.' 송운은 이 말을 듣고 망연하였다. 대사와 작별하고 동쪽으로 나아가서 복명하려고 하니, 명제는 이미 승하해버리고 효장제가 즉위한 뒤였다. 송운이 앞의 일을 자세히 보고하자 황제가 대사의 무덤을 열어 보게 하니, 빈 관 속에는 신발 한 짝 만이 남아 있었다."(T51n2076_p0220a28~b10, 『景德傳燈錄』 卷第三. "遂不復救之, 端居而逝, 卽後魏孝明帝, 太和十九年, 丙辰歲十月五日也. 其年十二月二十八日, 葬熊耳山, 起塔於定林寺. 後三歲, 魏宋雲奉使西域迴, 遇師于蔥嶺, 見手攜隻履翩翩獨逝. 雲問: '師何往?' 師曰: '西天去.' 又謂雲曰: '汝主已厭世.' 雲聞之茫然. 別師東邁, 曁復命, 卽明帝已登遐矣. 而孝莊卽位. 雲具奏其事, 帝令啓壙, 唯空棺一隻革履存焉.")
1401) 洛浦元安(낙포원안) : 약산유엄(藥山惟儼)-선자덕성(船子德誠)-협산선회(夾山善會)-낙

〈'말후일구(末後一句)에 비로소 견고한 관문에 이르는 것이니, 요충지를 확실히 장악하면 범부와 성인도 통하지 않는다. 천하에 맡기고 기쁨을 즐겨라. 하지만 나는 홀로 즐거워하지 않는다.'〉1402)

이를 '나는 법왕이라 법에 자재하니 그대들 배우는 이들에게 마음대로 신통을 다 과시하고 기량을 다 뽐내게 하지만, 나는 오로지 한결같이 파주(把住)하여 그대들을 허락하지 않는다. 이것을 견고한 관문이라고 한다'라고 말합니다.
그리고는 곧장 입승으로 추천하여 절 안에서 기다리게 하여 밀실에서 입과 귀로 전해 줍니다.

이와 같은 무리는 스스로 정인(正因)1403)을 훼손하고 도리어 마魔의 말을 실행하는 것입니다.

又有一種, 道南泉斬猫兒, 百丈野狐, 歸宗斬蛇, 大隋燒畲, 趙州勘婆子勘菴主之類, 謂之建立門庭. 本無恁麼事. 貴要羅籠學者.

또 한 무리는 '남전참묘아(南泉斬猫兒)'와 '백장야호(百丈野狐)'와 '귀종참사(歸宗斬蛇)'와 '대수소서(大隋燒畲)'와 '조주감파자감암주(趙州勘婆子勘菴主)' 등의 종류를 들먹이면서 가문1404)을 건립했다고 말합니다.
하지만 본래 이러한 일은 없었습니다.
이는 배우는 이들을 나롱(羅籠)1405)하려는1406) 것일 뿐입니다.

포원안(洛浦元安). 834~898. 주23) 참조.
1402) 『연등회요』 23권에 나온다. (X79n1557_p0198c09~10, 『聯燈會要』 卷第二十三. "示衆云:'末後一句, 始到牢關, 把斷要津, 不通凡聖. 尋常向諸人道. 任從天下樂欣欣, 我獨不肯.")
1403) 正因(정인) : 깨달음으로 가는 직접적인 원인.
1404) 門庭(문정) : 가문, 유파, 파벌. 실마리, 방법.
1405) 羅籠(나롱) : 구속하다. 손아귀에 쥐다. 그물과 새장에 넣다. 망라(網羅)하다. 포괄하다. 널리 찾아 한데 모으다.
1406) 貴要(귀요) : ~하려고 하다. ~하고자 하다.

又有一種, 以偏正回互為宗旨. 如洞山與雲居過水次, 洞山問: ‘水深多少?’ 云: ‘不濕.’ 山云: ‘麤人.’ 雲居却問: ‘水深多少?’ 云: ‘不乾.’ 謂水諱濕而當頭道濕. 不能回互, 謂之麤人. 雲居却云不濕, 是觸諱而不能回互. 洞山道不乾, 乃有語中無語. 何謂有語不乾是, 何謂無語不乾是? 不乾乃是濕, 是活語, 能回互不觸諱故也.

또 한 부류는 편정(偏正)을 회호(回互)1407)함으로써 종지(宗旨)를 삼습니다.

〈동산 양개스님1408)과 운거 도응스님1409)이 막 물을 건너가면서 동산스님이 물으셨습니다.
‘물이 얼마나 깊으냐?’
말씀하셨습니다. ‘습(濕)하지 않습니다.’
동산스님이 말씀하셨습니다. ‘거친 사람이군.’
운거스님이 도리어 물으셨습니다.
‘물이 얼마나 깊습니까?’
말씀하셨습니다. ‘마르지 않다.’〉1410)

여기서 물은 습(濕)을 꺼리니 즉시 습(濕)이라고 말했다고 하며, 회호(回互)하지 못하기에 거친 사람이라 하였다는 것입니다.
그리고 운거스님이 도리어 습(濕)하지 않다고 말한 것은 촉휘(觸諱)1411)하여 회호(回互)하지 못한 것이라고 합니다.
동산스님이 마르지 않다고 말한 것을 ‘말 있음’ 속의 ‘말 없음’이라고 합니다.

1407) 回互(회호) : 서로 번갈아 교체시키다. 서로 맞물려 얽히다.
1408) 洞山良价(동산양개) : 석두희천(石頭希遷)-약산유엄(藥山惟儼)-운암담성(雲巖曇晟)-동산양개(洞山良价). 807~869. 주701) 참조.
1409) 雲居道膺(운거도응) : 약산유엄(藥山惟儼)-운암담성(雲巖曇晟)-동산양개(洞山良价)-운거도응(雲居道膺). 835~902. 주1133) 참조.
1410) T51n2076_p0335a04~06, 『景德傳燈錄』卷第十七. 참조.
1411) 觸諱(촉휘) : 금기에 저촉되다. 공경하거나 꺼려하는 이름을 함부로 부르다. 언어문자에 걸리다.

어찌하여 '말 있음'도 마르지 않음이라 하고 어찌하여 '말 없음'도 마르지 않음이라고 합니까?

마르지 않음이 습(濕)인 것은 활어(活語)라 회호(回互)하므로 촉휘(觸諱)할 것이 아닌 까닭입니다.

又以黑白圈兒, 作五位形相, 以全黑圈兒, 爲威音那畔, 父母未生, 空劫已前, 混沌未分事, 謂之正位. 以二分黑一分白圈兒, 爲正中偏, 却來白處說黑底. 又不得犯著黑字, 犯著黑字即觸諱矣.

또 흑백의 경계로1412) 오위(五位)1413)의 형상을 지어 온전히 흑(黑)의 경계로써 '위음왕불 저쪽'과 '부모로부터 태어나기 전'과 '공겁이전의 혼돈(混沌)1414)으로 나뉘기 전의 일'을 삼아서 정위(正位)라고 합니다.

삼분의 이(二)는 흑(黑)의 경계로 삼분의 일(一)은 백(白)의 경계로써 정중편(正中偏)을 삼는데 도리어 백(白)의 자리를 흑(黑)에서 말합니다.

게다가 흑(黑)이란 자(字)는 침범할 수 없는데도 흑(黑)이란 자(字)를 침범하는 것은 곧 촉휘(觸諱)하는 것입니다.

更引洞山頌, 云:'正中偏. 三更初夜月明前.' 謂能回互. 只言三更, 三更是黑, 初夜是黑, 月明前是黑, 不言黑而言三更初夜月明前, 是能回互不觸諱. 以兩分白一分黑圈兒, 爲偏中正, 却來黑處說白底. 而不得犯白底消息, 云:'偏中正. 失曉老婆逢古鏡.' 不言明與白, 而言失曉與古鏡. 是能回互明與白字, 而不觸諱. 蓋失曉是暗中之明, 古鏡亦是暗中之明, 老婆頭白不說白而言老婆, 白在其中矣. 能回互白字故也.

1412) 兒(아) : 명사를 만드는 어조사. 서로 다른 사물임을 나타낸다.

1413) 五位(오위) : 자명 초원스님의 오위(五位)에 따른 것이다. (X68n1315_p0068b15~0068c01,『古尊宿語錄』卷第十一. "因僧請益五位有頌. 正中偏: 半夜烏鷄室裏鳴, 海底然燈光世界, 石上栽花長枝靈. 偏中正: 日落西山觀異影, 分明影像顯宗乘, 休把眉頭窺月井. 正中來: 木馬生兒偏九垓, 進退任行通鳥道, 豈並巢居界內隈. 兼中至: 彼彼丈夫全意氣, 矛盾交互不傷鋒, 展拓縱橫不相離. 兼中到: 黑白已前休作造, 須明露柱未生兒, 莫認狂辭途路走."

1414) 混沌(혼돈) : 천지와 사물이 나뉘기 전의 상태.

다시 동산스님의 노래¹⁴¹⁵⁾를 끌어 옵니다.

〈'정중편(正中偏)이라.
삼경 초야에 달이 밝아지기 전,'〉

이를 회호(回互)할 수 있다고 말합니다.
예컨대 '삼경(三更)'이라 말한 것은 삼경(三更)은 흑(黑)이요, 초야도 흑(黑)이요, 달이 밝아지기 전도 흑(黑)인데, 흑(黑)이라 말하지 않고 '삼경 초야에 달이 밝아지기 전'이라고 말한 것은 회호(回互)할 수 있어 촉휘(觸諱)하지 않는다 합니다.

삼분의 이(二)는 백(白)으로 하고 삼분의 일(一)은 흑(黑)의 경계로 하여 편중정(偏中正)을 삼아 흑(黑)의 자리를 도리어 백(白)에서 말합니다. 게다가 백(白)의 소식을 침범할 수 없는데도, '편중정(偏中正)이라. 눈이 먼 할미 옛 거울 마주하여'를 말합니다.
여기서 밝음과 백(白)을 말한 것이 아니지만 눈이 멂과 옛 거울을 말한 것은 밝음과 백(白)이란 글자를 회호(回互)할 수 있어 촉휘(觸諱)하지 않는다는 것입니다. 대개 눈이 멂은 어둠 속의 밝음이요, 옛 거울 역시 어둠 속의 밝음이라는 것입니다.

1415) 동산 양개선사의 이 「오위군신송(五位君臣頌)」은 《오가어록》, 『동산어록』에는 실려 있지 않고 『조산어록』에 주(注)와 함께 실려 있으므로 『어선어록』을 참고하였다. (T47n1987Ap0532c27~0533b17, 『撫州曹山元證禪師語錄』. '逐位頌竝注別揀'.) "정중편(正中偏)이라. / 삼경 초야에 달이 밝아지기 전, / 서로 만나도 모름을 싫다 말아라. / 아직도 은은히 지난날의 미움을 품고 있구나. // 편중정(偏中正)이여. / 눈이 먼 할미 옛 거울 마주하여, / 얼굴을 분명히 비춰보니 따로 진짜가 없네. / 다시는 머리를 미(迷)하여 그림자로 잘못 알지 마라. // 정중래(正中來)여. / '무(無)' 속에 객진을 멀리할 길이 있으니, / 바로 지금 꺼림에 저촉하지 않기만 하면 / 역시 전조(前朝)의 단설재(斷舌才)〈수나라 변사 이지장을 말함〉보다는 나으리. // 겸중지(兼中至)여. / 두 칼날이 부딪쳐도 피할 것 없네. / 뛰어난 솜씨는 불 속의 연꽃과 같아, / 완연히 스스로 하늘 찌르는 뜻이 있구나. // 겸중도(兼中到)여. / 유무(有無)에 떨어지지 않는데 누가 감히 화(和)하려 하랴. / 사람마다 모두 일상에서 벗어나고자 하나 / 꺾고 합해 바꿔 되돌아가 숯 속에 앉았네." (X68n1319_p0622b23~c05, 『御選歷代禪師語錄』 前集下, '洞山良价悟本禪師'. "師作五位君臣, 頌曰: '正中偏. 三更初夜月明前, 莫怪相逢不相識. 隱隱猶懷舊日嫌. 偏中正. 失曉老婆逢古鏡, 分明覿面別無真. 休更迷頭猶認影. 正中來. 無中有路隔塵埃, 但能不觸當今諱, 也勝前朝斷舌才. 兼中至. 兩刃交鋒不須避. 好手猶如火裏蓮, 宛然自有沖天志. 兼中到. 不落有無誰敢和. 人人盡欲出常流, 折合還歸炭裏坐.'")

할머니의 머리가 하얘도 '하얗다'고 말하지 않고서 할머니라고 말하는 것은 하얀 것이 그 속에 있으므로 백(白)이라는 글자와 회호(回互)할 수 있기 때문이라는 것입니다.

又說正中來. 頌云: '正中來. 無中有路隔塵埃.' 或云: '出塵埃, 謂凡有言句, 皆無中唱出.' 便自挾妙了也. 無不從正位中來, 或明或暗, 或至或到, 皆妙挾通宗. 凡一位皆具此五事, 如掌之五指無少無剩.

또 정중래(正中來)를 말합니다.
노래하기를,
[정중래(正中來)라. 〈무(無)〉속에 진애(塵埃)를 벗어날 길이 있으니]라고 하셨습니다.
어떤 이는 말합니다.
'진애를 벗어난 것이니, 무릇 언구(言句)가 있는 것은 모두가 〈무(無)〉속에서 불러 내온 것이라'고 합니다. 곧 스스로 미묘하게 끼워 넣어 버리는 것입니다.
정위(正位)로부터 나오지 않음이 없으니, 밝음과 혹은 어둠, 혹은 '~까지' 혹은 도달함을 다 종지에 통하도록 미묘하게 끼워 넣습니다.
무릇 일위(一位)가 다 이 다섯 가지 일을 갖추고 있으니, 마치 손의 다섯 손가락이 모자람도 없고 남음도 없는 것과 같다는 겁니다.

兼中至, 謂兼黑兼白, 兼偏兼正而至. 何謂至? 如人歸家, 未到而至, 別業乃在途, 為人邊事, 亦能回互, 妙在體前.

겸중지(兼中至)는 흑(黑)을 겸(兼)1416)하고 백(白)을 겸하며, 편(偏)을 겸하고 정(正)을 겸하여 지(至)하는 것이라고 합니다.
무엇을 지(至)라고 하느냐 하면 마치 사람이 집으로 돌아갈 때 아직 도착하지 않은 것이 지(至)인데, 다른 업(別業)으로 길에 있거나 남을 위해 변사(邊事)1417)를 하여도 역시 묘재체전(妙在體前)1418)과 회호(回

1416) 兼(겸) : 두 가지 이상의 일이나 기능을 아울러 맡거나 가짐.
1417) 邊事(변사) : 변경지대의 일. 곧 중요하지 않은 일. 지엽적인 것.

互)할 수 있다는 것입니다.

兼中到, 謂兼前四位, 皆挾妙而歸正位. 謂之'折合歸來炭裏坐.' 亦是說黑處而回互黑字, 不道黑而言炭. 或者又謂, 曹山有言: '正位者卽空界也, 一向無物, 偏位者卽色界也, 內有種種諸雜萬像. 兼中至者, 捨事入理. 正中來者, 背理就事. 兼帶者, 卽冥應眾緣, 不隨諸有. 非染非淨, 無正無偏, 故云:「虛玄要道, 無著眞宗.」從上先德, 推此一位, 最妙最玄, 須是審詳, 辨明當體.' 又說五位, 皆三字成句, 偏正上下回互而不犯中, 中卽正位也.

겸중도(兼中到)는 앞의 사위(四位)와 겸대(兼帶)하여 모두 미묘하게 끼워 넣어져 정위(正位)로 돌아간다고 합니다.

그것을 '절합(折合)1419)하여 되돌아가 숯 속에 앉았네'라고 합니다.

역시 흑(黑)의 자리를 말하여 흑(黑)이란 자(字)와 회호(回互)하므로 흑(黑)이라고 말하지 않고 숯이라고 말했다는 것입니다.

어떤 이는 또 말합니다.

'조산스님이 말씀하시기를, 〈정위(正位)라는 것은 곧 공계(空界)라 한결같이 무물(無物)이요, 편위(偏位)라는 것은 곧 색계(色界)라 안으로 온갖 여러 가지가 섞인 만상(萬象)이 있는 것이다.

겸중지(兼中至)1420)라는 것은 사(事)를 버리고 이(理)에 들어감이다.

정중래(正中來)1421)는 이(理)를 등지고 사(事)에 나아가는 것이다.

겸대(兼帶)라는 것은 여러 인연에 그윽히 응(應)하면서도 모든 유(有)를 따르지1422) 않는 것이다.

더러움도 아니고 깨끗함도 아니며, 정(正)도 아니고 편(偏)도 아니기에 허현(虛玄)한 요도(要道)1423)이며 걸림없는 진종(眞宗)이라 한다.

예로부터 선덕들도 이 일위(一位)를 추천(推闡)하셨으니 가장 미묘하고 가장 현(玄)하므로 반드시 자세히 살펴 당체(當體)를 명백히 가려내

1418) 妙在體前(묘재체전) : 미묘하게 체(體)의 앞에 있음. '적이상조(寂而常照)'의 상대되는 말.

1419) 折合(절합) : 마음대로 부러뜨렸다가 붙였다 함.

1420) 兼中至(겸중지) : 『조산어록』에서는 偏中正(편중정)으로 나온다.

1421) 正中來(정중래) : 『조산어록』에서는 正中偏(정중편)으로 나온다.

1422) 隨(수) : 『조산어록』에서는 '墮(타)'로 나온다.

1423) 要道(요도) : 『조산어록』에서는 '大道(대도)'라고 나온다.

야 한다.〉고 하였다.'1424)

또 오위(五位)를 말한 것은 모두 세 개의 글자가 구(句)를 이루어 편정(偏正)이 위 아래로 회호(回互)하여 중(中)을 침범하지 않는다고 하며, 중(中)은 곧 정위(正位)라고 합니다.

說理說事, 敎有明文. 敎外單傳, 直指之道, 果如是否? 若果如是, 討甚好曹山邪? 又引浮山作大陽眞讚, 曰: '黑狗爛銀蹄.' 自注云: '此語正位中有偏位, 黑狗是正位, 爛銀蹄是偏位.' '白象崑崙騎.' 自注云: '此語偏位中有正位.' '於斯二無礙.' 自注云: '此語不墮有無二邊, 所以洞山云:「不落有無誰敢和」.' '木馬火中嘶.' 自注云: '妙挾. 然雖妙挾而虛玄唱道也.'

이(理)를 말하고 사(事)를 말한 것은 가르침에서 명문(明文)1425)으로 하는 것입니다.
가르침의 밖에서 단전(單傳)1426)하여 곧바로 가리킨 도(道)는 결과가 이와 같습니까?
만일 결과가 이와 같다면 왜 조산스님에게서 찾습니까?

또 부산 법원스님1427)이 태양 경현스님1428)의 진영을 기리며 지은 것을 인용합니다.
〈'검둥개는 은발톱이 찬란하다.'〉
스스로 주석을 합니다.

1424) T47n1987Ap0527a05~10, 『撫州曹山元證禪師語錄』. 참조.
1425) 明文(명문) : 글로써 명백히 밝힘. 명확한 문자기록. 사리를 명백히 밝힌 글.
1426) 單傳(단전) : 글이나 말로 하지 않고 정법(正法)을 마음에서 마음으로 전하는 일.
1427) 浮山法遠(부산법원) : 풍혈연소(風穴延沼)-수산성념(首山省念)-섭현귀성(葉縣歸省)-부산법원(浮山法遠). 991~1067. 임제종의 스님이다. 스스로 시석야인(柴石野人)이라 칭했다. 정주(鄭州)[하남성] 출신으로 속성은 왕씨(王氏)다. 삼교지숭(三交智嵩)스님을 따라 출가하여 하남(河南)의 광교원(廣敎院)에서 섭현귀성(葉縣歸省)스님의 법을 이어 받았다. 구양수(歐陽修)가 일찍이 그의 문하에서 수업하였다. 뒤에 서주(舒州)의 부산(浮山)에 주석하면서 종풍을 크게 선양하였다. 종문어구(宗門語句)를 학인들에게 가르치려 펴낸 '부산구대(浮山九帶)'[『佛禪宗敎義九帶集』]가 있으며, '부산수구(浮山繡毬)' '부산평지(浮山平地)' 등의 공안이 있다. 치평(治平) 4년에 세수 77세로 입적하였다. 시호는 원감선사(圓鑒禪師)이다.
1428) 大陽警玄(태양경현) : 운거도응(雲居道膺)-동안도비(同安道丕)-동안관지(同安觀志)-양산연관(梁山緣觀)-태양경현(大陽警玄). 934~1027. 주830) 참조.

‘이 말은 정위(正位) 가운데 편위(偏位)가 있는 것이다.
「검둥개」는 정위(正位)요, 「은발톱이 찬란함」은 편위(偏位)다.’

〈‘흰코끼리는 곤륜산이 걸터탔네.’〉
스스로 주석을 합니다.
‘이 말은 편위(偏位) 가운데 정위(正位)가 있는 것이다.’

〈‘이 둘에 걸림이 없다.’〉
스스로 주석을 합니다.
‘이 말은 유무(有無)의 이변(二邊)에 떨어지지 않음이다.
그러므로 동산스님이 말씀하시기를, 「유무에 떨어지지 않았는데 누가 감히 화(和)
하려 하랴?」하셨다.’

〈‘목마가 불 속에서 운다.’〉1429)
스스로 주석을 합니다.
‘미묘하게 끼워 넣었다. 하지만 비록 미묘하게 끼워 넣었어도 헛된 창도(唱
道)1430)일 뿐이다.’

似遮般說話, 須教你燒頂煉臂發誓願不得妄傳, 然後分付. 亦謂之末後句.”
師舉了遂彈指. 云: “好掩彩底禪. 若是皮下有點血底, 還肯喫遮茶飯麼? 我
且問你: ‘臘月三十日, 四大相將解散, 平昔記持學得底, 還回互得麼? 回互
時還著意也無? 當恁麼時, 心識已昏, 如何回互? 既回互不得, 定撞入驢胎馬
腹中隨業受報.

 이러한 설화(說話)는 반드시 여러분이 머리를 태우고 손을 살라서 서
원을 발해도 망령되이 전할 수 없음을 가르친 후에 분부해야만 역시
말후구(末後句)라고 하겠습니다.”

1429) 부산 법원스님의 이 게송은 『선림승보전』 17권과 『오가정종찬』 3권 등에서 나온다.
　　(X79n1560_p0526c12~13, 『禪林僧寶傳』 卷第十七. X78n1554_p0604a01~02, 『五家正
　　宗賛』 卷第三. “黑狗爛銀蹄, 白象崑崙騎. 於斯二無碍, 木馬火中嘶.”)
1430) 唱道(창도) : 불법(佛法)을 강설하여 사람들을 인도함.

스님이 인용을 마치고 손가락을 튕기셨다.

말씀하셨다.

"잘도 엄채(掩彩)1431)된 선(禪)이로구나. 만일 피부아래 혈기가 있는1432) 이라면 이 차(茶)와 밥을 먹을 수 있겠습니까?

나는 또 여러분에게 묻겠습니다.

납월 30일에 사대가 서로 흩어질 때, 평소에 기억하여 지니고 배운 것이 회호(回互)합니까?

회호(回互)할 때는 마음을 집중합니까?

만일 이럴 때, 심식이 이미 혼미하다면 어떻게 회호(回互)하겠습니까?

이미 회호(回互)할 수 없다면 반드시 나귀 자궁이나 말의 뱃속으로 냅다 들어가 업을 따르고 과보를 받게 될 것입니다.

當此之時, 欲觸諱作麤人, 亦不可得. 況能敵佗生死邪? 又有商量. 洞山示衆, 云: '向時作麼生? 奉時作麼生? 功時作麼生? 共功時作麼生? 功功時作麼生?' 時有僧問: '如何是向?' 山云: '喫飯時作麼生?' '如何是奉?' 云: '背時作麼生?' '如何是功?' 云: '放下鋤頭時作麼生?' '如何是共功?' 云: '不得色.' '如何是功功?' 云: '不共.' '向時作麼生', 謂趣向此事. 答曰: '喫飯時作麼生', 謂此事不可喫飯時無功勳而有間斷也.

이럴 때를 당하여 촉휘(觸諱)하여 거친 사람이라도 되어 보려고 하나 역시 안 됩니다.

하물며 저 생사를 대적할 수 있겠습니까?

또 상량(商量)해 보겠습니다.

〈동산스님이 시중(示衆)에서 말씀하셨습니다.

'향(向)일 땐 어떠하냐?

1431) 掩彩(엄채) : 위광(威光)을 줄여버림. 위광이 가려짐.
1432) 皮下有點血(피하유점혈) : 혈기가 있는 것을 말하니 대장부의 기운이다.

봉(奉)일 때는 어떠하냐?
공(功)일 땐 어떠하냐?
공공(共功)일 땐 어떠하냐?
공공(功功)일 땐 어떠하냐?'

그때 한 스님이 여쭈었습니다. '어떤 것이 향(向)입니까?'
동산스님이 말씀하셨습니다. '밥 먹을 땐 어떠하냐?'
'어떤 것이 봉(奉)입니까?'
말씀하셨습니다. '등졌을 땐 어떠하냐?'
'어떤 것이 공(功)입니까?'
말씀하셨습니다. '호미를 내려놓았을 땐 어떠하냐?'
'어떤 것이 공공(共功)입니까?'
말씀하셨습니다. '색(色)이 아니다.'
'어떤 것이 공공(功功)입니까?'
말씀하셨습니다. '공(共)이 아니다.'〉1433)

〈'향(向)일 땐 어떠하냐?'〉는 이 일을 '향하여 다가감'을 말합니다.
답하시기를 〈'밥 먹을 땐 어떠하냐?'〉라고 하심은, 이 일은 밥 먹을
때에 공훈(功勳)을 없이 하여서 끊어짐이 있어서는 안 된다는 것입니
다.

'奉時作麽生?' 奉乃承奉也. 如人奉尊長, 先致敬而後承奉. 向乃功勳之所
立, 纔向卽有承奉之義. 答曰: '背時作麽生?' 謂此事無間斷. 奉時旣爾, 而
背時亦然. 言背卽奉之義. 蓋奉背皆功勳也. '功時作麽生?' 功卽用也. 答曰:
'放下鉏頭時作麽生?' 把鉏頭是用, 放下鉏頭是無用. 洞山之意, 謂用與無
用, 皆功勳也. 亦是無間斷之義.

1433) 『동산어록』에 나온다. (T47n1986Ap0510b04~13, 『筠州洞山悟本禪師語錄』. "上堂曰:
　　'向時作麽生? 奉時作麽生? 功時作麽生? 共功時作麽生? 功功時作麽生?' 僧問: '如何是
　　向?' 師曰: '喫飯時作麽生?' 又曰: '得力須忘飽, 休糧更不飢.' 云: '如何是奉?' 師曰: '背
　　時作麽生?' 又曰: '只知朱紫貴, 孤負本來人.' 云: '如何是功?' 師曰: '放下钁頭時作麽生?'
　　又曰: '撒手端然坐, 白雲幽處閒.' 云: '如何是共功?' 師曰: '不得色.' 又曰: '素粉難沈跡,
　　長安不久居.' 云: '如何是功功?' 師曰: '不共.' 又曰: '混然無諱處, 此外更何求?'")

〈'봉(奉)일 때는 어뗘하냐?'〉에서 봉(奉)은 '영(令)을 받들어 성실히 시행하는 것'입니다. 마치 사람이 존경하는 어른을 모실 때에 먼저 극진히 공경하고 나서 영(令)을 받들어 성실히 시행하는 것과 같습니다.
향(向)은 공훈(功勳)에서 세운 것인데, 향(向)하면 곧 영(令)을 받들어 성실히 시행한다는 뜻이 있습니다.

답하시기를, 〈'등질 땐 어뗘하냐?'〉에서 이 일은 사이에 끊어짐이 없습니다. 봉(奉)일 때 이미 그러하듯 등질 때도 역시 그러합니다.
등진다는 말은 곧 받든다는 뜻입니다. 대체로 봉(奉)과 등짐은 모두 공훈(功勳)입니다.

〈'공(功)일 때는 어뗘하냐?'〉에서 공(功)은 곧 용(用)입니다.
답하시기를, 〈'호미를 내려놓을 땐 어뗘냐?'〉에서 호미를 잡은 것은 용(用)이고 호미를 내려놓음은 용(用)이 없음입니다.
동산스님의 뜻은 용(用)과 무용(無用)이 모두 다 공훈(功勳)이라고 할 수 있습니다. 역시 사이에 끊어짐이 없다는 뜻입니다.

'共功時作麼生?' 謂法與境敵. 答曰: '不得色.' 乃法與境, 不得成一色. 正用時, 是顯箇無用底. 無用即用也. 若作一色, 即是十成死語. 洞山宗旨, 語忌十成. 故曰: '不得色.' 乃活語也. '功功時作麼生?' 謂法與境皆空. 謂之無功用大解脫. 故曰: '不共.' 乃無法可共. 不共之義, 全歸功勳邊. 如法界事事無礙是也.

〈'공공(共功)일 때는 어뗘하냐?'〉는 법이 경계와 마주함을 말합니다.
답에서 〈'색(色)이 아니다.'〉는 법과 경계가 전부가 똑같은 모양을 이룰 수 없음을 말합니다.
한창 용(用)일 때는 무용(無用)을 드러냅니다.
무용(無用)은 곧 용(用)입니다.
만일 전부가 똑같은 모양을 짓는다면 곧 완전히 사어(死語)가 됩니다.
동산스님의 종지에서는 완전함을 꺼린다고 말합니다.

그러므로 '색(色)이 아니다.'하고 말씀한 것은 활어(活語)입니다.

〈'공공(功功)일 때는 어떠하냐?'〉는 법과 경계가 모두 공(空)함을 말합니다.
 이는 공용(功用) 없는 대해탈(大解脫)을 말하는 것입니다.
 그러므로 〈'공(共)이 아니다.'〉라고 말씀하였는데 이는 함께 할 수 있는 법이 없다는 것입니다.
 '공(共)이 아니다'의 뜻은 전체적으로 공훈(功勳)의 변(邊)으로 돌아갑니다.
 마치 법계가 사사무애(事事無礙)인 것과 같습니다.

 你面前無我, 我面前無你. 所以夾山道: '此間無老僧, 目前無闍梨.'是也. 如此之說, 皆趣向承奉, 於日用四威儀內成就, 世出世間無不周旋. 謂之功勳五位. 你道他古人意, 果如是乎? 若只如此, 有甚奇特? 只是口傳心授底葛藤. 既不如是, 且古人意, 畢竟作麼生?

 여러분의 면전에는 내가 없고, 나의 면전에는 여러분이 없습니다.
 그러므로 협산 선회스님[1434]이 말씀하시길, '여기는 이 노승이 없고, 목전에는 자네가 없다'[1435]고 하심이 이것입니다.
 이와 같은 말씀은 모두 '향하여 다가감'과 '영(令)을 받들어 성실히 시행하는 것'으로, 일상의 행주좌와 속에서 성취하는 것이며 세간과 출세간에서 이리저리 운행하지 않음이 없습니다.

1434) 夾山善會(협산선회) : 석두희천(石頭希遷)-약산유엄(藥山惟儼)-선자덕성(船子德誠)-협산선회(夾山善會). 805~881. 주259) 참조.

1435) 此間無老僧 目前無闍梨(차간무노승 목전무사리) : 협산선회(夾山善會)스님이 악보원안(樂普元安)스님에게 한 말이다. "스님이 여쭈셨다. '먼 곳에서 덕화를 흠모하고 찾아왔으니 스님께서 한번 지도해 주십시오.' 협산스님이 말씀하셨다. '눈앞엔 자네가 없고, 협산에는 노승이 없다.' 스님이 말씀드렸다. '틀렸습니다.' 협산스님이 말씀하셨다. '멈추어라. 멈추어라. 자네는 너무 바삐 서두르지 마라. 구름과 달은 같지만, 계곡과 산은 각기 다르다. 자네가 천하 사람의 혀끝을 꺾어 버림은 없지 않겠으나, 혀가 없는 사람에게는 어찌 말을 알아듣게 하겠느냐?' 스님이 망연자실하여 대답을 못하셨다. 협산스님이 때리셨다. 스님이 이로부터 몇 해 동안을 모셨다." (T51n2076_p0331a09~15, 『景德傳燈錄』 卷第十六. "師問曰: '自遠趨風, 請師一接.' 夾山曰: '目前無闍梨, 夾山無老僧.' 師曰: '錯也.' 夾山曰: '住. 住. 闍梨且莫草草匆匆. 雲月是同, 谿山各異. 闍梨坐卻天下人舌頭卽不無, 爭教無舌人解語?' 師茫然無對, 夾山遂打. 師因茲服膺數載.")

이것을 공훈오위(功勳五位)라고 합니다.

여러분은 저 옛사람의 뜻을 말하는데 결국 이와 같습니까?
만일 이와 같다면 무슨 기특함이 있겠습니까?
다만 이 입으로 전하고 마음으로 받는 갈등일 뿐입니다.
이미 이와 같지 않다면 더군다나 고인의 뜻이 필경에는 어떠합니까?

妙喜爲你下箇注脚, 也要諸方檢點. 不見汾陽道:'面目見在, 一任揀取.'故
『淨名』云:'但除其病, 而不除法.'又『首楞嚴』云:'汝以緣心聽法, 此法亦
緣.'古人一言半句, 雖是垂慈, 皆在未屙已前著到. 如三玄三要, 四種料揀,
十智同真, 亦是遮箇道理. 妙喜恁麼說, 不是貶剝諸方. 且要箇中人, 辨明緇
素而已.

이 묘희가 여러분을 위해 주석을 달아서 역시 제방을 점검해 보려
합니다.
분양스님이 말씀하시는 것을 들어보셨을 것입니다.

〈'면목이 드러나 있으니, 가려냄에 일임하겠습니다.'〉1436)
그러므로 『정명경』에서 말씀하셨습니다.
〈'다만 그 병을 없애는 것이지 법을 없애는 것은 아닙니다.'〉1437)

또 『수릉엄경』에서 말씀하셨습니다.
〈'네가 조건 지어진 마음으로써 법을 들으니 이 법 역시 조건이다.
'〉1438)

1436) 面目見在 一任揀取(면목현재 일임간취) :『속전등록』1권과 『분양어록』상권에 나온
    다. "딱 맞히지 못한다면 참학(參學)의 눈이 아직도 있지 않은 것입니다. 반드시 판별해
    내야만 합니다. 옳고 그름을 알고 싶습니까? 면목은 드러나 있습니다." (T51n2077_p047
    0b02~03,『續傳燈錄』卷第一. T47n1992_p0596b29~c01,『汾陽無德禪師語錄』卷上. "點
    不出者, 未有參學眼在, 切須辨取. 要識是非, 面目見在.")
1437) 『유마경』권중(卷中)에 나오는 법문이다. "단지 그 병만 없애지 법은 없애지 않으며,
    병의 근원을 끊어 버리기 위해 그들을 가르쳐 인도하여야 합니다." (T14n0475_p0545a1
    6~17,『維摩詰所說經』卷中,「文殊師利問疾品」第五. "但除其病而不除法, 爲斷病本而敎
    導之.")
1438) "부처님께서 아난에게 말씀하셨다. '너희들이 오히려 조건 지어진 마음으로 법을 들으

옛 사람이 일언반구(一言半句)로써 비록 이렇게 자비를 드리우셨으나 모두가 똥 누기[1439] 이전에 벌써 알아 버린 것입니다.

저 삼현(三玄)과 삼요(三要)와 사료간(四料簡)과 십지동진(十智同眞)[1440] 등이 역시 이러한 도리입니다.

이 묘희가 이렇게 말하는 것은 제방을 비난하고 공박하려는 것이 아닙니다. 우선 이들로 하여금 치소(緇素)를 가려서 밝히게 하려할 따름입니다.

又有一種. '也不在言語上, 也不在古人公桉上, 也不在心性上, 也不在玄妙上, 也不在有無得失邊. 如火相似, 觸著便燒. 非離眞而立處, 立處即眞. 信手拈來, 超今越古. 一句來一句去, 末後多一句. 便是得便宜.' 似遮般底, 只是弄箇業識癡團, 便謂無因果無報應, 亦無人亦無佛. 飮酒食肉, 不礙菩提, 行盜行婬, 無妨般若. 如此之流, 正是師子身中蟲, 自食師子身中肉. 永嘉所謂, '豁達空, 撥因果, 莽莽蕩蕩, 招殃禍.' 是也.

또 한 부류가 있습니다.

'그야말로 언어 위에도 있지 않고, 역시 고인들의 공안(公桉)에 있는 것도 아니며, 역시 심성(心性)에 있지도 않고, 역시 현묘함에 있지도 않으며, 역시 유무득실(有無得失)의 근처에 있는 것도 아니다.

마치 불과 같아서 닿자마자 곧 타버린다.

참을 여읜 입처(立處)[1441]가 아니지만 입처(立處)가 곧 참이다.

므로 이 법도 역시 조건이 되어 버려서 법의 성품을 알아 낸 것이 아니다.'" (T19n0945_p0111a08~10, 『大佛頂如來密因修證了義諸菩薩萬行首楞嚴經』卷第二. "佛告阿難: '汝等尙以緣心聽法, 此法亦緣, 非得法性.'")

1439) 屙(아) : 똥 누다. 앞의 일언반구(一言半句)를 말한다.

1440) 十智同眞(십지동진) : 분양 선소스님이 세운 설법에 있어 갖추어야 할 10가지를 말한다. "무엇이 십지동진이겠습니까? 여러분에게 하나하나 가르쳐 주겠습니다. 하나는 한결같은 본질을 함께함입니다. 둘은 위대한 일을 함께함입니다. 셋은 모두가 참(叁)을 함께함입니다. 넷은 참된 뜻을 함께함입니다. 다섯은 두루 널리 함께함입니다. 여섯은 완전히 갖춤을 함께함입니다. 일곱은 얻고 잃음을 함께함입니다. 여덟은 살고 죽음을 함께함입니다. 아홉은 법문을 함께함입니다. 열은 깨달음을 함께함입니다." (T47n1992_p0596b18~25, 『汾陽無德禪師語錄』卷上. "作麼是十智? 同眞與諸上座點出. 一同一質, 二同大事, 三總同叁, 四同眞志, 五同遍普, 六同具足, 七同得失, 八同生殺, 九同音吼, 十同得失.")

1441) 立處(입처) : 바로 그 자리. 당장 여기.

손 가는대로 잡아오며1442) 지금과 예를 초월한다.
일구(一句)가 오고 일구(一句)가 가서 결국엔 온통 일구(一句)다.
곧 이는 편의(便宜)1443)를 얻은 것이다.'

이러한 것들은 다만 이 업식의 어리석은 덩어리를 놀리는 것에 불과
한데도, 곧 인과도 없고 보응도 없다고 하고, 역시 사람도 없고 부처
님도 없다고 합니다.
그리고는 술을 마시고 고기를 먹어도 보리를 장애하지 않고 도적질
을 하고 음행을 함도 반야를 방해하지 않는다고 합니다.
이러한 무리들은 바로 이 사자 몸속의 벌레와 같아서 스스로 사자의
몸속의 살을 파먹습니다.
영가스님이 말씀하시길, '공(空)을 통달하여 훤히 알았다고 인과를 배
척한다면 망망탕탕(莽莽蕩蕩)1444)하여 재앙을 부른다'1445)고 하심이
맞습니다.

有一種. 商量古人公桉, 謂之'針線工夫', 又謂之'郎君子弟禪'. 如商量'女
子出定'語, 云: '文殊是七佛之師, 爲甚麼出女子定不得?' 云: '文殊與女子
無緣.' '罔明是初地菩薩, 爲甚麼出得女子定?' 云: '與女子有緣.' 下語, 云:
'冤有頭, 債有主.' 又有商量道: '文殊不合有心, 所以出不得. 罔明無意, 所
以出得.' 下語, 云: '有心用處還應錯. 無意求時却宛然.' 又有商量道: '文殊
爲甚麼出女子定不得? 杓柄在女子手裏. 罔明爲甚麼出得? 如蟲禦木.' 又云:
'因風吹火.' 又云: '爭奈女子何?' 邪解甚者, 至於作入定勢, 又作出定勢. 推
一推, 彈指一下, 哭蒼天數聲, 伏惟尚饗, 拂袖之類. 泠地看來, 憨惶殺人.

또 한 부류가 있습니다.
옛사람의 공안을 상량하여 말하기를, '침선(針線)의 공부'1446)라고 하

1442) 信手拈來(신수념래) : 손 가는대로 잡아오다. 자유자재한 깨달음의 경지.
1443) 便宜(편의) : 어떠한 규정에도 얽매임 없이 자유자재로 형편을 따름.
1444) 莽莽蕩蕩(망망탕탕) : 아득히 멀고 먼 모양.
1445) T51n2076_p0460c04,『景德傳燈錄』卷第三十,「永嘉眞覺大師證道歌」. "豁達空撥因
  果, 㳽㳽蕩蕩招殃禍."
1446) 針線工夫(침선공부) : 침선(針線)은 바느질. 보통 글짓기를 익힌다든지 학문을 닦는
  것. 여기서는 선사들이 유기적으로 사용하는 독특한 지도방법을 말한다.

고, 혹은 '낭군(郎君)과 자제(子弟)의 선(禪)'1447)이라 합니다.

그리고 '여자출정화(女人出定話)'를 상량하여 말합니다.
'문수보살은 일곱 부처님의 스승인데 어찌하여 그 여자의 선정을 깨우지 못했느냐?'하면, '문수보살은 여자와 인연이 없으니까.'라고 합니다.
또 '망명보살은 초지(初地)의 보살일 뿐인데 어찌하여 여자의 선정을 깨웠느냐?'하면, '여자와 인연이 있으니까.'라고 합니다.
그리고는 덧붙여 말합니다.
'원수는 그 실마리가 있고 빚은 주인이 있다.'

또 상량하여 말합니다.
'문수보살은 마음 있음에 부합하지를 못했기 때문에 선정에서 나오게 하질 못했고, 망명보살은 의(意)가 없었기 때문에 나오게 하였다.'
그리고는 덧붙여 말합니다.
'마음 있음으로 작용하는 자리에서는 도리어 잘못 응하기 때문이요, 의(意) 없음으로 구할 때 곧 완연하다.'

또 상량하여 말합니다.
'문수보살은 어찌하여 그 여자가 선정에서 나오게 하질 못했을까? 국자 자루가 여자의 손 안에 있기 때문이다. 망명보살은 어떻게 나오게 하였을까? 마치 벌레가 나뭇잎을 먹는 것 같다.'

또 누군가가 말합니다.
'바람을 인해 불을 피우는 것 같다.'

또 누구는 말합니다.
'여자에게는 어찌겠는가?'

1447) 郎君子弟禪(낭군자제선) : 낭군자제(郎君子弟)는 귀족 집안의 공자(公子)를 말한다. 곧 특별한 이들이 공부하는 선(禪)을 말한다.

삿된 견해가 심한 이는 선정에 들어가는 폼을 잡았다가 선정에서 나
오는 폼도 잡습니다.

또는 한 번 미는 자세도 취하고, 또는 손가락을 한 번 튕기기도 하
며, 혹은 '아이고, 아이고' 하고 곡을 여러 번 하기도 하고, 혹은 '복
유상향(伏惟尙饗)'이라 하기도 하며, 혹은 소매를 떨치는 짓 등을 해댑
니다.

하지만 냉정하게 살펴보면 사람을 매우 부끄럽고 황당하게 하는 것
들입니다.1448)

又芭蕉云:〈你有拄杖子, 我與你拄杖子, 你無拄杖子, 我奪却你拄杖子.〉
商量云: '你若是遮般人, 我與你說遮般話.' 謂之'與你拄杖子'. '你不是遮般
人, 我當面換却你眼睛.' 謂之'奪却你拄杖子.' 下語云: '量才補職.' 又云:
'看樓打樓.' 又有商量道: '有無與奪, 是擒縱.' 學者似恁見解, 如麻似粟. 如
上所說, 皆口傳心授, 露布葛藤. 印板上打來, 模子裏脫出, 非唯自謗亦乃謗
他古人. 此是諸方學得底海蠡兒禪. 諸上座, 還信得及麼?

또 파초 혜청스님1449)이 말씀하셨습니다.

〈'네가 주장자가 있다면
나는 너에게 주장자를 줄 것이고
네가 주장자가 없다면
나는 도리어 너에게서 주장자를 빼앗아버릴 것이다.'〉1450)

이에 상량하여 말합니다.
'네가 만일 이러한 사람이라면 나는 너에게 이러한 화(話)를 말하여
주겠다.'

1448) "有一種商量古人~~慙惶殺人"은 『선문염송』 32칙에 실려 있다. (K46-0020, 32則,
『禪門拈頌集』 卷第二.)

1449) 芭蕉慧淸(파초혜청) : 위산영우(潙山靈祐)-앙산혜적(仰山慧寂)-남탑광용(南塔光涌)-파
초혜청(芭蕉慧淸). 주363) 참조.

1450) 파초스님의 이 법문은 『연등회요』 11권에 실려 있다. (X79n1557_p0098b06~07, 『聯
燈會要』 卷第十一. "示衆, 云: '儞有拄杖子, 我與儞拄杖子, 儞無拄杖子, 我奪却儞拄杖
子.'")

이를 '너에게 주장자를 주는' 것이라고 말합니다.
'네가 이러한 사람이 아니라면 나는 당장 너의 눈을 바꿔버리겠다.'
이것이 '너에게서 주장자를 빼앗아 버림'이라는 것입니다.

말을 덧붙여 말합니다.
'재능을 평가하여 직책을 주겠다.'1451)

또 누군가는 말합니다.
'망루를 짓는 것을 보고 망루를 짓는다.'1452)

또 어떤 이들은 상량하여 말합니다.
'유무(有無)를 주고 빼앗음은 금종(擒縱)1453)이다.'

학자들의 이러한 견해들이 삼과 같고 좁쌀과 같이 많습니다.
위에서 말한 것은 모두가 다 입으로 전하고 마음으로 준 노포갈등(露布葛藤)1454)입니다.
판때기 위에다 도장 찍어 새겨 낸 것들이라, 모형 틀 속에서 벗어나려 하지만 스스로를 비방함일 뿐만 아니라 저 옛 사람들도 비방하는 것입니다.
이것은 제방에서 배운 해려아선(海蠡兒禪)일 뿐입니다.
여러 상좌들은 참으로 아시겠습니까?1455)

1451) 量才補職(양재보직) : 목주(睦州) 진존숙(陳尊宿)의 말이다. "여쭈었다. '어떤 것이 펼쳐 부연하는 말입니까?' 스님이 말씀하셨다. '재능을 평가하여 직책을 주겠다.'"(T51n2076_p0292a12~13, 『景德傳燈錄』卷第十二. "問 : '如何是展演之言?' 師云 : '量才補職.'")

1452) 看樓打樓(간루타루) : 적이 망루를 지으면 역시 이쪽에서도 망루를 지음. 곧 남이 하는 대로 따라하는 것의 비유. 또는 『선문염송집』 13칙과 16칙에서는 '看耬打耬(간루타루)'라고 나온다. 耬(루)는 씨앗을 뿌리는 농기구다. 『위략(魏略)』에서 나오는 고사로 황보음(皇甫陰)이 격황(燉煌)의 태수로 부임하였는데 백성들이 씨 뿌리는 방법을 잘 모르는 것을 보고 누(耬)를 써서 씨 뿌리는 방법을 가르쳐 주었더니 파종하는데 힘이 반 정도 밖에 안 들었다고 한다. 이때부터 너나 나나 할 것 없이 누(耬)를 써서 씨를 뿌렸는데, '남이 누(耬)를 써서 씨앗을 뿌리는 것을 보고 나도 누(耬)로 씨앗을 뿌린다'는 말이 생겨난 것이다. 곧 상대방의 행위에 맞추어 나의 행위를 결정하는 대기응변(大機應變)을 말한다.

1453) 擒縱(금종) : 사로잡음과 풀어 줌. 일의 완급(緩急)을 말한다.

1454) 露布葛藤(노포갈등) : 노포(露布)는 격문(檄文)이나 포고문(布告文)을 말한다. 언어문자로 알리는 것이다.

不見道?‘垂慈則有法, 無法不垂慈.’ 識取鉤頭意, 莫認定盤星. 我遮裏是海
蚌禪, 開口便見心肝五臟, 差珍異寶, 都在面前. 閉却口時, 何處覓伊縫罅?
不是強為. 法本如是. 諸上座. 光陰可惜. 各各趂色力強健, 猛著精神了取.
莫愛佗奇特. 奇特處賺悞人.

들어보지 못하였습니까?
〈‘자비를 드리우면 법이 있으나, 법이 없으면 자비를 드리우지 못한
다.’〉1456)

갈고리의1457) 뜻을 알아내어야 할 것이요,
정반성(定盤星)1458)으로 단정하지 마십시오.

나의 ‘여기’는 해방선(海蚌禪)1459)이라 입을 열면 곧 심장과 간과 오
장(五臟)을 볼 수 있으니, 진기한 보배가 모두 다 바로 앞에 있습니다.
입을 닫아버리면 그의 다문 틈1460)을 어디서 찾겠습니까?
이는 억지로 되는 것이 아닙니다.
법이 본래 이와 같습니다.

상좌 여러분.
시간을 아껴야 합니다.
각각 기력이 강건할 때 매섭게 정신을 붙들어 깨달아야 합니다.

1455) 信得及(신득급) : 어떤 이치를 참으로 이해하다. 깨닫다. 성현의 말씀을 진실로 믿고
　　굳게 지키다.
1456) 부산법원(浮山法遠)스님의 법문이다. (X79n1559_p0296b09~10, 『嘉泰普燈錄』 卷第
　　二. “上堂. 垂慈則有法, 無法不垂慈.”)
1457) 鉤頭(구두) : 저울대에 달려 있는 것으로 꿰어서 물건을 들어 올릴 때 쓰는 것인데 낚
　　싯바늘처럼 생겼다. ‘바로 지금의 말’을 뜻한다.
1458) 定盤星(정반성) : 저울에다 무게를 잴 때 구(鉤)에다 물건을 꿰어 올리고 무게 추를
　　이동하여 읽는 저울 눈금. 언어문자를 나타내며 어떤 기준이나 일정한 주장을 나타내기
　　도 한다.
1459) 海蚌禪(해방선) : 해방(海蚌)은 바다조개, 바지락. 조개가 입을 열고 닫음을 비유한 선
　　禪이다.
1460) 縫罅(봉하) : 꿰맨 틈, 틈, 틈새.

저 기특함에 애착하지 마십시오.
기특한 곳은 사람들을 잘못 그르치게 합니다.

雜毒在心識裏, 佗時後日, 莫道得力. 只死時也死得不瞥脫, 更說甚麼敵佗
生死? 世間無明煩惱, 却有限量, 一念識破則當體寂滅. 惡知惡見, 法塵煩惱
無限量, 能障道眼, 使得你心識晝夜不停謗佛法僧, 造地獄業. 雖是善因, 返
招惡果. 果有智慧大丈夫漢方識得破, 不被他作惱.

잡다한 온갖 독(毒)을 심식(心識)에 넣어 두고서 후일에 득력하였다고
말하지 마십시오.
그야말로 죽을 때 역시 죽더라도 문득 벗어나지도 못하면서, 다시 어
떻게 저 생사를 대적한다고 말하겠습니까?

세간의 무명 번뇌는 결국 한량이 있는 것이나 한 순간에 알아버리면
곧 당체(當體)1461)가 적멸입니다.
악지(惡知)와 악견(惡見)은 법진(法塵)의 번뇌1462)가 한량이 없게 하
고, 도안(道眼)을 가로막으며, 여러분의 심식(心識)으로 하여금 밤낮을
멈추지 않고 불·법·승을 비방하여 지옥업을 짓게 합니다.
비록 선인(善因)이었지만 도리어 악과(惡果)를 불러오는 것입니다.
결국은 지혜로운 대장부라야만 비로소 알아 버려 저 번뇌가 일어나
지 않게 할 것입니다.

不見? 雲門大師有言: '盡乾坤一時將來, 著你眼睫上. 你諸人聞恁麼道, 不
敢望你出來性懆把老僧打一摑. 且緩緩子細看. 是有, 是無? 是箇甚麼道理?
直饒你向遮裏明得, 若向衲僧門下, 好椎脚折. 若是箇人, 聞說道甚麼處有老
宿出世, 便好驀面唾污我耳目. 你若不是箇手脚, 纔聞人擧, 便承當得, 早落
第二機也.'

1461) 當體(당체) : 바로 그 자체. 본체.
1462) 法塵煩惱(법진번뇌) : 진리인 법(法)에 집착하고 미혹되면 마치 마음을 더럽히는 티끌
    과 같이 되어 괴로움을 낳으므로 이렇게 표현한다.

듣지 못하였습니까?

운문스님께서 말씀이 있었습니다.

〈'건곤을 모두 다 일시에 가져와서 여러분의 눈썹 위에다 놓으십시오.

여러분이 이 말을 듣고 나서는 성미 급하게 나와서 이 노승을 붙잡고 한 번 후려침을 감히 바라진 않겠습니다.

우선 천천히 자세하게 살펴보십시오.

유(有)입니까, 무(無)입니까?

이 무슨 도리입니까?

설사 여러분이 여기에서 명백하게 깨달았다 하더라도 만일 납승 문하에서라면 몽둥이로 다리를 부러뜨려야만 딱 좋을 것입니다.

만일 이러한 사람이라면 어딘가에 노숙이 있어 세상에 나오셨다는 말을 듣자마자 곧장 얼굴에다 침을 뱉어 나의 이목을 더럽혀야만 좋을 것입니다.

여러분이 이런 수완이 없다면 누가 들먹이는 것을 듣자마자 알아버린다 해도 벌써 두 번째 기(機)에 떨어진 것입니다.'〉1463)

又不見? 羅山和尚有言: '玄門無法, 不立紀綱.' 若欲討尋, 聲前看取. 諸佛子. 真心無定, 真智無邊. 我若縱遮兩片皮, 從今日說到盡未來際, 鉤鎖連環, 相續不斷, 亦不借佗人氣力, 此是人人分上各自具足底事. 添些子不得, 減些子不得. 佛祖得之, 喚作大解脫法門, 眾生失之, 喚作塵勞煩惱. 然得亦不曾得, 失亦不曾失. 得失在人不在法.

또 듣지 못하였습니까?

나산 도한스님1464)이 말씀하셨습니다.

〈'현묘한 문은 법이 없으니, 기강을 세우지 않는다.'〉1465)

만일 찾아보려고 한다면 소리 앞을 살펴보십시오.

1463) 『운문광록』에 나오는 법문이다. (X68n1315_p0093a24~b05, 『古尊宿語錄』 卷第十五, 「雲門匡真禪師廣錄」 上. 참조.)
1464) 羅山道閑(나산도한) : 용담숭신(龍潭崇信)-덕산선감(德山宣鑑)-암두전활(巖頭全奯)-나산도한(羅山道閑). 주620) 참조.
1465) 나산 도한스님의 이 법문은 기록된 어록을 찾기가 어렵다.

불자 여러분.

참마음은 일정함이 없고, 참 지혜는 끝이 없습니다.

내가 만일 이 입술[1466]을 마음껏 놀려 오늘부터 미래가 다하도록 말한다 해도 끊임없이 이어져 상속(相續)이 끊어지지 않을 것입니다.

역시 타인의 기력을 빌리지 않아도 이는 사람마다 자기의 분상에서 각기 스스로 갖추어져 있는 일입니다.

여기에 조금이라도 보탤 것도 없고, 조금이라도 덜어 낼 것도 없습니다.

그러니, 부처님과 조사님들은 이를 얻었기에 대해탈법문(大解脫法門)이라고 하였으며, 중생들은 이를 잃었기에 진로번뇌(塵勞煩惱)라고 한 것입니다.

그러나 얻었어도 일찍이 얻은 적이 없고, 잃었다 하더라도 일찍이 잃은 것이 없습니다.

얻고 잃음은 사람에게 있지 법에 있지 않기 때문입니다.

故祖師云: '至道無難, 唯嫌揀擇. 但莫憎愛, 洞然明白. 毫氂有差, 天地懸隔. 欲得見前, 莫存順逆.' 你禪和家, 箇箇念得, 還曾略著意理會麼? 祖師安箇名字, 謂之『信心銘』? 只要諸人信此廣大寂滅妙心, 決定不從人得. 故中間有言: '一心不生, 萬法無咎. 無咎無法, 不生不心. 能隨境滅, 境逐能沉. 境由能境, 能由境能.'

그러므로 조사께서 말씀하셨습니다.

〈'지극한 도 조금도 어렵지 않아,
오로지 간택함을 기피한다네.
그저 다만 미워하고 애착 않으면
통연히 확 뚫리어 명백하리라.
털끝만큼이라도 차이 있다면
하늘과 땅 차이로 벌어지리라.

1466) 兩片皮(양편피) : 두 입술. 입.

바로 지금 여기에 드러내려면
따르거나 거스르지 말아야 하리.'〉1467)

 여러분 선화자(禪和子)들의 집안에서1468) 저마다 각기 외운 것인데,
일찍이 모두가 주의를 기울여 이치를 알아내었습니까?
 조사께서 어찌 이름을 『신심명』이라고 하셨겠습니까?
 그저 여러분들은 이 광대하고 적멸한 묘심(妙心)을 반드시 남을 따라
얻을 수 없음을 믿기만 하면 됩니다.
 그러므로 중간쯤에 말씀하셨습니다.

〈'한 마음이 나지를 않게 된다면
수만 가지 만법이 허물이 없네.
허물이 없어야만 법도 없으며,
나지를 않는다면 마음도 아녀.
주관은 경계 따라 멸해버리고
경계는 주관 따라 없어진다네.
경계는 주관으로 인해 경계요,
주관은 경계 때문 주관이라네.'〉1469)

 又云: '大道體寬, 無易無難.' 又云: '執之失度, 必入邪路. 放之自然, 體無
去住.' 你但信此一心之法, 不可取, 不可捨, 便好向遮裏放身命. 若放不得,
是你根性遲鈍. 臘月三十日, 不要錯怪老漢. 時熱久立." 喝一喝, 下座.1470)

 또 말씀하셨습니다.

1467) 이 「신심명」의 내용은 『전등록』 30권에 실려 있다. (T51n2076_p0457a19~20, 『景德
    傳燈錄』 卷第三十, 「三祖僧璨大師信心銘」. "至道無難, 唯嫌揀擇. 但莫憎愛, 洞然明白.
    豪釐有差, 天地懸隔. 欲得現前, 莫存順逆.")
1468) 禪和家(선화가) : 선화자(禪和子)들의 가문. 제방의 일반 참선하는 이들을 가리킨다.
1469) T51n2076_p0457a29~b02, 위 어록. "一心不生, 萬法無咎. 無咎無法, 不生不心. 能
    隨境滅, 境逐能沈. 境由能境, 能由境能."
1470) 『指月錄』 卷之三十二, 「臨安府徑山宗杲大慧普覺禪師語要」 下, X83n1578_p0760b09
    ~0764a20. 참조.

〈'크나큰 도는 체성이 너그러우니
쉽지도 않고 어렵지도 않은 것이네.'〉1471)

또 말씀하셨습니다.

〈'집착하면 정도를 잃어버려서
반드시 삿된 길로 들어간다네.
놓는다면 스스로 그러하여서
체성은 간다든지 머무름 없네.'〉1472)

여러분이 다만 이 한 마음의 법이 취할 수도 없고 버릴 수도 없음을
믿는다면 곧 여기를 향해 신명(身命)을 잘 내려놓을 수 있게 될 것입
니다.
만일 내려놓지 못한다면 여러분의 근성이 더디고 둔한 탓입니다.
납월 삼십일이 되어서야 이 노인을 탓하거나 원망하지 마십시오.
더운데 오래 서 있게 했군요.
억!"
자리에서 내려 오셨다.

1471) T51n2076_p0457b04, 『景德傳燈錄』 卷第三十, 「三祖僧璨大師信心銘」. "大道體寬,
　　無易無難."
1472) T51n2076_p0457b05, 위 어록. "執之失度, 必入邪路. 放之自然, 體無去住."

≪참고문헌≫

＊中華電子佛典協會 인터넷,《CBETA漢文大藏經》(대만, 中華電子佛典協會, 1998).

＊김월운 發行,《한글대장경》숲(동국역경원).

＊『續藏經』(寶蓮閣 發行, 1981).

＊張天昱 注釋,『正法眼藏注釋』(중국, 長春出版社出版, 1995).

＊董群 釋譯,『正法眼藏』(대만, 佛光文化事業有限公司, 2011).

＊김월운 옮김,『전등록』1~3(동국역경원, 2008).

＊대원 문재현 옮김,『전등록』(도서출판 바로보인, 1997).

＊김월운 옮김,『선문염송·염송설화』1~10(동국역경원, 2005).

＊대원 문재현 선사 譯著,『바로보인 선문염송』1~30(도서출판 문젠, 2015).

＊龍雲 譯解,『祖堂集』上, 下(2006).

＊월운스님,『조당집』1~2(동국역경원, 2008).

＊김태완 옮김,『대혜보각선사어록』1~6(소명출판, 2012).

＊백련선서간행회 번역,《선림고경총서》1~37(장경각, 1993).

＊퇴옹성철 著,『돈황본 육조단경』(도서출판 장경각, 2015).

＊원순 著,『돈황 법보단경』(도서출판 법공양, 2014).

＊정유진 著,『돈황본 육조단경 연구』(경서원, 2011).

＊석지현 編著,『碧巖錄 5 속어 낱말 사전』(민족사, 2013).

＊석지현 編著,『從容錄 어휘사전』(민족사,2015).

＊檀國大學校 東洋學硏究所 編纂,『漢韓大辭典』(檀國大學校出版部, 2010).

＊高大民族文化硏究院 編著,『中韓辭典』(高麗大學校 民族文化硏究院 發行, 2008).

＊弘法院編輯部 編,『佛敎學大辭典』(圖書出版 弘法院, 1998).

＊智冠 編著,『伽山佛敎大辭林』1~15(伽山佛敎文化硏究院, 1998~2014).

＊淨圓 編刊,『泰華禪學大辭典』(도서출판 수미산禪 발행, 2014).

＊眞禪 著,『中國佛敎人名大辭典』(중국, 上海辭書出版社, 2002).

＊臧勵龢 等編,『中國古今地名大辭典』(중국, 上海書店出版社, 2015).

＊張撝之, 沈起煒, 劉德重 主編,『中國歷代人名大辭典』(중국, 上海古籍出版社, 1999).

＊http://www.google.co.kr/.

＊http://www.naver.com/.

＊http://cbeta.org.

＊인터넷 부처님 터 천불동 장경각, http://buddhasite.net/.

역자후기

2015년 1월 1일. 산에서 땔나무를 하다가 땀을 닦으면서 문득 대혜스님의 『정법안장』을 읽고 싶었다. 내려와서 얼른 인터넷을 뒤져 보았지만 아직 국내에 번역되어 나온 책이 없었다. 할 수 없이 차근차근 읽어 내려가면서 모르는 한자와 낱말을 인터넷을 뒤져 보기도 하고 가지고 있던 민중서림 출판 『한한대자전』과 홍법원의 『불교학대사전』을 찾아서 해석해 나갔다. 하지만 글이 짧아 잘 해석이 되질 않았다. 그러던 차에 도반 성해스님이 용돈을 톨톨 털어 참고서들을 구해다 주시고 보림사의 수인스님께서도 여러 선서들을 빌려 주셨다. 거기다가 제자 김동현 군이 대만에서 출판된 동군(董群) 석역(釋譯)의 『정법안장』과 중국 장천욱(張天昱)이 주석한 『정법안장주석』을 구해다 주어 한결 수월하게 번역할 수 있었다. 또한 석뢰보살님이 《만속장경》을 구입해 주어 더욱 힘이 되었다. 그리고 컴퓨터에 서툰 나를 위해 이현미님과 일선이의 도움이 컸다. 농사를 짓는 틈틈이 번역을 하다 보니 시간이 넉넉하질 못했지만 어쨌든 2년 가까이 걸려 번역이 완성되었다. 어려운 여건일텐데도 불구하고 이 책을 출판해 주신 김성우님과 직원들께 감사드리고, 지원해 주신 여러 도반스님들과 신도님들께 깊은 감사를 드린다. 이 책이 제방에서 참선에 매진하는 수행인들에게 조금이나마 도움이 되었으면 한다.

2016년 12월
정수산자락에서
영곡

禅

수미산(須彌山, Mount Kailash, 6,714m)

가(家) : 옮기다. =가(嫁).

가~가(可~可) : ~하기도 하고 ~하기도 하다.

가기(呵氣) : 꾸짖다. 숨을 내쉬다. 입김을 내불다.

가나제바(迦那提婆) : ⓢKāṇṇadeva. 마명(馬鳴)-가비마라(迦毘摩羅)-용수(龍樹)-가나제바(迦那提婆). ?~161. 선종(禪宗) 제15조사이다. 남천축국 출신이며 속성은 비사라(毘舍羅)다. 남인도의 바라문 출신이다. 성천(聖天)으로 한역한다. 처음에는 복업(福業)을 구하는데 힘쓰고 논쟁을 좋아하였다. 뒤에 용수보살을 만나러 가자 용수보살이 그가 인연이 있음을 알아채고는 시자를 시켜서 발우에 물을 가득히 담아 법좌 앞에 놓게 하였다. 제바존자가 이것을 보자마자 즉각 바늘 하나를 던져 넣고서 나가버리니, 뜻에 계합하였다. 용수보살(龍樹菩薩)의 제자로서 삼론종(三論宗) 또는 제바종(提婆宗)의 종조로 추앙 받았다. "본래 전법할 이에게/ 해탈의 이치를 설하나/ 법에는 실제로 증득할 것이 없고/ 끝도 없으며 시작도 없네.(本對傳法人, 爲說解脫理, 於法實無證, 無終亦無始.)"라고 전법게를 읊어 라후라다(羅睺羅多)존자에게 법을 부촉하고 전한(前漢) 문제(文帝) 19년(161) 분신삼매(奮迅三昧)에 들어 몸에 여덟 가지 광명을 놓아 열반에 들었다. 『백론(百論)』2권, 『광백론(廣百論)』1권, 『백자론(百字論)』1권, 『대장부론(大丈夫論)』2권, 『외도소승열반경(外道小乘涅槃經)』1권 등이 있다.

가두항미(街頭巷尾) : 큰 길거리와 골목길.

가랑(歌郎) : 초상이 나서 상여를 메고 갈 때에 상엿소리[만가(輓歌)]를 부르는 사람을 말한다.

가련생(可憐生) : 사랑스럽다. 안타깝다. 生(생)은 어조사.

가섭(迦葉) : Ⓢ Mahakasyapa(마하카샤파). 마하가섭(摩訶迦葉). 대음광(大飮光)으로 번역한다. 석가모니 10대 제자 가운데 두타제일(頭陀第一)의 스님이다. 왕사성의 바라문이었던 니그루다칼파의 아들로 태어났다. 비야리성의 바라문 딸에게 장가를 갔으나 세속의 무상을 깨닫고 부부가 함께 석가모니부처님의 제자가 되었다. 항상 엄격한 두타행을 실천하였으며 부처님의 상수제자가 되었다. 석가모니부처님의 무상정법(無上正法)을 부촉(付囑)받음으로써 선가(禪家)의 부법장(付法藏) 제1조(祖)가 되었다.

가쇄(可殺) : 매우 심하다.

가야사다(伽耶舍多) : 가나제바(迦那提婆)-라후라다(羅睺羅多)-승가난제(僧伽難提)-가야사다(伽耶舍多). Ⓢ Gayāsadā. 마제국(摩提國) 출신으로 속성은 울두람(鬱頭藍)이다. 아버지는 천개(天蓋)이고 어머니는 방성(方聖)이다. 어렸을 적에 둥근 거울을 가지고 놀러 나갔다가 승가난제(僧伽難提)존자를 만나서 심안(心眼)이 계합하여 구족계를 받고 가야사다(伽耶舍多)라는 이름을 받았다. 구마라다(鳩摩羅多)존자에게 법을 부촉하고 화광삼매(火光三昧)로 몸을 화하여 생을 마쳤다.

가위(可謂) : ①~라고 말할 수 있다. ~하다고 이를만하다. ②가히, 이른바, 이르자면(所謂). 과연, 참, 그야말로. ③어찌 ~하겠느냐?

가인(可人) : 본받을 만한 사람. 뛰어난 사람. 호감이 가는 사람. 쓸모 있는 사람. 마음에 들다.

가자(茄子) : 채소. 가지.

가적(家賊) : 집안 내부의 적. 집안 내부의 간인(奸人).

가주(嘉州) : 북주(北周) 때 두었던 주(州)의 이름. 사천성(四川省) 미산현(眉山縣)에 있었다.

가주백수(嘉州白水) : 약산유엄(藥山惟儼)-선자덕성(船子德誠)-협산선회(夾山善會)-가주백수(嘉州白水). 백수사화상(白水寺和尙)이라고도 한다. 당대의 스님으로 가주(嘉州)[사천성(四川省) 낙산(樂山)]사람이다. 협산 선회스님의 법을 이어받고서 아미산(峨嵋山) 백수사(白水寺)에 주석하였다.

가주흑수(嘉州黑水) : 암두전활(巖頭全豁)-현천언(玄泉彦)-황룡회기(黃龍誨機)-가주흑수(嘉州黑水). 흑수스님이 황룡 회기스님을 참례하고 바로 여쭈었다. "눈이 갈대꽃을 뒤덮었을 땐 어떻습니까?" 황룡스님이 말했다. "맹렬하군." 말씀드렸다. "맹렬하지 않지요." 황룡스님이 또 말했다. "맹렬해." 스님이 또 말씀드렸다. "맹렬하지 않아요." 황룡스님이 얼른 때렸다. 그러자 스님이 깨달았다. 『정법안장(正法眼藏)』3권하(下)·『종감법림(宗鑑法林)』46권·『어선역대선사어록(御選歷代禪師語錄)』후집중(後集中)·『연등회요(聯燈會要)』26권·『오등회원(五燈會元)』8권·『오등엄통(五燈嚴統)』8권·『오등전서(五燈全書)』16권·『지월록(指月錄)』22권·『교외별전(敎外別傳)』7권·『금강선등(錦江禪燈)』3권 등에 깨달음의 인연이 보인다.

가중(可中) : ①가령, 가사, 만일, 만약. ②딱 맞게. 꼭 적당하여 좋다. ③해나 달이 중천에 오르려 하다.

가활(家活) : 가산(家産). 가업(家業).

각(却) : '卻'으로도 쓴다. 도대체. 결국(究竟, 到底). 바로, 마침. 틀림없이. 정말로. 확실히. 다시, 또. 도리어, 오히려, 반대로. 본디, 본래, 원래. 비로소, 겨우, 그래서, 곧. 다만, 단지. 반드시, 꼭. 뜻밖에, 의외로. ~보다. ~에. 그러나, 그렇지만. 어찌. 설마한들. 혹은. 그렇지 않으면. 절제하다. 물러나다. 돌리다. 돌이키다. 돌아오다. 그치다. 멎다. 제거하다. 거두다. 치우다. 거절하다. 피하다. 위쪽을 향하다. 고달프다. 틈. 사이.

각(殼) : 사람의 육신. 껍데기.

각궁(角弓) : 짐승의 뿔로 장식한 강궁(强弓).

각근(脚跟) : 발뒤꿈치. 입장, 처지. 내막, 진상. 발자취, 행적.

각래(却來) : 되돌아오다. 도리어. 사실은. 결국은.

각소(卻掃) : 찾아오는 손님을 사절하다.

각수(却須) : 마음먹은 대로 딱 맞춰. 제대로. 그래도. 도리어. 반드시 ~하려면.

각주(刻舟) : 각주구검(刻舟求劍)의 준말. 『여씨춘추』에 나오는 고사이다. 아무런 소득도 없는 짓을 하는 어리석음을 비유한다. 전국시대(戰國時代) 초(楚)나라의 한 젊은이가 양자강(揚子江)을 건너다 실수로 들고 있던 칼을 강물에 떨어뜨리고 말았다. 젊은이는 단검을 빼 들고 칼을 떨어뜨린 그 뱃전에다 표시를 한 후 말했다. "이 곳이 내 칼이 떨어진 곳이다." 배가 나루터에 닿자마자 칼을 찾기 위하여 표시를 한 뱃전 밑의 강물 속으로 뛰어들었으나 배가 지나와버렸으니 그 칼이 그 밑에 있을 리가 없었다. (『呂氏春秋』「察今」. "楚人, 有涉江者, 其劍自舟中墜於水. 遽刻其舟, 曰: '是吾劍之所從墜.' 舟止, 從其所刻者, 入水求之, 舟已行矣, 而劍不行, 求劍若此, 不亦惑乎.")

각타(角馱) : 짐승의 등에 짐을 지움. 각(角)은 뿔이 달린 짐승, 곧 모든 짐승. 타(馱)는 말에 짐을 실은 모양. 짐바리.

각판(脚板) : 발바닥. =각장(脚掌). 각저판(脚底板).

각호(却好) : 때마침. 공교롭게도. 막.

간(看) : ①어조사. 동사 뒤에 붙어 '한 번 시험해보다'라는 뜻을 나타낸다. ②손님을 환대하다. 손님을 대우하다.

간(簡) : 여기서는 신하가 임금을 조현(朝見)할 때 두 손에 쥐는 홀(笏) 또는 수판(手板)을 말한다.

간(幹) : 일하다. 처리하다. 숙련된 재능.

간간(看看) : 점점. 순식간에. 바야흐로. 즉시, 곧, 바로. 자세히 살펴보는 모양. 이제 곧 보아하니. 이제 막 보아하니. 얼마 안 있으면.

간두(竿頭) : 장대의 맨 꼭대기. 매우 높은 경지. 백척간두(百尺竿頭)의 줄임말.

간루타루(看樓打樓) : 적이 망루를 지으면 역시 이쪽에서도 망루를 지음. 곧 남이 하는 대로 따라하는 것의 비유. 또는 『선문염송집』 13칙과 16칙에서는 '看樓打樓(간루타루)'라고 나온다. 樓(루)는 씨앗을 뿌리는 농기구다. 『위략(魏略)』에서 나오는 고사로 황보음(皇甫陰)이 격황(激煌)의 태수로 부임하였는데 백성들이 씨 뿌리는 방법을 잘 모르는 것을 보고 누(樓)를 써서 씨 뿌리는 방법을 가르쳐 주었더니 파종하는데 힘이 반 정도 밖에 안 들었다고 한다. 이때부터 너나 나나 할 것 없이 누(樓)를 써서 씨를 뿌렸는데, '남이 누(樓)를 써서 씨앗을 뿌리는 것을 보고 나도 누(樓)로 씨앗을 뿌린다'는 말이 생겨난 것이다. 곧 상대방의 행위에 맞추어 나의 행위를 결정하는 대기응변(大機應變)을 말한다.

간목수신 봉장작희(竿木隨身 逢場作戱) : 간목(竿木)은 고대에 곡예사들이 올라가 곡예를 부릴 때 쓰던 긴 장대를 말함. 봉장(逢場)은 어떤 상황을 만남, 또는 어떤 장소에 이름을 말한다. 봉장작희(逢場作戱)는 봉장유희(逢場遊戱)·봉장작락(逢場作樂)과 같은 뜻으로, 기회가 생기면 사람들과 어울리어 함께 놀고 즐김을 말하는데 등은봉(鄧隱峰)스님이 마조스님을 하직 할 때 한 말이다. "등은봉스님이 마조 도일스님을 하직하려 하니 마조스님이 물었다. '어디로 가느냐?' 등은봉스님이 말씀드렸다. '석두스님 계신 곳으로 갈까합니다.' 마조스님이 말했다. '석두의 길은 미끄러운데.' 등은봉스님이 말씀드렸다. '장대를 갖고 있다가 만나기만하면 잘 놀고 즐기겠습니다.'"(『五燈會元』卷第三, X80n1565_p0070c08~09. "鄧隱峰辭師, 師曰:'甚麼處去?'曰:'石頭去.'師曰:'石頭路滑.'曰:'竿木隨身, 逢場作戱.'")

간생연(看生緣) : 태어난 인연을 지켜보다.

간송(澗松) : 간저송(澗底松)의 준말이다. 산골짜기 아래에 있는 소나무다. 고상하고 준수한 재덕(才德)을 지니고 있으면서도 아주 낮은 관직에 있는 사람을 비유한다.

간취(看取) : ~을 보라. ~을 보아서 내용을 알아차리다.

간파(看破) : 속을 꿰뚫어 봄. 알아차리다.

갈등(葛藤) : 개부(蓋覆), 분별망상(分別妄想), 언어분별(言語分別). 얽게 해서 도리어 풀려고 하는 것. 선가(禪家)에서 언어문자의 분별적인 방편수단으로써 학인을 지도하는 것을 갈등(葛藤)이라고 한다.

갈저(猲狙) : 전설상의 짐승이름이다. 몸 전체의 생김새는 이리와 같고 머리는 붉으며 눈은 쥐의 눈이고 목소리는 돼지와 같다고 한다. 『전등록』 11권에서는 狙(저)가 狙(단)으로 나온다.

감(感) : 뭇삶이 불심(佛心)을 느끼는 분(分)이다. 부처님이 뭇삶의 감(感)에 대한 분(分)은 응(應)이다.

감(敢) : 바로. 마침. 꼭. 반드시. 확실히. 설마. 혹시. 아마도.

감과(勘過) : 시험해보다. 기한이 지나가다. 마감하다.

감변(鑑辨) : 인재를 잘 식별하다.

감보(敢保) : 과감하게 책임을 짐. 감히 보증함. 장담하다, 보장하다. 담보하다. 긍정하다. 책임지다. 반드시. 꼭.

감오(感悟) : 감동을 받아 깨달음.

감지(甘旨) : 맛있는 음식, 진귀한 음식. 어버이를 봉양하는 음식, 어버이를 봉양하는 일. 맛이 좋음.

감지행자(甘贄行者) : 남악회양(南嶽懷讓)-마조도일(馬祖道一)-남전보원(南泉普願)-지주감지(池州甘贄). 당나라 때의 거사. 지주(池州)[안휘성(安徽省) 귀지(貴池)]출신. 남전 보원스님의 법을 이었다. 행자(行者)는 재가에서 불도를 수행하는 사람을 말한다. '감지시재(甘贄施財)'와 '남전타파죽과(南泉打破粥鍋)' 화(話)의 주인공이다. "지주의 감지행자가 하루는 남전스님의 처소에 공양을 올렸다. 거기에 황벽스님이 수좌로 있었는데 감지행자가 재물을 보시할 것을 청하였다. 황벽스님이 말했다. '재시와 법시는 차별이 없소.' 감지행자가 말했다. '이렇게 말씀하시면 어찌 저의 공양을 녹이시겠습니까?' 그리고 곧장 나가 버렸다. 잠시 후에 다시 들어와서 말했다. '재물을 내어 놓으시지요.' 황벽스님이 말했다. '재시와 법시는 차별이 없소.' 감지행자가 이에 재물을 드렸다. 또 하루는 절에 들어가 죽 공양을 올리면서 남전스님에게 염송해줄 것을 청하였다. 남전스님이 백추(白椎)[재식시나 설법 할 때에 대중들에게 고하는 말]하였다. '청컨대 대중들은 고양이와 흰 물소를 위하여 마하반야바라밀을 염송하라.' 감지행자가 소매를 떨치고 나가버렸다. 남전스님이 죽을 다 먹은 후에 전좌에게 물었다. '감지행자가 어디 있느냐?' 전좌가 말했다. '아까 나갔습니다.' 남전스님이 곧 냄비를 때려 부숴버렸다."(『五燈會元』卷第四, X80n1565_p0097c16~22. "池州甘贄行者, 一日入南泉設齋, 檗為首座, 行者請施財, 座曰: '財法二施, 等無差別.' 甘曰: '恁麼道, 爭消得某甲嚫?' 便將出去. 須臾復入, 曰: '請施財.' 座曰: '財法二施, 等無差別.' 甘乃行嚫. 又一日, 入寺設粥, 仍請南泉念誦, 泉乃白椎曰: '請大眾為狸奴白牯念摩訶般若波羅蜜.' 甘拂袖便出. 泉粥後問典座, '行者在甚處?' 座曰: '當時便去也.' 泉便打破鍋子.")

감파(勘破) : 그 속내를 명명백백하게 알아버림. =간파(看破)

갑수(瞌睡) : 몹시 피로하여 졸리다. 졸다.

강랑(蜣蜋) : 말똥구리. 쇠똥구리.

강사(講肆) : 경전을 강론하는 집. 강론하고 익힘.

강산방(姜山方) : 수산성념(首山省念)-분양선소(汾陽善昭)-낭야혜각(瑯邪慧覺)-강산방(姜山方). 월주(越州) 소흥부(紹興府)에 주로 주석하였다. 자세한 행록은 알 수 없으나 『정법안장(正法眼藏)』1권하(下)·『건중정국속등록(建中靖國續燈錄)』7권·『어선역대선사어록(御選歷代禪師語錄)』전집하(前集下)·『속전등록(續傳燈錄)』7권·『연등회요(聯燈會要)』14권·『가태보등록(嘉泰普燈錄)』3권·『오등회원(五燈會元)』12권·『지월록(指月錄)』25권·『선등세보(禪燈世譜)』2권·『선종

정맥(禪宗正脉)』6권·『오등엄통(五燈嚴統)』12권·『오등전서(五燈全書)』24권·
『종감법림(宗鑑法林)』31권·『열조제강록(列祖提綱錄)』8권 등에 시중법문(示衆
法門)과 문답화(問答話)가 보인다.

강산애(姜山愛) : 그의 전기는 잘 알려져 있지 않다. 다만 『선종송고련주통집
(禪宗頌古聯珠通集)』31권과 『선림유취(禪林類聚)』17권 등에서 그의 염화(拈話)
만 단편적으로 보일 뿐이다.

강서지철(江西志徹) : 쌍봉도신(雙峰道信)-황매홍인(黃梅弘忍)-조계혜능(曹溪慧
能)-강서지철(江西志徹). 속성은 장씨(張氏)이고 속명은 행창(行昌)이며 강서
(江西) 출신이다. 젊은 시절 협객으로 있다가 옥천 신수스님 회하로 들어갔
다. 북종 문인들의 촉탁을 받고서 육조 혜능스님을 해치러 갔다가 깨달음을
이루게 된다. 혜능스님으로부터 지철(志徹)이라고 이름을 받았다. 『경덕전등
록(景德傳燈錄)』5권과 『정법안장(正法眼藏)』3권(上), 제559화 참조.

개(蓋) : ①능가하다. 뛰어 넘다는 뜻. ②원인이나 이유를 나타내는 접속사.

개(磕) : 두개의 돌을 서로 부딪치는 소리. 물건이 떨어지는 소리. 두드리다.
치다. 충돌하다. 갑자기. 탁탁.

개개(箇箇) : 저마다. 각각. 낱낱이. 하나하나. 차례차례.

개당(開堂) : 선원의 신임주지가 처음 상당하여 설법을 시작하는 것을 말한
다.

개배(揩背) : 등을 문지르다.

개변(改變) : 바꾸다. 고치다. 변화하다. 사물에 뚜렷한 차이가 발생하다.

개복(蓋覆) : 덮다. 가리다. 덮어 감추다. 숨기다.

개시오입(開示悟入) : '개발현시각오증입(開發顯示覺悟證入)'의 줄임말. 열어서
터지게 하고, 드러내어 나타내고, 깨닫고, 증득하여 듦을 말한다.

개언(開言) : 말을 하다.

개전(蓋纏) : 번뇌를 말한다. 오개(五蓋)와 십전(十纏)을 합쳐서 이르는 말이
다. 오개(五蓋)는 ⑤pañca-āvaranāni라고 하는데 오장(五障)이라고도 한다.
마음을 덮어서 선법(善法)을 내지 못하게 하는 다섯 가지의 번뇌이다. 탐욕개
(貪慾蓋)·진에개(瞋恚蓋)·수면개(睡眠蓋)·도회개(掉悔蓋)·의개(疑蓋)의 다
섯이다. 십전(十纏)은 ⑤paryavasthāna라고 하는데 열 가지의 망혹(妄惑)이
다. 곧 무참(無慚)·무괴(無愧)·질(嫉)·간(慳)·회(悔)·면(眠)·도거(掉擧)·
혼침(惛沈)·분(忿)·부(覆)의 열 가지 번뇌이다.

개중(箇中) : 여기. =개리(箇裏), 저리(這裏), 차중(此中).

개화(開化) : ①북위(北魏) 때 둔 현(縣)의 이름이다. 호북성(湖北省) 운서현(鄖西縣)에 있었다. ②교화를 펼치다. ③일깨워 감화시키다. ④지혜가 계발되고 문명이 진화되다.

객작아(客作兒) : 객작한(客作漢), 객작천인(客作賤人)과 같은 말. 선가(禪家)에서 용렬한 자를 꾸짖는 말로 사용한다. 자신의 마음 속 불성을 보지 못하고 맹목적으로 바깥으로만 쫓아다니는 자를 말한다. 『묘법연화경』에서 나오는 말이다. "그때 가난한 아들이 비록 이러한 만남을 기뻐하였지만 오히려 스스로 무지하고 천한 사람이라고 생각하였다." (『妙法蓮華經』「信解品」第四, T09n0262_p0017a26. "爾時窮子, 雖欣此遇, 猶故自謂客作賤人.")

갱(更) : 결코. 절대로. 극히, 몹시. '갱(更) ~부정사'는 '결코 ~이 아니다'란 뜻.

갱~나(更~那) : 어찌~~하느냐?

갱~심마(更~甚麼) : 어찌 ~무엇 하겠는가?

갱시(更是) : 더욱. 또.

갱용(更用) : 어찌.

갱유(更有) : 어찌 ~이 있는가?

거(擧) : 들다. 행하다. 말하다. 들먹이다.

거(去) : 어조사. 술어나 술어구의 뒤에 쓰이어 행위의 방향이나 지속을 나타낸다.

거각제시(擧覺提撕) : 말로써 깨우치게 함.

거거(去去) : ①가거라. 꺼져. 가라 가. ②죽음. 영원한 이별. ③멀리 떠나가다.

거도(擧棹) : 노를 젓다.

거상(居常) : 일상생활에서의 평상시. 평소. 항상. 상도(常道)를 지키다.

거설(據說) : 남이 전하는 말에 의하면. 소문에 의하면.

거실(據實) : 사실에 근거하다. 사실에 의거하다.

거양(擧揚) : 대중들과 문답하면서 종지를 분명하게 드러내는 것.

거좌(踞坐) : 오만하게 앉음. 걸터앉음.

거주(去住) : 떠나고 머무름. 죽음과 삶.

거지사자(踞地師子) : 거지금모사자(踞地金毛師子)다. 임제스님의 사할(四喝) 중의 하나. 땅에 웅크린 금빛 털을 가진 사자가 말을 뱉어내고 기운을 뿜어내며 위세를 떨치면 모든 짐승들이 공포에 전율하고 모든 악마들의 뇌가 쪼개져 버린다고 한다. (『人天眼目』卷之二, T48n20 06_p0311b21~23. "踞地師子者, 發言吐氣, 威勢振立, 百獸恐悚, 眾魔腦裂.")

거창(擧唱) : 공안을 들어서 말함. 말하여서 밝힘. 말하여서 보임.

거취(去就) : 행위거동. 예절.

거취재(去就在) : 어조사다. 장차 하려고 하는 행위 거동이나 생각을 나타낸다.

거학(巨壑) : 큰 바다. 깊고 큰 골짜기.

거해칭추(鋸解秤椎) : 톱으로 저울추를 자르다. 대우 수지스님의 공안이다. "여쭈었다. '어떤 것이 부처님입니까?' 스님이 말했다. '톱으로 저울추를 자른다.'" (『古尊宿語錄』卷之二十五, 「筠州大愚芝和尚語錄」, X68n1315_p0163c17. "問: '如何是佛?' 師云: '鋸解秤鎚.'")

건곤파정(乾坤把定) : 파정건곤(把定乾坤), 파정봉강(把定封疆), 파정세계(把定世界) 파정요관(把定要關), 파정요진(把定要津) 등과 같다. 경계를 굳게 지킴. 선가(禪家)의 본분시설(本分施設)로서 언구(言句)를 세우지 않고 언어의 길을 끊어버려 일체 마음을 쓸 수 없게 하여 모든 학해지견(學解知見)과 분별망상을 벗어나게 하는 방편수단이다. 파정(把定)은 파단(把斷), 파주(把住)와 같은 뜻. 언어교설과 지식정해(知識情解) 등을 끊어 버리는 선가의 근본 시설(施設)이다.

건라복(乾蘿蔔) : 마른 무. 사이비 선(禪). 엉터리 선(禪).

건립(建立) : 교법(敎法)을 설립함. 부처님과 조사들이 교화의 방편을 세움. 선가(禪家)에서 인위적 방편건립(方便建立)에 대하여 평상무사(平常無事)를 제창하면서 쓰는 말이다.

건박박지(乾剝剝地) : 말라서 딱딱해진 상태. 바짝 말라서 완전히 드러난 상태. 조금도 남김없이 완전히 본성이 드러남. '박박(剝剝)'은 본래 의성어로서 방문객의 발소리나 문 두드리는 소리(剝啄), 또는 새가 나무를 쪼는 소리를 말한다.

건염(建炎) : 1127년 5월~1130년. 남송 고종황제의 첫 번째 연호. 여진족이 세운 금나라가 북송의 수도 개봉을 함락시키자 강남으로 피신하여 회하 이남의 땅 임안(항저우)에서 남송을 건국하고 연호를 건염(建炎)이라하였다.

건주처미(虔州處微) : 남악회양(南嶽懷讓)-마조도일(馬祖道一)-서당지장(西堂智藏)-건주처미(虔州處微). 『조당집(祖堂集)』17권 · 『경덕전등록(景德傳燈錄)』9권 · 『연등회요(聯燈會要)』7권 · 『오등회원(五燈會元)』4권 · 『오등엄통(五燈嚴統)』4권 · 『어선역대선사어록(御選歷代禪師語錄)』후집상(後集上) · 『지월록(指月錄)』11권 · 『종감법림(宗鑑法林)』20권 · 『오등전서(五燈全書)』8권 등에 문답화(問答話)가 보인다.

검책(檢責) : 검찰지책(檢察指責)의 준말. 검사하고 살펴서 따져 묻다. 검사하다. 점검하다. 비평하다.

겁초(劫初) : 성겁(成劫)의 처음. 이 세계의 뭇삶들이 생존하게 된 시초. 천지 개벽의 시초.

겁초령(劫初鈴) : 성겁(成劫) 초(初)에 만들어졌다는 염부금령(閻浮金鈴)으로 『대보적경』 95권에는 선순보살(善順菩薩)이 주워서 파사닉왕에게 보시한다고 나온다. "그때 선순보살님께서는 이른 아침에 사위성으로 들어가서 교화하며 이리 저리 다니시다가 겁초 때에 염부금으로 만든 방울을 얻으셨다. 그 방울의 가치는 염부제보다 더하였다. 그때 보살님께서는 이 금방울을 가지고 네 거리로 가서 큰 소리로 외치셨다. '사위성에서 누가 가장 가난합니까? 마땅히 이 방울을 그에게 드리겠습니다.' 그때 가장 늙은 한 장자가 이 말을 듣고서는 달려왔다. 그리고는 보살님께 말씀드렸다. '제가 이 성에서 가장 가난합니다. 갖고 계신 방울을 저에게 주십시오.' 그때 보살님께서 장자에게 말씀하셨다. '당신은 가난한 이가 아닙니다. 왜냐하면 이 성 안에는 가난한 이 가운데서도 가장 가난한 선남자가 있으니까요. 이 방울은 그에게 주어야 합니다.' 장자가 여쭈었다. '그런 사람이 누구입니까?' 보살님께서 대답하셨다. '파사닉왕이야말로 이 성 안에서 가장 가난한 사람입니다.' 그러자 장자가 보살님께 말씀드렸다. '그런 말씀 마십시오. 왜냐하면 파사닉왕은 부귀하며 재물이 많아 창고에 차서 넘치고 있기 때문입니다. 그 진기한 재화는 아무리 써도 다하지 않을 것입니다. 그런데 어떻게 가난한 이 중에서도 가장 가난하다고 말씀하십니까?' 그때 보살님께서 대중 가운데서 노래로 답하셨다. '설사 천억여 개의 감춰진 창고가 있다 해도/ 탐애하는 마음으로 만족함이 없으면/ 마치 큰 바다가 여러 강물을 받아들이는 것 같으니/ 이렇게 어리석은 사람이 가장 가난하다네./ 이렇기에 탐욕은 다시 더욱 자라고/ 더욱 더 무성한 덩굴이 상속(相續)하여 생기게 되니/ 현재 세간이나 미래 세간에서/ 저 지혜 없는 이는 늘 가난하다네.” (『大寶積經』卷第九十五, 「善順菩薩會」第二十七, T11n0310_p0538a14~b02. 참조.)

겁화(劫火) : 겁소(劫燒). 겁진화(劫盡火)라고도 한다. 큰 삼재(三災) 가운데 하나로서 세계가 괴멸하는 괴겁(壞劫) 때에 일어나는 거대한 화재로 7개의 태양이 하늘 위에 나타나 초선천(初禪天)까지 다 타버린다고 한다.

게렴(揭簾) : 발을 걷다. 주렴을 들추다.

게어(偈語) : 게송(偈頌) 체의 말귀.

격강초수(隔江招手) : 강을 사이에 두고 손을 흔들다. 격강횡추(隔江橫趨)라고도 한다. 고정간(高亭簡)스님의 일화에서 나온 말. “양주의 고정간스님이 강을 사이에 두고 덕산스님을 보자, 멀리서 합장하고 소리쳤다. ‘안녕하세요?’ 덕산스님이 손에 들고 있던 부채를 거듭 흔들었다. 그러자 고정간스님이 곧바로 대오하였다. 그리고 강을 따라 성큼성큼 걸으면서 다시는 돌아보지 않았다. 뒤에 양주에서 개당하고 덕산스님의 법을 이었다.” (『景德傳燈錄』卷第十六, T51n2076_p0328b27~c01. “襄州高亭簡禪師, 初隔江見德山, 遙合掌呼云:‘不審?’德山以手中扇子再招之. 師忽開悟. 乃橫趨而去, 更不迴顧. 後於襄州開法, 嗣德山.”)

격석화섬전광(擊石火閃電光) : 돌과 돌을 부딪쳐 내는 불빛과 번쩍하는 번갯불 빛. 가장 짧은 순간을 말한다.

격양(激揚) : 격탁양청(激濁揚淸)의 준말. 흐림을 쳐내고 맑음을 일게 하다. 또는 부딪쳐 드날리다. 격려하고 선양하다. 소리가 크고 높다. 사물이 맹렬하게 일어나다. 고무시키다.

격외(格外) : 보통의 격식과 관례를 초월함. 격(格)은 네모난 틀, 또는 격자로서 국한하는 것, 법식, 제도, 규격 등을 말한다. 어떤 정해진 틀을 벗어나는 것이니, 여기서는 분별로 헤아릴 수 없는 것을 말한다.

격칙(格則) : 틀에 박힌 격식. 『선문염송설화』 제886칙에서는 이렇게 설명하고 있다. “차별된 지위뿐만 아니라 일체의 현묘한 말이라든지 미묘한 구절이 격칙(格則)이다.” (《한국불교전서》, 『禪門拈頌說話』卷二十一, 886則. “格則者, 非但簫別地位, 一切玄言妙句是格則也.”)

견(見) : ①알다. 이해하다. ②일인칭 대명사. 나. 저. ③예측하다. 미루어 알다. ④받다. 당하다. ⑤어조사. 동작의 지속을 나타낸다.

견(罥) : 그물, 올가미. 얽다, 걸다.

견득(見得) : 알다, 앎. 보다, 봄. 터득하다.

견문(見聞) : 견문각지(見聞覺知)의 줄임말이다. 보고 들어 앎.

견밀신(堅密身) : 부처님의 법신(法身)을 말한다.

견별(甄別) : 살펴보고 식별하다. 구별하다.

견지(見知) : 아는 것. 소견.

결(抉) : 드러내 보이다. 들추어내다. 도려내다. 뚫다. 끊다. 가르다. 헤치다.

결계(結契) : 친교를 맺다. 계약하다.

결료(決了) : 의리(義理)를 분명하게 아는 것. 확실하고 분명함.

결설유분(結舌有分) : 결설(結舌)은 말문이 막히다는 뜻. 유분(有分)은 작용, 또는 작용이 있다. 정분(情分), 정분(情分)이 있다. 근(根)·경(境)·식(識)에 매여 있다는 뜻. 결설유분(結舌有分)이라 함은 근(根)·경(境)·식(識)에 매여 있는 분별의 언어작용으로는 미치지 못한다는 뜻.

결적(結賊) : 결사도적(結使盜賊)의 준말. 뭇삶들을 미(迷)의 경계에 결박하여 묶는 도적 같은 것을 말한다. 즉 번뇌의 다른 이름이다.

결택(決擇) : 결단하다. 간택(簡擇)하다. 결판을 내다. 지혜로써 모든 의심을 완벽하게 해결하여 불도(佛道)를 이루게 함.

겸(兼) : 두 가지 이상의 일이나 기능을 아울러 맡거나 가짐.

경(頃) : 토지의 면적 단위. 100묘(畝)가 일경(一頃)이고, 100보(步)가 일묘(一畝)이다. 일보(一步)는 사방 육척(六尺)이다. 따라서 일경(一頃)은 약 9000㎡이다.

경경(輕輕) : 사뿐사뿐 날렵한 모양.

경구(京口) : 지금의 중국 강소성(江蘇省) 진강시(鎭江市)의 옛 이름.

경도(驚濤) : 사람을 놀라게 하는 거센 파도.

경두두지(硬枓枓地) : 枓(알릴 두)는 梆(딱따기 방)과 같은 뜻. 두두(枓枓)는 의성어로서 목탁이나 딱따기 또는 막대기 등을 탁탁 두드리는 소리를 말함. 선원에서 목탁을 두드려서 대중들에게 알리는데서 두두(枓枓)라고 씀. 여기서 경두두지(硬枓枓地)는 '매우 단단하다'라는 뜻이니, 확실하게 알게 된다는 의미이다.

경론가(經論家) : 실참(實參)이지 않고 경전과 논서(論書)를 연구하는 사람들.

경루옥전(瓊樓玉殿) : 매우 화려한 건물. 신선이 사는 누대(樓臺). 신화로 내려오는 달나라에 있다는 정대(亭臺)와 누각(樓閣). 경루금궐(瓊樓金闕), 또는 경루옥우(瓊樓玉宇)라고도 함.

경미(輕微) : 대수롭지 아니하다. 미천하다. 조금, 약간. 매우 작다.

경부제옥루(耕夫製玉漏) : 밭 가는 농부가 옥루를 만들다. 『전등록』16권에서는 製(제)가 置(치)로 나온다. (『景德傳燈錄』卷第十六, T51n2076_p0333a27. "耕夫置玉漏") 옥루(玉漏)는 옥루(玉耬)로 써야 한다고 『전등록』16권에서 설명하고 있다. 옥루(玉漏)는 '물시계'의 뜻이고 옥루(玉耬)는 '훌륭한 쟁기나 보습'을 말한다. "『경공사원』에서 말하기를 '옥루(玉漏)는 마땅히 옥루(玉耬)로 써야 하는 것이니, 루(耬)는 쟁기(犁)다. 농부가 쟁기를 쓰는 이유는 씨를 뿌리기 위한 것이다'라고 하였다. 『선록』에서 말한 '실을 보면서 쟁기를 만든다'고 한 것이 이것이다. 『위략』에 말하기를 '황보음이 돈황 태수로 재직할 때에 백성들이 밭을 갈아서 씨 뿌리는 것을 모르므로 백성들에게 보습과 쟁기 만드는 것을 가르쳐 주니 반이나 힘을 덜었다. 그러나 쟁기는 곧 농작물을 재배하는 기구인데 남쪽 사람들은 대부분이 알지 못하니, 이 때문에 여기서 상세히 밝혀 놓는다. 음(音)은 루(耬)이다." (『景德傳燈錄』卷第十六, T51n2076_p0333a27~29. "『卿公事苑』云: '當作玉耬, 謂耬犁也. 耕人用耬所以布子種.' 『禪錄』所謂 '看耬打耬.' 正謂是也. 『魏略』曰: '皇甫陰爲燉煌太守, 民不曉耕種, 因教民作耬犁, 省力過半. 然耬乃陸種之具, 南人多不識之, 故詳出焉. 音樓.'")

경산(徑山) : 절강성(浙江省) 여항현(餘杭縣)의 북서쪽에 있는 산이다. 산기슭에 있는 능인흥성만수사(能仁興聖萬壽寺)는 중국 다섯 산문의 하나이다. 임제선의 전문도량이며 경산사(徑山寺)라고도 불린다.

경산법흠(徑山法欽) : 우두법융(牛頭法融)-원양지암(圓陽智巖)-윤주혜방(潤州慧方)-금릉법지(金陵法持)-천보지위(天保智威)-학림현소(鶴林玄素)-경산법흠(徑山法欽). 714-792. 경산도흠(徑山道欽), 경산국일(徑山國一)이라고도 한다. 속성은 주씨(朱氏). 오군(吳郡) 곤산(崑山)[강소성(江蘇省) 곤산현(崑山縣)] 사람이다. 우두종(牛頭宗)의 대표적 선사이다. 스님은 어려서부터 유학(儒學)을 익히다가 28세에 서울로 유학을 가던 중 학림현소(學林玄素)스님을 뵙고는 출가하였다. 현소스님을 3년간 모시다가 밖으로 유력하던 중에 장강(長江)을 따라 내려가다가 천목산(天目山)부근의 경산(徑山)[절강성(浙江省) 여항현(餘杭縣)]에 이르러 움막을 짓고 살면서 경산사(徑山寺)를 건립하였다. 대력(大曆) 3년(768)에 대종(代宗)이 서울로 초청하여 선법(禪法)을 익히고 남양혜충(南

陽慧忠)국사에게 법흠스님의 호를 지어달라고 하니 혜충국사가 국일(國一)이라고 지어 올리자, 황제가 하사하였다. 뒤에 궁궐을 떠나 본산으로 돌아갔다가 정원 8년 12월에 법을 설하고 세수 79세로 입적하였다. 덕종(德宗)이 시호를 대각선사(大覺禪師)라고 내렸다. 제자로 조과도림(鳥窠道林)이 있다. '경산원상(徑山圓相)' '경산기립(徑山起立)' 등의 공안이 남아 있다.

경산홍인(徑山洪諲) : 마조도일(馬祖道一)-백장회해(百丈懷海)-위산영우(潙山靈祐)-경산홍인(徑山洪諲). 절강성 오흥(吳興)사람. 속성은 오씨(吳氏). 19세에 개원사(開元寺)의 무상(無上)스님에게서 머리를 깎았다. 22세에 숭악(崇嶽)으로 가서 구족계를 받고 돌아와 무상스님을 참례하니 무상스님이 물었다. "자네는 수행을 하는 가운데 무엇으로 네 가지 은혜에 보답하려느냐?" 홍인스님이 대답을 못하고 3일 동안이나 먹는 것도 잊고 있다가 마침내 무상스님을 하직하고는 행각을 떠났다. 다니다가 운암담성(雲嚴曇晟)스님을 참알하였으나 계합하지 못하자 다시 위산영우(潙山靈祐)스님께 참알하니 드디어 막혔던 모든 의심이 몰록 풀려 대오하였다. 당나라 무종(武宗)이 일으킨 회창(會昌)[841~846]법난(法難)을 만나 피신하였다가 대중(大中)[849~859] 초에 고향 서봉원(西峰院)으로 돌아왔다. 그러다가 함통(咸通) 6년(865)에 경산(徑山)에 올라왔는데 이듬해에 무상스님이 입적하였다. 이에 대중들이 뒤를 이으라고 하자 경산의 제3세가 되었으나(무상스님은 염관 제안스님의 법을 이었다.) 법은 위산 영우스님의 법을 이은 것으로 되었다. 광화(光化) 4년(901) 9월 28일에 입적하였다. 사호(賜號)는 법제대사(法濟大師)이다. '경산엄식(徑山掩息)' 공안이 있다.

경색(景色) : 경치, 풍경. 정경, 광경.

경위(涇渭) : 경수(涇水)와 위수(渭水)를 합친 말이다. 경수(涇水)는 감숙성(甘肅省) 화평현(化平縣)과 고원현(固原縣) 두 군데에서 발원하여 합류한 후, 섬서성(陝西省)에 이르러 위수(渭水)로 흘러들어가는 강이다. 위수(渭水)는 감숙성(甘肅省) 위원현(渭源縣)에서 발원하여, 섬서성(陝西省)을 거쳐 황해로 들어가는 강이다. 경위(涇渭)는 경수(涇水)는 흐리고 위수(渭水)는 맑음을 말한다. 사물의 맑고 더러움을 구별한다는 뜻.

경일(竟日) : 하루 종일. 온종일.

경조미호(京兆米胡) : 마조도일(馬祖道一)-백장회해(百丈懷海)-위산영우(潙山靈祐)-경조미호(京兆米胡). 미칠화상(米七和尙)이라고도 한다. '미호거필(米胡擧筆)' '미호금시(米胡今時)' '미호약산(米胡藥山)' '미호자고(米胡自古)' 등의 공안이 있다. 『경덕전등록(景德傳燈錄)』11권 · 『선문염송집(禪門拈頌集)』15권 ·

『연등회요(聯燈會要)』8권·『오등회원(五燈會元)』9권·『오등엄통(五燈嚴統)』9권
·『지월록(指月錄)』13권·『선종송고련주통집(禪宗頌古聯珠通集)』26권·『종문염
고휘집(宗門拈古彙集)』22권·『종감법림(宗鑑法林)』41권 등에 그의 법문이 있
다.

경조향성(京兆香城) : 운암담성(雲巖曇晟)-동산양개(洞山良价)-북원통(北院通)-
경조향성(京兆香城). 『경덕전등록(景德傳燈錄)』20권·『오등회원(五燈會元)』13
권·『오등엄통(五燈嚴統)』13권·『오등전서(五燈全書)』28권 등에 보인다.

경조현자(京兆蜆子) : 약산유엄(藥山惟儼)-운암담성(雲巖曇晟)-동산양개(洞山良
价)-경조현자(京兆蜆子). 조동종 스님이다. 경조(京兆)[섬서성 서안(西安)] 출
신. '경조신전(京兆神前)' 화(話)가 있다. "경조 현자스님이 동산스님을 참문하
고 나서는 일정한 처소 없이 살면서 계율도 소홀히 하였다. 그러면서 날마다
냇물 가에서 새우나 조개를 잡아서 아침저녁을 때우고 백마묘 안에 들어가
종이돈을 덮고 잠을 잤다. 한때 화엄정(華嚴靜)스님이 이 얘기를 듣고는 참인
지 거짓인지 감변해 볼 요량으로 먼저 백마묘로 숨어 들어가서 종이돈 뭉치
속에 묻혀 있었다. 이윽고 밤이 깊어지자 현자스님이 들어오니 화엄정스님이
다짜고짜 꽉 붙들고는 물었다. '어떤 것이 조사께서 서쪽에서 오신 뜻이냣?'
스님이 대답했다. '귀신 앞의 술상.' 화엄정스님이 기특하게 여겨 사과하고
물러났다." 『경덕전등록(景德傳燈錄)』17권·『오등회원(五燈會元)』13권·『오등
엄통(五燈嚴統)』13권·『선종송고련주통집(禪宗頌古聯珠通集)』30권·『종감법림
(宗鑑法林)』64권·『오등전서(五燈全書)』27권·『지월록(指月錄)』18권 등에 그의
법문이 보인다.

경청도부(鏡清道怤) : 용담숭신(龍潭崇信)-덕산선감(德山宣鑑)-설봉의존(雪峰義
存)-경청도부(鏡清道怤). 868~937. 오대(五代) 오월(吳越)의 스님으로 온주(溫
州)[절강성] 영가(永嘉) 출신이다. 속성은 진씨(陳氏). 어렸을 때부터 누린내
나는 것을 아예 먹질 않았다. 집안의 어른들이 억지로 말린 고기를 먹였더
니, 즉시에 구역질을 하고 마침내 출가하여 개원사(開元寺)에서 구족계를 받
았다. 이후 행각을 떠나 민천(閩川)으로 가서 설봉 의존스님에게 참학하고
그 법을 이었다. 월주에 살면서 승상인 피광업(皮光業)과 문답하면서 경청사
(鏡清寺)에 머물렀다. 천룡사(天龍寺)에 머무를 때 오월의 왕 전류(錢鏐)가 순
덕대사(順德大師)로 위임하였다. 왕이 항주(杭州)에다 용책사(龍冊寺)를 지어
스님을 모시니 이로부터 오월의 선학(禪學)이 크게 발흥하였다. '경청줄탁(鏡
清啐啄)' '경청불미(鏡清不迷)' 등의 공안이 있다. 후진(後晋) 천복(天福) 2년에
70세로 시적(示寂)하였다. 자복지원(資福智遠) 등 6명의 수법제자가 있다.

경치(境致) : 경내(境內)의 풍치(風致). 경계를 얻다.

경해(謦欬) : ①찾아뵙는 윗사람의 말씀. ②인기척으로 내는 헛기침. ③기침소리. ④연설하기 전에 목을 가다듬을 때 내는 소리. ⑤석가모니 부처님이 법화경을 연설 하신 뒤 내 보이신 열 가지 신통력 가운데 하나.

계(界) : Ⓢdhātu. ①인간존재의 구성요소. 육근(六根)과 육경(六境)과 육식(六識)의 셋을 합하여 18계라고 한다. ②영역. 욕계(欲界), 색계(色界), 무색계(無色界)의 삼계(三界)를 말한다. ③사물 고유의 본성, 본질.

계반(繫絆) : 얽어매다. 속박하다.

계제(階梯) : 계단과 사다리. 향상의 수단이나 점진적 절차.

계주(戒珠) : 계율은 깨끗하고 맑은 것으로서 몸과 마음을 장엄하는 까닭으로 구슬에 비유하였다.

계합(洎合) : 거의 ~할 뻔하다. 하마터면 ~할 뻔하다. (『禪門拈頌集』卷第三, K46-0041. “汾州呾代云: ‘洎合忘却.’”)

계호(洎乎) : ~와, ~과, ~과 함께. ~에 즈음하여. ~때에 이르러.

계화(桂花) : 계수나무. 계수나무 꽃. 달.

고(膏) : 고우(膏雨). 농작물이 잘 자라도록 제 때에 내리는 비.

고(瞽) : 북을 치는 사람. 악사(樂士). 소경. 눈이 멀다.

고각(鼓角) : 군중(軍中)에서 특정한 시간을 알리거나 구령을 할 때 쓰던 전고(戰鼓)와 호각(號角)을 말한다.

고간한천(古澗寒泉) : 옛 산골짜기 차가운 샘. 청정본원자성(淸淨本源自性)을 말한다.

고령신찬(古靈神贊) : 남악회양(南嶽懷讓)-마조도일(馬祖道一)-백장회해(百丈懷海)-고령신찬(古靈神贊). 복주(福州)[복건성] 출신. 처음에 대중사에 출가하여 업을 익히다가 뒤에 행각하던 중 백장 회해 스님을 만나 활연개오하였다. 이후 다시 대중사로 돌아와 은사스님을 깨달음으로 이끌었다. 만년에는 고령에 거주하면서 많은 대중을 교화하였다. ‘고령간경(古靈看經)’ ‘고령무성(古靈無聲)’ 등의 공안을 남겼다. 『경덕전등록(景德傳燈錄)』9권 · 『어선역대선사어록(御選歷代禪師語錄)』후집상(後集上) · 『선문염송집(禪門拈頌集)』10권 · 『대광명장(大光明藏)』중권(中卷) · 『연등회요(聯燈會要)』7권 · 『오등회원(五燈會元)』4권 · 『오등엄통(五燈嚴統)』4권 · 『지월록(指月錄)』11권 등에 전기가 나온다.

고로(拷栳) : 도리깨. 고리버들가지로 겯어서 만든 고리나 바구니. =파두(笆斗).

고로(錮鐪) : 땜질하다. 보수하다. 고로(錮路)와 같다. 고(錮)는 속박하다, 잡아매다, 막다는 뜻. 로(鐪)는 황금의 길.

고롱(鼓弄) : 미혹시키고 우롱하다. 바람이 불다.

고봉독숙(孤峯獨宿) : 홀로 산속이나 동굴에서 살면서 선(禪)을 익히는 것을 말한다.

고부(辜負) : 저버리다. 헛되게 하다. 헛되게 보내버리다.

고불(古佛) : 선가(禪家)에서 대종장(大宗匠)의 존칭이다. 또는 과거7불(過去七佛)을 뜻하기도 함.

고불여로주상교(古佛與露柱相交) : 옛 부처님과 노주가 서로 교섭하다. 운문스님의 상당법문에서 나오는 말이다. (『雲門匡眞禪師廣錄』卷中, T47n1988_p0561c18. "上堂云: '爾道古佛與露柱相交.'")

고불진종(古佛眞宗) : 선종(禪宗)을 말한다.

고사(高士) : 뜻과 품행이 고결한 선비. 수행자. 보살. 선승(禪僧).

고사(苦死) : 한사코. 기어코. 죽도록.

고산신안(鼓山神晏) : 용담숭신(龍潭崇信)-덕산선감(德山宣鑑)-설봉의존(雪峰義存)-고산신안(鼓山神晏). 대량(大梁)[하남성] 출신. 속성은 이씨(李氏). 어렸을 적 위주(衛州) 백록산(白鹿山) 도규(道規)선사를 따라 출가하였다. 숭악산에서 구족계를 받은 후 천하의 총림을 다니면서 참학하였다. 여러 선사들에게 깨달음을 얻는 기연이 조금씩 있었으나 흡족하지 못하던 차에 설봉 의존스님을 만나서 심인(心印)을 이었다. 설봉스님이 원적한 후 고산 용천선원에서 30여 년간 종풍을 크게 천양하였다. 이에 사람들로부터 '흥성국사(興聖國師)'라고 불렸다. 깨달음의 인연은 이러하다. "어느 날, 설봉스님이 신안스님이 깨달을 기연이 무르익었음을 알고 찾아가서 대뜸 신안스님의 팔을 비틀어 꺾고 물었다. '네가 알았다고 하는 것이 어디에 있느냐? 빨리 말해! 빨리 말해!' 찰나 신안스님이 활연히 개오하였으니 밝음이 활짝 열리고 허공이 부서져 버리며 몸과 마음을 잊어버리고 시간과 공간도 사라졌다. 그리고 말씀드렸다. '말 못해요! 말 못해요!' 설봉스님이 또 물었다. '왜 말 못해?' 신안스님이 말씀드렸다. '아버지가 뒷어머니를 찾아요. 말 못해요. 말 못해요.' 그러자 설봉스님이 고개를 끄덕이고는 신안스님의 등을 토닥거리면서 말했다. '매우 훌륭하구나. 세간에 또 한 명의 자유자재한 납자가 늘었다.'" '고산일구검(鼓山一口劍)’ ‘고산해수(鼓山咳嗽)’ 등의 공안을 남겼으며, 보은청호(報恩淸護) 등 법사(法嗣)가 11인이 있다.

고성(高姓) : 남의 성을 높여 부르는 말. =귀성(貴姓).

고시(顧視) : 돌아보다. 찾아가 보다.

고안(高安) : 당대(唐代)에 건성현(建城縣)을 고쳐서 둔 현(縣)의 이름. 지금의 강서성(江西省) 고안현(高安縣)에 있었다.

고안대우(高安大愚) : 남악회양(南嶽懷讓)-마조도일(馬祖道一)-귀주지상(歸州智常)-고안대우(高安大愚). 생몰연대가 알려져 있지 않다. 서주(瑞州) 고안(高安)[강서성]의 대우산(大愚山)에 주석했던 스님으로 임제의현스님을 개오(開悟)케 한 선지식으로 잘 알려져 있다. 수법제자로는 말산요연(末山了然)비구니스님이 있다.

고안본인(高安本仁) : 약산유엄(藥山惟儼)-운암담성(雲巖曇晟)-동산양개(洞山良价)-고안본인(高安本仁). 백수본인(白水本仁)이라고도 한다. ‘본인성전(本仁聲前)’ ‘본인착사(本仁着沙)’ 등의 공안이 있다.『경덕전등록(景德傳燈錄)』17권·『연등회요(聯燈會要)』22권·『어선역대선사어록(御選歷代禪師語錄)』후집중(後集中)·『지월록(指月錄)』18권·『오등회원(五燈會元)』13권·『오등엄통(五燈嚴統)』13권·『오등전서(五燈全書)』7권·『선종송고련주통집(禪宗頌古聯珠通集)』30권·『종문염고휘집(宗門拈古彙集)』31권·『종감법림(宗鑑法林)』64권 등에 법문이 나온다.

고운야학(孤雲野鶴) : 외롭게 한가로이 떠 있는 구름과 무리를 벗어나 들판에 사는 고고한 학. 한가로이 유유자적한 사람을 말함.

고월(古越) : 지금의 절강성(浙江省) 소흥시(紹興市)에 있던 곳.

고위(孤危) : 아주 고립되고 위급하다. 산세가 우뚝하고 험준하다.

고정(高亭) : 고정산(高亭山)을 말한다. 호북성(湖北省) 영흥현(永興縣) 서쪽으로 30리에 위치해 있다.

고정간(高亭簡) : 천황도오(天皇道悟)-용담숭신(龍潭崇信)-덕산선감(德山宣鑑)-고정간(高亭簡).

고착(高著) : 장기와 바둑에서 최고로 뛰어난 수. 최고의 고수.

고추(古錐) : 노고추(老古錐)라고도 한다. 오래 사용하여 끝이 뭉툭해진 송곳. 원숙한 경지에 이른 선장(禪匠)을 말한다.

고하(庫下) : 고원(庫院), 후원(後院)이라고도 한다. 절의 공양간, 주방.

고학(枯涸) : 연못의 물이 고갈 되어 바닥이 보인다는 뜻.

고황혈(膏肓穴) : 고황지문(膏肓之門)이라고도 한다. 심장과 횡경막 사이의 혈자리. 고(膏)는 심장의 아래 부분. 황肓은 횡경막의 윗부분. 명치끝. 이곳에 병이 들면 약이 잘 듣지 않는다고 한다. 고황(膏肓)은 난치병 또는 불치병을 말한다.

곡천대도(谷泉大道) : 수산성념(首山省念)-분양선소(汾陽善昭)-석상초원(石霜楚圓)-곡천대도(谷泉大道). 남악(南嶽) 파초암(芭蕉菴)의 곡천대도(谷泉大道)스님이다. 천주(泉州)[복건성]의 남쪽 출신이다. 어렸을 적부터 총민하고 잘 참는 성품이었으나 큰소리를 잘 치고 오만불손하였다. 세상 사람들이 그를 미워하니 출가해버렸다. 그러나 계율을 내팽개치고 마음대로 행동하였으며 납자들을 깔보았다. 총림으로 가서는 제멋대로 하면서 아무것도 개의치 않았다. 분양(汾陽)으로 가서 선소스님을 알현하였는데 선소스님이 기특하게 여겼다. 그리고는 비밀히 수기를 하였다. 남쪽 호상(湖湘) 일대를 다니다가 자명 초원선사를 만나 법을 이었다. 그 뒤 형악(衡嶽)의 정상 부근에 있는 영봉사(靈峰寺)의 나찬암(懶瓚庵)에 머물다가 파초암(芭蕉庵)과 보진암(保眞庵)에 주석하였다. 만년에 빈주(彬州)[호남성]로 유배를 갔다가 가우(嘉祐) 연간(1056~1063)에 세수 92세로 입적하였다. 『육파비가(六巴鼻歌)』가 있다.

곤어지락병조서로(困魚止濼病鳥棲蘆) : 허약한 물고기는 못에만 머물고, 지친 새는 갈대숲에만 깃들여 산다.

골동(骨董) : 진부한 지식. 시대에 뒤떨어진 알음알이. 융통성이 전혀 없으며 뒤떨어지고 고루한 견해.

골두(骨頭) : ①욕하는 말로 '놈' '새끼'라는 뜻. ②기개. 품격. ③출신. 성분. ④골상. 용모. ⑤근육과 뼈. ⑥뼈.

골안(鶻眼) : 눈빛이 밝은 새의 눈. 밝고 민첩한 눈. 영리한 눈.

골취(鶻臭) : 겨드랑이 냄새. 액취. 암내. 언어지해(言語知解).

공간(功幹) : 뛰어난 재능. 숙련된 기량. 노련한 수완. 타고난 재간.

공과(功課) : 매일 때를 정하여 독경과 염불, 참선 등을 하는 것.

공과(供過) : 시중들다.

공과동자(供過童子) : 공과행자(供過行者), 공두행자(供頭行者), 또는 공두(供頭)라고도 한다. 선원에서 공양을 할 때 아침에는 죽, 점심에는 밥, 그리고 다과, 떡 등을 배급하는 소임을 맡은 어린 행자. 또는 불전에 공양물을 올리는 소임인 공두(供頭)를 보좌하는 동자를 말한다.

공기아(工伎兒) : 기공아(伎工兒)라고도 한다. 노래와 춤에 종사하는 사람이다. 『능가경』4권에 나오는 부처님말씀이다.(『楞伽阿跋多羅寶經』卷第四, T16n0670_p0510c19. "心爲工伎兒　意如和伎者")

공덕천흑암녀(功德天黑暗女) : 『대반열반경』12권 「성행품」에 나오는 비유다. "가섭. 세간의 뭇삶들은 전도(顚倒)됨이 마음을 덮어서 태어나는 것은 탐착하고 늙고 죽음은 싫어하고 미워한다. 가섭. 보살은 그렇지 않아서 처음 태어나는 것을 관(觀)하여 이미 좋지 못한 결과를 본다. 가섭. 마치 한 여인이 어떤 이의 집에 들어갔다. 그 여인의 얼굴이 단정하고 용모가 아름다웠으며 훌륭한 영락으로 몸을 장엄하고 있었다. 그 집 주인이 보고는 곧바로 물었다. '당신의 이름은 무엇이며 누구 소속이요?' 여인이 대답하였다. '나는 공덕대천(功德大天)이라고 해요.' 주인이 물었다. '당신은 가는 데마다 무엇을 하시오?' 여인이 대답하였다. '나는 가는 데마다 가지가지의 금·는·유리·파리·진주·산호·호박·자거·마노·코끼리·말·수레·노비·종 등을 주지요.' 주인이 듣고 나서 마음이 한량없이 환희용약(歡喜踴躍)하였다. '나에게 지금 복덕이 있기에 당신이 나의 집에 오게 되었구려.' 그리고 향을 사르고 꽃을 뿌려 공양하면서 공경하며 절하였다. 그런데 또 문밖에 다른 한 여인이 나타났다. 그 모습이 누추하고 의상이 다 떨어져 해지고 더러운 때가 많고 피부가 주름지고 갈라졌으며 살빛이 희부옇게 되어있었다. 보고나서 물었다. '당신의 이름은 무엇이며 누구 소속이요?' 여인이 대답하였다. '나의 이름은 흑암(黑闇)이에요.' 다시 물었다. '무슨 까닭으로 흑암(黑闇)이라고 이름하였소?' 여인이 대답하였다. '나는 가는 데마다 그 집에서 소유한 재물을 모두 쇠락하여 곤핍하게 하죠.' 주인이 그 말을 듣고는 얼른 예리한 칼을 잡고는 이렇게 말하였다. '당신이 빨리 떠나지 않으면 당장 목숨을 끊어 버리겠소.' 여인이 대답하였다. '당신은 엄청 어리석고 지혜가 없네요.' 주인이 물었다. '무슨 까닭으로 나를 어리석고 지혜가 없다고 하는 거요?' 여인이 대답하였다. '당신의 집에 들어간 이는 나의 언니인데, 나는 언제나 언니와 행동거지를 함께해요. 그러므로 당신이 나를 쫓아내려면 나의 언니도 쫓아내야 해요.' 주인이 안으로 도로 들어가서 공덕천에게 물었다. '밖에 한 여자가 와서 당신의 여동생이라고 하는데 실제로 맞소?' 공덕천이 말하였다. '실제로 나의 여동생이에요. 나는 이 여동생과 행동거지를 함께 하는데, 한 번도 서로 떨어져 본 적이 없어요. 그리고 가는 데마다 나는 항상 좋은 일을 하고 동생은 항상 나쁜 일을 하며, 나는 늘 이로운 일을 하고 동생은 늘 쇠락하게 하지요. 만일 나를 사랑하려는 이는 역시 그녀도 사랑하여야 하고, 나를 공경하려면 그녀도 공경하여야 해요.' 주인이 곧바로 말하였다. '만일 이와 같이 좋은 일도 나쁜 일도 한다면 나는 함께 쓸 수 없으니, 각기 마음대로 가시오.' 이때 두 여인이 서로 함께 머물던 데로 돌아갔다. 그때에 주인은 그녀들이 돌아가는 것을 보고는, 마음이 한량없이 환희용약(歡喜踊躍)하였다. 이때 두 여인은 다시 함께 가난한 집으로 가게 되었다. 가난한 사람이 보고는 마음이 기뻐서 곧바로 부탁하였다. '지금부터는 두 분께서는 늘 함께 나의 집에 항상 머물러 주십시오.' 공덕천이 말하였다. '우리들은 앞서 어떤 사람에게 쫓겨났는데, 당신은 무슨 조건으로 우리에게 머물 것을 부탁하는 거예요?' 가난한 사람이 대답하였다. '당신이 지금 나를 생각해 주기에 나는 당신을 위하여 마땅히 저 여인을 공경합니다. 이러한 까닭으로 함께 나의 집에 머물러 달라고 부탁하는 겁니다.' 가섭. 보살마하살도 역시 이와 같아서 천상에 태어나는 것을 원하지 않는다. 왜냐하면 태어나면 마땅히 늙고 병들고 죽게 되는 까닭에 모두 버리고 일찍이 애착하는 마음을 없애 버린다. 범부나 어리석은 사람은 늙고 병들고 죽음의 재난을 알지 못하므로 나고 죽는 두 가지 법을 받으려고 탐착하는 것이다."(『大般涅槃經』卷 第十二, 「聖行品」 第七之二, T12n0374_p0435b26~c26.)

공봉(供奉) : 승직(僧職)으로 황제의 고문을 담당하는 스님이다. 황제로부터 자주색 가사를 하사 받는다고 한다.

공생(空生) : 수보리 존자의 별명. 석가모니부처님의 10대 제자 가운데 해공제일(解空第一)이다.

공양주(供養主) : 공양물을 모연하는 화주승(化主僧)을 말한다.

공왕(空王) : 부처님을 말한다.

공용(功用) : 부처님의 덕용(德用). 공덕묘용(功德妙用). 공능(功能).

공정(空定) : 한결같이 마음을 모아 일체 모든 것이 인연으로 생기(生起)하므로 주객(主客)과 실체자성(實體自性)이 없어 공(空)임을 관(觀)하여 성취하는 삼매로서 삼삼매(三三昧)[공삼매(空三昧)·무상삼매(無相三昧)·무원삼매(無願三昧)]의 하나이다. 이 삼매는 유루정(有漏定)이다. 이에 반해 무루정(無漏定)은 열반이다.

공훈(功勳) : 도(道)를 닦아 증득하는 방법을 말함. 곧 공훈오위(功勳五位)를 일컫는데 동산양개(洞山良介)선사가 세운 다섯 가지의 교설이다. 1) 향(向). 자식이 부모를 향하는 것과 같이 본래부터 갖추고 있는 주인공이 있음을 믿고 돌아오는 것. 2) 봉(奉). 자식이 부모의 가르침을 받들어 좇는 것과 같이 본래부터 갖추고 있는 주인공의 명령에 받들어 좇는 것. 3) 공(功). 받들어 좇는 공(功)에 의하여 부자(父子)간에 서로 간격이 없는 것과 같이 주인공을 서로 만나보아 망견을 벗어 버리는 것. 4) 공공(共功). 부자(父子) 간에 상호 그 자리를 지킨다고는 하지만 전혀 마음속에 품고 있는 생각에서 벗어날 수 없는 것과 같이 본연의 자성을 본 후 바른 자리를 지키지 않고 일을 당한 바로 그 자리에 출생하며, 곳에 따라 환멸(還滅)하여 자유로이 활동을 하나 오히려 공(功)에 대한 자랑을 버리지 못하는 것. 5) 공공(功功). 군신(君臣)과 부자(父子)의 도리를 합하여 한 생각으로 그 사이에 의량(擬量)이 없는 것과 같이 공(功)의 지극한 곳을 투탈(透脫)하여 공불공(功不功)을 보지 못하고 스스로 무공용(無功用)의 경지에 도달하는 것. (출처: 『불교학대사전』. p96. 홍법원, 1998.)

과(果) : ①마침내. 드디어. 필경. 결국. ②진실로. 참으로.

과(過) : ①어조사. 행위 과정의 방향, 또는 동작의 완료를 나타낸다. ②이르다, 도달하다의 뜻. =지(至). ③죽음. 뛰어넘다. 도달하다. 건너다 등의 뜻이 있다. 본지(本地)를 확철히 깨달음을 말한다. ④건네주다. 내어 주다. 주다. '과(過)~여(與)'의 관용으로 쓰인다.

과(誇) : ①허풍을 떨다. 큰소리치다. ②자랑하다. 과시하다. ③칭찬하다. 기리다. ④거칠다. 굵다. ⑤아름답다. ⑥황당무계하다. ⑦노래하다.

과~여(過~與) : ~을 건네주다. ~을 내어주다.

과구(窠臼) : 암톨쩌귀. 기존의 격식을 말한다. 상투적이고 정형화되어 버린 방식. 고리타분하게 반복되는 형식. 상투적인 것. 고정화된 형식.

과굴(窠窟) : 새나 짐승들의 보금자리. 사람을 속박하는 사물. 기존의 경험이나 격식 등을 비유. 또는 사업을 비유.

과두(裹頭) : ①머리를 싸매다. 두건을 동여매다. ②남자가 성년이 되었을 때 갓을 처음 쓰는 일. ③노자로 지니는 돈과 재물. ④머슴. 과두인(裹頭人→ 당나라 때 궁중의 잡역부.

과래(過來) : 되살아나다. 깨어나다.

과연(果然) : 참으로.

과주(瓜洲) : 강소성(江蘇省) 한강현(邗江縣) 남쪽의 대운하가 장강(長江)으로 들어가는 곳에 위치하고 있는 진(鎭)을 말한다. 진강시(鎭江市)와 강을 사이에 두고 남북으로 수운교통(水運交通)의 요지였다.

과환(過患) : 과실과 우환. 재난.

곽(钁) : 괭이. '곽두(钁頭)'는 괭이를 말하고 '곽자(钁子)'는 호미를 말한다.

관(管) : 반드시, 꼭.

관계지한(灌溪志閑) : 백장회해(百丈懷海)-황벽희운(黃檗希運)-임제의현(臨濟義玄)-관계지한(灌溪志閑). ?~895. 오대(五代) 후당(後唐)의 스님이다. 위부(魏府)[하북성] 관도(館陶) 출신. 속성은 사씨(史氏). 어릴 때 백암(柏巖)스님에게 머리를 깎고 20세에 구족계를 받았다. 임제의현(臨濟義玄)스님의 법을 이음. 고안(高安)의 말산(末山)에서 비구니 요연(了然)스님의 회하에서 3년을 원두(園頭)로 살다가 만년에 장사(長沙)[호남성]의 관계(灌溪)에 주석하면서 선법을 널리 폈다. 건녕(乾寧) 2년에 입적하였다. '관계도도(灌溪道道)' '관계구마지(灌溪漚麻池)' '관계일표(灌溪一杓)' 등의 공안이 있다.

관관(關關) : 새가 지저귀는 소리. 꾸룩꾸룩. 새의 암수가 서로 화답하는 소리. 『시경』의 맨 앞에 나오는 말이다. "물수리는 끼룩끼룩 시냇가서 재잘대고"(『詩經』「周南」. "關關雎鳩, 在河之洲")

관관지(欵欵地) : 의태어. 느릿느릿한 모양. 가만히 유유자적한 모양. 화평하고 즐거운 모양. 성실한 모양. 충실한 모양. 정성스러운 모양.

관남도상(關南道常) : 남악회양(南嶽懷讓)-마조도일(馬祖道一)-염관제안(鹽官齊安)-관남도상(關南道常). 『전등록』10권에 스님의 문답화(問答話)와 약간의 소개가 나온다. "스님은 늘 학인들이 찾아오면 흔히 주장자로 때리며 쫓아내거나 '일각이 늦었다.'고 하거나, '관남의 북을 울려라.'라고 하여 제접하였으나 응답하는 이들이 드물었다."(『景德傳燈錄』卷第十, T51n2076_p0279b26~28. "師每見僧來參禮, 多以拄杖打趁. 或云: '遲一刻.' 或云: '打動關南鼓.' 而時輩鮮有唱和者.")

관남도오(關南道吾) : 마조도일(馬祖道一)-염관제안(鹽官齊安)-관남도상(關南道常)-관남도오(關南道吾). 『전등록』11권에 실려 있다. "시골을 지나가다가 무당들이 신을 찬미하면서 노래할 때에 식신(識神)이 없다는 대목에서 홀연히 깨달음이 있었다. 뒤에 관남 도상선사를 참알하고서 그 앞을 인가받았다. 다시 덕산 선감스님의 문하로 가서 법미(法味)를 더하였다. 대개 상당하여 대중 법문을 할 때에는 연꽃 모자를 쓰고, 홀을 손에 들고, 북을 두드리며, 젓대를 불면서 입으로는 노삼랑을 불렀다. 어떤 때는 '관남의 북을 치고 덕산의 노래를 불러라'고 하였다고 한다."

(『景德傳燈錄』卷第十一, T51n2076_p0288c04~08. "襄州關南道吾和尙. 始經村墅, 聞巫者樂神. 云: ‘識神無.’ 師忽然惺悟. 後參常禪師印其所解. 復遊德山門下, 法味彌着. 凡上堂示徒, 戴蓮花笠, 披襴執簡, 擊鼓, 吹笛, 口稱魯三郎. 有時, 云: ‘打動關南鼓, 唱起德山歌.’)

관대(管帶) : 관(管)은 뜻을 잊지 않는 것. 대(帶)는 몸에 지니어 여의지 않는 것. 곧, 부처님과의 인연을 몸과 마음에 항상 지니고 잃어버리지 않는 것. 꾸준히 지님. 잘못된 공부이다. 이에 상대되는 말로 망회(忘懷)가 있다.

관려자(關捩子) : 회전 장치. 문빗장. 관건. 마음. 깨달음을 여는 비밀한 요결(要訣). 조사들의 기봉(機鋒).

관불용침사통거마(官不容針私通車馬) : ‘공적으로는 바늘만큼도 용납하지 못하지만 사적으로는 수레와 말이 다닌다.’ 임제스님이 법문하면서 위산스님과 앙산스님의 대화를 인용하는 데서 나오는 구절이다. “위산스님이 앙산스님에게 물었다. ‘부싯돌불빛도 미치질 못하고 번갯불빛이라도 통하지 못한다고 하였는데 옛날부터 내려오는 성인들은 무엇으로써 사람들을 위하였나?’ 앙산스님이 말씀드렸다. ‘스님의 뜻은 어떠하십니까?’ 위산스님이 말했다. ‘만일 언설이 있다면 도무지 진실한 뜻이 없지.’ 앙산스님이 말씀드렸다. ‘그렇지는 않습니다.’ 위산스님이 말했다. ‘자네는 어떠한데?’ 앙산스님이 말씀드렸다. ‘공적으로는 바늘만큼도 용납하지 못하나, 사적으로는 말과 수레가 다닙니다.’” (『五燈會元』卷第十一, X80n1565_p0222c14~15. “潙山問仰山: ‘石火莫及, 電光罔通, 從上諸聖, 以何為人?’ 仰云: ‘和尚意作麼生?’ 潙云: ‘但有言說, 都無實義.’ 仰云: ‘不然.’ 潙云: ‘子又作麼生?’ 仰云: ‘官不容針, 私通車馬.”)

관삭(貫索) : 밧줄로 묶다. 긴 밧줄. 돈꿰미. 감옥. 별자리 이름.

관쇄(關鎖) : 자물쇠. 문을 닫고 자물쇠를 채움.

관역로(官驛路) : 역마가 다닐 수 있게 관에서 설치한 큰 대로.

관취(管取) : 반드시. 보증하다.

관행(觀行) : 마음을 관조(觀照)하는 행법.

광(光) : 거울의 밝은 면. 거울.

광각자거(狂却子去) : 미쳐버렸다. ‘각자거(却子去)’는 어조사다. 각(却)은 동작의 완성을 나타내는 어조사이고 자(子)는 시제(時制)를 나타내는 어조사며, 거(去)는 행위의 지속을 나타내는 어조사다. 미쳤다는 상태가 완성되었고(却) 지금 미쳐있으며(子) 미친 상태가 지속됨(去)을 은근히 표현한다.

광격(曠隔) : 멀리 떨어져 있음.

광덕주(廣德周) : 동산양개(洞山良价)-청림사건(青林師虔)-광덕의(廣德義)-광덕연(廣德延)-광덕주(廣德周). 오대(五代)의 스님으로 조동종스님이다. 자세한 행적은 알려져 있지 않다. '광덕파랑(廣德波浪)' '광덕아일다(廣德阿逸多)' 등의 공안을 남겼다. 『경덕전등록(景德傳燈錄)』24권·『오등회원(五燈會元)』14권·『어선역대선사어록(御選歷代禪師語錄)』후집중(後集中)·『선문염송집(禪門拈頌集)』28권·『선종송고련주통집(禪宗頌古聯珠通集)』35권·『종문염고휘집(宗門拈古彙集)』38권·『종감법림(宗鑑法林)』68권·『선림류취(禪林類聚)』15권·『오등전서(五燈全書)』29권·『지월록(指月錄)』21권 등에 그의 법문이 나온다.

광등(廣燈) : 『천성광등록(天聖廣燈錄)』이라고도 하고 『광등록(廣燈錄)』이라고도 한다. 송나라의 거사인 이준욱(李遵勗)이 지은 선사어록이다. 총30권으로 되어 있으며 1023~1031년에 걸쳐 완성되었다. 남악 회양스님 문하 9세까지 그리고 청원 행사스님 문하 12세까지 법계(法系)를 열거하고 그 어록을 편집하여 실었다. 《卍續藏經》第一百三十五冊, p298~451(《卍新纂續藏經》第七十八冊, No. 1553)에 실려 있다.

광자(狂子) : 방자하고 무례한 사람.

광전절후(光前絕後) : 앞뒤로 비할 수 없이 뛰어나다는 뜻. 뛰어난 선장(禪匠)이 앞에서도 그만한 이가 없었고 뒤로도 없음.

광주인종(廣州印宗) : 쌍봉도신(雙峰道信)-황매홍인(黃梅弘忍)-조계혜능(曹溪慧能)-광주인종(廣州印宗). 627~713. 오군(吳郡)[강소성 오현(吳縣)] 출신. 속성은 인씨(印氏). 스승을 따라 출가하여 『열반경』에 정통하였다. 함형(咸亨) 원년(670)에 수도로 갔는데 대경애사(大敬愛寺)에 주석하라는 조칙을 받았으나 한사코 거절하고, 기춘(蘄春)으로 가서 홍인대사를 참례하였다. 뒤에 광주(廣州) 법성사(法性寺)에서 『열반경』을 강의하던 중 육조 혜능대사를 만나면서 깨달음을 이루고 법을 이었다. 양나라로부터 당나라에 이르기까지의 여러 선지식들의 어록을 모아 『심요집(心要集)』을 펴냈다. 선천(先天) 2년 2월 21일에 회계산(會稽山) 묘희사(妙喜寺)에서 세수 87세로 입적하였다.

광혜원련(廣慧元璉) : 보응혜옹(寶應慧顒)-풍혈연소(風穴延沼)-수산성념(首山省念)-광혜원련(廣慧元璉). 951~1036. 천주(泉州)[복건성] 출신. 속성은 진씨(陳氏). 수산 성념스님의 법을 잇고 여주 광혜원에 주석하였다. 경우(景祐) 병자년에 86세로 입적하였다. '광혜죽간(廣慧竹竿)' '광혜보산(廣慧寶山)' 등의 공안이 있다. 제자로 화엄도융(華嚴道隆)이 있다.

광혜진(廣慧眞) : 흥화존장(興化存獎)-보응혜옹(寶應慧顒)-풍혈연소(風穴延沼)-광혜진(廣慧眞). 전기가 알려져 있지 않다. 『경덕전등록(景德傳燈錄)』13권·

『종문염고휘집(宗門拈古彙集)』39권・『지월록(指月錄)』22권・『종감법림(宗鑑法林)』28권・『연등회요(聯燈會要)』11권・『오등회원(五燈會元)』11권・『오등엄통(五燈嚴統)』11권・『오등전서(五燈全書)』22권 등에 그의 법문이 실려 있다.

광효혜각(光孝慧覺) : 마조도일(馬祖道一)-남전보원(南泉普願)-조주종심(趙州從諗)-광효혜각(光孝慧覺). 양주(楊州) 성동(城東) 광효원(光孝院)에 주석한 스님이다. 총림에서는 그를 '각철자(覺鐵觜)'라고 불렀다.

광희희지(光爀爀地) : 희(爀)는 불빛을 말함. 희희(爀爀)는 불빛이 밝게 빛나는 모양. 광희희지(光爀爀地)는 광명이 찬란하게 비치는 모양으로 대오(大悟)함을 말한다.

괘(挂) : 말하다. 입에 올리다.

괘착순치(挂著脣齒) : 괘(挂)는 말하다, 입에 올리다는 뜻. 순치(脣齒)는 말 또는 한담을 나누다는 뜻. 곧, 괘착순치(挂著脣齒)는 '입에 올려 말하다'는 뜻이다.

괘착치아(挂著齒牙) : 입에 올려 말하다. '치아(齒牙)'는 말. '괘(挂)'는 입에 올리다, 말하다.

괘치(挂齒) : 입에 올리다. 괘(挂)는 말하다. 입에 올리다는 뜻.

괴(恠) : 의심하다. 비웃다. 책망하다. 원망하다. 미워하다.

괴뢰(傀儡) : 꼭두각시, 망석중이, 허수아비. 흙이나 나무로 만든 인형이다.

괴회(魁膾) : 망나니.

교(翹) : 들다. 쳐들다. 꼬리. 날개. 깃털.

교강합초(咬薑呷醋) : 생강을 씹고 초를 마시다. 곧 가난한 생활을 말한다.

교결(皎潔) : 맑고 깨끗하다.

교봉(交鋒) : 서로 논쟁하는 것. 쌍방이 맞붙어 싸움. 칼날을 서로 맞부딪침.

교섭(交涉) : 서로 어울리다. 서로 이르다. 서로 관계하다. 서로 관계하여 통하게 하다. 파급되다. 접촉하다. 왕래하다. 문제를 해결하기 위하여 상대방과 협상하다 등의 뜻이 있다. 선종에서는 대오(大悟)하는 것을 말한다.

교승(教乘) : 가르침을 통해 뭇삶들을 열반으로 싣고 감.=교법(教法).

교아(嬌兒) : 애들. 사랑하는 자식.

교작(嚙嚼) : 잘 깨물고 씹다. 잘 음미하다. 뜻을 잘 음미하여 깨달음.

교주(橋柱) : 다리의 몸체를 받치는 기둥.

교지(巧智) : 재치 있고 슬기로움. 교묘한 재주와 지혜.

교진생강합진초(咬盡生薑呷盡醋) : 생강을 다 씹고 식초를 몽땅 마시다. 곧 극도로 가난해지다는 뜻.

교청(膠淸) : 잡것이나 찌꺼기가 섞이지 않은 양질의 아교. 안료나 염료의 선명한 색깔.

교치(交馳) : 서로 분주하게 끊임없이 왕래함. 서로 뒤섞이어 헷갈림.

교치(齩齒) : 자면서 이를 갈다. =교치(咬齒).

구(勾) : ①야기하다. 일으키다. 끌어내다. 끌어 들이다. 끌어넣다. 유인하다. 결탁하다. ②불러 모으다. 징발하다. 징집하다.

구(夠) : 도달하다. 애써 ~하다. 많다. 모으다. 모이다. 넉넉하다. 이르다. 닿다. 미치다. 싫증나다.

구가(謳歌) : 노래 부르다. 많은 사람들이 찬탄하여 노래하다. 행복하고 즐거운 마음을 마음껏 드러내다.

구구(區區) : ①매우 바쁨. ②작은 모양. 미미함. ③득의(得意)한 모양. ④애정. 사랑함. ⑤부지런히 힘쓰는 모양. ⑥작고 용렬함. 작고 용렬한 마음. 자신을 겸칭할 때 쓰는 말. ⑦마음. 진실하고 솔직한 마음. ⑧구애되다. 융통성이 없다. ⑨어리석고 옹졸하다. ⑩나라. ⑪구불구불하다. ⑫바삐 지내면서 고생하는 모습. ⑬시시하다. 작다. 사소하다. 보잘것없다.

구니(垢膩) : 더러운 때.

구두(鉤頭) : 저울대에 달려 있는 것으로 꿰어서 물건을 들어 올릴 때 쓰는 것인데 낚싯바늘처럼 생겼다. 선가(禪家)에서 '바로 지금의 말'을 뜻한다.

구두성색(口頭聲色) : 말하는 모양, 말투.

구류중생(九類衆生) : 『금강경』에서 뭇삶이 태어나는 형태별로 아홉 범주로 나눈 것이다. 곧 난생(卵生)·태생(胎生)·습생(濕生)·화생(化生)·유색(有色)·무색(無色)·유상(有想)·무상(無想)·비유상비무상(非有想非無想)의 아홉이다.

구마지(漚麻池) : 삼을 담그기 위하여 파놓은 웅덩이. 특별한 것 없는 평범한 곳.

구멱(求覓) : 구하여 찾음.

구소(九霄) : 하늘을 아홉 분야로 나눈 것. 신소(神霄)·청소(靑霄)·벽소(碧霄)·단소(丹霄)·경소(景霄)·옥소(玉霄)·낭소(琅霄)·자소(紫霄)·태소(太霄)의 9곳이다.

구쇄(鉤鎖) : 연결하다. 구불구불한 쇠사슬.

구십륙종(九十六種) : 96종의 외도를 말한다. 석가모니부처님 당시에 세력이 강한 6명의 스승들이 있었는데, 그들의 이름은 뿌란나 카사파(ⓈPūrana-Kassapa), 마칼리 고살라(ⓈMakkhali-Gosāla), 산자야 벨라타풋타(ⓈSañjaya-Belatthaputta), 아지타 케사캄발리(ⓈAjita-Kesakambali), 파쿠다 카차야나(ⓈPakudha-Kaccāyana), 니간타 나타풋타(ⓈNigantha-Nātaputta) 등이다. 이 6명의 외도들이 각각 15명의 뛰어난 제자들로 문파를 이루고 있었으므로 6×15=90명이 된다. 여기에 위의 여섯 명을 합하면 96명이 되므로 96종 외도라고 한다.

구의(句義) : Ⓢpadārtha. 문구(文句). 문장의 구절. 글귀. 글귀에 따라 말로 표현해 낼 수 있는 것. 범주(範疇). 개념과 개념의 내용으로서 표시되어지는 사물. 일체의 사물을 분류하여 어떠한 것이라고 규정하여 놓고 그에 따르는 구체적인 의미의 내용을 성립시켜 내는 기본적 개념 바탕.

구인(蚯蚓) : 지렁이.

구일(舊日) : 이전. 지난날.

구자(毬子) : 공. 이리저리 뛰는 마음을 말한다.

구장로(矩長老) : 누구인지 정확히 알 수 없다. 장경대안(長慶大安)스님의 법사(法嗣)인 천주혜일(泉州慧日)스님으로 추측된다. 천주국환숭복원(泉州國歡崇福院)의 혜일(慧日)스님의 이름이 문구(文矩)이다. 나산스님이나 화산스님의 노스님 뻘 된다.

구집(拘執) : 체포하다. 고집하다. 융통성이 없다.

구창(灸瘡) : 뜸을 뜨고 나면 그 자리가 헐어서 생기는 부스럼.

구창상갱착애작(灸瘡上更著艾爝) : 뜸을 떠서 생긴 부스럼 위에다 다시 쑥뜸을 또 얹는다. 곧 본래 선기(禪機)에 계합하지 못했는데 다시 허망한 언구작략(言句作略)을 하는 것. 잘못된 위에 다시 잘못을 보태다.[=착상가착(錯上加錯)]

구치(驅馳) : 말과 수레를 몰아 빨리 달리다. 바삐 돌아다니며 힘쓰다. 남을 위하여 고생하다. 남을 위해 부지런히 일하다.

구해(構害) : 죄를 얽어 모함하다.

구향(久響) : 오래전부터 명성이 자자하다. 예전부터 존경하고 경모해 왔다는 것을 나타내는 말이다. 오래전부터 존경하는 마음에서 한 번 보고 싶었던 사람과 첫 대면할 때 사용한다.

구활(口滑) : ①말이 매끄럽게 술술 나오다. ②음식이 구미에 맞다.

국다(毱多) : 마하가섭(摩訶迦葉)-아난다(阿難陀)-상나화수(商那和修)-우바국다(優婆毱多). 부법장(付法藏)의 제4조이다. 우바국다는 아쇼카왕의 스승이다. 마돌라국에서 태어나 17세에 상나화수존자에게 법을 부촉받았다. 아쇼카왕을 위하여 우타산으로부터 화씨성에 이르러 설법하였다. 아쇼카왕에게 권유하여 석가모니부처님의 유적에다 8만 4천 개의 탑을 세우게 하였다한다.

국사삼환시자(國師三喚侍者) : 남양 혜충국사가 시자를 세 번 부른 공안. "남양 혜충국사가 스님 곁에서 30년이나 시봉한 시자스님을 깨닫게 해주어야겠다고 생각하고 어느 날 공양을 마치고 불렀다. '시자야!' 시자가 그 자리서 대답했다. '스님, 왜 그러십니까?' 조금 있다가 또 불렀다. '시자야!' 시자가 또 대답했다. '스님, 왜 그러십니까?' 조금 있다가 시자 얼굴에 대고 불렀다. '불조(佛祖)! 불조(佛祖)!' 시자가 망연하여 이해를 못하고서 여쭈었다. '스님. 누구를 부르셨습니까?' 국사가 부득이하여 분명히 밝혔다. '내가 너를 불렀다!' 시자가 알지 못하고 말했다. '스님, 제가 시자일 뿐인데 불조라고 부르지 마세요!' 국사가 개탄하여 말했다. '네가 앞으로 내가 너를 저버렸다고 하지 마라. 도리어 네가 나를 저버린 것이다.'" (『五燈會元』卷第二, X80n1565_p0060c09~10. "一日喚侍者, 侍者應諾. 如是三召三應, 師曰: '將謂吾孤負汝, 却是汝孤負吾.'")

국청원봉(國淸院奉) : 마조도일(馬祖道一)-남전보원(南泉普願)-조주종심(趙州從諗)-국청원봉(國淸院奉). 자세한 전기가 없다. 『경덕전등록(景德傳燈錄)』11권·『대광명장(大光明藏)』권중(卷中)· 『오등회원(五燈會元)』4권·『오등엄통(五燈嚴統)』4권·『오등전서(五燈全書)』8권 등에 문답화가 보인다.

군(痳) : 마비되다. 손과 발이 마비되다. 痳(군)과 같은 글자이다.

군대(裙帶) : 군대초(裙帶草)를 말한다. 잎이 치마끈을 닮았다고 해서 붙여진 이름이다. 문주란(文珠蘭), 우황산(牛黃傘), 진경검(秦瓊劍), 천층희(千層喜), 편담엽(扁擔葉) 등으로 불린다. 『전등록』23권에서는 "군대향(裙帶香)에 불이 붙었다."고 나와 있다. (『景德傳燈錄』第二十四, T51n2076_p0391c08. "火燒裙帶香.")

군신도합(君臣道合) : 동산 양개선사가 학인을 접인하는 데 있어 제시한 오위군신(五位君臣)을 말한다. 군(君)은 정위(正位)요 신(臣)은 편위(偏位)다. 군신도합(君臣道合)은 오위군신 가운데 제5위로서 정(正)도 아니요 편(偏)도 아닌 가장 현묘함이다. 오위군신(五位君臣)은 군위(君位)·신위(臣位)·군시위(君視位)·신향군(臣向君)·군신합(君臣合)의 오위(五位)이다.

굴롱(窟籠) : 동굴, 구멍. 틈새, 결점.

굴지(屈指) : 손꼽아 수를 세다. 시간이 짧거나 수량이 적음. 첫 손가락을 꼽을 정도로 특출하다. 굴지가수(屈指可數)→ 수량이 적다. 손가락을 꼽을 수 있다.

굴택(窟宅) : 거주함. 깃들여 삶. 신령의 거처. 동물이 서식하는 동굴. 악당이나 도적의 소굴.

궁상각치(宮商角徵) : 동양 음악의 다섯 가지 기본 음계에서 우(羽)를 뺀 나머지 넷이다.

궁초(弓梢) : 활과 댓가지. 곧 활과 화살을 말함. = 궁시(弓矢). 궁전(弓箭).

권(圈) : 일정한 구역. 일정한 범위. 동그라미. 고정적인 격식. 묶음. 뭉치. 우리. 권속. 종속. 경계를 긋다.

권궤(圈績) : 틀 테두리. 올가미. 함정.

권렴(卷簾) : 발을 말아 올리다. 주렴을 걷어 올리다.

권차(權借) : '잠시 여쭙겠습니다.' 공손히 질문을 하다. 방편으로 빌리다. 權(권)은 우선, 잠시의 뜻. 借(차)는 경의를 표하는 말로 쓰이는데 청하다, 간청하다의 뜻. 借問(차문)은 '감히 여쭤보겠습니다'는 뜻.

권축(權軸) : 권력. 권력의 중추. 육경(六卿)과 삼상(三相)의 직책이나 재상의 직책을 말한다.

권형(權衡) : 저울. 저울질하다.

궐하(闕下) : 궁궐. 경성(京城). 임금의 앞.

궤의(軌儀) : 법칙. 의궤. 의례.

귀(貴) : ~하려고 하다. ~하고자 하다.

귀(歸) : 한데 모으다. 한데 합치다. 하나로 합치다.

귀도(貴圖) : 귀(貴)는 ~하고자 하다는 뜻. 꾀하다. 도모하고자 하다. ~하려고 희망하다.

귀득(貴得) : ~하기를 바라다. ~하고자 하다.

귀요(貴要) : ~하려고 하다. ~하고자 하다.

귀의발하간(歸衣鉢下看) : 그릇을 내려놓은 곳에 귀의하여 살펴보다. 곧 바로 지금 그 자리를 살펴보라는 뜻.

귀자(鬼子) : ~하는 놈. ~같은 놈. 사람을 욕하는 말이다.

귀전(歸田) : 사직하고 고향으로 돌아가서 농사를 짓다.

귀종남화상(歸宗南和尙) : 여산(廬山) 귀종사(歸宗寺)에 주석하였던 황룡혜남(黃龍慧南)스님을 말한다. 수산성념(首山省念)-분양선소(汾陽善昭)-석상초원(石霜楚圓)-황룡혜남(黃龍慧南).

귀종사(歸宗寺) : 강서성(江西省) 성자현(星子縣) 여산(廬山)의 남쪽 자락에 위치해 있던 절이다. 동진(東晉) 함강(咸康) 6년(340)에 우장군(右將軍)이던 왕희지(王羲之)가 옛집을 내주어 삼장법사 불타야사(佛陀耶舍)를 위해 건립해 주었다. 당원화(唐元和)[806~820] 년중에 지상(智常)스님이 중흥하였다. 백락천(白樂天)과 이발(李渤) 등의 문인들이 자주 드나들었다고 한다. 뒤에 선원으로 성격이 바뀌었다. 진정 극문스님도 이 절의 주지를 역임한 바 있다.

귀종자보(歸宗自寶) : 운문문언(雲門文偃)-쌍천사관(雙泉師寬)-오조사계(五祖師戒)-귀종자보(歸宗自寶). 여주(廬州)[안휘성(安徽省) 합비(合肥)] 출신. 보수선사(寶壽禪師), 동산자보(洞山自寶)라고도 한다. 협석사(硤石寺)에 출가하여 오조사계스님의 법을 이었다. 일찍이 사계스님의 회하에서 창고를 관리하는 소임을 보고 있었다. 그때 사계스님이 병이 들어 약을 달이기 위하여 시자를 창고로 보내 생강을 얻어오게 했다. 그런데 자보스님이 시자를 꾸짖고는 생강을 내주지 않았다. 시자가 사실을 말씀드리니 사계스님은 바로 돈을 주며 사오도록 했다. 자보스님은 그제야 생강을 내어 주었다. 그 후 균주(筠州) 동산사(洞山寺)에 주지자리가 비게 되었는데 그곳 군수는 사계스님에게 편지를 보내어 주지를 천거해 달라고 부탁했다. 사계스님은 '나에게 생강을 파는 자라면 주지를 할 만하다'고 하면서 마침내 자보스님을 동산사의 주지로 추천했다. 그 이후 여산 귀종사로 옮겨 주석하다가 다시 운거산에서 법을 펼쳤다.

귀종지상(歸宗智常) : 조계혜능(曹溪慧能)-남악회양(南嶽懷讓)-마조도일(馬祖道一)-귀주지상(歸州智常). 귀종지상(歸宗智常), 식안귀종(拭眼歸宗), 지진지상(至眞智常)선사라고도 한다. 강릉(江陵)[호북성] 출신. 속성은 진씨(陳氏). 출가 후 마조 도일선사를 모시고 있다가 크게 깨달았다. 눈동자가 두 개여서 약으로 늘 씻었으므로 식안(拭眼)[눈을 씻음]귀종선사라고도 불렸다. ‘귀종참사(歸宗斬蛇)’ ‘귀종오미(歸宗五味)’ ‘귀종즉여(歸宗卽汝)’ ‘귀종보리(歸宗菩提)’ ‘귀종정개(歸宗鼎蓋)’ ‘귀종예마(歸宗拽磨)’ ‘귀종기권(歸宗起拳)’ ‘귀종수미(歸宗須彌)’ ‘귀종전신(歸宗全身)’ ‘귀종설선(歸宗說禪)’ 등의 공안이 있다. 부용영훈(芙蓉靈訓), 고안대우(高安大愚) 등 5명의 제자를 두었다.

귀종참사(歸宗斬蛇) : 귀종스님이 호미로 뱀의 허리를 끊어버린 화(話)다. “귀종 지상스님이 풀을 깎고 있는데 경전을 강의하는 학승이 와서 참례하였다. 문득 뱀 한 마리가 지나가니 귀종스님이 호미로 끊어버렸다. 그 스님이 말하였다. ‘오래전부터 뵙고 싶었던 귀종스님께서 원래 이러한 거친 짓을 하는 사문이셨습니까?’ 귀종스님이 말했다. ‘좌주는 차실로 돌아가서 차나 마시게.’”(『景德傳燈錄』卷第七, T51n2076_p0256a24~26. “講僧來參, 忽有一蛇過, 師以鋤斷之. 僧云:‘久響歸宗, 元來是箇麤行沙門?’師云:‘坐主歸茶堂內喫茶去.’”)

귀종회운(歸宗懷惲) : 운암담성(雲巖曇晟)-동산양개(洞山良价)-운거도응(雲居道膺)-귀종회운(歸宗懷惲). 여산(廬山) 귀종사(歸宗寺)의 제3세 주지이다. 『경덕전등록(景德傳燈錄)』20권·『오등회원(五燈會元)』12권·『오등엄통(五燈嚴統)』12권·『오등전서(五燈全書)』28권·『선종송고련주통집(禪宗頌古聯珠通集)』34권·『종감법림(宗鑑法林)』66권 등에 문답화(問答話)가 나와 있다.

귀주(鬼做) : 죽다.

규모(規模) : 틀. 본보기. 모범. 본뜸.

균(鈞) : 무게의 단위. 1균(鈞)은 30근이라고 함.

균양성(筠陽城) : =균운성(筠雲城). 균주(筠州)[현재 강서성(江西省) 고안시(高安市)]를 말한다.

균주흥교(筠州興教) : 수산성념(首山省念)-분양선소(汾陽善昭)-낭야혜각(瑯邪慧覺)-흥교원탄(興教院坦). 영가(永嘉)[절강성] 출신. 속성은 우씨(牛氏). 은(銀)을 가공하는 일을 하였는데 어느 날 은병을 만들면서 담금질하고 갈다가 깨달음이 있었다. 그 후 곧장 낭야 혜각스님을 찾아 법을 잇고 천의 의회스님 회상에서 제1좌로 지냈다.

극목(極目) : 눈에 가득하다. 시력을 다하여 한껏 멀리 바라보다.

극부도자(克符道者) : 백장회해(百丈懷海)-황벽희운(黃檗希運)-임제의현(臨濟義玄)-극부지의(克符紙衣). 탁주지의(涿州紙衣), 또는 극부지의(克符紙衣)라고도 한다. 탁주(涿州)[하북성(河北省) 고안(固安)] 출신. 평소에 종이로 만든 옷을 즐겨 입었으므로 지의화상(紙衣和尙)이라 불렀다고 한다. 인(人)과 경(境)의 사중관계(四重關係)[후에 사료간(四料簡)이라 함]를 참구하여 마침내 깨달음에 이르렀다고 알려지고 있다.

극칙(極則) : 생사를 초월하여 궁극적으로 미묘한 이치의 법칙.

근(近) : ①알다. 이해하다. ②바라다. 추구하다. ③대개. 대체로. 아마.

근각(根脚) : 내막. 진상. 입장. 처지. 발자취. 행적. 발뒤축. 발뒤꿈치. 근각하(根脚下)→ 본바탕. 본래 면목. 발밑. 서있는 곳.

근골(筋骨) : 인대와 골격. 근육과 뼈대. 체력. 신체. 관건. 핵심.

근주(根株) : 토대. 기초. 근절하다. 뿌리째 뽑다. 식물의 뿌리와 줄기.

금(今) : 무릇, 대저. 만일, 만약. 곧, 당장, 즉시. 이, 이것.

금강(金剛) : 금강역사(金剛力士) 또는 금강밀적(金剛密跡)을 말한다. 모든 손에 금강저(金剛杵)를 들고 불법을 보호하는 천신(天神)의 통칭이다.

금강권(金剛圈) : 선사들이 학인들을 제접할 때에 벽관(壁觀)으로 사용하는 방편수단이다. 권(圈)은 한정된 구역과 범위, 우리, 또는 ○(동그라미)를 말한다. 따라서 금강권(金剛圈)은 도저히 부수고 뚫을 수 없는 구역을 말한다. 학인의 인연이 무르익으면 선사들이 이러한 상황으로 몰고 가서 활연히 대오(大悟)하게 한다.

금강안정(金剛眼睛) : 학인들의 우열을 가릴 수 있는 능력. 진여(眞如)를 볼 수 있는 안목.

금강왕보검(金剛王寶劍) : ①이 칼을 한 번 휘두르면 일체의 정식(情識)과 지해(知解)가 없어진다고 한다. (『人天眼目』卷之二, T48n2006_p0311b21. "金剛王寶劍者, 一刀揮盡, 一切情解.") ②임제스님의 사할(四喝) 중의 하나. (『鎭州臨濟慧照禪師語錄』, T47n1985_p0504a26~29. "師問僧: '有時一喝如金剛王寶劍, 有時一喝如踞地金毛師子, 有時一喝如探竿影草, 有時一喝不作一喝用. 汝作麼生會?' 僧擬議, 師便喝.")

금강저(金剛杵) : 고대 인도의 무기로서 보리심을 상징한다.

금강체(金剛體) : 금강과 같은 불신(佛身)의 공덕.

금단(今但) : 어기조사. 무릇, 대저. =부(夫)

금란(金鑾) : 금란선스님을 말한다. 수산성념(首山省念)-분양선소(汾陽善昭)-석상초원(石霜楚圓)-금란선(金鑾善). 『오등회원』 12권에 스님에 관한 얘기가 나온다. 취암 가진스님이 처음에 자명스님을 참례하였을 때 선시자(善侍者)와 함께 여름 안거를 보내게 되었다. 선시자(善侍者)는 자명스님의 뛰어난 제자로 도오 오진스님과 양기 방회스님도 그에게 감복하여 높이 받들었다. 취암스님은 자명스님을 친견하기에 부담이 되어 어찌할 바를 모르고 있었다. 선시자(善侍者)가 말을 붙여보고는 철저하지 못함을 알고 웃었다. 하루는 산행을 갔다가 기봉을 드러냄을 얘기하다가 선시자(善侍者)가 기와조각 하나를 잡고 반석 위에다 올려놓고 말했다. "만일 여기서 일전어(一轉語)를 말한다면 자명스님을 친견케 해주겠다." 취암스님이 이리 저리 돌아보며 답을 찾으려 하자 선시자(善侍者)가 꾸짖으며 말했다. "생각을 그만두고 기교를 멈추어라. 정식(情識)으로는 뚫을 수가 없다. 어찌 꿈에라도 보겠느냐?"(『五燈會元』卷第十二, X80n1565_p0247b10~15. 참조.)

금류박산(金流朴散) : 세월이 흘러 근원적인 것이 분리되고 변하다. '금류(金流)'는 흐르는 강물, 곧 세월을 말한다. '박산(朴散)'은 노자 『도덕경』28장에 "박산즉위기(樸散則爲器)"라고 나온다. '근원적인 것이 분리되고 변하다'의 뜻이다.

금륜수제(金輪水際) : 고대 인도의 우주론에서 세계의 맨 밑바닥에는 허공이 있고 허공 위에 풍륜(風輪)이 있으며 풍륜 위에는 수륜(水輪)이 있고 수륜 위에 금륜(金輪)이 있다고 한다. 산과 바다 등은 모두 이 금륜에 있다고 함. 금륜수제(金輪水際)는 이 금륜이 물에 닿는 맨 밑바닥을 말한다.

금륜천자(金輪天子) : ①금륜왕(金輪王)이라고도 한다. 전륜성왕(轉輪聖王)을 말한다. ②태양을 말함. ③당나라 측천무후를 말한다. 측천무후는 존호(尊號)를 금륜(金輪)으로 썼다.

금반(金盤) : ①금속으로 만든 쟁반. ②해와 달.

금봉종지(金峰從志) : 운암담성(雲巖曇晟)-동산양개(洞山良价)-조산본적(曹山本寂)-금봉종지(金峰從志). 오대후량(五代後梁)때의 조동종스님. 호는 현명(玄明)이다. 조산 본적스님의 법을 잇고 나서 무주(撫州) 금봉(金峰)에 머무르다가 금릉(金陵) 보은원(報恩院)에 주석하면서 입적하였다. 시호는 원도선사(圓度禪師)이고 탑호는 원적(圓寂)이다. '금봉노파(金峰老婆)' '금봉함개(金峰函蓋)' '금봉조주(金峰趙州)' '금봉약거(金峰若擧)' '금봉금배(金峰金杯)' '사해안청(四海晏淸)' '금봉금주(金峰擒住)' 등의 공안이 있다.

금산달관(金山達觀) : 풍혈연소(風穴延沼)-수산성념(首山省念)-곡은온총(谷隱蘊聰)-금산담영달관(金山曇穎達觀). 989~1060. 송대(宋代) 임제종스님이다. 항주(杭州)[절강성] 전당(錢塘)사람이다. 속성은 구씨(丘氏). 호는 달관(達觀). 13

세에 용흥사(龍興寺)로 출가하였다. 처음에 태양경현(大陽警玄)스님을 참알하였다가 뒤에 곡은 온총스님을 참례하고 그 법을 이었다. 그 뒤 윤주(潤州)[강소성] 금산(金山) 용유사(龍游寺)에 주석하였다. 가우(嘉祐) 5년에 72세로 입적하였다.

금성(金聲) : ①종소리. 징소리. 쇳소리. ②편종이나 편경에서 나는 소리. ③남의 목소리를 아름답게 이르는 말. ④공경하는 목소리. ⑤훌륭한 명성.

금쇄(金鎖) : 금쇄현관(金鎖玄關)의 줄임말. 또는 금쇄난(金鎖難)이라고도 한다. 단단한 무쇠로 봉쇄해버린 관문. 또는 황금사슬. 『대지도론』 22권에서는 계(戒)에 집착하는 것을 감옥에서 벗어났으나 채워진 차꼬에서는 벗어나지 못한 것으로 비유하였다. (『大智度論』卷第二十二, T25n1509_p0226a09~15. 참조.)

금아(金牙) : 고대에 활을 잘 다루던 사람의 이름으로 추정된다. "금아(金牙)는 신장(神鏘)을 잘 다룰 줄 알았으며" (『禪門拈頌集』卷第十八, K46-0301. "金牙解使神鏘".) 또는 쇠북과 장군기가 있는 대장군의 진영을 말하기도 한다. 『조정사원』 5권에서는 "'금아작(金牙作)'은 당나라 『울지전(尉遲傳)』에선 '금아'의 일이 없다. 대개 속어에서 나온다."라고 설명되어 있다. 또 7권에서는 "일찍이 『울지공전(尉遲公傳)』을 읽어보았는데 '금아활[금아호시(金牙弧矢)]'의 이야기가 나오질 않았다. 또한 이 말이 어디에서 만들어진 것인지 알려진 것이 없다."라고 설명이 나온다.

(『祖庭事苑』卷第五, X64n1261_p0378b14. "金牙作' 唐, 『尉遲傳』無金牙事. 蓋出於俚語." X64n1261_p0417c05~06. "嘗讀 『尉遲公傳』, 而且無金牙弧矢之說. 亦未詳於何而作此言.) 아마도 이 금아(金牙)라는 사람의 이야기는 중국 서부지방의 민간에서 위구르족과 관계된 속설로 널리 회자되었던 인물인 듯하다.

금정(金睛) : 반짝이는 눈동자. 곧 눈빛이 날카로움. 안목이 예리함.

금조(今朝) : 오늘 아침. 오늘.

금종(擒縱) : 사로잡음과 풀어 줌. 일의 완급(緩急)을 말한다.

금화구지(金華俱胝) : 마조도일(馬祖道一)-대매법상(大梅法常)-항주천룡(杭州天龍)-금화구지(金華俱胝). 복청(福淸)[복건성]사람. 법명은 원수(元修)이다. 당 무종(武宗) 때 영석산(靈石山)에다 암자를 짓고 칠구지주(七俱胝咒)를 늘 외웠으므로 구지화상이라고 불렸다. 선종(宣宗) 4년(849)에는 취석원(翠石院)을 창건하였다. 천룡스님에게서 법을 이어받고 무주(婺州)의 금화산(金華山)에서 학인을 제접하였다.

급(及) : ①어찌 ~하겠느냐?=기(豈). ②가령, 설사, 만일.

급업(岌嶪) : 높고 가파른 모양. 위급함.

긍(肯) : 어찌. ~하기를 바라다.

긍로(肯路) : 수긍하는 길. 깨달음에 계합하는 방편.

긍주(肯做) : 기꺼이 일을 하다, 자진하여 일을 하다.

긍중(肯重) : ①신임하고 존중함. 추앙하고 존중함. 수긍하고 존중하다. ②매우 긍정하다. ③본분에 확실히 계합하다.

기(旣) : ①곧, 바로 =즉(卽). ②장차, 뒤에, 이윽고, 머지않아. ③모두, 전부. ④그. ⑤이미. ⑥이렇게 된 바에야. ⑦이르다. 확정하다. 다하다. 끝내다. 잃다. ⑧개기일식.

기(機) : ①세밀한 장치가 되어 있는 기구를 말한다. 기계틀, 베틀, 기틀. ②어떤 일의 실마리나 조짐의 뜻으로 쓰인다. 선가에서는 '깨달음의 실마리', '깨달음의 밑천'이란 의미로 쓰고 있다. ③심정, 생각, 뜻. 천성(天性). 영감(靈感).

기(其) : 나. 그 . 그들. 아마도. 마땅히 ~해야 한다. 어찌. 대관절. 도대체. 설마. 장차, 앞으로. 이미, 벌써. 바로. 만일, 만약. 혹은, 또는, 아니면. 몹시, 매우. 바라다. ~조차도. 오히려.

기(期) : 의문사=기(其).

기강(紀綱) : ①=대체(大體), 강령(綱領), 법도(法度). 근본이 되는 큰 줄거리. ②마음. ③본보기가 되는 인물. ④하인을 통솔하는 사람. ⑤다스리다. 감독하다. ⑥모략.

기관(機關) : 선사들이 학인들을 깨우치려고 그 근기에 따라 시설하는 기법(機法).

기궁(己躬) : 자기. 자기 자신.

기기상부(機機相副) : 기기상응(機機相應)과 같은 뜻. 투합하다. 두 사람의 마음이 어떠한 일에나 의견이 합치하는 것.

기도(起倒) : 실마리, 두서, 갈피. 높고 낮음, 무겁고 가벼움, 좋고 나쁨. 세속에 따라 흥하거나 쇠함. 좋았다 나빴다 하는 상황이 반복되는 것.

기래끽반 곤래타면(饑來喫飯 困來打眠) : 배고프면 밥 먹고 피곤하면 잠 잔다. 대주혜해(大珠慧海)스님의 법문이다. "원율사가 와서 여쭈었다. '스님께서도 도를 닦으실 때에 공력을 쓰십니까?' 스님이 말했다. '공력을 쓰지요.' 말씀드렸다. '어떻게 공력을 쓰십니까?' 스님이 말했다. '배고프면 밥을 먹고, 피곤하면 잠을 잡니다.' 말씀드렸다. '모든 사람들도 다 이러한데, 스님과 똑같이 공력을 쓰는 것 아니겠습니까?' 스님이 말했다. '같지 않습니다.' 말씀드렸다. '어째서 같지 않습니까?' 스님이 말했다. '저들은 밥을 먹을 때에 밥을 먹지 않고 백 가지로 찾아 모색하며, 잠을 잘 때엔 잠을 자지 않고 천 가지로 계교합니다. 그러므로 같지 않은 것입니다.' 율사가 말문이 막히고 말았다." (『景德傳燈錄』卷第六, T51n2076_p0247c01~06.)

기모화양(起模畫樣) : 모형을 본떠서 무늬를 그대로 그리다. 솔선하여 모양을 지어내어서 학인들로 하여금 그대로 본을 따라 참학(參學)하게 하는 것.

기봉(機鋒) : 선사(禪師)가 수행승을 인도할 경우에 보이는 날카로운 수단 방법. 매우 민첩하고 격렬하기에 이렇게 표현한다.

기불견(豈不見) : 이미 알고 있는 바와 같이. 이미 알고 있을 것이다. 다음과 같은 사실을 이미 알고 있을 것이다.

기사(機思) : 생각. 기민한 생각. 교묘한 구상. 또는 뇌(腦).

기쇄(羈鎖) : 얽매임. 구속, 속박.

기식(氣息) : 습성. 기미. 소식. 냄새. 숨. 호흡의 기운. 말소리.

기양(起樣) : 무늬를 짜 넣다. 새로운 옷의 양식을 만들어 내다.

기연(旣然) : 본래 그러하다. 이미 그러하다. 이왕 그렇게 된 바에야[추론의 요인이 된 사실을 나타낼 때 쓰는 말=기시(旣是)].

기용(機用) : 선가(禪家)의 종장(宗匠)이 언어로는 미칠 수 없는 예리한 기봉(機鋒)으로 통해 학인들에게 베푸는 것.

기이(旣爾) : 이로부터. 지금부터. 이미, 벌써.

기전(機前) : 기선(機先)과 같은 뜻. 어떤 일이 일어나려는 그 직전을 말하는데, 선림(禪林)에서는 한 생각이 일어나기 전의 상태, 또는 한 마디의 말을 내뱉기 전의 상태를 형용하는 말로 쓴다.

기조(旣兆) : 기(旣)는 전부, 모두. 조(兆)는 시작하다. 개시하다. '비로소 갖추어지다.'

기증(幾曾) : 언제 ~한 적이 있었는가? 언제.

기지(基趾) : ①일의 근본. 일의 기틀. ②한 지역의 범위. ③건축물의 기초.

기지(機智) : 기민하고 총명하다. 교활하다. 교묘하고 요령이 좋다.

기특(奇特) : ①기이하고 특별한 것. 홀로 우뚝한 것. ②Ⓢāścarya[아사리이(阿奢理貳)]의 번역이다. 구자국(龜玆國)에 있던 가람을 말한다. ③Ⓢadbhuta[알부다(遏部多)]의 번역. 구부경(九部經)의 하나다. 미증유법(未曾有法)이라고 번역한다. 불경 가운데 신비하고 불가사의함과 관련된 것이나 부처님의 위대한 공덕을 찬탄한 것을 말한다. ④Ⓢkautūhala(카우투하라)의 음역. 기묘특별(奇妙特別)로 번역. 미묘하고 불가사의한 부처님의 위대함을 찬탄하는 표현.

기호(幾乎) : ~에 가깝다.

기휘(忌諱) : ①기피함, 꺼림, 금기시함. 풍속이나 관습상으로 상서롭지 못한 일이라고 여겨 금기함. ②죽은 자의 명복을 빌다. ③선왕의 죽은 날짜와 이름.

긴긴지(緊緊地) : 팽팽하게. 바짝. 꽉.

긴착(緊着) : ①서두르다. 다그치다. ②늘. ③마음대로.

긴초(緊峭) : ①굳세고 씩씩하다. ②매우 밀착되어 있다.

길주지성(吉州志誠) : 쌍봉도신(雙峰道信)-황매홍인(黃梅弘忍)-조계혜능(曹溪慧能)-길주지성(吉州志誠). 태화(太和)[강서성] 출신 스님이다. 처음엔 신수스님의 회하에 있었으나 혜능스님의 법을 이었다. 그 후 길주(吉州)[강서성 길안(吉安)]에서 남종선(南宗禪)을 크게 선양하였다.

끽교(喫交) : 걸려 넘어지다. 자빠지다.

끽창우귀(喫瘡疣鬼) : 부스럼을 핥아먹고 혹을 떼어 먹는 귀신. 곧 지해종사(知解宗師)들을 낮추어서 비유하는 말.

나가(那伽) : Ⓢnāga. 용(龍)·상(象)·무죄(無罪)·불래(不來)라고 번역한다. 부처님 또는 아라한을 마하나가(摩訶那伽)라고 한다. 또 나가정(那伽定)을 말하는데 자신의 몸을 용으로 변하게 하여서 깊은 연못 속에서 정지(定止)하는 것을 말한다. 장수(長壽)를 지켜 미륵부처님이 나올 때까지 원력으로 나가정(那伽定)에 든다.

나곡(羅縠) : 올이 성글면서 얇은 비단.

나라(喇喇) : 바람 부는 소리. 물건이 부딪치거나 넘어지는 소리.

나롱(羅籠) : 구속하다. 손아귀에 쥐다. 그물과 새장에 넣다. 망라(網羅)하다. 포괄하다. 널리 찾아 한데 모으다.

나문(羅紋) : 물결무늬. 지문. 소용돌이치는 물결의 모양. 나문결각(羅紋結角)→ 사방 구석구석에 가득히 퍼지는 것. 삼라만상 어디에나. 곳곳마다. 일마다.

나사(螺師) : 師(사)는 蛳(사)와 같다. 다슬깃과에 속하는 연체동물을 모두 말한다.

나산도한(羅山道閑) : 용담숭신(龍潭崇信)-덕산선감(德山宣鑑)-암두전활(巖頭全㢝)-나산도한(羅山道閑). 생몰연대미상. 복주(福州)[지금의 복건성]의 장계(長谿) 출신. 속성은 진씨(陳氏). 귀산(龜山)으로 출가한 이후 구족계를 받고서, 두루 행각하다가 석상 경저스님에게서 지도를 받고 암두 전활스님에게서 대오하였다. 이후에 청량산에 머물다가 스님에게 감화 받은 민족(閩族) 왕(王)의 청(請)으로 복주의 나산(羅山)에 머물렀으며 법보선사(法寶禪師)라 불림. '나산기멸(羅山起滅)' '나산단좌(羅山端坐)' '나산석우(羅山石牛)' 등의 공안이 있다.

나타(那吒) : ⑤Nata. 북방 비사문천왕(毘沙門天王)[다문천왕(多聞天王)이라고도 함]의 태자로 얼굴이 셋이고 팔은 여덟 개를 가졌다. 매우 강력한 힘을 가지고 있으며 불법(佛法)을 수호하고 수행자를 지키는 선신(善神)이다. 손에는 항상 금강장(金剛杖)을 들고 악(惡)의 무리를 찾아다닌다.

나한계남(羅漢系南) : 석상초원(石霜楚圓)-황룡혜남(黃龍慧南)-운거원우(雲居元祐)-나한계남(羅漢系南). 1050~1094. 황룡파 스님이다. 정주(汀州)[복건성 장정(長汀)] 출신. 속성은 장씨(張氏). 어려서 금천사(金泉寺)로 출가하였다. 도업(道業)에 전념하다가 제방을 참학하였다. 후에 상서(湘西) 도림사(道林寺)에 주석하던 운거원우(雲居元祐)스님을 만나 법을 이었다. 뒤에 여산(廬山)의 나한선원(羅漢禪院)에서 선지를 크게 선양하였으니, 황룡혜남(黃龍慧南)스님을 노남(老南)이라하고 계남스님을 소남(小南)이라 존칭하였다. 소성(紹聖) 원년에 45세로 입적하였다.

나한계침(羅漢桂琛) : 덕산선감(德山宣鑑)-설봉의존(雪峰義存)-현사사비(玄沙師備)-나한계침(羅漢桂琛). 867~928. 지장계침(地藏桂琛)이라고도 한다. 절강성(浙江省) 상산(常山)출신. 속성은 이씨(李氏). 어려서부터 상산(常山)의 만세사(萬歲寺) 무상(無相)스님에게 출가하였다. 율학에 전념하다가 지계(持戒)로는 신속한 해탈이 어려움을 깨닫고서 남종선 계열의 선사들을 참신(參訊)하다 설봉 의존스님을 만나 법을 물었으나 소득이 없자 다시 복주의 현사 사비스님의 문하로 들어가서 크게 깨닫고 법을 이었다. 호남성의 목왕공이 복건성의 석산(石山)에 세운 지장원(地藏院)에 18년간 머물다가 다시 장주(漳州)의 나한원(羅漢院)에서 선풍을 드날렸다. 천성(天成) 3년 가을에 향년 62세로 입적하였다. '보복천화지장입탑(保福遷化地藏入塔)' '나한수기불자(羅漢竪起拂子)' '지장종전(地藏種田)' '지장색각(地藏塞却)' '지장모란(地藏牧丹)' '지장장득(地藏將得)' 등의 공안이 있으며 『나한화상송(羅漢和尙頌)』이 전해지고 있다. 시호(諡號)는 진응선사(真應禪師)이다. 제자로 법안종의 종주인 법안문익(法眼文益)과 용제소수(龍濟紹修), 남대수안(南臺守安) 등이 있다.

나한서자(羅漢書字) : ①'문익서자(文益書字)'라고도 한다. 나한계침(羅漢桂琛) 스님의 법을 이은 법안 문익스님의 화(話)다. "[화보(和補)스님이 말했다.] '옛날에 한 노숙이 계셨는데 암자에 머물면서 문에다 심자(心字)를 써 놓고 창문에도 심자(心字)를 써놓고 벽에도 심자(心字)를 써 놓았다.' 법안스님이 말했다. '문에다 그저 문자(門字)를 쓰고 창에는 그저 창자(窓字)를 쓰고 벽에도 그저 벽자(壁字)를 써야지.' 현각스님이 말했다. '문에다 문자(門字)를 쓸 필요 없고 창에는 창자(窓字)를 쓸 필요가 없고 벽에도 벽자(壁字)를 쓸 필요가 없다.'"(『聯燈會要』卷第二十九, X79n1557_p0258b18~22. "昔有一老宿, 住庵, 於門上, 書心字, 於窗上, 書心字, 於壁上, 書心字. 法眼云: '門上但書門字, 窗上但書窗字, 壁上但書壁字.' 玄覺云: '門上不要書門字, 窗上不要書窗字, 壁上不要書壁字.'") ②『조정사원』1권에서는 '앙산식자(仰山識字)' 화(話)로 들고 있다. "나한서자(羅漢書字). 앙산스님이 홍주 관음사에 계실 때, 죽을 드시고 앉아 계시는데, 한 스님이 와서 절을 하였다. 스님이 돌아보지도 않으시자, 그 스님이 여쭈었다. '스님께선 글자를 아십니까?' 스님이 말씀하셨다. '대충 알지.' 그 스님이 곧 오른 쪽으로 한 바퀴 돌고서 말씀드렸다. '이것은 무슨 글자입니까?' 스님이 땅위에다 십자(十字)를 써서 응대하시니, 그 스님이 왼쪽으로 한 바퀴 돌고는 말씀드렸다. '이것은 무슨 글자입니까?' 스님이 다시 십자(十字)를 만자(卍字)로 고쳐서 쓰시니, 그 스님이 두 손으로 둥글게 모양을 짓고는 마치 아수라가 해와 달을 받드는 자세를 취하고서 말씀드렸다. '이것은 무슨 글자입니까?' 스님이 곧 동그라미 한 개를 그려서 만자(卍字)를 둘러싸게 하시니, 그 스님이 곧바로 금강역사의 자세를 취하였다. 스님이 말씀하셨다. '이와 같다. 이와 같다.' 그 스님이 감사의 절을 올리고는 공중으로 날아가 버렸다."(『祖庭事苑』卷第一, X64n1261_p0322a16. "羅漢書字, 仰山和尚, 在洪州觀音時, 粥後坐次, 有僧來禮拜, 師不顧, 其僧問: '師識字否?' 師云: '粗識.' 僧乃右旋一帀, 云: '是甚麼字?' 師於地上書十字酬之, 僧左旋一帀, 云: '是甚麼字?' 師改十字作卍字, 僧以兩手托圓相, 如修羅掌日月勢, 云: '是甚麼字?' 師乃畫一圓相圍却卍字, 僧乃作金剛勢, 師云: '如是. 如是.' 僧禮謝, 騰空而

去.”)

나한원(羅漢院) : 강서성(江西省) 성자현(星子縣) 여산(廬山)에 있던 나한선원(羅漢禪院)을 말한다.

낙락(落落) : 도량이 넓고 포부가 큰 모양. 고고하여 남과 어울리지 못하는 모양. 드문드문한 모양. 탁월한 모양, 빼어난 모양. 조잡하고 거친 모양. 뚜렷한 모양, 분명한 모양. 이어진 모양. 맑고 깨끗한 모양. 의성어.

낙절(落節) : 이익을 잃고 손해를 보다. 말로 겨뤄보다가 지다. 선가(禪家)에서 언구작략(言句作略)에서 지는 것을 말한다.

낙지(落地) : ①아이가 태어나다. ②물체가 땅에 떨어지다.

낙처(落處) : 최종적으로 귀결되는 곳.

낙포원안(洛浦元安) : 약산유엄(藥山惟儼)-선자덕성(船子德誠)-협산선회(夾山善會)-낙포원안(洛浦元安). 834~898. 악보원안(樂普元安)이라고도 한다. 섬서성(陝西省) 봉상현(鳳翔縣) 인유(麟遊) 출신. 속성은 담씨(淡氏). 20세에 기양(岐陽) 회은사(懷恩寺)에서 머리를 깎고 우율사(祐律師)에게 구족계를 받았다. 경과 논을 공부하다가 이후 취미(翠微)선사와 임제(臨濟)선사에게서 참구(參扣)하고 협산선회(夾山善會)선사 문하에서 심요(心要)를 개오(開悟)하였다. 예주(澧州) 낙포(洛浦)[호남성]에 주석하다가 다시 소계(蘇谿)[호남성] 악보산(樂普山)에서 학인들을 접화(接化)하니 사방에서 납자들이 구름같이 모여들었다. 광화(光化) 원년에 세수 65세로 입적하였다. '낙포반백(洛浦飯百)' '낙포삼초(洛浦三草)' '낙포설부(洛浦雪覆)' '낙포손빈(洛浦孫賓)' '낙포일호(洛浦一毫)' '낙포임종(洛浦臨終)' '낙포조의(洛浦祖意)' '낙포청람(洛浦靑嵐)' '낙포투사(洛浦投師)' '낙포환항(洛浦還鄕)' '낙포계서(洛浦雞棲)' '낙포도금(洛浦淘金)' '낙포자종(洛浦自從)' '낙포도난(洛浦逃難)' 등의 공안이 있다. 경조와룡(京兆臥龍), 청봉전초(靑峰傳楚) 등 10명의 수법제자가 있다.

낙흔(樂欣) : 즐겁고 기쁨.

난(襴) : 난삼(襴衫)의 줄임말. 당송시대에 사인(士人)들의 복장이다. 적삼의 하단에 천을 덧대어 치마로 만들었다. 상의와 하의가 하나로 이어진 긴 옷의 아랫부분에 치마 모양으로 단을 덧대었다.

난간(欒揀) : 란(欒)은 '단란(團欒)하게'의 뜻으로 다정하게 한데 모임. 간(揀)은 가리다. 트집 잡다. 나무라다. 머리를 맞대고 한 군데 모여서 이것저것 비판하고 트집 잡는 것.

난권(欄圈) : 짐승의 우리.

난봉(鸞鳳) : 난새와 봉황. 현사(賢士), 군왕(君王), 미인(美人), 부부(夫婦) 등을 비유하는 말이다.

난시증장(攔腮贈掌) : 손바닥으로 뺨을 때리다.

난은(爛銀) : 은처럼 찬란하다. 난은반(爛銀盤)→ 은으로 만든 쟁반, 곧 달을 말함.

난할(亂喝) : 어지러운 할. 할을 어떻게 하는 지도 모르고, 또 어떤 조건에서 할을 해야 하는 지도 모르면서 할을 하는 것.

날괴(捏怪) : 괴기한 고사를 엮어 만들어 냄. 괴이한 형상을 빚어 만들다. 눈을 비벼서 헛것을 만들어 내고 괴이한 것을 지어 냄. 낮도깨비를 지어서 만들어내다. 괴이한 이야기를 만들어내다. 괴이한 행동을 하다. 헛것을 조작해내다.

날취(捏聚) : 임시로 변통하다.

남녀(男女) : 당나라 때의 속어로서 자녀(子女)를 가리킨다. 선가에서는 수행하는 스님들을 말함.

남대수안(南臺守安) : 설봉의존(雪峰義存)-현사사비(玄沙師備)-나한계침(羅漢桂琛)-남대수안(南臺守安). 오대후진(五代後晋)스님이다. 나한 계침스님의 법을 잇고 처음에는 강주(江州)의 오공원(悟空院)에 머물다가 뒤에 형악(衡嶽) 남대사(南臺寺)로 옮겨 주석하였다. '남대적적(南臺寂寂)' 공안이 있다. "남대 수안 스님에게 한 스님이 여쭈었다. '적적하여 의지함이 없을 땐 어떻습니까?' 스님이 말했다. '적적한 놈아! 響(Jiàn)!' 그리고는 게송을 읊었다. '남대가 향로 옆에 고요히 앉아/ 하루 종일 응연(凝然)히 시름 잊음은/ 마음 쉬어 망상을 없앰 아니라/ 도대체가 사량할 일 없기 때문.'"

남상(濫觴) : 술잔을 겨우 띄울 수 있을 정도인 발원지의 적은 물. 보통 사물의 기원이나 발단을 말하나, 『정법안장』에서는 '기준이나 틀에서 벗어나는 것'을 말하고 있다.

남섬부주(南贍部洲) : 수미산 남쪽에 있는 섬. ⓈJambudvipa. 남염부제(南閻浮提)라고도 함. 여기는 16개의 대국(大國)과 500개의 중국(中國)과 10만 개의 소국(小國)이 있으며 이곳의 사람들이 누리는 기쁨은 동쪽과 북쪽보다는 못하지만 부처님들이 출현하는 곳은 바로 이 남섬부주뿐이라고 한다. 여기는 섬부수(贍部樹)라는 나무가 있는데 그 아래에 훌륭한 금(金)이 나서 그 이름을 섬부단금(贍部檀金)이라고 한다. 이 금(金)의 이름을 따서 남섬부주(南贍部洲)라고 이름 지었다고 함. 이곳은 원래 인도를 가리키는 말로 쓰이다가 후에 인간세계를 나타내게 되었다.

남악(南嶽) : 호남성(湖南省) 형양시(衡陽市)에 있는 형산(衡山)을 말한다.

남악명찬(南嶽明瓚) : 황매홍인(黃梅弘忍)-옥천신수(玉泉神秀)-숭산보적(嵩山普寂)-남악명찬(南嶽明瓚). 숭산 보적스님의 법을 잇고서 평생을 남악사(南嶽寺)에서 주석하였다. 평소에 자신을 잘 드러내지 않았으므로 아무도 스님을 존경하지 않았다. 형암(衡巖)에서 한가하게 지내었는데 대중들이 울력한다고 바쁘게 움직여도 스님은 뒹굴뒹굴 대기만 하였으며 누가 꾸짖으며 욕을 해도 아예 부끄러워하는 기색도 없었으므로 나찬(懶瓚)스님이라고 불렸다. 그리고 대중들이 먹고 남긴 음식을 늘 먹었으므로 나잔(懶殘)스님으로도 불렸다. 시호는 대명선사(大明禪師)이다. 『남악나찬화상가(南嶽懶瓚和尙歌)』1수가 『경덕전등록』30권에 실려 있다.

남악회양(南嶽懷讓) : 쌍봉도신(雙峰道信)-황매홍인(黃梅弘忍)-조계혜능(曹溪慧能)-남악회양(南嶽懷讓). 677~744. 금주(金州) 안강현(安康縣) 출신. 속성은 두씨(杜氏). 15세에 형주(荊州) 옥천사(玉泉寺)에서 홍경(弘景)율사에게 머리를 깎았다. 이후 스승의 밑에서 8년간 정진하며 율장(律藏)을 익혔다. 그러던 어느 날은 혼잣말로, '출가한 이는 무위(無爲)의 법을 터득해야만 하리라.'하고 깊이 탄식하였다. 스님이 탄식하는 것을 본 탄연(坦然)이란 스님이 숭산(嵩山)의 혜안(慧安)스님을 추천하였다. 스님은 그 길로 혜안스님에게 갔다. 스님을 본 혜안스님은 그 그릇의 크기를 단번에 알아보고 육조 혜능대사에게 보냈다. 스님이 육조대사를 참례하니, 혜능 대사가 물었다. "어디서 왔느냐?" 회양스님이 대답하였다. "숭산에서 왔습니다." 혜능대사가 다시 물었다. "무슨 물건이 이렇게 왔느냐?" 스님은 여기에서 곧장 말문이 막혀 어떻게 답해야 할 지 몰랐다. 이후 8년 동안 혜능스님의 질문을 가지고 오로지 매달렸다. 그러다가 마침내 8년 만에 확연히 깨닫고는 다시 혜능대사를 찾아 외쳤다. "명백해졌습니다!" 대사가 물었다. "무엇이 명백해졌다는 거냐?" "무슨 말씀을 하셔도 답하지 않겠습니다." "그렇다면 닦아 증득함을 보탤 것이냐?" "닦아서 증득함은 없지 않으나 더러운 데 물드는 일은 없습니다." "더러운 데 물들지 아니함은 모든 부처님이 호념하시는 것이다. 너도 이러하고 나도 또한 이러하다." 이렇게 해서 혜능스님의 법을 이었다. 스님은 이후 20여 년 동안 선풍을 선양하다가 천보(天寶) 3년 원적(圓寂)에 들었다. 시호는 대혜선사(大慧禪師)이다. 『남악대혜선사어록(南嶽大慧禪師語錄)』이 전해지고 있다.

남양혜충(南陽慧忠) : 쌍봉도신(雙峰道信)-황매홍인(黃梅弘忍)-조계혜능(曹溪慧能)-남양혜충(南陽慧忠). ?~775. 절강성(浙江省) 소흥부(紹興府) 제기현(諸暨

縣) 출생. 속성은 염씨(冉氏). 어려서부터 육조 혜능스님을 따라다니며 배우다가 그의 법을 이었다. 육조스님 입적 후 여러 곳을 다니다가 남양(南陽) 백애산(白崖山) 당자곡(黨子谷)으로 들어가서 40여년을 아예 산문 출입을 하지 않았다고 한다. 상원(上元) 2년(761)에 숙종이 그의 명성을 듣고 조칙을 내려 스승으로 모셨다. 현종(玄宗)과 숙종(肅宗) 그리고 대종(代宗)에 걸쳐 두루 존경을 받았다. 균주(均州) 무당산(武當山)에 태일연창사(太一延昌寺)를 창건하였고, 당자곡(黨子谷)에 향엄장수사(香嚴長壽寺)를 창건하였다. 혜충스님은 청원 행사, 남악 회양, 하택 신회, 영가 현각스님 등과 함께 혜능스님의 5대제자로서 하택 신회스님과 함께 북방의 선풍을 이끌며 마조(馬祖)스님의 남방선풍과 대립하였다. 그의 선풍은 신심일여(身心一如), 즉심즉불(卽心卽佛)을 선지(禪旨)로 하여 제자들을 제접하였으며 또 무정설법(無情說法)을 처음으로 주창(主唱)하기도 하였다. 또한 삼장(三藏)을 연구하고 교학(敎學)을 중시하면서 혜능스님의 설법에 의거하여 늘 법문하였다. 대력(大曆)10년에 입적하였다. '충국무봉(忠國無縫)' '혜충십신조어(慧忠十身調御)' '혜충삼환(慧忠三喚)' '혜충본신(慧忠本身)' '혜충유식(慧忠唯識)' '혜충불용(慧忠不用)' '혜충극칙(慧忠極則)' '혜충성남(慧忠城南)' '혜충일념(慧忠一念)' '혜충종서(慧忠從西)' '혜충필경(慧忠畢竟)' '혜충백애(慧忠白崖)' '혜충간희(慧忠看戱)' '혜충남방(慧忠南方)' '혜충고불(慧忠古佛)' '혜충무정(慧忠無情)' '혜충대의(慧忠大意)' 등의 공안이 있다. 시호는 대증국사(大證國師)이다. 법을 이은 제자로는 당숙종황제(唐肅宗皇帝)와 당대종황제(唐代宗皇帝) 등 2황제와 탐원진응(耽源眞應), 개봉손지고(開封孫知古), 등주향엄유계(鄧州香嚴惟戒)가 있다.

남원전의(南院傳衣) : 남원혜옹(南院慧顒)스님이 풍혈연소(風穴延沼)스님과 영교안(穎橋安)스님에게 법을 전한 것을 말한다.

남원혜옹(南院慧顒) : 황벽희운(黃檗希運)-임제의현(臨濟義玄)-흥화존장(興化存獎)-보응혜옹(寶應慧顒). 860~930. 흥화 존장스님의 법제자로 하북(河北) 사람이며, 속명은 보응(寶應)이다. 하남성(河南省) 여주(汝州) 보응원(寶應院)에 머물면서 종풍을 떨쳤다. '남원적육(南院赤肉)' '남원종상(南院從上)' '남원일월(南院日月)' '남원필마(南院匹馬)' '남원패야(南院敗也)' '남원줄탁(南院啐啄)' '남원고전(南院古殿)' '남원단소(南院丹霄)' '남원일방(南院一棒)' '남원일획(南院一劃)' '남원남종(南院南宗)' 등의 공안이 있으며, 풍혈연소(風穴延沼), 영교안(穎橋安) 등의 걸출한 제자가 있다.

남전(藍田) : 섬서성(陝西省) 남전현(藍田縣)의 동남쪽에 위치해 있는 산의 이름이다.

남전보원(南泉普願) : 조계혜능(曹溪慧能)-남악회양(南嶽懷讓)-마조도일(馬祖道
一)-남전보원(南泉普願). 748-834. 정주(鄭州)[하남성 개봉(開封)] 신정현(新鄭縣)
출신. 성은 왕씨(王氏). 지덕(至德) 2년(757) 밀현 대괴산(大槐山) 대혜(大慧)스님
에게 출가하고, 30세 되던 해 대력(大曆) 12년(777) 숭악(嵩岳) 회선사(會善寺)로
가서 고율사(暠律師)에게서 구족계를 받았다. 처음에 법성종, 법상종, 삼론종 등
계통의 불학을 공부하다가 어느 날 문득 현묘한 기틀은 경론(經論)의 밖에 있다
고 생각하고, 마조스님의 회상에 참예하여 법을 이었다. 정원(貞元) 11년(795)에
지양(池陽)[안휘성]의 남전산(南泉山)에 선원을 짓고 스스로 '왕노사(王老師)'라 칭
하며 30년간 산을 내려가지 않고 논밭을 일구면서 농사를 짓고 머무르니 학인들
이 항상 구름같이 모여 성황을 이루었다. 태화 8년 입적하였다. '남전견우(南泉
牽牛)' '남전견호(南泉見虎)' '남전겸자(南泉鎌子)' '남전도비물외(南泉道非物外)'
'남전이노백고(南泉狸奴白牯)' '남전마사(南泉馬師)' '남전매신(南泉賣身)' '남전부
배일장(南泉拊背一掌)' '남전불견법견(南泉佛見法見)' '불시심불시불불시물(不是心
不是佛不是物)' '남전사구(南泉四句)' '남전사득정쾌(南泉使得正快)' '남전상견토지
신(南泉相見土地神)' '남전석교(南泉石橋)' '남전석불(南泉石佛)' '남전수고우(南泉
水牯牛)' '남전심불(南泉心不)' '남전양아(南泉養鵝)' '남전양우(南泉養牛)' '남전열
반(南泉涅槃)' '남전와자(南泉瓦子)' '남전완월(南泉翫月)' '남전유미자(南泉油米玆)'
'남전장실(南泉丈室)' '남전우두미견(南泉牛頭未見)' '남전전다(南泉煎茶)' '남전정
병시경(南泉淨缾是境)' '남전정혜(南泉定慧)' '남전주암(南泉住庵)' '남전지부도처
(南泉智不到處)' '남전정화(南泉庭花)' '남전차수(南泉叉手)' '남전참묘(南泉斬猫)'
'남전탁암(南泉卓庵)' '남전행도(南泉行道)' '남전호풍(南泉好風)' '남전획일원상(南
泉劃一圓相)' 등의 공안이 있다. 『마조도일선사광록(馬祖道一禪師廣錄)』 1권이
있다. 수법제자로 장사경잠(長沙景岑), 조주종심(趙州從諗), 악주수유산화상(鄂
州茱萸山和尙), 자호이종(子湖利蹤), 지주행자감지(池州行者甘贄), 향엄의단(香
嚴義端) 등의 기라성 같은 제자들이 17명이 있다.

남전참묘아(南泉斬猫兒) : 남전스님이 고양이를 베다. 『조주어록행장』에 나온
다. "남전스님 회상의 동당과 서당의 두 수좌가 고양이를 가지고 다투는데,
남전스님이 승당으로 들어와서 고양이를 치켜들면서 말했다. '말을 하면 베
지 않겠지만, 말하지 못하면 베어버린다.' 대중들이 각기 말을 하였지만 누
구도 남전스님의 뜻에 계합하지 못하였다. 그러자 즉각 고양이를 베어버렸
다. 조주스님이 늦게야 밖에서 돌아와 인사를 드리러 갔다. 남전스님이 앞에
있었던 이야기를 해주고 물었다. '너 같으면 고양이를 어떻게 구하겠느냐?'
스님이 곧바로 신발 한 짝을 머리에 이고 나가버렸다. 남전스님이 말했다.
'만일 자네가 있었더라면 고양이를 살릴 수 있었을 텐데.'"(『古尊宿語錄』卷第

十三, 「趙州眞際禪師語錄并行狀」卷上, X68n1315_p0077b03~08. "南泉東西兩堂爭貓兒, 泉來堂內, 提起貓兒, 云：'道得即不斬, 道不得即斬却.' 大衆下語, 皆不契泉意. 當時即斬却貓兒了. 至晩間, 師從外歸來問訊次, 泉乃擧前話了, 云：'你作麼生救得貓兒?' 師遂將一隻鞋, 戴在頭上出去. 泉云：'子若在, 救得貓兒.'")

남제승일(南際僧一) : 약산유엄(藥山惟儼)-도오원지(道吾圓智)-석상경저(石霜慶諸)-남제승일(南際僧一). 오대후량(五代後梁)의 스님으로 하중부(河中府)[산서성] 남제산(南際山)에 주석했던 스님이다. 후에 복주의 민왕(閩王)이 찾아뵙고 이산(怡山)의 장경선원(長慶禪苑)에 머물러 주기를 요청하여 입적할 때까지 머물렀다. 시호는 본정대사(本淨大師)이다.

남탑광용(南塔光涌) : 백장회해(百丈懷海)-위산영우(潙山靈祐)-앙산혜적(仰山慧寂)-남탑광용(南塔光涌). 850~938. 오대(五代)스님으로 강서(江西) 풍성(豐城) 사람이다. 속성은 장씨(章氏). 어릴 적 어머니가 저녁에 젖을 먹이는데 신비한 광명이 뜨락에 비쳐서 이름을 광용(光涌)이라 지었다고 한다. 7세에 이미 시경과 예경을 외우고 대의(大義)를 밝혀내었으며 13세부터는 경론을 능히 강해(講解)하였다. 뒤에 앙산 혜적스님에게 귀의하여 19세에 수산사(壽山寺) 재율사(載律師)로부터 구족계를 받았다. 일찍이 임제스님을 참방하였더니 "너의 스승이 눈 밝은 분이신데 잘 모시지 않고 뭐 하러 멀리 나왔느냐?"하고 앙산스님에게로 다시 돌려보냈다. 앙산스님의 법을 잇고 강서(江西) 의춘현(宜春縣) 앙산(仰山) 남탑(南塔)에 주석하면서 종풍을 발양(發揚)하였다. 승원(昇元) 2년에 세수 89세로 입적하였다. '남탑조계(南塔曹溪)' '남탑백설(南塔百舌)' '남탑일언(南塔一言)' 등의 공안이 있으며, 신라스님인 파초혜청(芭蕉慧淸) 등 5명의 법사(法嗣)가 있다.

납사사(納些些) : '사사(些些)'는 '조금씩 조금씩' '조금' '약간' '근소함' '하찮음' '비바람 소리(의성어)' 등의 뜻이고, '납(納)'은 '들어가게 하다' '갈무리하여 넣다' '끌어들이다' '바치다, 납부하다' '되돌려주다' '멈추다 머무르다' 등의 뜻이 있다. 따라서 '납사사(納些些)'는 '조금씩 거두어들여서' '조금씩(세금을) 바쳐서' '잠깐 잠깐 잡아 놓아두어서' 등으로 해석할 수 있지만, 정확한 해석이 어렵다.

납승분상사(納僧分上事) : 납승 본분의 일. 선승(禪僧)이 응당 지어야 하는 가장 중요한 직분의 일로서, 마음을 밝혀 성품을 드러내고 몰록 깨우치는 일을 말함.

낭군자(郞君子) : 낭군자제(郞君子弟). 행동이 방탕한 귀족 집안의 공자.

낭군자제선(郎君子弟禪) : 낭군자제(郎君子弟), 곧 귀족 집안의 공자(公子)들의 선(禪). 곧 특별한 이들이 공부하는 선(禪)을 말한다.

낭당(郎當) : ①말이 간단명료하지 않음. 명쾌하지 않음. ②옷이 헐렁헐렁하여 몸에 맞지 않음. ③무너져서 못쓰게 됨. ④초라함. 낭패스러움. 곤궁해짐. ⑤지쳐서 무기력한 모양. 극도로 피로한 모양. ⑥칠칠치 못함. 못남. ⑦죄인에게 채우는 쇠사슬. ⑧빗을 깨끗이 하는 기구. ⑨금속이 부딪치는 소리, 쨍그랑. ⑩어지럽다. 혼란스럽다.

낭랑(琅琅) : 맑고 또랑또랑한 소리. 인품이 꿋꿋하고 고결함을 형용함. 밝음. 환함.

낭야혜각(琅邪慧覺) : 풍혈연소(風穴延沼)-수산성념(首山省念)-분양선소(汾陽善昭)-낭야혜각(琅邪慧覺). 자(字)는 광조(廣照)이다. 서낙(西洛)[산서성(山西省) 수양서(壽陽西)] 출신. 부친상을 치르고 예양(澧陽)의 약산(藥山)에 있는 옛 절을 지나다가 예전부터 살았던 것 같은 친근감을 느꼈는데 이로 인해 출가하였다. 분양 선소스님의 법을 잇고 저주(滁州) 낭야산(琅琊山)에 주석하였다. 설두 중현스님과 함께 도를 널리 펴 2대 감로문(二甘露門)이라 불렸다. '낭야절중(琅邪浙中)' '낭야청정(琅邪淸淨)' '낭야성중(琅邪城中)' '낭야진전(琅邪進前)' '낭야일전(琅邪一轉)' 등의 공안을 남겼다. 공안자화(公安子和), 강산방(姜山方), 정혜초신(定慧超信) 등 18인의 수법제자가 있다.

낭연(狼煙) : ①봉화(烽火). 이리의 똥을 장작에 섞어 태우면 연기가 곧게 올라간다고 해서 이리연기(狼煙)라고 함. ②전쟁을 말함.

낭장(郎將) : 진(秦)나라와 한(漢)나라 때에 천자의 말과 수레 및 숙위(宿衛)를 맡았던 벼슬이다. 오관중랑장(五官中郎將), 좌중랑장(左中郎將), 우중랑장(右中郎將) 등이다. 당(唐)나라와 송(宋)나라 때에는 중랑장 이외에 낭장(郎將)을 더 두었다.

낭주(朗州) : 수(隋)에서 북송(北宋) 연간(年間)에 설치한 주(州)다. 지금의 호남성(湖南省) 상덕시(常德市) 지역이다. 수문제(隋文帝) 개황(開皇) 16년(596) 숭주(嵩州)를 낭주(朗州)로 고쳐서 무릉현(武陵縣)에 두었다. 당(唐)나라 때 이 낭주(朗州)를 무릉군(武陵郡)으로 개편하였다. 송진종(宋真宗) 대중상부(大中祥符) 5년(1012)에 다시 정주(鼎州)로 고쳤다.

낭주덕산(朗州德山) : 운암담성(雲巖曇晟)-동산양개(洞山良价)-운거도응(雲居道膺)-낭주덕산제칠세(朗州德山第七世). 『오등회원』13권, 『오등엄통』13권, 『오등전서』28권에서는 정주덕산(鼎州德山)으로 나온다. 『경덕전등록(景德傳燈錄)』

20권과 『정법안장(正法眼藏)』3권 상(上), 이 두 어록에서만 운거 도응스님의 법사(法嗣)인 낭주 덕산스님이 나온다.

내견외견(內見外見) : 내견(內見)은 불법(佛法)이고 외견(外見)은 외도(外道)의 법이다. 때로는 주관과 객관을 말하기도 한다.

내기(來機) : 선사(禪師)에게 질문하러 오는 학인. 학인이 질문을 하면 기봉(機鋒)을 보여 제접한다.

내연(奈緣) : 유감스럽게도. 하지만. 그러나.

냉랭(冷冷) : ①소리가 맑고 깨끗함. ②싸늘한 모양.

년(年) : 일정한 시기. 특정한 기간. 시간. 세월.

노(努) : 불쑥 튀어나오다.

노(勞) : 무디게 하다. 노검(勞劍)→ 무디어진 검.

노견불평(路見不平) : 길을 가다가 공평치 못한 일을 만나다. 주로 '노견불평소이안검(路見不平所以按劍)'[길을 가다 공평치 못한 일을 만나면 칼을 어루만짐], 또는 '노견불평발검상조(路見不平拔劍相助)'[길을 가다 공평치 못한 일을 만나면 칼을 뽑아 도와 줌]처럼 숙어로 쓰인다. 길을 가는 도중에 괴롭힘을 당하는 사람을 만났는데 일방적으로 당하고 있으면 의협심을 발휘해 용감하게 나서서 도와주는 것을 말한다.

노고추(老古錐) : 노고의 송곳. 노고(老古)는 원래 진(晉)나라 때의 농부를 말한다. 진나라 문공(文公)이 사냥하다 사슴이 도망간 곳을 묻자, 발가락을 까닥여서 방향을 가리켜 주었다. 이는 임금의 가벼운 출행을 풍자하여 간(諫)한 것이다. 문공이 그 뜻을 알아채고서 객례로 대우하였다고 한다. 그래서 노고(老古)는 지혜가 뛰어나고 원숙한 어른에 대한 존칭으로 쓰였다. 선가(禪家)에서는 원숙하고 노련하게 기봉을 휘두르는 선장(禪匠)을 노고추(老古錐)라고 한다.

노노대대(老老大大) : 연로하다. 나이가 많다.

노두(路頭) : =노방(路傍). 길 가. 길 옆. 연줄. 친분. 방법. 방도.

노라라적쇄쇄(露倮倮赤洒洒) : 광대무변하게 드러난 확철대오(廓徹大悟)의 경지. 나라(倮倮)는 나라(裸裸)로도 쓰며 쇄쇄(洒洒)는 사사(躚躚)로도 쓴다. 관계지한(灌谿志閑)스님의 말이다. "스님이 상당하여 대중에게 열어 보이셨다. '시방에 절벽이 없고 사방에 문이 없습니다. 알몸을 완전히 드러내고 다 벗어버려 어떻게 할 수가 없습니다.' 바로 법좌에서 내려오셨다." (『天聖廣燈錄』

卷第十三, X78n1553_p0479a20~21. "師上堂, 示眾, 云: '十方無壁落, 四畔
亦無門. 露裸裸, 赤躶躶, 無可把. 便下座.'")

노라라지(露倮倮地) : 완전히 벌거벗은 모양. 본래면목이 그대로 드러난 경
지.

노로(嘮嘮) : 말이 수다스럽고 갈피가 없다. 시끄럽게 떠들어 댐.

노로(勞勞) : 매우 지친 모양. 우수에 젖은 모양. 듬성듬성한 모양(落落). 노
고에 보답하다. 공로를 인정하고 상을 주다. 도란도란 이야기하다.

노로록록(勞勞碌碌) : 매우 바쁜 모양.

노록(撈摝) : 찾다. 구제하다. 건져 올리다. 취하다. 물속에서 물건을 더듬어
찾다. 추구하다.=노로록록(撈撈摝摝).

노반(魯般) : 노반(魯班)이라고도한다. 춘추시대 노(魯)나라의 유명한 장인이
다. 성은 공수(公輸)요 이름은 반(般)[반(班)]이다. 기술이 출중하고 발명품이
많아서 후세에 장인들의 시조로 추앙받았다.

노봉검객수정검불시시인막설시(路逢劍客須呈劍不是詩人莫說詩) : 길가다 검객
을 만나면 반드시 검을 내보이지만, 시인이 아니라면 시를 지어 바치지 말아
야 한다. 진존숙 목주 도명스님의 말이다. (『景德傳燈錄』卷第十二,
T51n2076_p0291b25. "路逢劍客須呈劍, 不是詩人莫說詩")

노사(硇砂) : 독석(毒石)이다. 지독한 독의 성분이 들어 있는 돌. 염화암모늄
(NH₄ CL).

노삼랑(魯三郎) : 삼랑(三郎)은 신(神)의 이름으로 한무제에게 피살된 야랑국
(夜郎國) 제후(諸侯)의 세 아들의 신(神)을 말한다.

노자(奴子) : 놈, 녀석. 사내 종.

노조보운(魯祖寶雲) : 조계혜능(曹溪慧能)-남악회양(南嶽懷讓)-마조도일(馬祖道
一)-노조보운(魯祖寶雲). 마조 도일스님의 법을 이어받고 지주(池州) 노조산(魯
祖山)에 주석하였던 선사이다. 『조당집』14권과 『경덕전등록』7권을 보면 스님
의 기격(機搭)이 현준(玄峻)하여 학인들이 참례하러 오면 늘 면벽하고 앉았다
고 한다. '노조면벽(魯祖面壁)' '노조불회(魯祖不會)' 등의 공안을 남겼다.

노주(露柱) : 가문을 드러내기 위하여 세운 기둥의 꼭대기에 용모양으로 만들
어 놓은 부분을 말한다. 절에서는 법당 앞에 세워 놓은 석등과 같은 표석(標
石을 말한다.

노지(露地) : 삼계의 번뇌와 고통을 떠난 안온한 곳.

노지백우(露地白牛) : 노백지우(露白地牛)라고도 한다. 오랫동안 길을 들여 사람의 말을 잘 듣는 소라는 뜻으로 깨달은 마음, 또는 깨달음을 이룬 사람을 말한다. 노지(露地)는 삼계의 번뇌와 고통을 완전히 떠나 안온한 곳을 비유한 말이다. 『법화경』「비유품」에 나온다. "이때 장자가 아들들을 보니 안은하게 벗어나서 네거리 가운데 드러난 곳에 앉아 있어 다시는 장애가 없음을 보고는 그 마음이 크게 환희용약하였다." (『妙法蓮華經』卷第二, 「譬喻品」第三, T09n0262_p0012c13~15. "是時長者, 見諸子等安隱得出, 皆於四衢道中露地而坐, 無復障礙, 其心泰然歡喜踊躍."). 백우(白牛)는 청정자성심(清淨自性心)을 비유한 말이다. "크고 하얀 소가 있었는데 살이 찌고 힘도 세며 보배수레 끌고 있네." (『妙法蓮華經』卷第二, 「譬喻品」 第三, T09n0262_p0014c14~15. "有大白牛, 肥壯多力, 形體姝好, 以駕寶車.") 따라서 노지백우(露地白牛)는 완전히 해탈한 부처님을 가리킨다.

노파선(老婆禪) : 절박하고 간절한 마음으로 모든 것을 내던져 지도하는 선(禪)을 말한다. 또는 지나치게 친절하면서도 자세하게 지도하는 선(禪)을 말한다.

노포(露布) : 원래는 공적문서를 가리켰으나 후에 신속히 알리는 격문을 노포라고 하였다. 포고문. 통고문. 출정의 격문. 승리를 알리는 문서. 문서를 공포함. 당나라 때 선사들이 즐겨 쓰던 언구(言句)나 기어(機語)를 말한다.

노포갈등(路布葛藤) : 노포갈등(露布葛藤), 또는 갈등로포(葛藤露布)로도 쓰였다. 선기(禪機)를 드러내는 언구동작(言句動作)을 말한다.

노행자(盧行者) : 육조 혜능스님을 말한다.

노형(老兄) : 같은 사형사제 사이에 높여 부르는 존칭.

노형(勞形) : 신체를 지치게 만들다. 『장자』「내편」〈응제왕편〉에 나오는 말이다. "노담이 말했다. '이는 성인에 대하여는, 악무나 점복을 담당하는 하급관리가 자기의 기예에 매여서 신체를 지치게 하고 마음을 분주하게 하는 것일 뿐이다.'" (『莊子』「應帝王」. "老聃曰: '是於聖人也, 胥易技係, 勞形怵心者也.'")

노형형지(露逈逈地) : 조금도 남김없이 완벽하게 드러남을 형용한 말.

노호(老胡) : ①늙은 오랑캐. 달마대사를 말함. ②늙은 외국인, 곧 석가모니부처님을 말한다.

녹문담(鹿門譚) : 동산양개(洞山良价)-조산본적(曹山本寂)-녹문처진(鹿門處眞)-녹문담(鹿門譚). 오대(五代) 조동종스님으로 법명은 지행(志行)스님이다. 녹문처진스님의 법을 잇고 후에 양주(襄州)의 녹문산(鹿門山)에 주석하였다.

녹문처진(鹿門處眞) : 운암담성(雲巖曇晟)-동산양개(洞山良价)-조산본적(曹山本寂)-녹문처진(鹿門處眞). 오대후량(五代後梁) 때의 스님으로 조산 본적스님의 법을 잇고 양주(襄州) 녹문산(鹿門山) 화엄원(華嚴院)에 주석하였다. '녹문일편(鹿門一片)' 공안이 있다. "한 조각이 맺혀서 빛 찬란하나/ 망설여 뒤쫓으면 끝내 못 보네./ 밝게 던져 사람의 정 베어내니/ 큰일임이 분명하여 다 알아버려.// 얽매임이 없고도 엄청 빠르니/ 만 냥의 황금으론 바꿀 수 없네./ 일천 명의 성인이 나오더라도/ 모두가 그 그림자 속일 뿐이네."

녹수(淥水) : 맑은 물. 하천 이름. 악곡(樂曲) 이름.

논겁(論劫) : 겁(劫)[길고 오랜 시간]을 따르다. 『선문염송설화』16권에서는 이렇게 설명하고 있다. "논겁(論劫)은 겨자성과 돌을 쓰는 등의 두 가지 일을 논했기 때문에 겁을 이야기 했다고 한다. 또 『논어』의 주註에서는 '논(論)은 륜(倫)이라' 하였으니 순차(順次)가 한이 없다는 뜻이다. 그러므로 논겁(論劫)은 오랜 겁이란 뜻이 된다."(《한국불교전서》제5책, 『禪門拈頌說話』卷第十六. "論劫者, 芥城拂石二事論之故云論劫耶. 論語註云: '論也倫' 次無窮. 則長劫也.") 『전등록』과 『조당집』을 보면 대체로 '영원히', '겁을 따르다', 또는 '겁을 의론하다'의 뜻으로 사용되고 있음을 알 수 있다. "물었다. '어떻게 여래의 집에 태어날 수 있습니까?' 스님이 말씀하셨다. '옷을 걸치고 깨닫기를 기다려도 겁을 따른다고 한들 밝힐 수 없다.'"(『景德傳燈錄』卷第二十, T51n2076_p0369a14~15. "問: '如何得生如來家?' 師曰: '披衣望曉論劫不明.'") "겁을 따른다고 하여도 형제 여러분을 등지리라."(『祖堂集』卷第九, K45-0293. "論劫違背兄弟.") "옛사람이 말했다. '한 구절의 말을 기억하고 겁을 따라 얘기한다고 하여도 도리어 들여우가 된다.'"(『祖堂集』卷第十二, K45-0308. "古人道: '若記著一句, 論劫作野狐精.'") "이러한 것은 겁을 따른다고 하여도 어쩔 수 없을 것이니라."(『祖堂集』卷第十二, K45-0313. "這般底論劫不奈何.") "음광스님은 오랜 겁을 따라 좌선하였고"(『黃龍慧南禪師語錄』, T47n1993_p0635b21. "飲光論劫坐禪") "얼음을 두드려 불을 구한들 오랜 겁을 따라도 얻을 수 없으리라."(『大光明藏』中卷, X79n1563_p0705b18~19. "敲氷求火, 論劫不逢.")

농(弄) : ~을 하다. 만들다. 짓다. 일하다. 가지고 놀다.

농고(聾瞽) : 귀먹고 눈이 멂. 눈과 귀를 가리다. 기만하다.

농교성졸(弄巧成拙) : 기막힌 솜씨를 잘 부린 것이 도리어 졸작을 만듦. 방거사의 말씀이다. (『古尊宿語錄』卷第一, X68n1315_p0004a13~14. "居士隨後云: 適來弄巧成拙.")

농니단한(弄泥團漢) : 멍청한 놈. 분별망상을 짓는 놈. 망상꾸러기. 승조(僧肇)

스님의 『보장론』「본제허현품」에서는 "몸과 마음을 닦아서 도를 구하는 자들은 진흙덩어리 속에서 금을 찾으려는 것과 같다."고 설파하고 있다. (『寶藏論』, 「本際虛玄品」第三, T45n1857_p0148b18~19. "夫身心之法虛假不實. 俗人多以修身心而覓道者, 同彼泥團而覓金也.")

농두(籠頭) : 굴레. 죄인의 머리에 씌우는 형틀. 머리에 씀.

농영(弄影) : 농광영(弄光影)의 줄임말. 흔들다. 동요하다. 물체가 움직여 그림자가 따라 흔들리거나 이동함. 광(光)은 알아차림. 영(影)은 알아차림의 대상. 진실한 이체를 명백히 보지 못함. 인형극에서 사람이 인형을 가지고 놀리는 것.

농정혼(弄精魂) : 정혼(精魂)을 가지고 놀다. 허망한 짓을 하여 쓸데없이 정신을 피로하게 하다. 망상을 떨다. =농정신(弄精神), 농요정(弄妖精).

농조(弄潮) : 파도 속에서 수영하면서 하는 놀이. 농조인(弄潮人)은 파도타기를 하는 사람으로 파도를 타다가 목숨을 쉽게 잃는 사람들이다. 곧 겁 없이 선사(禪師)에게 대드는 납자들을 말한다.

농착(礱斲) : 갈고 닦다.

뇌개(腦蓋) : 두개골. 이마.

뇌관(牢關) : 견고한 관문. 마지막 관문. 미혹과 깨달음의 마지막 경계.

뇌동(雷同) : 줏대 없이 남의 의견에 덩달아 따르는 일.

뇌롱(牢籠) : ①짐승의 우리와 새장. ②함정, 계략. ③포괄하다, 감싸 안다. ④뒤덮다. ⑤널리 모으다, 망라하다.

뇌문(腦門) : 이마, 정수리, 백회(百會). 여기서는 정수리다. 대지혜(大智慧)가 열리는 것을 뇌문(腦門)이 터진다고 말한다. 인도에서는 정수리에서 천 개의 연꽃(ⓈSahasrara-Chakra)이 열리는 것을 깨달음에 비유하였다. 중국에서는 이 깨달음의 순간을 '뇌문렬(腦門裂)'이라고 표현한다.

뇌문(雷門) : 옛 회계성(會稽城)의 성문 이름이다. 성문에 매달아 놓은 큰 북소리가 우레와 같아서 붙여진 이름이라고 한다. 문(門)이 어조사 일 때는 우레. 천둥.

뇌후(腦後) : 뒤통수. 무덤의 뒤쪽.

뇌후견시(腦後見腮) : 골상학적으로 등 뒤에서 볼 때 볼의 광대뼈가 돌출되어 보이는 사람은 도적의 마음이 있다고 한다. 선가에서는 빈틈이 없는 비범한 납자를 가리킨다.

누급(累及) : 연루되다.

누대(樓臺) : 높고 큰 건물을 두루 일컫는 말이다.

누두(漏逗) : 멀리 떨어져서 오래도록 만나지 못하다. 치밀하지 못하고 거칠다. 드러내다. 소홀하다. 구멍이 나서 새나가다.

누라(僂儸) : 도적떼의 졸개. 교활하고 약빠른 사람.

누수(累垂) : ①쇠약하고 지친 모양. ②아래로 축 늘어뜨린 모양.

누의(螻蟻) : 땅강아지와 개미. 보잘것없는 매우 작은 생물. 하잘 것 없는 사람.

뉴주(杻住) : 멱살을 잡아 비틀어 버리다. '주(住)'는 어조사로 동사 뒤에 붙어서 동작을 확고부동하게 고정시킨다.

늑담문준(泐潭文準) : 석상초원(石霜楚圓)-황룡혜남(黃龍慧南)-운암극문(雲庵克文)-늑담문준(泐潭文準). 1061~1115. 담당문준(湛堂文準), 보봉문준(寶峯文準)이라고도 한다. 흥원부(興元府)[섬서성(陝西省) 한중(漢中)] 출신으로 속성은 양씨(梁氏)이다. 8살에 출가하였는데 진정 극문스님을 찾아뵙고 선관(禪觀)에 전념하던 차에 하루는 어떤 납자가 제갈량의 『출사표(出師表)』를 읽는 것을 듣다가 홀연히 개오하였다. 운암사에서 법을 선양하다가 강서성 늑담의 보봉사로 옮겨 학인들을 제접하였다. 『담당준화상어요(湛堂準和尙語要)』1권이 있다.

늑담상흥(泐潭常興) : 조계혜능(曹溪慧能)-남악회양(南嶽懷讓)-마조도일(馬祖道一)-늑담상흥(泐潭常興). 생몰연대는 알려져 있지 않다. 남전 보원스님과의 문답이 여러 어록에 나온다. "늑담 상흥스님을 남전스님이 찾아가니, 상흥스님이 벽을 향하고 있음을 보았다. 남전스님이 상흥스님의 등을 쓰다듬으니, 상흥스님이 물었다. '당신은 누구요?' 말했다. '보원이요' 상흥스님이 말했다. '어떻소?' 말했다. '늘 그대로요.' 말했다. '당신은 어째 일이 많소?'"『경덕전등록(景德傳燈錄)』7권·『오등회원(五燈會元)』3권·『선종송고련주통집(禪宗頌古聯珠通集)』13권·『정법안장(正法眼藏)』2권하   제365화·『종감법림(宗鑑法林)』13권·『오등전서(五燈全書)』6권·『지월록(指月錄)』9권 등 참조. 특히 『연등회요(聯燈會要)』5권에는 방거사와의 문답이 기록되어 있다. (X79n1557_p0051a12~14. 참조.)

늑담홍영(泐潭洪英) : 분양선소(汾陽善昭)-석상초원(石霜楚圓)-황룡혜남(黃龍慧南)-늑담홍영(泐潭洪英). 1009~1068. 보봉홍영(寶峰洪英)이라고도 함. 소무(邵武)[복건성] 출신. 속성은 진씨(陳氏). 어렸을 적 부모가 글공부를 해서 선비가 되기를 원하였으나 스님은 출가를 간절히 서원하였다. 출가하여 황룡 혜남스님을 만나서 밤이 다하고 아침이 되도록 말씀드렸으나 입실을 허락받지 못하였다. 어느 날 경함(經函)을 실수로 떨어뜨렸는데 그 소리에 활연히 대오하였다. 그 길로 방장실로 달려가 혜남스님에게 말씀드리니, "그대가 우리 가문의 바른 눈을 갖춘 영웅이 되었구나. 잘 보호하여 지녀라."하고 인가를 하였다. 여산 원통사에서 세수 59세로 입적하였다.

능(能) : ①오히려, 차라리. ②얼마나, 어찌나. 많이. 이처럼. 이와 같이.

능가경(楞伽經) : 『입능가경』 또는 『대승입능가경』이라고도 한다. 『능가경(楞伽經)』(ⓈLaṅkāvatara-sūtra)은 후기 대승불교의 경전이다. 서기 400년 쯤에 성립되었다. 한역으로는 구나발다라의 송역(宋譯) 4권본인 『능가아발타라보경』과, 보리유지의 위역(魏譯) 10권 18품본인 『입능가경』과, 실차난타의 당역(唐譯) 7권 10품본인 『대승입능가경』의 3종과, 티베트역으로는 법성(法成)[쵸스그룹]이 지은 2종류가 현존하는데 그 중에서도 송역 4권본이 가장 원초적인 형태를 전하는 것으로 되어 있다.

능견(能見) : 봄 속에서 보는 주관적인 것.

능인(能仁) : '완벽한 자비'의 뜻. 석가모니부처님의 별칭. 적묵(寂黙)이라고도 한다.

능전(能詮) : 어구(語句), 문장(文章), 교법(敎法) 등을 나타내는 역할을 하는 것. ↔소전(所詮).

니(嚀) : ①의문사. 어조사. '니(呢)'와 같다. 『고존숙어록』에서는 咿(먹기를 좋아할 시)로 되어 있으나 呢(니)의 잘못표기인 것으로 보인다. (『古尊宿語錄』 卷第二十,「舒州白雲山海會演和尚初住四面山語錄」, X68n1315_p0131c14. 〔卍續藏經, 『古尊宿語錄』 卷二十, p208, 上 4~5줄〕 "盤山老咿". "四面老咿") ② 부적('적'이라고 읽음).

니건자(尼乾子) : ⓈNirgantha-Nataputta. 니간타 나타풋타. 바르다마나가 본명이다. 깨달은 이후 마하비라로 불렸다. 인도에서의 육사외도(六師外道)의 일파이다. 극단적 고행과 철저한 불살생의 실천을 통해 열반을 추구하는 외도이다. 지금 현재도 인도에서 자이나교로서 그 맥을 유지하고 있다. 나머지 외도는 유물론자인 아지타 케사캄발리(ⓈAjita-Kesakambali), 기계적 불멸론자인 파쿠다 카짜야나(ⓈPakudha-Kaccāyanā), 윤리적 회의론자인 푸라나 카싸파(ⓈPurana-Kassapa), 극단적 운명론자인 마칼리 고살라(ⓈMakkhali-Gosala), 회의론자인 산자야 벨라티풋타(Ⓢanjaya-Belatthiputta) 등이 있다.

니리(泥犁) : ⓢNiraya. 니리야(泥犁耶). 지옥의 범어.

니살기(尼薩耆) : 니살기바일제(尼薩耆波逸提)의 줄임말이다. ⓢ Naiḥsargikaprāyaścittika. 사타(捨墮)라 번역한다. 사타(捨墮) 는 30 조항의 계목(戒目)이 있으므로 30사타라고도 한다. 이것을 범하면 가사와 발우 등과 가지고 있는 재물을 모두 버리고 내어 놓아야만 하므로 사(捨)라하였고 삼악도(三惡道)에 떨어지기 때문에 타(墮)라 하였다.

닉(溺) : 오줌 누다는 뜻. =뇨(尿).

다(多) : 부사. 대개. 대체로. 얼마나. 얼마. 대부분. 아마. 아마도. 겨우. 다만.

다자(多子) : 잘하다, 좋다, 훌륭하다. 뛰어나다. 중요하게 여기다, 중시하다. 칭찬하다, 찬양하다. 자(子)는 어조사.

다자탑(多子塔) : 『벽지불인연론』 하권에 인연설화가 있다. "옛날 벽지불이 있었는데 왕사성의 큰 장자 집에 태어나서 아들과 딸을 각기 30명씩 낳아서 기르면서 일에 매여 집안일을 버리지 못하고 있다가 친구와 유람을 가게 된다. 거기서 벌목꾼을 만났는데 큰 나무는 가지와 잎이 무성하여 베어서 끌고 나오지 못하자 작은 나무를 베어 끌고 나오는 것을 보고 느끼는 바가 있어 노래를 한다. '큰 나무를 벤 것을 보았는데/ 가지와 잎이 너무 무성하여/이리저리 걸리어 빽빽한 수풀에서/ 빼어 낼 방법이 없었네./ 세간 또한 이와 같으니/ 아들과 딸이며 모든 가족들/ 애증에 걸린 마음은/ 생사의 수풀 속에서/ 벗어날 수가 없네./ 작은 가지가 없는 작은 나무는/ 빽빽한 숲에서 쉽게 빼낼 수 있나니/ 그것을 관찰하고 나는 깨달았네./ 친하고 애착하는 일을 끊으면/ 생사의 빽빽한 숲 속에서/ 스스로 그렇게 해탈한다네.' 그리고는 벽지불의 경지를 얻었다. 친구는 혼자 보내고 설산으로 가서 벽지불들과 교류하며 일생을 보내다 열반하자 그의 자식들이 그를 위해 탑을 세웠으니 후에 사람들이 '다자탑(多子塔)'이라고 불렀다고 한다." (『辟支佛因緣論』卷下, T32n1650_p0477a14~b25. 참조.) 세존께서 이 다자탑(多子塔) 앞에서 설법을 하실 때 마하 가섭존자가 밖에 나갔다가 늦게 들어오시자 곧 자리를 나누어 앉으셨다고 한다.

다재(多才) : 재능이 많은 사람. 수재(秀才), 곧 선원에서의 참(參)인 학인을 말한다.

단(斷) : ①가로막다. ②한계. 시한. 정도. ③절대로. 결코.

단(單) : 다만. 겨우. 오직.

단(但) : 마음대로, 멋대로. 무릇, 대체로. 곧, 바로, 즉시. 거침없이. 그러나, 그렇지만. 다만 ~하기만 하면. 움직이다. 두려워하다.

단(湍) : 여울. 급류. 급하게 흘러내리는 물. 빠르다. 소용돌이치다.

단경(壇經) : 육조 혜능스님의 『육조단경(六祖壇經)』을 말한다. 육조 혜능스님의 전기와 법문이 실려있다. 《돈황본》《덕이본》《혜흔본》《흥성사본》《대승사본》《설숭본》《종보본》 등의 여러 판본이 있다.

단계(丹桂) : 뛰어난 인재, 과거급제. 계수나무. 자식의 비유. 달(月).

단과당(旦過堂) : 절에서 행각승이 쉴 수 있도록 제공해주는 방.

단관삭(斷貫索) : 관삭(貫索)은 돈꿰미나 긴 밧줄, 별자리 이름, 감옥 등의 뜻이 있다. 끊어진 꿰미라는 뜻으로 아무짝에도 쓸모없는 것.

단도직입(單刀直入) : ①홀로 칼 한 자루 휘두르며 거침없이 적진으로 돌진하는 것. 언어를 죽 늘어놓지 않고 곧장 요점을 말함. ②선가(禪家)에서 경어(經語)나 언어 등의 일체 방편을 전혀 쓰지 않고 즉각 들어가게 하는 것을 말한다.

단박(袒膊) : 웃통을 벗어 어깨를 드러냄. 『정법안장』제556화에서 '조박(祖膊)'으로 나오는데 祖(조)는 袒(단)의 오기(誤記)다. 『전등록』11권에는 袒(단)으로 나온다. (『景德傳燈錄』卷第十一, T51n2076_p0288c22. "袒膊當胸打一拳")

단비(斷碑) : 깨지거나 동강난 비석.

단산(丹山) : 단혈지산(丹穴之山)의 줄임말이다. 단잠(丹岑), 단혈(丹穴)이라고도 함. 중국의 전설에 봉황이 산다고 하는 붉은 구멍이 있는 산이라고 한다. 곽박(郭璞)[276~324]의 『산해경(山海經)』 주(注)에는 "단산지혈의 위에 금과 옥이 많이 있는데 거기서 붉은 물이 솟아나와 남쪽으로 흘러서 발해로 유입된다. 거기는 새가 있는데 형태는 닭처럼 생겼고 오색무늬가 찬란하게 빛나며 이름을 봉황이라고 한다."라고 나온다.

단상(斷常) : 단견(斷見)과 상견(常見)을 말하는 것으로 편벽된 극단을 집착하는 두 가지의 견해를 말한다. 잘못된 변집견(邊執見)이다.

단신(端身) : 몸가짐을 바르게 하다. 몸을 바로하다.

단연(端然) : 점잖고 정숙한 모양. 자세가 바른 모양. 과연, 진실로.

단원(團圓) : ①가족이 단란하게 지내는 것. ②둥근 모양. ③연극의 결말.

단적(端的) : ①확실히. 진실로. 곧바르고 명백하게. ②도대체, 대관절. ③근거, 단서. ④내막, 처음과 끝.

단전(單傳) : 글이나 말로 하지 않고 정법(正法)을 마음에서 마음으로 전하는 일.

단중교탁(單重交拆) : 단탁중교(單拆重交)라고도 한다. 엽전으로 점을 칠 때 쓰는 네 가지의 괘를 말한다. 엽전 세 개를 던져 세 개가 모두 앞면이 나오면 교(交), 모두 뒷면이 나오면 중(重), 한 개만 앞면이 나오면 탁(拆), 두 개가 앞면일 때는 단(單)이라고 한다. 단(單)은 소양(少陽), 탁(拆)은 소음(少陰), 교(交)는 노음(老陰), 중(重)은 노양(老陽)에 해당한다고 한다.

단하천연(丹霞天然) : 조계혜능(曹溪慧能)-청원행사(靑原行思)-석두희천(石頭希遷)-단하천연(丹霞天然). 739~824. 등주(鄧州)[하남성] 출신. 석두 희천스님의 문하로 들어가 3년을 시봉하다가 머리를 깎고 수계를 하였다. 마조 도일스님을 찾았다가 천연(天然)이라는 법호를 받았다. 천태산 화정봉(華頂峰)에서 3년을 지내다가 경산(徑山)으로 가서 국일선사(國一禪師)를 참배하고 남양(南陽) 단하산(丹霞山)으로 가서 선풍을 크게 떨쳤다. 장경(長慶) 4년에 세수 86세로 입적하였다. 시호는 지통선사(智通禪師)이다. '끽반구안(喫飯具眼)' '단하잔초(丹霞剗草)' '단하목불(丹霞木佛)' '단하재즉(丹霞在則)' 등의 공안을 남겼고, 취미무학(翠微無學) 등 7인의 제자가 있다.

달(達) : 환히 알다. 분명하게 알다. 꿰뚫다. 도달하다. 갖추다. 보편적이다.

달도(躂倒) : 넘어지다.

달마척리서귀(達磨隻履西歸) : 달마대사가 신발 한 짝을 들고 서쪽으로 돌아가다. "이에 더 이상 낫게 하려고 하지 않고 단정히 앉아서 입적하였다. 이때가 후위의 효명제 태화 19년 병진년 10월 5일이었다. 그해 12월 28일 웅이산에 장사지내고 정림사에 탑을 세웠다. 그 뒤 3년 후에 위나라의 송운(宋雲)이 서역에 사신으로 갔다가 돌아오는 길에 총령에서 대사를 만났다. 그런데 손에 신발 한 짝을 들고 훌훌히 홀로 가고 있었다. 송운이 여쭈었다. '스님께선 어디로 가십니까?' 대사가 대답하였다. '서역으로 갑니다.' 그리고는 다시 송운에게 말했다. '그대의 군주가 이미 세상을 뜨셨소.' 송운은 이 말을 듣고 망연하였다. 대사와 작별하고 동쪽으로 나아가서 복명하려고 하니, 명제는 이미 승하해버리고 효장제가 즉위한 뒤였다. 송운이 앞의 일을 자세히 보고하자 황제가 대사의 무덤을 열어 보게 하니, 빈 관 속에는 신발 한 짝만이 남아 있었다."(『景德傳燈錄』卷第三, T51n2076_p0220a28~b10. "遂不復救之, 端居而逝, 即後魏孝明帝, 太和十九年, 丙辰歲十月五日也. 其年十二月二

十八日, 葬熊耳山, 起塔於定林寺. 後三歲, 魏宋雲奉使西域迴, 遇師于蔥嶺, 見手攜隻履翩翩獨逝. 雲問: ‘師何往?’ 師曰: ‘西天去.’ 又謂雲曰: ‘汝主已厭世.’ 雲聞之茫然. 別師東邁, 暨復命, 卽明帝已登遐矣. 而孝莊卽位. 雲具奏其事, 帝令啓壙, 唯空棺一隻革履存焉.”)

달살(怛薩) : 달살아갈(怛薩阿竭)의 준말. ⓢtathāgata. 다타아가도(多陀阿伽度)라고도 한다. 여래(如來)를 말함.

담가과상(擔枷過狀) : 담가진상(擔枷陳狀)과 같은 말. 스스로 칼을 메고 자기의 죄상을 고백하다.

담당문준(湛堂文準) : 석상초원(石霜楚圓)-황룡혜남(黃龍慧南)-운암극문(雲庵克文)-담당문준(湛堂文準). 1061~1115. 늑담문준(泐潭文準), 보봉문준(寶峯文準)이라고도 한다. 흥원부(興元府)[섬서성(陝西省) 한중(漢中)] 출신으로 속성은 양씨(梁氏)이다. 8살에 출가하였는데 진정 극문스님을 찾아뵙고 선관(禪觀)에 전념하던 차에 하루는 어떤 납자가 제갈량의 『출사표(出師表)』를 읽는 것을 듣다가 홀연히 개오하였다. 운암사에서 법을 선양하다가 강서성 늑담(泐潭)의 보봉사(寶峯寺)로 옮겨 학인들을 제접하였다. 『담당준화상어요(潭堂準和尙語要)』1권이 있다. 제자로 삼각지요(三角智嶢), 전우전유(典牛典游)[운암천유(雲巖天游)] 등이 있다.

담대(擔帶) : 책임을 지다. 담당하다. 양해하다. 관대하게 보아주다. 지다.

담분한(擔糞漢) : 똥 퍼내는 사람. 똥지게에 똥을 퍼서 지고 나르는 사람.

담연(湛然) : 맑고 그러함. 아주 편안함. 마음에 하고자 함이 없이 깨끗함. 늘 깨어 있어 마음이 맑은 모양. 의식이 뚜렷한 모양. 맑고 깨끗한 모양.

담연원징(湛然圓澄) : 동산양개(洞山良价)-운거도응(雲居道膺)-동안도비(同安道丕)-동안관지(同安觀志)-양산연관(梁山緣觀)-태양경현(大陽警玄)-투자의청(投子義靑)-부용도해(芙蓉道楷)-녹문자각(鹿門自覺)-청주일변(靑州一辨)-대명보(大明寶)-왕산체(王山體)-설암만(雪巖滿)-만송행수(萬松行秀)-설정복유(雪庭福裕)-숭산문태(崧山文泰)-환원복우(還源福遇)-순졸문재(淳拙文才)-송정자엄(松庭子嚴)-응연요개(凝然了改)-구공계빈(俱空契斌)-무방가종(無方可從)-월주문재(月舟文載)-소산종서(小山宗書)-환휴상윤(幻休常潤)-자주방념(慈舟方念)-담연원징(湛然圓澄). 1561~1626. 명나라 때 스님으로 산수도인(山水道人)이라고도 한다. 동산 양개스님의 27세 법사이다. 회계(會稽)[절강성(浙江省) 소흥(紹興)] 출신으로 속명은 하씨(夏氏)이다. 30세에 묘봉(妙峰)스님에게서 머리를 깎고 운서연지(雲棲蓮池)스님에게서 구족계를 받고서 대각방념(大覺方念)스님의 법을 이었다. 소흥(紹興)의 현성사(顯聖寺)에서 종풍을 크게 떨쳤다. 대혜스님 『정법안장』의 서문인「중각정법안장서(重刻正法眼藏序)」를 썼다. 『담연원징선사어록(湛然圓澄禪師語錄)』8권과 『종문혹문(宗門或問)』『개고록(憨古錄)』『법화의어(法華意語)』『열반소(涅槃疏)』『금강삼매주(金剛三昧註)』 등 십여 편의 저서가 있다.

담자(擔子) : 짐. 맡은 책임.

담저(澹泞) : 물길이 확 트여서 시원하게 흐르는 모양. 물이 넘실거리는 모양. 봄날이 화창한 모양. 물이 맑고 깊은 모양. 무심한 모양. 담담한 모양, 담연한 모양.

담전(膽戰) : 몹시 놀라고 두려워서 담이 부들부들 떨리다.

담주수계(潭州秀谿) : 조계혜능(曹溪慧能)-남악회양(南嶽懷讓)-마조도일(馬祖道一)-담주수계(潭州秀谿). 『정법안장(正法眼藏)』2권하(下)·『경덕전등록(景德傳燈錄)』8권·『연등회요(聯燈會要)』5권·『오등회원(五燈會元)』3권·『오등엄통(五燈嚴統)』3권·『선종송고련주통집(禪宗頌古聯珠通集)』13권·『종감법림(宗鑑法林)』14권·『오등전서(五燈全書)』6권·『지월록(指月錄)』9권 등에 곡산스님과의 문답화가 있다.

담주화림(潭州華林) : 조계혜능(曹溪慧能)-청원행사(靑原行思)-석두희천(石頭希遷)-담주화림선각(潭州華林善覺). 선각스님은 늘 석장을 짚고 다녔다고 하는데 야밤에 산기슭을 다니면서 일곱 걸음마다 석장을 한 번 돌리고 관세음보살을 염했다고 한다. 한 번은 협산 선회스님이 찾아 와서 물었다. "들어보니 스님께선 관세음보살을 염한다던데 맞습니까?" "그렇습니다만." "스님의 머리에 올라타면 어쩌시겠습니까?" "머리가 나오면 마음대로 올라타도 되겠지만, 머리가 나오지 않으면 무엇을 타겠습니까?"

답보(踏步) : ①답강보두(踏罡步斗)의 줄임말. 강성(罡星)과 두수(斗宿)를 밟다. 곧 도사가 기도나 술법을 행할 때의 걸음걸이를 말한다. ②발걸음을 내디디다. ③층계, 사다리.

답착칭추경사철(踏著秤鎚硬似鐵) : 저울추를 밟으니 단단하기가 무쇠 같다. 선사(禪師)의 기봉이 너무 강력하여 응대하기 어려움을 비유함. 석문 온총스님의 법문에 나온다. "한 스님이 여쭈었다. '어떤 것이 고불의 마음입니까?' 스님이 말씀하셨다. '저울추를 밟으니 단단하기가 무쇠 같군.'" (『禪門拈頌集』卷第二十九, K46-0480, 1347則. "讓州石門山蘊聰慈照大師, 因僧問: '如何是古佛心?' 師云: '踏著秤鎚硬似鐵.'")

답토격한(踏土墼漢) : 토격(土墼)은 불에 굽지 않은 흙벽돌이나 석회를 구울 때 가마에 엉겨 붙은 흙찌꺼기를 말한다. 또는 본지(本地)의 뜻이다. 흙벽돌을 밟는 자란 곧 본래 심지(心地)에 도달한 사람을 일컫는다.

답파초혜적각주(踏破草鞋赤脚走) : 신발이 다 떨어지니 맨발로 달리다. 지문 광조스님의 법문에 나온다. "여쭈었다. '어떤 것이 부처님입니까?' 말했다. '신발이 다 떨어지니 맨발로 달린다.'" (『天聖廣燈錄』卷第二十二, X78n1553_p0532a18. "問：'如何是佛?' 師云：'踏破草鞋赤脚走.'")

당(當) : ①~로 여기다. ~로 간주하다. =이당(以當). ②가리다. 막다. ③만나다. 당하다. 봉착하다. ④오직 ~만 있다. 오직. ⑤마땅히 ~해야만 한다. ⑥지키다. 수비하다. ⑦같다. 비슷하다. ⑧장성하다. ⑨대등하다. ⑩대하다. 향하다. ⑪맡다. 직무를 맡다. ⑫주관하다. 장악하다. ⑬저항하다. 대항하다. ⑭징조가 맞다. ⑮처결하다. ⑯당직하다. ⑰시험해보다. 떠보다. ⑱적당하다. 꼭 들어맞다. ⑲순응하다. ⑳인질로 잡히다. ㉑공정하다. ㉒적중시키다. ㉓충당하다. ㉔충돌하다. ㉕편들다. ㉖물건의 바닥. ㉗올가미. ㉘과거. ㉙기왕. ㉚부사. 당장. 바로 그때. 일찍이. 언젠가. 여전히. 아직도. 장차 ~하려고 하다. 꼭. 반드시. 마침내. 그(其). 매우. 심히. ~에서. ~에 대하여. ㉛접속사(=則). ㉜동작의 진행이나 상태의 지속을 나타내는 어조사(=着).

당(噇) : 함부로 지껄이다. 게걸스럽게 먹다. 실컷 먹다. 먹다.

당고(糖糕) : 엿을 넣어 만든 경단 종류. 엿.

당기(當機) : ①학인의 근기(根機)에 계합하다. ②선기(禪機)에 계합함. ③적당한 시기. ④곧바로, 당장, 즉시.

당년(當年) : ①그 해. 같은 해. ②옛날. 왕년. ③몸이 굳건하고 힘이 한창인 시기. 장년(壯年).

당당(堂堂) : 용맹스러운 모양. 버젓한 모양. 의용이 훌륭하다. 뛰어난 모양. 큰 모양. 높이 드러난 모양. 어쩔 수 없는 모양. 빛나다. 영예롭다. 아주 멀다. 아득하다. 널빤지 밟는 소리.

당도(當道) : 길을 가로막다. 도(道)에 딱 맞다. 일이 이치에 부합하다.

당두(當頭) : 가까이 닥치다. 얼굴을 맞대다. 정면으로 마주하다. 으뜸으로 삼다. 으뜸. 머리를 때리다.

당두(堂頭) : 당두수좌(堂頭首座), 전당수좌(前堂首座), 당두화상(堂頭和尙)이라고도 한다. 선원의 맨 웃어른인 방장스님이나 주지스님을 말한다. 주지실, 또는 수좌실, 방장실을 말하기도 한다.

당면(當面) : 대면하다. 직면하다. 일이 바로 눈앞에 닥치다. 관청으로 가서 관리를 만나다. 직접 만나는 것으로 간주하다.

당면차과(當面蹉過) : 바로 눈앞에서 놓치다.

당명숭화상(唐明嵩和尚) : 보응혜옹(寶應慧顒)-풍혈연소(風穴延沼)-수산성념(首山省念)-당명숭화상(唐明嵩和尚). 삼교지숭(三交智嵩), 승천화상(承天和尚)이라고도 한다. 생몰연대와 행적이 알려져 있지 않음. 법명은 지숭(智嵩)이다. 또한 당명숭(唐明嵩)으로 잘 알려져 있으며 철불숭(銕佛嵩)이라고도 한다.『병주승천숭선사어록(并州承天嵩禪師語錄)』이 『고존숙어록』10권에 실려 있다.(『古尊宿語錄』卷第十, X68n1315_p0061b16~0064b20. 참조.)

당문(當門) : ①문을 가로막다. ②문을 향하다. 문을 마주하다.③전면. 앞.

당문치(當門齒) : 앞이빨. 앞니.

당상(堂上) : 마루. 당의 위.

당시(當時) : ①즉각, 즉시, 곧장. ②그때. 그 당시. 당시의 사람들. ③황제. ④청춘시절. ⑤시기에 맞다.

당인(當人) : 당사자. 적합한 사람, 적당한 사람.

당입(撞入) : 갑자기 뛰어 들다.

당저(當抵) : 막아서 버티다, 가로막다, 저항하다. =저당(抵當).

당전(當前) : 직면하다. 눈앞에 있다.

당정(當情) : 망정(妄情)에 딱 맞음. 망정(妄情)에 의하여 실체가 없는데도 여러 가지의 현상이 눈앞에 나타나는 것. 미혹한 마음에서 나타나는 것으로서 진(眞)에서는 존재하지 않는 것.

당착(撞着) : 말이나 행동의 앞뒤가 맞지 않다. 사리에 맞지 않다. 맞부딪치다. 불의의 사태를 만나다. 우연히 만나다.

당천(當天) : ①천명(天命)에 순응함. ②하늘, 공중. ③하늘에 떠 있다. ④그날. 같은 날.

당체(當體) : 바로 그 자체. 본체(本體)를 곧장 가리키는 말이다.

당초(當初) : 일이 생긴 맨 처음. 애초. 과거.

당하(當下) : 곧, 즉시, 당장.

당헌(當軒) : =당문(當門). 문을 가로막다. 누각에 걸려있다. 문을 마주 대하다. 처마 끝.

당흉(當胸) : 가슴 앞.

대(擡) : 들어 올리다. 어깨에 메다.

대(帶) : 포함하다. 머금고 있다. 띠고 있다. ~와 함께. ~과 같이.

대(待) : 필요로 하다. 기대다, 의지하다. 용인하다. 갖추다. ~하려고 하다.

대가(大家) : ① 모든 이들. 모든 사람들. 보통 사람들. 모두들. 모두 함께. 대중들. 대중을 높여서 부르는 말. ② 식견이 높고 대도(大道)를 꿰뚫어 아는 사람. ③ 우리, 우리들.

대가요지(大家要知) : 그대들은 알아야 할 것이다. '대가(大家)'는 대중(大衆), 일반대중, 보통사람들, 모두들, 모두 함께, 여러분, 대중여러분, 대방가(大方家)[식견이 높고 대도(大道)를 꿰뚫어 아는 사람], 우리, 우리들, 보통사람들 등의 뜻이다. '요지(要知)'는 편지의 상투어로 자세히 살피어 알다는 뜻.

대경(大卿) : 벼슬이름이다. 주대(周代)이후 육관(六官)의 장(長)이었다.

대교약졸(大巧若拙) : 노자의 『도덕경』에 나오는 말이다. "크게 곧은 것은 마치 굽은 것 같고, 크게 교묘한 것은 마치 졸렬한 것 같고, 큰 변재는 마치 어눌한 것 같다." ('老子'『道德經』. "大直若屈 大巧若拙 大辯若訥")

대녕도관(大寧道寬) : 수산성념(首山省念)-분양선소(汾陽善昭)-석상초원(石霜楚圓)-대녕도관(大寧道寬). 송대의 임제종스님이다. 석상 초원스님의 법을 잇고 홍주(洪州) 대녕원(大寧院)에 주석하다가 나중에 동안(同安)으로 옮겼다. 『정법안장』에서는 12화(話)가 소개되어 있다.

대도(大都) : 대개. 대략. 큰 도시.

대론(對論) : 스님들이 서로 마주보고 의론하는 것.

대룡지홍(大龍智洪) : 덕산선감(德山宣鑑)-감담자국(感潭資國)-백조지원(白兆志圓)-대룡지홍(大龍智洪). 송대의 스님이다. 백조 지원스님에게서 법을 이어 받고 낭주(朗州)[호남성(湖南省) 상덕(常德)]의 대룡산(大龍山)에 주석하였다. 서호(署號)는 홍제대사(弘濟大師)이다. '대룡법신(大龍法身)' 공안이 있다.

대루(帶累) : 연루되게 하다. 말려들게 하다.

대매법상(大梅法常) : 조계혜능(曹溪慧能)-남악회양(南嶽懷讓)-마조도일(馬祖道一)-대매법상(大梅法常). 752~839. 호북(湖北) 양양(襄陽)사람이다. 속성은 정씨(鄭氏). 어려서 출가하여 옥천사(玉泉寺)에 머무르면서 여러 경서(經書)를 암송하였다. 20세에 용흥사(龍興寺)에서 구족계를 받았다. 선(禪)에 뜻을 두어 마조스님을 참례하고 여쭈었다. '어떤 것이 부처님입니까?' 마조스님이 답하였다. '즉(卽)마음이 부처님이다.' 이에 바로 크게 깨달았다. 뒤에 절강성(浙江省) 은현(鄞縣)에 있는 대매산(大梅山)에 주석하였다. 세수 88세로 입적하였다. '대매즉불(大梅卽佛)' '대매생사(大梅生死)' '대매서래(大梅西來)' '대매구향(大梅久嚮)' '대매오서(大梅鼯鼠)' 등의 공안이 있다.

대면(對面) : 맞은 편, 건너 편. 직접 만나보다. 면회하다. 얼굴을 마주 대하다.=당면(當面).

대물(大物) : 천하(天下). 제왕의 자리. 귀중한 물건. 병기(兵器). 등급을 나타내는 의례(儀禮)나 제도(制度).

대범(大凡) : 대체로, 대개. 개요. 요지. 모두. 총계.

대법안(大法眼) : 부처님과 조사들이 가진 법의 눈. 선법(禪法)을 활연(豁然)하게 깨달은 지혜안광(智慧眼光). 정법안장(正法眼藏).

대사(大似) : 마치 ~와도 같다. 꼭 ~처럼. 꼭 ~와 같다.

대사(大事) : 일대사(一大事). 일대사인연(一大事因緣). 생사(生死)를 철저하게 꿰뚫어 해결하는 일. 실상(實相)의 현묘한 이치를 드러내는 큰 일으로서 부처님의 앎을 드러내는 일대의 사업(事業)이다.

대선(大儒) : Ⓢparamarsi, maharsi, mahamuni. 파라마르쉬. 마하르쉬. 마하무니 등으로 부르며 대선(大仙). 금선(金仙)이라고도 한다. 스스로 밝게 깨달은 분이란 존칭으로 쓰며 주로 석가모니부처님을 말한다.

대소(大小) : 상대방을 얕잡아 일컫는 말로서 '나이가 좀 든' '점잖은 분이, '이른바 ~라는 사람이' '별 것도 아닌 사람이' '별 볼일 없는 사람이' 등의 뜻이다. 대소대(大小大)라고도 쓰임.

대수법진(大隨法眞) : 마조도일(馬祖道一)-백장회해(百丈懷海)-복주대안(福州大安)-대수법진(大隨法眞). 834~919. 사천성(四川省) 재주(梓州) 염정현(鹽亭縣) 출신. 속성은 왕씨(王氏). 혜의사(慧義寺)로 출가하였다. 남방으로 다니면서 약산유엄(藥山惟儼)·도오원지(道吾圓智)·운암담성(雲岩曇晟)·동산양개(洞山良价)·위산영우(潙山靈祐)스님 등 60여명의 대선지식들을 참문하였다. 위산스님 회상에서 각고면려(刻苦勉勵)하여 오도하고 후에 장경대안(長慶大安) 스님의 법을 이었다. 이후 촉(蜀)으로 돌아가 사천성(泗川省) 익주(益州)의 대수사(大隨寺)에 주석하며 선풍을 크게 떨치다가 나무 구멍을 파고 목선암(木禪庵)을 짓고는 10여 년 동안 제자를 제접하며 선풍을 크게 드날렸다. 왕노사라고도 불렸으며 신조대사(神照大師)라 불렸다. 건덕(乾德) 원년에 세수 86세로 입적하였다. '대수겁화(大隨劫火)' '대수아미(大隨峨眉)' '대수일체(大隨一切)' '대수석두(大隨石頭)' '대수천산(大隨千山)' '대수일면(大隨一面)' '대수하산(大隨下山)' 등의 공안이 있다. 『대수개산신조선사어록(大隨開山神照禪師語錄)』1권이 『고존숙어록』35권에 실려 있다.

대수소서(大隨燒畬) : 대수 법진스님이 뱀을 불에 던진 화(話)다. "대수스님이 밭을 태우실 때에 문득 뱀을 한 마리 보았다. 스님은 막대기에 걸어서 불 속에다 던져버리고는 말했다. '咄(Duō)! 이 몸뚱어리는 스스로 놓아버리지 못하니, 너는 이 속에서 죽는 것이 마치 어둠 속에서 등불을 얻음과 같다.' 그때 한 스님이 여쭈었다. '바로 이럴 때 죄가 있습니까?' 스님이 말했다. '돌호랑이가 외칠 때 산골짜기에 메아리가 울리고 나무사람이 호통치는 곳에 무쇠소가 놀란다.'"
(『禪宗頌古聯珠通集』卷第二十一, X65n1295_p0612c24~0613a03. "大隨燒畬次, 忽見一蛇. 師以杖挑向火中, 曰: '咄! 這箇形骸, 猶自不放捨. 你向這裡死, 如暗得燈.' 時有僧問云: '正恁麼時還有罪也無?' 師曰: '石虎叫時山谷響. 木人吼處鐵牛驚.'")

대승덕준(大乘德遵) : 풍혈연소(風穴延沼)-수산성념(首山省念)-곡은온총(谷隱蘊聰)-대승덕준(大乘德遵). 곡은 온총스님의 법을 이어 받고 당주(唐州) 대승산(大乘山)에 주석한 스님이다. 『열조제강록(列祖提綱錄)』8권에는 상당법문이 실려 있고, 『정법안장(正法眼藏)』1권하下·『연등회요(聯燈會要)』13권·『가태보등록(嘉泰普燈錄)』2권·『선문염송집(禪門拈頌集)』9권·『오등회원(五燈會元)』12권·『오등엄통(五燈嚴統)』12권·『지월록(指月錄)』24권·『오등전서(五燈全書)』6권 등에 곡은 온총스님과의 대화가 실려 있다.

대승소승화(大乘小乘話) : 청평영준(淸平令遵)스님의 문답에서 나온 화두이다. "그때 한 스님이 여쭈었다. '어떤 것이 대승입니까?' 스님이 말씀하셨다. '새끼줄이다.' 말했다. '어떤 것이 소승입니까?' 스님이 말씀하셨다. '돈 꾸러미다.'" (『景德傳燈錄』卷第十五, T51n2076_p0318c22~23. "時有僧問: '如何是大乘?' 師曰: '麻索.' 曰: '如何是小乘?' 師曰: '錢貫.'")

대승혜과(大乘慧果) : 풍혈연소(風穴延沼)-수산성념(首山省念)-섭현귀성(葉縣歸省)-대승혜과(大乘慧果). 송대의 임제종스님이다. 당주 대승산에 주석하였다. 『오등회원(五燈會元)』12권과 『오등엄통(五燈嚴統)』12권에 그의 문답화가 실려 있다.

대신(大身) : 경계로서의 결업생신(結業生身)에 대하여 허공에 두루 꽉 찬 법신(法身)과 보신(報身)을 말한다. 허공에 꽉 찬 신(身)은 전체가 신(身)이기에 신(身)이 없게 된다. 여기서는 심(心)과 법(法)의 전체성을 표현한다. 심(心)이 전체적으로 되면 무심(無心)이며 법(法)이 전체적이면 한 법(法)도 볼 수 없다. 따라서 대신(大身)이라고 하나 신(身)없는 신(身)을 억지로 대신(大身)이라 한다. 그러므로 금강경에서 '몸 아님을 큰 몸이라 한다'고 하였다. ('姚秦天竺三藏鳩摩羅什譯'『金剛般若波羅蜜經』, T08n0235_p0749c25. "佛說非身是名大身.")

대안산성(大安山省) : 운암담성(雲巖曇晟)-동산양개(洞山良价)-소산광인(疎山匡仁)-대안산성(大安山省). 그의 행록은 알려진 것이 없으나 『정법안장』2권 하(下) 제318화와 『경덕전등록(景德傳燈錄)』20권·『연등회요(聯燈會要)』25권·『어선역대선사어록(御選歷代禪師語錄)』전집하(前集下)에 그의 기록이 보인다. '대안아왕(大安我王)' 공안이 있다.

대안청간(大安淸幹) : 백장회해(百丈懷海)-위산영우(潙山靈祐)-향엄지한(香嚴智閑)-대안청간(大安淸幹). 오대후량(五代後梁)스님이다. 향엄 지한스님의 법을 이어받고 안주(安州) 대안산(大安山)에 주석하였다. '대안양두(大安羊頭)' 공안이 있다. 『오등회원(五燈會元)』9권·『오등엄통(五燈嚴統)』9권·『오등전서(五燈全書)』17권 등에 문답화가 남아 있다.

대야(大冶) : ①조화의 비유. ②호북성(湖北省) 동남쪽에 있던 현(縣)의 이름. ③금속을 잘 다루는 장인. ④큰 대장간 주인.

대어(代語) : 착어(著語)의 일종으로 아무도 답하지 않거나, 앞선 선사들이 말하지 않았던 경우를 대신해 말을 덧붙이는 것을 말한다. 운문 문언스님이 즐겨 사용하였다.

대업(大業) : 수(隋)나라 양제(煬帝) 때의 연호. 605~618년.

대용(大用) : 참된 성품의 덕용(德用). 선법(禪法)의 실행(實行). 선사들이 깨달음의 경지를 밖으로 활발하게 전개하는 것.

대용현전(大用現前) : 때와 장소에 따라 맞추어서 선법(禪法)을 실천하고 운용하고 주고받음. 선(禪)을 상황에 맞추어서 표현함. 깨달음이 아주 활발발(活潑潑)하게 전개됨.

대우수지(大愚守芝) : 풍혈연소(風穴延沼)-수산성념(首山省念)-분양선소(汾陽善昭)-대우수지(大愚守芝). 태원(太原) 출신. 속성은 왕씨(王氏). 어렸을 적에 노주(潞州)[산서성] 승천사(承天寺)로 출가하여 『법화경』시험에 응시하여 합격하였다. 『금강경』을 강의하며 천하에 명성을 떨치다가 분양 선소스님을 만나 활연대오하였다. 가우(嘉祐)[1056~1063]초에 입적하였다. '대우경제(大愚莖 虀)' '대우거해(大愚鋸解)' 등의 공안이 있다. 『고존숙어록』25권에 「균주대우 지화상어록(筠州大愚芝和尙語錄)」이 있다. 운봉문열(雲峰文悅) 등 8명의 수법 제자가 있다.

대위진여(大潙眞如) : 분양선소(汾陽善昭)-석상초원(石霜楚圓)-취암가진(翠巖可 眞)-대위진여(大潙眞如). ?~1095. 대위모철(大潙慕哲). 위산모철(潙山慕哲), 진여모철(眞如慕哲), 지해진여(智海眞如)로도 불림. 무주(撫州) 임천(臨川) 출신 이다. 속성은 문씨(聞氏)이다. 단각율사(丹覺律師)에게 출가하여 구족계를 받 고 취암가진(翠巖可眞)스님에게 참학하여 깨달음을 이루고 시봉하였다. 이때 세인들로부터 '철시자(喆侍者)'라는 칭호를 받았다. 담주(潭州)의 악록사(岳麓 寺)와 취암산(翠巖山)에서 주석하였다. 철종(哲宗)으로부터 '진여선사(眞如禪 師)'라는 칙호를 받고 대상국사(大相國寺) 지해선원(智海禪院)에 머물렀다. 소 성(紹聖) 2년(1095) 10월 8일 입적함. 황정견(黃庭堅)이 서(序)를 쓴 『대위산 어록(大潙山語錄)』이 있다.

대위회수(大潙懷秀) : 분양선소(汾陽善昭)-석상초원(石霜楚圓)-황룡혜남(黃龍慧 南)-대위회수(大潙懷秀). 황룡파스님이다. 익양(弋陽)[강서성] 출신. 속성은 응 씨(應氏). 처음에 법운법수(法雲法秀)스님과 함께 무위회공(無爲懷公)을 참례했 을 때 법수스님을 대수(大秀)라고 부르고 스님을 소수(小秀)라고 불렀다. 뒤 에 황룡 혜남스님으로부터 법을 이어 받았다. 담주(潭州) 대위산(大潙山)의 밀인선원(密印禪院)에 주석하였다. 『삼관송(三關頌)』이 있다고 함.

대유(大有) : 틀림없이, 몹시, 아주, 대단히. 접두어로 많이 쓰인다. 대(大)는 어조사로 '많이, 흔히, 여러' 등의 의미가 내포 되어 있다. '대유인(大有人)'이 라고 하면 '틀림없이 ~할 사람이 있다'는 의미가 되고, '대유인의착재(大有人 疑著在)'라고 하면 '사람에게 몹시 의심을 품게 하다'는 뜻으로 쓰인다. 또, '대유공부(大有工夫)'라고 하면 '아주 공을 많이 들이다'는 뜻으로 쓰인다.

대인상(大人相) : Ⓢmahā-puruṣa-lakṣaṇa. 부처님이나 보살, 전륜성왕 등 이 가지고 있는 특별한 모습. 32대인상, 32상이라고도 한다.

대전보통(大顚寶通) : 조계혜능(曹溪慧能)-청원행사(靑原行思)-석두희천(石頭希 遷)-대전보통(大顚寶通). 732~824. 청원계의 스님이다. 영천(穎川)사람이며 속성은 진씨(陳氏)[혹은 양씨(楊氏)]이다. 대력연간(766~779)에 약산 유엄스 님과 함께 서산혜조(西山惠照)스님에게 선법을 익히고, 다시 남악으로 가서 석두 희천스님을 참례하고 종지를 크게 깨달았다. 조주(潮州)[광동성]의 서유 령(西幽嶺) 아래에다 영산선원(靈山禪院)을 창건하여 선법을 크게 떨쳤고 금강경 강의를 천 오백여회나 하였다. 장경(長慶) 4년 세수 93세로 입적하였다. 당말에 도적들이 스님의 탑을 파헤쳐 유골이 모두 없어졌지만 스님의 혀만은 온전하여 다시 봉안하고 이름을 예설총(瘞舌塚)이라고 하였다. 『반야바라밀다심경급금강경석의(般若波羅蜜多心經及金剛經釋義)』가 있다.

대정(大定) : 닦아 익힐 자리가 전혀 없고 기멸(起滅)과 출입(出入)이 전연 없는 삼매. 구경위(究竟位)이다.

대제(待制) : 학사(學士) 아래의 직위로 당태종 때부터 5품 이상의 경관(京官)을 중서성(中書省)과 문하성(門下省)에 번갈아 숙직하면서 황제의 질의에 응하게 하던 관직이다. 이후로 홍문관(弘文館) 학사에게 전담하게 하였다. 송대에는 보화전대제(保和殿待制), 용도각대제(龍圖閣待制) 등으로 대우를 받았다고 함.

대좌(大坐) : 위엄을 갖추고 앉다. 결가부좌하다.

대주혜해(大珠慧海) : 조계혜능(曹溪慧能)-남악회양(南嶽懷讓)-마조도일(馬祖道一)-대주혜해(大珠慧海). 건주(建州)[산서성] 출생. 속성은 주씨(朱氏). 대주화상(大珠和尙), 또는 대주혜해(大珠慧海)라고 불렸다. 월주(越州) 소흥(紹興) 대운사(大雲寺) 도지(道智)스님에게서 머리를 깎았다. 처음에는 경교(經敎)를 배워 깨달은 바가 있었으나 후에 여러 지방을 다니다가 마조도일 선사를 만났다. 마조 선사가 "그대 집의 보배창고를 돌이켜 살피지 않고 집을 버리고서 부질없이 돌아다니기만 하니 어찌하려느냐?"고 한 말에 활연대오하고 6년 동안 마조를 모시었다. 월주(越州)에 기거하면서 『돈오입도요문론(頓悟入道要門論)』1권을 지었는데, 마조스님이 읽어보고는, "월주(越州)에 큰 구슬이 하나 있어 매우 둥글고 밝아 그 광명이 자유자재로 비춘다."라고 말한 데서 대주화상(大珠和尙)이라는 별칭이 만들어졌다. '대주보장(大珠寶藏)' '대주약언(大珠若言)' '대주신구(大珠身口)' 등의 공안을 남겼다.

대지견(大知見) : 부처님과 대조사(大祖師)가 가진 지견(知見). 지혜의 법안으로써 일체법의 진상(眞相)을 관조하여 깨달음을 체험함.

대지여우(大智如愚) : 소식(蘇軾)이 한 말이다. 큰 지혜를 갖춘 사람은 자신을 낮추어 전혀 드러내지 않으므로 마치 어리석은 것처럼 보인다는 뜻. (宋. 蘇軾.『賀歐陽少師致仕啓』."大勇若怯 , 大智如愚.")

대진삼십일소진이십구(大盡三十日小盡二十九) : 큰 달은 삼십 일, 작은 달은 이십구 일. 승천숭(承天嵩)스님의 법문이다. "여쭈었다. '어떤 것이 부처님입니까?' 스님이 말했다. '마음으로 헤아리면 벌어지고 마음을 쓰면 어긋난다.'

말씀드렸다. '필경엔 어떻습니까?' 스님이 말했다. '큰 달은 삼십일이요, 작은 달은   이십구일이다.'"   (『古尊宿語錄』卷第十,   「并州承天嵩禪師語錄」, X68n1315_p0063a02~04. "問: '如何是佛?'   師云: '擬心卽差, 用心卽乖.' 云: '畢竟如何?'   師云: '大盡三十日, 小盡二十九.'")

대집경(大集經) : 『대집경(大集經)』은 17품 60권으로 구성되어 있다. 대방등(大方等)이라 함은 대승경전을 통틀어 말하는 것이며, 대집(大集)은 많이 모았다는 말로서 곧 대승경전의 교리를 많이 모았다는 뜻이 된다. 북량(北凉)의 담무참(曇無懺)을 비롯하여 여러 명이 편찬한 것을 수나라 승취(僧就)가 580년 경에 이 경전을 완성하고자 하여 담무참의 『대집경』에다가 「일장분」 이하의 30여 권을 더해서 편찬하여 지금의 『대방등대집경』이 되었다.

대천제(大闡提) : 천제(闡提)는 Ⓢicchantika(잇찬티카)의 음역으로 일천제(一闡提)를 줄인 말이다. 선근이 끊어진 자. 믿음이 구족되지 않은 자. 성불(成佛)일 성품이 없는 자. 대천제(大闡提)는 전혀 성불(成佛)일 수 없는 자이다.

대치(對治) : Ⓢpratipakṣa. 번뇌를 끊다. 부합하다. 서로 필적하다. 대응하다. 대조하다. 뭇삶의 여러 가지의 번뇌에 맞추어 그에 맞는 방편으로 번뇌를 끊는 것. 『구사론』21권에서는 염환대치(厭患對治)·단대치(斷對治)·지대치(持對治)·원분대치(遠分對治) 등의 네 가지 대치를 설명하고 있다.

대탈공(大脫空) : 탈공(脫空)은 허탈공허(虛脫空虛)의 뜻. 안으로 마음이 실다움이 없이 밖으로 크게 과장함. 헛일이 됨, 수포로 돌아감, 속임수를 씀. 거짓말쟁이. 장례에 사용하거나 불당이나 사당에 올리는 우상(偶像)을 말하기도 하는데 우상을 만들 때에 속을 비우고 만드는 데에서 비롯하였다. 대탈공(大脫空)은 크게 허탈하고 공허함. '큰 거짓말쟁이'의 뜻. 소탈공(小脫空)은 조금 허탈하고 공허함. '작은 거짓말쟁이'의 뜻.

대통(大通) : 옥천신수(玉泉神秀)스님의 시호(諡號)를 말한다.

대통강종(大統綱宗) : 큰 전체를 다스리는 근본의 일. 대통(大統)은 모든 것을 통섭한 것. 강종(綱宗)은 모든 것을 망라하는 근본.

대호(大好) : 사이가 좋다. 매우 좋아하다. 매우 훌륭하다. 아주 뛰어나다. 병이 완전히 낫다. 대(大)는 매우, 엄청, 아주 등의 의미를 내포한 어조사.

덕산선감(德山宣鑑) : 석두희천(石頭希遷)-천황도오(天皇道悟)-용담숭신(龍潭崇信)-덕산선감(德山宣鑑). 782~865. 검남(劍南)[사천성] 출신. 속성은 주씨(周氏). 어려서 출가하여 20세에 구족계를 받았다. 경(經)에 해박하였으나 용담숭신스님을 만나서 개오하였다. 당무종의 폐불법난(廢佛法難)을 만나 독부산

(獨浮山)의 석실로 피난하였다가 후에 무릉태수 설정망(薛廷望)의 부탁으로 무릉의 덕산(德山)에 머물러 종풍을 크게 떨쳤다. 함통 6년에 86세로 입적하였다. '덕산협복(德山挾複)' '덕산입실(德山入室)' '덕산무무(德山無無)' '덕산금야(德山今夜)' '덕산탁발(德山托鉢)' '덕산참사(德山斬蛇)' '덕산천황(德山天皇)' '덕산자마(德山作麼)' '덕산편방(德山便棒)' '덕산사자(德山師子)' '덕산상박(德山相撲)' '덕산일부(德山一斧)' '덕산불야(德山佛也)' 등의 공안이 있다. 시호는 현성대사(見性大師)이다. 『전등록』16권에는 암두전활(巖頭全奯), 설봉의존(雪峰義存), 고정간(高亭簡), 감담자국(感潭資國) 등의 걸출한 제자들 9명이 보인다.

덕산연밀(德山緣密) : 덕산선감(德山宣鑑)-설봉의존(雪峰義存)-운문문언(雲門文偃)-덕산원명연밀(德山圓明緣密). 원명연밀(圓明緣密)이라고도 한다. 각종 어록에서는 낭주덕산원명밀선사(朗州德山圓明密禪師), 또는 정주덕산연밀원명선사(鼎州德山緣密圓明禪師)로 소개하고 있다. 스님의 법문 가운데 운문스님의 3가지 말을 게송으로 노래한 「운문삼구어(雲門三句語)」가 유명하다. "덕산에게 삼구(三句)의 말이 있습니다. 일구(一句)는 함개건곤(函蓋乾坤)이요, 일구(一句)는 수파축랑(隨波逐浪)이요 일구(一句)는 절단중류(截斷衆流)입니다." (『景德傳燈錄』卷第二十二, T51n2076_p0384c24~25. "德山有三句語. 一句函蓋乾坤, 一句隨波逐浪, 一句截斷衆流.") 그에게서 나온 법사(法嗣)가 문수응진(文殊應眞) 등 6명이 있으며, '덕산급진(德山及盡)' 공안을 남겼다. 『경덕전등록(景德傳燈錄)』22권·『선문염송집(禪門拈頌集)』27권·『선종송고련주통집(禪宗頌古聯珠通集)』35권·『종감법림(宗鑑法林)』50권·『종문염고휘집(宗門拈古彙集)』38권·『고존숙어록(古尊宿語錄)』18권·『어선역대선사어록(御選歷代禪師語錄)』전집하(前集下·『연등회요(聯燈會要)』26권·『오등회원(五燈會元)』15권·『오등엄통(五燈嚴統)』15권·『오등전서(五燈全書)』31권·『지월록(指月錄)』21권·『선종정맥(禪宗正脉)』8권·『운문광진선사광록(雲門匡真禪師廣錄)』하권(下卷), '송운문삼구어(頌雲門三句語)'·『종용암록(從容庵錄)』3권, '덕산학필(德山學畢)' 46칙 등에 그의 법문이 실려 있다.

덕산탁발(德山托鉢) : 덕산 선감스님이 하루는 공양이 늦어지자 발우를 들고 승당에서 내려갔다. 설봉스님이 당시에 반두소임을 맡고 있었는데 덕산스님이 오는 것을 보고 곧장 물었다. "이 노인네야! 아직 종도 치지 않았고 북도 울리지 않았는데 어디서 탁발하려 하십니까?" 덕산스님이 곧 방장실로 돌아갔다. 설봉스님이 암두스님에게 이를 말씀드리니 암두스님이 말했다. "이렇게도 대단하신 덕산스님이 말후구(末後句)도 모르다니!" 덕산스님이 이 말을 전해 듣고 시자로 하여금 암두스님을 모셔 오라해서 물었다. "너는 이 늙은

이를 긍정하지 않느냐?" 암두스님이 가만히 그 뜻을 말씀드렸다. 덕산스님이
다음 날 법좌에 올라서 법문을 하는데 평소의 말과 같지 않으니, 암두스님이
법당 앞에서 손뼉을 치면서 크게 웃으면서 말했다. "아주 멋지군! 방장 노인
네가 말후구(末後句)를 알았으니 이후로는 천하의 사람들이 어쩌지 못할 것
이다. 그렇지만 고작 3년뿐이다." 3년이 지난 뒤 과연 천화하였다. (『景德傳
燈錄』卷第十六, T51n2076_p0326a26~b05. "雪峰在德山作飯頭. 一日飯遲,
德山掌鉢至法堂上. 峰曬飯巾次見德山, 便云: '這老漢, 鍾未鳴鼓未響, 托鉢向什
麼處去?' 德山便歸方丈. 峰擧似師, 師云: '大小德山不會末後句!' 山聞令侍者喚師
至方丈, 問: '爾不肯老僧那?' 師密啓其意. 德山至來日上堂, 與尋常不同, 師到僧
堂前撫掌大笑, 云: '且喜! 得老漢會末後句, 他後天下人不奈何. 雖然如此, 也祇得
三年.' 德山果三年後示滅.")

덕산탁패뇨시(德山卓牌鬧市) : '덕산이 저잣거리에 패를 꽂음'. 이 화(話)는
『조정사원』1권과 『선원몽구』상(上)에서는 출처를 찾아 볼 수 없다고 설명하
고 있다. "덕산스님의 저잣거리에 패를 세움. 덕산스님이 저잣거리에 패를
세웠는데, 패에는 글이 새겨져 있었다. '부처님이 오셔도 때리고 조사가 오
셔도 때릴 것이다.' 『전등록』에 〈암두스님의 패를 세움〉이 있다. 암두스님이
폐불 사건이 일어난 후로 악주로 가서 호숫가에서 뱃사공노릇을 하고 있었
다. 호수 양쪽에다 넓적한 패를 하나씩 세워 두었는데 거기에는 글씨가 새겨
져 있었다. 〈건너고 싶은 사람은 이 패를 한 번씩 치시오.〉 건너려는 이가
있어 패를 두드리면 스님은 삿대로 춤을 추며 다가가서 건너게 해 주었다'고
나온다. 하지만 덕산스님이 패를 세웠다는 것은 출처를 알 수가 없다." (『祖
庭事苑』卷第一, X64n1261_p0325b14~18.『禪苑蒙求』卷之上,
X87n1614_p0053c18~22. "德山卓牌. 德山卓牌於鬧市, 牌上書字云: '佛來也
打, 祖來也打.' 『傳燈』: '嚴頭卓牌. 嚴頭廢教後, 在鄂州, 湖邊作渡子. 兩岸立板
牌一所, 書云: 〈如有渡者, 請擊此牌一下.〉 凡有擊者, 師乃舞橈而渡之.' 然德山卓
牌, 未見所出.")

덕용(德用) : 덕상업용(德相業用)을 줄인 말이다. 마음에는 삼대(三大)인 체(體)
·상(相)·용(用)이 있는데 이중 덕상과 업용을 합쳐서 덕용이라 한다. (『大方
廣佛華嚴經隨疏演義鈔』卷第三, T36n1736_p0021b28. "言德用者, 卽德相業用
也.") 덕상은 마음이 갖추고 있는 중중무진의 성덕(性德)을 가리키고, 업용은
뭇삶의 마음이 삶으로 하여금 세간과 출세간의 인(因)을 닦게 하여 과(果)를
얻게 하는 작용을 말한다. 그러므로 업용은 뭇삶에게 해당되는 것이다. 덕상
과 업용에는 각각 십현(十玄)이 있다고 청량스님은 『화엄경수소연의초』10권에
서 밝히고 있다. (『大方廣佛華嚴經隨疏演義鈔』卷第十, T36n1736_p0075c26.

"分德相業用, 各有十玄.") 덕상과 업용에 대한 자세한 것은 『大方廣佛華嚴經隨疏演義鈔』卷第十을 참조.

도(度) : ~번. ~회. ~차. 횟수를 세는 단위.

도(道) : ~에 미치다(=到), ~에 이르다. ~이다(존재를 나타냄).

도(堵) : 담장의 면적을 재는 단위. 널빤지 다섯 쪽의 길이와 높이.

도(到) : 말하다. 알다. 깨닫다. 이르다. 가다. 뒤바꾸다. 속이다, 기만하다. 도리어, 오히려. 빈틈이 없다, 주도면밀하다. ~을 해내다(동사의 보어로 쓰이어 가능이나 목적의 달성을 나타냄).

도가(到家) : 자기 집에 돌아오다[=귀가(歸家)]. 깨달음에 이르다. 남의 집에 이르다. 학문이나 기예 따위가 상당한 수준에 도달하다.

도과(倒戈) : 무기를 버리다. 투항하다. 패하여 도주하다. 다시는 전쟁을 않겠다는 뜻을 보이다. 상대방에게 유리한 조건을 주다. 배반하다.

도과어갑(倒戈卸甲) : 『삼국지연의』에 나오는 말이다. "다만 서천의 병사들 가운데서 창을 거꾸로 잡고 갑옷을 벗어버리는 자는 죽임을 허락지 않고," (『三國志演義』. '但川兵倒戈卸甲者 , 並不許殺害'). 곧 '항복한다'는 뜻이다.

도도(滔滔) : 세상의 풍조를 따라가는 모양. 흘러가는 모양. 거침없이 말을 잘 하는 모양. 물이 창일하여 흐르는 모양.

도독고(塗毒鼓) : 제석천에 있는 북인데 독을 발라 놓아서 이 북소리를 듣는 이는 모두 다 죽어버린다고 한다. 『열반경』「보살품」에 나오는 말씀이다. "다시 또한 훌륭한 여러분. 마치 어떤 사람이 여러 가지 독약을 큰 북에 발라서 여러 사람 속에서 두드려서 소리를 내면, 비록 무심하게 들으려 하더라도 듣고 나서는 모두 죽게 되지만," (『大般涅槃經』 「菩薩品」 第十六, T12n0375_p0661a20~22. "復次善男子. 譬如有人, 以雜毒藥, 用塗大鼓, 於衆人中, 擊令發聲, 雖無心欲聞, 聞之皆死")

도두(到頭) : 결국, 마침내, 필경에, 궁극에는, 최후에[=도료(道了)]. 끝나다. 결말이 나다. 정점에 이르다.=도저(到底), 최종(最終), 종극(終極).

도득팔성(道得八成) : 열 가운데 여덟을 말함. 말은 아주 잘 하였지만 아직 미진함이 남아 있다는 말. 아직 깨닫지 못했다는 말.

도략(韜略) : 육도(六韜)와 삼략(三略)을 말한다. 중국 무경칠서(武經七書) 가운데 하나이다. 육도(六韜)는 문도(文韜)·무도(武韜)·용도(龍韜)·호도(虎韜)·표도(豹韜)·견도(犬韜) 등의 여섯 가지 비결로 이루어져 있으며 6권 60편으로 엮어져 있다. 저자는 확실히 알려져 있지 않음. 삼략(三略)은 상략(上略)·중략(中略)·하략(下略)의 3편으로 이루어져 있다. 이것도 저자는 확실치 않다.

도량(跳踉) : 펄쩍 펄쩍 뛰다. 제멋대로 날뛰다.

도로(徒勞) : 헛수고하다. 다만 힘만 들이다.

도류(道流) : 선도(禪道)를 닦는 사람들. 선승(禪僧). 납자(衲子). 학인(學人).

도리(忉利) : 도리천(⑤Trāyastrimśa. ⑩Tāvatimsam.) 달라야달라사(怛囉耶怛囉奢). 욕계의 제2천이다. 33천이라고 번역한다. 남섬부주 위에 8만 유순 되는 수미산의 꼭대기에 위치하고 있다. 가운데에 선견성(善見城)이 있는데, 사방이 8만 유순 씩 되는 큰 성이며 여기에 제석천이 있고, 사방에 각각 8개의 성이 있어서 천인들이 살고 있다. 사방이 8성이니 32성이고 제석천의 선견성을 보태어 33천이라 한다. 이 하늘의 하루는 인간세상의 100년에 해당하고, 이 하늘 사람들의 수명은 1000년(인간세상에서는 365×10^5년)이다.

도리(道理) : 마땅히 해야 할 바른 길. 교의(敎義)를 밝혀 설명함. 법력. 도술. 사물의 이치. 사물이 변천하면서 존재하는데 있어 표준으로 삼는 법칙.

도마죽위(稻麻竹葦) : 벼·삼·대·갈대 등으로 매우 많음을 비유.

도방타월(掉棒打月) : 몽둥이를 휘둘러 달을 치려고 하다. 한낱 헛수고를 할 뿐이다.

도사(導師) : 뭇삶들을 인도하여 불도(佛道)에 들어가게 하는 불보살(佛菩薩)의 통칭이다.

도산검수(刀山劍樹) : 칼산지옥과 칼나무지옥. 칼산지옥은 칼을 수없이 많이 세워놓아 산을 만들어 놓은 지옥으로 옥졸이 죄인을 이 산에다 던지면 온몸이 갈기갈기 베어져버린다고 한다. 또 이 칼산 위에 아름다운 미녀가 있어서 죄인을 유혹하면 산위로 오르고 다시 미녀가 산 아래로 가서 유혹하면 죄인은 또 산 아래로 내려가고 하여 오르락내리락 하다보면 어느새 온몸이 갈기갈기 베어져 흩어진다고 한다. 칼나무지옥 또는 칼숲지옥의 이 나무는 뿌리와 잎, 가지 등이 모두 다 칼로 만들어져 있다고 한다. 그리고 뜨거운 쇠구슬이 과일로 매달려 있는데 부모에게 불효하고 스승과 어른을 공경하지 않고 악담하고, 자비심이 없어서 몽둥이나 칼로 다른 이를 괴롭힌 사람이 떨어진다는 지옥이다.

도생법사(道生法師) : 355~434. 거록(鉅鹿)[하북성(河北省) 평향(平鄕)] 출신. 속성은 위씨(魏氏). 축법태(竺法太)스님을 의지해 출가하여 성을 축(竺)으로 함. 15세부터 강석에 올랐으며 청원사에 있으면서 교법을 선양하고, 융안(隆

安)[397~401] 때에 여산(廬山)에 들어가 혜원(慧遠)스님에게서 수학하였다. 그 뒤 구마라집스님을 따라 수학하였으며 승조(僧肇)·도융(道融)·승예(僧叡) 등과 함께 '관중사걸(關中四杰)'로 불렸다. 또한 '생공(生公)' '열반성인(涅槃聖人)' 등으로 불렸으며 최초로 '돈오성불론(頓悟成佛論)'을 제창한 인물이다. 원가(元嘉) 11년 여산(廬山)에서 입적하였다. 저서로는 『이제론(二諦論)』『불성당유론(佛性當有論)』『불무정토론(佛無淨土論)』『법신무색론(法身無色論)』『응유연론(應有緣論)』『니원경의소(泥洹經義疏)』『소품반야경의소(小品般若經義疏)』 등이 있다.

도안(道眼) : 깨달음의 눈. 지혜의 눈. 법안(法眼). 불안(佛眼).

도연(徒然) : ①우연하다. ②헛되다, 부질없다, 쓸데없다, 보람 없다. 예삿일이다. ③단지 이와 같을 뿐이다, 단지 그러할 뿐이다. ④꼼작 않고 움직이지 않는 모양.

도연(都然) : 만일, 만약. 완전히. 모두.

도오(塗汚) : 모욕하다. 더럽히다.

도오오진(道吾悟眞) : 수산성념(首山省念)-분양선소(汾陽善昭)-석상초원(石霜楚圓)-도오오진(道吾悟眞). 담주(潭州) 도오산(道吾山) 흥화사(興化寺)에 주석하였다. 『담주도오진선사어록(潭州道吾眞禪師語錄)

』1권이 있다.

도오원지(道吾圓智) : 청원행사(靑原行思)-석두희천(石頭希遷)-약산유엄(藥山惟儼)-도오원지(道吾圓智). 769~835. 도오종지(道吾宗智)라고도 한다. 홍주(洪州) 예장(豫章) 해혼(海昏)[강서성(江西省) 영수(永修)] 출신이고, 속성은 장씨(張氏)이다. 어려서 열반화상(涅槃和尙)에게 의탁하여 가르침을 받고 계를 받았다. 이후 약산 유엄스님을 다년간 시봉하다가 심인(心印)을 깨닫고 법을 이어 받았다. 여러 산들을 유력하다가 담주(潭州)[호남성(湖南省) 장사(長沙)] 도오산(道吾山)에서 크게 선풍을 떨쳤다. 당문종(唐文宗) 태화(太和) 9년 세수 67세로 입적하였다. 시호는 수일대사(修一大師)이다. '도오부도(道吾不道)' 공안이 있다. 『낙도가(樂道歌)』가 남아 있다. 법사(法嗣)로 석상경저(石霜慶諸), 점원중흥(漸源仲興), 녹청화상(祿淸和尙) 등이 있다.

도자(道者) : 참자(參者), 선자(禪者), 납자(衲者), 수행자(修行者), 참학인(參學人) 등과 같은 말.

도저(到底) : ①철저하게, 속까지. ②최후, 최후에 도달함. 결국. ③밑까지 이름, 밑바닥에 미침.

도저리(到這裏) : 여기에 이르러서는.

도중(途中) : 깨달음으로 가는 길.

도즉부점점즉부도(到即不點點即不到) : 스님들이 모일 때에 자리에 없는 스님은 그 방함록 이름 위에다 점을 찍어 표시를 하는데 이를 '점이 찍혀 있으면 오지 않았다(點即不到)'라고 한다. 이에 반해 참석하여 자리에 있는 스님은 방함록 이름 위에다 아무런 표시를 하지 않으므로 '왔으면 점을 찍지 않는다(到即不點)'라고 한다. '점이 찍혀 있으면 오지 않았다'는 것은 너무나 뻔하고 당연하다는 것이고, '왔으면 점이 찍히지 않는다'는 것도 역시 너무나 분명하다는 뜻이다.

도척(跳躑) : 위 아래로 펄쩍펄쩍 뛰어 오르다. 세월이 매우 빠르다.

도천(滔天) : 하늘까지 차고 넘침. 물의 기세가 큼. 죄악이나 재앙, 권세가 큼을 말함.

도탄(塗炭) : ①질척거리는 수렁과 이글거리는 숯불. ②극도로 곤궁한 환경과 재난에 빠져 허덕임. ③진흙과 숯. 매우 더러운 곳. ④짓밟히다. 침해를 당하다.

도파(倒把) : 거꾸로 쥐다.

도합(道合) : 도(道)가 서로 맞다. 취향이나 기질이 서로 같다.

도호(塗糊) : ①거짓으로 꾸미다. 속이다. 다른 것을 갖다 붙여 애매모호하게 하다. ②오염시키다. 더럽히다. ③놀리다. ④소란을 피우다. ⑤괴롭히다. 조롱하다. ⑥마구 바르다. 칠하다.

도회(道會) : 함께 도(道)를 닦는 모임.

독노(禿奴) : 독거사(禿居士)라고도 한다. 대머리 노예, 곧 엉터리 스님들을 낮춰 부르는 비속어이다. '대머리 중'.

독발(獨拔) : 여러 사람 가운데서 특별히 뛰어나다. 출중하다. 독자적으로 공격하여 승리하다. 모든 얽매임에서 벗어나 자유롭다.

독발당시(獨拔當時) : 당시의 사람들 가운데 특별히 뛰어남. 즉각, 즉시.

독비완명성(豚沸盌鳴聲) : 엉덩이에서 나는 주발 끓는 소리, 곧 방귀소리.

독진현풍(獨振玄風) : 독자적으로 종풍(宗風)을 드날림.

독탈(獨脫) : 오로지 홀로 초월함. 홀로 우뚝 뛰어난 사람. 본명원진을 확연히 드러냄. 모든 속박을 벗어나 확철대오한 경지.

돈(頓) : ①치다. 때리다. 두드리다. ②넘어지다. 깨지다. 부서지다. ③버리다. 포기하다. 무너지다. ④몽둥이로 얻어맞는 횟수.

돈(豕) : 돈(豚)과 같이 쓰인다. 돼지. 『정법안장(正法眼藏)』1권하(下) 제179화와 3권상(上) 제458화의 '豕'은 '豖'(독-엉덩이. 볼기.)의 오기(誤記)인 듯하다.

돌길라(突吉羅) : Ⓢ duṣkṛta. Ⓟ dukkaṭa. 악작(惡作), 월비니(越毘尼), 실의(失意), 또는 악설(惡說)이라고 번역한다. 계를 범한 죄의 이름으로 몸과 입으로 지은 나쁜 업을 말하는데, 그 종류와 내용은 여러 경율론에서 일치하지 않는다. 하지만 250계 가운데 2부정(不定)·100중학(衆學)·7멸쟁(滅諍)의 109계를 주로 말하며, 『선견율비사사(善見律毘婆娑)』9권에는 방편돌길라(方便突吉羅)·공상돌길라(共相突吉羅)·비전돌길라(非錢突吉羅)·비니돌길라(毘尼突吉羅)·지돌길라(知突吉羅)·백돌길라(白突吉羅)·문돌길라(聞突吉羅) 등의 8가지 종류로 나누고 있다. 이 계를 범하면 등활지옥(等活地獄)에 떨어진다고 한다. 돌길라에는 중(重)과 경(輕)의 구분이 있는데 중돌길라(重突吉羅)는 한 사람의 비구 앞에서 참회하여야 하고 경돌길라(輕突吉羅)는 마음속으로 반성하고 참회하면 된다.

돌돌돌(咄咄咄) : ①깨달음을 이룬 후 자신도 모르게 내지르는 소리. ②아아아(탄식하는 소리). 쯧쯧쯧(혀를 차는 소리). 흥흥흥(아니꼬워 비웃는 소리). 쳇쳇쳇(못마땅해서 탄식하는 소리).

동간서간(東看西看) : 이리 저리 두리번두리번 주의 깊게 살펴 봄.

동경(東京) : 하남성(河南省)의 낙양(洛陽)을 말한다.

동관(潼關) : 섬서성(陝西省) 동관현(潼關縣) 남동쪽에 둔 관문을 말한다. 옛 이름은 도림새(桃林塞)다. 섬서성(陝西省)과 산서성(山西省), 하남성(河南省) 등 3성(省)의 요충지에 위치해 있는 중요한 관문이다.

동림상총(東林常總) : 분양선소(汾陽善昭)-석상초원(石霜楚圓)-황룡혜남(黃龍慧南)-동림상총(東林常總). 1025~1091. 황룡파스님이다. 검주(劍州) 우계(尤谿)[사천성 검각(劍閣)] 출신이다. 속성은 시씨(施氏)다. 자는 조각(照覺), 또는 상총(常聰)이다. 11세에 보운사(寶雲寺)의 문조(文兆)스님에게 출가하였다. 계사(契思)를 따라 구족계를 받은 후 황룡 혜남스님을 따르며 20년을 참구하다가 그 법을 이었다. 황룡 혜남스님이 입적한 후 늑담(泐潭) 보봉사(寶峰寺)에 주석하다가 뒤에 강주(江州)[강서성 구강(九江)] 동림사(東林寺)로 옮겼다. 원풍(元豐) 3년(1080)에 칙령으로 여산의 동림사를 율사(律寺)에서 선림(禪林)으로 바꾸니 스님이 여기서 주석하며 설법하였다. 신종(神宗)에게서 자의(紫衣)와 광혜선사(廣惠禪師)라는 호를 받았다. 원우(元祐) 3년(1088)에 또 조각선사(照覺禪師)라는 호를 받고 원우(元祐) 6년에 세수 67세로 입적하였다. 늑담응건(泐潭應乾) 등 30인의 법사(法嗣)를 두었다.

동문(洞門) : 문과 문이 서로 마주보고 있는 것. 또는 동굴의 입구. 동굴의 입구에 세워진 문.

동복서복(東卜西卜) : 이 곳 저 곳 여러 곳에서 점을 치러 다니다. 선가에서 기어(機語)로 문답하고 거듭 참구(參究)하는 것을 말한다.

동봉암주(桐峰庵主) : 백장회해(百丈懷海)-황벽희운(黃檗希運)-임제의현(臨濟義玄)-동봉암주(桐峰庵主). '동봉암주대충(桐峰庵主大蟲)[『벽암록』85칙]' '동봉암주작불어(桐峰庵主作不語)[『선문염송설화』775칙]' 등의 공안이 있다. 『경덕전등록(景德傳燈錄)』12권 ·『종문염고휘집(宗門拈古彙集)』27권 ·『천성광등록(天聖廣燈錄)』13권 ·『연등회요(聯燈會要)』10권 ·『오등회원(五燈會元)』11권 ·『오등엄통(五燈嚴統)』11권 ·『오등전서(五燈全書)』21권 ·『지월록(指月錄)』17권 ·『선각종승(先覺宗乘)』4권 등에 법문이 나온다.

동사(東司) : 동정(東淨)이라고도 한다. 선림(禪林)에서 동쪽에 거주하는 스님들이 사용하는 측간. 또는 화장실이 있는 방향과는 아무 관계없이 모든 화장실을 다 동사(東司)라고도 불렀다. 제예명왕(除穢明王)이 동쪽에 있으면서 사람과 불법을 수호한다는 전설에 따라 화장실을 흔히 동쪽에 지었다고 함. 사찰에서 서정(西淨)도 화장실이다.

동사라(銅沙羅) : 동라(銅鑼)와 사라(沙鑼). 동라(銅鑼)는 구리로 만든 징을 말한다. 놋쇠로 만들어진 냄비뚜껑처럼 생긴 타악기. =동발(銅鈸). 자바라(啫哮囉)의 일종. 사라(沙鑼)도 군대에서 쓰이는 타악기로 세숫대야처럼 생긴 동발(銅鈸)이다. 절에서 예식(禮式)할 때 법구(法具)로도 사용한다. 여기서는 대근기(大根器)의 납자를 말함.

동사여회(東寺如會) : 조계혜능(曹溪慧能)-남악회양(南嶽懷讓)-마조도일(馬祖道一)-동사여회(東寺如會). 744~823. 소주(韶州)[광동성] 시흥(始興) 곡강(曲江) 출신이다. 일찍이 어려서 출가하여 대력(大曆) 8년(773)에 경산도흠(徑山道欽) 스님을 참례하여 공부하였다가 뒤에 마조 도일스님을 참방하고 그 법을 이었다. 이후 스님을 찾는 학인들이 줄을 잇자 큰방의 선상(禪床)이 부러졌다. (선상이 부러졌다는 것은 법회에 참여한 스님들이 매우 많음을 형용한다.) 그래서 절상회(折床會)라고 불렸다. 장사스님의 사숙이지만 남전스님의 도움을 받아서 계오(契悟)하였다. 그래서 장사스님이 위의 질문을 한 것이다. 그 이후 장사(長沙) 동사(東寺)의 주지로 들어갔다. 이때부터 동사선굴(東寺禪窟)이라 불렸다. 목종(穆宗) 장경(長慶) 3년에 세수 80세로 입적하였다. 시호는 전명대사(傳明大師)이다.

동산서령청(東山西嶺靑) : 동쪽 산의 서쪽 고갯마루가 푸르다. 운문 문언스님의 법문이다. "'말씀을 받들어보니 우두 법융스님이 이리저리 자유자재로 말씀하셨으나 향상의 관려자(關棙子)는 알지 못했다고 하셨는데 어떤 것이 향상의 관려자(關棙子)입니까?' 스님이 말했다. '동쪽 산의 서쪽 고갯마루가 푸르구나.'"

(『古尊宿語錄』卷第十五,「雲門匡真禪師廣錄」上, X68n1315_p0097a11~13. "問: '承古有言, 牛頭橫說豎說, 不知有向上關棙子, 如何是向上關棙子?' 師云: '東山西嶺靑.'")

동산수상행(東山水上行) : 운문 문언스님의 법문이다. "여쭈었다. '어떤 것이 모든 부처님이 몸을 나투시는 자리입니까?' 스님이 말씀하셨다. '동쪽 산이 물위로 간다.'" (『古尊宿語錄』卷第十五, 「雲門匡真禪師廣錄」上, X68n1315_p0092a09~10. "問: '如何是諸佛出身處?' 師云: '東山水上行.'")

동산수초(洞山守初) : 덕산선감(德山宣鑑)-설봉의존(雪峰義存)-운문문언(雲門文偃)-동산수초(洞山守初). 910~990. 속성은 부씨(傅氏). 봉상(鳳翔) 양원(良原)[지금의 섬서성 숭신현(崇信縣)]출생. 16살에 출가. 당시는 선종이 크게 부흥하지 않을 때라 율종의 절로 출가하였다. 섬서성의 함양(咸陽)과 장안(長安), 호북성의 양양(襄陽), 호남성의 장사(長沙) 등을 전전하다가 광동성 유원현(乳源縣) 북쪽의 운문산에 이르렀다. 여기서 운문스님의 지도하에 활연대오하였다. 그후 운문산을 떠나 양양의 동산사(洞山寺)로 갔다. 이후로 40여년을 이곳에 주석하였다. 40여년을 한 절에 머물고 있었지만 그 도는 천하에 두루 전해져서 북송 조정에서는 종혜선사(宗慧禪師)라고 시호를 드리고 자색 가사를 드렸다. 순화 1년 결가부좌를 한 채 세수 81세로 입적. 복엄양아(福嚴良雅) 등 8인의 법사(法嗣)가 있다. '동산마삼근(洞山麻三斤)' '동산삼돈(洞山三頓)' '동산친절(洞山親切)' '동산지연(洞山紙撚)' '동산전사(洞山展事)' 등의 공안이 있다. 『양주동산제이대초선사어록(襄州洞山第二代初禪師語錄)』 1권이 『고존숙어록』 38권에 실려 있다.

동산양개(洞山良价) : 석두희천(石頭希遷)-약산유엄(藥山惟儼)-운암담성(雲巖曇晟)-동산양개(洞山良价). 807~869. 절강성 회계(會稽) 사람. 속성은 유씨(兪

氏). 조동종의 개조이다. 어렸을 적 스승이 『반야심경』을 외우는 소리를 들을 때 '눈·귀·코·혀·몸·뜻이 없다'는 구절에 이르러 손으로 자신의 얼굴을 만지면서 묻기를 '저에게 눈·귀·코·혀·몸·뜻이 있는데 어째서 경전에서는 없다고 하였습니까?'라고 하였다. 스승이 그의 자질이 훌륭함을 알고 오설산(五泄山)의 영묵(靈黙)선사에게 출가시켰다. 21세에 숭산(嵩山)에서 구족계를 받고서 남전 보원스님을 찾아 현묘한 뜻을 참알(參謁)하고 또 위산 영우스님을 참방(參訪)하여 '무정설법' 공안을 참심(參尋)하였으나 계오(契悟)하지를 못하였다. 그래서 위산스님의 지시로 운암 담성스님에게 나아가서 무정설법의 뜻을 물었으나 단지 약간의 깨달음만 있었다. 이에 다시 노조보운(魯祖寶雲)스님과 남원도명(南源道明)스님 등에게 법을 묻다가 시냇가를 거닐다 물에 비친 그림자를 보고 활연히 대오하였다. 이후 신풍산(新豐山)에서 학인들을 제접하였으며 만년에 강서성의 동산(洞山) 보리원(菩提院)에 머물다 함통10년 세수63세로 입적하였다. '동산한서(洞山寒暑)' '동산상절(洞山常切)' '동산사진(洞山師眞)' '동산지저(洞山只這)' '동산지시(洞山指示)' '동산유반(洞山有伴)' '동산준재(洞山俊哉)' '동산삼신(洞山三身)' '동산추초(洞山秋初)' '동산체득(洞山體得)' '동산시시(洞山時時)' '동산관찰(洞山觀察)' '동산침침(洞山針針)' '동산대사(洞山大事)' '동산미륵(洞山彌勒)' '동산목교(洞山木橋)' '동산과자(洞山菓子)' '동산화후(洞山火後)' '동산일냥(洞山一兩)' '동산오대(洞山五臺)' '동산무심(洞山無心)' '동산해계(洞山駭雞)' '동산조도(洞山鳥道)' '동산사산(洞山四山)' '동산정주(洞山正主)' '동산구화(洞山救火)' '동산총끽(洞山摠喫)' '동산한명(洞山閑名)' '동산불병(洞山不病)' 등의 공안이 있다. 『현중명(玄中銘)』『풍중음(豐中吟)』『보경삼매가(寶鏡三昧歌)』『동산어록(洞山語錄)』 등이 있다. 운거도응(雲居道膺), 조산본적(曹山本寂), 용아거둔(龍牙居遁), 경조현자(京兆蜆子), 월주건봉(越州乾峰), 천동함계(天童咸啓), 북원통(北院通), 백수본인(白水本仁), 소산광인(疏山光仁), 흠산문수(欽山文邃), 천동산의(天童山義), 화엄휴정(華嚴休靜), 청림사건(靑林師虔) 등 27명의 부법제자(付法弟子)가 있다.

동산오위(洞山五位) : 동산 양개스님의 학인을 접화하는 수단을 말한다. 편정오위(偏正五位)와 공훈오위(功勳五位)가 있다. 편정오위는 편정회호(偏正回互)의 이치로 정중편(正中偏) 등 오위의 분별로 개시(開示)하였다. 공훈오위는 향(向)·봉(奉)·공(功)·공공(共功)·공공(功功) 등 다섯이다.

동산효총(洞山曉聰) : 운문문언(雲門文偃)-원명연밀(圓明緣密)-문수응진(文殊應眞)-동산효총(洞山曉聰). ?~1030. 운문종스님이다. 소주(韶州) 곡강현(曲江縣) 출신. 속성은 두씨(杜氏). 어려서 출가하여 곡강의 남화사(南華寺), 유원(乳源)의 운문사(雲門寺), 운거산(雲居山) 진여선사(眞如禪寺) 등을 행각하다가 강서성(江西省) 동산선림(洞山禪林) 주지로 부임하였다. 석상초원(石霜楚圓)선사가 그의 밑에서 3년간 지도를 받았다. 인종이 스님의 어록을 편찬토록 하여 황실 서고에 입장(入藏)시켰다. 스님의 법을 이은 제자로 운거효순(雲居曉舜), 대휘회유(大潙懷宥), 명교계숭(明敎契嵩), 태수허식(太守許式)[홍주 태수로 재가 제자이다.] 등이 있다. 깨달음의 인연은 이러하다. "처음 문수스님을 참알하자 문수스님이 대중에게 말하였다. '쭉 뻗은 낚시로는 검은 용을 낚아 올리고, 굽은 낚시로는 청개구리와 지렁이를 낚아 올린다. 지금 여기에 용이 있느냐?' 한참동안 묵묵히 있었다. 다시 말하였다. '괜히 헛수고만 했군.' 스님은 이 말 끝에 깨달은 바가 있었다." '효총대성(曉聰大聖)' 공안이 있다.

동상오위(洞上五位) : 동산 양개스님이 세운 정변오위설(正偏五位說)과 공훈오위설(功勳五位說)을 바탕으로 조동종의 대표적 이론인 동상오위설(洞上五位說)이 형성되었다. 정변오위설(正偏五位說)은 정위각편(正位却偏)·편위각정(偏位却正)·정위중래(正位中來)·편위중래(偏位中來)·상겸대래(相兼帶來) 등의 다섯이다. 공훈오위설(功勳五位說)은 향(向)·봉(奉)·공(功)·공공(共功)·공공(功功) 등의 다섯이다.

동서(東西) : ①놈. 자식. 새끼. ③물건. 물품. 음식. ③동당(東堂)과 서당(西堂). ④동은 중국을, 서는 인도를 가리킴.

동성현(桐城縣) : 중국 옛 현의 이름이다. 지금의 안휘성(安徽省) 동성시(桐城市)와 종양현(樅陽縣)이다. 원래는 동안현(同安縣)이었으나 난을 일으킨 안록산(安祿山)을 연상시킨다고 하여 당지덕(唐至德) 2년(757년)에 동성현으로 개칭하였다.

동안(同安) : 지금의 안휘성(安徽省) 동성현(桐城縣)이다. 원래는 동안현(同安縣)이었으나 난을 일으킨 안록산(安祿山)을 찬동(贊同)한다는 의미로 오해받을 수 있어, 당(唐) 지덕(至德) 2년(757년)에 동성현(桐城縣)으로 개칭(改稱)하였다.

동어서화(東語西話) : ①이것저것 이야기하다. 이런 말 저런 말을 주고받다. ②근거 없이 떠돌아다니는 말. 이 말 저 말 두서없이 하는 말. =동어서어(東語西語).

동용(動容) : 동요하다, 흔들리다. 감동하는 표정. 몸가짐, 태도와 동작. 유유자적함.

동용(動用) : ①사용(使用)과 같은 말이다. 쓰다. 적용하다. ②활동하다. 움직이고 작용하다.

동이성괴총별(同異成壞總別) : 화엄육상(華嚴六相)이다. 화엄학(華嚴學)에서 제법(諸法)의 상(相)을 파악하기 위해 세운 여섯 가지의 상(相). 육상원융(六相圓融)이라고한다. 총상(總相)·별상(別相)·동상(同相)·이상(異相)·성상(成相)·괴상(壞相)의 여섯이다. 이 육상원융(六相圓融) 사상은 십현문설(十玄門說)과 함께 화엄종의 가장 중요한 교의로 알려져 있다. 일체의 모든 법이 모두 이 여섯 상(相)을 갖추어서 서로서로 다른 것을 장애하지 않으면서도 전체와 부분, 부분과 부분이 하나가 되어 완벽하게 융합한다는 사상이다. 당나라 지엄(智儼)스님이 처음으로 육상원융(六相圓融)을 제기하였고 법장(法藏)스님과 청량징관(淸凉澄觀)스님에 의해서 체계화되고 구체화되어 완성되었다.

동전시위(動轉施爲) : 깨달음의 세계를 뭇삶들에게 베풂. 동전(動轉)은 이동전변(移動轉變)의 준말로 이리저리 바뀌어 가는 것을 말한다. 바퀴가 움직여 구르듯 법이 부처님으로부터 뭇삶에게로 전해짐을 말한다. 시위(施爲)는 시설작위(施設作爲)의 줄임말로 깨달음의 내용을 실행하다, 행동하다, 일을 보다의 뜻.

동정호(洞庭湖) : 호남성(湖南省)에 위치하고 있다. 중국에서 두 번째로 큰 호수이다.

동참(同參) : 한 스승을 모시고 함께 참선하는 것, 또는 함께 행각하며 참방(參訪)하는 것을 말한다. 함께 수행하는 도반, 혹은 사형 사제 간을 말한다. =동학(同學).

동풍(同風) : 같은 풍속. 같은 풍격. 천하가 통일됨.

동행춘령(冬行春令) : ①겨울 날씨가 봄날 같다. 겨울이 가고 봄이 오다. ②봄에 치를 일을 겨울에 하다. 선사가 근기가 익지 않은 학인에게 설법했을 경우 쓰는 말이다.

두(陫) : 높고 가파르다. =두(陡).

두기(斗箕) : 지문(指紋)을 말한다. 두(斗)는 나선형 지문이고 기(箕)는 그 밖의 지문을 말한다. 파기(簸箕)는 발굽 모양이나 활 모양의 지문을 말한다.

두두(頭頭) : 하나하나. 모두. 낱낱이.

두량(斗量) : ①곡물을 말로 헤아리다. ②수량이 많음의 형용. ③어떤 일을 두루 잘 헤아리어 처리하다.

두려(頭驢) : 여두(驢頭)와 같은 말. 아주 비하하는 욕이다.

두리(肚裏) : 뱃속. 심중(心中).

두저(頭底) : 속사정. 내막. '두저(頭抵)'는 맞수나 알맞은 상대, 맞서서 대항하는 것을 말한다.

두찬(杜撰) : 근거나 출처가 명확하지 않은 저술. 근거 없이 엮어 지어내는 것. 근거 없이 허구로 제멋대로 지껄임. 이 말의 유래는 네 가지 설이 있다. 한나라 전하(田何)의 고사와 남조 양나라의 도홍경(陶弘景)의 고사, 송나라 두묵(杜黙)의 고사, 역시 송나라의 성도(盛度)의 고사 등의 넷이다.

두찬순관(杜撰巡官) : 두찬(杜撰)은 제멋대로 말하는 것. 엉터리. 순관(巡官)은 순찰하는 관리. 야순(夜巡)하는 스님. 두찬순관(杜撰巡官)은 맘대로 이것저것 갖다 붙여 말하는 엉터리 선승을 말한다. =두찬장로(杜撰長老).

두출두몰(頭出頭沒) : 머리를 내어 놓았다가 넣었다가 함. 들락날락함. 곧, 세속을 뒤쫓아 따름.

두타(頭陀) : ⓢdhuta. 흔들어 떨어버리다. 옷을 털어서 먼지와 때를 없애는 것과 같이 번뇌를 털어버리려 철저하게 수행하는 것. 두수(抖擻), 두수(斗藪), 두책(抖捒), 수치(修治), 요진(搖振), 제견(除遣), 기(棄), 동(動) 등으로 번역한다.

두타석(頭陀石) : 어디에 있는 돌인지 알 수가 없다.

두피(肚皮) : 배, 뱃가죽. 마음. 뇌물, 장물.

두홍점(杜鴻漸) : 708-769. 당나라 때 복양(濮陽)[하남성(河南省) 복양시(濮陽市)] 출신. 자(字)는 선(選). 금강지삼장(金剛智三藏)이 재가 제자다. 진사(進士)에 급제하고 안사(安史)의 난 때 숙종(肅宗)을 도운 공으로 위국공(衛國公)에 봉해졌다. 대종(代宗) 때는 관직이 재상(宰相)까지 승진하였다. 대력(大曆) 4년(769) 재상 직을 사임하고 3일 후에 61세를 일기로 사망했다. 태위(太尉)에 추증되었으며 시호는 문헌(文憲)이다.

둔치쇄인(鈍置殺人) : 사람을 엄청 무시하다, 멍하게 하다, 바보를 만들다, 괴롭히다, 학대하다, 놀리다, 괴롭히다, 속이다, 조롱하다, 바보 취급하다. 殺(쇄)는 '매우' '엄청'의 뜻. 응수하기 어려운 말을 들었을 때 쓴다.

득(得) : ⓢupalabdhi. ①얻다. 획득하다. 딱 맞춤, 적중함. 알게 되다, 이해하다, 깨닫다. 만나다. ②의문사. 어찌 ~하겠느냐? 어떻게 ~하겠느냐? 설마 ~하겠느냐? ②획득을 나타내는 어조사. 가능을 나타내는 어조사. 행위동작의 완료를 나타내는 어조사. 시간을 나타내는 말 앞에서 이미 시간이 지났음을 표시하는 어조사. ~할 수 있다. 알맞다. 있다(得有, 有). 무엇(何). ~해야 한다(須). ~하게 시키다(使, 令). 적합하다. 정확하다. 알다, 완성하다, 도달하다. 주다, 급여하다. 살다, 살아 있다. 기다리다, 대기하다. 괜찮다. 맞히다, 맞추다. 일부러. 덕행. 반드시, 마땅히. 필요로 하다. ~의.

득거(得去) : 어조사. 동작의 완성이나 성취를 나타낸다.

득사(得似) : '득사(得似)'는 송대에 섬서성(陝西省)의 관중(關中)에서 방언으로 쓰인 말이다. 어찌, 어째서. 어찌 ~하겠느냐?, ~와 같은.

득용(得用) : 체(體)에서 용(用)을 깨달음.

득입(得入) : Ⓢpraviṣṭa, prāpaṇa, āmukhībhūta. 심지(心地)를 개명(開明)하여 불지(佛地)에 듦. =증오(證悟).

득자변득(得者便得) : 방금 지나간 것은 곧장 지나가 버리다. 시간은 파악하려하면 곧바로 지나가 버리므로 '바로 지금' 이외의 시간은 존재하지 않는다. '득(得)'은 〈방금 지나간 시간〉을 말한다. '얻는다'라고 해석하는 것은 무리다.

득좌피의(得坐披衣) : 등상법좌(登上法座) 또는 천상법의(穿上法衣)라고도 한다. 법좌에 앉아 옷을 열어젖힘. 곧 법문을 하다, 설법을 할 수 있는 경지의 스승이 된다는 뜻. 주지가 절에서 상당(上堂)하여 대중설법하는 것을 말한다.

등각(等覺) : Ⓢsambuddha. ①등정각(等正覺)이라고도 한다. 완전한 깨달음. ②내용은 부처님과 동등하나 실제로는 한 발 쳐진 보살. 보살수행의 52위 가운데 제51위이다. 아직 윗자리가 있기 때문에 일생보처(一生補處) 또는 금강심(金剛心)이라고도 한다.

등등(騰騰) : ①느릿느릿한 모양. ②임운등등(任運騰騰)의 줄임말. 허공에 날아오를 듯이 자유자재로 걸림 없이 움직임. 생각나는 대로, 마음 흐르는 대로 걸림 없이 맡겨 둠.

등롱(燈籠) : 대오리나 쇠로 살을 만들고 겉에 종이나 헝겊을 씌운 뒤에 그 안에 등불을 넣어서 달아 두거나 들고 다니는 기구이다.

등은봉(鄧隱峰) : 조계혜능(曹溪慧能)-남악회양(南嶽懷讓)-마조도일(馬祖道一)-등은봉(鄧隱峰). 오대은봉(五臺隱峰)이라고도 한다. 건주(建州) 소무현(邵武縣)[복건성] 출신이다. 마조 도일스님의 법을 잇고 뒤에 오대산으로 들어가 주석하다가 금강굴(金剛窟)에서 물구나무를 선 채 입적하였다. '등은봉진사자(鄧隱峰眞師子)' '등은봉친의(鄧隱峰襯衣)' 등의 공안을 남겼다.

등의수(藤依樹) : 등넝쿨이 나무에 의지해서 삶. 곧 다른 것에 얽매인 상태로 번뇌망상을 말한다.

등자(凳子) : ①등받이가 없는 의자. ②발을 올려놓으려고 좌석 앞에 놓아두는 발판. 답상(踏床)·답자(踏子)·승족상(承足牀)·승족궤(承足机)·각답(脚踏)·각등(脚凳)·등자(橙子) 등으로도 쓴다.

등정각(等正覺) : 삼먁삼붇다(Ⓢsamyaksaṃbuddha). 부처님의 십호(十號) 가운데 하나이다. 정변지(正遍知), 정변각(正遍覺), 정등각(正等覺)이라고도 번역한다. 무상정등정각(無上正等正覺), 곧 아누타라삼먁삼붇다(Ⓢanuttara-samyak-anuttara-samyak-saṃbodhi)의 준말이다. 궁극적 깨달음을 말한다.

등파(騰波) : ①용솟음치는 물결. ②파도를 헤치며 내달리다.

란(嬾) : 게으르다.

란(襴) : 윗옷과 아래옷이 하나로 이어진 긴 옷의 아랫부분에 치마 모양으로 덧댄 단을 란(襴)이라고 하는데 당송시대에는 주로 책을 읽는 선비들이 입었다고 한다. 요즈음 우리나라 스님들이 입는 장삼과 같은 것이다.

래(來) : ①의문사. 문장의 끝에 쓰이어 의문의 어기(語氣)를 나타냄. ②조동사. 어떤 동작이 말하는 사람에게 가까이 다가오는 듯한 어감을 줌. 예→ 하래(下來). 진래(進來). ③~하면. ~이 된다면. 예→ 기래끽반, 곤래즉면(饑來喫飯, 困來卽眠). ④~하고 있었다. ~이었다. 경험한 사실이나 과거의 동작을 나타낸다. 예→ 금일작심마래(今日作甚麼來)? 종채래(種菜來). ⑤~을 해서. ⑥~정도. ~만큼의. 대략 수량을 말할 때 씀. ⑦~하자꾸나. ~하자. 예→ 귀거래귀거래(歸去來歸去來). ⑧~한 지가. ~한 기간이. ~한 이래로. ~해 왔던 것.

략(略) : ①모두, 온전히, 전부. 전혀. 대략, 대충. 조금, 약간. 잠시, 잠깐. 우연히, 어쩌다. ②통달하다.

량(量) : Ⓢpramāṇa. 대상을 인식하고 논증하는 수단의 근거.

량(兩) : 무게의 단위. 옛날에는 24수(銖)가 1량(兩)이었고, 근래는 10돈(錢)이 1량이다.

려(蠡) : 표주박. 조롱박. 고둥.

령(領) : 기록하다. 써 넣다.

령(令) : 법령. 부르다. 청하다. 정령(正令)과 같은 의미다. 불조(佛祖)의 딱 맞는 법령(法令), 또는 선승의 기봉(機鋒), 선기(禪機)를 말한다.

령(靈) : 영광(靈光)이라고도 한다. 불성(佛性)을 가진 존재를 말한다.

료(了) : ①부사. 마침내, 결국, 끝끝내. 완전히, 전혀. ②어조사. ㉠긍정의 말

투. ㈁확정의 말투. ㈂동작의 중지 말투. ㈃동작의 명령의 말투. ㈄감탄의 말
투.

료(聊) : 귀울림, 이명. 기대다, 의지하다. 바라다, 즐기다. 두려워하는 모양.
경솔하다, 소홀히 하다. 쓸쓸하다. 잠시, 잠깐. 억지로, 간신히. 조금, 약간.
요요(聊要)→ 줄여 요약하다.

료(燎) : 횃불.

륜(掄) : 힘껏 휘두르다(掄).

륵(勒) : 붙들다. 재갈.

릉(菱) : 마름. 주로 늪이나 연못 등에서 흔히 볼 수 있는 부처꽃과에 속하는
한해살이풀로서 진흙 속에다 뿌리를 내리고 줄기는 물 밑으로 길게 뻗으며
잎은 물 위에 뜬다. 잎이 마름모꼴로 생겼으며 잎자루에 공기 주머니가 있어
서 뜰 수 있다. 흰색 꽃이 여름에 핀다. 열매는 핵과로 마름(菱角)이라고 하
는데, 물속에서 밑을 향해 열리며, 2-4개의 뿔이 있어 마치 마름쇠의 모양을
하고 있다.

리(理) : ①명분. ②순조롭다, 순응하다. ③본성.=성(性). ④행동거지, 언행.

리(裏) : 정리하다. 다스리다.

리허(裏許) : ~안에. ~속에. ~가운데. 자기의 바로 마음 속. 바로 여기. 허
(許)는 어떤 장소를 나타내는 어조사.

린(隣) : 본지풍광(本地風光)에 근접함.

립(立) : ①즉시, 당장. ②드러나다. 나타나다. ③멈추다.

립(入) : '루Rù'로 읽는다. 욕이다. 씨부랄. 씹할. 붙어먹을.

마(魔) : 마라(魔羅)[Ⓢmāra]의 약어. 수행을 방해하는 마군. 외부의 마(魔)는
사람의 생명을 빼앗아 가고 좋은 일을 방해하는 악귀이다. 석가모니부처님이
불도를 이루실 때 마왕 파순(ⓈPāpīyas, ⓅPāpimā)이 네 명의 천녀를 보내
어 성도를 방해한 일은 유명하다. 마왕은 욕계의 제6천인 타화자재천에 머물
면서 옳은 가르침을 파괴시키는 신(神)이라고 한다. 내부의 마(魔)는 번뇌를
말한다. 『대지도론(大智度論)』5권에서는 제법실상(諸法實相)을 제외하고는 모
든 것을 마(魔)라고 했고, 오음마(五陰魔)·번뇌마(煩惱魔)·사마(死魔)·천마
(天魔) 등의 사마(四魔)를 세웠다. 그 외에도 분단마(分段魔)·변역마(變易魔)
등 많은 분류가 있다. 생사해탈하거나 열반이 아닌 것은 모두 다 마(魔)이다.
(『大智度論』初品中 「摩訶薩埵釋論」第九卷第五, T25n1509_p0099b11~13.

"魔有四種, 一者煩惱魔, 二者陰魔, 三者死魔, 四者他化自在天子魔.")

마곡보철(麻谷寶徹) : 조계혜능(曹溪慧能)-남악회양(南嶽懷讓)-마조도일(馬祖道一)-마곡보철(麻谷寶徹). 생몰연대는 알려져 있지 않다. 마조스님의 법을 잇고 포주(蒲州)[산서성] 마곡산(麻谷山)에 주석하였던 스님이다. '마곡풍성상주(麻谷風性常住)' '마곡청천(麻谷靑天)' '마곡양처진석(麻谷兩處振錫)' '마곡어어(麻谷魚魚)' '마곡수건(麻谷手巾)' '마곡서두서초(麻谷鋤頭鋤草)' '마곡삼승(麻谷三乘)' 등의 여러 공안을 남겼다.

마곡산화상(麻谷山和尙) : 마조도일(馬祖道一)-남전보원(南泉普願)-조주종심(趙州從諗)-마곡산화상(麻谷山和尙). 조주 종심스님의 법을 이은 담주(潭州)의 마곡산화상(麻谷山和尙)이다. 스님의 이름과 행적은 전혀 알려져 있지 않고 다만 임제스님과의 문답화만 전해지고 있다. 여러 어록에서 마조 도일스님의 법을 이은 포주(蒲州)의 마곡산(麻谷山) 보철선사(寶徹禪師)와 혼동되어 실려 있다. 다만 『경덕전등록』12권과 『선종송고련주통집(禪宗頌古聯珠通集)』21권에서는 마곡스님이 〔제2세〕라고 명기하여 조주스님의 법사(法嗣)임을 분명히 밝히고 있다. "마곡스님〔제2세〕이 찾아와서 좌구를 펴고 물었다. '십이면관음보살은 어떤 얼굴이 바른 얼굴이요?' 임제스님이 승상에서 내려와 한 손으로는 방석을 개고, 한 손으로는 마곡스님을 붙들고 말했다. '십이면관음보살은 어느 곳으로 갔소?' 마곡스님이 몸을 돌려 승상에 앉으려 하니, 임제스님이 주장자를 잡고 때렸다. 마곡스님이 주장자를 잡고서는 서로 맞잡고 방장으로 들어갔다."(『景德傳燈錄』卷第十二, T51n2076_p0291a01~05. "麻谷(第二世)到參敷坐具, 問: '十二面觀音阿那面正?' 師下繩床, 一手收坐具, 一手搊麻谷云: '十二面觀音向什麼處去也?' 麻谷轉身擬坐繩床, 師拈拄杖打, 麻谷接却相捉入方丈.") 그런데 『연등회요』4권, 『선림유취(禪林類聚)』10권에서는 마조스님의 법사인 마곡 보철스님으로 나온다.(X79n1557_p0045b18~c04. X67n1299_p0061b19~22.) 그 외 대부분 어록에서는 마곡보철스님과 마곡산화상을 동일인인 것처럼 소개하고 있다. 하지만 임제스님과 마곡스님의 감변화(勘辨話)에서는 조주스님의 법사(法嗣)인 마곡산화상으로 보아야 한다. 『선종송고련주통집(禪宗頌古聯珠通集)』21권·『종감법림(宗鑑法林)』22권·『고존숙어록(古尊宿語錄)』4권·『어선역대선사어록(御選歷代禪師語錄)』후집중(後集中)·『오등전서(五燈全書)』21권·『오등회원(五燈會元)』9권·『오등엄통(五燈嚴統)』9권·『지월록(指月錄)』14권·『교외별전(敎外別傳)』8권·『선종정맥(禪宗正脉)』6권 등에 마곡산화상과 임제스님의 문답이 실려 있다.

마궁발전(磨弓發箭) : 활을 쏘다.

마등(摩騰) : ?~73. 가섭마등(迦葉摩騰)을 말한다. 축섭마등(竺葉摩騰) 또는 섭마등(攝摩騰)이라고도 한다. 중인도 사람으로서 바라문의 집안에 태어나서 대승과 소승경전에 아주 박통하였다. 후한(後漢) 영평(永平) 10년(67년)에 명제(明帝)의 청에 응하여 축법란(竺法蘭)과 함께 경전과 불상을 가지고 낙양에 도착하였다. 명제는 백마사(白馬寺)를 건립하여 두 스님을 머물게 하였다. 두 스님은 함께 『사십이장경(四十二章經)』을 번역하였는데 이것이 중국에서의 역경의 효시가 되었다. 영평 14년 정월 초하루에 오악팔산(五嶽八山)의 도사들 690명이 황제에게 표를 올려 불교와 도교의 우열을 불로 시험하자고 하였다. 정월 대보름날에 황제는 대중들이 운집한 가운데 단상 위에 두 종교의 경전들을 올려놓고 불을 태우게 하였다. 그런데 도교의 책은 모두 타버리고 재만 남았지만 불경은 털끝만치도 손상됨이 없었다고 한다. 이로부터 마등과 축법란 두 스님이 불덕(佛德)을 크게 선양하니 보고 듣는 이들이 불문(佛門)에 다투어 귀의하였다고 한다. 영평 16년에 낙양에서 입적하였다.

마랄(摩捋) : 신체나 물건을 손길 닿는 대로 쓰다듬다. 어루만지다.

마마라라(懡懡㦬㦬) : 마라(懡㦬)의 강조. ⓢmūra. 매우 부끄러운 모양. 치욕(恥辱)스러운 모양. 참괴(慙愧)하는 모양. 창피스러운 모양.

마매(魔魅) : 사람을 홀리는 마귀, 마구니, 악령.

마소(摩霄) : 하늘에 닿다. 하늘을 찌르다.

마정지종(摩頂至踵) : 머리끝에서 발끝까지 온몸. 또는 몸의 크기를 말함. 마정방종(摩頂放踵) 또는 마정지족(摩頂至足), 마종멸정(摩踵滅頂)이라고도 함. 본래 '노고를 사양하지 않고 몸을 버려 세상을 구함[사신구세(捨身救世) 불사노고(不辭勞苦)]'의 뜻. 『맹자(孟子)』에 나온다. "묵자의 겸애는 고생을 사양하지 않고 남을 위하여 자신을 희생하는 것으로 세상을 이롭게 함이다." (『孟子』「盡心」上, "墨子兼愛, 摩頂放踵利天下爲之.")

마조도일(馬祖道一) : 황매홍인(黃梅弘忍)-조계혜능(曹溪慧能)-남악회양(南嶽懷讓)-마조도일(馬祖道一). 709~788. 한주(漢州)[사천성] 성도부 십방(什方) 출신. 속성은 마씨(馬氏). 12세에 자주(資州)의 당료화상(當了和尚)에게 출가하였고 투주(渝州)의 원율사(圓律師)에게서 구족계를 받았다. 이후 남악 회양스님을 만나 서래밀지(西來密旨)를 오도(悟道)하고 임천(臨川) 서리산(西里山)에 선원을 건립하여 종풍을 크게 선양하였다. 후에 대중을 이끌고 복건성 건양(建陽)의 불적령(佛迹嶺)에서 개법(開法)하고 건주(虔州)의 남당(南唐) 공공산(龔公山)에서 주석하다가 강서로 이동하여 홍주(洪州) 남창부(南昌府) 개원사(開元寺)에서 선법을 널리 펴니 법을 이은 제자만 해도 139명이나 되어 호남의 석두 희천스님과 더불어 선계(禪係)의 쌍벽으로 불렸다. 정원(貞元) 4년 건창의 석문산(石門山) 보봉사(寶峰寺)에서 결가부좌하고 세수 80세로 입적하였다. 자는 강서(江西), 시호는 대적선사(大寂禪師)이다. 『마조록(馬祖錄)』이 남아 있다. '마조야압(馬祖野鴨)' '대적양미순목(大寂揚眉瞬目)' '마조만법위려(馬祖萬法爲侶)' '마조불안(馬祖不安)' '마조염장(馬祖鹽醬)' '마조완월(馬祖翫月)' '마조육이부동(馬祖六耳不同)' '마조사구백비(馬祖四句百非)' '마조원상(馬祖圓相)' '마조일면불(馬祖日面佛)' '마조전족(馬祖展足)' 등의 유명한 공안을 남겼다. 『정법안장』에는 백장회해(百丈懷海), 분주무업(汾州無業), 남전보원(南泉普願), 오구화상(烏臼和尚), 흔주타지(忻州打地), 담주수계(潭州秀谿), 양기견숙(陽岐甄叔), 거사방온(居士龐蘊), 늑담상흥(泐潭常興), 반산보적(盤山寶積), 마곡보철(麻谷寶徹), 동사여회(東寺如會), 서당지장(西堂智藏), 영태영단(永泰靈湍), 대주혜해(大珠慧海), 삼산지견(杉山智堅), 석공혜장(石鞏慧藏), 대매법상(大梅法常), 오설영묵(五洩靈黙), 귀종지상(歸宗智常), 염관제안(鹽官齊安), 오대은봉(五臺隱峰), 자옥도통(紫玉道通), 노조보운(魯祖寶雲), 삼각총인(三角總印), 아호대의(鵝湖大義), 용산화상(龍山和尚), 진주금우(鎭州金牛), 홍주수료(洪州水潦), 서산량(西山亮) 등 30명의 제자들이 실려 있다.

마혜수라(摩醯首羅) : Ⓢ Maheśvara. 대자재천(大自在天), 자재천(自在天), 위령제(威靈帝)라고도 한다. 원래는 인도의 3대신 가운데 하나인 쉬바신이었다가 불교에 흡수되었다. 색계의 정상에서 하늘을 다스리는 천왕으로 이마에 이자삼점(伊字三點)의 형상으로 된 눈이 세 개 달려 있다고 한다. (『大般涅槃經』卷第二, 「壽命品」第一之二, T12n0374_p0376c11~13. "猶如伊字三點, 若並則不成伊. 縱亦不成, 如摩醯首羅面上三目, 乃得成伊三點.")

막(莫) : ①늦다. 시간이 끝나가다. 저물다. ②펴다. 퍼져 나오다. ③아마도, 대개. 다분히. ④~는 커녕. =막도(莫道). 막설(莫說).

막교(莫教) : 설마 ~은 아니겠지? 설마 ~란 말인가?

막변시부(莫便是否) : 이것 밖에 안 되는가? 바로 이것 뿐 아닌가? 이것인가? 바로 이것 아닙니까?

막변시야무(莫便是也無) : 바로 이것 말고는 없느냐? 바로 이것이냐?

막비(莫非) : ~이 아닌 것이 없다. 아닌 게 아니라. 어쩌면 ~가 아니란 말인가? 그래 ~란 말인가?

막시~마(莫是~麼) : 추측형 의문을 나타내는 말이다. 설마 ~한 것은 아니겠지?, ~하지 않았는가?, ~이 아니겠느냐?, ~이 아니냐?, ~이냐?, 혹시 ~이냐? '막시(莫是) ~래(來)?' → ~한 것이 아니겠느냐? '막시(莫是) ~부(否)?'→ 누구누구가 아니냐? =莫~不麼, 莫~否?, 莫~也無?

막야(鎭鋣) : 명검의 이름이다. '막야(莫邪)' 또는 '막야(鎭耶)'라고도 쓴다. 춘추시대에 간장(干將)과 막야(鎭鋣)라는 부부가 살고 있었는데 초왕(楚王)을 위하여 칼을 만들었다고 한다. 각고 끝에 3년 만에 칼을 만들어 내었는데 웅검(雄劍)을 간장(干將)이라하고, 자검(雌劍)을 막야(鎭鋣)라고 하였다고 한다. 이후 명검을 부를 때 흔히 사용한 칼의 이름이다.『장자』의 「대종사」편에도 이 칼의 이름이 나온다. "무쇠가 펄쩍펄쩍 뛰어오르며 말하기를, '나는 앞으로 반드시 막야가 되리라'라고 하면 큰대장장이가 상서롭지 못한 무쇠덩어리로 여기게 될 것이다." (『莊子』內篇「大宗師」. "金踊躍曰: '我且必爲鎭鋣', 大冶必以爲不祥之金.") 선가(禪家)에서는 살활(殺活)을 자재로 활용하는 방편수단에 비유한다.

막요(莫要) : ~할 것이 없다. ~할 필요 없다.

만(謾) : ①공연히, 쓸데없이, 부질없이. ②아무렇게나, 함부로, 되는대로. ③~하지 마라. ④가만히. 넌지시. 무심히. 힘들이지 않고 가만가만 움직이는 모양.

만겁계려궐(萬劫繫驢橛) : 수많은 세월동안 나귀를 묶어 두는 말뚝. 곧 수행자들이 언어지해에 매달려 있음을 비유하는 말이다.

만구(滿口) : 하는 말마다 모두, 말할 때마다. 장황하게. 말로 표현할 수 있는 한 충분히.

만궁(彎弓) : 활을 당기다. 사이좋던 사람들이 반목하여 원수가 되다.

만기(萬機) : ①일체의 심식(心識) 작용, 일체의 사량(思量) 작용. ②집권자가 일상적으로 처리하는 온갖 업무. ③다양한 근기.

만나라(曼拏羅) : Ⓢmandala. 만다라(曼陀羅). 만다라(曼吒羅). 만다라(漫茶囉). 만다라(蔓陀羅). 만다라(滿茶邏). 만나라(滿拏囉). 만다라(萬陀羅). 만다라(萬茶羅). 만나(滿拏). 만나(曼拏). 등으로 쓴다. 단장(壇場), 윤원구족(輪圓具足) 등으로 번역됨. 둥근 바퀴의 뜻으로 인도에서 비법을 닦을 때, 마군중의 침입을 막기 위해서 둥근 원형으로 그려 놓고 단(壇)을 세우는 것을 말한다.

만령(萬靈) : 여러 신령. 여러 정령. 정기(精氣)를 지닌 모든 존재. 모든 인류, 모든 백성. 일기(一氣)에서 굽이쳐 나온 모든 존재를 말함.

만류(萬類) : 만물. 모든 사물들.

만매(謾昧) : 속이다. 기만하다. =만사(謾詐).

만목(滿目) : 눈에 가득하다. 눈에 보이는 데까지의 한계. 시야에 그득하다.

만한(顢頇) : 사리에 통하지 않은 사람. 구분을 잘 못하는 멍텅구리 또는 바보. 불분명한 모양. 멍청하다. 어리숙하다.

만호(萬戶) : 만 명의 사람. 아주 많은 집.

만화(萬化) : 온갖 변화, 만물의 변화. 대자연, 세상의 모든 일과 사물.

말상(末上) : ①처음. 맨 먼저. 최초. ②나뭇가지의 끄트머리. 나무초리. ③ⓈⓈ kali. 말세(末世). 말법시대.

말후구(末後句) : 구경각(究竟覺) 경계의 일구(一句).

말후일착자(末後一著子) : 최후의 한 수. 말후일구(末後一句)와 같은 말이다. 활연대오한 경지에서 내 보이는 한 수 또는 한마디.

망(芒) : 창, 칼의 날. 칼 끝. 바늘 끝. 까끄라기. 털 끝.

망로(莽鹵) : 망망로로(莽莽鹵鹵)의 줄임말. 초목이 거칠게 우거져 있는 것. 철저하지 못함. 분명치 못함. 흐리멍덩하다, 아둔하다, 등한히 하다, 흐릿하다, 희미하다. 거칠다, 무모하다. 망로(莽魯), 망로(莽路), 망로(漭鹵)라고도 쓴다.

망망(茫茫) : ①매우 많다. 무성하다. ②아득히 멀다. 희미하다. ③분잡하다. ④넓고 탁 트이다. ⑤육도에 윤회하는 뭇삶들의 막막하고 어두운 모습.

망망탕탕(莽莽蕩蕩) : 아득히 멀고 먼 모양. 모든 것이 휩쓸려가 텅비어 허무한 것. 물건의 수량이 헤아릴 수 없이 많은 것.

망연(妄緣) : 바깥 대상경계인 사물은 내가 망정(妄情)을 일으키는 연유가 되기 때문에 망연(妄緣)이라고 한다. 연(緣)은 내 몸과 관계하는 안팎의 사물인데 이 연(緣)의 체는 허망하고 부실(不實)하므로 망연이라고 한다.

망조(罔措) : 망지소조(罔知所措)의 줄임말로 몹시 당황하여 어찌할 바를 모르는 것. 어디를 좇아야 할 지 모름. 이러지도 저러지도 못하고 난처함.

망주정(望州亭) : 설봉산(雪峰山)[복건성(福建省) 민후현(閩侯縣)에서 서북쪽으로 180리 거리에 있는 산에 있는 정자.

망주정상견(望州亭相見) : 망주정에서 서로 만남. 깨달음의 경지. 설봉스님의 법문이다. "망주정에서 여러분을 만났고, 오석령에서 여러분을 만났으며, 승당(僧堂) 앞에서도 여러분과 만났습니다." (『正法眼藏』卷第三之上, 564話. 참조.)

망측진애(罔測津涯) : 생각이 모두 사라짐을 말한다. 망측(罔測)은 헤아리지 못함. 생각이 사라짐. 진애(津涯)는 포구, 물가, 끝, 한계.

매두(埋頭) : 머리를 숙이고 책을 읽는다는 데서 가져 온 말이다. 전력을 다하다. 온 정신을 다 기울여 집중하다. 몰두하다. 자신의 신분을 감추다. 오로지. 진심으로.

매복(賣卜) : 돈을 받고 점을 쳐줌. 점치는 일로 생계를 꾸리다.

매어(寐語) : 잠꼬대, 헛소리.

매태(苺苔) : 푸른 이끼.

맹(猛) : ①돌연. 갑자기. ②힘껏. 한껏. 매섭게. 대단하게. ③사납다.

맹귀(盲龜) : 맹귀파별(盲龜跛鱉)과 같은 뜻이다. 깨달음의 경지, 또는 깨달은 이.

맹하(孟夏) : 초여름. 음력 4월.

맹할(盲喝) : ①눈 먼 할. 임제스님의 할을 그냥 따라서 할을 하는 것. ②타인의 신체적 결함을 들어 비방하는 것.

멱취(覓取) : 찾음.

면공(面孔) : 콧구멍. 면목. 얼굴. 자기의 본래 모습.

면면(綿綿) : 죽 연이어 끊이지 않는 모양(連綿). 세밀한 모양.

면면상간(面面相看) : 면면상도(面面相覩), 면면상처(面面相覷), 면면시처(面面廝覷)와 같은 말. 서로 얼굴만 쳐다보다. 긴장하거나 놀라서 어찌할 바를 모르고 서로의 얼굴만 쳐다보는 모습. 그저 서로 쳐다보는 모양.

면목현재일임간취(面目見在一任揀取) : 면목이 드러나 있으니 가려냄에 일임하겠다. 분양 선소스님의 법문이다. 『속전등록』1권과 『분양어록』상권에 나온다. "딱 맞히지 못한다면 참학(參學)의 눈이 아직도 있지 않은 것입니다. 반드시 판별해내야만 합니다. 옳고 그름을 알고 싶습니까? 면목은 드러나 있습니다."(『續傳燈錄』卷第一, T51n2077_p0470b02~03. 『汾陽無德禪師語錄』卷上, T47n1992_p0596b29~c01. "點不出者, 未有參學眼在, 切須辨取. 要識是非, 面目見在.")

면문(面門) : 얼굴의 각 기관, 즉 눈·귀·코·입. 『화엄경탐현기』에 설명이 있다. "면문(面門)이라는 것에 대해 여러 선덕들께서 세 가지 해석을 하셨다.

한 분은 말씀하시기를, '입이다'라고 하셨고, 어떤 분은 말씀하시기를, '얼굴의 단정한 모습으로 따로 입은 아니다.'라고 하셨고, 광통사는 말씀하시기를, '코밑과 입 위의 중간이다.'라고 하셨다.…… 해석해 보겠다. 범어(梵語)에 의해보면 얼굴과 입을 합하여 문(門)이라고 하며 모두 목카(目佉, mukha)라고 한다. 이런 까닭에 목카를 면문(面門)이라고 번역하는 것이다." (『華嚴經探玄記』卷第三, 「盧舍那佛品」第二. T35n1733_p0151b21~25. "面門者諸德有三釋. 一云: '是口', 一云: '是面之正容非別口也.' 光統師云: '鼻下口上中間是也.'…… 今釋. 依梵語稱面及口幷門, 悉名目佉. 是故翻此目佉爲面門也.") 여기서는 눈썹과 눈썹사이를 말한다. 제3의 눈이라고도 한다.

멸(篾) : 대나무를 가늘게 쪼갠 댓개비. 대오리. 댓조각. 대껍질.

명경당대(明鏡當臺) : 밝은 거울이 경대(鏡臺)에 걸리다. 즉심(卽心)을 말한다. 일체지지(一切智智)나 대원경지(大圓鏡智)에서는 호래호현(胡來胡現)하고 한래한현(漢來漢現)하여 티끌만치도 비치어 드러나지 않음이 없다.

명구(名句) : Ⓢnāma-pada. 유식학에서 심불상응행법(心不相應行法)에 속하는 두 가지로서 명(名)[Ⓢnāma]은 능전자성(能詮自性)의 뜻으로 '물' '산' 등과 같은 이름이고 구(句)[Ⓢpada]는 능전차별(能詮差別)의 뜻으로 '물이 맑다' '산은 높다' 등과 같이 의미이다. 명(名)은 언어의 짧은 부분이고 구(句)는 대체로 언어의 긴 부분을 나타낸다.

명명(明明) : ①분명히 살피는 모양이나 현명한 모양 등을 나타내는데 제왕이나 신령을 찬탄하는 노래에 사용한다. ②밝은 덕이 있는 사람. ③힘쓰다. 노력하다. ④밝다. 밝게 비추다. ⑤지극히 존귀하다. ⑥분명하다. 뚜렷하다. ⑦공공연히. ⑧표명(表明)하다. ⑨명백히. 확실히.

명문(明文) : 글로써 명백히 밝힘. 명확한 문자기록. 사리를 명백히 밝힌 글.

명상(名相) : Ⓢnāma-saṃsthāna. 사물의 이름과 모양. 일체의 모든 사물은 이름과 모양이 있는데 이름은 들어서 아는 것이고 모양은 보아서 아는 것이다. 이 이름과 모양은 허가(虛假)로 시설된 것으로 실상(實相)에 계합(契合)될 수 없는 것이다.

명상좌(明上座) : 운문 문언스님의 제자인 청량지명(淸涼智明)스님이다. 덕산선감(德山宣鑑)-설봉의존(雪峰義存)-운문문언(雲門文偃)-청량지명(淸涼智明).

명암(明暗) : 참과 거짓. 지혜로움과 어리석음.

명언(名言) : ①일체법(一切法)의 명자(名字)와 언구(言句). 사유(思惟)를 전달하기 위하여 쓰는 말로써 형용하는 전체. ②이름을 붙여 말하다. 형언(形言)

하다. ③유명한 말.

명제(冥諦) : 상캬학파[수론사(數論師)]에서 우주만유를 정신적 근원인 푸루샤ⓢpuruṣa[신아(神我)]와 물질적 근원인 프라크르티ⓢprakṛti[자성(自性)]라고 하는 이원(二元)으로 나누며, 세계의 전변(轉變)해 나가는 순서를 25가지 수로 요약하였는데 이 25가지 제(諦) 가운데 제1제(諦)를 말한다. 자성(自性)이라고 하는 이 명제로부터 지각(知覺)이 나오고 이 지각으로부터 자의식(自意識)이 나오고 여기서 지, 수, 화, 풍, 공의 5대 등이 나온다고 한다. 그들은 만물의 본래 근원은 고요하고 텅 비어 끝이 없기 때문에 구제(具諦) 또는 명성(冥性)이라고도 한다. 또 만물의 본래 근원으로서 천차만별의 모든 법이 여기로부터 나왔으므로 자성(自性)·본성(本性)·승성(勝性)이라고도 한다. 상캬학파에서는 이 푸루샤와 프라크르티와의 관계를 잘 고찰하여 안으로 지혜가 완전해지면, 형체도 없고 멸하지도 않는 정신원리인 푸루샤는 형체가 있고 멸해지는 물질적 육체의 속박을 벗어나서 해탈에 도달할 수 있다고 한다.

명조(明朝) : 이후, 장래. 내일, 다음날. 이른 아침. 새벽 녘. 밝은 조정. 명나라 조정.

명주(明主) : 현명한 군주. 덕과 지혜가 밝은 군주.

명초덕겸(明招德謙) : 덕산선감(德山宣鑑)-암두전활(巖頭全奯)-나산도한(羅山道閑)-명초덕겸(明招德謙). ?~947. 나산도한(羅山道閑)스님의 인가를 받고 명초산(明招山)에 40여 년간 머물면서 현지(玄旨)를 격양(擊揚)하였다. 왼쪽 눈을 실명하여 '독안룡(獨眼龍)'이라 불렸다. '명초풍두(明招風頭)' '명초호미(明招虎尾)' '명초수족(明招垂足)' 등의 공안이 있다.

모(冒) : 탐내다. 탐하다. =모(冐).

모구(毛毬) : 밤송이. 공.

모도(慕道) : 도(道)를 지향하다. 도(道)를 사모하다.

모우(毛羽) : ①길짐승의 털과 날짐승의 깃. ②털이 다 자라지 않다. 곧, 힘이 모자라고 성숙되지 못해 자격이나 조건을 제대로 갖추지 못하다.

모우(犛牛) : 긴 털을 가지고 있으면서 소와 비슷한 짐승. 야크와 같은 동물이다. 『일체경음의』13권에 설명이 있다. "묘(卯)와 포(包)를 반절한 것이다. 음은 모(毛)다. 『산해경(山海經)』에 이르기를, '반후(潘侯)의 산에 짐승이 살았는데 그 모습이 소처럼 생겼고, 네 곳에 털이 있으며, 모우라고 부른다'고 하였다. 곽박(郭璞)이 주석하기를, '소의 등·무릎·넙적 다리·꼬리 등에 모두 긴 털이 있다'고 하였다. 『설문(說文)』에는 '서남쪽 이(夷) 지역에 사는 늙은

소다. 음은 모우이고, 우(牛)자변에다 이(犛)를 붙인 글자이다. 음은 성(聲)이
라고 했다'라고 하였다.”(『一切經音義』卷第十三, T54n2128_p0382b13~14.
“夘包反. 又音毛. 『山海經』云: ‘潘侯之山, 有獸狀如牛, 而四節生毛, 名曰犛牛’.
郭璞注曰: ‘牛背膝髀尾, 皆有長毛.’ 『說文』云: ‘西南夷長牦. 音毛牛也. 從牛從犛.
省聲也.’”)

모우애미(犛牛愛尾) : 야크가 꼬리를 아낌. 『법화경』 「방편품」에 나오는 말이
다. 야크는 꼬리가 아름다워서 깃발을 만드는데 주로 사용했다고 한다. 꼬리
때문에 목숨을 잃기 때문에 비유로 쓴다. (『妙法蓮華經』 「方便品」 第二,
T09n0262_p0009b28. “深着於五欲　　如犛牛愛尾.”)

모자(模子) : 물건을 만드는 틀. 모형.

모총(冒寵) : 공로가 없으면서 은총을 받다.

목(目) : 양미순목(揚眉瞬目)[눈을 치켜뜨고 눈을 깜박임]의 준말

목구화(木毬話) : 『선문염송』793칙과 『정법안장』392화에 나온다. “설봉스님
이 나무 공 세 개를 밟고 서 있다가 스님이 오는 것을 보면 어떤 때는 한
개를 차 버리기도 하고, 어떤 때는 두 개를 차버리기도 하였다. 현사스님이
오는 것을 보자마자 세 개를 한꺼번에 차 버리니, 현사스님이 두 팔을 쭉 벌
리고 쓰러지는 시늉을 하였다. 설봉스님이 말했다. ‘너는 그것들을 한 개로
쓰느냐, 세 개로 쓰느냐?’ 현사스님이 답했다. ‘셋이 곧 하나요, 하나가 곧
셋입니다.’ 설봉스님이 곧장 그만두었다.”(『禪門拈頌集』卷第十九, K46-0322,
793則. “雪峯踏三箇木毬, 有時見僧來, 趯出一箇, 有時趯出兩箇. 見玄沙來, 三箇
一時趯出, 玄沙撤開兩手, 作仰倒勢. 師曰: ‘汝在彼用一箇, 用三箇?’ 玄沙曰: ‘三
卽一, 一卽三.’ 師便休.”)

목돌(木梲) : 나무로 된 대문을 세로로 거는 빗장. 또는 나막신(木突, 木履)이
나 장작개비(楬柚), 나무토막, 말뚝 등을 말하기도 한다.

목시(目視) : 눈으로 넌지시 뜻을 전하다. 그냥 응시하기만 하다.

목시운한(目視雲漢) : 목시운소(目視雲霄)라고도 한다. 은하수, 또는 하늘을 바
라보기만 한다. 오직 근본을 향하기만 하는 것을 비유한다. 아직 필경의 경지
에 이르지 못했음을 말한다. 남양 혜충스님이나 원오 극근, 밀암 함걸스님 등
은 구경이 아니라고 하였다. “삼백이나 오백 명의 대중들을 모아놓고서 눈으
로 멀리 하늘 끝을 응시하기만 하면서 말하기를, ‘남방의 종지’라고 한다.”
(『正法眼藏』2권(上) 제307화. “聚却三五百衆, 目視雲漢, 云是南方宗旨.”) “한결
같이 하늘만 응시하기만 하고 천 길의 절벽에 서 있기만 한다면 곧 모든 성

인을 저버린 것이다.”(『圓悟佛果禪師語錄』卷第一, T47n1997_p0714c15. “一向目視雲霄, 壁立千仞, 則孤負諸聖.”) “고봉정상에서 하늘만 응시하기만 하는 것은 구경이라고 하지 못한다.” (『密菴和尙語錄』「臨安府景德靈隱禪寺語錄」, T47n1999_p0969c24~25. ”孤峯頂上, 目視雲霄, 未為究竟.”)

목전무사리차간무노승(目前無闍梨此間無老僧) : 바로 지금 사리가 없고 바로 여기 노승이 없다. 협산 선회스님의 법문이다. 목전(目前)은 시간적으로 ‘바로 지금’이고, 차간(此間)은 공간적으로 ‘바로 여기’이다.

목주(牧主) : 지방을 관리하는 장관.

목주담판(睦州擔板) : 목주 진존숙스님의 화(話)다. “목주스님이 한 스님을 불렀다. ‘대덕!’ 그 스님이 고개를 돌렸다. 스님이 말했다. ‘담판한이로구나.’”(『禪門拈頌集』卷第十六, K46-0263, 639則. “睦州喚僧, 云: ‘大德!’ 僧迴首. 師云: ‘擔板漢.’”)

목주도명(睦州道明) : 마조도일(馬祖道一)-백장회해(百丈懷海)-황벽희운(黃檗希運)-목주도명(睦州道明). 780~877. 목주도종(睦州道踪)이라고도 함. 속성은 진씨(陳氏). 강남(江南) 출생. 목주(睦州)[절강성] 용흥사(龍興寺)에 주석할 때 대중 일천 명이 운집하여 종풍을 떨쳐 진존숙(陳尊宿)이라 불리었고, 짚신을 팔아 그 어머니를 잘 모셨다고 하여 진포혜(陳蒲鞋)라고 불렸다. ‘목주개당(睦州開堂)’ ‘목주고읍(睦州高揖)’ ‘목주기도(睦州其道)’ ‘목주끽다(睦州喫茶)’ ‘목주담판(睦州擔板)’ ‘목두당병(睦州糖餅)’ ‘목주대사(睦州大事)’ ‘목주략허한(睦州掠虛漢)’ ‘목주열개(睦州裂開)’ ‘목주현성(睦州現成)’ ‘목주상행(睦州上行)’ ‘목주상주(睦州常住)’ ‘목주십마(睦州什麼)’ ‘목주이자(睦州以字)’ ‘목주일점(睦州一點)’ ‘목주일중(睦州一重)’ ‘목주입두(睦州入頭)’ ‘목주전연(睦州展演)’ ‘목주징목(睦州瞪目)’ ‘목주타구(睦州打毬)’ ‘목주향상(睦州向上)’ ‘목주홀연(睦州忽然)’ ‘목주요즉(睦州了卽)’ 등의 여러 공안이 있다. 법을 이은 이가 목주자사(睦州刺史) 진조(陳操)와 엄릉균대화상(嚴陵鈞臺和尙)의 2명이 있다. 세수 98세, 법랍 76세로 입적. 『고존숙어록』 6권에 「목주도명선사어록(睦州道明禪師語錄)」1권이 있다.

목평선도(木平善道) : 약산유엄(藥山惟儼)-선자덕성(船子德誠)-협산선회(夾山善會)-반룡가문(盤龍可文)-목평선도(木平善道). 오대(五代) 때의 스님이다. 출가하여 처음에는 율종을 공부하였고 다음에는 유식학 경전을 두루 공부하였으나 마음속에 안심입명처를 얻지 못하다가 낙포 원안스님을 찾아 법을 물었으나 계합하지 못하고, 반룡 가문스님을 참례하여 비로소 그의 법을 잇고 원주(袁州)[강서성 의춘(宜春)] 목평산에 주석하였다. ‘목평일구(木平一漚)’ 공안이 있다. 시호는 진적선사(眞寂禪師)이다.

몰가파(沒可把) : 몰파비(沒巴鼻)와 같은 뜻. 잡을 수 없다. 수행이 익어 아무 것도 어쩌지 못하는 상태. =몰파비(沒巴鼻), 몰자미(沒滋味).

몰교섭(沒交涉) : 두 가지 일이 서로 어그러져서 상응하지 못함. 선법(禪法)과 더불어 조금도 관계가 없음.

몰닉(沒溺) : ①깊이 미혹되다. 어떤 일에 미혹됨. ②물에 빠져 가라앉다. 침몰하다.

몰량대인(沒量大人) : 평범한 식견을 뛰어넘어 일반적으로 그 정도를 헤아릴 수 없는 큰 그릇의 인물. 확철대오하여 분별사량을 완전히 넘어선 사람을 말함. = 몰량한(沒量漢).

몰파비(沒巴鼻) : 소의 코뚜레를 붙잡지 못함. 어쩌지 못하는 상태. =무파비(無巴鼻).

몽견(夢見) : 꿈속에서 만나 봄. 꿈꾸다.

몽동(懵懂) : 분명하게 알지 못함. 애매모호하다. 명확하지 않다. 분명치 않다. 어리석음.

몽산도명(蒙山道明) : 감지승찬(鑑智僧璨)-쌍봉도신(雙峰道信)-황매홍인(黃梅弘忍)-몽산도명(蒙山道明). 파양(鄱陽)[강서성] 출신으로 진(陳)나라 선제(宣帝)의 후손이다. 속성은 진씨(陳氏). 나라가 멸망하자 일반인이 되었어도 왕손출신인 까닭으로 사품장군(四品將軍)의 작위를 받았기에 사람들이 장군이라는 칭호를 붙였다. 처음에는 법명이 혜명(慧明)이었으나 육조 혜능스님의 앞 글자를 피하기 위해 도명(道明)이라고 개명하였다. 일찍이 영창사(永昌寺)에서 출가하였다가 황매산으로 가서 오조 홍인대사의 회하로 들어갔다. 혜능스님과의 일화로 대오를 이룬 후, 여산(廬山)의 포수대(布水臺)에 가서 3년을 주석하다가 원주(袁州)의 몽산(蒙山)으로 가서 선법을 크게 선양하였다. '몽산의발(蒙山衣鉢)' '몽산본래(蒙山本來)' 등의 공안을 남겼다.

몽폐(蒙蔽) : 덮다, 가리다. 어리석고 무지하다. 진상을 감추고 속이다. 멍청하고 사리에 어둡다.

묘가(苗稼) : 농작물. 벼의 싹. 농사.

묘각(妙覺) : 부처님의 불가사의하고 미묘한 구경(究竟)의 무상정각(無上正覺)의 자리. 또는 보살수행의 마지막 지위.

묘고산(妙高山) : ⓢSumeru. 수미산(須彌山)을 말한다. 옛날 인도의 세계관에서 중심에 위치하고 있는 산의 이름.

묘과(妙果) : 묘행(妙行)으로 얻게 되는 증과(證果). 곧 불과(佛果)이다.

묘명(妙明) : 근본적으로 미묘하고 밝은 깨끗한 마음(本妙明淨心)으로 본각(本覺)과 같은 뜻이다. 『대불정여래밀인수증료의제보살만행수릉엄경(大佛頂如來密因修證了義諸菩薩萬行首楞嚴經)』에 나오는 말이다. "아난. 네가 비록 본각묘명을 먼저 깨달았으나 성품은 인연도 아니요, <u>스스로</u> 그러한 성품도 아니니라." (『大佛頂如來密因修證了義諸菩薩萬行首楞嚴經』卷第二, T19n0945_p0113c19~20. "阿難. 汝雖先悟本覺妙明, 性非因緣, 非自然性.")

묘묘(渺渺) : 수면이 끝없이 이어진 모양. =묘묘(淼淼).

묘음관세음범음해조음(妙音觀世音梵音海潮音) : 『법화경』7권 「관세음보살보문품」의 게송이다. (『妙法蓮華經』 卷第七, 「觀世音菩薩普門品」 第二十五, T09n0262_p0058a26. "妙音觀世音, 梵音海潮音.") 묘음(妙音)[미묘한 소리], 관세음(觀世音)[세상을 관하는 소리], 범음(梵音)[범천의 소리], 해조음(海潮音)[바다 조수의 소리] 등은 모두 다 부처님으로부터 나오는 진동이다.

묘재체전(妙在體前) : 미묘하게 체(體)의 앞에 있음. '적이상조(寂而常照)'의 상대되는 말.

묘희(妙喜) : 대혜스님이 스스로를 부르는 이름. 이 묘희(妙喜)라는 호는 무진거사 장상영이 지어 드렸다고 한다. 대혜스님이 스승이었던 담당 문준스님의 탑명을 무진거사에게 부탁하자 대혜스님의 자(字)를 담회(曇晦)라고 짓고 호를 묘희(妙喜)라고 지어드렸다고 한다.

무공철추(無孔鐵鎚) : 무공철퇴(無孔鐵槌)라고도 함. 구멍 없는 무쇠 망치. 구멍이 없는 망치는 자루를 박을 수 없어서 전혀 어떻게 손을 쓸 수가 없는 것처럼 선림에서 학인을 제접할 때에 인도할 방법이 없을 때 쓰는 말이다. 또는 언어에 빠져서 깨달을 기연(機緣)을 잃어버렸을 때도 쓰인다.

무과(無過) : 더 나은 것이 없음. 더 이상 ~한 것이 없음. 더 지나친 것이 없음. 과실이 없음. 더 심한 것이 없음. 다만 ~에 불과함 등의 뜻이 있다.

무구거사(無垢居士) : 1093~1160. 장구성(張九成)을 말한다. 대혜종고(大慧宗杲) 선사의 재가 제자이다. 자(字)는 자소(子韶)이고 호(號)는 횡보(橫浦)이며 자호(自號)는 무구거사(無垢居士)이다. 전당(錢塘)사람이다. 어렸을 적부터 학문을 매우 좋아했다. 보인초명선사(寶印楚明禪師)에게서 백수자(柏樹子) 화두를 받아서 공부하던 중 선권청(善權清)스님 회하에 있을 때 화장실에서 볼일을 보며 백수자(柏樹子)화두에 참(參)이다가 개구리 소리를 듣고 문득 계합하였다. 후에 대혜스님을 만나 지도를 받아 활연대오(豁然大悟)하였다. 예부시랑을 지냈으며 금나라와의 전쟁 문제로 승상 진회(秦檜)와 부딪쳐 남안(南安)에서 귀양살이를 하였다. 이때 대혜스님도 동시에 승적을 박탈당하고 형주로 유배를 갔다. 14년 후 진회가 죽자 다시 회복하여 온주자사(溫州刺史)를 지내었고 죽은 뒤 시호를 문충(文忠)이라 하였다. 소흥(紹興) 29년(1160)에 세수 68세로 입적하였다. 『맹자설(孟子說)』 『무구록(無垢錄)』 『횡보심전(橫浦心傳)』 등 50여권의 저작이 있다. 『속전등록』32권에 그의 이야기가 나온다.

무덕(武德) : 당(唐)나라 고조(高祖) 때의 연호. 618~626년.

무등등(無等等) : ⑤Asamasama. 아사마사마(阿娑摩娑摩). 부처님을 가리키는 말로 부처님의 십호(十號) 가운데 하나이다.

무루(無漏) : ⑤anāsrava. 번뇌가 없는 청정 무여열반을 말한다.

무방(無妨) : 상관없다, 거리낄 것이 없다. 화(禍)가 없다, 해로움이 없다.

무배면(無背面) : ①뒤쪽, 뒷면이 없다. ②앞과 뒤가 없다. 곧 옛날과 지금의 시간이 구분되지 않는다는 뜻. 배면(背面)은 배후면전(背後面前)의 줄임말. ③등을 돌리지 않는다.

무봉탑(無縫塔) : 조각내어 붙임이 없는 통탑(統塔)을 말한다. ①남양 혜충국사가 입적하기 전에 대종황제에게 한 말이다. "스님이 인연이 다 끝나고 열반할 때가 다가오자 대종황제에게 하직을 하니, 대종황제가 말했다. '스님께서 열반하신 후 제가 어떻게 기억해야 합니까?' 스님이 말했다. '단월에게 한 개의 기운데 없는 탑을 조성하라고 하십시오.' 황제가 말했다. '오로지 탑의 모양을 말씀해 주시길 청합니다.' 스님께서 한참 침묵하였다. 말했다. '아시겠습니까?' 황제가 말했다. '모르겠습니다.' 스님이 말했다. '제가 떠난 후 시자인 응진스님이 이 일을 잘 알 것이니 그에게 물으십시오.'"(『五燈會元』卷第一, X80n1565_p0061b24~c04. "師以化緣將畢, 涅槃時至, 乃辭代宗. 代宗曰: '師滅度後, 弟子將何所記 ?' 師曰: '告檀越造取一所無縫塔.' 帝曰: '就師請取塔樣.' 師良久. 曰: '會麼 ?' 帝曰: '不會.' 師曰: '貧道去後, 有侍者應眞卻知此事. 乞詔問之'") ②『선문염송설화』1458칙의 '무봉탑화'가 있다. 옛날 두 스님이 각각 다른 암자에 살았는데 10여 일 동안 만나지 못하다가 어느 날 만나게 되자 위에 있는 암주가 물었다. "오랫동안 안 보이더니 어디에 있었소?" 아래에 사는 암주가 말했다. "암자에서 무봉탑을 만들었지요." 말했다. "나도 무봉탑을 만들고 싶은데 스님에게 본을 빌리러 가도 되겠소?" 말했다. "왜 이제야 말하는 거요? 방금 다른 사람이 빌려갔는데..."

무사자연지지(無師自然之智) : 무사지(無師智)와 자연지(自然智)를 합한 말. 무사지(無師智)와 자연지(自然智)는 무공용지(無功用智)와 같은 지(智)로서 일체의 공용(功用)을 더하지 않고 스스로 그러하게 아는 부처님의 일체종지(一切種智)를 말한다. 80『화엄경』52권에 나온다. "보살마하살은 이와 같은 공덕을 성취하는데, 공력을 조금 들이고도 무사자연지를 얻는다."("『大方廣佛華嚴經』卷第五十二,「如來出現品」第三十七之三, T10n0279_p0278a05~06. "菩薩摩訶薩, 成就如是功德, 少作功力, 得無師自然智.")

무상(無常) : ⓢanitya. 일체의 존재하는 현상들은 모두가 찰나찰나 생주이멸(生住異滅)하면서 변화하여 고정되지 않음을 말한다. 또는 무상살귀(無常殺鬼), 곧 죽음을 뜻한다.

무상살귀(無常殺鬼) : 죽음.

무외심(無畏心) : 불보살의 덕(德) 가운데 하나. 두려움 없이 완벽한 자신감으로써 용감하게 법을 설하는 마음.

무쟁삼매(無諍三昧) : ⓢaraṇa-samādhi. 쟁(諍)은 번뇌를 말함. 일체의 번뇌가 없는 선정(禪定).

무절무구(無準無鉤) : (準)은 '절'로 읽는다. 절(準)[콧마루 절]은 인중과 코끝 사이 두 콧구멍 입구를 말한다. 비량(鼻梁)이라고도 함. 구(鉤)는 이 절(準)에다 구멍을 뚫고 꿰는 코뚜레를 말함.

무주소계(婺州蘇溪) : 남악회양(南嶽懷讓)-마조도일(馬祖道一)-오설영묵(五洩靈黙)-무주소계(婺州蘇溪). 스님의 행적은 알려져 있지 않으나 「목호가(牧護歌)」가 『전등록』30권에 보인다.

무주현책(婺州玄策) : 쌍봉도신(雙峰道信)-황매홍인(黃梅弘忍)-조계혜능(曹溪慧能)-무주현책(婺州玄策). 동양현책(東陽玄策)이라고도 한다. 금화(金華)[절강성] 출신이다.

무진거사(無盡居士) : 1042~1122. 장상영(張商英)을 말한다. 신진(新津) 출생. 자는 천각(天覺), 호는 무진거사(無盡居士), 시호는 문충(文忠)이다. 또한 임제종 황룡파. 도솔종열선사(兜率從悅禪師)[석상초원(石霜楚圓)-황룡혜남(黃龍慧南)-운암극문(雲庵克文)-도솔종열(兜率從悅)]의 법을 이었다. 신종(神宗)이 발탁한 왕안석(王安石)이 신법(新法)을 실시하여 개혁정책을 추진할 때 무진거사도 이 개혁에 동참하였으나 보수파들의 반대에 부딪쳐 왕안석의 개혁정책이 실패로 돌아가니 이로부터 한동안 물러나 있다가 1110년 그의 나이 68세 때에 다시 발탁되어 상서성(尙書省) 우복야(右僕射)로 승상(丞相)이 되었으며, 1122년 81세로 세상을 떠남.

문(聞) : ①가르침을 받아서 앎. 부처님이나 조사의 가르침을 듣고서 깨달음. ②향내를 맡다[=후(嗅)]. 냄새가 나다. ③틈을 타다. 기회를 엿보다. 알려지다. 이해하다.

문(門) : ①어조사. '마(麼)'와 같다. ②명사 뒤에 쓰여 복수를 나타낸다.

문두(門頭) : ①문. 문 앞. 문지기. ②가정. 가문. ③실마리. 단서. ④비결. ⑤육근(六根)으로 모든 대상경계가 출입하므로 출입문에 비유하여 문두(門頭)라고 함.

문모(捫摸) : 더듬어 찾다.

문묵(文墨) : 문자나 문서, 문장. 글을 짓거나 그런 일에 종사하는 것. 글 쓰는 일과 학문에 종사하는 사람. 형률(刑律)의 판결문.

문선(門扇) : 문. 문짝.

문수(門首) : ①문 앞. 문어귀. ②한 절의 주지. 한 가문의 우두머리. =문주(門主).

문신(問訊) : ⓢabhivādana, pṛcchati. 합장하며 안부를 묻는 예법. 가르침을 청하다. 문안인사를 하다. 안부를 묻다. 합장하다. 물어보다. 알아 보다. 위로하다. 선원에서는 삼순문신(三巡問訊)·사처문신(四處問訊)·칠처문신(七處問訊)·좌하문신(座下問訊)·차향문신(借香問訊)·부좌문신(趺坐問訊)·청좌문신(請座問訊)·보동문신(普同問訊)·약문신(略問訊)·좌전문신(座前問訊) 등과 같은 여러 문신이 있다.

문언(文言) : ①아름답게 꾸민 말. ②글, 문장, 문자 등을 말한다. ③부처님의 말씀.

문예(蚊蚋) : 모기. 모기와 파리. 악인(惡人)을 비유함.

문자상철우무이하취처(蚊子上鐵牛無你下觜處) : 무쇠소 등에 붙은 모기가 입을 꽂을 곳이 없다. 위산 영우스님의 법문이다. "운암스님이 도리어 스님에게 물었다. '백장스님의 대인상(大人相)은 어떻습니까?' 스님이 말했다. '우뚝하고 당당하며 눈부시게 빛나서 소리 전에 있지만 소리가 아니고, 빛 뒤에 있지만 빛이 아닙니다. 마치 무쇠소 등에 붙은 모기가 입을 꽂을 곳이 없는 것과 같습니다.'"(『潭州潙山靈祐禪師語錄』, T47n1989_p0578a01~04. "雲巖却問師:'百丈大人相, 如何?' 師云:'巍巍堂堂, 煒煒煌煌, 聲前非聲, 色後非色. 蚊子上鐵牛, 無汝下嘴處.'")

문전(文錢) : 돈을 말한다. 돈에 문자와 그림이 새겨져 있었으므로 이렇게 부른다. 전(錢)은 1냥의 1/10인 1돈을 말한다.

문전옥후(門前屋後) : 문 앞과 집 뒤편. 집 안인 본래면목의 주변을 말한다.

문정(門庭) : ①수행도량. 선원. 수행하는 암자. ②집안으로 들어가기 전. 본래로 돌아가기 바로 앞 단계. ③선종의 종지(宗旨) 또는 종풍(宗風). ④가문, 가정, ⑤유파, 파벌. ⑥실마리, 방법, 방편. ⑦문 앞. 뜰. 마당. ⑧궁궐, 궁전.

문정시설(門庭施設) : 문 앞의 시설. 선종(禪宗)의 각 유파(流波)마다 특별히 가지고 있는 선기(禪機)의 작략(作略)과 선법(禪法)을 전승(傳承)하는 방식을 말한다. 예를 들면 임제종은 조용재행(照用齋行)이고, 운문종은 이사구비(理事俱備), 조동종은 편정섭통(偏正葉通), 위앙종은 암기원합(暗機圓合)이요, 법안종은 하지유심(何止唯心) 등이다. 이는 향하문(向下門)이며 방행(放行), 방편(方便) 등을 쓰는 제이의문(第二義門)이다. 이에 대해 향상문(向上門)으로 쓰는 제일의문(第一義門)은 입리심담(入理深談)이라고 한다.

문채(文彩) : 문채(文綵)라고도 쓴다. 무늬 또는 문장(文章), 수식된 글. ①어떤 사물 속에 숨겨져 있는 정체를 말한다. ②어떤 행위의 결과로 남아 있는 흔적.

문채이창(文彩已彰) : 무늬가 이미 드러났다. 곧, 실상과 본체가 이미 드러났다. 문채분명(文彩分明)이라고도 한다.

물(物) : 의식의 대상이 되는 유형과 무형의 모든 존재. ①Ⓢprāṇa. 프라나. 생명. 생물. 생명체. ②Ⓢjagat. 유정(有情), 뭇삶. 의식을 가진 모든 존재. ③Ⓢbhāva. 존재. 현상. 사물. ④Ⓢvastu. 감각적으로 경험되어지는 구체적 사물 일반. ⑤Ⓢsvabhāva. 자성(自性). ⑥Ⓢartha. 외부 실재.

물물(物物) : ①갖가지 물건. ②사람마다. ③우주의 모든 현상. ④사람이 외물에게 부림을 당하다. ⑤사람이 만물을 부리거나 지배하다.

물아(物我) : 객관 대상경계인 외물(外物)과 주관인 자아(自我).

물외(物外) : 속세에서 벗어남. 세상의 바깥. 대상 경계를 넘어서 필경의 경지에 도달한 상태.

물정(物情) : 사물의 실정(實情). 뭇삶들이 지니고 있는 일반적 정서. 사물의 이치와 사람의 정. 세태와 인정. 민심.

미(未) : ①아직 ~하지 아니하다. ②~하지 않다. ③ ~이 없다. 아무래도 좀 ~하다. ~한 적이 없다. =미면(未免), 미증(未曾). ④그르다. 옳지 않다. ⑤~에 그치지 않다. ⑥~하지 마라.

미(尾) : 변두리지역. ~가. 흘레하다.

미두인영분축광도(迷頭認影奔逐狂途) :『수릉엄경』권4에 나오는 이야기이다. "'실라벌성에 사는 연야달다가 갑자기 이른 새벽에 거울로 자기 얼굴을 비추어 보다가 거울 속에 있는 머리는 눈썹과 눈을 볼 수 있지만 자기 머리에는 얼굴도 눈도 보이지 않는다고 성을 내면서 이것이 괴물이라고 생각하고는, 이유 없이 미쳐 달아났으니 너는 어떠하냐? 이 사람이 어떤 원인으로 이유 없이 미쳐 달아났겠느냐?' 부루나존자가 말씀드렸다. '그 사람은 마음이 미친 것일 뿐이지, 다른 까닭이 없습니다.' …'저 실라벌성의 연야달다가 어찌 미친 인연이 따로 있었겠느냐? 스스로 두려워서 달아난 것뿐이니, 홀연히 미친 마음을 쉬어버리면 그 머리에 눈과 얼굴이 밖에서 얻어진 것이 아니다. 그리고 설사 미친 증세가 없어지지 않았다 하더라도 또한 어찌 잃어버린 것이겠느냐? 부루나. 미혹의 성품이 이와 같은데 원인이 어찌 따로 있겠느냐? 네가 다만 세간(世間)·업과(業果)·중생(衆生) 이 세 가지의 상속함을 따르고 분별하지 않는다면 살(殺)·도(盜)·음(淫)의 세 가지 보조 조건(三緣)이 끊어지기 때문에 세 가지 직접 원인(三因)도 생기지 아니하여 곧 너의 마음속에서 연야달다와 같은 미친 성품이 저절로 사라지게 될 것이다.'"(『大佛頂如來密因修證了義諸菩薩萬行首楞嚴經』卷第四, T19n0945_p0121b9~25. "室羅城中演若達多, 忽於晨朝以鏡照面, 愛鏡中頭眉目可見, 瞋責己頭不見面目, 以爲魑魅無狀狂走, 於意云何? 此人何因無故狂走? 富樓那言:'是人心狂更無他故.'……'彼城中演若達多, 豈有因緣? 自怖頭走, 忽然狂歇, 頭非外得, 縱未歇狂亦何遺失? 富樓那. 妄性如是, 因何爲在? 汝但不隨分別世間·業果·衆生, 三種相續, 三緣斷故三因不生, 則汝心中演若達多, 狂性自歇.")

미륜(彌綸) : 모두 거느려서 관할하다. 총괄하다, 관통하다. 잘 처리하여 다스리다. 두루 힘싸서 하나로 묶다.

미륵누각(彌勒樓閣) : 미륵보살이 삼매 속에서 장엄하고 있는 누각으로 본래 이름은 '비로자나장엄장광대루각(毘盧遮那莊嚴藏廣大樓閣)'이라고 한다. 이 누각은 장엄 중의 장엄이다. 보살의 여러가지 덕으로부터 생겨났다고 한다. 청량 징관스님은 이 미륵누각을 법문(法門)이라고 설명하였다. 80『화엄경』77~79권「입법계품」에 미륵보살의 누각에 대한 자세한 설명이 있다. (『大方廣佛華嚴經』, T10n0279_p0419c10~p0439a26. 참조.)

미면(未免) : 아무래도 좀 ~하다(못마땅함을 나타내는 문장에서 완곡한 어조로 말하는 짓). ~하다고 하지 않을 수 없다. 면하지 못하다. 벗어나지 못하다.

미수타락(眉鬚墮落) : 눈썹이 빠지다. 언어로 작략(作略)해서는 종지(宗旨)에 계합하지 못함. 선가(禪家)에서 선사들이 꾸짖어 배척하는 것. 옛날부터 중국에서는 거짓말이나 쓸데없는 말을 하면 눈썹이 빠진다는 설이 있다.

미심(未審) : 도대체 ~했느냐? 도대체 ~이냐? 의문구절의 관용구에 주로 쓰이는 말이다. ~인지 아닌지 확실히 말해달라는 뜻으로 자주 쓰인다.

미위(未委) : 도대체 알기나 하는가? 부지(不知)와 같은 뜻이다.

미재(未在) : 아직은 멀었다. 아직은 부족하다. 아직은 불충분하다. 틀렸다. 아직은 어떤 수준에 도달하지 못했다는 의미로 쓴다. '재(在)'는 어조사로 문장의 끝에 붙어 단정적인 기분을 나타낸다.

미철재(未徹在) : 아직은 철저하지 못하다. 아직 확철하게 깨우치지 못했다.

미필(未必) : 반드시 ~하는 것은 아니다.

미형(未形) : 아직 구체적으로 형성되지 않음. 아직 사건의 기미나 조짐이 나타나지 않음.

민천(閩川) : 지금의 복건성 일대인 민(閩)지방의 하천. 민(閩)지방의 전역을 말한다.

밀밀(密密) : 철저하게 빈틈이 없음(密密無間). 아주 세밀함. 아주 꼼꼼함. 아주 친밀함. 비밀. 아득한 모양.

바라제(波羅提) : 사라사(裟羅寺)로 출가하였다가 오사바삼장(烏娑婆三藏)에게 배웠다. 보리달마스님이 반야다라존자를 40년간 시봉하다가 존자가 열반에 들자 교화를 폈을 당시에 불태선(佛太先)과 불대승다(佛大勝多)라고 하는 스승들이 있었다. 이들에 의해 여섯의 종파가 생겨나왔는데 유상종(有相宗)·무상종(無相宗)·정혜종(定慧宗)·계행종(戒行宗)·무득종(無得宗)·적정종(寂靜宗)이 그것이다. 이 가운데 무상종을 이끄는 두 명의 스승 가운데 하나가 바라제(波羅提)이다. 달마스님과 문답하고서 깨달음을 얻고 수기를 받았다.

바사사다(婆舍斯多) : Ⓢpasasada. 마나라(摩拏羅)-학륵나(鶴勒那)-사자(師子)-바사사다(婆舍斯多). 선종 제25조사이다. 계빈국(罽賓國) 사람이며 바라문 출신이다. 어머니가 태몽으로 신검(神劍)을 얻는 꿈을 꾸고 태어날 때 왼손을 꼭 쥐고 있었다한다. 자라서 사자존자(師子尊者)를 만나 숙세의 인연이 발동하여 심인(心印)을 전해 받았다. 뒤에 남쪽 천축국으로 가다가 가승왕(迦勝王)이 다스리던 나라에 이르러 무아존이라는 외도를 만나 논쟁 끝에 항복을 받는다. 제자 불여밀다(不如密多)를 만나 6년을 지켜본 뒤 전법게를 들려주며 정법안장을 전한다. "성인이 지견 말씀하시니/ 경계를 당해 시비가 없네./ 지금 참 성품 깨달았으니/ 도(道) 없고 또한 이치도 없네."(『景德傳燈錄』卷第二, T51n2076_p0215c07~08. "聖人說知見　當境無是非　我今悟眞性　無道亦無理")

바일제죄(波逸提罪) : 파야티카(ⓢPāyattika). 여섯 취계(聚戒) 가운데 하나다. 타(墮)라 번역한다. 비교적 가벼운 계율로서 이를 범한 이는 범계(犯戒)에 관련된 재물을 내놓거나, 혹 다른 이에게 참회함으로써 죄가 없어진다. 그러나 만일 규정에 따라 참회하지 않으면 지옥에 떨어질 죄업을 구성하는 것이므로 타(墮)라 한다. 이에 니살기바일제(尼薩耆波逸提). ⓢNaiḥsargika-prāyaś-cittika. ⓟNissaggiyā-pācittiyā)와 바일제(波逸提). ⓢPāyattika. ⓟPācittiya.)의 두 가지가 있다. 앞에 것은 사타(捨墮)라 번역하고, 뒤에 것은 단제(單提) 또는 단타(單墮)라 번역한다. 사타(捨墮)는 30조항의 계목(戒目)이 있으므로 30사타라고도 한다. 이것을 범하면 가사와 발우 등과 가지고 있는 재물을 모두 버리고 내어 놓아야만 하므로 사(捨)라 하였고 삼악도(三惡道)에 떨어지기 때문에 타(墮)라 하였다. 단타(單墮)에는 90조항의 계목이 있으므로 90단타라 한다. 이를 범하면 버릴 재물이 없는 경우이기에 단지 참회하는 것으로 출죄(出罪)가 된다. (자세한 것은 『가산불교대사림』권8, p34. 참조.)

박(膞) : 어깨. 상반신. 말린 고깃덩어리.

박가범(薄伽梵) : ⓢbhagavat(브하가왙) ⓟbhagavant(브하가완)의 음역으로 여래십호(如來十號) 가운데 하나. 지극히 존귀한 분이란 뜻 외에도 여러 가지 뜻이 있다. bhaga(薄伽)는 덕(德), 분별(分別), 명성(名聲), 파(破)란 뜻이고, vat(梵)은 유(有), 교(巧), 능(能)이란 뜻이다. 세존(世尊), 존귀(尊貴), 능파(能破), 유덕(有德) 등의 뜻으로 번역하였다. 이 박가범이란 말은 인도에서 여섯 가지의 뜻, 곧 '상서로운 모습을 갖춘 이' '모든 마(魔)를 이겨 낸 이' '모든 상서로운 덕에 상응하는 이' '제법을 잘 분별하여 아는 이' '모든 뛰어난 행법을 모두 닦은 이' '윤회하면서 받는 여러 유(有)를 완전히 벗어난 이' 등이 있다고 한다. 이처럼 여러 가지 뜻을 내포하고 있기 때문에 현장스님이 한역하면서 번역하지 않고 그대로 두었다.

박락(撲落) : 떨어지다. 운명하다, 죽다. 물건이 땅에 떨어지는 소리.

박산(朴散) : 본원적인 도(道)가 분리되고 변하다. 순박한 풍토가 사라지다.

박탁(餺飥) : 밀가루로 만든 수제비. 탕병(湯餠).

반(盤) : 술잔과 짝을 이루는 받침대를 말한다.

반결(盤結) : 서로 짜고서 결탁하다. 서로 얽히어 연결되다.

반두(飯頭) : 선원에서 밥이나 죽, 국수 등 주식을 만드는 소임자를 말한다. 우리나라에서는 공양주(供養主)라고 함.

반랑(潘郎) : 247~300. 서진(西晉)의 학자. 반악(潘岳)이라고도 한다. 자는 안인(安仁)이다. 하남성 형양(滎陽) 출신이다. 육기(陸機)와 함께 서진문학(西晉文學)의 거두이다. 용모가 아름다워 수많은 여성들이 따랐으므로 미남의 대명사로 불리었다. 『반악집(潘岳集)』7권, 『진서(晉書)』55권, 『금곡시집(金谷詩集)』 등이 남아 있다. 선사들이 '반랑도기려(潘郎倒騎驢)'라는 기어(機語)를 흔히 쓴다.

반룡가문(盤龍可文) : 약산유엄(藥山惟儼)-선자덕성(船子德誠)-협산선회(夾山善會)-반룡가문(盤龍可文). 당대(唐代)의 스님으로 협산 선회스님의 법을 잇고 원주(袁州) 반룡산(盤龍山)에 주석하였다. 『경덕전등록(景德傳燈錄)』16권·『종감법림(宗鑑法林)』65권·『연등회요(聯燈會要)』23권·『오등회원(五燈會元)』6권·『오등엄통(五燈嚴統)』6권·『오등전서(五燈全書)』11권 등에 문답화가 보인다.

반미(飯米) : 염습할 때에 죽은 이의 입에 물리는 쌀.

반산보적(盤山寶積) : 조계혜능(曹溪慧能)-남악회양(南嶽懷讓)-마조도일(馬祖道一)-반산보적(盤山寶積). 당나라 때 스님이다. 스님의 생몰연대와 출신지역은 알려진 것이 없다. 다만 반산보적선사(盤山寶積禪師)로 불렸고 시호(諡號)가 응적대사(凝寂大師)라는 것만 알려져 있다. 스님은 마조도일선사(馬祖道一禪師) 문하에서 개오(開悟)한 이후에 하북(河北) 유주(幽州)의 반산(盤山)으로 가서 선법(禪法)을 선양하였다. 《깨달음의 인연》 "어느 날, 반산스님이 재래시장을 지나가는데, 어떤 사람이 돼지고기를 사려고 정육점 상인에게 소리쳤다. '노인장. 나에게 상등품 고기로 한 근 가져 오슈!' 상인이 듣고 나서 칼로 점판을 탁 치더니 팔짱을 끼고는 땅이 울리듯 큰 소리로 외쳤다. '당신이 말해보쇼! 어떤 고기가 상등품인지?' 반산스님이 곁에서 이 말을 듣고 그 자리서 홀연히 각성되는 바가 있었다. 그 후 어떤 날에 절의 일주문 밖을 나서자마자 한 무리의 사람들이 관을 메고 가는 장례행렬을 만나게 되었다. 맨 앞에서 상엿소리 하는 사람이 요령을 흔들며 구성진 가락을 길게 뽑아냈다. '붉은 해 서쪽으로 가라앉았는데, 영혼은 어디로 갔을까나?' 그러자 관의 뒤를 따르던 망자의 아들이 비통하게 통곡을 했다. '아이고~! 아이고~!' 반산스님이 듣고서 곧바로 활연대오(豁然大悟)하셨다." '반산구심(盤山求心)' '반산고원(盤山孤圓)' '반산오진(盤山吾眞)' '반산향상(盤山向上)' '반산정저육(盤山

精底肉)’ ‘반산경산(盤山擎山)’ ‘반산척검(盤山擲劍)’ ‘반산효자곡(盤山孝子哭)’ 등의 공안을 남겼다. 법을 이은 제자로 진주보화(鎭州普化)·진주상방(鎭州上方) 등이 있다.

반야(半夜) : Ⓢpaścime. 밤 12시 전후. 한 밤중. 하룻밤의 반.

반야다라(般若多羅) : 사자(師子)-바사사다(婆舍斯多)-불여밀다(不如蜜多)-반야다라(般若多羅). ⓈPrajñātāra. ?~457. 동인도 사람이다. 출가 후에 불여밀다(不如密多)존자를 만나 숙인(宿因)을 말하다가 법을 이었다. 그 후 향지국에 가서 교화하다가 그 나라의 셋째 왕자인 보리다라를 만나 근기를 알아보고는 출가를 시켜 보리달마라고 이름을 지어 주고 법을 전하였다. “마음자리서 모든 씨앗 나오고/ 사(事)를 인해 또 이理가 나오네./ 과(果)가 꽉 차면 보리(菩提) 원만하고/ 꽃이 열리니 세계가 이네.” (『景德傳燈錄』卷第二, T51n2076_p0216b15~16. “心地生諸種　因事復生理　果滿菩提圓　華開世界起”) ‘동인청조(東印請祖)’ 공안을 남겼다.

반연(攀緣) : Ⓢālambana. 마음이 대상경계에 의지하여 작용을 일으키는 것으로 모든 번뇌의 근본.

반자(伴子) : ①=반려(伴侶). 동반자, 짝, 벗, 동료, 친구, 배우자, 배필. ②육신, 몸.

반타석(盤陀石) : Ⓢsila-tala. 모양이 평평하지 않는 바위. 굳은 바위. 굳게 서 있는 단단한 바위.

발(撥) : 지적하다. 제거하다, 없애다, 내버리다. 내던지다. 폐기하다. 덜다. 다스리다. 튀기다. 휜 것이 다시 반대쪽으로 휘다.

발검(拔劍) : 칼집에서 칼을 뽑아 들다. =발도(拔刀).

발구(鵓鳩) : 산비둘기.

발명(發明) : 드러내어 밝히다. 경(經)의 뜻을 깨달아 밝힘. 들추어내다.

발무(撥無) : Ⓢapavāda. 부정(否定)하다. 존재를 부정하다. 없다고 여김. 그렇지 아니하다고 단정함. 제거하여 없애버림. 무시하다.

발본(拔本) : ①원금을 돌려받다. 손실을 보상받다. 본전을 돌려받다. ②뿌리째 뽑아 버리다. 망념의 근원을 없애 버리다. ③장사하여 밑천을 잃다.

발우안병(鉢盂安柄) : 발우착병(鉢盂著柄)이라고도 한다. 쓸데없는 짓을 함.

발족(發足) : 길을 떠나다. 길을 출발하다.

발진(撥塵) : 객진번뇌(客塵煩惱)를 제거하다. 먼지를 파헤치다.

발착(撥著) : ①맞닥뜨리다. 맞부딪치다. =당착(撞著). ②한쪽으로 제쳐 놓다. 다른 곳으로 밀쳐 없애다. 찾아내다. ③건드려보다. 점검해보다.

발초첨풍(撥草瞻風) : ①풀을 헤치고 바람을 살피다. 곧, 사물에 대한 탁월한 관찰력을 말한다. ②무명의 풀을 없애고 본지풍광(本地風光)을 우러르다. ③험로를 다니며 선지식의 가풍을 배우려 이곳저곳 찾아다님.

방(方) : ①품성, 품종, 종류, 무리, 분류. ②~하다(爲). ③같다. ④비기다, 견주다. 비교하다. ⑤빗나가다. ⑥주위를 돌다. ⑦정직하다. ⑧분별하다, 구별하다. ⑨차지하다, 점유하다, 의지하다. ⑩치료하다. ⑪방어하다. ⑫방황하다, 배회하다. ⑬모방하다, 본받다. ⑭넓다, 크다, 해박하다, 두루 미치다. ⑮모두, 같이, 일제히. 겨우, ~해서야 비로소. 곧, 막. 바야흐로, 마침, 한창. 다만, 단지, 겨우. 도리어, 오히려. 바로 ~에서. ⑯Ⓢdeśa. 여덟 가지 형색(形色) 가운데 하나다. ⑰Ⓢdiś. 승론(勝論)학파에서 세운 구종실구의(九種實句義) 가운데 하나.

방(放) : ①방행(放行) 또는 방개(放開)의 줄임말로서 파정(把定)의 상대되는 말이다. 선사들이 학인들을 지도하는 수단으로 기량을 꺾어 제압하여 꼼짝달싹 못하게 하는 파정과는 달리 스스로 참구하도록 일체를 허락하는 방법이다. ②때리다. 두다. 놓다. 내리다. 주다. 뿌리다. ③~하도록 허락하다.

방가(傍家) : 집집마다. 이 집 저 집. 이 선원 저 선원. 이 절 저 절. 바른 길에서 벗어난 것. 샛길. 옆길.

방개(放開) : Ⓢāpyāyana. 방행(放行)과 같은 말로서 선사(禪師)가 기용(機用)을 씀에 있어 학인 스스로 참구하도록 자유롭게 일체를 허락하는 것을 말한다. 반대되는 용어로 파정(把定)이 있다.

방과(放過) : 놓아주다. 여유가 있다. 봐주다. 눈감아주다. 놓치다. 용서해주다. 여유를 두다. 마음대로 하도록 놔주다. 상대를 자유롭게 놔두다. 버리다. 포기하다. 내치다.

방과일착(放過一著) : 하나를 버리다. 한 번 봐주다. 한 번 기회를 주다. 바둑에서 한 수 물려주다. 불도의 근본적인 뜻은 본래 청정하여 언어로 전할 수는 없지만 방편으로 한마디 함.

방광(放曠) : 방달(放達)과 같다. 마음이 드넓어 호방하고 활달하다. 행동에 구애됨이 없다.

방문(傍門) : ①정도(正道)가 아닌 갖가지의 일. ②남이 만들어 놓은 문에 의

지해서 삶. 남의 견해를 무조건 따르기만 할 뿐 자기 자신의 현처(見處)가 없는 것을 비판하면서 쓰는 말이다. ③도교에서의 방술(方術)로 금단(金丹)을 수련하여 몸을 보전하는 것 이외의 수련법.

방문(榜文) : 게시물, 문서.

방불의희(彷彿依稀) : 방불(彷彿)은 비슷한 것, 흐릿하여 분별하기 어려움, 그럴듯함, 희미함. 의희(依稀)는 희미한 것, 흐릿한 것, 비슷한 것, 어렴풋한 것.

방약무인(傍若無人) : 바로 가까이에 마치 사람이 없는 것처럼 말과 행동에 아무런 거리낌이 없이 함부로 함. 다른 사람의 견해에 신경을 쓰지 않고 자신의 견해만이 옳다고 여기는 것을 비판하는 말이다.

방온거사(龐蘊居士) : 조계혜능(曹溪慧能)-남악회양(南嶽懷讓)-마조도일(馬祖道一)-방온거사(龐蘊居士). ?~808. 자(字)는 도현(道玄). 호남성 형양(衡陽) 출신. 석두 희천스님을 찾아뵙고 참학하여 깨달음을 이루었다. 이때의 게송이 있다. "일상사가 별다를 것이 없나니,/ 오직 내 스스로 어울릴 뿐./ 그 어떤 것도 취하거나 버릴 것 없고,/ 곳곳마다 어디서건 어긋나지 않는다네./ 시비 선악을 어느 누가 외쳐대는가?/ 산구릉에는 티끌마저 끊어졌다네./ 신통력과 묘용이 무엇인가?/ 물 긷고 땔나무하는 이것이라네. (日用事無別, 唯吾自偶諧. 頭頭非取捨, 處處勿張乖. 朱紫誰爲號? 丘山絶點埃. 神通幷妙用. 運水與搬柴.)" 그 뒤에 마조도일 스님의 문하에서 조사선을 크게 깨닫고 게송을 읊었다. "시방에서 함께 모여들어,/ 낱낱이 무위를 배우네./ 이것이 선불장이라,/ 마음을 비우면 합격하여 돌아간다네. (十方同聚會, 箇箇學無爲. 此是選佛場, 心空及第歸.)". 그가 죽으려 할 때에 딸인 영조(靈照)에게 오시(午時)가 되거든 말하라고 하자, 영조가 "바로 지금이 오시(午時)인데 마침 일식(日食)을 합니다."하니, 거사가 문밖에 나가보는 사이에 그 사이에 영조가 평상에 올라앉은 채로 먼저 죽어버렸다. 이를 보고 거사가 웃으며, "내 딸이 솜씨가 빠르구나!"하고 7일 후에 입적하였다. 임종 할 때에 양주목사인 우적(于迪)이 와서 문안하고 법요(法要)를 물으니, "다만 있음 비우려고 할지언정,/ 없음을 실체로 삼으려 말라./ 잘들 있어라. 세간에 머묾이/ 그림자와 메아리 같도다. (但願空諸所有, 切勿實諸所無. 好住世間, 猶如影響.)" 라는 말을 마치고 우적의 무릎을 베고 입적하였다. '노방간석림(老龐看石林)' '노방급제귀(老龐及第歸)' '노방끽박(老龐喫撲)' '노방무생화(老龐無生話)' '노방법계(老龐法界)' '노방불매본래인(老龐不昧本來人)' '노방불어불기(老龐不語不起)' '노방생살(老龐生殺)' '노방시일(老龐視日)' '노방작일(老龐昨日)' '노방중하(老龐仲夏)' '노방출입(老龐

出入)’ ‘노방칠자(老龐七字)’ ‘노방투가업(老龐投家業)’ ‘노방호설편편(老龐好雪片片)’ 등의 공안이 있다.

방외(方外) : ①세속의 바깥. 속세를 떠난 사람. 구역이나 범위의 바깥. 『장자』의 「대종사편」에 나오는 말이다. “‘그는 어떠한 사람입니까?’ 공자가 말했다. ‘그는 세상의 바깥에서 노니는 사람이다. 그러나 나는 세상의 안에서 노니는 사람일 뿐이다.’”(『莊子』內篇, 「大宗師」第六. “‘彼何人者邪?’ 孔子曰: ‘彼游方之外者也, 而丘游方之內者也.’”) ②유가(儒家)의 입장에서 불교나 도교 등을 말한다.

방지(傍地) : 傍(방)은 ~을 따라. ~을 좇아. ~에 맞추어. 地(지)는 처지, 경지, 입장. 따라서 방지(傍地)는 처지에 맞추어, 입장에 따라 등의 뜻이다.

방출(放出) : 놓아 내보내다. 석방하다.

방타(霶霭) : 큰 비가 내리는 모양.

방포(方袍) : ①방복(方服)이라고도 한다. 네모진 두루마기, 곧 가사를 말한다. ②스님.

방해(螃蟹) : 게.

방행(放行) : 방개(放開)라고도 함. 음력 14일부터 16일 까지 도성의 야간통행금지를 해제하던 일. 통행을 허락함. 집행을 허가함. 선종(禪宗)에서는 학인들에게 일체를 허락하여 스스로 참심(參尋)하게 하는 방법이다. 이와 대치되는 지도방식으로 학인의 기개를 꺾어버려 꼼짝 못하게 하는 방법인 파정(把定)이 있다.

배당(配當) : 아무 상관이 없는 것을 억지로 끌어다 붙이다.

배면(背面) : 물건의 뒤쪽 면. 몸의 등 쪽. 뒷면.

배수(背手) : 뒷짐을 지다.

배치(背馳) : 등지다. 서로 길을 등지고 달리다. 떠나버리다.

백렬(百裂) : 산산이 부서지다.

백마(白馬) : 불교를 말함. 싯다르타 태자가 칸타카 백마를 타고 출가를 하였으므로 이렇게 비유함.

백마행애(白馬行藹) : 덕산선감(德山宣鑑)-감담자국(感潭資國)-백조지원(白兆志圓)-백마행애(白馬行藹). 『경덕전등록(景德傳燈錄)』23권·『연등회요(聯燈會要)』26권·『오등회원(五燈會元)』8권·『오등엄통(五燈嚴統)』8권·『선종송고련주통집(禪宗頌古聯珠通集)』35권·『종감법림(宗鑑法林)』47권·『오등전서(五燈全書)』16권 등에 문답화(問答話)가 보인다.

백비(百非) : 일(一)·비일(非一)·역일역비일(亦一亦非一)·비일비비일(非一非非一)과, 이(異)·비이(非異)·역이역비이(亦異亦非異)·비이비비이(非異非非異)와, 유(有)·비유(非有)·역유역비유(亦有亦非有)·비유비비유(非有非非有)와, 무(無)·비무(非無)·역무역비무(亦無亦非無)·비무비비무(非無非非無)의 16가지를 과거 현재 미래에 곱하면 48이 되고, 여기에다 이기(已起)와 미기(未起)에 곱하면 96이 되며, 여기에다 일(一)·이(異)·유(有)·무(無)의 근본 비(非) 네 가지를 더하면 100이 된다. 이 백 가지를 모두 비(非)라 하는 것을 백비(百非)라고 한다. 선가(禪家)에서는 모든 언어·사념의 철저한 부정을 가리킨다.

백억모두사자현(百億毛頭師子現) : 백억 털끝에 사자가 나타남.『전등록』11권에서는 앙산 혜적스님과 제1좌와의 문답에서 나온다. "스님이 위산에서 소를 치고 살 때 제1좌가 말씀드렸다. '백억 털끝에 백억 사자가 나타나는구나.' 스님이 대답하지 않고 돌아가서 위산스님을 모시고 섰는데, 제1좌가 올라와서 문안을 드렸다. 스님이 앞의 말을 인용하면서 물었다. '아까 말씀하시기를「백억 털끝에 백억 사자가 나타난다」고 하시지 않았소?' 상좌가 말했다. '그렇습니다.' 스님이 말했다. '그렇다면 나타날 때에는 털 앞에 나타난 거요, 아니면 털 뒤에 나타난거요?' 상좌가 말했다. '나타날 때는 앞뒤를 말하지 않습니다.' 스님이 바로 밖으로 나가버렸다. 위산 영우스님이 말했다. '사자의 허리가 꺾였구나.'"(『景德傳燈錄』卷第十一, T51n2076_p0282b29~c05.) 『천성광등록』18권에서는 자명 초원스님의 법문에서 나온다. "상당하여 말했다. '한 티끌이 막 일어나니 온 대지를 다 거두며, 한 털끝의 사자가 백억 털끝에서도 나타나며 백억 털끝의 사자가 한 털끝에서 나타납니다. 천개 만개라 해도 오직 한 개에서만 알 수 있습니다.' 그리고는 주장자를 세웠다. 말했다. '이것이 이 남원의 주장자인데 어떤 것이 한 개냐? 억!' 주장자로 한 번 탁 치고 자리에서 내려왔다."(『天聖廣燈錄』卷第十八, '袁州南源山楚圓禪師', X78n1553_p0506a21~24.)

백운선장(白雲善藏) : 청원행사(靑原行思)-석두희천(石頭希遷)-약산유엄(藥山惟儼)-도오원지(道吾圓智)-석상경저(石霜慶諸)-대광거회(大光居誨)-백운선장(白雲善藏). 경조(京兆) 백운선장선사(白雲善藏禪師)다. 오대(五代) 후당(後唐)스님으로 대광 거회스님의 법을 잇고서 낙양(洛陽) 백운사(白雲寺)에 주석하였다. 『허당집(虛堂集)』66칙 '백운심처(白雲深處)' 화(話)로 유명하다. "백운 선장스님에게 어떤 스님이 물었다. '어떤 것이 깊고 깊은 곳입니까?' 말했다. '난쟁이가 깊은 계곡을 건넌다.'"(『正法眼藏』卷第三之上, X67n1309_p0610c19.

“白雲藏和尙. 僧問: ‘如何是深深處?’ 曰: ‘矮子渡深溪.’”) 『경덕전등록(景德傳燈錄)』17권·『선종송고련주통집(禪宗頌古聯珠通集)』34권·『종감법림(宗鑑法林)』67권·『선림유취(禪林類聚)』7권·『어선역대선사어록(御選歷代禪師語錄)』전집하(前集下)·『오등회원(五燈會元)』6권·『오등엄통(五燈嚴統)』6권·『오등전서(五燈全書)』12권 등에 나온다.

백운수단(白雲守端) : 임제의현(臨濟義玄)-흥화존장(興化存獎)-보응혜옹(寶應慧顒)-풍혈연소(風穴延沼)-수산성념(首山省念)-분양선소(汾陽善昭)-석상초원(石霜楚圓)-양기방회(楊岐方會)-백운수단(白雲守端). 1025~1072. 호남(湖南) 형양(衡陽)사람이다. 속성은 주씨(周氏)[혹은 갈씨(葛氏)라고도 함]. 20세에 다릉인욱(茶陵仁郁)스님에게 출가하고 제방을 참학하다가 양기방회(楊岐方會)스님에게 입문하여 법을 이었다. 강서성의 승천선원(承天禪院), 원통숭승선원(圓通崇勝禪院), 안휘성의 법화산증도선원(法華山證道禪院), 용문산건명선원(龍門山乾明禪院), 흥화선원(興化禪院), 백운산해회선원(白雲山海會禪院) 등에서 개당하여 불법을 크게 드날렸다. 송(宋) 신종(神宗) 희녕(熙寧) 5년에 세수 48세로 천화(遷化)하였다. ‘백운끽반(白雲喫飯)’ ‘백운만인애두(白雲萬仞崖頭)’ ‘백운미모(白雲眉毛)’ ‘백운미재(白雲未在)’ ‘백운방할(白雲棒喝)’ ‘백운상대인(白雲上大人)’ ‘백운양항루(白雲兩行淚)’ ‘백운철벽(白雲鐵壁)’ ‘백운타인(白雲他人)’ 등의 화두가 있다. 오조법연(五祖法演)스님이 『백운수단선사어록(白雲守端禪師語錄)』 『백운단화상광록(白雲端和尙廣錄)』을 편찬하였고 『백운단화상어요(白雲端和尙語要)』가 남아 있다. 보복수(保福殊), 향산혜상(香山慧常), 숭승서공(崇勝瑞琪), 천주처응(天柱處凝), 낭야영기(瑯邪永起), 운개지본(雲蓋智本), 곽상정거사(郭祥正居士) 등의 법을 이은 제자들이 있다.

백운자상(白雲子祥) : 덕산선감(德山宣鑑)-설봉의존(雪峰義存)-운문문언(雲門文偃)-백운자상(白雲子祥). 실성자상(實性子祥)이라고도 한다. 운문종의 스님으로, 호는 실성대사(實性大師)이다. 운문 문언스님의 법을 잇고서 소주(韶州)의 자광원(慈光院)에 주석하다가 후에 백운산(白雲山)으로 옮겼다. 유명한 ‘백운가명(白雲假名)’ 공안이 있다.

백운전(白雲田) : 오조 법연스님의 스승인 백운 수단스님의 법문에 나온다. “밭을 잘 가꾸어 놓음이여,/ 고불의 가풍이 서렸구나./ 신통 유희여,/ 지금 부처님이 광명을 나투네.”(『白雲端和尙語錄』 卷二, 「舒州白雲山海會禪院語錄」, X69n1352_p0315b20~21. “田地穩密底, 古佛家風在. 神通遊戲底, 今佛現光明.”)

백잡쇄(百雜碎) : 사물이 가늘게 부서져 흩어짐. 가루가 되도록 산산이 부숨.

아무렇게나 마구 부숨. 관념을 철저히 부숨. 주어진 벽관(壁觀)을 완벽히 타
파함. 방거사와 대매 법상스님의 문답에 나온다. "대매 법상스님의 명성을
듣고 방거사가 시험해볼 요량으로 특별히 찾아갔다. 만나보자마자 곧장 물었
다. '오랫동안 큰 매실의 명성을 들었습니다만, 매실이 익기나 했습니까?' 스
님이 말했다. '그대가 어디다 대고 입을 놀리십니까?' 방거사가 말했다. '산
산이 으깨졌군요(百雜碎).' 스님이 손을 내밀고 말했다. '매실 씨를 주시오.'
방거사가 말이 없었다."(『聯燈會要』卷第四, X79n1557_p0043c05~07. "龐
居士聞之, 欲驗師真實, 特往勘之. 纔見便問. '久響大梅, 未審梅子熟也未?' 師云:
'儞向甚麼處下口?' 士云: '百雜碎.' 師伸手, 云: '還我核子來.' 士無語.")

백장권석(百丈卷席) : 백장스님이 마조스님이 법상에 오르자마자 자리를 말아
버린 화두이다. "다음 날에 마조스님이 법상에 올랐다. 대중이 모이자마자
백장스님이 나와서 자리를 말아버리니 마조스님이 곧바로 법상에서 내려왔
다. 스님이 방장실로 따라가자 마조스님이 말했다. '내가 아까 말을 꺼내지
도 않았는데 자네는 왜 얼른 자리를 말아버린 거냐?' 스님이 말씀드렸다.
'어제 스님께 코를 비틀렸더니 아파서 그랬는데요.' 마조스님이 말했다. '자
네는 어제 어디다 마음을 두었는데?' 스님이 말씀드렸다. '오늘은 코가 아프
질 않네요.' 마조스님이 말했다. '자네는 어제 일을 깊이 밝혔구면.' 스님이
절하고 물러났다."

(『洪州百丈山大智禪師語錄』, X69n1322_p0005c22~0006a02. "次日, 馬祖陞
堂, 眾纔集. 師出, 卷却席, 祖便下座. 師隨至方丈, 祖曰: '我適來未曾說話, 汝為
甚便卷却席?' 師曰: '昨日被和尚搦得鼻頭痛.' 祖曰: '汝昨日向甚處留心?' 師曰:
'鼻頭今日又不痛也.' 祖曰: '汝深明昨日事.' 師作禮而退.")

백장도항(百丈道恆) : 현사사비(玄沙師備)-나한계침(羅漢桂琛)-법안문익(法眼文
益)-백장도항(百丈道恆). ?~991. 백장도상(百丈道常)이라고도 함. 홍주(洪州)
[강서성] 백장산(百丈山)에서 조명(照明)스님에게서 머리를 깎고 법안문익(法眼
文益)스님에게 참학하여 법을 이었다. 백장산(百丈山) 대지원(大智院)에 주석
하면서 학인들을 접화(接化)하여 법안종풍을 크게 떨쳤다. 순화(淳化) 2년 입
적하였다. 유명한 '백장삼결(百丈三訣)'의 공안을 남겼다.

백장야호화(百丈野狐話) : 『백장대지선사어록』에 나오는 화두이다. "스님이 매
일 상당법문을 하였는데 항상 한 노인이 설법을 들었다. 하루는 법문이 끝나
고 대중들이 모두 흩어졌는데도 그 노인은 가지 않고 있었다. 스님이 물었
다. '서 있는 자는 누구냐?' 노인이 말했다. '저는 옛날 가섭부처님 시절에
이 산에 살고 있었는데 하루는 어떤 학인이 물었습니다. 「대수행인도 인과에

떨어집니까?」그래서 그에게 이렇게 말해 주었습니다. 「인과에 떨어지지 않는다.」그러자 그만 들여우의 몸을 받게 된 것입니다. 지금 스님께서 일전어(一轉語)를 말씀해 주십시오.' 스님이 말했다. '그대가 물어라.' 노인이 곧 물었다. '대수행인도 인과에 떨어집니까?' 스님이 말했다. '인과에 매하지 않는다.' 노인이 말끝에 크게 깨달았다. 그리고는 스님을 하직하면서 말씀드렸다. '제가 이미 들여우의 몸을 벗어 버리고 산의 뒤쪽에 두었으니, 죽은 스님의 예법으로 다비를 해 주십시오.' 스님이 유나에게 백추(白槌)를 쳐서 대중에게 알리라고 하였다. 공양이 끝나고 죽은 스님을 보내는 보청이 있다고 하니 대중들이 상세히 알지를 못하였다. 스님이 대중을 이끌고 산의 뒤편으로 가서 바위 밑에서 주장자로 죽은 여우 한 마리를 꺼내었다. 그리고는 법식대로 화장하여 다비를 치러 주었다."

(『洪州百丈山大智禪師語錄』, X69n1322_p0006c03~11. "師每日上堂, 常有一老人聽法. 隨眾散去, 一日不去. 師乃問: '立者何人?' 老人云: '某甲於過去迦葉佛時, 曾住此山, 有學人問: 「大修行底人, 還落因果也無?」 對云: 「不落因果.」 墮在野狐身. 今請和尚代一轉語.' 師云: '汝但問.' 老人便問: '大修行底人, 還落因果也無?' 師云: '不昧因果.' 老人於言下大悟. 告辭師云: '某甲已免野狐身, 住在山後, 乞依亡僧燒送.' 師令維那白槌告眾. 齋後普請送亡僧, 大眾不能詳. 師領眾至山後巖下, 以杖挑出一死狐. 乃依法火葬.")

백장회해(百丈懷海) : 조계혜능(曹溪慧能)-남악회양(南嶽懷讓)-마조도일(馬祖道一)-백장회해(百丈懷海). 749~814. 복주(福州) 장락(長樂)사람. 속성은 왕씨(王氏)이며 20살에 서산혜조(西山慧照)스님에게 출가하고, 남악법조(南嶽法朝) 율사에게서 구족계를 수지하였다. 마조도일(馬祖道一)스님의 법을 이어받고 백장산(百丈山)의 대지수성선사(大智壽聖禪寺)에 주석하면서 선풍을 크게 떨쳤다. 서문만 전해지고 있는 『백장청규(百丈淸規)』는 선림청규(禪林淸規)의 기본 교과서가 되었다. 당(唐) 원화(元和) 9년에 세수 66세로 입적하였다. 시호는 대지선사(大智禪師), 각조선사(覺照禪師), 홍종묘행선사(弘宗妙行禪師) 등이다. '백장거좌인연(百丈據座因緣)' '백장곡소(百丈哭笑)' '백장권석(百丈捲席)' '백장대웅(百丈大雄)' '오봉병각인후(五峰倂却咽喉)' '운암병각(雲巖倂却)' '백장봉착(百丈逢著)' '백장불위(百丈不爲)' '백장선일(百丈選日)' '백장시십마(百丈是什麼)' '백장야호(百丈野狐)' '백장영광(百丈靈光)' '백장재참마조(百丈再參馬祖)' '백장초연(百丈悄然)' '백장타무가활(百丈他無家活)' '백장협화(百丈夾火)' 등의 공안이 있다. 위산영우(潙山靈祐), 황벽희운(黃檗希運), 복주대안(福州大安), 고령신찬(古靈神贊), 장경대안(長慶大安), 석상성공(石霜性空) 등 걸출한 제자 30여명을 배출하였다.

백조함화헌(百鳥銜花獻) : 온갖 새들이 꽃을 물고 와서 바치다.『전등록』4권에 이 이야기가 나온다. "뒤에 우두산에 있는 유서사의 북쪽 암벽의 석실로 들어 가셨는데 온갖 새들이 꽃을 물어 오는 기이함이 있었다."(『景德傳燈錄』卷第四, T51n2076_p0226c29~0227a01. "後入牛頭山幽棲寺北巖之石室, 有百鳥銜華之異.")

백추(百醜) : 백졸천추(百拙千醜), 백추천졸(百醜千拙)과 같은 말. 백 천 가지 못난 점. 아주 볼 품 없고 형편없는 꼴.

백추(白椎) : 백추(白槌)라고도 한다. 건추(犍椎)를 울려서 대중들에게 알리는 것. 재식(齋食) 할 때나 설법 할 때에 대중들에게 고하는 말. 조정사원 8권에 설명이 나온다. "백추는 부처님의 율이다. 불사를 드러내려면 먼저 반드시 백추를 잡고 대중을 정숙하게 하는 법으로 삼는다. 지금 종문에서 백추로 알리는 것은 법을 잘 아는 존숙에게 소임을 맡긴다. 장로스님이 법좌에 올라앉으면 백추를 잡고 말한다. '법석에 참석한 용상방의 대중들이여. 마땅히 제일의를 관하시오.' 장로스님이 관기(觀機)하고 대중과의 문답까지 마치면 다시 백추를 잡고 말한다. '법왕의 법을 잘 관하시오. 법왕의 법은 이와 같습니다.' 이것이 선덕들의 훌륭한 법도였으니 모두가 다 부처님의 뜻을 잃지 않은 것이다. 따라서 총림에서 부처님께서 법좌에 오르시고 문수보살이 백추하신 인연을 말하는 것을 알 수 있는 것이다."(『祖庭事苑』卷第八, X64n1261_p0430c13~18. "白椎. 世尊律儀. 欲辨佛事, 必先秉白, 為穆眾之法 也. 今宗門白椎, 必命知法尊宿以當其任. 長老才據座已, 而秉白云:'法筵龍象眾, 當觀第一義.' 長老觀機, 法會酬唱既終, 復秉白曰:'諦觀法王法. 法王法如是.' 此蓋先德之真規, 皆不失佛意. 且見叢林多舉世尊升座, 文殊白椎.")

백택(白澤) : 전설적으로 내려오는 신령스러운 짐승의 이름.

번(翻) : ①Ⓢv/paryaya. 도리어. 어떤 것의 반대가 되는 것을 말한다. ②뒤집어엎는 것. ③새롭게. 다시. ④전향하는 것.

번(番) : 소수민족. 여기서는 흉노족을 말함.

번간(幡竿) : 깃대.

번뇌장(煩惱障) : Ⓢkleśa-āvaraṇa. 혹장(惑障)이라고도 한다. 뭇삶의 마음을 교란시켜서 깨달음에 이르는 길을 방해하여 열반에 들어가지 못하게 하는 모든 번뇌이다. 주체의 존재가 있다고 하여 나를 집착하는 아집(我執)의 측면이다. 이에 반해 삼계에 나게 하는 작용은 없지만 알아야 할 대상경계를 덮어서 바른 지혜가 나오는 것을 방해하는 모든 번뇌를 소지장(所知障), 또는 지장(智障)이라고 한다. 사물에는 실체가 있다고 하여 법을 집착하는 법집(法執)의 측면이다.

변사(繁詞) : 큰소리치다, 호언장담하다. 장황하고 자질구레한 말.

변사(翻思) : 회상하다. 돌이켜 생각하다. 거듭 생각하다. 어떤 것에 대해 말하다 다시 화제를 돌려 다른 것을 말할 때 쓴다.

변신(翻身) : 몸을 훌쩍 솟구치다. 몸을 돌리다. 곤경에서 벗어나다. 미혹에서 깨닫다.

변출(飜出) : 다시 만들다. 역으로 이끌어 내다. 도리어 자아내다. 속을 뒤집어 꺼내다.

범(犯) : 만나다. 당하다. 불러일으키다. 사용하다, 써버리다. 부딪치다. 건드리다. 다다르다, 이르다.

범간(凡間) : 세간. 속세.

범봉상수(犯鋒傷手) : 상봉범수(傷鋒犯手)라고도 한다. 칼을 잘 못 쓰면 칼날을 손상시키기 쉽다. 또는 칼을 잘못 쓰면 자기의 손을 베기 쉽다. 선사가 기봉을 씀이 제대로 맞지 않으면 선법(禪法)과 선인(禪人)이 모두 예리하지 않게 됨의 비유이다. 깨달음이 철저하지 못하고서 기봉을 쓰려하면 자신이 먼저 피해를 받음.

범상(梵相) : 불보살과 전륜성왕이 갖추고 있다는 32상(相)과 불보살이 갖추고 있는 80종호(種好)를 말한다.

범성(凡聖) : 선가(禪家)에서는 범성(凡聖)을 가르는 경계를 두지 않으나[범성동일(凡聖同一), 범성동거(凡聖同居), 범성등일(凡聖等一), 범성무차(凡聖無差), 범성불이(凡聖不二), 범성일여(凡聖一如)], 대승(大乘)에서는 십계(十界) 가운데서 지옥·아귀·축생·아수라·인간·천상의 육계(六界)를 범(凡)이라 하고 성문(聲聞)·연각(緣覺)·보살(菩薩)·불(佛)의 사계(四界)를 성(聖)이라 한다. 일반적으로 견도위(見道位) 이상의 경지에 있는 사람을 성인이라 하는데, 소승에서는 예류향(預流向) 이상의 수행자를 말하고 대승에서는 10지 가운데 초지(初地) 이상의 수행인을 말한다.

범야(犯夜) : 야간의 통행금지령을 위반하다.

범음(梵音) : 부처님의 가르침.

범참(凡參) : 평상시에 하는 대중 상당 법문.

법구경(法句經) : 『불설법구경(佛說法句經)』을 말한다. 『정법안장』 3권 하(下)

제593화 보당무주(保唐無住) 선사 편에 나오는 『법구경』은 ⑤『Dharmapada』ⓟ『Dhammapada』와 같은 초기(初期) 불전(佛典)이 아니라 선종(禪宗)의 분위기가 물씬 풍기는 후대(後代)의 중국 찬술경전이다. 총 14품으로 이루어져 있다. 경의 전문(全文)은 'T85n2901_p1432b01~1435c04'. 참조.

법당(法堂) : 조실스님이나 방장스님이 대중설법을 하는 장소를 말한다. 불상을 모셔놓은 우리나라 법당(法堂)은 중국에서는 불전(佛殿)이라고 한다.

법등화상(法燈和尙) : 현사사비(玄沙師備)-나한계침(羅漢桂琛)-법안문익(法眼文益)-청량태흠(淸涼泰欽). ?~974. 청량태흠(淸涼泰欽)스님을 말함. 시호(諡號)가 법등(法燈)이다. 법안종스님으로 위부(魏府)[하북성 대명(大名)의 남쪽] 출신이다. 변재가 뛰어났다고 한다. 법안 문익스님을 참례하여 깨달았지만 아무도 아는 이가 없었다. 하루는 법안스님이 대중들에게 물었다. "호랑이 목에 달려 있는 금방울을 누가 풀겠느냐?" 아무도 대답을 못하고 있었는데 때마침 외출했다가 들어온 태흠스님이 곧바로 말했다. "묶은 자가 풀어야 한다라고 어째서 말하지들 않습니까?" 이에 사람들이 다시 보게 되었다. 홍주(洪州)의 쌍림원(雙林院)에 머물다가 상람(上藍)의 호국사(護國寺)로 옮겼는데 얼마 있지 않아 남당(南唐)의 이경(李璟)[916~961]의 청으로 청량산으로 옮겨 주석하였다. 태조(太祖) 개보(開寶) 7년에 입적하였다. '법등미료(法燈未了)' 공안이 있다.

법성삼매(法性三昧) : 법의 성품과 하나가 되는 삼매. 궁극의 경지로 부처님만이 갖춘 삼매이다.

법성신(法性身) : ⑤dharmatā-kāya. 법신(法身)을 말함.

법성토(法性土) : 여래의 맑고 깨끗한 법성법신(法性法身)이 거주하는 국토(國土)로서 진여법성(眞如法性)으로 그 체(體)를 삼는다. 법성신과 법성토는 불이(不二)다.

법신무상 응물현형(法身無相應物現形) : 법신은 상(相)이 없이 물(物)에 응하여 형체를 나툰다. 『금광명경』2권과 『화엄경소』10권에 나오는 말이다. "부처님의 참법신은 마치 허공과 같아 물(物)에 응하여 형체를 나투심이 마치 물속의 달과 같다." (『金光明經』卷第二, 「四天王品」 第六, T16n0663_p0344b03~04. "佛眞法身, 猶如虛空, 應物現形, 如水中月.") "법신은 색이 없되 물에 응하여 형체를 나툰다." (『大方廣佛華嚴經疏』卷第十, T35n1735_p0568a11. "法身無色, 應物現形")

법신변사(法身邊事) : 법신불의 바깥 경계의 사법(事法). 곧 향하문(向下門)이다.

법신향상사(法身向上事) : 법신불의 내면의 사법(事法). 곧 향상문(向上門)이다.

법안문익(法眼文益) : 설봉의존(雪峰義存)-현사사비(玄沙師備)-나한계침(羅漢桂琛)-법안문익(法眼文益). 885-958. 법안종(法眼宗)의 개조(開祖)이다. 여항(餘杭) 출신. 속성은 노씨(魯氏). 7세에 지통원(智通院) 전위(全偉)스님에게 머리를 깎고 구족계를 받았다. 이후 장경혜릉(長慶慧稜)선사에게 참알하고 다시 지장원(地藏院) 나한계침(羅漢桂琛)선사에게 참학하였다. 지장스님이 '행각하는 일이 어떠냐?'라는 화두를 제시하여 참(參)이다가 떠나는 날 작별인사를 올렸다. 지장스님이 뜰 앞까지 배웅하면서 말했다. "상좌. 평소에 말들을 하기를 삼계는 오직 마음이며 만법은 오직 식(識)이라더군." 그리고는 뜨락 아래에 널려 있는 조각돌을 가리키며 말했다. "이 돌이 마음 안에 있느냐, 마음 밖에 있느냐? 바로 말해라!" 법안스님이 말했다. "마음 안입니다." 지장스님이 말했다. "수행자가 어째서 돌조각을 마음에 둔단 말이냐?" 법안스님이 망연하여 대답을 못하였다. 그리고는 곧바로 옷을 풀어헤치고 자리를 잡고는 결택(決擇)을 구하였다. 그렇게 한 달 남짓 지나 자신의 앎을 드러내 도리를 말씀드리자, 지장스님이 말했다. "불법은 이렇지 않다." 법안스님이 말했다. "말이 다하고 이치가 끊어졌습니다." 지장스님이 말했다. "불법을 말할 것 같으면 일체가 드러나 있지." 법안스님이 말 떨어지자마자 활연히 크게 깨달았다. 그리고는 여러 곳을 행각하다가 처음 임천주(臨川州) 숭수원(崇壽院)에서 개당하였다. 그러던 중 남당주(南唐主) 서경(徐璟)의 청으로 금릉(金陵) 보은선원(報恩禪院)에서 개법하였다. 이후 정혜선사(淨慧禪師)의 호를 받고 후에 청량사(清凉寺)로 옮겨 선풍을 크게 선양하였다. 후주(後周) 현덕(顯德) 5년(958) 세수 74세로 입적하였다. 시호는 대법안(大法眼)이다. '법안강륙(法眼舡陸)' '법안고불당전(法眼古佛堂前)' '법안병정동자(法眼丙丁童子)' '법안부지친절(法眼不知親切)' '법안성색양자(法眼聲色兩字)' '법안양개(法眼兩箇)' '법안일적(法眼一滴)' '법안주주(法眼住住)' '법안지렴(法眼指簾)' '법안천안불통(法眼泉眼不通)' '법안향시(法眼香匙)' '법안혜초문불(法眼慧超問佛)' '법안호리(法眼毫釐)' '법안시타(法眼是他)' '법안조원(法眼曹源)' '법안제목(法眼題目)' '법안등자(法眼橙子)' '법안만상(法眼萬像)' '법안무주(法眼無住)' '법안추풍(法眼秋風)' '법안교교(法眼皎皎)' '법안아년(法眼兒年)' 등의 공안화두가 있다. 『종문십규론(宗門十規論)』1권, 『문익선사어록(文益禪師語錄)』1권이 남아있다. 법을 이은 제자로 청량태흠(清凉泰欽), 천태덕소(天台德韶), 백장도항(百丈道恆), 보은혜명(報恩慧明), 보자행언(報慈行言), 보은현칙(報恩玄則) 등 61명이 있다.

법운고(法雲杲) : 석상초원(石霜楚圓)-황룡혜남(黃龍慧南)-운암극문(雲庵克文)-

법운고(法雲杲). 1061~1115. 동경법운불조고(東京法雲佛照杲) 선사(禪師)라고도 하며, 그냥 불조고(佛照杲)라고도 한다. 송대(宋代)의 황룡파스님이다. 『가태보등록』7권에 깨달음의 인연이 실려 있다. "젊은 시절부터 제방을 유력하다가 원통기(圓通璣)선사를 참방하여 입실하니 기(璣)스님이 물었다. '어떤 스님(조주스님)이 투자스님에게 물었다. 「크게 죽은 사람이 도리어 살아날 땐 어떻습니까?」투자스님이 말했다. 「밤에 다니는 걸 허락하지 않으니 날이 밝으면 반드시 이르게 될 것이다.」고 했는데 뜻이 뭐냐?' 스님이 말씀드렸다. '은혜를 갚기가 매우 어렵습니다.' 기(璣)스님이 크게 기뻐하였다. 그리고 스님을 수좌로 임명하였다. 저녁이 되자 대중을 위하여 병불(秉拂)하였다. 하지만 기봉(機鋒)을 쓰는 것이 굼뜨고 말이 어눌하니 대중들의 웃음을 샀다. 스님이 부끄러워 낯이 붉어지고 말았다. 다음날, 승당에서 차를 마실 때도 스님은 부끄러워 죽을 지경이었다. 그러다가 차바가지에 부딪쳤는데 바가지가 바닥에 떨어졌다가 튀어 오르는 것을 보고 문득 응기삼매(應機三昧)에 들었다. 뒤에 진정 극문스님에게 의탁하고 있다가 하루는 바수밀조사의 게송을 읽게 되었다. '마음은 허공계와 같아서/ 허공과 같은 법을 보이네./ 허공을 증득할 땐/ 옳고 그른 법이 없다네.' 그리고 활연히 대오하였다. 뒤에 사람들에게 말하기를, '내가 소성 삼년 11월 21일에 방촌선(方寸禪)을 깨달았지.' 이후 여산 귀종사에 머물렀다."

(『嘉泰普燈錄』7권, X79n1559_p0330a12~20. "自妙年遊方, 謁圓通璣禪師, 入室次, 璣擧: '僧問投子: 「大死底人, 却活時如何?」子云: 「不許夜行, 投明須到.」意作麼生?' 師曰: '恩大難酬.' 璣大喜, 命師首眾. 至晚, 為眾秉拂. 機遲而訥, 眾笑之. 師有赧色. 次日, 於僧堂點茶, 師慚甚. 因觸茶瓢墜地, 見瓢跳, 乃得應機三昧. 後依真淨, 一日, 讀祖師偈, 曰: '心同虛空界, 示等虛空法. 證得虛空時, 無是無非法.' 豁然大悟. 後謂人曰: '我於紹聖三年十一月二十一日, 悟得方寸禪.' 出住歸宗.") 『열조제강록(列祖提綱錄)』8권・『선종송고련주통집(禪宗頌古聯珠通集)』39권・『종문염고휘집(宗門拈古彙集)』43권・『종감법림(宗鑑法林)』33권・『대혜보각선사어록(大慧普覺禪師語錄)』권상(卷上) 등에 스님의 법문이 실려 있다.

법운대통(法雲大通) : 설두중현(雪竇重顯)-천의의회(天衣義懷)-혜림종본(慧林宗本)-법운대통(法雲大通). 1025~1109. 선본대통(善本大通)선사로도 불린다. 운문종 스님이다. 영주(潁州)[하남성] 출신. 속성은 훈씨(薰氏). 어려서 현성(顯聖) 지장원(地藏院)으로 출가하였다. 가우(嘉祐) 8년(1062년) 원조 종본스님을 참알하고 5년을 정진한 끝에 확연대오하여 법을 이었다. 세상에서 종본스님과 선본스님을 '대소본(大小本)'이라고 불렀다. 무주(婺州)의 쌍림사(雙林寺)와 전당(錢塘)의 정자사(淨慈寺) 등에 주석하던 중, 철종(哲宗)이 도읍의 법운사

(法雲寺)에 주석하도록 하고 대통선사(大通禪師)라고 호를 내렸다. 정자자명(淨慈楚明) 등 23명의 수법제자가 있다.

법운법수(法雲法秀) : 지문광조(智門光祚)-설두중현(雪竇重顯)-천의의회(天衣義懷)-법운법수(法雲法秀). 1027~1090. 법운법수(法雲圓通), 법수원통(法秀圓通)이라고도 함. 속성은 신씨(辛氏)이고 진주(秦州) 농성(隴城)[감숙성 진안현(鎭安縣)] 출신이다. 법운스님은 원래 노화상(魯和尙)의 친한 도반이었다가 너무 늙어서 몸을 바꾸어 어머니에게 잉태하였다. 노화상이 이를 알고 가서 자초지종을 알려주고 절로 데려와서 성(姓)을 노씨(魯氏)로 바꾸어준다. 17세에 머리를 깎고 20세에 이미 『화엄경』을 강의하였을 뿐만 아니라 유식학과 『원각경』에도 해박하였다. 세존이 가섭존자에게 전한 교외별전을 믿지 않는다하고 남방으로 가서 겨루어보려다 천의 의회스님을 만나 크게 깨닫고 법을 이었다. 스승을 떠나 사면산에서 선법을 펼치다가 후에 여산(廬山) 서현사(棲賢寺), 동경(東京) 법운사(法雲寺)에서 크게 종풍을 떨쳤다. 말년에는 진주 장로산 숭복선원에서 보냈다. 원우(元祐) 5년 64세로 입적하였다.

법이(法爾) : ⓢdharmatā, sāmīcī. 이(爾)는 연(然)과 같다. 임운(任運), 자연(自然), 천연(天然), 자이(自爾), 법연(法然), 법이자연(法爾自然) 등과 같은 뜻. '법 그렇게' '법 그대로' '스스로 그러히' '있는 그대로' '본래' '자연스럽게' 등의 뜻.

법창의우(法昌倚遇) : 동산수초(洞山守初)-복엄양아(福嚴良雅)-북선지현(北禪智賢)-법창의우(法昌倚遇) 1005~1081. 호남성 장주 출생. 속성은 임씨(任氏). 출가 후 부산법원(浮山法遠)스님과 파초곡천(芭蕉谷泉)스님에게 지도를 받고 북선지현(北禪智賢)스님의 법을 이었다. 세수 77살에 입적. 『법창의우선사어록(法昌倚遇禪師語錄)』이 있다. 법을 이은 제자가 없다.

법화전거(法華全擧) : 풍혈연소(風穴延沼)-수산성념(首山省念)-분양선소(汾陽善昭)-법화전거(法華全擧). ?~1056. 공안원(公安遠)스님과 복창유선(福昌惟善)스님, 설두중현(雪竇重顯)스님 등을 참알하였으나 계합하지 못하고 분양 선소스님을 찾아 비로소 확철대오하였다. 처음엔 용서(龍舒)[안휘성] 법화사(法華寺)에 주석하였으나 뒤에 백운(白雲) 해회사(海會寺)로 옮겼다. 기변(機辯)이 신속 민첩하여 제방에서 벌벌 떨었다한다. '법화구괘(法華口掛)' 공안이 있다. 『서주법화산거화상어요(舒州法華山擧和尙語要)』1권이 있다.

법희선열(法喜禪悅) : ⓢdharma-prīty-āhāra. 법희식(法喜食) 또는 선열식(禪悅食)이라고도 한다. 법희(法喜)는 법을 듣거나 체험함으로써 우러나오는 지극한 기쁨을 말하고 선열(禪悅)은 선정 속에서 우러나오는 지극한 기쁨을 말한다. 법을 듣거나 선정에 들어가서 지극한 열락의 경지에 들어가면 선근이 증장되고 혜명(慧命)을 더욱 더 도와주는 결과를 낳으므로 마치 음식을 먹음으로써 몸을 기르고 생명을 유지시키는 결과를 만들어내는 것에 비유한 것이다. "그 나라의 뭇삶들은 늘 두 가지 먹음이 있다. 하나는 법희식(法喜食)이고 두 번째는 선열식(禪悅食)이다."(『妙法蓮華經』卷第四, T09n0262_p0027c28~29. "其國衆生, 常以二食. 一者法喜食, 二者禪悅食.")

벽개(劈開) : 쪼개져 갈라지다. 분석하다. 가르다.

벽구(劈口) : 갑자기 입을 엶. 입을 열다.

벽락(碧落) : 푸른 하늘.

벽려(薜荔) : 잎이 큰 상록 덩굴식물.

벽립천인(壁立千仞) : 천길 절벽. 깨달음의 경지. 벽립만인(壁立萬仞)과 같은 뜻으로 천 길의 낭떠러지에 선다는 뜻이다. 깨달음을 이룬 이가 마음을 명백히 밝혀 스스로 주(主)가 되어 일체의 의의(依倚)를 끊어 진속(塵俗)을 초탈한 기개와 경계를 말한다. 남원보응혜옹(南院寶應慧顒)스님의 법문에 나온다.(『景德傳燈錄』卷第十二, T51n2076_p0298b21~22. "汝州寶應和尙上堂示衆曰: 赤肉團上壁立千仞.")

벽유리(碧琉璃) : 푸른색 유리. 푸른색의 투명한 사물.

벽척(劈脊) : 등짝을 후려 때림.

변(便) : ①마침. 꼭. ②곧, 곧장, 바로, 즉각. 바꿔 말해서. ③만약, 만일. ④이미, 벌써. ⑤다만, 단지. ⑥비록 ~라도. 설사 ~하더라도(縱然). ~하기는 하지마는(倒). ⑦~하자마자 곧바로 ~하다. ⑧어찌하여. ⑨이로움. 이익. ⑩알맞다. 적응하다. 따르다. ⑪간편하다. ⑫빌리다. ⑬민첩하다.

변(辨) : ①Ⓢpratibhāna. 변별하다. 가려내다.=변득(辨得). ②말하다. =변(辯). ③갖추다. 궁구하다. =판(辦). ④알아차리다. 찾아서 알다. 이해하다. 납득하다. =변긍(辨肯), 변도(辨道). ⑤이루다. 성취하다. =성변(成辨). ⑥살펴보다. ⑦확정하다. 분명하게 나타내 보이다.

변(徧) : ①~번. 횟수를 나타낸다. ②당송시대 악곡(樂曲)의 구성단위. 초변(哨徧)·범청파적변(泛淸波摘徧) 등이 있다.

변고저(釆顧著) : 분별하여 밝혀 보고자 함.

변사(邊事) : 변경지대의 일, 곧 중요하지 않은 일.

변시(便是) : 비록 ~이지만. 바로 ~이다.

변전(駢闐) : 변(駢)은 두 마리의 말이 하나의 멍에를 끄는 것. 전(闐)은 가득 차다, 꽉 메우다의 뜻. 변전은 곧 사람과 동물이 떠들썩하게 왕래하는 모습을 말한다. 죽 늘어서다. 한 곳으로 모이다. 숫자가 많음을 형용하는 말.

변지(徧地) : 도처. 곳곳.

변통(變通) : ⓢprātihārya. 일정한 규칙에 얽매이지 않고 주어진 형편에 맞추어 일을 잘 처리하는 것. 사물의 변화하는 속성을 통달함.

변표(邊表) : ①=변제(邊際), 변경(邊境), 가장자리. ②끝, 궁극, 한계. ③상대적 차별. 상대적으로 대적함.

변휴(便休) : 곧바로 중지하다.

별(別) : ① ~하지 마라. =불요(不要). 금지나 저지를 나타내는 부사다. ② 아닌게 아니라, 아마도(추측). =막비(莫非), 막불(莫不).

별비사(鼈鼻蛇) : 자라의 코를 가진 뱀. 살모사와 같은 맹독을 품은 독사. 이 뱀에게 물리면 곧바로 죽음. 선가(禪家)의 대종장도 학인이 오면 신속히 제접하여 자유자재로 사량분별을 끊어버리기 때문에 별비사(鼈鼻蛇)에 비유하였다.

별상(別相) : ⓢanyākāra, svalakṣaṇa, upāṅga. 화엄학에서 말하는 모든 존재들이 낱낱이 가지고 있는 여섯 가지의 모양[총상(總相)·별상(別相)·동상(同相)·이상(異相)·성상(成相)·괴상(壞相)] 가운데 하나. 총상(總相)의 대칭어다. 모든 존재들을 부분적으로 관찰하는 차별적 부문.

별어(別語) : 착어(著語)의 일종이다. 앞의 선사들과는 다른 말을 제시하는 것. 이전의 선사들의 문답에서 이미 답한 것과는 다르게 새로운 답을 구성하는 것.

별이(瞥爾) : 갑자기, 돌연. =별지(瞥地).

별지거(瞥地去) : ~하는 그 순간.

별탈처(瞥脫處) : 몰록 벗어난 자리. 깨달음의 자리. 머뭇거림 없이 순식간에 깨달음.

별현혜일(別懸慧日) : 별도로 종지(宗旨)를 세우고, 지혜의 태양을 높이 드날림.

병(並) : ①결코. 조금도. 전혀. ②두루. 널리. 다. ③함께. 더불어. 같이. ④

게다가. 또한. ⑤~마저도. ~조차도.

병(幷) : 병주(幷州). ① 우임금이 홍수를 다스리고 전국을 아홉으로 나누어 둔 9주 가운데 하나로 지금의 하북성 보정(保定), 산서성 태원(太原)과 대동시(大同市) 일대지역이었다. ② 주·한·위·진으로부터 수·당·송에 이르기까지 각 왕조에서 둔 주(州)의 이름.

병루(幷壘) : 병주(幷州)를 말한다. 우임금이 홍수를 다스리고 전국을 9개로 나누어 설치했던 주(州)의 하나이다. 지금의 하북성(河北省) 보정(保定)과 산서성(山西省) 태원(太原)과 대동(大同) 일대 지역이다. =태원부(太原府).

병산(迸散) : 흩어져 퍼지다. 사방으로 흩어지다. 사방으로 퍼져나가다. 도망쳐 흩어지다. 비산(飛散)하다.

병출(迸出) : 뛰어나오다. 솟아나오다.

보(報) : ①들어맞다, 부합하다. ②한데 어우르다, 합치다. ③가다. 달려가다. ④빠르다.

보(步) : 나루터 보. 선보(船步)를 말한다. 곧 배를 대어 놓는 부두 또는 나루터다.

보군지(報君知) : 점쟁이 맹인이 길거리를 다니면서 손에 들고 두드려 소리를 내는 대나무 막대기나 쇠막대기 또는 동라(銅鑼) 등을 말한다.

보당무주(保唐無住) : 황매홍인(黃梅弘忍)-옥천신수(玉泉神秀)-숭산보적(嵩山普寂)-익주무상(益州無相)-보당무주(保唐無住). 714~774. 봉상미현(鳳翔郿縣)[섬서성 미현(眉縣)] 출신이다. 속성은 이씨(李氏). 어릴 때부터 유학을 익히고 무술을 닦았는데 무예솜씨가 뛰어났다고 한다. 20세가 되어 거사 진초장(陳楚璋)을 만나 심법을 전해 받고 불교에 귀의하였다. 천보(天寶) 초년(742년경)에 태원(太原)으로 가서 자재선사(自在禪師)를 참례하고 그를 따라 머리를 깎았다. 8년 후에 구족계를 받은 후 건원(乾元) 2년(759)에 사천(四川) 성도(成都)의 정중사(淨衆寺)로 가서 무상(無相)스님을 참알하여 법을 이었다. 이후 남양(南陽) 백애산(白崖山)에 주석하면서 여러 해 동안 편안히 열반을 즐기고 있었다. 이윽고 배우는 자들이 점점 모여들어 간절히 청해 마지않았다. 이로부터 가르침을 베풀면서 비록 널리 언교(言敎)를 풀어 가르쳤으나 오직 무념(無念)으로만 종지(宗旨)를 삼았다. 당나라의 상국(相國) 두홍점(杜鴻漸)이 그 남쪽 지방의 무민관(撫民官)으로 부임하였다. 그는 스님의 명성을 듣고 한번 친견하기를 바라고 있다가, 대력(大歷) 원년 9월에 사자를 산으로 보내어 초청하였다. 이때 절도사 최녕(崔寧)도 각 절의 스님들에게 멀리 나와서 영접하게 하였다. 그래서 10월 1일에 공혜사(空慧寺)에 도착하였다. 그때 두상공과 융수(戎帥) 최녕이 삼학(三學)의 석덕(碩德)들을 모두 그 절에 모셔 놓고 예를 올렸다. 그러고 나서 두상공과 보당스님의 문답이 있게 된다. 그 후 보당사(保唐寺)에서 개법(開法)하여 크게 교화하니 세상에서 '보당무주(保唐無住)'라고 부르게 된다. 대력 9년 6월 3일 세수 61세로 좌탈(坐脫)하였다. 뒤에 그의 법계(法系)를 '보당종(保唐宗)'이라 불렀다.

보령인용(保寧仁勇) : 분양선소(汾陽善昭)-석상초원(石霜楚圓)-양기방회(楊岐方會)-보령인용(保寧仁勇). 속성은 축씨(竺氏), 절강성(浙江省) 사명(四明) 출신. 처음에 천태학(天台學)을 배우다가 설두중현(雪竇重顯)스님을 참알(參謁)하여 선(禪)을 지도 받았다. 양기방회(楊岐方會)스님이 운개산(雲蓋山)에서 법을 널리 편다는 말을 듣고 찾아가서 바로 선지(禪旨)를 밝히고 법을 이었다. 방회(方會)스님이 입적한 후에 백운수단(白雲守端)스님과 함께 사방을 다니다가 금릉(金陵)의 보령사(保寧寺)에 주석하면서 선풍(禪風)을 크게 진작하였다. 『보령선사어록(保寧禪師語錄)』1권이 남아 있으며, 월장지연(月掌知淵) 등 8명의 제자가 있다.

보복종전(保福從展) : 용담숭신(龍潭崇信)-덕산선감(德山宣鑑)-설봉의존(雪峰義存)-보복종전(保福從展). ?~928. 복주 출신. 속성은 진씨(陳氏)다. 15세에 설봉 의존스님 문하로 출가하여 18세에 대주(大州)의 대중사(大中寺)에서 구족계를 받았다. 계를 받은 후 장경 혜릉스님과 아호 지부스님 등에게 참학하다가 돌아와서 설봉 의존스님을 시봉하였다. 어느 날 설봉스님이 보복스님을 불렀다. 그가 오자 설봉스님이 물었다. "알겠는가?" 보복스님이 가까이 가려 하니, 설봉스님이 주장자로 밀어내버렸다. 보복스님이 그 자리서 깨닫고 절을 하고 물러갔다. '보복구득(保福搆得)' '보복묘봉정(保福妙峰頂)' '보복부리(保福扶犁)' '보복불자(保福拂子)' '보복사만인(保福四謾人)' '보복색각안이의(保福塞却眼耳意)' '보복영양괘각(保福羚羊掛角)' '보복첨과(保福簽瓜)' '보복추심처(保福麤心處)' '보복끽다거(保福喫茶去)' '보복광경(保福光境)' '보복차사(保福此事)' 등의 공안화두가 있다.

보복청활(保福清豁) : 덕산선감(德山宣鑑)-설봉의존(雪峰義存)-수룡도부(睡龍道溥)-보복청활(保福清豁). 복주(福州)의 영태(永泰) 출신으로 어려서부터 총민하였다. 고산(鼓山)의 흥성국사(興聖國師)에게서 머리를 깎고 수계한 뒤에 대장산(大章山) 계여(契如) 암주(庵主)를 참례하였다가 후에 수룡선사(睡龍禪師)를 참문하여 법을 이었다. 스님이 세상을 떠날 때가 다가옴에 대중처소를 떠나 산으로 들어가서 멸도를 기다리다가 저계(苧谿)의 돌다리를 건너면서 노래를 하였다. "세상 사람들이여. 가는 길 험하다고 말하지 마소./ 새길 양의 창자 같아도 바로 지척이라네./ 저계의 개울녘 물이여, 안녕./ 너는 너른 바다로, 나는 산으로. (世人休說路行難, 鳥道羊腸咫尺間. 珍重苧谿谿畔水, 汝歸滄海我歸山.)” 이후 귀계로 가서 암자를 짓고는 곧 제자들에게 말하였다. “내가 가고 나면 몸뚱이는 벌레들에게 나누어 주어라. 탑이나 무덤에는 절대로 두지마라.” 말을 마치고 호두산에 들어가서 반석에 앉은 채로 입적하였다. 제자 계인이 산에 들어갔다가 우연히 시신을 발견하고 유언에 따라 일주일간을 두었지만 벌레가 전혀 끼지 않았다. ‘보복견하존숙래(保福見何尊宿來)’ ‘보복방술(保福方術)’ ‘보복조겁(保福遭劫)’ ‘보복가빈(保福家貧)’ ‘보복염향(保福拈香)’ 등의 화두가 있다.

보수부도하(保壽不渡河) : ‘보수스님이 냇물을 건너지 않다.’는 화(話). 『조정사원』7권에 나오는 일화이다. 보수(保壽)는 보수(寶壽)로도 쓴다. “보수 연소스님이 임제스님에게서 선지(禪旨)를 이어 받고나서 다시는 다른 곳으로 다니지 않고 오로지 보수(寶壽)에서만 머무르면서 임제스님 제1세 법사가 되었다. 스님이 입적하려 하시면서 문인들에게 말했다. ‘너희들이 내가 밟은 곳을 아느냐?’ 대답하였다. ‘스님께서는 일생을 장좌불와하셨습니다.’ 스님이 말했다. ‘나의 권속이 아니다.’ 말씀을 마치고 천화하였다. 세상에서 보수스님이 냇물을 건너지 않았다고 하는 것은 곧 스님을 말하는 것이다.” (『祖庭事苑』卷第七, X64n1261_p0420a09~12. “寶壽　沼和上. 參臨濟領旨, 更不它游, 住寶壽, 為第一世. 師將示寂, 謂門人曰: ‘汝等知我履踐處否?’ 對曰: ‘和上一生長坐不臥.’ 師曰: ‘非吾眷屬.’ 言訖長往, 世謂寶壽不渡河者, 即師也.”)

보수연소(寶壽延沼) : 백장회해(百丈懷海)-황벽희운(黃檗希運)-임제의현(臨濟義玄)-보수연소(寶壽延沼). 스님에 대해서 자세히 알려진 바가 없다. 오대후당(五代後唐) 스님. 보수연소(保壽延沼), 보수소(保壽沼)라고도 한다. 임제의현스님의 법을 이었다. ‘보수정공(寶壽釘空)’의 공안이 있다. 제자로 서원사명(西院思明), 보수화상(寶壽和尙), 호정교(胡釘鉸) 등이 있다.

보수화상(寶壽和尙) : 황벽희운(黃檗希運)-임제의현(臨濟義玄)-보수연소(寶壽延沼)-보수화상(寶壽和尙). 보수화상(保壽和尙)으로도 쓴다. ‘보수본래면목(寶壽本來面目)’ 공안이 있다. “보수화상이 보수 연소스님의 회하에 있었다. 하루는 연소스님이 물었다. ‘부모에게서 태어나기 전 나의 본래면목을 돌려다오.’ 화상이 멍하니 어찌 할 줄을 몰랐다. 뒤에 시장을 보러 갔다가 두 사람이 싸우는 것을 목격하게 되었다. 한 사람이 꽉 붙들고서 얼굴을 한대 갈기니, 맞은 자가 말했다. ‘네 놈이 내 면목을 없앨 셈이냐?’ 이 말에 화상이 크게 깨달았다.” 그 외에도 ‘보수추출(寶壽推出)’ 공안이 있다.

보은계종(報恩契從) : 암두전활(巖頭全豁)-나산도한(羅山道閑)-명초덕겸(明招德謙)-보은계종(報恩契從). 생몰연대는 알려져 있지 않다. 송나라 때의 스님이다. 처음에 황룡회기(黃龍晦機)스님을 참신(參訊)하였으나 오래도록 계오(契悟)하지 못하다가 명초덕겸(明招德謙)스님을 참례하고 득법(得法)하였다. 처주(處州)[절강성(浙江省) 여수(麗水)] 보은원(報恩院)에 주석하였다.

보은현측(報恩玄則) : 설봉의존(雪峰義存)-현사사비(玄沙師備)-나한계침(羅漢桂琛)-법안문익(法眼文益)-보은현측(報恩玄則). 활주(滑州) 위남(衛南)[하남성 활현(滑縣) 동북] 출신이다. '병정동자래구화(丙丁童子來求火)' 화두로 깨달았다. 법안 문익스님의 법을 잇고 금릉(金陵)[강소성 남경(南京)] 보은원(報恩院)에서 개당설법을 하였다.

보은혜명(報恩慧明) : 현사사비(玄沙師備)-나한계침(羅漢桂琛)-법안문익(法眼文益)-보은혜명(報恩慧明). 법안종스님이다. 전당(錢塘)사람으로 속성은 장씨(蔣氏)다. 어렸을 적에 출가하여 초창기에는 삼학(三學)의 경교(經敎)를 익혔으나 점점 선(禪)을 좋아하였다. 그리하여 민월(閩越)지방의 여러 존숙들을 참방하다가 임천(臨川)의 법안문익(法眼文益) 선사(禪師)를 만나 그 법을 이었다. 그후 은수(鄞水)[절강성] 대매산(大梅山)으로 은거하였다가 천태산(天台山)으로 옮기니 승속의 따르는 이들이 함께하였다. 전당(錢塘)의 충의왕(忠懿王)이 그의 도풍을 흠모하여 내전으로 초청하여 도(道)를 논하다가 현지(玄旨)를 깊이 깨닫게 되었다. 자숭원(資崇院)에 주석하다가 항주(杭州) 보은원(報恩院)에 머물렀다. 주(周)의 세종(世宗) 현덕(顯德) 연간(954~959)에 세수 70여세로 입적하였다. 제자로 보명도성(保明道誠)이 있다.

보응(寶應) : 남원 혜옹스님을 말한다. 혜옹스님이 일찍이 보응선원의 주지를 하셨기 때문에 보응선사(寶應禪師)라고 불렀다.

보임(保任) : 중국식 발음(바오린 bǎo rèn)을 따라 관습적으로 '보림'이라고 부른다. 지키고 책임지다. 보증하다. 또는 현성(見性)하면서 보호임지(保護任持)하는 것을 말한다. 깨달은 후 잘 운용하는 것을 말한다.

보자장서(報慈藏嶼) : 운암담성(雲巖曇晟)-동산양개(洞山良价)-용아거둔(龍牙居遁)-보자장서(報慈藏嶼). 조동종 스님이다. 자(字)는 광화(匡化). 담주(潭州)의 보자원(報慈院)에 주석하였다. '보자수무(報慈誰無)' 화(話)가 있다. "담주의 보자 장서스님에게 어떤 스님이 여쭈었다. '어떤 것이 진여불성입니까?' 스님이 대답했다. '없는 것이 누군데?' 뒤에 그 스님이 정과(淨果)스님에게 물었다. '어떤 것이 진여불성입니까?' 정과스님이 대답했다. '있는 것이 누군데?' 여기서 그 스님이 깨달았다."

보자행언(報慈行言) : 현사사비(玄沙師備)-나한계침(羅漢桂琛)-법안문익(法眼文益)-보자행언(報慈行言). 오대(五代)의 법안종스님이다. 천주(泉州)[복건성] 진강(晉江)사람이다. 법안 문익선사의 법을 이어받고 금릉(金陵)[강소성 남경]에 보자원(報慈院)을 세우고 선도(禪道)를 널리 천양(闡揚)하였다. 서호(署號)는 현각도사(玄覺導師)이다.

보청(普請) : ⓅPnava-kamma. 보청작무(普請作務)의 줄임말. 선원(禪院)의 용어이다. 대중운력(大衆運力), 대중운역(大衆運役), 대중공동작업을 말한다. 운력(運力)은 발음대로 '울력'이라고도 한다.

보통(普通) : 양무제(梁武帝) 때 사용한 연호. 520년에서 527년 3월까지 썼다.

복(畐) : 가득하다. 꽉 차다. 미어지다(偪, 逼). 그릇 이름. 발이 없는 솥. 한계(幅).

복건로(福建路) : 송나라 때에 둔 '노(路)'의 이름. 옛 민월(閩越) 지역에 있었다. 노(路)는 송나라와 원나라 때의 행정구역 이름이다. 송나라의 노(路)는 명나라와 청나라 때의 성(省)과 같으며 원나라의 노(路)는 명나라와 청나라 때의 부(府)와 같다.

복룡일, 이, 삼세(伏龍一,二,三世) : 도오원지(道吾圓智)-석상경저(石霜慶諸)-대광거회(大光居誨)-복룡일, 이, 삼세(伏龍一二三世). 복룡산(伏龍山) 스님들인데, 『전등록』17권에는 복룡산 주지 1세, 2세, 3세의 세 스님이 나온다. 세 스님 모두 이름과 행적을 알 수 없다. 『연등회요(聯燈會要)』25권에서는 담주복룡(潭州伏龍) 선사편에 문답화(問答話)가 실려 있고, 『오등회원(五燈會元)』6권, 『오등엄통(五燈嚴統)』6권, 『오등전서(五燈全書)』12권에서는 복룡1세(伏龍一世), 복룡2세(伏龍二世), 복룡3세(伏龍三世) 이 세 명의 선사문답화가 각기 실려 있다.

복엄사(福嚴寺) : 복암사(福巖寺)라고도 한다. 호남성(湖南省) 형양시(衡陽市) 형산(衡山)에 있는 절. 남조(南朝) 진광(陳光) 대원년(大元年)[567년]에 창건되었다. 처음엔 천태혜사법사(天台慧思法師)가 반야사라는 이름으로 창건하였다가 송나라 때 복암법사가 중창하면서 복암사라고 개명하였다. 남악 회양스님이 여기에 머물렀다.

복야(僕射) : 벼슬 이름. 진(秦)나라 때 활 쏘는 벼슬로 두어 한(漢)나라 이후도 그대로 따랐다. 한나라 건시(建始) 4년(B.C 29년) 상서(尙書) 5인 중의 한 사람을 복야로 삼았고, 권한이 무거워지자 건안(建安) 4년(199년)에 좌·우복야를 두어 당송을 거쳐 송나라 이후에 폐지하였다.

복유상향(伏惟尚饗) : '삼가 엎드려 생각건대 ~~이 제물을 흠향하시옵소서'의 뜻. 제문의 처음 글과 끝 글이다. 선가(禪家)에서 언어분별이 전혀 미치지 못하는 화두로 쓰거나 죽었다는 의미로 사용한다.

복주대안(福州大安) : 남악회양(南嶽懷讓)-마조도일(馬祖道一)-백장회해(百丈懷海)-복주대안(福州大安). 793~883. 장경대안(長慶大安)이라고도 한다. 복주(福州)[복건성] 출신이다. 속성은 진씨(陳氏)다. 호는 나안(懶安)이다. 어려서 출가하여 원화(元和) 12년(817) 건주(建州) 포성(浦城)[복건성] 건원사(乾元寺)에서 구족계를 받았다. 황벽산에서 율학을 공부하다가 백장 회해스님을 만나게 되었다. 백장스님에게 절을 하고 물었다. "학인이 부처님을 알고자 하는데 어떤 것입니까?" 백장스님이 말했다. "소를 타고 소를 찾는 것과 같군." 스님이 말했다. "알고 나서는 어떻게 합니까?" 백장스님이 말했다. "소를 타고 집으로 돌아가는 것과 같지." 스님이 말했다. "처음과 끝까지 어떻게 보림(保任)해야 하는 것입니까?" 백장스님이 말했다. "마치 소 키우는 사람이 막대기를 들고 지켜보는 것과 같이하여 남의 농작물을 범하지 않게 해야 하지." 스님이 여기서 깨닫고 다시는 치달려 구하지 않았다. 위산 영우스님이 위산문(潙山門)을 개창할 때 동참하였으며 늘 몸소 농사를 지으면서 도(道)를 도왔다. 영우스님이 입적하자 대중들의 요청에 의해 주지가 되었다. 만년에는 민(閩)지방으로 가서 이산원(怡山院)에 머물다 세수 91세로 입적하였다. 시호는 원지대사(圓智大師)이다. 법제자로 대수법진(大隋法眞), 영수여민(靈樹如敏), 문수원명(文殊圓明) 등 다수가 있다.

복주현영(福州顯英) : 운문문언(雲門文偃)-쌍천사관(雙泉師寬)-복창유선(福昌惟善)-복주현영(福州顯英). 운문종스님으로 복주(福州) 영봉(靈峰)에 주석하였다.

본각(本覺) : 우리의 본래 성품이 청정한 깨달음의 체성(體性)인 것을 말한다. 이에 비해 무시이래의 미(迷)를 수행을 통해 제거하여 서서히 그 근원을 깨닫게 되는 것을 시각(始覺)이라고 한다.

본도공험(本道公驗) : 본색공험(本色公驗)이라고도 함. 본도(本道)는 자기가 살고 있는 관청을 말한다. 근본의 도(道). 도(道)로 근본을 삼음. 공험(公驗)은 원래는 관청에서 발행하는 증명서를 말한다. 모든 사람들이 각각 근원적으로 지니고 있는 청정심. 본도공험(本道公驗)은 자성청정심이다.

본명원진(本命元辰) : 본명(本命)은 태어난 해의 간지(干支)를 말한다. 여기서는 근원적 성품이란 뜻. 원진(元辰)은 태어난 해의 지지(地支)를 말한다. 또, 북극성, 또는 해와 달, 별의 통칭이기도 하며, 새해 첫날, 길일(吉日), 길한 별, 별자리 등을 말한다. 여기서는 모든 별이 북극성을 중심으로 돌듯이 근원적 별 곧, 존재의 핵심을 말함. 따라서 본명원진은 태어난 해와 간지가 똑같은 날 또는 별자리를 말하지만 선가(禪家)에서는 본래면목을 말한다.

본분(本分) : ①진여실상(眞如實相). 불이중도(不二中道). ②금시(今時)의 상대적인 말.

본분사(本分事) : 선가(禪家)의 종장(宗匠)이 본분의 큰일에 착안(着眼)하여 학인들을 접인(接引)하는 수단. 본분의 일.

본생(本生) : 청원행사(靑原行思)-석두희천(石頭希遷)-대전보통(大顚寶通)-본생(本生). 유명한 '본생주장화(本生拄杖話)'의 법문이 있다. 『열조제강록(列祖提綱錄)』7권·『종문염고휘집(宗門拈古彙集)』19권·『종감법림(宗鑑法林)』58권·『불과격절록(佛果擊節錄)』35칙·『정법안장(正法眼藏)』3권상(上)·『어선역대선사어록(御選歷代禪師語錄)』후집상(後集上)·『연등회요(聯燈會要)』20권·『오등회원(五燈會元)』5권·『오등엄통(五燈嚴統)』5권·『오등전서(五燈全書)』10권·『지월록(指月錄)』9권 등에 법문이 전해지고 있다.

본제(本際) : Ⓢbhūta-koṭi, pūrva-koṭi. 궁극적 근본의 변제(邊際). 만물의 근본. 진리의 근원. 제(際)는 곳, 장소. 끝, 가. 속, 안. 진제(眞際) 또는 실제(實際)라고도 함. 근본의 자리. 실제의 자리. 참됨의 자리. 최초의 시작점. 승조(僧肇)스님의『보장론(寶藏論)』에서는 법성(法性)·법신(法身)·진여(眞如)·실제(實際)·허공(虛空)·불성(佛性)·열반(涅槃)·법계(法界)·여래장(如來藏) 등과 같은 것이라고 나온다.

(『寶藏論』「本際虛玄品」第三, T45n1857_p0150a03~07. 참조.)

본지풍광(本地風光) : 본래 자기 자신의 모습. =본래면목(本來面目). 본지(本地)는 '바로 여기'라는 의미이고, 풍광(風光)은 모습을 말한다.

봉개(縫開) : 갈라지다.

봉료합반시리게(封了合盤市裏揭) : 합(盒)을 단단히 밀봉하였다가 저자거리에서 활짝 열어젖힘. 합반(合盤)은 합(盒)을 말한다. 곧 물건을 담을 수 있게 나지막하면서 둥글 넙적하고 뚜껑이 있는 그릇이다. 게(揭)는 게개(揭開)를 말하는 것으로 사실을 밝히려고 단단히 밀봉한 것을 뜯는 것을 말한다.

봉망(鋒鋩) : 예리한 기세나 기질. 칼의 날과 뾰족한 끝. 사물의 뾰족한 끝이나 튀어나온 부분. 서화(書畵)의 날카로운 기세. 미세하거나 자잘한 사물. 선사들이 본분을 드러낼 때 쓰는 날카로운 기봉(機鋒)의 수단.

봉발(蓬勃) : 왕성한 모양. 성하게 일어나는 모양.

봉쇄(封鎖) : 문을 닫아걸고 자물쇠를 채우다.

봉장작희(逢場作戲) : 봉장작희(逢場作戲)는 봉장유희(逢場遊戲)·봉장작락(逢場作樂)과 같은 뜻으로, 기회가 생기면 사람들과 어울리어 함께 놀고 즐김을 말한다. 오대은봉(五臺隱峯)스님이 마조도일 스님에게 한 말이다. 중생들과 함께 어울림.

봉착(逢著) : 만나다. 마주치다. =당착(撞著).

봉채랑탐(蜂蠆狼貪) : 봉채(蜂蠆)는 벌과 전갈, 곧 잔인하고 흉악함. 낭탐(狼貪)은 이리의 탐욕, 곧 끝없는 탐욕.

봉하(縫罅) : 꿰맨 틈, 틈, 틈새. 수행할 때의 망상심(妄想心), 또는 분별심(分別心)을 비유하는 말이다.

부(麩) : 밀기울.

부(負) : 승부를 가려 패배하다(Ⓢnigraha). 빚지다(Ⓢrṇa). 받다, 입다, 당하다. 끌어안다, 품다, 가지다, 향유하다. 말려들다, 연루되다. 기대다. 믿다, 의지하다, 빙자하다. 어기다, 저버리다. 뒷짐을 지다. 배상하다, 보상하다. 짐을 지우다. 감당하게 하다. 부끄럽다. 근심하다. 헤엄치다. 두드리다, 치다. 알이 부화하다. 상복의 등 뒤에 대어 사각형으로 늘어뜨린 삼베조각. 죄과, 과실. 빚, 채무. 짐. 할머니, 노부인.

부(仆) : 엎드리다. 고꾸라지다. 쓰러지다. 죽다. 넘어지다. 무너지다.

부대(不待) : Ⓢnirapekṣā, aparapratyaya. ①~할 필요가 없다. ②기다리지 않다. 원하지 않다. 의지하지 않다. ③생각하지 않다.

부대사(傅大士) : 497~569. 양(梁)·진(陳)나라 때의 저명한 거사. 무주(婺州)[절강성(浙江省)] 의오현(義烏縣)[동양(東陽)] 출신. 속성은 부씨(傅氏), 이름은 흡(翕), 자(字)는 현풍(玄風), 호는 선혜(善慧). 쌍림대사(雙林大士)·동양대사(東陽大士)·어행대사(魚行大士)·선혜대사(善慧大士)·오상거사(烏傷居士)라고도 한다. 16세에 혼인하여 두 아들을 두었으나, 24세에 서역(西域) 출신의 숭두타(嵩頭陀)스님에게 감화되어 동양(東陽) 송산(松山)에 은거하여 수행하였다. 534년에 입궐하여 무제(武帝)에게 설법하고, 칙명으로 종산(鍾山) 정림사(定林寺)에 머무르니 학인들이 구름같이 모여듦. 540년에 송산에 쌍림사(雙林寺)를 창건하고 머물면서 수차례에 걸쳐 대법회(大法會)를 개설하고, 대장경을 넣어 두는 윤장(輪藏)을 처음으로 제작하였다. 태건 1년에 세수 73세로 입적. '부대사강경(傅大士講經)' '부대사법지(傅大士法地)' 등의 공안이 있다. 『심왕명(心王銘)』『환원시(還源詩)』 등과 『선혜대사어록(善慧大士語錄)』4권이

《卍新纂續藏經》第六十九冊, No. 1335에 실려 있다.

부동존(不動尊) : '부처님'을 말하는 것으로 『수릉엄경』3권에 나온다. "묘하고 고요한 총지로 '부동하신 세존'이시여. 수릉엄왕은 세상에서 가장 희귀함입니다." (『大佛頂如來密因修證了義諸菩薩萬行首楞嚴經』卷第三, T19n0945_p0119b12. "妙湛總持不動尊 首楞嚴王世希有") 굉지선사는 '여여하며 항상함'을 부동존이라 하였다. (『宏智禪師廣錄』卷第四, T48n2001_p0040a9~10. "如如持久也, 故號不動尊.")

부동지(不動地) : ⓈAcalā-bhūmi. 십지(十地) 가운데 제8지이다. 보살이 미(迷)를 끊고 만법의 무상(無相)을 관(觀)하여 스스로 그러함(法爾)에 맡겨 움직이는 경지.

부득(不得) : ①~하여서는 안 됨(不須, 不必). ②얻지 못함. ③~할 수 없다. ~하지 못하다(不要). ④알지 못함. 이해하지 못함. 깨닫지 못함.

부득불(不得不) : =불가불(不可不). 반드시 해야만 한다. 아니하여서는 안 되겠으므로 마땅히 ~하지 않으면 안 된다.

부문(負門) : 논의에서 지는 것. 대론에서 지는 것. 오류에 떨어짐.

부산법원(浮山法遠) : 풍혈연소(風穴延沼)-수산성념(首山省念)-섭현귀성(葉縣歸省)-부산법원(浮山法遠). 991~1067. 임제종의 스님이다. 스스로 시석야인(柴石野人)이라 칭했다. 정주(鄭州)[하남성] 출신으로 속성은 왕씨(王氏)다. 삼교지숭(三交智嵩)스님을 따라 출가하여 하남(河南)의 광교원(廣敎院)에서 섭현귀성(葉縣歸省)스님의 법을 이어 받았다. 구양수(歐陽修)가 일찍이 그의 문하에서 수업하였다. 뒤에 서주(舒州)의 부산(浮山)에 주석하면서 종풍을 크게 선양하였다. 종문어구(宗門語句)를 학인들에게 가르치려 펴낸 '부산구대(浮山九帶)' [『佛禪宗敎義九帶集』]가 있으며, '부산수구(浮山繡毬)' '부산평지(浮山平地)' 등의 공안이 있다. 치평(治平) 4년에 세수 77세로 입적하였다. 시호는 원감선사(圓鑒禪師)이다.

부상(浮桑) : 해가 뜨는 곳. =부상(扶桑).

부약위(復若爲) : 다시 어쩌겠느냐? 다시 어떻게 할래?

부용영훈(芙蓉靈訓) : 남악회양(南嶽懷讓)-마조도일(馬祖道一)-귀주지상(歸州智常)-부용영훈(芙蓉靈訓). 복주(福州)[복건성] 출신이다. 귀종 지상스님의 법을 잇고 후에 부용산(芙蓉山)에 주석하였다. 시호는 홍조대사(弘照大師)이다.

부장(拊掌) : 손뼉을 치다.

부존(不存) : 생각을 품지 않다. 바라지 않다.

부주(不住) : ~을 하지 못하다.

부지(不知) : 도대체 ~하느냐? 알 수가 없다.

부처(負處) : ①과실, 잘못. ②nigrahasthāna.논쟁에서 패배함.

부타(負墮) : 타부(墮負)라고도 한다. 승부에서 실패하다.

부호(覆護) : 보호하다. 비호하다.

북구로주(北俱盧州) : 북울단월(北鬱單越)이라고도 함. ⑤Uttara-kuru. 수미산 4주(州)의 하나이다. 수미산의 북방 제7금산(金山)과 대철위산(大鐵圍山) 사이에 큰 바다가 있고, 바다 가운데 있는 인취(人趣) 등이 사는 곳이다. 모양은 네모형태이고, 지반은 다른 3주보다 높으며, 사람의 키는 32주[肘→ 1주는 1척(尺) 5촌(寸)〈약45cm〉], 목숨은 1천년이다. 중간에 죽지 않으며, 쾌락이 끝이 없어 4주(州) 중에서 생명체·처소·재물·물품 등이 제일 수승하다고 한다.

북두리장신(北斗裏藏身) : 도가(道家)에서는 북두칠성 속에다 몸을 숨기는 비결이 있다고 한다. 운문 문언스님이 이 법문을 하였다. "여쭈었다. '어떤 것이 법신을 투과하는 구(句)입니까?' 스님이 말했다. '북두에다 몸을 숨긴다.'"(『雲門匡眞禪師廣錄』卷上, T47n1988_p0546a24

. "問: '如何是透法身句?' 師云: '北斗裏藏身.'")

북울단월(北鬱單越) : 북구로주(北俱盧洲)라고도 함. ⑤Uttara-kuru. 鬱多羅究留(울다라구류). 승생(勝生), 승처(勝處), 최승(最勝), 최상(最上) 등으로 번역되었다. 수미산 북쪽에 위치해 있는 대륙이다.

북원통(北院通) : 약산유엄(藥山惟儼)-운암담성(雲巖曇晟)-동산양개(洞山良价)-북원통(北院通). 오대후당(五代後唐) 때의 스님. 곽두통(钁頭通)이라고도 한다. 처음에 협산 선회스님을 참알하였으나 계합하지 못하고 동산 양개스님회상으로 갔다. 대중을 따라 참례하여 법을 물었으나 계합하지 못하자 하직인사를 하고 산마루 고개를 넘어가려는데 동산스님이 한마디 했다. "조심해라. 원숭이가 날아다니고 고개가 험준하니 잘 살펴라." 북원통스님이 말을 못하고 한참을 있었다. 동산스님이 불렀다. "통사리(通闍黎)!" 북원통스님이 대답했다. "네!" 동산스님이 말했다. "어째서 고개를 넘지 않냐?" 말 떨어지자마자 활연히 개오하고는 다시는 고개를 넘지 않고 동산스님을 모시며 법을 이었다. 후에 익주(益州) 북원(北院)에 주석하였다. 시호는 증진선사(證眞禪師)이다. '북원통비원(北院通飛猿)' 공안이 있다.

분(分) : ①뚜렷하다, 분명하다. ②자질(資質). ③본분, 직분, 신분. ④인연. ⑤명분. ⑥영역, 분야. ⑦헤아리다, 생각하다, 추측하다. ⑧마땅히, 응당. ⑨만족하게 여기다. ⑩원칙. ⑪나누어 주는 것. 분류하는 것.

분(汾) : 분주(汾州). ① 북위(北魏) 때 둔 주(州)로서 산서성 습현(隰縣)에 두었다. ② 서위(西魏) 때 둔 주로서 섬서성 의천현(宜川縣) 북동쪽에 있었다. ③ 북주(北周) 때 둔 주로서 산서성 길현(吉縣)에 있었다. ④ 명나라 때 분주를 승격시켜서 둔 부(府)로서 소재지는 산서성 분양현(汾陽縣)에 있었다.

분부(分付) : 부탁하다. 드러내다. 표시하다. 명령하다. 뜻을 전달하다. 설명하다. 내어주다. 여러 사람에게 할당하여 시키다.

분상(分上) : 분수. 형편. 자격. 경지. 처지. 자신의 타고난 성질.

분신(分身) : 부처님이나 보살이 여러 가지의 형태로 나투는 몸. "시방세계에 계시며 설법하는 나의 분신인 모든 부처님들을 지금 마땅히 모이게 하겠다." (『妙法蓮華經』「見寶塔品」第十一, T09n0264_p0167b08~0

9. "我分身諸佛, 在於十方世界說法者, 今應當集.")

분양무업(汾陽無業) : 조계혜능(曹溪慧能)-남악회양(南嶽懷讓)-마조도일(馬祖道一)-분양무업(汾陽無業). 분주무업(汾州無業)이라고도 한다. 762~823. 상주(商州)[지금의 섬서성(陝西省) 상락(商洛) 일대] 상락(上洛) 출신. 속성은 두씨(杜氏). 그 어머니 이씨가 회임하기 전에 꿈을 꾸었는데, 공중에서 음성이 들려와서 그녀에게 물었다. "엎혀살아도 되겠습니까?" 그녀가 "예."하고 대답하고 잠을 깨고 나서 얼마 후에 임신하였다. 무업선사가 태어나는 날 저녁에 신령한 빛이 방안에 가득하여 모든 사람들이 놀라서 이 아이는 보통아이가 아닐 것이라고 말하였다. 무업선사가 어릴 때는 보통 아이들과는 많이 달랐다고 한다. 걸어 다닐 때는 앞만 똑바로 주시하면서 다녔고, 앉을 때면 늘 결가부좌를 틀고 앉았다고 한다. 9살 되던 해에 개원사(開元寺)로 가서 지본선사(志本禪師)에게서 『금강경』『법화경』『유마경』『사익경』『화엄경』 등의 대승경전을 학습하였다. 12살에 삭발하고 20살에 양주(襄州) 유율사(幽律師)에게서 구족계를 받았다. 『대반열반경』을 대중들에게 널리 강의하다가 후일에 마조 도일 선사 문하에 들어가서 참례하고 마조스님의 지도로 대오하였다. 이후 청량(清凉)의 금각사(金閣寺)로 가서 대장경을 열람한 뒤 분주(汾州)[산서성 분양]로 내려가서 개원사(開元寺)에서 20여년을 주석하였다. 당 헌종(憲宗)이 누차 불렀으나 병을 핑계로 모두 거절하였다. 장경(長慶) 3년 12월에 세수 62세로 입적하였다. '무업망상(無業妄想)' '분주일호(汾州一毫)' 등의 공안이 있다. 법을 이은 제자로 진주상정(鎭州常貞)과 봉선의(奉先義) 선사(禪師)가 있다.

시호는 대달국사(大達國師)이다.

분양선소(汾陽善昭) : 보응혜옹(寶應慧顒)-풍혈연소(風穴延沼)-수산성념(首山省念)-분양선소(汾陽善昭). 분주선소(汾州善昭)라고도 한다. 947~1024. 태원(太原) 출신. 속성은 유씨(兪氏). 14세에 부모가 돌아가시자 출가하여 구족계를 받았다. 그 후 제방을 다니면서 71명의 선지식들을 참방하였다. 그러다가 수산 성념스님을 만나 대오하고 법을 이었다. 성념스님이 입적하자 서하(西河)의 도속(道俗)들의 청으로 분주(汾州) 태자원(太子院)에 주석하면서 삼구(三句), 사구(四句), 삼결(三訣), 십팔창(十八唱) 등의 기용으로 학인들을 접화하면서 크게 명성을 떨쳤다. 분주에서 30년을 머무르다 인종(仁宗) 천성(天聖) 2년에 세수 78세로 입적하였다. '분양사구(汾陽四句)' '분양삼결(汾陽三訣)' '분양삼구(汾陽三句)' '분양삼종사자(汾陽三種師子)' '분양십지동진(汾陽十智同眞)' '분양십팔문(汾陽十八問)' '분양오문구(汾陽五門句)' 등의 기예방편이 있고, '분양서하사자(汾陽西河師子)' '분양용수(汾陽龍袖)' '분양주장(汾陽拄杖)' '분양청견(汾陽靑絹)' '분양급절(汾陽急切)' '분양초기(汾陽初機)' '분양만리(汾陽萬里)' 등의 공안이 있다. 시호는 무덕선사(無德禪師)이다. 『분양무덕선사어록(汾陽無德禪師語錄)』3권,(T47) 『분양소선사어록(汾陽善昭禪師語錄)』[『古尊宿語錄』卷第十], 『분양소선사어(汾陽昭禪師語)』[『續刊古尊宿語要』天集]가 남아있다. 석상초원(石霜楚圓), 파초곡천(芭蕉谷泉), 대우수지(大愚守芝), 천성호태(天聖皓泰), 낭야혜각(瑯琊慧覺), 태자도일(太子道一), 법화전거(法華全擧), 용화효우(龍華曉愚) 등의 13인의 걸출한 부법제자(付法弟子)가 있다.

분외(分外) : 본분 밖. 그 밖의 일. 특별히, 유달리. 달리, 따로이. 분수에 넘치다. 과분하다. 제 분수를 벗어나다. 자기 역량을 벗어나다.

분운(紛紜) : 분분운운(紛紛紜紜)의 줄임말. 많고 성한 모양. 복잡하고 어지러운 모양. 시끄럽게 다툼. 혼란함. 떠들썩하고 뒤숭숭함. 이해에 얽혀 시끄럽게 다투는 모양.

분제(分劑) : 적당한 한계, 정도. 분수(分數).

분파(奔波) : 분주하다. 바쁘게 뛰어다니다. 허둥지둥 내달리다. 외물에 미혹되어 헤매는 것. 세차게 출렁이는 파도.

불가(不假) : 남에게서 빌리지 않다. 필요하지 않다. 의지하지 않다.

불가(不可) : 말할 수 없다.

불가득(不可得) : 범어 anupalambha. agṛhīta. alabhamāna. anabhyupagamatva. anadhigata. anupalabdhi. apratilabdha.

asaṃbhavatva. asaṃvidyamāna. durlabha. duḥsthita. nirvikalpa. nirvyapekṣa 등의 다양한 의미로 쓰인다. 得(득)은 알다, 이해하다. 맞히다. 얻다. 이루다 등의 뜻으로, 不可得(불가득)은 '알 수 없다' '알아맞힐 수가 없다' '이해할 수 없다' '미루어 고찰하여보아도 도저히 인지할 수 없다' 〈대상물은 자성이 없기에〉얻을 수 없다(空)' '이룰 수 없다' 등의 뜻이 있다.

불감(不堪) : Ⓢakṣānti, amarṣa, asahiṣṇu. ①=불과(不過). 정도가 매우 심함. ②지극히, 몹시, 대단히. ③당해낼 수 없다. 책임을 감당하지 못하다. 견디어 내지 못하다. 차마 ~하지 못하다. 가능하지 않다(不可). 못쓰게 되다. ④~해서는 안 된다. ~할 수 없다. ⑤동사, 형용사의 뒤에 붙어 정도가 매우 심함을 나타낸다.

불감위종초(不堪為種草) : 불감(不堪)은 불가(不可)와 같다. 종초(種草)는 가문의 일족(一族), 또는 동족(同族)을 말한다. 선종 가문의 일원이 될 수 없다는 뜻이다.

불감혜근(佛鑑慧懃) : 양기방회(楊岐方會)-백운수단(白雲守端)-오조법연(五祖法演)-불감혜근(佛鑑慧懃). 1059~1117. 태평혜근(太平慧懃)이라고도 함. 서주(舒州)[안휘성] 출신. 속성은 강씨(江氏). 승려시험을 통하여 득도하였다. 법화경의 '오직 이 하나의 일(唯此一事實)'이라는 구절을 읽다가 깨우침이 있었다. 그리고 나서 오조 법연스님을 참알하여 수년간을 모셨으나 인가를 해주지 않는데 화가 나서 불과 극근선사를 찾았다가 다시 오조산으로 돌아와 일대사를 마쳤다. 서주태수 손정신(孫鼎臣)의 청으로 태평산 흥국선원(興國禪院)의 주지를 맡으면서 천하에 그 도법을 크게 떨쳤다. 휘종이 정화(政和) 초년에 자색가사를 하사하고 불감선사(佛鑑禪師)라는 호를 주었다. 정화(政和) 7년에 59세로 입적하였다. 불과 극근선사, 불안 청원선사와 함께 오조 법연선사 아래 삼불(三佛)로 일컬어진다. 용아지재(龍牙智才) 등 11인의 부법제자(付法弟子)가 있다.

불견도(不見道) : 옛사람의 말을 거론할 때면 으레 먼저 사용하는 상투어다. '~라고 말한 사실을 이미 알고 있겠지?' '들어 보았을 것이다.' =불문도(不聞道). 불신도(不信道).

불견득(不見得) : =부도득(不到得), 부도적(不到的). 꼭 그런 것은 아니다. 꼭 그렇지는 않다. 꼭 그렇다고 단언하지 못한다.

불급(不及) : 미치지 못하다. 따라 잡지 못하다. ~할 수 없다. ~만 같지 못하다. 가지 아니하다. 도달하지 못하다. 통달하지 못하다. 알지 못하다.

불긍(不肯) : 즐겨하지 않다. 요구 등을 받아들이지 않다. 수긍하지 않다. 승인하지 않다.

불래(不來) : 안 됨. 불가능하다. 래(來)는 불(不)과 함께 쓰여 불가능을 나타내는 어조사다.

불로(不勞) : 근심하지 않다. 힘들지 않다.

불립문자(不立文字) : 문자를 세우지 않음. 선종(禪宗)의 종지를 드러내는 대표적인 일구(一句). 문자(文字)는 언어상념(言語想念)을 말한다. 언어지해(言語知解)[文字]로써는 도저히 드러낼(立) 수 없는 경지를 말함.

불매(不昧) : Ⓢasaṃmūḍha. 물욕에 의해 마음이 흐려지지 않다. 망가지지 않다. 잊지 않다. 어둡지 않다.

불면(不免) : =면부득(免不得), 불여(不如), 불약(不若). ~하는 외에는 다른 방법이 없다. ~보다 더 좋은 것이 없다. ~에 미치지 못하다. ~만 같지 못하다. 반드시 ~하게 된다.

불방(不妨) : ①=무방(無妨). 무방하다, 괜찮다, 상관없다. ~해도 괜찮다. ~하는 것은 어쩔 수 없다. 매우 ~하다. 몹시 ~하다. 틀림없이 ~하다. ②뜻밖에, 생각지도 않게. ③대단히. 비상하게.

불사(不辭) : 불사(不詞)와 같다. 말이 자연스럽지 못하다. 말이 순하지 않다.

불사(不似) : 닮지 않다. 더할 나위 없이 하찮다.

불사문(佛事門) : 선가(禪家)에서 쓰는 말로서 도를 가르치는 방편문(方便門) 또는 장엄문(莊嚴門)이다. 여러 종교 활동 등을 포함한다.

불석미모(不惜眉毛) : 눈썹을 아끼지 않다. 즉, 눈썹이 떨어질까 두려워 않는다는 뜻. 중국의 속담엔 거짓말을 하면 눈썹이 떨어진다고 한다. 선사들이 쓸데없는 말을 좀 하겠다는 의미로 썼다.

불석양경미모(不惜兩莖眉毛) : 두 개의 눈썹을 아끼지 않다. 중국에서는 거짓말을 하면 두 눈썹이 빠진다는 말이 있는데 선도(禪道)는 언어가 필요 없는 것이지만 학인을 이끌어주는 방편으로 쓰겠다는 뜻.

불섭(不涉) : 관계하지 않다. 상관하지 않다. 어울리지 않다. 겪지 않다. 경험하지 않다. 건너지 않다.

불소(不消) : 불수(不須), 불용(不用)과 같은 뜻으로 '쓰지 못하다'라는 의미. 필요하지 않다. ~할 필요도 없다. ~할 것 없다. ~할 가치도 없다. 사라지지 않다. 해당되지 않다.

불소득(不消得) : 요하지 않다. 필요하지 않다. 쓸모가 없다. 상응하지 못하다. 견디어내지 못하다.

불수(不遂) : 이루지 못하다. 순조롭지 못하다. 성장하지 못하다.

불수려각생연(佛手驢脚生緣) : 황룡 혜남스님의 삼관(三關)으로 학인들을 제접하고 인도한 방편이다. 『가태보등록』3권에 그 내용이 실려 있다. "방장실에서 손을 들고 스님들에게 물었다. '내 손이 어찌 부처님 손과 같으냐?' 발을 쭉 펴고 말하였다. '내 다리가 어찌 나귀의 다리와 같으냐? 사람마다 모두가 태어난 인연이 있는데 상좌의 태어난 인연은 어디에 있느냐?' 학인들이 그 뜻에 계합하는 이들이 없었다. 총림에서는 그것을 '황룡삼관'이라고 이름붙였다." (『嘉泰普燈錄』卷第三, '隆興府黃龍普覺慧南禪師', X79n1559_p0302c23~0303a04. "室中舉手問僧: '我手何似佛手?' 垂足曰: '我脚何似驢脚? 人人盡有生緣, 上座生緣在何處?' 學者莫有契其旨. 叢林目之為黃龍三關.")

불시(不是) : ①어찌 ~가 아니랴?(豈不是). ②틀렸다. 잘못되었다. ~가 아니다(不對). ③모르다. ④옳지 않다. 좋지 않다. ⑤부정(否定)을 나타낸다. ⑥잘못. 과실. 불시화두(不是話頭)→ 맞아 떨어지지 않다. 생각이나 말이 맞지 않다. 불시두(不是頭)→ 형편이 좋지 못하다. 사정이 좋지 않다. 불시로(不是路)→ 합치되지 않다. 사정이 마땅치 않다. 형편이 거북하다. 정당하지 않다. 정세가 좋지 않다. 불시사(不是事)→ 타당하지 않다. 불시처(不是處)→ 잘못. 착오.

불심(不審) : ①오전에 하는 일상적인 인사. 안녕하십니까? ②자세하지 않다. 확실히 알지 못하다. 신중하지 못하다. 확실하지 않다.

불심종(佛心宗) : 선종(禪宗)을 말하는데 자성(自性) 또는 궁극의 마음이다. 『능가경』의 '불어심위종(佛語心爲宗)'에서 나왔다. 선종에서 문자를 세우지 않고 곧장 부처님의 심인(心印)을 전하는 것으로 종지(宗旨)를 삼았으므로 불심종이라 한다. 달마대사가 『혈맥론』에서 말하기를 '삼계가 일어나서 함께 일심으로 돌아가는데 앞 부처님 뒤 부처님이 마음으로써 마음을 전하고 문자를 세우지 않는다'라고 함을 인하여 불심종이라 일컫는 근거로 삼는다.

불안청원(佛眼淸遠) : 양기방회(楊岐方會)-백운수단(白雲守端)-오조법연(五祖法演)-불안청원(佛眼淸遠). 1067~1120. 용문청원(龍門淸遠)이라고도 함. 촉(蜀)[지금의 사천성] 임앙현(臨卬縣) 출생. 속성은 이씨(李氏). 14살에 구족계를 받았고 율(律)과 『법화경(法華經)』을 공부한 뒤 참선에 매진하였다. 태평사의 오조 법연스님에게서 대오하여 법을 이었다. 서주(舒州)[지금의 안휘성]의 천녕(天寧) 만수사(萬壽寺)에서 개당하고, 용문사(龍門寺), 포산사(襃山寺) 등에서 후학들을 제접하였다. 불감혜근, 원오극근스님 등과 함께 동산(東山)의 3불(佛)이라 불렸다. 선화(宣和) 2년 세수 54세 법랍 40세로 입적함. 선오(善悟)가 편집한 『불안선사어록(佛眼禪師語錄)』 8권이 있다.

불양(不讓) : ~에 못지않다. 사양하지 않다. 겸손하지 않다. 거절하지 않다.

불요(不要) : ~할 필요가 없다. =불수(不須), 불필(不必). ~하지 마라. ~해서는 안 된다. 그만 둬라.

불용(不用) : 꼭 ~할 것 없다. 꼭 ~할 것은 아니다. 꼭 ~할 필요는 없다. 따르지 않다. 쓰지 않다.

불우제(弗于逮) : 불바제(弗婆提), 승신주(勝身洲)라고도 한다. Ⓢ Pūrva-videha. 弗于婆毘提詞(불우바비제하). 승신주(勝身洲)는 뜻으로 번역한 것이다. 수미산 동쪽으로 칠금산(七金山)과 철위산(鐵圍山) 사이의 짠물 바다 가운데 위치해 있다. 동쪽이 좁고 서쪽이 넓어서 세로와 넓이가 9천 유순이다. 모양은 반달 같고, 이 곳 사람들은 몸이 매우 잘 생겼으므로 승신(勝身)이라하고 그들의 수명은 250세이다.

불이묘문(不二妙門) : 불이법문(不二法門). 상대적이고 차별적인 모든 것을 초월하여 절대 평등적 진리를 나타내는 가르침.

불일지재(佛日智才) : 지문광조(智門光祚)-설두중현(雪竇重顯)-천의의회(天衣義懷)-불일지재(佛日智才). 운문종스님으로 대주(臺州)[절강성 임해] 출신이다. 속성은 김씨(金氏). 항주(杭州)의 불일사(佛日寺)에 주석하였다.

불자(拂子) : 먼지떨이처럼 생겼으며 수행자가 번뇌티끌을 털어내는 상징적 의미의 법구(法具)이다.

불착(不著) : ~할 수 없다. ~하지 못하다. ~할 필요 없다. =불용(不用). 불수(不須).

불착편(不著便) : 착(著)은 만나다는 뜻. 편(便)은 편안함. 자신이 원하는 대로 마음껏 할 수 없다. 자신의 뜻을 마음껏 펼치지 못하는 상태. 운이 안 좋다. 잘못되다. 빗나가다. 이미 늦었다. 어긋났다. 틀렸다.

불처(不處) : 차지하여 갖지 않다. 편히 살지 못하다. 멈추지 않다.

불천(不遷) : '옮겨 흐르지 않음.' 승조(僧肇)스님은 『물불천론(物不遷論)』에서 모든 법의 실상은 체성(體性)이 적멸하여 필경에 옮겨 흐르면서 움직이는 모습이 없는데 범부의 망심으로 만법을 보면 마치 옮겨 흐르는 듯이 여겨진다고 말한다. "『도행반야경』에서 말씀하셨다. '모든 법은 본래 어디로부터 온 바가 없으며 흘러가도 이를 곳이 없다.' 『중관론』에서 말씀하셨다. '방향을 관찰하면 그가 간다는 것을 알지만, 가는 이는 그 방향에 이르지 못한다.' 이것은 모두가 움직임에 즉(卽)하여 고요함을 구한 것이다. 따라서 사물은 천류하지 않는다는 것을 명백하게 알 수 있다.” (『肇論』「物不遷論」第一, T45n1858_p0151a20~22. “『道行』, 云: '諸法本無所從來, 去亦無所至.' 『中觀』, 云: '觀方知彼去, 去者不至方.' 斯皆卽動而求靜. 以知物不遷, 明矣.”)

불초(不肖) : ①재능이 없는 사람. 소임을 감당하지 못하는 사람. ②어리석은 사람. ③자식이 어버이를 닮지 않음. ④자기의 겸칭.

불출(不出) : 곤란하다. 해서는 안 된다. 어렵다. 아는 것을 밖으로 표현하지 않음. 밖에 나다니지 아니함.

불치(不齒) : 나이에 의하여 상하를 나누거나 좌차를 정하지 않음.

불쾌칠통(不快漆桶) : 안목이 전혀 없어 어리석고 둔함을 질책하는 말.

불편(不便) : 적당하지 않다. 이롭지 못하다. 숙달되지 못하다. 편리하지 않다.

불필(不必) : ①'집어 치워!' '냅 둬!' '그만 둬!' '그럴 필요 없어!' =불요(不要), 불수(不須). ②반드시 그렇다고 할 수 없음. 굳이 그렇게까지 할 수 없다.

불황(不遑) : 겨를이 없다. 여유가 없다. 몹시 긴장되거나 일이 바빠서 애쓰다.

불획이(不獲已) : 부득이(不得已)와 같은 말. 마지못하여, 하는 수 없이.

비(飛) : 내달리다. 튀다. 빨리 가다.

비(比) : 종전, 이전. 본래, 원래. 자주, 여러 번. 전부, 다. 근래, 요즈음. 관례. 무리. ~와 함께. ~마다. ~을 향하다.

비권(鼻綣) : 비권(鼻桊)으로도 쓴다. 코에 코뚜레를 꿰다. 코뚜레.

비두타(備頭陀) : 현사 사비스님이 평소에 고행을 열심히 하였으므로 설봉 의존스님이 비두타(備頭陀)라고 지어 불렀다.

비량(比量) : ⓈanumānA. 인명론의 용어로서 삼량(三量) 가운데 하나이다. 이미 아는 사실을 가지고서 아직 알지 못하는 사실을 비교 추측하는 것. 증득한 돈오(頓悟)의 일체종지(一切種智)가 아니라 지식 이성으로 헤아린 분별지(分別智)를 말한다.

비로(毘盧) : 비로자나불(毘盧遮那佛)을 말한다. ⓈVairocana. 광명변조(光明遍照), 변조(遍照), 변일체처(遍一切處)로 번역한다. 부처님의 참몸(眞身)을 나타내는 칭호이다. 부처님의 광명이 법계에 두루두루 비추어 완벽하게 밝음을 의미한다.

비마암(祕魔巖) : 남악회양(南嶽懷讓)-마조도일(馬祖道一)-영태영단(永泰靈湍)-비마암(祕魔巖). 817~888. 형주(荊州) 오대산(五臺山)에 주석하였다. 속명은 상우(常遇)며 속성은 음씨(陰氏)이고 범양(范陽)[하북성] 출신이다. 연북(燕北)의 안국사(安國寺)로 출가하였다. 오대산의 문수보살이 용을 항복받았다는 서대(西臺) 비마암(祕魔岩)에 거주하였으므로 비마암(祕魔巖)이라 불렸다. 유명한 '비마암차각(祕魔岩杈却)' 공안이 있다. 스님은 늘 차(杈)를 하나 지니고 있다가 스님들이 오는 것을 보면 차(杈)를 꺼내어 목에 걸고는 "어떤 마귀가 너를 출가케 하였느냐? 어떤 마귀가 너를 행각케 하였느냐? 말하여도 차(杈)에 찔려 죽을 것이고 말하지 않아도 차(杈)에 찔려 죽는다. 얼른 말해라!" 고 하였다한다. (『禪苑蒙求』卷之上, X87n1614_p0061c17~22. "祕魔擎杈. (靈湍法嗣　傳燈十)宋傳曰: '名常遇, 姓陰, 范陽人. 出家於燕北安國寺. 來居五臺山之祕魔岩, 即文殊降龍之所, 因以為名焉. 常持一木叉, 每見僧來禮拜即叉却僧頸云: 「那箇魔魅教你去出家? 那箇魔魅教你行腳? 道得也叉下死, 道不得也叉下死. 速道.」'") 『선문염송집(禪門拈頌集)』13권·『선종송고련주통집(禪宗頌古聯珠通集)』21권·『종문염고휘집(宗門拈古彙集)』18권·『정법안장(正法眼藏)』3권하(下)·『대광명장(大光明藏)』중권(中卷)·『연등회요(聯燈會要)』7권·『오등전서(五燈全書)』8권·『지월록(指月錄)』11권 등에도 이 공안(公案)이 실려 있다.

비부라산(毘富羅山) : 비부라산은 Ⓢvipula의 음역. 산 이름. 광박협산(廣博脇山)이라고 번역. 고대 인도의 마갈타국(摩伽陀國) 왕사성(王舍城)에 있던 5대 산의 하나로 석가모니부처님이 설법했던 장소 중 하나이다. 비보라산(毘補羅山), 비포라산(毘布羅山), 미포라산(尾布羅山), 광보산(廣普山), 방산(方山), 대산(大山) 등의 같은 이름이 있다.

비비상(非非想) : 비상비비상처(非想非非想處)를 말한다. Ⓢnaivasaṃjñānāsaṃjña-āyatana. 비비상정(非非想定)으로 사무색정(四無色定) 가운데 하나이다.

비완명성(沸盌鳴聲) : 펄펄 끓는 주발에서 나는 소리. 곧 아무런 의미도 곡조도 없는 소리를 말한다. 독비완명성(屎沸盌鳴聲)→ 방귀소리.

비유(非唯) : ~뿐만이 아니라.

비판(裨販) : ①소상인(小商人). ②판매하다. ③아무런 공도 들이지 않고서 이
윤을 덧붙여 팔아먹는 것. ④겉으로는 불교에 귀의하였지만 실상은 불법을
따르지 않고 불법에 의지하여 위세나 이익만을 추구하는 것.

빈주(賓主) : 임제스님이 세운 사빈주(四賓主)를 말한다. 주간객(主看客)·주간
주(主看主)·객간주(客看主)·객간객(客看客)의 넷이다. 또는 풍혈 연소스님이
제시한 빈중주(賓中主)·빈중빈(賓中賓)·주중빈(主中賓)·주중주(主中主) 등의
넷이다.

빈주구(賓主句) : 법거량 할 때 주(主)의 위치에 서는지 객(客)의 위치에 서는
지를 판별하는 구(句)를 말함. 선사들이 학인들을 제접할 때 사용하는 기봉
(機鋒).

빈중빈(賓中賓) : 임제종에서 세운 사빈주(四賓主)의 하나. 임제스님이 세운
사구(四句)인 객간주(客看主)·주간객(主看客)·주간주(主看主)·객간객(客看客)
의 네 가지를 후에 풍혈연소(風穴延沼)스님이 임제스님의 사구를 풀이하여
다시 빈중빈(賓中賓)·빈중주(賓中主)·주중빈(主中賓)·주중주(主中主)로 제시
하였다.

빙(憑) : 의뢰하다. 부탁하다.

사(事) : 관직. 직무.

사(梭) : 북. 베를 짤 때 날 틈으로 오가며 씨를 푸는 구실을 하는 것.

사(社) : ①조직, 단체. ②사당. 토지신.

사(乍) : 처음으로. 이제, 막. 바로, 마침. 갑자기, 잠시. 가령. 차라리.

사(賖) : 거리가 멀다. 길고 오래다. 장구하다. 느리다. 더디다. 느슨하다. 헐
렁하다. 아득하다. 약해지다. 외상으로 사다. 관계가 소원해지다. 사정을 보
아주다, 관대하다.

사가(乍可) : 차라리 ~할지언정. 오히려 ~할 것이지. 가령 ~할지라도.

사각륙장(四角六張) : 각(角)은 각수(角宿)를 말하는데 28수(宿)의 하나로 동방
의 창룡칠수(蒼龍七宿)의 첫째 별이다. 수(宿)도 28수(宿)의 하나이며 주작칠
수(朱雀七宿)의 다섯째 별자리로 여섯 개의 별로 이루어져 있고 바다뱀자리
안에 위치해 있다. 원래 오각륙장(五角六張)의 고사인데 5일에 각수(角宿)를
만나든지, 6일에 장수(張宿)를 만나는 것으로 이 두 날은 흉일이라고 한다.
하는 일이 순조롭게 되질 못함을 비유하는 말이다.

사공본정(司空本淨) : 쌍봉도신(雙峰道信)-황매홍인(黃梅弘忍)-조계혜능(曹溪慧

能)-사공본정(司空本淨). 667~761. 강주(絳州)[산서성 신강현(新絳縣)] 출신이다. 속성은 장씨(張氏). 어린 나이에 출가하였으며 육조 혜능스님의 법을 이었다. 이후 사공산[안휘성(安徽省) 악서현(岳西縣)]의 무상사(無相寺)에서 법을 선양하였다. 후에 천보(天寶) 3년(744)에 현종(玄宗)이 장안의 백련사에 머물게 하면서 명승석학(名僧碩學)들과 법의(法義)를 토론케 하였다. 상원(上元) 2년에 세수 95세로 입적하였다. 시호는 대효선사(大曉禪師)이다.

사과(四果) : Ⓢcatvāri-phalāni. 근본불교계의 수행 증과(證果)의 4가지. 수다원(須陀洹)[입류(入流), 역류(逆流). Ⓢsrotāpanna-phala] · 사다함(斯陀含)[일래(一來), Ⓢsakṛdāgāmi] · 아나함(阿那含)[불래(不來), Ⓢanāgāmi] · 아라한(阿羅漢)[불생(不生), Ⓢarahat]의 넷이다.

사구(四句) : ①Ⓢcatuṣ-koṭika. 사구분별(四句分別)을 말한다. 존재에 관한 네 가지의 분류법이다. 존재를 규정하는 데 있어 네 범주로 고찰하는 논법이다. 곧 단단구비(單單俱非)로서 제 1구(句)[A이다]는 단(單), 제 2구(句)[A는 아니다]는 단(單), 제 3구(句)[A이고 비(非)A이다]는 구(俱), 제 4구(句)[A도 아니고 비(非)A도 아니다]는 비(非)로 분류하고 해석한다. ② 임제 의현스님의 사료간(四料簡)을 말한다. ③Ⓢcatuṣ-pādaka. 게송(偈頌)을 말한다.

사군(使君) : ①한나라 때부터 쓰이던 말로 태수(太守)나 목사(牧使), 자사(刺史) 등의 지방에 파견된 관리에 대한 존칭. ②상대방에 대한 존칭으로 쓴다.

사급(死急) : 아주 급함. 매우 서두름. =화급(火急), 급절(急切).

사대(四大) : 산스크리트어로 catvāri mahā-bhūtāni라고 한다. 존재 구성요소로서 지(地)·수(水)·화(火)·풍(風)의 네 가지다. 지대(地大)는 Ⓢpṛthivī-dhātu라고 하는데 '형성되게 하는 성질'이다. 수대(水大)는 Ⓢab-dhātu라고 하며 '끌어 당겨 흩어지지 않게 하는 성질'이다. 화대(火大)는 Ⓢtejo-dhātu라고 하여 '에너지를 흐르게 하는 성질'이다. 풍대(風大)는 Ⓢvāyu-dhātu라고 하며 '일정한 사이클이 있는 진동'이다. 우주의 모든 존재들은 이 네 가지가 항상 동시에 연속적으로 작용하여 드러나고 있다.

사대부주(四大部洲) : 수미산의 사방 바다 가운데 있는 네 개의 대륙을 말한다. 남섬부주(南贍部洲)[남염부제(南閻浮提)], 동승신주(東勝身洲)[동불바제(東弗婆堤)], 서우화주(西牛貨洲)[서구야니(西瞿耶尼)], 북구로주(北俱盧洲)[북울단월(北鬱單越)] 등의 넷이다.

사대해(四大海) : 수미산의 사방에 있는 큰 바다.

사두멱두자불능헐(捨頭覓頭自不能歇) : 머리를 두고 머리를 찾으며 스스로 쉬지 못함. 『수릉엄경(首楞嚴經)』제4권의 연야달다(演若達多)가 자기의 얼굴을 찾는다는 부처님의 비유 법문이다. (『大佛頂如來密因修證了義諸菩薩萬行首楞嚴經』卷第四, T19n0945_p0121b9~25. 참조.)

사래선거(絲來線去) : ①천을 만들 때, 씨와 날이 교차하여 잘 엮이는 모습. 선사가 상대의 품새나 말에 대하여 자유자재로 응답하는 모습을 일컫는다. ②일이 얽히고설키어 복잡하게 되다. ③천의 실이 정교하게 잘 짜여진 모양. 납자들이 정묘하게 주고받는 선문답을 비유한다.

사롱(紗籠) : 깁으로 바른 등롱.

사릉착지(四楞著地) : ①몸의 네 모서리를 땅에다 붙이다. 몸의 네 모서리는 두 손과 두 발을 말한다. 오체투지(五體投地)하듯이 온몸을 내던지는 것을 말한다. ②사릉답지(四楞蹋地), 사각착지(四脚著地)라고도 한다. 의자의 네 다리가 땅에 붙어 있다. 마음이 안정되어 조금도 동요가 없다. 본분에 도달하여 확고부동한 상태를 나타낸다.

사리(闍梨) : 아사리(阿闍梨)를 말한다. ⑤ācārya. 궤범사(軌範師)로 번역한다. 제자들을 가르치고, 제자의 행위를 바르게 하여, 그 궤범이 될 수 있는 스승인 어른 스님을 말한다. 선가(禪家)에서는 위 스님이 아래 스님을 높여 부를 때 쓴다.

사린(四隣) : 주위의 이웃사람, 주위의 이웃집. 주변, 주위. 사방의 이웃나라. 천자의 가까운 네 명의 신하.

사마두타(司馬頭陁) : 백장스님의 수법제자로 보이는 그의 전기는 거의 알려진 것이 없으나 『전등록』9권에서 "사마두타는 참선 외에 인륜의 모범을 쌓고 땅의 이치를 궁구하니, 제방의 선원에서 흔히 그의 말대로 결정을 하였다."라고 나온다. (『景德傳燈錄』卷第九, T51n2076_p0264b28~29. "司馬頭陀參禪外, 蘊人倫之鑒, 兼窮地理, 諸方卅院多取決焉.")

사마의(死馬醫) : 죽은 말을 산 말로 만드는 의사. 되지도 않을 일을 쓸데없이 하는 것. 또는 중하근기(中下根器)의 학인들을 대하여 최대로 방편교법(方便教法)을 써서 노력하여 깨달음으로 이끄는 것을 말함. 또는 선사들이 자신을 겸손하게 말할 때 쓴다.

사망(詐妄) : 속이다. 기만하다.

사면산(四面山) : 충칭시 남쪽으로 140km, 장진시 남쪽으로 90km 떨어진 곳에 있으며 구이저우성과 인접해 있는 산이다. 사람은 있으나 주변에 보이는 것이라고는 사면에 산뿐이어서 '사면산'이라는 이름을 얻게 되었다고 한다.

사명(四溟) : 동서남북의 큰 바다. 사해(四海). 사대해(四大海). 온 천하, 세계. 수미산 사방의 큰 바다.

사발(絲髮) : ①매우 적은 분량, 사물. ②실처럼 가늘고 긴 머리카락.

사범(師範) : 본보기. 본받을 만한 사람. 스승.

사사(些些) : ①조금, 약간. 비바람소리 등과 같은 의성어. ②조금. 약간. 어느 정도.

사상(四相) : Ⓢcatvāri-lakṣaṇāni. 모든 존재의 변화하는 모습인 생(生)·주(住)·이(異)·멸(滅)을 말한다. 또는 생(生)·노(老)·병(病)·사(死)의 네 가지 현상이다. =사유위상(四有爲相), 사본상(四本相).

사새(沙塞) : 사막으로 이루어진 국경의 요새.

사서(士庶) : 일반 백성. 선비와 일반 백성. 사서인(士庶人)의 줄임말이다.

사선(四禪) : ①Ⓢcatur-dhyāna. 사정려(四靜慮), 사선정(四禪定), 색계정(色界定)이라고도 한다. 초선(初禪)·제이선(第二禪)·제삼선(第三禪)·제사선(第四禪) 등 네 개의 선(禪)이다. 초선(初禪)에서는 심(尋)·사(伺)·희(喜)·락(樂)·정(定)의 다섯 요소가 있으나 제이선(第二禪)에서는 심(尋)과 사(伺)는 없어지고 내등정(內等淨)이 보태진다. 제삼선(第三禪)에서는 희(喜)가 없어지고 행사(行捨)·정념(正念)·정혜(正慧)·수락(受樂)·정(定)의 다섯 요소가 있게 된다. 제사선(第四禪)에서는 낙(樂)도 없어지고 행사(行捨)·염청정(念淸淨)·비고락수(非苦樂受)·정(定)의 네 가지 요소가 있게 된다. ②색계 4선천 가운데 제사선천(第四禪天)을 말한다. 이 제사선천(第四禪天)에는 구천(九天)이 있는데 무운천(無雲天)·복생천(福生天)·광과천(廣果天)·무상천(無想天)·무번천(無煩天)·무열천(無熱天)·선현천(善現天)·선견천(善見天)·색구경천(色究竟天) 등이다. 이 제사선(第四禪)에 들어가면 팔재환(八災患) 곧, 심(尋)·사(伺)·고(苦)·락(樂)·우(憂)·희(喜)·출식(出息)·입식(入息) 등의 선정을 움직이고 흩어지게 하는 8가지가 없으므로 부동정(不動定)이라고 한다.

사성육범(四聖六凡) : 사성(四聖)은 성문(聲聞)·연각(緣覺)·보살(菩薩)·불(佛)의 넷이고 육범(六凡) 지옥(地獄)·아귀(餓鬼)·축생(畜生)·인(人)·아수라(阿修羅)·천(天)의 여섯이다. 이 둘을 합쳐서 십계(十界)라고 함.

사수(死水) : 고인 물.

사승(師僧) : ①스님. 자기의 스승. ②아사리(阿闍梨), 화상(和尙). 존경하는 스님. ③대중스님들.

사옹(社翁) : 문사(文士)나 명사(名士)에 대한 존칭.

사의(蓑衣) : 도롱이.

사이(四夷) : ①중국 사방의 소수 민족에 대한 통칭이다. 동이(東夷)·서융(西戎)·남만(南蠻)·북적(北狄). 온 천하를 말하기도 한다. ②사바라이(四波羅夷)의 줄임말.

사일(社日) : 토지신에게 제사지내는 날. 입춘이나 입추일의 다섯 번째 무일(戊日)에 지낸다.

사자(些子) : 조금쯤은. 대수롭지 않은. =사소(些少), 사수(些須). 사아(些兒). 사세(些細). 소허(少許). 일점아(一點兒).

사자일적유 병산십곡려유(師子一滴乳 迸散十斛驢乳) : 사자의 한 방울 우유가 열 섬의 나귀 우유에 흩어져 퍼진다. 위산 영우스님의 법문이다. (『袁州仰山慧寂禪師語錄』, T47n1990_p0584a15~16. “潙山云: ‘此是師子一滴乳, 迸散六斛驢乳.’”) ‘병산(迸散)’이란 바위 속에 다이나마이트를 넣고 폭파시킬 때 미세한 돌조각들이 빛을 뿜으며 강력하고도 빠른 속도로 사방으로 뿜어져 흩어지는 모습을 말한다. 폭죽 불꽃놀이 하는 것을 보면 공중에서 빛을 사방으로 뿜으며 흩어지는 것을 볼 수 있는데 이러한 모습을 병산(迸散)이라고 표현하는 것이다. (槍彈擊中石塊, 火星向四面迸散). 사자의 젖 한 방울을 나귀의 젖 열 섬 속에다 넣으면 아주 빠르고 강력한 속도로 폭죽 터지듯이 나귀의 젖을 사라지게 하면서 투과해 버린다는 의미다. 이는 『화엄경』78권 「입법계품」에 나오는 비유를 보면 정확한 이야기가 나온다. “비유하면 마치 어떤 사람이 소나 양 등의 여러 젖으로 설사 큰 바다를 만들었더라도 사자 젖 한 방울을 그 가운데 던져 넣으면 모두 다 변하고 무너져서 걸림 없이 곧장 투과하게 된다. 보살마하살도 역시 이와 같아서 여래인 사자의 보리심 젖을 한량없는 겁에 쌓아 온 업과 번뇌 젖의 큰 바다에 넣어두면 모두 무너지고 사라져서 걸림 없이 곧장 투과하여 끝끝내 이승(二乘)의 해탈에 머물지 않느니라.”(『大方廣佛華嚴經』卷第七十八, 「入法界品」第三十九之十九, T10n0279_p0432c22~27. “譬如有人以牛羊等種種諸乳, 假使積集盈於大海, 以師子乳一滴投中, 悉令變壞直過無礙. 菩薩摩訶薩亦復如是, 以如來師子菩提心乳, 着無量劫業煩惱乳大海之中, 悉令壞滅直過無礙, 終不住於二乘解脫.”)

사제(四諦) : Ⓢcatvārisatyāni, catur-ārya-satya. Ⓟcatu-ariya-sac ca. 네 가지의 성스러운 진리로, 사성제(四聖諦)라고도 한다. 고성제(苦聖諦)duhkha-āryāni-satyāni[미혹된 이 세상은 모두가 고苦다], 고집성제(苦集聖諦)duhkha-samudaya-satyāni[괴로움의 원인은 그침 없이 구하는 집착], 고멸성제(苦滅聖諦)duhkha-nirodha-satyāni[괴로움의 원인인 집착을 완전히 끊어서 괴로움이 사라짐], 고멸도성제(苦滅道聖諦)duhkha-mārga-satyāni[괴로움이 없는 니르바나에 도달하기 위한 바른 수행의 길]를 말하며 부처님이 성도한 후 최초의 설법 내용으로 알려져 있다.

사조도신(四祖道信) : 보리달마(菩提達磨)-신광혜가(神光慧可)-감지승찬(鑑智僧璨)-쌍봉도신(雙峰道信) 파두도신(破頭道信)이라고도 함. 제창군(齊昌郡) 기주(蘄州) 포흥현(苞興縣)[호북성(湖北省) 무혈시(武穴市) 매천진(梅川鎭)]에서 태어났다. 속명은 사마신(司馬信)이다. 7세에 제북사(濟北寺)로 출가하였다. 14세에 삼조 승찬스님을 참례하고 여쭈었다. "원컨대 스님께서는 자비를 드리우시어 해탈법문을 말씀해 주십시오." 삼조스님이 말했다. "누가 너를 묶었느냐?" 도신스님이 말씀드렸다. "아무도 묶지 않았습니다." 삼조스님이 말했다. "그런데 어찌 다시 해탈을 구하느냐?" 이 말에 그 자리서 크게 깨달았다. 이후 파두산(破頭山)[후에 쌍봉산(雙峯山)으로 바꿈] 자락에 사조사(四祖寺)를 짓고 농토를 개간하여 농사를 짓고 불법을 전파하여 크게 선종의 문을 열었는데 한때 사조사의 수행 대중이 5백 명에 이르렀다고 한다. 영휘(永徽) 2년(651년)에 입적하였다. 시호는 대의선사(大醫禪師)이다.

사종극중사(四種極重事) : 사바세계에서의 네 가지 매우 중요한 일. 『선문염송설화』23권에서는 "첫째, 사랑의 물에 빠지는 것. 둘째, 성냄의 불길에 태워짐. 셋째, 어리석음의 구름에 가려짐. 넷째, 기쁨의 바람에 날림."이라고 하고 있다. (《한국불교전서》, 『禪門拈頌說話』卷第二三, 第四張. "四種極重之事者, 佛印元擧此話, 云: '一者被愛水損益, 二者被嗔火所燒, 三者被癡雲所障, 四者被喜風所飄."）

사주대성(泗州大聖) : 사주(泗州)는 본래 북주(北周) 때 둔 주(州)로서 지금의 강소성(江蘇省) 숙천현(宿遷縣)의 남동쪽 지역에 있었다. 여기서는 사주화상(泗州和尙)을 말하는데 당나라 중종 때 중앙아시아로부터 당나라로 간 승가대사(僧伽大師)를 일컫는 말이다. 승가대사가 사주의 임회현(臨淮縣)에다 절을 세우고 거처한 데서 나온 호칭이다. 스님은 살아 있는 부처님이나 관세음보살로 추앙받았다고 한다. 이 승가스님이 입적한 후에도 관음보살로 여겨져 '승가신앙'이 생겨났으며 현세의 재난을 구원해주는 성인으로 여겨졌다고 한다.

사주인견대성(泗州人見大聖) : ‘사주의 사람이 큰 성인을 보다.’ 사주(泗州)는 본래 북주(北周) 때 둔 주(州)로서 지금의 강소성(江蘇省) 숙천현(宿遷縣)의 남동쪽 지역에 있었다. 대성(大聖)은 당나라 중종 때 중앙아시아로부터 당나라로 간 승가대사(僧伽大師)를 일컫는 말이다. 승가대사가 사주의 임회현(臨淮縣)에다 절을 세우고 거처하면서 질병을 낫게 하거나 홍수를 물러나게 하고 외적의 침입을 막는 등 현세 재난을 구원하는 일을 하였다고 한다. 그래서 승가스님은 살아 있는 부처님이나 관세음보살로 추앙받았다고 한다. 사주의 사람이 대성을 본다는 말은 재난에서 벗어난다는 뜻으로 선가에서는 깨달음을 얻는다는 비유로 쓰고 있다.

사지(四智) : Ⓢcatvāri jñānāni. 법상종(法相宗)에서 세운 부처님의 네 가지 지혜이다. 대원경지(大圓鏡智)·평등성지(平等性智)·묘관찰지(妙觀察智)·성소작지(成所作智)의 넷이다. 대원경지(大圓鏡智)는 제8식을 전식(轉識)하여 얻는 무루(無漏)의 지혜이다. 불과(佛果)에서 처음으로 얻는 지혜이다. 평등성지(平等性智)는 제7식이 전변(轉變)하여 얻는 무루의 지혜이다. 통달위(通達位)에서 그 일부분을 증득한 후 불과(佛果)에 이르러 전체를 증득한다. 묘관찰지(妙觀察智)는 제6식이 전변하여 얻는 지혜이다. 성소작지(成所作智)는 전오식(前五識)과 그 상응심품(相應心品)을 전사(轉捨)하여 얻는 지혜이다.

사칠고추(四七古錐) : 28명의 뛰어난 선장(禪匠)들. 곧 부법장전(付法藏傳)의 이십팔조(二十八祖)를 말한다.

사태(沙汰) : ①당나라 무종(武宗)이 회창(會昌) 3~4년(843~844)에 절을 파괴하고 스님들을 환속시킨 불교 탄압사건이다. 이 사태를 기점으로 불교가 큰 타격을 입었다. 이후로 국가 권력에 의하여 불교가 탄압받는 사건을 법난(法難)이라고 한다. ②가려내는 것. 쌀에서 돌을 가려내거나 모래 속에서 금을 가려내는 것. 한 쪽 편을 옹호하고 다른 쪽을 배척하는 것.

사한(死漢) : 죽은 자. 멍청한 놈. 형편없는 놈. 망상분별에서 헤어나지 못하는 사람. 운용(運用)할 줄 모르거나 안목이 없는 선사(禪師)를 가리킨다.

사해구주(四海九州) : 네 바다와 아홉 개의 주(州), 곧 중국 전체, 또는 온천하를 말한다. 사해(四海)는 중국에서 사경(四境)이 바다로 둘러싸여 있다고 믿어 동서남북 각 방위마다 바다가 있다고 생각하였다. 구주(九州)는 중국 우임금 때 나누어 놓은 행정구역으로 기주(冀州)·연주(兗州)·청주(青州)·서주(徐州)·양주(楊州)·형주(荊州)·예주(豫州)·양주(梁州)·옹주(雍州)의 아홉 주주이다.

삭(爍) : 녹이다, 녹다. 반짝이다. 밝다. 비추다. 뜨겁다. 꾸미다. 사라지다.

불빛이 반짝이다.

삭가라안(爍迦羅眼) : 금강의 눈[금강안(金剛眼)]. 삭가라ⓢcakra(爍迦羅)는 결코 부서지지 않는 것을 말한다. 비추고 비추어 삿됨과 바름을 정확하게 밝히는 안목.

산두(山頭) : 산꼭대기.

산시산수시수(山是山水是水) : 산은 산, 물은 물. 황벽스님의 법문이다. "말씀드렸다. '지금 바로 깨달을 때 부처님은 어디에 있습니까?' 스님이 말씀하셨다. '질문은 어디서 왔으며 알아차림은 어디서 일어나느냐? 어묵동정과 일체의 소리와 빛이 모두 다 부처님 일인데 어디서 부처님을 찾느냐? 머리 위에다 머리를 얹으려 하고 입 위에다 입을 보탤 수는 없는 것이다. 단지 다른 견해를 내지 마라. 산은 산이요 물은 물이며, 승은 승이요 속은 속이다. 산하대지와 일월성신이 모두 너의 마음을 벗어난 것이 아니다. 삼천대천세계가 모두가 너의 자기인데 어디에 여러 가지가 있단 말이냐? 마음 밖에 법이 없으니 눈에 한가득 청산이다. 허공세계가 밝고 밝아 네가 견해를 짓는 것을 허락하지 않는다. 그러므로 일체의 소리와 빛이 부처님의 베풂이다. 법은 홀로 일어나지 않고 경계에 의지해서 나오는 것이다. 물(物)을 위하는 까닭에 많은 지혜가 있게 된 것이다. 하루 종일 말하나 어찌 일찍이 말한 것이 있으며, 하루 종일 들으나 어찌 일찍이 들음이 있겠느냐? 그러므로 석가모니부처님이 49년을 말씀하셨지만 일찍이 한 글자도 말씀한 것이 없다고 하는 것이다.'"(『古尊宿語錄』卷第三,「黃檗斷際禪師宛陵錄」, X68n1315_p0018a05~13. "云: '今正悟時, 佛在何處?' 師云: '問從何來, 覺從何起? 語默動靜, 一切聲色, 盡是佛事, 何處覓佛? 不可更頭上安頭, 觜上加觜. 但莫生異見, 山是山, 水是水, 僧是僧, 俗是俗. 山河大地, 日月星辰, 總不出汝心. 三千世界, 都來是汝箇自己, 何處有多般? 心外無法, 滿目青山. 虛空世界, 皎皎地, 無絲髮許與汝作見解. 所以一切聲色, 是佛之惠. 法不孤起, 仗境方生. 為物之故, 有其多智. 終日說, 何曾說, 終日聞, 何曾聞? 所以釋迦四十九年說, 未曾說著一字.'")

살수(撒手) : 손을 떼다. 손을 놓다. 하던 일을 늦추다. 대담하게 하다. 마음 놓고 하다. 버려두다. 헤어지다. 이별하다. 죽다. 털끝만치라도 헤아리지 않다.

살수귀가(撒手歸家) : 참(參)으로 언어지견(言語知見)과 진속(塵俗)의 정식분별(情識分別) 등을 조금도 남김없이 벗어버리고 자심본성(自心本性)을 명철(明徹)하게 보아 깨달음의 경계에 들어가는 것. =살수도가(撒手到家), 살수환가(撒手還家), 살수승당(撒手承當), 살수변행(撒手便行), 살수현애(撒手懸崖).

삼가촌(三家村) : 작은 마을.

삼각려자롱제행(三脚驢子弄蹄行) : 세 다리 나귀가 발굽을 놀려 걸으려 함. 양기방회스님의 말씀이다. "다리가 셋 달린 당나귀가 발굽을 놀려 걸으려고 한다." (『古尊宿語錄』卷第十九, 「袁州楊岐山普通禪院會和尚語錄」, X68n1315_p0123a15.)

삼각총인(三角總印) : 조계혜능(曹溪慧能)-남악회양(南嶽懷讓)-마조도일(馬祖道一)-삼각총인(三角總印). 마조스님의 법을 잇고서 담주(潭州)의 삼각산(三角山)에 주석하였던 스님이다. '삼각삼보(三角三寶)' '삼각차사(三角此事)' 등의 공안이 있다.

삼계(三界) : Ⓢtrayo dhātavaḥ. 뭇삶들이 사는 세계를 세 가지로 분류한 것이다. 욕계(欲界)·색계(色界)·무색계(無色界).

삼계 이십팔천(三界二十八天) : 욕계의 6천, 색계의 18천, 무색계의 4천을 모두 합하여 28개의 천(天)이다.

삼교(三交) : 성(城) 또는 진(鎭)의 이름이다. 산서성(山西省) 양곡현(陽曲縣)의 북쪽에 위치해 있었다.

삼교량교(三皎兩皎) : 두세 번 물어뜯어. =양교삼교(兩皎三皎), 이교삼교(二皎三皎).

삼군(三軍) : ①군대의 통칭. 전군(全軍). 보군(步軍)·거군(車軍)·기군(騎軍)의 삼군을 통틀어 말한다. ②주나라의 제도로 제후의 대국(大國)만이 가질 수 있는 군대다.

삼급랑(三級浪) : 중국 우문(禹門)[용문(龍門)이라고도 함]에 있는 우임금이 뚫어 놓았다는 세 층급의 세차게 흐르는 물결. 매년 3월 3일에 복사꽃이 피면 이 삼급랑을 통과하는 물고기는 머리에 뿔이 나고 꼬리로 구름을 끌며 용이 되어 날아오른다고 한다. 용문에 오르지 못한 물고기는 머리만 다치고 돌아간다고 함.

삼대(三臺) : 육조(六朝)[오(吳)·동진(東晋)·송(宋)·제(齊)·양(梁)·진(陳)]에서 사용하던 곡조(曲調)의 이름이다. 또 당나라 천보(天寶)[741~755] 때에 쓰던 우조곡(羽調曲)에 삼대(三臺)가 있었다고 함.

삼덕법신(三德法身) : 삼덕(三德)은 대열반(大涅槃)에 갖추어져 있는 세 가지 덕(德), 곧 법신(法身)·반야(般若)·해탈(解脫)의 세 가지를 말하기도 하고 부처님이 갖추신 세 가지 덕, 곧 지덕(智德)·단덕(斷德)·은덕(恩德) 등을 말한다. 이 중 대열반 삼덕상(三德相) 가운데 법신덕과 삼불과덕(三佛果德) 가운데 지덕(智德)을 법신이라고 하나 세 가지 덕상(德相) 모두를 삼덕법신이라 한다.

삼도(三度) : 세 번. 세 차례의 뜻. ①황벽 희운스님이 대중(大中) 황제의 뺨을 세 번 때린 일. ②관중(管仲)이 말한 나라를 다스리는 데에 있어 반드시 고려해야만 할 세 가지 일. 곧, 천시(天時)·지의(地宜)·인순(人順)의 셋이다. ③뭇삶들이 세간에서 배우는 세 가지. 곧 금계(禁戒)·수심(守心)·학지(學智)의 셋이다.

삼두팔비(三頭八臂) : 세 개의 머리와 여덟의 팔. 비사문천의 태자인 나타는 머리가 셋이고 팔이 여덟이라고 한다. 신통한 능력이 있음을 비유함.

삼루(滲漏) : 물이 새어 나오는 곳. 결함. 착오. 번뇌. 결점. 새다. 번뇌의 업식(業識)이 새다. 언어문자에 떨어지다. 미세번뇌에 빠지다. 수행자에게 남아 있어 물이 새듯 하는 번뇌 망상.

삼문(三門) : 절 입구의 삼해탈문(三解脫門)을 말한다. 삼공문(三空門), 또는 삼삼매문(三三昧門)이라고도 한다. 공해탈문(空解脫門)·무상해탈문(無相解脫門)·무원해탈문(無願解脫門)의 셋인데 보통 절의 산문(山門)을 말함.

삼산(三山) : 삼신산(三神山). 곧, 봉래산(蓬萊山)·방장산(方丈山)·영주산(瀛洲山). 또는 유명한 산을 말한다.

삼산지견(杉山智堅) : 조계혜능(曹溪慧能)-남악회양(南嶽懷讓)-마조도일(馬祖道一)-삼산지견(杉山智堅). 마조 도일스님의 수법제자이며 지주(池州) 삼산(杉山)에 주석하였다. 귀종 지상스님, 남전 보원스님과 함께 행각을 나섰는데 도중에 호랑이를 만나고 말았다. 제각기 조심조심 호랑이 옆으로 지나가서는 남전스님이 귀종스님에게 물었다. "방금 본 호랑이가 무엇과 같습니까?" 귀종스님이 말했다. "고양이 같던데요." 이번에는 귀종스님이 삼산스님에게 물으니, 대답했다. "마치 강아지 같더군요." 귀종스님이 다시 남전스님에게 물어보니, 대답했다. "내가 보기엔 큰 벌거지 같던데…." (『景德傳燈錄』卷第六, T51n2076_p0248a12~16. "池州杉山智堅禪師. 初與歸宗南泉行脚時, 路逢一虎. 各從虎邊過了. 南泉問歸宗云: '適來見虎似箇什麼?' 宗云: '似箇貓兒.' 宗卻問師, 師云: '似箇狗子.' 宗又問南泉, 泉云: '我見是箇大蟲.'")

삼선천(三禪天) : 색계천(色界天) 가운데 제3선천(第三禪天)으로 소정천(少淨天)·무량정천(無量淨天)·변정천(遍淨天)의 3하늘이 있다. 언제나 즐거움만 일으키는 하늘이므로 초선천(初禪天)과 제2선천(第二禪天)과 함께 낙생천(樂生天)이라고도 한다.

삼성혜연(三聖慧然) : 백장회해(百丈懷海)-황벽희운(黃檗希運)-임제의현(臨濟義

玄)-삼성혜연(三聖慧然). 생몰연대 미상. 진주(鎭州)[하북성]의 삼성원(三聖院)에 주석했다. 앙산 혜적스님, 덕산 선감스님, 설봉 의존스님과 교류하였다. 임제 의현스님의 뛰어난 제자였으며, 임제스님의 법어를 모아서 『진주임제혜조선사어록(鎭州臨濟慧照禪師語錄)』을 편찬하였다. '삼성금린(三聖金鱗)' '삼성역접무명(三聖歷劫無明)' '삼성주주(三聖住住)' '삼성할려(三聖瞎驢)' '삼성봉인(三聖逢人)' 등의 공안이 있다. 치주수륙(淄州水陸), 진주대비(鎭州大悲) 등의 수법제자가 있다.

삼승십이분교(三乘十二分教) : 부처님의 교법을 통틀어 말하는 것. 삼승(三乘)은 성문승(聲聞乘)·연각승(緣覺乘)·보살승(菩薩乘)의 셋을 말하는 것이다. 십이분교는 십이부경을 말하는데 경전의 형태를 형식과 내용에 따라서 12가지로 구분한 것을 말한다. 수다라(修多羅)[경(經)]·기야(祇夜)[중송(重頌)]·화가라나(和伽羅那)[수기(授記)]·가타(伽陀)[고기송(孤起頌)]·우다나(優陀那)[무문자설(無問自說)]·니다나(尼陀那)[인연(因緣)]·아바다나(阿波陀那)[비유(譬喩)]·이제왈다가(伊帝曰多伽)[본사(本事)]·사다가(闍陀迦)[본생(本生)]·비불략(毘佛略)[방등(方等)]·아부다달마(阿浮陀達磨)[미증유(未曾有)]·우바제사(優波提舍)[논의(論議)] 등이다.

삼승행위(三乘行位) : 성문의 예류향·예류과·일래향·일래과·불환향·불환과·아라한향·아라한과의 사향사과(四向四果)와 연각, 보살지위의 십신·십주·십행·십회향·십지를 말함. 또는 견도위(見道位)·수도위(修道位)·무학위(無學位)를 말함.

삼신(三身) : ⑤tri-kāya. 부처님의 세 가지 몸. 곧, 법신(法身)·보신(報身)·화신(化身)을 말한다.

삼십삼천(三十三天) : ⑤trāyastriṃśa. 수미산의 꼭대기에 위치한 도리천(忉利天)을 말한다. 욕계(欲界) 6천(天) 가운데 제2천(天)이다.

삼요(三要) : 임제 의현스님이 학인을 상대하여 만든 세 가지의 요(要). 임제스님은 구체적인 내용을 제시하지 않았고 후대에 분양선소(汾陽善昭)스님이 제일요(第一要)·제이요(第二要)·제삼요(第三要)라고 하여 구체적 설명을 하였다. 또는 조요(照要)·용요(用要)·동시요(同時要)라고도 한다.

삼유(三有) : ⑤tri-bhava. 차별적 계(界)에 따라 나눈 욕유(欲有)[⑤kāma-bhava]·색유(色有)[⑤rūpa-bhava]·무색유(無色有)[⑤arūpya-bhava]를 말한다. 또는 삼계를 윤회하는 유정의 상태를 3가지의 시기로 나눈 생유(生有)[⑤upapatti-bhava]·본유(本有)[⑤pūrvaka-kāla-bhava]·사유(死有)[⑤maraṇa-bhava]를 말한다.

삼인불성(三因佛性) : 천태지자가 『대반열반경』을 근거로 하여 내세운 설. 불성에 세 가지 인(因)이 있다고 하는 것이다. 1) 정인불성(正因佛性)[본연의 진여 이치] 2) 요인불성(了因佛性)[진여의 이치를 비추는 지혜] 3) 연인불성(緣因佛性)[지혜를 도와 정인(正因)을 개발하는 육바라밀의 수행]. 이 삼인불성(三因佛性)은 천태종에서 말하는 것이나 『열반경』28권에서는 연인(緣因)과 요인(了因)을 묶어 정인(正因)과 연인(緣因)의 이인불성(二因佛性)을 말하고 있다. (『大般涅槃經』卷第二十八,「師子吼菩薩品」第十一之二, T12n0374_p0530b17~0533b06. 참조.)

삼제(三際) : 삼세(三世)와 같은 말이다. 전제(前際)·중제(中際)·후제(後際)를 합쳐서 이르는 말이다.

삼조연하(三條椽下) : 삼조연하칠척단전(三條椽下七尺單前)이라고도 함. 승당(僧堂)의 스님들이 앉는 평상을 말하는데 가로로 석 자이고 세로로 일곱 자로 만들어져 있는데 가로로 걸친 받침대가 3개이므로 삼조(三條)라고 한다. 세로로 여섯 자인 경우는 육척단전(六尺單前)이라고도 함. 선상(禪床), 승상(僧床).

삼촌(三寸) : 세 치 혀. 혀의 길이가 세 치이므로 삼촌(三寸)이라 한다. 말, 언어를 뜻함.

삼평의충(三平義忠) : 청원행사(靑原行思)-석두희천(石頭希遷)-태전보통(太顚寶通)-삼평의충(三平義忠). 781~872. 스님의 휘는 의충(義忠)이며 속성은 양씨(楊氏)이다. 복주(福州)의 복당현(福唐縣) 사람이다. 태전 보통스님에게 법을 이어 받고 무종사태를 만나 장주(漳州)[복건성] 삼평산(三平山)에 숨어 지냈다. 함통 13년 11월 6일에 세수 92세로 입적하였다. 삼평견문(三平見聞)이 공안이 있다.

삼현(三賢) : 보살수행의 삼위(三位). 곧 십주(十住)·십행(十行)·십회향(十回向)의 지위를 말한다.

삼현(三玄) : 임제 의현스님이 학인을 상대하여 만든 예기(銳機)의 하나로 세 가지의 현(玄). 임제스님이 "일구(一句)의 말에는 반드시 삼현문을 갖추어야만 하고, 한 현의 문에는 반드시 삼요를 갖추어야만 한다."고 하였다. ("一句語須具三玄門, 一玄門須具三要.") 그러나 이 삼현의 구체적 내용은 적시하지 않았고, 후대에 체중현(體中玄)·구중현(句中玄)·현중현(玄中玄)의 셋으로 많이 회자되었다.

삼현십성(三賢十聖) : 대승에서 세운 수행인의 계위(階位)이다. 견도(見道) 이상에 도달한 사람을 성(聖)이라하고 아직 견도(見道)에 도달하지 않았으나 악(惡)을 여읜 사람을 현(賢)이라고 한다. 삼현(三賢)은 십주(十住)·십행(十行)·십회향(十廻向)의 셋이고 십성(十聖)은 초지(初地)에서 십지(十地)까지의 보살을 말한다.

삽초화(插鍬話) : '삽초차수(插鍬叉手)' 공안이다. 앙산스님이 가래를 꽂은 공안(公案). 위산스님이 앙산스님에게 물었다. "무엇 하고 왔느냐?" 앙산스님이 말했다. "밭일 하고 왔죠." 위산스님이 말했다. "밭일 하는데 사람이 얼마나 있는데?" 앙산스님이 가래를 꽂고는 차수하고 섰다. 위산스님이 말했다. "오늘 남쪽 산에는 풀 베는 사람이 많군." 앙산스님이 가래를 질질 끌고 가버렸다.

상(常) : Ⓢnitya, śāśvata, dhruva. =질(質). 바탕, 본질. 상주불변하는 본바탕.

상(上) : ①걸리다, 빠지다, 당하다. 꿰매다, 깁다. 잠그다. 채우다. ②처음, 최초. ③Ⓢuttara. 뛰어나다. 상위.

상(相) : ①도와주다. 보좌하다. ②동사 앞에서 동작을 행함을 나타내는 보조사. ③차례로, 앞뒤로. ④살펴보다. ⑤장님을 인도하는 사람. ⑥따르다, 뒤따르다. ⑦선택하다, 골라 뽑다. ⑧다스리다. ⑨서로 차이가 나다. ⑩Ⓢlakṣaṇa. 일체 사물의 밖으로 나타나는 현상과 상태. Ⓢnimitta. 머릿속에 떠오르는 각종 사상형태(事相形態). ⑪앞뒤로. ⑫다 같이. 함께.

상(想) : ①마치 ~와 같다. 비슷하다. 추측하다. 예상하다. 빛나다. ②Ⓢsaṃjñā. 대상을 마음속에 띄워 올리는 표상작용. 오온(五蘊) 가운데 하나. 산냐. 승나(僧若).

상(傷) : 식상하다. 물리다. 진력나다. 질리다.

상간(相看) : 선림(禪林)의 용어로 손님과 주인이 서로 대면하는 것. 서로 만나서 인사를 나눌 때 쓰는 말. 본래면목을 드러낼 때 쓴다(相見).

상견(想見) : 그리워하다. 지난 일을 생각하여 보다.

상구(上鉤) : 낚싯줄에 걸리다. 속임수에 빠지다.

상나화수(商那和修) : ⓈŚāṇakavāsa. 석가모니불(釋迦牟尼佛)-마하가섭(摩訶迦葉)-아난다(阿難陀)-상나화수(商那和修). 인도 부법장(付法藏)의 제3조이다. 초의(草衣)로 번역했다. 중인도 왕사성에서 태어났는데 태중에 6년이나 들어 있다가 태어났다고 함. 후에 아난에게 출가하여 그 법을 이어받아 아라한과를 증득하였다. 아난이 입멸한 뒤에 포교에 진력하다가 우바국다에게 법을 부촉하고 열반에 들었다.

상당(相當) : 적합하다. 딱 맞다. 서로 맞먹다. 서로 만나다. 마주 대하다.

상대(相待) : 초대하다. 대접하다. 서로 기다리다. 대우하다. 대하다. 서로 의지하여 존재하는 것.

상도(常徒) : 일반 사람. 보통 수행자. =상류(常流).

상람(上藍) : 강서성(江西省) 옛 균주(筠州) 지역에 있는 산의 이름이다.

상래(上來) : ①위에서 말한 대로. 위에서 이야기 된 것. ②동사 뒤에 쓰이어 동작이 아래에서 위로, 또는 멀리서 가까이로 진행됨을 나타낸다. ③형용사 뒤에 쓰일 때는 정도가 점점 더해짐을 나타낸다. ④위로 올라오다. 먼 곳에서 오다. ⑤무대에 오르다. ⑥지금까지. 이제까지. ⑦시작하다. 처음하다.

상면(上面) : ①상좌(上座)라고도 한다. 최고의 자리. 부처님의 자리. 윗자리. 존경받는 자리. 부처님의 뛰어난 제자. 절에서 제일 어른 스님. ②표면. 앞. 전면. 순서가 앞인 부분. 방면. 이면. 분야. ③상급관청.

상모(相貌) : ⓢmukha. 용모와 태도. 용모. 생김새.

상사(狀似) : 유사하다. 닮다.

상사반야(相似般若) : 반야지혜와 엇비슷한 것 같은 것. 진리의 형태이지만 사실은 거짓인 것.

상서(尙書) : 중국에서 천자(天子)를 도와 정무를 처리하던 벼슬. 전국시대 진나라에서 처음 소부(少府)의 1속관(屬官)으로 두어 문서를 관장하였고, 한나라 무제 때는 황제의 측근에서 정사를 처리하며 문서와 주장(奏章)을 관장하여 점차 중요한 지위가 되었다. 성제(成帝) 때 5인의 상서를 두어 정무를 나누어 처리하였고, 후한(後漢) 때 황제를 도와 정무를 처리하는 정식 관원이 되었다. 수대(隋代)에 비로소 6부로 나뉘었고, 당대에 이(吏)·호(戶)·예(禮)·병(兵)·형(刑)·공(工)의 6부로 확정되었다. 수·당시대로부터 삼성(三省)이 가장 중요한 중앙 기관이 되었으며, 그 하나인 상서성은 직권이 더욱 중요하였다. 송대 이후에는 행정이 완전히 상서성으로 귀속되었다가, 원대에는 중서성의 이름을 두고 상서성의 각 관(官)을 그 속에 예속시켰다. 명초까지 이 제도를 그대로 썼으나, 그 뒤 중서성을 폐하고 6부 상서가 정무를 분장(分掌)하게 하였다. (『漢韓大辭典』4권, p628. 단국대학교 동양학연구소, 2013. 참조.)

상속(相續) : ⓢsaṃtāna, saṃtati. 고정되어 있는 실체는 없으나 원인은 결과를 내고, 결과는 또 원인이 되어 또 다른 결과를 내면서 인과가 서로 교차하면서 차례로 연속하여 끊어지지 않아 마치 존재하는 것처럼 보이는 것을 말한다.

상수노묘안신법(上樹老猫安身法) : 늙은 고양이는 나무에 오르는 것이 몸 지키는 법이다.

상습(想習) : 상(想)은 마음으로 그려내는 그림을 말한다. 생각으로 끊임없이 그려내는 기술을 익힘이 바로 상습(想習)이다.

상장(相將) : 더불어, 함께. 오래되지 않아, 머지않아.

상주(常住) : ①Ⓢnitya-sthita. 영원히 존재함. ②사원에 시주한 상주물(常住物). ③사원, 절, 사묘(寺廟).

상주묘가(常住苗稼) : 묘가(苗稼)는 농작물을 뜻한다. 시방상주승물(十方常住僧物)[단월들이 길가에 나가서 오고가는 스님들에게 공양 올리는 음식]이다.

상진(詳盡) : 세세한 데까지 구석구석 자세히 보다.

상차(相次) : ①거의 ~가 되다. 거의 ~에 가깝다. ②차례대로 이어지다. 차례대로 이어가다. ③즉시, 곧, 순식간에, 조차간에, 아주 짧은 순간에, 별안간에, 갑작스럽게, 황망하게, 창졸간에. =조차(造次).

상체(常體) : 영원한 체성. 본질. 근본성품(根本性品).

상칭(相稱) : 서로 부합하다. 서로 걸맞다. 같이 말하다.

상투(相投) : 부탁하다. 서로 뜻이 맞다. 의기투합하다. 남에게 몸을 의탁하다.

새북(塞北) : 만리장성의 북쪽.

색(索) : 독촉하여 받다. 요구하여 받아내다. 연구하다. 사색하다. 찾다. 동아줄. 어질다. 다하다. 새끼를 꼬다. 가리다. 선택하다.

색(色) : 무리, 종류. 변천하는 형상이 있는 것. 안근(眼根)의 대상인 색깔과 모양. 색깔과 모양을 가진 존재.

색력(色力) : 기력. 정력.

색리교청(色裏膠清) : 안료 속의 아교. 교청(膠清)은 ①잡것이나 찌꺼기가 전혀 섞여있지 않은 품질 좋은 아교. ②안료나 염료의 선명한 색깔. 부대사의 『심왕명』에 이 구절이 나온다. "물속의 짠 맛과 안료 속의 아교가 있는 것이 분명하지만 그 형체를 볼 수가 없는 것처럼"(『景德傳燈錄』卷第三十, 「傅大士

心王銘」, T51n2076_p0456c29. “水中鹽味, 色裏膠淸, 決定是有不見其形.”)
범성(凡聖)을 구분할 수 없을 때 비유로 쓰는 말이다.

색색(摵摵) : 사그락 사그락. 나뭇잎이 우수수 떨어지는 소리.

색이투령(塞耳偸鈴) : 색이도종(塞耳盜鐘), 엄이도종(掩耳盜鐘), 엄이투령(掩耳偸鈴)과 같은 뜻이다. 자기 귀를 막고 방울을 훔친다는 뜻으로, 남을 속이지는 못하고 자기 스스로를 속이려는 행위를 비유한다.

생가(笙歌) : 악기를 연주하며 노래 부르는 것을 통틀어 이르는 말.

생살(生殺) : 삶과 죽음. 만물이 나서 자라고 쇠하여 죽는 자연의 법칙.

생연(生緣) : ⑤jāti-pratyaya. 가향(家鄕), 고향(故鄕). 태어난 인연. 태어난 곳. 어떤 것이 생겨나게 된 여러 가지 원인이나 조건.

서(畬) : 초목을 태워 개간한 밭(‘서’로 읽음). 개간한 지 3년 된 밭(‘여’로 읽음).

서구야니(西瞿耶尼) : ⑩Apara-goyāna의 음사어다. ⑤Aparagodānīya의 음사어는 서구다니(西瞿陀尼)라고 한다. 서우화주(西牛貨洲)라고도 하는데 수미산을 중심으로 사방에 위치해 있는 네 개의 큰 대륙 가운데 서쪽에 있는 것. 이곳은 소가 많아서 시장에서 금전으로 쓰인다고 한다.

서당지장(西堂智藏) : 조계혜능(曹溪慧能)-남악회양(南嶽懷讓)-마조도일(馬祖道一)-서당지장(西堂智藏). 735~814. 건화(虔化) 출신. 속성은 요씨(廖氏). 8세에 출가하고 25세에 구족계를 받았다. 불적암(佛迹巖)으로 가서 마조스님을 참문하고, 백장 회해스님과 함께 입실하였다가 모두 인가를 받았다. 원화(元和) 9년 4월 8일에 세수 80세로 입적하였다. 헌종(憲宗)이 대선교선사(大宣敎禪師)라고 시호를 하사하고 탑호를 원화증진(元和證眞)이라하였으며 뒤에 목종(穆宗)이 대각선사(大覺禪師)라고 시호를 하사하였다. ‘지장천당(智藏天堂)’ ‘지장고각(智藏鼓角)’ 등의 공안이 있다.

서륙(徐六) : 서주(徐州)[안휘성] 육안현(六安縣)을 말한다.

서박(棲泊) : 잠시 머물다. 정박하다. 기거하다. 깃들이다.

서암사언(瑞巖師彦) : 용담숭신(龍潭崇信)-덕산선감(德山宣鑑)-암두전활(巖頭全豁)-서암사언(瑞巖師彦). 복주(福州)[복건성(福建省) 민월(閩越)] 출신. 속성은 허씨(許氏). 암두 전활스님의 법을 잇고 절강성(浙江省) 태주(台州) 서암원(瑞巖院)에 머물렀다. 오도인연(悟道因緣)은 이러하다. “암두스님께 여쭈었다. ‘본래의 항상한 이치가 무엇입니까?’ 암두스님이 말씀하셨다. ‘움직인다.’ 스님이 말씀하셨다. '움직일 땐 어떻습니까?' 암두스님이 말씀하셨다. '본래의 항상한 이치가 아니다.' 스님이 생각에 빠졌다. 암두스님이 말씀하셨다. '긍정한다면 육근육진(六根六塵)을 벗어나지 못할 것이고 긍정치 않는다면 영원히 생사에 빠질 것이다.' 스님이 이 말씀아래 몰록 깨달으셨다."(『聯燈會要』卷第二十二, X79n1557_p0202b07~20. "問巖頭: '如何是本常理?' 頭云: '動也.' 師云: '動時如何?' 頭云: '不是本常理.' 師沉思, 頭云: '肯則未脫根塵, 不肯則永沉生死.' 師於言下頓悟.") '서암십마시절(瑞巖什麼時節)' '서암와룡(瑞巖臥龍)' '서암주인공(瑞巖主人公)' 등의 화두가 있다.

서여정단(西余淨端) : 수산성념(首山省念)-곡은온총(谷隱蘊聰)-용화제악(龍華齊岳)-서여정단(西余淨端). 1030~1103. 송대 임제종스님이다. 자(字)가 표명(表明)이며, 호주(湖州) 귀안(歸安) 출신으로 속성은 구씨(丘氏)다. 겨우 6세에 오산(吳山) 해공원(解空院)의 보섬(寶暹)스님에게 출가하여 26세 되던 해에 구족계를 받았다. 그 후, 얼마 되지 않아 사자춤을 구경하다가 심요(心要)를 몰록 깨달았다. 그리고 인악(仁岳)스님에게 『능엄경』의 요지를 배웠다. 용화제악(龍華齊岳)선사가 항주(抗州) 용화사(龍華寺)에 주석한다는 소식을 듣고는 찾아뵙고 몸을 뒤집어 사자 흉내를 내 보이니 제악스님이 인가하였다. 그 후로 총림에서 '단사자(端獅子)'라 불리었다. 이후 오산(吳山)에서 개법(開法)하고 선풍을 날렸다. 송 휘종(徽宗) 때 숭녕(崇寧) 계미년 12월 5일에 세수 74세로 입적하였다.

서원사명(西院思明) : 황벽희운(黃檗希運)-임제의현(臨濟義玄)-보수연소(寶壽延沼)-서원사명(西院思明). 생몰연대는 알기가 어렵다. 보수 연소스님에게서 법을 이어 받고나서 여주(汝州)[하남성(河南省) 임여(臨汝)] 서원(西院)에서 개법하였다. '서원양착(西院兩錯)' '서원체도(西院剃刀)' 등의 공안이 있다.

서주(舒州) : 당나라 때 설치한 주(州)이다. 무덕(武德) 4년(621)에 동안군(同安郡)이라고 고쳤다. 소재지는 회령현(懷寧縣)[안휘성(安徽省) 잠산현(潛山縣)]이다. 그 경계는 지금의 안휘성(安徽省) 천주산(天柱山), 삼관산(三官山) 이남과 장강(長江)의 이북 지대까지였다. 건원(乾元) 원년(758)에 다시 서주(舒州)로 고쳤다. 남송(南宋) 소흥(紹興) 17년(1147)에 안경군(安慶軍)으로 되었다가 경원(慶元) 원년(1195)에 안경부(安慶府)가 되었다.

서진(西秦) : 춘추전국시대에 진(秦)나라가 열국(列國)의 서쪽에 위치한 데에서 일컬어진 이름. 또는 385년에 선비족의 걸복국인(乞伏國仁)이 감숙성의 남서쪽에 도읍하여 세운 나라. 5호 16국의 하나로, 414년 남량(南凉)을 멸망시키고 세력을 늘려갔으나, 431년에 대하(大夏)의 혁련정(赫連定)에게 멸망함. 또는 금곡(琴曲)의 이름.

서천서선(西川西禪) : 운암담성(雲巖曇晟)-동산양개(洞山良价)-조산본적(曹山本寂)-서천서선(西川西禪). 촉천서선(蜀川西禪)이라고도 한다. 조동종 스님으로 촉주(蜀州)[사천성(四川省) 숭경(崇慶)] 출신이다. '서선사량(西禪思量)' 공안이 있다. "촉천 서선스님에게 한 스님이 여쭈었다. '어떤 것이 사량하지 않는 자리입니까?' 스님이 말했다. '허공이 야밤에 고개 끄덕이는 것을 누가 볼까?'"

서태(舒泰) : 마음이 편안하고 기분이 좋다. =서창(舒暢)[기분이 상쾌하다. 후련하다.]

서하(西河) : ①현(縣) 또는 군(郡)의 이름으로 수대(隋代)에는 산서성(山西省) 임분시 북쪽에 두었고 당대(唐代)에 산서성(山西省) 분양현(汾陽縣)에 두었다. 선어록에서는 분양 선소스님이 계시던 분주(汾州) 태자원(太子院)을 말한다. ②황하의 한 부분으로 산서성과 섬서성 사이와 하남성 북동부, 또는 영하와 내몽고 사이를 말한다. ③춘추시대 위나라. 서쪽 황하 연안을 말한다. ④공자의 제자인 자하(子夏)를 말한다.

석가엄실(釋迦掩室) : 석가모니부처님이 붓다가야에서 깨달으신 후 3·7일 동안 침묵하신 것을 비유로써 말한 것으로 『조론』에 나온다. "석가모니부처님이 마갈타에서 방문을 나서지 않으셨으며, 유마거사가 비야리성에서 입을 닫았던 까닭이며, 수보리존자가 설함 없이 도를 드러내었으며, 석범이 들음 없이 꽃비를 내렸다." (『肇論』「涅槃無名論」第四, T45n1858_p0157c13~15. "所以釋迦掩室於摩竭, 淨名杜口於毗耶, 須菩提唱無說以顯道, 釋梵約(絶)聽而雨華.") 또 『대지도론』에서 이르기를, "또 석가모니부처님이 성불(成佛)이시고 나서 57일을 설법하지 않으셨다." (『大智度論』「釋初品中見一切佛世界義」第五十一之餘(卷三十四), T25n1509_p0311a28~29. "又如釋迦文佛, 成佛已五十七日不說法.")고 한 데서 마갈엄실(摩竭掩室), 또는 마갈엄관(摩竭掩關)이라는 선어(禪語)가 나왔다.

석감당(石敢當) : 세속에서 집 앞이나 골목 어귀에 상서롭지 못한 것을 물리치기 위해 세운 빗돌이나, 무사상(武士像)에 새기는 글자이다. 석(石)은 성(姓)이고 감당(敢當)은 이름이니, '아무도 감당할 수 없다'란 뜻으로 새기는 것이다. 또는 용맹스러운 장수.

석공혜장(石鞏慧藏) : 조계혜능(曹溪慧能)-남악회양(南嶽懷讓)-마조도일(馬祖道一)-석공혜장(石鞏慧藏). 무주(撫州)[강서성]사람이다. 본래 사냥을 업으로 하다가 마조스님을 만나 심인(心印)을 깨닫고 법을 이었다. 그 후 석공산(石鞏山)에 띠집을 짓고 살았다. 평소에 찾아오는 학인이 있으면 활과 화살의 비유로 접인하였다고 한다. '석공만궁화(石鞏彎弓話)'와 '석공간전화(石鞏看箭話)'로 유명하다.

석당(石幢) : ①보통 사당 앞에 글귀나 그림 이름 등을 새겨서 탑 모양으로 세워 놓는 커다란 돌기둥을 말한다. ②석경(石經)의 일종으로 육각형이나 팔각형의 돌기둥에다 다라니를 새겨 넣은 것이다. 주로 다라니만 새겨 넣기 때문에 다라니석당(陀羅尼石幢)이라고도 한다.

석두희천(石頭希遷) : 황매홍인(黃梅弘忍)-조계혜능(曹溪慧能)-청원행사(靑原行思)-석두희천(石頭希遷). 700-790. 단주(端州)[광동성] 고요(高要) 출신. 속성은 진씨(陳氏). 혜능스님에게 득도하고 혜능스님이 입적하자 청원행사(靑原行思)스님에게 참학하여 법을 이음. 천보(天寶)[742~755년] 초년에 형산(衡山) 남사(南寺)에 주석할 때, 절의 동쪽에 높은 바위가 있었는데 그 위에다 암자를 짓고 살면서부터 석두화상(石頭和尙)이라 불리기 시작했다. 강서는 마조대사, 호남은 석두대사를 위주로 하여 사방에서 이 두 분 대사의 문하로 구름같이 모여 들었다. 정원(貞元) 6년 91세로 입적하였다. 시호는 무제대사(無際大師)이며『참동계(參同契)』1권, 『초암가(草庵歌)』1권이 있다. '석두록전(石頭碌磚)' '석두몰교섭(石頭沒交涉)' '석두문취노주(石頭問取露柱)' '석두부득부지(石頭不得不知)' '석두조계(石頭曹溪)' '석두조계래(石頭曹溪來)' 등의 화두가 있다. 약산유엄(藥山惟儼), 담주화림(潭州華林), 대전보통(大顚寶通), 단하천연(丹霞天然), 천황도오(天皇道悟), 장자광(長髭曠) 등 21명의 부법제자가 있다.

석모(席帽) : 등나무 줄기로 만들어 가장자리가 아래로 처진 삿갓 모양의 모자.

석문자조곡은온총(石門慈照谷隱蘊聰) : 보응혜옹(寶應慧顒)-풍혈연소(風穴延沼)-수산성념(首山省念)-곡은온총(谷隱蘊聰). 965~1032. 남해(南海)[광동성] 출신. 속성은 장씨(張氏). 출가한 후 백장 도항스님을 찾아 참학하다가 후에 수산 성념스님을 찾아가서 법을 이었다. 처음에 백장 도항선사를 참례하였는데, 하안거 결제일이라 백장스님이 상당하여 『중관론』을 인용하여 말했다. '정각(正覺)의 이름 없는 모양은 조건에 따라 도량에 즉(卽)한다.' 스님이 곧장 질문을 던졌다. '어떤 것이 정각(正覺)의 이름 없는 모양입니까?' 백장스님이 말했다. '스님은 기둥을 드러내는가?' 스님이 말했다. '어떤 것이 조건에 따라 도량에 즉(卽)하는 것입니까?' 백장스님이 말했다. '오늘이 하안거 결젯날이다.' 후에 수산 성념선사를 참례하고 여쭈었다. '학인이 직접 보배산에 이르렀다가 빈 손으로 돌아올 땐 어떻습니까?' 수산스님이 말했다. '집집마다 문 앞에 횃불이 있지.' 스님이 말끝에 대오하였다. 후에 동산수초(洞山

守初)스님, 지문사계(智門師戒)스님 등을 역참하고 경덕(景德) 3년(1006)에 양주(襄州) 곡은산(谷隱山) 석문사(石門寺)에 주석하였다. 다시 천희(天喜) 4년(1020)에 태평(太平) 흥국선사(興國禪寺)로 옮기니 따르는 대중이 1000여 명에 달하였다. 천성(天聖) 10년에 68세로 입적하였다. 시호는 자조선사(慈照禪師)이다. '석문가풍(石門家風)' '석문구추(石門鉤錐)' '석문답착(石門踏着)' '석문십오일(石門十五日)' '석문연궁(石門年窮)' 등의 공안이 있다. 이준욱(李遵勗)이 지은 비문이 있고 『석문산자조선사봉암집(石門山慈照禪師鳳巖集)』1권이 있다. 제자로 대승덕준(大乘德遵), 용화제악(龍華齊岳), 석문료동(石門了同), 금산담영(金山曇穎), 이준욱거사(李遵勗居士) 등 24명이 있다.

석범(釋梵) : 제석천[帝釋天 ⓢSakradevānām-indra]과 범천[梵天 ⓢBrahma]을 말한다. 원래 인도 브라만교의 신들이었으나 불교의 수호신으로 바뀌었다.

석상경저(石霜慶諸) : 석두희천(石頭希遷)-약산유엄(藥山惟儼)-도오원지(道吾圓智)-석상경저(石霜慶諸). 807~888. 여릉(廬陵) 신감(新淦)[강서성] 출생. 속성은 진씨(陳氏). 13살에 홍정(洪井)의 서산(西山) 소란(紹鑾)선사에게서 머리를 깎았다. 23살에 숭악(崇嶽)에서 구족계를 받았으며, 낙하(落下)에 가서 율장을 배웠다. 후에 위산 영우스님의 회상에서 미두(米頭) 소임을 맡고 지내다가 도오 원지스님의 회상에서 깨달음을 얻었다. 유양(瀏陽)의 석상산(石霜山)에서 20여년을 주석하니 대중이 500여 명이 모였다고 한다. 희종(僖宗)이 자색가사를 하사하였으나 사양하고 받지 않았다. 광계(光啓) 4년에 병으로 입멸하였다. 수명은 82세, 법랍은 59세였다. 시호는 보회대사(普會大師)이고, 탑호는 견상(見相)이다. 스님이 제시한 7가지의 수행요목인 '석상칠거(石霜七去)' 공안이 유명하다. '석상간두(石霜竿頭)' '석상교치(石霜齩齒)' '석상나변저변(石霜那邊這邊)' '석상남산(石霜南山)' '석상무인식득(石霜無人識得)' '석상변계부장(石霜遍界不藏)' '석상의착즉차(石霜擬著卽差)' '석상직수만년(石霜直須萬年)' '석상촉목(石霜觸目)' '석상출세(石霜出世)' 등의 화두가 있다. 용천경흔(湧泉景欣), 대광거회(大光居誨), 남제승일(南際僧一), 운개지원(雲蓋志元), 구봉도건(九峰道虔), 담주운개(潭州雲蓋) 등 41명의 법사(法嗣)가 있다.

석상성공(石霜性空) : 남악회양(南嶽懷讓)-마조도일(馬祖道一)-백장회해(百丈懷海)-석상성공(石霜性空). 그의 전기에 대해 알려진 것은 없으나 『경덕전등록(景德傳燈錄)』9권·『정법안장(正法眼藏)』3권 하(下)·『어선역대선사어록(御選歷代禪師語錄)』전집상(前集上)·『연등회요(聯燈會要)』7권·『대광명장(大光明藏)』상(上)권·『오등회원(五燈會元)』4권·『오등엄통(五燈嚴統)』4권·『오등전서(五燈全書)』7권·『지월록(指月錄)』11권 등에 그의 문답화가 실려 있다.

석성(石城) : 석두성(石頭城)을 말한다. 법안 문익스님이 주석하던 청량사(清涼寺)가 석두성(石頭城)에 있었다. 이 석두성은 석성(石城) 또는 석두(石頭), 석수성(石首城)이라고도 하는데 강소성(江蘇省) 남경시(南京市)의 청량산(清涼山)에 있던 성(城)이다. 초(楚)나라의 금릉성(金陵城)을 한(漢)나라 건안(建安) 연간에 손권(孫權)이 중축(重築)하고 고친 이름이라고 한다.

석연(釋然) : 마음에 미심쩍었던 것이 확 풀리는 모양.

석인(石人) : ①감수성이 없는 사람. ②영원히 죽지 않고 사는 사람. ③제왕이나 무덤 앞에 세워 놓은 돌로 만든 사람 모양의 조각물.

석화전광(石火電光) : 격석화섬전광(擊石火閃電光)의 준말. 돌끼리 부딪쳐 번쩍이는 불빛과 번쩍하는 번갯불처럼 아주 짧은 순식간. 임제스님이 말했다. (『鎭州臨濟慧照禪師語錄』, T47n1985_p0501b08~09. "石火電光即過了也.")

선(綫) : 선(線)과 같은 자(字)이다. 실. 끈.

선객상봉지탄지 차심능유기인지(禪客相逢只彈指 此心能有幾人知) : 당오대(唐五代) 선월관휴선사(禪月貫休禪師)의 「서석벽선거옥벽(書石壁禪居屋壁)」이란 시의 뒤 두 구절이다. "육칠 층의 붉디붉은 전단향 탑과/ 두 세 송이 하이얀 연꽃 앞에서/ 선객들 서로 만나 손가락 튕기니/ 이 마음 몇 사람이 알 수 있을꼬?(赤旆檀塔六七級, 白菡萏花三四枝, 禪客相逢只彈指, 此心能有幾人知?)"

선니(先尼) : ⓢSenika. 외도의 이름이다. 유군(有軍) 또는 승군(勝軍)이라고 번역한다. 상카야학파로서 수론파(數論派)라고도 한다. 개조(開祖)는 카필라선인이다. 인도 육파철학 가운데 하나이다. 정신과 물질의 이원인 푸루샤[신아(神我)]와 프라크르티[자성(自性)]를 내세운다. 또는 수론파의 외도였다가 부처님으로부터 오온무아(五蘊無我)의 교설을 듣고 귀의하여 아라한과를 얻은 비구를 말함.

선다라니(旋陀羅尼) : ⓢāvartā-dhāraṇy, parivartā-dhārani. 법화삼다라니(法華三陀羅尼) 가운데 하나이다. "이때 법화경을 수지독송하는 이는 나의 몸을 보고 매우 환희하여 더욱 더 정진하여 나를 보게 되기 때문에 곧 삼매와 다라니를 얻게 될 것이니 '선다라니' '백천만억선다라니' '법음방편다라니'라고 이름하느니라."

(『妙法蓮華經』「普賢菩薩勸發品」第二十八, T09n0262_p0061b05~08. "爾時受持讀誦法華經者, 得見我身甚大歡喜, 轉復精進, 以見我故, 即得三昧及陀羅尼, 名爲旋陀羅尼, 百千萬億旋陀羅尼, 法音方便陀羅尼.") 이 선다라니는 가(假)를 돌이켜 진(眞)에 들어가는 것으로 총지(總持)를 얻는 것이며, 육묘문(六妙門)을

뜻대로 움직이는 것이다. 또한 유(有)의 집착을 돌이켜 공(空)의 이법(理法)을 통달하게 하는 지혜다.

선람(旋嵐) : 빠르고 사나운 바람.

선문종요(禪門宗要) : 『산암잡록(山菴雜錄)』에 설산조담(雪山祖曇)스님이 송(宋) 순우(淳祐) 연간(1241~1252년)에 태주(台州) 서암사(瑞巖寺)에서 지은 것이라고 한다. (『山菴雜錄』卷之上, X87n1616_p0116b03~04. "禪門宗要者, 乃雪山曇公之所作也. 雪山於宋淳祐間, 依方山禪師于台之瑞巖.") 총 10권으로 이루어 졌는데 후대에 천의업해(天衣業海)스님이 간행하였다고 한다. 소실되어 현존하지 않는다.

선배(先輩) : ①글을 쓰는 문인(文人)에 대한 경칭(敬稱). ②당나라 때 진사(進士)들이 상호간에 불렀던 경칭. ③나이가 많거나 한 분야의 경력이 자기보다 많은 사람에 대한 경칭. ④어떤 길로 먼저 나가고 목적지에 먼저 도달한 사람에 대한 경칭.

선백(禪伯) : 선승(禪僧)들이 상대방을 존중하여 부르는 호칭. 선(禪)에 뛰어난 선사(禪師)라는 의미로 선수행자에 대한 존칭으로 쓰임.

선선(旋旋) : 천천히. 느릿느릿. 계속. 점차. 둥근 모양. 빙빙 감아 도는 모양.

선성생함추(善星生陷墜) : 선성(善星)이 산채로 떨어짐. 『열반경』 「가섭보살품」에 나오는 일화이다. "그때 여래께서 가섭스님과 함께 선성비구의 처소에 가셨다. 선성비구가 멀리서 여래께서 오시는 것을 보고는 곧 악하고 삿된 마음을 내었다. 나쁜 마음을 낸 까닭에 몸이 그대로 아비지옥으로 떨어졌다." (『大般涅槃經』卷第三十三, 「迦葉菩薩品」 第十二之一, T12n0374_p0561c20~21. "爾時如來卽與迦葉往善星所. 善星比丘遙見如來, 見已卽生惡邪之心. 以惡心故, 生身陷入墮阿鼻獄.") 선성[善星ⓢSunakṣatra]은 석가모니 부처님이 태자일 때 낳은 세 명의 아들 가운데 한 사람이다. 출가하여 제4선정을 얻어 사선비구(四禪比丘)로도 불렸으나 열반과 인과를 부정하는 견해를 가졌으며 부처님에 대해 악심을 품어 산 채로 아비지옥에 떨어 졌다.

선악(善惡) : ⓢkuśala-akuśala. 이(理)에 순응하는 것을 선(善)이라하고 이(理)를 어기는 것을 악(惡)이라 한다. (『大乘義章』卷第七, T44n1851_p0503c08. "順理名善, 違理名惡.")

선악도막사량(善惡都莫思量) : 선과 악을 모두 사량하지 마라. 『육조단경』에 나오는 구절이다. (『六祖大師法寶壇經』, T48n2008_p0360a13~14. "汝若欲知心要, 但一切善惡, 都莫思量.")

선자덕성(船子德誠) : 청원행사(靑原行思)-석두희천(石頭希遷)-약산유엄(藥山惟儼)-선자덕성(船子德誠). 수녕(遂寧)[사천성] 출신이다. 선자화상(船子和尙)이라고도 한다. 약산 유엄스님을 30여 년간 모시고 그 법을 이었다. 뒤에 소주(蘇州)[강소성] 화정(華亭)에서 작은 거룻배를 띄워 놓고 학인들을 제접하였다. 협산 선회스님에게 법을 부촉한 뒤 배를 뒤집어엎고 입적하였다. 유명한 '선자득린화(船子得鱗話)'가 있다.

선재(善財) : ⓢSudhana. 선재동자(善財童子)를 말한다. 『대방광불화엄경』의 「입법계품」에 나오는 구도자의 이름이다. 복성장자의 아들로 태어났다. 이 동자는 처음에 태에 들어갔을 때 그 집안에 칠보누각이 저절로 솟아나고 그 누각 아래 일곱 개의 묻힌 창고가 있었는데 이 창고 위로 땅이 저절로 열려 칠보의 싹이 났다. 선재동자가 태에 든 지 열 달 만에 태어나니 몸과 팔다리가 매우 아름다웠다고 한다. 그리고 가로와 세로와 높이가 각각 7자씩 되는 일곱 개의 큰 창고가 땅에서 솟아오르니 광명이 찬란하였으며, 또 집안에서 저절로 오백 개의 보배 그릇이 나와 온갖 물건이 가득하였다. 또 온갖 보배와 수많은 재물들이 창고에 가득하였다. 이렇기에 부모와 친속들과 관상 보는 이들이 함께 이 아이의 이름을 선재라고 지었다고 한다. (『大方廣佛華嚴經』卷第六十二, 入法界品第三十九之三.) 선재동자는 뒤에 크게 발심하여 53선지식을 만나면서 법계에 들어간다.

선적(禪寂) : 마음을 고요히 가라앉혀 사려(思慮)를 닦아 익히는 것.

선전(先前) : 이전. 종전. 앞서. 맨 앞.

선종(旋踵) : ①발뒤꿈치를 돌림. ②짧은 시간. ③두려워 몸을 피하다.

선판(禪板) : 좌선일 때 몸을 기대거나 손을 얹어 놓는 용도로 쓰는 나무 판때기.

선현(船舷) : 뱃전.

선화가(禪和家) : 선화자(禪和子)들의 가문. 제방의 일반 참선인 이들을 가리킨다.

선화자(禪和子) : 선화자(禪和者), 선화(禪和)라고도 한다. 참선수행자. 선(禪)인 사람들. 선사(禪師)들이 참선인 학인들을 부르는 말.

선회(禪會) : 함께 선(禪)인 모임. 함께 참(參)인 모임. 참선의 법석(法席). 좌선인 도량. 선문(禪門)의 법좌(法座).

설(說) : ①묘사하다. 설명하다. 열람하여보다. ②설통(說通). 설법이 자재함.

설곡(雪曲) : 양춘설곡(陽春雪曲), 또는 양춘백설(陽春白雪)이라고도 한다. 전국시대 초(楚)나라의 가곡이름으로 고상하고 우아한 가곡을 통칭하여 말한다. 선종(禪宗)에서는 그 종지(宗旨)를 아름답게 울려 나오는 곡조에 비유하여 쓴다.

설두중현(雪竇重顯) : 운문문언(雲門文偃)-향림징원(香林澄遠)-지문광조(智門光祚)-설두중현(雪竇重顯). 980~1052. 운문종스님. 수주(遂州)[사천성] 출신. 속성은 이씨(李氏)이고, 자(字)는 은지(隱之)이다. 어렸을 적에 보안원(普安院)의 인선(仁銑)스님에게 출가하여 머리를 깎고 23세에 구족계를 받았다. 교학을 공부하다가 지문 광조스님을 만나 대각(大覺)을 이루었다. 지문스님을 참례하여 여쭈었다. "한 생각도 일으키지 않고 어떻게 지나갈 수 있습니까?" 지문스님이 부르고는 가까이 오라고 하였다. 스님이 가까이 다가가자마자 지문스님이 불자로 다짜고짜 입을 때렸다. 스님이 입을 열어 말하려하자 지문스님이 또 때렸다. 이에 스님이 활연히 깨달음이 열렸다. 그 후 동정호(洞庭湖) 근처의 취미봉(翠微峰)과 명주(明州)의 설두산(雪竇山) 자성사(資聖寺)에 주석하면서 선풍을 크게 진작하였다. 『경덕전등록(景德傳燈錄)』의 고칙(古則) 100여개를 가려내어 송고를 붙였는데 바로 『설두송고(雪竇頌古)』이다. 후일 원오극근선사가 여기에 평창(評唱)과 착어(着語)를 덧붙여서 유명한 『벽암집(碧巖集)』이 만들어졌다. 황우(皇祐) 4년에 73세로 입적하였다. 시호는 명각대사(明覺大師)이다. '설두천봉(雪竇千峯)' '설두의출(雪竇義出)' '설두사중(雪竇四衆)' '설두제인(雪竇諸人)' '설두위음(雪竇威音)' '설두견일칙(雪竇見一則)' 등의 공안이 있다. 『송고집(頌古集)』『염고집(拈古集)』『조영집(祖英集)』『설두후록(雪竇後錄)』『폭천집(瀑泉集)』『설두개당(雪竇開堂)』『동정어록(洞庭語錄)』 등이 있다. 천의의회(天衣義懷), 승천전종(承天傳宗) 등 32명의 전법제자가 있다.

설몽(說夢) : 잠꼬대를 하다. 꿈같은 쓸데없는 이야기를 하다. 꿈을 이야기하다.

설봉곤구(雪峯輥毬) : 설봉스님과 현사스님의 화(話)다. "현사 사비스님이 설봉 의존스님에게 물었다. '제가 지금 크게 작용하고 있습니다만 스님께서는 어떠하십니까?' 설봉스님이 3개의 나무 공을 집어 들고 한꺼번에 던져버리니, 사비스님이 도끼로 목판을 쪼개는 자세를 취하였다. 설봉스님이 말했다. '네가 직접 영산(靈山)에 있다면 비로소 이와 같을 것이다.' 사비스님이 말씀드렸다. '역시 주인공의 일입니다.'" (『福州玄沙宗一大師廣錄』中, X73n1445_p0011c10~12. "師問雪峯云:'某如今大用去, 和尚且作麼生?' 峯遂將三箇木毬一時抛, 師遂作斫牌勢祗對. 峯云:'你親在靈山, 方得如此.' 師云:'也只是自家事.'")

설봉삼도상투자(雪峯三度上投子) : 설봉스님이 구족계를 받고 나서 간절하게 참학하면서 제방의 스승들을 찾아다닐 때 투자스님에게 3번을 찾아간 일화이다.

설봉의존(雪峰義存) : 천황도오(天皇道悟)-용담숭신(龍潭崇信)-덕산선감(德山宣鑑)-설봉의존(雪峰義存). 822~908. 천주(泉州)[복건성] 남안현(南安縣)출생. 속성은 증씨(曾氏). 12세에 아버지를 따라 포전(蒲田) 옥윤사(玉潤寺)에 가서 경현(慶玄)스님에게서 머리를 깎고, 17세에 구족계를 받음. 깨달음의 인연은 이렇다. "설봉스님이 '이 일'을 간절히 찾아 투자스님을 세 번 뵙고, 동산스님을 아홉 번 찾아뵈었으나 서로 계합하는 인연을 만나지 못하였다. 뒤에 덕산스님이 왕의 덕화로 선원을 지었다는 얘기를 듣고 찾아가서 여쭈었다. '위로부터 내려온 선종의 가풍을 스님께서는 어떻게 사람들에게 보이십니까?' 덕산스님이 말했다. '나의 종문에는 말이 없다. 또한 사람에게 하나의 법도 줄 것이 없다.' 뒤에 또 여쭈었다. '위로부터 내려오는 종승(宗乘)의 일을 저에게 나누어 주실 수 있겠습니까?' 그러자 덕산스님이 주장자로 때리면서 말했다. '뭘 말하는 거냐?' 설봉스님이 두들겨 맞고 나자 막혔던 것이 풀려버렸다." 함통(咸通) 11년 행실(行實)의 청(請)에 의해 복부(福府) 서쪽 상골산(象骨山)에 암자를 짓고 오래 머물렀다. 이곳의 산을 설봉산(雪峰山)이라 하였으므로 스님의 호도 설봉(雪峰)이라 한 것이다. 87세로 입적. 시호는 진각대사(眞覺大師)이다. '설봉간사(雪峰看蛇)' '설봉현성(雪峰見性)' '설봉고간한천(雪峰古澗寒泉)' '설봉과령(雪峰過嶺)' '설봉곤구(雪峯輥毬)' '설봉망주오석(雪峰望州烏石)' '설봉반두(雪峰飯頭)' '설봉복분(雪峰覆盆)' '설봉봉미후(雪峰逢獼猴)' '설봉사인무수(雪峰死人無數)' '설봉세계활일장(雪峰世界闊一丈)' '설봉속미립(雪峰粟米粒)' '설봉심마(雪峰甚麽)' '설봉오산성도(雪峰鼇山成道)' '설봉일편야무(雪峰一片也無)' '설봉일편전지(雪峰一片田地)' '설봉작목(雪峰斫木)' '설봉전대법륜(雪峰轉大法輪)' '설봉조무봉탑(雪峰造無縫塔)' '설봉할출(雪峰喝出)' '설봉해탈문(雪峰解脫門)' '설봉양구(雪峰良久)' '설봉협리(雪峰夾籬)' '설봉감귤(雪峰柑橘)' '설봉주즙(雪峰舟楫)' '설봉첨성(雪峰瞻星)' '설봉용천(雪峰湧泉)' '설봉당당(雪峰堂堂)' '설봉등롱(雪峰燈籠)' '설봉도와(雪峰倒臥)' '설봉거처(雪峰去處)' '설봉지존(雪峰至尊)' '설봉중하(雪峰中下)' 등의 수많은 공안이 있다. 『설봉진각대사어록(雪峰眞覺大師語錄)』2권이 있으며, 법을 이은 56명의 기라성 같은 제자들을 배출하였다. 『정법안장』에는 운문문언(雲門文偃), 현사사비(玄沙師備), 고산신안(鼓山神晏), 장경혜릉(長慶慧稜), 보통보명(普通普明), 취암령참(翠巖令參), 아호지부(鵝湖智孚), 경청도부(鏡淸道怤), 태원부(太原孚), 보복종전(保福從展), 용화영조(龍華靈照), 수룡도부(睡龍道溥), 월산사내(越山師鼐), 낙경남원(洛京南

院), 장생교연(長生皎然) 등 15명의 제자가 실려 있다.

설사(說似) : 서로 만나서 상대를 향해 말해주다. 사(似)는 개사(介詞)로서 동사 뒤에 쓰일 때, 그 동사의 동작이 다른 곳에 영향이 미치는 것을 나타내며 '여(與)'나 '향(向)'과 같은 의미로 쓰인다.

설사(說事) : 일을 서술하다. 일에 대해서 말하다.

설화(說話) : ①선사(禪師)의 법문. 상당설법. ②말하는 것. 말. ③『선문염송설화(禪門拈頌說話)』의 줄임말.

섬개(纖芥) : 미세하다. 아주 작다. 작은 틈. 사소한 혐의.

섬광(蟾光) : 달빛.

섬부(陝府) : 섬(陝)은 하남성(河南省) 섬현(陝縣)에 있었던 땅. 부(府)는 당대부터 청대까지의 행정구역의 명칭이다. 당대에는 수도와 배도(陪都)가 소재한 주(州)를 승격하여 부(府)라고 하였고, 송대에는 규모가 큰 주(州)를 승격하여 부(府)라하고 노(路)에 예속시켰다. 원대에는 성(省)에 예속시킨 것과 노(路)에 예속시킨 것이 있고, 명대와 청대에는 성(省)에 예속시켰다.

섬삭(閃爍) : 나타났다가 사라졌다가 하다. 번쩍거리다.

섭(涉) : 거닐다, 걷다. 겪다. 물을 건너다. 경과하다. 경험을 쌓다. 위험을 무릅쓰다. 관계하다. 관련되다. 미치다. 교섭하다. 진입하다. 열람하다. 섭렵하다. 들어오다. 언급하다. 사귀다. 어울리다. 대강대강 훑어보다. 학문이 넓다. 산책하다. 유람하다. 길을 떠나다. ~에 속하다. 이르다. 도달하다. 처리하다.

섭도(涉道) : 길을 출발하다. 섭로(涉路)→ 길에 들어서다.

섭사(攝事) : Ⓢsaṃgraha-vastu. ①일을 관리하거나 처리하다. 사무를 대행하다. ②보살이 뭇삶을 섭수하여 깨달음으로 인도하는 것.

섭사(涉事) : 일을 처리하다.

섭현귀성(葉縣歸省) : 보응혜옹(寶應慧顒)-풍혈연소(風穴延沼)-수산성념(首山省念)-섭현귀성(葉縣歸省). 기주(冀州)[하북성] 출신. 속성은 가씨(賈氏). 역주(易州)의 보수원(保壽院)으로 출가하고 구족계를 받았다. 여주(汝州) 섭현(葉縣) 광교원(廣教院)에 주석하며 학인들을 교화하였다. 《깨달음의 인연》"수산 성념스님이 문하로 들어 온 귀성스님에게 죽비를 세우고 물었다. '이것을 죽비라고 부르면 저촉되며 죽비라고 부르지 않으면 위배된다. 자, 말해라. 궁극에 뭐라고 불러야 하겠나?' 이 말에 활연히 크게 깨닫고 곧바로 죽비를 빼앗아 분질러 버리고는 계단 아래로 던져버렸다. 그리고는 도리어 여쭈었다. '어디에 있습니까?' '눈이 멀었군!' 이 말이 떨어지자 곧바로 대오하였다." '섭현불락(葉縣不落)' '섭현일모(葉縣日暮)' '섭현제여(葉縣諸餘)' '섭현거좌(葉縣據座)' 등의 공안이 있다. 『섭현광교성어록(葉縣廣教省語錄)』1권이 있다. 대승혜과(大乘慧果), 부산법원(浮山法遠) 등 4명의 수법제자가 있다.

성과(聖果) : ⓢārya-phala. 팔정도(八正道)와 육바라밀(六波羅蜜)의 성도(聖道)를 닦아 얻은 성자(聖者)의 과(果). 곧 보리(菩提)와 열반(涅槃)을 말함.

성괴(成壞) : =성패(成敗). 성공과 실패를 말한다.

성덕(聖德) : 지극한 덕. 부처님의 덕. 곧 열반(涅槃) 사덕(四德)인 상(常)·락(樂)·아(我)·정(淨)을 말함.

성량(聖量) : ⓢāgama-pramāṇa. 성인의 말씀으로 성언량(聖言量), 성교량(聖教量), 정교량(正教量), 지교량(至教量) 등과 같다. 사량(四量)의 하나다. 성현(聖賢)의 상량(商量). 성현의 도량(度量).

성명(性命) : 생명. 목숨. 본성. 타고난 성품. 타고난 운명.

성상(性相) : 성(性)은 불변(不變)·평등(平等)·절대(絕對) 진실의 본체나 도리, 사물 그 자체. 상(相)은 변화(變化)·차별(差別)·상대(相對)의 현상적인 모습. 법상종에서는 성(性)은 원성실성(圓成實性)의 진여라 하고, 상(相)은 의타기(依他起)의 만법이라 한다.

성색(聲色) : 나타난 현상. 나타난 모양. 목소리와 얼굴 빛. 말다툼하다. 성급한 말투와 성난 얼굴 빛. 아름다운 소리와 빛깔. 음란한 음악과 여색. 육경(六境) 가운데서 색(色)과 성(聲)을 함께 일컫는 말이다. 이 두 가지를 들어 육경(六境) 전체를 표현하기도 한다.

성식(性識) : 선천적인 재능. 뭇삶의 개별적 근성(根性)과 심식(心識).

성실(誠實) : 참으로. 진실로.

성예(聲譽) : 좋은 평판. 명성과 명예. =성가(聲價).

성저(盛貯) : 담아서 보관하다.

성주(聖主) : ①narendra. 부처님의 존호(尊號)로 모든 성인 가운데 가장 위대하므로 성주(聖主)라고 한다. ②당대의 황제를 칭송하는 말. 영명한 천자를 두루 이르는 말.

성태(聖胎) : ⓢudāra. 성인이 될 씨앗. 붓다를 드러내는 무루(無漏)의 종자. 십주(十住)·십행(十行)·십회향(十廻向)의 삼현위(三賢位)를 말한다. 자신이 가지고 있는 종자로써 인(因)을 삼고 선지식으로 연(緣)을 삼아 바른 법을 듣고 닦아 익혀 본래 성품을 길러 초지(初地)에 도달하는 것을 말한다.

성판(成辦) : ⓈabhI-niṣpānna, samudāgama. 성취하다. 성공하다, 완성하다. 완전히 갖추다, 제대로 갖추다.

성패(成敗) : ①실패. 성공과 실패. ②Ⓟanicca. 거듭거듭 한없이 반복하는 세계의 생성과 소멸.

성황(城隍) : ①성벽과 해자. 성 안, 성읍을 말한다. ②성읍을 수호하는 신(神).

세간(世間) : Ⓢloka, laukika. 깨지고 부서지는 세계를 말한다. 주로 미계(迷界)를 말한다. 이에 대한 오계(悟界)로 출세간(出世間)이 있다.

세미(世味) : 세태. 인정. 세상맛.

세어(細語) : 나지막한 목소리로 말하다.

세제(世諦) : Ⓢsaṃvṛti-satya. 세속사람들이 아는 도리. 속제(俗諦)라고도 한다. 제일의제(第一義諦) 또는 진제(眞諦)의 반대개념.

세지변총(世智辨聰) : Ⓢmithya-darśana. 세상의 지혜와 달변과 총명. 불교에서는 팔난(八難)의 하나. 세속에서의 지혜는 뛰어나면서도 참다운 이치에서의 지혜에는 미치지 못한다.

소(素) : ①평소. 미리. ②근본, 본질. ③재가신도. 흰색 옷.

소(消) : ①필요로 하다. 요구되다(=要). ②향유하다. ③Ⓢprahīna. 제멸하다. 제거하다. ④풀이하다. 해석하다.

소견(所見) : ①Ⓢdṛṣṭa. 봄 속에서 보이는 객관적인 것. 보여 지는 것. 보여 지는 대상. ②Ⓢābhāsa, boddhavya, lakṣya. '소현'으로 읽는다. 마음에 나타나는 사념. 어떤 것으로 생각되어지는 것. ③수동의 형식을 나타낸다.

소공연화어서하(昭公演化於西河) : '소공이 서하에서 법을 펴다.' 소공(昭公)은 분양선소(汾陽善昭)스님을 말한다. 서하(西河)는 현(縣)의 이름으로 당나라 때 산서성 분양현에 있었다. 수산 성념스님이 입적하자 서하(西河)의 도속(道俗)들의 청으로 분주(汾州) 태자원(太子院)에 주석하면서 삼구(三句), 사구(四句), 삼결(三訣), 십팔창(十八唱) 등의 기용으로 학인들을 접화하면서 크게 명성을 떨쳤다.

소두(梳頭) : 빗으로 머리를 빗다.

소둔(宵遁) : 밤을 이용하여 달아나다.

소득(消得) : 요구되다. 필요로 하다. 상응하다. 맞먹다. 견디어내다. 이겨내다. 향유하다. 누리다. 소비하다. 쓰다.

소로소로시리시리(蘇嚕蘇嚕悉哩悉哩) : Ⓢsuresure siresire. 『천수천안관세음보살광대원만무애대비심대다라니신묘장구다라니(千手千眼觀世音菩薩廣大圓滿無礙大悲心大陀羅尼神妙章句陀羅尼)』 등 여러 경에 나오는 진언이다. 소로(蘇嚕)는 펼치다, 꺼내다, 흘러내다, 나투다, 나타내다 등의 뜻이다. 시리(悉哩)는 나아가다, 흐르다, 연꽃 등의 뜻이다.

소류(小流) : 실개천.

소림(少林) : ①달마대사가 주석한 소림사(少林寺)를 말한다. ②달마대사를 말한다.

소무(邵武) : 복건성 소무시(邵武市)에 진(晉)나라 때 둔 현(縣)의 이름.

소백(邵伯) : 강소성(江蘇省) 강도현(江都縣)의 북쪽에 있는 호수이름.

소사(小師) : 스님의 겸칭. 젊어서 출가한 사람에 대한 호칭. 수계한 지 10년이 채 안 된 스님.

소사(少師) : =소사(小師). ①Ⓢdahara. 법랍 10년 이하의 어린 스님. ②제자. 제자스님. ③승가 전체스님.

소산광인(疏山匡仁) : 약산유엄(藥山惟儼)-운암담성(雲巖曇晟)-동산양개(洞山良价)-소산광인(疏山匡仁). 조동종 스님으로 길주(吉州) 신감(新淦)사람이다. 어렸을 적 본주원증선사(本州元證禪師)에게 출가하였다. 경론을 수학하다가 향엄 지한스님 등을 참알하고 후에 동산 양개선사의 회상으로 가서 대오(大悟)하고 법을 잇는다. 무주(撫州)[강서성 임천(臨川)]의 소산(疏山)에서 소산사(疏山寺)를 건립하고 동산스님의 종풍을 크게 떨치니 무주소산광인선사(撫州疏山匡仁禪師)로 불렸다. 광인선사는 생김새는 키가 작고 못생겨서 '왜사숙(矮師叔)' 혹은 '왜사리(矮闍黎)'라고 불렸지만 언변은 탁월하였다고 한다. 학인을 제접할 땐 날카로운 선기(禪機)를 휘둘러 항상 입을 열 기회를 전혀 주지 않았기 때문에 '소산교촉(疏山齩鏃)'이라 불리었다. '소산법신변사(疏山法身邊事)' '소산수탑(疏山壽塔)' '소산제성(疏山諸聖)' '소산고목(疏山枯木)' '소산죽족(疏山粥足)' '소산노한(疏山老漢)' '소산목사(疏山木蛇)' 등의 공안이 있다. 황벽혜(黃檗慧), 영천귀인(靈泉歸仁), 대안산성(大安山省), 서계도태(西谿道泰), 호국수징(護國守澄) 등 22여명의 법을 이은 제자가 있다.

소산환보(韶山寰普) : 약산유엄(藥山惟儼)-선자덕성(船子德誠)-협산선회(夾山善

會)-소산환보(韶山寰普). 오대(五代)의 스님이다. 협산 선회스님에게서 법을 이어받고 낙양(洛陽) 소산(韶山)에 주석하였다. 시호는 무외선사(無畏禪師)이다. '소산일구(韶山一句)' '소산다구(韶山多口)' '소산절정(韶山絶頂)' '소산시비(韶山是非)' 등의 공안이 있다.

소상강(瀟湘江) : 중국 호남성(湖南省)의 영릉현(零陵縣) 북부에서 소수(瀟水)와 상강(湘江)이 합류하여 동정호(洞庭湖)로 흘러가는 강의 이름.

소서(燒畬) : 풀과 나무가 많은 산에 불을 놓아 밭을 만듦. 곧, 화전(火田)을 일굼.

소선(少選) : 오래지 않아. 잠시. 잠깐 동안.

소소영령(昭昭靈靈) : 깊은 의식의 자기 본 모습이 밝고 밝으며 불가사의 한 깨달음의 모습임을 일컫는 말. 밝디 밝고 신령하고도 신령한 마음의 모습을 형용한 것이나 선가(禪家)에서는 주로 배격한다.

소시(昭示) : 명백하게 나타내 보이거나 알리다. 명시하다. 공시하다. 선포하다.

소식(消息) : ①깨달음의 경계. 진리. 오묘함. 깨달음으로 이끄는 결정적 단서. ②휴식하다. 원기를 회복하다. 살아나게 하다. ③변화하다. ④징조, 실마리. 조짐. 단서. 기미. ⑤안부. 살아가는 내용. 일상의 기거동작. ⑥Ⓢvārttā. 늘고 줄거나 성하고 쇠하는 등의 변화. 만물이 생성 소멸을 반복하면서 변화하는 현상.

소실(少室) : 소실산(少室山)을 말한다. 달마대사가 9년 면벽한 곳이다. 숭악(嵩岳)의 서쪽 별봉(別峰)으로 위나라의 효문(孝文)이 불타선사(佛陀禪師)를 위해 세운 소림사(少林寺)가 있다.

소양(韶陽) : ①아름다운 봄빛. ②운문 문언스님을 가리킨다. 이 소양(韶陽)은 광동성 소주(韶州)의 고대 지명으로 이곳에 위치한 곡강(曲江)에 운문 문언스님이 주석하였던 운문산 광태사가 있다.

소절(小節) : 사소한 일. 사소한 부분.

소주(蘇州) : 주(州)의 이름으로 수나라 때 강소성(江蘇省) 남동쪽 오현(吳縣) 일대에 두었다. 장주(長州), 평강(平江), 고소(姑蘇)라고도 한다.

소주법해(韶州法海) : 쌍봉도신(雙峰道信)-황매홍인(黃梅弘忍)-조계혜능(曹溪慧能)-소주법해(韶州法海). 곡강(曲江)[광동성] 출신이다. 처음에 육조스님을 만나 즉심즉불(卽心卽佛)의 뜻을 묻고는 곧장 돈오(頓悟)하였다. 육조스님이 소주(韶州)의 대범사(大梵寺)에서 설법한 내용을 모아 기록하여 『법보단경(法寶壇經)』을 완성하였다.

소지(素志) : 평소에 품은 뜻이나 바람. 평소의 마음. 평소의 생각.=소심(素心), 소의(素意).

소지와자지면(燒地臥炙地眠) : 땅에 불을 질러서 땅바닥에 바짝 붙어 그 열기로 추위를 모면하며 잠을 잠. 곧 아주 곤궁함을 표현하는 말이다. 『정법안장』2권하(下) 제336화에 나오는 대우수지(大愚守芝)스님의 법문이다. "밝은 대낮에 땅을 태워 잠자고 밤에도 땅을 데워 잠잔다."(『古尊宿語錄』卷之二十五, 「筠州大愚芝和尚語錄」, 68n1315_p0163c09~10. 云: "如何是祖師西來意?" 曰: "白日燒地臥, 夜間炙地眠.)

소지우(所知愚) : 소지장(所知障)에 걸린 어리석은 자를 말한다. 소지장은 불염오무지(不染汚無知)로 지장(智障)이라고도 한다. 최후의 미세한 장애로 제8 아뢰야식의 장애이다.

소참(小參) : 주지스님이나 큰스님들이 일정하게 정해진 시간 없이 수시로 대중을 모아 문답하는 것을 말한다. 남송 이후로는 정기적으로 행해졌다.

소추(掃帚) : Ⓢsammārjanī. 빗자루. 댑싸리비. 비로 쓸다.

소토(掃土) : 땅을 쓸다. 모든 지역. 전 지역. 온통 다.

소파구(笑破口) : 입이 째지도록 크게 웃다. 소파순(笑破脣)이라고도 함.

소파토지비공(笑破土地鼻孔) : 토지신의 콧구멍이 터지도록 크게 웃기다.

소허(少許) : Ⓢparītta, alpa. 얼마 안 되는 분량. 조금. 적은 분량.

속취(束取) : 주워서 묶다.

솔이(率爾) : 갑작스러운 모양. 편한대로 행동하여 얽매이지 않는 모양. 솔직한 모양. 영락하여 쓸쓸한 모양. 너, 너희들.

송라(松蘿) : 높은 산이나 가파른 절벽의 소나무에 넌출처럼 줄줄이 매달려 사는 겨우살이로 버섯의 일종.

송연(竦然) : 공경하는 모양. 무서워하는 모양.

쇄(殺) : 엄청, 매우, 몹시. 심히. 대단히. 술어의 앞이나 뒤에 쓰이어서 정도가 매우 심함을 나타낸다.

쇄쇄지(灑灑地) : 쇄쇄낙락지(灑灑落落地)의 줄임말. 적나라(赤裸裸)한. 한 물건도 없이 완전히 드러낸. 속진(俗塵)과 지해(知解)를 완전히 덜어 내 철저히 깨끗한.

쇄절(碎折) : 부서지고 꺾어짐.

쇄지절포지단(碎地折曝地斷) : 쇄지(碎地)와 포지(曝地)는 의성어. 순식간에 깨달음을 말한다.

수(數) : Ⓢsaṃkhyā. 존재하는 수량을 표시하는 것.

수(須) : 설령, 비록, 가령. 도리어, 오히려. ~이다. 있다. 저절로. 반드시. 반드시 ~해야만 한다(須是). 반드시 ~할 것이다. 반드시 ~하지 않을 수 없다.

수(殊) : 아직, 여태, 여전히. 마침내, 끝내. 매우, 아주. 오히려. 뜻밖에. 다르다. 뛰어나다. 남다르다.

수가(誰家) : 누구. 어떤 사람. 어느 곳. 어디. 누구의 집. 어떻게. 어찌 ~할 수 있으랴. 무엇 때문에. 왜. 무엇. 어떤. 어떤 물건.

수각(手脚) : ①손발. 몸. ②동작, 거동, 행동. ③힘, 기력. ④수단, 방법. 솜씨. ⑤목적한 바를 이루기 위해 남모르게 취하는 행동.

수고우(水牯牛) : 암물소. 거세된 숫물소. 검은 암소. 남전 보원스님이 최초로 썼다. 한가하고 여유로우면서 일없는 사람 또는 그런 마음, 그런 삶을 말한다. 유유자적(悠悠自適)한 대자유인(大自由人), 대무사인(大無事人)을 표현한다.

수곽상좌(守廓上座) : 황벽희운(黃檗希運)-임제의현(臨濟義玄)-흥화존장(興化存獎)-수곽상좌(守廓上座). 수곽행자(守廓行者), 수곽시자(守廓侍者), 곽시자(廓侍者), 곽공(廓公) 등으로도 불린다. 덕산스님과의 감변화(勘辨話)인 '곽시과다화(廓侍過茶話)'와 '선감출욕화(宣鑒出浴話)'로 잘 알려져 있다. 『선종송고련주통집(禪宗頌古聯珠通集)』23권 · 『종문염고휘집(宗門拈古彙集)』32권 · 『종감법림(宗鑑法林)』27권 · 『정법안장(正法眼藏)』3권상(上) · 『어선역대선사어록(御選歷代禪師語錄)』후집중(後集中) · 『백운수단선사어록(白雲守端禪師語錄)』권하(卷下) · 『오가정종찬(五家正宗贊)』「덕산현성선사(德山見性禪師)」 · 『연등회요(聯燈會要)』11권 · 『오등회원(五燈會元)』11권 · 『오등엄통(五燈嚴統)』11권 · 『오등전서(五燈全書)』21권 · 『지월록(指月錄)』19권 · 『교외별전(教外別傳)』8권 · 『선종정맥(禪宗正脈)』6권 · 『선원몽구요림(禪苑蒙求瑤林)』하권(下卷) 등에 실려 있다.

수굴(受屈) : 굴종함. 굴욕을 당함. 학대를 받음.

수도거성(水到渠成) : 물이 흐르는 곳에 저절로 도랑이 생김. 조건이 마련되면 자연히 일이 이루어짐을 말한다.

수룡도부(睡龍道溥) : 용담숭신(龍潭崇信)-덕산선감(德山宣鑑)-설봉의존(雪峰義存)-수룡도부(睡龍道溥). 오대(五代) 민(閩)지방의 스님이다. 복당(福唐)[복건성 복청(福淸)] 출신이다. 속성은 정씨(鄭氏). 설봉 의존스님의 법을 잇고 이후 오봉산(五峰山)에 주석하다가 다시 천주(泉州)의 수룡산(睡龍山)으로 옮겨 전법하며 명성을 크게 떨쳤다. 민왕(閩王)이 홍교선사(弘教禪師)라는 호를 주었다. 수법제자(受法弟子)로 보복청활(保福淸豁)스님이 있다.

수릉엄삼매(首楞嚴三昧) : 수랑가마 삼마디(ⓢSūraṃgama-samādhi). 수릉가마(首楞伽摩)라 음역한다. 건상(健相)·견고(堅固)·용건(勇健)·건행(健行)·일체사경(一切事竟) 등으로 번역한다. 10지 보살을 용감한 무사로 하고서, 그들이 닦는 정(定)이란 의미다. 이 삼매는 훌륭한 장군이 군대를 이끌고 적을 무찔러 항복받는 것처럼 번뇌의 마군을 이겨내는 것이라고 한다. 자세한 것은 『수릉엄삼매경』상권 참조.(『佛說首楞嚴三昧經』卷上, T15n0642_p0631a18~c26.)

수맥(水脈) : 물살. 물이 흐르는 속도. 배가 다니는 길. 강이나 하천의 물줄기. 땅속 물길.

수모(水母) : 해파리. 물의 신(神). 도가(道家)에서 연단(鍊丹)이나 기공(氣功) 등을 이르는 수련의 용어.

수모차하위안(水母借鰕為眼) : '수모목하(水母目蝦)'의 비유이다. 해파리가 새우를 눈으로 삼는다. 눈이 없는 해파리가 새우에 의지하여서 움직인다는 것으로 자신의 주관이 없이 남의 말이나 따르는 것을 비유한다.

수목(數目) : ①낱낱의 수. 단위로 나타내는 사물의 양. ②사실. ③작은 눈. 가는 눈.

수반(餿飯) : 쉰 밥. 진부한 언사(言辭)를 말한다.

수부(隨負) : 실패하다.

수분(隨分) : ①어느 곳이나, 어느 때나. ②본성을 따르다. ③분수에 만족하다. ④있던 그대로의 상태, 있던 그대로의 것. ⑤편리한 대로 하다, 형편대로 하다. ⑥마음대로, 임의대로. ⑦관례대로 내는 몫.

수산성념(首山省念) : 홍화존장(興化存獎)-보응혜옹(寶應慧顒)-풍혈연소(風穴延沼)-수산성념(首山省念). 926~993. 내주(萊州)[산동(山東)] 출신. 속성(俗姓)은 적씨(狄氏). 어려서 남선사(南禪寺)로 가서 머리를 깎고 득도하였다. 구족계를 받자마자 곧장 천하의 총림을 유력하면서 참문하였다. 선사는 항상 두타행을 실천하면서 아울러 『법화경』을 늘 외웠으므로 사람들이 '염법화(念法華)'라고 불렀다. 뒤에 풍혈연소선사(風穴延沼禪師)를 만나서 그 마음을 전수 받고 명성을 사방에 떨쳤다. 그 후에 여주(汝州)[하남성(河南省) 임여(臨汝)] 수산(首山)에서 개법하였다. 또 여주(汝州) 섭현(葉縣) 보안사(寶安山) 광교원(廣敎院)과 보응원(寶應院) 등에서 주지를 하였는데 대중들이 항상 넘쳐났다고 한다. 순화(淳化) 3년 상당하여 게송을 읊었다. "금년 67세/ 늙고 병들어 또 하루를 보내는구나./ 올해엔 내년의 일을 기억하고/ 내년엔 오늘 아침의 떠오르는 태양을 기억하리라.(今年六十七, 老病隨緣且遣日. 今年記取來年事, 來年記著今朝日.)" 다음 해에 법상에 올라 대중에게 이별의 게송을 읊었다. "하이얀 은세계의 금빛 나는 몸,/ 정과 정아님 모두 한결같은 참./ 밝고 어둠 다할 때 다 못비추고/ 둥근 해 오후에 다 드러내누나. (白銀世界金色身, 情與非情共一真. 明暗盡時俱不照, 日輪午後見全身.)" 말을 마치고 세수 68세로 앉아서 입적하였다. 학인을 제접할 때 쓴 '수산삼구(首山三句)'가 있으며, '수산신부(首山新婦)' '수산죽비(首山竹篦)' '수산초왕(首山楚王)' '수산보리(首山菩提)' '수산월락(首山月落)' '수산소의(首山小意)' '수산차경(首山此經)' '수산용심(首山用心)' '수산친절(首山親切)' '수산요득(首山要得)' '수산일호(首山一毫)' '수산졸랑(首山拙郞)' '수산범음(首山梵音)' 등의 화두가 있다. 『여주수산념화상어록(汝州首山念和尚語錄)』1권이 남겨져 있다. 분양선소(汾陽善昭), 삼교지숭(三交智嵩), 곡은온총(谷隱蘊聰), 신정홍인(神鼎洪諲), 섭현귀성(葉縣歸省), 광혜원련(廣慧元璉) 등 27명의 기라성 같은 걸출한 제자들이 있다.

수산회지(首山懷志) : 보응혜옹(寶應慧顒)-풍혈연소(風穴延沼)-수산성념(首山省念)-수산회지(首山懷志). 여주(汝州) 수산(首山) 건명원(乾明院)의 수산회지(首山懷志)스님이다. 전기가 알려져 있지 않다. "어떤 스님이 물었다. '어떤 것이 조사께서 서쪽에서 오신 뜻입니까?' 말했다. '석자 주장자로 동이를 깨는 거지.' 여쭈었다. '어떤 것이 부처님입니까?' 스님이 말했다. '통 밑이 빠졌구나.' 여쭈었다. '모든 성인들이 어떤 언구가 있었습니까?' 스님이 말했다. '여시아문.' 말씀드렸다. '모르겠습니다.' 스님이 말씀하셨다. '신수봉행.' " (『續傳燈錄』卷第一, T51n2077_p0473b15~18. "汝州首山懷志禪師. 僧問: '如何是祖師西來意?' 曰: '三尺杖子破瓦盆.' 問: '如何是佛?' 師曰: '桶底脫.' 問: '從上諸聖有何言句?' 師曰: '如是我聞.' 曰: '不會.' 師曰: '信受奉行.'")

수상현신(樹上懸身) : 선문공안(禪門公案)의 하나로 향엄상수화(香嚴上樹話)라고한다. 향엄지한(香嚴智閑)선사가 제자들에게 물었다. "어떤 사람이 천 자나 되는 높은 나무에 올라갔는데, 손은 가지를 잡지 못하고 입으로만 나뭇가지를 문 채, 두 발은 허공에 대롱대롱 떠있다. 그런데 나무 아래서 한 사람이 그에게, '달마조사가 서쪽에서 온 뜻이 무엇이냐?'하고 묻는다. 만약 대답하려 입을 벌리면 당장 나무에서 떨어져 죽을 것이고, 만약 대답치 않는다면 묻는 이의 간절한 뜻을 저버리는 것이다. 자, 이럴 때 어떻게 하겠느냐?" (『景德傳燈錄』卷第十一, T51n2076_p0284b21~24. "如人在千尺懸崖, 口銜樹枝, 脚無所踏, 手無所攀. 忽有人問:'如何是西來意?' 若開口答即喪身失命, 若不答又違他所問. 當恁麼時作麼生?")

수색(須索) : ①강제로 징발하다. 갈취하다. ②반드시 ~해야만 한다. ③틀림없이 ~하다.

수서(修書) : 편지를 쓰다. 서신을 보내다. 책을 편찬하다

수섭(收攝) : ①마음을 가다듬다. 정신을 차리다. ②통제하다. 단속하다. ③붙잡다. 체포하다. ④소환하다. ⑤거두어들이다. 붙잡다. 묶다.

수수(隨手) : ①~하는 김에 ~하다. ②손이 가는 대로 하다. ③즉석에서 하다. ④손에 지니다. 손에서 떨어지지 않다.

수수(垂手) : 선가(禪家)에서 선사(禪師)들이 학인들을 접화(接化)할 때 제이의 문(第二義門)인 향하문(向下門)을 세워서 은근하게 지도하는 것. 부모가 두 손을 내려 아기를 어루만지듯 가르침을 내리다. 스승이 제자를 인도하여 가르치는 것.

수수(繡水) : 지금의 절강성(浙江省) 가흥(嘉興)지방.

수시(雖是) : 비록 ~하지만.

수시(隨侍) : 시중드는 사람. 수행하며 모시다.

수시(隨時) : Ⓢkāla-anukāla. 형편에 따르다. 시대의 풍습을 따르다. 시세에 맞다. 시의적절하다. 어느 때라도. 언제든지. 계절에 따라.

수어(垂語) : 시중(示衆)과 같은 것으로 선사가 학인들에게 법문하는 것을 말한다. =수시(垂示).

수어생해(隨語生解) : 말을 따라 분별을 일으키다.

수영(輸贏) : 패배와 승리. 승부.

수요(須要) : 반드시 ~해야만 한다. ~할 필요가 있다.

수용(受用) : ①누리다, 사용하다. ②지극히 기쁨, 선열(禪悅)과 법열(法悅)을 누림.

수인(愁人) : 사람을 시름에 잠기게 하다. 시름에 잠긴 사람.

수재(秀才) : 당대와 송대에는 과거에 응시하는 선비를 말한다. 한대(漢代)에

는 과거시험을 수재라 하였고 명대와 청대에는 부학(府學)이나 주학(州學), 현학(縣學) 등에 입학한 생원(生員)을 수재라고 하였다. 원대와 명대이래로는 서생(書生)이나 독서인(讀書人)을 수재라 하였다. 선원에서는 참(參)인 학인을 말한다.

수제(水際) : ①물가(水邊). 물의 표면. ②삼륜(三輪)의 하나인 수륜(水輪).

수졸(守拙) : 처세에 옹졸한 줄 알면서도 그 옹졸함을 고치지 않고 지금 처해 있는 분복(分福)에 만족하는 것.

수주양수(壽州良遂) : 남악회양(南嶽懷讓)-마조도일(馬祖道一)-마곡보철(麻谷寶徹)-수주양수(壽州良遂). 마곡 보철스님을 만나 깨닫게 된 인연은 이렇다. "양수좌주가 처음에 마곡 보철스님을 참례하였다. 마곡스님은 오는 것을 보고도 곧 호미를 메고 밭으로 가서 풀을 맸다. 양수스님이 풀을 매는 곳마다 따라다녔다. 마곡스님은 여전히 돌아보지도 않고 곧 방장실로 돌아가서 문을 닫아 걸어버렸다. 양수스님이 다음 날 다시 찾아 가니, 마곡스님이 또 문을 걸어버렸다. 양수스님이 바로 문을 두드리자, 마곡스님이 물었다. "누구야?" 말씀드렸다. "양수입니다." 이름을 말하면서 홀연히 계오(契悟)하였다. 그리고는 말씀드렸다. "스님은 양수를 속이지 마십시오. 이 양수가 만일 스님께 예배드리질 못했더라면 거의 일생을 경론(經論)에 속아 보낼 뻔 했습니다." '양수진지(良遂盡知)' 공안이 있다. 『경덕전등록(景德傳燈錄)』9권 · 『정법안장(正法眼藏)』3권상(上) 제555화 · 『선문염송집(禪門拈頌集)』13권 · 『선문보장록(禪門寶藏錄)』권중(卷中) · 『선종송고련주통집(禪宗頌古聯珠通集)』12권 · 『종문염고휘집(宗門拈古彙集)』18권 · 『종감법림(宗鑑法林)』20권 · 『선림유취(禪林類聚)』3권 · 『백운수단선사어록(白雲守端禪師語錄)』권하(卷下) · 『대광명장(大光明藏)』중권(中卷) · 『연등회요(聯燈會要)』7권 · 『오등회원(五燈會元)』4권 · 『오등엄통(五燈嚴統)』4권 · 『오등전서(五燈全書)』8권 · 『지월록(指月錄)』11권 · 『교외별전(敎外別傳)』6권 · 『선종정맥(禪宗正脉)』1권 · 『선원몽구요림(禪苑蒙求瑤林)』상권(上卷) 등에 실려 있다.

수주지통(壽州智通) : 쌍봉도신(雙峰道信)-황매홍인(黃梅弘忍)-조계혜능(曹溪慧能)-수주지통(壽州智通). 안풍(安豐) 출신이다. 처음에 『능가경』을 천여 편을 읽었으나 삼신사지(三身四智)의 뜻을 알지 못하였다. 그래서 육조 혜능스님을 찾아 그 뜻을 깨달았다. 『경덕전등록(景德傳燈錄)』5권 · 『정법안장(正法眼藏)』3권하(下) 제654화 · 『대장일람집(大藏一覽集)』10권 · 『연등회요(聯燈會要)』3권 · 『오등회원(五燈會元)』2권 · 『오등엄통(五燈嚴統)』2권 · 『오등전서(五燈全書)』4권 · 『교외별전(敎外別傳)』4권 · 『선종정맥(禪宗正脉)』1권 · 『육조대사법보단경(六

祖大師法寶壇經)』 등에 실려 있다.

수증(修證) : 수(修)는 밝혀서 알아내고 확실히 이해한 것을 실천수행하는 것이고 증(證)은 여실히 깨달아 증득하는 것이다. 신해행증(信解行證)의 수행과정 가운데 뒷부분이다.

수지(須知) : 꼭 알아야 한다. 도리어 알아야만 한다. 알아 두어라. 새겨 두어라.

수집(囚執) : 사로잡다. 수감되다.

수참(受參) : 질문을 받다.

수처작주(隨處作主) : 어디서나 주인을 드러내고 있다. 어디서나 주인이 되어 있다. 어디서나 주인이다. 어디서나 주인을 나타내고 있다. 여기서 '주인을 짓기만 하면' '주인이 되기만 하면' '주인이 된다면' '주체적일 수 있다면' 등의 해석도 있지만, '주인이 된다'든지 '주인을 지어야 한다'든지 하여 해석을 하면 무리가 있다고 본다. '어디서나 주인이 된다면 참된 곳이 되는 것'이 아니라 '어디서나 주인이며 참된 곳임을 알아차리면 된다'는 의미이다.

수취(收取) : 거두어 받아 두다. 떠맡다. 받아들이다.

수치(修治) : ①Ⓢdhūta. 집착을 버리고 마음을 닦는 행인 두타(頭陀)의 번역어. ②Ⓢpratipakṣa-bhāvanā. 수행(修行). ③짓다. 만들다. 건설하다.

수탑(壽塔) : 수장(壽藏), 수릉(壽陵)이라고도 한다. 장수(長壽)를 축수(祝壽)하기 위해 세우는 탑으로 생전에 자신을 위해 세우는 탑비(塔碑)이다. 여기에는 임종할 때 쓸 방인 수당(壽堂)과, 죽은 뒤에 진영을 모실 방인 영당(影堂)과, 죽은 뒤에 넣어 둘 수의나 관인, 수기(壽器) 등을 만들어 둔다. 선종(禪宗)에서 처음에 만들었으나 후에 다른 종파에서도 따라 만들었다.

수파축랑(隨波逐浪) : 물결 흐르는 대로 따르다. 덕산 연밀스님이 제시한 운문삼구(雲門三句) 가운데 하나다.

수판(手板) : 신하가 임금을 조현(朝見)할 때 두 손에 쥐는 패다. 무엇을 가리키거나 사건을 기록하는데 썼다. 고대에는 홀(笏)이라고 하였지만 진(晉)·송(宋)이후로는 수판(手板)이라고 하였다.

숙송현(宿松縣) : 안휘성 안경시(安慶市) 서남부에 있던 현의 이름. 한나라 때 송자현(松茲縣)이었다가 수나라 초기에 고당현(高唐縣)으로 바뀌고 다시 598년에 숙송현(宿松縣)으로 바뀌었다.

숙장(肅莊) : 엄숙하고 장중하다.

순(徇) : ①따르다, 순종하다, 굴종하다, 굴복하다. ②에워싸다, 둘러싸다. ③신속하다, 민첩하다. ④빛내다, 과시하다. ⑤포고하다, 선포하다. ⑥조리돌리다, 대중에게 전시하다. ⑦순시하다, 순행하다. ⑧모색하다, 추구하다, 강구하다. ⑨그치다. ⑩두루, 널리.

순(純) : ①모두, 다, 전부. ②어울리다. 조화를 이루다. ③아름답다. 훌륭하다. 선하다. ④크다. ⑤순수하다. 순박하고 돈독하다. 진실하다. 성실하다. ⑥빛나다. ⑦테를 두르다. ⑧싸매다. 동여매다. ⑨실, 견직물. ⑩피륙의 폭. ⑪가장자리. ⑫도박.

순(脣) : 키의 앞쪽 가장자리에 약간 볼록하게 테두리를 두른 것.

순문(脣吻) : 의론. 말재간. 입, 부리.

순성(循省) : 살피다. 조사하다. 검사하다.

순치(脣齒) : 한담을 나눔. 말. 입술과 이. 서로 의지하여 공동의 이익이 있는 쌍방의 관계를 말한다.

숭산준극(嵩山峻極) : 황매홍인(黃梅弘忍)-숭산혜안(嵩山慧安)-파조타(破竈墮)-숭산준극(嵩山峻極). 자세히 알려진 것이 없다. 다만 『오등회원』2권에 문답화가 나온다. “한 스님이 여쭈었다. ‘선을 닦는 이는 어떻습니까?’ 스님이 말했다. ‘칼을 쓰고 족쇄를 차고 있지.’ 말씀드렸다. ‘악을 짓는 이는 어떻습니까?’ 스님이 말했다. ‘선(禪)을 닦아 선정에 들어 있지.’ 말씀드렸다. ‘제가 근기가 얕으니 스님께서는 곧바로 말씀해 주십시오.’ 스님이 말했다. ‘네가 나에게 악을 물으면 악은 선을 좇지 않고, 네가 나에게 선을 물으면 선은 악을 좇지 않는 거야.’ 그 스님이 한참 묵묵히 있었다. 스님이 말했다. ‘알겠니?’ 그 스님이 말했다. ‘모르겠어요.’ 스님이 말했다. ‘악인은 선한 마음이 없고 선인은 악한 마음이 없어. 그렇기에 선악은 마치 뜬구름과 같아 모두가 일어나고 스러지는 자리가 없다고 말하는 거지.’ 그 스님이 말 떨어지기 무섭게 깨달아버렸다. 뒤에 파조타스님이 이 얘기를 듣고서 말했다. ‘이 녀석이 모든 법의 남없음을 다 알아버렸군.’” (『五燈會元』卷第二, X80n1565_p0054c06~11. ”嵩山峻極禪師. 僧問: ‘如何是修善行人?’ 師曰: ‘擔枷帶鎖.’ 曰: ‘如何是作惡行人?’ 師曰: ‘修禪入定.’ 曰: ‘某甲淺機, 請師直指.’ 師曰: ‘汝問我惡, 惡不從善, 汝問我善, 善不從惡.’ 僧良久. 師曰: ‘會麼?’ 僧曰: ‘不會.’ 師曰: ‘惡人無善念, 善人無惡心. 所以道善惡如浮雲, 俱無起滅處.’ 僧於言下大悟. 後破竈墮聞舉乃曰: ‘此子會盡諸法無生.’”)

숭산혜안(嵩山慧安) : 감지승찬(鑑智僧璨)-쌍봉도신(雙峰道信)-황매홍인(黃梅弘

忍)-숭산혜안(嵩山慧安). 582~709. 당나라 때의 스님이다. 형주(荊州) 지강(支江)[호북성(湖北省)] 출신. 속성(俗姓)은 위씨(衛氏)다. '노안(老安)' 또는 '도안(道安)', '대안(大安)'으로도 불린다. 오조(五祖) 홍인(弘忍)스님의 10대 제자 가운데 한 사람이다. 당나라 정관(貞觀) 연간에 황매산(黃梅山)에서 홍인스님을 참알하고 마침내 심지(心旨)를 얻어 대오하였다. 중종(中宗) 신룡(神龍) 2년(706)에 황제가 자의(紫衣)를 하사하고 궁중으로 모시어 3년 동안 공양(供養)했다. 경룡(景龍) 3년 숭악(嵩嶽) 소림사(少林寺)로 돌아와서 3월 8일 세수 128세로 입적하였다. '혜안조욕(慧安澡浴)' 공안이 있다.

숭악(嵩嶽) : 숭고산(嵩高山)[sōng gāo shān]·중악(中嶽)[zhōng yuè]·외방(外方)[wài fāng]·숭산(崇山)[chóng shān]·악산(岳山)[y

uè shān]·중악숭산(中嶽嵩山)[zhōng yuè sōng shān]·숭고(嵩高)[sō

ng gāo]·숭악(嵩嶽)[sōng yuè]·숭소(嵩少)[sōng shào] 등으로 불리는 중국의 명산이며 오악(五嶽) 가운데 하나로 중악(中嶽)이다. 하남성(河南省) 서쪽에 위치해 있으며, 등봉시(登封市) 서북면(西北面)에 속해 있다. 최고봉은 준극봉(峻極峰)이다. 숭산(嵩山)은 중국의 도교성지(道敎聖地)이며 불교의 발상지이고 신유교(新儒敎)의 탄생지이기도하다.

습학(習學): 닦을 것이 있는 경지. 유학위(有學位).

승(勝) : ①제압하다. ②시행하다. ③Ⓢviśiṣta, prama. 뛰어나다. 우수하다. 수승하다.

승(乘) : ①헤아리다. ②좇다. 뒤쫓다. ③사용하다. ④업신여기다. ⑤yāna. 실어 나르다.

승당(承當) : ①깨닫다. 알다. ②승낙하다. 받아들이다. 수긍하다. ③감당하다. ④뒤를 잇다.

승문(承聞) : ①존경하는 분이나 스승에 관한 말을 듣다. 소문으로 도는 말을 듣다. 말을 전해 듣다. ②듣자하니.

승봉(承奉) : ①공경하게 따르고 받듦. ②명령을 받들어 성실히 시행하다. ③아첨하여 환심을 사다. ④하급관청에서 상급관청의 문서를 받다.

승삭(繩索) : 속박. 근심. 밧줄, 새끼, 줄.

승상(繩牀) : Ⓢpīṭha. 선상(禪牀), 좌상(坐床), 좌선상(坐禪床), 교의(交椅), 호상(胡床), 교상(交床)이라고도 함. 선사(禪師)가 설법할 때 앉는 의자. 평소에는 비구승들이 앉고 눕는데 사용하는 줄로 엮은 평상을 말한다.

승요(僧繇) : 생몰연대는 알려져 있지 않다. 소주(蘇州) 출신. 성은 장씨(張氏). 중국 남조(南朝) 양나라의 궁정화가. 무릉 왕국시랑과 오흥 태수 등의 관직에 있었다. 불교와 도교의 인물화를 잘 그렸다고 한다. 장가양(張家樣)이라는 독창적인 양식을 만들어내고, 서역에서 서양화식의 음영법을 받아들여 요철화(凹凸畵)를 그렸다. 금릉 안락사의 벽화를 그릴 때 '화룡점정(畵龍點睛)' 고사를 만들어 낸 주인공이기도 한 그는 양나라 무제의 사탑불사(寺塔佛事)에 장식화를 도맡아 그렸다고 한다. 남아 있는 그의 작품 중 『오성이십팔수신형도(五星二十八宿神形圖)』는 유명하다.

승지(勝地) : 미묘한 경계. 상대를 제압할 수 있는 지위와 형세.

승천전종(承天傳宗) : 운문문언(雲門文偃)-향림징원(香林澄遠)-지문광조(智門光祚)-설두중현(雪竇重顯)-승천전종(承天傳宗). 운문종스님이다. 천주(泉州) 승천사(承天寺)에 주석하였다. 『속전등록(續傳燈錄)』6권 · 『건중정국속등록(建中靖國續燈錄)』5권 · 『연등회요(聯燈會要)』28권 · 『오등회원(五燈會元)』16권 · 『오등엄통(五燈嚴統)』16권 · 『오등전서(五燈全書)』34권 · 『지월록(指月錄)』6권 등에 법문이 실려 있다.

시(時) : ①스~. 휴우~. 후우~. 숨을 내쉬는 소리. =呵(흐으~). '잠시 쉼'을 나타내는 어조사. ②풍조, 유행, 상황.

시(是) : 가득하다. 충실하다. 진실하다. 성실하다. 참으로, 틀림없이(寔). ~이다. ~인 셈이다. ~로 여기다. 대체로, 대강, 그래서, 그러나, 그러므로. ~때문에. 비록 ~이지만. 다만, 단지. 무릇, 대저. 무엇이든지, 어떠하든지.

시(施) : 드러내다. 현양하다. 표명하다. 시행하다. 펼치다. 실행하다.

시과(時過) : 때가 지나감.

시두(柴頭) : 반두(飯頭) 밑에서 땔나무를 공급하는 소임.

시명(嘶鳴) : 말이 소리를 길게 뽑아서 울다.

시방(十方) : Ⓢdaśa-diśa. 동(東) · 서(西) · 남(南) · 북(北) · 동북(東北) · 동남(東南) · 서북(西北) · 서남(西南) · 상(上) · 하(下)의 열 가지 방위. 곧 온 우주공간.

시방국토중 유유일승법(十方國土中 唯有一乘法) : 시방국토에 오직 일승법만이 있다. 『법화경』1권에 나오는 법문이다. (『妙法蓮華經』卷第一,「序品」第一, T09n0262_p0008a17. "十方國土中, 唯有一乘法.")

시방박가범 일로열반문(十方薄伽梵 一路涅槃門) : 시방 박가범의 한 길 열반문. 『수릉엄경』5권에 나오는 법문이다. "스스로의 마음에서 마음을 취하며 환(幻)이 아닌 것이 환의 법을 이루는 것인데, 취하지 않으면 환 아님도 없다. 환 아님도 오히려 생겨남이 없는데 환의 법을 어떻게 세우겠는가? 이것을 '미묘한 연꽃'이라 하며 '금강왕 보배 깨달음'이라고 하며 '환과 같은 삼마제'라고 한다. 손가락 튕기는 순간에 무학(無學)을 초월하면 이러한 아비달마야말로 시방의 박가범이 거니셨던 한 길 열반문인 것이다." (『大佛頂如來密因修證了義諸菩薩萬行首楞嚴經』卷第五, T19n0945_p0124c24~29. "自心取自心, 非幻成幻法, 不取無非幻. 非幻尙不生, 幻法云何立? 是名妙蓮華, 金剛王寶覺, 如幻三摩提. 彈指超無學, 此阿毘達磨. 十方薄伽梵, 一路涅槃門")

시방시주(十方施主) : 스님들이 소유하는 재산인 사종상주(四種常住) 가운데 단월이 길에 나아가 왕래하는 사방의 스님들에게 공양하는 죽과 밥인 '시방상주(十方常住)'와 단월이 시방의 여러 스님들을 절로 청하여 보시하는 것인 '시방현전(十方現前)'을 말한다.

시설(施設) : ①선가(禪家)에서 학인을 제접하기 위해 베푸는 수단. ②ⓟpavattiya. 상(想)의 작용이 있는 선정을 수행하는 것. ③Ⓢprajñapti. 개념이나 가명(假名)처럼 존재하지 않는 가상의 것을 설정하는 것. ④발휘하다, 펼치다. 진설하다, 늘어놓다. 실시하다, 실행하다. 처리하다, 조치하다.

시수(始修) : 근본 지혜를 바탕으로 공을 들여 닦는 것.

시시(時時) : ①늘. ②드물게 나오는 것. 드물게 일어나는 것.

시아(厮兒) : 남자를 경멸하여 부르는 호칭이다. 천한 놈. 상놈.

시위(施爲) : 시설작위(施設作爲)의 줄임말. ①선사들이 기봉(機鋒)을 운용(運用)함. 선법(禪法)을 실행함. ②소행. 행위. 실행하다. 처리하다. 행동하다. 일을 보다.

시이(是以) : 그러므로, 이 때문에.

시절(時節) : ①시간. 시기. ②세상의 형편. ③깨달음의 결정적 시기. 가장 적당한 기회.

시중(時中) : ①참(參)에 들어가 도를 깨달음. ②때때로 생각이 딱 들어맞음. ③때에 맞추어 적절하게 처신하여 지나치거나 모자람이 없어 중용을 지킴. ④십이시중(十二時中)의 줄임말. 일상생활을 하는 시간. 하루 종일. ⑤때때로. 평시에.

시즉시(是卽是) : 과연. 과연 ~하긴 하지만. 옳기는 옳으나. 부분적으로 동의하지만 전면적으로 수긍하지 않는다는 표현. =시즉고시(是則固是).

시질(示疾) : 보살이나 고승(高僧)들이 병이 듦. 죽기 전에 병이 듦. 시질시(示疾時)→ 임종시 병을 보임. 죽을 때가 다가와 병을 보임.

시후(時候) : 사시의 절후. 철. 계절. 동안. 기간. 시간. 시각. 때.

식(食) : =용(用). 쓰다, 사용하다, 수용하다.

식득(識得) : 앎. 이해함. 알 수 있다.

식량(識量) : ①식견과 도량(度量). ②인식작용. 인식판단의 형식.

식안귀종(拭眼歸宗) : 조계혜능(曹溪慧能)-남악회양(南嶽懷讓)-마조도일(馬祖道一)-귀주지상(歸州智常). 귀종지상(歸宗智常), 지진지상(至眞智常)선사라고도 한다. 강릉(江陵)[호북성] 출신. 속성은 진씨(陳氏). 출가 후 마조 도일선사를 모시고 있다가 크게 깨달았다. 눈동자가 두 개여서 약으로 늘 씻었으므로 식안(拭眼)[눈을 씻음]귀종선사라고도 불렸다. '귀종수기권두(歸宗竪起拳頭)' '귀종예장(歸宗拽杖)' '귀종유일미선(歸宗有一味禪)' '귀종참사인연(歸宗斬蛇因緣)' 등의 공안을 남겼다. 부용영훈(芙蓉靈訓), 고안대우(高安大愚) 등 5명의 제자를 두었다.

식취(識取) : 변별하다. 알아차리다. 인식하다. 파악하다. 충분히 식별하다.

식파(識破) : 남의 비밀이나 사물의 실체를 간파하다.

신(信) : 마음 내키는 대로 하다. 뜻대로 하다. 아무 생각 없이 함부로 말을 함. 쓰다. 확실히 알다. 소식. 설명하다. 이해하다. 말하다. 사용하다. 대상에 대해 마음을 맑고 깨끗하게 하다. 진리에 대한 이해와 확신. 신각(信脚)→ 발 가는대로 가는 것. 신구(信口)→ 입에서 나오는 대로 말함.

신(伸) : 말하다. 이야기하다. 진술하다. 나타내다. 펼치다. 손발을 뻗다.

신(愼) : 부디, 제발, 아무쪼록.

신(哂) : 비웃다. 빙그레 웃다.

신광혜가(神光慧可) : 바사사다(婆舍斯多)-불여밀다(不如蜜多)-반야다라(般若多羅)-보리달마(菩提達磨)-신광혜가(神光慧可). 487~593. 중국 선종의 제2조이다. 낙양(洛陽) 출신으로 속성은 희씨(姬氏)다. 낙양 용문(龍門)의 향산(香山)으로 보정(寶靜)스님에게 출가하여 영목사(永穆寺)에서 구족계를 받았다. 여러 곳을 행각하면서 불교와 유교와 노장사상을 배우다가 32세에 향산으로 돌아와서 8년간 좌선에 매진하다가 40세에 숭산 소림사의 보리 달마스님을 참례하여 눈 속에 앉아 가르침을 구하였지만 허락을 받지 못하자, 마침내 자신의 왼팔을 잘라내어 그 뜻을 보임으로써 결국 허락을 받아내고 대오(大悟)하였다. 하남(河南)의 업도(鄴都)에 34년 동안 주석하다가 이후 관성현(筦城縣) 광구사(匡救寺)에서 무상도(無上道)를 설하니 많은 사람들이 이 법문을 들으려고 운집하였다. 또 스님이 열반경(涅槃經)을 강의하여 대중들이 모여들자 변화(辨和)법사가 분을 이기지 못하고 읍의 관리인 중간(仲侃)에게 참소하여 수(隋) 문제(文帝) 개황(開皇) 13년 3월 16일에 107세로 입적하였다. 당(唐) 태조(太祖)가 정종보각대사(正宗普覺大師)라고 시호하였다.

신도(新到) : 신도승(新到僧)의 줄임말. 총림에 새로 들어온 스님. 일반적으로 신참(新參)스님을 말한다.

신득급(信得及) : 진리를 확실하게 깨달음. 분명하게 알다. 어떤 이치를 참으로 이해하다, 깨닫다. 의심의 여지가 없이 확실하다. 확실하게 믿다. 성인의 말씀을 확실하게 신뢰하고 굳게 지키다.↔신불급(信不及).

신라와룡(新羅臥龍) : 도오원지(道吾圓智)-석상경저(石霜慶諸)-운개지원(雲蓋志元)-신라와룡(新羅臥龍). 『경덕전등록(景德傳燈錄)』17권·『정법안장(正法眼藏)』3권상(上)·『연등회요(聯燈會要)』25권·『오등회원(五燈會元)』6권·『오등엄통(五燈嚴統)』6권·『오등전서(五燈全書)』12권 등에 기록이 나온다.

신료(信了) : 믿고 이해하다.

신성(神性) : 신아(神我)라고도 하는데 상카야학파에서 내세우는 푸루샤(Ⓢ purusa, 마롱) 를 말한다.

신수(神樹) : ①신통한 나무. ②천문동. ③Ⓢcetiya-rukkha. 크고 오래되어 정령이 깃들어 있는 나무.

신수봉행(信受奉行) : 부처님의 말씀을 믿고 받아들여 받들어 실천하는 것. 여러 불경(佛經)의 말미에 거의 이 말이 있다.

신수염래(信手拈來) : 손 가는대로 잡아오다. 자유자재한 깨달음의 경지.

신식(信息) : 소식, 편지. =신음(信音).

신위·인위(信位·人位) : 남양 혜충국사로부터 탐원 진응스님을 통해 앙산 혜적스님에게 전해진 96가지 원상(圓相) 가운데 삼위(三位)는 신위(信位)·인위(人位)·무위(無位)의 셋이다. 이 셋 가운데 신위(信位)와 인위(人位)를 말한다. 신위(信位)는 비량(比量)과 같아서 객관은 없어졌으나 주관이 남아 있으며 아직도 8식의 작용이 있다. 인위(人位)는 현량(現量)과 같아 있는 그대로를 양지(量知)하므로 추호도 분별추구(分別推求)하는 마음이 없어 대원경지(大圓鏡智)에 계합하여 들어간 곳이다.

신주(新州) : 남조(南朝) 양(梁) 때에 광동성(廣東省) 신흥현(新興縣)에 두었던 주(州)의 이름으로 혜능스님이 태어난 곳이다.

신주지상(信州智常) : 쌍봉도신(雙峰道信)-황매홍인(黃梅弘忍)-조계혜능(曹溪慧能)-신주지상(信州智常). 혜능스님의 10대 제자 가운데 한 사람이다. 신주(信州) 귀계(貴溪)[강서성 귀계(貴溪)] 조계현(曹溪縣) 출신. 처음에 신수스님의 제자였으나 깨닫지 못하자 혜능스님 회상으로 갔다.

신풍(新豊) : 동산양개(洞山良价)스님을 말한다. 석두희천(石頭希遷)-약산유엄(藥山惟儼)-운암담성(雲巖曇晟)-동산양개(洞山良价).

신풍고동(新豊古洞) : 동산양개(洞山良价)스님을 말한다. 동산 양개스님이 53세인 당나라 대중(大中) 말년(846~859)부터 신풍(新豊)에서 후학들을 지도하였고 후에 균주(筠州)[강서성] 동산(洞山) 보리원(菩提院)에 주석하면서 선풍을 드날렸으므로 신풍노인(新豊老人) 또는 신풍동(新豊洞)이라 한다.

신해(信解) : Ⓢadhimukti, śraddhā. 신(信)은 확실한 것. 분명한 것. 마음을 맑고 깨끗하게 함. 의심하지 아니함. 밝혀서 알아내는 것. 해(解)는 확실히 이해하는 것. 신해행증(信解行證)의 수행과정 가운데 앞부분이다.

신형(身形) : 몸. 몸의 형체.

신흥(新興) : 엄양 선신선사가 법을 펴던 도량이 위치해 있던 지역 이름. 지금의 강서성(江西省) 남창(南昌)에 위치하였다.

실도(失度) : 법도를 잃다. 상도(常度)를 벗어나다. 분수나 한계를 잃다. 위의를 잃다.

실두처(實頭處) : 진실한 자리. 노실처(老實處). 여실처(如實處)라고도 함. 두(頭)는 어조사. 문답할 때 항상 진실한 것을 들어서 응대함을 실두(實頭)라고 한다. 진실한. 알찬.

실성(實性) : 본성(本性). 만유의 본체.

심기(心機) : 마음의 움직임. 마음 작용. 생각, 꾀. 자신에게 이롭게 하고자 하는 마음의 변화작용.

심기의식(心機意識) : 유식학(唯識學)에서는 종자(種子)를 적집(積集)하는 제팔(第八) 아뢰야식(阿賴耶識)을 심(心), 아견(我見)·아치(我癡)·아애(我愛)·아만(我慢)을 가지고 사량(思量)하는 제칠(第七) 말나식(末那識)을 의(意), 대상을 사량분별(思量分別)하여 인식(認識)하는 제육식(第六識)을 식(識)이라 한다. 심기(心機)는 마음의 기능으로 아뢰야식을 말한다.

심량(心量) : ⓈCitta-mātra. 마음이 착각을 일으켜서 가지가지 바깥 경계를 헤아리는 것.

심령(心靈) : 마음 자체, 곧 불성(佛性)을 말한다. 의식, 정신, 지각, 마음. 『수능엄경』1권에 나온다. (『大佛頂如來密因修證了義諸菩薩萬行首楞嚴經』卷第一, T19n0945_p0107a29~b01. "阿難汝亦如是, 汝之心靈一切明了.") 심법(心法) : ①Ⓢcitta. 마음. 심왕(心王). ②Ⓢcaitta. 심소(心所), 심소법(心所法), 심소유법(心所有法). 마음에서 일어나는 모든 작용. ③심(心)은 심왕(心王)이요, 법(法)은 심소(心所)로 나누기도 함.

심병(心病) : ⓈCitta-vyādhi. 마음 병. 『신심명』에서 마음의 병은 거스르고 따름이 서로 다투는 것이라고 하였으며(『景德傳燈錄』卷第三十,「三祖僧璨大師信心銘」, T51n2076_p0457a20~21. "欲得現前　莫存順逆.　違順相爭是爲心病"), 『대반야경』451권에서는 탐(貪)·진(瞋)·치(癡)·만(慢) 등의 병이라 하였고(『大般若波羅蜜多經』卷第四百五十一, 第二「分願行品」第五十七, T07n0220_p0277c29~0278a01. "心病亦四, 謂貪瞋癡及慢等病."), 『대반열반경』12권에서는 용약, 공포, 근심, 우치의 넷을 들고 있다(『大般涅槃經』卷第十二,「聖行品」第七之二, T12n0374_p0435a16~17. "心病亦有四種, 一者踊躍, 二者恐怖, 三者憂愁, 四者愚癡.").

심사신(深沙神) : 심사신은 호불호법신(護佛護法神)이다. 『불설마니라단경』에 나온다. "만일 관리의 핍박이나 도적이나 화재, 홍수 등의 난에 처할 때 곧 이 『마니라단경』을 독송하면 모든 귀신들이 사람을 다시 해치지 못한다. 이 경 속의 모든 부처님 입에서 나온 것이기 때문이다. 나라에 두 귀신이 있는데 하나는 심사(深沙)요 둘은 부구(浮丘)이다. 이 두 귀신은 모든 사람들의 건강을 챙겨준다. 만일 두통이나 현기증, 한열, 상심 등이 있을 때 바로 이 두 귀신의 이름을 부르면 곧 『마니라단경』에서 설한 것처럼 모든 귀신들이 부숴버린다."(『佛說摩尼羅亶經』, T21n1393_p0910c10~15. "若有縣官盜賊水火, 則當讀是摩尼羅亶經, 諸鬼神不得復嬈害人. 今是經諸佛口中所出. 若有國中鬼, 一者名深沙二者名浮丘. 是二鬼健行求人長短. 若有頭痛目眩寒熱傷心, 即當擧是二鬼名字, 便當說摩尼羅亶經, 是諸鬼神無不破碎者.") 또 삼장법사 현장이 인도에서 경전을 가지고 나올 때 수호해 준 사막의 신(神)으로서 다문천왕의 화신이라고 한다.

심산암애처사(深山巖崖處事) : 깊은 산 바위 절벽의 일. 깨달음의 경지. 현사사비(玄沙師備)스님의 법문 등에서 나온다. "스님께서 하루는 말씀하셨다. '깊은 산 바위 절벽에 천년만년 동안 사람의 발자취가 이르지 않는 곳에 불법이 있기는 하냐?'"(『聯燈會要』卷第二十三, X79n1557_p0205b04~05. "師一日云: '深山巖崖, 千年萬年, 人跡不到處, 還有佛法也無?'")

심상(尋常) : ①평소, 보통. 평범하다. 늘, 언제나. ②길고 짧거나 많고 적은 것을 비유할 때 씀. ③길이 단위. 심(尋)은 8자, 상(常)은 1장 6자다.

심상좌(深上座) : 금릉봉선심선사(金陵奉先深禪師)이다. 덕산선감(德山宣鑑)-설봉의존(雪峰義存)-운문문언(雲門文偃)-봉선심(奉先深). 『경덕전등록(景德傳燈錄)』23권·『종문염고휘집(宗門拈古彙集)』38권·『종감법림(宗鑑法林)』51권·『어선역대선사어록(御選歷代禪師語錄)』후집중(後集中)·『연등회요(聯燈會要)』27권·『오등회원(五燈會元)』15권·『오등엄통(五燈嚴統)』15권·『오등전서(五燈全書)』31권·『지월록(指月錄)』21권·『교외별전(敎外別傳)』12권·『선종정맥(禪宗正脉)』8권 등에 법문이 나온다.

심시(尋時) : 순식간에, 금새, 잠깐 사이에. 바로 그 순간. =즉각(卽刻), 즉시(卽是).

심식(心識) : ①분별하는 인식작용. 6,7,8식(識)을 통틀어 말하는 것이다. ②구사종(俱舍宗)에서는 심(心)과 식(識)이 이름만 다를 뿐 본체는 같은 것으로 본다. 유식학(唯識學)에서는 심(心)과 식(識)의 본체를 다른 것으로 본다.

심의식(心意識) : 심(心)은 Ⓢcitta의 번역이고, 의(意)는 Ⓢmanas의 번역이며, 식(識)은 Ⓢvijñāna의 번역이다. 유식종에서는 종자를 가지고 적집(積集)하는 제8아뢰야식을 심(心)이라 하고, 아집(我執)을 가지고 사량(思量)하므로 제7말나식을 의(意)라 하며, 제6사량식은 대상을 인식하므로 식(識)이라 한다.

십성(十成) : ①원만하다. 꼭 알맞은 일이나 정도(十分). ②완전히. 아주.

십세(十世) : 과거·현재·미래에 각각 또 과거·현재·미래가 있고 이 전체를 통괄하는 하나의 시간을 합하여 10가지 시간이 된다. 곧 모든 시간을 말함.

십악업(十惡業) : 몸과 입과 뜻으로 짓는 10가지의 악업이다. 곧, 살생(殺生)·투도(偸盜)·사음(邪淫)·망어(妄語)·기어(綺語)·양설(兩舌)·악구(惡口)·탐욕(貪欲)·진에(瞋恚)·사견(邪見) 등 10가지이다.

십자가두(十字街頭) : 번화한 거리. 곧 진속세간(塵俗世間)을 말한다.

십지동진(十智同眞) : 분양 선소스님이 세운 설법에 있어 갖추어야 할 10가지를 말한다. "무엇이 십지동진이겠습니까? 여러분에게 하나하나 가르쳐 주겠습니다. 하나는 한결같은 본질을 함께함입니다. 둘은 위대한 일을 함께함입니다. 셋은 모두가 참(參)을 함께 함입니다. 넷은 참된 뜻을 함께함입니다. 다섯은 두루 널리 함께함입니다. 여섯은 완전히 갖춤을 함께함입니다. 일곱은 얻고 잃음을 함께함입니다. 여덟은 살고 죽음을 함께함입니다. 아홉은 법문을 함께함입니다. 열은 깨달음을 함께함입니다."(『汾陽無德禪師語錄』卷上, T47n1992_p0596b18~25. "作麼是十智? 同眞與諸上座點出. 一同一質, 二同大事, 三總同參, 四同眞志, 五同遍普, 六同具足, 七同得失, 八同生殺, 九同音吼, 十同得失〈入〉.")

십지보살(十地菩薩) : 보살이 수행의 결과로 이르게 되는 10가지 지위. 환희지(歡喜地) · 이구지(離垢地) · 발광지(發光地) · 염혜지(焰慧地) · 난승지(難勝地) · 현전지(現前地) · 원행지(遠行地) · 부동지(不動地) · 선혜지(善彗地) · 법운지(法雲地) 등이다.

십팔대지옥(十八大地獄) : 십팔중지옥(十八重地獄), 또는 십팔층지옥(十八層地獄)이라고도 한다. 일설은 8가지 화니리(火泥犂)지옥과 10가지 한니리(寒泥犂)지옥을 합한 것이 있다. 곧, 선취호(先就乎) · 거로쉬락(居盧倅略) · 상거도(桑居都) · 누(樓) · 방졸(旁卒) · 초오비차(草烏卑次) · 도의난차(都意難且) · 불로도반호(不盧都般呼) 등 화니리 8지옥과, 오경도(烏竟都) · 니로도(泥盧都) · 오략(烏略) · 오만(烏滿) · 오자(烏藉) · 오호(烏呼) · 수건거(須健渠) · 말두건직호(末頭乾直呼) · 구포도(區逋塗) · 침막(沈莫) 등 한니리 10지옥이다. (『佛說十八泥犂經』, T17n0731_p0528b14~0530a19. 참조) 또는 니리(泥犂) · 도산(刀山) · 비사(沸沙) · 비시(沸屎) · 흑신(黑身) · 화거(火車) · 확탕(鑊湯) · 철상(鐵床) · 개산(蓋山) · 한빙(寒冰) · 박피(剝皮) · 축생(畜生) · 도병(刀兵) · 철마(鐵磨) · 빙(冰) · 철책(鐵冊) · 저충(蛆蟲) · 양동(烊銅) 등 18지옥(地獄)의 설명도 있다. (『問地獄經』) 또는, 발설(拔舌) · 전도(剪刀) · 철수(鐵樹) · 얼경(孼鏡) · 증롱(蒸籠) · 동주(銅柱) · 도산(刀山) · 빙산(冰山) · 유과(油鍋) · 우갱(牛坑) · 석압(石壓) · 용구(舂臼) · 혈지(血池) · 왕사(枉死) · 책형(磔刑) · 화산(火山) · 석마(石磨) · 도거(刀鋸) 지옥으로 나누기도 한다. (『水陸全圖』) 또 9개의 동지옥(東地獄)과 9개의 서지옥(西地獄)으로 나누기도 한다. 동지옥은 마추(磨推) · 알심(挖心) · 화락(火烙) · 빙산(冰山) · 한빙(寒冰) · 도산(刀山) · 거렬(車裂) · 저충(蛆虫) · 박피(剝皮) 등 9지옥이다. 서지옥은 확용(碓舂) · 거해(鋸解) · 유과(油鍋) · 열유(熱油) · 발설(拔舌) · 보경(補經) · 전륜(轉輪) · 축생(畜生) · 확탕(鑊湯) 등 9지옥이다. (『酆都鬼城』) 『관불삼매해경』5권에는 아비지옥 가운데 여러 가지 18지옥을 설명하고 있다. (『佛說觀佛三昧海經』卷第五, 「觀佛心品」第四, T15n0643_p0668b19~26. "阿鼻地獄, 十八小地獄, 十八寒地獄, 十八黑闇地獄, 十八小熱地獄, 十八刀輪地獄, 十八劍輪地獄, 十八火車地獄, 十八沸屎地獄, 十八鑊湯地獄,

十八灰河地獄, …… 十八鐵窟地獄, 十八鐵丸地獄, 十八尖石地獄, 十八飲銅地獄.")

십팔변(十八變) : 18가지 신변(神變) 또는 18불공법(不共法)을 말한다. 변(變)은 신변(神變)을 말하는데 신변(神變)은 불보살이 뭇삶들을 교화하고자 불가사의한 힘에 의해서 밖으로 여러 가지의 모습과 동작 등을 나타내는 것을 말한다. 『유가사지론(瑜伽師地論)』37권에서는 18가지의 부사의한 신변(神變)을 열거한다. 곧, 진동(震動)·치연(熾然)·유포(流布)·시현(示現)·전변(轉變)·왕래(往來)·권(卷)·서(舒)·중상입신(衆像入身)·동류왕취(同類往趣)·현(顯)·은(隱)·소작자재(所作自在)·제타신통(制他神通)·능시변재(能示辯才)·능시억념(能示憶念)·능시안락(能示安樂)·방대광명(放大光明)의 18가지이다. (『瑜伽師地論』卷第三十七,「本地分中菩薩地第十五初持瑜伽處威力品」第五, T30n1579_p0491c06~12. "謂十八變, 一者振動, 二者熾然, 三者流布, 四者示現, 五者轉變, 六者往來, 七者卷, 八者舒, 九者衆像入身, 十者同類往趣, 十一者顯, 十二者隱, 十三者所作自在, 十四者制他神通, 十五者能施辯才, 十六者能施憶念, 十七者能施安樂, 十八者放大光明.") 18불공법(不共法)은 10력(力)과 4무소외(無所畏)와 3념주(念住)와 부처님의 대비(大悲)를 합하여 18가지이다. 『선문염송설화』19권에서는 '동쪽에서 솟아서 서쪽으로 잠김. 서쪽에서 솟아서 동쪽으로 잠김. 남쪽에서 솟아서 북쪽으로 잠김. 북쪽에서 솟아서 남쪽으로 잠김. 중앙에서 솟아서 변두리로 잠김. 변두리에서 솟아서 중앙으로 잠김. 머리에서는 불이 나옴. 발밑에서는 물이 나옴. 머리에서는 물이 나옴. 발밑에서는 불이 나옴. 혹은 큰 몸이 허공에 가득함. 혹은 작은 몸이 한 먼지에 들어감.' 등의 18변화를 설명하고 있다. (《한국불교전서》05册, 『禪門拈頌說話』卷第十九, p5, 7~9줄, 동국대출판부. "東湧西沒, 西湧東沒, 南湧北沒, 北湧南沒, 中湧邊沒, 邊湧中沒, 頭上出火, 足下出水, 頭上出水, 足下出火, 或現大身遍滿虛空, 或現小身在一微塵")

쌍령현진(雙嶺玄眞) : 남악회양(南嶽懷讓)-마조도일(馬祖道一)-염관제안(鹽官齊安)-쌍령현진(雙嶺玄眞). 당나라 때의 스님. 홍주(洪州) 쌍령(雙嶺)에 주석하였다. 처음에 도오 원지스님을 참알하였으나 계합하지 못하고 뒤에 염관 제안 스님에게 참학하여 종지를 깨달았다.

아(亞) : 구부리다. 굽히다. 엎드리다. 놓여 있다. 가지런하다. 흉하다. 누르다. 어루만지다(按). 당기다. 바짝, 바투. 부(府), 압(壓)의 뜻.

아(屙) : 똥 누다. 언어를 말한다.

아(兒) : 조동사. ①작은 것이라는 뜻을 나타낸다. ②동사와 형용사를 명사로 만든다. ③사물의 구체적인 개념이 일반적인 개념으로 바뀐다. ④서로 다른 사물임을 나타낸다. ⑤접미사. 명사나 형용사, 동사에 붙는다.

아가(阿家) : 시어머니.

아나(阿那) : ①지시대명사. 그. 그것. 어떤 것. ②선택 의문사. 어느, 누구, 어떤, 어느 것, 어떤 것. ③아나함[阿那含anāgāmin]의 줄임말.

아난(阿難) : ⑤Ānanda(아난다). 석가모니 10대 제자 가운데 다문제일(多聞第一)로 유명한 스님이다. 환희(歡喜) 또는 경희(慶喜), 무염(無染) 등으로 번역한다. 석가모니의 사촌동생이며 제바달다의 친동생이 된다. 석가모니부처님의 전법(傳法) 20년 되던 해에 시자(侍者)로 발탁되어 열반 때까지 모신다. 부처님 열반 후에 대가섭을 중심으로 한 1차 결집사업에 가장 중요한 역할을 하였다.

아내(衙內) : 관아 안. 궁성 안. 궁성을 수위하는 군사. 금병(禁兵). 고관의 자제. 당송(唐宋) 시대에는 관청 안에다 특별히 법석을 마련하여 선사들에게 법문을 청하는 일이 많았다고 한다.

아누보리(阿耨菩提) : ⑤anuttara-samyak-sambodhi. 아누다라삼먁삼보리(阿耨多羅三藐三菩提)의 줄임말이다. 무상정등정각(無上正等正覺)으로 번역한다. 耨는 奴(누)와 沃(우어)을 반절한 음이므로 '녹' 또는 '누'로 읽는다. 藐은 彌(미)와 略(루에)을 반절한 음으로 '먁' 또는 '뮤에'로 읽는다.

아라라(阿喇喇) : 감탄할 때나 크게 놀랐을 때 터져 나오는 외침. 아아아! 라라(喇喇)는 바람 부는 소리, 또는 물건이 부딪치거나 넘어질 때 나는 소리의 의성어. 또는 혼자 중얼거리는 소리.

아록록지(屙漉漉地) : 녹록(漉漉)은 물방울 똑똑 떨어지는 소리, 또는 축축한 모양, 액체가 줄줄 흐르는 모양, 투명하고 윤택한 모양 등의 뜻이다. 아(屙)는 똥을 누다는 뜻. 따라서 아록록지(屙漉漉地)는 똥오줌을 누는 소리 또는 모양. 제대로 알지도 못하면서 아무 말이나 마구 내뱉는 모양.

아방(阿傍) : 지옥에 있다는 귀졸(鬼卒)을 말한다. 떼를 짓지 않는다(不群)는 뜻. =아방(阿防).

아소심(我所心) : ⑤ātmam-bhari. 아소견(我所見)과 같다. 아소(我所)는 '아(我)와 떨어져 있지 않은 사물의 뜻'으로 아(我)가 오온(五蘊)을 가진다고 하거나[개체 안의 중심적인 생명이 되는 것을 아(我)로 여김], 아(我) 가운데 오온(五蘊)이 있다고 하거나[우주의 원리를 아(我)라고 함], 오온(五蘊) 속에 아(我)가 있다[존재요소가 각각 자성이 있다고 여김]고 하는 견해다.

아시(屙屎) : 똥을 누다.

아아소(我我所) : ⓢatma-ātmanīna, aham-mama-iti. 아(我)는 오온(五蘊)의 아(我)로서 인간 개체의 전체를 말한다. 아소(我所)는 '아(我)와 떨어져 있지 않은 사물의 뜻'으로 아(我)가 오온을 가진다고 하거나[개체 안의 중심적인 생명이 되는 것을 아(我)로 여김], 아(我) 가운데 오온이 있다고 하거나[우주의 원리를 아(我)라고 함], 오온 속에 아(我)가 있다[존재요소가 각각 자성이 있다고 여김]고 하는 견해의 토대이다.

아왕택유(鵝王擇乳) : 거위왕은 우유를 물에 타 놓으면 우유만 골라 먹고 물은 안 먹는다고 함. 『정법념처경』64권에 나온다. "비유하면 물과 우유가 한 그릇에 담겨 있는 경우에 거위왕은 다만 우유만을 마시고 그 물은 여전히 남겨 놓는 것과 같다."(『正法念處經』卷第六十四,「身念處品」第七初, T17n0721_p0379c08~09. "譬如水乳同置一器, 鵝王飲之, 但飲乳汁, 其水猶存.") 『섭대승론석』3권에 해설이 나온다. "논에서 말하였다. '비유하면 마치 물에서 거위가 우유를 마시는 것과 같다.' 해석한다. '비유로써 질문을 풀었다. 물에 비록 우유가 섞여 있으나 거위가 마실 때엔 오직 우유만 마시고 물은 마시지 않는다. 그러므로 우유가 바닥났어도 물은 그대로 있는 것이다. 본식(本識)과 본식(本識)이 아님도 이와 같아서 비록 다시 화합하지만 하나가 없어져도 하나는 남는 것이다.'" (『攝大乘論釋』卷第三, T31n1595_p0175a14~17. "論曰: '譬如於水鵝所飲乳.' 釋曰: '卽以譬釋難. 水乳雖和合鵝飲之時, 唯飲乳不飲水. 故乳雖盡而水不竭. 本識與非本識亦爾, 雖復和合而一滅一在.'")

아일다(阿逸多) : ⓢAjita. ①석가모니부처님의 제자다. 무능승(無能勝), 무승(無勝), 무삼독(無三毒)으로 번역한다. 인도의 바라나에서 태어나 석가모니부처님에게서 교화를 받았다. ②미륵보살을 말한다. 석가모니로부터 미래에 성불(成佛)일 것이라는 수기를 받고 먼저 입적하여 도솔천 내원궁으로 올라가서 천인들을 교화하다가 석가모니 입멸 후 56억 7천만년 정도를 지나면 다시 사바세계로 출현한다고 한다.

아조(牙爪) : ①심부름꾼, 하수인, 앞잡이, 수하, 부하. 용맹한 신하. ②좌우에서 보좌하는 사람. ③용사나 무장 등을 비유함. ④동물의 날카로운 이빨과 발톱.

아호대의(鵝湖大義) : 조계혜능(曹溪慧能)-남악회양(南嶽懷讓)-마조도일(馬祖道一)-아호대의(鵝湖大義). 745~818. 구주(衢州)[절강성] 수강(須江)사람이다. 속성은 서씨(徐氏)다. 20세에 출가하여 구족계를 받고 마조 도일선사의 법을 이어 받은 후 아호산(鵝湖山)에 주석하였다. 당대의 덕종(德宗)과 순종(順宗) 황제에게 설법하였다. 그리고 헌종(憲宗)의 부름을 받고 궁궐 인덕전(麟德殿)에서 설법하면서 문답하였는데 그 후로 선종이 크게 각광을 받았다고 한다. 원화(元和) 13년 정월 7일, 세수 74세로 입적하였다. 시호는 혜각선사(慧覺禪師)다. 「아호대의선사좌선명(鵝湖大義禪師坐禪銘)」이 남아있다.

아호지부(鵝湖智孚) : 용담숭신(龍潭崇信)-덕산선감(德山宣鑑)-설봉의존(雪峰義存)-아호지부(鵝湖智孚). 오대(五代)스님이다. 복주(福州)[복건성] 출신. 설봉의존스님을 수년간 모시다가 법을 이어 받고 신주(信州)[강서성 상요(上饒)] 아호(鵝湖)에 주석하였다. '아호유자(鵝湖油糍)' 공안이 있다.

악각(惡覺) : 좋지 못한 사상(思想). 잘못된 생각. 참(參)을 가로막는 장애.

악록산(岳麓山) : 중국 호남성(湖南省) 장사시(長沙市) 서쪽 악록구(岳麓區)의 상강변(湘江邊)에 있는 산의 이름. 제일 높은 봉우리 운록봉(雲麓峰)의 해발은 242.3m이다. 남악(南岳) 형산(衡山)의 최북단이며 남악 72봉의 꼬리에 해당된다고 함. 여기에 장사 경잠스님이 주석했던 녹산사(麓山寺)가 있다.

악발(惡發) : 성질을 부리다. 화를 내다. 모질게 기를 쓰다.

악신(樂神) : 신을 찬미하다. 음악의 신. 건달바Ⓢgandharva를 말하기도 한다.

악절당흉(握節當胷) : 가슴 앞에다 부절(符節)을 잘 간직하여 왕의 명령을 잘 지키다. 당흉(當胷)은 가슴 앞.

악주(鄂州) : 악저(鄂渚)라고도 한다. 원래는 호북성(湖北省) 무한시(武漢市) 무창(武昌) 황학산(黃鶴山) 부근의 장강(長江) 유역에 있었다고 하는 모래섬을 말한다. 여기서 이름을 따서 수나라 때 악주(鄂州)를 두었다. 지금은 호북성(湖北省) 악주시(鄂州市)다.

악주수유(鄂州茱萸) : 남악회양(南嶽懷讓)-마조도일(馬祖道一)-남전보원(南泉普願)-수유산화상(茱萸山和尙). 수주(隨州)의 호국사(護國寺)에 주석하다가 악주(鄂州)의 수유산(茱萸山)으로 옮겼다는 것 외에 알려진 행적이 없다.

안(眼) : 구멍. 무늬. 감시자. 안목. 식견. 요점. 가장 중요한 부분.

안(按) : ①악기를 연주하다. ②손이나 발을 써서 아래로 누름. ③생각하다. 살피다. 검사하다. 고찰하다.

안(雁) : ①안새(雁塞)를 말한다. 중국 북쪽의 몽골 변경지역을 말한다. ② haṃsa. 긍사(亙娑). 기러기를 말한다.

안검(按劍) : ①칼을 빼려고 칼집의 칼을 어루만지다. 칼로 공격할 의사를 나타내는 것. ②권력을 쥐다.

안공정동(眼孔定動) : 안정정동(眼睛定動)과 같은 말. 눈동자를 깜박거림. 곧 생각으로 헤아림을 말한다.

안과(按過) : ①참선하는 사람에게 있어 오도(悟道)의 깊고 얕음을 시험함. 자세하게 점검하다. 『오등회원』7권에서는 按著(안착)으로 나온다. ②죄과를 따지다.

안국현정(安國玄挺) : 우두법융(牛頭法融)-원양지엄(圓陽智巖)-윤주혜방(潤州慧方)-금릉법지(金陵法持)-천보지위(天保智威)-안국현정(安國玄挺). 선주(宣州) 안국사(安國寺)의 현정대사(玄挺大師)이다. '안국진성(安國眞性)' 공안이 있다. 『경덕전등록(景德傳燈錄)』4권·『종문염고휘집(宗門拈古彙集)』5권·『종감법림(宗鑑法林)』7권 ·『정법안장(正法眼藏)』3권상(上)·『대광명장(大光明藏)』상권(上卷)·『연등회요(聯燈會要)』2권·『오등회원(五燈會元)』2권·『오등엄통(五燈嚴統)』2권·『오등전서(五燈全書)』3권·『지월록(指月錄)』6권·『교외별전(教外別傳)』4권·『선종정맥(禪宗正脉)』1권 등에 그의 기록이 보인다.

안근(眼筋) : 눈빛이 민첩하고 예리함. 시비와 득실을 분명히 잘 가려내는 것을 말한다.

안기징지(眼眃瞪地) : 눈이 크게 떠져서 감기지 않고 있는 모양.

안뇌(眼腦) : 눈. 안목. 식견. 견해.

안락(安樂) : ①ⓢsukha. 몸과 마음을 편안하고 즐겁게 함. "몸에 위험함이 없기에 '안(安)'이라고 하고, 마음에 근심과 고뇌가 없기에 '락(樂)'이라 한다." (『妙法蓮華經文句纂要』卷第六, X29n0599_p0738b04. "身無危險故安, 心無憂惱故樂") ②ⓢSukhāvatī. 극락세계를 말한다. "법장보살은 이미 성불로 지금 서방에 있으며 여기서 십만억 찰토의 거리에 있다. 그 부처님의 세계를 안락(安樂)이라고 한다." (『佛說無量壽經』卷上, T12n0360_p0270a04~06. "法藏菩薩, 今已成佛, 現在西方, 去此十萬億刹. 其佛世界, 名曰安樂.")

안립(安立) : ⓢpratiṣṭhā, ropaṇa, vyavasthāna, saṃniveśa. 안치건립(安置建立)의 줄임말. 언어나 문자 등으로 여러 가지의 사물을 구별하는 것. 차별과 명언(名言)이 있는 것. 성립시키다. 시설하다. ↔비안립(非安立).

안명(安名) : 계(戒)를 받는 사람에게 처음으로 법명을 지어주는 일. =취명(取名).

안배(安排) : ①마음과 힘을 써서 이리저리 짜서 맞추는 것. 지혜를 짜내고 공력을 들임. ②배치하다, 배분하다. 진열하다. 마련하다, 준비하다. 처리하다. 꾸리다. 일부러 적당히 배분하다. ③배치하다. 풍수학에서 좌향(坐向)을 맞게 정하는 것.

안산(桉山) : 풍수(風水)에서 쓰는 술어(術語)로서 혈 앞에 가장 가까이 위치해 있는 산을 말한다. 멀리 있는 산은 조산(朝山)이라 함. =전산(前山), 객산(客山).

안신(安身) : 몸을 두다. 편안히 몸을 쉬다. 머물러 잠자다. 안정된 사람. 처신하다. 몸가짐.

안신입명(安身立命) : 안심입명(安心立命)과 같은 말. 마음의 동요 없이 천명(天命)을 온전히 함을 말한다.

안지(按指) : 손가락을 튀기다.

안탕원제(雁蕩願齊) : 나한계침(羅漢桂琛)-법안문익(法眼文益)-천태덕소(天台德韶)-안탕원제(雁蕩願齊). 전당(錢塘)[강서성 항주(杭州)] 출신이다. 속성은 강씨(江氏)다. 어렸을 적에 수심사(水心寺)의 소암선사(紹巖禪師)에게 출가하여 구족계를 받았다. 처음에는 천태지자(天台智者)대사의 지관원융행문(止觀圓融行門)을 치열하게 연구하다가 뒤에 천태덕소국사(天台德韶國師)에게서 현묘한 이치를 발명(發明)하고 안탕산(雁蕩山)에 주석하였다. 개보(開寶) 5년 오월왕(吳越王)의 장자(長子)가 서관(西關)에다가 광경사(光慶寺)를 지어서 주지(住持)로 개법(開法)을 청하였다. 태평흥국(太平興國) 연대(976~983)에 입적하였다.

안하(安下) : 머무르다. 쉬다. 투숙하다. 쉬는 곳.

안한(安閑) : 몸과 마음이 편안하고 한가함.

알묘(揠苗) : 전혀 이득이 되지 못하고 도리어 손해를 초래하다. 알묘조장(揠苗助長)의 줄임말로 『맹자(孟子)』「공손추(公孫丑)」에 나오는 말이다. 곡식을 빨리 자라게 하려고 그 줄기를 뽑아 올리는 것. 억지로 일을 빨리 이루려하다가 도리어 그르쳐 이익이 없음을 비유함. "송나라 사람이 있었는데 그 싹이 자라지 못할까 근심하다가 낱낱이 뽑아 올려놓고는 지쳐서 집으로 돌아가서는 사람들에게 말하기를, '오늘은 피곤하다. 내가 싹을 뽑아 올려서 잘 자라게 하였다.' 이 말을 들은 아들이 달려가 보니 싹이 다 말라 죽어 있었다." (『孟子』「公孫丑」上. "宋人有閔其苗之不長, 而揠之者, 芒芒然歸, 謂其人曰: '今日病矣. 予助苗長矣.' 其子趨而往視之, 苗則槁矣.")

암두말후구(巖頭末後句) : 덕산 선감스님이 하루는 공양이 늦어지자 발우를 들고 승당에서 내려갔다. 설봉스님이 당시에 반두소임을 맡고 있었는데 덕산스님이 오는 것을 보고 곧장 물었다. "이 노인네야! 아직 종도 치지 않았고 북도 울리지 않았는데 어디서 탁발하려 하시오?" 덕산스님이 곧 방장실로 돌아갔다. 설봉스님이 암두스님에게 이를 말씀드리니 암두스님이 말했다. "이렇게도 대단하신 덕산스님이 말후구(末後句)도 모르다니!" 덕산스님이 이 말을 전해 듣고 시자로 하여금 암두스님을 모셔 오라해서 물었다. "너는 이 늙은이를 긍정하지 않느냐?" 암두스님이 가만히 그 뜻을 말씀드렸다. 덕산스님이 다음 날 법좌에 올라 법문을 하는데 평소와 같지 않으니, 암두스님이 법당 앞에서 손뼉을 치면서 크게 웃으면서 말했다. "아주 멋지군! 방장 노인네가 말후구(末後句)를 알았으니 이후로는 천하의 사람들이 어쩌지 못할 것이다. 그렇지만 고작 3년뿐이다." 3년이 지난 뒤 과연 천화하였다. (『景德傳燈錄』卷第十六, T51n2076_p0326a26~b05.)

암두전활(巖頭全豁) : 천황도오(天皇道悟)-용담숭신(龍潭崇信)-덕산선감(德山宣鑑)-암두전활(巖頭全豁). 828~887. 천주(泉州)의 남안(南安)현 출생. 속성은 가씨(柯氏). 영천사(靈泉寺)의 의공(義公)스님에게 출가하였으며, 장안(長安)의 보수사(寶壽寺)에서 구족계를 받았다. 처음에 교종에 속해 있었으나 뒤에 설봉 의존스님과 흠산 문수스님등과 교류하였으며, 앙산 혜적스님에게서 지도를 받고 덕산 선감스님의 법을 이었다. 회창사태 때 서호강변에서 뱃사공 행세를 하면서 난을 피하였다. 동정호 근처의 와룡산에서 종풍을 드날리다가 광계(光啓) 3년에 도적에게 칼을 맞고 입적함. 세수 60. 시호는 청엄대사(淸儼大師). 학인들을 제접하는 기봉으로 '암두삼구(巖頭三句)'와 '암두사장봉(巖頭四藏鋒)'이 있으며, '암두말후구(巖頭末後句)' '암두배할(巖頭拜喝)' '암두수황소검(巖頭收黃巢劍)' '암두좌각착(巖頭坐却著)' '암두작화(巖頭作冈)' '암두과문(巖頭跨門)' '암두잠사(巖頭暫辭)' '암두서지(巖頭鋤地)' '암두일완수(巖頭一埦水)' '암두무도(巖頭舞棹)' '암두고범(巖頭古帆)' '암두미괘(巖頭未掛)' '암두진중(巖頭塵中)' '암두전신(巖頭轉身)' '암두동야(巖頭動也)' '암두근일(巖頭近日)' '암두불자(巖頭拂子)' '암두삼계(巖頭三界)' '암두과주(巖頭瓜州)' '암두허일성(巖頭噓一聲)' 등의 공안을 남겼다. 암두스님은 법을 이은 후손이 4대까지 내려간다. 제자로 나산도한(羅山道閑), 영암혜종(靈巖慧宗), 향계종범(香谿從範), 성수원엄(聖壽院嚴), 서암사언(瑞巖師彦), 현천산언(玄泉山彦) 등 여섯 명이 있다.

암마륵과(菴摩勒果) : ⑤āmra. 망고를 말한다. 암마라과(菴摩羅果)라고도 함. 인도와 동남아의 과일. 열매가 타원형으로 생겼으며 살이 두꺼우며 그 액즙이 아주 맛이 좋다.

암유(巖幽) : 험준한 바위산의 으슥한 곳.

앙(仰) : 거슬러 올라가다. 소급하다.

앙굴마라(殃崛摩羅) : ⑤ⓟAṅgulimāla(앙굴리마라). '지만(指鬘)' '지계(指髻)' '일체세간현(一切世間現)' 등으로 번역한다. 12살에 마니발타라 바라문을 스승으로 모시고 있었는데 그 스승이 출타하자 스승의 아내가 유혹을 함에 거절하였다. 스승이 돌아오니 아내가 분함을 못 참고 모함을 하니 스승은 앙굴마라에게 여러 곳을 다니면서 천 명의 사람을 죽여서 천 개의 손가락으로 목걸이를 만들어 오면 법을 가르쳐 주겠다고 하였다. 이에 앙굴마라는 곳곳을 다니면서 999명을 죽여서 목걸이를 한 다음 마지막으로 자신의 어머니를 죽이려함에 석가모니부처님을 만나 바른 법을 듣고 귀의하게 된다. 앙굴리마라는 손가락목걸이(指鬘)란 뜻이다.

앙면(仰面) : 얼굴을 젖혀 위로 향함.

앙산초(仰山鍫) : 『앙산어록』에 나오는 화(話)다. 위산 영우스님이 앙산 혜적스님에게 물었다. "무엇하고 왔느냐?" 앙산스님이 말씀드렸다. "밭일하고 왔습니다." 위산스님이 말했다. "밭일하는데 사람이 얼마나 있느냐?" 앙산스님이 가래를 꽂고는 차수하고 섰다. 위산스님이 말했다. "오늘 남쪽 산에는 풀 베는 사람이 많군." 앙산스님이 가래를 뽑아서 가버렸다. (『袁州仰山慧寂禪師語錄』, T47n1990_p0582c02~05. "潙山問:'甚麼處去來?'師云:'田中來.'潙山云:'田中多少人?'師插鍬叉手. 潙山云:'今日南山大有人刈茅.'師拔鍬便行.")

앙산혜적(仰山慧寂) : 마조도일(馬祖道一)-백장회해(百丈懷海)-위산영우(潙山靈祐)-앙산혜적(仰山慧寂). 807~883. 위산 영우스님과 함께 위앙종(潙仰宗)의 개종조(開宗祖)이다. 소주(韶州)[광동성(廣東省)] 회화현(懷化縣) 출신. 속성은 섭씨(葉氏)이다. 17세에 손가락을 두 개 잘라버리고 광주(廣州) 남화사의 통선사(通禪師)에게서 머리를 깎았다. 제방을 행각하면서 암두 전활스님과 석실스님, 탐원 진응스님 등에게서 참학하다가 위산 영우스님을 15년 동안 모시면서 확철대오하고 법을 이었다. 강서성의 앙산(仰山)에 주석하면서 선풍을 크게 떨쳤다. 중화(中和) 3년 77세로 입적. 시호는 지통대사(智通大師)이다. '앙산고처고평(仰山高處高平)' '앙산근백(仰山謹白)' '혜적혜연(慧寂慧然)' '앙산문일답십(仰山問一答十)' '앙산번뇌(仰山煩惱)' '앙산오봉(仰山五峰)' '앙산사등조(仰山四藤條)' '앙산삽초(仰山揷鍬)' '앙산수분(仰山隨分)' '앙산심경(仰山心境)' '앙산염경(仰山念經)' '앙산정주(仰山呈珠)' '앙산지설(仰山指雪)' '앙산출정(仰山出井)' '앙산침자(仰山枕子)' '앙산몽왕(仰山夢往)' '앙산부서(仰山付書)' '앙산신위(仰山信位)' '앙산앙복(仰山仰覆)' '앙산향남(仰山向南)' '앙산일획(仰山一畫)' '앙산설법(仰山說法)' '앙산호우(仰山好雨)' '앙산회복(仰山會卜)' '앙산끽

죽(仰山喫粥)' '앙산방참(仰山放參)' '앙산수중(仰山手中)' '앙산현처(仰山見處)' '앙산일로(仰山一路)' '앙산불용(仰山不用)' 등의 많은 공안을 남겼다.『앙산혜적선사어록(仰山慧寂禪師語錄)』1권이 있다. 서탑광목(西塔光穆), 남탑광용(南塔光涌) 등 10명의 법사(法嗣)가 있다.

애(靉) : 보통 애체(靉靆), 또는 애애(靉靉)라고 한다. 구름이 아주 짙고 많이 낀 모양이다.

애문(挨門) : ①문이 열리기를 기다리다. ②집집마다. 한 집마다.

애반(涯畔) : 끝. 한계. 변제. 제약. 규범.

애제(涯際) : 끝, 한계.

애주(崖州) : 주(州)의 이름이다. 남조(南朝) 양(梁) 때 광동성(廣東省) 경산현(瓊山縣)의 남동쪽에 두었던 주(州)의 이름이다. 지금의 해남성(海南省) 삼아시(三亞市) 애주구(崖州區)의 옛 지명으로 유배지로 많이 쓰였다.

애찰(挨拶) : ①문하(門下)의 학인들과의 문답을 통해 오도(悟道)의 깊이를 가늠하는 것. 선사들이 상대방에게 답을 요구하는 방식이 몰아치며 다그치는 모습. ②혼잡하다. 사람들이 밀어닥치다. 많은 사람들로 붐비다.

애체(靉靆) : 애애(靉靉)라고도 한다. 구름이 아주 짙고 많이 낀 모양이다.

액두(額頭) : 이마.

앵무주(鸚鵡洲) : 호북성(湖北省) 무창(武昌) 서남쪽의 양자강 가운데 있는 모래섬이다. 한나라 말에 강하(江夏) 태수(太守) 황조(黃祖)가 여기서 연회를 열었는데 누군가가 앵무새를 헌납하자 예형(禰衡)이 이를 소재로 하여 '앵무부(鸚鵡賦)'라는 시를 지은 일화를 계기로 이름이 붙여졌다. 당나라 때 최호(崔顥)가 지은 '황학루(黃鶴樓)'의 소재가 되면서 더욱 유명해졌다. 한양(漢陽)의 대칭어로도 자주 쓰인다.

야(埜) : 들판. 거칠다. =야(野).

야간(野干) : ⑤śrgāla. 실가라(悉伽羅). 청황색의 털을 가진 이리나 여우, 개와 비슷한 짐승. 떼를 지어 다니는데 밤에 이리소리를 내며 운다고 함.

야대차(也大差) : 엄청난 충격에 대한 감탄사. '참으로 대단하구나!' 또는, '크게 어긋났다'는 뜻도 있다. =야대기(也大奇).

야래(夜來) : 어제. 밤새. 밤이 오다. 밤에 오다.

야미제득일반재(也未提得一半在) : 비록 그렇다 하더라도 문제의 절반 정도

밖에 거론하지 못하였다.

야반승(野盤僧) : 운수납자. 행각승. 떠도는 스님.

야수(也須) : 마땅히 ~해야 한다. 당연히 ~해야만 한다.

야수도취일반(也須道取一半) : 마땅히 절반 정도만 말해야 한다. 취(取)는 어조사로 득(得)과 같다.

야시(也是) : 이. 이것. 역시. 역시 이.

야~역(也~亦) : ~하기도 하고 ~또한 하기도 한다.

야오이(哪嗚咿) : 의성어로 탄식하는 소리다.

야요(也要) : ~도 역시 ~하고자 하다. 역시 ~하기를 바란다. 역시 ~하고 싶다. 그래도 ~해야 되겠다.

야요도과(也要道過) : ~도 허물이 있다고 말해야겠다.

야증(也曾) : 벌써, 이미, 일찍이, 이전에.

야지시(也只是) : 역시, 그야말로. 다만.

야취(也就) : ~도 곧. ~도 즉시. 꽤. 퍽. 그래도. 그리. 그만하면. 벌써. 이미.

야행인(夜行人) : 고대 소설 중에, 밤에 출행하는 무협(武俠)이나 도적을 이르는 말이다.

야호(也好) : 또한 잘. 역시 잘.

야호정(野狐精) : 그냥 야호(野狐)라고도 한다. 여우가 둔갑하여 사람을 홀리는 요정을 말한다. 사념 속에 매여서 흉내만 내고 있는 사람. 헛것에 매달려 요행으로 알아맞혀 보려는 사람. 선가(禪家)에서 깨닫지 못한 수행자가 이미 깨달은 체하여서 사람들을 속이는 것이 마치 여우 요정과 같다고 해서 비유로 쓰는 말이다.

약(斮) : 의성어. 날카롭게 부딪치는 소리. 돌. 날을 갈다. 날이 날카롭다.

약(約) : ① 사람이 후퇴하여 이동하게 하다. 동작을 정지하다. ② ~에 의하다, 안조(按照)하다. ~에 의거하다. ~에 따르다. ~에 근거하다. 의거(依據), 의(依), 안(按), 안조(按照).

약(若) : ①이르다. 미치다. ②이와 같이.

약린(躍鱗) : 물고기가 자유자재로 다니다. 활발하게 움직이는 물고기. 사람이 자신의 능력을 마음껏 발휘함을 묘사.

약립(蒻笠) : 어린 부들의 잎이나 댓껍질로 엮어 만든 모자.

약산고(藥山高) : 청원행사(青原行思)-석두희천(石頭希遷)-약산유엄(藥山惟儼)-약산고(藥山高). 고사미(高沙彌)라고도 한다. 예주(澧州)[호남성(湖南省) 예현(澧縣)] 출신. '사미구계(沙彌求戒)' 화(話)와, '약산곡조(藥山曲調)' 화(話)의 주인공이다. 《사미구계(沙彌求戒)》 일찍이 약산 유엄스님을 참문하니, 약산스님이 물었다. "어디서 오냐?" 스님이 말했다. "남악에서요." 약산스님이 물었다. "어디로 가냐?" 스님이 말했다. "강릉으로 수계하러 갑니다." 약산스님이 말했다. "수계해서 뭐 하려고?" 스님이 말했다. "생사를 면해보려고요." 약산스님이 말했다. "어떤 이는 수계하지 않고도 생사를 면해버리는데 네가 아느냐?" 스님이 말했다. "이렇다면 부처님의 계율이 무슨 쓸모가 있겠습니까?" 약산스님이 말했다. "여전히 말에 걸려 있군." 갑자기 유나를 불러 일렀다. "이 절뚝발이 사미한테 소임을 맡기지 말고 뒷 암자에다 쳐 박아두어라." 다시 운암스님과 도오스님에게 말하였다. "조금 전 사미 하나가 쓸만하더군." 도오스님이 말했다. "아직 다 알 수 없습니다. 조금 더 감변해 보아야 하겠습니다." 약산스님이 다시 고스님을 불러다 물었다. "장안이 엄청 시끄럽다고 들었는데 맞냐?" 고사미가 말했다. "저의 나라는 조용한데요." 약산스님이 물었다. "네가 경을 보고 알았느냐, 청익하여 알았느냐?" 스님이 말했다. "경을 읽고 앎도 아니고 청익해서 앎도 아닙니다." 약산스님이 말했다. "대다수의 사람들도 경을 읽지 않고 청익하지도 않는데도 왜 알지 못할까?" 스님이 말했다. "그들이 없다고 말함이 아니라, 다만 그들이 기꺼이 깨닫지 못할 뿐입니다." 스님이 곧 약산스님을 하직하고 암자로 가려고 하니, 약산스님이 말했다. "생사의 일이 큰데 어째서 계를 받지 않느냐?" 스님이 말했다. "바로 이 일인 줄 알고서 어찌 계를 받겠습니까?" 약산스님이 "咄(Duō)!"하였다. 말했다. "이 사미가 말이 많구나. 들어왔으니 근처 암자에 살다가 때때로 다시 보자꾸나." 《약산곡조(藥山曲調)》 스님이 암자에 머물다가 비가 퍼붓는 날에 약산스님을 참례하러 갔다. 약산스님이 말했다. "왔구나." 스님이 말했다. "네." 약산스님이 말했다. "많이 젖었구나." 스님이 말했다. "이번엔 북치고 피리불진 마시지요." 운암스님이 말했다. "가죽도 없는데 무슨 북을 친다는 거지?" 도오스님이 말했다. "북도 없는데 무슨 가죽을 친다는 거냐?" 약산스님이 말했다. "오늘의 곡조가 괜찮은 걸."『경덕전등록(景德傳燈錄)』14권 ·『선종송고련주통집(禪宗頌古聯珠通集)』17권 ·『종문염고휘집(宗門拈古彙集)』18권 ·『종감법림(宗鑑法林)』58권 ·『연등회요(聯燈會要)』19권 ·『오등회원(五燈會元)』5권 ·『오등엄통(五燈嚴統)』5권 ·『오등전서(五燈全書)』9권 ·『지월록(指月錄)』12권 ·『교외별전(教外別傳)』14권 ·『선종정맥(禪宗正脈)』3권 ·『불조강목(佛

祖綱目)』32권 ·『선원몽구요림(禪苑蒙求瑤林)』권(上) 등에 기록이 실려 있다.

약산유엄(藥山惟儼) : 조계혜능(曹溪慧能)-청원행사(靑原行思)-석두희천(石頭希遷)-약산유엄(藥山惟儼). 751~834. 산서(山西) 강주(絳州) 출신. 속성은 한씨(韓氏). 17세에 광동(廣東) 조양(潮陽)의 서산혜조선사(西山慧照禪師)에게 출가(出家)하였다. 대력(大曆) 8년 29세에 형악희조율사(衡嶽希操律師)에게 구족계를 받았다. 뒤에 석두희천(石頭希遷)선사를 참알(參謁)하여 현지(玄旨)를 비밀히 받고 그 법을 이었다. 석두스님을 13년간 시봉하다가 예주(澧州)[호남성(湖南省)] 약산(藥山)의 마조도일(馬祖道一)선사를 참알하고 말끝에 계오(契悟)하여 3년을 시봉하였다가 다시 석두스님을 모셨다. 태화(太和) 8년(834) 세수 70세로 입적하였다. 임종할 때 큰소리로 외쳤다. '법당이 뒤집어진다! 법당이 뒤집어진다!' 대중들이 모여서 법당의 기둥을 받치니 손을 들어 말했다. '그대들이 나의 뜻을 모르는구나.' 이윽고 원적에 들어갔다. 시호는 홍도대사(弘道大師)이다. '약산결의(藥山決疑)' '약산경국막환(藥山傾國莫換)' '약산보림(藥山保任)' '약산불사량저(藥山不思量底)' '약산삼승(藥山三乘)' '약산세불(藥山洗佛)' '약산소성(藥山笑聲)' '약산승좌(藥山陞座)' '약산사주(藥山射麈)' '약산특우생아(藥山特牛生兒)' '약산호수(藥山湖水)' '약산좌차(藥山坐次)' '약산영고(藥山榮枯)' '약산수계(藥山受戒)' '약산귀향(藥山歸鄕)' '약산재채(藥山栽菜)' '약산지보(藥山至寶)' '약산당자(藥山鐺子)' '약산은자(藥山銀子)' '약산운재(藥山雲在)' '약산정혜(藥山定慧)' '약산간경(藥山看經)' '약산점등(藥山點燈)' '약산담분(藥山擔糞)' '약산시년(藥山是年)' '약산와리(藥山窊裏)' '약산상세(藥山上世)' '약산열반(藥山涅槃)' '약산추도(藥山抽刀)' 등의 공안을 남겼다. 도오원지(道吾圓智), 운암담성(雲巖曇晟), 선자덕성(船子德誠), 고사미(高沙彌), 자사이고(刺史李翶) 등 10여 인의 전법제자가 있다.

약시(若是) : 이처럼. 이와 같이. 만약 ~라면.

약여(若與) : =약여(若如). ~와 같다. 마치 ~와 같다. 만일 ~에 따르면. ~에 따라서. 약간.

약연(若然) : 만일 그렇다면. 이와 같음.

약위(若爲) : 어떠한 것인지. 어찌할까. 어떻게? 어찌하랴? 어찌 ~할 수 있으랴? 어떻게? 어떠한가? 어떻게 견딜 수 있으랴? 만약 ~한다면.

약하(若何) : 어찌하여. 왜. 어찌할까? 어떠하냐? =내하(奈何), 여하(如何).

약허(掠虛) : 허망한 일을 하거나 허망한 말을 함. 또는 허망한 것에 마음을 빼앗김. 남의 말이나 행위를 훔치는 것. 겉만 알고 속은 모르는 것.

약허(若許) : 꽤 많은. 상당한.

약허한(掠虛漢) : =약허두한(掠虛頭漢). 흉내쟁이. 허풍쟁이. 깨닫지 못하고서 선사들의 말이나 행동을 흉내만 내는 사람. 큰소리치는 사람.

양격(亮隔) : 격자창.

양기견숙(楊岐甄叔) : 조계혜능(曹溪慧能)-남악회양(南嶽懷讓)-마조도일(馬祖道一)-양기견숙(楊岐甄叔). ?~820. 당대의 스님이다. 어렸을 적에 유교를 익혔으나 자라서 출가하여 마조 도일스님을 참례하고 그 법을 이었다. 이후 천하를 유력(遊歷)하다가 평향(萍鄕)[강서성] 양기산(楊岐山)에 이르러 초막을 짓고 살았다. 거기서 40여년을 벗어나지 않았는데 거처하는 방에서는 항상 금색 광명이 가득하였다고 한다. 스님의 소문을 들은 제방의 납자들이 구름처럼 모여들어 총림을 이루었다고 한다. 원화(元和) 15년에 입적하였다.

양기방회(楊岐方會) : 수산성념(首山省念)-분양선소(汾陽善昭)-석상초원(石霜楚圓)-양기방회(楊岐方會). 996~1049. 북송(北宋) 때 임제종(臨濟宗) 양기파(楊岐派)의 개조(開祖)이다. 원주(袁州)[강서성] 의춘(宜春) 사람. 속성은 냉씨(冷氏). 20세에 균주(筠州) 구봉산(九峰山)으로 가서 머리를 깎았다. 자명 초원스님의 회하로 들어가서 감원(監院)의 소임을 맡아보다 크게 깨달았다. 이후 구봉산으로 돌아가서 개법하니 양기파의 시작을 알리게 되었다. 뒤에 원주(袁州)의 양기산(楊岐山)에서 보통선원(普通禪院)의 주지를 하면서 선풍을 크게 떨쳤다. 인종(仁宗) 6년에 담주(潭州) 운개산(雲蓋山) 해회사(海會寺)에서 세수 54세로 입적하였다. 잘 알려진 '양기삼결(楊岐三訣)'이 있고, '양기삼각(楊岐三脚)' '양기율봉(楊岐栗蓬)' 등의 공안을 남겼다. 『양기방회선사어요(楊岐方會禪師語要)』1권,『양기방회화상어록(楊岐方會和尙語錄)』1권,『양기방회화상후록(楊岐方會和尙後錄)』1권이 남아 있다. 깨달음의 인연은 이러하다. "방회스님이 오랫동안 자명스님을 모셨으나 깨달음을 얻지 못하자 매번 자명스님을 찾아가서 법을 청하였다. 그러나 자명스님은 다만 이렇게 말할 뿐이었다. '네가 창고의 일이 많을 텐데 우선 그것부터 처리하면 그때 말해주마.' 또 한 번은 마음에 짚이는 데가 있어 법을 청하니 자명스님이 말씀하셨다. '절이나 잘 살펴라. 미래에 너의 후손들이 천하에 가득할 것인데 하필 많은 문제를 놔두고 이런 질문을 바쁘게 하는 거냐?' 방회스님이 6회에 걸쳐 법을 청하였으나 스승에게 가차 없이 거절당하자 마음속에 의정(疑情)이 더욱 다가오고 더욱 심해져만 갔다. 그러다가 비가 내리는 어느 날 자명스님이 외출하려하니 방회스님은 마음을 굳게 먹고 한 걸음에 달려가 자명스님의 옷자락을 붙들고 말했다. '이 늙은이야. 오늘도 나에게 말해주지 않으면 두들겨 패 버릴 거야!' 자명스님이 답하였다. '절을 돌보는 일은 그만 쉬어라.' 이 말씀을 마치기도 전에 방회스님이 크게 깨달았다. 그리고는 진흙탕도 마다않고 큰 절을 올렸다." 백운수단(白雲守端), 보령인용(保寧仁勇) 등 9명의 제자가 있다.

양당수좌(兩堂首座) : 대중이 많은 큰 선원에서 선당(禪堂)을 전당(前堂)과 후당(後堂)으로 둘로 나누어 설치하여 각각 대중을 통솔하는 수좌(首座)를 한 명씩 둔 것이다.

양두(兩頭) : 두 끝, 양쪽, 양변, 양극단, 양단. 두 토막, 두 조각. 두 곳.

양두거(羊頭車) : 추거(推車)와 같다. 바퀴가 하나 뿐인 세모꼴의 작은 수레. 주로 작은 짐을 나를 때 쓰는 작은 손수레를 말한다.

양두어(兩頭語) : 두 가지 극단적인 말.

양록등기(羊鹿等機) : 삼승(三乘) 가운데 양의 수레를 찾는 근기와 사슴의 수레를 찾는 근기. 『법화경』「비유품」에 나온다. 양거(羊車)는 성문승(聲聞乘)에, 녹거(鹿車)는 연각승(緣覺乘)에, 우거(牛車)는 보살승(菩薩乘)에, 백우거(白牛車)는 일불승(一佛乘)에 각각 비유하였다.

양류지(楊柳枝) : 양류곡(楊柳曲)이라고도 한다. 악부(樂府)[음악을 관장하는 관청]의 근대곡사(近代曲辭)의 이름이다. 한대(漢代)의 횡취곡사(橫吹曲辭)[서역에서 건너간 군악]인 절양류(折楊柳)가 당나라 때에 양류지(楊柳枝)로 이름이 바뀌어서 개원(開元) 연간(713~741)에 교방곡(敎坊曲)[궁중의 음악]에 포함되었다고 한다. 이에 백거이(白居易)가 옛 곡에다 가사를 지어서 신성(新聲)[새로 지은 악곡]으로 바꾸었는데, 당시의 시인들이 잇달아 불렀다고 한다. 그 형식은 칠언절구(七言絶句)로 죽지사(竹枝詞)와 비슷하였다.

양미(揚眉) : 눈썹을 치켜 올림. 눈을 들어 바라 봄. 득의(得意), 근심, 분노 등의 감정이 드러난 모양.

양미순목(揚眉瞬目) : 눈썹을 치켜 올리고 눈을 깜박임. =양미동목(揚眉動目), 양미동정(揚眉動睛), 양미징목(揚眉瞪目).

양산송자(梁山頌子) : 양산 연관스님의 게송. 송자(頌子)는 게송(偈頌)을 말한다. 양산(梁山)은 양산연관선사(梁山緣觀禪師)[운거도응(雲居道膺)-동안도비(同安道丕)-동안관지(同安觀志)-양산연관(梁山緣觀)]이다. "양산의 한 곡조 노래는 / 격외도리라 맞추어 볼 이가 아무도 없구나. / 십년이나 지음을 찾았건만/ 아무도 못 만나보았네." 또 한 게송: "시뻘건 불 속에 이 몸을 태워라./ 어찌 탑을 새로 지으랴./ 만일 누가 있어 받들어 긍정코자 한다면/ 잿더미에서 참 모습 볼 수 있으리." (『景德傳燈錄』卷第二十四, T51n2076_p0406c23~28.

"有頌曰: ‘梁山一曲歌, 格外人難和. 十載訪知音, 未嘗逢一箇.’ 又頌曰: ‘紅焰藏吾身. 何須塔廟新? 有人相肯重, 灰裏貌全眞.’”)

양산연관(梁山緣觀) : 동산양개(洞山良价)-운거도응(雲居道膺)-동안도비(同安道丕)-동안관지(同安觀志)-양산연관(梁山緣觀). 조동종계의 스님이다. ‘양산오처사화(梁山吳處士畵)’ ‘양산조의(梁山祖意)’ ‘양산가적(梁山家賊)’ ‘양산남래(梁山南來)’ ‘양산막란도(梁山莫亂道)’ ‘양산벽옥(梁山碧玉)’ 등의 공안이 있다. 『경덕전등록(景德傳燈錄)』24권 · 『선문염송집(禪門拈頌集)』28권 · 『연등회요(聯燈會要)』27권 · 『오등회원(五燈會元)』14권 · 『오등엄통(五燈嚴統)』14권 · 『선종송고련주통집(禪宗頌古聯珠通集)』37권 · 『종문염고휘집(宗門拈古彙集)』39권 · 『종감법림(宗鑑法林)』68권 · 『오등전서(五燈全書)』29권 · 『지월록(指月錄)』22권 등에 스님의 법문이 실려 있다.

양시랑(楊侍郞) : 974~1020. 양억(楊億)이다. 풍혈연소(風穴延沼)-수산성념(首山省念)-광혜원련(廣慧元璉)-양억(楊億). 송대(宋代)의 거사로 자(字)는 대년(大年)이다. 포성(浦城)[복건성] 사람이다. 7세에 글을 잘하여 옹희(雍熙) 초에 중동과(中童科)에 응시하였다. 후에 진종(眞宗) 때 진사과에 응시하여 한림학사와 시랑 등을 역임하였다. 광혜원련(廣慧元璉)스님의 법을 이었다. 『발원문(發願文)』을 지었고, 조칙을 받아 『대장목록(大藏目錄)』을 제작하였다. 『전등록(傳燈錄)』을 교열하여 간행하였고 역경원에서 글을 다듬는 일을 하였다. 시호는 문(文)이다.

양염(陽焰) : 불경(佛經)에서 허황되고 비현실적인 사물을 비유하는 말. 아지랑이.

양자(樣子) : 본보기. 모형. 표준. 표정. 사람의 겉모습.

양재보직(量才補職) : 재능을 평가하여 직책을 주다. 목주(睦州) 진존숙(陳尊宿)의 말이다. “여쭈었다. ‘어떤 것이 펼쳐 부연하는 말입니까?’ 스님이 말했다. ‘재능을 평가하여 직책을 주겠다.’” (『景德傳燈錄』卷第十二, T51n2076_p0292a12~13. “問: ‘如何是展演之言?’ 師云: ‘量才補職.’”)

양절(兩浙) : 절동(浙東)[전당강(錢塘江) 이남]과 절서(浙西)[전당강(錢塘江) 이북]. 지금의 절강성(浙江省)이다.

양좌주(亮座主) : 서산량(西山亮)스님이다. 조계혜능(曹溪慧能)-남악회양(南嶽懷讓)-마조도일(馬祖道一)-서산량(西山亮). 생몰연대는 알려진 것이 없다. 서촉(西蜀) 출신이다. ‘양은서산(亮隱西山)’화(話)로 잘 알려져 있다. 스님이 마조도일대사를 참례하였다. 마조대사가 물었다. “듣자하니 좌주는 경론을 엄청 강의한다고 하던데 맞소?" 양좌주가 말씀드렸다. "외람됩니다." 마조대사가 말했다. "무엇으로 강의하는 거요?" 말씀드렸다. "마음으로 강의합니다." 말했다. "마음은 주연 배우와 같고 뜻은 배우를 도와주는 조연 배우와 같은데, 어떻게 강의해서 경을 안단 말이오?" 양좌주가 항의조로 말했다. "마음이 강의할 수가 없다면 허공이 강의할 수는 없는 것 아니겠습니까?" 마조대사가 말했다. "도리어 허공이 강의할 수 있지요." 양좌주가 긍정하지 않고 곧장 휙 나가서 계단을 내려가려하는데, 마조대사가 불렀다. "좌주!" 양좌주가 고개를 돌리는 순간 활연히 크게 깨달았다. 곧 절을 하니, 마조대사가 말했다. "이 둔한 스님아. 절은 해서 뭐하나?" 양좌주가 절로 돌아가서 대중들에게 말했다. "내가 경론에 대한 강의로는 아무도 미칠 수가 없다고 여겼었는데, 오늘 마대사의 한 물음에 평생 공부가 얼음 녹듯 기와 깨지듯 해 버렸다." 그리고는 곧장 홍주(洪州)의 서산(西山)으로 들어간 후 다시는 자취를 찾을 수가 없었다. 『선문보장록(禪門寶藏錄)』중권(中卷)·『선종송고련주통집(禪宗頌古聯珠通集)』13권·『종감법림(宗鑑法林)』15권·『정법안장(正法眼藏)』2권상(上)·『강서마조도일선사어록(江西馬祖道一禪師語錄)』·『대광명장(大光明藏)』중권(中卷)·『오등회원(五燈會元)』3권·『오등엄통(五燈嚴統)』3권·『오등전서(五燈全書)』6권·『지월록(指月錄)』9권·『교외별전(教外別傳)』5권·『금강선등(錦江禪燈)』1권·『선종정맥(禪宗正脈)』2권·『불조강목(佛祖綱目)』31권·『선원몽구요림(禪苑蒙求瑤林)』하권(下卷) 등에 나온다.

양주(襄州) : ①북위(北魏) 때에 둔 주(州)의 이름. 하남성(河南省) 방성현(方城縣)에 두었다. ②호북성 서북부 일대를 말한다. 양양(襄陽) 또는 옹주(雍州)라고도 한다. 춘추시대에는 초나라에 속했으며, 진대에는 남양군(南陽郡)이라 하였고, 동한 말에는 양양현(襄陽縣)으로, 삼국시대에는 양양군(襄陽郡)이라 하였다. 동진 때는 옹주(雍州)를, 양(梁)은 남옹주(南雍州)를 두었지만 서위(西魏) 때에 양주(襄州)라고 하였다. 수양제(隋煬帝)는 다시 양양군(襄陽郡)을 두었고, 당대에 양양부(襄陽府)를 두었다가 다시 양주(襄州)라고 하였다. 송대에 다시 양양부(襄陽府)로, 원대에 양양로(襄陽路), 명대에 양양부(襄陽府)를 두어 10현을 통솔하게 하였다.

양주(揚州) : 주(州)의 이름으로 옛 9주(州)의 하나이다. 지금의 강소성·안휘성·강서성·절강성·복건성 등의 여러 성(省)에 걸쳐져 있었던 주(州)다. 감천(甘泉)·강양(江陽)·광릉(廣陵)·양주(楊州)·연주(兗州)·한주(邗州) 등으로도 불린다.

양편피(兩片皮) : 두 입술. 입. 풍문.

어(語) : ⓢvacana, vāc, śabda. 입에서 바로 나오는 말, 입말. '言+吾'로 되어 있는데 '言'은 문자로 의사전달을 하는 것이다. '吾'는 번갈아 함의 뜻이다. 곧 문자를 번갈아 교환하므로 이야기하다란 뜻이 된다. 이에 반해 언(言)[ⓢvacas, apadeśa, upadeśa, uccāranata, jalpa, kathā]은 문자인 글로써 표현하는 말, 글말이라고 한다.

어룡(魚龍) : 물속에 사는 모든 동물들. 모든 수생동물. 물고기와 용. 물고기가 변화하여 된 용.

어소(語笑) : 담소하다. 웃으면서 이야기하다.

어시호(於是乎) : =우시호(于是乎), 어시(於是). 여기서, 이에, 이로 인해. 이런 결과로.

억(抑) : 처음부터. 아마도.

억양(抑揚) : ①억누름과 치켜세움. ②부침(浮沈). 진퇴(進退). ③소리의 높낮이. ④좋고 나쁨을 평정(評定)하다. ⑤칭찬하다. ⑥헐뜯다. ⑦마음대로 부리는 모양. ⑧자신만만해 하는 모양. 득의양양한 모양. ⑨파주(把住)와 방행(放行).

억양당시(抑揚當時) : 당시의 사람들을 마음대로 부림. 억양(抑揚)은 '억누르고 치켜세우고 하여 마음대로 부리는 모양'이고 당시(當時)는 '그때 그 당시의 사람들'을 말한다.

억양어(抑揚語) : 착어(著語)의 일종으로 선사들이 앞의 선사들의 화(話)에 종탈(縱奪)의 평정(評定)을 하는 말.

언론(言論) : ⓢālapanā, kathā, pravāda, vāda. 담론하다, 말하다. 말하거나 문장을 쓸 때 쓰는 어구. 말이나 문장으로 발표하는 의론과 견해.

언하(言下) : ①말이 끝나자마자 바로. 말 떨어지자마자. ②대번에. 한마디로. ③말 한마디. ④말하는 중에.

엄살(淹殺) : 물에 빠져 죽다(淹死).

엄식(掩息) : 쉬다. 그치다. 숨이 멎다. 죽다. 막히고 가려져서 밝게 드러나지 못함.

엄양선신(嚴陽善信) : 마조도일(馬祖道一)-남전보원(南泉普願)-조주종심(趙州從諗)-엄양선신(嚴陽善信). ?~904. 무녕현(無寧縣) 신흥(新興)의 엄양산(嚴陽山)에 신흥원(新興院)이라는 절을 짓고 주석하였으며 세상 사람들이 그의 덕이 높음을 흠모하여 엄양존자(嚴陽尊者)라고 높여 불렀다고 한다. 그의 곁에는 두 마리의 호랑이와 한 마리의 뱀이 늘 좌우에서 시봉하였다고 한다. 조주스님을 찾아뵙고 대오(大悟)할 때 유명한 '방하착(放下着)' 또는 '엄양일물부장래(嚴陽一物不將來)'의 화두가 탄생하였다.

엄채(掩彩) : 위광(威光)을 줄여버림. 위광이 가려짐. 남의 뛰어난 점이 드러나지 않게 가린다는 뜻. =염채(厭彩).

업종(業種) : ①천벌을 받을 놈. 아주 나쁜 놈. ②선악의 업이 씨앗이 열매를 맺듯이 고락(苦樂)의 과보를 내는 것.

여(與) : ①따르다, 가까이하다, 배종(陪從)하다. ②내다. 발출하다.

여구장륙(如龜藏六) : 거북이가 여섯 부위를 감추듯 하다. 《잡아함경》43권 『구경(龜經)』에 나오는 비유다. "'과거 세상 한때에 냇물 속에 풀이 우거져 있는 곳에 거북이가 그 속에서 살고 있었다. 그때 굶주린 여우 한마리가 배가 곯아 먹이를 찾고 있었다. 그러다가 멀리 거북이가 보이자 얼른 달려가 붙들었다. 거북이는 여우가 오는 것을 보자 곧바로 여섯 부위를 감추었다. 여우는 지켜보면서 머리나 발이 나오기를 기다렸다가 뜯어먹으려고 하였다. 하지만 오랫동안 지키고 있어도 거북이는 아예 머리도 내놓지 않고 발도 내놓지 않았다. 여우는 배가 너무 고파 화가 나서 가버렸다. 비구 여러분도 지금 역시 이와 같다. 악마 파순은 늘 여러분의 틈을 엿보며, 여러분이 눈으로 빛에 집착하거나 귀로 소리를 듣거나 코로 냄새를 맡거나 혀로 맛보거나 몸으로 감촉을 느끼거나 뜻으로 법을 생각하기를 바라면서, 여섯 가지 경계에 물들어 집착하는 마음을 내게 하려고 한다. 그러므로 비구 여러분은 언제나 눈의 율의를 잡아 지녀 머무르고 안근(眼根)의 율의를 잡아 지녀 머무르면 악마 파순도 여러분이 나오든 반연하든 그 틈을 노릴 수 없을 것이다. 귀와 코와 혀와 몸과 뜻에 있어서도 이와 같다. 그 육근(六根)에서 나오든 반연하든 그 틈을 찾지 못하는 것이 마치 여우가 거북이의 틈을 찾지 못한 것과 같다.' 그때 세존께서 즉시에 노래를 하셨다. '거북이가 여우를 두려워해/ 여섯 부위를 껍질 속으로 감추듯이/ 비구들도 마음을 잘 거두어서/ 모든 감각과 생각을 잘 감추어라./ 의지하지도 두려워하지도 말고/ 마음을 덮어버리고 말하지도 마라."(《雜阿含經》卷第四十三, 1167, 『龜經』, T02n0099_p0311c10~25. 참조.)

여룡(驪龍) : 『장자』「열어구」에 나오는 용(龍)의 이름이다. "대저 천금(千金)의 여의주는 반드시 아홉 층의 연못에 있는데 여룡의 턱 아래에 있다."(『莊子』雜篇,「列禦寇」. "夫千金之珠, 必在九重之淵, 而驪龍頷下.")

여마(與麼) : 이같이. 이렇게.

여산(廬山) : 강서성(江西省) 구강시(九江市)에 있는 산.

여수(汝水) : 하천의 이름으로 하남성(河南省) 노산현(魯山縣) 대우산(大盂山)에서 발원하여 보풍(寶豐)·양성(襄城)·언성(郾城)·상채(上蔡)·여남(汝南) 등을 경유하여 회하(淮河)로 흘러든다.

여순마취(驢唇馬觜) : 나귀의 입술과 말의 입. 제멋대로 지껄이는 쓸데없는 말. 앞뒤가 맞지 않는 엉성한 말, 엉터리 말.

여안교작아야하함(驢鞍橋作阿爺下頷) : 아야하함(阿爺下頷)은 선림용어로 원래는 아버지의 아래턱뼈를 가리키는 말로서 어리석은 아들이 전쟁터에서 돌아가신 아버지의 유골을 찾았는데 당나귀의 뼈의 일부분을 자기 아버지의 아래턱뼈로 잘못 알고 가져가서 잘 받들어 모셨다는 고사에서 가져온 말이다. 후에 어리석어 진위를 가리지 못하는 사람을 꾸짖을 때 쓴 말이다. 여안교(驢鞍橋)는 당나귀뼈 가운데 말안장과 비슷한 것을 가리킨다. 어리석은 자가 당나귀 말안장을 자기 아버지의 유골로 잘못 아는 것처럼 선림에서는 우매하면 법의 참과 거짓을 구별하지 못하는 것의 비유로 쓴다. 허망한 분별을 가지고 부처님의 성품으로 삼지 말라는 뜻이라고 한다.

여앙(餘殃) : 후세에 남겨진 재앙. 후환(後患).

여염(閭閻) : 일반 사람들. 보통 사람들.

여인출정화(女人出定話) : 이 『정법안장』3권상(上) 제533화다. 〈옛적에 문수보살님이 모든 부처님이 모이신 곳에 이르셨다. 모든 부처님이 각각 본래 자리로 돌아가셨는데 오직 한 여인만이 부처님 가까이에 앉아서 삼매에 들어가 있었다. 문수보살님이 곧 부처님께 말씀드렸다. "어찌하여 이 여인은 부처님 가까이 앉을 수 있고 저는 그렇질 못합니까?" 부처님이 문수보살님에게 말씀하셨다. "그대가 바로 이 여인을 깨워서 삼매로부터 일어나게 하여 그대가 직접 물어보아라." 문수보살님이 여인 주위를 세 번 돌고나서 손가락을 한 번 튕기시니 곧 범천에까지 순식간에 이르렀다. 그러나 그 신력을 다하였어도 나오게 할 수가 없으셨다. 세존께서 말씀하셨다. "설사 백 천의 문수라도 이 여인의 삼매를 어쩔 수가 없을 것이다. 아래쪽으로 42항하사(恒河沙) 국토를 지나가면 망명보살이 있는데 이 여인을 삼매에서 나오게 할 수 있을 것이다." 그러자 순식간에 망명보살이 땅으로부터 솟구쳐 나오시고는 세존께 절을 올리셨다. 세존께서 망명보살님에게 나오게 하라고 말씀하시자, 망명보살님이 곧장 여인에게 다가가서 손가락을 한 번 튕기셨다. 그러자 여인이 삼매로부터 나왔다.〉 이 '여인출정화(女人出定話)'는 『제불요집경』하편을 근거로 만들어진 것이다. 거기에서는 부처님이 천왕여래이고 여인의 이름은 이의(離意)이며 여인을 삼매에서 일어나게 한 보살은 기제음개(棄諸陰蓋)보살이다.

"천왕여래께서 문수사리보살님을 철위산 꼭대기에 옮겨 놓으셨으나 이의(離意)라는 여인은 여래 옆에 편안히 두셨다. 천왕여래께서 말씀하셨다. '문수사리여, 이제 이 여인이 삼매에서 일어나거든 도(道)의 뜻을 낸 지 얼마나 오래되어 이 세상에 보내어 졌는가를 그대가 물어보라.' 그때 문수보살께서는 부처님의 분부를 듣고 곧 자리에서 일어나 그 여인에게 다가가서 손가락을 퉁겨 큰 소리를 내어 여인을 일으키려고 하셨으나 그 여인은 삼매에서 일어나지 않았다. 문수보살께서는 곧 여기상정(如其像定)에 들어 한량없는 몸으로 변화해 더욱 크게 손가락을 퉁기셨다. 그 손가락 퉁기는 소리가 시방의 무수한 세계에 들렸으나 여인은 또한 삼매에서 일어나지 않았다. 그때 문수보살께서는 곧 여색상삼매정수(如色像三昧正受)에 들어 큰 신족을 나타내시었다. 그러자 삼천대천세계의 온갖 뭇삶인 세간의 사람들과 여러 하늘에서 풍악을 울려서 수없는 메아리로 널리 퍼져 나아가 시방의 한량없는 세계에 사무쳐 들렸지만 여인을 삼매에서 일으킬 수는 없었다. 문수보살께서 여러 산을 흔들고 무너뜨려도 여인은 삼매에서 일어나지 않았으며 권방편(權方便)으로 끌어당겨도 보았으나 여인은 일어나지 않았으며 여인이 앉아 있는 땅을 잘라내 범천으로 던졌으나 여인은 끝내 삼매에서 일어나지 않았다. 그러자 문수보살께서 부처님께 여쭈었다. '누가 이 여인을 감동시켜 삼매에서 일으킬 수 있습니까?' 부처님께서 문수보살에게 말씀하셨다. '오직 여래만이 일으킬 수 있고, 기제음개(棄諸陰蓋)라는 보살이 또한 일어나게 할 수 있다.'"(『諸佛要集經』卷下, T17n0810_p0763a02~0770a20. 참조.)

여전마후(驢前馬後) : 나귀 앞 말의 뒤. 남의 밑에서 허드렛일을 함.

여조(礪爪) : 마아려조(磨牙礪爪)의 준말. 맹수의 새끼가 이빨과 발톱을 갈고 닦다. 선사들이 기봉(機鋒)을 연마함을 말한다.

여충어목(如虫禦木) : 마치 벌레가 나뭇잎을 먹는 것과 같음. 여충식목(如虫食木)과 같은 말로 『대반열반경』2권에 나오는 말이다. "마치 어떤 벌레가 나뭇잎을 먹어서 글자를 이루었다 하더라도 이 벌레는 글자인지 글자가 아닌지를 알지 못할 것입니다. 지혜 있는 이는 이 벌레가 글자를 안다고 하지도 않을 것이며 또한 놀라거나 괴이하게 여기지도 않을 것입니다. 대왕이시여. 예전 의사도 그와 같아서 여러 가지 병의 증세는 구별할 줄도 모르면서 한결같이 모두에게 우유약만 처방한 것은 마치 저 벌레가 우연히 글자를 이룬 것과 마찬가지 인줄을 아셔야 합니다. 예전 의사는 우유약의 성질이 뛰어난지, 약효가 없는지, 잘 듣는지, 나쁜 영향을 미치는지도 몰랐던 것입니다.' (『大般涅槃經』卷第二, 「壽命品」第一之二, T12n0374_p0378b27~c02. "如虫食木, 有成字者, 此虫不知是字非字. 智人見之終不唱言, 是虫解字, 亦不驚怪. 大

王. 當知. 舊醫亦爾, 不別諸病, 悉與乳藥, 如彼虫道偶成於字. 是先舊醫不解乳藥
好醜善惡.")

역(亦) : 모두, 다.

역력(瀝瀝) : 액체가 뚝뚝 떨어지는 모양. 액체가 뚝뚝 떨어지는 소리.

연(燕) : BC1046~BC222. 주 무왕 희발(姬發)이 은나라를 멸망시키면서 그
의 동생인 소강공(召康公) 석(奭)을 연(燕)의 제후에 봉하면서 연나라가 시작
된다. 춘추시대의 연나라는 기록이 별로 남아 있지 않다. 전국시대에는 『사
기(史記)』「소진열전(蘇秦列傳)」에 의하면 기원전 334년경에 '동쪽으로 조선과
요동반도, 북쪽으로 임호와 누번, 서쪽으로 운중과 구원, 남쪽으로 호저와
역수(易水)가 있다.'고 하여 그 영토가 동쪽으로 조선에 이르고, 남쪽으로 역
수(易水)까지 이천여 리에 달했다고 한다. 기원전 315년 쾌왕(噲王)이 재상인
자지(子之)를 총애하여 왕위를 물려주자, 태자평(太子平)과 장군 시피(市被)가
거병하여 연나라에 내전을 일으켰다. 이때 태자 평과 시피가 전사하는데, 이
틈을 타고 제나라가 태자의 원군을 빌미로 군사를 일으켜 침공하였다. 기원
전 313년에는 연왕을 자칭한 자지가 살해되고 연왕 쾌가 자살하게 된다. 기
원전 312년에 한나라로 피신해 있던 쾌왕의 서자인 공자 직이 제나라의 속
국이 되는 조건으로 연왕에 올랐는데 그가 연 소왕(昭王)이다. 그는 장수 진
개(秦開)를 보내서 고조선(古朝鮮)을 침략하여 랴오닝성 만번한(滿潘汗) 지역
까지 영토를 넓혔다. 기원전 285년에는 장수 악의(樂毅)를 총사령관으로 삼
고 제나라를 공격해 수도와 대부분 지역을 함락시켰다. 기원전 226년, 연왕
(燕王) 희(喜)의 아들 태자(太子) 단(丹)은 위나라 장수 형가(荊軻)와 진개(秦
開)의 손자 진무양(秦舞陽)을 진(秦)나라에 보내어 진시황제(秦始皇帝) 암살을
시도하였으나 실패하였다. 연왕 희는 요서와 요동으로 도망치지만 진나라 군
대에 포위되고야만다. 연왕 희는 아들 태자 단을 죽여서 그 목을 진시황제에
게 바쳐 선처를 구하지만 진시황제는 연왕 희와 잔존 세력을 공격하여 연나
라를 멸망시켜 버렸다. (출처: 인터넷 위키백과사전)

연(延) : 초빙하다. 초청하다[연청(延請), 청요(請邀)].

연기(宴起) : 아침에 늦게 일어나다.

연눈눈지(軟嫩嫩地) : 눈눈(嫩嫩)은 아주 곱고 부드러운 모양을 나타내는 의
태어. 확철대오한 경지.

연람(煙嵐) : 이내를 말한다. 먼 산속에 피어오르는 푸르스름하고 아스라한
안개 같은 기운. 남기(嵐氣)라고도 함.

연래(年來) : 근년 이래. 일 년 이래. 해가 닥쳐오다. 해가 오다.

연상(連牀) : 침상을 나란히 잇대어 눕다. 정이 매우 두터움을 나타낸다.

연소(煙霄) : 높은 하늘. 산의 높은 곳. 높은 지위.

연쇠(年衰) : 연로하다. 나이가 많다.

연쇠귀롱인(年衰鬼弄人) : '시쇠귀롱인(時衰鬼弄人)'과 같은 말이다. 운수가 막히면 귀신이 사람을 놀린다. 운이 나빠서 화를 당할 때 쓰는 말.

연심(年深) : 시간이 길고 오래다. 오랜 세월이 지나다.

연야달다실각두(演若達多失却頭) : 연야달다Ⓢyajñadattā가 머리를 잃어버리다. 『수릉엄경』권4에 나오는 이야기이다. "'실라벌성에 사는 연야달다가 갑자기 이른 새벽에 거울로 자기 얼굴을 비추어 보다가 거울 속에 있는 머리는 눈썹과 눈을 볼 수 있지만 자기 머리에는 얼굴도 눈도 보이지 않는다고 성을 내면서 이것이 괴물이라고 생각하고는, 이유 없이 미쳐 달아났으니 너는 어떠하냐? 이 사람이 어떤 원인으로 이유 없이 미쳐 달아났겠느냐?' 부루나존자가 말씀드렸다. '그 사람은 마음이 미친 것일 뿐이지, 다른 까닭이 없습니다.' … '저 실라벌성의 연야달다가 어찌 미친 인연이 따로 있었겠느냐? 스스로 두려워서 달아난 것뿐이니, 홀연히 미친 마음을 쉬어버리면 그 머리의 눈과 얼굴이 밖에서 얻어진 것이 아니다. 그리고 설사 미친 증세가 없어지지 않았다 하더라도 또한 어찌 잃어버린 것이겠느냐? 부루나. 미혹의 성품이 이와 같은데 원인이 어찌 따로 있겠느냐? 네가 다만 세간(世間)·업과(業果)·중생(衆生) 이 세 가지의 상속함을 따르고 분별하지 않는다면 살(殺)·도(盜)·음(淫)의 세 가지 보조 조건(三緣)이 끊어지기 때문에 세 가지 직접 원인(三因)도 생기지 아니하여 곧 너의 마음속에서 연야달다와 같은 미친 성품이 저절로 사라지게 될 것이다.'"(『大佛頂如來密因修證了義諸菩薩萬行首楞嚴經』卷第四, T19n0945_p0121b9~25.)

연저석(連底石) : 바닥에 죽 깔린 돌.

연즉(然則) : 그러면. 그렇다면. =연즉(然即).

연지(撚紙) : 종이를 비벼 꼬다. 종이를 비벼 꼰 노끈.

연지(然只) : 그렇지만.

연지(然之) : 묵연허지(黙然許之)의 줄임말. 말없이 허락하다.

연화(演化) : 교화를 넓히다.

연환(連環) : 고리를 잇달아 꿰어 놓은 것. 끊임없이 이어짐.

열만(熱謾) : 실없는 말, 근거 없는 이야기. 대단한 속임수.

열반후구(涅槃後句) : 열반 뒤의 일구(一句). 곧 말후구(末後句) 또는 최후구(最後句)와 같다. 더 이상 언어로써는 어떻게 할 수 없는 최후의 한 구절.

열완명성(熱椀鳴聲) : 뜨겁게 달궈진 주발이나 사발에서 나는 소리. 아무런 의미가 없는 언어와 음성을 비유한다.

열파(裂破) : 찢어서 망가뜨리다.

염각(拈却) : 잡아서 버리다. 집어내다.

염관제안(鹽官齊安) : 조계혜능(曹溪慧能)-남악회양(南嶽懷讓)-마조도일(馬祖道一)-염관제안(鹽官齊安). ?~842. 절강(浙江) 해문군(海門郡) 출신. 속성은 이씨(李氏). 운종선사(雲琮禪師)를 따라 삭발하고 구족계를 받았다. 마조 도일스님의 법을 잇고 항주(杭州) 염관(鹽官) 진국(鎭國) 해창원(海昌院)에 주석하였으므로 염관(鹽官)이라고 불리게 되었다. 원화(元和) 말년(806~820)에 70세가 넘어서 월주(越州) 소산(蕭山)의 법락사(法樂寺)를 중수하였다. 해창(海昌)의 법흔(法昕)이 해창원(海昌院)을 창건하고 스님을 모시니 일시에 사방에서 참학자(參學者)들이 몰려들어 마조스님의 선법을 크게 떨쳤다. 시호는 오공선사(悟空禪師)이다. '염관서선자(鹽官犀扇子)' '염관허공(鹽官虛空)' '염관법계(鹽官法界)' '염관불성(鹽官佛性)' 등의 공안이 있다. 관남도상(關南道常), 쌍령현진(雙嶺玄眞), 경산감종(徑山鑒宗) 등 8인의 사법제자(嗣法弟子)가 있다.

염념(念念) : 시시각각. 순간순간. 찰나찰나. 생각과 생각이 순간적으로 스쳐 지나가는 모습.

염섬(廉纖) : 가늘고 미세함. 가늘게 끊임없이 내리는 이슬비. 말을 죽 늘어놓음. 수다스러움. 오래 지껄임.

염장(鹽醬) : 생선이나 콩, 쌀, 보리, 밀 등을 발효시켜 소금을 넣어 만든 장. 젓갈, 된장, 고추장, 간장 등.

염전사자(簾前賜紫) : 주렴 앞에서 자색 가사를 하사함. 남양 혜충국사가 살던 그 당시는 무측천(武則天)이 수렴청정을 하면서 집권하던 시절이라 주렴 앞에서 가사를 하사한다고 표현하였다.

염정(恬靜) : 마음이 담담하고 안정됨.

염정(染淨) : 염(染)은 식(識)이 염오(染汚)된 것으로 번뇌를 말하고 정(淨)은 식(識)이 청정한 것으로 성제(聖諦)에 순응하는 것.

염제(拈提) : 선종의 설법에서 옛 선사의 법문을 끄집어내어서 해석하고 비판함으로써 법좌를 끝맺는 일. =염고(拈古).

염지(染指) : 선지(禪旨)를 간략히 맛봄. 약간의 선미(禪味)를 봄. 원래는 국솥에다 손가락을 찍어서 맛을 보는 것을 말하는데. 춘추시대에 정영공(鄭靈公)이 초나라에서 보낸 자라를 요리하여 대부들에게 먹이면서 자공(子公)에게는 주지 않자, 자공이 성을 내며 국솥에 손가락을 넣어 찍어 맛을 보고 갔다는 고사에서 나온 말이다. 이후로 음식을 맛보다는 뜻으로 쓰임.

염찬(念讚) : 부처님을 바로 지금 마음에 늘 끊어지지 않게 간직하고 부처님의 공덕을 찬탄하는 것. 염불찬불(念佛讚佛)의 줄임말.

염환(厭患) : 싫어하고 미워하다.

엽락귀근내시무구(葉落歸根來時無口) : 육조 혜능스님이 남긴 말이다. "대중들이 말씀드렸다. '스승님께서 여기를 떠나시면 언제 돌아오실 겁니까?' 대사가 말씀하셨다. '이파리가 떨어지면 뿌리로 돌아간다. 올 때는 입이 없다.'"(『六祖大師法寶壇經』「付囑流通第十」, T48n2008_p0361b17~18. "衆曰: '師從此去, 早晚可回?' 師曰: '葉落歸根, 來時無口'.")

영(縈) : ①얽매이다. 얽히다. ②휘감다. 두르다. 돌다.

영가현각(永嘉玄覺) : 쌍봉도신(雙峰道信)-황매홍인(黃梅弘忍)-조계혜능(曹溪慧能)-영가현각(永嘉玄覺). 665~713. 온주(溫州) 영가(永嘉)[절강성] 출신이다. 속성은 대씨(戴氏). 자는 명도(明道). 8살에 출가하였다. 삼장(三藏)을 널리 공부하였으며 천태학의 지관(止觀)에 밝았다. 뒤에 온주 용흥사(龍興寺) 근처에다 암자를 지어 놓고 홀로 불학을 연구하였으며 늘 선학을 닦았다. 그러다 우연히 좌계현랑(左溪玄朗)스님의 격려로 자리를 떨치고 일어나 동양현책(東陽玄策)스님과 함께 제방을 다니며 도(道)를 찾았다. 그러다 운양(韻陽)에 이르러 혜능스님을 참알하였는데 서로 문답하다가 곧바로 인가를 받았다. 혜능스님이 하룻밤을 묵고 가라고 하여 다음날 용흥사로 돌아갔다. 이때부터 사람들이 일숙각(一宿覺)이라고 불렀다고 한다. 이후로 학인들이 많이 몰려들었다. 호는 진각대사(眞覺大師)다. 예종(睿宗) 선천(先天) 2년(713) 10월 17일에 세수 49세로 결가부좌 한 채로 입적하였다. 시호는 무상대사(無相大師)이다. '영가진석(永嘉振錫)' '영가강월(永嘉江月)' '영가허공(永嘉虛空)' '영가묵시(永嘉默時)' '영가심법(永嘉心法)' '영가시비(永嘉是非)' '영가요요(永嘉了了)' 등의 공안이 있다. 『선종오수원지(禪宗悟修圓旨)』10편과 『증도가(證道歌)』1편이 있고 『영가집(永嘉集)』10권이 있다.

영광원진(永光院眞) : 운암담성(雲巖曇晟)-동산양개(洞山良价)-운거도응(雲居道

膂)-영광원진(永光院眞). 『경덕전등록(景德傳燈錄)』20권·『정법안장(正法眼藏)』2권하(下)·『연등회요(聯燈會要)』25권·『오등회원(五燈會元)』13권·『오등엄통(五燈嚴統)』13권·『오등전서(五燈全書)』28권 ·『선종정맥(禪宗正脉)』7권 등에 법문이 나온다.

영교안(穎橋安) : 임제의현(臨濟義玄)-흥화존장(興化存獎)-보응혜옹(寶應慧顒)-영교안(穎橋安). 호(號)가 철호(鐵胡)이다. 여주(汝州)에 주석하였다는 것 외엔 알려진 이력이 없다. 철호 안스님이 하루는 풍혈 연소스님과 함께 둥근 화로에 불을 쬐고 앉아 있는데 종사도(鍾司徒)가 와서 문득 여쭈었다. "삼계가 불타는데 어떻게 하면 나갈 수 있겠습니까?" 안스님이 부젓가락으로 불을 헤집었다. 사도가 헤아리려하니 안스님이 말했다. "사도! 사도!" 종사도가 이에 깨달았다. 『선문염송집(禪門拈頌集)』27권·『정법안장(正法眼藏)』1권하(下) 제175화·『선각종승(先覺宗乘)』4권·『선종송고련주통집(禪宗頌古聯珠通集)』35권·『종감법림(宗鑑法林)』28권·『어선역대선사어록(御選歷代禪師語錄)』전집하(前集下)·『천성광등록(天聖廣燈錄)』15권·『연등회요(聯燈會要)』11권·『오등회원(五燈會元)』11권·『오등엄통(五燈嚴統)』11권·『오등전서(五燈全書)』22권·『지월록(指月錄)』21권·『교외별전(敎外別傳)』8권·『선종정맥(禪宗正脉)』6권 등에 종사도(鍾司徒)를 깨우치게 한 화(話)가 나온다.

영구(靈龜) : 거북점을 칠 때 쓰는 신령한 거북.

영구부도(靈龜負圖) : 낙서(洛書)의 고사에서 나온 말이다. 중국의 고대 전설에 우(禹)임금이 황하의 홍수를 다스릴 때 낙수(洛水)에서 신령한 거북이가 나왔는데 그 등에 45개의 점으로 이루어진 낙서(洛書)를 짊어지고 있었다고 한다. 이후로 천지만물의 생성소멸과 운행의 이치를 점치는데 있어 활용했다고 함.

영대(靈臺) : 마음을 말한다. "'영대(靈臺)에 들어갈 수가 없다.' 영대라고 함은 마음을 말한다." ('郭象注' 『莊子』「庚桑楚」. "'不可內於靈臺'. 靈臺者, 心也.")

영득(贏得) : 얻다. 획득하다. ~결과가 되다. ~을 초래하다. 이익.

영명연수(永明延壽) : 나한계침(羅漢桂琛)-법안문익(法眼文益)-천태덕소(天台德韶)-영명연수(永明延壽). 904~975. 법안종 3조이며 정토종 6조이다. 본래 강소성 단양사람이었으나 후에 전당(錢塘)[절강성 항주]으로 이주하였다. 속성은 왕씨(王氏). 자는 중현(仲玄) 또는 충원(沖元), 호는 포일자(抱一子)다. 16세에 오월왕(吳越王)에게 『재천부(齋天賦)』를 지어 올렸다. 28세에 오월국의 화정(華亭)[강소성 송강]의 진장(鎭將)이 되어 군수물자를 조달하는 관리로 재직하면서 임의로 창고의 재물을 팔아서 동물들을 사서 방생하였다. 이 때문에 사형을 받게 되자, 오월왕 원관(元瓘)이 사람을 보내 얼굴색이 변하면 죽이고 변하지 않으면 석방을 해주라고 하였다. 스님이 안온한 모습으로 두려워하는 모습이 보이지 않자 왕이 풀어주고 출가를 허용하였다. 그러자 절강성 사명산(四明山)의 용책사(龍冊寺) 취암 영참스님에게 출가하였다. 뒤에 천태산 덕소국사에게 참례하여 현지를 깨달았다. 건륭(建隆) 2년(961) 오월왕 전숙(錢俶)의 청으로 영명대도량(永明大道場)으로 옮겨 대중들을 접화하니 세상에서 그를 영명대사(永明大師)라고 일컬었다. 스님은 선정쌍수(禪淨雙修)의 도를 제창하였다. 스님은 인도와 중국의 성현 200인의 저서를 모아 『종경록(宗鏡錄)』 100권을 완성하였다. 개보(開寶) 8년에 세수 72세로 입적하였다. 법호는 지각선사(智覺禪師)이다. 『종경록(宗鏡錄)』100권, 『만선동귀집(萬善同歸集)』6권, 『신서안양부(神栖安養賦)』1권, 『유심결(唯心決)』1권, 『주심부(注心賦)』4권, 『경세(警世)』, 『관심현추(觀心玄樞)』1권, 『정혜상자가(定慧相資歌)』 등을 남겼다.

영빙(伶俜) : 똑바로 가지 못하고 비실비실하다. 외로운 모양. 방랑하는 모양.

영사(影事) : 그림자의 모습. 미(迷)하면 세속의 일이 모두 다 그림자처럼 헛되므로 그림자의 모습이라 함.

영수여민(靈樹如敏) : 마조도일(馬祖道一)-백장회해(百丈懷海)-복주대안(福州大安)-영수여민(靈樹如敏). ?~920. 오대후한(五代後漢)의 스님으로 복건성(福建省) 민천(閩川) 사람이다. 호는 지성대사(知聖大師). 처음에 황벽 희운스님을 알현하였다가 복주의 장경 대안스님에게서 참구(參扣)하고 그 법을 이었다. 소주(韶州)[광동성(廣東省) 소관(韶關)]의 영수선원(靈樹禪院)에 주석하면서 선법을 선양하였다. 40여년을 남한(南漢)에서 법을 펴니 내외 현유(賢儒)들이 문답하고 지극히 존경하였다고 한다. 남한(南漢) 건형(乾亨) 4년(920)에 입적하였다. 시호는 영수선사(靈樹禪師). 『조당집(祖堂集)』19권에 그의 전기가 실려 있다.

영아수발(嬰兒垂髮) : 갓난아이의 늘어뜨린 머리카락. 곧 막 갓 낳은 아이를 말한다. 갓난애.

영양괘각(羚羊挂角) : 대오(大悟)한 사람에게는 미집(迷執)의 종적이 끊어져 없음을 비유한 것. 마치 영양이 잠을 잘 때에 뿔은 나뭇가지에 걸어놓고 다리는 땅에서 떨어지게 하여 완전히 자신의 종적을 감춘다는 데서 나온 것으로서 완전히 흔적도 없고 아무 걸림 없음을 나타냄. 설봉 의존스님이 학인들을 제접할 때 자주 쓰던 기봉. "내가 서쪽에 길이 있다하면 서쪽으로 우르르 몰려가고 내가 동쪽에 길이 있다하면 동쪽으로 우르르 몰려가는데, 만일에 내가 영양이 도망칠 때 그 뿔을 나무에 걸고 다리를 들고 자는 것처럼 그 흔적을 찾을 수 없게 된다면 너희들은 어디서 찾을 것이냐?"(『景德傳燈錄』卷第十六, T51n2076_p0328b06~08. "師謂衆曰: '我若東道西道, 汝則尋言逐句, 我若羚羊掛角, 汝向什麼處捫摸?'")

영운지근(靈雲志勤) : 마조도일(馬祖道一)-백장회해(百丈懷海)-위산영우(潙山靈祐)-영운지근(靈雲志勤). 생몰연대는 알려져 있지 않음. 당오대(唐五代) 스님. 복건성 장계(長溪) 출신. 위산스님의 회하에 있다가 복숭아꽃을 보고 깨달았다. 위산스님이 이 게송을 보고 인가를 해 준 것이다. 이후 복주(福州) 영운산(靈雲山)에 주석하였으므로 영운지근(靈雲志勤)이라 불렸다. '영운도화(靈雲桃花)' '영운혼돈(靈雲混沌)' '영운여사(靈雲驢事)' '영운탈리(靈雲脫履)' '영운불자(靈雲拂子)' '영운짐침(靈雲朕礎)' 등의 공안을 남겼다.

영원유청(靈源惟淸) : 석상초원(石霜楚圓)-황룡혜남(黃龍慧南)-회당조심(晦堂祖心)-영원유청(靈源惟淸). ?~1117. 남주(南州) 무녕(武寧) 출신. 속성은 진씨(陳氏). 자는 각천(覺天)이고 호는 영원수(靈源叟)이다. 어려서 출가하여 계율에 침착하다가 회당 조심선사를 만났다. 선사는 회당스님 회하에서 밤낮으로 참구하느라 자고 먹는 것도 잊을 지경이었다. 언젠가 회당스님이 손님과 이야기 할 때 옆에서 시중을 들었다. 손님이 가버린 지 한참 되었는데도 여전히 그 자리에 서 있으니 회당스님이 말했다. '유청스님은 죽었는가?' 이에 마음이 확 열렸다. 그 뒤 서주(舒州)의 태평선원(太平禪院)에 머무르다가 황룡산으로 들어가 숭은사(崇恩寺)에 주석하였는데 병이 깊어 소묵당(昭黙堂)에서 15년을 보냈다. 황노직(黃魯直), 정이천(程伊川) 등과 친분이 두터웠다고 한다. 정화(政和) 7년에 입적하였으며 시호는 불수선사(佛壽禪師)이다. 장령수탁(長靈守卓) 등 11명의 수법제자들이 있다.

영절(令節) : 좋은 시절(佳節). 경사로운 명절.

영천귀인(靈泉歸仁) : 운암담성(雲巖曇晟)-동산양개(洞山良价)-소산광인(疎山匡仁)-영천귀인(靈泉歸仁). 오대(五代) 후당(後唐)의 조동종계(曹洞宗系) 스님이다. 소산 광인스님의 법을 잇고 낙경(洛京) 장수(長水) 영천원(靈泉院)에 주석하였다. 『경덕전등록(景德傳燈錄)』20권·『천성광등록(天聖廣燈錄)』24권·『연등회요(聯燈會要)』25권·『선종송고련주통집(禪宗頌古聯珠通集)』30권·『종감법림(宗鑑法林)』63권·『선림유취(禪林類聚)』19권·『어선역대선사어록(御選歷代禪師語錄)』후집중(後集中)·『오등회원(五燈會元)』13권·『오등엄통(五燈嚴統)』13권·

『오등전서(五燈全書)』28권·『교외별전(敎外別傳)』15권·『선종정맥(禪宗正脉)』7권 등에 법문이 보인다.

영청(迎請) : 초빙하다. 영접하다.

영초(影草) : 어부가 물고기를 잡기 위해 물에 띄워 두는 풀. 탐간(探竿)과 함께 모두 어민들이 물고기를 모아 그물로 포획하는 방법, 또는 도둑이 사용하는 도구이다. 탐간은 어부가 장대 끝에다 뻐꾸기 깃털을 여러 개 엮어서 물에 넣어 고기를 모아 그물로 잡는 것, 또는 도둑이 창문이나 벽 틈에 끼워 넣어서 그 집안의 동태를 살피는 대나무 장대를 말한다. 영초는 풀을 베어서 물속에 넣고 그 그림자 밑에 물고기가 모여들기를 기다렸다가 그물로 포획하여 잡는 것, 또는 도둑이 짚으로 만든 도롱이를 쓰고서 집에 들어가 물건을 훔치는 도구를 말한다. 선종(禪宗)에서 선사들이 학인들의 성품을 계발하기 위해 상황에 따라 시설하는 가르침, 또는 선사들이 서로를 간파하는 수단을 말한다. 임제스님이 처음 썼다. (『古尊宿語錄』卷第五,「臨濟禪師語錄」, X68n1315_p0031b03. "有時一喝, 如探竿影草")

영현(影現) : 부처님이 뭇삶을 제도하기 위해 그 모습을 나타내는 것.

예(例) : 모두, 다, 전부. =개(皆).

예주(澧州) : 개황(開皇) 9년(589) 송주(松州)를 고쳐 예주(澧州)로 하여 예양현(澧陽縣)[호남성(湖南省) 예현(澧縣)]에 두었다. 대업(大業) 초년(初年)에 예양군(澧陽郡)으로 고쳤다. 당(唐) 초년(初年)에 다시 예주(澧州)로 고쳤다가 천보(天寶)와 지덕(至德) 사이에 또 다시 예양군(澧陽郡)으로 고쳤다.

오(塢) : 낮은 구릉에 둘러싸인 촌락. 사방이 둘러싸인 낮은 곳. 시골의 작은 취락. 배를 대는 항만.

오(鼇) : 전설상의 큰 거북이나 자라. 궁전. 한림원.

오강(烏江) : 안휘성(安徽省) 화현(和縣)의 북동쪽에 있는 강의 이름이다. 이 강 언덕에 오강정(烏江亭)이 있는데 항우가 한신에게 쫓기다 자살한 곳이다.

오경(五更) : 하룻밤을 다섯으로 나누었을 때의 다섯째 부분(部分). 일경(一更)은 약 2시간이다. 새벽 네 시 전후(前後)임.

오구(烏臼) : 조계혜능(曹溪慧能)-남악회양(南嶽懷讓)-마조도일(馬祖道一)-오구(烏臼). 법을 이은 제자가 없다. '오구참당(烏臼參堂)' '오구표병(烏臼杓柄)' 공안으로 유명하다. 『정법안장(正法眼藏)』1권상(上)·『경덕전등록(景德傳燈錄)』8권·『어선역대선사어록(御選歷代禪師語錄)』후집상(後集上)·『선문염송집(禪門拈頌集)』8권·『대광명장(大光明藏)』중권(中卷)·『연등회요(聯燈會要)』5권·『오등회원(五燈會元)』3권·『오등엄통(五燈嚴統)』3권·『오등전서(五燈全書)』6권·『선종송고련주통집(禪宗頌古聯珠通集)』13권·『종문염고휘집(宗門拈古彙集)』12권·『종감법림(宗鑑法林)』14권·『선림유취(禪林類聚)』6권·『불과격절록(佛果擊節錄)』권하(下)·『지월록(指月錄)』9권·『교외별전(敎外別傳)』5권·『선종정맥(禪宗正脉)』2권·『선등세보(禪燈世譜)』2권·『선원몽구요림(禪苑蒙求瑤林)』중권(中卷)등에 기록이 나온다.

오귀(烏龜) : 거북. 금귀(金龜)라고도 함.

오도(五道) : 오취(五趣)라고도 한다. 유정들이 돌고 도는 다섯 갈래 길. 지옥·아귀·축생·인간·천상의 다섯 군데이다.

오도자(吳道子) : 680~759. 관세음보살 탱화를 잘 그리던 당대(唐代) 현종(玄宗) 때의 화가로 화성(畵聖)으로 칭송 받았다. 원래 이름은 오도자(吳道子)였으나 현종이 오도현(吳道玄)으로 고쳐 지어주었다고 한다. 지방의 하층 관리로 재직하던 중 현종에게 그 재능을 인정받게 되어 궁정 화가가 되었다. 인물화·산수화·초목화·벽화 등의 여러 분야의 그림에 있어서 묘사법(描寫法)을 일변시키며 동양 회화에 커다란 영향을 끼친 인물이다. 제자들과 함께 사찰에 그린 벽화의 수가 300점이 넘었다고 한다.

오량(五兩) : ①풍력풍향계(風力風向計). 닭털 5~8냥[냥(兩)은 두 개 한 벌이다.]을 높은 장대 끝에 매달아 놓고 풍향과 풍력을 관측하는 것이다. ②다섯 켤레. 량(兩)은 두 개가 한 벌이다. ③베 다섯 필. ④무술이 능한 용사.

오로봉(五老峯) : 여산(廬山) 동남쪽에 있는 봉우리 이름이다.

오미선(五味禪) : 일미선(一味禪)의 상대어로 다섯 가지 맛이 서로 섞인 선(禪). 보통 규봉종밀(圭峰宗密)스님이 분류한 외도선(外道禪)·범부선(凡夫禪)·소승선(小乘禪)·대승선(大乘禪)·최상승선(最上乘禪) 등을 말한다. 하지만 사선(邪禪)이나 잡선(雜禪) 등의 뜻으로도 사용되기도 한다. "또 진성(眞性)은 더럽지도 않고 깨끗하지도 않아서 범성(凡聖)의 차이가 없지만, 선(禪)에는 깊기도 하고 얕기도 한 등급의 차이가 있다. 특별한 계교를 가지고서 위는 좋아하고 아래는 싫어하면서 닦는 것은 외도선(外道禪)이다. 인과를 올바로 믿고 있더라도 역시 좋아하고 싫어하면서 닦는 것은 범부선(凡夫禪)이다. 아공(我空)의 진(眞)에 치우친 이치만을 깨닫고서 닦는 것은 소승선(小乘禪)이다. 아공(我空)과 법공(法空)으로 드러난 참된 이치를 깨닫고서 닦는 것은 대승선(大乘禪)이다. 만일 자신의 마음이 본래 청정하여 본래부터 번뇌가 없고, 무루 지혜의 성품이 본래 구족되어 있음을 돈오(頓悟)하여, 이 마음이 필경에 부처님과 차이가 없음에 의지해 닦는 것은 최상승선(最上乘禪)이다. 이것은 또한 여래청정선(如來淸淨禪)이라고도 하고, 일행삼매(一行三昧)라고도 하고, 진여삼매(眞如三昧)라고도 한다.”(『景德傳燈錄』卷 第十三, T51n2076_p0306b02~10. “又眞性卽不垢不淨, 凡聖無差, 禪則有淺有深階級殊等. 謂帶異計欣上厭下而修者, 是外道禪. 正信因果, 亦以欣厭而修者, 是凡夫禪. 悟我空偏眞之理而修者, 是小乘禪. 悟我法二空, 所顯眞理而修者, 是大乘禪. 若頓悟自心本來淸淨, 元無煩惱, 無漏智性, 本自具足, 此心卽佛畢竟無異, 依此而修者, 是最上乘禪. 亦名如來淸淨禪, 亦名一行三昧, 亦名眞如三昧.”)

오본(悟本) : 동산양개(洞山良价)스님의 시호이다.

오봉루(五鳳樓) : 당나라 때 낙양에 세워진 누각으로 현종이 큰 잔치를 베풀던 곳이었고, 지금의 안휘성(安徽省) 합비현(合肥縣)에 있는 것으로 당나라 때 장숭(張崇)이 세웠던 누각이다. 현재 중국에는 다섯 개의 오봉루가 있다. 1) 복건성(福建省) 토루(土樓)의 오봉루(五鳳樓). 2) 산서성(山西省) 장치(長治)의 오봉루(五鳳樓). 3) 하북성(河北省) 북대하(北戴河)의 오봉루(五鳳樓). 4) 운남성(雲南省) 여강(麗江)의 오봉루(五鳳樓). 5) 광동성(廣東省) 남해(南海)의 오봉루(五鳳樓).

오분법신(五分法身) : 비로자나 법신불의 다섯 가지 몸. 계(戒)의 몸[암(暗)a]·정(定)의 몸[밤(鑁)vam]·혜(慧)의 몸[람(囕)ram]·해탈(解脫)의 몸[함(唅)ham]·해탈지견(解脫知見)의 몸[캄(坎)kham] 등 다섯이다.

오산(鼇山) : 호남성(湖南省) 상덕시(常德市) 북쪽에 있는 산의 이름.

오석령(烏石嶺) : 설봉산(雪峰山)에 있는 고개.

오석영관(烏石靈觀) : 마조도일(馬祖道一)-백장회해(百丈懷海)-황벽희운(黃檗希運)-오석영관(烏石靈觀). 복주(福州) 오석산(烏石山)의 설로봉(薛老峰) 또는 정묘산(丁墓山)이라고도 하는 곳에 주석하였다. 당시에 사람들이 노관화상(老觀和尙)이라고도 불렀다고 한다. 스님은 평소에 문을 꼭꼭 잠그고 있어서 사람들의 눈에 잘 띄지 않았으나 오직 단월 한 사람이때마다 음식을 넣어 줄 때만 문을 열었다고 한다. ‘오석인면(烏石引麵)’ ‘오석봉황(烏石鳳凰)’ 등의 공안을 남겼다.

오설영묵(五洩靈黙) : 조계혜능(曹溪慧能)-남악회양(南嶽懷讓)-마조도일(馬祖道一)-오설영묵(五洩靈黙). 747~818. 비릉(毘陵)[강소성 상주(常州)] 출신. 속성은 선씨(宣氏). 석두 희천스님을 참문하고 활연대오하여 20년을 시봉하였으나 법은 마조 도일스님을 이었다. 정원(貞元)(785~804) 초에 천태산의 백사도량(白沙道場)에 주석하다가 2년 후에 포양(浦陽)으로 옮기고 다시 무주(婺

州)[절강성]의 오설산(五洩山)으로 가서 주석하였다. 원화(元和) 13년 세수 72세로 입적하였다. 《깨달음의 인연》『조당집』15권에서는 이렇게 실려 있다. "스님이 곧 하직하고 석두스님께 가서 말씀드렸다. '만일 한마디에 계합한다면 곧 머물겠지만 만일 서로 계합하지 못한다면 떠나버리겠습니다.' 그러고 나서는 신발을 신은 채로 방석을 들고서 법당으로 올라가서 절을 하고는 인사를 다 마치고 서 있으니, 석두스님이 말씀하셨다. '어디서 왔느냐?' 스님이 무심코 그저 대답하셨다. '강서에서 왔습니다.' 석두스님이 말씀하셨다. '어디서 수업했느냐?' 스님이 대답하지 않고 곧장 소매를 떨치고는 나가면서 막 문지방을 넘어서려는데 석두스님이 '咄(Duō)!'하고 소리를 지르셨다. 스님은 한 발은 문 바깥쪽에 다른 한 발은 문 안쪽에 디딘 채로 고개를 돌리는 것을 보자마자 석두스님이 곧장 뺨을 갈기시고는 말씀하셨다. '태어나서 죽을 때까지 오로지 이놈인데 다시 머리를 돌려 뭐하자는 거냐?' 스님이 활연히 대오하시고는 석두스님의 앞에서 몇 해를 시봉하니 오설화상이라고 불리었다."(『祖堂集』卷第十五, K45-0327. 참조.)

오악(五嶽) : 중국의 다섯 명산이다. 동악(東嶽)인 태산(泰山), 서악(西嶽)은 화산(華山), 남악(南嶽)은 곽산(霍山), 북악(北嶽)은 항산(恒山), 중악(中嶽)은 숭고산(嵩高山). 이렇게 다섯 산인데 약간씩 다르다.

오위(五位) : 선종에서 세운 방편으로 편정오위(偏正五位)·공훈오위(功勳五位)·군신오위(君臣五位) 등이 있다. 조동종의 편정오위와 임제종 분양선소(汾陽善昭)와 석상초원(石霜楚圓)의 편정오위는 약간 다르다. 조동종의 군신오위(君臣五位)는 군위(君位)·신위(臣位)·군시위(君視位)·신향군(臣向君)·군신합(君臣合)의 오위(五位)이다. 공훈오위설(功勳五位說)은 향(向)·봉(奉)·공(功)·공공(共功)·공공(功功) 등의 다섯이다. 정편오위설(正偏五位說)은 정중편(正中偏)·편중정(偏中正)·정중래(正中來)·편중지(偏中至)·겸중도(兼中到) 등의 다섯이다. 분양 선소스님이 세운 오위는 정중래(正中來)·정중편(正中偏)·편중정(偏中正)·겸중지(兼中至)·겸중도(兼中到)의 다섯이다. 석상 초원스님이 세운 오위는 정중편(正中偏)·편중정(偏中正)·정중래(正中來)·겸중지(兼中至)·겸중도(兼中到)의 다섯이다.

오음(五陰) : 오온(五蘊)과 같다. 색(色)·수(受)·상(想)·행(行)·식(識)다섯 가지 음(陰)을 말한다.

오입(悟入) : 이치를 확연히 깨달아 실상(實相)에 계합(契合)하여 해탈(解脫)의 문으로 들어가는 것.

오장(五障) : 『묘법연화경』4권에서 사리불이 여자가 성불이기 어려운 다섯 가지 장애를 용녀에게 말한 것이다. "그대가 오래지 않아 위없는 도를 얻겠다고 말하지만 이 일은 믿을 수 없다. 왜냐하면 여자의 몸은 때 묻고 더러워서 법의 그릇이 아니기 때문이다. 그런데 어떻게 위없는 도를 능히 이룰 수 있겠느냐? 부처님의 도는 아주 넓고 멀어서 한량없는 겁이 지나도록 아주 부지런히 행을 쌓고 모든 법을 닦아 갖추어야만 이루어지는 것이다. 또한 여인의 몸은 다섯 가지의 장애가 있다. 첫째는 범천왕이 될 수 없는 것이요, 둘째는 제석이며, 셋째는 마왕이요, 넷째는 전륜성왕이요, 다섯째는 부처님 몸이니, 어떻게 여자의 몸으로 순식간에 성불(成佛)일 수 있다고 하느냐?"(『妙法蓮華經』「提婆達多品」第十二, T09n0262_p0035c06~12. "汝謂不久得無上道, 是事難信. 所以者何? 女身垢穢非是法器, 云何能得無上菩提? 佛道懸曠, 經無量劫勤苦積行具修諸度, 然後乃成. 又女人身猶有五障, 一者不得作梵天王, 二者帝釋, 三者魔王, 四者轉輪聖王, 五者佛身, 云何女身速得成佛?")

오조법연(五祖法演) : 자명초원(慈明楚圓)-양기방회(楊岐方會)-백운수단(白雲守端)-오조법연(五祖法演). ?~1104. 면주(綿州) 파서(巴西)[사천성 면양(綿陽)] 출신. 속성은 등씨(鄧氏). 35세에 출가하고 구족계를 받은 후, 성도(成都)에 가서 유식학(唯識學)을 배웠다. 그러다가 남방으로 다니면서 원조 종본스님, 부산 법원스님 등을 참알하고 지도를 받다가 백운 수단스님의 회하로 갔다. 거기서 마두(磨頭) 소임을 맡고 있었는데 하루는 백운스님이 와서 말했다. "마두. 너는 한 건의 일(一件事)을 아냐?" 스님이 말씀드렸다. "모릅니다." 백운스님이 말했다. "근래에 몇몇 선객들이 여산에서 왔었는데 물어보았더니 모두 깨달음의 자리에 있었다. 그들에게 설명해 보도록 하자 까닭을 잘 말했고, 인연을 인용하자 그 뜻을 분명히 알고 있었으며, 말해보도록 하자 역시 잘했다." 백운스님이 한참 묵묵히 있었다. 말했다. "마두. 그저 아직 충분치 않다는 것일 뿐이다. 너는 어떻게 말할래?" 법연스님은 이 말을 듣고 마음이 매우 불안하여 7일 동안 밤낮으로 뱃속이 정리되지 않았는데, 바로 마음을 바로 잡고 스스로 사유하였다. '이미 깨달았다 했고, 설명도 잘했고, 뜻도 분명히 알았다고 했는데, 어째서 아직 충분치 않다고 했지?' 그러던 중 한밤에 별안간 활연히 깨달아 이전에 보배처럼 아끼던 것들을 한꺼번에 던져 버렸다. 그리고는 백운스님에게 말씀드리자, 백운스님이 손을 흔들고 발길을 이리저리 옮기며 춤을 추었다. 이후 안휘성 사면산(四面山) 쌍천선원(雙泉禪院)에 주석하다가 다시 백운산(白雲山)으로 옮기고 이어서 태평(太平)에 주석하였다. 그 후 해회(海會)에 머물다가 다시 기주(蘄州) 오조산(五祖山) 동선사(東禪寺)로 옮겨 크게 선풍을 드날렸다. 조주무자(趙州無字) 화두를 주로 제시하면서 간화선풍의 기초를 확립하였다는 평가를 받는다. 휘종(徽宗) 숭녕(崇寧)

3년 6월 25일에 80여세로 입적하였다. '법연곡곡고(法演谷谷孤)' '법연골동(法演骨董)' '법연구자승묘(法演狗子勝猫)' '법연굴굴(法演屈屈)' '법연노흉(法演露胸)' '법연달도인(法演達道人)' '법연담맥(法演擔麥)' '법연비종(法演肥從)' '법연성명(法演性命)' '법연수고우(法演水牯牛)' '법연오역(法演五逆)' '법연전수(法演展手)' '법연전지(法演田地)' '법연절각(法演切脚)' '법연정전백수자(法演庭前柏樹子)' '법연천녀이혼(法演倩女離魂)' '법연타노(法演他奴)' '법연파포(法演破布)' '법연화문(法演禍門)' 등의 공안이 있다. 불감 혜근스님에게 가르쳐 준 '법연사계(法演四戒)'가 전해지고 있으며,『오조법연선사어록(五祖法演禪師語錄)』4권이 있다. 제자로는 삼불(三佛)로 불리는 불안청원(佛眼淸遠), 태평혜근(太平慧懃), 원오극근(圜悟克勤) 등 19여 명의 제자가 있다.

오조사계(五祖師戒) : 설봉의존(雪峰義存)-운문문언(雲門文偃)-쌍천사관(雙泉師寬)-오조사계(五祖師戒). 송나라 때 운문종스님. 촉(蜀)[사천성] 출신. 쌍천 사관스님의 법을 이어받고 기주(蘄州)[호북성] 오조산(五祖山)에 주석하였다. 말년에는 고안(高安)[강서성] 대우산(大愚山)에 머물다 천화하였다.

오종분파(五宗分派) : 오가(五家)라고도 함. 육조 혜능스님에게게서 갈라진 남종선의 각 다섯 분파. 청원 행사스님 아래로 조동종·운문종·법안종이 생기고 남악 회양스님의 밑으로 임제종과 위앙종이 나왔다.

오통(五通) : 육신통(六神通) 가운데 누진통(漏盡通)을 뺀 나머지 신통력. 천안통(天眼通)·천이통(天耳通)·숙명통(宿命通)·타심통(他心通)·신족통(神足通)의 다섯이다.

오통신선(五通神仙) : 오통선인(五通仙人)이라고도 한다. 다섯 가지 신통을 갖춘 신선. 도통(道通)[중도(中道)의 진리를 증득한 후에 대용(大用)을 일으키고, 무심하게 물(物)에 응하여 만유를 교화함이 마치 영상(影像)이나 물에 비친 달이나 공화(空華)와 같이 일정한 자체가 없는 경지를 말한다]·신통(神通)[고요한 마음으로 만물을 관조(觀照)하여 숙명을 기억하며 가지가지의 분별이 모두 선정의 힘에 따르는 경지]·의통(依通)[술법(術法)을 써서 자유자재하게 일을 지어 내는 경지]·보통(報通)[과보로서 저절로 생긴 신통의 힘]·요통(妖通)[여우가 오래 묵어서 변화무쌍하며 초목에 붙어 있는 요정이 화현(化現)하여 사람과 신(神)에게 실리는 것과 같은 경지]

오호(五湖) : ①일반적으로 강소성(江蘇省)의 태호(太湖)·홍택호(洪澤湖)·안휘성(安徽省)의 소호(巢湖)·강서성(江西省)의 파양호(鄱陽湖)·호남성(湖南省)의 동정호(洞庭湖) 등의 다섯 호수를 말한다. ②혹은 태호(太湖)를 오호(五湖)라고 부르기도 하고, 호남성(湖南省)의 동정호(洞庭湖)를 이르기도 한다. ③이외에도 여러 지역에 오호(五湖)라는 호수가 있다. ④은둔하여 지내는 곳을 오호(五湖)라고 말하기도 한다. ⑤오호사해(五湖四海)의 준말로 중국 전역을 말한다. 곧 모든 곳이다.

옥녀(玉女) : 선녀(仙女)를 말한다.

옥루(玉漏) : 물시계.

옥사(阿師) : 스님. 중.

옥천신수(玉泉神秀) : 감지승찬(鑑智僧璨)-쌍봉도신(雙峰道信)-황매홍인(黃梅弘忍)-옥천신수(玉泉神秀). 605~706. 변주(汴州)[하남성 개봉의 남쪽] 위씨현(尉氏縣) 출신으로 속성은 이씨(李氏)이다. 어렸을 적부터 경전과 역사서를 많이 보아 박학다식하였다. 스승을 찾아 도를 묻고자 돌아다니다가 기주(蘄州) 쌍봉(雙峰) 동산사(東山寺)에 주석하던 오조홍인(五祖弘忍)대사를 참례하였다. 675년에 홍인대사가 입적하자 강릉(江陵) 당양산(當陽山) 옥천사(玉泉寺)로 옮겨 전법하였다. 덕풍을 크게 드날리니 측천무후가 공경하며 도문사(度門寺)를 지어드렸다. 측천무후에게 청하여 육조 혜능스님에게 서신을 보냈으나 혜능스님이 자신은 영남에 인연이 있어 대유령을 넘지 않겠다고 고사(固辭)하니 이로부터 선문(禪門)이 남능북수(南能北秀)라고 일컫게 되었다. 신룡(神龍) 2년 낙양 천궁사(天宮寺)에서 세수 102세로 입적하였다. 선문에서 최초로 시호를 대통선사(大通禪師)라 받았다.

옥판(玉板) : 글자를 새기는 데 쓰는 얇은 옥조각. 진귀한 전적(典籍). 윗면에 그림이나 글자가 있어 상서로움이나 길흉화복을 일러준다는 옥조각. 화선지.

올올(兀兀) : 비쓱비쓱하는 모양. 뒤뚱뒤뚱하여 위태로운 모양. 쉬지 않고 힘쓰는 모양. 움직이지 않는 모양.

옹옹(翁翁) : ①늙은이. 할아버지. ②푸르스름한 빛깔.

와력(瓦礫) : 부서진 기와조각과 벽돌조각.

와륜(臥輪) : 당나라 때의 스님이며 상도(上都)[섬서성(陝西省)] 서안(西安)사람이라고 하나 자세한 행적은 알려져 있지 않다. 『전등록』에서는 "와륜(臥輪)은 이름이 아니라 살던 곳이다." 라고 설명하고 있다. (T51n2076_p0245b13, 『景德傳燈錄』卷第五. "(此二偈諸方多擧故附於卷末. 臥輪者非名即住處也.)"

와분(瓦盆) : 질로 만든 동이.

완(翫) : 가지고 놀다. 희롱하다. 장난하다. 감상하다.

완공(頑空) : 진공(眞空)의 대어(對語)로서 '완연무지지공(頑然無知之空)'의 줄임말. 그저 아무것도 없이 텅 비어 있음. 태허공(太虛空), 허공(虛空), 편공(偏空), 단공(但空), 석공(析空)이라고도 한다. 불교에서의 공(空)이 수냐타(⑤ śūnaytā), 곧 꽉 찬 공(空)이라 진공묘유(眞空妙有)인데 대해 이 완공(頑空)은 그냥 텅 비어 있기만 한 허무(虛無) 무지(無知)의 공(空)이며 악취공(惡取空)이다.

완공산(皖公山) : 잠산(潛山), 또는 천주산(天柱山)이라고도 한다. 현재 안휘성(安徽省) 잠산현(潛山縣) 서북(西北) 쪽에 위치해 있다.

완완(緩緩) : 느릿느릿한 모양.

완육작창(剜肉作瘡) : 육상완창(肉上剜瘡)과 같은 말. 일부러 살을 긁어서 부스럼을 만들다. 도를 탐구하다 도리어 미혹됨을 비유하는 말.

완철(頑鐵) : 단단한 쇠.

왕(王) : 벌레 이름. 땅거미. =철탕(蛈蝪).

왕경초(王敬初) : 마조도일(馬祖道一)-백장회해(百丈懷海)-위산영우(潙山靈祐)-왕경초(王敬初). 양주(襄州) 출신이다. 위산 영우스님의 법맥을 이은 재가인으로 경조미호(京兆米胡)스님과의 '상시척필화(常侍擲笔話)'로 잘 알려진 거사다. 『조당집(祖堂集)』19권 · 『경덕전등록(景德傳燈錄)』11권 · 『선원몽구요림(禪苑蒙求瑤林)』상권(上卷) · 『선종송고련주통집(禪宗頌古聯珠通集)』26권 · 『종문염고휘집(宗門拈古彙集)』22권 · 『종감법림(宗鑑法林)』40권 · 『어선역대선사어록(御選歷代禪師語錄)』후집상(後集上) · 『대광명장(大光明藏)』중권(中卷) · 『오등회원(五燈會元)』9권 · 『오등엄통(五燈嚴統)』9권 · 『오등전서(五燈全書)』17권 · 『지월록(指月錄)』13권 등에 나온다. 특히 『조당집』19권에 다음과 같이 실려 있다. "왕경초 상시(常侍)는 위산스님의 법을 이으셨다. 미호스님이 오시는 것을 보고 붓을 들어 세우시니, 미호스님이 말씀하셨다. '허공도 처리할 수 있겠소?' 천관이 붓을 책상위로 던지고는 곧장 집안으로 들어가서 다시는 나타나지 않으셨다. 미호스님이 곧 의심하였다. 공(公)은 양주(襄州) 연경사(延慶寺) 조사당(祖師堂)의 쌍성비문(雙聲碑文)을 지은 분이다. 조사의 가르침을 널리 선양하시고 현묘한 진리를 사무쳐 깨달으셨으니, 이치는 금석(金石)의 소리를 머금고 문장은 풍운(風雲)의 운(韻)을 안아 세상에 널리 행해졌다." (『祖堂集』卷第十九, K45-0353. "王敬初常侍, 嗣潙山. 因見米和尙來, 公竪起筆, 米和尙云: '還解判得虛空不?' 天官抛筆案上, 便入宅更不出見. 米乃致疑. 公制襄州延慶寺祖師堂雙聲碑文者是也. 稱揚祖敎, 洞契玄猷, 理含金石之聲, 文抱風雲之韻, 廣行于世矣.")

왕노사(王老師) : 남전 보원스님은 마조 도일스님의 법을 이은 뒤에 정원(貞元) 11년 지양(池陽)의 남전산(南泉山)에 머무르면서 선원을 짓고 소를 기르면서 스스로를 '왕노사'라 칭하였다.

왕자보도유(王子寶刀喩) : 왕자의 보배 칼의 비유. 『대반열반경』8권의 「여래성품」에 나오는 부처님의 법문이다. "부처님께서 말씀하셨다. '비유하면 어떤 두 사람이 서로 친구가 되었다. 한 사람은 왕자였으며 또 한사람은 가난한 사람이었다. 이 두 사람이 서로 오고 가며 친하게 지냈다. 한 번은 가난한 친구가 왕자에게 좋은 칼이 있는 것을 보게 되었는데 깔끔하고 멋지게 생겨서 마음속에 탐욕심이 일어났다. 훗날 왕자는 다른 나라로 도망을 가게 되었는데 그 칼을 지니고 갔다. 가난한 친구가 남의 집에서 누워 자면서 「칼! 칼!」하고 잠꼬대를 하였다. 마침 곁에 있던 사람이 듣고서는 그 사람을 궁궐로 데리고 갔다. 왕이 물어 보았다. 「네가 말한 그 칼은 어디 있느냐?」 그러자 그 사람이 앞에 있었던 일을 전부 얘기하고는 말하였다. 「대왕께서 지금 저의 몸을 갈가리 찢으시고 손발을 잡아 늘여 칼을 얻으려 하시더라도 그 칼은 얻을 수 없을 것입니다. 제가 왕자와 일찍이 친했기 때문에 함께 다니면서 비록 눈으로 칼을 보긴 하였지만 감히 손으로 만져 볼 수도 없었는데 하물며 가지고 있을 리가 있겠습니까?」 왕이 또 물어 보았다. 「네가 칼을 보았을 때 모양이 무엇과 같았느냐?」 대답하였다. 「대왕이시여, 제가 본 것은 숫염소의 뿔과 같았습니다.」 왕이 듣고는 기분이 좋아져서 웃으면서 말하였다. 「너는 이제 마음대로 가고 무서워 마라. 나의 창고에는 이런 칼이 없다. 하물며 네가 왕자에게서 보기나 했겠느냐?」 그러고 난 뒤에 왕은 곧 여러 신하들에게 물었다. 「그대들은 일찍이 이런 칼을 보았느냐?」 하지만 말을 마치고는 죽어버렸다. 그래서 남아 있는 왕자를 찾아 세워 왕위를 잇게 하였다. 그 새로운 왕이 다시 신하들에게 물어 보았다. 「그대들은 일찍이 대궐의 창고에서 이 칼을 본적이 있느냐?」 모든 신하들이 대답하였다. 「저희들이 일찍이 본 적이 있습니다.」 왕이 다시 물었다. 「그 모양이 무엇과 같더냐?」 대답하였다. 「대왕이시여. 숫염소의 뿔과 같았습니다.」 왕이 말하였다. 「나의 궁궐 창고의 어디에 이런 칼과 꼭 같은 칼이 있느냐?」 이렇게 차례차례로 왕위를 이어가며 네 명의 임금이 모두 검색하였으나 그런 칼을 찾아 낼 수가 없었다. 바로 얼마 후에 도망갔던 앞의 왕자가 다른 나라에서 본국에 돌아와서 왕이 되었다. 그리곤 그도 역시 신하들에게 물어보았다. 「그대들은 칼을 보았느냐?」 신하들이 대답하였다. 「대왕이시여. 저희들이 모두 보았습니다.」 왕이 다시 물었다. 「그 모양이 무엇과 같더냐?」 대답하였다. 「대왕이시여. 색깔이 깨끗하기가 마치 우담발라꽃 같았습니다.」 다시 어떤 이는 이렇게 대답하였다. 「생긴 것이 염소의 뿔과 같았습니다.」 또 어떤 이는 말했다. 「그 색깔이 벌건 것이 마치 불덩어리 같았습니다.」 또 어떤 이는 대답하였다. 「마치 검은 뱀과 같았습니다.」 그때 왕이 크게 웃었다. 「그대들은 모두 다 내 칼의 진실한 모양을 본 것이 아니로구나.」 선남자. 보살마하살도 역시 이와 같아, 세상에 출현하여 나의 참 모양을 설명한다. 그리고 말을 마치고서 떠나간 것이 마치 왕자가 깔끔하고 멋진 칼을 가지고 다른 나라로 도망을 간 것과 같다. 범부의 어리석은 이들이 「일체는 내가 있다! 내가 있다!」고 말하는 것은 마치 가난한 사람이 남의 집에 누워 자다가 「칼! 칼!」하고 잠꼬대를 한 것과 마찬가지다. 성문과 연각이 여러 뭇삶들에게 묻기를 「내가 어떤 모양이냐?」 하니 어떤 이는 답하기를, 「나를 보았는데 나의 모양이 엄지손가락 같았다」 하고, 혹은 「쌀과 같다」고 말하며, 혹은 「피의 씨앗과 같았다」고 하며, 어떤 이는 「나의 모양이 마음속에 있는데 태양처럼 밝게 빛났다」고 말한다. 이와 같이 뭇삶들이 나의 모양을 알지 못하는 것이 마치 신하들이 칼의 모양을 알지 못하는 것과 같은 것이다. 보살이 이렇게 나의 법을 말하는 것을 범부들이 알지 못하고 온갖 분별을 하여 나라는 모양을 허망하게 지어내는 것이 마치 칼의 모양을 물으니 염소의 뿔 같다고 대답하는 것과 마찬가지다. 이렇게 범부들이 차례차례로 상속(相續)하여 삿된 소견을 일으킨다. 이와 같은 모든 삿된 소견을 끊어 버리려고 여래가 시현(示現)하여 내가 없다고 말하였다. 이것은 마치 왕자가 모든 신하들에게 말하기를 「나의 창고에는 이런 칼이 없었다」고 말한 것과 같다.” (『大般涅槃經』卷第八, 「如來性品」第四之五, T12n0374_p0412b17~p0413a01. 참조.)

왕화(王化) : 왕의 덕화, 왕의 교화. 왕이 다스리는 업적의 영향. 왕이 백성에게 미치는 덕. 사람 이름.

왜자간희(矮子看戲) : 난쟁이가 연극을 구경하다. 난쟁이가 구경꾼들 틈에 끼여 연극을 제대로 보지 못하고 다른 사람들의 말만 듣고서 아는 체함. 줏대 없이 남의 의견에 부화뇌동함.

외(隈) : 물굽이. 산굽이. 산모롱이. 깊게 굽이진 곳. 구부러진 곳. 구석. 모퉁이. 기대다. 바싹 달라붙다.

외연(外緣) : 오관(五官)의 감각에 의하여 외물(外物)의 업과(業果)를 일으키게 하는 여러 가지의 조건.

요(要) : 가로막히다. 가로막다. 닫다. 도중에서 차단하여 공격하다. 단속하다. 협박하다. 요충지를 지키다. 추구하다. 요구하다. ~하게 하다. 타당하다. 요컨대, 모름지기. 막 ~하려하다. 만약.

요(饒) : 넉넉히. 실컷. 풍부하게. 후하게.

요간(料揀) : 임제의현(臨濟義玄)의 납자 접인방법(接引方法). 탈인불탈경(奪人不奪境)·탈경불탈인(奪境不奪人)·인경구탈(人境俱奪)·인경구불탈(人境俱不奪)의 네 가지. 사료간(四料揀)이라고도 한다.

요기변행(撩起便行) : 기봉(機鋒)을 접하자마자 재빠르게 그 자리서 알아버림. 요기(撩起)는 본래는 '걷어 올리다' 또는 '말아 올리다'는 뜻.

요대(腰帶) : 허리띠.

요도(潦倒) : ①행동거지가 산만하여 스스로 단속하지 못함. ②낙심함. 실망함. ③뒤죽박죽이다. 정상이 아니다. ④노쇠하다. 초라하게 되다. 영락하다. ⑤술에 취하다. ⑥깊이 빠지다. 미혹되다.

요두즉작장거(要頭即斫將去) : 머리를 찾으면 곧장 베어버려야 한다. 요(要)는 찾다, 구하다는 뜻. 작(斫)은 찌르다, 베다, 찍다, 깎다, 자르다, 쪼개다, 치다, 기습하다 등의 뜻이 있다. 장거(將去)는 지속성이나 개시(開始)를 나타내는 어조사다.

요두파미(搖頭擺尾) : 머리와 꼬리를 흔듦. 선열(禪悅)의 기쁨으로 환희용약(歡喜踊躍)하는 경지를 표현함.

요득(要得) : 중국의 사투리. 주로 동의를 구하거나 칭송할 때 쓴다. 또는 가정을 나타낸다. 만일 ~하려면. 만약 ~이 필요하다면.

요상귀자(尿牀鬼子) : 사람을 심하게 꾸짖을 때 쓰는 말. 오줌싸개 아귀(餓鬼)라고도 한다. 가소롭고 황당한 말을 내뱉는 사람에게 쓰는 꾸짖는 말.

요상자(尿牀子) : 침상에서 오줌 싸는 아이. 자다가 이불에다 오줌을 싸는 야뇨증이 있는 아이를 말한다. 오줌싸개.

요설(饒舌) : 시끄러움. 말이 많음. 쓸데없는 말을 함. =농설(弄舌).

요순고설(搖脣鼓舌) : 입술을 움직거리고 혀를 참. 곧 함부로 남의 좋고 나쁜 점을 지껄여서 비평하는 것.

요연(了然) : 분명하다, 명료하다. 전혀.

요예(搖曳) : 흔들흔들 움직이다. 이리저리 거닐다.

요요(聊要) : 가려 뽑다. 『고존숙어록』37권에서는 '절요(節要)'라고 나온다. (『古尊宿語錄』卷之三十七,「鼓山先興聖國師和尚法堂玄要廣集」, X68n1315_p0239b20. "與麼節要.")

요의경(了義經) : 불법(佛法)의 도리(道理)가 현료(顯了)하게 다 서술되어 있는 가르침의 경(經)을 말한다. 대승에서의 요의경과 소승에서의 요의경이 있다.

요자(鷂子) : ①송골매보다 작은 새매. ②연.

요차(要且) : 도리어. =각(却), 각(卻). 어쨌든. 요컨대. 결국. 결국은.

요호자(廖鬍子) : 요나라의 구레나룻 수염을 가진 사람. 곧 임의로 지어낸 사람을 가리킴.

용(用) : ①마시다, 먹다. ②의문사. 어찌, 왜.

용광(龍光) : 용광(龍光)스님은 청림 사건스님의 법사인 용광인(龍光諲)스님과 나산 도한스님의 법사인 대녕은미(大寧隱微)스님이 있는데『정법안장』제655화에 나오는 용광스님은 누군지 확실치 않다. 운암담성(雲巖曇晟)-동산양개(洞山良价)-청림사건(靑林師虔)-용광인(龍光諲). 덕산선감(德山宣鑑)-암두전활(巖頭全豁)-나산도한(羅山道閑)-대녕은미(大寧隱微).『조당집』12권에는 대녕은미(大寧隱微) 용광화상으로 실려 있다. 호는 은미(隱微)이며 길주(吉州) 신전현(新淦縣) 출신. 속성은 양씨(楊氏). 8세에 석두원(石頭院)으로 도견선사(道堅禪師)에게 출가하여 16세에 홍주(洪州) 대안사(大安寺)에서 구족계를 받았다. 17세에 민(閩)지방으로 들어가 나산도한(羅山道閑)선사 회하에서 다년간 시봉하다가 대오하고 법을 이었다. 이후 민(閩)지방을 떠나서 제방을 다니다가 용천사(龍泉寺)에 주석하였다. 신해년(辛亥年)에 조칙을 받아 서울로 가서 용광사(龍光寺)에 머물렀다. 거기서 각적선사(覺寂禪師)라는 호를 받았다. (『祖堂集』卷第十二, K45-0312. 참조.)

용녀돈성불(龍女頓成佛) : 용녀가 몰록 성불(成佛)임.『법화경』「제바달다품」에 나오는 이야기이다. "즉각 남방의 무구세계로 가서 보배 연꽃에 앉아 등정각을 이루고 32상과 80종호를 갖추어 시방의 일체 뭇삶들을 위하여 미묘한 법을 널리 설하였다. 그때 사바세계의 보살·성문·천룡팔부(天龍八部)·인간인 듯 인간 아닌 이들은 그 용녀가 성불(成佛)이고서 그때 모인 하늘과 인간 대중에게 설법하는 것을 멀리서 보고는 마음이 완전히 환희에 가득 차 모두들 멀리서 공경히 예배하였다." (『妙法蓮華經』「提婆達多品」第十二, T09n0262_p0035c17~22. "卽往南方無垢世界, 坐寶蓮華成等正覺, 三十二相八十種好, 普爲十方一切衆生演說妙法. 爾時娑婆世界菩薩聲聞天龍八部人與非人, 皆遙見彼龍女成佛, 普爲時會人天說法, 心大歡喜, 悉遙敬禮.")

용담숭신(龍潭崇信) : 청원행사(靑原行思)-석두희천(石頭希遷)-천황도오(天皇道悟)-용담숭신(龍潭崇信). 생몰연대와 출신지가 알려져 있지 않다. 본래는 저궁

(渚宮)의 떡 장수 자손으로 어렸을 적부터 매우 총명하였다고 한다. 처음에 천황 도오스님이 영감(靈鑑)의 은밀한 청을 받아 천황사에 주석케 하였지만 아는 이가 없었다고 한다. 이 당시 용담스님의 집이 절 밑에 있었는데 매일 떡을 용담스님의 손에 열 개씩 들려 절에 보내어 공양 올리게 하였다. 도오스님이 매일 떡을 공양하고는 한 개를 늘 남겨서 돌려주었다. 하루는 용담스님이 생각하였다. '내가 떡을 가지고 갈 때마다 왜 한 개씩 돌려주시는 거지?' 그래서 찾아가서 물으니, 도오스님이 답했다. "가져온 것을 돌려주는 것이 뭐가 이상하냐?" 용담스님이 이 말을 듣고 마음이 밝아졌다. 그래서 출가를 부탁하니, 도오스님이 말했다. "네가 옛날 복(福)과 선(善)을 받들고 지금 내말을 믿으므로 숭신(崇信)이라고 이름을 지어 주지." 그리고 열심히 시봉하다가 어느 날 여쭈었다. "제가 여기 온 지가 꽤 되었는데 아직도 마음의 요체를 가르쳐 주시지 않으시네요." "나는 네가 온 뒤로 너에게 마음의 요체를 가르쳐 주지 않은 적이 한 번도 없었는데?" "언제 가르쳐 주셨는데요?" "네가 차를 끓여 오면 나는 너를 위해 마셨고, 네가 밥을 가져다주면 너를 위해 먹었고, 네가 합장을 하고 절을 하면 나도 절을 했다. 그런데 어디가 마음의 요체를 가르쳐 주지 않은 데가 있단 말이냐?" 용담스님이 고개를 숙이고 묵묵히 앉아 있으려니, 도오스님이 말했다. "알려면 곧장 알아야지 생각으로 헤아리면 곧바로 어긋나버린다." 용담스님이 이 말 끝에 깨달았다. 천황 도오스님의 법을 잇고 뒤에 예주(澧州)[호남성 예현(澧縣)]에 암자를 짓고 용담선원(龍潭禪院)을 개당하여 선풍을 크게 떨쳤다.

용두사미(龍頭蛇尾) : 용의 머리와 뱀의 꼬리. 선기(禪機)의 작략(作略)이 시작은 왕성하게 좋으나 끝에 시들해짐. 시작은 있으나 끝맺음이 없음. 앞에서는 옳은 듯하다가 뒤에 가서 글러짐.

용마(龍馬) : 준마를 이르는 말. 용의 머리에 말의 몸을 하고 있다고 하는 전설상의 동물.

용맹(龍猛) : 용수보살을 말한다. 산스크리트어인 Nāgārjuna를 구역(舊譯)에서는 '용수(龍樹)'라고 번역하였고, 신역(新譯)에서는 '용맹(龍猛)'이라고 번역하였다.

용면(龍眠) : 안휘성(安徽省) 동성현(桐城縣) 북서쪽에 있는 산 이름. 서성(舒城)·육안(六安)과 인접해 있다. 서주(舒州)를 이르는 말로도 씀.

용문(龍門) : 황하(黃河) 중류에 있는 여울목. 산서성(山西省) 하진현(河津縣) 북서쪽과 섬서성(陝西省) 한성시(韓城市) 북동쪽에 있으며, 양쪽 기슭의 깎아지른 듯한 절벽이 궐문처럼 맞서 있는 데서 붙여진 이름이다. 또는 과거 시험 가운데 회시(會試)를 말한다. 이 회시에 급제한 것을 등용문(登龍門)이라 하였다. 여기서는 오문(悟門) 즉 깨달음의 문.

용산화상(龍山和尙) : 조계혜능(曹溪慧能)-남악회양(南嶽懷讓)-마조도일(馬祖道一)-용산화상(龍山和尙). 당대(唐代)의 스님이다. 은산화상(隱山和尙)이라고도 한다. 마조 도일스님의 법을 이어받고 장사(長沙)의 깊은 계곡에 은거하였다. 동산 양개스님과의 만남 이후 암자를 태워버리고 떠났는데 어디로 갔는지 아무도 모른다고 한다.

용수(容受) : 받아들이다. 수용하다.

용수불개(龍袖拂開) : 용수(龍袖)는 '용곤의수(龍袞衣袖)'의 줄임말이다. 황제가 입는 옷인 곤룡포의 소매를 말한다. 넓은 곤룡포의 소매를 활짝 열어젖히는 것을 말한다.

용신(龍神) : 천룡팔부(天龍八部)를 말한다. 천(天)·용(龍)·야차(夜叉)·건달바(乾闥婆)·아수라(阿修羅)·가루라(迦樓羅)·긴나라(緊那羅)·마후라가(摩睺羅迦) 등의 여덟 천신(天神).

용아거둔(龍牙居遁) : 약산유엄(藥山惟儼)-운암담성(雲巖曇晟)-동산양개(洞山良价)-용아거둔증공(龍牙居遁證空). 835~923. 조동종 스님이다. 무주(撫州) 남성(南城) 출신. 속성은 곽씨(郭氏). 14세에 길주(吉州)의 만전사(滿田寺)에 출가하였다. 후에 숭악(崇嶽)으로 가서 계를 받고 주장자를 짚고 제방을 행각하였다. 취미 무학스님과 임제 의현스님, 덕산 선감스님을 참알하였으나 계합하지 못하고 동산스님을 뵙고 불법의 대지를 확철대오하였다. 동산스님을 8년간 시봉하다가 호남(湖南) 마씨(馬氏)의 청을 받아 용아산(龍牙山) 묘제선원(妙濟禪苑)에 주석하니 대중이 5백 명이 모였다. 양(梁)나라 용덕(龍德) 3년(933) 9월에 세수 89세로 입적하였다. 호는 증공대사(證空大師)이다. '용아선판(龍牙禪板)' '용아동수(龍牙洞水)' '용아막야(龍牙鏌鋣)' '용아종일(龍牙終日)' '용아착력(龍牙着力)' '용아오유(龍牙悟由)' '용아학도(龍牙學道)' '용아이서(龍牙二鼠)' '용아오귀(龍牙烏龜)' '용아여적(龍牙如賊)' '용아강호(龍牙江湖)' '용아등산(龍牙登山)' '용아일출(龍牙日出)' 등의 공안을 남겼다.

용정(龍精) : ①도가(道家)의 용어로 물이나 불을 말한다. ②누에. ③태양. ④ 걸출한 인재.

용제소수(龍濟紹修) : 설봉의존(雪峰義存)-현사사비(玄沙師備)-나한계침(羅漢桂琛)-용제소수(龍濟紹修). 수산주(修山主)라고도 함. 생몰연대미상. 오대(五代) 후진(後晉)의 스님으로 민족(閩族) 출신이다. 무주(撫州)[강서성] 용제산(龍濟

山)에 주석하였다. 게송 60여 수가 전해지고 있다. 오도인연은 이렇다. "소수스님이 세 번째로 설령(雪嶺)에 들어가서 지장 계침스님을 참배하고 여쭈었다. '제가 스님을 참배하기 위해 정주(汀洲)에서부터 이렇게 왔습니다. 모진 고초를 다 겪고 온갖 산마루를 다 지나왔는데 다시 어느 곳을 향해서 나아가야 하겠습니까?' 계침스님이 대답했다. '온갖 산마루를 다 지나왔다니 나쁘지는 않구나.' 소수스님은 여전히 그 뜻을 깨닫지 못하고 밤이 되도록 계침스님의 침상 앞에서 시봉을 하다가 말씀드렸다. '제가 백겁 천생 동안 스님과 어긋났었는데 이제 와서 또 스님을 뵈었으나 편치 않습니다.' 계침스님이 일어나 주장자를 들고 얼굴 앞에 곧추 세우고 말했다. '이것만은 어긋나지 않는다.' 그러자 소수스님이 확연히 깨달았다." '용제입령(龍濟入嶺)' '용제구족(龍濟具足)' '용제이파(龍濟二破)' '용제만법(龍濟萬法)' '용제해탈(龍濟解脫)' '용제출문(龍濟出門)' '용제초심(龍濟初心)' '용제불교(龍濟佛教)' '용제시주(龍濟是柱)' 등의 공안을 남겼다.

용처(用處) : 남을 대하는 태도. 쓸 곳, 용도.

용천경흔(湧泉景忻) : 약산유엄(藥山惟儼)-도오원지(道吾圓智)-석상경저(石霜慶諸)-용천경흔(湧泉景忻). 『전등록』17권에서는 흔(忻)이 흔(欣)으로 되어 있다. 천주(泉州) 선유(僊遊) 사람이다. 백운산(白雲山)에서 수행을 하다가 석상 경저스님의 가르침을 받고 단구(丹丘)의 용천사(涌泉寺)에 주석하였다. '용천기우화(涌泉騎牛話)'가 유명하다. "강(彊)과 덕(德)이라는 두 선객이 길을 가다가 경흔스님이 소를 타고 가는 것을 보고도 알아보질 못하였다. 그리곤 말했다. '발굽과 뿔은 아주 분명한데 어째서 소를 탄 이는 감변하지를 않을까?' 경흔스님은 소를 몰고서 가 버렸다. 두 선객이 나무 그늘에 쉬면서 차를 끓이고 있었다. 스님이 되돌아오는 길에 소에서 내려 두 선객에게 다가가서 인사를 하고는 함께 앉아 차를 마셨다. 그리고는 스님이 물었다. '두 선객은 근래에 어디를 떠났소?' 말했다. '저쪽을 떠났소.' 스님이 말했다. '저쪽일은 어떻소?' 그들이 찻잔을 들어 올렸다. 스님이 말했다. '이것도 아직은 이쪽이요. 저쪽일이 어떻소?' 두 선객이 대답이 없었다. 스님이 말했다. '소를 탄 사람이 감변하지 않았다고 말하지 마시오. 쯧.'" 『경덕전등록(景德傳燈錄)』16권·『선종송고련주통집(禪宗頌古聯珠通集)』27권·『종문염고휘집(宗門拈古彙集)』27권·『선원몽구요림(禪苑蒙求瑤林)』상권(上卷)·『종감법림(宗鑑法林)』64권·『어선역대선사어록(御選歷代禪師語錄)』전집하(前集下), 후집중(後集中)·『연등회요(聯燈會要)』22권·『오등회원(五燈會元)』6권·『오등엄통(五燈嚴統)』6권·『오등전서(五燈全書)』11권·『지월록(指月錄)』17권·『교외별전(教外別傳)』14권·『선종정맥(禪宗正脉)』3권·『불조강목(佛祖綱目)』33권 등에 시중법문과 일화가 실려 있다.

용화영조(龍華靈照) : 용담숭신(龍潭崇信)-덕산선감(德山宣鑑)-설봉의존(雪峰義存)-용화영조(龍華靈照). 870~947. 항주(杭州) 용화사(龍華寺) 진각대사영조(眞覺大師靈照)다. 진각영조(眞覺靈照), 또는 제운화상(齊雲和尙)이라고도 한다. 고려출신의 스님이다. 오대(五代)에 민(閩)[복건성]과 월(越)[절강성]지방을 행각하다가 설봉 의존스님의 심인(心印)을 이어 받았다. 평소에 오직 누더기 한 벌로 지내니, 민(閩)지방에서 사람들이 '조포납(照布納)'이라고 불렀다. 무주(婺州) 제운산(齊雲山)에서 주석하다가 후에 다시 월주(越州)의 경청원(鏡淸院)으로 옮겨서 선법(禪法)을 크게 선양하였다. 후에 호주(湖州) 태수 충헌왕(忠獻王) 전공(錢公)이 항주(杭州)의 서쪽 관문에다가 보자원(報慈院)을 지어 스님을 모셔 들여 개당(開堂)하게 되었다. 전공(錢公)이 다시 용화사(龍華寺)를 짓고 스님을 주지로 모시니 여기서 천복(天福) 12년 7월 26일 세수 78세로 입적하였다. 대자산(大慈山)에 탑이 있다. 시호는 진각대사(眞覺大師)이다. 『조당집』11권에서는 다음과 같이 나온다. "제운화상은 설봉 의존스님의 법을 이으셨다. 스님의 휘는 영조다. 동국(고려) 출신이다. 설봉스님의 밀밀한 지취(旨趣)를 전해 받은 이래로 절강에 머무르셨다. 전왕이 스님을 흠모하고 매우 존경하여 자의(紫衣)를 드리고 호를 진각대사(眞覺大師)라 하였다. 초창기는 제운(齊雲)에서 주석하셨고 뒤에 경청원(鏡淸院)과 보자원(報慈院), 용화사(龍花寺) 등에 주석하셨는데 사방에서 현도(玄徒)들이 모여들어 법석을 크게 열었다." (『祖堂集』卷第十一, 九丈 玄布, K45-0305. "齊雲和尙. 嗣靈(雪)峯. 師諱靈照, 東國人也. 自傳靈(雪)峯密旨, 便住浙江. 錢王欽重敬, 賜紫衣, 號眞覺大師. 初居齊雲, 後住鏡淸報慈龍花, 四海玄徒長臻法席矣.") 『조당집』11권에 나오는 영조스님의 법문과 『경덕전등록』18권에 나오는 법문은 비교적 많이 실려 있으면서도 서로 많이 다르다. 『조당집(祖堂集)』11권·『경덕전등록(景德傳燈錄)』18권·『어선역대선사어록(御選歷代禪師語錄)』전집하(前集下)·『연등회요(聯燈會要)』24권·『오등회원(五燈會元)』7권·『오등엄통(五燈嚴統)』7권·『오등전서(五燈全書)』14권·『지월록(指月錄)』19권·『교외별전(教外別傳)』7권·『선종정맥(禪宗正脉)』4권 등에 기록이 나온다.

용화효우(龍華曉愚) : 풍혈연소(風穴延沼)-수산성념(首山省念)-분양선소(汾陽善昭)-용화효우(龍華曉愚). 기주(蘄州) 황매산(黃梅山) 용화사(龍華寺)에 주석하였다는 것 외에 알려진 행적이 없으나 시중법문과 오조 사계스님과의 감변화(勘辨話)가 남아 있다. "대중에게 열어 보이셨다. '마등이 한(漢)에 들어왔으나(가섭 마등이 후한 명제 때 낙양으로 온 일을 말함.) 이미 번다한 말들을 들여온 것이고, 달마대사가 서쪽에서 왔으나 벌써 분수를 지키지 못하였습니다. 이 산승이 오늘 이렇게 말함도 역시 한가로운 일이요 무명을 늘리는 것일 뿐입니다.'" (『聯燈會要』卷第十三, X79n1557_p0113a20~21. "示衆, 云: '摩騰入漢, 已涉繁詞, 達磨西來, 不守已分. 山僧, 今日, 與麼道, 也是為他閑事長無明.'") "행각하시다가 오조 사계스님을 참례하셨다. 사계스님이 곧 물으셨다. '말에 떨어지지 않고 일구(一句)를 어떻게 말하겠나?' 스님이 말씀드렸다. '연로하신 분께서 화두도 돌보지 않으십니까?' 사계스님이 별안간 '억!' 하셨다. 스님도 역시 '억!' 하셨다. 사계스님이 몽둥이를 잡았다. 스님이 곧바로 박수를 치고 떠나려 하셨다. 사계스님이 부르셨다. 말씀하셨다. '스님! 바로 여기 화두가 있네.' 스님이 좌구를 들고 탑 난간에 걸쳐 놓으셨다. 그리고는 다시는 돌아보지도 않고 떠나셨다." (『天聖廣燈錄』卷第十八, X78n1553_p0510a10~13. "行脚眨參五祖戒禪師. 乃問: '不落脣吻, 一句作麼生道?' 師云: '老老大大, 話頭也不照管?' 戒便喝. 師亦喝. 戒拈棒. 師便拍手下去. 戒召, 云: '闍梨! 且住話在.' 師將坐具塔在肩上. 更不迴首而去.") 『천성광등록(天聖廣燈錄)』17권·『정법안장(正法眼藏)』2권상(上)·『연등회요(聯燈會要)』13권·『가태보등록(嘉泰普燈錄)』2권·『오등회원(五燈會元)』12권·『오등엄통(五燈嚴統)』12권·『오등전서(五燈全書)』23권·『교외별전(敎外別傳)』8권·『속전등록(續傳燈錄)』3권 등에 실려 있다.

우(又) : ①~도. 부정하거나 반문하는 문장에 쓰여 말투를 강하게 하는 작용을 하는 부사다. ②대관절, 도대체. ③있다(有).

우두법융(牛頭法融) : 신광혜가(神光慧可)-감지승찬(鑑智僧璨)-쌍봉도신(雙峰道信)-우두법융(牛頭法融). 594~658. 우두혜융(牛頭慧融)이라고도 함. 윤주(潤州) 연릉(延陵)[강소성 진강] 출신. 속성은 위씨(韋氏). 우두종(牛頭宗)의 초조이다. 일찍이 여러 경사(經史)에 통달하였으나 『반야경』을 읽다가 불법에 대한 마음이 열렸다. 19세에 모산(茅山) 풍락사의 경법사(炅法師)에게 출가하였다. 그 문하에서 『삼론(三論)』『화엄경(華嚴經)』『대품경(大品經)』『대집경(大集經)』『유마경(維摩經)』『법화경(法華經)』 등의 여러 경전을 배웠다. 후에 우두산 유서사(幽棲寺)로 가서 북쪽 바위 밑에 따로 선방을 짓고 살고 있을 때 사방에서 납자들이 모여와 제자들이 100여명이나 되었다. 어느 날은 사조 도신스님이 찾아 가서 삼조 승찬스님의 돈교 법문을 부촉하였다. 현경(顯慶) 2년 64세로 입적하였다. 저서에 『절관론(絶觀論)』『신심명(信心銘)』『정명경사기(淨名經私記)』『화엄경사기(華嚴經私記)』『법화경명상(法華經名相)』 등이 있다. 원양지암(圓陽智巖) 등 12명의 제자가 『전등록』4권에 나온다.

우로(雨露) : 은택을 입다.

우바국다(優波毱多) ： ⑤Upagupta. 마하가섭(摩訶迦葉)-아난(阿難)-상나화수(商那和修)-우바국다(優婆毱多). 불법(佛法)을 전해 받은 제4조이며 아쇼카왕의 스승이다. 마돌라국 출신으로 17세에 출가하였다. 상나화수(商那和修)존자에게 참례하여 법을 잇고 아라한과를 얻었다. 아쇼카왕을 위하여 우타산으로부터 화씨성에 이르러 설법하고, 아쇼카왕에게 권하여 부처님의 유적에 8만 4천개의 탑을 세우게 했다고 한다.

우사(藕絲) ： 연뿌리의 실. 우단사련(藕斷絲連)은 정이 끊어지지 않고 이어짐을 말함.

우우(吽吽) ： 소의 울음소리. 음메 음메. 소가 성을 내어 콧김을 불어내는 소리. 또는 진언을 말한다. 진언일 때는 '훔훔'으로 읽는다. 『선문염송설화』24권에서는 "훔훔은 항마진언이다. 낮도깨비를 쫓는다."라고 나온다. (《한국불교전서》5책,『禪門拈頌說話』卷第二十四. "降魔眞言也是遣怪也.")

우적(于頔) ： ?~818. 당나라 때 대신이다. 자(字)는 윤원(允元). 하남(河南)[하남성(河南省) 낙양(洛陽)] 사람. 우적이 양양으로 부임하였을 때 형벌을 잔인하게 시행하여 죄를 범하는 자를 많이 죽였다. 그가 어느 날『관세음보살보문품』을 읽다가 의심이 나서 자옥 도통선사를 찾아가서 여쭈었다. "흑풍이 불면 배가 흔들려 나찰귀국에 떨어진다는 것이 무엇입니까?" 자옥스님이 말했다. "이 우적 촌뜨기야! 그런 건 알아서 무엇 하게?" 이 말을 듣고 우적이 불같이 성을 내자 자옥스님이 말했다. "이것이 바로 흑풍이 불면 배가 흔들려 나찰귀국에 떨어지는 것입니다." 이에 우적이 깨달은 바가 있었다.

우차(又且) ： 또한, 게다가. 도리어, 오히려.

우해(偶諧) ： 짝. 어울리다. 화합하다.

운개수지(雲蓋守智) ： 분양선소(汾陽善昭)-석상초원(石霜楚圓)-황룡혜남(黃龍慧南)-운개수지(雲蓋守智). 1025~1115. 검주(劍州) 용진(龍津)[복건성 남평(南平)] 출신. 속성은 진씨(陳氏). 어려서 검포(劍浦) 임중원(林重院)으로 출가하여 사미승으로 있다가 23세에 건주(建州) 개원사(開元寺)에서 구족계를 받았다. 이후 제방을 유력하다가 예장(豫章)의 대녕 도관스님과 법창 의우스님을 참례하였으나 계합하지 못하고 다시 취암 가진스님을 알현했지만 역시 깨닫지 못하였다. 그러다가 황룡 혜남스님을 참알하고서야 의심이 다해 법을 이었다. 도오(道吾)에서 개법(開法)하고 운개(雲蓋)로 옮겨 문을 닫아걸고 30년을 있다가 정화(政和) 4년에 나왔다. 『치문숭행록』에 "송나라 운개지선사가 원우 6년에 서당으로 들어가 문을 닫아 건 지가 30년이었다."라고 나온다. (『緇門崇行錄』'遲重之行第八', X87n1627_p0364b04~05. "歷年閉戶. 宋雲葢智禪

師, 元祐六年退居西堂, 閉戶閑居者三十年.") 정화(政和) 을미(乙未) 3월 7일 세수 91세로 입적하였다. 『건중정국속등록(建中靖國續燈錄)』12권·『가태보등록(嘉泰普燈錄)』4권·『선림승보전(禪林僧寶傳)』25권·『연등회요(聯燈會要)』14권·『오등회원(五燈會元)』17권·『오등엄통(五燈嚴統)』17권·『지월록(指月錄)』15권·『교외별전(教外別傳)』9권·『금강선등(錦江禪燈)』4권 등에 실려 있다.

운개안(雲蓋安) : 약산유엄(藥山惟儼)-도오원지(道吾圓智)-석상경저(石霜慶諸)-운개안(雲蓋安). 담주(潭州) 운개산(雲蓋山) 지원원정(志元圓淨)스님이다. 혹은 지안(志安), 지원(志圓)으로도 썼다. 오대후량(五代後梁)스님으로 법휘(法諱)는 원선(源禪)이다. 석상 경저스님의 법을 잇고 담주(潭州)[호남 장사] 운개산(雲蓋山)에서 크게 교화하였다. 시호는 원정대사(圓淨大師)이다. 깨달음의 인연이 있다. "어떤 스님이 석상 경저스님에게 물었다. '만호의 문이 닫혀 버린 것은 여쭙지 않겠습니다만 만호의 문이 모두 열렸을 때는 어떻습니까?' 석상스님이 말했다. '집안의 일은 어떤데?' 그 스님이 대답이 없었다. 반년이 지나서야 일전어(一轉語)를 말했다. '그를 제접할 이가 아무도 없습니다.' 석상스님이 말했다. '말은 아주 잘했다마는 고작 8할 정도로구나.' 말씀드렸다. '화상께서는 또 어떻게 하시겠습니까?' 석상스님이 말했다. '그를 아는 이가 아무도 없다.' 운개안스님이 이를 듣자 알게 되었다. 그리고는 절을 올리고 그 내용을 말씀 올렸으나 석상스님은 긍정하질 않았다. 그러자 스님이 석상스님을 껴안고 방장실로 가서는 말했다. '화상께서 말씀하시지 않으신다면 때리겠습니다.' 석상스님이 말했다. '눈치 채버렸군.' 스님이 연거푸 절을 올리자 석상스님이 말했다. '그를 아는 이가 아무도 없다.' 스님이 말 떨어지자마자 몰록 깨달았다."(『禪宗頌古聯珠通集』卷第二十七, X65n1295_p0644a15~19. "(嗣石霜)因僧問石霜: '萬戶俱閉即不問, 萬戶俱開時如何?' 霜曰: '堂中事作麼生?' 僧無對. 經半年方始下一轉語, 曰: '無人接得渠.' 霜曰: '道即太殺道, 祇道得八成.' 曰: '和尚又且如何?' 霜曰: '無人識得渠.' 師聞知乃禮拜乞為舉, 霜不肯. 師乃抱霜上方丈, 曰: '和尚若不道, 打和尚去在.' 霜曰: '得在.' 師頻禮拜. 霜曰: '無人識得渠.' 師於言下頓省.")『경덕전등록(景德傳燈錄)』15권, 16권·『선종송고련주통집(禪宗頌古聯珠通集)』27권·『종감법림(宗鑑法林)』65권·『선림유취(禪林類聚)』3권·『연등회요(聯燈會要)』22권·『오등회원(五燈會元)』6권·『오등엄통(五燈嚴統)』6권·『오등전서(五燈全書)』11권·『교외별전(教外別傳)』14권·『선종정맥(禪宗正脉)』3권 등에 기록이 나온다.

운개지한(雲蓋志罕) : 도오원지(道吾圓智)-석상경저(石霜慶諸)-운개지원(雲蓋志元)-운개지한(雲蓋志罕). 담주(潭州)[호남성 장사] 운개산(雲蓋山) 지한스님이다. 상세한 것은 알려져 있지 않다. 『경덕전등록(景德傳燈錄)』17권·『오등전

서(五燈全書)』12권·『선종정맥(禪宗正脈)』3권·『연등회요(聯燈會要)』25권·『오
등회원(五燈會元)』6권·『오등엄통(五燈嚴統)』6권 등에 문답화가 보인다.

운거(雲居) : 복건성(福建省) 연강현(連江縣)의 북쪽에 있는 산.

운거나한(雲居羅漢) : 취암 가진스님을 말한다. 수산성념(首山省念)-분양선소
(汾陽善昭)-석상초원(石霜楚圓)-취암가진(翠巖可眞).

운거도간(雲居道簡) : 운암담성(雲巖曇晟)-동산양개(洞山良价)-운거도응(雲居道
膺)-운거도간(雲居道簡). 남강군(南康軍)[강서성(江西省) 성자현(星子縣)]에 주석
하던 조동종계의 스님이다. 호는 소화(昭化)이고, 범양(范陽)[하북성(河北省)
탁주(涿州)] 출신이다. 타고 날 때부터 성품이 순수하였으며 말수가 적었다.
어려서 출가하여 머리를 깎았다. 구족계를 받은 뒤 총림을 두루 유력하다가
운거 도응스님을 참알하였다. 도응스님이 3일 정도 말을 나누어 보더니 큰
그릇임을 알고 대중을 잘 섬기게 하였다. 이에 스님이 몸소 우물물을 긷고
방아도 찧고 하다가 땔나무하는 일과 밥하는 일의 감독을 맡으면서 절의 사
무를 두루 맡게 되었는데 척척 못해내는 일이 없었다. 하지만 대중들은 그
누구도 스님을 알아보질 못하였다. 그러다가 법랍이 높아서 큰방의 제1좌가
되었다. 고안동산(高安洞山)에 영험이 많은 산신이 있었는데 도응스님이 삼봉
에 있을 때 돌봄을 받다가 도응스님이 운거산으로 올 때에 따라 왔다. 그리
고는 고목나무아래 기거하니 안락수신(安樂樹神)이라고 불렸다. 도응스님이
입적하려 할 때에 주사(主事)스님이 여쭈었다. "큰스님께서 가시면 누가 뒤를
이어야겠습니까?" 말했다. "큰방의 간(簡)이다." 주사스님이 도간스님을 말하
는 줄 알지 못하고 가려서(簡) 뽑으라는 말로 여기고 말았다. 그래서 대중들
의 의견을 모아보니 모두가 말하기를 제2좌가 좋다고 하였다. 하지만 예의상
먼저 제1좌인 도간스님에게 청을 하면 도간스님이 어찌 감당할까하고 예상
을 하였다. 그런데 막상 도간스님에게 청을 하자마자 아예 사양하지 않고 곧
장 법구를 들고 방장실로 들어가서 대중들을 모아 놓고 여법하게 법문을 하
였다. 주사스님이 크게 낙담하자 도간스님이 이를 알고 저녁에 슬며시 떠나
버렸다. 그러자 안락수신이 목놓아 울었다. 아침이 되어 대중들이 맥장(麥莊)
으로 달려가서 허물을 참회하고 돌아갈 것을 청하니 허공에서 잇달아 소리
가   들려왔다.   "큰스님이   돌아오셨다."   (『禪林僧寶傳』卷第九,
X79n1560_p0511c05~18. 참조.) 스님이 원적한 후 여주(廬州)의 수령인
장숭(張崇)이 재물을 내어 운거산에다 탑을 세웠다. 스님의 '고봉독숙화(孤
峰獨宿話)'가 잘 알려져 있다. (한 스님이 물었다. "외로운 봉우리에서 홀로
자게 되면 어떻습니까?" 말했다. "일곱 칸의 큰방을 꽉 닫고 잠자질 않고,
누가 너더러 외로운 봉우리에서 혼자 자라고 하더냐?"(『正法眼藏』卷第一之上,

X67n1309_p0559c01~02. "問: '孤峯獨宿時如何?' 曰: '閉著七間僧堂不宿, 阿誰教汝孤峯獨宿?'") 『경덕전등록(景德傳燈錄)』20권·『정법안장(正法眼藏)』1권상(上)·『선종송고련주통집(禪宗頌古聯珠通集)』34권·『종감법림(宗鑑法林)』66권·『어선역대선사어록(御選歷代禪師語錄)』후집중(後集中)·『선림승보전(禪林僧寶傳)』9권·『연등회요(聯燈會要)』25권·『오등회원(五燈會元)』13권·『오등엄통(五燈嚴統)』13권·『오등전서(五燈全書)』28권·『지월록(指月錄)』20권·『치문숭행록(緇門崇行錄)』'각고사중(刻苦事眾)'·『선종정맥(禪宗正脉)』7권 등에 전기와 법문이 나온다.

운거도응(雲居道膺) : 약산유엄(藥山惟儼)-운암담성(雲巖曇晟)-동산양개(洞山良价)-운거도응(雲居道膺). 835~902. 유주(幽州)[하북성] 계문(薊門) 옥전(玉田) 출신. 속성은 왕씨(王氏). 어렸을 적에 범양(範陽)[하북성(河北省)]의 연수사(延壽寺)로 출가하였다. 25세에 비로소 구족계를 받았으나 은사스님이 계율만을 공부하게 하여 마음에 맞질 않았다. 그리하여, "대장부가 어찌 계율에나 빠져있겠는가!"하고는 제방을 참예하였다. 종남산(終南山) 취미무학(翠微無學)스님 회상에 있다가 후에 균주(筠州)의 동산양개(洞山良价)스님에게 가서 참학하다가 대오하고 법을 이었다. 후에 강서(江西) 의풍(宜豐)에 있는 삼봉산(三峰山)에 머물다가 다시 강서성(江西省) 건창(建昌) 서남쪽에 있는 운거산(雲居山)으로 가서 진여사(眞如寺)[비백사(飛白寺), 또는 용창사(龍昌寺)라고도 부름]를 창건하고 30여년을 주지로 있으면서 조동종풍을 크게 떨쳤다. 천복(天復)원년(901)에 세수 68세로 입적하였다. 시호는 홍각선사(弘覺禪師)이다. '운거영양(雲居羚羊)' '운거염저(雲居念底)' '운거우종(雲居雨從)' '운거난도(雲居難道)' '운거승가(雲居僧家)' '운거득자(雲居得者)' '운거송식(雲居送食)' '운거일법(雲居一法)' '운거하필(雲居何必)' '운거지고(雲居持袴)' '운거담연(雲居湛然)' '운거밀어(雲居密語)' '운거산하(雲居山河)' 등의 공안이 있다. 동안도비(同安道丕), 혜산장(嵇山章), 영광진(永光眞), 귀종회운(歸宗懷惲), 운거도간(雲居道簡), 고려이엄(高麗利嚴), 낭주덕산(朗州德山), 남악남대(南嶽南臺) 등 28명의 수법제자가 있다.

운거도제(雲居道齊) : 나한계침(羅漢桂琛)-법안문익(法眼文益)-청량태흠(清涼泰欽)-운거도제(雲居道齊). 929~997. 법안종의 스님. 속성은 김씨(金氏). 강서(江西) 홍주(洪州)[남창(南昌)]출신. 처음에 백장산(百丈山)의 명조선사(明照禪師)에게 출가(出家)하였다. 뒤에 강소(江蘇) 금릉(金陵) 청량태흠선사(清涼泰欽禪師)의 회하에서 오도(悟道)하였다. 그 법을 이은 후에 일찍이 강서(江西) 고안(高安)의 대우산(大愚山)과 유곡산(幽谷山)의 쌍림선원(雙林禪院)에 주석하였다. 그리고 운거산(雲居山)에서 20여년을 주석하며 제자들을 이끌었다. 태종

(太宗) 지도(至道) 3년에 69세로 입적하였다.

운거원우(雲居元祐) : 분양선소(汾陽善昭)-석상초원(石霜楚圓)-황룡혜남(黃龍慧南)-운거원우(雲居元祐). 1030~1095. 송대의 임제종 황룡파의 스님이다. 신주(信州) 상요(上饒) 출신으로 속성은 왕씨(王氏)다. 24세에 출가하여 구족계를 받았다. 황룡 혜남스님의 문하로 들어가 10여년을 모시면서 그 법을 이었다. 그 후 옥간사(玉澗寺)에 주석하였다. 이 시기에 서왕(徐王)이 자색방포(紫色方袍)를 하사하였으나 받지 않았다. 이를 '원우회첩(元祐廻牒)'이라한다. 만년에는 운거사(雲居寺)에 머물렀다. 소성(紹聖) 2년 7월 7일 세수 66세로 입적하였다. (『佛祖歷代通載』卷第十九, T49n2036_p0676b17~c14. 참조.)

운거효순(雲居曉舜) : 운문문언(雲門文偃)-덕산연밀(德山緣密)-문수응진(文殊應眞)-동산효총(洞山曉聰)-운거효순(雲居曉舜). 운문종스님이다. 자(字)는 광부(光夫)이고 서주(瑞州)[강서성 고안(高安)] 출신이다. 속성은 호씨(胡氏). 동산 효총스님의 법을 잇고 뒤에 여산(廬山) 서현사(棲賢寺)에 주석하였다. 그 뒤 경도(京都)의 정인사(淨因寺)에 머물렀다. 말년에는 남강(南康)의 운거산(雲居山)에 머물렀다.

운대행흠(雲臺行欽) : 설봉의존(雪峰義存)-현사사비(玄沙師備)-선종계부(僊宗契符)-운대행흠(雲臺行欽). 복청행흠(福淸行欽)이라고도 한다. 이름은 광법(廣法)이다. 선종 계부스님의 법을 잇고 처음에 운대원(雲臺院)에 주석하다가 뒤에 천주(泉州) 복청(福淸)으로 옮겼다.

운문곡(雲門曲) : 『운문광록』에 나오는 화(話)다. "여쭈었다. '어떤 것이 운문의 한 곡조입니까?' 스님이 말했다. '납월 이십오일이다.' 이어 여쭈었다. '그 곡을 부르는 사람은 어떻습니까?' '우선 천천히.'"(『古尊宿語錄』卷第十五, 「雲門匡眞禪師廣錄」 上, X68n1315_p0091c17~18. "問: '如何是雲門一曲?' 師云: '臘月二十五.' 進云: '唱者如何?' 師云: '且緩緩.'")

운문문언(雲門文偃) : 용담숭신(龍潭崇信)-덕산선감(德山宣鑑)-설봉의존(雪峰義存)-운문문언(雲門文偃). 864~949. 운문종의 개조(開祖). 속가의 성은 장씨(張氏). 절강성(浙江省) 가흥(嘉興) 출생. 어려서 공왕사(空王寺) 지징(志澄)스님 밑에 있다가 17살에 머리를 깎고 20세에 비구계를 받았다. 목주도종(睦州道蹤)스님에게서 지도를 받다가 설봉의존(雪峰義存)스님에게서 크게 개오(開悟)하였다. 동광(同光) 원년(923년)에 운문산에 선찰을 세웠는데 대중이 천여 명이 모여들었다. 건화(乾化) 7년에 입적. '운문간시궐(雲門乾屎橛)' '운문주장(雲門拄杖)' '운문일보(雲門一寶)' '운문일곡(雲門一曲)' '운문호병(雲門餬餅)' '운문호일(雲門好日)' '운문대일설(雲門對一說)' '운문도일설(雲門倒一說)' '운문금모(雲門金毛)’ ‘운문육불수(雲門六不收)’ ‘운문진진삼매(雲門塵塵三昧)’ ‘운문전수(雲門展手)’ ‘주고삼문(廚庫三門)’ ‘운문자기(雲門自己)’ ‘체로금풍(體露金風)’ ‘고불노주(古佛露柱)’ ‘운문위룡(雲門爲龍)’ ‘운문약병(雲門藥病)’ ‘운문문성(雲門聞聲)’ ‘북두리장신(北斗裏藏身)’ ‘운문수미산(雲門須彌山)’ ‘운문삼일(雲門三日)’ ‘운문호병(雲門餬餅)’ ‘운문일리(雲門日裏)’ ‘운문보(雲門普)’ ‘운문광불(雲門光不)’ ‘운문직절(雲門直截)’ ‘운문최초(雲門最初)’ ‘운문백잡쇄(雲門百雜碎)’ ‘운문일본(雲門日本)’ ‘운문고개(雲門鼓磕)’ ‘운문삼승(雲門三乘)’ ‘운문개각로(雲門開却路)’ ‘운문고성(雲門鼓聲)’ ‘동산수상행(東山水上行)’ ‘운문서선(雲門西禪)’ ‘운문살부(雲門殺父)’ ‘운문평지(雲門平地)’ ‘운문화로(雲門火爐)’ ‘운문촉목(雲門觸目)’ ‘운문청파(雲門淸波)’ ‘운문나한(雲門羅漢)’ ‘운문한산(雲門寒山)’ ‘운문퇴후(雲門退後)’ ‘운문법신(雲門法身)’ ‘운문천중(雲門天中)’ ‘운문만천(雲門縵天)’ ‘운문남두(雲門南斗)’ ‘운문기린(雲門麒麟)’ ‘운문불고(雲門不顧)’ ‘운문파비(雲門巴鼻)’ ‘운문세계(雲門世界)’ ‘운문줄탁(雲門啐啄)’ ‘운문삼세(雲門三世)’ ‘운문생사(雲門生死)’ ‘운문회호(雲門回互)’ ‘운문예탑(雲門禮塔)’ ‘운문망상(雲門妄想)’ ‘운문오개(雲門五箇)’ ‘운문삼백개(雲門三百箇)’ ‘운문제불(雲門諸佛)’ ‘운문초적(雲門草賊)’ ‘운문석가(雲門釋迦)’ ‘운문가가(雲門家家)’ ‘운문광명(雲門光明)’ ‘운문일언(雲門一言)’ ‘운문백초(雲門百草)’ ‘운문만기(雲門萬機)’ ‘운문투출(雲門透出)’ ‘운문문외(雲門門外)’ ‘운문답파(雲門踏破)’ ‘운문여재(雲門汝在)’ ‘운문묘희(雲門妙喜)’ ‘운문답화(雲門答話)’ ‘운문반시(雲門般柴)’ ‘운문염추(雲門拈搥)’ ‘운문감이(雲門鑑咦)’ ‘운문안첩(雲門眼睫)’ ‘운문삼가(雲門三家)’ ‘운문공양(雲門供養)’ ‘운문천태(雲門天台)’ ‘운문염칠(雲門念七)’ ‘운문등롱(雲門燈籠)’ ‘운문금일(雲門今日)’ ‘운문착편(雲門着便)’ ‘운문구우(雲門久雨)’ ‘운문일합(雲門一榼)’ ‘운문심천(雲門深淺)’ ‘운문조사(雲門祖師)’ ‘운문대지(雲門大地)’ ‘운문백해(雲門百骸)’ ‘운문수구(雲門數句)’ ‘운문미료(雲門未了)’ ‘운문초생(雲門初生)’ ‘운문절반(雲門折半)’ ‘운문래처(雲門來處)’ ‘운문선(雲門禪)’ ‘운문평상(雲門平常)’ ‘운문불병(雲門佛病)’ 등 수많은 공안을 남겼다. 수견(守堅)이 엮은 『운문광진선사광록(雲門匡眞禪師廣錄)』3권이 있다. 덕산연밀(德山緣密), 파릉호감(巴陵顥鑒), 쌍천사관(雙泉師寬), 향림징원(香林澄遠), 봉선심(奉先深), 쌍천인욱(雙泉仁郁), 천복승고(薦福承古), 동산수초(洞山守初), 청량지명(淸凉智明), 백운자상(白雲子祥) 등 89명의 수법제자들이 있다.

운문삼구(雲門三句) : 운문스님이 학인에게 물어 보는 세 가지 질문. ‘함개건곤(函蓋乾坤)’ ‘목기수량(目機銖兩)’ ‘불섭세연(不涉世緣)’의 셋이다. 덕산 연밀 스님이 ‘함개건곤(函蓋乾坤)’ ‘절단중류(截斷衆流)’ ‘수파축랑(隨波逐浪)’의 삼구로 바꾸었다.

운봉문열(雲峰文悅) : 수산성념(首山省念)-분양선소(汾陽善昭)-대우수지(大愚守芝)-운봉문열(雲峰文悅). 998~1062. 남창(南昌)[지금의 강서성]출생. 속성은 서씨(徐氏). 7살에 용흥사(龍興寺)로 출가. 균주(筠州)의 대우 수지스님 회상에 찾아가서 좌선하다가 선반의 받침대가 끊어져 선반 위에 놓여 있었던 통과 그릇 등이 떨어지자 즉시 활연대오하고 대우스님의 법을 이었다. 대우스님이 입적한 후 동안원의 황룡스님회하에서 수좌로 머물렀다. 취암사(翠巖寺)에서 납자들을 제접하다가 남악(南嶽) 운봉사(雲峰寺)에 머물렀다. '문열부종(文悅不從)' '문열성색(文悅聲色)' '문열장로(文悅長老)' '문열호손(文悅猢猻)' 등의 공안이 있다. 가우(嘉祐) 7년 세수 66세 법랍 59세로 입적. 『운봉문열선사어록(雲峰文悅禪師語錄)』 2권이 남아 있다. 제자로 수녕재효(壽寧齋曉)가 있다.

운암담성(雲巖曇晟) : 청원행사(靑原行思)-석두희천(石頭希遷)-약산유엄(藥山惟儼)-운암담성(雲巖曇晟). 782~841. 종릉(鍾陵) 건창(建昌)[강서(江西) 영수(永修)]출신. 속성은 왕씨(王氏). 어렸을 적에 석문(石門)스님에게 출가하였다. 처음에 백장 회해선사 회상에 있었으나 20년이 지나도록 현지(玄旨)를 깨닫지 못하였다. 회해스님이 입적한 후, 예주(澧州)의 약산유엄(藥山惟儼)선사를 참알(參謁)하고 그 법을 이었다. 뒤에 담주(潭州)[호남(湖南) 장사(長沙)]의 운암산(雲巖山)에서 종풍을 크게 드날렸다. 무종(武宗) 회창원년(會昌元年)에 세수 60세로 입적하였다. 시호(諡號)는 무주대사(無住大師)이다. 《깨달음의 인연》 "담성스님이 백장스님을 20년이나 모시고도 계합하지 못하고서 약산선사를 뵙자 약산선사가 말했다. '백장스님이 무슨 법을 말하시더냐?' 담성스님이 말했다. '하루는 법좌에 올라서 대중들이 조용히 서 있는데 주장자로 한꺼번에 쫓아 내 버렸습니다. 다시 대중들을 부르시니, 대중들이 머리를 일제히 돌리자 말씀하셨습니다. 「뭐냐?」' 약산선사가 말했다. '오늘 자네로 인해 회해사형을 만나보게 되었구나.' 담성스님이 이 말 끝에 곧바로 깨닫고 절을 올렸다." '운암일구(雲巖一句)' '운암사자(雲巖師子)' '운암석실(雲巖石室)' '운암심등(雲巖心燈)' '운암구구(雲巖區區)' '대비수안(大悲手眼)' 등의 공안이 있다. 법사(法嗣)로 동산양개(洞山良价), 행산감홍(岑山鑒洪), 신산승밀(神山僧密), 유계화상(幽谿和尙) 등이 있다.

운위(運爲) : 행위, 행동.

운중(雲中) : 진대(秦代)에 둔 현(縣)의 이름으로 내몽고자치구의 탁극탁현(托克托縣) 북동쪽에 위치해 있었다. 여기에 넓이 2만 6천 제곱킬로미터의 광대한 모우스사막(毛烏素沙漠)이 위치해 있다.

운채(雲彩) : 꽃구름.

운한(雲漢) : 은하수. 높은 하늘. 하늘 끝. 무더운 여름날의 가뭄. 제왕의 미덕. 훌륭한 문장.

울무(鬱茂) : 무성하다.

울지(尉遲) : 우전왕(于闐王)의 성(姓)이다. 우전왕은 용맹하고 활을 잘 쏘았다고 한다. 또는 울지씨족(尉遲氏族)[지금의 위구르족]을 말한다.

웅웅(雄雄) : 위세가 당당하고 왕성한 모양. 소리가 우렁찬 모양. 많은 모양.

웅이(熊耳) : 하남성 의양현에 있는 산이름. 산의 두 봉우리가 서로 마주 보고 있는 것이 마치 곰의 귀와 같다고 해서 웅이산(熊耳山)이라 함. 산의 주봉은 2094미터의 전보산(全寶山)이다. 달마대사의 묘탑(墓塔)을 이 산에 건립하였다고 함.

원(爰) : ①어조사. 문장의 첫머리나 중간에 아무 뜻 없이 쓰여 말투를 조절하는 역할을 함. ②접속사. 이에. 여기에 있어서. 와. 과. ③대명사. 어디. 어느 곳. 여기. 이곳. ④전치사. 동작을 끌어오는 대상이나 처소를 나타냄[=于(우), 於(어)].

원돈(圓頓) : 원돈교(圓頓敎), 곧 『화엄경』을 말한다. 천태종에서 세운 가르침이다. 『화엄경』을 대승의 최고 가르침으로 보고 원교와 돈교로 판석(判釋)하였다.

원두(園頭) : 선원에서 채소밭을 관리하여 대중들에게 채소를 공급하는 소임.

원양지암(圓陽智巖) : 감지승찬(鑑智僧璨)-쌍봉도신(雙峰道信)-우두법융(牛頭法融)-원양지암(圓陽智巖). 우두종 제2세이다. 곡아(曲阿) 출신으로 속성은 화씨(華氏)이다. 약관의 나이에 지혜와 용맹이 뛰어났고 키는 7척 6치나 되었다고 한다. 혜방(慧方)스님에게 법을 전하고 백마사(白馬寺)와 서현사(棲玄寺)에 주석하다가 다시 석두성(石頭城)으로 옮겼다. 의봉(儀鳳) 2년 정월 10일에 세수 78세로 입적하였다.

원오극근(圓悟克勤) : 양기방회(楊岐方會)-백운수단(白雲守端)-오조법연(五祖法演)-원오극근(圓悟克勤). 1063~1135. 자(字)는 무착(無着)이고 팽주(彭州)[사천성(四川省)] 숭녕(崇寧) 출신이며 속성은 낙씨(駱氏)이다. 북송의 휘종에게서 자색가사와 불과(佛果)라는 시호를 받고, 남송의 고종에게서 원오(圓悟)라고 시호를 받았다. 소흥(紹興) 5년에 입적하였다. '원오구시(圓悟口是)' '원오통신(圓悟通身)' 등의 화두가 있다. 시호는 진각선사(眞覺禪師)이다. 『벽암록(碧巖錄)』100권, 『원오불과선사어록(圓悟佛果禪師語錄)』20권, 『원오선사심요(圓悟禪師心要)』2권이 있다.

원위(圓位) : 원상지위(圓相之位)의 줄임말이다. 남양 혜충국사가 탐원 진응스님에게 전한 97가지 원상을 말한다. "탐원스님이 앙산스님에게 말했다. '국사께서 당시에 6대조사의 원상을 전하여 주셨는데 모두 97개를 이 노승에게 전하여 주셨다. 그리고 말씀하시기를, 「내가 죽은 후 30년 후에 남방에 한 사미가 나와서 이 가르침을 크게 일으킬 것이니 차례로 전수하여 끊어짐이 없게 하여라. 내가 지금 너에게 부촉하니 잘 받들어 지니어라.」하셨다.'" (『袁州仰山慧寂禪師語錄』, T47n1990_p0582a19~23. "耽源謂師, 云: '國師當時傳得六代祖師圓相, 共九十七箇, 授與老僧. 乃云:「吾滅後三十年, 南方有一沙彌到來, 大興此教, 次第傳受, 無令斷絕. 我今付汝, 汝當奉持.」'")

원이삼점(圓伊三點) : 이자삼점[伊(∴)字三點]과 같다. 실담(悉曇)의 이자(伊字)는 3점으로 이루어지고, 3점이 세로줄도 아니고 가로줄도 아니며 삼각의 형태를 지닌 것을 말한다. 대자재천의 마혜수라왕도 얼굴에 눈이 3점으로 되어 있다고 한다.

원정(圓頂) : 머리 깎은 스님. 둥근 머리.

원조종본(圓照宗本) : 지문광조(智門光祚)-설두중현(雪竇重顯)-천의의회(天衣義懷)-원조종본(圓照宗本). 1020~1099. 혜림종본(慧林宗本)이라고도 함. 운문종 스님이다. 상주(常州) 무석(無錫)[강소성 무석] 출신. 속성은 관씨(管氏). 자(字)는 무철(無喆). 19세에 소주(蘇州) 승천(承天) 영안사(永安寺)의 도승(道昇)선사에게 출가. 10년이 지나 29세에 구족계를 받았다. 3년을 더 부지런히 정진하였으나 별 소득이 없자 도승선사를 하직하고 지주(池州) 경덕사(景德寺)의 천의 의회스님을 참알하였다. 여기서 크게 개오한 스님은 의회스님의 추천으로 소주의 서광사(瑞光寺)로 가서 개당하니 법석이 매일 성황을 이루고 대중이 500여명이나 모였다. 그 후 정자사(淨慈寺)로 옮겼으나 도속들의 청으로 만수사(萬壽寺)와 용화사(龍華寺) 두 절에서 크게 개법하니, 대중이 1000여명이었다고 한다. 원풍(元豐) 5년(1082)에는 신종(神宗)의 조칙으로 혜림선찰(慧林禪利)의 제1조로 개법하였고, 철종(哲宗)이 원조선사(圓照禪師)라고 호를 내렸다. 만년에는 평강(平江) 영광사(靈光寺)에 주석하면서 문을 닫아걸고 수선(修禪)하며 정업(淨業)에 전념하였다. 원부(元符) 2년에 80세로 입적하였다. 『귀원직지집(歸元直指集)』 2권과, 고려 승통이던 대각국사 의천과의 대화가 실려 있는 『혜림종본선사별록(慧林宗本禪師別錄)』 1권이 전해지고 있다. 법운 선본대통(法雲善本大通) 등 전법제자가 56인이 있다.

원주미수타락(院主眉鬚墮落) : 원주의 눈썹이 빠지다. "단하 천연스님이 혜림사에 도착하니 날씨가 매우 추웠다. 이때 법당에 목불이 있는 것을 보자 가져다가 불을 피웠다. 원주가 우연히 이를 보고 꾸짖으며 말하였다. '왜 나의 목불을 태우는 겁니까?' 스님이 주장자로 재를 헤집으면서 말했다. '나는 불에 태워서 사리를 얻으려고 하였지.' 원주가 말하였다. '목불에 어찌 사리가 있을까요?' 스님이 말했다. '사리가 없다면 다시 양쪽의 협시(脇侍) 부처님들도 갖다가 태워야겠다.' 원주는 나중에 눈썹과 수염이 빠졌다."(『禪門拈頌集』 卷第九, 321則, K46-0139. "丹霞因過慧林寺, 値凝寒. 遂於殿中見木佛乃取燒火. 院主偶見呵責, 曰: '何得燒我木佛?' 師以杖子撥灰, 云: '吾燒取舍利.' 主曰: '木佛有何舍利?' 師云: '旣無舍利, 更請兩尊再取燒之.' 主自後眉鬚墮落.")

원통(圓通) : 널리 두루 완벽하게 방해 없이 통함. 법성(法性)이 모든 곳에 그 작용을 완벽하게 미침. 모든 존재에게 그 덕의 작용이 완벽하게 미침을 말한다.

월산사내(越山師鼐) : 용담숭신(龍潭崇信)-덕산선감(德山宣鑑)-설봉의존(雪峰義存)-월산사내(越山師鼐). 오대(五代) 오월(吳越)의 스님으로 호는 감진(鑑眞)이다. 설봉 의존스님의 법을 잇고 월주(越州)[절강성 소흥(紹興)] 제기현(諸暨縣) 월산(越山)에 주석하였다. 깨달음의 인연설화인 '사내등루(師鼐登樓)' 화(話)로 잘 알려졌다. 처음에 설봉 의존스님을 참청(參請)하고 맛만 보았다. 뒤에 민왕(閩王)이 스님을 청하여 청풍루(淸風樓)에서 재를 베푸니 한참을 앉아 있다가, 눈을 들어 문득 햇빛을 보면서 활연히 몰록 깨달았다. 그리고는 게(偈)를 읊었다. "청풍루의 관재(官齋)에 참석하고서/ 이 날에 평생의 눈 활짝 열리니 / 비로소 보통(普通) 때의 머나먼 일이/ 총령(葱嶺)넘어 부촉된 것 아님 알았네." 그리고 임종게가 남아 있다. '눈빛은 색을 따라 다해버렸고/ 듣는 식은 소리 좇아 스러졌을 뿐./ 오늘이든 다가올 아침이든지/ 근원으로 돌아감에 별 뜻 없다네."

월씨국(月氏國) : 월지국(月支國)이라고도 한다. 서역지방에 있던 나라로 월씨족은 본래 돈황과 기연산(祁連山) 사이에 있었다가 B.C. 174년에 흉노의 침략을 받아 이리천(伊犂川)과 실타리야천(悉陀犂耶川)의 상류지방인 열하(熱河)의 남방으로 쫓겨났다. 그 후 다시 B.C. 158년경에 다시 조손(鳥孫)의 침략을 받아 서쪽으로 가서 지금의 사마르칸트 지방에서 자리를 잡았다. 여기서 변방의 종족들을 정복하고 다시 대하국(大夏國)을 정복하면서 영토를 확장하면서 비로소 대국을 건설하였다. 이로써 이란 동부에서부터 중앙아시아와 인도에 걸친 간다라왕국이 되었고 불교 융성에 크게 이바지 하였다. 이 나라는 5세기쯤에 멸망한 것으로 알려졌다.

월주건봉(越州乾峰) : 약산유엄(藥山惟儼)-운암담성(雲巖曇晟)-동산양개(洞山良

价)-월주건봉(越州乾峰). 월주서봉(越州瑞峰)이라고도 한다. 오대(五代)의 오월(吳越) 조동종계의 스님. 생몰연대가 알려져 있지 않음. 월주(越州)[절강성(浙江省) 소흥(紹興)] 출신이다. '건봉일로(乾峰一路)' '건봉일이(乾峰一二)' '건봉삼병(乾峰三病)' '건봉법신(乾峰法身)' 등의 유명한 공안이 선림에 알려져 왔다.

월화(月華) : =월광(月光). 달빛.

위(爲) : =혹(或). 선택을 나타내는 접속사. 선택하다.

위곡(委曲) : 여기서는 첨곡(諂曲)과 같은 말이다. 자신을 굽혀 남을 따라 알려고 하다. 상세히 알다, 상술하다, 상세하고 빠짐없다, 두루 세세하다, 정성스럽고 세심하다. 구불구불하다. 소리가 높아졌다가 낮아졌다가 하다. 고저의 진동. 돌보다, 조정하다. 복잡하다. 마음이 바르지 못하다, 편파적이다. 자질구레하다. 일의 전말, 일의 사정. 친필 편지.

위부(爲復) : ~이냐? 또는, ~이냐? 그렇지 않으면. =위시(爲是). 위부시(爲復是)→ ~이냐?

위부대각(魏府大覺) : 백장회해(百丈懷海)-황벽희운(黃檗希運)-임제의현(臨濟義玄)-위부대각(魏府大覺). 임제스님의 법사(法嗣)로 알려졌을 뿐 자세한 행록은 알 수 없다. '대각불자(大覺拂子)' '대각홀래(大覺忽來)' '대각본래(大覺本來)' 등의 공안이 있다. 『경덕전등록(景德傳燈錄)』12권·『어선역대선사어록(御選歷代禪師語錄)』후집중(後集中)·『선문염송집(禪門拈頌集)』18권·『대광명장(大光明藏)』하권·『연등회요(聯燈會要)』10권·『오등회원(五燈會元)』11권·『지월록(指月錄)』17권·『천성광등록(天聖廣燈錄)』12권·『선종정맥(禪宗正脉)』6권·『조정사원(祖庭事苑)』4권·『선종송고련주통집(禪宗頌古聯珠通集)』26권·『종문염고휘집(宗門拈古彙集)』26, 27권 등에 문답화가 보인다.

위산영우(潙山靈祐) : 남악회양(南嶽懷讓)-마조도일(馬祖道一)-백장회해(百丈懷海)-위산영우(潙山靈祐). 771~853. 복주(福州) 장계(長溪) 출신. 속성은 조씨(趙氏). 15세에 출가하여 건선사(建善寺) 대매법상(大梅法常)스님에게서 삭발하였다. 항주(杭州) 용흥사(龍興寺)에서 대소승의 경과 계율을 익힌 후, 홍주(洪州) 백장 회해스님의 회상에 가서 참례하니 곧바로 입실을 허락 받았다. 어느 날 백장스님을 시봉하고 서 있을 때, 스님이 물었다. "누구냐?" "영우(靈祐)인데요." "화로 속에 불이 있는지 뒤져 보아라." 스님은 이리저리 헤쳐 보고는 말하였다. "불이 없는데요." 백장스님은 곧장 일어나 화로를 깊이 뒤져서 조그마한 불씨를 찾아서 보여주며 말했다. "이건 뭐냐?" 이 말에 곧장 대오하였다. 이후 담주(潭州)의 대위산(大潙山)에 주석하면서 종풍을 크게 드

날리며 위앙종의 종조가 되었다. 대중(大中) 7년에 83세로 입적하였다. 시호
는 대원선사(大圓禪師)이다. '위산병각(潙山倂却)' '위산업식(潙山業識)' '위산
유화(潙山有火)' '위산정병(潙山淨瓶)' '위산유구(潙山有句)' '위산성색(潙山聲
色)' '위산무심(潙山無心)' '위산선상(潙山禪床)' '위산정판(潙山靜板)' '위산니
벽(潙山泥壁)' '위산승당(潙山陞堂)' '위산진불(潙山眞佛)' '위산저두(潙山這頭)'
'위산업식(潙山業識)' '위산소무(潙山所務)' '위산원정(潙山元正)' '위산교권(潙
山交拳)' '위산적다(潙山摘茶)' '위산즉금(潙山卽今)' '위산열반(潙山涅槃)' '위
산자우(潙山牸牛)' '위산수고우(潙山水牯牛)' '위산즉색(潙山卽色)' '위산청익
(潙山請益)' '위산백장(潙山百丈)' '위산여금(潙山如今)' '위산상당(潙山上堂)'
'위산시자(潙山柿子)' '위산전신(潙山轉身)' '위산대체(潙山大體)' '위산천한(潙
山天寒)' '위산고수(潙山枯樹)' '위산묘정(潙山妙淨)' '위산기견(潙山己見)' 등의
공안이 있다. 『위산경책(潙山警策)』1권과 『담주위산영우선사어록(潭州潙山靈
祐禪師語錄)』1권이 있다. 앙산혜적(仰山慧寂), 향엄지한(香嚴智閑), 경산홍인(徑
山洪諲), 영운지근(靈雲志勤), 경조미호(京兆米胡), 왕경초상시(王敬初常侍) 등
43명의 기라성 같은 부법(付法) 제자들이 있다.

위산우(潙山牛) : '위산수고우(潙山水牯牛)'라고도 한다. 『위산어록』에 나오는
화(話)다. 위산스님이 죽은 뒤에 소가 되겠다고 한 법문. "이 늙은 중이 죽은
뒤에 산 밑에 가서 한 마리 수고우로 태어나 왼쪽 겨드랑이에 다섯 글자로
'위산 중 누구'하고 쓸 텐데, 이때 위산의 중이 수고우가 되었다고 해야겠느
냐, 아니면 수고우가 위산의 중이 되었다고 해야겠느냐? 도대체 무어라고 불
러야 딱 맞겠느냐?" (『潭州潙山靈祐禪師語錄』, T47n1989_p0581c25~28.
"老僧百年後, 向山下作一頭水牯牛, 左脇書五字曰: '潙山僧某甲', 若喚作潙山僧,
又是水牯牛? 喚作水牯牛, 又是潙山僧? 喚作什麽卽得?")

위실(違失) : 실수. 잘못.

위실(委悉) : 어떤 일을 자세하고 빠짐없이 앎. 상세하게 설명하다. 자세히
알다.

위음나반(威音那畔) : 위음왕불 저쪽. 위음왕불이 세상에 나오기 이전. 태초.
본래면목.

위음왕(威音王) : ⓢBhīṣmagarjitasvararāja. 위음왕불(威音王佛)을 말한다.
과거장엄겁(過去莊嚴劫)의 최초부처님을 위음왕불(威音王佛)이라한다. 『법화
경』「상불경보살품」에 나오는 부처님이름이다. "곧 옛날 무량무변 불가사의
아승기겁을 지나서 부처님이 계셨는데 이름이 위음왕 여래·응공·정변지·명행
족·선서·세간해·무상사·조어장부·천인사·불세존이라고 하였다." (『妙法蓮華

經」「常不輕菩薩品」第二十,　T09n0262_p0050b28~c02. "乃往古昔過無量無邊不可思議阿僧祇劫,　有佛名威音王如來應供正遍知明行足善逝世間解無上士調御丈夫天人師佛世尊.")

위풍(威風) : 남을 경외시키는 기세.

유(由) : 망설이거나 머뭇거리는 모양.

유(糅) : 섞다. 혼합하다. 먹다. 잡곡밥. 무침.

유개입처(有箇入處) : 깨달은 자리에 있음. 앎의 자리에 있음. 안목을 갖춤.

유교사자(猶較些子) : 조금 미흡하긴 하지만 우선은 괜찮다. 우선은 그런대로 되었지만. 그나마 괜찮긴 하지만. 우선은 되었지만 아직 좀 부족한 듯하다.

유교소산반월정(猶較韶山半月程) : 아직도 소산과는 15일 정도의 차이가 있다. 이 소산에게는 아직 멀었다. 이 소산과는 아직 많은 차이가 있다. 소산 환보스님이 준포납스님에게 한 말이다.

유기(遊氣) : ①떠다니는 구름. ②곧 끊어질 듯한 숨결.

유나(維那) : ⑤karmadāna. 갈마다나(羯磨陀那). 유(維)는 강유(綱維)의 뜻이고 나(那)는 갈마다나(羯磨陀那)의 줄임말로 수사(授事)라고 번역한다. 선원 직책의 하나이다. 사원의 기강을 바로 잡고 의식을 집전하며 대중들의 잡무를 관장한다. 또 사찰의 여러 가지 소임을 임명한다.

유나끽방(維那喫棒) : 유나가 방망이를 맞다. 『전등록』12권에 자세한 내용이 나온다. "어느 날 황벽스님이 운력으로 차밭을 매러 가는데, 좀 늦게 도착하였다. 임제스님이 인사를 올리고 괭이를 짚고 섰다. 황벽스님이 말하였다. '피곤하지 않나?' '이제 겨우 땅을 파기 시작하였는데 어찌 피곤하다고 하겠습니까?' 황벽스님이 주장자를 들어서 곧장 때리니, 스님이 주장자를 붙잡고 황벽스님을 밀쳐서 쓰러뜨렸다. 황벽스님이 유나를 불렀다. '유나야. 나 좀 일으켜다오.' 유나가 일으키면서 말했다. '큰스님께서 이 미친놈을 어찌 용납하십니까?' 황벽스님이 곧장 유나를 때렸다. 임제스님이 손수 땅을 파면서 말했다. '제방에서는 곧장 화장을 하지만, 나의 여기는 산채로 매장한다.'" (『景德傳燈錄』卷第十二,　T51n2076_p0290b15~21. "黃蘗一日普請鋤茶園, 黃蘗後至. 師問訊按钁而立. 黃蘗曰:'莫是困邪?'曰:'才钁地何言困?'黃蘗舉拄杖便打, 師接杖推倒和尚. 黃蘗呼維那. '維那. 拽起我來.'維那拽起, 曰:'和尚爭容得遮風漢?'黃蘗却打維那. 師自钁地, 云:'諸方卽火葬, 我遮裏活埋.'")

유날(扭捏) : ①억지로 끌어다 붙여 날조하다. =견강부회(牽强附會). ②인위적으로 안배(安排)하다. ③만지작거리다. ④살랑살랑 흔들다. ⑤거드름을 피우다.

유당(油鐺) : 기름에 전 가마솥. 요리를 만드는 솥. 기름이 펄펄 끓는 가마솥. =유과(油鍋).

유리(遊履) : 사방을 두루 다니며 유람하다.

유무(有無) : 일체의 존재를 상주하여 항상하다고 하는 유견(有見)과 일체 존재의 단멸을 고집하는 견해인 무견(無見). 유견(有見)은 상견(常見)과 같고 무견(無見)은 단견(斷見)과 같다.

유분(有分) : 작용이 있다. 작용. 나누어 받은 보기(寶器)가 있다. 분별이 있다. 직분이 있다. 연분(緣分)이 있다. 맡은 몫이 있다.

유사(流沙) : 사막. 고비사막.

유사(有事) : '일이 있다'는 뜻이지만 '관리(有司=有事)'라는 의미가 내포되어 있다.

유속(流俗) : 사회에서 유행하는 풍속이나 관습. 세간의 평범한 사람. 평범하고 속됨.

유시(有時) : 경우에 따라서는. 때로는. 어떤 때는. 이따금. 간혹.

유시(猶是) : 아직도, 여전히. 이로 말미암아. 다만.

유심회전선성문(由心迴轉善成門) : 화엄종에서 세운 고십현문(古十玄門) 가운데 제9문(門)이다. 지상사(至相寺)의 지엄(智儼)스님이 짓고 두순(杜順)스님이 이어서 설한 「화엄일승십현문(華嚴一乘十玄門)」에는 유(由)가 유(唯)로 나와 있다. 1) 동시구족상응문(同時具足相應門). 2) 인다라망경계문(因陀羅網境界門). 3) 비밀은현구성문(祕密隱顯俱成門). 4) 미세상용안립문(微細相容安立門). 5) 십세격법이성문(十世隔法異成門). 6) 제장순잡구덕문(諸藏純雜具德門). 7) 일다상용부동문(一多相容不同門). 8) 제법상즉자재문(諸法相卽自在門). 9) 유심회전선성문(唯〈由〉心迴轉善成門). 10) 탁사현법생해문(託事顯法生解門).

유여(留與) : 남겨두다. 맡겨두다.

유은(幽隱) : 은폐하다. 은폐된 곳. 막히다. 모습을 감추다. 은거하여 벼슬을 하지 않는 선비.

유자(由自) : 아직, 여전히.

유자(遊子) : 집을 떠나 멀리 나가 있는 사람. 빈둥빈둥 노는 사람.

유자(油糍) : 찹쌀을 빚어서 발효시켜 기름에 튀긴 과자. 우리나라에서는 유과(油菓)라고 한다. 장상끽유자(莊上喫油糍)→ 농막에 가서 유과를 먹음.

유작자개거취재(猶作遮箇去就在) : 아직도 그런 짓을 하는구려.

유전(流傳) : 세상에 널리 퍼지다. 전해 내려오다.

유주(扭住) : 팔을 비틀어 꼼짝 못하게 내리 누르는 것.

유주(幽州) : 주(州)의 이름으로 옛 구주(九州)의 하나이다. 전국시대 연(燕)나라 지역으로서 하북성 북부와 요녕성 일대이다.

유주담공(幽州譚空) : 백장회해(百丈懷海)-황벽희운(黃檗希運)-임제의현(臨濟義玄)-유주담공(幽州譚空). '담공개당(譚空開堂)' 화(話)가 있다. 『경덕전등록(景德傳燈錄)』12권·『종문염고휘집(宗門拈古彙集)』27권·『종감법림(宗鑑法林)』25권·『정법안장(正法眼藏)』2권상(上)·『연등회요(聯燈會要)』10권·『오등회원(五燈會元)』11권·『오등엄통(五燈嚴統)』11권·『오등전서(五燈全書)』21권·『지월록(指月錄)』17권 등에 문답화가 실려 있다.

유포(流布) : 나타내다. 표현하다.

유하혜(柳下惠) : 춘추시대 노(魯)나라의 대부였던 전획(展獲)을 말함. 자(字)는 계(季)와 금(禽), 시호는 혜(惠)이다. 사사(士師)가 되어서 유하(柳下)를 식읍으로 받았으므로 유하혜라 불렸다. 자기가 살던 곳에서 세 번이나 쫓겨났지만 바른 도리로써 섬기면 어디에 가든지 당연히 쫓겨나는 법이라면서 자신의 나라를 떠나지 않고 살았다. 지조의 실행(操行)이 바른 남자의 비유로 쓰임.

유현(幽玄) : ①현상의 이치가 헤아릴 수 없이 심원하고 현묘함. ②현허(玄虛)한 이치. ③어두움. ④저승. 저 세상.

육긍대부(陸亘大夫) : 남악회양(南嶽懷讓)-마조도일(馬祖道一)-남전보원(南泉普願)-육긍대부(陸亘大夫). 764~834. 당나라 때의 거사다. 남전 보원스님의 법을 이은 속가제자이다. 자(字)는 경산(景山)이고 소주(蘇州)[강소성] 오군(吳郡) 사람이다. 관직이 선섭관찰사(宣歙觀察使)에까지 올랐다. 어사대부(御史大夫)로 있으면서 선가(禪家)의 종취를 이뤘다. 태화(太和) 연간(827~835)에 81세를 일기로 남전스님보다 먼저 사망하였다. 대부(大夫)는 관료(官僚)를 말한다.

육도(六道) : 육취(六趣)라고도 한다. 지옥·아귀·축생·아수라·인간·천상의 여섯 갈래 길. 안(眼)·이(耳)·비(鼻)·설(舌)·신(身)·의(意)의 육근(六根)이라고도 한다.

육률(六律) : 음악의 표준음을 말한다. 십이률(十二律)에서 양성(陽聲)에 속하는 여섯 음이다. 곧 황종(黃鐘)·태주(太簇)·고세(姑洗)·유빈(蕤賓)·이칙(夷則)·무역(無射) 등의 여섯이다. 이에 대해 음성(陰聲)에 속하는 여섯 음은 육려(六呂)라고 한다.

육문(六門) : 안(眼)·이(耳)·비(鼻)·설(舌)·신(身)·의(意)의 육근(六根).

육상(六相) : 육상설(六相說)은 십현문(十玄門)과 함께 화엄종의 중요한 교의이다. 수나라 혜원(慧遠)스님이 처음 제기하였고, 당나라의 지엄(智儼)스님이 육상의 원융을 설했다. 그 이후 법장(法藏)스님과 징관(澄觀)스님에 의해서 이 육상설이 완성된다.

육상완창(肉上剜瘡) : 일부러 살을 긁어서 부스럼을 만들다. 완육작창(剜肉作瘡)과 같은 말. 도를 탐구하다 도리어 미혹됨을 비유하는 말.

육시예념(六時禮念) : 하루를 여섯으로 나눈 염불(念佛)과 독경(讀經)의 시간(時間). 주야(晝夜)로 하루 종일 여섯 번에 걸쳐서 아미타불(阿彌陀佛)을 예배(禮拜), 찬탄(讚歎)하는 일.

육신대사(肉身大士) : 육신보살(肉身菩薩), 또는 생신보살(生身菩薩)이라고도 한다. 부모에게서 받은 몸을 통하여 보살의 지위에 도달한 사람을 말한다.

육조혜능(六祖慧能) : 감지승찬(鑑智僧璨)-쌍봉도신(雙峰道信)-황매홍인(黃梅弘忍)-조계혜능(曹溪慧能). 638~713. 중국 선종 제6조이다. 남해(南海) 신흥(新興)[광동성(廣東省) 신흥현(新興縣)] 출신. 속성은 노씨(盧氏). 오조 홍인스님의 법을 잇고 남방으로 내려가 15년을 은거하다가 조계산(曹溪山) 보림사(寶林寺)에서 선법을 크게 떨쳤다. 헌종(憲宗)이 대감선사(大鑒禪師)의 시호를 하사했다. 선천(先天) 2년(713) 세수 76세로 입적하였다. 『육조대사법보단경(六祖大師法寶壇經)』이 있다.

육취(六趣) : 뭇삶들이 업에 따라 윤회하는 6가지 세계. 곧, 지옥·아귀·축생·아수라·인간·천상의 여섯 세계를 말한다.

육통원소(六通院紹) : 도오원지(道吾圓智)-석상경저(石霜慶諸)-용천경흔(湧泉景忻)-육통원소(六通院紹). 태주(台州)[절강성(浙江省) 임해(臨海)] 용천 경흔스님을 참알하고 입실하여 종지를 깨달은 후 육통원(六通院)에 주석하니 많은 납자들이 모여들었다. 후에 여름을 쉬기 위해 천태산(天台山) 화정봉(華頂峰)에 들어간 이후 소식이 없었다고 함.

윤생(潤生) : 발업윤생(發業潤生)의 준말. 식물의 씨앗이 물에 의해 싹이 터서 자라는 것처럼 번뇌에 의해서 업이 생겨서 현재의 삶을 끌어 일으키는 것을 말한다.

율극봉(栗棘蓬) : 선사들이 학인들을 제접할 때에 벽관(壁觀)으로 사용하는 방편수단이다. 율극봉(栗棘蓬)은 밤송이를 말하는데 이것을 목구멍에 넣으면 가시가 많아서 삼킬 수도 없고 뱉어낼 수도 없는 상황이 되는 것처럼 학인의 인연이 무르익으면 선사들이 이러한 상황으로 몰고 가서 활연히 대오(大悟)하게 한다.

융융(融融) : 화사하고 아름다움. 화기애애한 모양. 화락함.

은(鄞) : 절강성 은현(鄞縣).

은언(隱言) : 수수께끼와 같이 빗대어 하는 말. 생소한 말.

은은(隱隱) : 희미하고 분명치 않은 모양. 근심하고 슬퍼하는 모양. 의성어(수레소리. 우렛소리). 많고 성한 모양.

음(音) : ①언어. 문사(文辭). ②뜻. 의미. ③소식. 기별.

음(陰) : 오음(五陰), 즉 오온(五蘊)을 말한다. 또는 적취(積聚)라고도 하는데 색(色)·성(聲)·향(香)·미(味)·촉(觸)·법(法) 등의 유위법이 생사의 과보를 쌓아서 모이게 하므로 이렇게 말한다.

음계입처(陰入界處) : 오음(五陰)과 육입(六入)과 십팔계(十八界)와 십이처(十二處)를 말한다.

음광(飮光) : ⑤Kāśyapa. 가섭존자를 말한다.

음방(婬坊) : 사창가.

음운(音韻) : 음악의 고저장단 가락. 고저와 억양이 있는 조화로운 소리.

읍(揖) : 인사하는 예법 가운데 하나로서, 두 손을 맞잡거나 홀(笏)을 들고 얼굴 앞으로 들고는 허리를 앞으로 공손히 구부렸다가 펴면서 두 손을 내린다.

읍로(泣露) : 이슬이 맺히다. 이슬이 방울방울 떨어지다.

응(應) : 응하다. 뭇삶들은 감(感)하고 부처님은 이에 응(應)함.

응기(應機) : 때에 따라. 그때그때. 즉시즉시. 시시각각.

응시(應是) : 무릇. 모든. 바로, 즉시, 당장. 아마도 ~일 것이다. 응당 ~일 것이다.

응시(應時) : 바로, 곧, 즉각. 생활에 대처하다, 생계를 꾸리다. 계절에 적합하다, 천시(天時)에 순응하다. 시대의 추세에 순응하다. 시운(時運)에 적합하다.

응연(凝然) : 고요하게 가라앉아 꿈적도 않음. 변함없음. 진중함. 침착하고 차분하다.

응용(應用) : ①필요에 따라 활용하다. ②지불하여 사용하다. ③사용하다. ④사륙변려문(四六騈儷文). ⑤부처님이 유정(有情)을 제도하기 위하여 응현(應現)하는 미묘한 작용.

응용무궁(應用無窮) : 응용무변(應用無邊)이라고도 한다. 부처님이 유정(有情)들의 감(感)에 응현(應現)하는 묘용(妙用)이 무애(無涯)하고 자유자재(自由自在)하여 시간과 공간을 따라 나투지 않음이 없는 것을 말한다.

응체(凝滯) : 구애받다, 마음에 걸리다. 뭉쳐져 굳어지다. 일이 진척되지 않다. 지체되다. 막히거나 걸리다.

의(疑) : =혹(惑). 미혹되다.

의(意) : 소리와 마음이 합쳐진 회의문자(會意文字)이다. 음(音)은 언어가 되기 이전의 소리란 뜻이 있다. 마음속에 지껄이는 소리는 모두가 다 의(意)다. 반면에 마음속에 그려내는 형상은 모두가 다 상(想)이다.

의(儀) : 알맞다. 적합하다, 마땅하다, 적의(適宜)하다.

의리(義理) : 선(禪)과 도(道)의 뜻과 이치.

의리선(義理禪) : 갈등선(葛藤禪)·구두선(口頭禪)·문자선(文字禪) 등과 같은 말로서, 언어문자로 뜻을 궁구하는 선(禪)을 말한다.

의문방호(倚門傍戶) : 남의 집안에 의지한다. 노비. 노예. 노복. 탁주지의(涿州紙衣)스님이 한 말이다. "'어떤 것이 빈(賓) 가운데 빈(賓)입니까?' 스님이 말씀하셨다. '노비가 취한 것 같구나.'"(『五燈會元』卷第十一, X80n1565_p0225c02~03. "僧問: '如何是賓中賓?' 師曰: '倚門傍戶猶如醉.'")

의보(依報) : 과거의 업(業)의 결과로 얻게 된 뭇삶의 몸인 정보(正報)가 의지하고 있는 환경, 곧 기세간(器世間)을 말한다.

의의(依依) : 풀잎이나 가녀린 나뭇가지가 바람에 한들한들거리는 모양.

의전(依前) : 예나 다름없이. 종전과 같이. 여전히.

의체(疑滯) : 주저하며 결정하지 못함. 의심스럽거나 생각이 막힘. 정체(停滯)함. 정지함.

의타(義墮) : 화타(話墮), 대론실언(對論失言), 의론실책(議論失策)과 같은 말이다. 토론을 할 때 자기 쪽에서 할 말을 못하고 실패함을 말한다. 선가(禪家)

에서 기용(機用)을 씀에 있어서 선법(禪法)에 합당하지 않게 씀을 말함.

의통(依通) : 5가지 통력(通力) 가운데 하나이다. 약이나 주술 등의 힘으로 신통한 작용을 나타냄을 말한다. 나머지 통력에는 도통(道通)[중도(中道)의 진리를 증득한 후에 대용(大用)을 일으키고 무심하게 사물에 응하여 만유(萬有)를 교화함이 마치 영상(影像)이나 수월(水月), 허공의 꽃과 같이 일정한 자체가 없는 것이다.]·신통(神通)[고요한 마음으로 만물을 관조(觀照)하여 숙명을 기억하며 가지가지의 분별이 모두 정력(定力)에 따르는 것.]·보통(報通)[과보(果報)로서 저절로 있는 통력(通力)이다. 신(神)이 일을 미리 알며, 제천(諸天)이 형상을 변화하며, 중음신(中陰神)이 태어날 곳을 미리 알며, 용(龍)이 변화함과 같은 것이다.]·요통(妖通)[여우가 늙어서 변화하며, 목석(木石)의 요정이 화현(化現)하여 사람과 신(神)에게 실리는 것과 같은 것이다.] 등이 있다.

의하(意下) : 마음 속. 의중. 의견. 생각.

의학(義學) : 의리(義理)를 분석하고 따져보는 학문. 형이하학.

의희(依稀) : ①어렴풋하다. 흐릿하다. ②분량이 적다. ③비슷하다.

이(以) : ~으로부터.

이(異) : 나누다, 가르다, 구별하다.

이(而) : 동사로서 '~같다'(若, 如)의 뜻이다.

이(伊) : 이, 이것. 그, 그것. 너. 그대. 당신. 자네. 어조사.

이(已) : 지나치게, 몹시, 너무, 심하게.

이간(你看) : 이것을 봐라. 여기를 봐라. 보라! 보시오! 이보쇼! 생각하다. 정말 ~하지 않은가? 얼마나 ~한가!

이거(已去) : 어조사. 이미 떠나서.

이견왕(異見王) : 생몰연대는 알려져 있지 않다. 남인도 향지왕의 아들이며 보리달마의 조카. 처음엔 외도를 신봉했으나 달마대사가 바르게 교화하였다고 한다. 『정법안장』1권하(下) 제187화에 바라제스님과의 대화가 실려 있다.

이고(李翺) : 772~836. 당나라 때의 문학가요 철학사상가며 시인으로 자(字)는 습지(習之)이다. 조군(趙郡)[하북성(河北省) 조현(趙縣)]사람이다. 일찍이 한유(韓愈)를 따라 고문(古文)을 익히고, 한유의 고문운동(古文運動)에 협조하였다. 저서에 『복성서(復性書)』3편, 『이문공집(李文公集)』 등이 있다.

이광(李廣) : 한나라 성기(成紀) 출신. 문제(文帝) 때 흉노 정벌에 종군하면서 벼슬을 시작하여 무기상시(武騎常侍)가 되었고, 무제(武帝) 때 북평 태수 등을 역임하였다. 활을 아주 잘 쏘았으며 군사들을 잘 이끌어 용맹을 떨쳤다. 흉노에 잡혔을 때 지혜를 써서 탈출한 후 흉노가 두려워하여 비장군(飛將軍)이라 부르며 피했다고 한다. 늘그막에 위청(衛靑)을 따라 흉노와의 전쟁에 참여하여 패전하고 책임을 추궁 당함에 이르러 자결하였다.

이노백고각지유(狸奴白牯却知有) : 남전 보원스님의 법문에 나오는 말이다. (『禪門拈頌集』卷第七, K46-0113, 235則. "南泉示衆云:'三世諸佛不知有, 狸奴白牯却知有.'") '지유(知有)'는 지도(知道), 지효(知曉)와 같다. 향상일로(向上一路)를 말한다. '부지유(不知有)'는 향하문(向下門)이다.

이능복표(理能伏豹) : 부드러운 수단으로써 표범과 같은 강포(强暴)함을 제압하여 굴복시킴.

이당(以當) : ~로 여기다. ~로 간주하다.

이두(籬頭) : 울타리의 주변. 이근(籬根)→ 울타리의 밑 부분. 이국(籬菊)→ 울 밑에 핀 국화.

이두삼수(二頭三首) : 현묘(玄妙)한 선법(禪法)이 아닌 의리(義理). 한갓 말로만 떠들기만 하고 곧바로 깨닫지 못함.

이리(泥犂) : ⓢNirāya. 지옥.

이미(離微) : 이(離)는 모든 사상(事相)을 여읜 법성(法性)의 체(體)가 적연(寂然)한 것. 미(微)는 그 법성(法性)의 용(用)이 미묘(微妙)하고 불가사의한 것. 『전등록』13권에서도 설명이 있으며, 승조(僧肇)의 『보장론(寶藏論)』「이미체정품(離微體淨品)」에 자세히 나온다. "들어감은 이(離)요 나옴은 미(微)다. 들어감의 이(離)를 알면 바깥으로 경계에 의지할 수 없고, 나옴의 미(微)를 알면 안으로 마음에 할 것이 없다. 안으로 마음에 할 것이 없으면 온갖 소견에 옮겨 다니지 않고, 바깥으로 경계에 의지할 바가 없으면 만유에 얽매이지 않는다. 만유에 얽매이지 않으면 상려(想慮)에 뒤쫓아 따라다니지 않고, 온갖 소견에 옮겨 다니지 않으면 적멸하여 부사의(不思議)하다. 그렇기에 본래 맑은 체(體)는 스스로 이미(離微)하다고 여길 수 있다. 들어감에 의하여 이(離)라 하고, 작용에 의하여 미(微)라 하였으니, 섞이어 하나가 되면 이(離)도 없고 미(微)도 없음이 되어서 본체의 이(離)는 물듦이 없다. 물듦이 없으므로 맑음도 없다. 본체의 미(微)는 있다고 할 수 없다. 있지 않으므로 의지할 것도 없다. 그러므로 작용하나 있음이 아니요, 적멸하나 없음이 아니다. 없음이 아니기에 단멸이 아니요 있음이 아니기에 항상함이 아니다." 더 자세한 것은

『寶藏論』「離微體淨品」第二, T45n1857_p0145c12~0147c28. 참조.

이발(李渤) : 773~831. 당대 귀종지상(歸宗智常)스님의 법사(法嗣)다. 자는 담지(澹之). 정원(貞元) 연간에 여산(廬山) 오로봉(五老峰) 아래에 중국 최고의 서원인 백록동서원(白鹿洞書院)을 열었고, 나중에 소실산(少室山)으로 옮겼다. 원화(元和) 초에 한유(韓愈)의 권유를 받아 관직에 나가 간의대부(諫議大夫)가 되었고, 여러 직책을 거쳤다. 보력(寶曆) 연간(825~827년)에 강주(江州) 자사(刺史)로 부임하였다. 나중에 다시 백록동서원으로 돌아와 지내면서 백록선생으로 불렸다. 지상스님이 서현사(棲賢寺) 주지로 있을 때 자주 가서 법(法)에 대해 물었다. 그의 주청으로 서당지장(西堂智藏)스님에게 대각선사(大覺禪師)란 시호가 내려졌다. 태화(太和) 5년에 죽었고, 세수(世壽) 59세였다.

이병(理兵) : 병사를 통솔하다. 군대를 다스리다. 『연등회요』13권에서는 埋兵(매병)으로 나온다. (『연등회요聯燈會要』卷第十三, X79n1557_p0113b02. "埋兵掉鬪.")

이부마(李駙馬) : 이준욱(李遵勖)거사를 말한다. 풍혈연소(風穴延沼)-수산성념(首山省念)-곡은온총(谷隱蘊聰)-이준욱(李遵勖). 988~1038. 송대 임제종 거사이다. 자(字)는 공무(公武)이고 호(號)는 화문거사(和文居士) 또는 문화거사(文和居士)이다. 진사과에 합격하여 부마도위(駙馬都尉)에 올랐다. 곡은온총(谷隱蘊聰)스님에게서 종요(宗要)를 묻다가 크게 깨닫고 게송을 읊었다. "참선이려면 모름지기 무쇠 같은 자라야 하리니/ 마음 일어나자마자 곧장 알아차려라./ 곧장 위없는 보리에 나아가/ 일체 옳고 그름을 상관하지 말아라." (參禪須是鐵漢 著手心頭便判 直趣無上菩提 一切是非莫管). 그리고 법을 이어 받았다. 여러 선사들과 많은 교류를 하였으며 천성년간(天聖年間)[1023~1030]에 『천성광등록(天聖廣燈錄)』30권을 지었다. 『한연집(閒宴集)』20권, 『외관방제(外館芳題)』7권 등이 있다.

이분(二分) : ①둘로 가르거나 나누다. ②나누어 가른 두 몫. ③춘분과 추분.

이사(理事) : 일을 처리하다. 사무를 처리하다.

이사원융(理事圓融) : 화엄종의 용어이다. '이사원융무애(理事圓融無碍)'의 줄임말이다. 사법계(四法界)의 하나로서 현상계인 사(事)와 본체계인 이(理)가 서로 장애가 되지 않고 서로 완벽하게 융회(融會)하여 일체의 관계를 이루는 것이다.

이산충밀(伊山沖密) : 오조법연(五祖法演)-원오극근(圜悟克勤)-대혜종고(大慧宗杲)-이산충밀(伊山沖密). 『정법안장』을 엮었다.

이삼노한(二三老漢) : 중국에서의 여섯 조사를 말한다. 보리달마(菩提達磨)·신광혜가(神光慧可)·감지승찬(鑑智僧璨)·파두도신(破頭道信)·황매홍인(黃梅弘忍)·대감혜능(大鑒慧能)의 여섯이다.

이상(異相) : 화엄학에서 말하는 모든 존재들이 낱낱이 가지고 있는 여섯 가지의 모양[총상(總相)·별상(別相)·동상(同相)·이상(異相)·성상(成相)·괴상(壞相)] 가운데 하나. 동상(同相)의 상대어로서 하나하나의 부분들이 자기의 성질을 지켜 피차의 고유한 상태를 잃지 않고 있지만 서로 다른 점이 있는 것.

이상서(李尙書) : 이고상서(李翺尙書)다. 청원행사(靑原行思)-석두희천(石頭希遷)-약산유엄(藥山惟儼)-자사이고(刺史李翺). 772~836. 당나라 때 거사로 자(字)는 습지(習之)다. 조군(趙郡)[하북성(河北省) 조현(趙縣)]사람이다. 문장력이 탁월하였다. 약산 유엄선사의 법을 이었다.

이수(泥水) : 언어(言語)와 사량분별(思量分別)에 막힌 상태.

이십팔인(二十八人) : 부법장전(付法藏傳)의 이십팔조(二十八祖)를 말한다. 1) 마하가섭(摩訶迦葉)ⓢMahākāśyapa. 2) 아난(阿難)ⓢĀnanda. 3) 상나화수(商那和修)ⓢŚāṇakavāsa. 4) 우바국다(優婆毱多)ⓢUpagupta. 5) 제다가(提多迦)ⓢDhṛtaka. 6) 미차가(彌遮迦)ⓢMiccaka. 7) 바수밀(婆須蜜)ⓢVasumitra. 8) 불타난제(佛陀難提)ⓢBuddhanandi. 9) 복태밀다(伏馱密多)ⓢBuddhamitra. 10) 협존자(脇尊者)ⓢPārśva. 11) 부나야사(富那夜奢)ⓢPuṇyayaśas. 12) 마명대사(馬鳴大師)ⓢAśvaghoṣa. 13) 가비마라(迦毘摩羅)ⓢKapimala. 14) 용수보살(龍樹菩薩)ⓢNāgārjuna. 15) 가나제바(迦那提婆)ⓢKāṇadeva. 16) 라후라다(羅睺羅多)ⓢRāhulata. 17) 승가난제(僧伽難提)ⓢSanghānandi. 18) 가야사다(伽耶舍多)ⓢSanghayaśas. 19) 구마라다(鳩摩羅多)ⓢKumārata. 20) 사야다(闍夜多)ⓢŚayata. 21) 바수반두(婆藪槃頭)ⓢVasubandhu. 22) 마나라(摩拏羅)ⓢManorhita. 23) 학륵나(鶴勒那)ⓢHaklenayaśas. 24) 사자존자(師子尊者)ⓢSimhabodhi. 25) 바사사다(婆舍斯多)ⓢVasiasita. 26) 불여밀다(不如密多)ⓢPunyamitra. 27) 반야다라(般若多羅)ⓢPrajñātāra. 28) 보리달마(菩提達磨)ⓢBodhīdharma.

이어(俚語) : 속된 말. 이언(俚言)이라고도 한다.

이연(怡然) : 마음이 화평한 모양. 안락하고 자유로운 모양. 즐거운 모양.

이의(二儀) : 양의(兩儀)와 같다. 음양(陰陽). 해와 달.

이인(泥人) : ①산 채로 지옥에 빠진 사람. ②진흙으로 만든 인형.

이일화(李日華) : 1565~1635. 명나라 때 절강성(浙江省) 가흥(嘉興) 사람. 자는 군실(君實)이고 호는 죽란(竹嬾), 또는 구의(九疑)다. 만력 20년에 진사가 되었고 숭정(崇禎) 원년에 정4품 태복소경(太僕少卿)에 올랐다. 서화(書畵)에 능하여 세간에서 박물군자(博物君子)라고 일컬었다고 한다. 대혜스님 『정법안장』의 『제각대혜선사정법안장(題刻大慧禪師正法眼藏)』을 썼다. 『관제비고(官制備考)』『성씨보찬(姓氏譜纂)』『서화상상록(書畵想象錄)』『자도헌잡록(紫桃軒雜錄)』『육연재필기(六研齋筆記)』 등의 저술이 있다.

이저개구(泥猪疥狗) : 진창에 더럽혀진 돼지와 옴 붙은 더러운 개.

이종주(二宗主) : 남종주(南宗主)인 육조 혜능스님과 북종주(北宗主)인 옥천 신수스님의 두 분을 말한다.

이회(理會) : ①도리가 서로 부합하다. ②깨달음. 이해함. ③시비를 가리다. 시비를 따지다. 고소하다. ④처리하다. ⑤주의를 기울이다. 관심을 두다. 아랑곳하다. ⑥생각. 방법.

익(搦) : 붙잡다. 잡아 누르다.

익주서목(益州西睦) : 마조도일(馬祖道一)-남전보원(南泉普願)-조주종심(趙州從諗)-익주서목(益州西睦). 생몰연대와 전기는 알려진 것이 없다. 다만 상당법문이 있다. 익주 서목스님이 상당법문을 하였다. 한 속가 거사가 손을 들고는 말했다. "큰스님께선 바로 한 마리 나귀군요." 서목스님이 말했다. "이 노승에게 자네가 올라탔구나." 거사가 말이 없었다. 3일 후에 다시 와서 말했다. "제가 3일 전 도둑을 맞았습니다." 서목스님이 주장자를 휘둘러 쫓아 내버렸다.

인(因) : ①그래서, 그리하여. ②이어 받다. ③~에 따르다. ④~를 거치다. ~를 통하다.

인(印) : 불교에서 세 가지로 쓰고 있다. 하나는 'Ⓢmudra'로서 인상(印象)하고 인증(印證)하는 것이다. 두 번째는 'Ⓢudana'로서 확실하게 결정되어 결코 변치 않는 것을 말한다. 일법인(一法印)·삼법인(三法印)·사법인(四法印) 등이 있다. 세 번째는 선종(禪宗)에서 언어문자를 초월하여 깨달음을 심인(心印)이라고 한다. 이 깨달음을 스승에게서 제자로 전승해 주는 것을 '인가(印可)한다', 또는 '인신(印信)해준다'라고 한다.

인~위(認~爲) : ~으로 여기다. ~으로 생각하다.

인가(人家) : 집안. 자성(自性). 가정. 가업. 사람 사는 집. 남의 집. 백성이 사는 집. 다른 사람. 남. ~라고 하는 몸.

인당(印堂) : 눈썹과 눈썹 사이. 미간(眉間).

인마(人馬) : 군대. 사람과 말.

인성(引聲) : 소리를 아주 길게 뽑아내며 노래하는 것을 말한다.

인순(因循) : 구차하게, 몹시 가난하고 궁색하게. 예전 습관대로. 그럭저럭.

인아(人我) : 법아(法我)라고도 한다. 아(我)는 주재(主宰)의 뜻. 항상 한결같이 주재(主宰)하는 실체. 항상하고 유일 절대적으로 존재하면서 모든 것을 주관하는 실체가 존재한다고 하는 견해.

인언수재(人焉廋哉) : 사람이 어찌 숨길 수 있겠는가? 『논어』「위정편」에 나오는 구절이다. "공자께서 말씀하셨다. '그 소이(所以)를 보고, 그 소유(所由)를 잘 들여다보고 그 소안(所安)을 자세히 살펴본다면 사람이 어찌 숨길 수 있겠느냐? 사람이 어찌 숨길 수 있겠느냐?'"(『論語』「爲政篇」. "子曰: '視其所以, 觀其所由, 察其所安, 人焉廋哉, 人焉廋哉.'")

인연(夤緣) : 칭칭 감다. 매달려 올라가다. 뇌물과 연줄로 출세하려 하다.

인자(仁者) : 상대방을 부처님으로 높여 부르는 말이다. "범음으로 '이이(爾爾)'를 인자(仁者)라고 부른다." (『大毘盧遮那成佛經疏』卷第四, T39n1796_p0622c23. "梵音爾爾, 名爲仁者.") 맹자는 '인(仁)'을 사람이라고 하였다. "어짊은 사람이다." (『맹자(孟子)』「진심장(盡心章)」. "仁也者人也.")

인준불금(忍俊不禁) : 인준(忍俊)은 웃음을 머금다, 웃음을 참다는 뜻. 어떤 일에 집중하여 자제력을 상실함. 웃음을 도저히 참을 수 없음. 너무 우스워서 참지 못하다.

인파면문(印破面門) : 미간에 도장을 찍다. 곧 '인가를 해주다'는 뜻. 면문(面門)은 두 눈썹사이를 말하며 인당(印堂), 미간(眉間), 제3의 눈이라고도 한다. '파(破)'는 완료나 지속을 나타내는 어조사.

일견폐허 천노애실(一犬吠虛千猱嗋實) : 개 한마리가 헛것에 대고 짖으니 천 마리의 원숭이가 실제라고 으르렁대다. 풍혈연소(風穴延沼)스님의 법문에 나온다. "여쭈었다. '서쪽에서 조사께서 전해 온 것을 스님께서 확실하게 말씀해주시겠습니까?' 스님이 말씀하셨다. '개 한 마리가 헛것에 대고 짖으니 천 마리의 원숭이가 실제라고 으르렁대는구나.'"(『五燈會元』卷第十一, X80n1565_p0231b08~09. "問: '西祖傳來, 請師端的?' 師曰: '一犬吠虛, 千猱嗋實.'")

일공(一功) : 한 가지의 공적, 공로, 성과, 결과, 공덕. 한 가지의 재주. 재능, 기량, 수완, 재간.

일관(一管) : 한 자루의 붓.

일기(一期) : 어떠한 시기를 몇으로 나눈 경우의 그 중 하나. 한 평생.

일기(一氣) : 한 목에 내치는 기운. 만물의 원기, 한 조각, 한 무더기. 천지가 나뉘기 전의 혼돈한 기운. 한 차례의 호흡. 공기. 의기가 서로 통하다. 24절기 중 한 기간. 단숨에, 단 번에. 잠시, 한바탕, 잠깐 동안에. 만물의 근원인 에너지를 말한다.

일단(一段) : 문장이나 노래의 한 단락, 한 토막. 한 조각, 한 덩어리, 한 무더기. 한 부분. 말 한 마디. 한 구역. 한 매듭. 피륙의 한 감. 어떤 일 한 건. 연극의 한 장면.

일당(一堂) : 온 집안. 온 대청 안. 하나의 집. 한 자리. 대중(大衆).

일대(一隊) : 한 떼.

일대(一對) : 한 쌍. 한 벌. 부부.

일돈(一頓) : 돈(頓)은 밥 먹는 횟수, 또는 때리는 횟수. 또는 죄인을 형틀에 매어놓고 몽둥이로 20번 때리는 것을 일돈(一頓)이라고 한다. 한 끼. 한 번 쉼, 한 차례의 휴식. 한 차례 때림. 갑자기, 단번에.

일두(日頭) : 해. 태양. 날짜. 날.

일등(一等) : 한 가지, 한 종류. 한 등급. 계단의 한 칸. 한결같이 평등함. 으뜸, 제일.

일령(一靈) : 심령, 영혼. 마음.

일령진성(一靈眞性) : 한결같이 영령(靈靈)하게 깨어있는 진실한 본래 성품.

일로(一路) : 깨달음에 이르는 하나의 길.

일마물쌍구(一馬勿雙駒) : 한 마리의 말을 두 마리의 젊은 말로 할 것이 아니다. 『오등회원』7권, 『지월록』19권, 『종감법림』45권, 『오등전서』13권, 『어선어록』후집중(後集中) 등에서는 '勿'이 '生'으로 되어 있다. 『연등회요』23권, 『선종송고련주통집』31권, 『선림류취』12권, 『고존숙어록』47권, 『대혜어록』10권 등에서는 모두 '勿'로 되어 있다. '일마물쌍구(一馬勿雙駒)'로 해석하면, "한 마리의 말이 두 마리의 망아지가 아니다." "한 마리의 말로 두 마리의 망아지로 할 것이 아니다." 또는 "한 마리의 말을 두 마리의 망아지로 여기지 말라."(김태완 역. 『대혜보각선사어록』2. p299), "한 말에 두 망아지가 없느니라."(월운 역. 『선문염송·염송설화』제26권, p296.)로 할 수 있다. '일마생쌍구(一馬生雙駒)'로 해석하면, "한 마리의 말로 망아지 두 마리를 만들어

낸다(낳는다)."라고 할 수 있다. '한 마리의 말(一馬)'과 '씩씩한 젊은 말(駒)' 은 선가(禪家)에서 보통 '만물(萬物)'의 의미로 쓰거나 선사들이 학인들을 제접할 때 쓰는 '기봉(機鋒)'을 말한다. 또한 '한 마리의 말(一馬)'은 체(體)요, '씩씩한 젊은 말(駒)'은 용(用)이라고도 한다.

일매(一枚) : 나무 한 그루. 종이 한 장. 먹 한 개. 구슬 한 개. 일분(一分)[일촌(一寸)의 1/10]

일면(一面) : 본래면목을 말함.

일문(一文) : 한 푼. 한 닢의 돈. 하나의 무늬. 한 구절의 글.

일미(一味) : 절대계에서는 모든 것은 차별 없는 하나라는 것. 불법(佛法). 일미선(一味禪). 또는 줄곧, 덮어놓고, 오로지.

일미선(一味禪) : 조사선(祖師禪), 최상승선(最上乘禪) 등을 가리키는 말이다.

일반(一半) : 절반, 반쪽. 한 조각.

일반(一般) : 한 무리. 한 패거리. 모두, 전체, 보통, 한바탕, 한가지.

일변(一徧) : 徧(변)은 당송 때 악곡의 구성단위를 말한다. 한 곡조. 한 곡.

일보(一寶) : 정해진 한 곳.

일불(一拂) : 한 번 떨쳐 일어나거나 움직이다. 먼지 따위를 한 번 털다.

일붕(一棚) : 하나의 시렁. 한 곳의 과장(科場).

일사(一似) : 매우 비슷하다. 아주 닮았다. 똑같다.

일상삼매(一相三昧) : '무상삼매(無相三昧)'라고도 한다. 『마하반야경』3권 「권학품」에서 아누다라삼먁삼보리를 신속히 이루는 삼매 가운데 하나로 소개하고 있다. ('鳩摩羅什譯', 『摩訶般若波羅蜜經』卷第三, 「勸學品」第八, T08n0223_p0237c17~p0238a16. "菩薩摩訶薩, 行是三昧, 疾得阿耨多羅三藐三菩提 …… 一相三昧")

일색(一色) : ①한가지의 같은 빛깔. ②전부가 똑같은 한 가지 모양. ③하나. 한가지. ④절색의 아주 뛰어난 미녀.

일성아(一星兒) : 아주 조금.

일수사견(一水四見) : '일경사견(一境四見)' '일경사심(一境四心)' '일처사견(一處四見)' 등으로 부르는데, 세친보살(世親菩薩)의 『섭대승론석』12권에 나온다. "'아귀 축생 사람과/ 모든 천인 등은 똑같이/ 한 경계에 응하지만 마음이 다르기 때문에/ 그들 나름의 경계를 이룬다네.' 해석하여 말하겠다. 비유하면 마치 하나의 강물을 네 중생이 분별하여 네 가지 경계를 이루는 것과 같다. 아귀는 피고름으로 여기고, 물고기 등의 축생은 거주지로 여기며, 사람은 물로 여기고, 하늘에서는 땅으로 여기니, 각기 그 처소에 따라 분별하여 하나의 경계를 이룬다.”(『攝大乘論釋』卷第十二, T31n1595_p0244a27~b01. “餓鬼畜生人　諸天等如應　一境心異故　許彼境界成’釋曰: 譬如一江, 約四衆生分別則成四境. 餓鬼謂爲膿血, 魚等畜生謂爲住處, 人謂爲水, 天謂是地, 隨所分別, 各成一境.”) 지문광조(智門光祚)스님은 이 『정법안장』2권상(上)에서 “범부는 물을 볼 때 물로 보고, 모든 하늘에서는 물을 유리로 보고, 수생동물들은 물을 거처로 보고, 아귀는 물을 불로 본다.”고 하였다. 아귀가 물을 불로 본다는 얘기는 『열반경』19권에 나온다. “마치 항하강변에 있는 모든 아귀들은 그 수가 오백이나 되는데 한량없는 세월동안에 처음부터 물을 보지 못하였다. 비록 물가에 있지만 순수하게 흐르는 불만을 본다.”(『大般涅槃經』卷第十九, T12n0374_p0478c24~25. “如恒河邊有諸餓鬼, 其數五百, 於無量歲初不見水. 雖至河上純見流火.”)

일식묘재(一食卯齋) : 스님들이 하루에 오전에 한 끼만 식사를 하는 것을 말한다. 묘(卯)는 오전5~7시. 소승(小乘)에서는 정오 이후는 먹지 않으며 대승(大乘)에서는 육(肉)이 없는 음식으로 먹는 식사를 재(齋)라고 한다.

일신(一身) : ①온몸. ②법신(法身).

일양(一樣) : 똑같은 모양, 한결같은 모양. 서로 비슷함. 똑같음. 한 가지, 한 종류. 꼭 그대로.

일언(一言) : 한 자. 하나의 글자. 한마디의 말. 한 번 말하다. 이구동성.

일언반구(一言半句) : 일언반사(一言半辭), 일언반어(一言半語)와 같은 말. 한마디의 말과 한 구의 반. 곧, 매우 짧은 말을 뜻한다.

일예(一翳) : 약간의 가림. 하나의 장애물.

일용원(日容遠) : 마조도일(馬祖道一)-남전보원(南泉普願)-자호이종(子湖利蹤)-일용원(日容遠). 『경덕전등록(景德傳燈錄)』11권·『정법안장(正法眼藏)』3권상(上)·『종문염고휘집(宗門拈古彙集)』22권·『종감법림(宗鑑法林)』24권·『어선역대선사어록(御選歷代禪師語錄)』전집상(前集上)·『대광명장(大光明藏)』중권(中卷)·『연등회요(聯燈會要)』7권·『오등회원(五燈會元)』4권·『오등엄통(五燈嚴統)』4권·『오등전서(五燈全書)』8권·『지월록(指月錄)』13권 등에 활상좌(豁上座)와의 대화가 나온다. “일용원(日容遠)스님을 활상좌(豁上座)가 와서 참례하였다. 원스님이 세 번 손뼉을 치고 말했다. ‘맹호가 창문으로 들이닥치면 누가 대적할까?' 활상좌가 말씀드렸다. '뛰어난 새매가 하늘 높이 떴는데 누가 잡을까요?' 원스님이 말했다. '피차에 감당하기 어렵군.' 활상좌가 말씀드렸다. '그만 두시지요. 이 공안을 판단치 못했습니다.' 원스님이 주장자를 들고 춤추면서 방장실로 돌아갔다. 활상좌가 말이 없었다. 원스님이 말했다. '이놈은 죽었나 봐.'"

일의(一依) : 한결같이 ~에 의거하다.

일인(一印) : 하나의 흔적이나 자취. 하나의 도장. 한 번 도장 찍음.

일인반인(一人半人) : 일개반개(一箇半箇)라고도 한다. 얻기 어려운 인재. 또는 몇 사람을 말함. "양양(襄陽)이 전진왕 부견(苻堅)의 침공으로 함락되었을 때 유명한 승려인 석도안스님과 역사학자인 습착치가 모두 양양(襄陽)에 있었다. 부견이 오래전부터 그들의 이름을 듣고 있던 차라 그들을 만나고는 매우 기뻐하였다. 그리고 말하기를, '내가 양양에서 한 사람 반을 얻었으니 한 사람은 석도안(釋道安)이요, 반은 다리를 저는 습착치(習鑿齒)다'고 하였다." (『晉書』「習鑿齒傳記」. "襄陽爲前秦苻堅攻陷時, 名僧釋道安, 與歷史學家習鑿齒, 都在襄陽. 苻堅久聞其名, 得之極爲歡喜. 曰: '一人指釋道安有半指有脚跛之疾的習鑿齒.'") 여기서 한사람반사람(一人半人)이란 말이 생겨났다고 한다.

일장(一場) : ①한 장소. 같은 장소. ②한바탕. 한 차례. 한 번.

일장(一狀) : 한 장의 문서. 한 장의 진술서. 한 장의 소송문서.

일전어(一轉語) : 깨달음의 계기가 될 수 있는 한 말씀. 심기(心機)를 뒤집어버릴 수 있는 말씀. 중요한 말씀. 상황에 잘 맞추어 선요(禪要)를 깨닫게 하는 언어.

일점(一點) : ①하나의 점. ②서화(書畫)에서의 하나의 필획(筆劃). ③매우 적거나 작음의 비유. ④한 번 지적하다.

일점수묵양처성룡(一點水墨兩處成龍) : 먹물 한 방울이 두 곳에서 용을 이루다. 깨달음의 경지를 표현한 것이다. 이『정법안장』제453화의 황룡오신(黃龍悟新)스님과『전등록』18권의 경청도부(鏡淸道怤)스님의 법문에 나온다. (『景德傳燈錄』卷第十八, T51n2076_p0349a16. "一點水墨, 兩處成龍.")

일조(一朝) : ①한 왕조. ②아주 짧은 동안. 일시. 하루아침. ③이른 아침. 새벽. ④한 번 조공하다. ⑤한 번 조현(朝見)하다. ⑥온 조정.

일조(一遭) : 한 번 만나다. 한 번, 한 차례. 둘레, 주위.

일조풍월(一朝風月) : ①맑은 바람과 밝은 달. 아름다운 경치. ②한가한 일.

③시문(詩文). ④정사(情事)[남녀 간의 애정에 관한 일.] ⑤추파. ⑥방탕하다.
⑦창녀와 놀다. ⑧예인(藝人). ⑨창녀. 기녀. 기생.

일종(一從) : ~에서. ~부터. 한결같이 따르다. 완전히 내맡긴 채 무조건 따르
다. 다 좇다. 모두 복종하다.

일중(一衆) : 뭇사람. 전체. 여러 사람을 고르게 하다.

일중(一重) : 한 겹. 한 번 겹침.

일진법계(一眞法界) : 현묘(玄妙)의 본체이다. 청량 징관국사가 쓴 말이다.
(『大方廣佛華嚴經隨疏演義鈔』卷第一, T36n1736_p0002b10. “意以一眞法界爲
玄妙體.”)

일착자(一著子) : 한 번 손을 씀. 한 번 접촉함. 한 번 닿음. 한 가지의 일.
일이 진행되는 한 단계. 바둑이나 장기의 한 수.

일척(一擲) : 윷 등을 한 번 던짐. 곧 요행수를 바라고 한바탕 무모한 승부를
겨루다.

일척안(一隻眼) : 바른 안목. 정법안장(正法眼藏)과 같은 의미. 일체를 둘 아
니게 보는 눈. 정안(正眼), 명안(明眼), 정문안(頂門眼), 활안(活眼), 불안(佛眼)
등과 같이 쓰인다.

일체삼보(一體三寶) : 동체삼보(同體三寶) 또는 동상삼보(同相三寶)라고도 한
다. 삼종삼보(三種三寶)의 하나. 진여법신(眞如法身)의 3측면으로 보는 삼보
(三寶)를 말한다. 곧 법신에 갖추어져 있는 원만한 불성(佛性)은 불보(佛寶)라
하고, 그 불(佛)의 여여(如如)한 법의 궤범(軌範)을 법보(法寶)라고 하며, 삼계
일가(三界一家)로서의 중연(衆緣)이 화합(和合)된 덕상(德相)을 승보(僧寶)로 보
는 것을 말한다. 여기서는 불보에 법보와 승보가 갖추어져 있고 법보에 불보
와 승보가 갖추어져 있으며 승보에 불보와 법보가 갖추어져 있어 삼보가 서
로서로 상즉상입(相卽相入)한다. 이에 상대되는 것으로 별상삼보(別相三寶)가
있다.

일체일구(一遞一口) : 스승과 제자가 한 번씩 번갈아 가면서 입으로 말하고
입으로 받아먹는 것을 의미한다. 스스로 깨치지 못하고 언어와 말에 집착하
여 거기서 지혜를 구하려고 하는 것을 비유한 말.

일체지(一切智) : 살바야(薩婆若)라고 음역함. 모든 존재에 대하여 전체적으로
아는 지혜를 말한다.

일체지지(一切智智) : 부처님의 지혜.

일체지지청정(一切智智淸淨) : 『대반야경』584권에 주로 나오는 말이며 80『화엄경』23권에도 나오는 말이다. '청정일체지지(淸淨一切智智)' 또는 '일체지지무상청정심(一切智智無上淸淨心)'이라고도 한다. 일체지지(一切智智)는 등정각(等正覺)으로 구경청정(究竟淸淨)이다. "색이 청정하면 곧 일체지지의 청정이다." (『大般若波羅蜜多經』卷第一百八十四, 「初分難信解品」 第 三十四之三, T05n0220_p0989c06~07. "色淸淨卽一切智智淸淨.") "일체지지는 역시 빛의 청정과 같다." (『大方廣佛華嚴經』卷第二十三, 「十迴向品」第二十五之一, T10n0279_p0126b28~29. "一切智智, 亦如光影淸淨.")

일체처(一切處) : 변처(遍處)라고도 한다. 선정(禪定)의 이름이다. 일체의 온갖 자리이니 무장무애(無障無礙)이므로 곧 자리가 없는 자리이다.

일총(一叢) : 한 무더기. 한 떨기. 풀이나 나무의 한 뿌리에서 여러 줄기가 나와서 더부룩하게 뭉쳐서 있는 것.

일포공덕(一鋪功德) : 일포(一鋪)는 벽화나 소상(塑像) 등의 한 점을 말하고 공덕(功德)은 부처님을 말한다. 『전등록』14권에서는 '일존공덕(一尊功德)'이라고 나온다.

일해(一解) : 한 번 해결하다. 노여움을 한 번 풂. 한 번 풀려나다. 한 번의 근본적 해결. 해결해야만 할 근본 문제 가운데 하나.

일행삼매(一行三昧) : 『문수설반야경』하권 등에서 나오는 삼매이다. "문수사리보살님이 말씀하셨다. '세존이시여. 어떤 것을 일행삼매라고 하는 것입니까?' 부처님께서 말씀하셨다. '법계는 일상(一相)이니, 법계에 계연(繫緣)하면 이것을 일행삼매라고 한다.'" (『文殊師利所說摩訶般若波羅蜜經』卷下, T08n0232_p0731a25~27. "文殊師利言: '世尊. 云何名一行三昧?' 佛言: '法界一相, 繫緣法界, 是名一行三昧.'") 이 법문은 『능가사자기』1권에서 사조도신(四祖道信)대사의 「입도안심요방편법문(入道安心要方便法門)」을 소개하면서 싣고 있어 도신스님이 일행삼매(一行三昧)의 의미를 『문수설반야경』에서 가져와 설명하였음을 알 수 있다. (『楞伽師資記』一卷, T85n2837_p1286c19~p1287a06. 참조.)

일향(一向) : ①한 목표. 한 방향으로 나아가다. ②언제나. 한결같이. ③삽시간에. 곧바로. 곧장. ④한동안. 내내. 줄곧. ⑤한 조각. 한 줄기.

일현(一玄) : 앙산스님이 말씀하신 제일현(第一玄)이다. 초심으로 문에 들어감이 일현(一玄)이다. "도존이 여쭈었다. '행해(行解)와 상응하려면 어떻게 해야 합니까?' 스님이 말씀하셨다. '너는 반드시 선종의 제삼현(第三玄)을 알아야만 한다. 초심이 귀중한 것이니, 문에 들어가는 제일현(第一玄)이다. 다음의 두 가지 현(玄)은 자리를 얻고 옷을 입는 것이니 너는 반드시 스스로 살펴봐라.'"(『祖堂集』卷第十八, K45-0349. "道存問云: '如何得行解相應?' 和尙云: '汝須會得禪宗第三玄, 初心卽貴, 入門第一玄, 向後兩玄是得座被衣, 汝須自看.'")

임(臨) : ①주다. ②막. 바야흐로. 장차.

임(任) : ①~할지라도. ~를 막론하고. ~는 물론. ②짐을 메다. 짐을 싣다. 짐. 짐바리. 짐짝. 부리다. 일을 시키다.

임(稔) : 알다. 익히다. 여물다. 무르익다. 성숙하다. 쌓이다. 아름답다. 1년.

임군장거(任君將去) : 마음대로 가져가라. 임군(任君)은 '그대 멋대로', '그대 마음대로'의 뜻.

임기(臨機) : 어떤 상황이 변화할 때나 어떤 것을 즉각 결정하여야 할 시기에 임하는 것. 면임기연(面臨機緣), 면임선기(面臨禪機)의 줄임말.

임록(林麓) : 산림. 산과 숲.

임림(淋淋) : 액체가 잇달아 뚝뚝 떨어지는 모양. 물이 비껴 쏟아지는 모양. 빗소리.

임마(恁麼) : 이와 같이.

임시(臨時) : 한때. 잠시. 그때가 되다. 정해진 시간에 이르다.

임여(臨汝) : 남조(南朝) 송(宋) 때에 지금의 하남성(河南省) 상채현(上蔡縣)에 두었던 현(縣)의 이름. 또는 한대(漢代)에 지금의 강서성(江西省) 임천시(臨川市)의 서쪽에 두었던 현(縣)의 이름이다.

임원(林苑) : 사냥이나 놀이를 위하여 숲을 조성하고 짐승을 기르는 전원을 말한다.

임제방(臨濟棒) : 『임제어록』에 나오는 것으로 임제스님이 기예(機銳)를 쓴 일화다. "임제스님이 상당하자, 한 스님이 여쭈었다. '어떤 것이 불법의 대의입니까?' 스님이 불자를 세워 들자, 그 스님이 곧장 '억!'하였다. 스님이 바로 때렸다. 또 한 스님이 여쭈었다. '어떤 것이 불법의 대의입니까?' 스님이 역시 불자를 세워 들었다. 그 스님이 바로 '억!'하니, 스님도 역시 '억!'하였다. 그 스님이 머뭇거리자, 스님이 바로 때렸다. 그리고는 말했다. '대중 여러분. 법을 위하는 이는 몸과 목숨을 잃는 것을 회피해서는 안 됩니다. 내가 20년 동안을 황벽스님의 처소에 있으면서 불법의 적적한 대의를 세 번 여쭈었다가 세 번 다 몽둥이를 맞았지만 마치 쑥대로 쓰는 것 같았습니다. 지금 다시 한 방 맞아 보고 싶은데 누가 나를 위해 때려주겠습니까?' 그때 한 스님이 대중 속에서 나와서는 '제가 때려 드리지요.'하였다. 스님이 몽둥이를 그에게 건네주었다. 그 스님이 받으려하자 스님이 곧장 때렸다."(『古尊宿語錄』卷第四,「鎭州臨濟慧照禪師語錄」, X68n1315_p0023b23~c05. "上堂, 僧問: '如何是佛法大意?' 師豎起拂子, 僧便喝. 師便打. 又僧問: '如何是佛法大意?' 師亦豎起拂子. 僧便喝, 師亦喝. 僧擬議, 師便打. 師乃云: '大眾. 夫為法者, 不避喪身失命. 我二十年在黃檗先師處, 三度問佛法的的大意, 三度蒙佗賜杖, 如蒿枝拂著相似. 如今更思得一頓棒喫, 誰人為我行得?' 時有僧出眾云: '某甲行得.' 師拈棒與佗, 其僧擬接, 師便打.")

임제삼현(臨濟三玄) : 임제스님이 학인을 제접하는 세 가지 기봉(機鋒). 임제스님은 이 삼현(三玄)에 대해 구체적인 설명을 남기지 않았다. 뒤에 누군가 삼현(三玄)을 체중현(體中玄)·구중현(句中玄)·현중현(玄中玄)의 셋으로 분류하였다.

임제의현(臨濟義玄) : 마조도일(馬祖道一)-백장회해(百丈懷海)-황벽희운(黃檗希運)-임제의현(臨濟義玄). ?~867. 조주(曹州)[하남성] 남화(南華) 출신. 속성은 형씨(邢氏). 임제종의 개조이다. 황벽 희운스님에게서 법을 이어받고 진주(鎭州)[하북성] 근처에 머물다가 태위(太尉) 묵군화(黙君和)가 자신의 집을 내주어 임제원(臨濟院)이라 이름 짓고 모시었다. 그 후 하남부(河南府)로 옮겼다가 대명부(大名府)[하북성]의 흥화사(興化寺)에 머물렀다. 함통(咸通) 8년 입적하였다. 시호는 혜조선사(慧照禪師)이며 탑호는 징령(澄靈)이다. '임제일장(臨濟一掌)' '임제불법(臨濟佛法)' '임제곤야(臨濟困耶)' '임제곽두(臨濟钁頭)' '임제재송(臨濟栽松)' '임제거좌(臨濟據坐)' '임제유사(臨濟有事)' '임제아어(臨濟我於)' '임제조미(臨濟羅米)' '임제빈주(臨濟賓主)' '임제무위(臨濟無位)' '임제읍좌(臨濟揖坐)' '임제탐두(臨濟探頭)' '임제가상(臨濟家常)' '임제검인(臨濟劍刃)' '임제대비(臨濟大悲)' '임제간경(臨濟看經)' '임제타수(臨濟打睡)' '임제금일(臨濟今日)' '임제문신(臨濟問訊)' '임제예배(臨濟禮拜)' '임제논겁(臨濟論劫)' '임제삼안(臨濟三眼)' '임제행봉(臨濟行棒)' '임제삼현(臨濟三玄)' '임제삼십방(臨濟三十棒)' '임제변할(臨濟便喝)' '임제호병(臨濟餬餅)' '임제정법(臨濟正法)' 등의 공안을 남겼다. 제자 삼성 혜연스님이 편찬한 『진주임제혜조선사어록(鎭州臨濟慧照禪師語錄)』1권이 있다. 관계지한(灌谿志閑), 유주담공(幽州譚空), 보수연소(寶壽延沼), 삼성혜연(三聖慧然), 위부대각(魏府大覺), 흥화존장(興化存獎), 정주선최(定州善崔), 동봉암주(桐峰菴主), 탁주지의(涿州紙衣), 정상좌(定上座), 활상좌(豁上座) 등 22인의 제자가 법을 이었다.

임종(任從) : 마음 내키는 대로 하다. 순종하다. 따르다.

임천(林泉) : 은거하는 곳. 은사(隱士)가 사는 곳. 숲속의 샘.

임하(林下) : ①고상하고 우아하다. ②물러나 은거할 수 있는 산림이나 시골. ③조용하고 그윽한 곳.

임협(任俠) : 의협심이 있는 사람. 권위나 용력(勇力), 또는 재력(財力) 등의 수단을 빌려 약한 사람이나 남을 도와주는 일.

입(立) : ①존재하다. 생존하다. ②즉각, 당장, 바로. ③추천하다.

입경조성주(入京朝聖主) : 서울에 들어가서 황제를 알현하다.

입니입수(入泥入水) : 진흙 속에 들어가고 물에 들어간다는 뜻으로 화니합수(和泥合水), 타니대수(拖泥帶水), 타니섭수(拖泥涉水), 화광동진(和光同塵)과 같은 의미이다. 부처님이 지혜의 빛을 숨기고 세간에 들어가 자비심으로써 중생과 동화하고 구제하는 것을 말한다. 선종에서는 제자들을 가르칠 때 언어 등의 방편을 사용하는 것을 말한다.

입리심담(入理深談) : 선리(禪理)에 들어가는 깊은 이야기. 부정적인 입장으로 향상문(向上門)이며 파주(把住)를 쓴다. 이에 반해 '문정시설(門庭施設)'은 긍정적인 입장으로 향하문(向下門)이며 방행(放行)을 쓴다.

입명(立命) : 몸과 마음을 수양하여 천명(天命)을 받듦.

입작(入作) : 입진작용(入進作用)의 줄임말. 깨달음에서 자유자재로 작용하는 것.

입지(入地) : 죽다. 땅속으로 들어가다.

입처(立處) : 바로 그 자리.

자(自) : ①본래, 본디. ②여전히. ③쓰다, 사용하다. ④따로, 별도로.

자가(自家) : 자기, 본인, 주인공.

자결(咨決) : 가르침을 청하여 결정하다. 물어서 판단하다.

자경(資慶) : 어디를 말하는지 알 수가 없다.

자두(刺頭) : 정신집중하다.

자라장리살진주(紫羅帳裏撒真珠) : 보랏빛 비단 장막 안에서 진주를 뿌리다. 흥화 존장스님의 법문에 나온다. "나는 일찍이 보랏빛 비단 장막 안에서 진주를 뿌려서 여러분에게 준 적이 없기 때문이니, 허공 속에서 어지럽게 할을 해서 무엇 하겠습니까?"(『景德傳燈錄』卷第十二, T51n2076_p0295b07~08. "我未曾向紫羅帳裏撒眞珠, 與汝諸人, 虛空裏亂喝作什麼?")

자량(資糧) : 삼바라(Ⓢsambhāra). 깨달음의 밑천이 되는 것.

자린(紫璘) : 당나라 숙종 때 내전봉공승(內殿奉供僧)인 범자린(范子璘)을 말함.

자마생(作麼生) : 무엇 때문에. 어떻게. 왜. 무엇을 하느냐?

자맥(紫陌) : 왕도(王都)의 번화한 길. 번화한 저잣거리. 도성(都城) 교외의 길. 또는 땅이름, 하북성(河北省) 임장현(臨漳縣)의 서쪽에 있었다고 함. =제맥(祭陌).

자명초원(慈明楚圓) : 풍혈연소(風穴延沼)-수산성념(首山省念)-분양선소(汾陽善昭)-자명초원(慈明楚圓). 987~1040. 석상초원(石霜楚圓)이라고도 함. 석상(石霜)은 산 이름. 자명(慈明)은 호. 속성은 이씨(李氏). 전주(全州) 청상(淸湘)[광서성(廣西省) 계림(桂林)] 출신. 22세에 상산(湘山) 은정사(隱靜寺)에 출가하였다. 동서를 행각하다가 분양 선소스님 회하에 있었는데 늘 입실을 허락받지 못하다가 하루는 분양스님 앞에 나아가서 따졌다. "제가 큰스님의 법석에 참예한지 2년이나 되었어도 아직 한 번도 가르침을 받지 못하였고 게다가 망상만 많아지니 이러다가 세월만 보내고 이 일을 밝히지 못한다면 어찌 출가한 보람이 있겠습니까? 큰스님께서는 살펴 주십시오." 분양스님이 말했다. "이 나쁜 놈이 나를 비방하다니!" 크게 화를 내고서 지팡이를 들고 내쫓으려 하는데 자명스님이 사죄하려하자 분양스님이 손으로 자명스님의 입을 꽉 틀어막아 버리는 바람에 크게 깨닫고는, "임제의 도가 별 것이 없네." 하였다. 그리고는 12년을 시봉하다가 병주(幷州) 당명지숭(唐明智嵩)스님을 참방하고 다시 당대의 명사인 양대년(楊大年), 이준욱(李遵勗) 등과 논도(論道)하면서 지내다 고향으로 돌아가 어머니를 보살폈다. 균주(筠州)를 찾아가서 동산효총(洞山曉聰)스님을 만나고 3년을 거기서 지냈다. 그리고 의춘태수(宜春太守) 황종차(黃宗旦)의 청으로 원주(袁州)[강서성]의 남원(南源) 광리사(廣利寺)에 3년을 머물렀다. 그후 어머니 보살피는 일을 그만두고 신정홍인(神鼎洪諲)스님을 참알하고 담주(潭州)의 도오산(道吾山)과 석상산(石霜山)의 숭승선원(崇勝禪院), 담주(潭州) 흥화선원(興化禪院) 등에 주석하면서 선법을 널리 폈다. 인종 때 보원(寶元) 2년에 흥화사(興化寺)에서 세수 54세로 입적하였다. '자명요중(慈明鬧中)' '자명답착(慈明踏着)' '자명일무(慈明一畝)' '자명고원(慈明高原)' '자명유년(慈明有年)' '자명유조(慈明幽鳥)' 등의 공안이 있다. 『자명선사어록(慈明禪師語錄)』1권이 있다. 황룡파의 개조인 황룡혜남(黃龍慧南)과 양기파의 개조인 양기방회(楊岐方會), 그리고 취암가진(翠岩可眞), 도오오진(道吾悟眞), 대녕도관(大寧道寬), 곡천대도(谷泉大道), 금란선(金鑾善)스님 등 기라성 같은 제자들을 많이 배출하였다.

자미(滋味) : 재미. 흥취. 맛. 영양가가 높고 맛있는 음식.

자복여보(資福如寶) : 위산영우(潙山靈祐)-앙산혜적(仰山慧寂)-서탑광목(西塔光穆)-자복여보(資福如寶). 생몰연대는 알려져 있지 않다. 위앙종 스님이다. 원주(袁州) 서탑광목(西塔光穆)스님에게서 법을 잇고 길주(吉州)[강서성 길안] 자복사(資福寺)에서 법을 선양하였다. '자복원상(資福圓相)' '자복염추(資福拈搥)' '자복일진(資福一塵)' 공안이 있다.

자복지원(資福智遠) : 덕산선감(德山宣鑑)-설봉의존(雪峰義存)-경청도부(鏡淸道怤)-자복지원(資福智遠). 895~977. 송대(宋代)의 스님이다. 복주(福州) 연강(連江)[복건성] 출신. 어렸을 적에 법선(法宣)스님을 따라 출가하였다. 경청도부스님을 참례하고 그 법을 이었다. 그 후 복주 자복원(資福院)에 주석하면서 20여년을 교화하였다.

자비(自非) : 만일 ~~이 아니라면.

자수(髭鬚) : 턱 아래의 수염. 수염.

자여(自餘) : 그 나머지.

자연지(自然智) : 공용(功用)을 더하지 않고 자연히 아는 부처님의 일체종지(一切種智). =무사지(無師智). 무공용지(無功用智).

자옥도통(紫玉道通) : 조계혜능(曹溪慧能)-남악회양(南嶽懷讓)-마조도일(馬祖道一)-자옥도통(紫玉道通). 여강(廬江) 출신. 속성은 하씨(何氏). 어렸을 적에 아버지가 천주(泉州)의 남안현(南安縣)에 관리로 부임할 때 따라 갔다가 출가하였다. 마조스님이 건양(建陽)의 불적암(佛跡菴)에서 천화(遷化)할 때 처음으로 찾아뵈었다. 이후 마조스님이 남강(南康)의 공공산(龔公山)으로 옮기자 함께 따라갔다. 거기서 마조스님이 입적하기 전에 말했다. "옥석이 산의 수려함을 빛나게 하니 거기서 살면 너의 도업에 이익이 있을 것이다." 하지만 스님은 이 말뜻을 알지 못하였다. 그 후 가을에 복우산(伏牛山) 자재(自在)스님과 함께 낙양에 유람 갔다가 돌아오는 길에 당주(唐州)의 서쪽에서 산 하나를 보게 되었는데 사면이 깎아지른 듯하고 봉우리가 첩첩이 겹쳐있어 경치가 수려하였다. 그곳에 사는 사람이 자옥산(紫玉山)이라고 이름을 알려 주었다. 이에 스님이 산의 정상에 올라보니 방정한 큰 반석이 있었는데 색깔이 보랏빛이었다. 이에 스님은 "이것이 자옥이로구나."하고 비로소 마조스님의 말을 알아차렸다. 곧바로 이 산에다 풀을 엮어 암자를 짓고 살았는데 사방에서 납자들이 구름처럼 모여들었다고 한다.

자유(自猶) : 자여(自如)와 같다. 마음대로. 자유롭게.

자유분(自由分) : 주체적으로 자유롭게 살아 갈 수 있는 능력.

자유소중변성과구(纔有所重便成窠臼) : 반복하면 상투적으로 된다. 암두스님이 시중법문에서 한 말이다. "정신이 아뜩아뜩한 곳(著昏昏地)에 사념의 탑을 쌓을 필요가 없습니다. 만일 반복하게 되면 곧 상투적으로 되고 맙니다." (『聯燈會要』卷第二十一, X79n1557_p0182c23~24. "不用思搭著昏昏地. 纔有所重, 便成窠臼.")

자일문태고생(遮一問太高生) : 이 한 소식이 매우 날카롭다. 一問(일문)은 한 소식, 한 번 알림의 뜻. 太(태)는 매우, 아주의 뜻. 高(고)는 날카롭다, 뛰어나다, 빼어나다, 우렁차다 등의 뜻. 生(생)은 어조사. 『임제어록』에서는 "그대의 이 한 소식이 아주 날카롭군.(子這一問太高生.)"으로, 『천성광등록』11권에서는 "그대의 이 한 소식이 아주 날카롭군.(子者一問太高生.)"으로 나온다.

자차(咨嗟) : 탄식하다. 찬탄하다.

자호이종(子湖利蹤) : 남악회양(南嶽懷讓)-마조도일(馬祖道一)-남전보원(南泉普願)-자호이종(子湖利蹤). 800~880. 선주(澶州)[하남성(河南省) 청풍현(淸豊縣)] 출신. 속성은 주씨(周氏). 유주(幽州) 개원사(開元寺)에서 삭발하고, 20세에 구족계를 받음. 남전 보원스님 회하에 있다가 구주(衢州)[절강성(浙江省) 구현(衢縣)]의 마제산(馬蹄山)에 가서 띠집을 짓고 살았다. 개성(開成) 2년(837년)에 마을 사람인 옹천귀(翁遷貴)가 산 밑의 자호(子湖)를 보시하여서 절을 짓게 되니 정업원(定業院)[자호암(子湖巖)]을 개창하게 되었다. 함통(咸通) 2년(861년)에는 안국선원(安國禪院)으로 칙명을 받았다. 광명(廣明) 원년에 81세로 입적함. 시호는 신력선사(神力禪師)이다. '자호간구(子湖看狗)' '자호유적(子湖有賊)' '자호좌전(子湖左轉)' '자호무사(子湖無事)' 등의 공안이 있다. 『고존숙어록』12권에 『자호산신력선사어록(子湖山神力禪師語錄)』1권이 있다. 부법제자로 대주승광(臺州勝光), 일용원(日容遠), 장주부석(漳州浮石), 자동긍통(紫桐恆通) 등이 있다.

작(作) : ①기르다, 육성하다, 양성하다. ②나타내다, 드러내다, 떨치다. 일으키다, 세우다, 부활시키다.

작(爝) : 횃불. 작은 불. 횃불을 피워서 푸닥거리를 하다.

작가(作家) : 탁월한 기봉(機鋒)을 가진 선(禪)의 전문가.

작뇨(作鬧) : 생트집을 부리고 함부로 떠들어 댐. 야뇨(惹鬧)를 부림.

작목(斫木) : 도끼로 나무를 베다. 도끼로 깎은 나무.

작안(作眼) : 정찰꾼 노릇을 하다.

작연(灼然) : 분명한 모양. 뚜렷한 모양. 초조한 모양. 날뛰는 모양.

작적인심허(作賊人心虛) : '도둑질을 하고 나면 마음이 불안하다'는 뜻. 작적(作賊)은 도둑질을 하다, 도둑이 되다, 노략질을 하다, 반란을 일으키다의 뜻.

작지임멸(作止任滅) : '지어 냄·그침·맡김·고요히 함.' 『원각경』에 나오는 법문이다. (『大方廣圓覺修多羅了義經』, T17n0842_p0920c19~20. "法中除四病, 謂作止任滅.")

잔갱수반(殘羹餿飯) : 먹다 남은 국과 쉬어 빠진 밥. 곧 틀에 박힌 진부한 이야기를 말한다.

잠(蘸) : 물에 담그다. 액체나 분말 등을 묻히다. 찍다.

잡안(眨眼) : 눈 깜박할 사이. 눈을 깜박이다. 눈을 부릅뜨다. 『연등회요』24권에도 '잡안(眨眼)'으로 나오나 『선문염송』24권에는 '폄안(貶眼)'으로 나온다. (『聯燈會要』卷第二十四, X79n1557_p0210a06. "須臾眨眼落懸崖." 『禪門拈頌集』卷第二十四, K46-0389, 1018則. "湏臾貶眼落懸崖.")

장(將) : ①나누다. 분할하다. ②이제, 비로소, 지금, 막.

장(場) : 경계. 영역.

장(長) : 벗어나다. 멀어지다.

장강(長江) : 양자강을 말한다. 긴 강.

장경도헌(長慶道巘) : 남전보원(南泉普願)-조주종심(趙州從諗)-광효혜각(光孝慧覺)-장경도헌(長慶道巘). ?~999. 여주(廬州)[안휘성 합비(合肥)]사람. 속성은 유씨(劉氏). 광효 혜각스님을 모시고 있다가 깨달음을 얻고는 호남의 대광산(大光山)에서 머리를 깎았다. 덕화가 멀리 퍼지게 되자 청을 받아서 승주(昇州)[강소성 남경(南京)]의 장경선원(長慶禪苑)에 주석하였다. 함평(咸平) 2년에 입적하였다.

장경혜릉(長慶慧稜) : 용담숭신(龍潭崇信)-덕산선감(德山宣鑑)-설봉의존(雪峰義存)-장경혜릉(長慶慧稜). 854~932. 항주(杭州) 염관(鹽官) 출신. 속성은 손씨(孫氏). 13세에 소주(蘇州) 통현사(通玄寺)로 출가하여 구족계를 받았다. 이후 제방을 참례하다가 설봉 의존스님 회하로 가서 대오(大悟)하고 30여년을 모시고 지냈다. 그러다가 천우(天祐) 3년(906)에 청주자사 왕정빈(王廷彬)의 요청으로 초경사(招慶寺)에 주석하면서 대중들을 제접하였다. 그 후 민수(閩帥)[민족(閩族)의 왕]의 청을 받아들여 장락부(長樂府) 서원(西院) 장경사(長慶寺)에 머물렀다. 스님에게는 항상 1500여명의 제자들이 따랐다고 한다. 장흥(長興) 3년(932) 79세로 입적하였다. '장경여래(長慶如來)' '장경노호(長慶老胡)' '장경무찰(長慶無刹)' '장경합성(長慶合聖)' '장경묘봉(長慶妙峰)' '장경상봉(長慶相逢)' '장경도반(長慶道伴)' '장경부지(長慶不知)' '장경법안(長慶法眼)' '장경정결(長慶淨潔)' '장경초리(長慶草裏)' '장경도금(長慶淘金)' '장경예출(長慶拽出)' 등의 공안이 있다. 시호는 초각대사(超覺大師)이다. 초경도광(招慶道匡), 취령명원(鷲嶺明遠), 개선소종(開先紹宗), 광엄함택(廣嚴咸澤) 등 28명의 전법제자들이 있다.

장괴(張乖) : 어긋나다. 괴벽하다. 떨어져 나와 갈라지다. 어긋나서 서로 맞지 않음. 사리에 어그러져 마땅하지 않다.

장궁가전(張弓架箭) : 활을 당기고 화살을 메기다.

장난(障難) : 번뇌와 고난.

장년(長年) : 일 년 내내. 오랜 세월. 오랜 기간.

장두백해두흑(藏頭白海頭黑) : 마조 도일스님이 한 말이다. "마조스님께 한 스님이 여쭈었다. '4구를 떠나고 백비를 끊어서 서쪽에서 온 뜻을 스님께서 곧장 바로 보여주십시오.' 마조스님이 말씀하셨다. '내가 오늘 기분이 별로이니 너는 지장스님한테 가서 여쭤봐라.' 그 스님이 지장스님께 가서 여쭤보니, 지장스님이 말씀하셨다. '너는 왜 큰스님께 여쭙지 않았냐?' 그 스님이 말했다. '큰스님께선 상좌스님께 여쭈라고 하셨습니다.' 지장스님이 손으로 머리를 만지면서 말씀하셨다. '내가 오늘 머리가 아프니 너는 회해사형스님께 가서 여쭤봐라.' 그 스님이 회해스님께 가서 여쭈니 회해스님이 말씀하셨다. '나는 〈여기〉를 도저히 알지 못한다.' 그 스님이 돌아가서 마조스님께 말씀드리니, 마조스님이 말씀하셨다. '지장의 머리는 희고 회해의 머리는 검다.'"(『景德傳燈錄』卷第七, T51n2076_p0252a23~29. "僧問馬祖: '請和尙離四句絶百非, 直指某甲西來意.' 祖云: '我今日無心情, 汝去問取智藏.' 其僧乃來問師, 師云: '汝何不問和尙?' 僧云: '和尙令某甲來問上坐.' 師以手摩頭云: '今日頭疼, 汝去問海師兄.' 其僧又去問海(百丈和尙), 海云: '我到遮裏却不會.' 僧乃擧似馬祖, 祖云: '藏頭白海頭黑.')

장래(將來) : 동사 밑에 오는 어조사다. ~해 오다. 동사의 뒤에서 동작의 현재화를 나타낸다. 그 외에도 '가까이 다가오려 하다', '가지고 오다, 데려오다', '미래' 등의 뜻이 있다.

장련상(長連牀) : 선승(禪僧)들이 사용하는 크고 넓은 침상을 말한다.

장륙(藏六) : 육장(六藏)이라고도 함. 거북이가 위험이 닥치게 되면 머리와 꼬리와 네 발을 등딱지 속으로 숨긴다는 뜻. 수행자가 자신의 육식(六識)을 감추어 참는 것을 비유.

장림산(杖林山) : 인도에 있는 산의 이름. 마갈타국에 있던 산. 장림(杖林)은 범어Yaṣṭi, 예슬지림(洩瑟知林)을 번역한 말이다. 『대당서역기』9권에 나온다. "불타벌나산 골짜기에서 동쪽으로 30여리를 가면 예슬지림(洩瑟知林)[당나라 말로는 장림(杖林)]에 이른다. 산 가득히 대나무가 빽빽하게 심어져 있다. 옛날에 한 바라문이 석가모니부처님의 키가 장륙(丈六)[16자=480㎝]이라는 말을 들었으나 늘 믿지 못하고 의혹을 품고 있었다. 그래서 6장짜리 대나무로 장대를 만들어서 부처님의 키를 재어보려고 생각하였다. 그런데 키를 재는데 항상 장대 끝에서 또 6장이 남았다. 이렇게 해서 아무리 높이 재어보려고 하여도 실제 키를 재는 것이 불가능하였다. 마침내 장대를 던져버리고는 가버렸다. 그 장대를 심었더니 뿌리가 났다고 한다. (『大唐西域記』卷第九, T51n2087_p0920a06~12. "佛陀伐那山空谷中, 東行三十餘里, 至洩(移結反)瑟知林(唐言杖林). 林竹修篠被山滿谷. 其先有婆羅門聞釋迦佛身長丈六, 常懷疑惑未之信也. 乃以丈六竹杖欲量佛身. 恒於杖端出過丈六, 如是增高莫能窮實. 遂投杖而去. 因植根焉.")

장무(贓誣) : 허위사실을 지어내어 남에게 죄를 뒤집어씌우는 것.

장사(長史) : 진(秦)나라 때부터 둔 벼슬을 말한다. 한(漢)나라 때는 상국(相國), 승상(丞相)에, 후한(後漢) 때는 태위(太尉), 사도(司徒), 사공(司空), 장군부(將軍府)에, 당(唐)나라 때는 주(州)의 자사(刺史) 아래에 두었다.

장사경잠(長沙景岑) : 남악회양(南嶽懷讓)-마조도일(馬祖道一)-남전보원(南泉普願)-장사경잠(長沙景岑). ?~868. 어려서부터 출가하였다. 처음에 장사(長沙)[지금의 호남성]의 녹원사(鹿苑寺)에 오랫동안 머물렀다. 전광석화와 같이 재빠른 기봉을 휘둘러 앙산 혜적스님이 그를 잠대충(岑大蟲)이라 불렀다고 한다. 시호는 초현대사(招賢大師)이다. '장사백척(長沙百尺)' '장사완월(長沙翫月)' '장사성불(長沙成佛)' '장사산하(長沙山河)' '장사황학(長沙黃鶴)' '장사춘의(長沙春意)' '장사애처(長沙碍處)' '장사본명(長沙本命)' '장사제불(長沙諸佛)' '장사천화(長沙遷化)' '장사요즉(長沙了則)' 등의 공안이 있다.

장산법천(蔣山法泉) : 운문문언(雲門文偃)-덕산연밀(德山緣密)-문수응진(文殊應

眞)-동산효총(洞山曉聰)-운거효순(雲居曉舜)-장산법천(蔣山法泉). 금릉장산법천불혜선사(金陵蔣山法泉佛慧禪師)라고도 하며 법천만권(法泉萬卷)이라고도 한다. 수주(隨州) 출신으로 속성은 시씨(時氏)이다. 건강부(建康府)에 주석하였는데 세상에서는 그를 '천만권자(泉萬卷者)'라고 불렀다고 한다. (『嘉泰普燈錄』卷第三, X79n1559_p0308c09. "建康府蔣山佛慧法泉禪師〈世號泉萬卷者〉") 『가태보등록(嘉泰普燈錄)』3권에는 상당법문과 문답화(問答話)가, 26권에 거화법문(擧話法門)이, 27권에는 게송 3수가, 30권에는 「묵암가(默庵歌)」가 실려 있다. 『연등회요(聯燈會要)』28권·『종문염고휘집(宗門拈古彙集)』42권·『종감법림(宗鑑法林)』52권·『오등회원(五燈會元)』16권·『오등엄통(五燈嚴統)』16권·『오등전서(五燈全書)』34권·『지월록(指月錄)』11권 등에 법문이 실려 있다.

장삼조멸 속취두피(將三條篾 束取肚皮) : 잘게 쪼갠 대나무 댓개비 3가닥으로 배를 둘둘 감아 싸매다는 뜻이다. 『선문염송·염송설화』5권에 '삼조멸(三條篾)'에 대한 설명이 있다. "대를 쪼개고 다듬어 자리도 짜고 통도 매우는 데 쓴다. 중국의 어떤 외도는 자기가 알고 있는 지식이 너무 많아 배가 터질 지경이라서 배에다 세 가닥의 대테를 메고 다녔다. 여기서는 한 사람의 도인으로서 자격을 갖추고 출발하는 것만을 뜻한다." (김월운 역, 『선문염송·염송설화』2, p244, 주46, 동국역경원, 2005).

장생교연(長生皎然) : 용담숭신(龍潭崇信)-덕산선감(德山宣鑑)-설봉의존(雪峰義存)-장생교연(長生皎然). 오대(五代)의 스님이다. 복주(福州) 출신. 설봉 의존스님에게 인가를 받고 10여년을 모시다가 복주(福州) 장생산(長生山)에 주석하였다. 민왕(閩王)이 선주대사(禪主大師)라고 사호(賜號)하였다.

장실영주(丈室盈籌) : 방장실을 산가지로 채우다. "우바국다존자가 교화하여 제도한 이가 매우 많았다. 한 사람을 제도할 적마다 산가지에 적어 석실에 놓아두었는데 그 석실의 세로는 18주(肘)요 가로는 12주(肘)의 크기인데도 그 내부가 산가지로 꽉 찼다고 한다." (『五燈會元』卷第一, X80n1565_p0032c17~18. "尊者在世化導, 證果最多. 每度一人, 以一籌置於石室, 其室縱十八肘, 廣十二肘, 充滿其間.")

장억(長憶) : 늘 그리워하다.

장외(裝外) : 중국 남송(南宋) 때에 북쪽의 금(金)에서 행하던 잡극(雜劇)의 원본(院本)[연극의 극본]에서 남자로 분장한 조연배역을 말한다.

장육금신(丈六金身) : 1장 6척의 금으로 된 몸. 곧 부처님의 몸을 말한다.

장이(丈二) : 1장 2척. 곧 12척.

장인(長人) : ①키 큰 사람. 우두머리. ②학(鶴). 당나라 두보(杜甫)와 송나라 소식(蘇軾)이 학을 장인(長人)이라 표현했음. "오르락내리락 다 마음이 있네. 돌무더기 학처럼 떨어져 내리네." (宋, 杜甫. 『通泉縣署壁後薛少保畵鶴詩』 "低昂各有意, 磊落如長人.") "못난 돌, 찬 소나무 가까이하긴 너무 어려워. 짧은 곡조로 학의 귀를 울려나 볼까." (唐, 蘇軾. 『題李伯時畵趙景仁琴鶴圖詩2』 "醜石寒松未易親, 聊將短曲調長人.")

장자광(長髭曠) : 조계혜능(曹溪慧能)-청원행사(靑原行思)-석두희천(石頭希遷)-장자광(長髭曠). 석두 희천스님의 법을 잇고 담주(潭州)[호남성 장사(長沙)] 유현(攸縣) 장자(長髭)에 주석하였다. 제자로 석실선도(石室善道)스님이 있다.

장자소(張子韶) : 1093~1160. 장구성(張九成)을 말한다. 대혜종고(大慧宗杲)선사의 재가 제자이다. 자(字)는 자소(子韶)이고 호(號)는 횡보(橫浦)이며 자호(自號)는 무구거사(無垢居士)이다. 전당(錢塘)사람이다. 어렸을 적부터 학문을 매우 좋아했다. 보인초명선사(寶印楚明禪師)에게서 백수자(柏樹子) 화두를 받아서 공부하던 중 선권청(善權淸)스님 회하에 있을 때 화장실에서 볼일을 보며 백수자(柏樹子)화두에 참(參)이다가 개구리 소리를 듣고 문득 계합하였다. 후에 대혜스님을 만나 지도를 받아 활연대오(豁然大悟)하였다. 예부시랑을 지냈으며 금나라와의 전쟁 문제로 승상 진회(秦檜)와 부딪쳐 남안(南安)에서 귀양살이를 하였다. 이때 대혜스님도 동시에 승적을 박탈당하고 형주로 유배를 갔다. 14년 후 진회가 죽자 다시 회복하여 온주자사(溫州刺史)를 지내었고 죽은 뒤 시호를 문충(文忠)이라 하였다. 소흥(紹興) 29년(1160)에 세수 68세로 입적하였다. 『맹자설(孟子說)』『무구록(無垢錄)』『횡보심전(橫浦心傳)』 등 50여권의 저작이 있다. 『속전등록』32권과 『거사전』32권에 그의 이야기가 나온다. (『續傳燈錄』卷第三十二, T51n2077_p0693a03~c20. 『居士傳』三十二, X88n1646_p0241a16~0242a23. 참조.)

장장황황(慞慞惶惶) : 장황(慞惶)의 강조. 두려워서 매우 허둥대는 모양. 두려움에 손과 발을 허공에다 마구 내젓는 모양.

장조범지(長爪梵志) : 부처님의 제자 가운데 ⑤Kausthila[구치라(俱絺羅)]를 말한다. '무릎'이란 뜻이다. 사리불의 외삼촌이다. 손톱을 깎지 않았으므로 장조(長爪)라 불리었다. 변재가 뛰어나 논의에 탁월한 대의론사(大議論師)였다. 부처님 제자 가운데 문답제일로 알려졌다.

장졸수재(張拙秀才) : 약산유엄(藥山惟儼)-도오원지(道吾圓智)-석상경저(石霜慶諸)-장졸수재(張拙秀才). 청나라 팽제청이 저술한 『거사전』18권에 나온다. (X88n1646_p0215c19~p0216a02. 淸 彭際淸述, 『居士傳』十八. 참조.) "장

수재(張秀才)의 이름은 졸(拙)이다. 석상 경저스님을 참문하니 석상스님이 물었다. '수재의 이름은 무엇이오?' 말씀드렸다. '졸(拙)입니다.' 석상스님이 말했다. '교묘한 솜씨로 찾아 보았자 안되는데 졸렬함으로 뭣하러 왔소?' 장졸 거사가 문득 깨달았다. 그리곤 게송을 지어 바쳤다. '광명이 항하사에 두루 고요히 비추니/ 범부와 성인과 생명들이 모두 나의 가족이라네./ 한 생각을 내지 않으면 전체가 드러나고/ 육근이 갓 움직이자 구름이 가려버리네.// 번뇌를 끊어버리자 더욱 병이 늘어나고/ 진여를 향해 나아가면 모두가 삿되다네./ 여러 인연을 따르지만 걸릴 것이 없으면/ 열반과 생사는 허공의 꽃이라네.'

장주(莊主) : 선원에서 농감(農監)과 같은 소임을 말한다.

장주(漳州) : 장주(漳州)는 당나라 수공(垂拱) 연간에 둔 주(州)로서 소재지는 장포현(漳浦縣)[복건성 운소현(雲霄縣)]에 있었는데 건원(乾元) 초에 용계(龍溪)[지금의 장주시(漳州市)]로 옮겼다.

장주(藏主) : 절에서 불경과 도서를 관리하는 승직이다.

장주나한(漳州羅漢) : 마조도일(馬祖道一)-염관제안(鹽官齊安)-관남도상(關南道常)-장주나한(漳州羅漢).

장차심심봉진찰 시즉명위보불은(將此深心奉塵刹 是則名爲報佛恩) : '이러한 깊은 마음으로 무수한 세계를 받드는 것이 부처님의 은혜를 갚는 것이다.'『수릉엄경』3권에서 아난존자가 깨닫고서 읊은 게송이다. "미묘하게 맑고 총지이시며 흔들림 없으신 세존이시여./ 수릉엄의 왕이시니 세간에 드무십니다./ 억 겁 동안 뒤바뀐 망상 녹여버리고/ 아승기겁을 지나지 않고도 법신을 이루었습니다.// 원컨대 지금 과위 얻어 보왕 이루고/ 돌아와서 항하사 같이 수많은 뭇삶들 제도코자 합니다./ 이러한 깊은 마음으로 무수한 세계를 받드는 것이/ 부처님의 은혜를 갚는 것이라 할 것입니다." (『大佛頂萬行首楞嚴經』卷第三, T19n0945_p0119b12~15. "妙湛總持不動尊. 首楞嚴王世希有. 銷我億劫顛倒想, 不歷僧祇獲法身. 願今得果成寶王, 還度如是恒沙衆. 將此深心奉塵刹, 是則名爲報佛恩.")

장촉(椿觸) : 감응하다. 사물에 접하여 느끼다. 건드리다. 촉발하다.

장폐마왕(障蔽魔王) : 차마(遮魔)를 말한다. 과거 오랜 겁 전에 광명무구광왕여래(光明無垢光王如來)가 세상에 출현하셨을 때에 한 마(魔)가 있었는데 이름이 차(遮)였다. 지금의 지장보살이라고 한다. 금강제보살의 교화를 받고서 광왕(光王)부처님께 귀의하여 보리심을 내었다.

장황(慞惶) : 넋을 잃고 허둥거리다.

재(在) : ①능숙하다. 뛰어나다. 잘하다. ②상황의 계속을 나타내는 어조사. ③지시대명사. =차(此), 본(本), 자(自).

재리허(在裏許) : 여기서. '재(在)'는 지시대명사 '이(此)'. '허(許)'는 감탄을 나타내는 어조사.

재중(在眾) : 선원에서 스님들이 대중 속에서 함께 참구(參扣)하고 참습(參習)하는 것.

쟁(鐺) : 솥. 쇠사슬('당'으로 읽는다).

쟁내(爭奈) : 어찌하랴. 어쩔 수 없다.

쟁득(爭得) : ①의문사. 어떻게 하여. 어찌하면 ~할 수 있겠느냐? ②동사. 얻으려 애쓰다.

쟁영(崢嶸) : 높고 가파른 모양. 높고 가파른 산. 깊은 모양.

저(底) : ①내막, 진상, 속사정. ②놈. ③ ~인 것. ~의. =적(的) ④의문사. 무엇(甚), 어떤. 누구(甚麼). ⑤ ~한. ~하게. =지(地). ⑥확실히, 정말로. 확실하다. ⑦이러하다. 이와 같다. 이와 같은. 이, 이것. ⑧어조사. 말의 끝맺음을 나타낸다. 상당하게 맞다, 상당한 곳 등의 의미를 내포함.

저두(低頭) : ①머리를 낮게 숙이고 굴복하다. ②생각에 잠겨서 머리를 숙이다.

저두(筋斗) : 근두(筋斗)를 말한다. 筋(저)는 『선문염송』12권에서는 筋(근)으로 나온다. 筋斗(근두)는 곤두박질하다. 공중제비 돌다. 재주넘기하다. 근두(跟斗)와 같은 말.

저마(這麼) : 이렇게. 즘마(怎麼)→ 어찌. 왜. 어떻게. 나마(那麼)→ 그러면. 그렇게. 다마(多麼)→ 얼마나. 심마(什麼)→ 무슨. 무엇. 임마(恁麼)→ 그렇게.

저축(杼軸) : 베틀의 북. 문장을 짓는 일.

적(虩) : 사람이 죽으면 귀신이 되고, 그 귀신이 죽으면 '적(虩)'이 된다고 한다. 이 '적(虩)'을 사람이 귀신을 무서워하듯이 귀신들이 두려워하므로 사람들이 '적(虩)'을 귀신 쫓는 부적으로 쓴다.

적각(赤脚) : 맨발. 맨다리. 다목다리.

적골력지(赤骨力地) : 적나라하게 드러내고서. 활짝 드러내고서. 발가벗고서.

적능파적(的能破的) : 확실히 부숴버리다. 앞의 적(的)은 '확실히', '적확하게'

의 뜻이고 뒤의 적(的)은 동사인 파(破)를 강조하는 어조사다.

적래(適來) : 방금, 근래, 요즈음. 오고 가다, 왕래하다.

적료(寂廖) : 텅 비어 아무것도 없는 모양. 평온하고 담담함. 마음에 번뇌가 사라져 평온한 모양.

적면상정(覿面相呈) : 대면상정(對面相呈)과 같은 말이다. 직접 대면하여 서로 나타냄. 선기(禪機)에 대면하여 일체의 언어지해(言語知解)를 초월하여 본분을 만남. 선기(禪機)를 보이는 이는 선법(禪法)의 근본을 곧장 가리키고 선기(禪機)에 응하는 이는 본래면목을 몰록 드러냄. 바로 그 자리서 기봉을 드러냄.

적번(赤旛) : 용수보살이 남천축국왕을 교화하기 위하여 붉은 깃발을 가지고 가서 제도하였다. 또 그의 제자인 가나제바존자가 파련불성(巴連弗城)의 외도들을 제도하기 위하여 깃발을 들고 가서 토론하고 교화하였다. (『龍樹菩薩傳』, T50n2047bp0186a17~18. “天竺王甚邪見承事外道毁謗正法, 龍樹菩薩爲化彼故躬持赤旛在王前行.” 『景德傳燈錄』卷第二. “聞諸外道欲障佛法計之旣久, 尊者乃執長旛入彼衆中.”)

적수구주(赤水求珠) : 『장자』의 ‘적수현주(赤水玄珠)’ 우화에서 나온 말이다. “황제가 적수의 북쪽에 놀러 다니다가 곤륜산에 올라 남쪽을 관망하고 돌아왔는데 현주를 잃어버리고 왔다. 그래서 지(知)로 하여금 찾아오게 하였으나 그냥 돌아왔다. 다시 이(離)로 하여금 찾아오게 하여도 또한 찾질 못하였다. 또 끽후(喫詬)에게 찾아오게 하였으나 역시 찾지 못하고 돌아왔다. 이에 상망(象罔)을 보냈더니 찾아왔다. 그러자 황제가 말하였다. ‘참으로 의외로구나! 상망이 찾아오다니!’”(『莊子』外篇, 「天地」第十二. “黃帝游乎赤水之北, 登乎昆侖之丘而南望還歸, 遺其玄珠　使知索之而不得, 使離朱索之而不得, 使喫詬索之而不得也 乃使象罔, 象罔得之, 黃帝曰: ‘異哉, 象罔乃可以得之乎?’”).

적심(赤心) : ①한결같은 마음. ②참된 정성에서 우러나오는 마음. 참된 마음. 지극한 마음. ③나무나 사물의 붉은 중심 부분. 적심편편(赤心片片)→ 진심(眞心)이 조각조각나다. 한결같은 마음이 조각조각 부서지다.

적자(寂子) : 위산스님이 앙산스님을 부를 때 쓰는 호칭.

적적(的的) : 명백한 모양, 선명한 모양. 절절한 모양. 확실히. 진실한. 적확(的確)함. 밝게 빛남. 깊고 짙은. 적(的)은 실(實) 또는 과녁, 밝음을 뜻함.

적적(寂寂) : 적정(寂靜)한 모양. 고요한 모양.

적정(寂靜) : 적(寂)은 번뇌가 끊어진 상태. 정(靜)은 고환(苦患)이 사라진 상태. 여기서 적정은 외도열반(外道涅槃)의 고요한 모습.

적조(寂照) : 적(寂)은 대적(大寂)으로 체(體)이고, 조(照)는 조달(照達)로 용(用)이다.

적체전진(敵體全真) : 적체(敵體)는 대등한 몸, 곧 신분이나 지위 등이 서로 대등함을 말한다. 전진(全真)은 도교에서 출가한 도사(道士)를 말하는데 여기서는 깨달은 이를 말한다.

적초리어(赤梢鯉魚) : 적초린(赤梢鱗)이라고도 한다. 여러 납자들 가운데서도 아주 뛰어난 선자(禪者)를 칭찬하면서 쓰는 말이다.

적홍홍지(赤閧閧地) : 홍홍(閧閧)은 시끄럽게 떠드는 소리, 또는 시끄럽게 싸우는 소리. 적홍홍(赤閧閧)은 드러내놓고 시끄럽고 난잡하게 싸우는 소리. 죽음이 임박해서야 다급하게 공부하려 함.

전(戰) : 떨리다. 흔들리다. 무서워서 떨다.

전(氈) : 모전(毛氈)을 말한다. 짐승의 털에 열을 가하여 눌러 만든 넓은 천에 여러 가지 색을 맞추어 무늬를 놓아서 두툼하게 짠 부드러운 요. 양탄자, 융단.

전(巓) : 산꼭대기. 산 정상. 이마.

전거(典據) : 전고(典故)와 근거.

전광(顚狂) : 정신에 이상이 생겨 일어나는 미친 증세. 광증(狂症). 광병(狂病). 광질(狂疾). 미친 듯이 날뛰는 모양. 얽매임 없이 제멋대로 행동함을 형용하는 말. 격렬하게 출렁이거나 움직이는 모양.

전궐(顚蹶) : 뒤바뀌어 순서를 잃다. 넘어지다, 고꾸라지다. 곤궁하여 좌절하다. 멸망하다. 실패하다. 미친 듯이 날뛰는 모양. 동요하는 모양.

전도(顚倒) : 앞뒤가 바뀜. 거듭 반복함. 넘어짐. 뒤죽박죽 어수선함. 번뇌.

전두환뇌(轉頭換腦) : 머리를 돌리고 뇌를 바꾸다. 곧 생각을 바꾸다. 사유를 굴리다.

전래(前來) : 이전에. 이전에 ~이 왔다. (옛 공문서) ~을 접수하다.

전록록지(轉轆轆地) : 덜컹덜컹 수레바퀴가 굴러가는 소리. 아무 걸림 없이 잘 돌아가는 모습의 표현. 대자유인의 경지.

전물(轉物) : 물(物)을 돌림. 뭇삶을 뒤치다. 만물을 바꿈. 유정(有情)이 부처님이 됨.

전봉적승(全鋒敵勝) : 완전한 칼날로 적을 이기다. 칼날을 조금도 손상하지 않고도 겨루어 이기다. 완벽한 책략으로 적을 이기다. 전봉(全鋒)은 기요(機要)를 전체적으로 작용함. 또는 완벽한 책략. 적승(敵勝)은 대적가승(待敵可勝)의 줄임말로 적을 상대하여 이길 수 있음의 뜻.

전사(展事) : 일을 처리하다. 일을 보살피다. 사(事)[↔理]를 펼치다. 사상전개(事相展開)의 준말. 일을 일으킴. 구체적인 일이나 물건을 들어 보이다. '전사투기(展事投機)'라고 쓰여 사건을 일으킨다든지 물건을 들어 보여서 상대방의 물음에 응답하는 것을 말한다.

전사노(田舍奴) : 촌놈. 시골뜨기. 당송시대의 복건성의 방언으로서 꾸짖는 말이다. 어리석고 굼뜬 사람을 욕하는 말. =전사아(田舍兒), 전사노(田厓奴), 전사아(田厓兒).

전신(轉身) : 몸을 뒤치다. 몸을 돌리다. 몸을 바꾸다. 죽다. 깨닫다. 중생신(衆生身)이 법신(法身)으로 옮겨가다. 미혹한 자가 깨달은 자가 되다. 옮겨가다.

전신처(轉身處) : 자신을 높은 차원으로 전환시키는 자리. 자신을 미혹에서 빠져나오게 함. 선사들의 걸림 없이 자유자재로운 솜씨.

전어(轉語) : 깨달음의 계기가 될 수 있는 말씀. 심기(心機)를 뒤집어버릴 수 있는 말씀. 중요한 말씀. 상황에 잘 맞추어 선요(禪要)를 깨닫게 하는 언어.

전연(展演) : 전개연설(展開演說)의 줄임말. 사람들에게 불법(佛法)과 선(禪)을 말하는 것.

전전(轉轉) : 점점. 차츰차츰.

전절(轉折) : ①기지. 재치. 융통성. ②속셈. 꿍꿍이 속. ③사물의 발전 방향이 바뀌다. ④각설하다. 문장이나 말의 의미를 다른 방향으로 바꿈.

전정(前程) : 앞길. 미래. 사람의 장래. 사람의 운명.

전좌(典座) : 선림에서 대중들의 방사와 이부자리, 음식 등을 관장하는 소임.

전주(殿主) : 선원(禪院)에서 불전(佛殿)의 관리와 향(香), 등(燈)의 집기를 관장하는 소임. 지전(持殿)이라고도 함.

전축(展縮) : 늘었다 줄었다 하다. 폈다 오므렸다 하다. 폈다 굽혔다 하다. =신축(伸縮).

전측(轉側) : 방향을 바꾸다. 몸을 뒤척이다. 이리저리 옮겨 다니다. 주저하며 결정하지 못하다.

전환(轉換) : 전두환뇌(轉頭換腦)의 줄임말. 머리를 돌리고 뇌를 바꿈. 곧 생각을 바꿈.

절(絶) : 지나가다. 건너가다. 뛰어넘다.

절각(折脚) : 다리가 부러지다. 부러진 다리. =절질(折趺).

절기(切忌) : 몹시 꺼리다, 극력 피하다, 애써 피하다. 경계하는 말이다.

절목(節目) : 조목(條目). 항목. 지엽적인 일. 번거롭고 자질구레한 일. 관건. 절차. 옹이. 대나무의 마디.

절문(節文) : 예절, 예법, 의식. 문장을 내용에 맞춰 줄이다.

절수정륜(截水停輪) : 선가(禪家)에서 일체의 언어정식(言語情識)을 끊어버리는 기봉(機鋒)을 시설(施設)함을 말한다.

절절(折折) : 분명한 모양. 밝은 모양. 활처럼 휜 모양. 자연스럽게 예절에 맞는 모양.

절중(浙中) : 절강성(浙江省) 또는 절강(浙江)을 말한다. 또는 귀주성(貴州省) 습수현(習水縣) 일대에 있었던 주(州)의 이름.

절차(切磋) : ①절차탁마(切磋琢磨)의 줄임말. 도덕·학문·기술 등을 서로 토론하고 노력하여 연구하며 닦음. ②자르고 갈다. ③몹시 슬프다. 에는 듯한 아픔.

절학(絶學) : 더 이상 배울 것이 없는 경지. 무학위(無學位).

절합(折合) : 마음대로 부러뜨렸다가 붙였다 함.

점(點) : ①끓는 물을 붓다. ②바로 이것이다[점파(點破), 간파(看破)]. ③어떤 사물이나 문제의 핵심 바로 그것이다. ④약을 복용하다. ⑤입력하다. ⑥가리키다. ⑦가벼운 식사를 하다. ⑧절에서 사용하는 운판(雲版).

점단(占斷) : ①모조리 점유하다. ②점을 쳐서 판단하다.

점독(玷瀆) : 더럽히다. 흠이 되다.

점두(點頭) : 승낙의 뜻으로 머리를 끄덕이다.

점오(點汙) : 더럽히다. 훼손하다. 모욕하다. 오점. 결점. 썩다. 부패하다.

점원중흥(漸源仲興) : 석두희천(石頭希遷)-약산유엄(藥山惟儼)-도오원지(道吾圓智)-점원중흥(漸源仲興). 점원스님이 도오스님과 함께 집에 가서 조위(弔慰)하는데 스님이 관을 더듬으면서 말했다. "살았을까, 죽었을까?" 도오스님이 말했다. "살았다고도 말 못하고, 죽었다고도 말 못하지." 스님이 말했다. "어째서 말 못합니까?" 도오스님이 소리쳤다. "말 못해! 말 못해!" 돌아오는 길에 스님이 말했다. "스님께서는 저에게 빨리 말씀해 주십시오. 만일 말씀해주시지 않는다면 때리겠습니다." 도오스님이 말했다. "때리려면 맘대로 때리려무나. 말은 못한다." 스님이 얼른 때렸다. 뒤에 도오스님이 열반한 후 스님에 석상스님에게 가서 앞의 이야기를 전했더니 석상스님이 말했다. "살았다고도 말 못하고 죽었다고도 말 못한다." 그러자 스님이 물었다. "어째서 말 못합니까?" 석상스님이 말했다. "말 못해! 말 못해!" 그러자마자 스님이 깨달았다. '점원생아(漸源生耶)' '점원칠불(漸源七佛)' '점원권렴(漸源捲簾)' 등의 공안이 있다.

점착(點著) : ①불을 붙이다. ②간파해 버리다.

점철(拈掇) : 말을 꺼냄. 언급함. 추궁하다. 가지고 놀다. 어림쳐서 헤아리다. 손대중하다.

점출(點出) : ①하나하나 가리켜 주다. ②불을 붙이다.

점파(占波) : Ⓢ Campa. 첨파국(瞻婆國) 또는 참파국(參波國)이라고도 한다. 원래 임읍국(林邑國)으로 불렸다. 강소성 회수와 안휘성 절강성 일대에 있었으나 다시 광서성·광동성·광서장족자치구 일대로 밀려났다가 운남성으로 밀려나고 또다시 베트남 남단으로 밀려났다. 크메르의 선조인 이 점성인(占城人)[참파인이라고도 한다.]들이 캄보디아 앙코르와트 주변으로 가서 크메르 왕국을 세운다. 나중에 베트남인과 캄보디아 인과 라오스인으로 나누어진다.

점파(點破) : ①점검하다. ②뾰족한 것으로 찔러 터뜨리다.

점흉점륵(點胷點肋) : 손으로 가슴을 치는 모양. 자랑함. 뽐냄. 자부함.

점흡(霑洽) : 빗물이 토양을 흠뻑 적심. 두루 흡족함(霑足).

접구(接口) : 남의 말을 바로 이어서 말하다. 음식을 겨우 입에 대어 조금 먹다.

접물이생(接物利生) : 미혹(迷惑)되어 번뇌에 허덕이는 자들을 접하여 가르쳐 인도하고 이롭게 하는 것을 말한다.

접수구(接手句) : 접인 하는 수단으로서의 말솜씨. 두 손을 모아 절을 하면서 하는 인사말.

접자(揲子) : 대접. 접(揲)은 접(楪)과 같다. 『선문염송』16권과 『연등회요』8권에서는 楪(접)으로 나온다. 楪(접)은 위가 넓고 운두가 낮은 모양의 도자그릇인 대접인데, 후에 운두가 아예 없는 접시인 碟(접)으로 많이 쓰였다.

접취(接取) : 영접하다, 마중하다, 받아들이다, 수취하다, 접수하다의 뜻.

접향(接響) : 소문이 잇달아 퍼져 나가다.

정(精) : ①가장 좋다. 완전하다(好, 善). ②밝다. 청명하다(=明). 정명(精明)→ 밝음. 밝다.

정(正) : ①바야흐로. 한창, 막, 바로, 딱, 마침. 굳이, 기어코. 겨우, 단지. 확실히, 참으로. ②꽃망울이 터지다[탄(綻)]. ③ 이러한, 이와 같은.

정(情) : ①생명 또는 의식을 말한다. ②혼탁한 망념. ③생각, 뜻. =정상(情想), 정사(情思).

정(政) : ①설령 ~하더라도. 비록 ~하더라도. ②바로. 마침. 다만. 오직. ③바야흐로 ~에 즈음하다. 한창 ~하는 중이다. ~하고 있다.

정(程) : 짧은 시간. 짧은 거리.

정견(情見) : 세속적 생각의 망견(妄見). 속정망견(俗情妄見)의 줄임말.

정과갑(整戈甲) : 창과 갑옷을 정돈하다. 곧 전쟁 준비를 한다는 뜻. = 정갑선병(整甲繕兵). 정군경무(整軍經武).

정광불(定光佛) : 정광불(錠光佛), 연등불(燃燈佛)이라고도 한다. ⑧Dīpaṃkara (디팡카라)의 번역. 제화갈라(提和竭羅)로 음역한다. 오랜 겁 전에 출현하여 석가세존에게 성불의 수기를 준 부처님이다.

정당(正當) : 꼭 맞다. 바로 ~을 만나다. 정확하고 적절하다. 정상적이다.

정당(定當) : 식별하다, 분명히 밝히다. 분명히 알다[=승당(承當)]. 방해를 놓다. 인정하다, 수긍하다. 타당하다. 적당하다. 순조롭다. 방해를 놓다. 반드시, 꼭.

정도(程途) : 길. 경로. 노정. 목적지까지의 거리.

정돈(整頓) : 깨끗이 처리함. 가지런히 함. 수습함. 정리(整理). 미혹한 사람들을 깨우쳐 줌.

정동(定動) : 가만히 있다가 움직였다가 함. 안정되지 않은 상태. 좌우로 흔듦. 눈을 깜박거림, 눈동자를 이리저리 굴림, 눈앞이 아찔함. 주의 깊게 살피지 못하고 미혹(迷惑)함.

정람(精藍) : 정(精)은 정사(精舍)이고 람(藍)은 아란야(阿蘭若)이다.

정려(精慮) : 선정(禪定). 삼매와 같은 뜻.

정령(正令) : ① 정령(政令)과 같다. 조정에서 공포한 법령. ② 정상적인 절기. ③ 설령, 가령. 비록. ④ 『정법안장』에서는 불법(佛法)을 가리키는데, 선종의 불립문자(不立文字)·교외별전(敎外別傳)의 법을 말한다.

정리(情理) : 인정과 도리. 『선문염송』14권에서는 情禮(정례)라고 나온다.

정명(淨名) : 유마거사를 말한다.

정명(精明) : 정묘명백(精妙明白)의 준말. 밝음, 환함, 찬란하게 밝음, 밝게 빛남. 맑고 깨끗함, 맑음. 명백함, 분명함, 선명함. 눈이 빛남. 정통함. 정련되고 뜻이 분명함. 매우 총명함. 정밀히 살핌. 정력이 왕성하고 눈과 귀가 밝음. 정묘하고 명백함. 자성청정심 속에 본래 갖추어져 있는 절묘하고 밝고 맑음.

정명두구(淨名杜口) : 두구비야(杜口毘耶)라고도 한다. 『유마힐소설경』9권에 나온다. "'어떤 것이 보살이 불이법문에 들어가는 것입니까?' 유마힐은 묵연히 말씀이 없으셨다. 문수사리보살님이 찬탄하여 말씀하셨다. '기쁩니다. 기쁩니다. 문자와 언어가 없음이 참으로 불이법문에 들어가는 것입니다.'"(『維摩詰所說經』「入不二法門品」第九, T14n0

475_p0551c21~24. "'何等是菩薩入不二法門?' 時維摩詰默然無言. 文殊師利歎曰: '善哉! 善哉! 乃至無有文字語言, 是眞入不二法門.'")

정반성(定盤星) : 저울에다 무게를 잴 때 구두(鈎頭)에다 물건을 꿰어 올리고 무게 추를 이동하여 읽는 저울 눈금. 언어문자를 나타내며 어떤 기준이나 일정한 주장을 나타내기도 한다.

정법안장(正法眼藏) : 정(正)은 중(中)과 같다. '바로' '치우치지 않게' '마침' '철저한' '딱 맞음'. 법안(法眼)은 깨달음. 장(藏)은 '내재(內在)함'의 뜻. 내재하고 있는 철저한 깨달음의 뜻. 『대범천왕문불결의경』상권에 나오는 석가모니부처님의 말씀이다. "세존께서 말씀하셨다. '나의 정법안장 열반묘심을 즉각 그대에게 부촉하니 그대는 잘 호지하여 서로서로 이어 끊어짐이 없게 하라.'"(『大梵天王問佛決疑經』卷上, 「初會法付囑品」第一, X01n0026_p0418c20~21. "世尊言: '有我正法眼藏涅槃妙心, 即付囑于汝, 汝能護持, 相續不斷.'")

정변지(正編知) : Ⓢsamyak-saṃbuddha. 부처님의 열 가지 명호 가운데 하나이다. 부처님은 진여본체계(眞如本體界)와 차별현상계(差別現象界)에 대하여 일체지지(一切智智)를 다 갖추어 모두 다 아는 깨달음에 있다는 것.

정병(淨甁) : 출가 사문의 필수품으로 뒷간에서 볼일을 본 후 항문을 씻을 때 쓰는 병이다.

정보(正報) : 과거에 지은 업인(業因)에 의하여 그 갚음으로 생겨진 유정(有情)의 몸을 말한다.

정사(呈似) : 드러내어 보여주다. 나타내어 보여주다. 말해주다.

정산(停酸) : 갖은 고초를 다 겪음.

정상좌(定上座) : 백장회해(百丈懷海)-황벽희운(黃檗希運)-임제의현(臨濟義玄)-정상좌(定上座). 정상좌(定上座)는 임제스님의 제자이지만 그의 행적은 거의 알려져 있지 않다. 다만 성격이 매우 거칠고 완력도 대단했던 사람으로 알려져 있다. 암두(巖頭)·설봉(雪峰)·흠산(欽山)의 세 분 스님이 아직 젊은 납자였을 때의 일이다. 언젠가 남방에서 정상좌(定上座)스님과 만났다. 암두스님이 물었다. "스님은 어디서 오는 길입니까?" 정상좌스님이 대답했다. "임제(臨濟)로부터 옵니다." "우리가 지금 임제큰스님을 만나 뵈러 가는 중인데, 큰스님께선 잘 계십니까?" "아뇨. 벌써 입적하셨습니다." "아이고. 우리가 인연이 없어 생전에 뵙지 못해 안타깝습니다. 스님께서 생전에 하신 말씀을 한 마디라도 들려주실 수 있겠습니까?" 그러자 정상좌스님이 말했다. "시뻘건 고깃살덩어리 위에 한 지위 없는(無位) 참사람(眞人)이 있어 항상 그대들 얼굴 문(面門)으로 드나든다. 아직도 증명하지 못한 놈은 봐라! 봐라!" 이렇게 대중 설법의 한 구절을 임제스님 못지않게 박력 있게 말했다. 암두스님과 설봉스님은 잠시 깜짝 놀랐지만 아직 신참내기였던 흠산스님은 "어째서 지위 없음이 아닌(非無位) 참사람(眞人)이라 하지 않았을까요?" 하고 그만 뱉어내고야 말았다. 정상좌스님이 이 말을 듣자마자 느닷없이 흠산스님의 가슴을 움켜잡고 "지위 없는 참사람과 지위 없음이 아닌 참사람이 어떻게 다르냐? 자, 말해라! 말해!" 하면서 목을 꽉 죄었다. 흠산스님은 그만 눈을 허옇게 까뒤집고 당장 숨이 넘어갈 듯했다. 암두스님과 설봉스님이 앞으로 나아가 절을 연거푸 하면서 "이 스님이 아직 신참자(新參者)로서 동서도 분간 못하니 결례한 것 부디 우리를 보아 용서해 주십시오."하고 손발이 닳도록 빌었다. 정상좌스님이 말했다. "이 두 선배스님이 없었다면 이 오줌싸개 같은 애숭이를 아주 요절을 냈을 텐데…" 그리고는 겨우 잡았던 손을 놓아 주었다고 한다. 법을 이은 제자가 없다. '정상좌금주(定上座擒住)' '정상좌선하(定上座禪河)' 등의 공안이 있다.

정성(正性) : 무루지(無漏智)를 일으켜 번뇌를 남김없이 끊음. 구사론(俱舍論)에서는 정성(正性)이라하고 유식학(唯識學)에서는 성성(聖性)이라하여 무루지의 종자(種子)를 말한다.

정성성문(定性聲聞) : 법상종(法相宗)에서 세운 오성(五性) 교의(教義) 가운데 하나. 성문(聲聞)의 극과(極果)인 아라한과를 반드시 이룰 수 있는 무루(無漏)의 종자를 갖추고 있는 사람. 법상종에서는 뭇삶들이 선천적으로 갖추고 있는 성질에 5가지가 있는데, 그것은 본래적으로 제8아뢰야식에 가지고 있는 본유종자(本有種子)에 의해서 결정되고, 절대로 변할 수 없는 것이라고 한다. 이 다섯 가지는 정성보살(定性菩薩)·정성연각(定性緣覺)·정성성문(定性聲聞)·부정종성(不定種性)·무종성(無種性) 등이다.

정수(正受) : Ⓢ Samaya. ‘sam’은 음(音)은 삼(三)으로 뜻은 정(正)으로 번역하고, ‘maya’는 음(音)은 매(昧)로 뜻은 수(受)로 번역하였다. 선정(禪定)을 말한다. 정(正)은 마음에서 산란함을 여의는 것이고, 수(受)는 무념(無念)의 경계에서 법(法)을 받아들여 마음에 두는 것이다. 경계대상을 관(觀)하는 마음과 관(觀)하여지는 대상이 하나가 되어 밝은 거울이 무심하게 삼라만상을 받아들여 그대로 비치는 것과 같이 깨어 있으면서도 고요한 마음의 상태.

정시(正是) : ①바로 ~이다. 바로 ~하다. 바야흐로. 때마침. ②확실히 ~이다. 객관적으로 존재하는 사실에 대하여 긍정을 나타내거나 다른 사람의 의견에 동의할 때에 말투를 강조하기 위하여 쓴다. ③단독으로 쓰여 응낙을 나타내는 말. ‘그래.’ ‘그럴게.’ ‘그러지 뭐.’

정인(正因) : 깨달음으로 가는 직접적인 원인.

정장(定場) : 무대에 올라가 공연을 함.

정적(正賊) : 실제로 범죄를 일으킨 사람. 주범(主犯). 정범(正犯).

정전백수자(庭前栢樹子) : ‘뜰 앞의 측백나무’다. 백(栢)은 백(柏)으로도 쓴다. 중국 하북성 석가장(石家莊)시 조현(趙縣)에는 아직도 조주스님이 과거 주석하시던 관음원(觀音院)이 백림선사(柏林禪寺)라는 이름으로 건재하고 있다. 법당 앞뜰에는 오래된 측백나무 고목들이 줄지어 서 있다. 백(栢)은 중국에서 측백(側柏)나무를 말한다. 우리나라에서는 측백나무와 잣나무를 백(栢)이라 하지만 중국에서는 백(栢)을 잣나무라고 하지 않는다. 중국에서는 고래로 측백나무를 성스러운 나무로 여겨왔다. 진시황은 백작위(栢爵位)를 주었다고 하며, 한무제는 선장군(先將軍)에 봉하였고, 당무제는 오품(五品)의 대부(大夫)에 봉하였다고 한다. 이 측백은 한쪽으로 자란다고 하여 측백(側柏)이란 이름을 얻었다고 하는데 사시사철 푸름과 더해 절조를 상징하며 중국에서는 고대로부터 성스러운 나무로 취급받아왔다고 한다. 이 성스러운 기운을 받을 수 있게 절이나 문묘, 향교, 서원 등에 예외 없이 이 측백나무를 심었다고 한다.

정주최선(定州崔禪) ： 백장회해(百丈懷海)-황벽희운(黃檗希運)-임제의현(臨濟義玄)-정주최선(定州崔禪). 정주선최(定州善崔)라고도 한다. '정주출래(定州出來)' 공안이 있다. "정주 선최스님. 주장(州將)인 왕공이 관아에 자리를 펴고 스님에게 설법을 청하기에 스님이 자리에 올라 주장자를 잡았다. 말했다. '나와도 때릴 것이고 나오지 않아도 때리겠다.' 그때 담공(譚空)스님이 나와서 말했다. '최선사. 咻(Shi)!' 그러자 스님이 주장자를 던졌다. 말했다. '오래 섰습니다. 태위, 안녕히 계시오.' 그리고는 곧장 법좌에서 내려왔다."(『禪門拈頌集』卷第十九, K46-0310. "定州善崔禪師. 因州將王公, 於衙署張座請師說法, 師陞座, 拈起拄杖. 云:'出來也打, 不出來也打.' 時譚空和尙, 出日(曰):'崔禪. 咮(咻)!' 師擲下拄杖. 云:'久立大尉, 珍重.' 便下座.")

정지(情知) ： 분명히 알다. 깊이 알다. =정지도(情知道).

정진(情塵) ： 육근(六根)과 육진(六塵).

정채(精彩) ： ①발랄한 기상. 광휘, 빛, 윤기. ②뛰어나다, 근사하다, 훌륭하다.

정촉(叮囑) ： 간절하게 부탁하다.

정치(正值) ： 마침 ~인 때를 만나다.

정토(征討) ： 군대를 써서 죄가 있는 자를 치다. 정벌하다.

정통(精通) ： 깊고 자세히 알다. 환히 알다. 정성이 통하다.

정혜등학(定慧等學) ： 선정과 통찰을 균등하게 익힘. 성문(聲聞)은 선정이 많고 통찰이 적어서 불성을 드러내지 못하고, 보살(菩薩)은 통찰이 많고 선정이 적어서 불성을 드러내지 못하지만, 오직 여래(如來)만이 선정과 통찰을 균등하게 익힘으로써 불성(佛性)을 명백하게 드러낸다고 한다. 『기신론소필삭기』 18권에 나오는 구절이다. "삼매가 많고 통찰이 적으면 불성을 드러내지 못하고, 통찰이 많고 삼매가 적어도 성품을 드러내지 못하니, 삼매와 통찰을 균등하게 익혀야만 불성을 명백하게 드러내게 된다."(『起信論疏筆削記』卷第十八, T44n1848_p0395a23~24. "定多慧少, 不見佛性, 慧多定少, 見性不了, 定慧等學, 明見佛性.) 또, 육조 혜능스님이 자세한 설명을 하였다. "선정과 통찰은 한 몸이며 둘이 아니다. 선정은 통찰의 체성이요, 통찰은 선정의 작용이다. 통찰에 즉(卽)할 때에 선정이 통찰에 있음이요, 선정에 즉(卽)할 때에 통찰이 선정에 있다. 만일 이러한 뜻을 알면 즉각 '선정과 통찰을 함께 익힘'일 것이다."(『六祖大師法寶壇經』, T48n2008_p0352c14~16. "定慧一體, 不是二. 定是慧體, 慧是定用. 卽慧之時定在慧, 卽定之時慧在定. 若識此義, 卽是

定慧等學.) 또, 대주 혜해스님의 법문이 있다. "한 스님이 여쭈었다. '어떤 것이 선정과 통찰을 함께 익힘입니까?' 스님이 말씀하셨다. '선정은 체(體)요 통찰은 용(用)이다. 선정으로부터 통찰이 일어나고 통찰로부터 선정으로 돌아가니, 마치 물과 파도가 한 몸이라 앞뒤가 없음과 같은 것을 선정과 통찰을 함께 익힘이라한다.'" (『景德傳燈錄』卷第二十八, T51n2076_p0444b03~05. "僧問: '如何是定慧等學?' 師曰: '定是體慧是用. 從定起慧從慧歸定, 如水與波一體更無前後, 名定慧等學.)

정혜초신(定慧超信) : 수산성념(首山省念)-분양선소(汾陽善昭)-낭야혜각(瑯邪慧覺)-정혜초신(定慧超信). 자(字)는 해인(海印). 계부(桂府)[광서성(廣西省) 계림(桂林)] 출신. 소주(蘇州) 정혜사(定慧寺)에 주석하였다.

정호(政好) : 바로. 마침. 곧바로.

정호(正好) : 꼭 알맞음. 딱 맞음. 딱 좋음. 때마침. 공교롭게도. 할 수 없이. 부득이.

정혼(精魂) : 사람의 신식(神識), 정식(精識), 정신(精神), 혼신(魂神), 사물의 정기(精氣).

정혼귀(精魂鬼) : 정령(精靈)과 혼백(魂魄)과 귀신(鬼神)을 말한다. 곧 실재하지 않는 허깨비, 환(幻)이다.

제(齊) : 옛 악곡(樂曲)의 이름이다.

제(濟) : 제수(濟水) 또는 제수(沛水)라고도 한다. 장강(長江)·황하(黃河)·회수(淮水)와 함께 옛 사독(四瀆)의 하나로서 하남성 제원현(濟源縣) 왕옥산(王玉山)에서 발원하여 산동성 북동부에 이르러 바다로 흘러드는 강이다.

제각(除卻) : ~이외에. 제외하다. 계산에 넣지 않다.

제득(提得) : 성찰하다. 살펴 보다. 제시(提撕)하다. 탐구하다. 참구(參究)하다. 잡아 이끌어내다. 잡아 일깨우다. 말하다. 끄집어내다.

제바달다(提婆達多) : ⓢDevadatta. 조달(調達), 달도(達兜)라고도 한다. 번역하여 천열(天熱), 천수(天授)라고 함. 곡반왕(斛飯王)의 아들이며 아난다의 친형이고 석가모니의 사촌동생이다. 출가하였으며 신통력을 배워서 32상을 구족하였고 6만의 법장(法藏)을 외웠으나 자신의 욕망을 위하여 3역죄를 지어 산채로 무간지옥으로 갔다고 한다. 『법화경』에는 미래에 성불(成佛)로 천왕여래(天王如來)가 된다고 수기하였다.

제바종(提婆宗) : 삼론종(三論宗), 공종(空宗), 또는 용수종(龍樹宗)이라고도 함.

선종 14조인 용수와 그의 제자인 15조 가나제바가 맥을 잇고 있다.

제발(提拔) : 어려운 처지에서 구원하다. 발탁하다. 선발하여 등용하다.

제법전진(諸法全眞) : 모든 법이 전체 그대로 진심(眞心)에 즉(卽)한다는 말씀이다.

제석천왕(帝釋天王) : 석제환인(釋提桓因)이라고도 함. 제(帝)는 인다라(因陀羅)의 번역. 석(釋)은 석가(釋迦)의 음략(音略). 수미산 정상에 있는 도리천(忉利天)의 천주(天主)이다. 이 왕은 선견성(善見城)에 있으면서 4천왕과 32천을 통솔하면서 불법(佛法)과 불법에 귀의하는 사람을 보호하며 아수라의 군대를 징벌한다고 한다.

제설(提挈) : ①손에 들다. 손을 끌다. ②서로 돕다. ③제시(提示)하다. ④게시(揭示)하다.

제옹(齏瓮) : 채소를 잘게 썰어 절여서 옹기 안에 넣은 것. 김칫독.

제육천(第六天) : 욕계의 여섯 번째 하늘로 타화자재천(他化自在天)을 말한다.

제이(第二) : 제이의(第二義) 또는 제이의문(第二義門). 차별문(差別門) 또는 방편문(方便門). 제일의제(第一義諦)의 상대 용어.

제일수(第一手) : 기예가 가장 뛰어난 사람.

제자(諸子) : 중국 선진(先秦)에서 한(漢)나라 초기까지의 각 학파의 학자나 저술. 여러 임금. 여러 아들. 여러 여자. 여러 제자. 훌륭하신 여러분. 여러분.

제장(提獎) : 발탁하여 도와주고 장려함.

제창(提唱) : 선종(禪宗)에서 종지(宗旨)의 대강(大綱)을 제시하여 설법하는 것.

제천(諸天) : 욕계(欲界)의 육욕천(六欲天)과 색계(色界)의 십팔천(十八天)과 무색계(無色界)의 사천(四天)을 합하여 모든 하늘을 말한다.

제철(提掇) : 손잡아 이끎. 일으켜 세우다. 끌어 올리다. 의견이나 안건을 내어놓다. 단정하게 매만지다. 정돈하다.

제팔마경계(第八魔境界) : 제8아뢰야식.

제호(醍醐) : 우유를 정제하는 과정에서 마지막 과정을 거친 가장 정밀한 것. 주로 불성(佛性)을 비유한다. 우유를 정제하는 5가지 과정은 유(乳)·락(酪)·생소(生酥)·숙소(熟酥)·제호(醍醐)이다.

제회(提誨) : 제이(提耳)와 같은 뜻이다. 정성스러운 가르침을 말한다.

조(造) : ~경지에 이르다. 이르다. 다다르다. 가다. 만나다. 당하다.

조(兆) : ①시작하다. 개시하다. ②형상. 조짐.

조(爪) : ①찾다. 구하다. ②어리석다. 멍청하다. ③붙잡다.

조(糶) : 쌀을 내어 팔다. 이와 상대되는 말로 적(糴)[쌀을 사오다]이 있다.

조(早) : 어느 때, 어느 날. 이미, 벌써, 일찍이. 다행히, 운 좋게. 검은 색.

조(趙) : 조(趙)나라(BC403~BC228)는 진(晉)나라에서 분리되어 나온 나라로서 전국시대의 전국칠웅 중 하나이다. 위나라·한나라와 더불어 삼진(三晉)이라고 일컬어진다. 북쪽엔 연나라와 붙어있고 남쪽에는 황하가 흐르고 있다. 도읍인 한단(邯鄲)은 상공업의 대중심지였다. 호복(胡腹)[통소매와 바지]을 채용하였고 중국에 처음 기마 전술을 도입한 나라이기도 하다. 갑병 수십만과, 전차 천승, 말 만 필을 낼 수 있었으나 기원전 228년 진나라의 침공을 받아 멸망한다. 이때 왕족인 대왕은 멀리 대(代)나라로 가서 대나라의 왕위에 올랐으나 역시 진나라의 침공으로 멸망했다. (출처: 인터넷 위키백과사전)

조(藻) : 화려한 문사(文辭). 문채(文彩). 아름답다. 수식하다. 수양하다. 품평하다.

조계(曹溪) : 육조 혜능스님이 머물던 곳. 남종선(南宗禪)의 발원지이다. 지금의 광동성(廣東省) 곡강현(曲江縣) 쌍봉산(雙峰山) 아래에 있는 땅이름이다. 육조 혜능스님이 여기에 보림사(寶林寺)를 짓고 종풍(宗風)을 크게 진작하였다. 스님이 입적한 후 별호(別號)로 조계(曹溪)라는 말을 썼다. 조계고불(曹溪古佛)이라고 함.

조공(肇公) : 승조(僧肇)스님을 말한다. 384~414. 장안 출신이다. 노장학을 좋아하여 심요(心要)라고 주장하며 명성을 떨치다가 지겸(支謙)이 번역한 『유마경』을 읽고는 불교에 귀의하였다. 그 뒤에 구마라집의 역경사업에 참여하여 승략(僧䂮)·도항(道恒)·승예(僧叡) 등과 함께 구마라집 문하의 사철(四哲)로 명성을 떨쳤다. 진나라 의희(義熙) 10년 장안에서 31세로 입적하였다. 저서로 『반야무지론(般若無知論)』『보장론(報障論)』『열반무명론(涅槃無名論)』『부진공론(不眞空論)』『물불천론(物不遷論)』 등이 있다.

조과도림(鳥窠道林) : 우두법융(牛頭法融)-원양지암(圓陽智巖)-윤주혜방(潤州慧方)-금릉법지(金陵法持)-천보지위(天保智威)-학림현소(鶴林玄素)-경산법흠(徑山法欽)-조과도림(鳥窠道林). 우두종 스님이다. 본군(本郡)의 부양(富陽)사람. 속성은 반씨(潘氏). 어머니 주(朱)씨가 입으로 태양이 들어오는 꿈을 꾸고는 태기가 있었다. 탄생할 때에는 기이한 향기가 방에 가득하였으므로 향광(香光)

이라고 이름지었다. 9살에 출가하여 21살에는 형주(荊州)의 과원사(果願寺)에서 구족계를 받았고, 뒤에 장안(長安) 서명사(西明寺)에 있는 복례법사(復禮法師)에게 가서 『화엄경』과 『기신론』을 배웠다. 복례스님이 「진망송(眞亡頌)」을 보이면서 선나(禪那)를 닦으라고 하자, 스님이 여쭈었다. '처음에 어떻게 관찰하며, 어떻게 마음을 써야 합니까?' 복례스님이 한참을 아무런 말이 없자, 스님은 세 번 절하고 떠났다. 그때 당 대종(大宗)이 경산국일(徑山國一)스님을 대궐로 초청하였다. 이에 스님은 가서 국일스님을 참알하고 법을 이어받았다. 뒤에 진망산(秦望山)에 가서 낙락장송 가지 위에 자리를 잡고 살았다. 그래서 사람들이 그를 일컬어 조과선사(鳥窠禪師)라고 하였다. 또한 곁에 까치가 둥지를 틀고 함께 기거했으므로 학소화상(鵲巢和尙)이라고도 하였다. 거기서 거사 백거이(白居易)를 제접한 일은 아주 유명하다. 장경(長慶) 4년 2월 10일에 세수 84세로 입적하였다. '조과포모(鳥窠布毛)' '조과불법(鳥窠佛法)' 공안이 있다. 제자로 초현회통(招賢會通)이 있다.

조구(措口) : 말을 늘어놓다.

조당(祖堂) : 『조당집(祖堂集)』. 중국 오대(五代) 남당(南唐) 보대(保大) 10년(952)에 천주(泉州) 초경원(招慶院)에서 정(靜)과 균(筠)스님이 펴낸 선어록서(禪語錄書)이다. 이 선어록은 중국에서는 일찍이 유실되었지만 합천 해인사에서 《대장경(大藏經)》의 보판으로 판각되어 있는 것이 발견되어 다시 알려지게 되었다. 현존하는 선어록 가운데 가장 오래된 것으로 구어체(口語體)로 되어 있어 매우 중요한 자료이다. 이 책은 문답과 게송(偈頌), 시중(示衆) 등을 중점적으로 다루어 기술하였다.

조대(措大) : 문인을 경멸하여 이르는 말. =초대(醋大). 가난하여 실의에 빠진 서생을 이르는 말. 무시하는 뜻이 담겨 있다. "초대라는 것은 어떤 이가 어깨와 팔을 들어 올리고 혹은 눈살을 찌푸리고 눈을 찡그리는 것으로 자태를 삼는 것이 마치 사람이 식초를 먹는 모습과 같기에 초대라고 한 것이다."(唐, 蘇鶚, 『蘇氏演』上. "醋大者, 或有擡肩拱臂, 攢眉蹙目, 以爲姿態, 如人食酸醋之貌, 故謂之醋大.")

조도현미(鳥道玄微) : 동산 양개스님이 학인을 접인하기 위해 시설한 세 가지의 수단[동산삼로(洞山三路) : 조도(鳥道)·현로(玄路)·전수(展手)]가운데 둘이다. 새가 허공을 날아 갈 때 그 자취를 남기지 않듯이 종적(蹤迹)이 없고 소식(消息)이 끊어져 왕래에 공적한 자리를 말한다. 선(禪)의 길이 지극히 어려워 험난하기가 마치 새의 길과 같다는 것이다. 지극한 도는 텅 비어 마치 허공에 새가 날아간 자취와 같다. 입을 열지 못하는 곳에서라야만 현관(玄關)이 열리고, 언어를 둘 곳이 전혀 없을 때가 조도(鳥道)의 현묘한 길이다. 현미(玄微)는 현로(玄路)라고도 하며 현현미묘(玄玄微妙)한 길을 말한다. 언어문자를 떠난 길이다.

조만(早晚) : 어찌 ~할 수 있으랴?, 언제 ~한 적이 있느냐?

조사투침(祖師投針) : 가나제바존자가 발우에 바늘 하나를 던진 일화다. 『전등록』2권에 나온다. "후에 용수보살을 알현하러 가서 문 앞에 다다랐는데, 용수보살이 지혜인임을 바로 알아보고 먼저 시자를 보내서 발우에 물을 가득 채워 가나제바존자 앞에 두게 하였다. 존자가 그것을 보자마자 곧 바늘 한 개를 던져 넣고 지나가니 흔연히 서로 계합하였다."(『景德傳燈錄』卷第二, T51n2076_p0211b03~06. "後謁龍樹大士將及門, 龍樹知是智人, 先遣侍者, 以滿鉢水置於坐前. 尊者睹之即以一鍼投之而進, 欣然契會.")

조산본적(曹山本寂) : 약산유엄(藥山惟儼)-운암담성(雲巖曇晟)-동산양개(洞山良价)-조산본적(曹山本寂). 839~901. 복건성 천주(泉州) 포전현(莆田縣) 출신. 속성은 황씨(黃氏). 탐장(眈章)이라고도 함. 일찍부터 유학의 길에 들어섰으나 19세에 복주(福州)의 영석산(靈石山)으로 가서 출가하여 25세에 구족계를 받았다. 그 후 동산 양개스님을 참례하니 동산스님이 물었다. "이름이 무엇이냐?" "본적입니다." "저런. 쯧." "본적이라 할 수 없습니다." 이에 동산스님이 그릇으로 여겼다. 이후 입실하여 여러 해를 시봉한 후 떠나려 하자, 동산스님이 종지를 은밀히 전하고 물었다. "어디로 가려하느냐?" "변함없는 곳입니다." "변함없는 곳에 어찌 감이 있는가?" "간다고 하여도 변함없습니다." 그리고는 길수(吉水)로 가서 개당하였다. 육조 혜능스님을 평소 흠모하여 자신이 사는 산 이름을 조산(曹山)으로 개명하였다[이로 인해 혜능스님에 대한 예우로 동조종(洞曹宗)이라 하질 않고 조동종(曹洞宗)이라 함]. 난을 피해 의황(宜黃)으로 갔는데 거사 왕야일(王若一)이 하왕관(何王觀)을 희사하면서 주지를 청하였다. 스님은 하왕(何王)을 하옥(何玉)으로 고치고 선풍을 크게 진작하니 사방에서 학인들이 구름처럼 모여들었다. 이로부터 조동종의 명성이 크게 떨쳤다. '조산영의(曹山靈衣)' '조산자귀(曹山子歸)' '조산최귀(曹山最貴)' '조산청허(曹山淸虛)' '조산보살(曹山菩薩)' '조산불진(曹山佛眞)' '조산변이(曹山變異)' '조산소지(曹山掃地)' '조산단좌(曹山端坐)' '조산격칙(曹山格則)' '조산대빈(曹山對賓)' '조산설복(曹山雪覆)' '조산심처(曹山心處)' '조산전주(曹山泉州)' '조산심경(曹山心經)' '조산토각(曹山兔角)' '조산사문(曹山沙門)' 등의 공안이 있다. 『무주조산본적선사어록(撫州曹山本寂禪師語錄)』2권이 있다. 금봉종지(金峰從志), 녹문처진(鹿門處眞), 조산혜하(曹山慧霞), 촉천서선(蜀川西禪) 등 14인의 수법제자가 있다.

조산혜하(曹山慧霞) : 운암담성(雲巖曇晟)-동산양개(洞山良价)-조산본적(曹山本寂)-조산혜하(曹山慧霞). 조동종 스님으로 요오대사(了悟大師)라고도 한다. 자세한 행적은 알기 어렵다. 법을 이은 제자로는 가주동정(嘉州東汀), 화엄정혜(華嚴正慧) 등이 있다.

조설(照雪) : 눈빛(雪光)처럼 눈부시게 빛남. 눈빛에 비추어 책을 읽음.

조승자(條繩子) : 명주로 만들어 새끼를 꼰 끈.

조시(早是) : 본래, 처음, 이미, 벌써, 다행히, 운 좋게.

조어간(釣魚竿) : 낚싯대.

조용(照用) : 수행자를 간파(看破)하여 보는 지혜의 작용이다. 임제스님이 학인들을 제접할 때 사용하던 수단이다. 조(照)는 상대가 어떤 자세로 나올지 살피는 것이고 용(用)은 상대방의 행위에 대응하는 것이다. 여기에 네 가지 [사조용(四照用)]가 있다. 선조후용(先照後用)·선용후조(先用後照)·조용동시(照用同時)·조용부동시(照用不同時)의 넷이다.

조위(弔慰) : 죽은 이를 조상하고 가족을 위로하다.

조의(措意) : ①마음에 두다. 염두에 두다. 관심을 가지다. ②확실히 앎. ③유의하다. 주의하다. ④심혈을 기울이다. ⑤시문(詩文)이 가지고 있는 뜻이나 주장.

조종(朝宗) : ①냇물이 강이나 바다로 흘러들거나 작은 물이 큰물에 흘러 들어가는 것. ②부하가 상관을 찾아뵙는 일. ③신하가 제왕을 알현하는 일.

조주감암주(趙州勘菴主) : "조주 종심스님이 한 암주의 처소에 가셔서 물었다. "있냐? 있냐?" 암주가 주먹을 세워보였다. 조주스님이 말했다. "물이 얕으니 배를 댈 곳이 아니로구나." 곧 떠났다. 또 한 암주의 처소에 가서 말했다. "있냐? 있냐?" 암주 역시 주먹을 세웠다. 조주스님이 말했다. "놓기도 하고 빼앗기도 하며, 죽이기도 하고 살리기도 하는 구나." 바로 절을 하였다. (『禪門拈頌集』卷第十二, K46-0195, 436則. "趙州訪一庵主, 便云: '有麼? 有麼?' 庵主竪起奉頭. 師云: '水淺不是泊船處.' 便去. 又訪一庵主, 亦云: '有麼? 有麼?' 庵主亦竪起奉頭. 師云: '能縱能奪, 能殺能活.' 禮拜而去.")

조주감파자(趙州勘婆子) : 조주스님이 오대산 입구의 할머니를 감변한 화(話)다. "조주 종심스님이 주석하고 있는 오대산에 스님들이 유람하기 위하여 한 할머니에게 묻는다. '오대산으로 가는 길이 어딥니까?' 할머니가 말한다. '곧장 이렇게 가시오.' 스님들이 막 열댓 걸음을 옮기면 할머니가 말한다. '또 이렇게 가는구나.' 어떤 스님이 조주스님께 말씀드렸더니 조주스님이 말했다.

'내가 가서 이 할머니를 감파해 볼 테니 기다려봐라.' 다음날 곧장 가서 물었다. '오대산으로 가는 길이 어딥니까?' 할머니가 대답하였다. '곧장 이렇게 가시오.' 조주스님이 바로 떠났다. 할머니가 말했다. '또 이렇게 가는구나.' 스님이 선원으로 돌아와 대중들에게 말했다. "내가 여러분을 위해 할머니를 감파해버렸다!"(『景德傳燈錄』卷第十, T51n2076_p0277b04~10. "有僧遊五臺, 問一婆子, 云: '臺山路向什麼處去?' 婆子云: '驀直恁麼去.' 僧便去, 婆子云: '又恁麼去也.' 其僧擧似師, 師云: '待我去勘破遮婆子.' 師至明日便去, 問: '臺山路向什麼處去?' 婆子云: '驀直恁麼去.' 師便去. 婆子云: '又恁麼去也.' 師歸院謂僧, 云: '我爲汝勘破遮婆子了也.'")

조주박(趙州拍) : 『조주록』에 나오는 화(話)다. "스님이 대왕이 절에 들어오는 것을 보고도 일어나지 않은 채 손으로 무릎을 치면서 말했다. '아시겠습니까?' 대왕이 말했다. '모르겠습니다.' 스님이 말했다. '어려서 출가하여 이제 이렇게 늙고 보니, 사람을 보고도 선상을 내려올 힘도 없습니다.'(『古尊宿語錄』卷第十四, 「趙州眞際禪師語錄之餘」, X68n1315_p0085c14~16. "師見大王入院不起, 以手自拍膝, 云: '會麼?' 大王云: '不會.' 師云: '自小出家今已老, 見人無力下禪床.'")

조주종심(趙州從諗) : 남악회양(南嶽懷讓)-마조도일(馬祖道一)-남전보원(南泉普願)-조주종심(趙州從諗). 778~897. 산동성(山東省) 조주(曹州) 학향(郝鄕) 출신. 속성은 학씨(郝氏). 호통원(扈通院)[또는 용흥사(龍興寺)]에서 머리를 깎았다. 대중의 청으로 조주 관음원에 40여년을 주석하면서 선풍을 크게 드날렸다. 건녕 4년(897년)에 세수 120세로 입적하였다. 시호는 진제대사(眞諦大師)이고 『조주록(趙州錄)』3권이 남아 있다. '조주부재명백(趙州不在明白)' '조주사문(趙州四門)' '조주대사(趙州大死)' '조주석교(趙州石橋)' '조주불간(趙州不揀)' '조주과굴(趙州窠窟)' '조주지도(趙州至道)' '조주대혜(趙州戴鞋)' '조주삼전어(趙州三轉語)' '조주유주(趙州有主)' '조주평상심(趙州平常心)' '조주만법귀일(趙州萬法歸一)' '진주나복(鎭州蘿蔔)' '조주끽다거(趙州喫茶去)' '조주감파자(趙州勘婆子)' '조주천상(趙州天上)' '조주위인(趙州爲人)' '조주불성(趙州佛性)' '급수상타구(急水上打毬)' '조주간전(趙州看箭)' '조주상추(趙州相推)' '정전백수자(庭前栢樹子)' '조주구화(趙州救火)' '조주상구(趙州相救)' '조주탐수(趙州探水)' '조주용심(趙州用心)' '조주이팔(趙州二八)' '조주호리(趙州毫釐)' '조주노노(趙州老老)' '조주끽죽(趙州喫粥)' '조주적양화(趙州摘楊花)' '조주차사(趙州此事)' '조주전리(趙州殿裏)' '조주답화(趙州答話)' '조주금불(趙州金佛)' '조주권두(趙州拳頭)' '조주지로(趙州地爐)' '조주약작(趙州略約)' '조주투열(趙州鬪劣)' '조주창야(趙州唱喏)' '조주흡호(趙州恰好)' '조주야승(趙州夜陞)' '조주협화(趙州挾火)'

‘조주서자(趙州西字)’ ‘조주당자(趙州幢子)’ ‘조주개두(趙州蓋頭)’ ‘조주동사(趙州東司)’ ‘조주공덕(趙州功德)’ ‘조주대왕(趙州大王)’ ‘조주세각(趙州洗脚)’ ‘조주이해(趙州異解)’ ‘조주전장(趙州轉藏)’ ‘조주유유(趙州油油)’ ‘조주현지(趙州玄旨)’ ‘조주연진(趙州年盡)’ ‘조주불천(趙州不遷)’ ‘조주파파(趙州婆婆)’ ‘조주한(趙州閑)’ ‘조주십관(趙州十貫)’ ‘조주박슬(趙州拍膝)’ ‘조주식심(趙州識心)’ ‘조주차성(趙州此性)’ ‘조주백해(趙州百骸)’ ‘조주사산(趙州四山)’ ‘조주호병(趙州餬餠)’ ‘조주순포자(趙州巡鋪子)’ ‘조주순거(趙州笋去)’ ‘조주예불(趙州禮佛)’ ‘조주이룡(趙州二龍)’ ‘조주칠기(趙州漆器)’ ‘조주난중(趙州欄中)’ ‘판치생모(版齒生毛)’ ‘조주장외(趙州牆外)’ ‘조주재유(趙州才有)’ ‘조주여마(趙州與麽)’ ‘조주척안(趙州隻眼)’ ‘조주염불(趙州念佛)’ ‘조주구재(趙州久在)’ ‘조주징징(趙州澄澄)’ ‘조주비로(趙州毘盧)’ ‘조주출래(趙州出來)’ ‘조주납의(趙州衲衣)’ ‘조주불자(趙州拂子)’ ‘조주할참(趙州喝參)’ 등 수많은 공안이 있다. 항주다복(杭州多福), 익주서목(益州西睦), 마곡산화상(麻谷山和尙), 엄양선신(嚴陽善信), 광효혜각(光孝慧覺), 국청원봉(國淸院奉) 등 13인의 제자가 있다.

조지(操持) : 잡다, 손에 쥐다. 장악하다. 다루다. 관리하다, 경영하다. 처리하다. 기획하다, 계획하다, 준비하다. 절개를 지키다.

조차(造次) : ①말을 능숙하게 잘하다. ②경솔하다. 덤벙대다. 제멋대로 하다. ③급작스럽다. 황망하다. 다급하다. ④빠르다. ⑤능숙한 말. ⑥경솔한 일. ⑦아주 급작스러운 때. ⑧잠깐. 잠시. ⑨품행. 언행. ⑩함부로. 제멋대로. 경솔하게. 마음대로. 좋을 대로. 형편 닿는 대로.

조파(照破) : 부처님이 지혜의 빛으로 범부의 무명(無明)을 깨우치게 함. 환하게 깨닫다.

조화(造化) : 만물을 만들어내고 길러내는 대자연의 이치. 또는 우주만물을 창조하고 길러주는 신(神).

족맥(足陌) : 족맥전을 말한다. 한 꿰미를 온전한 100매로 규정한 옛 화폐제도이다. 정액(定額)에 달하는 돈의 액수이다.

존당(尊堂) : 남의 어머니에 대한 존칭. 존모(尊母)라고도 함.

존의(尊意) : 존견(尊見), 존려(尊慮)라고도 한다. 상대방의 의견에 대한 존칭.

종(憽) : 생각하다, 궁리하다(慮). 어지럽다(亂).

종(宗) : 핵심이 되고 주(主)가 되는 것. 종지(宗旨), 종요(宗要). 선가(禪家)에서는 종통(宗通)이라함. 종통(宗通)은 스스로의 깨우침(自悟)이 철저함, 능히 종지(宗旨)를 깨달음을 이른다.

종남유정(終南惟政) : 황매홍인(黃梅弘忍)-옥천신수(玉泉神秀)-숭산보적(嵩山普寂)-종남유정(終南惟政). 757~843. 신수스님의 북종계통의 스님으로 평원(平原)[산동성] 출신이다. 항정(恒政)이라고도 한다. 속성은 주씨(周氏). 연화사(延和寺)의 전징법사(詮澄法師) 밑으로 출가하였다가 숭산 보적스님의 법을 이었다. 이후 태을산(太乙山)으로 들어가 법을 크게 폈다. 태화(太和) 5년(831)에 문종(文宗)황제가 관음상을 얻고서 유정스님을 불러 문답을 나눈 뒤 뜻을 이해하고서 천하의 모든 절에다 관음상을 세우라는 칙령을 내렸다. 뒤에 성수사(聖壽寺)에 머물다가 무종(武宗)이 즉위하자 종남산(終南山)으로 은거하였다. 87세로 입적하였다.

종래(從來) : 예로부터. 여태까지. 종래로. 유래, 내력. 종전, 이전, 원래.

종맥(宗脈) : 선종(禪宗)에서 전승되어 내려가는 계맥(系脈). 조사선(祖師禪)의 종지(宗旨).

종사도(鍾司徒) : 종씨(鍾氏) 성을 가진 상서(尙書)직에 있는 사람. 사도(司徒)는 주(周)나라 때는 육경(六卿)의 하나였고, 한(漢)나라 때는 삼공(三公)의 하나였다. 후대에는 상서(尙書)를 사도라고 하였다.

종승(宗乘) : 선종(禪宗)을 말한다. 선종의 도리(道理).

종연(縱然) : 설사. 가령.

종종(種種) : 머리털이 쇠거나 짧아짐. 곧 노쇠함. 신중하고 성실한 모양.

종지(種智) : 일체종지(一切種智)의 줄임말이다. 삼지(三智)의 하나로서 현상계의 모든 존재에 대해 평등의 자리에서 다시 차별의 상(相)을 아는 부처님 지혜이다. 이에 반해 일체지(一切智)는 모든 존재에 대하여 해괄적(該括的)으로 아는 지혜로서 살바야(薩婆若)[Ⓢsarvajñātā]라고하며 성문과 연각의 지혜이다. 또 보살이 중생을 교화하기 위해서 도(道)의 각 종류를 다 아는 지혜인 도종지(道種智)는 보살의 지혜이다.

종채(種菜) : 채소를 심다. 큰 뜻이 없음을 보이다. 『삼국지연의』에 나오는 고사로 유비가 자신을 보호하는 처신술로써 채소를 심어 농사를 지은 데서 나온 말이다.

종초(種草) : 가문의 일족(一族), 또는 동족(同族)을 말한다. 선종가문(禪宗家門)의 일원.

종타(從他) : 무던하게 여기다.

좌(坐) : 지키다. 지켜 자세히 살펴 보다. 저절로. 바로, 마침. 드디어. 문득.

애오라지. 잠시. 장차. 점점. 매우. 너무. 공연히. 부질없이. ~때문에. ~까닭
으로. ~을 인하여. ~하게 되다.

좌각(坐却) : 보통은 '앉다'라는 뜻으로 쓰인다. 혹은 坐(좌)가 剉(좌) 또는 **挫**
(좌)의 뜻으로 쓰여 '자르다', '찢다'의 뜻이 된다.

좌간(坐看) : 지켜서 자세히 살펴보다. 지켜보다. 앉아서 보다. 짧은 시간.

좌단(坐斷) : 차지하다. 자리잡다. 바로 끊어버리다. 꺾어버리다. 꺼꾸러뜨리
다.

좌단건곤(坐斷乾坤) : 좌(坐)는 꺾다(挫)의 뜻. 건곤(乾坤)은 음과 양 곧 상대
적 개념의 세계, 또는 계책ㆍ술수ㆍ속임수, 또는 언어의 세계. 따라서 좌단
건곤(坐斷乾坤)은 선가(禪家)에서 본분(本分)을 시설함에 있어 언어의 길을 끊
어, 마음을 이리저리 돌아다니면서 쓰지 못하게 하며, 가지가지의 지해지견
(知解知見)을 끊어버림을 말한다.

좌전(座前) : 어른 앞. 윗사람을 이르는 말.

좌참(坐參) : =좌당(坐堂). 선원에서 저녁에 주지스님을 참례하고 법문을 듣는
만참(晩參) 바로 직전에 대중들이 모여 앉아 있는 것을 좌(坐)라하고 북이 울
리면 주지스님께 예를 올리는 것을 참(參)이라한다. 이 풍습은 분양 선소스님
때 폐지하였다고 한다.

주(周) : 되풀이하다. 반복하다.

주고(廚庫) : 사원에서 음식을 짓는 곳. 후원채. 공양간. 주방.

주귀(做鬼) : 죽다, 세상을 떠나다.

주금강(周金剛) : 덕산선감(德山宣鑑)스님이다. 덕산스님은 금강경에 아주 해
박하였으므로 주금강이라 불려졌다. 용담숭신(龍潭崇信)스님에게 선을 논파하
러 갔다가 모든 경학을 내던지고 법을 이었다.

주려(儔侶) : 짝. 벗. 친구.

주류(周流) : 널리 유포하다. 널리 보급하다. 두루 돌아다니다(周徧).

주망자(酒望子) : 주렴(酒帘)과 같다. 술집임을 알리는 깃발.

주문(奏聞) : 주달(奏達), 주어(奏御), 주품(奏稟)과 같은 말. 신하가 임금에게
어떠한 일에 대해서 아뢰다.

주박(湊泊) : ①딱 맞다. 붙다. 형성되다. ②한 곳에 모이다. ③서로 잘 어울
리다, 영합하다, 서로 아주 잘 맞다. ③계오(契悟)하다, 딱 맞춰 깨닫다.

주법자(主法者) : 법을 다루는 자. 법령을 관장하는 자. 군주의 법을 관장하는 자.

주사(走使) : =급사(急使). 심부름하다. 파견하다. 하인(走史).

주사(主事) : 지사(知事)라고도 한다. 승원(僧院)에서 사무를 주관하는 소임자 스님들을 모두 총칭하여 부르는 말이다. 선원에서 조정관리제도의 문무(文武) 양반(兩班)제도를 본떠서 주사(主事)와 두수(頭首)의 동서반(東西班)으로 설치하였다. 도사(都寺)·감사(監寺)·부사(副寺) 등의 고사(庫司)와 유나(維那)·전좌(典座)·직세(直歲) 등의 여섯 직책을 동반지사(東班知事)라고 한다. 송나라 초기에는 감사(監寺)·유나(維那)·전좌(典座)·직세(直歲)의 4직이었으나 후에 부사(副寺)와 도사(都寺)가 추가 되어 여섯 지사(知事)로 되었다. 『승사략(僧史略)』의 「승사강두(僧寺綱紏)」에서는 서역에서 지사승(知事僧)을 모두 갈마타나(羯磨陀那)라고 하는데 번역하면 지사(知事) 또는 열중(悅衆)이라고 한다고 하였다. (『大宋僧史略』, T54n2126_p0242b28~29. "案西域知事僧總曰羯磨陀那. 譯爲知事, 亦曰悅衆. 謂知其事悅其衆也.")

주산(住山) : 일반 절이나 선원의 주지스님을 말한다.

주산(主山) : 풍수에서 혈의 뒤에 높고 크게 솟아 있는 산을 말한다.

주선(周旋) : ①내왕하며 교제함. ②운행하다. ③엎치락뒤치락 쫓고 쫓기다. ④얽히고설키다. 구불구불하다. ⑤배회하다. ⑥이리저리 뒤척거리다. ⑦돌보아주다. ⑧아름답고 예쁘다. ⑨왼쪽으로 돌다.

주실(走失) : 길을 잃어 행방을 모르다. 달아나다. 도망쳐서 놓치다. 상실하다. 잃다.

주원(呪願) : 부처님께 소원을 비는 일. 법회 때 인도하는 스님이 법어(法語)로 시주나 죽은 이의 복을 기원하는 일.

주원(住院) : 절에 들어가다.

주자(朱紫) : 붉은 색과 자주색. 곧 시비선악(是非善惡)을 비유한다.

주작(走作) : ①전파시키는 것. 유행시키는 것. ②말썽을 일으킴, 사단을 일으킴. ③방일하다. ④자리를 옮기다. 원래 궤칙을 벗어남. 본래의 규범을 벗어남. 원래의 모양을 바꿈.

주재(主宰) : 지배적인 위치에서 사람들을 통솔하는 사람. 통치자.=주관(主管), 지배(支配).

주항(舟航) : 세상을 구제할 훌륭한 인재. 구제하다. 선박, 배. 서로 떨어져 있는 것을 이어주는 사물이나 사실.

죽근편(竹筋鞭) : 땅속으로 길게 뻗은 대나무 뿌리줄기. 손잡이를 가늘게 쪼갠 대나무로 감은 채찍. 옛날에 한 바라문이 부처님의 키를 재려고 하였던 대나무장대를 말한다.

준(尊) : 고대에 술을 담던 그릇. =준(罇).

준(準) : ①면의 평평함과 기울기를 측정하는 기구. 수평기(水平器). 수준기(水準器). 표준기(標準器). 부합하다. ②들어맞다. 본받다. ③콧마루('절'로 읽는다).

준(皴) : 주름. 피부가 트다. 그림 그릴 때 산석(山石)의 주름을 그리는 법.

준골(俊鶻) : 건장한 매. 뛰어난 매.

준동함령(蠢動含靈) : 꿈틀거리는 모든 생명체들.

준재(俊哉) : 좋구나. 훌륭하구나. 뛰어나구나. 아름답구나.

준포납(遵布衲) : 준(遵)이라는 이름을 가진 선객. 그의 행적에 관한 것이 알려진 것이 없으나 여러 어록에 약산 유엄스님과 소산 환보스님과의 문답이 나온다. 『경덕전등록(景德傳燈錄)』16권·『정법안장(正法眼藏)』2권하·『대광명장(大光明藏)』하권(下卷)·『연등회요(聯燈會要)』19권, 23권·『오등회원(五燈會元)』5권, 6권·『어선역대선사어록(御選歷代禪師語錄)』후집상(後集上)·『지월록(指月錄)』9권·선종송고련주통집(禪宗頌古聯珠通集)』14권·『종문염고휘집(宗門拈古彙集) 13권 등 참조.

줄탁(啐啄) : 줄탁동시(啐啄同時)를 말한다. 어미닭이 약 20일간 알을 품으면 알 속에서 병아리가 밖으로 나오기 위해 안에서 껍질을 쪼면 밖에서도 어미닭이 동시에 껍질을 쪼아서 병아리가 밖으로 나온다는 것. 곧 기연(機緣)이 딱 맞아 떨어져 스승과 제자가 깨달음에 함께 참여하는 것을 말한다.

중(重) : 중요하게 여기다, 소중하게 여기다, 존귀하게 여기다, 숭상하다. 거듭하다, 반복하다, 겹치다.

중류(衆流) : 선종(禪宗)의 여러 유파. 학술상의 여러 유파.

중맹모상유(衆盲摸象喩) : 『대반열반경』「사자후보살품」에 나오는 법문이다. "훌륭한 여러분. 비유하면 어떤 임금이 신하에게 분부하기를, '그대는 코끼리 한 마리를 가져다가 맹인들에게 보여주어라.'고 하였다. 신하는 임금의 명령을 받고 여러 맹인들을 모아놓고 코끼리를 보여주었다. 맹인들이 제각기 손으로 코끼리를 만져 보았다. 신하가 돌아가서 임금에게 보고하였다. '제가 코끼리를 보여 주었습니다.' 그러자 임금이 여러 맹인들을 불러서 각 개인에게 물었다. '그대들은 코끼리를 보았느냐?' 맹인들은 제각기 보았다고 대답하였다. 임금이 물었다. '코끼리가 무엇과 같으냐?' 그랬더니 상아를 만져본 사람은 코끼리 모양이 무(蘆菔根)와 같다고 말하였다. 귀를 만져본 사람은 코끼리가 키(箕)와 같다고 말하였다. 머리를 만진 사람은 코끼리가 돌과 같다고 말하였다. 코를 만진 사람은 코끼리가 절굿공이(杵)와 같다고 말하였다. 다리를 만진 사람은 코끼리가 나무통(木臼)과 같다고 말하였다. 등을 만진 사람은 코끼리가 평상과 같다고 말하였다. 배를 만진 사람은 코끼리가 단지(甕)와 같다고 말하였다. 꼬리를 만진 사람은 코끼리가 밧줄(繩)과 같다고 말하였다. 훌륭한 여러분. 저 맹인들이 비록 코끼리의 몸 전체를 다 말하지는 못하였으나 또한 말하지 않은 것도 아니다. 만일 그 여러 모양이 모두 코끼리가 아니지만 그것을 떠나서도 다시 따로 코끼리가 없다. 훌륭한 여러분. 임금은 여래·정변지를 비유한 것이고, 신하는 방등의 『대열반경』에 비유함이며, 코끼리는 불성에 비유함이며, 맹인들은 모든 무명 중생에게 비유하였다."(『大般涅槃經』 卷 第三十二, 「師子吼菩薩品」 第十一之六, T12n0374_p0556a08~21. 참조.)

중신(重新) : ①다시 한 번. ②처음부터 다시 시작하다. ③거듭 수리하여 면모를 새롭게 하다.

중양9일(重陽九日) : 음력 9월 9일의 명절을 말한다. 9라는 숫자가 극양수(極陽數)인데서 겹치는 이 날을 길일로 잡았다.

중연(重淵) : 매우 깊은 연못. 아주 깊고 낮은 곳.

중외(中外) : 안팎. 속마음과 겉으로 드러난 행동.

중종(中宗) : 이름은 이현(李顯)이다. 656~710년. 당의 제4대 황제이다. 당 고종(高宗) 이치(李治)의 7남으로 모친은 유명한 측천황후(則天皇后) 무씨(武氏)이다. 고종이 죽고 7일 뒤인 684년 황제에 올랐으나, 1개월 뒤 684년 2월 26일에 폐위되었다. 이후 여릉왕으로 지위가 격하되어, 연금을 당했다. 690년엔 어머니인 무씨가 국호를 당(唐)에서 주(周)로 바꾸고 중국 역사상 유일한 여황제에 올랐다. 705년에 측천무후는 다시 태후로 물러났다. 이현은 705년 다시 황제에 올랐으나 부인인 황후 위씨(韋氏)가 정권을 장악하려 쿠데타를 일으켰다. 710년 7월 3일에 부인 위씨(韋氏)와 7녀인 안락공주에게 독살 당했다. 생전 존호는 응천신룡황제(應天神龍皇帝)이고, 시호는 중종(中宗) 대화대성대소효황제(大和大聖大昭孝皇帝)이다.

중중무진(重重無盡) : 화엄종의 용어로 '중중중중무진무진(重重重重無盡無盡)'

의 줄임말이다. 우주만유는 거듭거듭 다함없이 겹겹으로 겹쳐져서 서로서로 관계되어 있다고 함. 사사무애법계(事事無碍法界)를 말한다. 화엄교학의 세계관이다.

즉(即) : ①녹아 들어가서 하나가 됨. 예를 들면, 설탕(妄)을 물(眞)에 넣으면 설탕의 형체가 보이지 않는 것과 같다. 하지만 설탕이 전혀 없는 것은 아니다. 물을 졸이면 다시 설탕이 나타난다. 이와 상대되는 것으로 입(入)이 있다. 입(入)은 흙을 물에 넣는 것과 같다. 흙은 물에 들어가서 흙탕물이라는 것이 되어버리지만 흙의 형체를 볼 수 있다. ②부합하다, 맞추다.

즉득(即得) : 맞추다. 정확하게 맞다. 딱 알맞다. 딱 만족스럽다.

즉료(蝍蟟) : 매미. 날아다니는 벌레.

즉시(則是) : 다만. 윗글을 이어받아 단정을 내릴 때 쓰는 말.

즉심시불(即心是佛) : 즉(即)마음이 즉(即)부처님. 이 구절을 '마음이 곧 부처다'라고 번역하는 경우가 많은데 심(心)과 즉심(即心)은 구별하여야만 한다. 즉심(即心)은 현량(現量)의 직심(直心) 또는 진심(眞心)을 말한다. 정식(情識)으로 분석하고 분별하여 헤아리는 마음이 아니다.

즉종(即從) : =차종(且從)=차치(且置)=종각(從却). ~은 그렇다 치고. ~은 그렇다고 하겠지만.

증(曾) : ①의문사. 무엇, 어떻게, 무슨, 어찌. ②이에. 마침내. 곧, 바로. 설마. 줄곧, 여태껏, 이제까지. ③겹치다.

증상만(增上慢) : 성도(聖道)를 이루지도 못하고서 얻었다고 잘난체하는 아만심(我慢心).

지(祇) : 어찌, 무엇. 결국, 마침내. 실로. 다만, 단지. 바로, 마침. 편안하다. 크다. 토지의 신.

지(只) : 어기조사. ①문장의 끝에 쓰여 종결이나 감탄, 한정을 나타낸다. ②아무 뜻 없이 문장의 중간에 쓰인다. ③동사의 뒤에 쓰인다(=着). ④지시대명사. 이(=這, 此). ⑤다만, 단지. 곧, 바로. 본디. 그야말로. 정말로. 일하다. ~하다.

지(地) : 어조사. ①자동사 뒤에 쓰일 때는 동태를 나타낸다. =착(着). ②형용사 뒤에 쓰일 때는 상태를 나타낸다. =적(的).

지(旨) : 지취(旨趣). 종지(宗旨). 대의(大意). 취지(趣旨).

지(舐) : 핥다.

지갑(指甲) : 손톱은 수지갑(手指甲)이라 하고 발톱은 각지갑(脚指甲)이라고 한다.

지견(知見) : 지견(智見) 또는 정지견(正知見)이라고도 한다. 사(事)와 이(理)를 증지(證知)하는 혜(慧)의 작용. 또는 삼지(三智)[도종지(道種智), 일체지(一切智), 일체종지(一切種智)]를 지(知)라하고 오안(五眼)[육안(肉眼), 천안(天眼), 혜안(慧眼), 법안(法眼), 불안(佛眼)]을 견(見)이라고도 한다. 지(知)는 낱낱이 증명하여 잘 판별함이고 견(見)은 잘 통찰하여 드러냄이다. 이 지견은 동사(動詞)로서 부처님의 '앎'을 말하며 반야(般若)라고도 한다. 통찰(洞察) 또는 혜(慧)라고도 번역하나, 부처님의 '앎'은 항상 드러나고 있는 진행형 동사이기 때문에 '지견(知見)'이라고 번역한 것이다.

지공선사(誌公禪師) : 보지선사(寶誌禪師), 또는 보지선사(保誌禪師), 지공조사(誌公祖師)라고도 한다. 속성은 주씨(朱氏). 양무제 시대의 스님이다. 달마대사, 부대사와 더불어 양대삼대사(梁代三大士)라 불린다. 7세에 종산(鍾山)[자금산(紫金山)]으로 출가하였다. 도림사(道林寺)에 거주하면서 전심으로 선(禪)을 관(觀)하여 득도(得道)하였다. 불도징(佛圖澄)과 더불어 신이(神異)적인 자취를 많이 남겼다. 양무제의 스승이 되어 무제의 깊은 존경을 받았다. 양무제가 장승요(張僧繇)로 하여금 스님의 초상을 그리게 하였는데 지공스님이 십일면관음상(十一面觀音像)의 모습으로 출현하니 이로 인하여 사람들이 관세음보살의 화신으로 알았다고 한다. 지금 유전(流傳)되고 있는 『양황보참(梁皇寶懺)』과 『자비도량참법(慈悲道場懺法)』은 양무제가 황후 치씨(郗氏)를 위해 지공스님과 고승 열 명에게 청하여 지은 것이다. 그는 부대사(傅大士)와 더불어 선종(禪宗)의 선구적 인물로 평가되고 있다. 『전등록』29권에 「대승찬십수(大乘讚十首)」「십이시송십이수(十二時頌十二首)」「십사과송(十四科頌)」 등이 실려 있다.

지기(志氣) : 의지와 정신. 포부와 기개. 뜻과 기운. 의지와 기력. 마음을 움직이게 하는 기운.

지녕(只寧) : 이와 같이. 이렇게. =지마(只麼). 지마(只摩). 지마(秖麼). 지마(只磨). 지몰(只沒). 지저(只宁). 지임(只恁).

지대(秖待) : =응대(應待), 응대(應對). 대답하다. 응답하다. 접대하다. 응접하다. 회답하다.

지대(秖對) : 공손히 대답하다.

지도(至到) : 최고조에 이르다. 이르다. 도착하다.

지동화서(指東話西) : 지동설서(指東說西)와 같은 말. 동쪽을 가리키며 서쪽 이야기를 함. 말이나 글이 주제를 벗어나거나 실상이 없음을 이르는 말.

지동획서(指東畫西) : 깨달음을 얻지 못한 선인(禪人)들이 융통성 없이 지식 정해(知識情解)의 엉터리 말로 지어 내는 여러 가지의 응기작략(應機作略)[응기접물(應機接物)의 언행과 기용(機用)].

지마(只麼) : 이와 같이.

지만(遲晚) : 맨 나중, 최종. 지체되어 뒤떨어지다.

지문광조(智門光祚) : 설봉의존(雪峰義存)-운문문언(雲門文偃)-향림징원(香林澄遠)-지문광조(智門光祚). 950~1030. 운문종스님으로 절강(浙江) 출신이다. 일찍이 익주(益州) 청성산(靑城山)에 머물던 향림원(香林院)의 징원선사(澄遠禪師)를 참방하고 대오하여 그 심인을 이루었다. 이후에 수주(隨州)의 쌍천(雙泉)에 주석하다가 다시 지문사(智門寺)로 옮겨 종풍을 크게 떨쳤다. '지문연화화(智門蓮華話)'로 잘 알려져 있다. "여쭈었다. "연꽃이 물에서 나오지 않았을 땐 어떻습니까?" 말했다. "연꽃." 말씀드렸다. "물에서 나왔을 땐 어떻습니까?" 말했다. "연잎." [『정법안장(正法眼藏)』2권상(上), 제302화. 참조.] 이 외에도 '지문반야(智門般若)' '지문적각(智門赤脚)' '지문사자(智門師子)' 등의 공안이 있다. 그 제자로 설두중현(雪竇重顯) 등 기라성 같은 이들이 30여 인이 있으며, 『지문광조선사어록(智門光祚禪師語錄)』1권이 있다.

지배(紙背) : 문장의 내면에 포함된 의미. 종이 위. 종이의 뒷면.

지사(指似) : 가리키다. 지시하다.

지소(只消) : =지요(只要). 지용(只用). 만일 ~라면. ~하기만 하면 된다. ~하기만 하면. 오직 ~하다. 겨우 ~하게 하다.

지시(祇是) : 다만. 오직. 오로지. 그런데. 그러나.

지시(只是) : 다만 ~일 뿐이다. 다만 ~때문에. 곧 ~이다. 요컨대 ~에 지나지 않다. 전혀.

지여(只如) : ~와 같은 것은. 예컨대. 그런데. ~에 대하여는. = 지우(至于). 약부(若夫). 지여(祇如). 예컨대 ~와 같은 것은. 그런데 ~에 대하여는.

지요(只要) : ~하기만 하면 된다. 만약 ~라면. 오직 ~하다. 겨우 ~하게하다. = 지소(只消). 지요(只要). 지용(只用).

지유(只有) : 오직 ~만 있다. ~해야만 ~이다.

지음(知音) : 마음이 서로 통하는 친한 벗이나 동지를 말한다. 『열자(列子)』의

「탕문(湯問)」편에 나오는 고사에서 유래하였다.

지자(智者) : 천태지자(天台智者)대사를 말한다. 538~597. 천태지의(天台智顗). 지자대사(智者大師). 천태대사(天台大師) 등으로 불린다. 천태종 개종조사(開宗祖師)다. 속성은 진씨(陳氏). 자(字)는 덕안(德安). 형주(荊州) 화용(華容)[호북성(湖北省) 잠강(潛江)]출신. 천태종(天台宗) 4조(四祖)이나 실제 창시인(創始人)이다. 18세에 상주 과원사로 출가하였고 23세에 혜사(慧思)스님을 스승으로 삼고 선법(禪法)을 익히다가 법화삼매를 깨닫고 선다라니를 얻었다. 개황(開皇) 17년(597) 천태산 석성사에서 세수 60세로 입적하였다. 시호는 법공보각령혜존자(法空寶覺靈慧尊者)다. 『법화현의(法華玄義)』『법화문구(法華文句)』『마하지관(摩訶止觀)』『관음현의(觀音玄義)』『관음의소(觀音義疏)』『금광명현의(金光明玄義)』『금광명문구(金光明文句)』『관무량수경소(觀無量壽經疏)』 등이 있다.

지주(踟躕) : 머뭇거리는 모양.

지차(只此) : ①다만 이. ②다만. 오로지. 오직. ③그런데. 그러나. =지자(只遮), 지자(只者), 지저(只這), 지시(只是).

지촉(紙燭) : 종이에 기름을 묻혀 새끼처럼 꼬아서 불을 붙이는 것. 또는 향초.

지해(知解) : 지식정해(知識情解), 지식견해(知識見解) 또는 지식이해(知識理解)의 줄임말. 지식분별로써 분석하여 알아냄을 말한다.

지현(智舷) : 명나라 때의 스님으로 자는 위여(葦如)이고 호는 추담(秋潭)이다. 황엽두타(黃葉頭陀)라고도 한다. 가흥부(嘉興府) 매계(梅溪)[절강성] 출신으로 속성은 주씨(周氏)이다. 시를 잘하고 초서에 능하였다고 한다. 『황엽암집(黃葉庵集)』이 있다.

지회(指誨) : 지도하고 가르치다.

직득(直得) : ①곧장 ~에 도달하다. 줄곧 기다리다. ②오로지, 반드시. ③~할 만한 가치가 있다. 값에 상응하다.

직수(直須) : 마땅히 ~해야 한다. 또 ~해야 한다. 응당 ~일 것이다. 마침내 ~에 이르다.

직시(直是) : 전혀, 그야말로, 실로, 정말이지. 그런데. 단지, 다만, 오로지. 차라리, 아예. 명백히. 설사~하더라도.

직심(直心) : 즉심(卽心), 진심(眞心)과 같다. 바로 이 마음. 바로 지금 마음.

직지(䐈脂) : 고기나 기름이 썩음. 곧 끈적끈적하게 달라붙는 모양을 말한다.

직지인심(直指人心) : 어떠한 교법(敎法)이나 언어, 정식지해(情識知解)에 의지하지 않고 곧바로 마음을 가리킴.

직하(直下) : 바로 거기. 즉각 해치우다, 즉시 해버리다, 곧바로 실행하다. 곧바로 나아가다, 곧바로 내려가다. 수직으로 떨어지다. 직접 하달하다. 바로 아래, 바로 밑. 직계로 전하여 내려 감.

진(儘) : ①맡겨두다. 마음대로 하게 두다. 먼저 ~하게 하다. 묻다. 문의하다. ②비록 ~하더라도. ③늘. 언제나. 항상. 모두. 다. 가장. 될 수 있는 대로. 힘닿는 한. 매우, 아주. 도리어. 오히려. 마침내. 가히. 족히. 멋대로. 조금.

진(趁) : ①편리한 때에 좋은 기회를 이용하다. ②좇다. 뒤쫓다. =진(趂).

진(進) : 말씀을 올리다. 말씀을 아뢰다(上奏).

진(眞) : 진영(眞影)의 줄임말. 얼굴을 그린 그림.

진결(眞訣) : 비법, 비결.

진골(眞骨) : 범속하지 않은 품격. 깨달음의 상태.

진공(眞空) : 진공묘유(眞空妙有)의 줄임말.

진니(塵泥) : 비천한 곳. 티끌. 흙.

진대지시개해탈문(盡大地是箇解脫門) : 모든 대지가 해탈문이다. 설봉 의존스님의 법문이다. "스님이 상당하여 말씀하셨다. '온 대지가 다 해탈문입니다. 그러나 손을 잡아끌어도 당최 들어가질 않습니다.'"(『雪峰眞覺大師語錄』卷之下, X69n1333_p0084a17. "上堂: '盡大地是箇解脫門, 把手拽伊不肯入.'")

진대지시사문일척안(盡大地是沙門一隻眼) : 모든 대지가 사문의 일척안이다. 설봉 의존스님의 법문이다. "스님께서 법어를 내리셨다. '온 대지가 사문의 일척안(一隻眼)인데, 여러분들은 어디다가 똥을 누겠습니까?'"(『雪峰眞覺禪師語錄』卷之上, X69n1333_p0074c09~10. "師垂語, 云: '盡大地是沙門一隻眼, 汝等諸人向什麼處屙?'")

진두후지(嗔斗詬地) : 성을 내어 벼락같이 꾸짖는 모양. 곧 전체적으로 분노하는 모양.

진로(塵勞) : 세속의 번뇌.

진사(晉祠) : 주대(周代)의 진국(晉國) 개국군주(開國君主)인 당숙우(唐叔虞)의

사당(祠堂)이다. 산서성(山西省)의 태원현(太原縣)의 남서쪽 현옹산(懸甕山) 기슭에 위치해 있다.

진상(眞常) : 참되고 영원히 변하지 않는 진리.

진성(眞成) : 참으로. 진실로. 확실히. 분명히.

진운(陣雲) : 구름이 뭉게뭉게 올라 진을 펼친 것과 같은 형상이 됨.

진운(進云) : 말씀을 올리다.

진정(鎭靜) : 신중하다, 침착하다. 안정하다, 평온하다. 안정시키다, 그치게 하다. 억눌러 제어하다.

진정극문(眞淨克文) : 분양선소(汾陽善昭)-석상초원(石霜楚圓)-황룡혜남(黃龍慧南)-진정극문(眞淨克文). 1025-1102. 보봉극문(寶峰克文). 운암극문(雲庵克文). 늑담극문(泐潭克文)이라고도 한다. 섬부(陝府)[하남성] 문향(閿鄉)출생. 속성은 정씨(鄭氏). 호는 운암(雲庵)·진정(眞淨)·늑담(泐潭)·보봉(寶峰) 등이 있다. 어려서부터 계모슬하에 지내다가 아버지가 유학(遊學)하라고 하자 복주(復州)[호북성(湖北省)]의 북탑(北塔)에 있던 광공(廣公)의 설법을 듣고 스승으로 모시면서 극문(克文)이란 법명을 받게 되었다. 25세에 구족계를 받았고, 처음에 경론(經論)을 공부하다가 치평(治平) 2년(1065) 대산(大山)에서 안거하던 중 어떤 스님이 운문문언(雲門文偃)스님의 법문(法門) 말씀을 외우는 것을 듣고 크게 깨달아 황룡혜남(黃龍慧南)스님을 찾아뵙고 인가를 받았다. 희녕(熙寧) 7년(1074) 금릉(金陵)[남경(南京)]에 이르러 서왕(舒王)의 귀의를 받고 보령사(報寧寺)에서 개산(開山)하였다. 뒤에 장상영(張商英)의 청을 받고 늑담(泐潭)[강서성(江西省) 고안(高安)]에 머물다가 운암(雲庵)에 물러나 한거(閑居)하던 중 숭녕(崇寧) 원년 10월에 세수 78세로 입적하였다. 회당조심(晦堂祖心)스님, 동림상총(東林常總)스님과 함께 황룡파의 발전에 크게 기여하였다. 제자로 도솔종열(兜率從悅), 수녕선자(壽寧善資), 동산지건(洞山至乾), 담당문준(潭堂文準), 각범혜홍(覺範慧洪) 등이 있다. 『운암진정선사어록(雲庵眞淨禪師語錄)』6권이 있고, 각범혜홍(覺範慧洪)이 찬술한 『운암진정화상행장(雲庵眞淨和尙行狀)』이 있다.

진정현해(眞正見解) : 중도(中道)의 현(見)과 중도(中道)의 해(解). 있는 그대로의 드러냄과 있는 그대로 앎.

진조상서감승(陳操尚書勘僧) : 진조(陳操)가 스님들을 감변한 화(話)로 세 개의 공안이 있다. ①"목주 자사 진조가 스님들에게 공양을 올리면서 호병(餬餅) 하나를 잡아들고서 한 스님에게 물었다. '강서나 호남에도 이것이 있습니까?’ 그 스님이 대답했다. ‘상서는 아까 무엇을 드셨소?’ 자사가 말했다. ‘종을 치니 메아리가 답을 하는구나.’《진조호병(陳操餬餅)》 ②어느 날 또 대중들에게 공양을 올리면서 몸소 떡을 나누어 주었다. 어떤 스님이 손을 벌려 받으려 하자 자사가 얼른 손을 거두었다. 그 스님이 말이 없자, 자사가 말했다. ‘과연! 과연!’ 다른 날에 한 스님에게 물었다. ‘일이 있는데 상좌스님과 상량(商量) 할 수 있겠습니까?’ 그 스님이 말했다. ‘개 아가리를 닥쳐라.’ 자사가 스스로를 치면서 말했다. ‘진조의 허물입니다.’ 그 스님이 말했다. ‘허물을 알면 반드시 고쳐야 하지요.’ 자사가 말했다. ‘이러하다면 상좌의 입을 빌어서 밥을 먹어야겠습니다.’ 《진조일사(陳操一事)》 ③또 대중에게 공양을 하여 손수 음식을 나누다가 말했다. ‘상좌께서 시식을 하시지요.’ 상좌가 대답했다. ‘3덕과 6미로군.’ 자사가 말했다. ‘錯(Cuò)!’ 상좌가 대답이 없었다. 또 관속들과 누각에 올랐는데 몇 명의 스님들이 걸어오고 있었다. 한 관리가 말했다. ‘오는 이들은 모두 행각하는 스님이지요?’ 자사가 말했다. ‘아니야.’ 말했다. ‘아닌 줄 어떻게 아십니까?’ 자사가 말했다. ‘가까이 올 때까지 기다렸다가 물어보자.’ 여러 스님들이 누각 앞을 지나갈 때에 자사가 갑자기 ‘상좌!’ 하고 부르니, 스님들이 모두 돌아보았다. 그러자 자사가 관속들에게 말했다. ‘내 말이 맞지?’” 《진조등루(陳操登樓)》(『景德傳燈錄』卷第十二, T51n2076_p0296b02~16. “睦州刺史陳操, 與僧齋次, 拈起餬餅, 問僧: ‘江西湖南還有遮箇麼?’ 僧曰: ‘尙書適來喫什麼?’ 陳曰: ‘敲鍾謝響.’ 又一日齋僧次, 躬行餅, 僧展手接, 陳乃縮手. 僧無語. 陳曰: ‘果然! 果然!’ 異日問僧, 曰: ‘有箇事與上坐商量得麼?’ 僧曰: ‘合取狗口.’ 陳自摑曰: ‘操罪過.’ 僧曰: ‘知過必改.’ 陳曰: ‘恁麼卽乞上坐口喫飯.’ 又齋僧自行食次, 曰: ‘上坐施食.’ 上坐曰: ‘三德六味.’ 陳曰: ‘錯.’ 上坐無對. 又與寮屬登樓次, 有數僧行來, 一官人曰: ‘來者總是行脚僧?’ 陳曰: ‘不是.’ 曰: ‘焉知不是?’ 陳曰: ‘待近與問相次.’ 諸僧樓前行過, 陳驀喚: ‘上坐!’ 僧皆迴顧, 陳謂諸官曰: ‘不信道?’”)

진주(鎭州) : 당대에 두었던 주(州)의 이름. 하북성(河北省) 정정현(正定縣)에 있었다.

진주금우(鎭州金牛) : 조계혜능(曹溪慧能)-남악회양(南嶽懷讓)-마조도일(馬祖道一)-진주금우(鎭州金牛). ‘금우장반(金牛將飯)’ ‘금우생심(金牛生心)’ ‘금우횡안(金牛橫按)’ 등의 공안이 있다.

진주보화(鎭州普化) : 남악회양(南嶽懷讓)-마조도일(馬祖道一)-반산보적(盤山寶積)-진주보화(鎭州普化). 생몰연대미상. 일본 보화종(普化宗)의 개조다. 스님의 언행이 아주 미친 사람 같고 일상사가 괴팍하였다고 한다. 법을 이은 제자가 없다. ‘보화생채(普化生菜)’ ‘보화여명(普化驢鳴)’ ‘보화요령(普化搖鈴)’ ‘보화직철(普化直裰)’‘보화진령(普化振鈴)’‘보화척상(普化踢床)’‘보화시범(普化是凡)’‘보화적도(普化趯倒)’ 등의 공안이 있다. 유명한 「보화영탁게(普化鈴鐸偈)」가 남아 있다.

진중(珍重) : 자중자애(自重自愛)하라. 소중히 하라. 잘 살펴라. 안녕.

진지(進止) : 뜻. 행동거지. 행위. 떠남과 머무름.

진포혜(陳蒲鞋) : 목주도명(睦州道明)스님이다. ‘진존숙(陳尊宿)’ 또는 ‘도종(道蹤)’이라고도 한다. 황벽희운(黃檗希運)스님의 법사이다. ‘진포혜’라고 함은 짚신을 팔아서 어머니를 모셨으므로 붙여진 이름이다.

질(質) : 형체가 만들어짐으로써 비로소 일정한 것으로 되는 재료적인 것을 말한다. 사물의 재질, 바탕, 성질, 본질.

질려(蒺藜) : 남가새 풀. 날카로운 가시가 다각형 모양의 열매에 나있다. 마름쇠.

질률목(榔栗木) : 나무 이름으로, 지팡이나 선장(禪杖)을 만드는데 주로 쓰인다.

질애(窒礙) : 장애. 집착하다, 구애되다. 명료하지 못하다. 의심스럽다.

질직(質直) : 소박하고 정직하다. 말이나 글이 꾸밈없고 질박하다.

짐적(朕迹) : 징조. 자취.

집법(執法) : 법을 집착하다. 법령을 준수하다. 법을 집행하거나 관장하다. 법을 집행하는 관리.

집역(執役) : 부역하는 사람. 백성들이 부역을 치르다. 인부. 복역하다. 부역하다.

징정(澄淳) : 물이 맑고 잔잔하다. 평화롭다. 맑게 안정되다.

차(箚) : ①머무르다. 주둔하다. ②찌르다. ③서다, 일어서다. ④확정하다, 해결하다(箚地). ⑤손님이 부르지 않아도 제 발로 찾아와 노래하고 술시중을 드는 하등 기녀(箚客). ⑥글을 쓰다. ⑦임금에게 올리는 간단한 서식의 공문서. ⑧눈을 깜짝임. 매우 짧은 시간.

차(嗟) : 아! 탄식하는 소리. 감탄하는 소리.

차(剳) : 지겹구나. 지겨워! 오래 머무는구나.

차(叉) : 杈(차)라고도 한다. 끝이 U자 모양으로 양쪽으로 갈라져 가장귀진 꼬챙이나 작살, 무기 따위를 말한다.

차(次) : 차(次)는 자(恣)와 같은 의미로 '방자하다' '방종하다' '제멋대로 하다'의 뜻.

차간(此間) : 이곳. 여기. 바로 여기.

차간무노승 목전무사리(此間無老僧 目前無闍梨) : 여긴 노승이 없고 바로 앞엔 사리(闍梨)가 없다. 협산선회(夾山善會)스님이 악보원안(樂普元安)스님에게 한 말이다. "스님이 여쭈었다. '먼 곳에서 덕화를 흠모하고 찾아왔으니 스님께서 한번 지도해 주십시오.' 협산스님이 말했다. '눈앞엔 자네가 없고, 협산에는 노승이 없다.' 스님이 말씀드렸다. '틀렸습니다.' 협산스님이 말했다. '멈추어라. 멈추어라. 자네는 너무 바삐 서두르지 마라. 구름과 달은 같지만, 계곡과 산은 각기 다르다. 자네가 천하 사람의 혀끝을 꺾어 버림은 없지 않겠으나, 혀가 없는 사람에게는 어찌 말을 알아듣게 하겠느냐?' 스님이 망연자실하여 대답을 못하였다. 협산스님이 때렸다. 스님이 이로부터 몇 해 동안을 모셨다."(『景德傳燈錄』卷第十六, T51n2076_p0331a09~15. "師問曰: '自遠趨風, 請師一接.' 夾山曰: '目前無闍梨, 夾山無老僧.' 師曰: '錯也.' 夾山曰: '住. 住. 闍梨且莫草草匆匆. 雲月是同, 雞山各異. 闍梨坐卻天下人舌頭卽不無, 爭教無舌人解語?' 師茫然無對, 夾山遂打. 師因茲服膺數載.")

차과(蹉過) : 착오, 허물, 잘못, 과오. 실패. 기회를 놓치다. 스치고 지나가다. 빗나가다, 어긋나다.

차도(且道) : 곧바로 말해라. 자, 말해라. 무엇을 물어 볼 때 어구 앞에 놓이는 상투어다.

차래(且來) : 잠깐만!

차막(且莫) : 절대로 ~하지 마라. 당분간 ~하지 마라. 차막착회호(且莫錯會好) → 잘못 알지 않는 것이 좋을 것이다.

차문(借問) : 시험 삼아 물어보다. 물어보다. 감히 물어보다. 여쭙다. 관심을 가지고 물어보다.

차배(差排) : ①짜 맞추다, 배정하다, 배치하다. ②지시하다, 시키다, 명령하다. ③파견하다, 보내다. ④~라고 여기다.

차별지(差別智) : 후득지(後得智)·여량지(如量智)·자연업지(自然業智)·속제지(俗諦智) 등과 같은 지혜로서, 현상계의 여러 가지 개별적 차별상의 이치를 환히 꿰뚫어 아는 부처님과 보살의 지혜를 말한다. 이에 상대되는 지혜로 근본지(根本智) 또는 무분별지(無分別智)가 있다.

차수(苲殊) : 차수(差殊)와 같은 뜻. 차이가 나다. 착오를 일으키다. 苲(배,

차, 로)는 차(差)와 같은 뜻으로 많이 쓰인다.

차수헌화(借水獻花) : 부처님 전에 꽃을 올릴 때에 불단 앞에 청수를 올리는 다기(茶器)의 물로 꽃을 꽂아 올림. 기회를 적시에 잘 활용하는 것을 말한다. 참선 학인이 선사를 찾아가서 청익할 때 각종의 기연들을 빌려서 자기의 견해를 바치는 것을 말한다.

차시(此時) : 바로 지금. 즉금(卽今). 제불제조(諸佛諸祖)의 마음.

차어(遮語) : ①이 말(這語). ②격외의 말(遮詮). ③입술을 가리고 하는 말.

차염전(茶鹽錢) : 차와 소금을 살 수 있는 돈. 곧, 생계유지에 꼭 필요한 돈. 입에 풀칠할 수 있는 적은 돈.

차요(且要) : 먼저 ~을 해야만 한다. 우선 ~하고자 하다.

차이(差異) : 기이하다. 정상이 아니다.

차자(此者) : 이번. 금번. 요번. 이번에, 금번에.

차장(且將) : 이제. 곧바로. 지금.

차종(且從) : 차치(且置), 차치(且致), 차지(且止)와 같은 말. 우선 내버려 두다. 일단 그대로 두다. 우선 놓아두다. 그건 그렇다 치고.

차지(且止) : 우선 내버려두다. 우선 그만두다. 그건 그렇다 치자. 일단 그대로 두자.

차차(借借) : 의지하다. 빌리다. 빌려서 마련하다. 낭자하다.

차행차지(且行且止) : 가다가 서고 가다가 서고하다.

차희(且喜) : 선가(禪家)의 용어이다. 무엇보다 다행인 것은. 무엇보다도 기쁜 것은. 전혀. 또는 상대방을 놀리는 투로 하는 말. "아주 멋지군." "매우 훌륭해!" 아주 훌륭하긴 하다만. 그렇다고는 하나. 그러긴 하다마는. 그러나. 앞의 말을 먼저 긍정한 다음에 뒤의 말을 부정하는데 쓰이는 접속사이다.

착(著) : 전치사. ①~를. ~을. ②~으로. ~으로써. ③~를 향하여. ④~에.

착(捉) : 파악하다. 확실하게 알다.

착괴(錯怪) : 오해하여 남을 탓하거나 원망함.

착두방(鑿頭方) : 끌 끝이 네모남. 줄 대가리가 모난 것. 두방(頭方)은 머리가 네모지고 반듯함. 너무 고지식하게 솔직하여 나모가 사이좋게 지내지 못함.

착득(著得) : 가지다. 갖추다. 붙들다.

착력처(著力處) : 혼신의 힘을 다하는 자리. 전력투구하는 자리. 자신이 가진 에너지를 모두 다 쏟아 붓는 자리.

착안(著眼) : 주의하여 살펴 봄. 관점을 돌려서 살펴 봄. 눈을 크게 뜨고 살펴 봄. 눈을 들어 자세히 살펴 봄.

착안정(著眼睛) : =착안(着眼). 눈을 크게 뜨고 자세히 바라보다. 눈여겨 자세히 보다.

착의(著意) : ①일부러. 고의로. 의식적으로. ②생각을 하다. ③주의를 기울이다. 어떤 일에 마음을 쓰다. 심혈을 기울이다. 노력하다. 애쓰다. 궁리하다. ④주의하다. 조심하다. 유의하다. 개의하다. ⑤마음에 들다.

착착(著著) : 하나하나. 갖가지. 한 수 한 수. 한 개 한 개. 한 동작 한 동작.

착촌(著忖) : 잘 알아차리다. 깊이 잘 생각하다. 잘 헤아리다.

착패(捉敗) : 붙잡혀 행적이 들통 나다.

찬(攛) : 던지다. 내던지다. 부추기다. 꼬드기다. 꾀다. 교사하다. 종용하다. 강권하다. 썩다. 혼합하다.

찬미(攢眉) : 눈살을 찌푸리다. 불쾌함이나 고통스러움을 나타내는 모양.

찬반(饡飯) : 국에 만 밥. 국말이를 말한다.

찬족(攢簇) : 모여서 무리를 이루다. 빽빽이 둘러싸다.

찬화족금(攢花簇錦) : 말이나 글이 화려함. 『전등록』15권에서는 "꽃다발처럼 화려한 사륙변려(四六騈儷) 문체"라고 나온다. (『景德傳燈錄』第十五, T51n2076_p0319a16~17. "攢華四六")

찰(拶) : 들이닥치다. 아주 가깝다. 아주 근접해 있다. 일격을 가하다. 형벌을 가하는 도구로 죄인을 꼼짝 못하게 고문하는 것. 선사들이 학인들의 언어지해를 끊어버리고 마음을 도저히 쓸 수 없게 만드는 능란한 술법이다. 학인들이 도저히 어쩔 수 없게 핍박하여 깨달음의 경지로 도약하게 하는 방법을 시설하는 것을 찰(拶)이라 함.

찰간(刹竿) : 큰 사찰 입구에 세워서 사찰임을 표시하는 물건을 말한다.

찰파(拶破) : 꼼작 못하게 꽉 누르다. 핍박하다. 파(破)는 어조사.

참(參) : 참(參)은 머리 위에 밝은 별이 세 개 있는 모양으로 만들어진 지사(指事) 글자이다. 厶(사)는 반짝이는 별을 나타내며 彡(진)은 빽빽하다는 뜻이다. '아주 치밀하고 세밀하게 참여하다'는 뜻으로 만들어진 글자이다. 이 참

(參)은 몇 가지 의미가 있다. ㉠~에 참여하다. 참회(參會), 참당(參堂). ㉡~을 만나 뵙다. 내참(來參), 자참(咨參), 참례(參禮), 참알(參謁), 참예(參詣), 참견(參見), 참신(參訊), 참구(參扣). ㉢곰곰이 생각하다. 참현(參玄), 참학(參學), 참취(參取), 참심(參尋), 참구(參究). ㉣깨닫다, 이해하다. 자참(自參), 참투(參透). ㉤들쭉날쭉하다. 참치(參差). ㉥나란히 하다. 참렬(參列). ㉦명사(名詞)로서의 참(參). 조참(朝參), 좌참(坐參), 대참(大參), 소참(小參). ㉧상태로서의 참(參). 이 상태로서의 참(參)은 좌선수행(坐禪修行)이나 참선변도(參禪辨道)의 의미로 사용할 때에는 '무엇을 하는 것'이 아니라 '무언가를 하는 것 자체를 그만 두는 것'이며, '그냥 그 자체로 있는 것'이다. 참(參)은 어떤 대상이 있어 그것에 대하여 참(參)하는 것이 아니라 그냥 존재하는 것이다. '어떤 것을 하는 것'이 아니기 때문에 그냥 '상태로 있음'이다. 그러므로 '참(參)하다'가 아니라 그냥 '참(參)'이라고 해야 한다. 참(參)에 해당하는 우리말이 없기 때문에 '참(參)' 그대로 두는 수밖에 없다. '참선(參禪)'을 '참선하다'로 말하면 참(參)과 선(禪)은 명사가 된다. 하지만 여기서 '참(參)'은 '선(禪)'과 함께 자체로 동사이기에 거기에다 '하다'라는 말을 붙일 수는 없다. '선(禪)'이 어떤 대상을 가져서 그것에 집중하는 것이 아니라 일체의 언어분별과 일체의 지견을 벗어나 아무런 필요도 없고 아무런 목적도 없이 그저 존재함이듯이 참(參)도 또한 그러하다. 그러므로 '참선(參禪)하다'도 아니요 '참(參)하고 선(禪)하다'도 아니고 그냥 '참선(參禪)'이다.

참당(參堂) : 승당(僧堂)으로 들어가서 수좌(首座)를 만나고 대중들과 함께 좌선하다. 선원의 주지스님이 학인의 방부를 허락하는 것.

참동계(參同契) : 석두 희천스님이 지은 노래이다. 5언(言) 44구(句) 220자(字)로 된 시(詩)로서, 선가(禪家)의 조동종(曹洞宗) 계통에서 많이 독송하였다고 한다. 『전등록』30권에 전문(全文)이 실려 있다.

참두(參頭) : 참(參)은 참학하는 스님을 말한다. 두(頭)는 두수(頭首)의 뜻이다. 처음 대중처소에 온 스님 가운데 수위(首位)에 있는 스님이다.

참두절비(斬頭截臂) : 계빈국왕(罽賓國王)과 제24조 사자존자(師子尊者)의 일화다. "존자는 환난을 구차하게 면하려는 것보다는 홀로 계빈국에 머무르기로 하셨다. 당시 그 나라에는 외도가 두 명 있었는데, 하나는 마목다(摩目多)이고 또 하나는 도락차(都落遮)로서 온갖 환법(幻法)을 익혀서 혼란을 일으키려고 공모하였다. 그리하여 부처님 제자의 형상으로 몰래 왕궁으로 잠입하면서 말했다. '성공하지 못하면 부처님 제자에게 죄를 돌려버리자.' 그들이 요사스런 짓을 지어대니, 재앙이 순식간에 터져 나와 나라일이 엉망진창이 되었다. 그러자 왕은 결국 화를 내고 말았다. '내가 평소에 마음을 삼보에 귀의하였는데 어찌하여 이렇게도 엄청나게 해악질을 한단 말이냐?' 그리고는 곧장 명을 내려 가람을 파괴하고 불자들을 모두 없애라고 하였다. 또 본인은 손수 칼을 들고 존자의 처소로 가서 따져 물었다. '스님은 오온(五蘊)이 공(空)함을 깨달았소?' 존자께서 말씀하셨다. '이미 오온이 공함을 깨달았소.' 말했다. '생사(生死)를 여의었소?' 존자께서 말씀하셨다. '이미 생사를 떠났소.' 말했다. '이미 생사를 떠났다면 나에게 머리를 내어 줄 수 있겠소?' 존자께서 말씀하셨다. '몸도 나의 것이 아닌데, 어찌 머리를 아끼겠소?' 왕이 바로 칼을 휘둘러 존자의 머리를 끊어버리니, 하얀 젖이 몇 자나 높이 치솟았다. 왕의 오른팔도 곧바로 땅에 떨어졌다가 7일 만에 죽어버렸다. (『景德傳燈錄』卷第二, T51n2076_p0215a07~17. 참조.)

참선(參禪) : 참선(參禪)은 무엇을 하는 것이 아니라 어떤 상태에 있음이므로 '참선(參禪)하다'라는 말은 맞지 않다. 그냥 '참선(參禪)'이라고 하든지, '참선(參禪)이다'라고 해야 한다.

참창(攙搶) : 혜성의 이름이다. 천참(天攙). 천창(天搶). 참성(攙星). 병화(兵禍)를 주관하는 요사스런 별로 여겼으므로 원흉이나 수괴를 참창(攙搶)이라 하였다.

참처(參處) : 영접하여 처리함. 참작하여 처리함. 처분을 내림.

참청(參請) : 동참청익(同參請益), 또는 참문청익(參問請益)의 줄임말. 학인이 선사를 찾아가서 질문을 하고 그 가르침을 청하는 것을 말한다.

참퇴(參退) : 참후(參後)와 같은 말이다. 만참(晩參)이나 방참(放參)을 한 이후를 말한다.

참학(參學) : 참선학도(參禪學道)의 줄임말. 학(學)은 각(覺)과 같은 의미로 깨닫다, 지각하다, 자각하다의 뜻. 선(禪)을 참(參)으로 도(道)를 깨달음.

참항탈시(攙行奪市) : 시장을 강제로 빼앗음. 자기 업무를 뛰어 넘어서 남의 업무를 빼앗는 것. 자기의 권한을 벗어나 다른 사람의 직무를 차지함. 선가(禪家)에서 많은 일을 지어내 언설작략(言說作略)을 남용하는 것을 말한다. 설봉의존스님과 현사 사비스님의 문답에서 나오는 말이다. "설봉스님이 화로를 가리키면서 말했다. '삼세제불이 화로 속에서 대법륜을 굴리신다.' 현사스님이 말씀드렸다. '요사이 왕령이 점점 엄해집니다.' 설봉스님이 말했다. '어떻게?' 현사스님이 말씀드렸다. '자기의 권한을 벗어나 남의 업무를 빼앗는 것을 허락하지 않습니다.'" (『聯燈會要』卷第二十三, X79n1557_p0202c17~18. "雪峰

指火爐云: '三世諸佛, 在火焰裏, 轉大法輪.' 師云: '近日王令稍嚴.' 峰云: '作麼生?' 師云: '不許攙行奪市.'")

참황(慚惶) : 부끄럽고 미안하다.

창도(唱道) : 불법(佛法)을 강설하여 사람들을 인도함.

창명(滄溟) : 넓고 큰 바다(滄海). 아득히 높고 먼 하늘.

창승(蒼蠅) : 파리. 금파리(남을 헐뜯는 소인배).

창신(愴神) : 슬픔. =상심(傷心).

창주(滄洲) : 물가가 있는 곳. 은자(隱者)가 사는 곳.

창천(蒼天) : 맑고 푸른 하늘이란 뜻과 봄(春)의 뜻이 있다. 창천창천(蒼天蒼天)은 '슬프다. 슬프다' 또는 '아이고, 아이고.'의 통곡하는 소리로 주로 쓰였지만 '봄이 왔구나, 봄이 왔어.'란 뜻도 있다.

채주(蔡州) : 수나라 때 둔 주(州)의 이름이다. 하남성(河南省) 여남현(汝南縣)에 있었다.

채철(採掇) : 줍다. 따내다. 채택하여 받아들이다. 찾아내어 한 곳에 모으다.

처(處) : 때, 시각, 시간을 나타냄.

처착(覷著) : 자세히 보다. 엿보다. 살펴보다. 눈치 채다.

척기(剔起) : 세우다. 곧추 서게 하다. 벌떡 일어나다. 척기미모(剔起眉毛)→ 눈썹을 치켜세우다. 눈썹을 치켜 올리다. 눈을 치켜뜨다. 눈을 크게 뜨다.

척당(倜儻) : 확실하게 깨닫다. 근기가 탁월하다. 근성이 특출하다. 호방하고 기세가 있어서 관습의 구속을 받지 않다.

척당무차(倜儻無差) : 철저하게 깨달음[명오(明悟), 철오(徹悟)]. 척당(倜儻)은 탁월하다, 명백히 깨닫다는 뜻. 무차(無差)는 조금도 어긋남이 없음.

척필봉(擲筆峯) : 강서성(江西省) 구강시(九江市)에 있는 여산(廬山)의 한 봉우리를 말한다.

천(芊) : 푸르다. 천(芊)과 같다.

천균지노(千鈞之弩) : 전쟁을 승리로 이끈다는 매우 크고 무거운 활, 또는 쇠뇌.

천기(天機) : 천연의 기감(機感). 천연이 운행하는 기틀. 천연의 뜻. 천연의 기밀.

천년상주일조승(千年常住一朝僧) : 천년 묵은 고찰에 하루아침의 스님이다. 『백장청규증의기』6권에 이 법문에 관한 얘기가 나온다. "『척고유문』에서 말했다. '굉선사께서는 수봉 상스님의 법을 잇고 계하산(啟霞山)에 주석하고 있었는데 한 귀인의 안장식을 보게 되시었다. 관이 도착하자 굉선사께서 파놓은 구덩이에 들어가서 누워버리셨다. 그래서 하관을 못하고 있으니 군수인 구대제가 사람을 보내어 이해를 시키려 하였다. 「천년의 상주물도 하루아침 스님의 것이라 했는데 장로께서는 어찌하여 다투십니까?」 굉선사가 말씀하셨다. 「하루아침 스님이라도 천년 상주물을 쓸 수는 없소.」 그리고는 마침내 그 일을 그만 두셨다.'" (『百丈叢林淸規證義記』卷第六, X63n1244_p0448c04~08. "撫古 云: '宏禪師, 秀峯祥公之嗣, 住啟霞山, 有貴人卜葬所親. 比柩至, 宏堅臥其穴, 不克襄事. 郡守仇待制, 遣人諭之曰: 「千年常住一朝僧, 長老何苦爭耶?」 宏曰: 「不可以一朝僧, 壞千年常住.」 竟寢其事.'")

천동함계(天童咸啓) : 약산유엄(藥山惟儼)-운암담성(雲巖曇晟)-동산양개(洞山良价)-천동함계(天童咸啓). 오대오월(五代吳越) 때의 스님으로 동산 양개스님의 법을 잇고 처음에 소주 보화산에 머물다가 후에 명주 천동산으로 옮겨 주석하였다. '함계응용(咸啓應用)' 공안이 있다. 『전등록』11권에서는 경산감종(徑山鑑宗)[남악회양(南嶽懷讓)-마조도일(馬祖道一)-염관제안(鹽官齊安)-경산감종(徑山鑑宗)]스님의 법사로도 기록되어 있으나 (『景德傳燈錄』卷第十一, T51n2076_p0281c15~16. "杭州徑山鑑宗大師法嗣三人 明州天童山咸啓禪師") 17권에서는 목록에서 "11권 목록에는 있으나 전하지는 않는다." (T51n2076_p0334a18. "明州天童山咸啓禪師〈十一卷有目無傳〉")고 되어 있고 이 함계(咸啓)스님 편에서, "11권에 경산 감종스님 밑에도 수록되어 있는데, 왜 그럴까?" (『景德傳燈錄』卷第十七, T51n2076_p0339a19. "〈十一卷又收在徑山鑑宗下何也?〉")라고 나온다.

천룡중기(天龍重機) : 덕산선감(德山宣鑑)-설봉의존(雪峰義存)-현사사비(玄沙師備)-천룡중기(天龍重機). 대주(台州)[절강성 임해(臨海)] 황암(黃巖) 출신이다. 본래 법명은 명진(明眞)이다. 중기(重機)는 그의 자(字)이다. 현사 사비스님의 법을 잇고 다시 절중(浙中)으로 돌아가서 전무숙왕(錢武肅王)의 청으로 항주(杭州) 천룡사(天龍寺)에 주석하였다.

천류(遷流) : 변화하다. 변천하다. 시간이 흐르다. 물길이 바뀌다. 유배되다.

천매(淺昧) : 천박하고 우매하다.

천복승고(薦福承古) : 덕산선감(德山宣鑑)-설봉의존(雪峰義存)-운문문언(雲門文偃)-천복승고(薦福承古). ?~1045. 서주(西州)[강소성 남경] 출신. 일찍부터 서생(書生)이 되어 그 박학함의 소문이 자자하였다. 예부(禮部)에 취직하였으나 뜻에 맞지 않아 담주(潭州) 요산(了山)의 경현(敬玄)스님에게서 머리를 깎았다. 그 후 운문문언(雲門文偃)스님을 만나 뵙고 법을 이었다. 후에 여산 구봉(歐峰)으로 갔다가 굉각탑원(宏覺塔院)에 주석하였는데 청규를 엄연히 하였으므로 사람들이 '고탑주(古塔主)'라고 불렀다. 1037년에 범중엄(范仲淹)[989~1052]이 파양(鄱陽)의 군수로 있으면서 스님의 덕을 흠모하여 천복(薦福)에 머물 것을 청하니 이후로 종풍을 크게 열어 떨쳤다. '천복막막(薦福莫莫)' '천복공겁(薦福空劫)' 등의 공안을 남겼다.

천복원사(薦福院思) : 동산양개(洞山良价)-소산광인(疎山匡仁)-호국수징(護國守澄)-천복원사(薦福院思). 영주천복원사선사(穎州薦福院思禪師)이다. 생몰연대는 알려져 있지 않다. 오대(五代) 후진(後晉)의 조동종스님으로 호국수징선사(護國守澄禪師)에게 법을 잇고 영주(穎州) 천복원에 주석하다가 당주(唐州) 천목산(天目山)에 머물렀다. '천복고전(薦福古殿)' 공안이 있다.

천불명경(『千佛名經』) : 『과거장엄겁천불명경(過去莊嚴劫千佛名經)』1권과 『현재현겁천불명명(現在賢劫千佛名經)』1권과 『미래성수겁천불명경(未來星宿劫千佛名經)』1권. 이 셋의 삼겁삼천불명경(三劫三千佛名經)을 말한다.

천산만수(千山萬水) : 수많은 산과 수많은 물줄기. 험난하고 먼 노정을 비유.

천성호태(天聖皓泰) : 풍혈연소(風穴延沼)-수산성념(首山省念)-분양선소(汾陽善昭)-천성호태(天聖皓泰). 임제종 스님으로 하동(河東)사람이다. 안길주(安吉州) 천성(天聖)에 주석하였다.

천양(闡揚) : 드러내어 밝혀서 널리 떨치게 함. 들추어 널리 선양하다.

천의의회(天衣義懷) : 운문문언(雲門文偃)-향림징원(香林澄遠)-지문광조(智門光祚)-설두중현(雪竇重顯)-천의의회(天衣義懷). 운문종스님이다. 993~1064. 진종선사(振宗禪師), 진종의회(振宗義懷), 진종대사(振宗大師)라고도 한다. 속성은 진씨(陳氏). 온주(溫州) 영가(永嘉) 악청(樂淸) 출신. 그의 집안은 대대로 고기잡이를 해왔기 때문에 어려서부터 부친을 따라 다니면서 낚시를 하였지만 잡은 물고기를 모두 놓아 주었다고 함. 출가하여 법화지언(法華志言)스님의 회상에서 배우다가 금란선(金鑾善)스님과 섭현귀성(葉縣歸省)스님 문하에서 배웠다. 뒤에 설두중현(雪竇重顯)스님 문하에 들어가서 그 법을 이었다. 후에 진종대사(振宗大師)라는 시호를 받았다. '천의구경(天衣究竟)' '천의차산(天衣此山)' '천의정문(天衣頂門)' '천의장공(天衣長空)' 등의 공안이 있다. 혜림종본(慧林宗本), 불일지재(佛日智才), 법운법수(法雲法秀), 시랑양걸(侍郎楊傑) 등 54여 명의 제자들이 있다.

천이객(穿耳客) : 인도인을 뜻하나 특히 달마대사를 말함. 오도(悟道)한 납승(衲僧)을 일컬음.

천주숭혜(天柱崇慧) : 우두법융(牛頭法融)-원양지암(圓陽智巖)-윤주혜방(潤州慧方)-금릉법지(金陵法持)-천보지위(天保智威)-천주숭혜(天柱崇慧). ?~779. 팽주(彭州)[사천성] 출신. 속성은 진씨(陳氏). 당나라 건원(乾元)[758~759] 초에 서주(舒州) 천주산(天柱山)에서 개당(開堂)하니, 황제가 영태(永泰) 원년(765)에 천주사(天柱寺)라고 이름을 지어 주었다. 대력(大歷) 14년 7월 22일 입적하였다. '천주달마(天柱達摩)' 공안이 있다.

천천만만(千千萬萬) : 수량이 매우 많음을 나타내는 말.

천취(薦取) : 체회(體會), 증오(證悟), 천득(薦得) 등과 같은 말. 도달하다. 알아차리다. 깨닫다.

천태(天台) : 절강성(浙江省) 천태현(天台縣) 북쪽에 있는 산이다. 천태종(天台宗)의 발원지로 유명하다.

천태덕소(天台德韶) : 현사사비(玄沙師備)-나한계침(羅漢桂琛)-법안문익(法眼文益)-천태덕소(天台德韶). 891~972. 처주(處州)[절강성 여수] 용천(龍泉) 출신. 속성은 진씨(陳氏). 17세에 용귀사(龍歸寺)로 출가. 18세에 신주(信州) 개원사(開元寺)에서 구족계를 받았다. 스님은 제방을 널리 참학하다가 용아거둔선사(龍牙居遁禪師)에게 참알하였다. 처음 만나자 용아스님에게 물었다. "영웅 가운데 영웅이신 지존을 어째서 가까운 데서 얻지 못합니까?" 용아스님이 말했다. "불이 불을 주는 것과 같다." 물었다. "곧바로 물을 가져오면 어떻습니까?" 말했다. "꺼져! 너는 내말을 알아듣지 못했다." 물었다. "하늘은 아래를 덮지만 땅은 싣지를 않습니다. 이 이치가 어떠합니까?" 말했다. "도인은 반드시 이와 같아야만 한다." 덕소스님이 이와 같이 17차례나 물었으나 용아스님은 시종일관 한결같이 이와 같이 답할 뿐이었다. 덕소스님이 결국 그 뜻을 밝히지 못하고 용아스님에게 가르침을 구하니, 말했다. "도인아. 이후로는 스스로 알아야 할 것이다." 덕소스님이 후에 통현봉에 이르러서 하루는 목욕을 하면서 용아스님의 대답을 생각하다가 홀연히 깨달았다. 이에 곧 위의를 갖추고 멀리 용아스님을 향하여 분향하고 가르침에 감사하면서 절을 올렸다. 그리고 혼자 말했다. "당시에 만일 나에게 자세히 말씀하셨다면 오늘 틀림없이 잘못되었을 것이다." 이후로 스님은 54명의 선지식들을 참배하였으나 법연(法緣)이 맞지를 않아서 철저한 깨달음을 얻지 못하였다. 그러다가 임천에 주석하고 있는 법안 문익선사의 회상에 합류하였다. 하루는 법안스님이 상당설법을 하는데 어떤 스님이 여쭈었다. "어떤 것이 조계의 근원적 한 방울 물입니까?” 법안스님이 답하였다. “이것이 조계의 근원적 한 방울 물이다.” 그 스님이 한 번 듣고는 그 뜻을 알지 못하고서 망연히 물러갔다. 그때에 덕소스님이 옆에서 앉아 있다가 법안스님의 회답하는 말을 듣고는 그 자리서 활연대오하여 평생의 응어리가 얼음 녹듯 모두 녹아 버렸다. 그리고 곧바로 법안스님에게 고하니, 말하였다. “너는 향후에 국왕의 스승이 되어 조사의 도를 크게 빛나게 하리라. 나는 따라가지도 못하겠지만.” 덕소스님이 철저한 깨달음을 이룬 후 얼마 지나지 않아서 절강으로 돌아가 천태산을 유람하다가 천태 지자대사의 유적을 보게 되었는데 마치 옛적에 살았던 느낌을 받았다. 이로 인하여 지자대사와 ‘천태’라는 호를 같이 하게 되었는데 사람들이 지자대사(智者大師)의 후신이라고 일컬었다. 송태조(宋太祖) 개보(開寶) 5년 세수 82세로 입적하였다. ‘덕소천불(德韶天不)’ ‘덕소나타(德韶那吒)’ 등의 공안을 남겼다.

천태지자(天台智者) : 538~597. 천태지의(天台智顗). 지자대사(智者大師). 천태대사(天台大師) 등으로 불린다. 천태종 개종조사(開宗祖師)다. 속성은 진씨(陳氏). 자(字)는 덕안(德安). 형주(荊州) 화용(華容)[호북성(湖北省) 잠강(潛江)] 출신. 천태종(天台宗) 4조(四祖)이나 실제 창시인(創始人)이다. 18세에 상주(湘州)의 과원사(果願寺)로 출가하였고 23세에 혜사(慧思)스님을 스승으로 삼고 선법(禪法)을 익히다가 법화삼매를 깨닫고 선다라니(旋陀羅尼)를 얻었다. 개황(開皇) 17년(597) 천태산 석성사(石城寺)에서 세수 60세로 입적하였다. 시호는 법공보각령혜존자(法空寶覺靈慧尊者)다. 『법화현의(法華玄義)』『법화문구(法華文句)』『마하지관(摩訶止觀)』『관음현의(觀音玄義)』『관음의소(觀音義疏)』『금광명현의(金光明玄義)』『금광명문구(金光明文句)』『관무량수경소(觀無量壽經疏)』 등의 저술이 있다.

천품만류(千品萬類) : 모든 사물. 모든 만물. 삼라만상. 천품(千品)은 많은 종류의 물건, 또는 모든 관원을 말한다.

천황도오(天皇道悟) : 조계혜능(曹溪慧能)-청원행사(靑原行思)-석두희천(石頭希遷)-천황도오(天皇道悟). 748~807. 속성은 장씨(張氏). 절강성 무주(婺州) 금화현(金華縣) 출신이다. 14세에 명주(明州)[절강성]의 한 대덕스님에게서 삭발하였다. 25세에 항주(杭州) 죽림사(竹林寺)에서 구족계를 받았다. 경산국일(徑山國一)스님을 참알하여 심법을 전수받고 5년을 모시다가 마조스님을 찾아 앞의 이해를 거듭 인정받았다. 2년 후에는 석두 희천스님을 찾아 확철대오하고 그의 법을 이었다. 그 이후로 형주성(荊州城) 동쪽의 천황사(天皇寺)에 주석하면서 법을 크게 폈다. 헌종 원화 2년 4월에 세수 60세로 입적하였다. ‘천황이각(天皇離却)’ ‘천황쾌활(天皇快活)’ 등의 공안을 남겼다.

천효(天曉) : 날이 새다. 동이 트다.

철(掣) : 끌다. 당기다. 끌어당기다. 억압되다. 제어하다. 빠르게 지나가다. 뽑다. 추첨하다. 드러내 보이다. 제시하다. 경련을 일으키다. 들다. 잡다. 흔들거리다.

철곤(徹困) : 막힌 것을 시원하게 뚫어주다. 매우 애씀.

철구(蜇口) : 입이 아프다.

철산(鐵山) : ① 죄인을 눌러대는 지옥에 있는 산. ② 9산의 하나로 철위산을 말함. ③ 견고한 장벽을 비유하는 말.

철질려(鐵蒺黎) : 마름쇠. 적을 막기 위하여 땅위에 흩어 두는 마름 모양의 무쇠 덩어리. 전국시대부터 썼다고 하는데 뾰족한 끝이 네 개 달려있다.

첨두량(尖斗量) : 고봉 말로 헤아리다. 말(斗)그릇에 수북이 높이 쌓아서 헤아림.

첨량(尖量) : 곡물을 고봉으로 되다.

첨례(瞻禮) : 우러러 예배하는 것.

첨순미설(甜脣美舌) : 첨언미어(甜言美語)와 같은 말. 듣기 좋은 달콤한 말.

첨영(簷楹) : ①처마 밑. ②대청 앞의 기둥. ③탑신부.

첨절(忝竊) : 더럽히고 욕되게 하다. 보통은 신하가 임금에게 사용하는 겸사(謙辭)다.

첩질귀(捷疾鬼) : 야차(夜叉)의 의역(意譯)이다. ⓢyakṣa. 사람의 살과 피를 먹으며 하늘을 날고 땅 위로 다니는 것이 아주 빠르다고 해서 '아주 빠른 귀신'이라는 뜻으로 첩질귀(捷疾鬼)로 번역했다. 이 첩질귀(捷疾鬼)의 대장은 비사문천왕(毘沙門天王)이다.

첩체(貼體) : 옷이 몸에 딱 맞다. 살갗에 닿다. 매우 친하다. 마음에 맞다.

청(倩) : 고용인. 고용하다, 빌리다. 청하다, 간구하다, 부탁하다.

청라(青蘿) : 소나무겨우살이. 송라(松蘿) 또는 여라(女蘿)라고도 함. 소나무에 실타래처럼 줄줄 늘어진 식물.

청량답순종심요법문(『清涼答順宗心要法門』) : 당나라 순종이 당시의 국사(國師)인 청량(清涼)스님과 일심(一心)에 관하여 문답한 내용을 실은 책이다. 규봉종밀(圭峰宗密)스님이 주(注)를 달았다.

청량보명(淸凉普明) : 용담숭신(龍潭崇信)-덕산선감(德山宣鑑)-설봉의존(雪峰義存)-청량보명(淸凉普明). 보통보명(普通普明)이라고도 한다. 오대(五代) 후진(後晋)스님으로 설봉 의존스님의 법을 잇고 익주(益州) 보통산(普通山)에 주석하였다.

청량징관(淸凉澄觀) : 조계혜능(曹溪慧能)-하택신회(荷澤神會)-오대무명(五臺無名)-화엄징관(華嚴澄觀). 738~839. 당나라 때의 스님으로 화엄종 제4조이다. 화엄보살 또는 화엄소주라고도 불리었다. 월주(越州) 회계(會稽)[절강성(浙江省) 소흥(紹興)] 출신. 속성은 하후씨(夏侯氏). 자는 대휴(大休). 시호는 청량(淸凉)이다. 9세에 체진대사(體眞大師)에게 출가한 뒤 '이관(理觀)'을 수행하였다. 화엄학을 전해준 스승 법선스님으로부터 '법계는 모두 너에게 있다.'라고 인가를 받았다. 화엄학 뿐만 아니라, 계율을 익히고, 열 가지의 서원을 세우는 등 수행에 매진하였다. 화엄·법화·천태학·우두선·남종선·북종선·삼론교학 등의 내전을 두루 익혔으며, 경(經)·전(傳)·자(子)·사(史)를 비롯 중국의 구류이학(九類異學)과 인도의 4베다와 5명(明) 등의 외전을 두루 섭렵해 마쳤다. 그의 박학함은 대흥선사에서 진행된 역경장에 참가하여 6년간 77부의 경전을 번역하는데 크게 기여하는 성과를 이루었다. 스님의 저서가 총 42종 600여권인데 『화엄경주소(華嚴經註疏)』20권, 『화엄경수소연의초(華嚴經隨疏演義抄)』90권 『화엄현담(華嚴玄談)』9권 등 현재 21종 400여권이 남아 있다. 개성 4년(839년) 102세로 입적하였다.

청림사건(靑林師虔) : 약산유엄(藥山惟儼)-운암담성(雲巖曇晟)-동산양개(洞山良价)-청림사건(靑林師虔). 오대후량(五代後梁)스님이다. 동산 양개스님의 법을 이은 후 처음엔 산남부(山南府) 청좌산(靑銼山)의 암자에서 10년을 지내다 호북성 수주(隨州)로 가서 대중들의 요청으로 청림산(靑林山)에 주석하였다. 그 후 동산(洞山)으로 옮겨 동산의 제3대 주인이 되었다.

청봉전초(靑峰傳楚) : 청원행사(靑原行思)-석두희천(石頭希遷)-약산유엄(藥山惟儼)-선자덕성(船子德誠)-협산선회(夾山善會)-낙포원안(洛浦元安)-청봉전초(靑峰傳楚). 경주(涇州)[감숙성 경천(涇川)] 출신. 낙포 원안스님의 법을 잇고 봉상(鳳翔)[섬서성] 청봉원(靑峰院)에 주석하였다.

청소(淸宵) : ①=청야(淸夜). 맑고 고요한 밤. ②푸른 하늘, 높은 하늘. ③우수한 성적으로 과거에 급제하다.

청수(聽受) : 들어주다. 말을 듣고 받아들이다.

청원행사(靑原行思) : 쌍봉도신(雙峰道信)-황매홍인(黃梅弘忍)-조계혜능(曹溪慧能)-청원행사(靑原行思). 671~740. 속성은 유씨(劉氏). 길주(吉州) 여릉(盧陵)

[강서성(江西省) 길안(吉安)] 출신. 어려서 출가하여 육조 혜능스님의 법을 잇고 남악 회양스님과 함께 선종의 양대 맥을 이어가게 한 대제자(大弟子)이다. 길안(吉安) 청원산(青原山)의 정거사(浄居寺)에 머물렀다. 개원(開元) 28년 입적했다. 희종(僖宗)이 홍제선사(弘濟禪師)라고 시호를 내렸다. 탑명은 귀진(歸眞)이다. ‘청원미가(青原米價)’ ‘청원여릉(青原廬陵)’ ‘청원소식(青原消息)’ ‘청원진신(青原振身)’ ‘청원돌부(青原鈯斧)’ 등의 공안이 있다.

청익(請益) : 학인이 선사의 가르침을 받고 모르는 것에 대하여 재차 질문하는 것이다.

청청암암(青青黯黯) : 청청(青青)은 매우 검은 모양. 암암(黯黯)은 어두운 모양. 아주 검고 어두운 모양을 나타냄.

청평영준(清平令遵) : 석두희천(石頭希遷)-단하천연(丹霞天然)-취미무학(翠微無學)-청평영준(清平令遵). 845~919. 어렸을 적에 보리사에서 출가하였고, 개원사에서 구족계를 받은 후, 율학을 익혔다. 이후 취미 무학스님 회하에서 크게 깨닫고 대통선원을 짓고 선풍을 크게 드날렸다. 특히 대나무밭에서 깨우친 일화로 유명하다. 영준스님이 취미스님에게 여쭈었다. “어떤 것이 조사가 서쪽에서 온 분명한 뜻입니까?” 취미스님이 말했다. “사람이 아무도 없을 때 그대에게 말하여주겠다.” 영준스님이 가만히 있다가 말했다. “사람이 없습니다. 스님께서 말씀해 주십시오.” 취미스님이 법상에서 내려와서는 영준스님을 이끌어 대나무숲속으로 가니 영준스님이 또 여쭈었다. “사람이 아무도 없으니 말씀해 주십시오.” 취미스님이 대나무를 가리키면서 말했다. “이 대나무는 이렇게 길고 저 대나무는 저렇게 짧다.” 영준스님이 그 말끝에 대오(大悟)하였다. ‘청평정삭(清平井索)’ ‘청평무인(清平無人)’ 등의 공안이 있다.

체(體) : 마음, 마음씨. 성품, 품성, 덕성. 도량, 포부. 종통(宗統). 언행의 규범과 도리. 포용하다, 받아들이다. 나타내다, 표현하다. 본받다, 모범으로 삼다. 근거하다. 계승하다. 친근하다. 절실하다. 실행하다. 다스리다. 체득하다. 자상하게 돌보다. 남의 처지에서 이해하다.

체각미봉(滯殼迷封) : 껍질에 갇히고 굳게 봉쇄된 경계에 미혹함. 곧, 어리석고 우둔함. 정식(情識)으로써 지해(知解)를 익혀 얽히어서 깨달음이 어려움.

체격(體格) : ①시문(詩文)이나 글씨의 체제와 격조. ②겉으로 드러난 몸의 생김새.

체구(體究) : 자세히 고찰하고 연구하다. 직접 조사하여 구명(究明)하다. 체득(體得)하고 생각하다.

체당(諦當) : 정확하다. 타당하다. 적절하다. 딱 맞다. '체(諦)'는 진실하다. 정확하다는 뜻. '당(當)'은 중정(中正)의 뜻.

체대(替代) : 죽은 사람의 혼령이 산 사람의 육신을 빌려 환생하는 일. 대신하다. 교체하다.

체득혈류무용처 불여함구과잔춘(啼得血流無用處 不如緘口過殘春) : '피눈물 나도록 아무리 울어 본들 아무런 소용없으니, 차라리 입을 다물고 남은 봄을 보내는 것만 못하리.' 당대 시인 두순학(杜荀鶴)[846~907]의 싯구이다. "터엉 빈 남녘 하늘 꽉 찬 둥근 달,/ 두견이 울어 울어 알리려 하나,/ 아무리 울어 봐도 쓸 곳 없으니,/ 입 다물고 남은 봄 보냄만 못해. (《聞子規》 楚天空闊月成輪, 蜀魄聲聲似告人. 啼得血流無用處, 不如緘口過殘春.)"

체취(體取) : 체득하다. 이해하다. 세심하게 살펴 이해하다.

체회(體會) : 알아차리다. 깨닫다. 체험하여 이해하다.

초(艸) : 草(초)와 같은 글자. 처음, 시작. 일찍이, 이미. 『고존숙어록』13권에서는 부(玆)라고 나온다.

초(楚) : 호남성(湖南省)과 호북성(湖北省)을 통칭해서 부르는 이름이다. 특히 호북(湖北) 일대를 말한다. 옛날에는 주대(周代)에 제후국의 하나였다가 진(秦)나라에 망하였고, 진(秦)나라 말에 세워졌다가 한(漢)나라에 망하였고, 오대십국(五代十國)의 하나였다가 남당(南唐)에 멸망하였던 나라들의 이름이기도 하다.

초경도광(招慶道匡) : 덕산선감(德山宣鑑)-설봉의존(雪峰義存)-장경혜릉(長慶慧稜)-초경도광(招慶道匡). 한주(漢州)의 조주(潮州)[광동성 조양(潮陽)] 출신. 성은 이씨(李氏). 장경혜릉(長慶慧稜)스님이 천주(泉州) 초경원(招慶院)에 머무를 때 입실하여 시봉하다가 법을 이었다. 시호는 법인대사(法因大師)이다. '초경상굴(招慶上窟)' 공안이 있다. "천주의 초경원 도광스님이 진흙을 지고 나르는 울력을 하고 있었다. 도중에 한 스님에게 물었다. '윗굴의 진흙이냐, 아랫굴의 진흙이냐?' 그 스님이 말했다. '윗굴의 진흙입니다.' 스님이 한 대 때렸다. 또다시 다른 스님에게 물었다. '윗굴의 진흙이냐, 아랫굴의 진흙이냐?' 그 스님이 말했다. '아랫굴의 진흙입니다.' 스님이 역시 한 대 때렸다. 또 명초(明招)스님에게 물었다. 명초스님이 진흙 짐을 내려놓고 차수하고 서면서 말했다. '스님의 감변(勘辨)을 부탁합니다.' 도광스님이 그만 두었다."

초과(草窠) : 풀 더미. 풀 숲. 풀 무더기. =초총(草叢). 언구(言句)가 서로 뒤얽혀 정식(情識)으로 망령되게 앎.

초록(抄錄) : 소용되는 것만을 뽑아서 기록하다. 베껴 쓰다.

초명(蟭螟) : 지극히 작은 전설상의 벌레. 『포박자(抱朴子)』와 『열자(列子)』에 나오는 벌레 이름이다. "초명은 모기 눈썹에 살면서 하늘을 뒤덮는 대붕을 비웃는다." (晋, 葛洪, 『抱朴子』「刺驕」. "蟭螟屯蚊眉之中, 而笑彌天之大鵬.") "강의 포구 사이에 마충이 있는데 그 이름이 초명이다. 무리지어 모기의 속눈썹으로 날아들어 서로가 부딪치지도 않고 살면서 오가는데, 모기는 알지 못한다."(『列子』「湯問」第五. "江浦之間生麽蟲, 其名曰焦螟, 羣飛而集於蚊睫, 弗相觸也. 棲宿去來, 蚊弗覺也.")

초산(楚山) : ①형산(荊山)을 말한다. 호북성(湖北省) 서부지역에 위치해 있으며 남동쪽에 한수(漢水)가 있다. ②섬서성(陝西省) 상현(商縣) 지역에 위치한 상산(商山)을 말한다.

초수(招手) : 손짓하다. 손을 흔들다.

초심(初心) : 초지입심(初地入心)을 말한다. 성유식론(成唯識論)에서의 통달위(通達位)이며 섭대승론(攝大乘論)에서의 견도위(見道位)로서 십지(十地) 바로 이전의 지위이다.

초심정각(初心正覺) : 처음 마음이 정각이다. 60『화엄경』8권에서 법혜보살(法慧菩薩)이 정념천자(正念天子)에게 한 말이다. "처음으로 발심하였을 때 곧장 정각을 이루어 일체 법의 진실한 성품을 알게 되며, 통찰의 몸을 갖추어 남을 말미암아 깨닫지 않을 것이다."(『大方廣佛華嚴經』卷第八, 「梵行品」第十二, T09n0278_p0449c14~15. "初發心時便成正覺, 知一切法眞實之性, 具足慧身不由他悟.")

초야(初夜) : 초경(初更) 또는 갑야(甲夜)라고도 한다. 하룻밤을 다섯으로 나누었을 때의 첫 번째 부분. 대체로 밤 8시에서 10시까지의 사이이다.

초연(超然) : ①뛰어나다. 출중하다. 속세를 떠나다. ②탁 트인 모양. 아득히 먼 모양.

초연(悄然) : 적연(寂然)과 같은 뜻. 고요한 모양. 전과 다름없이 여전한 모양. 근심하고 슬퍼하는 모양. 초(悄)는 소리 없이 고요함.

초왕성(楚王城) : 하남성(河南城) 신양(信陽)의 북서쪽에 있던 성(城)이다. 초성(楚城)이라고도 한다. 전국시대에 초(楚) 양왕(襄王)이 이곳으로 천도하였으므로 붙여진 이름이라고 한다.

초입원(初入院) : 사원의 주지(住持)로 부임한 것을 말한다.

초적(草賊) : 초절(草竊), 초구(草寇)와 같은 말. 주로 산간지대에서 장기적으로 항거하고 투쟁하는 사람들이나 봉기한 농민들, 또는 산과 들에 출몰하는 도적떼를 말한다.

초전(招箭) : 활쏘기 연습을 할 때에 과녁 옆에 서서 화살의 적중 여부를 살펴 보는 것.

초절(勦絶) : =멸절(滅絶). 끊어 없애버리다. 베어서 죽여 없애다. 멸망시키다.

초초(草草) : 거칠고 엉성하다. 급히 서두르는 모양. 건성건성하다. 대충대충하다. 아무렇게나하다. 적당히 얼버무리다. 소홀히 하다. 적당히 해버리다. 부주의하다. 세심하지 못하다. 대강대강하다. 썩 좋지는 않다. =마마호호(馬馬虎虎).

초초(迢迢) : 길이 아득히 펼쳐진 모양. 물이 아득히 흘러가는 모양. 시간이 매우 긴 모양. 높은 모양. 깊은 모양.

초초홀홀(草草忽忽) : 초초(草草)는 급히 서두르는 모양. 홀홀(忽忽)은 갑자기 멍한 모양.

초현회통(招賢會通) : 우두법융(牛頭法融)-원양지암(圓陽智巖)-윤주혜방(潤州慧方)-금릉법지(金陵法持)-천보지위(天保智威)-학림현소(鶴林玄素)-경산법흠(徑山法欽)-조과도림(鳥窠道林)-초현회통(招賢會通). 우두종스님이다. 항주(杭州) 출신이며 속성은 오씨(吳氏)다. 본래 이름은 원경(元卿)이다. 당(唐) 덕종(德宗) 황제 때 육궁사(六宮使)가 되었다가 스님이 되기를 소원하니 황제가 집으로 보내주었다. 그 후 얼마 되지 않아 도광법사(韜光法師)의 권면(勸勉)으로 원화(元和) 연간에(806~820) 항주(杭州) 초현사(招賢寺)의 조과 도림선사를 찾아 단월이 되었다. 그리고 암자와 절을 지어 주었는데 낙성식하는 날에 말씀드렸다. "제자가 7살 때부터 채식을 하고 11살에는 오계를 받고 22살인 지금은 스님이 되려고 관직을 때려 치웠습니다. 스님께서 저를 스님으로 만들어 주십시오." 조과스님이 말했다. "요새 사람들이 스님이 되면 정미롭게 고행하는 이가 없어서 하는 행실이 대부분 넘친다." 회통스님이 말씀드렸다. "본래 깨끗한 것은 갈고 닦아서 되는 것이 아니고 근원적으로 밝음은 비추는데 따르지 않습니다." 조과스님이 말했다. "네가 만약 맑은 지혜가 묘원(妙圓)하고 체(體)가 스스로 공적함을 깨달으면 곧 참된 출가인데 어찌하여 밖으로 구하겠느냐? 너는 마땅히 재가보살이 되어서 보시와 지계를 함께 닦아서 사령운(謝靈運)[385~433]. 육조시대의 문인으로 자연시를 즐겨 지었다.)의 무리들처럼 되거라." 회통스님이 말씀드렸다. "하지만 사(事)에서는 무슨 이익이 있겠습니까? 만일 거두어 주신다면 맹세코 스님의 가르침을 따르겠습니다.” 이에 조과스님이 머리를 깎아 주고 구족계를 내려 주었다. 스님은 늘 묘재(卯齋)를 지키면서 밤낮으로 정진하였다.

초혜(草鞋) : 짚신. 파초혜(破草鞋)→ 짚신이 해어지다. 낡고 다 떨어진 짚신발.

촉당(倜儻) : 소탈하다. 호방하고 기개가 있어서 관습의 구속을 받지 않음. 탁출하다. 특출하다. 철저하게 깨닫다. =명오(明悟). 철오(徹悟).

촉도(觸途) : 어디서든지. 곳곳마다.

촉범(觸犯) : 꺼리고 피해야 할 일을 저지르다. 범하다. 저촉하다.

촉오(觸忤) : =촉노(觸怒). 웃어른의 마음을 거슬러 성을 벌컥 내게 함. 비위를 거슬러서 노하게 함. 분노를 촉발시킴.

촉휘(觸諱) : 금기에 저촉되다. 공경하거나 꺼려하는 이름을 함부로 부르다. 언어문자에 걸리다.

촌서(村墅) : 시골 집. 마을. 농촌. 시골 별장. ‘서(墅)’는 논밭에서 수확한 곡식을 넣어 두는 집, 농막 등을 말한다.

촌초(寸草) : 한 포기의 풀. 작은 풀. 부모에 대한 자식의 보잘 것 없는 효심을 비유함.

촌토(寸土) : =척토(尺土). 매우 적은 토지.

총(惣) : 통솔하다, 총관하다. 취합하다, 모으다. 모두, 다, 도합. =총(揔).

총불견득(總不見得) : 전혀 꼭 그렇지는 않다. 꼭 그렇게 단언할 수는 없다. 전혀 알지 못하다. 불견득(不見得)=부도득(不到得), 부도적(不到的). 『고존숙어록』39권에서는, “그가 전혀 알지 못하게” (『古尊宿語錄』卷之三十九, X68n1315_p0256b21. “他總不見”)라고 되어 있고, 『선문염송집』6권에서는, “그가 아예 방해하지 못하게” (『禪門拈頌集』卷第六, K46-0100, 206則. “他惣不妨”)라고 나온다.

총지(總持) : Ⓢdhāraṇī. 다라니(陀羅尼)로 음역함. 한량없이 깊고 한량없이 많은 이치를 모두 거두어 지니고 기억하여 잃지 않는 염혜(念慧)의 힘이다. 온갖 선법(善法)을 능히 가지므로 능지(能持)라고도 하며 온갖 악법을 막아주고 물리치므로 능차(能遮)라고도 한다.

총총(悤悤) : 총총(恖恖)과 같다. 몹시 급하고 바쁘다. 다급하다. 급작스럽다. 밝은 모양.

촬토(撮土) : 한 줌의 흙. 매우 적은 양을 말한다.

최랍(摧拉) : 꺾음. 때려 부숨.

추(抽) : 없애다, 제거하다. 털다. 때리다. 쳐내다. 들다, 들어 올리다. 끌어당기다. 뽑다. 빼다. 선발하다. 나타내다. 표현하다. 싹트다. 자라다.

추(推) : 추감(推勘)을 말한다. 심문하다. 죄상을 캐묻다. 밝혀내다. 규명하다.

추각운문일고(抽却雲門一顧) : 운문에게서 일고(一顧)를 빼버리다. 덕산 연밀 스님이 운문스님의 법문 제목을 수정한 일을 말한다. 『선문염송』25권에서는 "운문스님이 하루는, 한 스님을 돌아보며 말씀하셨다. '鑒(Jiàn)!' 그 스님이 머뭇거리며 대답하려하자, 곧장 말씀하셨다. '咦(Yí)!' 덕산 연밀 선사가 顧(Gù)자를 떼어 내버리고 '추고송(抽顧頌)'이라 하셨다." (『禪門拈頌集』卷第二十五, 1081則, K46-0409. "雲門一日, 顧視僧曰: '鑒!' 僧擬對之, 卽曰: '咦!' 德山密禪師剛却顧字, 謂之'抽顧頌'.")라고 나온다. 『인천안목』2권에서도 "스님이 매양 스님들을 볼 때마다 돌아보시고는 즉시에 말씀하셨다. '鑒(Jiàn)!', 혹은, '咦(Yí)!' 기록하는 이가 '顧鑒咦(GùJiànYí)'라고 하였는데, 뒤에 덕산 원명 연밀선사가 '顧(Gù)'자는 빼버리고 단지 '鑒咦(JiànYí)'라고 하셨다. 그러므로 총림에서 제목으로 '추고(抽顧)'라고 하여 게송을 지을 땐 그렇게 통하였다." (『人天眼目』卷之二, T48n2006_p0312b14~17. "師每見僧, 以目顧之, 卽曰: '鑒!' 或曰: '咦!' 而錄者, 曰: '顧鑑咦.' 後來德山圓明密禪師, 刪去顧字, 但曰: '鑑咦.' 故叢林目之曰: '抽顧.' 因作偈通之.")라고 나온다.

추공(推功) : 공덕이나 공적을 남에게 미룸, 사양함.

추관(推官) : 관직이름이다. 당대(唐代)에 절도사(節度使)나 관찰사(觀察使)에 소속되어서 형옥(刑獄)을 관장하였다.

추궁(推窮) : 미루어 깊이 연구함.

추기(樞機) : 문지도리와 쇠뇌의 발사 장치. 사물의 가장 중요한 부분을 비유하는 말이다. 세상살이의 가장 중요한 부문이나 직위를 말하기도 한다. 선가(禪家)에서는 언어를 말한다.

추마혜(麁麻鞋) : 미투리를 신고 멀리 길을 떠나다. 麁(추)는 麤(추)의 약자로 '아주 멀리가다' '길을 떠나다' '멀리 뛰다'의 뜻. 마혜(麻鞋)는 삼이나 노끈으로 만든 미투리.

추요(樞要) : 추(樞)는 문을 여닫게 하는 장치로서 문지도리를 말한다. 핵심이 되는 곳. 요충지. 관건(關鍵). 강령(綱領). 조정의 중요한 기구나 관직. 가장 긴요한 곳. 선법(禪法)의 요지(要旨).

추추즉즉(啾啾唧唧) : 어지럽게 섞여 나는 소리. 추추(啾啾)는 짐승이나 벌레가 우는 소리, 관악기 부는 소리, 구슬프고 날카로운 여러 소리 등을 말한다. 즉즉(唧唧)은 새나 벌레가 우는 소리, 쥐가 찍찍 우는 소리, 탄식하는 소리, 감탄하는 소리, 액체가 똑똑 떨어지는 소리 등을 말한다.

추풍(趨風) : 상대방의 앞을 바람처럼 재빨리 지나가 지체하지 않다. 곧 다른 이의 풍채와 높은 덕을 우러러 흠모하다. 소문을 듣고 달려오다. 급히 달려가다.

축(築) : 막다. 채우다. 찌르다. 치다. 때리다.

축(堃) : 막히다. 땅을 다지다. 곧 입을 막아버린다는 뜻.

축건(竺乾) : 천축(天竺), 또는 축국(竺國)이라고도 한다. 인도의 옛 이름이다.

축랑(蹙浪) : 물결이 솟구치다.

축융봉(祝融峰) : 형산(衡山)의 72봉우리 가운데서 가장 높은 봉우리. 도교의 성지이다. 축융(祝融)은 불의 신을 말한다.

축착(築著) : 치다. 차다. 부딪치다. 찌르다. 쑤시다. 때리다. 채우다. 틀어막다. 쥐어박다. 들이 받다. 단단하게 다지다. 부딪치다. 쿵쿵.

축착개착(築著磕著) : 쿵쿵탁탁. 의성어다. 달구로 땅을 다지는 '쿵쿵'하는 소리(築著)와 돌이 서로 부딪치는 '탁탁'하는 소리(磕著)이다. 마구 부딪치는 소리로서, 대자유자재한 경지를 비유적으로 표현한 것이다. 중도실상(中道實相)에 계합하여 생사와 열반, 세간과 출세간, 망(妄)과 진(眞) 등에 자유자재한 것을 말한다.

춘금(春禽) : 봄철에 날아다니는 새.

춘령(春令) : 봄철에 시행하는 정령(正令)[조정에서 공포한 법령]. 너그럽고 온화한 정령. 봄철의 기후. 봄철.

춘수(春水) : ①눈이나 얼음이 녹아 불어난 봄날의 시냇물. ②여인의 반짝거리는 눈동자. ③제왕의 봄철사냥.

춘지습력(春池拾礫) : 봄날의 연못에서 자갈을 줍다. 언어문자에 집착함이나 법집(法執)을 비유하는 말이다. 『대반열반경』2권에 나온다. "너희들이 먼저 익히던 무상하고 괴롭다는 생각은 진실하지 않다. 비유하자면 봄날에 여러 사람들이 큰 연못에서 목욕도하고 배를 타고 놀기도 하다가 실수로 유리보배를 깊은 물속에 떨어뜨렸다. 이때 여러 사람들이 모두 함께 물에 들어가서 이 보배를 찾는데 다투어 잡은 것이 기와 조각이나 돌, 초목이나 자갈 등이었다. 하지만 각각 유리구슬을 잡았다고 여기면서 환희에 차서 밖으로 가지고 나와 보니 유리보배가 아니었다. 유리구슬은 아직도 여전히 물속에 있었는데, 구슬의 힘 때문에 물이 아주 맑아 졌다. 그래서 대중들이 보배구슬이 물 밑바닥에 있는 것을 쉽게 볼 수가 있었다. 마치 그것은 허공에 달이 떠있는 것을 보는 것과 같았다. 그때 대중 가운데 한 사람의 지혜로운 이가 있어서 방편의 힘을 써서 서서히 물에 들어가서 곧바로 유리보배를 찾아 나왔다. 너희 비구들도 그렇게 무상하고 괴롭고 나라는 생각이 없고 깨끗지 못하다는 생각을 닦아 익히면서 진실한 뜻이라고 생각하기를 저 여러 사람들이 기와조각이나 돌이나 초목이나 자갈 등을 가지고서 진짜 보배라고 생각하듯이 하지 말아야한다. 그리고 너희들은 반드시 방편을 잘 배워서 어디서나 상락아정(常樂我淨)의 생각을 항상 닦아야만 한다. 또 먼저 닦아 익히던 네 가지 법의 모양은 모두 전도(顚倒)되어 버렸음을 반드시 알아야 한다. 진실을 깨달아 모든 생각을 닦으려 한다면 저 지혜로운 사람이 보배를 잘 찾아 나온 것처럼 이른바 상락아정(常樂我淨)의 생각을 닦아야한다.” (『大般涅槃經』卷第二, 「壽命品」第一之二, T12n0374_p0377c28~0378a13. 참조.)

출두(出頭) : 자신을 드러내다. 정면으로 나서다. 나오다(出來).

출신처(出身處) : 깨달음의 자리. 생사의 몸을 벗어나 깨닫는 것. 미(迷)와 오(悟)의 이변(二邊)에 막히지 아니하고 무장무애(無障無礙)의 작용을 요달(了達)함.

출어(出語) : 말을 하다.

출인지로(出人底路) : 그 자리에서 무생법인을 얻게 하다. 말끝에 철저하게 깨닫게 하다. 저(底)는 ‘지’로 읽음.

충사(衷私) : 내부에서 몰래, 은밀히. 내부의 사적인 비밀.

충융(沖融) : ①가득 차 넘치는 모양. 물결이 출렁이는 모양. ②부드럽고 온화하다. 평안하고 쾌적하다.

충천(衝天) : 분노나 의분이 북받쳐 오르다. 하늘 높이 치솟다.

충파(衝破) : 부딪쳐 깨뜨리다. 쳐서 부수다.

취(取) : 동사 뒤에서 동작의 상태를 나타내는 어조사. =득(得), 착(著).

취(就) : 동사의 뒤에 쓰이어서 일의 진척이나 완성을 나타낸다. ~에서. ~로써, ~에 비추어(以,用). ~을 따라, ~을 좇아. 비록 ~일지라도. 곧, 즉시(동작의 연속). 바로, 틀림없이(사실, 긍정, 강조.). ~할 수 있다. 단지, 다만, 뿐. 만나다, 맞닥뜨리다. 받다, 당하다. 입다, 신다. ~하는 김에, ~을 따라서. 이루다, 성공하다, 완성하다. ~에 의하다. ~을 기반으로 하다. 모색하다, 강구하다. 취직하다. 머무르다. 다가가다, 접근하다, 나아가다. 향하여 가다, 다다르다, 이르다, 돌아가다. 취임하다.

취(毳) : 솜털로 만든 승복. 스님들이 입는 가사승복에는 분소의(糞掃衣)·납의(衲衣)·취의(毳衣)·삼의(三衣)의 넷이 있다.

취결(取決) : 의견을 취합하여 결정하다. 결단을 내리다.

취단(炊單) : 좌구(坐具)를 폄하하는 말. 취건(炊巾)이라고도 함. 스님들이 앉고 눕고 예배하고 공양할 때 까는 사각형의 포단(布單).

취령명원(鷲嶺明遠) : 덕산선감(德山宣鑑)-설봉의존(雪峰義存)-장경혜릉(長慶慧稜)-취령명원(鷲嶺明遠). 청원계의 스님으로 장경 혜릉스님의 법을 이은 양주(襄州) 취령명원선사(鷲嶺明遠禪師)다. 생몰과 행적이 알려져 있지 않다. 깨달음의 인연은 이렇다. "취령 명원스님이 장경 혜릉스님을 참알하였다. 장경스님이 물었다. "자네 이름이 무엇이냐?" 말씀드렸다. "명원입니다." 장경스님이 말했다. "저쪽 일은 어떠하냐?" 말씀드렸다. "이 명원이 뒤로 두 걸음 물러납니다." 장경스님이 말했다. "네가 까닭 없이 두 걸음 물러나서 뭐하자는 거냐?" 명원스님이 말이 없었다. 장경스님이 대신하여 말했다. "만일 물러나지 않았다면 어찌 명원이라고 여길까?" 명원스님이 이에 깨달았다. 『정법안장(正法眼藏)』2권상 제288화·『경덕전등록(景德傳燈錄)』24권·『연등회요(聯燈會要)』26권·『오등회원(五燈會元)』8권·『오등엄통(五燈嚴統)』8권·『오등전서(五燈全書)』15권·『지월록(指月錄)』21권·『교외별전(教外別傳)』7권 등에 실려 있다.

취로도(觜盧都) : 불만의 표시로 입을 삐쭉이 내밀고 있는 모양. 입을 꽉 다문 모양. 두구무언(杜口無言)의 모양.

취보(驟步) : 빠른 걸음.

취사(取捨) : 쓸 것은 취하고 쓰지 못할 것은 버림. 도덕을 펴는 일과 아무것도 하지 않는 일.

취아(取我) : ⓢātmasam āropa. '나'라는 실체가 있다고 집착함.

취암가진(翠巖可眞) : 수산성념(首山省念)-분양선소(汾陽善昭)-석상초원(石霜楚圓)-취암가진(翠巖可眞). ?~1064. 복주(福州) 장계(長谿) 출신. '운거나한(雲居羅漢)', '진점흉(眞點胸)'이라고도 한다. 일찍이 강서의 취암산(翠巖山)에 주석하였고 후에 호남의 도오산(道吾山)에 머무르며 학인을 제접하였는데, 특히 변재(辯才)가 뛰어났다고 한다. 치평(治平) 원년(元年)에 입적. 『취암진선사어요(翠巖真禪師語要)』1권이 있다. 수법제자로 지해진여모철(智海眞如慕喆) 등 2

인이 있다.

취암수지(翠巖守芝) : 풍혈연소(風穴延沼)-수산성념(首山省念)-분양선소(汾陽善昭)-취암수지(翠巖守芝). 취암지(翠巖芝), 대우수지(大愚守芝)라고도 한다. 태원(太原) 출신. 속성은 왕씨(王氏). 어렸을 적에 노주(潞州)[산서성] 승천사(承天寺)로 출가하여 『법화경』시험에 응시하여 합격하였다. 『금강경』을 강의하며 천하에 명성을 떨치다가 분양 선소스님을 만나 활연대오하였다. 가우(嘉祐)[1056~1063]초에 입적하였다. 『고존숙어록』25권에 「균주대우지화상어록(筠州大愚芝和尚語錄)」이 있다. 운봉문열(雲峰文悅) 등 8명의 수법제자가 있다.

취암영참(翠巖令參) : 용담숭신(龍潭崇信)-덕산선감(德山宣鑑)-설봉의존(雪峰義存)-취암영참(翠巖令參). 오대후진(五代後晋)스님. 안길(安吉)[절강성] 출신. 설봉 의존스님의 법을 이어 받고 명주(明州)[절강성 영파(寧波)] 취암산(翠巖山)에서 법석(法席)을 크게 열고 교화하였다. 뒤에 항주(杭州) 용책(龍冊)으로 옮겨 살다가 입적하였다. 오월왕(吳越王)이 영명선사(永明禪師)라고 사호(賜號)하였다. '취암미모(翠巖眉毛)' 공안을 남겼다.

취좌(就坐) : 자리에 들어가다. 좌석에 앉다.

취차(取次) : 대강대강, 적당히. 순차적으로, 순서대로, 차례차례. 별안간, 창졸간. 뜻대로. 잠깐. 이러지도 저러지도 못함. 입장이 곤란함.

취포모(吹布毛) : 실오라기를 뽑아서 불다. "초현 회통이라는 시자가 있었다. 하루는 문득 조과스님을 하직하려고 하였다. 조과스님이 물었다. '네가 지금 가려는 곳이 어디냐?' 대답하였다. '회통이 법을 위해 출가하였는데 스님께서 자상한 가르침을 주시지 않아서 이제 제방으로 가서 불법을 배워야겠습니다.' 조과스님이 말했다. '이런 불법(佛法) 쯤은 나에게도 조금은 있지.' 말씀드렸다. '어떤 것이 스님의 불법(佛法)인데요?' 조과스님이 몸에서 실오라기를 뽑아서 훅 부니, 회통스님이 드디어 현지를 깨달았다."(『景德傳燈錄』卷第四, T51n2076_p0230b16~21. "有侍者會通. 忽一日欲辭去. 師問曰: '汝今何往?' 對曰: '會通爲法出家, 以和尚不垂慈誨, 今往諸方學佛法去.' 師曰: '若是佛法, 吾此間亦有少許.' 曰: '如何是和尚佛法?' 師於身上拈起布毛吹之, 會通遂領悟玄旨.")

취향(趣向) : 마음이 향하는 방향, 의향(意向), 지향(志向). 지향하다, 나아가다. 행방, 가는 방향. 경로나 수단.

측(側) : 측면으로 비키다. 상대방에 대한 경의의 표시로 한 쪽 편으로 비켜

서거나 걸음.

측이(側耳) : 귀를 기울여 자세히 들음.

측주(厠籌) : 대변을 본 뒤 뒤를 닦는 데에 쓰는 대나무나 나무로 만든 얇은 조각.

츤전(嚫錢) : 스님에게 시주하는 재물과 돈.

치(直) : '치'로 읽는다. 값, 대가. 상당하다.

치(致) : 바치다. 주다. 표현하다. 말을 전하다.

치(褫) : 옷 벗기다. 벗다.

치경(致敬) : 경의를 표하다. 치경진례(致敬盡禮)→ 경의를 표하며 예의를 다함.

치구(馳求) : 밖으로 찾아다니다. 조급하게 찾다. 분주하게 구하다.

치득(致得) : 불러오다. ~한 결과가 되다.

치박구경장래(褫剝究竟將來) : 구경(究竟)의 도를 찾아 이르다는 뜻. 치박(褫剝)은 벗기다는 뜻. 곧 완전히 드러내어 정라라적쇄쇄(淨裸裸赤灑灑)하게 된다는 의미. 장래(將來)는 어조사이다.

치서(馳書) : 급히 서신을 보내다.

치아(齒牙) : ①이. ②말. ③칭찬하다.

치완(癡頑) : 어리석고 완고하다.

치제(致齊) : 제사를 지내기 전에 몸과 마음을 재계하는 의식.

치주수륙(淄州水陸) : 황벽희운(黃檗希運)-임제의현(臨濟義玄)-삼성혜연(三聖慧然)-치주수륙(淄州水陸). 수륙화상(水陸和尙)이라고도 한다. 오대후진(五代後晋) 스님. 임제종스님이다. 치주(淄州)[산동성(山東省) 치박(淄博) 치천(淄川)] 출신. 『경덕전등록(景德傳燈錄)』12권·『천성광등록(天聖廣燈錄)』14권·『연등회요(聯燈會要)』11권·『오등회원(五燈會元)』11권·『오등엄통(五燈嚴統)』11권·『오등전서(五燈全書)』21권·『선종정맥(禪宗正脈)』6권 등에 기록이 보인다.

친구(親口) : 자기 입으로. 말할 때에 친히, 스스로. 자신의 입.

친절(親切) : 매우 간절함. 아주 절박함. 매우 가까움. 아주 딱 맞음. 매우 적절함. 매우 분명함. 아주 정확함. 적중하다. 친근하다. 친밀하다. 선법(禪法)에 딱 부합하다. 분명하다.

친절처(親切處) : 확실한 자리. 명백한 자리, 분명한 자리. 뚜렷한 자리.

칠십이후년(七十二候年) : 태음력의 72절후(節候)를 말한다. 5일(日)이 1후(候)이므로 1년 365일은 72후(候)가 된다. 3후(候)를 1기(氣)로 하면 1년은 24절기(節氣)가 되고, 6후(候)를 1월(月)로 하면 1년은 12월(月)이 된다.

칠전팔도(七顚八倒) : 일곱 번 거꾸러지고 여덟 번 넘어짐. 마구 뒤얽힘. 아무렇게나. 수없는 실패와 심한 고생. 자유자재.

칠종팔횡(七縱八橫) : 따르고 거스름에 종횡으로 자유 자재하여 무애행(無碍行)을 통달한 모양. 이리저리 자유자재로움. =칠통팔달(七通八達), 칠전팔도(七顚八倒), 칠요팔철(七凹八凸).

칠처징심(七處徵心) :『능엄경』1권에서 마음이 어디에 있는가 하는 명제를 가지고 부처님이 아난존자에게 묻고 아난존자가 답하면서 재내(在內)[몸 안 · 재외(在外)[몸 밖] · 잠근(潛根)[눈 속] · 장암(藏暗)[몸과 눈 속] · 수합(隨合)[생각하는 자체] · 중간(中間)[안도 아니고 바깥도 아닌 중간] · 무착(無着)[어디에도 집착하지 않는 그것]의 7곳을 말하나 부처님이 하나하나 차례로 지적하며 가르침을 준다.

침굴(沉屈) : 비굴함에 빠지다. 재능을 발휘하지 못하고 억눌려 지내다. 묻히어 없어지다. 억울하고 원통하다.

침선공부(針線工夫) : 침선(針線)은 바느질. 보통 글짓기를 익힌다든지 학문을 닦는 것. 여기서는 선사들이 유기적으로 사용하는 독특한 지도방법을 말한다.

침식(寢息) : 멈춤. 그침. 떠들썩하던 일이 가라앉아 그치다. 누워 자며 휴식하다.

침음(沉吟) : 결단을 내리지 못하고 머뭇거리다. 깊이 생각하다. 낮은 소리로 중얼거리다.

침추(針錐) : 의론(議論)을 남발함. 사량복탁(思量卜度)함. 시비를 분변(分辨)함.

칭(稱) : 말하다. 진술하다. 표명하다.

칭양칭정(稱楊稱鄭) : 스스로를 칭찬하고 은근히 높임. 정(鄭)은 은근히 정중함.

칭제(稱提) : 칭(稱)은 '들어 올리다.' 제(提)는 '끌어 올리다. 들어 올리다'는 뜻. 곧 도와주는 것.

칭추잠초(秤鎚蘸醋) : 저울추를 식초에 담가서 절여두다. 곧 아무 소용이 없다는 뜻.

쾌변(快便) : 쾌활(快活)한 기회(機會). 재빠른 술책. 순식간에 꿰뚫어 버리는 순간. 경쾌하고 민첩하다. 편리하다. 좋다. 마음에 맞다. 시원하다.

쾌착정채(快著精彩) : 아주 신속하게 빼어나다. 급착정채(急著精彩)와 같은 말. 쾌(快)는 재빠르다, 신속하다는 뜻. 정채(精彩)는 발랄한 기상. 광휘, 빛, 윤기. 뛰어나다, 근사하다, 훌륭하다 등의 뜻.

쾌활(快活) : 유쾌하구나. 즐겁구나. 기쁘구나. 시원하구나. 예리하구나. 신속하구나. 솔직하구나. 마음에 드는구나. 소탈하구나. 자유롭구나.

타(打) : ①돌다. ②재물을 훔치다. ③만나다, 당하다. ④제작하다, 만들다.

타(探) : 타(操와 같다. 헤아리다. 흔들거리다. 돛을 내리다.

타(垜) : 화살을 막는 장벽. 과녁 위에 화살을 받기 위하여 흙을 두둑이 쌓아 올린 둑. 타자(垜子)→ 살받이. 성가퀴.

타가(他家) : ①남의 집. 다른 집. ②그. 그 사람.

타근(探根) : 타근(探根)[근본을 헤아리다], 타근(跥跟)[발을 동동 구르다], 타근(垜根)[흙속에 뿌리내리다], 타근(垜跟)[진흙 속에 발이 빠지다] 등과 같이 여러 가지로 쓰이나 의미는 비슷하다. '진흙에 발이 빠져 꼼짝 못하듯이 고정되어 그침'의 뜻이며 허망한 경계에 빠져 언어분별에 집착함을 말한다.

타니대수(拖泥帶水) : 진흙을 묻히고 물에 젖음. 진흙 속에 들어가고 물에 들어간다는 뜻으로 화니화수(和泥和水), 화니합수(和泥合水), 입니입수(入泥入水), 타니섭수(拖泥涉水), 화광동진(和光同塵) 등과 같은 의미이다. 부처님이 지혜의 빛을 숨기고 세간에 들어가 자비심으로써 중생과 동화하고 구제하는 것으로 제이의문(第二義門)이다. 화부조면(和麩耀麵)과 같은 의미로서 선종에서는 선사들이 학인들에게 접화(接化)의 가르침을 펴면서 제이의문(第二義門)에 의지하여 권교(權巧)의 방편을 사용하는 것을 말함.

타부(墮負) : 승부에서 실패하다.

타사지(吒㲚地) : 타사지(吒沙地)로도 쓴다. 의태어로서 타타사사(吒吒沙沙)라고도 함. 맹수가 발톱을 날카롭게 휘둘러대고 흉포하게 이빨을 드러내는 모양.

타생초전(垜生招箭) : 타(垜)는 살받이, 과녁, 성가퀴 등을 말한다. 화살받이를 세워서 화살을 불러들임.

타수(打水) : 물을 담다, 물을 퍼 올리다, 물을 긷다.

타시(佗時) : 다른 때. 다른 시기.

타용(惰容) : 게으르고 해이한 표정.

타일(他日) : 훗날. 후일. 지난 날.

타정추(打靜椎) : 절에서 행사 전에 유나가 몽치나 다듬이 방망이를 쳐서 대중들을 안정시키는 것을 말한다. 선원에서는 잠잘 때나 좌선할 때 유나가 신호를 알리려고 죽비나 방망이를 쳐서 소리를 내는 것을 말한다. 타정(打靜), 타추(打椎), 타침(打砧) 등은 다 같은 말이다.

타취(打就) : 안치하다. 놓다.

타한취기(佗汗臭氣) : 땀 냄새 나는 것. 선사들이 이미 말한 것은 사구(死句)라고 격하하면서 쓰는 비유다.

타후(佗後) : 이후, 장래.

탁(卓) : 멈추다. 머무르다. 불을 끄다. 세우다.

탁(逴) : 알다. 밝다. 뛰어나다. 뛰어넘다. 멀다. 비추다.

탁개(托開) : 관계를 끊다.

탁삭지(卓朔地) : 아주 빼어난 모양, 상태. 우뚝 선 모양. 활짝 열린 모양. 아주 탁월한 모양.

탁주지의(涿州紙衣) : 백장회해(百丈懷海)-황벽희운(黃檗希運)-임제의현(臨濟義玄)-탁주지의(涿州紙衣). 극부도자(克符道者)라고도 한다. 탁주(涿州)[하북성(河北省) 고안(固安)] 출신. 평소에 종이로 만든 옷을 즐겨 입었으므로 지의화상(紙衣和尙)이라 불렀다고 한다. 인(人)과 경(境)의 사중관계(四重關係)[후에 사료간(四料簡)이라 함]를 참구하여 마침내 깨달음에 이르렀다고 한다. "탁주지의스님이 임제스님에게 여쭈었다. '어떤 것이 사람은 빼앗고 경계는 빼앗지 않는 것입니까?' 임제스님이 말했다. '햇살이 따스하니 포지금(鋪地錦)이 돋아나고, 아기는 실처럼 하얗구나.' 스님이 여쭈었다. '어떤 것이 경계는 빼앗고, 사람은 빼앗지 않는 것입니까?' 임제스님이 말했다. '임금의 칙령이 천하에 두루 시행되고, 수자리의 장수는 봉화연기를 피우지 않는다.' 스님이 여쭈었다. '어떤 것이 사람과 경계를 모두 빼앗지 않는 것입니까?' 임제스님이 말했다. '임금은 보배궁전에 오르고 시골 영감은 노래를 한다.' 스님이 여쭈었다. '어떤 것이 사람과 경계를 함께 빼앗는 것입니까?' 임제스님이 말했다. '병주와 분주는 소식이 끊어지더니 각각 한 쪽씩 차지하였다.' 스님이 말 끝나자 곧 깨닫고 삼현(三玄)·삼요(三要)·사구(四句)의 문에 깊이 들어갔다.

(『景德傳燈錄』卷第十二, T51n2076_p0295c26~0296a04. "涿州紙衣和尙 (即克符道者) 初問臨濟: '如何是奪人不奪境？' 濟曰: '煦日發生鋪地錦, 嬰兒垂髮白如絲.' 師曰: '如何是奪境不奪人？' 濟曰: '王令已行天下遍, 將軍塞外絕煙塵.' 師曰: '如何是人境俱不奪？' 濟曰: '王登寶殿, 野老謳歌.' 師曰: '如何是人境俱奪？' 濟曰: '並汾絕信, 獨處一方.' 師於言下領旨, 深入三玄三要四句之門.)

탁탁(卓卓) : 특별히 뛰어난 모습. 우뚝 솟은 모양.

탄고(炭庫) : 숯을 저장해 두는 관고(官庫).

탄두(灘頭) : ①강서성 만안현(萬安縣)의 북쪽에 있는 진(鎭). 또는 만안현의 경내에 있는 여울인 황공탄(惶恐灘)을 말한다. ②강·호수·바다 등의 가에 진흙이 쌓여서 이루어진 평지로 모래톱이나 개펄 등을 말한다.

탄상(灘上) : 여울이 흐르는 물가.

탄성(吞聲) : 소리를 내지 않다. 숨을 쉬지 않다. 말을 하지 않다. 소리를 죽이고 울다. 숨을 쉬지 못하다. 하고 싶은 말을 꾹 참다. 탄성음기(吞聲飮氣)=탄성인기(吞聲忍氣)→ 울분을 참다. 탄성음한(吞聲飮恨)→ 한을 품은 채 말이 없음. 탄성인루(吞聲忍淚)→ 슬픔을 애써 참다.

탄연(坦然) : 밝게 드러남. 마음이 편안하여 거리낌이 없는 모양. 안정된 모양. 평탄하고 광활한 모양. 태연함.

탈(脫) : 아마, 혹시, 어쩌면. 매우, 몹시. 가령, 만약, 만일. 알맞다.

탈거(脫去) : 벗어 버리다. 도망치다. 죽다, 입적하다.

탈백(脫白) : 출가해서 스님이 되다. 탈백의(脫白衣)와 같은 말. 백(白)은 재가(在家)의 의미.

탈비(脫鞴) : 탈비지응(脫鞴之鷹)을 말한다. 비(鞴)는 가죽으로 만들어 매를 앉혀서 길을 들이는 토시이다. 길들여서 구속하는 곳을 떠난 송골매를 탈비지응(脫鞴之鷹)이라 한다. 참학자(參學者)가 스승의 그늘을 완전히 벗어나서 일체의 대상경계에 걸리지 않고 대자유를 얻게 됨을 말한다.

탈쇄(脫洒) : =탈쇄(脫灑). 초탈하다. 아무런 구애됨이 없이 자유롭다.

탐간영초(探竿影草) : 임제스님의 사할(四喝) 중의 하나. 탐간(探竿)은 뻐꾸기의 깃털을 엮어서 긴 장대 끝에다 달고 물속에다 넣어서 물고기가 모이게 하는 것이다. 영초(影草)는 풀 다발을 물속에 넣어서 물고기를 모이게 하는 것이다. 이 탐간(探竿)과 영초(影草)로 물고기를 유인한 다음에 그물을 던져서 물고기를 몽땅 잡는다.

탐기(探騎) : 척후병. 정찰을 맡은 기병.

탐원진응(耽源眞應) : 황매홍인(黃梅弘忍)-조계혜능(曹溪慧能)-남양혜충(南陽慧忠)-탐원진응(耽源眞應). 그의 전기는 잘 알려져 있지 않다. 남양 혜충국사의 법을 이은 길주(吉州) 탐원산(耽源山) 진응선사(眞應禪師)이다. '앙산원상(仰山圓相)' 공안으로 잘 알려져 있다. 남양 혜충국사에게서 전해 받은 6대조사의 97개 원상을 앙산 혜적스님에게 전해 주었다고 한다. (『五燈會元』卷第九, X80n1565_p0187c01~04. "耽源謂師曰 '國師當時傳得六代祖師圓相, 共九十七箇. 授與老僧. 乃曰:「吾滅後三十年, 南方有一沙彌到來, 大興此教. 次第傳受, 無令斷絶.」 我今付汝, 汝當奉持.'") 『경덕전등록(景德傳燈錄)』13권·『선문염송집(禪門拈頌集)』4권·『종감법림(宗鑑法林)』8권·『어선역대선사어록(御選歷代禪師語錄)』후집상(後集上)·『연등회요(聯燈會要)』3권 ·『오등회원(五燈會元)』2권, 9권·『오등엄통(五燈嚴統)』2권, 9권·『오등전서(五燈全書)』5권 등에 그의 법문이 보인다.

탕(盪) : 깨끗이 제거하다. 깨끗이 씻어 버리다.

탕탕(蕩蕩) : 넓고 큰 모양.

태말충(太末蟲) : 가장 꼴찌의 벌레, 곧 파리.

태쇄(太殺) : 태쇄(太煞), 태쇄(太瞂), 태쇄(大殺)로도 쓴다. 중국의 방언이다. '엄청' '과분하게' '매우' '십분' '아주' '충분히' '전혀' 등의 뜻으로 쓰인다.

태양경현(大陽警玄) : 동산양개(洞山良价)-운거도응(雲居道膺)-동안도비(同安道丕)-동안관지(同安觀志)-양산연관(梁山緣觀)-태양경현(大陽警玄). 시호가 명안대사(明安大師)이다. 943~1027. 송나라 때 조동종스님이다. 호북(湖北) 강하(江夏) 출신. 속성은 장씨(張氏). 금릉(金陵) 숭효사(崇孝寺)의 지통(智通)스님에게 출가하였다. 제방을 참력(參歷)하다가 호남의 양산연관(梁山緣觀)스님에게서 법을 이었다. 대중상부(大中祥符)[1008~1016년]년간에 국휘(國諱)를 피해서 경연(警延)이라고 이름을 고쳤다. 그 이후로 태양산(大陽山)에 주석하다가 천성(天聖) 5년에 세수85세로 입적하였다. '태양차아(大陽嵯峨)' '태양만병(大陽滿甁)' '태양심처(大陽心處)' '태양은조(大陽隱照)' 등의 공안이 있다.『태양명안선사십팔반묘어(大陽明安大師十八般妙語)』1권이 전해지고 있다.

태원부(太原孚) : 용담숭신(龍潭崇信)-덕산선감(德山宣鑑)-설봉의존(雪峰義存)-태원부(太原孚). 처음에 양주(揚州)의 광효사(光孝寺)에서 『열반경』을 강의하는 좌주로 있었는데 어느 날 한 참선납자와 문답을 하다가 깨우침이 있었다. 이로부터 곧바로 강의를 끝내버리고 제방을 행각하다가 설봉스님을 만나 크게 개오하고 법을 이었다. 유양(維揚)에서 입적하였다. '부상좌법신(孚上座法身)' '부상좌고시(孚上座顧視)' '부상좌장세(孚上座掌勢)' '부상좌부모(孚上座父母)' '부상좌성전(孚上座聖箭)' 등의 공안이 있다.

태위(太尉) : 무관(武官)을 부르는 존칭으로 정주(定州)의 왕공(王公)이다.

태자도일(太子道一) : 풍혈연소(風穴延沼)-수산성념(首山省念)-분양선소(汾陽善昭)-태자도일(太子道一). 임제종 스님으로 분주 태평사 태자선원에 주석하였다.

태주승광(台州勝光) : 마조도일(馬祖道一)-남전보원(南泉普願)-자호이종(子湖利蹤)-태주승광(台州勝光). 생몰연대 미상. 태주(台州)[강서성 임해] 출신. 구주(衢州)의 자호이종(子湖利蹤)선사의 법맥을 이었다. 『조당집(祖堂集)』19권·『경덕전등록(景德傳燈錄)』11권·『고존숙어록(古尊宿語錄)』12권·『대광명장(大光明藏)』중권(中卷)·『연등회요(聯燈會要)』6권·『오등회원(五燈會元)』4권·『오등엄통(五燈嚴統)』4권·『지월록(指月錄)』11권·『오등전서(五燈全書)』8권 등에 단편적으로 보인다.

태청(太淸) : 하늘. 천도(天道), 자연. 맑은 원기(元氣). 양무제 때의 연호(547~552).

태평본시장군치 불허장군견태평(太平本是將軍致 不許將軍見太平) : 태평은 본래 장군이 이루어주지만 장군이 태평을 봄을 허락지 않는다. '치(致)'는 '정(定)'으로도 쓴다. 군주가 되면 자질이 출중한 장군들이 천하를 평정해 주기를 바라지만 막상 천하가 평정되어 태평해지면 그 뛰어난 장군들이 도리어 모반을 꾀할까 두려워하게 된다고 한다. 그래서 천하가 평정되면 곧장 그 장군들을 제거해버리는 것이 권력의 세계이다. 유방을 도와 한나라를 세운 일등공신인 한신 대장군이 토사구팽당한 고사를 통해 이 격언이 만들어진 것으로 보이지만 누가 말한 것인지 알려진 것이 없다.

태호(太湖) : 오호(五湖)의 다른 이름. 진택(震澤)·구구(具區)·입택(笠澤)이라고도 한다. 강소성과 절강성의 두 성에 걸쳐져 있으며, 대운하(大運河)와 초계(苕溪)의 물이 흘러들며, 황포강(黃浦江)을 거쳐 양자강(揚子江)으로 흘러간다.

택목당(擇木堂) : 절을 방문한 조정의 사대부들이 머물며 쉬는 곳.

토기(吐氣) : 기운을 뿜어내다, 기운을 토해 내다. 울분을 토해 내다. 억눌렸던 기운을 펴다. 기(氣)를 발산하다. 생기(生氣)를 드러내다. 연기를 내뿜다.

토상가니(土上加泥) : 어리석음에다 한층 더 어리석음을 보탬.

토수(土宿) : ①별의 일종. '토숙'으로 읽음. ②오행성(五行星)의 하나. 토성(土星). ③흉악한 별. 불길한 일을 예언하는 별로 세운이 닥치면 재해가 극심하다고 한다.

토심(討尋) : 조사하여 찾다. 탐구하다. 찾다.

통(通) : 모두. 함께.

통관(通貫) : 꿰뚫어 앎. 철저히 이해함.

통기변(通其變) : 그 변격으로 말하다. 통(通)은 '말하다'는 뜻. 변(變)은 변격(變格)[통상적인 격식이나 틀에 박힌 관습적인 것을 바꾸다] 또는 변통(變通)[일정한 규칙에 얽매이지 않고 주어진 형편에 따라 일을 잘 처리함]이다.

통두(桶頭) : 선원에서 곡식을 담는 통이나 소변통, 목욕통, 물통, 각종 바구니 등의 모든 통(桶)을 관리하는 소임을 맡은 스님을 말한다.

통방(通方) : 통달방편(通達方便)의 준말. 방편으로 터놓음. 크게 통하게 함.

통변(通變) : 통권달변(通權達變)의 줄임말. 변화하는 사물의 이치에 통달함. 현상의 궁극적 이치를 앎에 있어 그 변화를 잘 알아내는 것. 상황에 맞추어 잘 대처하여 고정된 틀에 얽매이지 않음.

통변도인(通變道人) : 사물의 궁극을 개통(開通)하려고 하여 그 변화의 이치를 통달한 사람. 상규(常規)에 얽매이지 않고 상황에 따라 융통성 있게 잘 대처하는 사람.

통소(通宵) : 통소철야(通宵徹夜)의 줄임말. 밤새도록, 온 밤, 밤 새 꼬박.

통철(通徹) : 환하게 깨닫다.

통초(痛楚) : 고통. 고초. 아픔.

통현봉(通玄峯) : 천태산 정상의 이름이다.

퇴강(頹綱) : 쇠퇴하여 무너진 강기(綱紀).

퇴병(䭔餠) : 밀가루를 개어서 그냥 굽거나 기름에 지진 떡의 일종.

퇴위(退位) : 자리에서 물러나다. 벼슬에서 물러나다.

투(透) : 장애를 뚫고 깨달음에 이르다. 돌파하여 벗어나다. 뚫고 지나가다. =투탈(透脫), 투득(透得), 투과(透過), 투출(透出), 투취(透取).

투금(透金) : 투망금린(透網金鱗)의 준말. 어떠한 그물도 다 뚫고 나와 버린 황금물고기. 곧 확철대오한 대자유인을 말한다.

투기(投機) : 철저하게 깨닫다. 불조의 마음과 일치하다. 상대방의 경지와 하나가 되다. 상대방의 물음에 응답하다. 선기(禪機)에 계합하다. 기틀에 들어맞다. 전사투기(展事投機)→ 사건을 일으키거나 구체적인 물건을 들어 보여서 [전사(展事), 사상(事相), 전개(展開)] 상대방의 물음에 응답하는 것[투기(投機)]이다. (『聯燈會要』卷第二十六, ‘洞山守初禪師’, X79n1557_p0226b22. "示眾云:‘言無展事, 語不投機. 承言者喪, 滯句者迷.’")

투망금린(透網金鱗) : 그물을 뚫어버린 황금물고기. 곧, 깨달음을 얻은 자를 말한다.

투수(透水) : 물에 뛰어들다. 물이 스며들다.

투액(鬪額) : 서로 부딪치다.

투자대동(投子大同) : 석두희천(石頭希遷)-단하천연(丹霞天然)-취미무학(翠微無學)-투자대동(投子大同). 819~914. 서주(舒州) 회령(懷寧) 출신. 속성은 유씨(劉氏). 어렸을 적 낙양의 보당만(保唐滿)선사를 찾아가 머리를 깎았다. 처음엔 수식관(數息觀)을 익히고 『화엄경』을 수학하다가 조금 얻은 바가 있었으나 취미 무학스님을 참방(參訪)하고 활연대오하였다. 이후 서주의 투자산에 30여년을 주석하였다. 건화(乾化) 4년에 세수 96세로 입적하였다. 시호는 자제대사(慈濟大師)이다. ‘투자제일의(投子第一義)’ ‘투자주보(投子駐步)’ ‘투자대장(投子大藏)’ ‘투자대사(投子大死)’ ‘투자탄각(投子吞却)’ ‘투자승상(投子繩床)’ ‘투자역겁(投子歷劫)’ ‘투자연평(投子延平)’ ‘투자아각(投子丫角)’ ‘투자대사(投子大事)’ ‘투자겁화(投子劫火)’ ‘투자삼신(投子三身)’ ‘투자일추(投子一搥)’ ‘투자삼라(投子森羅)’ ‘투자현중현(投子玄中玄)’ ‘투자금계(投子金鷄)’ ‘투자의희(投子依稀)’ ‘투자제일월(投子第一月)’ ‘투자허공(投子虛空)’ ‘투자노승(投子老僧)’ 등의 공안이 있다.

투지(投地) : 땅에 쓰러지다. 물건을 땅에 내던지다.

투합(投合) : 마음이 서로 잘 맞다. 서로 잘 어울리다. 영합하다.

특래(特來) : 일부러 오다. 특별히 오다. 특별히, 유난히. 일부러.

특사아(特舍兒) : 特(특)은 소, 특히 수컷소를 말한다. 외양간을 관리하는 사람. 『운문광록』중(中)에서는 ‘特㸙兒(특고아)’로 나온다. (『古尊宿語錄』卷第十六, 「雲門匡真禪師廣錄中」, X68n1315_p0102a16. "特㸙兒")『선문염송설화』24권에서는 "견해가 고독함"이라고 설명하고 있다. (《한국불교전서》5책, 『禪門拈頌說話』卷第二十四. "特舍兒者, 見解孤獨也.")

특지(特地) : 갑자기, 돌연히. 각별히. 유난히. 특별히. 일부러.

특지일장수(特地一場愁) : 공연히 한바탕 근심이 된다.

파(破) : ①조동사. 동사 뒤에서 완료나 지속, 발생장소 등을 나타낸다. ②어조사. 동사 뒤에 쓰이어 정도가 심함을 나타낸다. ③사용하다, 마련하다. ④분석하다, 나누다. 까밝히다. 들추어내다. ⑤죽을힘을 다하다.

파(杷) : 발고무래. 갈퀴. 써레. 비파나무.

파(擺) : 치다. 쳐서 무너뜨리다. 없애다. 털다, 털어버리다. 열리다. 벌여놓다.

파가(巴歌) : 파촉지방의 민가.

파단요와(把斷妖訛) : 파단인후(把斷咽喉)와 같은 말. 요와(妖訛)는 요망하고 허황한 말. 학인들이 언어로 분별하는 길을 막아버림. 파단(把斷)은 파정(把定)이나 파주(把住)와 같은 의미로 방행(放行)의 상대되는 말이다. 경계를 굳게 지킨다는 의미로, 선가(禪家)에서 언구(言句)를 세우지 않고 언어의 길을 끊어버려 일체 마음을 쓸 수 없게 하여 모든 학해지견(學解知見)과 분별망상을 벗어나게 하는 방편수단이다. 언어교설과 지식정해(知識情解) 등을 끊어버리는 선가의 본분시설(本分施設)이다.

파단요진(把斷要津) : 요충지를 지킴. 중요한 길목을 장악함.

파득운(把得雲) : 손을 잡고 춤을 춤.

파득주(把得住) : 장악하다, 제압하다. 물샐틈없이 지키다. 꽉 움켜쥐다. =파주(把住), 파정(把定), 파득정(把得定).

파려척상족창승(破驢脊上足蒼蠅) : 죽은 당나귀 등에 파리 떼가 득실거림. 흥화존장(興化存奬)스님의 법문이다. "삼성스님께 어떤 스님이 여쭈었다. '어떤 것이 조사께서 서쪽에서 오신 뜻입니까?' 스님이 말했다. '썩은 고기에 파리가 날라든다.' 흥화스님이 말했다. '죽은 당나귀 등 위에 파리 떼가 득실득실.'"(『禪宗頌古聯珠通集』, X65n1295_p0638c13~14. "三聖因僧問: '如何是祖師西來意?'師曰: '臭肉來蠅.' 興化云: '破驢脊上足蒼蠅.'")

파릉호감(巴陵顥鑑) : 덕산선감(德山宣鑑)-설봉의존(雪峰義存)-운문문언(雲門文偃)-파릉호감(巴陵顥鑑). 생몰연대는 알려져 있지 않다. 신개호감(新開顥鑑)이라고도 한다. 악주(岳州) 파릉(巴陵)[호남성(湖南省) 악양(岳陽)]신개사(新開寺)에 머물렀으므로 파릉호감(巴陵顥鑑)이라 불렸다고 하며, 변설에 아주 뛰어나서 '감다구(鑑多口)'라고도 불렸다고 한다. '파릉취모검(巴陵吹毛劍)' '파릉계한(巴陵鷄寒)' '파릉명안인(巴陵明眼人)' '파릉동서(巴陵東西)' 등의 공안이 있다. 제자로 영징산성(靈澄散聖), 흥화흥순(興化興順)이 있다.

파모개두(把茅葢頭) : 선승이 절이나 선원에서 개당하여 선림(禪林)을 여는 것을 말한다. 파모(把茅)는 초암(草庵)이고 개두(葢頭)는 원래 여자들이 얼굴을 가리는 천이지만 스님들이 머리에 쓰는 두건을 말한다.

파박(擺撲) : 흔들면서 치다.

파별(跛鼈) : ①절름발이 자라. ②둔하고 미련하다. 변변치 못하다. ③둔하고 미련한 사람.

파비(巴鼻) : ①자기 자신 ②근거, 실마리, 단서.

파사(波斯) : 파사(波嘶), 파자사(波剌私), 파자사(波剌斯), 파라실(波囉悉)이라고도 한다. 고대 페르샤로 지금의 이란이다.

파사앙면간(波斯仰面看) : 페르시아 사람이 고개 들어 구경하다.

파소(破笑) : 활짝 웃음. 소리 내어 크게 웃음.

파양(播揚) : 널리 전파하다. 널리 퍼뜨리다. 애써 발양(發揚)하다. 흩뜨리다.

파전(簸錢) : 돈을 던져 승부를 겨루는 놀이.

파정(把定) : 꼭 잡다. 제어하다. 선가(禪家)에서는 상대방의 기량을 꺾어 꼼짝 못하게 하는 기봉방편을 말한다. =파주(把住), 파단(把斷), 파득정(把得定).

파제(破除) : 제거하다. 없애다. 소비하다. 파괴하다.

파조타(破竈墮) : 파두도신(破頭道信)-황매홍인(黃梅弘忍)-숭악혜안(崇嶽慧安)-파조타(破竈墮). 당나라 숭악(嵩嶽)의 파조타스님. 북종에 속하는 스님이다. 이 스님은 처음부터 이름을 말하지 않았으나 숭산혜안(嵩山慧安)스님이 파조타(破竈墮)라고 부른 이후로 (“安國師, 號爲破竈墮.”) 후세에 파조타(破竈墮)라 불렸다고 한다. 특히 그는 말과 행동이 불가사의하였다고 한다. 숭악의 혜안(慧安)스님을 모셨다. 숭악에 사당이 하나 있었는데 그 안에 부뚜막 하나가 있었다. 그런데 이 부뚜막이 매우 영험하여 이 부뚜막에 걸린 솥에다 사람들이 여러 생명들을 제물로 마구 삶았다고 한다. 어느 날은 스님이 대중을 이끌고 사당에 들어가서 지팡이로 부뚜막을 세 번 두드리며 말했다. “쯧! 이 부뚜막은 진흙과 기왓장으로 쌓았는데 신성함은 어디서 왔으며 영험은 어디서 생기기에 저렇게 생명을 삶아버린단 말인가?” 그러고 나서 다시 세 번을 두드리면서 말했다. “부서져라! 무너져라!” 그랬더니 부뚜막이 그만 무너져 버렸다. 그때 문득 푸른 옷에 높은 관(冠)을 쓴 사람이 나타나서는 스님에게 절을 하였다. 스님이 물었다. “누구신지?” “저는 본래 이 사당의 부뚜막신(竈神)으로서 오랫동안 업보를 받아오다가 오늘에야 스님의 무생법문(無生法門)

을 듣고, 비로소 이곳에서 벗어나 해탈케 되었기에 감사를 드립니다.” 스님이 말했다. “이것은 그대가 본래 가지고 있는 성품으로, 내가 역설한 것이 아니다.” 그러자 부뚜막신이 두 번 절을 하고 사라져버렸다. 이에 따라왔던 대중들이 여쭈었다. “저희들이 오랫동안 곁에서 모셔왔는데도 아직 깨우쳐주시는 은혜를 입질 못하였는데 이 부뚜막신은 어떤 법문을 들었기에 곧장 해탈하게 된 것입니까?” 스님이 말했다. “나에게 다른 도리는 없다. 다만 그에게, ‘진흙과 벽돌이 합해져서 만들어진 것일진대, 신성함은 어디서 왔으며 영험함은 또 어디서 일어나는가?’라고 하였을 뿐이다. 그런데 너희들은 어찌하여 절을 하지 않느냐?” 대중들이 곧장 절을 하자, 스님이 말했다. “부서져라! 부서져라! 무너져라! 무너져라!” 이에 대중들이 일시에 크게 깨달았다. 이 스님은 처음부터 이름을 말하지 않았으므로 후세에 이 설화를 바탕으로 파조타라 불렀다고 한다.

파주(把住) : 파정(把定)이라고도 함. 선사가 납자를 제접할 때에 마음속에 가지고 있던 모든 것들을 한꺼번에 부정해버리고 아무것도 어쩌지 못하는 막막한 절망 속으로 몰아넣어 깨달음으로 몰아넣는 방식.

파초혜청(芭蕉慧淸) : 위산영우(潙山靈祐)-앙산혜적(仰山慧寂)-남탑광용(南塔光涌)-파초혜청(芭蕉慧淸). 신라스님으로 위앙종 스님이다. 남탑 광용스님의 법을 잇고 영주(郢州) 파초산(芭蕉山)에 주석하였다. 유명한 ‘주장자화(拄杖子話)’가 있다. “너에게 주장자가 있다면, 내가 너에게 주장자를 주겠다. 너에게 주장자가 없다면, 내가 너에게서 주장자를 빼앗을 것이다.” 이외에 ‘파초제삼(芭蕉第三)’ 공안이 있다.

파측(叵測) : 헤아릴 수 없다. 추측할 수 없다.

파파(波波) : ①바쁘게 뛰어다니다.②덜덜 떨며 추위를 참는 소리. ③소를 넣어 둥글납작하게 만든 빵.

파파지(波波地) : 분주한 모양. 급하게 다니는 모양. 촐랑대는 모양. 분주하게, 바삐, 촐싹거리며.

팔극(八極) : 팔구(八區), 팔극(八極), 팔락(八落), 팔하(八遐), 팔굉(八紘), 팔방(八方)과 같다. 온 세상. 아주 먼 곳의 땅. 천하.

팔도(八倒) : 팔전도(八顚倒)라고도 함. 범부와 이승(二乘) 등이 미혹된 집착으로 인하여 바른 도리를 뒤바뀌게 하는 여덟 가지의 바르지 않은 견해를 말한다. 유위(有爲)이며 생멸하는 여러 법을 상(常)·락(樂)·아(我)·정(淨)이라고 집착하는 범부의 네 가지 전도(顚倒)와, 무위열반(無爲涅槃)의 법을 무상

(無常)·무락(無樂)·무아(無我)·무정(無淨)이라고 집착하는 이승(二乘)의 네 가지 전도(顚倒)를 합하여 팔도(八倒)라고 한다.

팔만문(八萬門) : 팔만사천법문(八萬四千法門)의 줄임말. 부처님이 설한 가르침. 그 양이 방대하여 팔만사천(八萬四千)의 법문(法門)이라고 한다. 뭇삶들의 번뇌가 8만 4천 가지이므로 이를 대치(對治)하기 위해 8만 4천 법문을 설했다고 한다.

팔정(八定) : 색계(色界)의 초선(初禪)·제이선(第二禪)·제삼선(第三禪)·제사선(第四禪)의 정(定)과 무색계(無色界)의 공무변처(空無邊處)·식무변처(識無邊處)·무소유처(無所有處)·비상비비상처(非想非非想處)의 사정(四定)을 합쳐서 팔정(八定)이라고 한다.

팔화구자상 불용수홍기(八花毬子上 不用繡紅旗) : 여덟 꽃송이에다 붉은 깃발을 꽂을 필요 없음. 곧 전쟁에서 승리하면 꽃송이에다 붉은 깃발을 꽂는데, 깃발을 꽂지 않아도 이미 승리한 줄 모두가 안다는 것. 강산방(姜山方)스님의 법문이다. 이 『정법안장(正法眼藏)』1권하(下)에 나온다. 〈물었다. "삼급랑(三級浪)을 뚫고 지나가니 오로지 벼락 치는 한 소리만 들리는군요." 강산방스님이 말했다. "손을 폈지만 손바닥은 보지 못하는구나." 말씀드렸다. "학인이 나아감을 허락하지 않으십니까?" 말했다. "땅을 밟고서 허공에다 외치는구나." 말씀드렸다. "뇌문(雷門)에 매달려 있는 북을 울리기 어렵군요." 말했다. "여덟 꽃송이에다 수홍기(繡紅旗)를 꽂을 필요 없다." 말씀드렸다. "30년 후에 이 말씀이 크게 유행할 것입니다." 방스님이 별안간 두들겨 팼다.〉

팔환지교(八還之敎) : 『능엄경』2권에서 부처님이 아난에게 변화하는 모양의 본래 원인이 있는 것으로 귀결시키는 8가지를 말하여 보는 성품의 정체를 밝혀주는 것이다. 밝음은 해로, 어둠은 흑월에, 통함은 문에, 막힘은 담장으로, 연(緣)은 분별로, 완허(頑虛)는 허공으로, 흙비는 티끌로, 맑음은 갠 데로 귀결된다고 하였다. 그리고는 이 8가지를 보는 정명(精明)한 성품은 어디로 귀결되느냐고 묻는다. (『大佛頂萬行首楞嚴經』卷第二, T19n0945_p0111b02~12. 참조.)

패궐(敗闕) : 잘못, 실수, 과실, 좌절, 실패, 손해.

팽(硼) : 부딪치다. 충돌하다.

팽형(膨脝) : ①배가 불룩한 모양. ②배불리 먹다. ③부풀어져 커지다. 팽창하다.

편고(偏枯) : 중풍. 반신불수. 한쪽에 치우쳐 형평을 잃음.

편담(匾擔) : 나무로 조그맣게 만들어 한 쪽 어깨에 걸쳐서 땔나무 등을 옮기는 멜대를 말한다. 여기서는 말문이 막힌 것을 표현하였다.

편운점태청(片雲點太淸) : 조각구름이 하늘에 점찍음. 『수릉엄경』9권에 나오는 법문이다. "네 마음속에서 생겨난 허공도 마치 하늘에 조각구름이 점찍은 것과 같은데, 하물며 온갖 세계가 허공 안에 있는 것이겠느냐?" (『大佛頂如來密因修證了義諸菩薩萬行首楞嚴經』卷第九, T19n0945_p0147b08~10. "當知. 虛空生汝心內, 猶如片雲點太淸裏, 況諸世界在虛空耶?")

편의(便宜) : 수지맞다. 이익. 편리. 유익. 장점. 좋은 점. 시의에 맞는 일. 잘 해주어 이익이 되게 하다. 편리하고 유익하다. 규정이나 명령에 얽매이지 않고 스스로 상황에 따라 적절하게 판단하여 처리하는 일.

편청(便請) : 상대방의 뜻대로 할 것을 권하는 말. '편리한대로 하십시오.'의 뜻.

편편(片片) : 조각조각. 가볍게 나는 모양.

폄박(貶剝) : 비난하고 공박하다. 낮추어 평하도록 내버려두다. 관직을 낮추거나 박탈하다.

폄상(貶上) : 눈을 치켜뜨다. 눈썹을 치며 올리다.

폄안(貶眼) : 눈을 부릅뜨다. 눈을 치켜뜨다. 눈을 깜박이다.

평(抨) : 시위를 당기다, 쏘다. 잘못한 일을 들추어내어 책망하다, 탄핵하다. 스쳐 지나가다. 반죽하여 떡메로 치다. ~하게 하다, ~을 시키다, ~을 따르다.

평상(平常) : 평상생활. 무사무위(無事無爲). 평상무사(平常無事). 임운수연(任運隨緣). 확철대오(廓徹大悟)한 자의 생활태도이다.

평생(平生) : 옛 친구, 오랜 친구. 오랜 교제. 평소, 평상시. 평소의 취향. 정분. 사업. 업적. 일생. 한 평생. 지난날. 어릴 적.

평석(平昔) : 지난 날. 평소.

평침(平沈) : 침몰하다. 가라앉다. 물위에 뜨는 상태가 똑같다.

평탄(平坦) : 마음이 편하고 고요하다. 솔직하다. 공평하다. 일이 거침없이 순조롭다. 땅바닥이 평평하다.

폐목장정(閉目藏睛) : 눈을 감고 눈동자를 감춤. 곧 흑산귀굴(黑山鬼窟) 속에서 활계(活計)를 지어냄을 말한다. "요사이 총림에서는 한 종류의 삿된 선이 있어서 눈을 딱 감아버리고 입은 꽉 다물고는 망상을 지어내면서 부사의한 일이라고   한다." (『大慧普覺禪師書』卷第二十九,   T47n1998Ap0939a06~08. "近年叢林有一種邪禪, 以閉目藏睛, 觜盧都地, 作妄想, 謂之不思議事.")

포각(抛却) : 내팽개치다. 내버리다. 내던져버리다.

포납(布納) : 베로 만든 승복. 곧 출가사문(出家沙門)을 말함.

포대리성추자(布袋裏盛錐子) : 포대 속에서 왕성한 송곳. 뛰어난 자가 먼저 벗어난다. 초참자(初參者)가 근기가 상승하면 먼저 깨닫는다는 뜻.

포모(布毛) : 배 위의 보푸라기. 깨달음의 전고(典故)로서 불법(佛法)이 어디에나 있음을 비유하는 말이다.

포삼(布衫) : 무명 적삼. 무명 윗도리 홑옷.

포양(襃揚) : 찬탄하다. 칭찬하여 장려하다.

포우(抱愚) : 지금 몸 그대로를 전부로 아는 어리석음.

포전인옥(抛塼引玉) : '벽돌을 던져서 옥을 끌어 들인다'는 뜻으로서, 졸렬한 작품이나 의견으로 남의 훌륭한 작품과 견해를 끌어낸다는 의미다. 겸양하는 말로 쓰인다. 원래는 당나라 상건(常建)이 시를 잘 짓기로 유명한 조하(趙嘏)가 영암사(靈巖寺)에 올 것을 미리 알고서 먼저 영암사의 벽에다 두 시구를 적어 놓고 기다렸는데 조하가 와서 그 시구를 보고는 나머지 두 시구를 써넣어 완성시킨 고사에서 유래하였다.

포지금(鋪地錦) : 늦은 봄에 땅바닥에 넓게 그물을 친 듯 빽빽하게 자라는 풀의 이름. 꽃이 오색(五色)으로 핀다. 우리나라에서는 비단풀을 말한다.

포출(抛出) : 포로(抛露)와 같은 말. 드러나다. 나오다.

포폄어(襃貶語) : 착어(著語)의 일종으로 앞의 선사들의 말을 칭찬하거나 폄하하여 평정(評定)하는 말.

포후후지(飽齁齁地) : 배불러서 씩씩하는 모양. 완벽하게 만족하는 모양.

폭창(暴漲) : 갑자기 물이 불어나다.

표(杓) : 구기의 자루, 국자의 자루. 북두칠성 자루부분에 있는 세 별=두병(斗柄). 표적, 과녁의 중심. 바보. 표준, 준칙. 가로지른 나무. 끝. 당기다. 공격하다.

표(表) : 문체의 하나이다. 마음속의 생각을 적어 임금에게 올리는 글.

표(俵) : 스님이나 도사에게 재(齋)의 참가를 허가하는 증명서. 나누어주다.

나타내다. 드러내다. 분산(分散)하다.

표현(表顯) : 밝게 드러내다.

품(稟) : 받다. 주다. 수령하다. 봉행하다. 따르다.

품성(稟性) : 타고난 성질. =천성(天性).

풍(風) : 감화시키다. 교화하다. 교육하다. 표창하다. 넌지시 깨우쳐주다. 완곡히 타이르다. 권고하다. 권유하다.

풍간(豊干) : 당나라 때의 선사로 어떤 인물인지 알려지지 않았다. 천태산 국청사에 살면서 낮에는 방아를 찧고 밤에는 노래를 불렀다고 한다. 누가 질문이라도 하면 "적절하군(隨時)."이라고만 답하였다고 한다. 한산스님, 습득스님과 함께 '국청사 삼은(國清寺 三隱)'이라고 불린다. 『한산시(寒山詩)』에 그의 시 2수가 전해지고 있다.

풍고(風高) : 바람이 세다. 바람이 심하다. 풍채가 고상하다.

풍번화(風幡話) : 육조 혜능스님이 광주 법성사에 머물 때, 두 스님이 바람에 깃발이 흔들리는 것을 보고 쟁론을 벌이는 것을 보았다. 한 스님은 바람이 움직인다고 하고, 또 한 스님은 깃발이 움직인다고 하자, 혜능스님이 "바람이 움직이는 것도 아니고 깃발이 움직이는 것도 아니요 그대들의 마음이 움직이는 것이다."라고 한 것을 말한다. (『六祖大師法寶壇經』, T48n2008_p0349c10~12. "時有風吹幡動. 一僧曰: '風動.' 一僧曰: '幡動.' 議論不已, 惠能進曰: '不是風動, 不是幡動. 仁者心動.'")

풍상(風霜) : 준엄한 내용. 꿋꿋한 절조. 세월. 온갖 어려움과 고난. 어사(御士)의 직책.

풍월(風月) : 아름다운 풍경. 남녀 간의 애정. 기녀와 놂. 여기서는 달마대사가 중국으로 온 일.

풍전(風顚) : 미친병, 정신병.

풍지(風旨) : 풍격과 지취(旨趣). 뜻과 의도. 임금의 뜻이나 의도.

풍혈연소(風穴延沼) : 임제의현(臨濟義玄)-흥화존장(興化存獎)-보응혜옹(寶應慧顒)-풍혈연소(風穴延沼). 896~973. 절강성 여항(餘杭)[항주(杭州)] 출신. 속성은 유씨(劉氏). 유서(儒書)를 박람(博覽)하다가 개원사(開元寺)의 지공(智恭)율사에게서 삭발하고 구족계를 받았다. 이후 법화현의(法華玄義)를 공부하면서 지관정혜(止觀定慧)를 닦고 익혔다. 25세 되던 때에 월주(越州)[절강성(浙江省)]의 경청도부(鏡清道怤)스님을 참알(參謁)하였으나 계합하지 못하자, 양주

(襄州)[호북성(湖北省)]의 화엄휴정(華嚴休靜)스님을 참례하였다가, 여주(汝州)[하남성(河南省) 임여현(臨汝縣)] 남원혜옹(南院慧顒)스님을 찾아갔다. 그 후 남원스님의 회하에서 6년 동안 법을 묻고 참학하여 남원스님의 법을 이었다. 장흥(長興) 2년(931), 여주(汝州)의 풍혈고사(風穴古寺)에서 7년을 머물다가 후진(後晉) 천복(天福) 2년(937), 응주(應州) 목사(牧司) 이사군(李史君)의 청으로 개당설법(開堂說法)하였다. 이후 풍문을 듣고 각지에서 구름같이 모여 들었고, 신도들이 그곳을 중건하여 총림을 세웠다. 이로부터 스님의 법이 크게 떨쳐졌다. 건우(乾祐) 2년(949), 여주(汝州) 태사(太師) 송후(宋侯)가 집을 희사하여 절을 세우고 스님을 청하여 거처하게 하였다. 광순(廣順) 원년(元年)[951], 태조(太祖)가 광혜사(廣慧寺)의 편액을 하사하였다. 여기서 20여 년 간 머물다가 세수 78세, 법랍 59세로 입적하였다. '풍혈철우(風穴鐵牛)' '풍혈약립일진(風穴若立一塵)' '풍혈입문(風穴入門)' '풍혈이미(風穴離微)' '풍혈장림(風穴杖林)' '풍혈금사(風穴金沙)' '풍혈가주(風穴家住)' '풍혈오봉(風穴五鳳)' '풍혈불설설(風穴不說說)' '풍혈고전(風穴古典)' '풍혈유무(風穴有無)' '풍혈수미(風穴須彌)' '풍혈주록(風穴塵鹿)' '풍혈밀실(風穴密室)' '풍혈호호(風穴浩浩)' '풍혈해하(風穴解夏)' 등의 공안을 남겼다. 『풍혈중후집(風穴眾吼集)』1권, 『풍혈선사어록(風穴禪師語錄)』1권이 전해지고 있다. 수산성념(首山省念), 광혜진(廣慧眞), 봉상장흥(鳳翔長興), 담주영천(潭州靈泉) 등의 수법제자가 있다.

풍혈제인(風穴提印) : 풍혈연소(風穴延沼)스님이 법문에서 제시한 것이다. "조사의 심인은 마치 무쇠 소의 기용과 같아서 가면 인(印)이 머물고, 머무르면 인(印)이 깨집니다. 그런데 가지도 머물지도 않는다면, 인(印)함이 옳습니까, 인(印)하지 않음이 옳습니까? 대중들 중에서 말할 수 있는 이가 있습니까?"(『景德傳燈錄』卷第十三, T51n2076_p0302b23~25. "祖師心印, 狀似鐵牛之機, 去卽印住, 住卽印破. 祇如不去不住, 印卽是, 不印卽是? 還有人道得麼?")

피(被) : 갖추다. 구비하다. 기대하다, 의지하다.

피구(披究) : 분석하여 연구하다.

피자(帔子) : 옷 위로 어깨에 걸치는 여자용 복식. 어깨걸이. =배자(褙子).

피하유혈(皮下有血) : 혈기가 있는 것을 말하니 대장부의 기운이다.

필라퇴자(饆饠餛子) : 필라(饆饠)는 원래 고기를 섞은 밥이었으나 나중에 떡을 말하는 것으로 바뀌었다. 퇴자(餛子)는 납작한 떡을 말한다.

필률(觱栗) : 필률(觱篥)[bīli]로도 쓴다. 한나라 때 구자국에서 중국으로 전래된 악기다. 대나무로 관을 만들고 서를 꽂아서 부는 목관 악기로 앞면에 일곱 개, 뒷면에 한 개의 구멍이 있다. 지금의 '피리'다.

필마단창(匹馬單槍) : 한 필의 말과 한 자루의 창. 도와주는 사람 없이 오직 홀로 싸움.

하(嗄) : 사, 샤, 애, 아, 하로 읽는다. 목이 쉬다. 무엇. 윗사람에게 대답하는 소리. 의문이나 깨달음을 나타냄. 강조나 긍정 또는 이해를 나타냄. 의문이나 반문을 나타냄(중국방언). 채소·달걀·고기 등의 반찬. 길을 떠나는 사람에게 주는 예물.

하각부득(下脚不得) : 발을 내려놓지 못하다. 한 마디도 하지 못하다.

하거(下去) : ①가까운 데서 먼 데로 움직임. 위쪽에서 아래쪽으로, 높은 데서 낮은 데로 내려 감. ②퇴장하다. 떠나다.

하기(呵氣) : 꾸짖음.

하다(下茶) : 혼인할 때 신랑집에서 신부집에다 납폐(納幣)의 하나로 찻잎을 보내는 일을 말함.

하득(下得) : 내지르다. 참다, 인내하다. 해내다.

하로산(賀魯山) : 산서성의 분양현에 있는 산. 『천성광등록』17권에는 '자하산(子夏山)'이라고 나온다.

하마(蝦蟇) : 달 속에 산다는 두꺼비.

하마선(蝦蟆禪) : 두꺼비가 뛸 줄만 알지 다른 재주가 없는 것처럼 어중간한 깨달음으로 다른 사람조차 미혹시키는 사선(死禪).

하북지황(河北智隍) : 쌍봉도신(雙峰道信)-황매홍인(黃梅弘忍)-조계혜능(曹溪慧能)-하북지황(河北智隍). 오조 홍인대사를 참문(參問)하였지만 점수(漸修)의 수행을 되풀이하다가 암자를 짓고 20여년을 장좌불와하면서 선정을 닦았다. 그러다 육조 혜능스님의 문인인 무주현책(婺州玄策)스님을 만났는데 육조스님의 법문을 들려주자 곧장 암자를 버리고 육조스님을 찾아갔다. 육조스님이 멀리서 다가옴을 어여삐 여겨 방편을 드리우니 스님이 말끝에 활연히 깨달았다. 그리하여 20년을 쌓아둔 마음덩어리가 그림자도 없이 사라져버렸다. 이후 하북으로 가서 대중을 교화하였다. 『경덕전등록(景德傳燈錄)』5권·『선종송고련주통집(禪宗頌古聯珠通集)』8권·『종감법림(宗鑑法林)』8권·『대광명장(大光明藏)』상권·『오등회원(五燈會元)』2권·『오등엄통(五燈嚴統)』2권·『오등전서(五燈全書)』4권·『지월록(指月錄)』4권·『교외별전(教外別傳)』4권·『선종정맥(禪宗正脈)』1권·『불조강목(佛祖綱目)』30권·『종통편년(宗統編年)』10권·『육조대사법보단경(六祖大師法寶壇經)』·『종경록(宗鏡錄)』97권 등에 그의 기록이 나온다.

하사(何似) : 어찌하여. 어떠냐? 어떻게. 어떻게 하겠느냐? 왜 하지 않느냐? =여하(如何). 하사생(何似生).

하삭(河朔) : 황하(黃河) 이북 지역을 말한다.

하소(何所) : 무엇. 어느 곳. 누구.

하수(何須) : =하필(何必). 구태여 ~할 필요가 있을까?, ~할 필요는 없다.

하수(下手) : ①손을 대다. 착수하다. ②낮은 지식이나 재주. ③아랫자리.

하어(下語) : 말끝. 말꼬리. 언급하다. 글이나 시에 적당한 어휘를 골라 쓰는 일. 귀신이 산 사람의 입을 통하여 대신 말하게 하는 일.

하용(何用) : 무엇 때문에. 무엇을 근거로. 어찌 ~할 필요가 있느냐?

하증(何曾) : 어찌 ~한 적이 있겠느냐?

하택신회(荷澤神會) : 쌍봉도신(雙峰道信)-황매홍인(黃梅弘忍)-조계혜능(曹溪慧能)-하택신회(荷澤神會). 688~758. 하택종(荷澤宗)의 종조. 양양(襄陽)[호북성(湖北省)] 출신. 속성은 고씨(高氏). 어려서부터 오경(五經)·노장(老莊)·제사(諸史) 등을 익히다가 후에 14세에 국창사(國昌寺)의 호원(顥元)스님에게 출가하였다. 여러 경전을 풍송(諷誦)하다가 북종선의 신수(神秀)스님 문하에서 3년을 배웠다. 그 후 남방의 육조혜능(六祖慧能)스님을 참알(參謁)하고 시봉하다가 크게 깨달았다. 『현종기(顯宗記)』『하택신회어록(荷澤神會語錄)』등의 저서가 있다. 오대무명(五臺無名) 등 20명의 제자들이 법을 이었다.

하풍(下風) : ①불리한 처지. ②바람 부는 곳. ③방귀를 뀌다.

하필(何必) : 구태여 말할 필요가 있는가. 반드시 말할 것은 아니다.

학(學) : 깨달음, 자각, 지각. "학(學)은 각(覺)을 말한다. 각(覺)으로써 알지 못한 것을 깨닫는다. 그러므로 학(學)은 성품을 다스리고," (班固, 『白虎通』「辟雍」"學之爲言覺也, 以覺悟所不知也. 故學以治性,")

학륵나(鶴勒那) : ⓢHaklena. 사야다(闍夜多)-바수반두(婆修盤頭)-마나라(摩拏羅)-학륵나(鶴勒那). 인도에서의 선종 제23조사. 학륵나 존자가 어렸을 적에 학 떼가 항상 따라다녔기 때문에 이름을 이렇게 지었다고 한다. 월지국 출신으로 22살에 출가하였다.

학해(學解) : 학식. 학문과 식견.

학형(鶴形) : 학처럼 바싹 여윈 몸. 학의 형태.

한(閑) : 막다, 제한하다. 가로막히다. 격리되다. 바로잡다, 단속하다, 처리하다, 다스리다. 방지하다. 한가하다. 지키다, 수호하다, 보위하다. 닫다. 크다. 큰 법도, 도덕규범. 한계. 틈. 큰 모양. 울짱. 목책. 마구간.

한기경(閑機境) : 쓰지도 못하는 기연작략(機緣作略)을 말한다. 선사들이 쓰는 별 볼일 없는 기봉(機鋒)의 경계.

한모(寒毛) : ①두려움으로 인해 머리털이 쭈뼛쭈뼛해지는 것. 두려움을 형용하는 말. ②사람 몸에 난 잔 털.

한모탁수(寒毛卓竪) : 두려움으로 머리털이 곧추 서서 쭈뼛쭈뼛해지다.

한사(閑事) : 다스리다. 막다. 단속하다. 처리하다.

한산(寒山) : 시풍현(始豊縣) 근처 깊은 굴속에 살았다는 당나라 때의 스님. 한산자(寒山子) 혹은 빈자(貧者)라고도 하는데 정확한 법명과 속명을 알 수가 없다. 습득스님과 함께 국청사에 자주 나타나 밥을 얻어서 한산으로 돌아가곤 하였다 한다. 태주 자사였던 여구윤(閭丘胤)이 그가 사는 굴로 음식과 의복과 약품을 공양하였는데 한산스님이 '도둑놈아! 도둑놈아! 이 도둑놈아!' 하면서 굴속으로 들어간 뒤 아예 나타나지 않았다고 한다. 『한산시(寒山詩)』 3권이 남아 있다.

한수(漢水) : 섬서성(陝西省) 영강현(寧强縣)에서 발원하여 호북성(湖北省)을 지나 무한시(武漢市)에서 장강(長江)으로 흘러드는 강이다. 한강(漢江)이라고도 한다.

한신임조(韓信臨朝) : 한신(韓信)은 회양(淮陽)사람으로 처음에 항우(項羽)를 섬기다가 중용되지 못하자 유방(劉邦)의 휘하로 들어가서 승상 소하(蕭何)의 천거로 대장군이 된다. 혁혁한 공을 세워 항우를 물리치고 한(漢)의 건국에 크게 기여하여 제왕(齊王)이 되었다가 초왕(楚王)에 봉해졌다. 그러나 왕에 봉해진 후 반역죄로 몰려 여후(呂后)에게 죽임을 당한다. 한신이 왕이 되어 조정에 임한 것은 곧 죽음을 불러오게 되었다는 것을 뜻한다.

한암(寒巖) : 절강성 천태현의 남서쪽에 있는 바위로 한산스님이 살았다고 한다.

한양(漢陽) : 한수(漢水) 남쪽에 있던 군사요충지인 무한삼진(武漢三鎭)[무창(武昌), 한구(漢口), 한양(漢陽)]의 하나.

한천(寒泉) : ①맑고 시원한 샘물. ②자성(自性). ③자식이 어머니에게 효도를 생각하거나 어머니를 사모하는 마음. ④황천(黃泉). ⑤샘 이름.

한회고목거(寒灰枯木去) : 구봉도건(九峰道虔)스님이 시중법문에서 밝힌 '석상칠거(石霜七去)' 가운데 하나다. 1) 휴거(休去)[일체 동작행위를 정지함]. 2) 헐거(歇去)[일체 망념을 끊어 없앰]. 3) 냉추추지거(冷湫湫地去)[일체 미혹과 깨달음, 그리고 범부와 성인의 생각 등을 식멸(熄滅)하여 청량한 경지에 도달함]. 4) 일념만년거(一念萬年去)[한 순간을 보호하고 지니어 여여부동함]. 5) 한회고목거(寒灰枯木去)[정식(情識)을 찬 재와 마른 나무처럼 존재하지 않게 함]. 6) 고묘향로거(古廟香爐去)[옛 사당의 향로와 같이 하여, 집착을 제거함]. 7) 일조백련거(一條白練去)[순수하고 깨끗하여 물듦이 없는 하얀 명주처럼 불법을 몰록 깨달아 편정(偏正)과 빈주(賓主)를 대하여 모두 능히 잘 분변(分辨)하여 밝힘]. (『聯燈會要』卷第二十二, X79n1557_p0188c08~11. "師云: '須會先師意始得.' 座云: '先師有甚麼意?' 師云: '先師道. 休去, 歇去, 一念萬年去, 寒灰枯木去, 古廟香爐去, 冷湫湫地去, 如一條白練去. 作麼生?'")

할루생(瞎屢生) : 눈 먼 돼지. 루(屢)는 곧 루(婁)[암돼지]이다. 생(生)은 생(牲)[가축]의 뜻, 또는 어조사로 쓰임. 아주 어리석은 자를 말한다.

할참(喝參) : 어른 스님을 찾아뵙고 방문 앞에서 큰소리로 부르는 것.

함개건곤(函蓋乾坤) : 운문삼구(雲門三句), 곧 운문 문언스님이 학인에게 물어보는 세 가지 질문 가운데 하나. '함개건곤(函蓋乾坤)' '목기수량(目機銖兩)' '불섭세연(不涉世緣)'의 셋이다.

함생(含生) : 함령(含靈), 함정(含情), 유정(有情), 함식(含識)이라고도 한다. 생명을 가지고 있는 것.

함택(咸澤) : 이름이 함택(咸澤)이지만 뜻으로 풀면 '전부 연못'이라는 뜻이다. 장경 혜릉선사의 법을 이은 항주(杭州) 영은산(靈隱山) 광엄원(廣嚴院) 함택선사(咸澤禪師)를 말한다. 덕산선감(德山宣鑑)-설봉의존(雪峰義存)-장경혜릉(長慶慧稜)-광엄함택(廣嚴咸澤).

함통년(咸通年) : 당나라 의종(懿宗)의 연호. 공원(公元) 860년(庚辰年)~874년(甲午年)의 15년간을 말함.

합리(蛤蜊) : 바지락. 참조개.

합반(合盤) : 합(盒)을 말한다. 물건을 담을 수 있게 나지막하면서 둥글 넙적하고 뚜껑이 있는 그릇이다.

합살(合殺) : 결말이 나다, 귀결이 있다, 끝나다. 죽어 마땅하다. 악곡(樂曲)이 끝나다. 합살득호(合殺得好)→ 잘 결말을 짓다.

합안(合眼) : 잠을 자다. 눈을 감다. 죽다.

항마장(降魔藏) : 쌍봉도신(雙峰道信)-황매홍인(黃梅弘忍)-옥천신수(玉泉神秀)-항마장(降魔藏). 조군(趙郡) 출신. 속성은 왕씨(王氏). 부친은 고을의 아전벼슬을 하였다. 7세에 광복원(廣福院) 명찬선사(明讚禪師)에게 출가하였다. 그 당시 벌판에는 많은 요귀들이 있어 사람들을 홀렸는데 스님이 두려움 없이 홀로 제압하였다. 그러므로 항마(降魔)라는 이름을 얻게 된 것이다. 신수스님이 예언을 해 주었다. "너는 소호(少嘷)의 터에 인연이 있다." 이에 스님이 태산에 들어갔는데 금세 사방에서 참학자들이 구름같이 모여들었다. 하루는 제자들에게 말했다. "나는 이제 늙었구나. 사물이 궁극에 이르면 근원으로 돌아가는 법이지." 말을 마치고 나서 입적하였다. 세수 91세다.

항주다복(杭州多福) : 마조도일(馬祖道一)-남전보원(南泉普願)-조주종심(趙州從諗)-항주다복(杭州多福). 선림에서 회자되는 문답화가 유명하다. '항주 다복스님에게 어떤 스님이 여쭈었다. '어떤 것이 다복의 한 떨기 대나무입니까?' 말했다. '한 줄기 두 줄기가 삐딱하다.' 말씀드렸다. '이 학인은 모르겠습니다.' 말했다. '세 줄기 네 줄기가 굽었구나.' (『景德傳燈錄』卷第十一, T51n2076_p0287c15~17. "杭州多福和尙. 僧問: '如何是多福一叢竹?' 師曰: '一莖兩莖斜.' 師曰: '三莖四莖曲.'") 『경덕전등록(景德傳燈錄)』11권 · 『선종송고련주통집(禪宗頌古聯珠通集)』22권 · 『종감법림(宗鑑法林)』24권 · 『어선역대선사어록(御選歷代禪師語錄)』후집상(後集上) · 『대광명장(大光明藏)』상권(上卷 · 『연등회요(聯燈會要)』7권 · 『오등회원(五燈會元)』4권 · 『오등엄통(五燈嚴統)』4권 · 『오등전서(五燈全書)』8권 · 『지월록(指月錄)』13권 · 『교외별전(教外別傳)』6권 · 『선종정맥(禪宗正脉)』2권 · 『선문염송집(禪門拈頌集)』17권 등에 기록이 나온다.

항주천룡(杭州天龍) : 남악회양(南嶽懷讓)-마조도일(馬祖道一)-대매법상(大梅法常)-항주천룡(杭州天龍). '일지두선(一指頭禪)'으로 유명한 선사다. 한 손가락을 세워 금화구지(金華俱胝)스님을 깨우친 일화는 잘 알려진 화(話)다. 『경덕전등록(景德傳燈錄)』10권 · 『오등회원(五燈會元)』4권 · 『오등엄통(五燈嚴統)』4권 · 『연등회요(聯燈會要)』7권 · 『열조제강록(列祖提綱錄)』7권 · 『오등전서(五燈全書)』6권 · 『선종정맥(禪宗正脉)』2권 등에 법문이 실려 있다.

해(解) : ① '刀+牛+角'으로 이루어진 회의문자다. '칼로 소를 찢어 가름'의 뜻으로 분해하고 쪼개는 것을 말한다. '낱낱이 분석하여 밝혀내어 알게 함', '얽힌 것을 풀어 냄' 등의 뜻으로 전의 되었다. 선가(禪家)에서는 있는 그대로 알지 못하고 지식(知識)으로 분석하여 알아내려는 것을 '해(解)'라고 한다. '지식정해(知識情解)'라고 하는데 줄여서 '지해(知解)'라고 하고 더 줄여서 그냥 '해(解)'라고도 한다. 완벽하게 열림. 깨달음. 완전한 앎. 이치를 꿰뚫음. ② 그치다, 멈추다, 쉬다. 해결하다. 흘리다.

해(駭) : 말이 놀라다. 흩어지다. 해산(駭散)→ 흩어지다.

해(該) : 포용하다, 포괄하다, 포섭하다. 갖추다, 구비하다. 소유하다.

해(海) : 화장세계해(華藏世界海)를 말한다. 『화엄경』에 나오는 석가모니불의 참 몸인 비로자나불이 보살행을 닦을 때에 수많은 부처님을 친근하고 큰 서원을 닦아서 깨끗하게 장엄한 정토이다. '화장장엄세계해(華藏莊嚴世界海)', 또는 '연화장세계해(蓮華藏世界海)'라고도 한다. 가장 아래에 풍륜(風輪)이 있고 풍륜 위에 보광마니장엄향수해(普光摩尼莊嚴香水海)가 있으며, 이 향수해 가운데 대련화(大蓮華)가 있고, 이 대련화 안에 무수한 세계를 갖추었다. 『대방광불화엄경』 제8권 「화장세계품」 참조.

해괄(該括) : 포괄하다. 망라하다. 개괄하다.

해단(海壇) : 해단도(海壇島)라고도 함. 바다 가운데 제단(祭壇) 같은 산이 보여서 해단(海壇)이라는 이름을 얻었다. 복건성(福建省) 복주(福州)에 있던 해단현(海壇縣)을 말한다. 지금은 평담현(平潭縣)에 속하며 대만과의 사이에 있는 바다에 위치해 있는 섬이다. 당나라 때에 여기서 말을 많이 사육했으며 후엔 수많은 절이 들어섰다고 한다.

해득(解得) : 뜻을 깨우쳐 알다. 이해하다.

해려아선(海蠡兒禪) : 조롱박으로 바닷물을 헤아리려는 것과 같이 종지(宗旨)를 온전히 드러내기 어려운 선(禪).

해문(海門) : 바다의 입구. 강이 바다로 통하는 곳. 오대(五代)에 주(周)가 둔현(縣)[강소성 계동시(啓東市) 북동쪽].

해방선(海蚌禪) : 해방(海蚌)은 바다조개, 바지락. 조개가 입을 열고 닫음을 비유한 선(禪)이다.

해섭(該攝) : 통괄하다. 통할하다.

해수(咳嗽) : 기침. 기침하다.

해안하청(海晏河清) : 큰 바다는 아주 고요히 안정되어 있고 황하강(黃河江)의 물은 맑디맑다. 천하가 태평하고 무사(無事)한 상태를 형용한다. 선종(禪宗)에서 흔히 쓰는 용어로서 마음속이 완전히 안정되어 번뇌가 조금도 남아 있지 않은 상태를 가리킨다.

해인(解人) : 사리를 잘 아는 사람.

해인삼매(海印三昧) : Ⓢsāgaramudrā-samādhi. 바다에 일체의 사물이 인상(印象)되듯이 맑고 고요한 아누다라삼먁삼보리에 일체의 마음이 인현(印現)하는 것. 청량징관(淸凉澄觀)스님의 설명이 있다. "해인삼매에서 해인은 비유이니, 비유로부터 이름이 나온 것이다. 「현수품소(賢首品疏)」에서 잘 설명하고 있다. 대략 그 내용을 보여주자면 향수해가 맑고 담연하여 움직임이 없는 향수해가 있는데 사천하 속의 모든 물질 몸의 형상들이 모두 다 그 속에서 무늬가 찍히는 것이 마치 도장으로 사물을 찍는 것과 같다. 또한 한없이 맑고 넓은 바다와 같이 구름 없는 맑은 하늘에 수많은 별과 달이 밝게 모두 드러나지만 오고 감이 없고, 있는 것도 아니고 없는 것도 아니며, 하나도 아니요 다른 것도 아님과 같다. 여래의 지혜바다에도 식심(識心)의 파도가 생겨나지 않아, 맑고 맑으며 지극히 밝고 지극히 고요한데 무심에서 몰록 일체중생의 마음과 근(根)의 욕구를 현현(顯現)한다. 마음과 근(根)의 욕구는 아울러 지혜 속에 있음이 마치 바다가 형상을 함용(含容)함과 같다. 그러므로 『화엄경』에서 이르셨다. '마치 바다에 널리 중생 몸이 나타나는 것으로써 큰 바다라고 하듯이 보리에서 모든 마음의 움직임을 인상(印象)한다.' 이러한 까닭으로 정각이 한량없다고 한 것이다. 오직 지혜가 사물과 마음을 나타낼 뿐만 아니라 또한 이 지혜에 의지하여 몰록 삼라만상을 나타내고 모든 무리들에게 응하는 것이다. 「현수품」에서 말씀하셨다. '혹은 어린아이의 형상으로 나타나고 천룡들과 아수라 내지 마후라가 등에도 형상을 나타낸다. 그 좋아하는 모습대로 중생의 형상을 보게 한다. 모두가 각각 행업이 같지 않고 음성도 한량없이 달리 나지만 이러한 모든 일체를 모두 다 능히 나타내는데 해인삼매의 위신력으로 인한 것이다."(『大方廣佛華嚴經隨疏演義鈔』卷第一, T36n1736_p0004b14~29.)

해주(解注) : 본문의 글을 알기 쉽게 풀이함.

해타고(解打鼓) : 화산무은(禾山無殷)스님이 학인을 접인할 때 상시(常時)로 쓰던 말. 학인들의 사로(思路)를 끊기 위해 씀. 해(解)는 북소리. 해타고(解打鼓)는 '북을 치면 울려나오는 소리'를 말한다. 혹은 '북을 칠 줄 안다'고 해석하는 경우도 있다.

해탈수승(解脫殊勝) : 해탈한 자가 확실히 요달하여서 인정하는 마음의 작용인 승해(勝解)이다. 이것은 유위해탈(有爲解脫)로서 십지(十地) 이전이며 아직 필경 열반이 아니다. 이에 대해 무위해탈(無爲解脫)은 열반을 말한다.

해행(偕行) : 함께 가다. 같이 행하다. 짝을 지어서 가다.

해회(海會) : 성스러운 대중들이 모인 자리를 말한다. 『화엄현소(華嚴玄疏)』에 "보현보살 등의 대중의 덕은 그 깊이가 부처님과 같고, 그 수효가 많음이 마치 찰진(刹塵)과 같기 때문에 바다라고 일컫는다." 라고 함.

해회(解會) : 이해하다. 깨닫다.

행(行) : Ⓢsaṃskāra(상카라). 신(身)·구(口)·의(意)로 지어 내는 것이다. 유위법(有爲法)을 말한다. 오온(五蘊)에서의 행(行)은 지어내는 식(識)이며, 십이인연(十二因緣)에서의 행(行)은 최초의 진동(振動)이다.

행가(行家) : 숙련가, 전문가.

행각(行脚) : 법을 구하기 위해 스승을 찾아다님.

행단행좌단좌(行但行坐但坐) : 걸을 때는 그저 걸어가고, 앉을 때는 그저 앉는다. 운문 문언스님의 법문이다. "납승이 주장자를 보거든 그저 주장자로 부를 것이며, 걸을 땐 그저 걷고, 앉을 땐 그저 앉을 것이지 절대로 움직여선 안 된다." (『古尊宿語錄』卷第十六,「雲門匡真禪師廣錄」中, X68n1315_p0101c21~22. "衲僧見拄杖, 但喚作拄杖, 行但行, 坐但坐, 總不得動著.")

행당(幸當) : 정확하게. 딱 알맞게. 적당하게.

행도(行道) : 자기가 터득한 것을 실행함.

행령(行令) : 조사(祖師)가 교외별전의 바른 종지(宗旨)를 시행하다.

행리(行履) : 실천궁행, 삶의 방식. 삶. 행동거지. 생활. 행적이 남긴 자취. 행(行)은 소행, 행동거지, 궁행(躬行)을 말하고 리(履)는 실천(實踐)을 말한다.

행산감홍(杏山鑑洪) : 석두희천(石頭希遷)-약산유엄(藥山惟儼)-운암담성(雲巖曇晟)-탁주행산감홍(涿州杏山鑑洪). 『경덕전등록(景德傳燈錄)』15권·『사가어록(四家語錄)』, 「진주임제혜조선사어록(鎮州臨濟慧照禪師語錄)」·『정법안장(正法眼藏)』2권상(上), 제292화·『고존숙어록(古尊宿語錄)』4권, 「진주임제혜조선사어록(鎮州臨濟慧照禪師語錄)」·『어선역대선사어록(御選歷代禪師語錄)』후집중(後集中)·『연등회요(聯燈會要)』20권·『오등회원(五燈會元)』5권·『오등엄통(五燈嚴統)』5권·『오등전서(五燈全書)』10권·『지월록(指月錄)』14권·『교외별전(教外別傳)』14권 등에 스님의 문답화(問答話)가 보인다.

행익(行益) : 스님들의 발우공양 때 발우에다 음식을 나누어 주는 일.

향(鄉) : ①상태, 상황, 경지. ②곳. 장소.

향(向) : 깨달음을 향해 현묘한 뜻(玄旨)을 구함.

향거(向去) : 이후. 장래.

향거각래(向去却來) : 나아감과 물러감. 나아감은 정위(正位)를 향하여 가는 것이고 물러감은 편위(偏位)를 향하여 오는 것이다.

향관(鄕關) : 고향.

향림징원(香林澄遠) : 덕산선감(德山宣鑑)-설봉의존(雪峰義存)-운문문언(雲門文偃)-향림징원(香林澄遠). 908~987. 오대(五代) 운문종(雲門宗)스님이다. 사천(四川) 면죽(綿竹) 출신. 속성은 상관(上官)이다. 어려서 성도(成都)의 진상원(眞相院)으로 출가하였다. 16세에 구족계를 받았고 촉(蜀)지방을 떠나 진(秦)으로 들어가서 사방으로 유력하다가 운문 문언스님을 만나 활연히 개오하고 그 법을 이었다. 이어 18년을 옆에서 시봉하였다. 성도(成都)로 돌아온 후 도강현(導江縣)의 영상사(迎祥寺) 천왕원(天王院)에 주석하였다. 그 뒤에 송태조(宋太祖) 건덕(乾德) 2년(964)에 청성산(青城山)의 향림원(香林院)에 머물렀다. 운문종풍을 40여 년간 널리 선양하다가 옹희(雍熙) 4년에 세수 80세로 입적하였다. '향림납의(香林衲衣)' '향림서래(香林西來)' '향림실내(香林室內)' '향림삼년(香林三年)' 등의 공안이 있다. 제자로 지문광조(智門光祚)스님이 있다.

향상(向上) : 미(迷)에서 오(悟)의 경계로 들어가는 향상문(向上門)을 말한다.

향상도하(香象渡河) : 대승보살이 불법(佛法)을 수증(修證)하고 확연히 깨달음을 비유하며 교법을 듣고서 증득한 바가 매우 깊음을 비유한다. 향상(香象)은 교미기가 되면 뿔에서 향기 나는 액체를 분비하는데 힘이 매우 세지고 성질은 광포해져서 제압하기가 어렵다고 한다. 부처님의 경지에 이른 보살을 비유한다. 『우바새계경(優婆塞戒經)』에 토끼와 말과 향상(香象)의 세 짐승이 물을 건넘을 비유하고 있다. 여기서 향상(香象)이 물을 건넘은 철저하게 흐름을 끊은 것을 나타내고 있다. "선남자. 저 항하의 강물을 토끼와 말과 향상(香象)의 세 짐승이 함께 건너는데, 토끼는 밑에 이르지 않고 물에 떠내려가고, 말은 혹 밑에 닿기도 하거나 닿지 않기도 하며, 코끼리는 밑에 완전히 닿는다. 항하의 강이란 곧 십이인연(十二因緣)의 강을 말한다. 성문이 건널 때는 마치 저 토끼와 같고, 연각이 건널 때는 저 말과 같으며, 여래가 건널 때는 향상(香象)과 같으므로 여래를 부처님이라고 이름한다."(『優婆塞戒經』「三種菩提品」第五, T24n1488_p1038b08~13. "善男子. 如恒河水三獸俱渡, 兔馬香象, 兔不至底浮水而過, 馬或至底或不至底, 象則盡底. 恒河水者即是十二因緣河也. 聲聞渡時猶如彼兔, 緣覺渡時猶如彼馬, 如來渡時猶如香象, 是故如來得名爲佛.")

향상일로(向上一路) : 향상사(向上事), 향상일규(向上一窺)라고도 한다. 확연대오(廓然大悟)로 들어가는 한 길.

향엄의단(香嚴義端) : 남악회양(南嶽懷讓)-마조도일(馬祖道一)-남전보원(南泉普

願)-향엄의단(香嚴義端). 등주(鄧州) 향엄하당의단(香嚴下堂義端)선사다. 『경덕전등록(景德傳燈錄)』10권·『열조제강록(列祖提綱錄)』7권·『종문염고휘집(宗門拈古彙集)』17권·『종감법림(宗鑑法林)』20권·『대광명장(大光明藏)』중권(中卷)·『연등회요(聯燈會要)』6권·『오등회원(五燈會元)』4권·『오등엄통(五燈嚴統)』4권·『오등전서(五燈全書)』7권·『속전등록(續傳燈錄)』12권·『지월록(指月錄)』11권 등에 그의 법문이 남아 있다.

향엄지한(香嚴智閑) : 마조도일(馬祖道一)-백장회해(百丈懷海)-위산영우(潙山靈祐)-향엄지한(香嚴智閑). ?~898. 청주(青州)[산동성 입도] 출신. 처음에 백장회해스님을 따라 출가하였다가 후에 위산 영우스님을 참알하니 위산스님이 그 법기를 단번에 알아보고 그 지광(智光)을 격발시키기 위해 하루는 물었다. "내가 너의 평생 동안 배워 익힌 경전과 책들에 대해서는 묻지 않겠다마는 네가 어머니의 자궁에서 이것저것 아무것도 분간치 못할 때의 한마디를 한번 말해봐라." 스님이 멍하니 아무 대답도 못하다가 생각에 잠긴 끝에 여러 가지 말씀을 드렸지만 위산스님이 인정하지 않았다. 그러자 말씀드렸다. "스님이 설명 좀 해주십시오." 위산스님이 말했다. "내가 말해 봤자 내 견해일 뿐이니 너의 안목에 무슨 도움이 되겠냐?" 스님이 승당으로 돌아가 제방의 어록과 말씀들을 뒤적여 보았지만 대답을 찾지 못하자, 탄식하며 하는 말이, '그림 떡으로는 배를 채울 수 없지'하고 모든 책을 불살라 버리고 말했다. "금생에 불법을 배우지 못할 바엔 차라리 멀리 다니면서 죽이나 먹어서 배 채우는 중이 되어 심신의 고통이나 면하는 게 낫겠다." 그리고는 위산스님을 하직하고 슬피 울며 다니다가 남양에 있는 혜충국사의 옛 유적지를 구경하며 휴식을 취하였다. 그러던 중 숲 속에서 풀을 베다가 던진 기왓장이 대나무에 맞는 소리에 위산스님의 비밀한 현지를 확연히 깨달았다. 이후 등주의 향엄산에서 법을 선양하니 기라성같은 납자들이 천여 명이나 모여들었다고 한다. 남긴 게송 20여 수가 『경덕전등록』에 남아 있다. '향엄일격(香嚴一擊)' '향엄거년(香嚴去年)' '향엄창천(香嚴蒼天)' '향엄상수(香嚴上樹)' '향엄고목(香嚴枯木)' '향엄선타(香嚴仙陀)' 등의 공안이 있다. 광화(光化) 원년에 입적. 시호는 습등대사(襲燈大師)다. 수법제자로 대안청간(大安清幹), 남선무염(南禪無染), 숭복연교(崇福演敎), 수주소종(壽州紹宗), 길주지관(吉州止觀) 등 12인이 있다.

향적세계(香積世界) : 향기가 거듭거듭 쌓여 있는 세계. 『유마힐소설경(維摩詰所說經)』의 「향적불품(香積佛品)」에 나오는 향적불(香積佛)의 중향세계(衆香世界).

향취(香臭) : 향기, 향내. 좋은 냄새와 나쁜 냄새. 좋고 나쁨을 비유하는 말.

허(許) : 감탄을 나타내는 어조사. 허락하다. 믿다. 기대하다. ~가량.

허(噓) : 쉿! 쉬! 쉬이~! 조용히 하라는 신호로 제지(制止)할 때 입술에 손가락을 대고 숨을 불어 내는 소리.

허령(虛靈) : 사사로움이나 잡된 생각이 없어 마음이 신령함. 잡되지 않고 신령스럽다. 고요하고 영묘하다. 허령불매(虛靈不昧)라고 함은 유가(儒家)에서 명덕(明德)을 말하는데 마음이 맑고 영묘하여 일체의 대상경계를 명찰(明察)하는 것을 말한다.

허명(虛明) : 맑고 밝음. 마음이 맑고 깨끗함.

허융(虛融) : 욕심 없고 온화하다. 아득하고 환하다.

허이령(虛而靈) : 일체의 잡생각이 없이 맑고 고요하며 신령한 마음을 말한다.

허한(虛閑) : ①산뜻하고 청명하여 운치가 있다. ②소홀히 하다. ③헛되이 버리다.

헌(軒) : 승당이나 법당 앞의 처마 아래 평평한 대(臺)를 말한다. 환하게 트인 건물. 정자. 누각. 뒷길. 창문 있는 긴 복도. 처마.

험간(驗看) : 살피다. 조사하다.

험과(驗過) : 감과(勘過), 감변(勘辨), 감험(勘驗)과 같은 말. 선사(禪師)들이 서로 깨달은 바의 깊고 얕음을 시험해 보는 것.

험절(險絶) : 몹시 험난하다.

혁염(赫焰) : 빛나다.

현겁(賢劫) : ⑤bhadra-kalpa. 삼겁(三劫)의 하나이다. 과거에 머무는 겁(劫)을 장엄겁(莊嚴劫)이라고 하고, 미래에 머무는 겁(劫)을 성수겁(星宿劫)이라하며 현재의 겁(劫)을 현겁(賢劫)이라고 한다. 이 세계가 성주괴공(成住壞空)하는 동안에 천 명의 부처님이 출현하여 세간의 뭇삶들을 구제한다고 한다.

현금(見今) : 지금, 현재.

현담(玄談) : 한위(漢魏) 시대이래로 노장사상(老莊思想)과 주역을 토대로 명리(命理)를 판명분석(判明分析)한 담론(談論)을 말한다. 여기서는 불법(佛法)을 말함.

현량(賢良) : 덕행과 재능이 있는 사람. 뛰어난 선사(禪師)를 말함.

현량(現量) : 심식삼량(心識三量)의 하나이다. 그냥 눈으로 보고 그냥 귀로 듣고 그냥 코로 냄새 맡고 그냥 혀로 맛보고 그냥 몸으로 느끼어 일체의 분별 없이 현실을 앎이다. 바깥 경계의 사물과 현상을 있는 그대로 지각하는 것이다. 마치 갓난아이가 사물을 볼 때에 이름이나 모양 빛깔 등을 전혀 구별 없이 그냥 바라보는 것과 같다.

현로조도전수(玄路鳥道展手) : 동산 양개스님이 3가지 방법으로 학인을 제접한 것을 말하며, '동산삼로(洞山三路)'라고 한다. '현로(玄路)'는 현묘하고 그윽한 길로 언어문자를 떠나는 것이고, '조도(鳥道)'는 새가 허공을 날아 자취가 없듯이 가고 옴에 공적하여 소식이 끊어진 것이고, '전수(展手)'는 말할 만한 법도 없고 숨기고 있는 것도 없다는 것을 말한다.

현미(玄微) : ①현현미묘(玄玄微妙)의 줄임말. 심원하고 미묘한 이치. ②하늘. ③현로(玄路)와 같다. 동산삼로(洞山三路)의 하나.

현사감보노형미철재(玄沙敢保老兄未徹在) : 현사스님이 영운스님을 평점(評點)한 말이다. "영운 지근스님이 복사꽃을 보고 도를 깨닫고는 노래를 하였다. '삼십 년을 검을 찾아다닌 나그네,/ 낙엽지고 새싹 돋길 몇 번이던가./복사꽃을 한 번 본 이래로부터/ 바로 지금 이르니 의심 없어라.' 위산스님이 게송을 보고 그 깨달음을 따져보니 서로 계합하자 말했다. '인연 따라 깨달아 들어왔으니 다시는 물러남이 없을 것이다. 너는 잘 보호하여 지녀라.' 어떤 스님이 현사스님께 말씀드리니, 현사스님이 말했다. '딱 맞구나. 정말로 딱 맞구나. 노스님이 철저하지 못했음을 내가 장담하리라.' 대중들이 이 말을 의심하였다. 현사스님이 지장 계침스님에게 물었다. '내가 그렇게 말한 것을 너는 어떻게 생각하느냐?' 지장스님이 말씀드렸다. '이 계침이 아니었더라면 천하 사람을 엄청 달리게 할 뻔하였습니다.'" (『景德傳燈錄』卷第十一, T51n2076_p0285a23~29. "初在潙山, 因桃華悟道. 有偈, 曰: '三十來年尋劍客, 幾逢落葉幾抽枝. 自從一見桃華後, 直至如今更不疑.' 祐師覽偈, 詰其所悟, 與之符契. 祐曰: '從緣悟達, 永無退失. 善自護持.' 有僧擧似玄沙, 玄沙云: '諦當! 甚諦當! 敢保老兄猶未徹.' 衆疑此語. 玄沙問地藏: '我恁麼道, 汝作麼生會?' 地藏云: '不是桂琛, 卽走殺天下人.'")

현사불출령(玄沙不出嶺) : '현사스님이 고개를 넘지 않다.'는 화(話). 현사스님이 제방을 두루 다니면서 선지식을 참심(參尋)하려고 바랑을 메고 고개를 넘다가 발을 잘 못 디뎌 발가락에서 피가 흘렀다. 고통에 탄식하면서 "이 몸은 존재하지 않는 것인데 고통이 어디서 나오는 거지?" 하다가 활연개오하고는 고개를 넘지 않고 곧장 설봉스님에게 돌아간 일화이다. (『緇門崇行錄』, X87n1627_p0358b09~10. "嘗携囊出嶺, 擬欲遍參, 忽傷足流血. 豁然而悟. 遂

不出嶺, 依峰咨決心要.")

현사사비(玄沙師備) : 용담숭신(龍潭崇信)-덕산선감(德山宣鑑)-설봉의존(雪峰義存)-현사사비(玄沙師備). 835~908. 복주(福州)[복건성] 민현(閩縣) 출생. 속성은 사씨(謝氏). 어려서 고기잡이를 즐겼다. 복주 부용산(芙蓉山)의 영훈(靈訓)스님에게 출가하고 개원사(開元寺)의 도현율사(道玄律師)에게 구족계를 받았다. 후에 설봉의존(雪峰義存)스님에게 입문하여 그의 법을 이었다. 이후 매계(梅谿) 보응원(普應院)에 주석하다가 복주의 현사산(玄沙山)으로 옮겨 30년을 지냈다. 양(梁) 개평(開平) 2년 세수 74세로 입적하였다. 후에 명종에게서 종일대사(宗一大師)라는 시호를 받았다. '현사불출령(玄沙不出嶺)' '현사망승(玄沙亡僧)' '현사걸화(玄沙乞火)' '현사훤료(玄沙喧鬧)' '현사일법(玄沙一法)' '현사자기(玄沙自己)' '현사견호(玄沙見虎)' '현사삼병(玄沙三病)' '현사원상(玄沙圓相)' '현사백지(玄沙白紙)' '현사동철(玄沙銅鐵)' '현사능지(玄沙能知)' '현사법신(玄沙法身)' '현사언계(玄沙偃溪)' '현사인아(玄沙因我)' '현사철강(玄沙鐵缸)' '현사화월(玄沙話月)' '현사신광(玄沙神光)' '현사실상(玄沙實相)' '현사진하(玄沙趂下)' '현사동참(玄沙同參)' '현사친전(玄沙親傳)' '현사무봉(玄沙無縫)' '현사삼승(玄沙三乘)' '현사염추(玄沙拈槌)' '현사촉루(玄沙髑髏)' '현사점파(玄沙占波)' 등의 공안이 있다. 『복주현사종일대사광록(福州玄沙宗一大師廣錄)』3권이 전해지고 있고, 나한계침(羅漢桂琛), 천룡중기(天龍重機), 선종계부(僊宗契符) 등 14인의 법사(法嗣)가 있다.

현성(見性) : '현성'으로 읽는다. 견성으로 읽는 것은 잘못. 성품은 보는 것(觀)이 아니라 드러남(發現)이다. 성품이 대상으로 존재하고 보는 자가 따로 있음이 아니라 거기서 그냥 드러날 뿐이다. 현성성불(見性成佛)에서 성(成)도 '이미 갖추어져 있어 드러남'으로 현(見)과 같은 의미다. 성(性)도 드러나고 불(佛)도 드러남이다. 누가 있어 성품을 보고 누가 있어 부처를 이룸이 아니다. 그저 성품이 드러나고 있고 부처가 드러나고 있음이다.

현성(現成) : 현상(現象) 있는 그대로의 모습. 이미 존재하거나 준비 되어 있는 것. 원래부터 있었음. 이미 마련되어 있음. 현재 이루어짐.

현성공안(現成公案) : 조작이나 안배(按排)를 하지 않고 바로 지금 여기 현재 성취한 공안. 현상계의 있는 그대로의 모습을 구도의 과제로 하는 것.

현시(顯示) : 분명하게 나타내어 보임. 분명하게 일러주다. 드러내어 보이다.

현애(懸崖) : 낭떠러지. 깎아지른 듯이 높이 솟은 벼랑.

현업류식(現業流識) : 목전(目前)의 현업(現業)과 당체(當體)의 흐르는 식(識).

바로 지금 드러나고 있는 업(業)과 바로 여기 흐르고 있는 심의식(心意識)이
다.

현원(懸遠) : 매우 멀리 떨어져 있다.

현지(見地) : '현처(見處)'나 '견해(見解)'와 같은 의미이다. 선법(禪法)에 대한
인식의 정도를 말한다. 곧 '드러내는 자리' '앎의 자리'이다.

현지(玄旨) : 심오한 이치.

현처(見處) : 심지(心地)의 안목(眼目). 드러내는 자리. 봄자리. 앎자리. 현지
(見地). 경지(境地). 깨달음의 정도.

현출(顯出) : 환히 드러나다. 밝게 드러나다.

현하(懸河) : 경사가 급하여 세차게 흐르는 냇물. 말을 거침없이 잘하거나 문
장에 막힘이 없고 유창함을 비유하는 말이다.

현학(玄學) : 이론을 초월한 학문. 형이상학.

현행(見行) : 마음이 분별해 내는 작용.

현화(玄化) : 부처님에 의한 교화. 그윽하고 심오한 교화. 신묘한 변화. 심오
하고 미묘함.

혈맥(血脈) : 선종(禪宗)에서는 조사들로부터 전해져 내려가는 종지(宗旨)가
있다. 이것을 사람의 핏줄이 부모에게서 자식으로 대대로 이어져 가는 것에
비유하여 혈맥이라고 한다.

혈분(血盆) : ①희생물로 제사를 지낼 때 피를 담는 그릇이다. ②맹수의 떡
벌린 입을 묘사한다.

혐혐(嫌嫌) : 장애. 방해. 의심. 원망. 기피.

협렬(狹劣) : 비루하고 졸렬하다.

협산(夾山) : 안휘성(安徽省) 화현(和縣) 북쪽 50리에 위치해 있는 산이다.

협산선회(夾山善會) : 석두희천(石頭希遷)-약산유엄(藥山惟儼)-선자덕성(船子德
誠)-협산선회(夾山善會). 805~881. 한광(漢廣)[하남성] 현정(峴亭) 출신. 속성
은 요씨(廖氏). 일찍이 담주(潭州)[호남성]의 전아산(電牙山)으로 출가하였고,
윤주(潤州)[강소성]의 경구(京口)에 주석하였다. 도오 원지스님의 추천을 받아
선자 덕성스님에게 참학하여 크게 깨달았다. 예주(澧州) 협산(夾山)에 주석하
면서 선풍을 크게 드날렸으며 중화(中和) 원년에 세수 77세로 입적하였다.
시호는 전명대사(傳明大師)이다. '협산수사(夾山垂絲)' '협산목전(夾山目前)' '협

산태양(夾山大陽)’ ‘협산발진(夾山撥塵)’ ‘협산이년(夾山二年)’ ‘협산원포(夾山猿抱)’ ‘협산전리(夾山殿裏)’ ‘협산구자(夾山毬子)’ ‘협산회처(夾山會處)’ ‘협산월호(夾山越戶)’ ‘협산차위(夾山此位)’ ‘협산여마(夾山與麼)’ ‘협산불필(夾山不必)’ 등의 공안이 있다. 낙포원안(洛浦元安), 백수사화상(白水寺和尙), 반룡가문(盤龍可文), 소산환보(韶山寰普) 등 22명의 법사(法嗣)가 있다.

협존자(脇尊者) : 바수밀(婆須蜜)-불타난제(佛陀難提)-복타밀다(伏馱蜜多)-협존자(脇尊者). 선종 제10조이다. 중인도 사람으로 원래 이름은 난생(難生)이다. 복타밀다(伏馱蜜多) 존자를 만나 곁에서 시봉하면서도 결코 누워서 잠을 잔 적이 없어 겨드랑이를 바닥에 댄 적이 없다고 하여 협존자라 불리게 되었다고 한다.

형남(荊南) : 형주(荊州)[호북성 강릉현(江陵縣)] 일대를 말한다.

형연(迥然) : 홀로 우뚝 뛰어난 모양. 완전히 홀로 있음을 터득한 모양. 일체와 현격히 차이가 나게 됨.

형영(形影) : 흔적, 자취. 사람의 형체와 그림자.

형절무인처(迥絕無人處) : 아주 끊어져 사람이 없는 곳. 깨달음의 경지. 『벽암록』45칙에 나오는 말이다. “또 어떤 스님이 고덕에게 여쭈었다. ‘깊은 절벽 사람의 자취가 끊어진 곳에도 불법이 있기는 합니까?’ 고덕이 말씀하셨다. ‘있지.’”(『佛果圜悟禪師碧巖錄』卷第五, 45則, T48n2003_p0182a9~10. “又僧問古德: ‘深山懸崖迥絕無人處, 還有佛法也無?’ 古德云: ‘有.’”)

형탈(迥脫) : 완전히 초탈(超脫)함.

형해(形骸) : 몸. 육체.

형형(迥迥) : 먼 모양.

혜계(醯鷄) : 초파리.

혜산장(秸山章) : 운암담성(雲巖曇晟)-동산양개(洞山良价)-운거도응(雲居道膺)-혜산장(秸山章). 지주혜산장선사(池州秸山章禪師)다. 『경덕전등록(景德傳燈錄)』23권·『연등회요(聯燈會要)』25권·『오등회원(五燈會元)』13권·『오등엄통(五燈嚴統)』13권·『오등전서(五燈全書)』28권·『어선역대선사어록(御選歷代禪師語錄)』후집중(後集中)·『종문염고휘집(宗門拈古彙集)』37권·『종감법림(宗鑑法林)』66권·『지월록(指月錄)』20권 등에 기록이 보인다.

혜원(慧遠) : 334~416. 동진 때의 스님이다. 성은 가씨(賈氏). 안문 서번(棲煩) 출신. 여산 백련사 개조(開祖)이다. 13세에 육경을 연구하였으며 특히 노장사상에 뛰어났다. 21세에 출가하였으며 도안(道眼)법사를 찾아가서 정진하다가 여산에 들어가 동림사에 주석하였다. 여기에서 혜영(慧永), 종병(宗炳), 유유민(劉遺民) 등의 승속 123인을 모아 백련사(白蓮社)를 결성하고 정업(淨業)을 닦았는데, 이들 가운데 뛰어난 18명을 '백련사 18현'이라 부른다. 30년 동안 여산에 있으면서 불교학계에 크게 공헌하다가 진나라 의희(義熙) 12년에 83세로 입적하였다. 당나라 선종이 변각대사(辨覺大師)라고 시호하고, 송나라 태종이 원오대사(圓悟大師)라 시호하였다. 『대지도론요략(大智度論要略)』20권, 『문대승중심의십팔과(問大乘中深義十八科)』3권, 『사문불경왕자론(沙門不敬王者論)』, 『법성론(法性論)』2권, 『사문조복론(沙門祖服論)』1권 등의 저술이 있다.

호(好) : ①어조사. 불만이 섞인 나무라는 말투. 또는 문장의 끝에서 권계(勸戒)하는 뜻으로 쓰인다. 아이 원. 나 원 참. 참 나 원. 원 참 나. 아이 참. 원 참. 거 참. 쯧. 아이고. ②마땅히 ~해야 한다. 당연히 ~할 수 있다.

호간(好看) : 말을 할 때 경각(警覺)을 부탁하는 의미를 함축하면서 '조심해라', 또는 '잘 살펴라'는 뜻으로 사용하는 말이다.

호개(好箇) : 이토록 좋은. 그토록 좋은. 찬탄하는 말투이다.

호광(毫光) : 부처님의 미간에서 뻗쳐 나오는 백호광명(白毫光明). 호(毫)는 부처님의 두 눈 사이에 있는 가늘고 빛나는 하얀 털. 이 털이 오른 쪽으로 말려서 끊임없이 한량없는 빛을 내어 뿜는다고 함.

호대(好大) : 큰 일 벌이기를 좋아하다. 과장하기를 좋아하다.

호두(戽斗) : 배 밑바닥에 고인 물을 퍼내는 바가지. 타래박, 두레.

호두상좌(虎頭上座) : 『조당집』19권에서는 '호두초상좌(虎頭招上座)'라고 나온다. 『선종송고련주통집(禪宗頌古聯珠通集)』11권,25권·『종문염고휘집(宗門拈古彙集)』21권,24권·『선림유취(禪林類聚)』19권·『불과격절록(佛果擊節錄)』권상(卷上) '제7칙 향엄수어(香嚴垂語)'·『만송노인평창천동각화상염고청익록(萬松老人評唱天童覺和尙拈古請益錄)』'제7칙 향엄상수(香嚴上樹)'·『어선역대선사어록(御選歷代禪師語錄)』후집상(後集上)·『오등회원(五燈會元)』5권·『오등엄통(五燈嚴統)』5권·『오등전서(五燈全書)』17권·『지월록(指月錄)』31권·『선종정맥(禪宗正脉)』5권·『선원몽구요림(禪苑蒙求瑤林)』하권(下卷) 등에 기록이 보인다.

호란(胡亂) : 그럭저럭 살다. 형편대로 살다. 임의대로, 자유롭게, 아무렇게나, 실없이.

호래(胡來) : 소란을 피우다. 난동을 부리다.

호래한현(胡來漢現) : 호현한현(胡現漢現), 호현한래(胡現漢來)와 같은 말. 호래호현한래한현(胡來胡現漢來漢現)의 줄임말이다. 거울에 사물이 비칠 때처럼 외국인이 오면 외국인이 나타나고 중국인이 오면 중국인이 나타난다. 곧 있는 그대로 드러나서 조금도 감춰지지 않음을 말한다.

호로(葫蘆) : 조롱박. 조롱박으로 만든 악기. 호로생(葫蘆笙).

호망(毫芒) : 털끝. 매우 미세함.

호매(狐魅) : =호요(狐妖). 여우 요괴. 여우가 사람으로 변하여 재앙을 입힘. 아첨하거나 아양을 떨어 유혹함.

호묘(浩淼) : 수면이 넓고 아득함. 아득히 넓고 큼. 웅장함.

호변(湖邊) : 서호(西湖). 서호(西湖)는 원래 전당강(錢塘江)과 서로 연결된 하안(河岸)의 포구였지만, 뒤에 진흙과 모래로 막아서 육지의 인공호수로 조성되었다. 지금은 중국의 10대 명승지 중 하나로 손꼽힌다.

호병(餬餅) : 피자처럼 밀가루를 개어 둥글고 납작하게 만들어서 기름에 지지거나 불에 구워 그 위에 갖은 야채를 곁들여 만든 음식.

호삼삼지(鬍毿毿地) : 수염이 부드럽고 가늘고 길게 드리워진 모양.

호상(湖湘) : 호남성의 동정호(洞庭湖)와 상강(湘江)을 말함.

호소(好笑) : 아주 웃기다. 가소롭다. 별것도 아니다.

호손(猢猻) : 원숭이.

호수(好手) : 뛰어난 사람. 정교한 솜씨. 뛰어난 수완.

호시궐(胡屎橛) : 인도에서 변을 보고 밑의 똥을 닦는 데 쓰던 납작한 나무 막대기. 측주(厠籌), 정주(淨籌), 측간자(厠簡子) 등으로도 불린다.

호심(好心) : 호의(好意), 선의(善意). 충성스런 마음. 마음을 비움. 동정심, 핵심을 완성하다 등의 뜻.

호안(滸眼) : 젖은 눈. 호(滸)는 물가. 회수(淮水)의 지류. 물가의 평평한 곳. 호안(滸眼)은 '젖은 눈'이니 바른 안목이 아니다. "벼랑 끝에 다다라 호안으로 보는구나. 호(滸)는 곧 그대의 눈이다. 눈 속에는 참마음이 없으니, 참마음은 호안이 아니라네." (『普菴錄』卷之三, 「金剛隨機無盡頌」, X69n1356_p0434c12. "臨崖看滸眼. 滸即是你眼. 眼裏有真心, 真心非滸眼.") 『전등록』20권에서는 호안(虎眼)으로 나온다. (『景德傳燈錄』卷第二十, T51n2076_p036424. "臨崖覷虎眼")

호의(狐疑) : 의심하다. 의심을 품다. 망설이다.

호인가(好人家) : 멀쩡한 집안. 평상무사(平常無事)의 뜻. 또는 청정한 자성(自性).

호정교(胡釘鉸) : 황벽희운(黃檗希運)-임제의현(臨濟義玄)-보수연소(寶壽延沼)-호정교(胡釘鉸). 호령능(胡令能)이라고도 한다. 시골에 살던 은자이다. 어렸을 적부터 거울을 갈고 조각하며 못을 사용하여 기구를 수리하는 업을 하고 살았다. 그래서 세상 사람들이 호정교(胡釘鉸)[호(胡)는 오랑캐. 정교(釘鉸)는 강호에 떠돌아다니는 사람으로 거울을 갈고 솥을 때우며 금은세공을 하거나 기구를 손질하는 일을 업으로 삼고 사는 사람을 말함]라고 불렀다. 시를 잘 지었으며 참선하는 것을 좋아하였다고 한다.

호종(胡種) : 원래 오랑캐, 즉 만주족을 말한 것이지만 선종(禪宗)에서는 석가모니불로부터 전법계승해온 조사들을 가리킨다.

호종족(胡種族) : 석가모니 부처님이나 달마대사와 같은 진리의 맥을 잇는 이들. 곧 불법(佛法)의 요체를 이어가는 이들을 말한다.

호호(浩浩) : 기세등등한 모양. 마음이 넓게 탁 트인 모양. 드넓은 모양. 바람이 사납고 세차게 부는 모양. 소리가 크고 우렁찬 모양. 매우 시끄럽게 떠드는 모양. 물이 넓게 흐르는 모양.

호호(嘷嘷) : 짐승이 으르렁거리는 소리.

호호지(浩浩地) : 기세등등하게.

혹(或) : ①있다(有). ②어떤 이. 어떤 사람. 어떤 것. 누구.

혹고(惑苦) : 혹업고(惑業苦)의 준말. 미(迷)의 인과를 나타내는 말로서, 혹(惑)은 탐·진·치 등의 번뇌, 업(業)은 혹을 근거로 하는 선악의 행위를 짓는 것이다. 고(苦)는 이 업에 의하여 받게 되는 과보인 삼계에 유전(流轉)하는 것을 말한다. 유정(有情)이 윤회하는 순서를 제시한 것으로 삼도(三道)라고도 한다.

혼가(渾家) : 온 집안 식구. 온가족. 송대 이후는 '아내'로 많이 쓰였다.

혼강(渾剛) : 제련하지 않은 순수한 강철. 순수하고 굳세다. 『지월록』32권에서는 '渾鋼(혼강)'으로 나온다. (『指月錄』卷之三十二,「臨安府徑山宗杲大慧普覺禪師語要下酬答法要之餘」, X83n1578_p0761b21. "渾鋼打就生鐵鑄成底漢")

혼대(渾大) : 매우 넓고 큼. 크기와 넓이가 없음.

혼돈(混沌) : 천지와 사물이 나뉘기 전의 상태.

혼륜탄개조(渾崙吞箇棗) : 혼륜탄조(渾淪吞棗)라고도 한다. 대추를 통째로 삼키다. 곧 실상을 자세히 알아보지 않고 건성으로 받아들이는 것. 혼륜(渾淪)은 통째, 송두리째라는 뜻.

혼성(渾成) : 제멋대로 이루어지다. 온통 이루어지다. 자연적으로 생성되다.

혼혼(昏昏) : 도리에 어둡고 마음이 흐린 모양. 정신이 아뜩하여 흐린 모양.

홀연(忽然) : 쉽다, 수월하다. 수명이 다하다. 죽다. 정신이 얼떨떨하다. 흐리멍덩하다. 소홀히 하다. 마음에 두다. 가령, 만일, 혹시. 우연히, 뜻밖에, 돌연, 갑자기, 삽시간에, 일순간.

홀홀(忽忽) : 갑자기 멍한 모양. 갑자기. 빠른 모양. 황홀하다. 혼미하다. 실의에 차다, 뜻을 잃다. 어슴푸레하다. 분명치 않다. 경솔하다. 유의하지 않다.

홍기(紅旗) : 군대나 의장대에서 사용하던 붉은 기.

홍로(洪爐) : 큰 화로. 용광로.

홍주법달(洪州法達) : 쌍봉도신(雙峰道信)-황매홍인(黃梅弘忍)-조계혜능(曹溪慧能)-홍주법달(洪州法達). 홍주(洪州) 풍성(豊城)[강서성] 사람. 7세에 출가하여 『법화경』 독경에 매진하다 혜능스님을 만나 대오하였다.

홍주수료(洪州水潦) : 조계혜능(曹溪慧能)-남악회양(南嶽懷讓)-마조도일(馬祖道一)-홍주수료(洪州水潦). 수로화상(水老和尙)이라고도 한다. 홍주 수료스님이 마조 도일스님에게 여쭈었다. "어떤 것이 서쪽에서 온 적적(的的)한 뜻입니까?" 마조스님이 바로 멱살을 잡고 걷어차서 쓰러뜨렸다. 스님이 크게 깨닫고는 일어나서 손뼉을 치면서 "하하!"하고 크게 웃으면서 말했다. "엄청나구나! 엄청나구나! / 백 천 삼매와 한량없는 묘의(妙義)여./ 그저 한 터럭 끄트머리에서 / 근원을 단번에 알아내었다." 그리고는 절을 올리고 물러났다. 스님이 뒤에 대중에게 말했다. "한 번 마조스님의 발길에 걷어차이고 난 이래로 지금껏 웃음을 그쳐보질 못하였다." '홍주서래(洪州西來)' '수로원상(水老圓相)' 등의 공안을 남겼다.

홍진(紅塵) : 세속 번뇌.

화(园) : 배를 끌어당길 때 내는 소리. 힘을 돋우기 위해서 내는 소리=뚜오 Duō(咄)! 어영차! 허! 아! 흥! 쯔찌! 갑자기. 별안간. 깨달음을 이루는 순간에 지르는 소리[화지일성(园地一聲)].

화(化) : ①보시를 구하다. 구걸하다. ②녹이다. 삭이다.

화(畫) : 그만두다. 멈추다. 가리키다.

화(花) : 알록달록하다. 무늬로 장식하다.

화고(畵鼓) : 아름다운 무늬가 그려진 북을 말한다.

화기자(和伎者) : 주역을 도와주는 사람, 조연. 박자를 맞춰 쳐 주거나 큰 북을 쳐서 연기효과를 돋우는 사람.

화니합수(和泥合水) : 진흙 속에 들어가고 물에 들어간다는 뜻으로 타니대수(拖泥帶水), 타니섭수(拖泥涉水), 입니입수(入泥入水), 화광동진(和光同塵)과 같은 의미이다. 부처님이 지혜의 빛을 숨기고 세간에 들어가 자비심으로써 중생과 동화하고 구제하는 것을 말한다. 선종에서는 제자들을 가르칠 때 언어 등의 방편을 사용하는 것을 말한다.

화득제(和得齊) : 화답하다.

화리즉료탄대충(火裏蟋蟀吞大虫) : 불 속의 참매미가 범을 삼킴. 운문 문언스님의 말이다. "여쭈었다. '우두스님이 사조스님을 뵙지 못하였을 땐 어떻습니까?' 스님이 말했다. '집집마다 관세음보살이다.' 또 여쭈었다. '뵌 후로는 어떻습니까?' 스님이 말했다. '불 속의 참매미가 범을 삼킨다.'" (『古尊宿語錄』卷第十五,「雲門匡眞禪師廣錄」上, X68n1315_p0095c05~07.참조.)

화변(華辨) : 화려한 변론. 화려한 달변.

화산무은(禾山無殷) : 도오원지(道吾圓智)-석상경저(石霜慶諸)-구봉도건(九峰道虔)-화산무은(禾山無殷). 884~960. 복주(福州) 출신. 성은 오씨(吳氏). 7살 때 설봉 의존스님에게 출가하여 11년간 시봉하고 설봉스님이 입적하자 구봉도건(九峰道虔)스님의 법을 이었다. 길주(吉州)[강서성 길안] 화산(禾山)의 대지원(大智院)과 양주(揚州) 상광원(祥光院), 강서(江西) 취암원(翠巖院) 등에서 선풍을 크게 떨쳤다. 유명한 '해타고(解打鼓)' 공안화두를 남겼다. 징원선사(澄源禪師)로 호를 하사받고 시호는 법성선사(法性禪師)로 받았다.

화삼(靴衫) : 당나라 개원(開元)[713~741]과 천보(天寶)[742~756] 연간에 어가(御駕)를 따르던 궁녀들이나 고관의 부인들이 말을 탈 때에 입던 옷차림새.

화생아(化生兒) : 예쁜 아기.

화약진영(花藥進英) : 석상초원(石霜楚圓)-황룡혜남(黃龍慧南)-보봉극문(寶峰克文)-화약진영(花藥進英). ?~1123. 졸수진영(拙叟進英), 보자진영(報慈進英)이라고도 함. 북송 때의 스님. 자(字)는 졸수(拙叟). 길주(吉州) 태화(太和)[강서성] 출신. 속성은 나씨(羅氏). 어렸을 적부터 영민하여 7~8세 무렵에는 시서(詩書)의 대의(大義)를 통달할 정도였다. 그러다 갑자기 죽을병에 걸렸는데 어머니가 슬피 울면서 말하길 '너를 임신했을 때 허공에서 말하기를 병이 나면 출가시켜야 나을 것이라고 하였단다'라고 하면서 스님을 동자승으로서 절에 보냈다. 18세에 승과 시험에 응시하여 득도하고 구족계를 받았다. 그리고 곧바로 제방을 다니면서 참도(參道)하였다. 그러다가 어머니의 3년 상을 치르고 나서 강회(江淮)를 유력하였는데 당대의 대종사 선지식들을 찾아 참구(參扣)하다가 늦게 진정극문(眞淨克文)선사를 만났다. 진정 극문선사의 야참법문 때에 의심처가 활짝 열려 활연(豁然)히 대오(大悟)하였다. 자세한 것은 『승보정속전(僧寶正續傳)』권2, X79n1561_p0562a16~b19. 참조.

화양(畫樣) : 기물(器物)의 도안. 그림의 양식. 그림의 본.

화엄금사자장(華嚴金師子章) : 원제(原題)는 「대방광불화엄경금사자장(大方廣佛華嚴經金師子章)」이다. 당(唐) 숭복사(崇福寺) 현수법장(賢首法藏)스님이 측천무후(則天武后)에게 뜰 앞에 놓인 금사자(金獅子)를 가지고 비유하여 십문(十門)으로써 화엄의 교관(敎觀)을 찬술해 준 것이다. 처음에 법계연기(法界緣起)를 밝혔고 이어서 색공(色空)과 오교(五敎)를 논하였으며 열반(涅槃)을 설명하는 것으로 마무리를 하였다.

화엄육상(華嚴六相) : 화엄학에서 제법의 상(相)을 파악하기 위해 세운 여섯 가지의 상(相). 육상원융(六相圓融)이라고한다. 총상(總相)·별상(別相)·동상(同相)·이상(異相)·성상(成相)·괴상(壞相)의 여섯이다.

화엄휴정(華嚴休靜) : 약산유엄(藥山惟儼)-운암담성(雲嚴曇晟)-동산양개(洞山良价)-화엄휴정(華嚴休靜). 조동종 스님이다. 경조(京兆) 화엄사(華嚴寺)에 주석하였다. 스님의 휘는 휴정(休靜)이다. 동산 양개스님을 참알하고 활연대오하였다. 일찍이 낙포 원안스님의 회상에서 유나 소임을 맡았을 때에 울력 종을 치면서 말했다. "상판스님들은 땔나무를 하고 하판스님들은 밭을 매라." 그러자 제1좌 스님이 물었다. "성승(聖僧)[문수보살상]은 무얼하죠?" 스님이 말했다. "큰방에서도 바로 앉지 못하니 양쪽으로 나아가지 못한다." 만년에 스님은 하삭(河朔) 지방을 다니다가 평양(平陽)에서 입적하였다. 다비를 한 후 진주(晉州), 방주(房州), 종남산(終南山) 소요원(逍遙園), 종남산(終南山) 화엄사(華嚴寺) 등 네 곳에다 부도를 세웠다. 시호는 보지대사(寶智大師)이며 탑호(塔號)는 무위(無爲)다. 제자로 자릉광일(紫陵匡一)이 있다.

화운(和雲) : 꽃구름과 함께. 곧 화려한 말솜씨와 문장력을 구사함을 말함.

화작(化作) : 신통력으로 사물을 변화시켜 만듦.

화장세계(華藏世界) : 『화엄경』에 나오는 석가모니불의 참 몸인 비로자나불이 보살행을 닦을 때에 수많은 부처님을 친근하고 큰 서원을 닦아서 깨끗하게 장엄한 정토이다. '화장장엄세계해(華藏莊嚴世界海)', 또는 '연화장세계(蓮華藏

世界)'라고도 한다. 가장 아래에 풍륜(風輪)이 있고 풍륜 위에 보광마니장엄향수해(普光摩尼莊嚴香水海)가 있으며, 이 향수해 가운데 대연화(大蓮華)가 있고, 이 대연화 안에 무수한 세계를 갖추었다. 『대방광불화엄경』제8권 「화장세계품」 참조.

화저(火筯) : 부젓가락.

화정(華亭) : 중국 강소성(江蘇省) 송강현(松江縣)의 옛 이름.

화타(話墮) : 말이 바닥이 나다, 말이 막히다. 말이 틀리다, 말의 앞뒤가 맞지 않다, 말이 성립되질 않는다. 실언(失言)하다. 말의 일차적 개념에 휘말리다. 말에 떨어지다. 언어분별에 떨어졌다. 선가의 기용이 선법에 맞지 않다고 폄하하는 것.

화파자(火把子) : 횃불.

확락(廓落) : ①마음이 넓은 모양. 관대한 모양. 도량이 넓고 큼. ②드넓은 모양. 광활한 모양. ③구조가 산만하거나 내용에 실속이 없음. ④텅 비어 아무것도 없는 모양. ⑤외롭고 쓸쓸한 모양.

확탕로탄(鑊湯鑪炭) : 끓는 가마솥과 불타는 화로. 가마솥에 삶기고 불화로에 태워지는 고통을 받는 지옥. 확탕지옥은 18개의 큰 솥이 있어서 500명의 나찰들이 불을 때면 솥 안에 있는 끓는 쇳물이 튀어 올라 불꽃으로 변하는데 이것이 불바퀴로 뭉쳐져서 다시 솥 안으로 쏟아져 들어간다고 한다. 부처님의 금계를 훼손한 이, 중생을 죽여 고기를 먹은 이, 산과 들판에 불을 질러 많은 생명을 죽인 이 등은 죽고 나면 이 솥에 삶기는 고통을 받고 과보가 다하여 축생으로 태어나면 8,000번을 지나서야 겨우 사람의 몸을 받지만 그것도 병이 많고 수명이 짧은 사람이 된다고 한다.

환각안정(換却眼睛) : 눈동자를 바꾸다. 바른 안목으로 돌리다.

환궤(闤闠) : 저잣거리. 시가. 큰길. 거리. 점포. 일반 백성들 사이. 세속.

환~야무(還~也無) : ~이냐? 환득(還得) ~야미(也未)→ ~하게 되었느냐?

환우(寰宇) : 세계. 천하.

환작(喚作) : ~라고 부르다. ~하고 말하다.

환화(幻化) : 변화를 말한다. 만물이 진실한 성품이 없이 변화함을 말한다.

활계(活計) : 삶의 계책. 선법(禪法) 또는 선사들이 쓰는 여러 가지 기봉(機鋒)을 운용(運用)하는 방법. 공부. 종교인이 수행하는 과업. 생계.

활공(豁公) : 암두전활(巖頭全豁)스님을 말한다. 『오등회원』7권과 『대혜어록』9권에서는 豁公(활공)으로 나온다. (『五燈會元』卷七, X80n1565_p0143c19. 『大慧普覺禪師語錄』卷第九, T47n1998Ap0846b02. "山曰: '若不是豁公,'")

활매(活埋) : ①억지로 남을 모함하다. ②생매장.

활발발지(活鱍鱍地) : 물고기가 물위로 팔딱팔딱 뛰어 오르듯이 생기가 발랄한 모습.

활상좌(豁上座) : 암두전활(巖頭全豁)스님을 말하기도 하고 임제 의현스님의 법사(法嗣)인 활상좌(豁上座)를 말하기도 한다. 『정법안장』제174화의 활상좌(豁上座)는 암두 전활스님이고 제455화의 활상좌(豁上座)는 임제스님의 법사(法嗣)인 활상좌(豁上座)이다.

활인안목(活人眼目) : 분별망식(分別妄識)을 끊어버리고 신령한 깨달음의 참성품을 다시 살리는 바른 눈.

활주(滑州) : 수나라 때에 두었던 주(州)의 이름. 하남성(河南省) 활현(滑縣)에 있었다. 명나라 초기에 현(縣)으로 고침.

황(況) : ①비유하다. ②더욱, 한층 더. ③마치 ~인 듯하다. ④때마침, 바로. ⑤곧, 이에. ⑥하물며, 더군다나.

황룡오신(黃龍悟新) : 석상초원(石霜楚圓)-황룡혜남(黃龍慧南)-회당조심(晦堂祖心)-황룡사심오신(黃龍死心悟新). 1044~1115. 소주(韶州) 곡강(曲江) 출신. 속성은 황씨(黃氏). 불타원(佛陀院) 덕수(德修)스님에게 출가. 회당 조심스님에게 참문하고 법을 이음. 원우(元祐) 7년 운암(雲岩)에 머물다가 소성(紹聖) 4년에 취암(翠岩)으로 옮기고 다시 정화(政和) 초에 황룡(黃龍)에 주석하였다. 정화(政和) 5년 12월 15일 세수 72세로 입적하였다. 스스로를 '사심수(死心叟)'라고 칭하고 자신의 거처를 '사심실(死心室)'이라 붙였다. 『사심오신선사어록(死心悟新禪師語錄)』1권이 있다. 양주제밀(楊州齊謐) 등 8명의 전법제자가 있다.

황룡혜남(黃龍慧南) : 수산성념(首山省念)-분양선소(汾陽善昭)-석상초원(石霜楚圓)-황룡혜남(黃龍慧南). 1002~1069. 임제종 황룡파의 개조(開祖)이다. 적취노남(積翠老南)이라고도 한다. 강서성 옥산현 출생. 속성은 장씨(章氏). 11세에 정수원 지란(智鑾)스님에게 출가하였다. 19세에 구족계를 받고 나서 여러 곳을 행각하다가 운문종의 늑담 회징스님에게서 운문선을 참구하고 설법하면서 명성이 제방에 자자하였다. 그러다가 운봉 문열스님이 대사를 해결하려면 석상 초원스님을 찾아야 한다고 충고함을 듣고 석상 초원스님 회상으로 갔다. 거기서 '대산파자화(臺山婆子話)'에서 조주스님이 감파한 것이 무엇인가하는 질문을 받고 대오한 후, 여러 곳을 행각하다가 동안원에서 개당하였다. 귀종사에 돌아와서 절에 불이 나는 바람에 감옥에 갇혔다가 황벽으로 은거하였다. 그 이후 융흥부 황룡산의 숭은원(崇恩院)에 머물면서 종풍을 크게 드날렸다. 이로부터 공안이 활발하게 사용되었으며 그의 종풍이 호남·호북·강서를 중심으로 널리 퍼졌다고 한다. 희녕 2년 세수68세로 입적하였다. 시호는 보각선사(普覺禪師)이다. '황룡삼관(黃龍三關)' '황룡불이(黃龍不易)' '황룡종루(黃龍鐘樓)' '황룡무위(黃龍無爲)' '황룡율극(黃龍栗棘)' 등의 공안을 남겼다. 『황룡혜남선사어록(黃龍慧南禪師語錄)』1권이 있다. 늑담홍영(泐潭洪英), 운암극문(雲庵克文), 운개수지(雲蓋守智), 회당조심(晦堂祖心), 동림상총(東林常總), 황벽유승(黃檗惟勝), 대위회수(大潙懷秀), 운거원우(雲居元祐) 등 56인의 부법제자(付法弟子)가 있다.

황룡회기(黃龍誨機) : 덕산선감(德山宣鑑)-암두전활(巖頭全豁)-현천언(玄泉彦)-황룡회기초혜(黃龍誨機超慧). 청하(淸河) 사람으로 성은 장씨(張氏)이다. 처음에 암두 전활스님을 참례하였으나 계합하지 못하고 뒤에 현천 언스님을 모시다가 법을 이었다. 당나라 천우(天祐)[904~907] 때에 행각을 다니다가 악주(鄂州)[호북성] 황룡산에 이르니, 절수(節帥)가 돈을 내놓아 절을 짓고는 위에 아뢰어 자의(紫衣)와 초혜대사(超慧大師)라는 호(號)를 바치면서 법석(法席)이 크게 번창하였다. 가주흑수(嘉州黑水) 등 9인의 수법제자가 있다.『조당집』12권에는 스님의 상당법문이 실려 있다. "화상 여러분. 군왕의 검과 열사의 칼이 있습니다. 군왕의 검은 만물을 해치지 않지만, 열사의 칼은 못을 자르고 무쇠를 끊어버립니다. 작용이 없지 않으니, 차지 마십시오. 어째서입니까? 충성스러운 말은 혀가 잘림을 피하지 않지만 예리한 칼은 피를 범천에까지 뿌리기 때문입니다. 오래 서 있었습니다. 안녕."(『祖堂集』卷第十二, K45-0312. "諸和尙子. 君王之釖, 烈士之刀. 若是君王之釖, 不傷万類, 烈士之刀, 斬釘截鐵. 用則不無, 不得佩著. 爲什摩? 故忠言不避截舌, 利刀則血濺梵天. 久立. 珎重.")

황매(黃梅) : 오조 홍인대사를 말한다.

황벽유승(黃檗惟勝) : 수산성념(首山省念)-분양선소(汾陽善昭)-석상초원(石霜楚圓)-황룡혜남(黃龍慧南)-황벽유승(黃檗惟勝). 동천(潼川)[사천성 삼대현] 출신. 속성은 나씨(羅氏). 하루는 유승스님이 아무 생각 없이 부채로 창문의 창살을 두드리니 탁탁 소리가 났다. 그러자 홀연히 불경의 글귀 가운데 '시방(十方)에서 한꺼번에 북을 치니 십처(十處)[지옥·아귀·축생·천·인·아수라·성문·연각·보살·부처님]에서 일시에 듣는다'는 구절이 생각나면서 그 자리에서 활연히 대오하였다. 유승스님이 이에 깨달은 바를 강사스님에게 말씀드리니 강사스님은 제방의 선지식에게 참문(參問)하라고 권하였다. 그래서 황룡 혜남스님의 회하로 들어가서 참학하였다. 혜남스님이 황벽산에서 황룡산으로 옮긴 이후 서주태수가 혜남스님에게 황벽의 주지를 찾아서 보내달라고 부탁하였다. 하루는 혜남스님이 대중을 모아놓고 말했다. '종루 위에서 노래하고 상다리 아래에다 채소를 심는다. 만일 누가 말을 한다면 주지로 보내리라.' 유승스님이 듣자마자 곧 대중가운데서 달려 나와 말했다. '용맹한 호랑이가 이 길을 막고 앉아 있습니다.' 혜남스님이 듣고는 보통이 아님을 알아차리고 황벽산 주인으로 보냈다. 이로부터 제방의 학인들이 구름같이 모여들었다.

황벽혜(黃檗慧) : 운암담성(雲巖曇晟)-동산양개(洞山良价)-소산광인(疎山匡仁)-황벽혜(黃檗慧). 오대후진(五代後晋)의 조동종 스님이다. 낙양(하남성) 사람이다. 어려서 출가하여 경론을 익히는 것으로 업을 삼았다. 언젠가 보살계를 받으면서 느끼는 바가 있어 강의를 그만두고 강물에 몸을 던지려는데 선객두 명이 나타나 남방으로 가서 선지식을 찾으라고 조언해 준다. 그래서 소산광인스님을 만나 확철대오하고 황벽산에서 대중을 제접하였다.

황벽희운(黃檗希運) : 남악회양(南嶽懷讓)-마조도일(馬祖道一)-백장회해(百丈懷海)-황벽희운(黃檗希運). ?~856. 민현(閩縣) 출신. 스님의 용모가 보통사람과 달리 특이하였는데 특히 이마 한 가운데가 구슬형상으로 튀어 나와 있었으며, 키가 커서 7척 정도나 되었고 깔끔한 성격이었다고 한다. 일찍이 불교뿐만 아니라 외전에도 정통하였다. 어려서 홍주(洪州) 황벽산(黃檗山)으로 출가하여 강서성 백장산의 회해스님에게서 확연대오(廓然大悟)하고 법을 이었다. 배휴상국(797~870)이 선사의 덕을 흠모하여 안휘(安徽)의 완릉(宛陵)에서 선원을 건립하고 스님을 주지로 모시고 이름을 개원사(開元寺)라고 하였다. 그 뒤 출가할 때의 황벽산을 그리며 황벽산(黃檗山) 광당사(廣唐寺)를 개창하였다. 그 후 66세에 용흥사(龍興寺)로 갔다가 72세에 다시 개원사로 가서 주석하였다. 당(唐) 선종(宣宗)이 〈추행선사(麤行禪師)〉라고 호를 내렸는데 후에 배휴가 주청하여 〈단제선사(斷際禪師)〉로 바꾸게 했다. 대중 10년에 입적함. '황벽주조한(黃檗酒糟漢)' '황벽종승(黃檗宗乘)' '황벽대충(黃檗大蟲)' '황벽봉발(黃檗捧鉢)' '황벽신재(黃檗身材)' '황벽형의(黃檗形儀)' '황벽존상(黃檗尊像)' '황벽제방(黃檗諸方)' '황벽개전(黃檗開田)' '황벽영양(黃檗羚羊)' '황벽일돈(黃檗一頓)' 등의 공안이 있다. 『전심법요(傳心法要)』1권,『완릉록(宛陵錄)』1권 등이 있다. 임제의현(臨濟義玄), 목주진존숙(睦州陳尊宿), 오석영관(烏石靈觀), 상국배휴(相國裴休) 등 12명의 수법제자를 두었다.

황엽(黃葉) : 낙엽. 누렇게 시든 나뭇잎. 버드나무의 누런 잎.

황학루(黃鶴樓) : 중국 하북성의 성도(省都)인 무한(武漢)은 양자강과 그 지류인 한수(漢水)가 만나는 곳에 위치해 있다. 여기에 삼대(三大) 명루(名樓) 가운데 하나인 황학루가 있다. 이 황학루는 원래 3층 누각이었던 것을 근래에 5층으로 중건하였다고 한다. 아주 옛날 한 여인이 경치 좋은 이 자리에다 주점을 열었다. 어느 날 한 노인이 나타나서 돈도 지불하지 않고 여러 달 동안 술을 마셨다. 그러나 그 여인은 아무런 말없이 늘 잘 대접했다고 한다. 그러던 어느 날 그 노인은 귤껍질을 가지고 벽에다 노란 학을 멋지게 그려 놓더니 말없이 떠나 버렸다. 그런데 그 이후로 술판이 벌어지면 벽에 그려진 학이 한바탕 춤을 멋지게 추어서 손님들이 인산인해를 이루었다고 한다. 어느덧 10년이 지난 후 그 노인이 피리를 불며 나타나서 노란 황학을 타고서 하늘로 날아가 버렸다고 한다. 그 노인은 자안(子安)이라는 신선이라고 전해지는데 여인은 그 신선을 기려서 주점이 있던 그 자리에 정자를 짓고 이름을 황학정(黃鶴亭)이라고 하였다 한다.

회(會) : ①깨닫다. 이해하다. 도를 깨닫다. ②들어맞다. 부합하다. 일치하다. ③만나다. ④이르다. 도달하다. ⑤능숙하다. ⑥계산하다. ⑦~와. ⑧~할 가능성이 있다.

회(淮) : 회수(淮水) 또는 회하(淮河)라고도 한다. 그 길이는 1078km로서 하남성 동백산(桐柏山)에서 발원하여 안휘성과 강소성을 거치고 황하로 흘러들어가는 강이다. 황하의 물길이 남쪽으로 옮겨지면서 황하와 합쳐졌었지만 황하가 다시 북쪽으로 이동해버려 옛 물길을 잃어버리고 홍택호(洪澤湖)로 흘러 들어가서 삼하(三河)와 소백호(邵伯湖)를 거쳐 장강(長江)으로 흘러든다.

회광반조(回光返照) : 단박에 번쩍 들여다 봄. 석양 무렵에 태양이 잠깐 번쩍 빛나다 이내 함몰하는 것처럼 정신을 바짝 차리고 자기의 본래면목을 한 순간 들여다 봄.

회남(淮南) : 안휘성(安徽省) 회남시(淮南市). 회수(淮水)의 남쪽과 장강(長江)의 북쪽 지역을 이르는 말로 지금의 안휘성의 중부지역. 송나라 때에 둔 노(路)[지금의 성(省)]를 말하는데 관할 지역이 남쪽으로는 양자강, 동쪽으로는 호북성과 호남성의 일부 지역, 북쪽으로는 회수 너머 지역으로 지금의 강소성, 안휘성 일부와 하남성 일대 지역이었다.

회당조심(晦堂祖心) : 분양선소(汾陽善昭)-석상초원(石霜楚圓)-황룡혜남(黃龍慧南)-회당조심(晦堂祖心). 1025~1100. 북송 임제종 황룡파의 스님이다. 광동(廣東) 시흥(始興) 사람으로 속성은 오씨(鄔氏)다. 19세에 용산사(龍山寺) 혜전(惠全)스님에게 출가하였다. 다음 해 수계를 하고 계율 지키기에 힘쓰다가 운봉 문열스님을 만나 3년간을 모셨다. 그리고 나서 황벽산의 혜남선사를 찾아가서 4년을 모셨다. 그러나 깨달음의 기연(機緣)이 돈발(頓發)하지 못하여 드디어 혜남스님을 하직하고 다시 문열선사에게로 갔다. 그러나 이미 문열선사는 입적한 뒤였다. 그러자 석상 초원스님 회상으로 갔다. 거기서 『전등록』 다복선사(多福禪師)의 어록을 읽다가 활연대오하였다. 그 후 혜남스님을 따라 황룡산으로 갔다. 혜남스님이 입적한 뒤, 법을 잇고 12년을 주석하였다. 원부(元符) 3년 세수76세로 입적하였다. 시호는 보각선사(寶覺禪師)이다. 제자로 황룡사심오신(黃龍死心悟新) 등 47명이 있다. 『보각조심선사어록(寶覺祖心禪師語錄)』1권,『명추회요(冥樞會要)』3권이 있다.

회두(回頭) : 고개를 돌리다. 되돌아보다. 회상하다. 되돌아가다. 뱃머리를 돌려 진로를 바꾸다. 좋은 방향으로 나아가다. 호전되다. 뉘우치고 바꾸다. 거절하다. 고개를 돌리는 사이, 곧 매우 짧은 시간.

회두토면(灰頭土面) : 머리는 먼지를 덮어쓰고 얼굴은 흙칠을 한 모양. 곧 용모가 아주 더러운 모양. 보살이 중생을 제도하기 위하여 임기응변으로 각종 세속인의 모습으로 변화하여 나타나는 것을 비유하는 말.

회득(會得) : ①깨달음. 이해함. =요해(了解). ②~할 수 있다.

회수(回首) : 머리를 돌리다. 귀순(歸順)하다. 돌이켜 생각하다. 죽다.

회신멸지(灰身滅智) : 육신을 태워서 재로 만들고 심지(心智)를 멸제(滅除)한다는 뜻. 몸과 마음이 아주 사라짐. 분신멸지(焚身滅智), 회멸(灰滅), 회단(灰斷), 무여회단(無餘灰斷) 이라고도 한다. 몸과 마음을 공적무위(空寂無爲)의 열반계(涅槃界)로 돌아가게 함을 말하는데 이승(二乘)의 최종 목적인 무여열반(無餘涅槃)을 말한다.

회창사태(會昌沙汰) : 회창법난(會昌法難)이라고도 한다. 당나라 무종(武宗)이 회창년중(會昌年中)[841~848]에 일으킨 폐불사건이다. 무종이 일찍이 도교를 신봉하였는데 문종(文宗)의 뒤를 이어 황위에 오르자마자 회창원년(會昌元年) 9월에 도사(道士)인 조귀진(趙歸眞) 등 81명을 불러 삼전(三殿)에서 금록도수(金籙道修)를 닦게 하고 10월에 황제가 삼전(三殿)에 행차하여 구선현단(九仙玄壇)에 올라 직접 법록(法籙)을 받았다. 회창 3년 4월에 당나라 전역의 사원과 스님들을 검사하도록 지시하니 절이 46,600개이며 스님이 265,000여 명이었다고 한다. 5월에 다시 영을 내려 상도(上都)와 동도(東都)에 각각 4곳의 절에다 스님 30명씩 머물게 하고 중국 전역의 주(州)와 군(郡)에 각각 1개소를 남겨서 상사(上寺)에 28명, 중사(中寺)에 10명, 하사(下寺)에 5명씩을 있게 하고, 나머지는 모두 환속시켜 버렸으며 그 외의 모든 절을 폐사시킨

사건이다.

회취(回趣) : 회전취향(回轉趣向)의 줄임말. 깨달음으로 향하여 돌림. 마음을 돌려서 불도(佛道)로 나아감.

회하(淮河) : 회수(淮水)라고도 한다. 길이 1078km. 하남성 동백산에서 발원하여 안휘성과 강소성을 거쳐 황하와 장강을 동서로 가로지르며 바다로 흘러든다. 황하와 장강과 더불어 중국 3대하로 일컬어진다.

회향(回向) : 회전취향(回轉趣向)의 줄임말. 깨달음을 향하여 돌림. 자신의 깨달음을 뭇삶에게 돌림.

회호(回互) : ①서로 맞물려 얽히다. ②간사하다. 바르지 아니하다. ③완곡하다. ④서로의 입장을 바꿔가며 위치전환을 자유자재로 하다. 하나가 나타나면 다른 하나는 없어지는 것이 아니라 잠시 물러나 있고 다시 물러났던 것이 나타나면 앞에 섰던 것이 물러나고 하여 위치교체만 이루어진다. 하나하나가 우열이 없고 대립이 없이 상호 교환하면서 원융하게 돌아가는 이치다. ⑤서로 번갈아 교체시키다. 석두희천(石頭希遷)스님의 『참동계』에 나오는 용어다. "신령한 근원은 밝고 깨끗하지만 파생되어 나온 것들이 은근히 흘러나오니 사(事)에 집착하면 원래 미(迷)한 것이고, 이(理)에 계합하여도 역시 깨달음은 아니다. 문(門)과 문(門)이 일체의 경계라 회호(迴互)하면서도 회호(迴互)하지 않으니 돌이켜서 다시 서로 관계하거나 그렇지 않으면 지위에 의지하여 머문다."(『景德傳燈錄』卷第三十, 「南嶽石頭和尙參同契」, T51n2076_p0459b09~11. "靈源明皎潔, 枝派暗流注, 執事元是迷, 契理亦非悟. 門門一切境, 迴互不迴互, 迴而更相涉, 不爾依位住.") 이 회호(回互)는 서로 번갈아가며 교체시키는 것을 말하는데, 서로의 처지를 교환하는데 있어 자유롭게 자리를 바꾸는 것이다.

회환(回換) : 옮겨 가다. 바꾸다.

획(獲) : ~할 수 있다, 가능하다. 그르치다. 모욕을 당하다. 더러워지다. 당하다, 초래하다. 신임을 얻다. 체포하다. 목표물을 쏘아 맞히다. 수확하다. 법도.

횡긍(橫亘) : 길게 가로로 뻗다. 양쪽에 가로로 걸쳐 있다.

횡신(橫身) : 몸을 곧추 세우다. 몸을 마음대로 하다. 어려운 상황에 과감히 맞섬.

횡착(橫著) : 제멋대로 굴다. 터무니없이 굴다. 말이 어색하여 신경이 거슬리다.

횡추이과(橫趨而過) : 제멋대로 마구 달려 가버리다. 가로질러 건너서 지나가 버리다. 별안간 내달려가다. 거침없이 마구 달려 내빼다.=횡조이과(橫徂而過).

효와(誵訛) : 뒤섞여서 잘못되다.

효월(曉月) : 새벽에 잠시 떴다가 금방 지는 희미한 달. 음력 27~8일 경의 달을 말한다. 아주 짧은 것을 나타낸다.

후(吼) : 불법(佛法)을 큰소리로 강설하다.

홀기(歘起) : 느닷없이 일어나다. 번쩍하고 일어나다. 언뜻 일어나다. 갑자기 일어나다. 홀연(忽然)히 일어나다. 홀연(歘然)히 일어나다.

훤굉(喧轟) : 요란한 수레소리.

훤혁(烜赫) : 분명하게 나타나다, 환히 드러나다. 밝게 빛나다. 휘황찬란하다. 성대하고 현저하다.

휘(斛) : '곡'으로도 읽는다. 곡식을 헤아리는 단위로 10말 또는 5말이다.

휘(諱) : 꺼림. 두려워 함. 피함. 죽음. 죽은 임금이나 웃어른의 이름. 선왕(先王)의 이름.

휴(鑴) : 솥. 『전등록』 8권에서는 '전(鐫)[새기다. 쪼다, 조각하다]'으로 나온다.

휴거헐거냉추추지거(休去歇去冷湫湫地去) : 구봉도건(九峰道虔)스님이 시중법문에서 밝힌 석상칠거(石霜七去) 가운데 세 가지다. 석상칠거는 1) 휴거(休去)[일체 동작행위를 정지함]. 2) 헐거(歇去)[일체 망념을 끊어 없앰]. 3) 냉추추지거(冷湫湫地去)[일체 미혹과 깨달음, 그리고 범부와 성인의 생각 등을 식멸(熄滅)하여 청량한 경지에 도달함]. 4) 일념만년거(一念萬年去)[한 순간을 보호하고 지니어 여여부동함]. 5) 한회고목거(寒灰枯木去)[정식(情識)을 찬 재와 마른 나무처럼 존재하지 않게 함]. 6) 고묘향로거(古廟香爐去)[옛 사당의 향로와 같이 하여, 집착을 제거함]. 7) 일조백련거(一條白練去)[순수하고 깨끗하여 물듦이 없는 하얀 명주처럼 불법을 몰록 깨달아 편정(偏正)과 빈주(賓主)를 대하여 모두 능히 잘 분변(分辨)하여 맑힘]. (『聯燈會要』卷第二十二, X79n1557_p0188c08~11. "師云: '須會先師意始得.' 座云: '先師有甚麼意?' 師云: '先師道. 休去, 歇去, 一念萬年去, 寒灰枯木去, 古廟香爐去, 冷湫湫地去, 如一條白練去. 作麼生?'")

휴결(虧缺) : 흠이나 결함이 생김.

휴관(休官) : 벼슬을 그만두다.

휴휴(休休) : ①쉬우~ 쉬우~. 죽음에 임박하여 숨을 가쁘게 내쉬는 소리다.

임종할 때 마지막으로 내쉬는 숨소리. ②휙휙. 바람 부는 소리. 새가 날아가는 소리. ③마음이 너그러운 모양. ④편안하고 한가한 모양. ⑤검소한 모양. ⑥아름답고 큰 모양. ⑦기체가 증발하는 모양.

흑백일십팔(黑白一十八) : 혜원스님이 여산 동림사에서 백련사를 결성하여 극락왕생의 수행을 닦은 처음의 123인 가운데 뛰어난 승속의 18인. 1, 혜원(慧遠) 2, 혜영(慧永) 3, 혜지(慧持) 4, 도생(道生) 5, 담순(曇順) 6, 승예(僧叡) 7, 담항(曇恒) 8, 도병(道昺) 9, 담선(曇詵) 10, 도경(道敬) 11, 각명(覺明) 12, 불타발타삼장(佛馱跋陀三藏) 13, 유정지(劉程之) 14, 장야(張野) 15, 주속지(周續之) 16, 장전(張詮) 17, 종병(宗炳) 18, 뇌차종(雷次宗) 등이다.

흑월백월(黑月白月) : 흑월(黑月)은 흑분(黑分)이라고도 한다. 하현(下弦) 달이다. 고대 인도의 역법에서 음력 15일에서 그믐까지를 말한다. 백월(白月)은 백분(白分)이라고도 하는데 고대 인도의 역법에서 음력 초하루에서 보름까지를 말한다.

흔주타지(忻州打地) : 조계혜능(曹溪慧能)-남악회양(南嶽懷讓)-마조도일(馬祖道一)-흔주타지(忻州打地). 강서(江西)[마조 도일스님]에게서 법을 깨달은 이후 스스로 이름을 감추고 살았다. 학인들이 찾아와서 질문하면 오로지 몽둥이로 땅을 두드리기만 하였다. 그래서 사람들이 타지화상(打地和尚)이라 불렀다고 한다. '타지유타지화(打地唯打地話)'가 널리 회자되었다. 『경덕전등록(景德傳燈錄)』8권·『선종송고련주통집(禪宗頌古聯珠通集)』13권·『선림유취(禪林類聚)』19권·『어선역대선사어록(御選歷代禪師語錄)』후집상(後集上)·『대광명장(大光明藏)』중권(中卷)·『연등회요(聯燈會要)』5권·『오등회원(五燈會元)』3권·『오등엄통(五燈嚴統)』3권·『오등전서(五燈全書)』6권·『지월록(指月錄)』9권·『선종정맥(禪宗正脉)』2권 등에 실려 있다.

흘(迄) : ①~까지. ~에 이르기까지. ②이르다. 도달하다. ③마치다. 끝나다. ④마침내. 끝내. 필경. ⑤거의.

흠산문수(欽山文邃) : 약산유엄(藥山惟儼)-운암담성(雲巖曇晟)-동산양개(洞山良价)-흠산문수(欽山文邃). 834~896. 당나라 조동종스님. 복주(福州) 출신. 어려서 항주(杭州) 대자산(大慈山) 환중선사(寰中禪師)에게 출가하였다. 암두스님과 설봉스님이 그릇임을 알고 함께 다니면서 격양(激揚)하였으나 응체된 마음을 열지 못하였다. 그 후에 동산스님을 만나 개오하여 그 법을 이었다. '흠산록록(欽山轆轆)' '흠산수기(欽山豎起)' '흠산일촉(欽山一鏃)' '방출관중주(放出關中主)' 등의 공안이 있다.

흡시(恰是) : 마음에 딱 드는구나. 옳거니. 맞다. 그렇지. 과연 그렇군요. 마치, 흡사. 마침, 바로, 즉시.

흡호(恰好) : ①때마침. 마침 잘. 공교롭게도. ②적당하다. 알맞다.

흥양귀정(興陽歸靜) : 임제의현(臨濟義玄)-보수연소(寶壽延沼)-서원사명(西院思明)-흥양귀정(興陽歸靜). 생몰연대는 알 수 없다. 흥양 귀정스님이 먼저 서원 사명스님을 참방하고서 곧장 물었다. "물으려 할 때와 묻지 않을 때는 어떠 합니까?" 서원스님이 곧바로 때렸다. 귀정스님이 한참 잠자코 있었다. 서원 스님이 말했다. "네가 얻어맞았다고 말한다면 눈썹이 빠질 것이다." 귀정스 님이 말 떨어지자마자 크게 깨달았다. 서원 사명스님에게서 법을 이어 받고 영주(郢州) 흥양(興陽)에서 개법(開法)하였다. 『정법안장(正法眼藏)』1권하(下)·『연등회요(聯燈會要)』11권·『오등회원(五燈會元)』11권·『오등엄통(五燈嚴統)』11권·『오등전서(五燈全書)』22권·『종문염고휘집(宗門拈古彙集)』37권·『종감법림(宗鑑法林)』28권·『오등전서(五燈全書)』6권·『선종정맥(禪宗正脈)』6권·『지월록(指月錄)』21권 등에 깨달음의 인연과 문답화가 실려 있다.

흥화소선(興化紹銑) : 동산수초(洞山守初)-복엄양아(福嚴良雅)-북선지현(北禪智賢)-흥화소선(興化紹銑). 1009~1080. 운문종스님이다. 호는 숭변(崇辨)이고 천주(泉州)[복건성] 출신이다. 북선 지현스님의 법을 잇고 담주(潭州)의 흥화사(興化寺)에 주석하였다. 승상(丞相) 장돈(章惇)이 매산(梅山)으로 부임해 갈 때 흥화스님도 함께 가서 교화하니 상남(湘南) 8주(州)의 선림(禪林)에서 스님을 법주(法主)로 모셨다.

흥화존장(興化存獎) : 백장회해(百丈懷海)-황벽희운(黃檗希運)-임제의현(臨濟義玄)-흥화존장(興化存獎). 830~925. 위주(魏州)[하북성(河北省)] 소현(薊縣) 출신. 속성은 공씨(孔氏)로 공자의 후예이다. 출가 후 반산에서 22세로 구족계를 수지하였다. 교학을 연구하다가 임제스님의 소문을 듣고 참례하여 크게 깨달았다. 대명부(大明府) 흥화원(興化院)에서 학인들을 접인하며 조사의 도를 크게 선양하였다. 동광(同光) 3년 96세로 입적하다. '흥화중원(興化中原)' '흥화야할(興化也喝)' '흥화창도(興化唱導)' '흥화사방(興化四方)' '흥화변할(興化便喝)' '흥화단도(興化單刀)' '흥화다자탑(興化多子塔)' 등의 공안이 있다.

희득(喜得) : 다행히. 운 좋게. 요행히.

희험(巇嶮) : 험하고 가파르다. 험하고 가파른 산. 세상살이가 험난하다. 인심이 험악하다. 마음씨가 험악한 사람.

힐아(黠兒) : 영리한 아이. 교활한 아이.

南無護法韋陀尊天菩薩
畫家陳士侯提供

정 법 안 장 (하권)

1판 1쇄 펴낸 날 2017년 3월 30일
옮긴이 영곡스님
발행인 김재경 **편집** 김성우 **디자인** 최정근 **제작** 재능인쇄
펴낸곳 도서출판 비움과소통
　　　　경기도 파주시 하우고개길 151-17 예일아트빌 103동 102호(야당동 191-10)
　　　　전화 031-945-8739　팩스 0505-115-2068
홈페이지 blog.daum.net/kudoyukjung　**이메일** buddhapia5@daum.net
출판등록 2010년 6월 18일 제318-2010-000092호

* 책값은 뒤표지에 있습니다.
* 잘못된 책은 서점에서 바꾸어 드립니다.